Georg Hilger / Stephan Leimgruber / Hans-Georg Ziebertz
Religionsdidaktik

Georg Hilger
Stephan Leimgruber
Hans-Georg Ziebertz

Religions-
didaktik

Ein Leitfaden für
Studium
Ausbildung
und Beruf

Unter Mitarbeit von
Matthias Bahr, Boris Kalbheim,
Ulrich Kropač, Andreas Prokopf,
Ulrich Riegel, Mirjam Schambeck,
Herbert Stettberger

Kösel

3. Auflage 2005

© 2001 by Kösel-Verlag GmbH & Co., München
Printed in Germany. Alle Rechte vorbehalten
Druck und Bindung: Kösel, Krugzell
Umschlagmotiv: Mauritius
Umschlag: Kaselow Design, München
ISBN 3-466-36571-6

Inhalt

Teil II:
Religiöse Bildung und Erziehung
am Lernort Schule

Teil III:
Religionsdidaktische Prinzipien

Teil IV:
Religionsunterricht planen und gestalten

(Matthias Bahr)

Vorwort

Der vorliegende Band versteht »Religionsdidaktik« als wissenschaftliche Disziplin, die *religiöse Lehr- und Lernprozesse entlang der Biographie* behandelt, hier mit dem Fokus auf dem schulischen Religionsunterricht. Die Autoren sind davon überzeugt, dass religiöses Lernen in der weltanschaulich pluralen Gesellschaft am beginnenden dritten Jahrtausend lebensrelevant und sinnstiftend sein kann. Der Band verfolgt eine doppelte Absicht: Zum einen bietet er sich als Leitfaden für die religionsdidaktische Aus- und Fortbildung an, zum anderen trägt er zur Theoriebildung bei, indem die einschlägigen Faktoren, Schwerpunkte und Prinzipien des komplexen Unterrichtsgeschehens systematisch behandelt werden.

Der Lehrerberuf wird heute an professionellen Standards gemessen. Im Mittelpunkt steht daher das Interesse, die Religionsdidaktik als eine Disziplin vorzustellen, die eine *reflexive Kompetenz* in Bezug auf die Praxis religiösen Lehrens und Lernens vermittelt. Das Buch intendiert, Lehramtskandidatinnen und -kandidaten im Blick auf ihre künftige Unterrichtspraxis zu befähigen; es will bereits unterrichtenden Lehrerinnen und Lehrern eine Hilfe zur kritischen Reflexion ihrer beruflichen Tätigkeit bieten, ferner Personen mit religionsdidaktischen Fragestellungen vertraut machen, die mit religiöser Bildung und Erziehung betraut sind, und schließlich allen am Religionsunterricht Interessierten einen Einblick in den aktuellen Diskussionsstand geben.

Der Inhalt des Buches gliedert sich in vier Teile. Der *erste Teil* gibt Rechenschaft über den grundlegenden Blickwinkel der Religionsdidaktik, ihren Gegenstand und ihr wissenschaftliches Selbstverständnis. In dem was heute ist, ist immer auch ein Stück von gestern, daher ist eine historische Vergewisserung nötig. In der jüngeren Geschichte nimmt zweifelsohne der Synodenbeschluss »Der Religionsunterricht in der Schule« eine zentrale Stellung ein. Die Religionsdidaktik wird als *interdisziplinäre Verbundwissenschaft* vorgestellt, die mit den theologischen und den Humanwissenschaften kooperiert, besonders mit den Erziehungswissenschaften. Ihre Methodik ist geschichtlich-hermeneutisch, empirisch-analytisch und ideologiekritisch – vor einem bildungstheoretischen Hintergrund und mit einem konstruktivistischen Ansatz.

Der *zweite Teil* behandelt die internen und externen Bedingungsfaktoren, Strukturen und Beziehungsfelder des Religionsunterrichts. Hier liegt der Akzent auf dem subjektorientierten religiösen Lernen, was eine Verschiebung anzeigt von der früheren Problematik der »Tradierungskrise des Glaubens« hin zu den Fragen der Aneignung des Glaubens und zur Sensibilisierung für die religiöse Dimension der Wirklichkeit.

Der *dritte Teil* präsentiert fünfzehn religionsdidaktische Prinzipien, welche die Wahrnehmung und das unterrichtliche Handeln orientieren. Anstelle einer einzigen didaktischen Konzeption sind mehrere Prinzipien getreten, sowohl inhaltlicher Art (z.B. biographisches Lernen, ökumenisches oder interreligiöses Lernen) als auch methodischer Natur (z.B. Projektlernen, Freiarbeit, Handlungsorientierung). Diese Prinzipien werden ausführlich begründet, in ihrer Reichweite dargelegt und nicht zuletzt durch einen Erfahrungsbericht erläutert.

Der *vierte Teil* reicht in die konkrete Praxis des Unterrichts hinein. Er zeigt auf, wie religiöse Lernprozesse arrangiert, Interaktionen und Sozialformen geplant, wie Zielrichtungen anvisiert, Themen erarbeitet und anregende Lernumgebungen bereitgestellt werden. Der Kern aller Unterrichtsvorbereitung ist die »Elementarisierung« der theologischen Inhalte geworden, die stets im Hinblick auf die Schülerinnen und Schüler vorgenommen werden muss.

Die vorliegende Religionsdidaktik erscheint knapp vierzig Jahre nach dem II. Vatikanischen Konzil mit seiner Öffnung zur Welt und auf die Menschen hin. Das Neue des Entwurfs besteht darin, dass die gewandelte gesellschaftliche und kirchliche Situation mit der zunehmenden weltanschaulichen Pluralität sowie das interdisziplinäre Wissenschaftsverständnis einbezogen und die neuen didaktischen Prinzipien konsequent ausgebaut wurden. Die religionspädagogischen Bildungskonzepte der 1970er Jahre und die unheilvolle Trennung von theologischen Inhalten und nachträglicher methodischer Anwendung wurden verabschiedet und neue Strömungen aus Pädagogik und Didaktik aufgegriffen.

In der gegenwärtigen Lehrerbildung wird zurecht viel von Team-teaching und kollegialer Beratung gesprochen. Die Verfasser können dankbar auf einen intensiven zweijährigen Austausch zurückblicken, der für uns eine fruchtbare Zeit gewesen ist. Die einzelnen Kapitel wurden mehrfach gegengelesen, diskutiert und überarbeitet. So wurde die Entstehung des Buches für die Autoren selbst zu einem äußerst anregenden und bereichernden Lernprozess.

Wir danken allen, die zum Erscheinen dieser Religionsdidaktik beigetragen haben: den Mitarbeiterinnen und Mitarbeitern, die einzelne Beiträge allein oder in Kooperation verfasst haben, unseren Sekretärinnen und studentischen Hilfskräften, den Graphikern und den Korrektoren, endlich dem Kösel-Verlag für die Aufnahme des Buches in sein religionsdidaktisches Gesamtprogramm.

Georg Hilger, Stephan Leimgruber, Hans-Georg Ziebertz

Teil I:
Religionsdidaktik als wissenschaftliche Disziplin

Hinführung

In den fünf Kapiteln des ersten Teils dieser Religionsdidaktik geht es um *Grundlegungen*. Die Abhandlungen klären eine Reihe von Fragen, zum Beispiel: Wie versteht sich die Religionsdidaktik selbst? Worauf richtet sie ihren Blick? Was ist der Gegenstand, mit dem sich das Fach beschäftigt? Wie nähert sich die Religionsdidaktik ihrem Gegenstand? Inwieweit ist sie Wissenschaft, und welche Beziehung hat sie zur Praxis religiösen Lehrens und Lernens, insbesondere zum Religionsunterricht? Welche Orientierungen kennzeichnet die Disziplin heute, und wie haben sich diese im Laufe der Zeit gewandelt und entwickelt? In welchem Verbund steht die Religionsdidaktik zu anderen Disziplinen?

Auf diese und weitere Fragen eine Antwort geben zu können, ist Teil einer religionsdidaktischen Reflexionsfähigkeit, die von Studierenden erworben und von Lehrenden gepflegt werden muss. Sie ist eine Voraussetzung, um an religionsdidaktischen Diskursen teilzunehmen und religionsdidaktisches Denken zu beurteilen. Nicht selten wird die Religionsdidaktik zwischen Wissenschaft und Praxis angesiedelt, und man erwartet von ihr einen methodisch geschickten Transfer wissenschaftlicher Theorien in die Praxis. Die ersten Überlegungen in diesem Band machen deutlich, dass damit jedoch nur ein Teilbereich der Religionsdidaktik angesprochen wird. Die Disziplin, wie sie sich heute versteht, geht darüber hinaus. Sie zeigt nicht nur, »wie« religiöses Lernen funktioniert, sondern problematisiert in umfassender Weise eine Vielzahl von Fragen, die mit religiösen Lernprozessen zusammenhängen.

Das erste Kapitel klärt, was unter *religiösen Lernprozessen* verstanden wird und welche Dimensionen dieser Prozesse von der Religionsdidaktik bearbeitet werden. Die Spannung zwischen dem theoretischen Anspruch, den die Religionsdidaktik erhebt, und der Praxiswirksamkeit, die von ihr erwartet wird, zwingt zu einer Klarstellung, wie Theorie und Praxis zusammenhängen. Damit wird ein Grundverständnis geschaffen, wie die Religionsdidaktik arbeitet und auf welche Felder sich ihre Aufmerksamkeit erstreckt. In diesem Band verstehen wir religiöses Lernen als einen lebenslangen Lernprozess, an dem die Schule einen Anteil hat. Der Religionsunterricht in der Schule braucht dazu eine alters- und entwicklungsgemäße Perspektive.

Das zweite Kapitel vertieft diese Fragen. Es stellt dar, wie sich die Religionsdidaktik als *wissenschaftliche Disziplin* selbst versteht und wie sie Forschung betreibt. Wissenschaftstheoretische Überlegungen dienen dazu, sich zu vergewissern, wie man zu Theorien kommt. Theorien der Religionsdidaktik nehmen die Praxis auf und reflektieren sie – nicht zuletzt, um innovative Rückwirkungen auf religiöses Lehren und Lernen zu erzeugen. Es geht also nicht nur um Ratschläge für die Praxis, sondern um begründete Aussagen, die auf dem systematischen Einbezug von Erfahrungswissen beruhen. Dazu ist die Religionsdidaktik auf weitere theologische und nicht-theologische Disziplinen angewiesen, mit denen sie kooperiert, vor allem den Humanwissenschaften.

Drittens wird aufgearbeitet, in welchem historischen Zusammenhang die Religionsdidaktik steht. Die Reflexion der *Geschichte* religionsdidaktischer Theoriebildung ist eine wichtige Plattform, heutige Fragestellungen und Probleme in ihrer Entwicklung zu verstehen. Die historische Betrachtung zeigt, welche Wege bereits beschritten und welche Lösungen gesucht wurden, wo man erfolgreich war und wo man in Sackgassen gesteuert ist. Die Kenntnis von der Vielfalt und Einsicht in die Chancen und Grenzen konzeptueller Entwürfe ist für eine angemessene eigene Verortung unerlässlich.

Im vierten Kapitel wird die *Gegenwart* als Bezugsgröße der Religionsdidaktik angesprochen. Die Moderne (oder Post-Moderne) mit ihrer radikalen weltanschaulichen Pluralität stellt eine große Herausforderung für religiöses Lernen dar. Gesellschaftlich reichen die Positionen von der Bestreitung der Religion bis hin zu missionarischem Eifer, was die Ausgangslage religiöser Bildung bisweilen unübersichtlich erscheinen lässt. Religionsdidaktische Theorien und Konzepte müssen kontextuell verankert sein, das heißt, man muss um die Bedingungen des Aufwachsens junger Leute in dem gesellschaftlichen, kulturellen und religiösen Rahmen wissen, will man angemessen an den Voraussetzungen ihrer Lebenswelt anknüpfen. Zu den Voraussetzungen gehört, sich über empirische Befunde zur Religiosität Jugendlicher zu vergewissern.

Religiöses Lernen ereignet sich schließlich im Zusammenhang einer bestimmten Bildungskultur. Im deutschsprachigen Bereich ist der Religionsunterricht an der Schule ein ordentliches Fach im allgemeinen Fächerkanon. Eine zeitgemäße Religionsdidaktik kann sich daher nicht allein mit theologischen Überlegungen begnügen, sondern muss ihren pädagogischen Anspruch darlegen. Im Religionsunterricht realisiert sich, wie in jedem anderen Schulfach auch, anteilig der schulische Bildungsanspruch. Die Religionsdidaktik muss sich daher die grundlegende Frage stellen, wie sie religiöses Lernen im Gesamt der Bildung verortet. In diesem Band wird dazu vor allem auf eine bildungstheoretisch, kommunikationstheoretisch und konstruktivistisch verantwortete Pädagogik zurückgegriffen.

In diesem ersten Teil des Bandes werden noch keine speziellen Probleme behandelt. Vielmehr geht es um eine allgemeine Orientierung, die den Rahmen für die nachfolgenden Kapitel bereitstellt. Es werden eine Reihe von Fragen angesprochen, die in unterschiedlicher Intensität in den übrigen Kapiteln aufgenommen und vertieft werden.

I.1 Gegenstandsbereich der Religionsdidaktik

Hans-Georg Ziebertz

Die Religionsdidaktik beschäftigt sich als akademische Disziplin mit der Reflexion von Faktoren, die für das Lehren religiösen Lernens und für religiöses Lernen selbst von Bedeutung sind. Das Kapitel erläutert einige Aspekte, wie sich die Religionsdidaktik ihrem Feld nähert und was dieses Feld kennzeichnet. Das besondere Augenmerk liegt auf der konzeptuell weitreichenden Prämisse, dass religiöses Lernen angemessen im Horizont des Lebenslaufs zur Sprache kommt. Die Schule ist zwar nur in einem bestimmten Zeitabschnitt im Lebenslauf aktuell, in diesem Abschnitt »Kindheit« und »Jugend« ereignen sich allerdings entscheidende Entwicklungen.

Comenius bezeichnete sein großes Lehrbuch aus dem Jahre 1657 »Didactica magna«. Didaktik galt als eine »ars docendi« (»Lehrkunst«). Der etymologische Ursprung geht auf das Griechische »didaktiké techné« bzw. »didaskein« (= lehren) zurück. Im heutigen Verständnis von Didaktik ist die Beschreibung als »*Kunst*lehre« nicht mehr zufriedenstellend. Didaktik, wie sie an den Universitäten gelehrt wird, ist eine wissenschaftlich-reflexive Disziplin, die rational die Gesamtfaktoren erfassen und beschreiben will, die in Lehr- und Lernprozessen wirksam sind – einschließlich der Verantwortung der Lernprozesse selbst. Es geht sowohl darum, die Dynamik des Lehrens und Lernens zum Zwecke der Theoriebildung zu verstehen und zu erklären, als auch darum, die Kompetenz zu vermitteln, gezielte Lehr- und Lernprozesse person-, sach- und situationsadäquat planen und durchführen zu können. Im Folgenden wird eine Reihe von Aspekten zu einer ersten »Landkarte« zusammengesetzt. Zentrale Begriffe und Konzepte werden an späterer Stelle in eigenen Kapiteln vertieft.

1. Religion und Didaktik

Eine erste Klärung ist im Blick auf das zusammengesetzte Substantiv Religions-Didaktik notwendig. Der Gegenstandsbereich der Religionsdidaktik wird ganz entscheidend durch den Begriff *Religion* bestimmt, hingegen kennzeichnet *Didaktik* die Weise, wie der Gegenstand aufgegriffen wird.

Religion in religiösen Lernprozessen
Die schulbezogene Religionsdidaktik thematisiert »Religion« im Kontext des konfessionell-verfassten Religionsunterrichts. Daher liegt es auf der Hand, dass der zentrale Bedeutungsinhalt von Religion mit der christlichen Tradition bestimmt werden kann,

wie sie durch die entsprechende Kirche (katholisch/evangelisch) repräsentiert und durch die Bezugsdisziplin Theologie reflektiert wird. Allerdings erschöpft sich darin nicht der ganze Bedeutungsreichtum von Religion (→ II.1). Wenn wir auf die Phänomene schauen, die als »Religion« bezeichnet werden können, sehen wir erstens die vielen nicht-christlichen Religionen in Deutschland und Europa. Die zweitgrößte Religion nach dem Christentum ist der Islam. Das Judentum ist zahlenmäßig erheblich kleiner, es hat jedoch mit dem Christentum einen gemeinsamen Ursprung und ist aus diesem Grund besonders bedeutsam. Die öffentliche Präsenz der östlichen Religionen ist insgesamt gering, doch scheint sie zu wachsen. Neben den großen Religionen (»Weltreligionen«) darf die Rede von »dem« Christentum nicht darüber hinweg täuschen, dass dieses Christentum selbst eine plurale Erscheinung ist. Unschwer ist eine Vielfalt innerhalb der christlichen Tradition zu erkennen, ja selbst innerhalb einer christlichen Konfession. Nicht zuletzt sehen wir uns konfrontiert mit individuellen Religiositäten, die zum Teil mehr, zum Teil weniger mit den kirchlich repräsentierten Traditionen identisch sind.

Der Religionsunterricht in der Schule kommt nicht umhin, sich mit der Vielgestaltigkeit von Religion zu beschäftigen. Die Kinder, die den Religionsunterricht besuchen, sind (wie andere auch) Bürger ein und derselben (Welt-)Gesellschaft, daher muss es Aufgabe des Religionsunterrichts sein, Schülerinnen und Schüler in der religiösen Pluralität dialog- und kommunikationsfähig zu machen. Dies geschieht nicht in einem traditions- und kontextfreien Raum (Ziebertz 2001c). Im Mittelpunkt steht die Religion der Konfession, in deren Namen der Religionsunterricht stattfindet. Das ist aber kein Grund, die faktische religiöse Pluralität auszublenden. Als Bürger einer Zivilgesellschaft müssen Schülerinnen und Schülern verstehen lernen, wie Religion und Kirche in politische, ökonomische, kulturelle und soziale Kontexte verwoben sind. So hat die Religionsdidaktik unter den derzeitigen Bedingungen des Religionsunterrichts die Aufgabe, zukünftige Lehrerinnen und Lehrer zu befähigen, die komplexe Erscheinung von Religion zu erschließen: nicht nur informativ, sondern anthropologisch bedeutsam und dialogisch. Dies geht nicht »allgemein«, sondern bedarf der Konkretion durch Religion, die historisch gewachsen und soziokulturell präsent ist. So wie ein christlicher Religionsunterricht »Religion« im Rückgriff auf die christliche Überlieferung in Tradition, Lehre und Leben konkretisiert, entfaltet ein islamischer Unterricht »Religion« mit Bezug auf den Koran und die islamische Tradition. Wo auch immer ein spezieller Unterricht seinen Standort hat: die politische und kulturelle Erwartung an den Religionsunterricht ist, dass dieser Standort nicht zur Verkrustung führt, sondern dass in ökumenischem Geist Religion mit dialogisch-interreligiösem Anspruch unterrichtet werden kann. Ziel muss es sein, zu einem »nachbarschaftlichen« Verhältnis der Religionen zu kommen, zwischen denen zahlreiche Unterschiede bestehen und in Zukunft bestehen werden. Die Religionen können aber in der Gemeinsamkeit wachsen, sich für eine Zukunft des Menschen und eine bewohnbare Erde einzusetzen.

Von den gegenwärtigen Spannungsfeldern zwischen Religion und Kirche, zwischen Kirche und Gesellschaft sowie zwischen Kindern, Jugendlichen und Kirche bleibt der Religionsunterricht nicht unberührt. Im Blick auf das Spannungfeld Religion und Kirche zeigt sich, dass weder eine der christlichen Kirchen noch das Christentum insgesamt hinreichend definieren kann, was Religion ist. Religion ist immer »mehr« und auch »etwas anderes«. Die Spannung zwischen Kirche und Gesellschaft zeigt sich unter anderem darin, dass die Gesellschaft und die sie tragenden Gruppen die christliche Religion nicht mehr selbstverständlich als maßgebende Religion akzeptieren (zumindest nicht in dem gekannten Umfang), von der sie ihre übergreifenden Werte und Normen beziehen (vgl. Scharnberg/Ziebertz 2000). Die Spannung zwischen Jugend und Kirche wird schließlich dort bedeutsam, wo christlich-kirchliche Inhalte und Lebensformen sowie die Autorität, mit der die Kirche diese vorträgt, nicht mehr fraglos akzeptiert werden. Diese Gegenwartsskizze wird an späterer Stelle noch weiter entfaltet (→ I.4). Die wenigen Anmerkungen lassen aber schon erkennen, dass der heutige Religionsunterricht im Kern dialogisch angelegt sein muss. Es reicht nicht mehr hin, Religionsdidaktik als die Weitergabe von religiösen Inhalten zu konzipieren.

Didaktik religiöser Lernprozesse

Der Gegenstandsbereich der »Religionsdidaktik« wird mit dem Begriff »Religion« zwar notwendig, aber nicht hinreichend erfasst. Die Wortzusammenstellung Religionsdidaktik verweist darauf, dass es neben dem Inhalt »Religion« um die »besondere Zuwendung« zu eben diesem Inhalt geht. Diese besondere Zuwendung kann wie folgt definiert werden:

> **Religionsdidaktik ist die wissenschaftlich begründete Reflexion religiösen Lernens und die Reflexion des Lehrens religiösen Lernens.**

Die Religionsdidaktik denkt also darüber nach, wie Religion »gelehrt« und »gelernt« werden kann. Diese allgemeine Definition darf nicht simplizistisch verstanden werden. Lernprozesse sind komplexe Vorgänge, d.h. die Reflexion richtet sich auf alle Aspekte, die Lernen und Lehren kennzeichnen. Dazu zählt etwa

- die Reflexion der Bedingungen und Kontexte des Lernens (anthropologische und soziokulturelle Voraussetzungen),
- die Reflexion der Möglichkeiten und Grenzen religiösen Lernens an der Schule (Wissenschaftsorientierung vs. Spiritualität und Glaubenseinführung),
- die Reflexion der Begründung und Verantwortung religiöser Lernprozesse (Normativität),
- die Reflexion der Interaktionen zwischen Lehrern und Schülern (sowie untereinander),
- die Reflexion der Methoden und Medien,

ohne dass die Liste der Aspekte, die Lernprozesse kennzeichnen, damit erschöpft wäre. Was den Gegenstandsbereich der auf schulisches Lernen bezogenen Religionsdidaktik betrifft, sind diese Aspekte potenziell das Material, womit sich die Disziplin beschäftigt. Es ist aber nicht immer nötig und möglich, alle Aspekte gleichermaßen in den Blick zu nehmen.

In der Definition wird des Weiteren gesagt, dass die Reflexion über religiöse Lernprozesse wissenschaftlich begründet sein soll. Damit ist gemeint, dass heute nicht mehr einfach an der Arbeit gestandener Lehrerinnen und Lehrer abzulesen ist, wie der Beruf ausgeübt werden kann und soll. Individuelle »Virtuosität« ist sicher immer noch ein wichtiges persönliches Merkmal, das dem Religionsunterricht eine spezielle »Note« verleiht. Sie kann aber die Planung, Durchführung und Evaluation religiöser Lernprozesse auf der Basis systematischer Erfahrungen nicht ersetzen, wie sie sich in Theorien niederschlagen.

Die Religionsdidaktik hat als wissenschaftliche Disziplin zunächst die Aufgabe, Kenntnisse über ihren Gegenstandbereich zu vermehren und Einsicht zu vertiefen. Das geschieht mit Hilfe grundlegender und angewandter Forschung (→ I.2). Sie hat aber eine weitere, auf die Praxis bezogene Aufgabe. Religiöses Lernen geschieht an vielen Orten: Familie, Kindergarten, Gemeinde, Schule, Akademien, Erwachsenenbildung, usw. Die Religionsdidaktik zählt diese Praxen zu ihrem Gegenstandsbereich, insofern darin Lernen und Lehren stattfindet. Jede Praxis hat spezifische Bedingungen, die didaktisch berücksichtigt werden müssen. Aufgrund der Ausbildungsgegebenheiten an den Universitäten hat der Lernort Schule eine hervorgehobene Bedeutung. Das rechtfertigt die Konzentration dieses Bandes auf das schulische Lernen. Studierende der Religionsdidaktik partizipieren an dem wissenschaftlichen Diskurs, auf den wir gerade hingewiesen haben. Mit Hilfe von Theorien und Konzepten erarbeiten sie sich ein reflexives Wissen, das ihnen hilft, mit den vielgestaltigen Aspekten von Lernprozessen vertraut zu werden und Einsicht in Komplexität von Lernprozessen zu gewinnen. Im Blick auf ihre (Aus-)Bildung konkretisiert die folgende Definition den Aufgabenbereich:

> **Religiondidaktik verhilft zu einer wissenschaftlich begründeten reflexiven Kompetenz hinsichtlich der Planung, Durchführung und Evaluation religiöser Lernprozesse sowie deren edukativer Verantwortung.**

In dem Begriff »reflexive Kompetenz« sind mindestens zwei Momente enthalten. Zunächst die Fähigkeit, Lern- und Lehrprozesse übersehen und deren Komponenten analysieren zu können. Diese Kompetenz ist ein wichtiges Kennzeichen der Lehrerprofessionalität, denn erst auf dieser Basis sind gerichtete Interventionen möglich. Eine zweite Komponente der »reflexiven Kompetenz« ist die »Selbstreflexion«. Damit ist das Vermögen angesprochen, sein eigenes Verhalten als Lehrende/r kritisch im Auge zu behalten. Professionell Handelnde müssen ihr Agieren rekonstruieren und evaluieren können, denn durch die Distanz bei der »Rückspiegelung« entsteht der notwendige Raum, der Veränderungen ins Blickfeld kommen lässt.

2. Theorie und Praxis

Die Religionsdidaktik steht, wie andere praktische Disziplinen auch, in einem Spannungsverhältnis zwischen Theorie und Praxis. Lehren und Lernen ereignet sich in einer bestimmten Praxis. Sowohl der Praxis-Begriff als auch der Theorie-Begriff bedürfen der Klärung.

Hochschulpraxis und Unterrichtspraxis

Die religionsdidaktische Reflexion des Lehrens und Lernens verfolgt zwei Ziele, die miteinander zu tun haben. Es geht um *Theoriebildung* und um *Praxisrelevanz*.

- Theoriebildung ist nötig, um allgemeingültige Aussagen über Zusammenhänge zu bekommen, die in der Praxis des Lehrens und Lernens von Bedeutung sind (Theorie der Praxis). Nicht jede Generation von Lehrern muss alles neu erfinden, sondern kann sich auf systematisch gewonnenes Wissen und »abstrahierte Erfahrungen« beziehen.

- Praxisrelevanz ist unumgänglich, weil die Didaktik besonders eng mit der Lernwirklichkeit verbunden ist, die sie gestalten und verbessern helfen will. Sie betreibt nicht (ausschließlich) »Wissenschaft um der Wissenschaft willen«, sondern steht im Dienst dieser Lehr- und Lernpraxis.

Die Forderung nach Praxisrelevanz wird nicht selten so verstanden, als ob die religions-didaktische Arbeit an der Universität direkt auf den Unterricht vorbereite, ja gewisser-maßen vorwegnehmen könne, wie ein Unterricht abläuft. Dieser Wunsch wird nicht nur selten erfüllt, er muss sogar enttäuscht werden. Die universitäre Praxis und die Pra-xis an der Schule sind zu unterscheiden. Wir können sagen, dass die Religionsdidaktik nicht selber eine Praxis religiösen Lehrens und Lernens repräsentiert, sondern eine ent-sprechende Praxis (etwa die des Religionsunterrichts) reflektiert. Die Praxis der Univer-sität ist eine Praxis theorie- und erfahrungsgeleiteter Reflexion; aber die Universität »si-muliert« keinen Unterricht. Gleichwohl ereignet sich an der Hochschule religiöses Leh-ren und Lernen, d.h. es gibt eine Praxis, in die Dozenten und Studierende eingebunden sind. Aber diese Praxis ist zu unterscheiden von der Praxis des Unterrichts, zu deren Zweck Hochschulausbildung geschieht. Die Hochschule ist ein eigener Praxisort, an dem gelehrt und gelernt wird und an der mit hochschul-typischen Mitteln Praxisrefle-xion erfolgt. Diese Praxis hat zum einen ihren Zweck in sich selbst, weil sie einen Bei-trag zur umfassenden Bildung der Studierenden leistet. Darin liegt ihr *direktes* Ziel. Die reflexive Tätigkeit wird aber zum anderen von einem eindeutigen Berufsfeldbezug ge-kennzeichnet, mit dem die Hochschulpraxis über sich selbst hinausweist (vgl. Terhart 2000). Ihr *indirektes* Ziel liegt in der Transformation religiösen Lernens in der Schule. »Indirekt« bedeutet, dass diese Transformation des Unterrichts an der Hochschule nicht unmittelbar in Angriff genommen wird, sondern dass die Universität zukünftigen Leh-rerinnen und Lehrern die dazu notwendigen Grundlagen vermittelt.

Lehramtsstudierende erwerben eine reflexive Kompetenz, die ihnen helfen soll, (später) eine gute Praxis zu leisten. Der Anspruch, mit dem an der Hochschule Reli-gionsdidaktik betrieben wird, zielt also darauf, durch die Reflexion (Wider-Spiege-lung) und Abstrahierung dessen, was in der Praxis des Schulalltags geschieht, theore-tisch verantwortete Einflussnahme mit dem Ziel der Veränderung möglich zu machen. Studierende sollen die Kompetenz erwerben, Unterrichtspraxis wissenschaftlich reflek-tieren zu lernen. Selbst das Schulpraktikum während des Studiums ist nicht schon Be-rufsalltag, sondern steht im Kontext der Berufsfeldreflexion. In dieser ersten (vornehm-lich) theoretischen Phase der Ausbildung leistet die Religionsdidaktik ihren spezifi-schen Beitrag in der Reflexion der Faktoren, die für gelingendes Lehren und Lernen entscheidend sind.

Differenz zwischen Theorie und Praxis

Es bleibt noch die Frage, wie das Verhältnis von Theorie und Praxis genauer verstan-den werden kann. Dazu lassen sich drei Positionen unterscheiden.

Die erste Position geht davon aus, dass die Theorie der Praxis vorausgeht und Pra-xis die Anwendung von Theorie ist. Diese Vorstellung ist deduktiv konzipiert. Sie ba-

siert darauf, dass theoretische Begriffe mehr oder weniger direkt auf die Praxis »übertragen« werden können. In der Theorie ist definiert, »wie die Praxis sein soll«. Die Kritik an diesem Modell entzündet sich erstens an der Frage, ob die Praxis keinen Eigenwert habe und ob sie »nur« ein Anwendungsfeld der Theorie sei. So kann man mit
Recht fragen, ob es möglich und sinnvoll ist, theoretisch universale Lösungen für par-
tikulare Probleme zu entwickeln, denn was für den Religionsunterricht im Brennpunkt
einer Großstadt gilt, muss nicht vice versa für den Unterricht in einer ländlichen Region gelten; was ihn in einer konfessionell geprägten Region kennzeichnet, gilt nicht
vice versa für Diasporagebiete usw. Die zweite Kritik betrifft die Wertschätzung der in
der Praxis Handelnden. Sind die Lehrerinnen und Lehrer »Empfänger« und »Anwen-
der« vorgedachter Theorie? Was ist mit ihren eigenen Einsichten und subjektiven Theorien? Es ist deutlich, dass die Praxis von »Professionals« auf diese Weise kaum adäquat beschrieben wird (vgl. Heil/Faust-Siehl 2000). Drittens wird die angenommene
Identität von Theorie und Praxis abgewiesen. Stattdessen wird geltend gemacht, dass
es eine grundsätzliche Trennung von Theorie und Praxis gibt. Zwar beruht die (theoretische) Reflexion der Praxis auf einem Praxisbezug, und praktisches Handeln impliziert immer auch eine theoretische Reflexion – jedoch gehen beide nicht ineinander
auf. Erst unter der Prämisse der Differenz kann positiv von der Praxis-korrigierenden
Funktion der Theorie gesprochen werden. Wenn beide identisch sind, fällt diese Möglichkeit aus.

Die zweite Position kehrt die Denkrichtung des ersten Modells um und erklärt die
Praxis als vorrangig. Die Theorie soll induktiv die Regeln und Überzeugungen in sich
aufnehmen, die handelnde Menschen ausbilden. Der Praxis wird, z.B. in der Befreiungstheologie, in kritisch-emanzipatorischer Absicht eine kritische Funktion »gegenüber« der Theorie zugemessen: Die gelebte religiöse Praxis, ihre Werte, Normen und
Überzeugungen sollen zur Theorie (Theologie) führen, anstatt diese Praxis »von oben«
zu steuern. In pädagogischen Zusammenhängen ist eine Wertschätzung der Praxis
nicht unbekannt. Pädagogisches Handeln misst der Praxis in unterschiedlichen Bereichen eine hohe Bedeutung bei. Zum Beispiel ist geläufig, dass Lernprozesse bei dem
Ist-Stand der Lernenden ansetzen sollen. Die vorfindbare Praxis hat in dieser Perspektive einen unverrückbaren Wert. Die Frage ist aber, ob Theorie direkt aus Praxis entstehen soll und kann. Kritische Fragen sind etwa: Ist jede Praxis »gleich gut«? Wie soll
»schlechte« Praxis aufgedeckt werden? Hat nicht die Theorie auch die Aufgabe, Praxis
kritisch zu konfrontieren?

Die dritte Position geht von einer grundsätzlichen Trennung von Theorie und Praxis aus und stellt beide in ein dialektisches Verhältnis. Weder geht die Theorie »ganz«
in Praxis auf, noch fällt die Praxis »ganz« mit Theorie zusammen. Beide Bereiche funktionieren nach einer Eigengesetzlichkeit und führen ein »Eigenleben«. Die Vermittlung
kann nur »dialektisch« gelingen. Neues entsteht gerade dann, wenn Theorie und Praxis wechselseitig kritisch aufeinander bezogen werden, ohne dass die eine Größe die
andere absorbiert. In dieser Vorstellung sind Lehrerinnen und Lehrer »Praktiker«, die
ihre Praxis erstens aufgrund ihrer subjektiven Theorie reflektieren, planen und gestalten, die zweitens als »Professionals« ebenso in der Lage sind, Forschungsergebnisse zu
lesen und am theoretischen Diskurs teilzunehmen, und die drittens im Rahmen ihrer
Praxiserfahrung selbständig den Anwendungsbezug theoretischer Einsichten und Kon-

zepte herstellen. Lehrerinnen und Lehrer sind als »Praktiker« nicht nur »praktisch« tätig. Vielmehr wird herausgestellt, dass ihr Handeln immer theoriegeleitet ist. Was die Wissenschaftler betrifft, sind sie als »Theoretiker« nicht nur im Sinne eines »Elfenbeinturmgeschäfts« »theoretisch« tätig. Gerade die Formulierung »berufsfeldbezogene Theorie« macht deutlich, dass das Theorietreiben die Praxis zum Gegenstand hat.

Im Licht der dritten Position lässt sich über die wissenschaftliche Praxis der Religionsdidaktik sagen: Die Religionsdidaktik studiert die Praxis religiösen Lehrens und Lernens von einem theoretischen Blickwinkel aus, d.h. sie beobachtet diese Praxis, versucht sie zu verstehen und entwirft Handlungsmodelle und Szenarien. Die Religionsdidaktik »bricht« die Praxis auf, um neue und bessere Theorien der Praxis schreiben zu können. Studierende erwerben auf diese Weise eine »kognitive Landkarte«, mit der sie das »Gelände« der Schule und des Religionsunterrichts vermessen können. Diese Landkarte verhilft zu mehr Klarheit, beleuchtet die Bedingungen und Folgen eines bestimmten Handelns, und sie kann Routine und Gewohnheitspraxis kritisch konfrontieren. Das reflexive Vermögen ist eine Voraussetzung für den späteren Beruf, es ist aber nicht schon selbst mit der zukünftigen Lehrpraxis an der Schule identisch.

3. Religiöse Lernprozesse reflektieren, planen und verantworten

Religiöse Lernprozesse im Kontext der Schule zu planen ist heute nicht mehr eine Sache der Intuition, sondern der Profession. Reflexionsvermögen, planerische Kompetenz sowie die Entwicklung von Prinzipien zur pädagogischen und theologisch-hermeutischen Verantwortung des Lehrens und Lernens zählen zu den selbstverständlichen Bausteinen, die die Religionsdidaktik vermittelt.

Lernen und Lehren

Lehren und Lernen sind aufeinander verwiesen. Beim Lehren geht es um die Gesamtheit der Faktoren einer Lehrerin/eines Lehrers oder einer Lehrergruppe, durch die bei Schülerinnen und Schülern Lernen bewirkt werden soll, d.h. die Didaktik beschäftigt sich mit der Weise, wie Lehrerinnen und Lehrer Unterricht planen, durchführen und evaluieren. Hingegen bezeichnet Lernen jene Veränderungen im Bereich des Wissens, der Einsicht, der Fähigkeiten, Fertigkeiten und Haltungen auf Seiten der Schülerinnen und Schüler. Lernvorgänge werden davon gekennzeichnet, dass sie nicht allein auf Reifungsprozesse bzw. natürliche Entwicklung zurückgeführt werden können, sondern das Ergebnis einer Interaktion von »äußerer Einwirkung« (z.B. seitens der Lehrenden) und »aktiver Weltaneignung« (seitens der Lernenden) sind. An späterer Stelle (→ I.4.; → I.5.) wird ausgeführt, dass Lernen in unserem Verständnis nichts mit Modellen des Konditionierens (Maslow) oder des operanten Lernens (Skinner) zu tun hat, sondern seine Verortung in einem weiteren bildungstheoretischen Kontext findet. So hat man Lernen bespielsweise lange Zeit im Sinne eines Trichtermodells aufgefasst. Bei diesem Bild kommt vor allem die Seite der Vermittlung in den Blick. Heute interessiert sich die Didaktik ebenso intensiv für die Seite der Aneignung. Damit sind jene Vorgänge gemeint, die vonstatten gehen, wenn das Kind Informationen annimmt, verarbeitet und sich zu eigen macht. Wir wissen heute, dass Lebensorientierungen und Weltbilder nicht hinreichend durch »Übernahmeprozesse« erklärt werden können, sondern dass sie erheblich durch die Mitwirkung der Schülerinnen und Schüler zustande kommen. Nicht zu vergessen ist, dass Lehrer auch von Schülern lernen können. Die Weise, wie Schülerinnen und Schüler Rückmeldungen auf die Lehrperson und den Inhalt geben, sollte als Feed-back für die eigene Rollenklärung genutzt werden.

Reflexion intentionaler Lernprozesse

Die Religionsdidaktik beschäftigt sich mit einer besonderen Form des Lernens. Man unterscheidet inzidentelles (zufälliges, nicht-geplantes) und intentionales (bewusst geplantes) Lernen. Inzidentelles Lernen geschieht ständig und es erstreckt sich von der Geburt bis ins hohe Alter. Vermutlich geht der höchste Anteil familialen Lernens auf inzidentelle Lernprozesse zurück. Intentionales Lernen wird bewusst angestrebt, geplant und begleitet. In Lehrplänen und Unterrichtsmaterialien für die Schule wird das intentionale Lernen thematisiert. Lehrerinnen und Lehrer sind gehalten, auf diese Form des Lernens ihr Augenmerk zu legen (es ist Gegenstand von Prüfungen). Gleichwohl finden in der Schule beide Formen des Lernens statt. Die Religionsdidaktik reflektiert primär das intentionale Lernen, also jenes Lernen, das bewusst und gezielt angestoßen und begleitet wird, aber sie ist sich dessen bewusst, dass inzidentelles Lernen stattfindet, das Lernziele durchkreuzen oder auch unterstützen kann. Wenn zum Beispiel in dem Zeitraum, in dem ein ekklesiologisches Thema behandelt wird, die Kirche wegen eines Skandals häufig in den Medien ist, muss mit Fragen nach der Spannung zwischen Heiligkeit und Sündhaftigkeit der Kirche gerechnet werden. In diesem Fall kommt der Unterricht nicht umhin, sich mit den Wirkungen inzidentellen Lernens zu beschäftigen.

Lernprozesse konzipieren und verantworten

Verantwortet durch die Mittel der Wissenschaft reflektiert die Religionsdidaktik, wie *religiöses* Lernen konzipiert werden *kann* – und: wie es konzipiert werden *soll*. Sie beschäftigt sich mit dem *Können*, indem sie etwa Lernmodelle theoretisch und praktisch entwirft und diese empirisch hinsichtlich der Wirkungen überprüft; indem sie die alters- und entwicklungsgemäßen Voraussetzungen auf Seiten der Schülerinnen und Schüler berücksichtigt; indem sie den institutionellen und sozialen Kontext einbezieht; Lern- und Lehrmittel bewusst auswählt u.v.m. Aber sie beschäftigt sich auch mit dem *Sollen*, also der Verantwortung pädagogisch-didaktischer Beeinflussung. Sie muss sich sogar explizit mit dem Sollen befassen, denn jede »erzieherische Einwirkung«, die Lernen zu intendieren beabsichtigt, ist eine äußere Einflussnahme, deren normativer Kern der besonderen Verantwortung bedarf. Indoktrination ist in der Schule verboten – und sie sollte auch anderswo kein Mittel pädagogischer Arbeit sein. Daher sind die Fragen, was, wann, warum und wozu gelehrt und gelernt wird, besonders zu begründen. Die Religionsdidaktik muss sich mit normativen Fragen befassen.

4. Religiöses Lernen entlang des Lebenslaufs

Religiöses Lernen ist lebenslanges Lernen. Die Chancen der Schule, den Grundstein für eine religiöse Haltung zu legen, sind aber nicht als gering zu veranschlagen.

Wer schreibt die Geschichte des Lebenslaufs?

Es liegt noch nicht so lange zurück, dass Lernen als eine Aufgabe galt, die der Kinder- und Jugendzeit vorbehalten ist: »die Schule rüstet aus für das Leben«. Damit korrespondierte die Auffassung, dass Kinder als »weiße Blätter« in die erste Klasse kommen und dass sie die Schule »voll beschrieben« verlassen. In der Schule sollten sie alles erhalten, was sie zur erfolgreichen Lebensbewältigung bräuchten. Inzwischen ist die Einsicht gewachsen, dass, gerade auch in religiöser Hinsicht, Kinder in der ersten Klasse keineswegs »leere Blätter« sind, auch wenn sie immer weniger vom kirchlich repräsentierten Christentum wissen. Ebenso ist evident, dass ihr »Blatt« bei weitem nicht voll geschrieben ist, wenn sie die Schule verlassen. Ihr Blatt wird weiter beschrieben, denn Lernen ist ein lebenslanger Prozess. Ein weiteres Detail ist an dem Bild des zu beschreibenden Blattes problematisch. Das Bild erweckt den Eindruck, als ob jemand von außen schreibt und sich die Lernenden passiv verhalten, oder, dass jemand diktiert, was Lernende notieren. Wir wissen heute, dass Lernen auf diese Weise nicht hinreichend erfasst wird. Letztendlich ist jeder Mensch selbst der Autor seiner Lebensgeschichte. Wer jemand ist und was sie/er ist, was sie/er gelernt hat und was nicht, schreibt jede/r selbst in das Buch ihres/seines Lebens. Die Integration der Erfahrungen des Lebens auf eine Weise, dass man »Ich« sagen kann, kann durch Lernprozesse motiviert und begleitet, aber nicht selbst hergestellt werden (→ III.4).

Religiöses Lernen, also der Erwerb der Kompetenz, sein Leben in der Dimension letzter Fragen bzw. eines spezifischen Glaubens zu reflektieren und zu deuten, kommt nicht an ein Ende (Schweitzer 1987). Im Verlauf des Lebens verändern sich die Erfahrungen und Kontexte, die zu immer neuen Reflexionen und Deutungen herausfordern. Über die gesamte Biographie hinweg sind Anpassungen des früher Gelernten nötig. Das gilt für alle Bereiche des Lebens – die religiöse Dimension der Wirklichkeit ist davon nicht ausgenommen. Beispielsweise hat ab einem gewissen Zeitpunkt die Vorstellung einer magischen Gottesbeziehung ihre Relevanz und Plausibilität verloren. Es sind neue Interaktionsmodelle mit dem Ultimaten gefragt, soll die Gottesbeziehung nicht prinzipiell in Zweifel gezogen werden. Neue Modelle sind aber nicht »natürlich« angeboren, sondern sie werden – im besten Fall – gelernt. Dazu brauchen Schülerinnen und Schüler Anreize, die sie nicht nur bestätigen, sondern herausfordern. Sie müssen lernen können, dass, wenn Gott in Folge eines Bittgebets, eines Opfers oder einer Versprechung nicht so in die Welt eingreift, wie es erbeten worden ist, damit nicht die Existenz Gottes insgesamt in Frage gestellt, sondern das eigene Gottesbild das Problem ist (→ II.4).

Wenn man jungen Leuten zugesteht, dass sie letzlich selbst die »Eintragungen« in ihr »Lebensbuch« vornehmen, stellt sich die Frage nach einer angemessenen Begleitung. Drei Aspekte sollen im Folgenden kurz angedeutet werden:

Kontextuelle Stimmigkeit

Wir beschränken die religionsdidaktische Aufmerksamkeit in diesem Band auf den Bereich der Schule. In der Schule treffen wir auf spezifische institutionelle Voraussetzungen, die eine eigene intensive Beschäftigung nötig machen. Die Verankerung des Religionsunterrichts als ordentliches Lehrfach im Fächerkanon der Schule bringt viele Vorteile mit sich. Wie andere Fächer auch wird der Unterricht von der 1. bis zur 10. bzw. 13. Klasse durch einen Lehrplan strukturiert. Im Lehrplan lässt sich für die gesamte Schulzeit ein aufeinander abgestimmtes Lernen konzipieren. Es gibt übergreifende Themenabschnitte, in deren Horizont einzelne Stunden ihren »Sitz im Leben« erhalten. Religionsunterricht ist nach Form und Inhalt ein mit anderen Fächern vergleichbares Fach. Er beruht auf bestimmten Standards, die heute den Schulalltag prägen. Lehrer unterrichten in der Regel mehrere Fächer, so dass der Religionsunterricht auch von Seiten der Unterrichtenden her in den Fächerkanon insgesamt integriert ist. Freilich hat das schulische Lernen Grenzen. Der Religionsunterricht muss sich, wie andere Fächer auch, in einen 45-Minuten-Takt einfügen, er muss sich mit den primär kognitiv orientierten Lernprozessen in der Schule arrangieren und er muss konzeptuell stets häufiger berücksichtigen, dass die Schülergruppe sehr unterschiedliche Voraussetzungen mitbringt. Neben Unterrichtsmodellen, die ihr Augenmerk auf Wissenstransfer legen, wird verstärkt über erfahrungsbetontes Lernen nachgedacht, also ein Lernen mit Kopf, Herz und Hand, das Kognition, Emotion und Pragmatik integriert. Auch wenn in der schulischen Praxis die Wissensorientierung dominiert, enthalten die Neuansätze viele Chancen. Es gilt, mit einer realistischen Sicht auf die institutionellen Voraussetzungen der Schule die Möglichkeiten auszuschöpfen, die die Schule bietet, aber auch die Grenzen zu erkennen, die mit der Institution zwangsläufig verbunden sind. Die Leistungen des Religionsunterrichts sind nach wie vor im Zusammenhang zu sehen mit den außerschulischen Lernorten, insbesondere der Familie, der Gemeinde und anderen Institutionen wie der gemeindeübergreifenden Jugendarbeit (etwa in kirchlichen Jugendverbänden).

Altersspezifische Orientierung

Mit der Konzentration auf das Lehren und Lernen in der Schule geht eine altersspezifische Eingrenzung auf Lernprozesse mit Kindern, Jugendlichen und (zum Teil schon) jungen Erwachsenen von ca. 6 bis ca. 20 Jahren einher. Fragen der familialen und vorschulischen religiösen Bildung, der Gemeindekatechese, Jugendarbeit oder Erwachsenenbildung zählen zwar zum Gegenstandsbereich der Religionspädagogik und -didaktik, bleiben aber in diesem Band ausgeklammert. Das Altersspektrum von 6–20 Jahren umfasst mehrere Etappen: die Phase der Kindheit, der Übergang zur Jugend und schließlich das junge Erwachsenenalter (→ II.2).

- In den ersten vier bis sechs Schuljahren haben wir es mit Kindern zu tun. Auch wenn Kinder ihre Welt sinnenreich und am liebsten spielerisch erschließen, ist die rationale Verantwortung und Begründung religiösen Lernens nicht dagegen auszuspielen. Bereits in der Grundschule diskutieren Kinder die Frage, ob es einen Gott gibt oder nicht. Man kann diese und ähnliche Fragen nicht hinreichend mit Beziehungsspielen beantworten. Eine gute Integration unterschiedlicher Zugänge ist von Beginn der Schulzeit an wichtig.

- Innerhalb der Jugendphase kommt der Adoleszenz eine besondere Bedeutung zu. Für Adoleszierende stellt sich das eigene Leben in Bezug zur Umwelt (Familie, Schule) besonders problematisch dar. Alte Sicherheiten brechen weg und neue werden (unter Unständen nur mühsam) über einen längeren Zeitraum hinweg gefunden. Die religiöse Entwicklung ist in diesem Stadium äußerst fragil: »hergebrachte Wahrheiten« werden hinterfragt, zum Teil bleibt »kein Stein auf dem anderen«, der Verweis auf Autorität und Tradition geht ins Leere. Die De-Konstruktion religiöser Überzeugungen kann bisweilen in den Augen der Lehrerinnen und Lehrer »brutale« Ausmaße annehmen. Aber auch hier gilt es, radikale Anfragen und Bestreitungen als Herausforderung an den Unterricht zu sehen, befriedigende Denkmodelle und Erfahrungen anzubieten.

- In der Oberstufe geht es schließlich darum, zukunftsorientierten jungen Leuten die religiöse Dimension der Wirklichkeit auf eine Weise zu erschließen, die Schritt hält mit der prosperierenden Erfahrung der eigenen Möglichkeiten. Vielleicht besteht die religionsdidaktische Herausforderung vor allem darin, zu zeigen, wie der eigene Wunsch, in und mit dieser Welt modern und zeitgemäß zu sein, verschränkt werden kann mit der Möglichkeit, ebenso Christ zu sein. Diese Integration kann paradigmatischen Charakter für das kommende Erwachsenenalter haben.

Für alle diese Altersphasen gilt, dass sie in religionspädagogischer und -didaktischer Perpektive nicht als defizitär angesehen werden. Kinder und Jugendliche sind nicht die unfertigen »noch-nicht-Erwachsenen«. Jedes Alter wirft seine eigenen Fragen und Herausforderungen auf, die nicht erst aus der Perspektive eines fortgeschrittenen Erwachsenenalters ihre Seriösität erhalten.

Entwicklungsgemäße Orientierung

Religiöses Lernen muss während der Schulzeit auch entwicklungsgemäß reflektiert werden. Alter und Entwicklung korrelieren miteinander, sind aber nicht identisch. Der Begriff »Entwicklung« bezieht sich auf eine Reihe von Aspekten, z.B. auf kognitive Operationen (Piaget), moralisches Urteilen (Kohlberg, Gilligan), Stufen der Identität (Erikson, Marcia, Mead, Ricœur) und des Selbst (Kegan), religiöses Urteilen (Oser) und Religiosität (Fowler). Jede dieser Theorien kennt einige Gesetzmäßigkeiten, nach denen sich Entwicklung vollzieht (→ II.4; II.9). Sie beschreiben Entwicklungsverläufe, die sich von weniger komplexen zu höher komplexen Einsichten und Denkoperationen erstrecken. In empirischer Hinsicht bleibt zwar manche Frage offen, jedoch ist ihr heuristischer Nutzen unbestritten. Entwicklung und Alter hängen insofern zusammen, als bestimmte Entwicklungsstufen gehäuft in bestimmten Altersgruppen zu finden sind. Allerdings sind Streuungen möglich, die sogar mehrere Schuljahre umfassen können. Die Altersangabe »10 Jahre« sagt also nicht unmittelbar etwas darüber aus, wie der Entwicklungsstand der Kinder in der vierten Grundschulklasse beschaffen ist. Beispielsweise ist bekannt, dass Mädchen früher pubertieren als Jungen. Diese psychobiologische Differenz hängt also stärker mit dem Geschlecht als mit dem Alter zusammen. Auf die einzelnen Schüler hin ist eine weitere Besonderheit von Bedeutung, dass nämlich nicht alle Entwicklungsdimensionen immer gleich weit entwickelt sein müssen. Piaget nannte diese Ungleichzeitigkeit »decalage«. Beispiele wären das Kind, das formal-operativ denken kann, aber in einer magischen Gottesbeziehung (»Do ut des«) verharrt; oder ein Erwachsener, der in einem anspruchsvollen Beruf arbeitet, aber in religiöser Hinsicht seinen Kinderglauben beibehalten hat. Es zeigt sich also die Notwendigkeit, neben der Altersgemäßheit religiösen Lernens auch auf die Entwicklungsgemäßheit zu achten. Die Perspektive der Entwicklung ermöglicht diagnostisch eine adäquate Einschätzung der Ausgangssituation und sie zeigt auf, wohin eine Weiterentwicklung führen kann.

Zusammenfassung

Die Erläuterung des Gegenstandes der Religionsdidaktik wird zunächst auf den Begriff »Religion« verwiesen. Zum einen kommt die Vielgestaltigkeit des Phänomens Religion in den Blick, zum anderen wird diese Pluriformität von der christlichen Perspektive aus thematisiert. Auf den Gegenstand der Religionsdidaktik verweist aber auch der »Begriff« Didaktik. Ganz gleich, ob man Didaktik »weit« als »Lehre über alle Formen und Stufen des Lernens und Lehrens« definiert, oder ob man der »engen« Definition »Didaktik als Lehre über den Unterricht« den Vorzug gibt, in beiden Fällen steht das Lehren und Lernen im Mittelpunkt – in diesem Band fokussiert auf die Schule. Religion kommt also nicht exklusiv aus historischem, biblischem oder systematischem Interesse zur Sprache, sondern in der Perspektive des Lehrens und Lernens. Die Religionsdidaktik vermittelt keine fertige Unterrichtskompetenz, sondern ein wissenschaftlich begründetes reflexives Vermögen, das in die Lage versetzt, Praxis deskriptiv-analytisch zu beschreiben und Ansatzpunkte für gezielte Interventionen zu entwickeln. Die Differenz zwischen Theorie und Praxis ist nicht aufhebbar. Gerade die Nicht-Reduzierbarkeit von Theorie auf Praxis und umgekehrt eröffnet die Möglichkeit zu Kritik und Innovation.

Die universitäre Religionsdidaktik hat ihr direktes Ziel in der Ausbildung einer reflexiven Kompetenz bei den Studierenden. Ihr indirektes Ziel ist die Verbesserung der Praxis religiösen Lernens. Ziel des religiösen Lernens in der Schule ist wiederum die Herausbildung einer Haltung bei den Schülerinnen und Schülern, die Welt im Licht religiöser Traditionen sehen zu lernen und die Möglichkeit des Vertrauens in den Glauben an Gott zu prüfen.

Lesehinweis

Schweitzer, Friedrich (1987): Lebensgeschichte und Religion. Religiöse Entwicklung und Erziehung im Kindes- und Jugendalter, München.

Terhart, Ewald (Hg.) (2000): Perspektiven der Lehrerbildung in Deutschland. Abschlussbericht der von der Kultusministerkonferenz eingesetzten Kommission, Weinheim/Basel.

I.2 Religionsdidaktik als Wissenschaft

Stephan Leimgruber / Hans-Georg Ziebertz

Religiöses Lernen wurde lange Zeit in der Katechetik thematisiert. Seit Beginn des 20. Jahrhunderts setzt sich die Bezeichnung Religionspädagogik durch mit der Religionsdidaktik als Teilbereich. Als wissenschaftliche Disziplin im heutigen Verständnis erforscht die Religionsdidaktik Lehr- und Lernprozesse von Religion. Sie will die Praxis religiösen Lernens zunächst beschreiben und verstehen. Das theoretische Wissen soll des Weiteren dazu dienen, erneuernd auf die Praxis einzuwirken, zum Beispiel im Bereich der Lehrerbildung. Die Religionsdidaktik ist in der Theologie angesiedelt, aber sie hat einen intradisziplinären Charakter. Damit ist gemeint, dass sie nicht nur theologisches Wissen methodisch angereichert in Lernprozesse einspeist, sondern dass sie dieses Wissen selbst noch einmal unter pädagogischen, allgemein-didaktischen, psychologischen und soziologischen Gesichtspunkten bearbeitet und dabei die Schülerinnen und Schüler im Blick hat. Zeitgenössischen Ansätzen der Religionspädagogik und Religionsdidaktik geht es nicht nur darum, Wissen zu vermitteln, sondern auch um eigene Theoriebildung. Ihre Methodologie oder Forschungslogik bezieht geschichtlich-hermeneutische, ideologiekritische und empirisch-analytische Aspekte ein, die untereinander verbunden sind.

Die Überlegungen dieses Kapitels setzen geschichtlich an und zeichnen einige Entwicklungsetappen des wissenschaftlichen Selbstverständnisses der Religionsdidaktik nach (1). Ihr Ursprung liegt in der Katechetik des 16. Jahrhunderts, die sich im Laufe der Zeit zunehmend selbst reflektiert und im Kontakt mit den Humanwissenschaften zur heutigen Gestalt gefunden hat. Wie sich die Religionsdidaktik gegenwärtig als Wissenschaft artikuliert, wie sie forscht, ihr Wissen gewinnt und kritisch überprüft, soll an den drei Schwerpunkten aufgezeigt werden: hermeneutisch, empirisch-analytisch und ideologiekritisch (2). Die universitäre Religionsdidaktik ist mehrfach auf Kooperation ausgerichtet. Sie arbeitet zum einen mit den theologischen Disziplinen zusammen (Bibelexegese, Systematische Theologie und Kirchengeschichte). Neben Pastoraltheologie, Liturgiewissenschaft und Kirchenrechtswissenchaft wird sie zu den Fächern der Praktischen Theologie gerechnet und interessiert sich für die religiöse Praxis in Gesellschaft und Kirche, freilich wiederum mit dem Fokus auf religiösen Lehr- und Lernprozessen (3). Zum anderen steht sie im Verbund mit den Humanwissenschaften, besonders mit den verschiedenen Domänen der Psychologie, Sozial- und Erziehungswissenschaft (4). Schließlich kommt in diesem Kapitel die Binnendifferenzierung der Religionsdidaktik zur Sprache, d.h. ihr Verhältnis zur allgemeinen Didaktik, zur Fachdidaktik und zur Methodik (5).

1. Von der Katechetik zur Religionsdidaktik

Spannen wir einen weiten Bogen: Die Philosophie hat vor 3000 Jahren mit den Fragen der Vorsokratiker »nach dem letzten Grund« begonnen, die Exegese vor über 2000 Jahren mit den bereits deutenden Abfassungen der Bibel und die systematische Theologie vor etwa 800 Jahren (im Hochmittelalter) mit der »Summenproduktion« (z.B. des Thomas von Aquin). Die Anfänge der Katechetik liegen unmittelbar nach dem Konzil von Trient (1545–1563), als die ernsthaften Anfragen der Reformatoren an die traditionelle Kirche ein vertieftes Nachdenken über die Gründe, Ziele, Inhalte, Methoden und Organisationsformen der religiösen Erziehung bewirkten. So entstanden im Zuge der Anweisungen des Konzils von Trient Konzepte zur systematischen und kontinuierlichen Belehrung der Gläubigen, und zwar der Erwachsenen wie der Kinder. Katechismen für Schule und Gemeinde wurden ausgearbeitet, Predigt, Christenlehre und Religionsunterricht neu überlegt oder gar erst eingeführt. Auf diese Weise entstand die Katechetik als eigenständige Disziplin um 1570 (Mette 1994, 77–78).

Rund 200 Jahre später, unter Kaiserin Maria Theresia, wurde die Katechetik zum verpflichtenden Ausbildungsfach für Kleriker und innerhalb der Fächergruppe der Praktischen Theologie angesiedelt. Damals gehörten zur Praktischen Theologie die Theorie der Seelsorge (Poimenik), die Liturgiewissenschaft und die Predigtlehre (Homiletik). Abt Stephan Rautenstrauch hat sie 1744 zur Universitätsdisziplin erhoben. Die Katechetik erscheint somit an ihrem Ursprung als Teilgebiet der Pastoraltheologie (Exeler 1966, 4). – In der Zeit der Aufklärung bildet sich allmählich eine Theorie des kirchlich-pastoralen Handelns heraus, wobei für die katechetische Unterweisung methodische Fragen im Mittelpunkt standen. Gleichzeitig konstituierten sich die Disziplinen der Pädagogik und der Psychologie als wissenschaftliche Disziplinen.

Im ersten Drittel des 19. Jahrhunderts entwarf der zunächst in Tübingen, später in Freiburg lehrende Johann Baptist Hirscher (1788–1865) die erste »Katechetik«. Unter »Katechetik« verstand er eine Anleitung für die Seelsorger, junge Menschen zu einem in den Seelenkräften verwurzelten und in der Liebe wirksamen Glauben zu führen, in seinen Worten »zur christlichen Volljährigkeit« (Hirscher 1831, 6): »Die Anleitung, die hier folgt, soll mithin den Seelsorger unterrichten, wie er, unter Grundlegung der Kräfte der menschlichen Seele und ihrer Gesetze, mittelst des Wortes und dessen Uebung, die durch die Taufe bereits der Gemeinde zugeschriebenen Christenkinder zu volljährigen Gliedern derselben heranbilden, d. i. zu einem Glauben, der in Liebe thätig ist, führen möge. Ich nenne diese Anleitung kurzweg *Katechetik*« (Hirscher 1831, 6). – Also nicht das Behalten dogmatischen Satzwissens, sondern die Förderung der seelischen Grundkräfte im Menschen war die zentrale Aufgabe religiöser Bildung. Hirscher kritisierte die neuscholastischen Katechismen und das damit verbundene Auswendig-Lernen: »Fragen ohne Zahl, bald vom höchsten Belange, dann gleich wieder die unerheblichsten Dinge laufen bunt durcheinander« (Hirscher 1831, 53). – Stattdessen setzte er im Anschluss an Bernhard Overberg (1754–1826), den bekannten Lehrer- und Priesterbildner in Münster, bei den zentralen Fragen des Lebens und Glaubens an, konzentrierte sich auf das Wesentliche des Glaubens, das es jungen Menschen anschaulich und existentiell zu vermitteln galt. Katechetik wird also von Hirscher als umfassende Anleitung zur Weckung und Vertiefung eines reifen Glaubens verstanden.

Sie unterscheidet sich noch nicht von der Religionspädagogik oder auch Religionsdidaktik, die ein ununterschiedenes Ganzes bilden, und seine Konzeption ist durchaus einer kirchlichen Perspektive verpflichtet, doch vermittels des »Reich-Gottes-Begriffs« enthält sie zugleich eine Öffnung auf grundsätzliche religiöse Bildung und Erziehung hin (vgl. Biesinger 1989; Fürst 1989).

Zu Beginn des 20. Jahrhunderts können erste *Grundüberlegungen der Religionsdidaktik* festgemacht werden bei den Vertretern der Münchener Methode: Heinrich Stieglitz, Anton Weber, Joseph Göttler (in Wien Michael Gatterer) gingen bei den großen Didaktikern des 19. Jahrhunderts in die Schule und wandten die Herbart-Zillersche Formalstufenlehre (→ I.3) auf das religiöse Lernen an. Gegenüber der uniformen texterklärenden Methode, wie sie Katechismen nahe legten, wollten sie die psychologischen Erkenntnisse für die Optimierung des Verstehens und des religiösen Lernens insgesamt nutzen. *Nach Jahren des Nebeneinanders ist dies eine erste Kooperation der Religionsdidaktik mit Psychologie und Pädagogik!*

Ganz anders das Wissenschaftsverständnis der *Kerygmatik* zwischen 1930 und 1965 mit ihren Vertretern Joseph Andreas Jungmann, Romano Guardini und Franz Xaver Arnold. Sie wollten der Katechetik ihr Spezifikum zurückgeben, weshalb sie sich von der Kooperation mit den Humanwissenschaften abwandten und sich auf die Theologie konzentrierten. Die Kerygmatik als übergeordneter Begriff für Homiletik und Katechetik wird als primär theologische Disziplin verstanden, welche zunächst ihre Grundbegriffe »Reich Gottes«, »Frohbotschaft«, »Verkündigung« klären muss. Mittelpunkt der religiösen Erziehung ist Christus. Zu ihm zu führen ist Aufgabe der theologischen Wissenschaften. Eine psychologische Methodik dürfte keineswegs über die Inhalte verfügen. Also reflektierte die Katechetik als Kerygmatik die Glaubensunterweisung als pfingstliches Ereignis im Raum der Kirche (Läpple 1981, 183).

Die moderne Religionspädagogik als interdisziplinäre Wissenschaft und als Teilgebiet der Praktischen Theologie mit eigenem Profil spiegelt sich erst nach dem Zweiten Vatikanischen Konzil im »*Handbuch der Religionspädagogik*« (1973–75) unter der Schriftleitung von Erich Feifel wieder. Dieses begründet die Religionspädagogik in einem allgemeinen operationalen Religionsbegriff und versteht die Disziplin als »mehrdimensionales Arbeitsfeld« (HRP 1973, I, 46) mit stetem Praxisbezug im Kontext einer anthropologisch gewendeten Theologie. Ihr Forschungsinteresse bezieht sich auf die religiösen Lernprozesse entlang der Biographie, ihre Lernorte sprengen den Religionsunterricht, während die Religionsdidaktik zwar auch Fragen des religiösen Lernens z.B. in der Erwachsenenbildung behandelt, aber hier auf den schulischen Religionsunterricht fokussiert wird (vgl. u.a. Bizer 1988; Bitter/Englert 1990; Feifel 1995; Leimgruber 2000; Werbick 1985). – Dieses neue interdisziplinäre Selbstverständnis löst die frühere Katechetik ab. Die rein theologisch und innerkirchlich verstandene Katechetik wird an der Universität angesiedelt und befindet sich im Dialog mit den Humanwissenschaften. Zur jüngsten Entwicklung zählt der *Aufschwung der »empirischen Religionspädagogik«*, wozu Klaus Wegenast 1968 den Startschuss gab (sog. »empirische Wende«). Die empirische Religionspädagogik ist von der Überlegung geleitet, dass in den Erfahrungen der Menschen bereits theologisch gespürt und in den Köpfen theologisch gedacht wird (van der Ven 1988). Die Topoi des Konzils »Glaubenssinn der Gläubigen« und »Zeichen der Zeit« (Wiederkehr 1994) gewinnen neue Bedeutung.

2. Gegenwärtige Begründungen einer Religionsdidaktik als Wissenschaft

Fragen wir nun ausdrücklich nach dem wissenschaftlichen Selbstverständnis der Religionsdidaktik in der Gegenwart. Die Kennzeichen wissenschaftlichen Arbeitens gelten uneingeschränkt auch für sie. *Wissenschaft ist eine Tätigkeit, die Wissen und Erkenntnis über einen bestimmten Gegenstand vermehrt, indem sie diesen Gegenstand zu verstehen versucht, Gesetzmäßigkeiten entdeckt, Theorien entwirft und vor allem Aussagen produziert, deren Wahrheitsanspruch intersubjektiv nachprüfbar ist* (vgl. Ziebertz 1992, 151). Der Gegenstand religionsdidaktischer Forschung ist das erzieherische Handeln in Bezug auf Religion bzw. das religiöse Lernen. Drei Wege bieten sich an, um zu einer Vergewisserung dieses Handelns zu gelangen, neue Erkenntnisse hervorzubringen und dieses intersubjektiv zu überprüfen. In der wissenschaftstheoretischen Diskussion werden hermeneutische, empirische und ideologiekritische Zugänge unterschieden (Habermas 1968).

Hermeneutik als deutendes Verstehen

In der *hermeneutischen Forschung* geht es um Auslegung und Sinnerfassung. Das Ergebnis dieser wissenschaftlichen Tätigkeit könnte als »reine Theorie« erscheinen, es gründet aber in Wirklichkeit auf einem Beziehungsgeflecht zwischen dem die Ausgangssituation bestimmenden Vorverständnis eines Interpreten und dem hermeneutisch produzierten Wissen, das im Rahmen des Vorverständnisses auf Situationen bezogen wird.

Die praktische Relevanz der Hermeneutik zeigt sich darin, dass erzieherisches Handeln in der Religionsdidaktik im Lichte der jüdisch-christlichen Tradition ausgelegt werden muss. Maßstäbe dieses Handelns können nicht einfach aus der Bibel oder der kirchlichen Lehre entnommen werden. Es ist immer wieder neu zu fragen, wie aktuelles und künftiges Handeln auf die Geschichte des befreienden Handelns Gottes bezogen werden kann. Es geht darum, die Erinnerungen an die Geschichte Gottes mit den Menschen in der Fokussierung auf das Christusereignis wachzuhalten und in einem dialogischen Geschehen von einer Generation zur nächsten weiterzuerzählen. Aus diesen Erinnerungen sind Impulse für Gegenwart und Zukunft zu gewinnen. Gottes Handeln darf weder statisch festgeschrieben noch kulturinvariant definiert werden. Es will in jeweils neue geschichtliche Kontexte ausgelegt werden. Die alten Verheißungen können dabei oft die etablierten Selbstverständlichkeiten der erzieherischen Praxis sprengen und nach dem wahren Leben fragen lassen (Mette 1994, 137).

Empirie als Wirklichkeitsvergewisserung

Empirische Forschung ist an der Produktion von erfahrungswissenschaftlich begründeten Aussagen interessiert. Sie will Regeln für den Aufbau von Theorien erkennen und beschreiben sowie deren Überprüfung leisten. Die Erkenntnisse können auf unterschiedliche Weise gewonnen werden. Man kann grob zwischen deduktiv-hypothetischen, induktiv-explorativen und intervenierend-handlungsorientierten Wegen (Designs) unterscheiden (vgl. Ziebertz 1994a; 2000a). Empirische Befunde sind nicht etwas unmittelbar objektiv Evidentes, sondern ihnen geht immer ein leitendes Interesse voraus. In der religionsdidaktischen Forschung stehen Lehr- und Lernprozesse im Mittelpunkt, die verstanden und erklärt werden sollen. Das direkte Forschungsziel liegt in der Vermehrung theoretischen Wissens, das indirekte Ziel in der Orientierung besseren Handelns. Eine empirische Religionsdidaktik hat den naiven Erkenntnisoptimismus überschritten, der an die Möglichkeit einer spiegelbildlichen Abbildung der Wirklichkeit glaubte. Stattdessen ist die Erkenntnis gewachsen, dass Erhebungen vorstrukturiert sein müssen, um relevant zu sein, dass jede Beobachtung standortgebunden ist und dass letztlich jede Antwort eine bestimmte ausgewählte Frage voraussetzt. Unterschiedliche Methoden begünstigen unterschiedliche Ergebnisse. Daraus ergibt sich die Notwendigkeit einer Vielfalt empirischer Methoden. Trotz dieser Relativierung sind empirisch gewonnene Daten nicht willkürlich oder blosse Spekulation. Vielmehr lassen sich Hypothesen in einem theoretischen Rahmen bestätigen oder widerlegen. Eine Annäherung an die Wirklichkeit ist durch empirisches Arbeiten möglich (vgl. Ziebertz 2001a). Bedarf an Kenntnissen über die Wirklichkeit ist insbesondere im Rahmen einer realistischen Einschätzung der Ausgangssituation von Bildungs- und Lernprozessen nötig. Allerdings gibt es nicht nur instrumentelle Gründe für empirisches Arbeiten. Ein theologisches Argument für empirisches Arbeiten ist das Theologoumenon vom Glaubenssinn der Gläubigen. Über diesen Glaubenssinn sollte die Theologie insgesamt nicht nur spekulieren, sondern sie sollte sich um dessen systematisch-empirische Erhebung bemühen (Beachtung der »Zeichen der Zeit«). Der Glaubenssinn verdient Beachtung, wenn die Rede vom »allgemeinen Priestertum« ernst genommen wird.

Ideologiekritik als hinterfragende Selbstreflexion

Ideologiekritische Wissenschaft will mit den Mitteln der Ideologiekritik einen Prozess der Selbstreflexion in Gang bringen, um unreflektiertes Bewusstsein in kritisches Bewusstsein zu überführen und Subjekte aus Abhängigkeiten zu befreien. Das leitende Interesse ist Emanzipation. Die ideologiekritische Perspektive bringt also die Aufgabe ins Spiel, erzieherisches Handeln auf Entfremdung und Unterdrückung hin zu befragen. Diese Dimension religionsdidaktischer Forschung geht von der Überlegung aus, dass religionspädagogisches Handeln stets gesellschaftlich verortet ist und unter bestimmten ökonomischen Voraussetzungen und institutionellen Vorgaben stattfindet. Auf dem Hintergrund solcher Abhängigkeiten und der naturgemäßen Neigung, eher das Bestehende zu konsolidieren als es in Frage zu stellen, will ideologiekritisches Denken erzieherische Programme kritisch-deutend hinterfragen und auf möglich Entfremdungen und Unterdrückungsmechanismen hin abtasten. Die ideologiekritische Reflexion bezieht sich damit auf die grundsätzliche Ambivalenz der Religion. Im Namen der Religion können Menschen in neue Abhängigkeiten geraten oder für egoistische Zwecke instrumentalisiert werden. Was wurde beispielsweise mit der Kategorie »Gehorsam« nicht alles gemacht, die biblisch mit dem »gehorsamen Jesus« (Lk 2,51) begründet wurde? Wie hat man die Vorschrift missbraucht, gegenüber öffentlichen Autoritäten gehorsam zu sein, weil sie Stellvertreter Gottes seien (Röm 13,1f)? Die ideologiekritische Dimension religionsdidaktischer Forschung versucht das prophetisch-kritische Potenzial zu nutzen und die optionale Parteilichkeit Gottes zu antizipieren.

Interdependenzen zwischen den verschiedenen Forschungsbereichen

Die Differenzierung zwischen Hermeneutik, Empirie und Ideologiekritik macht deutlich, dass mit dem Forschungsprozess drei erkenntnisleitende Interessen verbunden sind: einen Beitrag zum *Sinnverstehen* zu leisten, *Erfahrungswissen* zu produzieren und *Emanzipation* zu fördern. Die drei Forschungsperspektiven stehen miteinander in Zusammenhang und überschneiden sich partiell (vgl. Ziebertz 1996a).

Im Kontext einer sich praktisch verstehenden Disziplin ist die systematische Erhebung von Erfahrungswissen notwendig (Empirie). Ohnedies steht sie in der Gefahr, ihre Programme auf dem Boden der Spekulation zu errichten. Adäquatheit, beispielsweise bei der Entwicklung von Lernzielen oder der Einschätzung der Beginnsituation von Lernprozessen, würde zu einem Produkt des Zufalls. Empirische Methoden können dazu dienen, sich Klarheit über das »materiale Objekt« der Praktischen Theologie zu verschaffen: die vorfindbare religiöse Praxis!

Hermeneutik ist notwendig und zwar in dreifacher Hinsicht. Für den Religionsunterricht gibt es Konzepte, in denen die Aufgaben des Unterrichts festgelegt werden. Es ist Sinnverständigung darüber notwendig, wie allgemeine Perspektiven, konkrete Ziele, gezielte Interventionen etc. beschaffen sein sollen. Eine hermeneutische Sinnverständigung ist weiter in Bezug auf die Erhebung von Erfahrungswissen notwendig, denn solche Erhebungen geschehen weder theorielos, noch beinhalten Erfahrungsdaten bereits in sich ein Programm, was mit ihnen getan werden kann oder soll. Schließlich bezieht sich die hermeneutische Reflexion auf die Dialektik zwischen Normativität und Faktizität und zwischen Theorie und Praxis. Mit Hilfe der theologisch-hermeneutischen Reflexion geschieht Sinnverständigung über das »formale Objekt« der praktisch-theologischen Forschung: die Reflexion über die Spannung zwischen einer Praxis, wie sie ist und wie sie sein soll.

Eine kritische Perspektive ist notwendig, die sich auf metakommunikativer Ebene sowohl auf die hermeneutische Reflexion als auch auf den Prozess der Erhebung von Erfahrungsdaten bezieht. Sie hinterfragt Ideenkonzepte nach deren impliziten Voraussetzungen, die der Befreiung des/der Menschen zu Selbständigkeit und Freiheit entgegenstehen. Sie reflektiert den Gebrauch von Methoden (vgl. Ziebertz 1994a) und prüft, inwieweit sie als Mittel mit dem Ziel der Befreiung korrespondieren oder nicht.

Diese drei Perspektiven schließen sich nicht aus, sondern können als eine gegenseitige Ergänzung verstanden werden: Hermeneutik ohne Ideologiekritik läuft Gefahr, Ideologie zu produzieren; Hermeneutik ohne Empirie läuft Gefahr, die Wirklichkeit aus dem Blick zu verlieren; Empirie ohne Hermeneutik läuft Gefahr, positivistisch verstanden zu werden; Empirie ohne Ideologiekritik kann dazu führen, Faktenwissen unkritisch zu übernehmen oder als Herrschaftswissen einzusetzen; Ideologiekritik ohne Hermeneutik führt zu Positionalismus, und Ideologiekritik ohne Empirie droht selbst zur Ideologie zu werden.

3. Religionsdidaktik in Kooperation mit den theologischen Disziplinen

Religionsdidaktik als praktisch-theologische Disziplin

Ältere Entwürfe der Religionsdidaktik haben die Disziplin oftmals als einen Appendix vor allem der systematischen Theologie verstanden. Aufgabe der Didaktik sollte es sein, die Lehre der Kirche methodisch in religiösen Lernprozessen »umzusetzen«. Dahinter verbirgt sich das Konzept einer Didaktik als Anwendungsdisziplin. Eine Vergewisserung der Verortung der Religionsdidaktik in der Praktischen Theologie kann helfen, eine solche folgenreiche Verengung zu vermeiden. Die Religionsdidaktik liefert als praktisch-theologische Subdisziplin eine »Theorie religiös begründeter Praxis in Kirche und Gesellschaft« (Lämmermann 1991). Sie erbringt aufgrund ihrer eigenen Fragerichtung eine eigenständige theologische Leistung (Ziebertz 1998).

Der Begriff »Praktische Theologie« ist ein Oberbegriff für praktisch-theologische Subdisziplinen wie Religionspädagogik und -didaktik bzw. Katechetik, Liturgik, Pastoraltheologie, Homiletik, Poimenik und Caritaswissenschaften. Das Adjektiv »praktisch« ist nicht etwa ein Pendent zu »theoretisch«. »Praktisch« verweist vielmehr auf das materiale Objekt, den Gegenstand der Praktischen Theologie, nämlich die religiöse Praxis. Die Praktische Theologie ist auf das Handeln in der Praxis gerichtet. Die oben genannten praktisch-theologischen Subdisziplinen reflektieren die religiöse Praxis in unterschiedlichen Handlungsfeldern. Als »Theologie« will die Praktische Theologie diese Praxis verstehen, erklären und Orientierungsmöglichkeiten für zukünftiges Handeln bereitstellen. Der Anspruch auf *Handlungsorientierung* schließt eine theologisch-normative Reflexion ein. Der Blickwinkel (das formale Objekt) der Praktischen Theologie kann beschrieben werden als die Reflexion über die Spannung zwischen dem, was ist, und dem, was sein könnte bzw. sollte. Damit ist nicht gemeint, dass die Theologie über normative Aspekte reflektiert und diese der Praxis gegenüberstellt, vielmehr geht es um eine »Theorie der Praxis«. Die religiöse Praxis hat selbst viele Facetten. Sie ist nicht mehr ausschließlich deckungsgleich mit kirchlich-christlicher Praxis. Zunehmend wird deutlich, dass die Differenzierungsprozesse in der modernen Gesellschaft das religiöse Feld nicht unbeeinflusst lassen. Kirche und Kultur, Theologie und Religion sowie Theorie und Praxis sind auseinandergetreten.

Diese Veränderungen wurden bereits im 18. Jahrhundert wahrgenommen und als tiefgreifende Krise interpretiert (vgl. Drehsen 1988). Mit der Etablierung der Praktischen Theologie im theologischen Fächerkanon wollte man die Krise überwinden. Die Geschichte der Praktischen Theologie zeigt, dass die Untersuchung der Bedingungen der Praxis immer auch in instrumenteller Absicht geschehen ist: Man muss die Praxis kennen, um adäquater auf sie einwirken zu können. Allerdings: die religiöse Praxis zu kennen, um im Kern unveränderte Programme besser zur Anwendung zu bringen, kann auf Dauer nicht erfolgreich sein. Diese Perspektive berücksichtigt zu wenig die Subjekte, denen bestimmte Traditionen fremd sind, ohne dass sie deshalb zwangsläufig religiös ›unmusikalisch‹ (Max Weber) sein müssen. Neben das instrumentelle Interesse auf Einwirkung zeigt sich vermehrt die Notwendigkeit, die veränderte Situation und die *handelnden Subjekte* in ihrem *biographischen Kontext* überhaupt zu verstehen (vgl. Ziebertz 1999a).

Religionsdidaktik in Relation zur biblischen, historischen und systematischen Theologie

Die Religionspädagogik und -didaktik greift Erkenntnisse der *biblischen Wissenschaften* des Alten (Ersten) und Neuen Testamentes auf. Sie nimmt Kenntnis von deren Bemühungen, biblische Texte von ihrer sprachlichen Gestalt und ihrem historisch-soziologischen Kontext her zu verstehen und in ihrer Wirkung für Juden, Christen und Nicht-christen einzuschätzen. Sie weiß um die Vielfalt exegetischer Zugangsweisen und versucht, Texte je neu zu aktualisieren und zu erschließen. Letztlich will sie durch die Beschäftigung mit der Bibel begründen, dass sinnvolles Leben und verantwortliches Handeln aus dem Glauben an Gott möglich ist (Hossfeld/Zenger 1974, 49). Das Neue Testament ist von Christen sowohl vom Alten Testament her als auch in seinem eigenen Anspruch zu verstehen. Heute sind die biblischen Texte auch in interreligiöser Perspektive zu behandeln und mit den heiligen Büchern der großen Religionen (Koran, Upanishaden) in Bezug zu setzen.

Die Religionsdidaktik greift auf die *Kirchengeschichte* zurück, die Erscheinungen und Entwicklungen im frühen, mittelalterlichen und modernen Christentum in ihrem jeweiligen gesellschaftlichen Kontext entziffert und in ihrer Relevanz für heute kritisch betrachtet. Dabei drängt sich eine interkonfessionelle und interreligiöse Öffnung des Faches insofern auf, als gerade religiöse Phänomene in ihrer Singularität und im Vergleich zu anderen, vielleicht ähnlichen Erscheinungen, erfasst werden können. Insgesamt ist die Spannung auszuhalten zwischen einem exemplarischen Vorgehen und der Erarbeitung eines geschichtlichen Bewusstseins als Baustein für die eigene Identität (Ruppert 1998, 320).

Die *systematische Theologie* liefert der Religionsdidaktik Einsichten und Grundlagen der theologischen Anthropologie sowie Kriterien und Begründungen christlichen Handelns. Die Fundamentaltheologie beschäftigt sich mit dem Verhältnis des Christentums zu den großen Religionen und Weltanschauungen. Sie reflektiert über christliche und nicht-christliche Glaubenssysteme, über die christliche Offenbarung und Kirche, und sie lotet die Möglichkeiten des Sprechens von Gott in der modernen Gesellschaft aus. Die Dogmatik erschließt den Glauben der Kirche anhand des Großen Glaubensbekenntnisses und der kirchlichen Lehrverkündigung. In der christlichen Ethik werden prinzipielle und materiale Fragen des individuellen und kollektiven Handelns reflektiert und ethische Argumentationen vorgestellt. Die systematisch-theologischen Fächer beschäftigen sich mit Themen, die im Religionsunterricht virulent sind und in didaktischer Perspektive aufbereitet werden müssen.

Umstritten ist, ob sich die Religionsdidaktik, wenn sie sich um eine Aufbereitung theologischer Inhalte bemüht, mit allen theologischen Disziplinen oder nur mit bestimmten hauptsächlich beschäftigen sollte. Nach einer längeren Periode der Dominanz der Exegese, in der Zeit, als die Religionsdidaktik vor allem Bibeldidaktik war, sieht Lachmann heute die Notwendigkeit einer stärkeren Kooperation mit der systematischen Theologie (Lachmann 1997, 17). An die systematische Theologie stellt er allerdings die Forderung, sie müsse sich selbst als Verbundwissenschaft verstehen, d.h. die christliche Botschaft im Kontext der Lebenswelt moderner Menschen verstehen. So sehr diese letzte Reflexion wichtig ist, übersieht Lachmann unter Umständen, dass mit einer Fokussierung der Religionsdidaktik auf die systematische Theologie der Sprung zu jenem Beziehungsverhältnis nicht mehr groß ist, zwischen Fachwissenschaft auf der einen und Religionsdidaktik als methodische Anwendung auf der anderen Seite zu unterscheiden. Lämmermann (1991, bes. 77–79) sieht in der vorrangigen Behandlung der systematischen Fächer die Gefahr, Religionsdidaktik letztendlich auf Methodik zu reduzieren. Darüber hinaus gibt er zu bedenken, dass wir es mit einer Pluralität der

Theologie insgesamt zu tun haben. Didaktisch sei es geboten, die einzelnen theologischen Disziplinen sowohl hinsichtlich ihrer Methode als auch hinsichtlich ihrer Ergebnisse kritisch zu rezipieren und sie von einer didaktischen Perspektive her zu beurteilen. Drittens kann der Primat der systematischen Theologie den Eindruck verstärken, als hätte die Religionsdidaktik keine eigene konstitutive Funktion für die Theologie insgesamt. Lämmermann plädiert demgegenüber für eine Rolle der Praktischen Theologie als Anwalt der faktischen Lebenswirklichkeit, der kritisch-empirischen Wirkungsanalyse und der Problemerschließung religiösen Lernens im Horizont der Rückfrage nach der geschichtlich-gesellschaftlichen Relevanz der Theologie insgesamt.

4. Religionsdidaktik und Humanwissenschaften

In dem Maße, wie die Religionsdidaktik Fragen des Lernens, der Bildung und der Sozialisation erörtert, ist sie auf die Humanwissenschaften angewiesen.

Religionsdidaktik in Kooperation mit Psychologie und Soziologie
Die Theologie soll sich nicht selbst genügen. Will sie mit dem modernen Menschen im Gespräch bleiben, muss sie die soziokulturellen und psychologischen Gegebenheiten zur Kenntnis nehmen. Die Psychologie ist mit ihren vielen Verästelungen inzwischen zur festen Bezugsdisziplin der Religionspädagogik geworden. Die Allgemeine Psychologie untersucht das Verhalten, Erleben und Erfahren der Menschen, die Religionspsychologie thematisiert ethische und religiöse Aspekte dieses Verhaltens, Erlebens und Erfahrens, aber auch Fehlformen der Religiosität (Bucher 1995, 120). Die Differentielle Psychologie bzw. die Persönlichkeitspsychologie studiert Strukturen, Merkmale und Unterschiede zwischen den Individuen; die Sozial- und Gruppenpsychologie befasst sich mit den Bedingungen der Interaktion von Individuen und Gruppen. Die Tiefenpsychologie sucht im Menschen verborgene Bedürfnisse und Neigungen. Besondere Bedeutung kommt der empirischen Entwicklungspsychologie mit ihren verschiedenen Stufentheorien (Piaget, Kohlberg) zu. Die religionspädagogische Psychologie erforscht die psychische Seite ethischer und religiöser Lern- und Erziehungsvorgänge (Grom 2000, 11). Sie unterstützt die Reflexion von Bedingungen und Folgen erzieherischen Handelns aus psychologischer Warte und macht psychologische Erkenntnisse für die Erklärung schulischen Lernens fruchtbar.

Die heutige Religionsdidaktik muss sich, wie alle pädagogisch-didaktischen Disziplinen, notwendig mit der psychosozialen Situation der Lernenden beschäftigen, um religiöse Sozialisation und religiöse Bildung sach-, personengerecht und kritisch zu begleiten (Fraas 1998, 128). Ebenso relevant ist die *Soziologie*, die sich mit den gesellschaftlichen Voraussetzungen menschlichen Handelns beschäftigt. Sie blickt auf das Handeln in institutioneller und sozialer Hinsicht. Insbesondere die Kinder-, Jugend-, Familien- und Schulsoziologie liefert der Religionsdidaktik wichtige Einsichten. Die Soziologie zeigt die gesellschaftlichen Bedingungen der Sozialisation auf, einschließlich möglicher Beschränkungen und Fehlformen menschlicher Existenz. Im Bereich der Jugendforschung hat die Soziologie einen erheblichen Anteil an der Entwicklung und Durchführung empirischer Studien, die der Religionsdidaktik komplementär zu ihren eigenen empirischen Forschungen wichtige Erkenntnisse liefert.

Beziehungsmodelle zur Pädagogik bzw. Erziehungswissenschaft

In Deutschland gibt es eine weitreichende Übereinkunft darin, Religionspädagogik und -didaktik in der Theologie zu beheimaten. Diese Zuordnung ist nicht zwingend. Es gibt Länder, in denen die Pädagogik die Bezugsdisziplin ist. Trotz der Beheimatung in der Theologie ist es in Deutschland unstrittig, Religionspädagogik und -didaktik als »Verbundwissenschaft« (Fraas 2000, 268) zu verstehen, die sich notwendig in einer engen Beziehung zur Pädagogik entwirft. Neben den Strömungen in der Pädagogik, die Brezinka (1978; ²1981) als Philosophie über die Erziehungswirklichkeit, als empirische und als praktische Pädagogik bezeichnet, gilt es das disziplinäre Verhältnis zur Pädagogik zu bestimmen. Lämmermann (1991, 77–89) hat idealtypisch ein autarkes, dominanzorientiertes und konvergierendes Beziehungsmodell vorgeschlagen.

Von einer theologisch *autarken* Religionsdidaktik kann gesprochen werden, wenn diese auf einen Input von außen, etwa auf Fragestellungen, die in der Pädagogik bzw. Allgemeinen Didaktik aufgeworfen werden, verzichtet und sich auf den theologischen Binnenbereich beschränkt. *Autarkie* kann mit der Maxime begründet werden, dass alles, was die Religionsdidaktik braucht, in der Theologie selbst vorhanden ist. In der Konsequenz bedeutet dieses Denken, dass weder bei der Analyse der Erziehungswirklichkeit (Entdeckungszusammenhang), noch beim Finden und Begründen von Lernzielen (Begründungszusammenhang), noch beim Planen und Strukturieren von Lernprozessen (Verwendungszusammenhang) außertheologische Referenzrahmen berücksichtigt werden. Die Theologie selbst wird als »beste« Didaktik verstanden.

Das *Dominanzmodell* sucht den Kontakt mit nicht-theologischen Disziplinen, aber es geht von einem Primat der Theologie aus. Das bedeutet, dass pädagogische und didaktische Fragestellungen und Problemlösungen funktional gebraucht werden. Erkenntnisse werden in ein theologisches Konzept inkorporiert und für theologische Ziele instrumentalisiert. So kann man etwa aus einem diagnostischen Interesse heraus pädagogische und didaktische Analysen gebrauchen, um sich Klarheit über die pädagogische Wirklichkeit zu verschaffen. Die Kompetenz und Legitimation für das Finden und Begründen von Lernzielen wird jedoch weiterhin der Theologie zugesprochen. Lämmermann sieht in dem Anspruch auf theologische Dominanz im Zielbereich zu recht eine Spannung zur hermeneutisch-bildungstheoretischen Didaktik, die ihrerseits gerade im Bereich der Inhalts- und Zielbestimmung Kompetenz reklamiert. Was schließlich das Planen und Strukturieren von Lernprozessen betrifft, akzeptiert das Dominanzmodell allgemein-pädagogische und -didaktische Konzepte und »benutzt« sie im Sinne einer Methodik. Pädagogik und Didaktik kommen ins Spiel, wo sie als »Hilfswissenschaften« Bedeutung haben.

Im *Konvergenzmodell* wird das dem Dominanzmodell inhärente deduktive Denken überwunden. Religionsdidaktik und Allgemeine Pädagogik bzw. Didaktik sind gleichberechtigte Disziplinen im Sinne einer Verbundwissenschaft. Von Konvergenz kann gesprochen werden, wenn pädagogische und theologische Aussagen so miteinander vermittelt werden, dass Übereinstimmung und Widerspruch deutlich werden. Die In-Beziehung-Setzung ist eine eigenständige wissenschaftliche Aufgabe, die die Religionsdidaktik nur leisten kann, wenn sie sich ungeachtet ihrer Zugehörigkeit zur Theologie wenigstens partiell zu ihr in Distanz setzen kann, um über den nötigen Spielraum für eine kritische Analyse zu verfügen. Damit ist gemeint, dass die Religionsdidaktik in der Lage sein muss, sowohl theologische Aussagen didaktisch zu qualifizieren als auch pädagogische Aussagen theologisch zu hinterfragen. Diese Konvergenz erstreckt sich gleichermaßen auf den Entdeckungs-, Begründungs- und Verwendungszusammenhang. Das Konvergenzmodell ist im Kern ein interdisziplinäres Modell.

5. Binnendifferenzierung der Religionsdidaktik

Schließlich ist die Binnendifferenzierung der Religionsdidaktik anzusprechen. Dazu zählt ihre Beziehung zur Allgemeinen Didaktik und Methodik sowie ihr Anteil an der Fachdidaktik.

Religionsdidaktik und Allgemeine Didaktik

Die Religionsdidaktik braucht die Allgemeine Didaktik zur grundlegenden Verantwortung und Begründung der von ihr konzipierten Lernprozesse. Aber es gibt keine allgemeine Allgemeine Didaktik. Wir haben es mit verschiedenen Grundverständnissen von Lernen zu tun, denen jeweils unterschiedliche Kriterien und Prinzipien eigen sind. Alle Didaktiken haben Stärken und Schwächen. Daher macht es keinen Sinn, sich auf eine bestimmte Allgemeine Didaktik als Bündnispartnerin festzulegen. Die Religionsdidaktik tut gut daran, die Stärken der unterschiedlichen allgemeinen Didaktiken im komplementären, d.h. ergänzenden Sinn aufzugreifen. Die meisten Unterrichtswerke sind gegenwärtig auf der Basis der bildungstheoretischen bzw. lerntheoretischen Didaktik konzipiert. Die Herausforderung heute ist eine neue Realisierung des Subjektbezugs in der Religionsdidaktik, der vor allem mit Hilfe der kommunikativen und konstruktivistischen Didaktik gelingen kann (→ I. 3; I.5).

Wenn man die Kennzeichen der unterschiedlichen Ansätze auf einen Nenner bringen will, bieten sich Kurzformeln zur Orientierung und Unterscheidung an:

- Bildungstheoretische Didaktik: Didaktik ist eine Theorie der Bildungsinhalte, ihrer Struktur und Auswahl (E. Weniger; W. Klafki).
- Lerntheoretische Didaktik: Didaktik ist die Wissenschaft vom Unterricht (W. Schulz).
- Kybernetische Didaktik: Didaktik ist die Wissenschaft und Technik von der optimalen Erreichung vorgegebener Verhaltensziele (F. v. Cube).
- Die Curriculare Didaktik: Didaktik ist die Theorie von der Erreichbarkeit bestimmter Qualifikationen (S. Robinson).
- Kommunikative Didaktik: Didaktik ist die Theorie des Handelns aller am Unterricht Beteiligten auf der Inhalts- und Beziehungsebene (K. Schaller; R. Winkel).
- Konstruktivistische Didaktik: Didaktik ist die Theorie über den erkennenden Umgang von Lernenden mit ihrer außersubjektiven Welt (H. Siebert).

Religionsdidaktik, Didaktik und Methodik

Ein großes Missverständnis stellt sich im Blick auf die Religionsdidaktik und Allgemeine Didaktik immer wieder gleichermaßen, dass es sich bei didaktischen Disziplinen um reine Ausführungsdisziplinen handele. Wer so reflektiert, reduziert didaktische Disziplinen auf Methodiken. Die Religionsdidaktik hat – wie andere Didaktiken auch – einen theoretischen Anspruch. Sie ist zunächst als Theorie zu entwickeln, weil die Ziele, die sie begründen will, nicht aus der Praxis selbst ableitbar sind. Gerade um die Praxis kritisch zu unterbrechen, sind Modelle und Theorien nötig, die gegenüber der Praxis eine kritische Funktion erfüllen können (→ I. 1). Religionsdidaktik als Theorie hilft, die Vorannahmen und Interessen zu klären, aus denen heraus bestimmte Inhalte besprochen und Ziele verfolgt werden. Mit ihrer Hilfe kann geklärt werden, ob es ein Primat der Unterrichtswirklichkeit, der Schüler, der Schule, der Theologie, der Pädagogik usw. gibt. Eine Religionsdidaktik ist empirisch orientiert, weil sie sich auf eine faktische Praxis bezieht. Sie ist hermeneutisch interessiert, weil sie verstehen will, was sich in dieser Praxis ereignet und sie ist kritisch orientiert, weil es sich bei Schülerinnen und Schülern um Subjekte handelt, die nicht verdinglicht werden, sondern auf ihrem Weg zum Subjekt begleitet werden sollen.

Die Methodik ist hingegen ein Teilbereich der Didaktik. Die Methodik reflektiert, »wie« Lernen konzipiert werden soll. Die Methodik ist ein Teilbereich der Religionsdidaktik und nicht mit ihr identisch. Würde man sie gleichsetzen, hieße das, Religionsdidaktik als Anwendungswissenschaft zu verstehen. Diese Fehldeutung ist nicht selten. Wie bisweilen die gesamte Praktische Theologie und mit ihr die Religionspädagogik als Anwendungsbereich anderer theologischer Fächer betrachtet werden, gilt die Religionsdidaktik nicht selten als Anwendungsdisziplin hinsichtlich des Transfers der Theologie in die Schulpraxis. Wenn Praktische Theologie und Religionspädagogik den Anwendungsanspruch noch leicht zurückweisen können, befindet sich die Religionsdidaktik in einer schwierigeren Position. Sie gilt in aller Regel als Planungshilfe für den Unterricht. Während die Theologie vorgibt, was der Inhalt des Religionsunterrichts ist, zeigt die Religionsdidaktik, wie der Inhalt vermittelt werden soll. Idealtypisch skizziert Lämmermann (1991, 77f) die beiden Pole und formuliert eine übergreifende Perspektive für die Didaktik. Er spricht zunächst von den »Theologen«: Sie wenden sich gegen eine didaktische Bestimmung theologischer Inhalte, weil sie eine Nivellierung der Theologie fürchten. Sie fordern die Hinwendung zur Sache selbst. Die »Methodiker« behaupten, Methoden seien neutral und ließen die Inhalte unverändert. Daher reicht es aus, wenn die Methodiker bestimmen, »wie« etwas vermittelt wird. Für die »Didaktiker« sind Inhaltsbestimmung und Methodik zwei sich ergänzende und wechselseitig bestimmende Aufgaben der Didaktik. Eine solche Didaktik beginnt bei der Analyse der Wirklichkeit der Schüler, ihrer sozialen Lebenswelt, ihrer entwicklungspsychologischen Voraussetzungen, ihrer Lerngeschichte usw. und bestimmt dann die Inhalte des Lernprozesses. Die Inhalte werden nicht nur von der Fachwissenschaft her festgelegt, sondern durch die Brille der Fachdidaktik von der Theologie entlehnt. In diesem Sinne ist die Religionsdidaktik von anderen theologischen Fächern zu unterscheiden, sie ist nicht auf eine »fachwissenschaftliche Methodik« reduzierbar.

Religionsdidaktik als Fachdidaktik

Die Religionsdidaktik lässt sich des Weiteren nach Lernorten differenzieren. Wir sprechen vom Religionsunterricht, von der gemeindlichen Katechese, der Jugendarbeit, der Kindergartenarbeit, der Erwachsenenbildung, Familienarbeit usw. Man kann generell folgern, dass die Religionsdidaktik überall da gefragt ist, wo es um die Konzeption religiöser Lernprozesse geht. Die Fragen, wie man zu Lernzielen kommt, wie Inhalte aufbereitet werden können usw. sind nicht reserviert für das Lernfeld Schule, sondern spielen ebenso bei der Entwicklung katechetischer Programme, Bildungseinheiten in der Erwachsenenbildung usw. eine wichtige Rolle. Die Religionsdidaktik als Fachdidaktik zu betrachten zieht also nach sich, eine nähere Bestimmung des Faches vorzunehmen. Wenn wir vom Religionsunterricht in der Schule sprechen, ist Religionsdidaktik die Reflexion des Handelns im Unterricht. Von Seiten der Pädagogik ist in diesem Fall neben der Allgemeinen Didaktik die Schulpädagogik Ansprechpartnerin. Es gibt weitere Pädagogiken, die sich mit Erwachsenen-, Familien-, Jugendbildung etc. beschäftigen, die in dem Fall als Bündnispartnerin zu wählen sind, wenn es um Lernprozesse in entsprechenden Lernfeldern geht. Aufgrund der Rahmenbedingungen an der Universität schenkt die Religionsdidaktik dem schulischen Unterricht die größte Aufmerksamkeit. Religionsdidaktik ist dann die Theorie des Unterrichts. Hier steht die Unterrichtssituation im Mittelpunkt, d.h. das Zusammenwirken von Schülern, Lehrern und Lerninhalten.

Zusammenfassung

»Religionsdidaktik« ist ein zusammengesetztes Wort mit einer doppelten Stoßrichtung. Der erste Teil »Religion« verweist auf die theologische Seite dieser Wissenschaft, der zweite Teil »Didaktik« auf den humanwissenschaftlichen Reflexionsbereich. Die Religionsdidaktik kann sich heute nicht mehr selbst genügen wie zu Zeiten der Katechismen. Sie ist zur Kooperation mit den übrigen theologischen Disziplinen und den Humanwissenschaften verpflichtet. Die Religionsdidaktik rezipiert die Theologie als Fachwissenschaft mit Bezug auf die Inhalte, die Pädagogik als allgemeine Erziehungs- und Bildungswissenschaft, die Allgemeine Didaktik als Theorie des Unterrichts sowie als Theorie des Lehrens und Lernens, und die Schulpädagogik als pädagogische Institutionswissenschaft. In mehrfachem Sinn hat sie »Brückenfunktionen«: zwischen Theologie und Humanwissenschaften, zwischen Theorie und Praxis, zwischen Forschung und religionsunterrichtlichem Alltag. Insoweit die Religionsdidaktik eine hermeneutisch, empirisch und kritisch geleitete Forschung betreibt, bringt sie eigene Theorien hervor und übernimmt damit eine fachwissenschaftliche Aufgabe als Reflexionsdisziplin religiöser Bildung.

Lesehinweis

Adam, Gottfried/Lachmann, Rainer (Hgg.)(⁵1997): Religionspädagogisches Kompendium, Göttingen.

Bartholomäus, Wolfgang (1983): Einführung in die Religionspädagogik, München.

Lämmermann, Godwin (²1991): Grundriss der Religionsdidaktik, Stuttgart.

Ritter, Werner/Rothgangel, Martin (Hgg.) (1998): Religionspädagogik und Theologie. Enzyklopädische Aspekte, Stuttgart.

Ziebertz, Hans-Georg/Simon, Werner (Hgg.) (1995): Bilanz der Religionspädagogik, Düsseldorf.

I.3 Konzeptionelle Entwicklungslinien der Religionsdidaktik

Stephan Leimgruber (I.3.1–5)

Georg Hilger/Ulrich Kropač (I.3.6–3.11)

Ulrich Kropač (I.3.12)

Dieses Kapitel nimmt die Lesenden mit auf einen Gang durch die Geschichte der Religionsdidaktik. Es zeigt Konturen des religiösen Lernens bei den Stiftern der drei abrahamitischen Religionen auf, bei den Kirchenvätern und im Mittelalter, weiter zur Reformations- und Gegenreformationszeit. Es erinnert daran, dass der Religionsunterricht, wie wir ihn heute kennen, in den Jesuitenschulen des 16. Jahrhunderts begonnen hat und zur Aufklärungszeit in die Regelschule eingeführt wurde. Am meisten unterschiedliche Konzeptionen, didaktische Prinzipien und Schwerpunkte hat es im letzten Jahrhundert gegeben und gibt es heute im internationalen Vergleich. Hier sollen markante Phasen aus dieser Geschichte im jeweiligen wissenschaftlichen, gesamtgesellschaftlichen und kirchlichen Kontext dargestellt und diskutiert werden.

Religiöses Lehren und Lernen hat nicht erst mit der Einführung der allgemeinen Schulpflicht und des obligatorischen schulischen Religionsunterrichts zur Zeit der Aufklärung (4) begonnen. Hier wurde es nur in jenem Umfeld praktiziert, das für dieses Buch maßgeblich ist. Erste eigenständige Überlegungen zur Organisation des religiösen Lernens in der Schule gab es europaweit in zahlreiche Gymnasien der Jesuiten im 16. Jahrhundert (3) Wir gehen noch weiter zurück: Im Frühmittelalter entstanden Kloster- und Domschulen, u. a. der Benediktiner, wo junge Männer in den monastischen Lebensstil eingeübt wurden, die Bibel und die Regel der Ordensgründer studierten und abschrieben (2). Zur Zeit der Kirchenväter gab es das organisierte Katechumenat, wo auf Pergamentrollen wichtige Texte (z. B. das Glaubensbekenntnis oder das Vaterunser) geschrieben wurden, die das Glauben-Lernen erleichterten. Selbst bei den Religionsstiftern (1) sind spezifische didaktische Elemente (etwa das Erzählen von Geschichten, die Arbeit mit Symbolen) auszumachen. Zu einer wahren Vielfalt explizit religionsdidaktischer Konzeptionen – gleichsam zu einem »Karussell der Konzeptionen« (Erich Feifel) – kam es erst im letzten Jahrhundert (5–11). Zweifellos ist die eingehende Auseinandersetzung mit diesen Konzeptionen und ihren Chancen lohnend. Der Synodenbeschluss »Der Religionsunterricht in der Schule« (1974) hat diese Konzeptionen in ein neues Gesamtkonzept integriert (12) und beendet unseren Gang durch die Geschichte der Religionsdidaktik. Für die neuesten Entwicklungen ist auf Teil III dieses Bandes zu verweisen.

1. Didaktische Elemente am Ursprung der »abrahamitischen Religionen«

Bekanntlich lassen sich in den drei Religionen Judentum, Christentum und Islam, die aus Relevanzgründen ausgewählt wurden, keine umfassenden, religionsdidaktischen Konzeptionen ausmachen, welche dann als spezifisch jüdische, als besonders christliche Pädagogik oder als ausgeprägt islamische Didaktik zu identifizieren wären. Eine allgemein gültige Religionsdidaktik, die religiöse Lehr- und Lernprozesse schlechthin leitet und deren Faktoren kultur- und geschichtsinvariant wären, gibt es nicht. Gewiss hatten die alttestamentlichen Propheten, auch Jesus und Muhammad enorme Bedeutung für die Entstehung und Ausbreitung der drei »abrahamitischen« Religionen, aber didaktisch sind und können sie nicht originell und zeitlos gültig sein. Vielmehr benutzten sie in den jeweiligen Kulturen vorhandene Lernformen und stellten sie allesamt unter ihren neuen und besonderen Anspruch. Nicht Erziehung, Bildung und religiöses Lernen standen im Zentrum ihrer Botschaften, sondern der Vorrang Gottes im Leben.

Die *alttestamentlichen Propheten* predigten Umkehr und Sinnesänderung, Abwendung vom Bösen und Hinwendung zum Guten angesichts des drohenden Gerichtes. »Noch vierzig Tage, und Ninive ist zerstört« sagte der Prophet Jona (3,4). »Kehrt um zu mir von ganzem Herzen mit Fasten, Weinen und Klagen. Zerreißt eure Herzen, nicht eure Kleider und kehrt um zum Herrn« (Joël 2,13). In einem längeren Lernprozess sollten im Judentum die vielen Götzen durch den *einen* Gott ersetzt werden. Auch *Muhammad* trat als Prophet mit der Kernbotschaft der Gerichtsandrohung und Umkehr auf. Angesichts des praktizierten Polytheismus verkündete er die Verehrung des *einen* Gottes, des Schöpfers, Allerbarmers und Richters, dem es sich zu unterwerfen gilt. – Im Zentrum der Verkündigung *Jesu* stand die Ankündigung der Gottesherrschaft, welche ebenfalls die menschliche Umkehr impliziert. Dazu hatte Jesus kein Erziehungsprogramm bereit. »Das Evangelium lässt sich nicht pädagogisieren« (Schilling 1970, 366). Vielmehr stand das Auftreten Jesu im Dienste der Heilung und Rettung der Menschen, also primär in soteriologischer, nicht didaktischer Perspektive. In allen drei Religionen hat sich sehr großer Widerstand gegen diese Umkehrpredigt formiert. Teilweise weiteten sich die Konflikte zu tödlichen Auseinandersetzungen aus.

Jede *Didaktik*, auch die Religionsdidaktik, ist kontextbezogen. Sie kann sich der soziokulturellen Voraussetzungen nicht einfach entledigen, wie man eine schwere Last abstößt. Sie ist der jeweiligen Kultur verpflichtet. So verkündete *Jesus* durchaus im Stile eines jüdischen Rabbi die Frohbotschaft vom Reich Gottes. Dabei verwendete er aussagestarke Bilder (Senfkorn), sprechende Allegorien (Salz der Erde) und treffende Vergleiche (Stadt auf dem Berge). Jesus beherrschte das Erzählen in mancherlei Varianten (Gleichnis vom barmherzigen Samariter); er vollzog symbolträchtige Gesten und deutete sie. Ohne Wenn und Aber ließ er sich in Streitgespräche verwickeln – formal einem pharisäischen Gelehrtenstreitgespräch ähnlich, aber inhaltlich zielte er auf Heil in Frieden und Gerechtigkeit. Seine Lehrtätigkeit blieb durchaus der damaligen Rhetorik im Judentum verpflichtet. Didaktisch und besonders für das religiöse Lernen bedeutsam war die Art und Weise, wie Jesus den Menschen begegnete, nämlich durch Einfühlung, Zuspruch, Heilung und Ermutigung. Er setzte sich wie ein jüdischer Hausvater mit ihnen zu Mählern zusammen, doch mit dem Anspruch, Retter und Heiland zu sein. Ja, er führte längere Zeit ein Leben in Gemeinschaft mit Frauen und Männern und gewann daraus Jüngerinnen und Jünger (mathetai), die seine Botschaft zu verstehen und zu leben versuchten.

Muhammad benutzte seinerseits bereits vorhandene Strukturen, um die Offenbarung Gottes zu überbringen, etwa die damals übliche Wallfahrt, das Gebet oder Fasten; jedoch reinigte er den Polytheismus zum Glauben an den einzigen Gott. Er griff im Koran die geoffenbarten fünf Säulen auf: (a) das Glaubensbekenntnis, (b) das fünfmalige Gebet, (c) das Fasten im Monat Ramadan, (d) die Sozialabgabe und (e) eine Wallfahrt nach Mekka und trug mit ihnen zur Festigung seiner Anhängerinnen und Anhänger bei. Auch die Sunna, eine Sammlung weiterer nicht im Koran festgehaltener Regelungen, sollte der Stärkung und Erneuerung der islamischen Religion dienen. Dasselbe wollten auch die Sufis der mystischen Frömmigkeitstradition. Ihnen galt Muhammad als Vorbild, als Leuchte, die die dunkle Welt mit dem Lichte Gottes erhellt und damit eine gewisse Einheit unter den Gläubigen stiftete (Schimmel [3]1995, 108–123).

2. Anfänge einer Didaktik in der frühen Kirche und im Mittelalter

In den ersten Jahrhunderten des Christentums begegnen uns erstmals gezielte religiöse Lernprozesse in der schulähnlichen Institution des Katechumenates. Erwachsene Taufbewerberinnen und -bewerber wurden in Gruppen zusammengefasst, welche sich in einem bestimmten Zeitraum (vierzig Tage bis zu drei Jahren) mit dem christlichen Lebensstil in Theorie und Praxis auseinander setzten. Solche Katechumenatsschulen gab es in Jerusalem, Caesarea, Antiochien, Mailand und Rom. Sie wurden von unterschiedlichen Christen geleitet: von Laien, Diakonen, Presbytern und Bischöfen. Um die Ernsthaftigkeit der Absicht, Christ zu werden und das Sakrament der Taufe zu empfangen, unter Beweis zu stellen, war eine persönliche Anmeldung nötig, zuvor diakonische Dienste wie Krankenbesuche, ferner eine Bestätigung für untadelige Lebensführung durch den Taufpaten. *Zwei didaktische Prinzipien* sind uns vom frühchristlichen Katechumenat bekannt: zum einen ein *gestuftes (graduales) Vorgehen*, welches ein schrittweises Erfassen des Glaubens und ein allmähliches Hineinwachsen in die entsprechende Gemeinschaft ermöglichte. Dazu zählten die Vorbereitung, der Besuch der Vorträge, die Übergabe von Symbolen und Gebeten, liturgische Feiern (Wortgottesdienste), als Höhepunkt die Feier der Taufe in der Osternacht mit anschließender Salbung und Teilnahme an der Eucharistie der Gemeinde, schließlich die Zeit nach Ostern, wo die empfangenen Sakramente (Mysterien) in den (mystagogischen) Katechesen erläutert wurden. Zur Zeit der Diaspora fanden intensive Gespräche und damit religiöses Lernen auch in Wohnungen und Häusern statt (Hauskatechese).

Zum andern bildete die *Erzählung (narratio)* die privilegierte Weise der Katechese. Den Zuhörenden wurde die Geschichte des Heils von Adam her über die Väter und Propheten bis zur Aufgipfelung in Jesus Christus erzählt, weiter die Taten der Apostel und Missionare bis hin zu Angaben über ihre eigene Situation. Augustinus nennt mehrere Faktoren, die beim wirksamen Lernen aufgrund von Erzählungen intervenieren: die Herkunft, Bildung und das Konzentrationsvermögen der Adressaten. Er thematisiert Probleme der Angst vor Misserfolg auf Seiten der Lehrenden oder Gefühle der Lustlosigkeit und des Überdrusses (De catechizandis rudibus, Nr. 8–12). Schließlich gab es bereits übergeordnete »Zielformulierungen« für die Katecheten wie die folgende: »Die Liebe nimm dir gleichsam als Zielpunkt vor Augen, auf den du alles, was du sagst, ausrichtest. Und gestalte die ganze historische Darstellung so, dass deine Zuhörer vom Hören zum Glauben, vom Glauben zum Hoffen und von der Hoffnung zur Liebe gelangen« (Augustinus, De catechizandis rudibus, Nr. 8).

Das frühchristliche Katechumenat hat sich aus verschiedenen Gründen (Staatskirche, Kindertaufe, Kriegswirren u. a.) im Laufe der Völkerwanderung verflüchtigt. In jüngster Zeit gilt es an einigen Orten als Modell für Erwachsenenkatechese (USA und Frankreich; Wehrle 2000, 7).

Das *Mittelalter* kennt eine ausgeprägte *Didaktik des Schauens*. Im Zuge der Volkskirche wurden zwar die meisten getauft, aber – des Lesens und Schreibens unkundig – waren sie angewiesen auf ästhetisches Lernen durch Bilder (Plastik und Malerei), Hungertücher, die während der Fastenzeit den Altarraum verhüllten, auf Riten, Rituale (Gottesdienste, Prozessionen) und Feste. Die »biblia pauperum«, eine Bibel der Armen (Angenendt ²2000, 180), bestand vorwiegend aus Bildern, bildlichen Darstellungen einzelner Perikopen; es gab Mysterien- und Passionsspiele, welche Katechese über den Augenschein vermittelten. Insgesamt ein sinnenhaftes, häufig allerdings wenig reflektiertes religiöses Lernen (Bartholomäus 1983, 12–13).

3. Normativ-deduktive Katechismusdidaktik

In der Geschichte religiösen Lehrens und Lernens spielte der Katechismus in seinen verschiedenen Varianten und die damit verbundene Didaktik eine dominierende Rolle. Gut vierhundertfünfzig Jahre lang – vom Beginn des 16. Jahrhunderts bis zum Zweiten Vatikanischen Konzil (1962–65) – galt ein Katechismus als unentbehrliches Lernbuch im Religionsunterricht. Sein großer Einfluss und seine »einheitsstiftende« Wirkung stehen im Kontrast zum normativ-deduktiven Vorgehen, das die Dogmatik katechetisch »verlängerte« und unangenehme Erinnerungen infolge seines memorativen Prinzips zurückließ.

Aus der Entstehungszeit der Katechismusgeschichte sei der Humanist und Theologe Erasmus von Rotterdam (1469–1536) erwähnt, der 1501 eine Summe des christlichen Kriegsdienstes (Enchiridion militis christiani) entwarf, dazu die »Böhmischen Brüder« und ihre »Kinderfragen« und Antworten (1522), ferner Martin Luther mit seinen beiden Katechismen (1529), Johannes Calvins »Institutio christianae religionis« (1535), weiter die drei Katechismen von Petrus Canisius (1555; 1556; 1558), der Heidelberger Katechismus (1563) und der »Catechismus Romanus« (1566), ausgehend vom Konzil von Trient (1545–1563).

Das textanalytische, vorwiegend kognitive Lernen mit Katechismen ging so vor, dass die Lehrperson die Frage und die entsprechende Antwort vortrug, analysierte und erklärte, während die Schülerinnen und Schüler den Vortrag mitvollziehen sollten, um sich dann zu Hause die vorgegebenen Antworten einzuprägen. Zu Beginn der nächsten Lektion wurden die auswendig gelernten Antworten abgefragt und bei Nichtwissen Strafmaßnahmen eingeleitet. Somit war die Katechismusdidaktik primär an den normgebenden Inhalten orientiert, die von den dogmatischen Lehrbüchern direkt auf die Schüler »angewandt« wurden. Glauben bedeutete Feststehen in den von Gott geoffenbarten Wahrheiten, wozu die Kenntnis dieser Wahrheiten Voraussetzung war. Die Hauptinhalte – sowohl in den katholischen wie in den evangelischen Katechismen – umfassten das Glaubensbekenntnis, die Sakramente, die Gebote und die Gebete, wobei die Reihenfolge je nach dem Stellenwert des ethischen Lernens differierte (die Aufklärung setzte die Gebote – bei ihrer Hochschätzung der Ethik – vor die Sakramente).

Um die Schülerinnen und Schüler mit der vollständigen Lehre der Kirche immer besser vertraut zu machen, war ein *Lernen in konzentrischen Kreisen* angesagt, d. h. in den unteren Klassen wurden einfachere und kürzere Formulierungen vorgegeben, in den höheren Klassen derselbe Stoff, aber differenzierter und vertiefend. Den Schluss bildeten die philosophischen Begründungen der gesamten Lehre im Lyzeum, besonders in den Gymnasien der Jesuiten seit dem 16. Jahrhundert.

Aus didaktischer Sicht ist zu erwähnen, dass Martin Luther in seinen Katechismen eigentlich die Bibel zusammenfassen und Pfarrern wie Laien religiöse Bildung vermitteln wollte (Katechismus als Bildungsinstrument). Petrus Canisius (1521–1597) stand ebenfalls im Zeichen religiöser Bildung durch die Bibel – er stützte die meisten seiner Aussagen auf Bibelstellen ab – allerdings in der gegenreformatorischen Ausführung, insofern er den durch die Reformation hinterfragten traditionellen Glauben zu verteidigen hatte.

Joseph Deharbe SJ (1800–1871) setzte mit seinem »Lehrbegriff« dem theologischen Aufbruch zu Beginn des 19. Jahrhunderts ein Ende und leitete auf katechetischem Gebiet eine Renaissance der Lehre des Thomas von Aquin ein. Die Katechismen aus der Zeit der »Münchener Methode« (z.B. von Theodor Mönnichs) bereiteten die dogmatische Stoffvermittlung psychologisch vor, indem sie bei den Schülerinnen und Schülern »Anknüpfungspunkte« suchten. Der letzte Katechismus für die Schule, herausgegeben von den Deutschen Bischöfen, der sogenannte »grüne Katechismus« (1955), stand im Zeichen der »kerygmatischen« (verkündigenden) katechetischen Konzeption (vgl. hier Abschnitt 6, S. 49ff).

Das Ende der langen Katechismustradition für Kinder und Jugendliche (übrigens wird sie für Erwachsene mit neuen Katechismen fortgesetzt), wurde von der Katechetik selbst eingeläutet, sah sie doch im Zeitalter des zunehmenden Pluralismus, des neu entdeckten »ganzheitlichen Lernens« und der insgesamt subjektorientierten Didaktik, wie sehr normativ-deduktives Vorgehen und der Primat der Dogmatik gegenüber der Lebenswelt der Kinder und Jugendlichen unangemessen waren und eigentliches Lernen letztlich behinderten (Leimgruber 2001). Hatte lange Zeit das konfessionelle Milieu die Evidenz des durch Katechismen vermittelten Glaubens gestützt, so müssen die Lernvoraussetzungen der Schülerschaft in einer radikal pluralistischen Zeit neu ernst genommen werden. Katechismen setzten im Grunde den Glauben voraus und explizierten ihn nur, während gegenwärtig Glaube und Religion selbst zur Frage geworden sind. Der »maschinenmäßige Unterricht« (Weber 1983, 121) mit dem Auswendig-Lernen vorgegebener Fragen ist für die religiöse Erziehung von Kindern ungeeignet (geworden).

4. Religionsdidaktische Akzente der Aufklärung

»Aufklärung ist der Ausgang des Menschen aus seiner selbst verschuldeten Unmündigkeit. Unmündigkeit ist das Unvermögen, sich seines Verstandes ohne Leitung eines anderen zu bedienen. Selbstverschuldet ist die Unmündigkeit, wenn die Ursachen derselben nicht am Mangel des Verstandes, sondern der Entschließung und des Mutes liegt. Sapere aude! Habe Mut, dich deines eigenen Verstandes zu bedienen!« (Kant, Werke (1975) IX, 53). – Mit diesen Worten beantwortete der bekannte Philosoph Immanuel Kant (1724–1804) die Frage »Was ist Aufklärung?« – Der Generalnenner dieser komplexen geistesgeschichtlichen Epoche besteht in der Entdeckung der Mündigkeit des Menschen und der damit angesagten Emanzipation von allen äußeren Abhängigkeiten und Zwängen. Das Menschenbild der Aufklärung akzentuierte die Vernunft und das selbständige Denken als Zentrum der menschlichen Autonomie. In der Plastik »Der Denker« (1880) von Auguste Rodin (1840–1917) hat es eine anschauliche und eindrückliche künstlerische Gestalt gefunden, die auch die Leibhaftigkeit des Denkens zum Ausdruck bringt.

Hauptziel aufklärerischer Erziehung bestand darin, den Menschen von allen Fremdbestimmungen freizusetzen und ihm die Verantwortung für sein Handeln zu übertragen. Die Aufklärung war überzeugt, dass der Mensch zutiefst erziehungsbedürftig und bildbar ist und dass die Menschheit durch Vernunft und Einsicht erzieherisch weitergebracht, ja, dass das Menschengeschlecht erzogen werden kann. Zentral für das Lernen wurde das vernunftgeleitete Verstehen gegenüber einem mehr mechanischen Auswendig-Lernen. So legte sie den Akzent der Erziehung auf die einsichtige ethische Bildung. Die Hinführung zur autonomen Selbständigkeit durch Erkennen wurde zum Programm.

Dem Anliegen der Bildung und »Erziehung des Menschengeschlechtes« (Lessing) entsprach die Idee der Toleranz, insbesondere gegenüber anderen Religionen (vgl. Ringparabel von Gotthold E. Lessing in »Nathan der Weise«), die als gleichwertig betrachtet werden, nur in den Taten der Liebe miteinander in Wettstreit liegen. Im Unterschied zur früheren Kontroverstheologie entdeckte die Aufklärung das Verbindende zwischen den Religionen.

Didaktisch bedeutsam war die *sokratische Methode* (Maieutik), welche durch formales Fragen und interrogativen Unterricht den »Adressaten« bewusst machen will, was an sittlich-religiösen Ideen und Gefühlen bereits vorhanden ist. Fragen im Stil des Sokrates intendierten, den Menschen ins Bewusstsein treten zu lassen, was in ihnen an Religiosität immer schon vorhanden ist. Die religiöse Erziehung gelangte mit der Einführung der allgemeinen Schulpflicht inklusive des schulischen Religionsunterrichtes in den Kompetenzbereich des Staates. Die Kirche konnte ihren Einfluss weiterhin durch die Mitwirkung bei der Schulaufsicht wahrnehmen. Zum Katechismusunterricht und zur Sonntagschristenlehre trat das Fach »Biblische Geschichte« hinzu. Mit dieser Verlagerung der religiösen Erziehung von Familie und Gemeinde in die öffentliche Schule waren zwei Gefahren verbunden: einerseits die Verschulung religiöser Erziehung und Bildung, andererseits die stillschweigende Delegation des Erziehungsauftrages an die öffentliche Schule, nichts ahnend, dass dort die bürgerliche Erziehung vorrangig gegenüber einer religiös-christlichen Erziehung war.

Während die katholische Kirche wenig Sympathie für das emanzipatorische Interesse der aufklärerischen Erziehung fand und darin eine Gefahr für die Katechismusunterweisung erblickte, griffen offene Theologen wie Johann Michael Sailer (1751–1832), der Lehrerbildner Bernhard Heinrich Overberg (1754–1826) und der Katechetiker Johann Baptist Hirscher (1788–1856) die Anliegen der Aufklärung positiv auf und versuchten, sie mit religiöser Bildung zur Gottseligkeit (Sailer) und zum Aufbau des Reiches Gottes (Hirscher) zu vermitteln. Hirscher arbeitete einen dafür geeigneten Katechismus (1842) und eine heilsgeschichtlich ausgerichtete (biblische) »Geschichte Jesu Christi« (1839) aus.

5. Die psychologische »Münchener Methode«

In der zweiten Hälfte des 19.Jahrhunderts und zu Beginn des 20. Jahrhunderts verharrte die neuscholastische Theologie mit ihrem ungeschichtlichen Offenbarungsverständnis im Kontext einer antimodernistischen Kirche, die zunehmend in Opposition zur Gesamtgesellschaft trat, sich von ihr abschottete und den Gehorsam gegenüber Lehre und Autorität betonte. (1910 wurde der für Kleriker obligatorische Antimodernisteneid eingeführt.) Katechetisch kam bereits 1847 der »Lehrbegriff« von Josephus Deharbe in Gebrauch, welcher, wie erwähnt, den Siegeszug dieses neuscholastischen Denkens auf religionspädagogischem Gebiete dokumentierte und den Katholizismus bis in die Missionsländer imprägnieren sollte.

Die Katechetiker indessen realisierten das didaktische Ungenügen der bloß kognitiven, textanalytischen Katechismusmethodik. Ein weiterhin theologisch-deduktives Vorgehen allein fanden sie unangemessen, weshalb sie sich – parallel zu den sich konstituierenden Humanwissenschaften (v.a. der Pädagogik und Psychologie) – besannen auf das Erbe der großen Pädagogen wie Amos Comenius (1592–1670), Adolf Diesterweg (1790–1866), Johann Heinrich Pestalozzi (1746–1827) (Kopf, Herz und Hand) und Georg Kerschensteiner (1854–1932) (Arbeitsschule). Im Zuge der Reformpädagogik traten sie für ganzheitliches, alle Sinne und Fähigkeiten des Menschen umgreifendes und handlungsorientiertes religiöses Lernen ein, zu dessen Realisierung sie auf die Formalstufenlehre von Josef Friedrich Herbart (1776–1841) und Tuiskon Ziller (1817–1882) rekurrierten. Das auf Aristoteles fußende Menschenbild mit den drei Grundkräften wurde wieder beachtet und gab die drei wichtigsten Stufen für allgemeine Erkenntnisprozesse ab:

    a) aisthesis (memoria) sinnlich-imaginative Wahrnehmung und Anschauung
    b) noesis (intellectus) Erarbeitung und geistige Durchdringung
    c) orexis (voluntas) Anwendung im praktischen Handeln

Die Katechetiker Otto Willmann (1839–1920), Anton Weber (1868–1947) und Heinrich Stieglitz (1868-1920) adaptierten nun die drei formalen Stufen für das religiöse Lernen und erweiterten sie für die Katechismuskatechese zu einem fünfstufigen Vorgehen, der sog. Münchener Methode (ab 1905):

(a) Vorbereitung und Zielangabe – (b) Darbietung – (c) Vertiefung – (d) Zusammenfassung – (e) Anwendung.

So wurden religiöse Lernprozesse möglich, die Rücksicht auf die psychologischen Gegebenheiten der »Adressaten« nahmen. Die Dogmatik verlor ihre Eigengesetzlichkeit, wurde aber für die Lernprozesse nicht reformuliert. Vermehrte, wenn auch im Vergleich zu später zaghafte Schülerorientierung war angesagt, nicht aber »Anpassung« der Glaubensinhalte und der moralischen Normen. Konkret kümmerte man sich um das bei den Kindern vorhandene Vorwissen (Vorbereitung), lenkte sie auf die anstehenden Lernvorgänge (Zielangabe). Es folgte – oft narrativ – die Darbietung der zu behandelnden Aussagen, wobei das Prinzip der »Einheitlichkeit der Anschauung« Berücksichtigung fand. Dann wurde der Lehrgehalt erarbeitet durch weitere Erklärung. Es folgte eine Zusammenfassung, um das Ganze wirklich zu verstehen und der Seele wie dem Gedächtnis einzuprägen. Der letzte Schritt befasste sich mit der willentlichen Anwendung des Gesagten für das Leben. Organisatorisch kamen auch Gruppenunterricht, Liedkatechese, Bildeinsätze und weitere methodische Variationen dazu (Kampmann 1967, 679) Die Münchener Methode wird zurecht »psychologische« Methode genannt, weil sie der psychischen Verfassung der Lernenden Rechnung trägt. Sie wurde an vielen katechetischen Kongressen verbreitet, bis die kerygmatische Didaktik neu das theologische Moment betonte.

6. Die materialkerygmatische Konzeption: Religionsunterricht als Glaubensunterweisung

Begriff – Motive – Anfänge

Etwa von 1935–1970 beherrschte die Konzeption des kerygmatischen Religionsunterrichts die religionsdidaktische Theorie und Praxis. Hatte sich vorher die religionspädagogische Reformbewegung mit methodischen Fragen befasst und das lernpsychologische Schema der »Münchner Methode« entwickelt, so rückte nun die *Inhaltsfrage* ins Zentrum: Auf dem Hintergrund der Verkündigungstheologie konzentrierte sich die so genannte materialkerygmatische Erneuerung nicht mehr auf das »Wie«, sondern auf das »Was« (vgl. Bartholomäus 1983, 54). Inhaltlich hatten Bibel und Liturgie sowie lebenspraktische Vollzüge großes Gewicht. Der doppelte Akzent auf dem Stoff (»Material« *und* auf der Verkündigung (»Kerygma«) haben dieser Art der Unterweisung das Attribut *(material)kerygmatisch* eingetragen. Protagonisten dieses Konzepts waren Franz Xaver Arnold, Klemens Tilmann und Günther Weber. Seinen Niederschlag fand es im »Katholischen Katechismus der Bistümer Deutschlands« (1955), im »Rahmenplan für die Glaubensunterweisung« (1967) und in dem Religionsbuch »glauben – leben – handeln. Arbeitsbuch zur Glaubensunterweisung« (1969).

Grundzüge

Die Formel »Das Dogma sollen wir kennen, verkünden müssen wir das Kerygma« (Jungmann 1936, 60) birgt in nuce das Anliegen. Der Religionsunterricht wird als Katechese gesehen: Er ist *»ein geistliches Geschehen«*, das *»den Bereich des bloß Unterrichtlichen um ein Wesentliches [übersteigt]«* (Weber 1964, 27); er will mit einer *»heiligen Wirklichkeit«* (Tilmann 1961, 104; Rahmenplan 1967, 7) vertraut machen. Adäquate Haltung gegenüber dem Kerygma ist das Hören und die bewusste Entscheidung für ein Leben im Glauben. Von daher ist es verständlich, dass die Vokabel »Religions*unterricht*« auf erhebliche Vorbehalte stieß und die Bezeichnung »Katechese« einen neuen Frühling erlebte. Der Begriff »Katechese« meinte die gläubige Versammlung von Katechumenen unter dem Wort Gottes. Die Schule hatte lediglich den organisatorischen Rahmen für die Glaubensunterweisung bereit zu stellen.

Religionsunterricht als Katechese sollte den kirchlichen Taufunterricht vertiefen und in das kirchliche Leben, auch in Gebet und Kirchengesang, einführen. Schülerinnen und Schüler sollten hier gelebte Gemeinde erfahren. Ein solcher Unterricht war also seinem Wesen nach *Kirche in der Schule*.

● Die *Rolle des Schülers* fiel mit der eines Katechizanten zusammen. Die Bereitschaft zum Hören auf das Wort Gottes und die Nachfolge Christi waren seine Grundaufgaben. Ziel der Katechese war es, »zur personalen Entscheidung für den Glauben« (Weber 1964, 25), zur Gotteskindschaft und zum Jüngersein zu führen.

● Den *Lehrpersonen* wurde die Rolle von Kündern und Zeugen der Frohbotschaft zugeschrieben. Ausgesandt von der Kirche und autoritativ durch die missio canonica bevollmächtigt, hatten sie den jungen Menschen den Anruf Gottes zu erschließen und sie in das kirchliche Leben einzuüben. Es wurden von ihnen Glaubensüberzeugung, Bereitschaft zum Zeugnis für Christus und seine Kirche sowie ein vorbildliches Leben erwartet.

Etwa zeitgleich und mit ähnlichen Zügen etablierte sich in der evangelischen Religionspädagogik das Konzept der Evangelischen Unterweisung (vgl. Sturm 1997, 46–50). Auch dieses Konzept verstand den Religionsunterricht als Kirche in der Schule und den Religionslehrer als Zeugen des Glaubens und als Vertreter der Gemeinde.

Problematische Aspekte

Das Konzept der materialkerygmatischen Katechese thematisierte den Religionsunterrichts nicht im Spannungsfeld von Schule und Kirche. Ist der Religionsunterricht Sache der Schule mit ihrem Bildungsauftrag oder Sache der Kirche mit ihrem Verkündigungsauftrag? Worin besteht der Unterschied zwischen schulischem Religionsunterricht und gemeindlicher Katechese? Welche Rolle nimmt der Lehrer im Religionsunterricht ein: die eines staatlichen Lehrers oder die eines kirchlichen Amtsträgers?

Religionsunterricht isolierte sich in der Schule. Die von der Religionslehrerschaft wie von den Schülern gezeichneten Bilder wiesen weithin idealistische Züge auf. Das Ziel, in die Jüngerschaft Jesu zu treten, bot wenig Raum für die eigentlichen Interessen und Fragen der Schülerinnen und Schüler. Ebenfalls problematisch war die Einweisung des Religionslehrers in eine gleichsam priesterliche Funktion des Glaubensverkünders mit Vorbildcharakter.

Prospektive Potentiale

In der materialkerygmatischen Konzeption zeichneten sich erste Spuren einer Entwicklung ab, das Verhältnis zwischen Stoff und Subjekt zugunsten des letzteren neu zu vermessen. Zum einen wurde ein didaktischer Materialismus korrigiert, indem die Stofffülle des neuscholastischen Katechismusunterrichts durch den Gedanken von Jesus Christus und seiner Botschaft vom Reich Gottes zentriert und perspektiviert wurde. Zum anderen stellte dieses Konzept ausdrücklich die Frage nach der subjektiven Aneignung des Heils. Damit war es Vorläufer für ein theologisches Denken, das radikal nach jenen Strukturen im Menschen frägt, die ihn immer schon befähigen, »Hörer des Wortes« (Karl Rahner) und Empfänger des von Gott geschenkten Heils zu sein.

Bei allen Idealisierungen, die die kerygmatische Katechese an die Lehrerrolle knüpfte, bleibt doch richtig, dass Beruf und Berufung der Religionslehrerin und des Religionslehrers von einer lebendigen Beziehung zur Kirche leben. Ihr glaubwürdiges Zeugnis bleibt unersetzbar, wobei es weniger auf das wörtliche Bekenntnis als auf Einstellungen und Verhalten in konkreten Situationen ankommt. Dabei müssen sich »Liebe zur Kirche« und »kritische Distanz« nicht ausschließen (Synodenbeschluss 1974, 2.8.5).

7. Die hermeneutische Konzeption: Religionsunterricht als Auslegung

Begriff – Motive – Anfänge

In den 1950er Jahren wuchs in der evangelischen Religionspädagogik Kritik am Konzept der Unterweisung. Fraglich erschien zum einen die Begründung des Religionsunterrichts allein von der Kirche her, zum anderen die Fixierung auf den Verkündigungsauftrag, der angesichts der einsetzenden Pluralisierung schwierig wurde und die Lehrenden vor große Probleme stellte.1958 erhob Martin Stallmann die Forderung nach einer Wende in der Religionspädagogik. Der Religionsunterricht sollte neu, und zwar schultheoretisch begründet werden (Stallmann 1958, 198–200). Aus dem Auftrag der Schule, in die gegenwärtige Welt einzuführen, indem ihr geschichtliches Gewachsensein ausgelegt wird, ergibt sich für den Religionsunterricht die Aufgabe, mit der Tradition des Christentums vertraut zu machen. Deshalb drängte Stallmann auf eine klare Unterscheidung: Aufgabe der Schule ist es nicht, zu verkündigen und zum Glauben zu führen, sondern Texte existentiell engagiert zu interpretieren und so zu einem Verstehen der christlichen Überlieferung im Horizont der eigenen Existenz hinzuführen (vgl. Stallmann 1958, 167f). So entstand die Forderung nach einem *hermeneutischen Religionsunterricht*. Ausschlaggebend war außerdem die Empfindung, dass Gegenwart und Tradition nicht mehr in einem ungebrochenen Verhältnis zueinander stehen. Es bedarf bewusster Bemühungen, die nun fremd gewordene Tradition zu verstehen. Dazu ist eine Hermeneutik, eine »Kunst und Lehre vom Verstehen«, vonnöten. Sie sucht die Differenz zwischen dem eigenen Selbstverständnis und dem fremden Anderen zu überwinden, indem sie den Sinngehalt des Fremden in das eigene Verständnis überträgt. Wo dies gelingt, geschieht Verstehen.

Diese Konzeption erreichte etwas später auch die katholische Religionsdidaktik und bestimmte etwa von 1965 bis 1970 die Diskussion. Vor allem Albert Höfer, Günter Stachel, Hubertus Halbfas und Wolfgang Langer plädierten für eine Wende vom verkündigenden zum auslegenden (»hermeneutischen«) Religionsunterricht.

Grundzüge

Wenn es sich die Schule zur Aufgabe macht, Jugendlichen die Welt zu erschließen, und wenn der Religionsunterricht die Tiefendimension dieser Welt bedenkt, müssen beide den Blick auf die *Sprache* richten (vgl. Halbfas 1968, 92–95). Erkennen und Verstehen ereignen sich im Medium der Sprache. Deshalb verfolgt ein hermeneutischer Religionsunterricht erstens das Bildungsziel, Schülerinnen und Schüler in ein differenziertes Verhältnis von Sprache und Wirklichkeit einzuführen. Zweites berücksichtigt er, dass sich die Gegenwart aus geschichtsmächtigen Traditionen speist. Die Auslegung der Überlieferung gehört daher wesentlich zur Allgemeinbildung. Hier wird das spezifische Profil des Religionsunterrichts sichtbar: Es muss die christliche Tradition mit ihrem Kristallisationspunkt in der Heiligen Schrift auslegen. Nach Halbfas ist er daher »prinzipiell biblischer Unterricht«, dem es um Auslegung der Schrift geht (Halbfas 1968, 109). Die Auslegung der Bibel verfolgt das Ziel, die eigene Existenz auszulegen, vom Text her in Frage zu stellen und ihr neue Lebensmöglichkeiten zu eröffnen.

Die *Lehrerrolle* sieht eine exegetisch gebildete, mit großer Sensibilität für Sprache ausgestattete und zur Auslegung von Welt und Mensch befähigte Person vor: also primär den Bibeltheologen und Repräsentanten der wissenschaftlichen Theologie. Dieses neue Verständnis hob bestehende Konflikte zwischen der Rolle als Religionslehrer und der Rolle als Lehrer in den anderen Unterrichtsfächern auf (Hilger 1978).

Die *Rolle des Schülers* wandelte sich von der eines *Empfängers* der Botschaft zu der eines *Auslegers* des biblischen Textes. Er rückte dadurch zum Dialogpartner auf – zumindest in der Theorie.

Problematische Aspekte

Ein auf die Bibel und ihre Auslegung konzentrierter Religionsunterricht brachte Verkürzungen mit sich: Die Interessen und Bedürfnisse der Schülerinnen und Schüler wurden an den Rand gedrängt. Der Schulterschluss mit der historisch-kritischen Methode brachte diesem Konzept den Vorwurf des »Exegetismus« (Nastainczyk 1969) ein, und der stete Textunterricht konnte Bibelmüdigkeit und Bibelüberdruss fördern. Mitte dieses Unterrichts war die Bibel: Von ihr her wurde auf die Situation der Schülerinnen und Schüler reflektiert, nicht umgekehrt.

Während der Vorzug einer existentialen Hermeneutik im Erfassen der Lebensrelevanz biblischer Texte besteht, so liegt ihre Gefahr in einer individualistischen Engführung. Die politische und gesellschaftliche Sprengkraft der biblischen Botschaft trat kaum ins Bewusstsein.

Prospektive Potentiale

Der hermeneutischen Konzeption gebührt das Verdienst, den einzigartigen Stellenwert der Bibel für den Religionsunterricht nachdrücklich ins Bewusstsein gerufen zu haben.

Indem das hermeneutische Konzept Hörerinnen und Hörer mit ihrer Biographie in das Licht der biblischen Texte stellte, bahnte es ein Verständnis der *Bibel als Dialogpartner für mich* an.

Dass im Religionsunterricht die hermeneutische Problematik eine zentrale Rolle spielen muss, ist eine Einsicht, die sich gleichfalls dem hermeneutischen Konzept verdankt. Eine existentiale Hermeneutik, in der Text- und Selbsterschließung zusammengehören, bedeutete einen echten Fortschritt auf dem Weg von einer dogmatischen zu einer multiperspektivischen Hermeneutik (vgl. Englert 1995, 161f).

Im Zuge einer pädagogischen Wende in der Religionspädagogik setzten zudem Bemühungen ein, Aufgaben und Ziele der Schule wie des Religionsunterrichts aufeinander abzustimmen. Der Gedanke einer schulischen Begründung des Religionsunterrichts gehört zum unaufgebbaren Erbe dieses Konzepts.

8. Die religionskundliche Konzeption: Religionsunterricht als Information

Begriff – Motive – Anfänge

Gegen Ende der 1960er Jahre erfasste eine Kulturrevolution mit emanzipatorischer Stoßrichtung die Gesellschaft und machte auch vor Kirche und Religionsunterricht nicht Halt. Der kirchliche Einfluss ging auf allen Ebenen zurück, das gesamtgesellschaftliche Klima wurde zunehmend säkularer, und im Religionsunterricht kam es zu einer Welle von Abmeldungen. Autoritäten und Institutionen insgesamt wurden hinterfragt, weil »Manipulation« bzw. »Indoktrination« befürchtet wurden. In diesen Strudel geriet auch der Religionsunterricht. Stein des Anstoßes war seine Bindung an die Kirche, die als unvereinbar mit demokratischen Prinzipien empfunden wurde.

Der in dieser Stärke bislang nicht gekannte Druck auf den Religionsunterricht im Kontext eines aufgewühlten gesellschaftlichen Klimas ließ gleichzeitig mehrere neue religionsunterrichtliche Entwürfe entstehen, darunter das Konzept eines Religionsunterrichts als Information. Dieses von Hubertus Halbfas und anderen auf katholischer und von Siegfried Vierzig auf evangelischer Seite in die Diskussion gebrachte Modell war eine direkte Reaktion auf den Vorwurf der Vereinnahmung des Religionsunterrichts durch die Kirche.

Grundzüge

Religionsunterricht wird – so die Grundidee des Konzepts – zur Religionskunde, zur *Information über Religion(en)*. Diese Gestalt sollte es ihm endlich erlauben, einen den übrigen Unterrichtsfächern vergleichbaren Status einzunehmen. Ausgangspunkt war der Begriff der Information nach dem kommunikationstheoretischen Basisschema:

Sender bzw. Sprecher → Mitteilung (Information) → Empfänger bzw. Hörer

Informationen wurden als objektive, neutrale Größen angesehen, die vom Sender zum Empfänger transferiert werden. Ihnen kam eine von der Sprech- bzw. Unterrichtssituation eigenständige Bedeutung zu. Der Sender (Lehrer/Lehrerin) war nicht mehr als eine Instanz, die Informationen zur Verfügung stellt. Von einem solchen Ansatz her schien die Konzeptualisierung eines sachlichen und wertneutralen Religionsunterrichts möglich. Dabei wurde Religion als anthropologische Größe verstanden, die zum Wesen des Menschen gehört. Der Religionsunterricht bekam dann die Aufgabe, Schülerinnen und Schüler über religiös wirksamen Faktoren und Phänomene in Gegenwart und Vergangenheit zu informieren. Die »vorurteilsfreie« Kenntnis religiöser Fakten sollte eine sachgerechte Erörterung der Welt unter religiösem Aspekt erlauben. Was dies für die Jugendlichen bedeutet, blieb ihnen überlassen.

Weiter gehört zu dieser Konzeption die Sensibilisierung für die ambivalenten Wirkungen von Religion. Religiöse Phänomene sollten fortan kritisch auf ihre positiven und negativen gesellschaftlichen Wirkungen beleuchtet werden. Die Religionskritik von Marx, Feuerbach und Freud wurde ein zentrales Thema.

Entgegen der Annahme, dieser Unterricht könne idealerweise nur von einer neutralen, ausschließlich auf Information bedachten Lehrkraft bestritten werden, setzt er vielmehr eine Lehrperson mit eigener Position in religiösen Fragen voraus. Sie sollte jenen Schritt vollzogen haben, den ihre Schülerinnen und Schüler noch tun müssen: zu einer begründeten Entscheidung angesichts der Vielfalt religiöser Angebote zu kommen. Ist religiöse Positionalität das entscheidende Kriterium, spielt es keine Rolle, welcher Konfession oder Religion ein Lehrer angehört. Wichtig ist nur die Aufgeschlossenheit für Religion und die Toleranz gegenüber anderen Überzeugungen.

Ein religionskundlicher Unterricht steht folglich allen Schülerinnen und Schülern offen, gleich ob sie sich als engagierte Christen, Gottsuchende oder Atheisten verstehen. Sein Ziel besteht nicht in der Vergewisserung eines Bekenntnisses, sondern in der Bereitstellung von Informationen über Religion und in einer Befähigung zur kritischen Auseinandersetzung mit Religion. Dass ein solcher Unterricht gelingt, setzt freilich voraus, dass Schülerinnen und Schüler überhaupt Interesse an Religion haben. Im günstigsten Fall sind sie bereit, ihre eigenen religiösen Erfahrungen in einen Dialog einzubringen und kritisch zu reflektieren.

Problematische Aspekte

Das Konzept des Religionsunterrichts als Information stellte viel Selbstverständliches radikal in Frage, so auch das Prinzip der Konfessionalität. Am religionskundlichen Unterricht sollten Schülerinnen und Schüler aller Bekenntnisse und Religionen teilnehmen können. Damit befand sich diese Konzeption allerdings im Widerspruch zum Grundgesetz, das in Artikel 7 (Abs. 3) regelt, dass Religionsunterricht »in Übereinstimmung mit den Grundsätzen der Religionsgemeinschaften« zu erteilen ist, was Konfessionalität einschließt. Der religionskundliche Religionsunterricht verzichtete ferner auf eine kirchliche Legitimation, ohne aber zu fragen, welche Institution dann Verantwortung für ihn übernimmt und ihn vor gesellschaftlicher oder staatlicher Vereinnahmung schützt. Weil schließlich Theologie eine Funktion von Kirche ist, musste sie in diesem Modell konsequenterweise ihren Platz als primäre Bezugswissenschaft räumen. Ihre Nachfolge sollte die Religionswissenschaft antreten.

Typisch für einen Religionsunterricht als Information waren eine Überbetonung des kognitiven Moments und eine gewisse rationalistische Kühle. Es kam nicht auf die existentielle Erfahrbarkeit von Religion an, sondern auf die Sammlung und Beurteilung religiöser Phänomene. Dieser Unterricht tendierte weiter zu einem problematischen, weil zu vagen Religionsbegriff. Religion ohne Bindung an eine bestimmte Konfession ist in Gefahr, sich in Zivilreligion aufzulösen. Sie ist diffus, unverbindlich, arm an Riten und Bräuchen und passt sich gesellschaftlichen Trends an. Ihr fehlt die provozierende, prophetische und kritische Kraft des Evangeliums, die sich gegen gesellschaftliche Instrumentalisierung stemmt.

Prospektive Potentiale
Die religionskundliche Konzeption erlaubte es, den Verdacht auf indoktrinierende Unterweisung der Kirche unter dem Dach der Schule abzuschütteln. Dass der Religionsunterricht als Information mehr als nur eine geschichtliche Episode war, zeigt übrigens die anhaltende Diskussion um das Fach LER in Brandenburg (→ II.13). Heute ist selbstverständlich geworden, dass sich Religionsunterricht nicht nur innerhalb konfessioneller Grenzen bewegt, sondern andere Konfessionen, Religionen und Weltanschauungen einbezieht und als Gesprächspartner ernst nimmt. Unter dem Vorzeichen der Pluralisierung werden das Kennenlernen fremder religiöser Überzeugungen und der lebendige Dialog mit ihnen an Bedeutung noch zunehmen.

9. Problemorientierter Religionsunterricht

Begriff – Motive
Dieses Konzept des Religionsunterrichtes, das von 1968 bis 1975 in Blüte stand, aber bis heute weiterwirkt, hat in der evangelischen wie in der katholischen Religionspädagogik die *Wende von der Tradition zur Situation* eingeleitet. Es hatte mehrere Ursachen und bildete verschiedene Varianten aus: Eine Ursache war die Kritik der Schülerinnen und Schüler an den Inhalten des herkömmlichen Religionsunterrichts.

Außerdem war die Verlagerung von (biblischen) Texten zu Themen auch neueren Strömungen in der Theologie zu verdanken. Hier ist die Rezeption einer anthropologisch gewendeten Theologie in der Religionspädagogik zu nennen mit dem Ansatz, den Menschen in seiner Welt zum konstitutiven Interpretationsmoment aller theologischen Aussagen zu machen. Weiter öffnete sich die Religionspädagogik dem allgemeinen Religionsbegriff (vgl. Sturm 1997, 56f) von Paul Tillich, der Religiosität nicht mehr primär an die etablierten Religionen zurückbindet, sondern an das Verhältnis des Menschen zur Transzendenz.

Anfänge – Grundzüge
Hans-Bernhard Kaufmann warf dem Religionsunterricht vor, sich in der Auslegung biblischer Texte zu erschöpfen. An die Stelle einer einseitigen Traditionsorientierung müsse das Gespräch zwischen Überlieferung und heutiger Lebenswirklichkeit treten. Kaufmann sprach sich dafür aus, die Grenzen des hermeutischen Religionsunterrichts

zu überwinden: Es genüge nicht, von biblischen Texten auszugehen und erst im Prozess der (existentialen) Auslegung nach dem Schüler und seiner Situation zu fragen: Vielmehr seien Schülerinnen und Schüler sowie deren Probleme als eigene didaktische Größen zu würdigen und von vorneherein in Anschlag zu bringen.

Der Übergang von einem auslegenden zu einem problemorientierten Religionsunterricht erlaubte eine bisher nicht gekannte Ausdehnung des Inhaltsbereichs. Gegenstand des Religionsunterrichts kann jetzt alles sein, was für Schülerinnen und Schüler ein Problem darstellt und wofür der christliche Glaube einen Deutehorizont bereitstellen kann.

Durch die Kategorie *Problemorientierung* bekommt der Religionsunterricht eine neue Gestalt. Er ist nun nicht mehr auf genuin theologisches Terrain verwiesen, sondern kann aus inneren Gründen seine Grenzen auf andere Fächer hin überschreiten. Ein solcher Unterricht forderte geradezu *Interdisziplinarität*.

Die diesem Unterricht entsprechenden Rollen von Lehrenden und Lernenden lassen sich so beschreiben:

Religionslehrerinnen und -lehrer verfügen über solide theologische und pädagogische Kompetenzen. Darüber hinaus sind sie mit humanwissenschaftlichen Disziplinen wie Psychologie und Soziologie vertraut. Sie können sich auch in fachfremden Gebieten orientieren und wissen die Alltagswelt ihrer Schülerinnen und Schüler wahrzunehmen und zu deuten. Dem Zeitgeschehen und der Kultur stehen sie aufgeschlossen gegenüber. Wichtige Eigenschaften sind ferner kommunikative Kompetenz und souveräne Beherrschung eines differenzierten Methodenrepertoires. Der problemorientierte Religionsunterricht ist auf professionell ausgebildete und agierende Religionslehrerinnen und -lehrer angewiesen, wie dies bisher keine andere Konzeption erforderte.

Die Schülerinnen und Schüler mit ihren Fragen und Problemen bilden die Mitte dieses Unterrichts. Glaube wird nicht vorausgesetzt, jedoch die Bereitschaft, christliche Deutungsversuche für Situationen und Probleme zu prüfen. Religionsunterricht gelingt dann, wenn die Schüler die ihnen zugedachte Rolle als Subjekte des Unterrichts ergreifen und sich mit dem, was sie persönlich bewegt, in den Unterricht einbringen. Bedingung dafür ist ein hohes Maß an Vertrauen der Schülerinnen und Schüler untereinander wie auch gegenüber der Lehrperson (Hilger 1987).

Problematische Aspekte

Der kritische Blick auf die Praxis des problemorientierten Religionsunterrichts offenbarte verschiedene Schwachstellen. So wurde die Frage gestellt, ob dieser Unterricht überhaupt die individuellen Probleme der Schülerinnen und Schüler thematisiere oder nicht vielmehr jene Probleme, die der Gesellschaft bzw. Lehrerinnen und Lehrern dringlich erschienen. Hinzu kam der Vorwurf, dass der problemorientierte Unterricht stets um dieselben Themen kreise und einem Verbalismus (»Palaver«) erliege. Angemahnt wurden auch ein theologisches Defizit und ein daraus resultierender Profilverlust des Religionsunterrichts. Die größte Schwierigkeit des problemorientierten Religionsunterrichts lag jedoch darin, dass seine ursprüngliche Intention, den überlieferten Glauben und gegenwärtige Erfahrungen als gleichwertige Pole anzuerkennen und produktiv zu vermitteln, nicht immer gewahrt wurde. Dies führte zu Zerrformen, von denen die beiden wichtigsten im Folgenden kurz umrissen werden:

- *Lebenssituation und Glaubensüberlieferung werden auf eine Frage-Antwort-Relation reduziert*
  Eine Gefahr dieses Konzeptes besteht darin, Schrift und Tradition zur Lösung gegenwärtiger Probleme lediglich als Reservoir von passenden Antworten zu instrumentalisieren. Demnach kann der Glaube im Prinzip auf alle Fragen eine Antwort geben. Dies kann zu einem doppelten Engpass führen: Zum einen werden möglicherweise nur jene Aspekte eines Problems wahrgenommen, die einen Brückenschlag zu biblischen Texten erlauben, während andere ausgeblendet werden. Zum anderen ist die Versuchung groß, biblische Texte eklektizistisch einzusetzen oder ihren unausschöpfbaren Sinngehalt eindimensional zu reduzieren.

- *Schrift und Überlieferung im Schatten der Problemorientierung*
  In dem Maße, wie Religionsunterricht von den Prinzipien Situationserhellung und Problemorientierung dominiert wird, rücken Bibel und Tradition als gleichberechtigtes Angebot in das breite Spektrum von Stoffen und Themen ein, die Lösungsmöglichkeiten für Probleme versprechen. Für die Schrift folgt daraus, dass sie gewissermaßen zu einem Steinbruch herabsinkt, aus dem einzelne Stücke nach Bedarf herausgebrochen werden. Im ungünstigsten Fall kann auf die Bibel ganz verzichtet werden, wenn Antworten anderer Wissenschaften auf die Herausforderungen der Gegenwart aussichtsreicher erscheinen.

  Mit dieser zur erstgenannten Zerrform spiegelbildlichen Variante einer falsch verstandenen Problemorientierung ist die Frage nach dem Stellenwert der Theologie aufs Engste verbunden. Wenn der Akzent des Religionsunterrichts ganz auf der Problemorientierung liegt und Theologie entbehrlich wird, stellt sich die Frage, worin sich dieses Fach noch von anderen, z.B. dem Ethikunterricht, unterscheidet.

Auch wenn die genannten Zerrformen vermieden werden, bleibt die Zuordnung der beiden Pole »Tradition« und »Situation« ein schwieriges Problem (vgl. III.2).

Prospektive Potentiale

Dass die Probleme von Schülerinnen und Schülern einen gleichberechtigten Rang neben den von der Tradition vorgegebenen Fragen haben, bedeutete einen Durchbruch in der Religionsdidaktik. Dieser Ansatz tendierte zur Ausweitung auf Situations-, Erfahrungs- und Schülerorientierung, wodurch sich ein neues Verständnis von Religionsunterricht und Religionspädagogik anbahnte: Religionsunterricht muss sich als ein offener, interdisziplinärer Lernprozess darstellen, Religionsdidaktik als eine Wissenschaft, die verschiedene (Human-)Wissenschaften integriert, unter denen die Theologie eine Vorrangstellung einnimmt.

10. Religionsunterricht unter dem Einfluss der Curriculumtheorie

Begriff – Motive – Anfänge

Die Studie von Saul B. Robinsohn »Bildungsreform als Revision des Curriculum« (Robinsohn 1967) löste im Jahre 1967 in der Bundesrepublik Deutschland eine intensive Diskussion um die Reformbedürftigkeit des Bildungssystems aus. Robinsohn lenkte durch seine Schrift die Aufmerksamkeit der an Bildungspolitik interessierten Öffentlichkeit von schulorganisatorischen Fragen auf das didaktische Kernproblem einer Revision der Ziele und Inhalte, die der Reform der Schulorganisation voraus liegen und diese bestimmen müssten. Curriculumforschung verstand er als Antwort auf eine weit verbreitete Unzufriedenheit mit den Inhalten, der Form und mit den Entstehungsprozessen der geltenden Lehrpläne.

Der Begriff Curriculum signalisiert den Anspruch einer wissenschaftlich fundierten Reform von Zielen und Inhalten organisierten Lernens. Von Curriculum sollte man nur dann sprechen, wenn außer der Frage nach dem Was (den Inhalten) auch die Frage nach dem Warum (Nach welchen Kriterien sind die Inhalte ausgewählt? Welche Vorentscheidungen, welche Zielsetzungen haben die Auswahl beeinflusst? Wie sind die Entscheidungsprozesse abgelaufen?) und dem Wie (Ist ein begründeter Zusammenhalt von Zielen und Inhalten und ihnen entsprechenden Lernerfahrungen gewährleistet? Wie lässt sich die beabsichtigte Wirkung des Lernprozesses überprüfen?) gestellt wird und Aussagen darüber gemacht werden. Curriculumentwicklung meint dann das Gesamt der Tätigkeiten der Findung, Beschreibung, Begründung, Konkretisierung und Überprüfung von Lernzielen, -inhalten und -situationen.

Robinsohns Schrift traf in der Religionspädagogik auf eine Situation, die für eine grundlegende Reform der Ziele und Inhalte des Faches günstig war: Aufgeschreckt durch Abmeldungen, durch Motivationsverlust der Schülerinnen und Schüler, durch Erfahrungen einer weitgehenden Wirkungslosigkeit des Religionsunterrichtes, beeinflusst durch eine verstärkte Öffnung der Religionspädagogik für erziehungswissenschaftliche Fragestellungen und nicht zuletzt durch eine zunehmende Weltorientierung der Theologie und der Kirche (II. Vatikanisches Konzil), suchte die Religionspädagogik nach neuen Wegen. In dieser für eine Revision der Inhalte offenen Phase kam ein allgemeindidaktisches Programm, das eine umfassende Reform der Bildungsziele und Inhalte enthielt, genau richtig.

Grundzüge der religionsdidaktischen Rezeption der Curriculumtheorie

Auf die Curriculumentwicklung für den Religionsunterricht hat der curriculumtheoretische Ansatz von Robinsohn und seinen Mitarbeiterinnen und Mitarbeitern am Max-Planck-Institut für Bildungsforschung in Berlin den nachhaltigsten Einfluss ausgeübt, vor allem die Vorentscheidung, dass das Curriculum der Schule und damit auch des Religionsunterrichtes Qualifikationen erstens für die Bewältigung von jetzigen und zukünftigen Lebenssituationen und deren Wandel vorbereiten soll, dass diese Vorbereitung zweitens durch die Vermittlung entsprechender Verhaltensdispositionen – Qualifikationen – geschieht und dass drittens diese Qualifikationen wiederum durch die verschiedenen Elemente des Curriculums vermittelt werden (Knab 1971, 21). Daraus ergeben sich drei Aufgabenbereiche:

1. Die Identifizierung und Analyse von Lebenssituationen, für deren Bewältigung der Unterricht einen Beitrag leisten kann;
2. Die Bestimmung entsprechender Qualifikationen, die notwendig sind, um die Lebenssituation meistern bzw. gestalten zu können;
3. Die Entwicklung qualifizierender Elemente, die als Ziele, Inhalte und Prozesse den Unterricht prägen sollen.

In der religionsdidaktischen Lehrplanentwicklung rezipierte man sehr schnell den situationsanalytischen Curriculumansatz, weil man in ihm auch eine schultheoretische

Begründung für einen problemorientierten und schülerorientierten Religionsunterricht sah. So bemühte man sich in der Folge vor allem (1.) um eine Analyse der Situation des Schülers und seiner Bedürfnisse im Blick auf seine persönlichen und gesellschaftsbedingten Konflikte. In welchen Anwendungssituationen wird Leben aus der Sicht des Glaubens vom Schüler erfahren? Situation wurde zur Schülersituation, zur Ausgangslage der Schüler. Von diesen Bedürfnissen her wurden (2.) Lernziele definiert, die ein angestrebtes Verhalten beschreiben und zugleich Möglichkeiten der Überprüfung angeben. Dann wurde (3.) nach Themen und Inhalten gesucht, mit denen das angestrebte Lernziel am besten erreicht werden kann. Darin wurde eine Chance gesehen, Entwürfe zu konzipieren, die dem Schüler gemäß sind und ihn motivieren (vgl. Hilger 1975, 25–31).

Als eine weitere charakteristische Begleiterscheinung der Rezeption der Curriculumtheorie kann die »Lernzielorientierung« angesehen werden. »Curricular« und »lernzielorientiert« wurden als synonyme Begriffe gebraucht. Ein lernzielorientierter Religionsunterricht war auf kontrollierbares Endverhalten ausgerichtet. Ein Ansatz also, dem es primär um die Begründung und Rechtfertigung von Bildungszielen und -inhalten ging, wurde durch ein geschlossenes und leicht handhabbares lerntheoretisches System gefüllt, dessen Voraussetzungen nicht weiter reflektiert wurden (Hilger 1975, 31–54).

Problematische Aspekte

Unter dem Handlungsdruck, schnell neue Lehrpläne und Unterrichtsentwürfe zu schaffen, kam es nicht zu einer Erforschung des Zusammenhangs von (gesellschaftlichen) Situationen, zu vermittelnden Qualifikationen und schulischen Curriculumelementen. Nicht zu lösen war das Problem, Lebenssituationen einigermaßen repräsentativ zu erfassen und sie in ihrer Gesamtheit so zu beschreiben, dass der schon immer geforderte und gesuchte Zusammenhang von Lernen und Leben als Verknüpfung von Qualifikationen und Situationen genauer begründbar wird. Dies wurde teilweise eklektizistisch und recht unsystematisch versucht, wobei vor allem die zu treffenden Wert- und Normentscheidungen in einer normdivergierenden Gesellschaft Probleme aufwarfen. Ferner führte eine übertriebene Lernzielorientierung zu neuen Problemen. Von den vielen den Unterricht bestimmenden Faktoren bekamen Lernziele unter Vernachlässigung anderer Faktoren eine fast exklusive Bedeutung. Wo dies geschah, geriet der Implikationszusammenhang, d.h. die wechselseitige Beeinflussung von Ziel-, Inhalts- und Verfahrensentscheidungen, aus dem Blick (vgl. II.7). Unter der Hand wurde so die Kontrollmöglichkeit des Unterrichts zum Selektions- und Begründungsinstrument für Lernziele.

Prospektive Potentiale

Bleibender religionsdidaktischer Gewinn aus der Herausforderung durch die Curriculumtheorie ist vor allem die Erweiterung des Reflexionshorizontes auf die Zielfindung und -begründung wie auf die Inhaltsfindung und -begründung. Lehrpläne und Entwürfe haben sich vor der Schülerschaft, der Gesellschaft und vor den einschlägigen Wissenschaften als situations- und sachangemessen zu verantworten. Damit werden die aus der amerikanischen Curriculumforschung bekannten drei Grunddeterminanten »Kind«, »Gesellschaft« und »Wissenschaften« religionsdidaktisch bedeutsam durch folgende Kriterien: »Schülerbezug« (individuelle Perspektive), »Sachbezug« (u.a. theologische Perspektive) und »Welt- und Gesellschaftsbezug« (gesellschaftliche Perspektive; Hilger 1984, 111–117). Lernziele bleiben unverzichtbare Hilfe für eine rationale Planung wie für die Begründung der didaktischen Maßnahmen. Sie helfen, die Intentionen des Religionsunterrichts zu präzisieren und tragen zur Wirkungsüberprüfung bzw. Evaluation des Religionsunterrichts bei.

11. Der sozialisationsbegleitende oder therapeutische Religionsunterricht

Begriff – Motive – Anfänge

Der sozialisationsbegleitende Religionsunterricht stellt eine Variante des »problemorientierten Religionsunterrichtes« dar. Wegen seines eigenwilligen Profils und seinen Konsequenzen für die Praxis wurde er zum Gegenstand heftiger Kontroversen. Mit ihm ist besonders der Name des evangelischen Religionspädagogen Dieter Stoodt verbunden. Die größte Wirksamkeit erreichte diese Konzeption in den Jahren von 1970 bis 1975.

Lenkte das Prinzip *Problemorientierung* den Blick ganz allgemein auf Schülerinnen und Schüler und die relevanten Gegenwartsprobleme, so zielt die Kategorie *Sozialisationsbegleitung* auf die Probleme des einzelnen Schülers, näherhin auf seine individuelle Lebensgeschichte, wie sie durch Prozesse sozialen Lernens geformt und verformt worden ist. Mit der Fokussierung auf den Schüler in seiner Persönlichkeit ging andererseits eine Weitung des Blicks von intentionalen Erziehungsakten auf die gesamte Bandbreite gesellschaftlich wirksamer Einflüsse – gleich ob sie bewusst oder unbewusst, gewollt oder ungewollt ausgeübt werden – einher. Für die Religionspädagogik ergab sich daraus die Notwendigkeit, das Augenmerk nicht mehr nur auf Familie und Kirche als Orte religiöser Erziehung zu richten, sondern auf alle empirisch erfassbaren Faktoren, die auf die religiöse Sozialisation von Kindern und Jugendlichen Einfluss nehmen.

Stoodts Interesse galt vor allem den negativen Seiten religiöser Erziehung. Er schrieb sie einer degenerierten Gestalt von Religion zu, die er im Anschluss an Theodor W. Adorno u.a. als »neutralisierte Religion« (Stoodt 1972, 220f) bezeichnete. Darunter verstand er eine Religion, die um ihre positive Wirkung gebracht worden ist und ihre konstruktive Kraft verloren hat. Sie passt nur noch Kinder und Jugendliche an bestehende gesellschaftliche Verhältnisse an, um diese aufrechtzuerhalten. Nach Stoodt ist es Aufgabe des Religionsunterrichts, die durch religiöse Sozialisation verursachten Deformationen zu bearbeiten. Mit anderen Worten: Er muss *therapeutische* bzw. *sozialisationsbegleitende Funktion* haben. Inspiriert durch das in biblischen Texten enthaltene emanzipatorische Potential, sollen Schülerinnen und Schüler dazu befähigt werden, Ich-Stärke zu entwickeln, sich in Vorgänge, die sie und andere betreffen, einzumischen und Konflikten nicht aus dem Weg zu gehen. Das Anliegen dieses Ansatzes ist indes kein (tiefen-)psychologisches – mag auch die Terminologie (»therapeutisch«) diesen Weg weisen –, sondern ein *seelsorgerliches*.

Grundzüge

Ziel des therapeutischen bzw. sozialisationsbegleitenden Religionsunterrichts ist die Bearbeitung von Fehlformen religiöser Sozialisation. Es lässt sich in vier Hauptaufgaben unterteilen (Stoodt 1975, 25f):

- *Hilfe zur Selbstfindung:* Schülerinnen und Schüler sollen zu kompetenter Selbstwahrnehmung, zu Selbsterkenntnis und Selbständigkeit angeleitet werden;
- *Hilfe zur Solidarisierung:* Es ist Aufgabe des Religionsunterrichts, Schülerinnen und Schüler zur Teilnahme an gruppenbildenden Prozessen zu befähigen. Darin liegt für sie auch die Chance, Erfahrungen der Mitmenschlichkeit und Geschwisterlichkeit zu machen;
- *Hilfe zu stellvertretendem Handeln:* Schülerinnen und Schüler sollen motiviert werden, stellvertretend für Menschen einzutreten, die ihre berechtigten Interessen aufgrund bestimmter (gesellschaftlicher) Verhältnisse nicht durchsetzen können;
- *Hilfe zu alternativischem Denken:* Im Geist der biblischen Tradition, wo sich eine Protesthaltung gegen Formen von Unrecht ausspricht, sollen Schülerinnen und Schüler zur Kritik an verfestigten gesellschaftlichen Verhältnissen und zum Entwurf alternativer Modelle der Lebensgestaltung befähigt werden.

Inhalt eines solchen Religionsunterrichts sind nicht primär Lehrinhalte, sondern die Schülerinnen und Schüler selbst mit ihren religiösen Lebens- und Lerngeschichten. Erst im Rahmen von Themen, die sich auf ihre Erfahrungen beziehen, erlangen religiöse Dokumente aus Vergangenheit und Gegenwart Relevanz.

Die Rolle, die *Schülerinnen und Schüler* sowie *Lehrerinnen und Lehrer* in diesem Unterricht einnehmen, lässt sich idealtypisch folgendermaßen charakterisieren: Erstere sind wie in keinem anderen Konzept Mitte und Ziel des Religionsunterrichts. Als Subjekte mit ihrer religiösen Biographie sind sie Gegenstand des Religionsunterrichts. Von daher verwirklicht das therapeutische Modell die Kategorie »Schülerorientierung« in bisher nicht gekannter Radikalität. Umgekehrt wird von den Schülerinnen und Schülern erwartet, dass sie sich mit ihren konkreten Erfahrungen in den Unterricht einbringen.

Die Religionslehrerinnen und -lehrer übernehmen eine komplexe Rolle: als Begleiter, Therapeut, Anwalt und Seelsorger der Schülerinnen und Schüler. Ihre Legitimität und Autorität leiten sich nicht primär von einer kirchlichen Sendung oder einer theologischen Ausbildung ab, sondern von der Befähigung, kompetente Interaktionspartner zu sein, idealerweise unter dem Vorzeichen einer symmetrischen Kommunikation.

Problematische Aspekte

Das Konzept des sozialisationsbegleitenden Religionsunterrichts zog vielfältige Kritik auf sich. Die Forderung nach Emanzipation, durch die ein Ausbrechen aus den krankmachenden Entfremdungsprozessen ermöglicht werden sollte, erschien ideologisch, weil sie leicht als umfassende Kritik an den gesellschaftlichen Verhältnissen ausgelegt werden konnte.

Es wird die Frage gestellt, ob ein nach diesem Modell erteilter Unterricht überhaupt noch den Anspruch erheben kann, als *schulischer* Unterricht zu gelten. Kann er sich neben anderen Fächern behaupten, in denen Lehren und Lernen nach geplanten Schritten und mit kontrollierbaren Lernerfolgen vonstatten geht? Lassen sich Schülerinnen und Schüler auf einen Unterricht ein, der sich durch seine gruppendynamischen und psychologischen Prozesse als Kontrastprogramm zu anderen Fächern darstellt? Und akzeptieren sie ihn als wirklichen Unterricht?

Nicht weniger problematisch ist das Anforderungsprofil an die Religionslehrerinnen und -lehrer (→ II.6). Neben ihrer theologischen und religionspädagogischen Ausbildung benötigen sie eine solide psychologische und sozialpädagogische Ausbildung; andernfalls ist die Gefahr groß, dass ihr Unterricht in Dilettantismus abgleitet (Sturm 1997, 62). Das bestehende Ausbildungssystem ist dafür jedenfalls nicht hinreichend gerüstet.

Prospektive Potentiale

Der utopische Überhang des Modells verleitet dazu, die in ihm vorhandenen zukunftsfähigen Elemente zu übersehen. Wichtig ist eine sorgfältige Analyse der Situation der Schülerinnen und Schüler. Nicht weniger wichtig ist die Einsicht, dass der Religionsunterricht ihren konkreten religiösen Lebensgeschichten, Fehlentwicklungen eingeschlossen, Raum geben muss. Für religiöses Lernen ist die Referenz auf die eigene Lebens- und Glaubensgeschichte konstitutiv. Dem versucht ein biographisches Lernen im Religionsunterricht (→ III.5) Rechnung zu tragen. Insgesamt ist das sozialisationsbegleitende Modell ein Plädoyer für einen subjektorientierten Religionsunterricht. Die aktuelle Forderung, Schülerinnen und Schüler als Subjekte ihres eigenen Lernprozesses ernst zu nehmen, liegt genau auf dieser Linie.

Der vom therapeutischen Konzept herausgestellte seelsorgerliche Impetus ist ein im Religionsunterricht je neu einzulösender Imperativ. Dass echte Lebens- und Glaubenshilfe erfahrbar wird, entspricht dem Prinzip der Subjektorientierung und zeigt zugleich die diakonische Grundfunktion von Kirche.

12. Rezeption und Integration religionsunterrichtlicher Konzeptionen im Synodenbeschluss »Der Religionsunterricht in der Schule« (1974)

Am 22.11.1974 wurde von der Gemeinsamen Synode der Bistümer in der Bundesrepublik Deutschland das Dokument »Der Religionsunterricht in der Schule« verabschiedet (→ II.13). Dieser Beschluss artikuliert ein Gesamtverständnis schulischen Religionsunterrichts, das die bislang entwickelten Modelle aufgreift, sich kritisch mit ihnen auseinandersetzt und sie in einen größeren Zusammenhang einbindet. Die Rezeption zentraler Gedanken aus den unterschiedlichen Konzeptionen bzw. die im Synodenbeschluss von ihnen vollzogene Abgrenzung wird im Folgenden an fünf Beispielen aufgezeigt.

Auseinandersetzung mit der materialkerygmatischen Konzeption

Der erste Teil des Synodenbeschlusses, die Situationsanalyse, lässt keinen Zweifel daran, dass die Voraussetzungen für einen Religionsunterricht als Glaubensunterweisung weithin nicht mehr gegeben sind. So wird die für die materialkerygmatische Katechese selbstverständliche Annahme, dass es der Religionsunterricht generell mit gläubigen oder glaubenswilligen Schülerinnen und Schülern zu tun habe, zurückgewiesen. Mit einem ausgeprägten Sinn für die Wirklichkeit des Religionsunterrichts redet das Dokument ferner davon, dass der Lehrer bei seinen Versuchen, »in den Glauben und in das Leben der Kirche einzuweisen und einzuüben«, sich oftmals in einer Situation befindet, »wie wenn er zu Blinden von Farbe spricht« (Syn 1.1.1). Parallel zu seinen Bemühungen, ein realistisches Schülerbild zu zeichnen, nimmt der Beschluss die Lehrerschaft vor einer Rollenzuschreibung in Schutz, die sich, wie dies in der kerygmatischen Katechese der Fall war, in der Sphäre des Idealen bewegt (vgl. Syn 1.1.2; 2.8).

Die Situationsanalyse mündet in die Forderung nach einer klaren Unterscheidung zwischen schulischem Religionsunterricht und Katechese in der Gemeinde (vgl. Syn 1.4). Damit erteilt die Synode der Vorstellung eines Religionsunterrichts als »Kirche in der Schule« eine klare Absage. Mit dieser Abgrenzung geht jedoch die Aufforderung an die Gemeinden einher, ihre eigenen katechetischen Bemühungen zu verstärken (vgl. Syn 3.9; → II.12).

Bei aller Kritik, die die Synode an einem als Glaubensunterweisung konzipierten Religionsunterricht übt, verschließt sie sich seinen Anliegen nicht grundsätzlich. Wenn es heißt, dass der Religionsunterricht »mit der Wirklichkeit christlichen Glaubens [vertraut macht]« (Syn 2.4.1; ähnlich 2.5.1), nimmt dieser Passus wörtlich einen Grundgedanken der kerygmatischen Katechese auf. Das gilt in ähnlicher Weise für die Formulierung, dass der Religionsunterricht »das Gesamt des Glaubens vom Zentralen her verstehen« (Syn 2.4.1) muss. Darin kommt nicht nur die Aussage des II. Vatikanums über eine »Hierarchie der Wahrheiten« zum Ausdruck, sondern auch das materialkerygmatische Prinzip einer Konzentration des Stoffes. Wenn der Synodenbeschluss ausführt, dass der Religionslehrer bereit sein soll, »die Sache des Evangeliums zu seiner eigenen zu machen und sie – soviel an ihm liegt – glaubwürdig zu bezeugen« (Syn 2.8.3), ist verspürbar, dass eine wichtige Forderung des Konzepts eines verkündigenden Religionsunterrichts aufgegriffen wird, ohne sie jedoch zu verabsolutieren.

Auseinandersetzung mit der hermeneutischen Konzeption

Mit dem Konzept eines hermeneutischen Religionsunterrichts teilt der Synodenbeschluss die Überzeugung, dass Religion und Theologie »auf die Hl. Schrift und deren Entfaltung im Leben und Glauben der Kirche« (Syn 2.4.1) notwendig zurückgebunden sind. Der Bezug auf die Schrift darf indes nicht die hermeneutische Problematik ausblenden. Zwischen den biblischen Texten und dem Heute tut sich, wie die historisch-kritische Methode hervorgehoben hat, ein »garstiger Graben« auf. Daraus ergibt sich für die Auslegung die Verpflichtung, »ständig zu fragen, was mit dem damals Gesagten eigentlich gemeint und wie das Gemeinte heute verständlich zu machen sei« (Syn 1.2.2).

Von der hermeneutischen Konzeption führt eine direkte Linie zum Bemühen der Synode, Religionsunterricht als ordentliches Lehrfach auszuweisen. Die Synode stellt sich der Verantwortung, schlüssig aufzuweisen, wie der von der Glaubensunterweisung in der Gemeinde klar abgehobene Religion*unterricht* »teilhat an der Aufgabenstellung der öffentlichen Schule, wie er deren Ziele mitbegründet und fördert, konkretisiert, ergänzt und gegebenenfalls kritisiert« (Syn 2.1; 2.3.4).

Auseinandersetzung mit der religionskundlichen Konzeption

Trotz der Kritik, die das Konzept des Religionsunterrichts als Information erfuhr, erwies es sich als Quelle wichtiger Anregungen zur Reform des Religionsunterrichts. Der Öffnung des religionskundlichen Unterrichts für alle Schülerinnen und Schüler, gleich ob sie engagierte Christen oder überzeugte Atheisten sind, entspricht eine (heutigen Verhältnissen nicht mehr angemessene) Differenzierung zwischen gläubigen, suchenden oder im Glauben angefochtenen und sich als ungläubig betrachtenden Schülern (vgl. Syn 2.5.1). Religionsunterricht muss nach der Synode so angelegt sein, dass ihn alle drei Gruppen dieser Typologie als hilfreich und sinnvoll erfahren können.

Nähen zum religionskundlichen Modell zeigen sich auch darin, dass die Synode sich von jeder Form des Religionsunterrichts absetzt, die den Vorwurf der »kirchlichen Nachwuchssicherung« (Syn 2.6) oder der »Manipulation« (2.4.4) auf sich ziehen könnte. Es geht dem Religionsunterricht im Gegenteil um die Befähigung von Schülerinnen und Schülern zu persönlicher Entscheidung, und zwar »in Auseinandersetzung mit Konfessionen und Religionen, mit Weltanschauungen und Ideologien«, sowie um die Förderung von »Verständnis und Toleranz gegenüber der Entscheidung anderer« (Syn 2.5.1). Der Beschluss rekurriert gelegentlich explizit auf einen weiten Religionsbegriff. Er versteht hier »Religion« als »›Weltdeutung‹ oder ›Sinngebung‹ durch Transzendenzbezug« (Syn 2.3). Mit Bezug auf Paul Tillich und Karl Rahner werden Erfahrungen, die »uns unbedingt angehen«, ausdrücklich in den Religionsunterricht hineingenommen (vgl. Syn 2.3.2). Auf der anderen Seite lässt der Beschluss unmissverständlich das Konzept eines religionskundlichen Unterrichts hinter sich, indem er von einem allgemeinen Religionsbegriff zum Begriff des christlichen Glaubens voranschreitet: Religionsunterricht erschöpft sich nicht in der Information über Religion, er hat vielmehr die Aufgabe, mit dem »spezifisch Christlichen« (Syn 2.4.1) vertraut zu machen.

Neben dieser Abgrenzung hebt sich der Synodenbeschluss noch in einigen anderen Punkten scharf von einem Religionsunterricht als Information ab. Er lehnt eine Verdrängung der Theologie durch die Religionswissenschaft ungeachtet der Bedeutsamkeit religionswissenschaftlicher Erkenntnisse ab (vgl. Syn 2.4.3); damit ist und bleibt die Theologie primäre Bezugswissenschaft des Fachs (vgl. Syn 2.4; 2.6.3). Ferner wird entschieden ein konfessioneller Religionsunterricht eingefordert (vgl. Syn 2.7), nicht zuletzt wegen der verfassungsrechtlichen Lage (vgl. Syn 2.2).

Auseinandersetzung mit dem problemorientierten Religionsunterricht

Zahlreiche Passagen des Synodenbeschlusses, vor allem seine Schlüsselstellen, zeugen von einer intensiven Auseinandersetzung mit dem Prinzip der Problemorientierung. Dies gilt in besonderer Weise für die im Text vorgenommene Verortung des Religionsunterrichts »in der Schnittlinie von pädagogischen und theologischen Begründungen, Auftrag der öffentlichen Schule und Auftrag der Kirche« (Syn 2.1). In der von der Synode erarbeiteten Begründung des Religionsunterrichts, die auf einer Konvergenz von pädagogischen und theologischen Argumenten beruht (vgl. Syn 2.3; 2.4), spiegeln sich die beiden Achsen des problemorientierten Religionsunterrichts, Problemorientierung und Traditionsorientierung, wider.

Direkte Zusammenhänge bestehen ferner zwischen dem problemorientierten Religionsunterricht und dem im Synodenbeschluss vorbereiteten Korrelationsprinzip, das

– ohne so benannt zu sein – durch die Formel »Der Glaube soll im Kontext des Lebens vollziehbar, und das Leben soll im Licht des Glaubens verstehbar werden« (2.4.2) eingeführt wird. Damit zeichnet die Synode dem Religionsunterricht eine bipolare Grundfigur ein, die bis heute nicht überholt ist: Glaube und Erfahrung, Tradition und Gegenwart nehmen einen eigenständigen Rang im Religionsunterricht ein, bleiben aber konstitutiv aufeinander verwiesen, indem sie sich wechselseitig erhellen und durchdringen.

Die korrelative Grundstruktur bringt es mit sich, dass nicht mehr die systematische Stoffvermittlung, sondern die Situation des Schülers in den Vordergrund rückt (vgl. Syn 3.7). Seine Fragen, Probleme und Erfahrungen bilden ein »unabdingbares Kriterium der Auswahl von Zielen und Inhalten« (Syn 2.5.3) des Religionsunterrichts. Dieser Perspektivenwechsel wird unterfangen durch eine anthropologisch gewendete Theologie, für die ein Verstehen menschlicher Grundphänomene nach theologischen Kategorien zentrales Anliegen ist (vgl. Syn 2.4.2). Er bedingt zudem die Hinwendung zu und den Dialog mit einer Fülle anderer Wissenschaften (z.B. Philosophie, Erziehungswissenschaften, Geschichte, Soziologie, Psychologie) und gibt so dem Religionsunterricht eine interdisziplinäre Ausrichtung (vgl. Syn 2.4.3).

Auseinandersetzung mit der Konzeption des sozialisationsbegleitenden Religionsunterrichts

Obwohl das therapeutische Modell im Synodenpapier nirgends ausdrücklich genannt wird, enthält es verschiedene Gedanken, die seinen Intentionen entsprechen. Dies zeigt sich beispielsweise in der von der Synode formulierten Zielbestimmung für den Religionsunterricht, wonach dieser der »Identitätsstärkung der Schüler« dienen und sie zu »kritischem Einsatz für die Gesellschaft« (Syn 2.5.2) motivieren soll. Im Sinne einer Nähe zu dem Konzept des sozialisationsbegleitenden Religionsunterrichts kann die Formulierung gelesen werden, dass die Kirche ihrem Auftrag entsprechend handelt, wenn durch ihre Beteiligung am Religionsunterricht »gesellschaftskritische und humanisierende Impulse des Evangeliums« freigesetzt werden (Syn 2.6.2). Die Synode verankert ihren Auftrag deshalb in der diakonischen Grundfunktion (vgl. Syn 2.6.1) und begreift ihn in seiner seelsorgerlichen Dimension. In ihm können auch die Anliegen eines therapeutischen Religionsunterrichts beheimatet werden.

Von Konzeptionen zu Prinzipien

Die jüngere Geschichte des Religionsunterrichts lässt sich als Wandel von Konzeptionen beschreiben, die innerhalb bestimmter Perioden für den Religionsunterricht leitend waren und entsprechend Lehrpläne, Lehrbücher und didaktische Materialien geprägt haben. Die frühen 70er Jahre des 20. Jahrhunderts markieren die fruchtbarste Phase in der Entwicklung religionsunterrichtlicher Konzeptionen. Unter dem Eindruck einer erschreckenden Abmeldewelle und einer massiven Infragestellung des Religionsunterrichts wurden große Energien aufgewendet, Konzeptionen zu schaffen, die den tiefgreifend veränderten Verhältnissen Rechnung trugen, mithin »pünktlich« waren.

Der Begriff der Konzeption bzw. des Konzepts zielt auf globale Orientierung. Das wird auch aus der folgenden Definition ersichtlich, die diesen Terminus aus schulpädagogischer Perspektive umschreibt: »Unterrichtskonzepte sind Gesamtorientierungen didaktisch/methodischen Handelns, in denen ein begründeter Zusammenhang von Ziel-, Inhalts- und Methodenentscheidungen hergestellt wird. In ihnen werden explizit ausgewiesene oder implizit als gültig unterstellte Unterrichtsprinzipien, Annahmen über die organisatorisch-institutionellen Rahmenbedingungen des Unterrichts sowie bestimmte Erwartungen an das Verhalten von LehrerInnen und SchülerInnen miteinander verknüpft« (Jank/Meyer 1991, 20).

Mit dem Synodenbeschluss »Der Religionsunterricht in der Schule« von 1974 neigte sich die Zeit eines Wechsels von konkurrierenden religionsunterrichtlichen Konzeptionen dem Ende zu. Angesichts der zunehmenden Komplexität der religionsdidaktischen Problemlage sind an ihre Stelle religionsdidaktische Prinzipien getreten. Obgleich Prinzipien nur bestimmte Perspektiven auf den Religionsunterricht hin eröffnen, leisten sie wichtige Beiträge zur Begründung schulischen Religionsunterrichts. Sie wirken tief in das Verständnis von schulischem Lernen hinein und beeinflussen signifikant Ziel-, Inhalts- und Methodenentscheidungen. Nicht mehr Konzeptionen mit ihrem Zug zur Universalisierung und Uniformierung, sondern ein Spektrum unterschiedlicher Prinzipien erscheint deshalb heute als geeignete Orientierungshilfe für ein variables religionsdidaktisches Handeln, das einer Vielfalt von Zielperspektiven für religiöse Erziehung und Bildung genügen muss und in ein kompliziertes Bedingungsgefüge für schulischen Unterricht eingespannt ist.

Zusammenfassung

Die Geschichte der Konzeptentwicklung religiöser Bildung, die am Beginn dieses Kapitels von den drei abrahamitischen Religionen ihren Ausgang nimmt, kann nicht unabhängig von den jeweiligen gesellschaftlich-kirchlichen Kontexten verstanden werden. Weil sich die Kontexte verändern, verändern sich zwangsläufig die Konzepte. In der neueren Geschichte beginnt mit dem Synodenbeschluss »Der Religionsunterricht in der Schule« (1974) eine Zeit, in der angesichts der zunehmenden Komplexität der religionsdidaktischen Problemlagen nicht mehr eine »Schulbildung« dominiert, sondern die Suche nach religionsdidaktischen Prinzipien beginnt, die kontextuell konkretisiert werden können, beispielsweise im Hinblick auf Ziele, Inhalte und Methoden. Die Geschichte der religionsdidaktischen Konzeptbildung ist eine Geschichte der Differenzierung. Was für den deutschen Sprachraum zutrifft, gilt erst recht für den Religionsunterricht in Europa. Auch hier sind unterschiedliche kulturelle Voraussetzungen gegeben, etwa hinsichtlich des Verhältnisses von Kirche und Staat sowie der Multikulturalität der Gesellschaften. Hier wie in anderen Ländern richtet sich an den Religionsunterricht die Hoffnung, dass er neben religiöser Bildung in direktem Sinne einen Beitrag zur Vermittlung von Grundwerten für ein friedliches Miteinander leistet.

Lesehinweis

Lämmermann, Godwin (1994): Religionspädagogik im 20. Jahrhundert, München.

Miller, Gabriele (1977): Geschichte ist Gegenwart – religionspädagogische Konzeptionen der letzten 50 Jahre. Ein Überblick im Schnellverfahren für die Fortbildung von Religionslehrern. In: KatBl 102, 913–918.

Paul, Eugen (1993; 1995): Geschichte der christlichen Erziehung I und II, Freiburg.

Wegenast, Klaus (Hg.) (1981;1983): Religionspädagogik. Bd. I: Der evangelische Weg. Bd. II: Der katholische Weg, Darmstadt.

I.4 Gesellschaftliche Herausforderungen der Religionsdidaktik

Hans-Georg Ziebertz

Religiöse Lernprozesse finden in einem gesellschaftlichen Kontext statt, der entscheidende Rahmenbedingungen vorgibt. Das Kapitel thematisiert diesen Kontext im Rückgriff auf den Begriff der »Post-Moderne«. Ein zentrales Kennzeichen der Postmoderne ist die Pluralität. Gefragt wird, was es bedeutet, in der pluralen Postmoderne aufzuwachsen. Die Entwicklung der Religiosität bleibt von diesen gesellschaftlich-kulturellen Voraussetzungen nicht unberührt. Einige Konturen der Religiosität Jugendlicher werden nachgezeichnet. Die Pluralität kann für die Planung religiöser Lernprozesse ein Problem sein, sie enthält aber auch besondere Chancen. Ein entschieden kommunikativ-dialogischer Religionsunterricht erscheint als geeignete Antwort auf die weltanschauliche Pluralität der Gegenwart.

Von den vielen Herausforderungen, vor denen die Religionsdidaktik steht, konzentrieren wir uns in diesem Kapitel auf einige gesellschaftliche Aspekte. Religiöses Lernen findet nicht in einem Sonderbereich statt. Religionsunterricht wird von Lehrkräften gegeben, die Mitglieder dieser Gesellschaft sind, er findet in der öffentlichen Einrichtung ›Schule‹ statt, und er wird von Schülerinnen und Schülern besucht, die in diese Gesellschaft hineingeboren wurden. Von der Gesellschaft und ihrer Kultur geht eine grundlegende Prägung aus, sodass gefragt werden muss, was die gesellschaftlichen Rahmenbedingungen für religiöse Lernprozesse sind und welche Herausforderungen sich daraus ergeben.

Das Kapitel problematisiert zunächst die Schwierigkeit, zu einer angemessenen Diagnose der Gegenwart zu kommen (1). Es zeigt Dimensionen der modernen bzw. postmodernen Gesellschaft auf (2) und lenkt den Blick auf ein spezifisches Merkmal der heutigen Gesellschaft: die Pluralität (3). Im Anschluss daran wird gefragt, von welchen besonderen Problemlagen »Aufwachsen heute« gekennzeichnet wird. Die Überlegungen machen einmal mehr klar, dass von »der« Jugend keine Rede sein kann (4). Die Notwendigkeit zur Differenzierung stellt sich auch im religiösen Feld. In einer pluralistischen Gesellschaft bleibt die Religionsausübung nicht unverändert. Gefragt wird, wie die Religiosität der Kinder und Jugendlichen beschaffen ist, die Partner in religiösen Lernprozessen sind – denn welche Ziele man auch immer im Unterricht verfolgt: an einer realistischen Einschätzung der Ausgangssituation geht kein Weg vorbei (5).

1. Wahrnehmungsprobleme

Der Versuch, ein »Zeitfoto« zu schießen und etwas Verbindliches über die gegenwärtigen gesellschaftlichen Bedingungen religiöser Bildung zu sagen, braucht eine Vorbemerkung. Wir leben zwar alle in ein und derselben Welt, aber wir nehmen sie unterschiedlich wahr. Die Welt ist für unterschiedliche Menschen *unterschiedlich*. Was wir im Folgenden als Herausforderung der gegenwärtigen Gesellschaft für die Religionsdidaktik bezeichnen, ist das Ergebnis einer Perspektive, von der sich andere unterscheiden können. Versuchen wir klar zu machen, worum es geht. Bei der Problematisierung der modernen Gesellschaft in theologischen oder kirchlichen Texten trifft man nicht selten auf Vergleiche »heute« und »früher«. Der Tenor ist etwa so: Die Rahmenbedingungen, als Christ zu leben und junge Leute in den christlichen Glauben einzuführen, waren »früher« besser. Die Gesellschaft war dem Christentum gegenüber aufgeschlossener, das von den Kirchen vertretene Christentum war insgesamt-gesellschaftlich akzeptierter. Christliche Bezüge waren in Politik, Kultur und Wirtschaft (soziale Marktwirtschaft) üblich. »Heute« hingegen haben wir es mit einer Zeit zu tun, die manche als »religionsfeindlich«, andere zumindest als »religiös-indifferent« (gleichgültig) bezeichnen. Ein entschiedenes öffentliches Bekenntnis zum christlichen Glauben ist die Ausnahme. Die heranwachsende Generation ist nur noch zum Teil (genauer: zu einem stets kleiner werdenden Teil) kirchlich sozialisiert und engagiert.

Diese Einschätzung ist biographisch und historisch nachvollziehbar. Die Generation, die zwischen den Weltkriegen geboren wurde und den kirchlichen Frühling (Vatikanum II) erlebt hat, kann mit einem nüchternen Blick auf die heutige Situation von Kirche, Glaube und Gesellschaft kaum zu einem anderen Urteil kommen. Auch wenn nicht alle gleichermaßen »Abbruch« diagnostizieren und das Ende des christlichen Abendlandes kommen sehen, ist ein gravierender gesellschaftlicher Wandel unübersehbar. Im Hinblick auf eine zeitadäquate religionsdidaktische Ausbildung kommt es aber darauf an, sich der Relativität dieser Erfahrung bewusst zu sein. Die jungen Leute zwischen 20 und 25 Jahren, die heute Theologie und Religionsdidaktik studieren, kennen den Verweis auf eine andere (bessere, einfachere?) Zeit nur aus der Literatur, vielleicht von ihren Eltern oder Theologieprofessoren. Dies gilt noch verstärkt für die Schülerinnen und Schüler zwischen 6 und 19 Jahren. Sie alle sind unter Bedingungen aufgewachsen, in denen es eher selbstverständlich ist, dass die Nachbarn am Sonntagmorgen zwar auch ihr Auto an der Kirche parken, dann aber »auf die Joggingstrecke« gehen. Kinder und Jugendliche werden diese Beobachtung kaum als negativ oder positiv verbuchen, denn sie können auf der Basis ihrer eigenen Lebenserfahrung keinen historischen Vergleich anstellen. Es ist eben so, dass manche mehr und andere weniger (oder gar nichts) mit Religion und Kirche zu tun haben. Wenn die ältere Generation »Indifferenz« diagnostiziert, ist für Jüngere oft nicht nachvollziehbar, wo die Probleme liegen. Für die jüngere Generation ist die postmoderne Situation weltanschaulicher Pluralität eine Selbstverständlichkeit. Sie erleben religiöse Wahlfreiheit, und sie erwarten nicht, dass eine Entscheidung »für« oder »gegen« mit sozialen Konsequenzen verbunden sein könnte. Pluralität ist Normalität.

Religionsdidaktisch ist dieser Befund nicht ohne Bedeutung. Der Erfolg von Lernprozessen hängt mit davon ab, wie es gelingt, die lebensweltlichen Voraussetzungen der Schülerinnen und Schüler zu verstehen. Wenn Lehrerinnen und Lehrer ihre eigene religiöse Welteinschätzung generalisieren, laufen sie unter Umständen Gefahr, Fremdheit zu produzieren. Für die jüngere Generation gibt es keinen Zeitpunkt vor 20, 30 oder 40 Jahren, der in dem Sinne »normativ« wäre, dass von ihm aus bewertet werden könnte, was sich verbessert oder verschlechtert hat. Was zählt ist das Hier und Heute und die Zukunft. Für die Religionsdidaktik ergibt sich daraus, an den Möglichkeiten anzusetzen, die sich gegenwärtig ergeben, und Ziele zu formulieren, die von den aktuellen Bedingungen ausgehen, so wie Heranwachsende sie selber erleben. So missverständlich diese Formulierung auch sein mag: wie christliche Religiosität heute und in Zukunft gelebt werden kann, ist nicht aus der Vergangenheit ableitbar. Es gilt, in unserer Zeit neue Wege zu finden, die religiöse Dimension der Wirklichkeit kommunikativ zu verflüssigen und christliche Sprachangebote zu erschließen.

2. ›Post‹-moderne Gesellschaft

Wie also unsere Zeit auf den Punkt bringen? Der Begriff »Postmoderne« ist inzwischen in aller Munde und beschäftigt alle Wissenschaftssparten. Es handelt sich zwangsläufig um einen schillernden Begriff. Eine Aufarbeitung dessen, was jeweils mit Postmoderne gemeint wird, kann und muss hier nicht erfolgen. Wir kommen um diesen Begriff aber nicht herum, wenn der Versuch gemacht werden soll, die gesellschaftlichen Bedingungen religiöser Lernprozesse zu beleuchten.

Perspektiven und Kritik der »Moderne«

Als »postmoderne Moderne« hat Wolfgang Welsch (1994) seine Analyse der Gegenwart überschrieben. Er zeigt, dass die »Postmoderne« nur im Zusammenhang mit der »Moderne« annähernd verstanden werden kann. Unter »Moderne« wird in wirtschaftlicher Hinsicht meist die Ablösung agrarischer und die Herausbildung industrieller Gesellschaften verstanden. Politisch brechen die feudalen Machtstrukturen des Mittelalters zusammen und es entstehen »Gesellschaften« mit demokratische(re)n Konturen. Geistesgeschichtlich markiert die Aufklärung eine Zäsur. Die Betonung der Rationalität und der Vernunft, die Proklamierung des autonomen Individuums, usw. machen eine neue Weise des »in-der-Welt-Seins« möglich. Im 19. Jahrhundert ist die »Moderne« Ideologie und Angriffspunkt. Als Ideologie steht sie für unaufhaltsame Progression, industrielle Revolution, Technikgläubigkeit und Konzentration auf ökonomischen Fortschritt (Ökologie war noch kein öffentliches Thema). Es kommt zur Hochschätzung (bisweilen Überschätzung) der menschlichen Möglichkeiten, dass alles machbar und die Welt zu beherrschen sei. Traditionen verzeichnen einen Wertverlust, wenn sie sich nicht anpassen und im Tempo des Fortschritts mithalten. Sie werden bekämpft und lächerlich gemacht, wo sie sich nicht dem Fortschrittsdiktat unterwerfen. Insbesondere die katholische Kirche hat sich in dieser Spannung erfahren und zwischen 1850 und 1950 gleich mehrfach den »Modernismus« attackiert. Sie wurde angegriffen und hat sich gewehrt. Sie hat sich aber sicher auch deswegen gegen die Veränderungen aufgebäumt, weil sie den Verlust des Einflusses auf die öffentliche Meinung und die persönliche Lebensführung gut gespürt hat. Erst das II. Vatikanische Konzil (1962–1964) hat ein neues, partnerschaftlicheres Kirche-Welt-Verhältnis geschaffen.

Die »Moderne« ist gewissermaßen ein »Sammelbegriff« für die oben skizzierten Erscheinungen. Sie ist weder an ihr Ende gekommen, noch kann man begründet von einem neuen Zeitalter der »Postmoderne« sprechen (Bulhoff 1995; Kasper 1997). Zwar gibt es programmatische Entwürfe der Postmoderne, in denen Entwicklungsziele für Politik, Wirtschaft, Recht und Kultur formuliert werden. Im Zusammenhang dieses Kapitels soll der Begriff »Postmoderne« aber vor allem analytisch-beschreibend zur Sprache kommen. Ein entsprechender Versuch zeigt sich in der verschiedentlich vorgetragenen Definition, die »Postmoderne sei die reflexiv zu sich selbst gekommene Moderne« bzw. die »Aufklärung der Moderne über sich selbst«. Damit ist gemeint, dass der postmoderne Blick die Licht- und Schattenseiten der Moderne sieht, das er den positiven Verweis auf die Dynamik der Moderne ebenso einschließt wie den negativen Verweis auf die »Verluste«. Wir erkennen heute, dass der Versuch, die Natur zu beherrschen, zu verbesserten Lebensgrundlagen geführt hat, aber auch zur Ausbeutung von Ressourcen, zur Möglichkeit der atomaren Verseuchung, zum Clonen von Lebewesen usw. Vom wissenschaftlichen und technischen Fortschritt haben viele Menschen profitiert, aber das Fortschritts-Versprechen wird nicht flächendeckend eingelöst; es gibt die vernachlässigte Peripherie. Den Menschen in Europa geht es gut, aber das bessere Leben wird nicht allen zuteil – in Europa und anderswo. Viele fallen durch die Maschen und scheitern. Reichtum und Gerechtigkeit verteilen sich nicht gleichmäßig; eher werden die Kluften größer. Humanität ist heute in vielen Verfassungen fest verankert und einklagbar. Zugleich wurde der Humanitätsanspruch der Moderne durch viele schreckliche Kriege desavouiert. Was ist von der »Höherbildung« des Menschen zu halten, wenn Auschwitz nicht verhindert werden konnte? Diese und ähnliche Erfahrungen stellen sich einer unkritischen Haltung gegenüber der Moderne in den Weg. Klar ist, dass es keinen Weg »zurück zur Vor-Moderne« gibt. Eine kritische Reflexion der Moderne scheint geboten, denn Modernitätspessimismus allein bietet noch kein zukunftsträchtiges Konzept.

Perspektiven und Kritik der »Postmoderne«

Die Postmoderne hat viele Väter und Mütter und es gibt mindestens ebensoviele Entwürfe, was Postmoderne eigentlich ist (vgl. Ziebertz 1999b). Einer der pointiertesten Vertreter postmodernen Denkens ist Jean-François Lyotard (1984). Ein entscheidendes Konzept in seiner Beschreibung der Postmoderne ist »Heterogenität«: legitime Vielfalt. Der deutsche Philosoph Wolfgang Welsch (1994) spricht von »radikaler Pluralität«. Diese Pluralität betrifft Weltanschauungen und Lebensorientierungen ebenso wie Stile und Schulen in der Kunst, der Architektur, usw. Nach Lyotard kann es in der Postmoderne nicht mehr gelingen, die Vielfalt auf eine gemeinsame Wurzel zurückzuführen. Jeder Versuch muss scheitern, innerhalb dieser Vielfalt ein uniformierendes Prinzip zur Geltung zu bringen. »Einheit« ist ein Kennzeichen der Vergangenheit. Lyotard spricht von sogenannten »Meta-Erzählungen«, durch die eine »Einheit des Wissens« zustande gebracht wurde. Meta-Erzählungen beinhalten die alles legitimierenden Leitideen, die das Wissen steuern (Lyotard 1984; vgl. dazu die prägnante Darstellung bei Türk 1990, 63ff; auch Welsch 1994, bes. 169–184). Meta-Erzählungen implizieren Uniformisierung. Solche Einheitswünsche sind nach Lyotard überholt, weil sie (empirisch gesehen) an der postmodernen Verfasstheit der westlichen Gesellschaften scheitern bzw. scheitern *werden*. Sie sind aber auch in normativer Hinsicht überholt, d.h. solche Wünsche *sollen* scheitern!

Für Lyotard verfügte die Moderne in der Vergangenheit über drei große Metaerzählungen. Sie beinhalteten jeweils drei generalisierende Ansprüche auf einheitliche Weltdeutung, die alle drei gescheitert sind: *erstens* die Aufklärung mit dem Versprechen der Emanzipation der Menschheit von politischer und religiöser Unterdrückung – aber die Hoffnungen wurden enttäuscht; *zweitens* der Idealismus mit der Auffassung eines zielgerichteten und vernunftgesteuerten Aufbaus von Kultur und Gesellschaft – aber der Erkenntnisoptimismus des Idealismus wurde Lügen gestraft; *drittens* der Historismus als Versuch der Sinnfindung durch eine Interpretation des Geschichtlichen – aber er hat die Ambivalenz (wenn nicht sogar die zerstörerischen Folgen) des Fortschrittsglaubens eingestehen müssen. Nicht nur diese drei Universalansprüche sind gescheitert, sondern mit ihnen ist jeder Anspruch auf Uniformisierung zurück zu weisen.

Empirisch gesehen *werden* Uniformisierungsversuche scheitern, weil sich die gesellschaftliche Entwicklung geradezu in die Gegenrichtung einer Ent-Uniformisierung bewegt – und zwar angetrieben von den neuen Technologien (vgl. Türk 1990). Die neue Technologien sind ein Beispiel für den Weg von der Einheit zur Vielheit, indem sie alle Informationen in kleinste Teile zerlegen. Einmal zerlegt, sind sie in hohem Maße variabel, d.h. sie können in höchst unterschiedliche Systeme eingefügt werden. Dieser Prozess, die Zerlegung und die Möglichkeit der variablen Einsetzbarkeit der zerlegten Teile in unterschiedliche Systeme, sprengt jedes Einheitsdenken. Für Lyotard ahmt die Kultur nach, was die Industrie vormacht. Eine Folge ist, dass leitende Ideensysteme zusammenbrechen, dass alle Sprachspiele erlaubt sind, dass alle Handlungsmuster gleichrangig nebeneinanderstehen und dass sich Lebensweisen und Wertmaßstäbe einer Wahrheitsprüfung entziehen. Einheitsansprüche müssen zwangsläufig an der postmodernen Verfasstheit westlicher Gesellschaften scheitern.

Normativ gesehen *sollen* Einheitsansprüche scheitern. Ihr Zusammenbrechen ist für Lyotard eine positive Entwicklung, denn es sei ein Gewinn, wenn heute kein Erkenntnis- und kein Lebensmuster Vorrang vor einem anderen beanspruchen könne. Mit ihrem Ende könne heute keine Form der geistigen Unterdrückung mehr legitimiert werden. Dort, wo auf der Welt dennoch der Versuch gemacht werde, Einheitsmodelle zu schaffen, sei die Folge »Krieg«. Lyotard wörtlich: »Wir haben die Sehnsucht nach dem Ganzen und Einen, nach der Versöhnung von Begriff und Sinnlichkeit, nach transparenter und kommunizierbarer Erfahrung teuer bezahlt. Hinter dem allgemeinen Verlangen nach Entspannung und Beruhigung vernehmen wir nur allzu deutlich das Raunen des Wunsches, den Terror ein weiteres Mal zu beginnen, das Phantasma, die Wirklichkeit zu umschlingen, in die Tat umzusetzen. Die Antwort darauf lautet: Krieg dem Ganzen...« (zit. nach Welsch 1994, 272). Für Lyotard bezeugen totalitäre Systeme der Rechten und Linken bis in die Gegenwart die Richtigkeit seiner Schlussfolgerung. Erkenntnismäßig und politisch gehe es um die Aufkündigung der Totalität. Die Gesellschaft überlebt, wenn sich die unterschiedlichen Gruppen wechselseitig Respekt vor ihrer Andersartigkeit bezeugen.

Nicht der empirische Befund, dass die Pluralität radikaler wird, ist umstritten, sondern die normative Position, dass die Heterogenität in sich selbst ein Wert sei. Empirisch gesehen gibt es auch für Jürgen Habermas (1981) keinen Weg zurück in eine Einheitsgesellschaft bzw. Einheitskultur. Aber er setzt die Verpflichtung dagegen, Übereinstimmungen zu finden. Vielheit um der Vielheit willen sei ein gefährlicher Standpunkt, er könne zu einem Rückfall *vor* die Moderne führen, zu einem Rückfall in die Irrationalität. Im »Projekt der Moderne« sieht er die Übereinkunft, zivilisatorischen Fortschritt zu wollen (man kann auch negativ formulieren: dass wir Auschwitz *nicht* mehr wollen). Wenn man dieses Projekt will, dann »geht nicht alles«. Habermas anerkennt, dass die plurale Gesellschaft einen unbestreitbaren Freiheitszuwachs für den einzelnen erbracht hat. Negativ konstatiert er, dass plurale Gesellschaften fundamentalistische und neoliberale Positionen begünstigen. Fundamentalisten hegen Totalitätsansprüche, Neoliberale begünstigen ein »anything goes«, sie sind daher für Habermas in historischer Hinsicht ein Zynismus.

Für Habermas gibt es keinen Rückweg in die Einheit, aber die Differenz soll nicht »unbearbeitet« stehen bleiben. Mit dem »Projekt der Moderne« ist implizit die Pflicht und die Notwendigkeit der konsensus-orientierten Kommunikation verbunden. Konsensorientierung gehe erstens der Kommunikation voraus, denn ohne die Hoffnung, dass Verständigung möglich ist, sei Kommunikation sinnlos. Konsens sei zweitens das Ziel von Kommunikation, weil Menschen in einer komplexen Gesellschaft nicht ohne einheitsstiftendes Handeln überleben können. Die »Technik« der Verständigung ist für Habermas der Perspektivenwechsel, also die wechselseitige Fähigkeit, die jeweils andere Positionen zu rekonstruieren und von der übergreifenden gemeinsamen Lebenswelt her eine gemeinsame Position zu finden. Hier zeigt sich eine scharfe Gegenstellung zu Lyotard, für den konsensorientierte Diskursansätze den Konkurs des Pluralismus zum Ziel haben. Sie seien auf Vereinnahmung und Totalisierung ausgerichtet.

3. Pluralität als Herausforderung

Natürlich wird über die Reichweite und Gültigkeit von Zeitdiagnosen wie die soeben vorgestellten gestritten. Unbestritten ist aber, dass die Pluralität ein entscheidendes Kennzeichen der gegenwärtigen Welt ist, ganz gleich, ob man sie als »Moderne« oder »Postmoderne« bezeichnet. Es ist liegt auf der Hand, dass die »radikale Pluralität« für die meisten Religionen, aber nicht nur für sie, ein Problem ist. Wie sollen die Religionen mit der Pluralität umgehen, wenn sie doch einen mehr oder minder exklusiven Wahrheitsanspruch vertreten (Ziebertz 1994b, c)? Wie soll, um es für die christliche Religionsdidaktik konkret zu machen, glaubhaft von Christus als universalem Erlöser gesprochen werden, wenn strukturell von Pluralität auszugehen ist, wenn andere Religionen den gleichen Anspruch erheben, usw.? Geht nicht von der Pluralität eine Dynamik aus, die letztendlich ein »anything goes« fördert? Wird der Anspruch, unter diesen Bedingungen christlich-religiöse Erziehung zu betreiben, nicht immer schwieriger umsetzbar sein? Sicher gibt es objektive Bedingungen, die mehr oder weniger günstig sind, aber es kommt auch auf die Einstellung gegenüber diesen Bedingungen an. Religionsdidaktiker sollten ein nüchternes Verhältnis zur Pluralität entwickeln (vertiefend: Schweitzer/Englert/Schwab/ Ziebertz 2001). Das beinhaltet, Pluralität nicht nur als Problem, sondern vielmehr als Aufgabe und Herausforderung zu begreifen. Drei Aspekte sollen kurz benannt werden.

Unumkehrbarkeit der Pluralität

Zumindest auf absehbare Zeit muss von der *Unumkehrbarkeit* der Pluralität ausgegangen werden. Postmodernen Theoretikern ist kaum zu widersprechen, wenn sie aufzeigen, dass sich das von Einheit geprägte mittelalterliche Weltbild, in dem alle Lebensbereiche von einem überwölbenden christlichen Weltbild geprägt wurden, unwiderruflich aufgelöst hat. Die Moderne hat zu einer Verselbständigung der gesellschaftlichen Funktionen geführt. Politik, Ökonomie, Rechtswesen, Medizin und Kultur unterliegen nicht mehr der Kontrolle durch die Religion, sondern etablieren sich nach eigenen Gesetzen. Religion ist zu einem Teilbereich neben allen anderen geworden. Aus der Perspektive »Pluralität als Problem« kann diese Entwicklung bedauert werden. Pluralität als Herausforderung zu verstehen kann bedeuten, die universale Kraft zur Lebens- und Weltgestaltung, die der christlichen Religion eigen ist, in Lernprozessen so zur Sprache zu bringen, dass Heranwachsende eine religiöse Weltsicht in ihr Weltbild zu integrieren lernen. Es ist der Tribut an die Individualisierung, die Fähigkeit zur Integration von Lebenseinstellungen im Individuum entwickeln zu helfen. Postmodernes Denken macht deutlich, dass »Einheit« nur unter der Voraussetzung von Pluralität angestrebt werden kann. Schülerinnen und Schüler müssen ihr Jugendchor-Ich, ihr Fußball-Ich, ihr Schüler-Ich usw. und deren jeweilige Sprach- und Denkformen zusammenbringen mit dem Religiositäts-Ich. Letzteres kann nicht »gegen« Ersteres durchgesetzt, sondern muss vermittelt werden. Für die Planung religiöser Lernprozesse heißt das, die Notwendigkeit solcher Integrationsprozesse in den Schülerinnen und Schülern mitzudenken. Der Prozess, Religiosität in den Plural der Lebensperspektiven zu integrieren, kann erleichtert werden, wenn eine lebensweltliche Kontextualität der Unterrichtskommunikation erreicht wird. Religionsdidaktische Kompetenz kann sich heute nicht allein in der Kenntnis fach- und unterrichtswissenschaftlicher Aspekte erschöpfen. Sie schließt eine Kenntnis der Lebenswelt der Kinder und Jugendlichen ein. Religionslehrerinnen und -lehrer, die nicht wissen, welche Altersgruppen welche Schuhe tragen, welche Musiktitel die Charts anführen, welche Zeitschriften oder Bücher gerade aktuell sind, und welche Computerspiele auf den Wunschzetteln stehen, können diesen Vorgriff auf eine Integration von Religion in den Lebensentwurf nicht entwickeln (→ II.2).

Pluralität von Religion

Ein zweiter Aspekt betrifft die Normalität der *Pluralität von Religion*. Diese Pluralität kann auf unterschiedlichen Ebenen lokalisiert werden. Die *erste* Ebene betrifft den Plural der Religionen. Im deutschsprachigen Raum ist zunehmend bewusst geworden, dass der Islam neben dem Christentum die zweitgrößte Religion darstellt. Etwa 3 Millionen Menschen in Deutschland sind Muslime. In einigen Bundesländern hat man auf die große Zahl muslimischer Kinder und Jugendlichen mit der Einführung eines islamischen Religionsunterrichts reagiert. Das Judentum ist zwar zahlenmäßig wesentlich kleiner, aber es ist in der Öffentlichkeit präsent. Es spielt gerade wegen der deutschen Vergangenheit eine wichtige Rolle. Noch immer wird um ein angemessenes Verhältnis zur Schuld gerungen. Für den christlichen Religionsunterricht stellt die Beziehung zum Judentum die vielleicht größte Herausforderung dar. Keine andere Beziehung verlangt eine ähnliche hohe Sensibilität. Die übrigen großen Religionen sind eher in den großen Städten sichtbar. Aber unabhängig von der faktischen Präsenz ist das Vorhandensein verschiedener Religionen für den Religionsunterricht eine Herausforderung. Denn auch in diesem Fall gilt: wie kann in unserer Zeit angemessen mit der Heterogenität der Wahrheitsansprüche umgegangen werden, die diese Religionen verkörpern. (→ III.11) Die *zweite* Ebene betrifft die Pluralität innerhalb des Christentums. Seit der Trennung der Ost- und Westkirche (→ III.10) hat es eine zunehmende Differenzierung in eine Vielzahl christlicher Kirchen gegeben. Die Reformation muss als ein sehr zentrales Ereignis genannt werden, aber der Differenzierungsprozess setzte sich fort, sowohl im protestantischen als auch im katholischen Bereich. Diese Form der Pluralität erlegt dem Religionsunterricht auf, die christliche Ökumene zu einem festen Bestandteil religiösen Lernens zu machen. Die *dritte* Ebene betrifft die Pluralität innerhalb einer Konfession. Der römische Katholizismus weist kulturell sehr unterschiedliche Ausprägungen auf, denkt man etwa an Polen oder die Niederlande, Italien oder Deutschland, Europa oder Nordamerika und Lateinamerika. Selbst innerhalb der deutschen Ortskirche treten Differenzen deutlicher zu Tage, wie etwa im Zusammenhang mit der Debatte um den Verbleib katholischer Beratungsstellen im staatlichen Beratungssystem (in den Jahren 1998–2000). Die Pluralität erstreckt sich auch nicht nur auf ein Gegenüber von Bischöfen und Laien, sondern sie geht »quer« durch alle Reihen. Das heißt, dass auch die konfessionelle Identität heute nicht mehr »außerhalb« von Pluralität gedacht werden kann. Die *vierte* Ebene religiöser Pluralität betrifft das Auseinandertreten von Kulturchristentum, kirchlichem Christentum und individueller Religiosität. Mit »Kulturchristentum« ist gemeint, dass in öffentlich vertretenen Überzeugungen und Lebenseinstellungen vielfach christliche Spuren enthalten sind, ohne dass sich diese durch eine Bindung an die Kirche legitimieren. Als »kirchliches Christentum« gelten Haltungen und Lebenspraxen mit einem direkten Bezug zur Kirche. »Individuelle Religiosität« ist schließlich eine Bezeichnung für die je spezifische religiöse Einstellung und Praxis von Menschen. Es hat wahrscheinlich zu keiner Zeit eine individuelle Religiosität gegeben, die mit kirchlicher Lehre bzw. Dogmatik völlig deckungsgleich gewesen wäre. Volksreligiosität oder Mystik waren beispielsweise immer vielgestaltig und standen nicht selten in Spannung zur »offiziellen« Religion der Kirche. Zusätzlich sprechen wir heute von »säkularer Religiosität«, die sich in Zusammenhang mit Sportevents, Musik, Körperkult, etc. zeigen kann. Es gibt also die vielen Religionen, die Vielgestaltigkeit des Christentums, die Pluralität innerhalb einer Konfession und die kulturelle Ausdifferenzierung von Religion, und diese vier Ebenen religiöser Pluralität spannen einen unverrückbaren Horizont auf, vor dem sich religiöses Lernen ereignet. Diese »Religion im Plural« macht Lernprozesse nicht unmöglich, die in eine bestimmte religiöse Tradition einführen wollen. Aber sie verlangt, dass man sich auf konstruktive Weise mit dem Plural auseinander setzt.

Pluralität als Pluralismus

Aus der Diskussion um die postmoderne Gesellschaft ergibt sich als dritte Herausforderung für religiöse Lernprozesse die Frage nach dem Umgang mit der Pluralität. Es geht darum, *Pluralität als Pluralismus* zu entwickeln (Ziebertz/Heil 2001). Pluralität kennzeichnet demnach das »ungeordnete« Nebeneinander vieler Einstellungen und Verhaltensweisen, Pluralismus ist das bewusste Umgehen mit Pluralität. Pluralität ist ein unhintergehbares Faktum, aber Pluralität ist nicht unbedingt selbst ein Wert. Pluralität eröffnet dem Einzelnen Wahlmöglichkeiten und gewährt eine Zunahme individueller Freiheit. Pluralität kann aber auch sehr fragil sein, etwa im Ausbleiben eindeutiger und verlässlicher Orientierungsmuster und Sicherheiten. Pluralität kann Menschen überfordern. Aber nicht nur dieser Aspekt, sondern auch die grundsätzliche Frage, »was zählt« im Leben des Einzelnen und im Zusammenleben insgesamt, zwingt zu einem pluralistischen Umgehen mit Pluralität. Es ist nicht alles gleich=gültig und es soll nicht alles gleich=gültig sein. In diesem Sinne betonen Habermas und Welsch zu Recht die Notwendigkeit, inmitten der Vielheit Momente der Einheit (Übereinstimmung) zu suchen. Im Blick auf schulisches Lernen liegt die Herausforderung darin, die Pluralität wahrzunehmen und nicht auszublenden. Pluralität kann auch nicht stellvertretend für die Schülerinnen und Schüler in Einheit überführt werden. Bildung geschieht vielmehr gerade dann, wenn die Frage nach dem, was wünschbar ist, selbst als Gegenstand des Lernens begriffen wird. Konflikte über das, was Geltung beanspruchen darf, sind normal. Schülerinnen und Schüler müssen Verfahren kennenlernen können, wie gewaltfrei Einigung herbeigeführt werden kann. Wichtig ist dabei zunächst, mehrdeutige Situationen aushalten zu können (Ambiguitätstoleranz); zweitens das Erlernen von grundlegenden Argumentationsstilen und -verfahren; drittens die Fähigkeit, die Perspektive des/der Anderen zu verstehen, darauf eingehen zu können, und gegenüber den Argumenten Anderer lernbereit zu sein; viertens das Vermögen, kulturell präsente Traditionen bei der Lösung heranzuziehen; und fünftens die Kompetenz, Übereinkunft feststellen zu können, aber auch mit Ergebnissen leben zu lernen, die keine Übereinstimmung erbracht haben. Der Religionsunterricht muss sich diese Aufgaben zu Eigen machen, wenn er einen Beitrag zur allgemeinen Bildung der Schule leisten will. Aber auch in religiöser Hinsicht ist ein pluralistisches Durcharbeiten der religiösen Pluralität geboten, die weiter oben entfaltet wurde. Der Unterricht nimmt Teil an einer Aufgabe, die dem Christentum permanent gestellt ist: immer wieder in der Geschichte musste die Kirche unter den Bedingungen ihres jeweiligen kulturellen Kontextes und in Vergewisserung mit der Vergangenheit ausdeuten, was der christliche Glaube ist und was er den Menschen sagen will. Eine subjektorientierte Religionsdidaktik stellt den Schülerinnen und Schülern nicht nur das Ergebnis vor, sondern beteiligt sie an solchen hermeneutischen Prozessen. Diese Akzente des hermeneutischen und problemorientierten Religionsunterrichts sind immer noch aktuell.

4. Aufwachsen in der Pluralität

Fachdidaktiken erliegen leicht der Gefahr, die eigenen Inhalte so weit in den Vordergrund zu rücken, dass der Eindruck entsteht, bei Lernprozessen drehe sich alles um – in unserem Fall – Religion und Glaube. Für Kinder und Jugendliche ist der Religionsunterricht aber nur ein Fach neben anderen, und er ist – in der allgemeinen Wahrnehmung – kein zentrales Fach. Aber abgesehen davon stellen sich in der Kindheit und Jugendphase elementare Entwicklungsaufgaben und Herausforderungen, die nicht auf bestimmte Schulfächer bezogen werden können, die aber schulisches Lernen insgesamt beflügeln oder erschweren (Fend 1988). Einige ausgewählte Aspekte sollen zur Sprache kommen.

In diesem Band stehen schulpflichtige Kinder und Jugendliche im Mittelpunkt. Wenn wir von »Jugend« sprechen, meinen wir vor allem die Altersspanne der durchschnittlich 6- bis 19-Jährigen. Eine Erweiterung des Altersbereichs gibt es im Blick auf die Berufsschule. Dem wird durch Verweise auf die angezielte Berufstätigkeit bzw. auf das junge Erwachsenenalter Rechnung getragen.

Veränderung der Kindheit

Bereits einer der großen Inspiratoren der Pädagogik Jean Jacques Rousseau (1712–1778) warb dafür, die Kindheit nicht nur als ein Durchgangsstadium zum »vollen« Menschsein zu verstehen, sondern als einen eigenen Lebensbereich mit eigenen Gesetzen. Kindern müsse dieselbe Würde zukommen und dieselbe Hochachtung entgegengebracht werden wie Erwachsenen auch. Das 20. Jahrhundert ist als »Jahrhundert des Kindes« ausgerufen worden – und nachweislich hat die Kindheit insbesondere im letzten Drittel des Jahrhunderts einen rasanten Wandel erfahren. Mit dem Modernisierungsschub der sechziger und siebziger Jahre wurde bewusst, dass die allgemeine Reform der Gesellschaft (z.B. Demokratisierung) Konsequenzen haben müsse für den Umgang mit Kindern (vgl. Fölling-Albers 2001). Es wurde gefragt, worin das Spezifische der Kindheit liege und wie man es fördern könne. Es wurde aber auch bewusst, dass das zukünftige Leben der Kinder immer weniger voraussehbar war und jedenfalls nicht an der Gegenwart abgelesen werden konnte. In diese Zeit fallen eine Reihe von negativen Zeitdiagnosen. Man konstatiert den Verlust sozialer Beziehungen, den Ausfall der Eltern und der Schule als Erziehungsinstanzen und veränderte Ernährungsgewohnheiten. Man beobachtet ein verändertes Spielverhalten der Kinder, sieht mit Sorge geringeres Spielen im Freien und einen Mangel an Bewegung, der Fernsehkonsum wird kritisch evaluiert und ebenso die Verplanung der Zeit. – Es ist nicht von der Hand zu weisen, dass manch pessimistische Diagnose tatsächlich verifiziert werden konnte. Allerdings zeigte sich im Nachhinein, dass es sich keinesfalls um übergreifende Trends handelte. Parameter der Beurteilung waren nicht selten Idealisierungen der eigenen Kindheit, die sich freilich unter veränderten Bedingungen als untauglich erweisen mussten.

Bis in die neunziger Jahre hatte die Pädagogik die Phase der Kindheit vor allem aus sozialisationstheoretischer Perspektive betrachtet. Sozialisation ist (im Gegensatz zur Individuation) ein von der Gesellschaft her gedachtes Konzept, Kindheit und Jugend sind darin Übergangsphasen zum vollen Erwachsensein. Neben der Sozialisationsperspektive gewinnen seit den neunziger Jahren konstruktivistische Ansätze an Bedeutung, die darauf aufmerksam machen, dass Kindheit immer auch ein Konstrukt ist. Zum einen konstruiert die Gesellschaft ein Image der Kindheit, zum anderen konstruieren die Kinder selbst ein Bild von sich und der Welt. Zum gegenwärtigen Image der Kindheit scheint es zu gehören, dass klassische Vorstellungen vom »Kinderglück« einer Konzeption der Erwachsenen-Ähnlichkeit Platz gemacht haben. Fölling-Albers (2001) spricht von Entgrenzungsprozessen zwischen Erwachsenen und Kindern. Erwachsene gehen, allein oder mit Kindern, in Erlebnisparks und haben Freude daran. Kinder benutzen, wie ihre Eltern, das Handy zur Kommunikation mit Spielkameraden und zu Terminabsprachen. Auch wenn diese Darstellung überzieht und nicht auf soziale und schichtenspezifische Unterschiede eingeht, illustriert sie doch den Wandel der Kindheit. Kindheit ist nicht mehr nur die Vorbereitung auf das spätere »volle« Leben, das bis dahin Abstinenz und Aufschub verlangt. Viele der Erlebnis- und Aktivbereiche, von denen Erwachsene Gebrauch machen, sind für Kinder potentiell zugänglich und umgekehrt.

Veränderungen lassen sich besonders auf dem Gebiet der Familie ausmachen (Nave-Herz 1994). Kinder werden immer früher an Entscheidungen über ihre Lebensorientierung beteiligt. Sie dürfen nicht nur, sondern sie sollen und müssen bereits selbständig über eine Vielzahl sie betreffender Fragen entscheiden. Sie tun dies im Übrigen auch auf dem Gebiet der Religion (Niggli 1988). Der vergrößerte Bewegungsspielraum ist jedoch nicht unbegrenzt. Eltern und Kinder bedienen sich vorhandener Themen- und Symbolvorräte und lassen den Einbezug von Traditionen (z.B. der christlichen) und den sie verkörpernden Institutionen (Kirchen) durchaus zu. Das geschieht selbst dann, wenn die Selbstverortung in Distanz zur Kirche beschrieben wird. Insgesamt gilt, dass heutige Eltern dazu neigen, reglementierende Interventionen zugunsten einer stärkeren Selbstbestimmung der Kinder zu vermindern. Bevorzugt werden Selbstentfaltungswerte wie Autonomie und Selbständigkeit, nicht aber Pflichtwerte wie Disziplin und Unterordnung.

In der Familienstruktur hat sich seit den sechziger und siebziger Jahren der Trend zur Ein-Kind-Familie fortgesetzt. Auf der einen Seite fehlen Sozialkontakte mit Geschwisterkindern, auf der anderen Seite kompensieren die Eltern die geringere soziale Kontaktfläche mit hoher emotionaler Zuwendung. Die meisten Kinder fühlen sich in ihren Familien sehr wohl. Die Qualität der Beziehung zwischen Eltern und Kindern scheint bedeutsamer zu sein als die Quantität. Die Kleinheit der Familie hat des Weiteren zur Folge, dass entsprechende Konflikte und Konfliktlösungserfahrungen mit Geschwistern ausfallen, allerdings kompensiert die Schule zunehmend dieses Defizit, was nicht selten als »Disziplinproblem« diagnostiziert wird. In der Schule treffen Kinder auf »Gruppen«, während im privaten Freizeitbereich oft die Paarbeziehung als »Spielbeziehung« vorherrscht (vgl. Fölling-Albers 2001).

Die Kindheit ist nicht zuletzt durch die Kommerzialisierung der Freizeit und die Revolution im Medienbereich verändert worden. Was die Kommerzialisierung betrifft, sind neben die klassischen Jugendgruppen Event-Clubs und Anbieter mit künstlerischem, musischem und sportlichem Programm getreten; selbst der Nachhilfebereich, der in der nachmittäglichen Freizeit angesiedelt ist, hat sich zu einem gefragten Markt entwickelt. Auch wenn diese Kosten meist von den Eltern getragen werden, kommen Kinder und Jugendliche inzwischen als Konsumenten in den Blick. Die Kaufkraft der 6–17-Jährigen wird auf 9 Milliarden Euro geschätzt, das entspricht 900 Euro pro Kind/Jugendlicher pro Jahr. Freizeitclubs, der Computer und Handy-Bereich sowie der Musiksektor werben um die jungen Kunden. Nicht ohne Grund wird in den von Heranwachsenden gern gesehenen privaten Sendern massive Produktwerbung betrieben. Auch hier gilt wieder, dass das Bildungsniveau der Familie und das damit in der Regel verbundene Einkommen nach wie vor ein Steuerungsmittel für eine Reihe von Konsuminteressen ist.

Individuelle Entwicklungsaufgaben in der Jugendphase

In älteren Handbüchern wusste man genau zu bestimmen, wann die Jugendzeit beginnt und wann sie endet. Gegenwärtig ist eine zeitliche Eingrenzung schwierig. Mädchen und Jungen erleben zum Beispiel die Pubertät früher als die Generationen ihrer Eltern und Großeltern. Heranwachsende, die ihre Schul- und Berufsausbildung abgeschlossen haben, sind heute wesentlich älter. Einerseits verlängert sich die Zeit der Abhängigkeit von den Eltern, andererseits sind Heranwachsende geistig und körperlich so weit entwickelt, dass sie auf eigenen Beinen stehen können. Das Ende der Jugendphase wird zeitlich hinausgeschoben. Dazu kommt ein anderes Phänomen, dass nämlich »Jugend« als genereller Wert gesellschaftlich Beachtung findet. Es ist nicht mehr nur die Werbung, die mit »Jugendlichkeit« ihre Produkte besser verkaufen will, sondern alle Generationen scheinen inzwischen dem Sog der Jugendlichkeit zu erliegen. »Gesundbrunnen«, »Aktiv-Sport« und »Wellness« sind Verheißungen, denen ältere Menschen folgen, die freilich über einen entsprechenden Geldbeutel verfügen müssen.

In dem eingegrenzten Zeitabschnitt durchlaufen Jugendliche eine wechselvolle Entwicklung.

- Sie erfahren, wie sich ihr Körper verändert, aber auch die eigene Wahrnehmung des eigenen Körpers. Sie müssen lernen, eine Beziehung zu ihrem Körper zu finden und ihre Körperlichkeit zu akzeptieren. Das fällt nicht immer leicht, insbesondere dann nicht, wenn eine Kluft zwischen eigenem Aussehen und geltenden Schönheitsidealen diagnostiziert wird.

- In der Pubertät stellt sich weiterhin die Aufgabe, die eigene Geschlechtsrolle zu finden und zu festigen. Diese Leistung ist nicht identisch mit der Akzeptanz der Körperlichkeit. Unter Geschlechtsrolle versteht man ein kognitives Konzept, dass den biologischen Befund (entweder Mädchen oder Junge zu sein) übersteigt und vermischte Ligaturen von ›männlich‹ und ›weiblich‹ zulässt (→ III.6).

- Ein sehr entscheidendes Problem ist in der Jugendphase die Entwicklung des Selbstwertgefühls und des Selbstbewusstseins. Wer man selber ist, zeigt sich unter anderem daran, für wen die anderen einen halten. Selbstwertgefühl, Beziehungsfähigkeit und sozialer Status sind voneinander abhängig. In Beziehungsnetze eingebettet zu sein und im schulischen und außerschulischen Leben sichere soziale Statuszuweisungen zu empfangen, verstärken das Selbstwertgefühl junger Leute. Soziale Beziehungen zu Altersgenossen sind dabei besonders relevant. Virtuelle Beziehungen sind zunehmend von Bedeutung, es ist aber fraglich, ob virtuelle Peergroups Kommunikation aus leibhaftigen Beziehungen qualitativ ersetzen können.

- In der Jugendphase weitet sich desweiteren der Bewegungsradius aus. Jugendliche erkunden ihren Ort in der Gesellschaft. Dazu gehören Fragen wie: zielt das eigene Leben auf Ehe und Familie?, welcher Beruf bzw. welche Berufsausbildung soll gewählt werden?, kommt ein Studium in Frage und welche Fachrichtung ist die richtige?

- Die Erkundung des eigenen Platzes in der Gesellschaft schließt des Weiteren ein, sich der zunehmenden persönlichen Verantwortung bewusst zu werden. Öffentliches Handeln hat Konsequenzen, und in problematischen Situationen »verhält« sich die Gesellschaft anders als eine Familie. Jugendliche müssen lernen, für ihr Handeln einzustehen.

- Schließlich entwickelt sich in der Jugendzeit das persönliche Wertesystem. Grundlegend ist hier der Einfluss der Familie, aber oftmals schon in der Grundschule merken Kinder, dass es alternative Überzeugungen gibt, denen gegenüber man sich positionieren muss. Heranwachsende müssen lernen, für Standpunkte einzustehen und Gegenmeinungen auszuhalten. Sie müssen aber auch lernen, anderen

Einstellungen tolerant und nicht rigoristisch gegenüberzutreten. Das persönliche Wertsystem ist entwicklungsfähig. Gerade in der Kinder- und Jugendzeit gibt es eine erhöhte Sensibilität für Wertfragen. Die Schule kann, soll und muss die Entwicklung begleiten und fördern (→ III.9).

Die hier skizzierten Aspekte können bei einzelnen Schülerinnen und Schülern unterschiedlich intensiv erfahren werden und unterschiedlich problematisch sein. Alle Lehrerinnen und Lehrer sind gefordert, neben ihren fachspezifischen Interessen die körperliche und geistige Gesamtentwicklung der Kinder und Jugendlichen im Blick zu behalten. Für Religionslehrerinnen und -lehrer haben diese Probleme darüber hinaus fachinhaltliche Qualität. In allen diesen Fragen geht es um die Herausbildung des »Ich«. Dem Ich, dem einzelnen Menschen, den Gott »bei seinem Namen« gerufen hat, gilt in der christlichen Glaubensauffassung die besondere Aufmerksamkeit Gottes. Von dieser Aufmerksamkeit erzählt der Religionsunterricht. Er wird um so glaubhafter, je mehr es ihm gelingt, diese Sorge spürbar werden zu lassen.

Allgemeine Herausforderungen in der Jugendphase

Jugendliche am Beginn des 21. Jahrhunderts wachsen in einer Gesellschaft auf, die hohe Anforderungen an die Selbstorganisation des Einzelnen stellt. Die Diskussion um die Postmoderne hat gezeigt, dass und warum »Aufwachsen heute« nicht auf feste Traditionen zurückgreifen und nicht ohne weiteres mit »sicheren« sozialen Einbindungen rechnen kann. Aber es trifft auch nicht zu, dass Kinder und Jugendliche zwangsläufig orientierungslos im Strom der Pluralität herumirrten. Die gegenwärtige Situation ist vielmehr ambivalent. Sie kennt von allem ein »mehr« und ein »weniger«; ein »so« und ein »so nicht«. Für den Umgang mit Heranwachsenden bedeutet dies, den Differenzierungsgrad der Lebensbedingungen adäquat einzuschätzen und endgültig von einem eindimensionalen Bild »der« Jugend Abschied zu nehmen. Differenzierung ist auch geboten, wo die Pluralität jugendlicher Einstellungen, Moden, Verhaltensweisen etc. schon selbst als Problem gedeutet wird, wo Pluralität als ein Indiz für »Verfall« verstanden wird. Diese Auffassung verkennt, dass *Unterscheidung* eine zentrale Aktivität der Jugendphase ist. Jugendliche setzen sich von anderen ab, zunächst von den Eltern und der Familie, dann von Lehrern und Mitschülern, später von bestimmten Moden und Gruppenströmungen, usw., um sich als ein »individuelles Selbst« zu erleben. Individualität wird erfahren, wenn man sich unterscheidet. Das Interessante ist nun, dass die Folge keineswegs eine völlig heterogene Jugendkultur ist. Vielmehr zeigen sich Trends, die sichtbar machen, wie Jugendliche Individualität in der Pluralität zu entwickeln versuchen – und zwar in *Referenz* zu gesellschaftlichen Institutionen und Traditionen und nicht etwa gegen sie.

Es scheint, dass in der gegenwärtigen Jugendkultur Einstellungen und Handlungen integriert werden, die nicht selten als exklusiv betrachtet wurden. In der Shell-Jugendstudie (Jugend 2000 I, 93ff) werden eine Reihe solcher Ambivalenzen genannt. Einige sollen stellvertretend herausgegriffen werden.

- In der Gesellschaft und unter Jugendlichen gelten Werte wie Risikobereitschaft, Spontaneität und Mobilität. Gleichzeitig sind Loyalität und Verlässlichkeit, ja selbst Heimatliebe hoch im Kurs, d.h. es ist nicht alles Momententscheidungen unterworfen und »gleich variabel«.

- Gesellschaftlich ist individuelle Selbständigkeit unerlässlich, ebenso die Kraft und das Vermögen, sich durchsetzen zu können. Es wäre aber falsch, daraus abzuleiten, junge Leute verträten die Werte einer Ellbogengesellschaft. Vielmehr finden Vertrauenswürdigkeit, Authentizität und Glaubwürdigkeit hohe Anerkennung, ebenso werden die Suche nach Ausgleich und Solidarität als wichtig eingeschätzt.

- Die Gesellschaft unterstützt Werte wie Kreativität und Schnelligkeit. Man trifft aber genauso auf eine Befürwortung von Disziplin und Beharrlichkeit.

- Ein zentrales Prinzip der modernen Gesellschaft ist Flexibilität. Was in der Schule und im Berufsleben unerlässlich sein kann, hat nicht unbedingt ein negatives Pendant im privaten Bereich. Flexibilität führt nicht zwangsläufig zu punktuellen Beziehungen, sondern immer noch stehen langfristige Bindungen im engeren und weiteren Beziehungsbereich an der Spitze. Bei aller Flexibilität bleibt die Aufgabe, sich in bestehende Verhältnisse einzuordnen.

- In der Gesellschaft ist die Bedeutung externer Kontrollsysteme gemindert. Unter Jugendlichen kommt es aber nicht zwangsläufig zu grassierender Selbstsucht und einer Zunahme devianten Verhaltens. Vielmehr wird die Kontrolle internalisiert. Die Wahl und Entscheidung, die man trifft, wird von innerer Kontrolle begleitet. Es wächst die Bedeutung interdisziplinär-problemlösenden Denkens, je mehr geschlossene Systeme und klare Sinngebungen entfallen. So wird das ganze Leben zu einem »Projekt«.

Folgt man der Shell-Studie, haben Jugendliche insgesamt ein eher positives Bild von sich, von der Welt um sie herum und von ihrer persönlichen Zukunft. Mit dem »eher« wird ein Durchschnittswert erfasst. Dieser Wert schließt ein, dass es auch ein »weniger« gibt. Durchschnittlich überwiegt eine positive Sichtweise, eine Leistungsorientierung und -bereitschaft. Ein Moment aus Ulrich Becks Analyse der Risikogesellschaft (das oft zitiert und ebenso oft kritisiert wurde) ist wohl kaum strittig: die Postmoderne ermöglicht einen Zuwachs von Freiheit, aber sie gibt keine Garantie, dass der Zuwachs persönlich positiv erfahren wird und produktiv umgesetzt werden kann. Um nur einige Beispiele zu nennen: Es gibt eine enge Verbindung von Schule und Berufschancen. Der Selektionsdruck reicht bereits bis in die dritte Grundschulklasse hinab, wo die Weichenstellung für die weiterführenden Schulen in den Blick kommt. Nicht alle Schülerinnen und Schüler stecken diesen Druck leicht weg. Die einschlägige Literatur zählt die psychosozialen Kosten auf: Kopfschmerzen, Nervosität, Schlafprobleme, Magenschmerzen, usw. Es ist zwar direkt einsichtig, dass nicht alle Kinder und Jugendlichen gleichermaßen Top-Ziele erreichen können. Dennoch ist ein Scheitern individuell tragisch und es muss letztendlich *persönlich* verarbeitet werden. Je mehr hochwertige Bildungsabschlüsse zur Norm werden, desto stärker wird der Verdrängungswettbewerb, der nicht nur einzelne Schüler betrifft, sondern ganze Schulformen wie die Hauptschule. Die Sorge nimmt zu, dass die Hauptschule zum Sammelbecken für die »Verlierer« wird, die nicht mithalten können (vgl. dazu Lenz 1994). Diese »Ambivalenz« der gegenwärtigen Situation muss im Auge behalten werden, auch wenn der Gesamtbefund in eher positivem Licht erscheint.

Beitrag des Religionsunterrichts

Die Leistung der heutigen Heranwachsenden, sich in diesen Spannungsfeldern zurecht zu finden und darin eine (Überlebens-) Strategie zu entwickeln, kann nicht hoch genug veranschlagt werden. Schulisches Lernen, einschließlich des Religionsunterrichts, muss sich immer wieder klar machen, dass Bildung in einem umfassenden Sinne nicht nur über die Fachinhalte geschieht. Sie schließt allgemeine alters- und entwicklungsbezogene Zyklen ein, die nicht nur eine individualistische, sondern auch eine soziale und gesellschaftliche Seite haben. Der Religionsunterricht ist gefordert, nach seinen Möglichkeiten dazu beizutragen, dass die entsprechenden Ressourcen zur Verfügung stehen oder entwickelt werden können (vgl. Keupp 1994).

- Der Religionsunterricht muss die unterschiedliche Verteilung materieller Ressourcen erkennen und sollte sensibel sein gegenüber Benachteiligungen, die aus materieller Ungleichheit erwachsen.

- Der Religionsunterricht sollte die »Freisetzung« bejahen, aber ihre sozialen Folgen erkennen und ein Abdriften in die Vereinzelung durch den aktiven Aufbau von sozialen Netzen flankieren (z.B. durch Gruppen- bzw. Projektarbeit; Einbezug von Jugendgruppen, usw.).

- Der Religionsunterricht sollte die Bedingungen der ausdifferenzierten Gesellschaft nicht künstlich beschönigen und vereinfachen, sondern dem Alter und der Entwicklung angemessene Möglichkeiten schaffen, »Wahlentscheidungen« und »Aushandlungsprozesse« einüben zu können.

- Der Religionsunterricht sollte eine Wertschätzung der Individualität erkennen lassen und Jugendlichen Hilfen geben, zwischen buntem Patchwork-Ich und rigider Persönlichkeit eine Balance zu finden.

- Der Religionsunterricht kommt an einem lebensweltlich-orientierten Ansatz nicht vorbei. Wenn er auch kein Urvertrauen zum Leben vermitteln kann, sollte es ihm doch daran gelegen sein, dass Schülerinnen und Schüler das Leben bejahen, sich über Prinzipien für geglücktes Leben austauschen, Hoffnungsquellen aufspüren und Sinn entdecken können.

Wenn sich Menschen in der Retrospektive positiv an ihren Religionsunterricht erinnern, sprechen sie meist von guten Erfahrungen in den genannten Bereichen. Das sollte Lehrende ermutigen, im Religionsunterricht für solche aufbauenden Qualitäten offen zu sein, auch wenn dies in Kontrast zum Gesamtklima der Schule steht.

5. Religiosität der Lernenden

Neben den allgemeinen Voraussetzungen der (post-)modernen Gesellschaft für religiöses Lernen soll im Folgenden der Blick auf die Religiosität selbst gelenkt werden. Es liegt auf der Hand, dass die individuelle Frömmigkeit von den Strömungen der pluralen (post-)modernen Gesellschaft nicht unversehrt bleibt. Die nachfolgende Skizze muss sich allerdings auf die Illustration einiger Befunde beschränken.

Religion im Wandel

Die Shell-Studie »Jugend 2000« hat gezeigt, dass insgesamt 25 Prozent der Jugendlichen in Deutschland ohne kirchliches Bekenntnis ist. Dabei muss man die Situation in West- und Ostdeutschland unterscheiden. Im Westen sind 13 Prozent und im Osten 80 Prozent ohne Bekenntnis. 6 Prozent der in der Shell-Studie erfassten Jugendlichen sind islamischen Glaubens. Der Befund, dass die gegenwärtige Lebenswirklichkeit von Jugendlichen nicht mit einigen wenigen Schlagworten hinreichend beschrieben werden kann, gilt auch für den religiösen Bereich. Die Pluralität zeigt sich in der Pluralisierung des religiösen Feldes, genauer: im Auseinandertreten von christlichen Kulturmustern, kirchlich-geprägter Christlichkeit und individueller Religiosität. Solange diese

Differenz nicht im Blickfeld war und (mehr oder weniger) von einer Einheit dieser Dimensionen ausgegangen wurde, konnten sich Untersuchungen zur Religiosität auf Parameter wie Gottesdienstbesuch, Gottesglaube, Gebetspraxis usw. beschränken. Damit schien Religiosität erschöpfend erfasst. Um die religiösen Einstellungen und religiöse Praxis heute zu bestimmen, muss der Blick darüber hinaus gehen. Selbst die ansonsten wertvollen Shell-Jugendstudien sind in diesem Punkt nach wie vor defizitär.

Die Problematik einer Identifikation von Religion und Religiosität mit kirchlichem Christentum hat mehrere Facetten.

- Zum einen kommt die Dynamik des religiösen Feldes und die breite Präsenz religiöser Phänomene nur unzureichend oder gar nicht in den Blick. Man richtet sich auf einen bestimmten Ausschnitt in der trügerischen Annahme, damit das »Universum« erfasst zu haben.
- Diese reduzierte Perspektive führt zweitens zu empirischen Befunden, die kontinuierlich einen Rückgang kirchlicher Bindung und kirchlich bezogener Frömmigkeit messen. Dies korrespondierte mit der »Antithese« von Religion und Moderne, wonach die weitere Modernisierung der Gesellschaft allmählich zum Verschwinden von Religion führen wird. Der ›mainstream‹ der theologischen und religionssoziologischen Theoriebildung hat diesen Wandel als ›Säkularisierungsprozess‹ interpretiert (vgl. Ziebertz 1999a; 2001a; 2001d).
- Zum dritten gibt es ein religionsdidaktisches Defizit, weil kaum neue Handlungsmöglichkeiten erschlossen werden, die sich gerade auf die Kommunikation zwischen Religiosität und christlicher Religion richten könnten.

Für Konzepte religiösen Lernens in der Schule ist es nicht ohne Bedeutung, ob wir von Säkularisierung im Sinne eines allmählichen religiösen Verdunstungsprozesses reden, oder ob wir von einer Vielgestaltigkeit von Religion und Religiosität ausgehen. Stehen wir vor der Schwierigkeit, überhaupt einen gleichsam »alphabetisierenden« Zugang zu religiösen Fragen entwerfen zu müssen, oder aber können wir vom Vorhandensein eines »religiösen Alphabets« ausgehen? Stimmt es, dass die kirchlich vertretene Religion an Bedeutung verliert? Werden religiöse Überzeugungen individualisierter? Werden die individuellen Religionsstile inhaltlich unbestimmter und diesseitiger und weisen sie vermehrt eine synkretistische Gestalt auf? Haben wir es insgesamt mit einer religiösen »Unmusikalität« zu tun, oder gibt es Lichtblicke und hoffnungsvolle Anknüpfungspunkte für religiöse Lernprozesse? Der Einbezug empirischer Befunde steht somit unmittelbar in dem Verwendungszusammenhang, neue religionsdidaktische Handlungsmöglichkeiten zu eröffnen. (Die folgenden Ausführungen basieren u.a. auf Daten aus Forschungsprojekten im Rahmen des Forschungsprogramms »Religiöse Bildung in der Pluralität« am Lehrstuhl für Religionspädagogik an der UniversitätWürzburg. Zu speziellen Publikationen vgl.: www.uni-wuerzburg.de/religionspaedagogik_forschung)

Religion: weder richtig »out«, noch richtig »in«

Jugendliche sind Menschen unserer Zeit. Ihre religiöse Praxis und ihre religiösen Einstellungen sind ein Spiegelbild für allgemein vorfindbare Auffassungen in der Gesellschaft. Die Beschäftigung mit religiösen Fragen gehört für Jugendliche nicht ins Zentrum ihrer Aufmerksamkeit, was aber nicht heißt, dass es keine religiöse Dimension in ihrer Weltsicht gibt. Religion ist insgesamt ein ambivalentes Thema. Empirische Untersuchungen zu der Frage, ob und wie sehr Religion in die moderne Zeit passt, zeigen, dass junge Leute Religion keineswegs generell ablehnen und als Relikt aus einer vergangenen Zeit betrachten. Aber sie sind skeptisch, wie die Zukunft von Religion beschaffen sein wird. Religion als ein allgemeines Phänomen ist ein Gegenstand, zu dem man weder eindeutig positiv noch eindeutig negativ steht. Ob es weiterhin ein menschliches Bedürfnis nach Religion geben wird und welche Rolle dem christlichen Glauben in der Zukunft zukommen wird, ist für zwei Drittel der Jugendlichen eine offene Frage. Es ist nicht ausgemacht, weder in positiver noch in negativer Hinsicht, wohin die Reise gehen wird.

Wenn speziell nach der kirchlichen Formation von Religion gefragt wird, fällt der Befund eindeutig negativ aus. Kirchlichkeit ist im Kontext der Moderne zunehmend prekär. Untersucht man weiterhin, worin der Wert des christlichen Glaubens gesehen wird, trifft man auf eine Reihe von funktionalen Aspekten: der Glaube stiftet zu bestimmten Handlungen an (z.B. Einsatz für Benachteiligte), er kann dem Leben Orientierung, Geborgenheit und Sicherheit geben, er schenkt Mut zum Leben, usw. Zwei Drittel der Jugendlichen halten es für eine glaubwürdige Aussage, wenn Menschen behaupten, solche Erfahrungen gemacht zu haben. Fragt man junge Leute, ob sie selbst über solche Erfahrungen verfügen, können nur weniger als 20 Prozent positiv antworten. Dem stehen wiederum fast 50 Prozent gegenüber, die sich solche Erfahrungen wünschten (vgl. Ziebertz 2001d, e). Allein schon diese wenigen Hinweise zeigen, dass eine Einschätzung der gegenwärtigen religiösen Situation durchaus Handlungsspielräume für religiöses Lernen eröffnet, wenn sie um Differenzierung bemüht ist.

Kirchlichkeit und individualisierte Religiosität

Für den konfessionellen Religionsunterricht ist die Frage nach der Kirchlichkeit der Religiosität ein besonders virulentes Problem. In allen empirischen Studien der vergangenen Jahre wird bekräftigt, dass für die überwiegende Zahl der Jugendlichen der Zusammenhang von Religiosität und Kirche nicht zwingend ist. Religiöse Praxis und gläubiges Leben kann es geben, ohne kirchlich gebunden zu sein.

Glaube wird zunehmend als etwas verstanden, was die Menschen selber ›herstellen‹ (müssen). Die Möglichkeit von Religiosität oder Glaube ist dementsprechend weniger die Folge einer Offenbarung, sondern das Produkt der Aktivität des Individuums. Im Rahmen der Freud'schen Religionskritik galt, dass man Religion »ablegen« konnte, wenn man sie »psychologisch durchschaut« hatte. Diese Konsequenz wird heute nicht mehr unmittelbar gezogen. Die Erkenntnis, dass Religion und Religiosität menschlich-konstruktive Anteile haben, kann als ein Kennzeichen religiöser Individualisierung gedeutet werden.

Dieser Befund ist allerdings für christliche Theologinnen und Theologen nicht leicht verdaulich. Die Konsequenz lautet nämlich, dass nicht primär in der historisch überlieferten Glaubenstradition, der Offenbarung, oder der Kirche der Brunnen und Rahmen für den persönlichen Glauben gesehen wird, sondern im eigenen Ich. Man muss davon ausgehen, dass eine solche religiöse Individualisierung ein wesentliches Kennzeichen der heutigen Schülerpopulation (und darüber hinaus) ist. Das Machtgefüge zwischen kirchlich-institutionellem und persönlich-individuellem Wahrheitsanspruch hat sich eindeutig zugunsten des Individuums verlagert. Es macht wenig Sinn, diesen Befund als eine katastrophale Entwicklung zu interpretieren. Es ist ein Kennzeichen der modernen Gesellschaft, dass stets mehr Verantwortlichkeit auf die Schultern des Einzelnen verlagert wird. Der Anspruch auf Eigenverantwortlichkeit wird auf den religiösen Bereich ausgedehnt. Die religionspädagogische Herausforderung liegt darin, den zunehmenden Anspruch auf Selbstbestimmung konzeptuell aufzugreifen, d.h. ihn zu entwickeln anstatt zu bekämpfen.

Religiöse Praxis

Wenn man Jugendliche auf ihre Religiosität anspricht und fragt: »Bezeichnest du dich selbst als ›religiös‹«, ist das Ergebnis ernüchternd. Als ›religiös‹ bezeichnet sich nur ein Fünftel der Jugendlichen. Auffallend ist, dass knapp die Hälfte unentschieden reagiert (»ich weiß es nicht«). Ein Drittel der Befragten antwortet eindeutig, dass sie sich als »nicht religiös« verstehen (Ziebertz 2001e). Religionspädagogisch ist besonders interessant, dass eine große Gruppe diese Frage nicht eindeutig zu beantworten vermag. Zusätzliche Untersuchungen zeigen, dass Jugendliche die Frage nach ihrer Religiosität zunächst als eine Frage nach der kirchlich-gebundenen Religionsausübung verstehen.

Nach der Shell-Studie »Jugend 2000« besuchen durchschnittlich 17 Prozent der Jugendlichen in Deutschland regelmäßig einen Gottesdienst. Bei den Katholiken sind es etwa 25 Prozent. Eine Studie mit knapp 2000 Schülerinnen und Schülern in Bayern (vgl. Riegel 2000) hat die Shell-Befunde zum Gottesdienstbesuch bestätigt. Etwa 26 Prozent der Befragten gehen mindestens einmal im Monat in die Kirche. Abstinenz beim Gottesdienst bedeutet aber nicht gleichzeitig religiöse Abstinenz.

So zeigt sich bei der Frage nach der Bedeutung der Religion an den Lebensübergängen (Heirat, Kindertaufe und Begräbnis), dass zwischen zwei Drittel und drei Viertel der jungen Leute in der Kirche feiern möchten. Nach der Shell-Studie wollen 60 Prozent der Jugendlichen insgesamt kirchlich heiraten. Bei den männlichen katholischen Jugendlichen sind es 70 Prozent und bei den weiblichen 84 Prozent. Befragungen in Bayern kommen zu ähnlichen Ergebnissen. Nur eine Minderheit von unter zehn Prozent will keine kirchliche Begleitung an den Lebenswenden und etwa zwanzig Prozent sind unsicher. Diese klassischen kirchlichen Angebote der Lebenswenden-Rituale bleiben für die Jugendlichen ohne Frage bedeutsam. Dieser kirchlich religiösen Praxis begegnen die Heranwachsenden weniger negativ als vielen anderen.

Gott und Höhere Macht

Für die Planung religiöser Lernprozesse ist die »Inhaltlichkeit« gegenwärtiger religiöser Einstellungen von Bedeutung. Empirische Untersuchungen zum Inhalt individueller Religiosität dürfen nicht nur kirchlich-christliche Begriffe erfragen, wenn sie auch den Inhalt »neureligiöser« Einstellungen erheben wollen. Solche Studien, die über kirchlich-christliche Begriffe hinaus gehen, zeichnen ein relativ einheitliches Bild. Für (nicht nur) junge Leute heute ist das Wort ›Gott‹ bzw. ›das Göttliche‹ ein kaum definierbares ›Geheimnis‹.

Die überwiegende Mehrheit meint, dass keine Religion einen exklusiven Anspruch auf die Bestimmung besitzt, wer oder was Gott oder das Göttliche ist. Die verschiedenen Religionen werden als der sichtbare Ausdruck einer allen gemeinsamen höheren Macht verstanden.

Die Religiosität weist zwei interessante Kennzeichen auf. Einerseits ist Gott bzw. das Göttliche transzendent und für den Menschen unerreichbar. Höchste Zustimmung erfahren Aussagen, die Gott bzw. das Göttliche als ›höhere Macht‹ vorstellen: »Es gibt etwas Höheres, das wir nicht in Worte fassen können«, »Es gibt ein größeres Ganzes, wovon wir ein Teil sind« oder »Es muss eine höhere Macht geben, die das Leben beherrscht«. Andererseits wird Gott bzw. das Göttliche als sehr immanent erfahren, es ist anthropologisch-immanent präsent. Gott ist nicht nur »da oben«, sondern in den Herzen der Menschen. Jeder Mensch trägt einen göttlichen Funken in sich. Diese Grundspannung, Gott als transzendent und zugleich immanent zu verstehen, deckt sich durchaus mit der christlichen Tradition (vgl. Prokopf/Ziebertz 2001).

Eher ablehnend stehen Jugendliche Aussagen gegenüber, die den Gottesglauben als ›überholtes Weltbild‹ bezeichnen, die Gott als Repräsentation eines ›falschen Bewusstseins‹ (Marx) oder als Projektion bzw. Illusion (Freud) verstehen. Ebenso teilt nur noch eine Minderheit unter den Jugendlichen Einstellungen, die Gott christlich-theologisch deuten. Aussagen wie »Es gibt einen Gott, der sich in Jesus Christus zu erkennen gegeben hat«, »Es gibt einen Gott, der sich uns persönlich zuwendet«, »Es gibt einen Gott, dessen Reich im Kommen ist« oder »Gott ist für mich der Gott der Bibel«, stimmt allenfalls noch ein Viertel aller Jugendlichen zu (vgl. Ziebertz 2000a, 2001b).

Insgesamt wird ein Wandel zu einer anonymen Vorstellung von Gott bzw. dem Göttlichen beobachtet. Gott ist nicht unterwegs ›in‹ und ›mit‹ der Geschichte der Menschen, sondern allenfalls eine Erstursache. Die Beziehung des Menschen zur Welt und zum Göttlichen ist unpersönlich. Ein zweiter Wandel betrifft die Relativierung religiöser Inhalte in Bezug auf die Religionen, einschließlich des Gottesglaubens. Man findet, dass die Religionen oberflächlich gesehen unterschiedliche Formen und Inhalte gebrauchen, während es ihnen aber auf der Tiefenstruktur um das Gleiche geht. Daher verkörpern Religionen immer nur unvollkommen und relativ das universal Göttliche. Drittens reklamieren Jugendliche zunehmend Autonomie bei der Ausgestaltung ihrer religiösen Weltsicht. Es ist immer weniger ein Problem, ob und in welchem Umfang die eigene Sicht mit der Auffassung einer verfassten Religion korrespondiert oder nicht. Diese drei Merkmale können durchaus im Sinne eines modernen Pantheismus bzw. Deismus gelesen werden. Im Pantheimus (z.B. bei Spinoza) ist Gott der unerschöpfliche Quellgrund des Lebens, der sich evolutiv entfaltet. Gott ist ein anderes Wort für das Ganze der Natur in der Vielfalt seiner Erscheinungen (vgl. Müller 1999). Der moderne Deismus (nicht zu verwechseln mit Polytheismus) ist gekennzeichnet von einer nicht-personalen Sicht des Absoluten. Er geht aus von einem unendlich transzendenten göttlichen Horizont aller Wirklichkeit. Empirische Befunde verschärfen die Frage, ob die post-christliche Religiosität zur Renaissance einer Religion führt, die traditionell als ›natürliche Religion‹ bezeichnet worden ist. Spätestens seit Rousseau steht der Religionsbegriff auf der Tagesordnung der Religionspädagogik. Es scheint, dass diese Thematik nach wie vor von Bedeutung ist (vgl. Green 1989, 9–40; Mertens/Boeve 1994). Ein weiteres, nicht unbedeutendes Ergebnis der empirischen Religiositätsforschung ist, dass sich die inhaltlichen Vorstellungen nicht ausschließen. Es ist die Regel, dass im Gottesbild der Jugendlichen immer mehrere solcher Dimensionen miteinander verbunden werden. Sie sind zusammen Facetten ihrer religiösen Einstellung.

Religiosität und Wertorientierung

Die Shell-Studie »Jugend 2000« spricht davon, dass die Religiosität der Jugendlichen auch heute noch Einfluss hat auf ihr Wertkonzept. Die Studie stellt fest, dass insbesondere katholische Jugendliche überproportional dem Partnerschaftsmodell »Heirat und Ehe« zustimmen und Kinder bekommen wollen. Andere Studien zeigen ähnliche Tendenzen (vgl. Ziebertz/Schnider 2000). Je mehr sich Jugendliche als »religiös« bezeichnen, desto höher ist die Zustimmung zu familialen Werten, desto mehr steigt die Befürwortung eudaimonistischer Werte (orientiert am Glück des Menschen), und desto mehr stimmen sie mit sozialen Werten überein, die zum Beispiel individuelle und gesellschaftliche Gerechtigkeit betonen. Entsprechend sinkt die Zustimmung zu autonomistischen Werten (Freiheit, Unabhängigkeit, Selbstentfaltung) und zu materialistischen Werten, je mehr sich Jugendliche als religiös bezeichnen. Es gibt also nach wie vor einen Zusammenhang zwischen Wertorientierung und Religiosität.

Dieser Befund unterstreicht, dass die Auswirkungen der Religiosität durchaus in eine Richtung zeigen, die mit den Wertideen der (katholischen) Kirche vermittelbar ist. Sowohl die geringere Zustimmung religiöser Schülerinnen und Schüler zu autonomistischen und materialistischen Werten trifft sich mit den kirchlich vertretenen Wertehierarchien, als auch die jeweils höhere Zustimmung zu Werten wie Familie, Kinder, Da-Sein und Einsatz für andere, Gerechtigkeit, Leben im Einklang mit der Natur usw. Wir können erstens feststellen, dass der Grad der Religiosität immer noch erhebliche inhaltliche Auswirkungen auf die individuelle Lebenseinstellung hat. Zudem ist Religiosität nicht nur spirituell privatisiert, sondern hält den Blick offen für soziale Fragen des Zusammenlebens in der Gesellschaft. Zweitens kann festgestellt werden, dass religiöse Jugendliche heute ihre Wertmaßstäbe jedenfalls nicht einzig an gesellschaftlichen Trends zu orientieren scheinen, sondern durchaus eigene Prioritäten entwickeln.

Religiöses Lernen im Kontext religiöser Pluralität

In der Darstellung der empirischen Befunde konnten nur einige Trends aufgezeigt werden. Weder haben wir es nur mit Säkularisierung zu tun, noch gibt es eine blühende außer-kirchliche religiöse Praxis. Wir müssen von religiösen Einstellungen im Klassenzimmer ausgehen, die nicht mehr über einen Kamm zu scheren sind (vgl. auch Bucher 2000). Es gibt ein vielgestaltiges religiöses Suchen und Fragen, das nicht mehr ohne weiteres mit Inhalten und Formen der christlichen Tradition identisch ist.

Den religiösen Wandel in der Gesellschaft und beim einzelnen Menschen (Jugendlichen wie Erwachsenen) ernst zu nehmen, muss insgesamt zu einem sehr viel stärker kommunikativ-dialogischen Unterricht führen, in dem Befragen- und Hinterfragen-Können bereits selbst Prinzipien religiösen Lernens sind. Der Religionsunterricht der Zukunft wird nicht nur »Verständnis« vermitteln können, sondern zu allererst »Verstehensprozesse« anzielen müssen. Es ist daran zu erinnern, dass sich schon die Würzburger Synode dafür ausgesprochen hat, im Religionsunterricht auch die suchenden, fragenden, und selbst die nicht-gläubigen Schülerinnen und Schüler anzusprechen. Die Synode ging allerdings davon aus, dass es sich um Einzelfälle handele. Einige Jahrzehnte später muss diese Einschätzung korrigiert werden. Wenn man nicht aus Gründen konfessionalistischer Engführung den Religionsunterricht auf die ohnehin Frommen beschränken will, liegt die Herausforderung darin, dass er stets mehr von Heterogenität ausgehen muss – und zwar bereits schon *im Rahmen* der konfessionell verfassten Struktur. Gottfried Bitter schreibt den Kirchen sogar die Verantwortung zu, im Blick auf die nachwachsende Generation und die Kultur der zukünftigen Gesellschaft die Möglichkeit eines »Religionsunterrichts für alle« konstruktiv zu prüfen, und zwar im Sinne eines ordentlichen Unterrichtsfaches ohne Abmeldemöglichkeit (Bitter 1995, 196).

Eine Analyse der gegenwärtigen Herausforderungen darf nicht so tun, als beträfen gesellschaftliche Veränderungsprozesse allein die heranwachsende Generation. Auch die Religiosität der Lehrenden bleibt davon nicht verschont. Es wäre ein verzerrtes Bild, verstünde man Religionslehrerinnen und Religionslehrer als Garanten einer überzeitlichen christlichen Glaubenstradition, während Religiosität und Glaube bei Schülerinnen und Schülern verdunsten. Erwartet werden darf, dass Lehrende es als Teil ihrer Professionalität begreifen, die eigene Religiosität zu reflektieren (→ II.6).

Religion und Religiosität ist heute ein »diskursiver Gegenstand«. »Sichere Überzeugung« und »Fragen und Zweifel« schließen sich darin nicht aus. Wenn auch in Zukunft christlich-religiösen Überzeugungen Innovationskraft für das individuelle und kollektive Leben zugetraut wird, liegt die Herausforderung der religiösen Pluralität darin, sie, wie weiter oben ausgeführt, pluralistisch zu bearbeiten.

Zusammenfassung

Das Kapitel beginnt mit dem Hinweis, wie wichtig eine Selbstvergewisserung über den Blickwinkel ist, aus dem man die gegenwärtigen Voraussetzungen religiöser Bildung betrachtet. Die Ausführungen ermuntern, im Blick auf das Hier und Heute konstruktiv alle Möglichkeiten zu religiöser Kommunikation aufzugreifen und die Problemlagen mit zu reflektieren, die »Aufwachsen Heute« kennzeichnen. Dazu sind religiöse Lernprozesse in den größeren Horizont eines allgemeinen Bildungsanspruchs zu stellen. Die Merkmale einer postmodernen Gesellschaft können auf den ersten Blick als ein unüberwindbares Problem für religiöses Lernen erfahren werden; insbesondere die postmoderne Wertschätzung der Heterogenität und die Ablehnung jedes Einheitsdenkens scheint mit dem Inhalt und der Struktur des christlichen Glaubens zu kollidieren. Allerdings muss eingestanden werden, dass das religiöse Feld, einschließlich des Christentums, selbst bereits alle Kennzeichen einer ausdifferenzierten Pluralität aufweist. Die Darstellung der Religiosität Jugendlicher hat gezeigt, dass schon unter den Bedingungen des konfessionellen Unterrichts Pluralität faktisch präsent ist. Die Lösung kann daher weder darin liegen, der Pluralität auszuweichen, noch, sie zu lassen wie sie ist. Ein angemessener Umgang liegt darin, Pluralität *pluralistisch* zu bearbeiten, d.h. die Suche nach Übereinstimmung selbst als Gegenstand religiösen Lernens zu betrachten. Die Herausforderung, die der religiöse Wandel der Gegenwart für den Religionsunterricht darstellt, ist ein Umbau der Konzepte: vom Paradigma der Konfessionalität (mit *Säkularisierung* als Gegenstrom) zum Paradigma des Pluralismus (mit *Fundamentalismus* oder *Indifferenz* als Gegenstrom).

Lesehinweis

Bucher, Anton A. (2000): Religionsunterricht zwischen Lernfach und Lebenshilfe, Stuttgart.

Karl Gabriel/Hans Hobelsberger (1994) (Hg.): Jugend, Religion und Modernisierung, Opladen.

Schweitzer, Friedrich/Englert, Rudolf/Schwab, Ulrich/Ziebertz Hans-Georg (2001), Pluralitätsfähige Religionspädagogik, Gütersloh/Freiburg.

Ziebertz, Hans-Georg (2001) (Hg.): Imagining God. Empirical Studies in an European Perspective. Münster.

I.5 Allgemeindidaktische Ansätze einer zeitgerechten Religionsdidaktik

Georg Hilger / Hans-Georg Ziebertz

Didaktische Konzepte haben Auswirkungen auf das Verständnis von Unterricht und auf unterrichtliches Handeln. Seit der Mitte des 20. Jahrhunderts sind neue und unterschiedliche didaktische Ansätze entstanden. Bei allen Unterschieden zeigt sich die Gemeinsamkeit, Konzepte des Lernens und Lehrens vor allem aus der Perspektive der Schülerinnen und Schüler zu entwickeln. Das gilt für die neuere bildungstheoretische Didaktik mit der Betonung des Subjekts, für die kommunikative Didaktik, die den Blick auf die Verständigungsleistung der Sprache und die Bedeutung der Intersubjektivität lenkt, und für die konstruktivistische Didaktik, die auf die subjektive Weise der Erkenntnisgewinnung aufmerksam macht. Dieses Kapitel beleuchtet drei für diese Religionsdidaktik besonders folgenreiche didaktische Ansätze und stellt ihre Bedeutung für die Planung religiöser Lernprozesse heraus.

Eine zeitgerechte Religionsdidaktik erhält ihre Impulse unter anderem aus der allgemeinen Didaktik. In diesem Kapitel sollen einige solcher Impulse herausgearbeitet werden. Wir beschränken uns dabei auf die bildungstheoretischen (1), kommunikativen (2) und konstruktivistischen (3) Überlegungen, die in der Pädagogik im Allgemeinen und in der Didaktik im Besonderen an Bedeutung gewonnen haben.

1. Religionsdidaktik in bildungstheoretischer Perspektive

Bildung ist ein entscheidender Bezugspunkt für pädagogische Maßnahmen und fordert dazu heraus, diese vor dem Hintergrund dessen, was Menschsein ist und was sinnvoll für das Leben des Menschen ist, zu reflektieren. In der neueren Religionspädagogik ist religiöse Bildung ein Schlüsselbegriff geworden. Mit dem Begriff »Bildung« können die religiösen Implikationen des Prozesses der menschlichen Subjektwerdung besonders deutlich gemacht werden und ebenso, welchen Beitrag der Religionsunterricht zum schulischen Bildungsauftrag leisten kann. Der Bildungsbegriff eignet sich so für das Gespräch zwischen Pädagogik und Theologie z.B. darüber, ob Religion zur Bildung dazu gehört. Weil es keine eindeutige und normunabhängige Bestimmung des Bedeutungsgehalts von Bildung gibt, wird hier aus religionsdidaktischem Interesse eine Positionsbestimmung vorgenommen.

Bildung und Gottesebenbildlichkeit des Menschen

Bildung als Begriff der Pädagogik ist eine deutsche Spezialität. Er findet in anderen Sprachen keine adäquate Entsprechung. Der deutsche Begriff Bildung, der sich vom althochdeutschen »bildunga« ableitet im Sinne von Bildnis, Gestalt, Schöpfung, verführt in seiner Metaphorik und von seiner Quelle im Töpfergewerbe her dazu, Bildung als Prägung und Formung der Person nach einem vorgegebenen Modell zu verstehen. Der Bildungsbegriff ist aber ursprünglich theologisch geprägt durch den Bezug des Schöpfergottes zum Geschöpf als sein Abbild, als Abbild Gottes (Gen 1,27). Die Gottesebenbildlichkeit des Menschen als Ursprung und Ziel des Menschseins ist so – theologisch gesehen – Grundlage von Bildung. In der Freiheit Gottes gründet die befreite Selbstbestimmung des Menschen und seine Subjektwerdung. »Subjekt muss der Mensch im Prozess seiner Bildung erst werden, Person ist er immer schon.« (Biehl 1991, 152) Durch die Aufklärung ist der Bildungsbegriff säkularisiert worden. Nicht mehr Bild Gottes ist der Mensch und soll er werden, sondern der Mensch muss sein eigenes Bild entwerfen. Zu Grunde liegt der Gedanke, dass der Mensch prinzipiell das Recht und die Möglichkeit zu vernünftiger Selbstbestimmung hat. Bildung bedeutet dann die Gewinnung des Selbstbezugs durch Weltbezug. Der Bildungsbegriff betont die Subjekthaftigkeit des Einzelnen als Individuum, dies bedeutet auch die Anerkennung der Individualität des Anderen (→ III.6).

Bildung als Selbstbildung und die Wahrnehmung des Anderen

Bildung ist das Ergebnis einer individuellen und aktiven Auseinandersetzung des verantwortlichen und handlungsfähigen Subjekts mit der Welt und der Kultur (als Objekt). Der Mensch wird Subjekt dadurch, dass er sich am Objektiven abarbeitet. Als Prozess und Ergebnis kann Bildung zwar durch andere angeregt, herausgefordert und begleitet werden, bleibt letztlich aber von der Eigenaktivität des Zu-Bildenden abhängig. So gesehen ist Bildung immer Selbstbildung und hat die Mündigkeit des Subjekts im Blick. »Bildung« als Grundkategorie für pädagogisches Handeln betont damit die Selbsttätigkeit des Heranwachsenden. Selbstbildung zielt auf die Erfahrungs- und Urteilsfähigkeit des Menschen, auf sein Selbst- und Weltverständnis. Das gilt auch für religiöse Bildung: Ihr Ziel ist dann religiöse Mündigkeit und die Fähigkeit, die eigene Religiosität zu entwickeln und zu reflektieren. (→ II.3) Diese pädagogische und religionspädagogische Zielsetzung der Mündigkeit ist eine Konsequenz aus der vorpädagogischen Setzung der »unantastbaren Würde des Menschen«, wie sie in Art. 1.1 des Grundgesetzes zum Maßstab auch für pädagogisches Handeln festgeschrieben ist. Die unantastbare Würde gilt für jeden Menschen. Als Homo Imago Dei ist der Mensch darauf verwiesen, dass der Andere ebenfalls das Recht hat, in seiner Gottesebenbildlichkeit angesehen zu werden. Selbstbildung bedeutet dann für Christen, im Anderen und Fremden das Bild Gottes sehen zu können und seine Unverfügbarkeit und Freiheit zu achten. Die größte Herausforderung von Bildung ist die Freiheit und Würde des Anderen, die Anerkennung seiner Andersheit (Peukert 1994). Bildung bedeutet dann, diese Differenzerfahrung zu verarbeiten und als Eigenständiges und Bereicherndes zu bejahen. Wenn durch den Rückgriff auf den Begriff Bildung das Eigenrecht und die Eigenwürde des Individuums – theologisch gedeutet als Abbild Gottes – betont wird, dann bedeutet das nicht Individualismus und Subjektivismus.

Bildung und Ansprüche der Gesellschaft

Diese Überlegungen verweisen auf einen das Subjekt übersteigenden Aspekt von Bildung, der unverzichtbar ist für religiöse Bildung: den der Humanisierung der Gesellschaft. Bildung hat die Funktion, in die Gesellschaft und die bestehende Kultur einzuführen, allerdings in kritischer und reflexiver Distanz im Interesse an einer besseren Zukunft. In einem kritischen Bildungsbegriff ist somit die Abwehrhaltung gegenüber gesellschaftlichen Entfremdungstendenzen enthalten im Sinne eines Schutzes und Widerstandspotentials gegen bloße Außenleitung, z.B. gegen entpersonalisierende und abhängig machende Tendenzen einer Konsumgesellschaft. Weil dies so aktuell ist, hat der Bildungsbegriff gerade in den letzten Jahren wieder eine hohe Wertschätzung sowohl in der Pädagogik als auch in der Religionspädagogik erfahren.

Religiöse Bildung kann durch die Tradition des prophetischen Einspruchs, die Impulse der Reich-Gottes-Visionen vom wahren und erfüllten Leben und durch die Option der Gottes-Ebenbildlichkeit und daher unverfügbaren Würde jedes Einzelnen einen kritischen und produktiven Beitrag leisten zu einer auch die Gesellschaft humanisierenden Bildung. Die Visionen, die sich mit dem Symbol »Reich Gottes« verbinden lassen, enthalten unverwechselbare Motive für Engagement in der heutigen Welt allein schon durch Gottes vorrangige Option für die Entrechteten, Armen, Trauernden und Kleinen. Wo Vergebung statt Vergeltung, wo Liebe statt Hass, wo Wahrheit statt Lüge, Gerechtigkeit statt Korruption und Ausbeutung, Solidarität statt Egozentrik, Leben statt Tod sein wird, und Hungernde gesättigt werden zeigt sich im Ernstfall, was »Humanisierung« bedeuten kann. Diese humanisierenden Impulse können zum Tragen kommen, wenn aus dem christlichen Glauben und seinem Hoffnungspotential heraus gefragt wird, was der christliche Glaube Unverwechselbares beitragen kann zur Subjektwerdung des Einzelnen und zu einem kommunikativen und solidarischen Handeln (Mette 1994, 156–174). Wer in diesem Sinne von Bildung spricht, führt damit immer einen kritischen Begriff ein. Viele bevorzugen den Begriff »Bildung« gegenüber »Erziehung«, um damit die aufklärerische Forderung des Selbstdenkens, die Bildung des Verstandes, die Einbildungskräfte und das selbstständige Urteilsvermögen zu betonen. Der Bildungsbegriff ermöglicht es damit, Erziehungsziele kritisch zu befragen und zu bewerten (vgl. dazu bes. die Erklärungen der Deutschen Bischöfe »Bildung in Freiheit und Verantwortung«, 1993, 7f und »Die bildende Kraft des Religionsunterrichts« 1996, 30–42).

Theologische Grenzen von Bildung

Von nicht wenigen wird ein Gegensatz gesehen zwischen einem genuin theologischen Bildungsbegriff, nach welchem Gott handelndes Subjekt von Bildung ist, zu aufklärerischen Bildungsvorstellungen, die an Gedanken der Selbstbildung und Selbstverwirklichung des Menschen orientiert sind. So kann man verstehen, dass trotz seiner religiösen Wurzeln der Bildungsbegriff in die Religionspädagogik so mühsam Eingang gefunden hat (R. Englert, LThK 3. Aufl. Bd. 2, 451). Solange religionspädagogische Bemühungen sich beschränkten auf lehrhafte Unterweisung oder Einübung in Glaubensvollzüge oder Verkündigung, war ein Bildungsbegriff überflüssig für dieses Handeln. Ob ein theologischer und ein pädagogischer Bildungsbegriff sich gegenseitig ausschließen müssen, oder ob sie in produktive Wechselbeziehung gebracht werden können, das hängt davon ab, wie das Verhältnis von Theologie und Pädagogik gesehen wird und ob die »Eigengesetzlichkeit« beider Disziplinen anerkannt wird. Kirchlicherseits ist dies erst mit der Erziehungserklärung des II. Vatikanischen Konzils (*Gravissimum educationis*) und in dem Beschluss der Gemeinsamen Synode der Bistümer Deutschlands »Der Religionsunterricht in der Schule« (1974) geschehen. Ein theologischer und pädagogischer Bildungsbegriff sind etwa im Bildungsziel »Mündigkeit« aufeinander verwiesen. Die Kritikfähigkeit und Mündigkeit, die Religionsunterricht vermittelt, gründet nicht in der formalen Fähigkeit zu kritischem Denken, sondern in der Zusage einer Freiheit, die nicht ableitbar ist, die von Gott gegeben ist und somit jede innerweltliche Autoritätsfixierung relativiert. Freiheit und somit Kritikfähigkeit und Mündigkeit gilt im Religionsunterricht als eine von Gott eröffnete Möglichkeit und Wirklichkeit. Mit Blick auf religiöse Bildung muss aber immer wieder betont werden, dass sie sich aus theologischen Gründen auch selbst begrenzt: Glaube kann und darf nicht Ziel von Bildungsprozessen sein. Glaube bleibt weiterhin eine Gabe, die nur von Gott selbst kommen kann, für die der Mensch sich aber entscheiden kann. Diese freien Entscheidungsprozesse können durch Bildungsprozesse gefördert, vielleicht auch provoziert werden. Der Geschenkcharakter des Glaubens ist und bleibt eine Grenze für religiöse Bildung und Erziehung, die letztendlich auch die Unverfügbarkeit des Menschen garantiert (→ II.7).

Vermittlung von Subjekt und Objekt als Bezugspunkte einer bildungstheoretischen Didaktik

In der Didaktik werden alternative didaktische Modelle verhandelt (vgl. u.a. Jank/Meyer 1991). Wichtig im Zusammenhang dieser Überlegungen erscheint der Ansatz einer kritisch-konstruktiven Didaktik, wie sie von Wolfgang Klafki (Klafki u.a. 1994) vertreten wird. Seine Zentralkategorie ist der Begriff Bildung. Kritisch ist diese Didaktik, weil sie die Fähigkeit der Schülerinnen und Schüler zu wachsender Selbstbestimmungs-, Mitbestimmungs- und Solidaritätsfähigkeit im Blick hat. Konstruktiv wird sie, weil sie sich von einem Handlungs-, Gestaltungs- und Praxisinteresse leiten lässt. In der Religionspädagogik wurde unter dem Vorzeichen der Elementarisierung (u.a. bei Schweitzer/Nipkow/Faust-Siehl/Krupka 1995) die Doppelbewegung zwischen Subjekt und Objekt bzw. zwischen Schülern und Inhalten intensiv reflektiert in seiner Bedeutung für Unterrichtsvorbereitung und -durchführung (→ Teil IV).

Klafki betont die Vermittlung von Subjekt und Objekt. Subjekt und Objekt stehen dabei in einer dialektischen Beziehung im Sinne einer doppelseitigen Erschließung: Das konkret in einer Lebenssituation stehende Ich setzt sich auseinander mit Objekten aller Art, mit anderen Menschen und Menschengruppen, mit Gegenständen der Natur, Technik, mit Ideen und künstlerischen Objektivationen, mit Einrichtungen der Gesellschaft und des Staates. Bildung ist das Ergebnis einer individuellen und aktiven Auseinandersetzung des verantwortlichen und handlungsfähigen Subjekts mit der Welt und der Kultur. Wirklichkeit wird sichtbar als Bildungsgegenstand für den Menschen und dieser wird für jene Inhalte und ihre Zusammenhänge erschlossen. Mit einem solchen Verständnis von Bildung lassen sich die Einseitigkeiten einer dominant objektbezogenen Bildung (materiale Bildung) und einer einseitig subjektbezogenen Bildung (formale Bildung) vermeiden.

Wenn man davon ausgeht, dass im Mittelpunkt etwa einer Unterrichtssituation die Auseinandersetzung der Schüler mit einem Inhalt stehen soll, dass schulisches Lernen als Subjekt-Objekt-Verhältnis gesehen werden kann, dann zeigt sich, wie entscheidend die Frage nach den für das Subjekt bildungsrelevanten Lerninhalten ist (→ II.5). Die wichtigste didaktische Frage ist, wie aus der Vielzahl der möglichen Inhalte und Stoffe für das schulische Lernen das Fundamentale und das Elementare aufzufinden ist.

Eckpunkte für ein Bildungsverständnis aus kritisch-bildungstheoretischer Perspektive

- Der Bildungsprozess orientiert sich grundsätzlich am Individuum als dem Subjekt seiner eigenen Bildung. Das bedeutet konkret für den Religionsunterricht, dass Bildung nur ein selbstverantworteter aktiver Prozess sein kann, ferner Respektierung persönlicher Freiheit auch des Anderen und damit Verzicht auf Indoktrination und Manipulation.
- Bildung im christlichen Horizont zielt auf die Realisierung der Bestimmung des Menschen zu einer von Gott gewollten Freiheit, sie zielt auf Bejahung und Annahme dessen, was ist, und gleichzeitig auf Transzendierung des Gegebenen auf die mögliche und verheißene Wirklichkeit hin. Bildung hat darum immer ein utopisch-transzendentales und ein kritisches Moment, das auch die verheißene mögliche Wirklichkeit in ihrer eschatologischen Dimension ins Auge fasst.
- Bildung betont immer auch die unbedingte Würde des Einzelnen als einen von Gott geliebten Menschen. Diese Würde lässt sich nicht ableiten von der Funktionalität und der Verwendbarkeit des Menschen etwa für gesellschaftliche Zwecke.
- Ein theologisch-profilierter Religionsunterricht, der auch die Positionalität des christlichen Glaubens mit ins Spiel bringt, hat die Chance, vom Evangelium her einen spezifischen Beitrag zum Bildungsauftrag der Schule zu leisten.

---

2. Kommunikativer Ansatz

Von den vielen didaktischen Neuansätzen, die seit den siebziger Jahren des letzten Jahrhunderts entstanden sind, ist vor allem die Kommunikative Didaktik hervorzuheben. Sie hat in der Religionspädagogik nachhaltig Beachtung gefunden (Feifel 1995). Auf die Frage, welchen Platz »Kommunikation« im Unterrichtsgeschehen einnimmt, kann ganz allgemein geantwortet werden: »Der gesamte Unterricht ist Kommunikation!« Alles, was sich zwischen Lehrern und Schülern und zwischen Schülern untereinander ereignet, ist Kommunikation. Dazu zählt das Gesicht der Lehrer, wenn sie die Klasse betreten; die Weise, wie sie Arbeitsaufträge an die Schüler geben; wie Schüler auf Wortbeiträge von Mitschülern reagieren, uvm. Kommunikation ereignet sich bekannterweise verbal und nonverbal, in den meisten Fällen vollzieht sich Kommunikation, ohne dass den Beteiligten genau bewusst ist, dass und wie sie geschieht (Watzlawick 1980; Stobbe 1985). Menschen reagieren aufeinander, und man fühlt oder stellt fest, ob die wechselseitigen Reaktionen gut oder schlecht gelungen sind, was der eine über den anderen denkt, ob man sich versteht oder nicht, ob danach die Atmosphäre aufgelockert oder erst recht vergiftet ist, ob ein Problem gelöst werden konnte oder nicht, usw. Sprachlich kommunikatives Handeln ist ein grundlegender Prozess im Unterricht. Es ist so grundlegend, dass darüber selbst oftmals gar nicht nachgedacht wird.

Verständigungsorientierung und Sinnstiftung

»Kommunikation« meint aber nicht einfach die Tatsache, dass im Unterricht viel gesprochen wird und dass die Sprache das wichtigste Medium ist, um Lerninhalte zu vermitteln. Kommunikation wäre dann gewissermaßen das Vehikel, den Unterrichtsgegenstand besser an den Mann und die Frau zu bringen. Der Begriff »Kommunikation« hat einen wesentlich weiter reichenden Bedeutungsumfang. Er korrespondiert mit der Subjektorientierung, wie ihn die bildungstheoretische und konstruktivistische Didaktik vertritt. Abstrakt-theoretisch hat Habermas (1981) eine Kommunikationstheorie entworfen, woran Pädagogen wie Mollenhauer (1976) und Schaller (1987) angeknüpft haben. Sie zeigen auf, dass Kommunikation eine soziale Dimension hat, die sich besonders darin zeigt, dass das Medium der Sprache in der Lage ist, Verständigung herbeizuführen. Diese Leistung wird umso dringlicher, wenn, wie das auf dem Gebiet der Lebensausrichtung und Weltanschauung der Fall ist, keine allseits akzeptierten »Wahrheiten« zur Verfügung stehen. Je offenkundiger dies ist, desto weniger kann der Unterricht religiöse Überzeugungen oder Werthaltungen einfach an die Schüler »übertragen« wollen, und desto mehr muss er diskursiv konzipiert sein, indem er die Suche nach intersubjektiver Verständigung in den Mittelpunkt stellt. In diesem Verständnis ist Kommunikation nicht mehr als Instrument oder Technik beschreibbar, sondern Kommunikation ist selbst das Ziel. Die Pointe dieses Ansatzes lautet: Im Kommunizieren und in der Reflexion darüber, wie kommuniziert wird (oder wurde), ereignet sich Lernen (vgl. Ziebertz 1996b). Das soll weiter ausgeführt werden.

Zuvor muss aber ein mögliches Missverständnis ausgeräumt werden. Selbstverständlich geht es im Unterricht auch um die Erreichung bestimmter Lernziele, wozu zwangsläufig Unterrichtsdesigns notwendig sind, in denen Kommunikation als Leistungträger (Instrument) für einen anderen Zweck eingesetzt wird. Wichtig ist aber, dass den Lehrenden diese Reduktion von Kommunikation bewusst ist. Wichtig ist ebenso, für eine Ausweitung dieses Kommunikationsverständnisses auf Metakommunikation hin (also Kommunikation über Kommunikation) offen zu sein. Noch besser ist es, metakommunikative Elemente bereits in der Unterrichtsplanung zu berücksichtigen, d.h. mit Schülerinnen und Schülern immer wieder rückzuspiegeln, ›wie‹ und ›über was‹ kommuniziert wurde. Insbesondere in solchen Fächern, die die Lebens- und Handlungsorientierung berühren und damit den gesellschaftlich-kulturellen Pluralismus mikrokosmisch ins Klassenzimmer hereinholen, kann Sprache nicht auf ihren instrumentellen Charakter beschränkt werden – in solchen Fächern ist die Verständigungsleistung der Sprache von elementarer Bedeutung. Sie ist unverzichtbar, wo das Fragliche, das Sperrige und das Unbegreifliche auf den Tisch kommen. Sprachliche Kommunikation ist sinnstiftendes und sinnerhaltendes Handeln, insofern es Schülern und Lehrern erlaubt, sich über Normen, Regeln und Ziele gemeinsamer Interaktionen zu verständigen. Sprache dient also auch dem Verstehen und der Verständigung. Damit hat sie ihren Zweck in den Subjekten selbst – und in Intersubjektivität. – Für die didaktische Reflexion des Unterrichts ist es wünschenswert, dass Unterrichtende beide Aspekte gut im Blick behalten. Kommunikation ist immer auch ein Instrument zur Lernzielerreichung, Kommunikation ist aber ganz besonders ein Verständigungshandeln. Es ist, wie Habermas ausführt, sinnstiftendes und sinnerhaltendes Handeln. Dieses ist um so bedeutsamer, je mehr ein geteiltes Bewusstsein von fraglos vorgegebenen gültigen religiösen Traditionen schwindet.

Dimensionen der Kommunikation

Kommunikation lässt sich mit Hilfe von drei Dimensionen präziser beschreiben. Um Kommunikationsprozesse sach- und persongerecht zu erfassen, müssen Lehrerinnen und Lehrer erkennen, welche Dimension von Kommunikation jeweils berührt wird. In Anlehnung an Habermas (1981 II, 45ff) kann sprachliche Kommunikation danach unterschieden werden, ob es einen assertorischen, expressiven oder normativen Gehalt zum Ausdruck bringt, ob es sich also um Feststellungen, Gefühlsäußerungen oder Imperative handelt. Entsprechend müssen adäquate Bezugnahmen auf solche Sprachhandlungen die Wahrheit oder Richtigkeit von Aussagen, ihre Wahrhaftigkeit sowie ihre Legitimität und Begründbarkeit thematisieren.

Modi kommunikativen Handelns (nach Habermas)

Sprachform	Intention	Bezugsdimension
assertorisch	Feststellungen	Wahrheit und Richtigkeit
expressiv	Gefühlsäußerungen	Wahrhaftigkeit
normativ	Imperative	Legitimität und Begründbarkeit

Assertorische Aussagen (Feststellungen), in denen Sachverhalte der objektiven Welt deskriptiv festgestellt werden, sind am wenigsten problematisch. Verwirrungen tauchen vielleicht dann auf, wenn beispielsweise hinsichtlich bestimmter biblischer Aussagen für die Schüler nicht deutlich genug ist, bei welchen Aussagen von Richtigkeit in naturwissenschaftlich-objektivem Sinn die Rede ist und welchen Aussagen Symbolgehalt zukommt, die also nicht wörtlich, sondern symbolisch bzw. metaphorisch verstanden werden müssen. Diese Verwirrung ist im Religionsunterricht nicht selten, weil Schüler in der Regel mit naturwissenschaftlich-analytischer Sprache vertraut sind und dieser eine universale Erklärungskraft zutrauen (auch auf dem Gebiet der Religion), während bildhafte Sprache nicht selten als Verlegenheitssprache gilt, die aus Mangel an Argumenten herangezogen wird.

Expressive Aussagen (Gefühlsäußerungen) können nicht auf ihre Richtigkeit oder Legitimität überprüft werden, sondern allein auf die Authentizität (Wahrhaftigkeit) der Sprecher. Sie spielen eine große Rolle, (beispielsweise) wenn persönliche Erfahrungen als Verstärkung für den Erweis der Richtigkeit, Wichtigkeit oder Nützlichkeit bestimmter Überzeugungen oder Haltungen eingesetzt werden. Wird z.B. die Authentizität der Lehrer nicht bezweifelt, hat eine expressive Aussage den Charakter eines persönlichen Zeugnisses, das sich unter Umständen einer weiteren Diskussion entzieht. Für die Schulsituation ist es wichtig, Expressionen eine Atmosphäre zuzusichern, in der sie vor Verletzungen geschützt sind. In aller Regel entziehen sie sich aber der weiteren Debatte.

Vor allem normative Aussagen verdienen eine kritische Betrachtung. Sie können Aufforderungen enthalten und Zwang implizieren. Die christliche Bibel oder die Heiligen Schriften anderer Religionen enthalten Aussagen, die eine bestimmte Aufforderung an die Hörenden beinhalten. Zum Beispiel muss Zwang nicht notwendig explizit erkennbar sein, er kann auch implizit mitschwingen (»Schüler unserer Schule tun so etwas nicht«; »Für Christen ist klar, dass...«). Wir können solche Sprachhandlungen machtförmig nennen, wenn sich in ihnen eine Forderung nach sozialer Kontrolle oder Gehorsam verbirgt. Die Aussage »Schüler unserer Schule tun so etwas nicht« zeigt, dass ein bestimmtes Verhalten erwartet wird, dass aber die Erwartung selbst nicht zur

Diskussion steht. Solche Kommunikation ist instrumentell, sie dient nicht der Herbeiführung von Verständigung über eventuell gegensätzliche Ansprüche oder Deutungen, sondern der Durchsetzung von Interessen. Normative Aussagen sind nicht vermeidbar, aber die in ihnen enthaltenen Geltungsansprüche müssen offen sein für Kritik und Gegenrede. Kurz gesagt: In der Kommunikation sollte die Möglichkeit von Metakommunikation, also der kritischen Reflexion der Sprachhandlungen selbst, keinen zufälligen Charakter haben, sondern in der Unterrichtsplanung intentional angelegt sein.

Perspektivenwechsel und Mündigkeit

Perspektivenwechsel bedeutet, in die Rolle eines anderen schlüpfen und seinen/ihren Standpunkt einnehmen zu können. Dazu muss von der eigenen Position, den eigenen Argumenten und eigenen Überzeugungen Abstand genommen werden können. Die Gesprächspartner müssen in der Lage sein oder (durch Übung) in die Lage versetzt werden, Aussagen des/der je Anderen in seinem/ihrem Sinne zu verstehen, also zu rekonstruieren, was der/die andere tatsächlich gemeint hat. Der Wechsel zwischen Ich- und Du-Perspektive kennzeichnet die erste Stufe der Perspektivenübernahme. In einer weiteren Stufe kommt die Fähigkeit hinzu, gemeinsam eine Wir-Perspektive zu entwickeln. Darin wird das, was das »Ich« und »Du« meint, mit einer größeren Gemeinschaft in Beziehung gesetzt (der Gesellschaft, der Religionsgemeinschaft usw.). Das ist nötig, weil das, was das Ich und Du will, zwar zwischen beiden unumstritten sein kann, nicht aber im Hinblick auf weitere Betroffene. Entscheidungen, die Mich und Dich betreffen, sind also auch daran zu beurteilen, ob andere mögliche Betroffene ihnen zustimmen könnten (Goldene Regel, Kategorischer Imperativ). Ist es beispielsweise richtig, Sterbehilfe zu leisten? Wie lauten die Argumente der Befürworter, wie die der Gegner? Aus welchen Perspektiven denken die Beteiligten: aus der der Sterbenden, der Familien, der Ärzte, der Kirche, der Gesellschaft oder der Ethik? Wie sind die Perspektiven zu gewichten, welche Argumente sprechen für die eine oder die andere? Welche Wertmaßstäbe beinhalten sie, humane, ökonomische, religiöse? Gibt es übergreifende Prinzipien, auf die sich alle verständigen könnten? Wenn der Unterricht auf diese Weise den Perspektivenwechsel vollziehend einübt, geht es nicht um die trickreiche Annäherung an eine bereits vorgegebene Lösung. Schülerinnen und Schüler tauschen vielmehr ihre Perspektiven (Argumente) aus, indem sie diese zunächst wechselseitig rekonstruieren, feststellen, ob sie sich verstehen, und anschließend danach suchen, einen übergreifenden Maßstab zu finden, von dem aus die einzelnen Positionen gewichtet werden können.

Die Fähigkeit, von der Ich-Perspektive Abstand zu nehmen und die Perspektive wechseln zu können, ist zum einen Voraussetzung für eine verständigungsorientierte Kommunikation, zum anderen ist es Kindern und Jugendlichen eigen, dass sie diese Fähigkeit erst erwerben müssen. Dem Unterricht wird zwangsläufig abverlangt, in seiner didaktischen Orientierung einen Vorgriff auf diese Fähigkeit zu wagen (Peukert 1979). Die Teilhabe an intersubjektiven Verständigungsprozessen kann nicht mit der Begründung aufgeschoben werden, dass die volle Kompetenz der Heranwachsenden erst noch erreicht werden muss. Das könnte bedeuten, zwar zu bekunden, zur Freiheit erziehen zu wollen, dies aber unter Anwendung von Zwang zu tun. Mit anderen Worten: Ein gleichberechtigter Status der Schülerinnen und Schüler an verständigungsorientiertem Handeln darf ihnen nicht unter Verweis auf ihre Erziehungsbedürftigkeit abgesprochen werden (Benner/Peukert 1983). Das schließt ein, dass ein Vorgriff auf diesen Status alters- und entwicklungsgemäß gestaltet werden muss. Die Formen des Perspektivenwechsels und der kritischen Stellungnahme müssen sich an den gegebenen Möglichkeiten orientieren, nicht aber im Sinne einer allmählichen Steigerung »zulässiger« Intersubjektivität im Verlauf der Schulkarriere zwischen der ersten und letzten Klasse.

Der emanzipatorische Anspruch (Mündigkeit) wird darin sichtbar, dass die Verstehensleistung des Einzelnen besonders in den Mittelpunkt gerückt wird. Der kommunikative Ansatz setzt den Anspruch praktisch um, Schülerinnen und Schüler an der Herstellung von Bedeutungen zu beteiligen. Ihre Auseinandersetzung mit der Welt ist nicht nur der Anknüpfungspunkt für den eigentlichen Inhalt, sondern ein entscheidender Mit-Weg des Verstehens dieser Inhalte (Ziebertz 1990, 48ff). Schüler sind keine Empfänger fertiger Interpretationen, sondern Autoren von Interpretationen.

Kommunikation in der religiösen Bildung

Religiöse Bildung will junge Menschen in die Wirklichkeit einer »alternativen« Weltsicht einführen. Eine religiöse Weltsicht, auch wenn sie konkret als christlich-religiöses Lernen zur Sprache kommt, hat eine dialogische Grundstruktur. So ist selbst der Versuch, die Offenbarung zu verstehen, kein monologisches Geschehen. Christen können kein Verständnis von der Bedeutung des Glaubens an den Auferstandenen entwickeln, ohne zugleich zu sehen, dass es sich um Deutungen von konkreten Menschen mit konkreten Vorverständnissen in konkreten Situationen handelt. Was man also von der Selbstoffenbarung Gottes sagen kann, entspringt immer einer interpretativen dialogischen Haltung: der Haltung des Verstehenwollens. In diesem Sinn schreibt der Vorsitzende der deutschen Bischofskonferenz, der Mainzer Kardinal Karl Lehmann: »Es gibt [...] einen grundlegenden Zusammenhang zwischen dem Dialog und der Wahrheitsfindung im Glauben. Die göttliche Offenbarung hat selbst eine dialogische Gestalt« (Lehmann 1994, 14). Das heißt, dass das Verstehenwollen gegenüber der Selbstoffenbarung immer ein Fragment bleibt – es heißt nicht, dass die Selbstoffenbarung selbst Fragment ist (Schillebeeckx 1990, 209ff). Dies ist eine zentrale Einsicht. Sie besagt nämlich auch, dass die Selbstmitteilung Gottes in der Geschichte von der Subjektivität, die alle Verstehensversuche kennzeichnet, in keiner Weise angetastet wird. Die subjektiven Suchbewegungen kommunikativ aufzugreifen bedeutet also nicht etwa, über die Gültigkeit des Evangeliums befinden zu wollen, sondern die vielfältigen Möglichkeiten der Erschließung seines lebensbedeutsamen Verständnisses zu bedenken, »das immer an die Mannigfaltigkeit und Unterschiedlichkeit seiner jeweiligen sozial-kulturellen Voraussetzungen gebunden bleibt« (Drehsen 1994, 267f). Der Religionsunterricht muss ein Unterricht sein, in dem es etwas Lebensbedeutsames zu entdecken gibt. Er muss sensibel sein gegenüber einer Monopolisierung von Bedeutungen. Sensibilität ist notwendig, den Deutungen der Schüler Raum zu verschaffen und sie in diesem Sinn als prinzipiell gleichberechtigte Partner zu verstehen. Theologisch ist die Einsicht gewachsen, Kommunikation nicht mehr nur als Instrument zur Wahrheitsfindung zu verstehen, sondern die Verankerung des Glaubens in Kommunikationsprozessen zu akzeptieren.

Eckpunkte für ein Bildungsverständnis aus kommunikativer Perspektive

- Kommunikation ist mehr als ein »Instrument« für das Unterrichtsgespräch. Der Kommunikative Ansatz macht auf die Verstehens- und Verständigungsleistung sprachlich-kommunikativen Handelns aufmerksam und zeigt, dass und wie mit Kommunikation »Lernen« verknüpft ist.
- Kommunikation bezieht sich auf unterscheidbare Sprachbereiche, denen unterschiedliche Intentionen zugrunde liegen und die eine spezifische kommunikative Bearbeitung verlangen.
- Kommunikation zielt auf ein Verhältnis zu Schülerinnen und Schülern als gleichberechtigte Partner. In der Unterrichtskommunikation ist ihnen die Möglichkeit zu geben, eigene Standpunkte zu formulieren, diese zu entwickeln und ihnen Richtung geben zu können. In der Kommunikation wird ein Vorgriff auf die »volle« Mündigkeit der Heranwachsenden gewagt.
- Kommunikation bedeutet »Kenntlichmachung der Vielfalt«. Die Pluralität der Meinungen und Argumente sind ein Reichtum. Sie bilden den »Vorrat«, Argumente zu rekonstruieren und daran die eigene Position zu schärfen.
- Geschulte Kommunikation beruht auf der Fähigkeit zum Perspektivenwechsel, d.h. der Fähigkeit, Argumente Anderer nachempfinden zu können. Diese Fähigkeit muss geübt werden und das beständige Üben ist selbst ein Lerninhalt. Schülerinnen und Schüler lernen Unterschiede zu verstehen und auszuhalten, und sie lernen, wie Differenzen überbrückt werden können. Sie lernen auch, wie trotz vielleicht bleibender Unterschiede weiter miteinander gearbeitet werden kann.
- Kommunikation korrespondiert mit dem christlichen Offenbarungsgeschehen, das selbst eine dialogische Gestalt hat.

3. Religionsdidaktik in konstruktivistischer Sicht

Immer wieder werden in dieser Religionsdidaktik die Schülerinnen und Schüler als aktive Subjekte des religiösen Lernens und auch als »Konstrukteure« ihrer religiösen Biografie in den Blick genommen und somit ihre Selbsttätigkeit betont. Dies kann als eine Konsequenz aus dem oben dargestellten Bildungsverständnis, das die Mündigkeit als Ausgangs- und Zielpunkt hat, gesehen werden, oder auch von dem Postulat einer »Schülerorientierung« her abgeleitet werden. Religionsdidaktik in konstruktivistischer Perspektive aber ist folgenreicher als »Schülerorientierung«, wenn damit lediglich eine Orientierung des Religionsunterrichts an den Interessen und Bedürfnissen der Schüler gemeint ist, um daran Lehr- und Vermittlungsprozesse anknüpfen zu können. Was mit konstruktivistischer Perspektive hier gemeint ist und welche theoretischen Annahmen diese enthält, soll im Folgenden erläutert werden. Wir tun dies mit den Begriffen Konstruktion, Rekonstruktion und Dekonstruktion.

Wirklichkeitsaneignung und Lernen als Konstruktion

Das Verständnis von Lernen und Lehren und von Wissensaufbau als Konstruktion verändert herkömmliche Vorstellungen von Unterricht und Lernen, sodass man von einem Perspektivenwechsel sprechen kann. Lernen wird als Aneignungsprozess bzw. als Konstruktion gesehen. Konstruktion bedeutet, dass Wirklichkeit eine Konstruktion bzw. Erfindung des Subjektes ist. Lernen ist dann subjektabhängige Konstruktion von Wirklichkeit. Objektive Wirklichkeit gibt es in der Sicht sogenannter radikaler Konstruktivisten nicht, nur eine intersubjektive, die dadurch entsteht, dass Menschen sich auf das verständigen, was gilt. Diese (erkenntnistheoretische) Position wird abgestützt

durch eine gehirnphysiologische Theorie, in der das Gehirn alle Sinnesreize nach eigenen Kriterien deutet und bewertet. Die Informationsreize der Wahrnehmungsorgane
sind schon durch die kognitive Struktur des Gehirns verarbeitet und gefiltert, ehe sie
das Verhalten und die Wahrnehmung bestimmen. Angenommen wird dabei eine kognitive Struktur, welche selbst (autopoietisch) ihre Strukturen erzeugt. Diese haben die
Fähigkeit zu lernen, sich zu organisieren und die zur Umorganisation. Man kann so
von einem lernenden System sprechen. Jedes Wissen ist in der Sicht radikaler Konstruktivisten eine subjektive Konstruktion und kann konsequenterweise nicht objektiv
sein. In seiner radikalen Form negiert der Konstruktivismus die Möglichkeit, dass es
Objektives (objektive Religion) gibt. Überspitzt gesagt, hat in dieser Vorstellung Religion als »Tradition« keinen eigenen Wert. Wert hat das, was Menschen als Religion
»erkennen«. Mildere Varianten – denen sich Religionsdidaktiker eher anschließen –
betonen die Wechselbeziehung zwischen den »erkennenden Subjekten« und »außersubjektiven Realitäten«. Sie sehen in den Schülern nicht nur die »Adressaten« einer
Botschaft, sondern aktive Subjekte, die selbst »religiösen Sinn« konstruieren.

Aber sowohl in seiner radikalen als auch in der milderen Form verliert das »Objektive« (z.B. Religion als religiöser Wahrheitsanspruch) seine absolute Bedeutung. Na-
türlich gibt es die Religion(en), aber in konstruktivistischer Perspektive geht es um die
Weise, wie Schüler – von ihrer Lebenswelt her – über diese Religionen zu religiösen
Bedeutungen kommen. Die konstruktivistische Didaktik denkt nicht in Schemata der
»Informationsübertragung«. Für sie gibt es nicht den einen objektiven Inhalt, sondern
nur die vielen »Brillen«, mit denen der Inhalt angeschaut wird. Die konstruktivistische
Didaktik fragt nach dem »erkennenden Umgang« der Lernenden mit Religion. Was
Religion »ist«, ist nicht mehr eindeutig und klar. Was Religion »ist«, muss definiert
werden. Religion wird zu einem »diskursiven Tatbestand« (Matthes).

Lernen wird im didaktischen Kontext konsequent als Selbsttätigkeit gesehen, diese
ist im Unterricht zu fördern und zu fordern. Ferner werden Lernprozesse radikal indi-
vidualisiert, damit die Lernenden je ihre Konstruktion von Wirklichkeit finden können. Es ist eine Lernumgebung zu schaffen, in der den Lernenden aufgegeben wird,
selber zu erfahren, zu experimentieren, zu recherchieren. Fehler, die bei der Konstruktion von Wirklichkeit entstehen, und die Auseinandersetzung mit den eignen Fehlern
werden als konstruktive Lernschritte angesehen. Wichtig wird auch, dass den Kindern
und Jugendlichen immer wieder Gelegenheit gegeben wird, ihre Interpretation von
Wirklichkeit zu thematisieren und im Austausch mit anderen zu reflektieren. Wer radikal konstruktivistisch denkt, für die oder den ist Wissens- und Stoffvermittlung, damit auch Frontalunterricht, prinzipiell abzulehnen.

Wirklichkeitsaneignung und Lernen als Rekonstruktion

Eine radikale Sicht der Konstruktion von Wirklichkeit ist subjektivistisch und muss
sich selbst als »Erfindung« relativieren. Sie vernachlässigt auch die soziale, gesellschaftliche und geisteswissenschaftliche Konstruktion von Wirklichkeit. Sprachen schließlich sind zu erlernen, und es braucht nicht alles erfunden werden, was schon eine Gestalt bekommen und sich bewährt hat. Es gibt Weltsichten und Weltdeutungen, die
kulturelle und gesellschaftliche Gestalt bekommen haben und prägend sind, unabhängig von der eigenen Konstruktion. Auch die Entdeckungen der Wissenschaften und

der Tradition haben unsere Wirklichkeit konstituiert. Tradierte Symbolsysteme der Religionen enthalten Deutungen und Interpretationen von Wirklichkeit, die re-konstruiert werden müssen, wenn man ihre Relevanz für die eigene Weltsicht befragen will. So präsentiert der Religionsunterricht durch seinen Bezug auf Traditionen und Wissenschaften (z.B. auf Theologie) Weltsichten und Deutungen, die aufgefunden bzw. rekonstruiert werden müssen, wenn sie integriert werden sollen in die eigene Konstruktion der religiösen Biografie.

In diesem Buch wird darum ein gemäßigter Konstruktivismus vertreten. Einerseits wird die unverzichtbare Konstruktionsleistung des Lerner-Subjekts und darum auch seine Eigenaktivität so weit wie möglich und es sinnvoll ist gefördert. Andererseits betonen wir die soziale und kulturelle Konstruktion von Wirklichkeit und Wirklichkeitswissen, ihr Entstehen durch Interaktion und Kommunikation und ihre Einbettung in Sozialisationsprozesse. Der hier vertretene gemäßigte Konstruktivismus kennt die Wirklichkeit von Phänomenen in ihrer Objekthaftigkeit und ihrem Eigenanspruch an. Diese sind aber – konstruktivistisch gesehen – immer nur als gedeutete zugänglich. So entsteht ein Wirklichkeitswissen, das sich durch Interaktion aufbaut und mit anderen geteilt werden kann und die soziale und situative Einbettung dieses Wissens anerkennt.

Realität wird in gemäßigt konstruktivistischer Perspektive nicht geleugnet, ist aber nur zugänglich in aktiver Aneignung und in Auseinandersetzung mit menschlichen Deutungen und Interpretationen anderer, die im Lernen rekonstruiert werden müssen. Gemeint ist damit die Rekonstruktion der Wirklichkeitskonstruktionen anderer in der Geschichte und in der Gegenwart. Wirklichkeitsaneignung und Lernen sind also sowohl Konstruktions- als auch Rekonstruktionsleistungen. Diese ergänzen sich und müssen in einem für den Lernenden sinnvollen Wechselbezug gesehen werden. Bildungstheoretisch wird das dann hervorgehoben, wenn Bildung als gegenseitiger Erschließungsprozess von Subjekt und Objekt angesehen wird und religionsdidaktisch klingt diese Überlegung auch in dem Prinzip der Korrelation (→ III.2) mit an.

Eine religionsdidaktische Konsequenz aus diesen Überlegungen wäre, dass in Lernprozessen im Sinne von Konstruktion die eigenen Sichtweisen thematisiert und reflektiert werden und bewusst durch die Lernenden evoziert werden, aber auch konfrontiert mit den Rekonstruktionen der Sichtweisen anderer jetzt und früher lebender Menschen bzw. Wissenschaften. Diese sind aber nicht bloß als Fakten bzw. als Stoff zu vermitteln, sondern aus konstruktivistischer Perspektive ist vielmehr danach zu fragen, was diese Menschen bzw. Wissenschaften veranlasst hat, ihre Wirklichkeit so und nicht anders zu interpretieren, damit hier Entdeckungen gemacht werden können (Reich 1996, 119).

Wirklichkeitswissen und Lernen durch Dekonstruktion

Lernen im Wechselspiel von Konstruktion und Rekonstruktion ist ein spannungsreicher Aneignungsprozess, in dem die Lernenden im Austausch mit anderen und mit der Kultur Bedeutungen entdecken und aushandeln. Der Aspekt der Rekonstruktion hat eine subjektivistische Sicht angereichert durch die Sichtweisen anderer und die der Tradition. Das Ergebnis könnten stabile Weltsichten und Gewissheiten sein, die letztlich aber fragwürdig werden können in Anbetracht der Vielfalt, der Widersprüchlichkeit und der Offenheit von Wirklichkeit. Aus theologischer Sicht ist immer wieder die

Offenheit von Wirklichkeit für nicht vorher Gedachtes und Gewusstes zu reklamieren. Offenheit meint hier auch die Offenheit für das Andere und Neue und für das Erahnte und somit nicht Gewusste. Die eschatologische Hoffnung zielt auf mehr als das, was wir schon wissen, und darum sind auch der Möglichkeitssinn und die Imaginationskräfte (3.1) im Religionsunterricht zu fördern. Auch das pädagogische Postulat vom »lebenslangen Lernen« bedeutet, immer wieder Gewissheiten in Frage zu stellen, falsche Gewissheiten zu zerstören, zu enttarnen, um wieder (vorläufig) neue Möglichkeiten zu entdecken (vgl. Reich 1996,143–145). In vielen Religionsbüchern wird das Gemeinte thematisiert unter der Überschrift »Es muss im Leben mehr als alles geben«. Was hier angedeutet wird, kann im Sprachspiel der postmodernen Philosophie als Dekonstruktion (→ II. 10) bezeichnet werden. So ergibt sich zur Charakterisierung der konstruktivistischen Perspektive in der Religionsdidaktik ein Wechselspiel von Konstruktion, Rekonstruktion und Dekonstruktion als Neukonstruktion durch Irritation und Enttarnen von Gewissheiten .

Eckpunkte für ein Bildungsverständnis aus konstruktivistischer Perspektive

- So viel Konstruktion wie möglich. Das bedeutet vor allem Förderung der Eigenaktivität und Selbsttätigkeit und das Bewusstmachen der eigenen Weltdeutungen und Weltsichten.
- Eigene Konstruktionen sind sinnvoll in Beziehung zu bringen zu den Konstruktionen anderer (Rekonstruktion). Von hierher werden auch Vermittlungsprozesse und die Präsentation und die Bearbeitung von Informationen und von vorhandenen Wissensbeständen sinnvoll.
- Keine Konstruktion ohne Irritation und Abschied von einem naiven »Bescheidwissen«, von trügerischen Gewissheiten (Dekonstruktion). Hier wird die Unsicherheit des Wissens thematisiert und der Sinn für das Mögliche begünstigt.

Zusammenfassung

Die hier genannten Ansätze wollen eine erste Orientierung für die Planung geben. Sie erheben den Anspruch, wichtige Kategorien in Beziehung zueinander zu setzen, die für die Planung und Durchführung von Lernprozessen wichtig sind. Jeder Ansatz setzt eigene Vorentscheidungen und Schwerpunkte. Daher ist es für die eigene Praxis wichtig, sich dessen bewusst zu sein und eine reflektierte Wahl zu treffen. Die bildungstheoretische Didaktik macht darauf aufmerksam, dass Bildung wesentlich »Selbstbildung« ist. Lernimpulse haben die Funktion, solche Selbstbildungsprozesse in Heranwachsenden anzustoßen. In christlicher Perspektive geht es dabei immer auch um die Realisierung der von Gott geschenkten Freiheit. Der Mensch als »Imago Dei« soll sein Leben »in Fülle« verwirklichen. Bildung ist Begleitung auf dem Weg zur Mündigkeit. Die kommunikative Didaktik schließt daran an und rückt das Interaktionsgeschehen in den Mittelpunkt. Kommunikation ist nicht nur ein »Mittel« der Unterrichtsgestaltung, sondern vielmehr ein auf Verständigung zielender und sinngenerierender Prozess. Die konstruktivistische Perspektive verschärft die Subjektorientierung, indem sie zeigt, wie genuin Wahrnehmen und Verstehen mit der kognitiven Struktur der Lernenden verwoben sind. Wirklichkeit gibt es nicht »objektiv«, sondern immer nur vermittelt in der Perspektive derer, die etwas über die Realität aussagen. Konstruktionsprozesse haben imaginative Qualität, durch sie kann Neues entstehen. Die Religionsdidaktik kann sich diese Prozesse zu eigen machen, wo es um metaphysisches Verstehen geht: um die Erkenntnis Gottes.

Lesehinweis

Biehl, Peter (1991): Die Gottebenbildlichkeit des Menschen und das Problem der Bildung. In: Ders.; Erfahrung, Glaube und Bildung, Gütersloh.

Sekretariat der Deutschen Bischofskonferenz (Hg.) (1993): Bildung in Freiheit und Verantwortung. Erklärung zu Fragen der Bildungspolitik, Bonn.

Schaller, Klaus (Hg.) (1987): Pädagogik der Kommunikation, St. Augustin.

Stobbe, Heinz-G. (1985): Kommunikation. In: Affolderbach M./Steinkamp H. (Hgg.): Kirchliche Jugendarbeit in Grundbegriffen, Düsseldorf, 216–227.

Dubs, Rolf (1995): Konstruktivismus: Einige Überlegungen aus der Sicht der Unterrichtsgestaltung. In: Z.f.Päd. 41, 889–903.

Reich, Kersten (1996): Systemisch-konstruktivistische Pädagogik. Einführung in Grundlagen einer interaktionistisch-konstruktivistischen Pädagogik. Neuwied/Kristel/Berlin.

Sauer, Ralph (2000): Der Religionsunterricht im europäischen Vergleich. In: RpB 44, 137–151.

Exkurs: Blick über den Zaun – Religionsunterricht in Europa

Herbert Stettberger

Abschließend wird kurz nach den Schwerpunkten und Bedingungen gefragt, unter denen Religionsunterricht in den europäischen Nachbarstaaten stattfindet. Insgesamt begegnet uns hier eine Vielfalt von schulischen Unterrichtsformen in je anderen institutionellen und gesellschaftlichen Verhältnissen. Beispielhaft werden im Folgenden drei Realisationsformen des RU in Europa vorgestellt, die Alternativen zum deutschen Modell darstellen.

Vielfalt des Religionsunterrichts in Osteuropa am Beispiel Polen

Vor allem seit der Auflösung der Sowjetunion Ende der 1980er bzw. Anfang der 90er Jahre, die zur Autonomie der *Ostblockstaaten* führte, setzte auf der Basis weitreichender »Umbauprozesse« (»Perestroika«) auch eine bildungspolitische »Offenheit« sowie eine »Aufgeschlossenheit« (»Glasnost«) für religiöse Angelegenheiten ein. Konkret bedeutete dies nicht nur für Russland, sondern auch für Staaten wie Polen, Ungarn, Tschechien, Slowenien, Kroatien, Bulgarien, Litauen, Estland und Lettland eine staatsrechtlich manifestierte und nunmehr auch praktizierte Glaubens- und Gewissensfreiheit der Menschen. Auf dieser Grundlage konnte sich in der Mehrzahl der Fälle der Religionsunterricht als Unterrichtsfach z. T. an kirchlichen, aber auch an staatlichen Schulen etablieren. Lediglich *Albanien* bildet eine Ausnahme: Zwar wurden die einschlägigen Gesetzestexte aus dem Jahre 1965 (v. a. §37 und 55 des StGB), wonach jegliche religiöse Betätigung unter Strafe stand, im Mai 1990 abgeändert und Religionsfreiheit grundsätzlich gewährleistet; dennoch ist es bislang noch nicht zur Einrichtung des Unterrichtsfachs Religion an Schulen gekommen (Schreiner 1998, 10).

In den meisten der übrigen Staaten Osteuropas waren und sind bei der Institutionalisierung des Religionsunterrichts große Probleme zu bewältigen; diese reichen von der Konzeption adäquater Lehrpläne über die Aus- bzw. Weiterbildung, die grundsätzliche Bereitstellung von Lehrkräften bis hin zur Organisation von Unterrichtsmaterialien, -räumen und -zeiten. Hinzu kommt, dass die Resonanz auf das Angebot einer religiösen Unterweisung im Schulbereich recht unterschiedlich war und nach wie vor ist; einer der Hauptgründe hierfür liegt in der negativen Erfahrung, die man zu Zeiten der kommunistischen Herrschaft mit staatlichen Bildungseinrichtungen gemacht hatte: Überwiegend dienten sie schlicht der Indoktrination mit marxistisch-leninistischem Gedankengut. Deutlich mehr Zuspruch erhält dagegen meist die kirchliche Gemeindekatechese von der Bevölkerung (Sauer 2000, 146). Mit gravierenden Problemen sieht sich der schulische Religionsunterricht auch in Staaten konfrontiert, in denen die Säkularisierung so weit fortgeschritten ist, dass der Anteil derer, die einer Religionsgemeinschaft zugehören, nur mehr eine verschwindende Minderheit der Bevölkerung ausmacht; in den neuen Bundesländern beispielsweise bezeichnet sich ein hoher Prozentsatz der dort lebenden Menschen als bekenntnislos. Diese Faktoren trugen wesentlich dazu bei, dass die Konditionen des Religionsunterrichts im osteuropäischen Raum teilweise bis heute hin noch nicht zufriedenstellend geklärt sind und das äußere Erscheinungsbild der religiösen Erziehung in der Schule recht diffus wirkt.

In *Polen* wurde 1990 aufgrund eines Erlasses des Erziehungsministeriums der konfessionelle Religionsunterricht an öffentlichen Schulen wieder eingeführt. Er hat den Charakter eines Wahlpflichtfaches. Nach § 1 Abs. 1 und § 3 Abs. 3 eines weiteren Erlasses des Bildungsministeriums müssen Schülerinnen und Schüler ab 16 Jahren bzw. deren Erziehungsverantwortliche zwischen einem Religions- und einem dazu alternativen Ethikunterricht an der Schule wählen. Die Bedeutung beider Fächer wird dadurch aufgewertet, dass die Note auf dem Zeugnis gleich nach der Betragensnote erscheint. Allerdings wirkt sich die Zensur nicht auf die Versetzung aus. Eine Befreiung von der Teilnahme am Religions- oder Ethikunterricht ist lediglich nach einer ausreichenden Erklärung durch die mündigen Schüler bzw. durch die Erziehungsberechtigten möglich. Obwohl die überwiegende Mehrheit aller Schülerinnen und Schüler am katholischen Religionsunterricht teilnimmt (Stand 1990: 95, 8 Prozent), stieß seine Wiedereinführung bis in die neueste Zeit hinein nicht auf ungeteiltes Interesse: »Nach Meinung mancher Gegner kann die Wiedereinführung der Katechese in die polnischen Schulen ein Zeichen der Klerikalisierung des öffentlichen Lebens sein und bei den Intellektuellen eine antiklerikale Reaktion auslösen, die wiederum eine Laizisierung zur Folge hätte«; darüber hinaus keimt nicht selten nach wie vor ein gewisser Argwohn auf, wenn Kirche und Staat miteinander kooperieren (Rogowski 1997, 184).

Religionsdidaktisch kann von einer katechetischen Unterweisung (nach dem kerygmatischen »Modell«) gesprochen werden (Rogowski 1997, 174-200). Die anthropologische Zielsetzung spielt eine nur untergeordnete Rolle. Als Grundlage für die Festlegung der Inhalte dieser schulischen Katechese fungiert § 4 des Erlasses des Bildungsministeriums vom 14.4.1992 über die Bedingungen und die Organisation des Religionsunterrichts an öffentlichen Schulen; demzufolge soll er »gemäß der Programme stattfinden ..., die dem Bildungsministerium durch die zuständigen Behörden der katholischen Kirche, der orthodoxen Kirche und anderer Kirchen und Religionsgemeinschaften vorgelegt werden« (Rogowski 1997, 190).

Religionsunterricht im Norden Europas an den Beispielen England, Wales und den Niederlanden

Grundsätzlich lässt sich im europäischen Raum in Bezug auf die Situation des Religionsunterrichts ein gewisses »Nord-Süd-Gefälle« feststellen: So favorisieren die protestantisch geprägten Staaten in den nördlichen Teilen Europas eher überkonfessionelle Konzeptionen des Religionsunterrichts, wohingegen Länder, die von ihrer Geschichte her unter katholischem Einfluss standen, zu konfessionellem Unterricht tendieren.

Was versteht man unter einem überkonfessionellen RU konkret? Damit ist ein Religionsunterricht gemeint, der sachlich und wertneutral über religiöse Inhalte und Fragen informieren möchte. Das heißt, es darf keine bestimmte Religion oder Weltanschauung gegenüber anderen Überzeugungen hervorgehoben werden. Doch dann ist eine existenzielle Auseinandersetzung damit nötig (Meyer 1999, 170-189). Als Initiator eines derartigen Modells kommt ausschließlich der Staat in Frage. Er ist es auch, der angesichts einer zunehmend pluralistischen Gesellschaft ein Interesse an der Erziehung junger Menschen zu Toleranz und sozial-religöser Kompetenz hat.

In *England und Wales* versucht man den Bedürfnissen einer multi-kulturellen und multi-religiösen Gesellschaft dadurch gerecht zu werden, dass seit 1988 (auf der Grundlage des Bildungsreformgesetzes) an den öffentlichen Schulen das Fach mit dem Namen »Religious Education« eine besondere inhaltliche Akzentuierung erhält. Primär religionskundlich angelegt, sollen die verschiedenen Religionen und religiösen Gruppierungen danach hinterfragt werden, »inwieweit sie einen Beitrag zur persönlichen Entwicklung des Schülers leisten können« (Sauer 2000, 142). Dabei steht eine möglichst sachliche Darstellung der unterschiedlichen Glaubensinhalte im Vordergrund. Als Prototyp dieses meta-konfessionellen Modells gilt nach wie vor die Birminghamer Schule, welche von ihrem Leiter John M. Hull maßgeblich geprägt wurde. Allerdings gibt es – nicht zuletzt von Hull selbst – Bestrebungen, diese radikale Reduktion der Religionen zu entschärfen und den Propria der Glaubensgemeinschaften selbst verstärkt Geltung zu verleihen. Besonders erwähnenswert ist in diesem Zusammenhang die Tatsache, dass diese Art des Religionsunterrichts für Schüler bis zum 16. Lebensjahr verpflichtend vorgeschrieben ist; offensichtlich sollen die jungen Menschen zur gegenseitigen Toleranz auf der Basis einer religiösen Kompetenz unabhängig von der jeweiligen kulturellen Herkunft erzogen werden.

Diese Art von »multifaith religious education« schließt jedoch Tendenzen in Richtung einer Präferenz der »British culture« nicht aus. Dieser Akzentuierung des Religionsunterrichtes versucht man im Rahmen des sog. »*Warwick Project's*« entgegenzuwirken; auf der Basis eingehender ethnographischer Studien werden hier Materialien für den Religionsunterricht entwickelt, die den Schülerinnen und Schülern eine intensive Auseinandersetzung mit der jeweiligen Lebensweise, Kultur und religiösen Praxis von Menschen aus anderen Ländern ermöglichen (Meyer 1999, 246–260).

In den *Niederlanden* reicht das Spektrum der Konzeptionen des Religionsunterrichtes von konfessionell-kirchlichen Positionen bis hin zu überkonfessionellen, religionskundlichen Formen. Einheitlich hingegen wurde seit 1985 für alle *öffentlichen* Primarschulen das Alternativfach »Geistliche Strömungen« als Pflichtfach eingerichtet. Im Rahmen dieses Unterrichtes sollen verschiedene Religionen und Weltanschauun-

gen wertneutral vorgestellt und besprochen werden. Daneben besteht für alle anerkannten Religionsgemeinschaften die Möglichkeit, mit dem Einverständnis der Eltern
einen konfessionellen RU auf Wahlfachbasis anzubieten. Im Sekundarstufenbereich
fällt an staatlichen Schulen jeglicher RU aus. Freilich muss beachtet werden, dass sich
rund zwei Drittel aller Schulen in den Niederlanden in privater Trägerschaft befinden.
Bei einem großen Teil davon handelt es sich um konfessionelle Schulen, in denen die
strikte Trennung von Staat und Kirche nur geringfügige Auswirkungen auf die konfessionelle Konzeption zeigt. Dennoch ist auch hier der traditionelle Unterricht in die
Krise geraten. Neu ins Gespräch gekommen ist daher ein »Unterricht in Lebensfragen«
(Levo), der sich vorrangig an den Bedürfnissen der Schülerschaft orientiert und auf
dieser Grundlage unterschiedliche Sinndeutungen seitens der verschiedenen Religionen anbietet bzw. gegeneinander abwägt. Da in Großstädten der Anteil sog. »allochto-
ner« Schüler nicht selten die überwiegende Mehrheit ausmacht, hat sich vor allem der
Dachverband der protestantischen Schulen des Landes (CNS) dafür stark gemacht,
interkulturelle und interreligiöse »Begegnungsschulen« einzurichten, welche die
Gleichwertigkeit etwa muslimischer und christlicher Heilswege betonen (Heimbrock
2000, 219f).

Religionsunterricht in romanischen Ländern am Beispiel Frankreichs

Die Trennung von Staat und Kirche hat in Frankreich, mit Ausnahme von Elsass und
Lothringen, seit 1905 den Ausschluss des Religionsunterrichts von den öffentlichen
und privaten Schulen zur Folge. Im Wesentlichen besteht für die gläubigen Kinder und
Jugendlichen lediglich die Möglichkeit, die katechetische Unterweisung (catéchèse)
der jeweiligen Gemeinde zu besuchen. Aus diesem Grund hält man in der Regel den
Mittwoch von schulischen Veranstaltungen frei, um eine Teilnahme an der gemeindlichen Katechese oder Glaubensunterweisung in sonstigen Institutionen zu ermöglichen. Darüber hinaus wird an höheren Schulen vereinzelt eine Schulseelsorge (aumô-
nerie de l'enseignement public) angeboten; einige private Schulen haben einen Kursus
für Religionskunde eingerichtet.

Insgesamt gilt für Europa, dass in den überwiegenden Fällen der Religionsunterricht als konfessionell gebundenes Wahlfach angeboten wird. Was das Ansehen des
Faches angeht, so kommt ihm zwar meist eine maßgebliche Bedeutung insbesondere
im Hinblick auf die Vermittlung von Grundwerten für ein friedliches Miteinander in
den allseits pluralistisch gewordenen Gesellschaften zu; andererseits ist er verfassungs-
mäßig weniger verankert als in Deutschland. Dies lässt sich sowohl aus den verschiedenen Rechtsgrundlagen (meist außerhalb der jeweiligen Verfassungen) ablesen, auf
die sich die Berechtigung des Faches innerhalb des übrigen Fächerkanons an Schulen
ableitet, als auch aus seinem häufigen Status als fakultatives Fach. Insgesamt eröffnet
ein Blick über den Zaun in das weite Europa einen großen Reichtum an Alternativen
religiösen Lernens für heute und morgen.

Teil II:
Religiöse Bildung und
Erziehung am Lernort Schule

Hinführung

Nachdem der erste Teil dieser Religionsdidaktik das wissenschaftliche Selbstverständnis der Disziplin geklärt, geschichtliche Horizonte eröffnet und eine eigene Position angesichts des gesellschaftlichen Wandels konturiert hat, beschäftigt sich der zweite Teil mit den einschlägigen Fragen des religiösen Lernens im schulischen Religionsunterricht. Wir stellen dabei eine Reihe von W-Fragen.

Die ersten drei Kapitel greifen grundlegende Fragen auf. Am Beginn steht die Frage, *»warum«* heute im Kontext schulischen Lernens überhaupt eine religiöse Dimension der Wirklichkeit behandelt werden soll, wo doch die Beschäftigung mit Religion, Religiosität und Glaube in der weltanschaulich pluralen Gesellschaft vielfachen Anfragen ausgesetzt und nicht ohne weiteres plausibel ist. Die Frage wird mit Hilfe eines mehrperspektivischen Religionsbegriffs beantwortet, der Religiosität gesellschaftlich und anthropologisch verankert. Der Gedankengang wird fortgeführt mit der Frage *»wozu religiöses Lernen?«*. Ein allgemeines Ziel religiöser Bildung ist die Begleitung junger Leute bei der Entwicklung ihrer Identität. Unter Identität wird ein dynamisches Gewebe verstanden, das sich in Interaktion entwickelt und gerade in seiner narrativen Gestalt Parallelen zu biblisch und historisch überlieferten Identitätsgeschichten aufweist. Die Frage der Ziele religiöser Bildung wird schließlich mit der Frage »woraufhin« konkretisiert, weshalb sowohl inhaltlich als auch formal Ziele und Aufgaben des Religionsunterrichts entfaltet werden.

Die Kapitel 4 bis 6 beschäftigen sich mit Binnenfaktoren des Religionsunterrichtes. Zunächst geht es unter der Fragestellung *»wer?«* um die Subjekte religiöser Bildung und Entwicklung. Schülerinnen und Schüler werden nicht bloß als »Adressaten« der Glaubens- und Sittenlehre verstanden, sondern als Personen mit einem eigenen Glaubenssinn (sensus fidelium), die theologische Fragen im Fragment artikulieren und sich mit ihnen auseinandersetzen. Nach den Lernenden stehen die Lerninhalte im Mittelunkt. Mit der Frage »Was soll gelernt werden?« wird Rechenschaft über die Lehrpläne und Inhaltsbereiche des Religionsunterrichts gegeben. Die Inhalte sind hierbei mit den Zielen und den Schülersituationen in Verbindung zu bringen. Schließlich weitet sich, nochmals unter der Frage »Wer?«, die Perspektive auf die Religionslehrerinnen und

Religionslehrer aus. Sie spielen als »Initiatoren« und Begleitpersonen religiöser Lernprozesse eine entscheidende Rolle und bedürfen dazu einer theologischen, spirituellen und religionsdidaktischen sowie methodischen Kompetenz.

Das nächste Bündel (Kapitel 7 bis 11) widmet sich didaktischen Fragen im engeren Sinne. Die »*Wie*«-Frage bezieht sich auf die Methoden und die Gestaltung des Religionsunterrichts. Methoden sind keine raffinierten Vermittlungsweisen vorgegebener, monolithischer Inhalte, sondern eine Vielfalt von Lernwegen, auf denen Inhalte kommunikativ angeeignet werden. Deshalb sind Inhalte, Methoden und Lernende zusammen wahrzunehmen. »*Woran* gelernt werden kann?« reflektiert den Einsatz von klassischen und modernen Hilfsmitteln im Religionsunterricht. Standen einst das Wort und das Religionsbuch im Zentrum, so werden heute zusehends moderne Medien eingesetzt. Ziel ist eine kreative produktorientierte Nutzung der Medien auf der Basis einer konstruktiv-kritischen Medienkompetenz.

Unter der Frage »*Wo* wird gelernt?« denkt das neunte Kapitel über schulische und außerschulische Räume nach, in denen religiöses Lernen geschieht. Ausgehend von der Überlegung, dass Räume Menschen prägen und ihr Lernen beeinflussen, werden das Klassenzimmer, die Schule, die Kirche und virtuelle Räume auf die Möglichkeiten für religiöse Erfahrungen und religiöses Lernen reflektiert. Die daran anschließende Frage »*Wann*« zielt auf einen bewussten Umgang mit der Zeit als Lernvoraussetzung, als Kairos und fruchtbarer Augenblick. Die Anregungen des Kapitels betreffen die »Lebenszeit«, die Zeiten der Stille und das Feiern von Festen. Das zehnte Kapitel spricht über die *Wirkungen* des Religionsunterrichts. Es reflektiert die gängigen Weisen der Leistungsüberprüfung kritisch und zeigt neue Wege bis hin zu den selbst verfassten Lernberichten auf.

Die beiden letzten Kapitel befassen sich mit externen Bedingungsfaktoren. Das zwölfte Kapitel thematisiert die *Beziehungsfelder* des Religionsunterrichts und setzt religiöses Lernen mit anderen Lernorten und Sozialisationsinstanzen in Beziehung. Schließlich werden die Rahmenbedingungen dargestellt, unter denen Religionsunterricht stattfindet. Das Abschlusskapitel stellt die kirchlichen und staatlichen Vorgaben an den Religionsunterricht dar und behandelt Modelle einer konfessionell nicht gebundenen »Ethik« als Ersatz- oder Alternativfach sowie das Brandenburger Modell LER (Lebensgestaltung-Ethik-Religionskunde).

II.1 Warum die religiöse Dimension der Wirklichkeit erschließen?

Hans-Georg Ziebertz

Erfahrungen aus der Schule scheinen zweierlei zu bestätigen. Zum einen ist der Bedarf der Schülerinnen und Schüler an Gesprächen über letztgültige Fragen wie Glaube, Hoffnung oder Sinn nicht passé. Zum anderen ist Distanz gegenüber traditionellen religiösen Institutionen unübersehbar. Religion ist heute kaum mehr ein Gegenstand der Religionskritik, die Religion als Illusion und religiöse Bildung als Erziehung zur Unmündigkeit ablehnte. Die gegenwärtige Religionssoziologie zeichnet vielmehr ein anderes Bild. Religion ist nicht verschwunden, sondern in der Gesellschaft allgegenwärtig präsent. Religion ist eine Dimension der modernen Wirklichkeit und eine Dimension im Leben vieler moderner Menschen. Allerdings: was unter Religion verstanden wird, ist nicht ohne weiteres identisch mit dem Christentum, das die Kirchen repräsentieren. Dieses Kapitel zeigt, dass ein zukunftsorientierter Religionsunterricht in der Lage sein muss, mit mehreren Religionsbegriffen zu arbeiten. Im Rahmen des umfassenden Bildungsangebots der Schule geht es um ein Vertrautmachen mit der religiösen Dimension der Wirklichkeit in einem weiten Horizont, das heißt, um ein Erschließen der transzendentalen Orientierung, die (fast?) allen Menschen gemein ist. Der Religionsunterricht konkretisiert dieses Bildungsangebot mit den Impulsen, die aus dem christlichen Glauben für eine Deutung und Gestaltung des Lebens gewonnen werden können.

1. Die religiöse Dimension im Kontext der Moderne

Schulischer Religionsunterricht vollzieht sich innerhalb einer sozialen und kulturellen Wirklichkeit. Wenn dieses Kapitel das »Warum?« religiöser Bildung behandelt, ist das nicht nur binnentheologisch oder ausschließlich mit Blick auf den Religionsunterricht selbst möglich. Die Warum-Frage verweist auf einen gesellschaftlichen Diskussionszusammenhang, in dem es um die Plausibilität und Legitimität von Religion insgesamt geht.

Die Frage, ob und warum im Rahmen der schulischen Bildung die religiöse Dimension eine Rolle spielen soll, ist keineswegs neu. Sie ist immer wieder gestellt – und unterschiedlich beantwortet worden. Sie wurde vor allem gestellt, als die Selbstverständlichkeit des mittelalterlichen ›corpus christianum‹ zerbrach, in dem die Sozialisation als ›Bürger‹ und als ›Christ‹ noch zusammenfiel. In der Zeit der Aufklärung sympathisiert Jean-Jacques Rousseau mit der Auffassung eines Religionsunterrichts, der auf der natürlichen Religion aufbaut. Es ging ihm nicht um die Abschaffung des Religionsunterrichts, sondern um dessen Emanzipation von der Umklammerung durch die Konfessionen. Die Philanthropen um Johann B. Basedow führen in den Jahren 1750–1780 eine Diskussion um einen religionslosen Moralunterricht. Auch in dieser Auseinandersetzung steht der Einfluss der Kirchen auf den Unterricht im Vordergrund und nicht die Frage der Zulässigkeit religiöser Erziehung. Anders am Beginn des 20. Jahrhunderts, als engagierte Pädagogen die völlige Entfernung des Religionsunterrichts aus dem Schulplan fordern (Gansberg 1905). Das

Christentum wird als ›untergehende Welt‹ bezeichnet und sein Anspruch auf umfassende Weltdeutung und Handlungsgestaltung laufe dem modernen Zeitgeist zuwider. Die Zeitdiagnose ist unverkennbar: Religion und moderne Gesellschaft vertragen sich nicht. ›Moderne‹ bedeutet ›Fortschritt und Wandel‹; Religion hingegen (in der Sozialgestalt des Christentums) steht dem Fortschritt entgegen. Religion, dieses Schicksal scheint besiegelt, ist bereits oder wird in naher Zukunft zu einem marginalen Faktor in der Gesellschaft. Eine normative Behandlung der Religion in der Schule wird als unzeitgemäß empfunden. Was als Möglichkeit allenfalls bleibt, ist ein historisch-vergleichender Unterricht, der den Anspruch auf religiöse Erziehung fallen lässt. Seitdem ist die Kritik an religiöser Bildung in der Schule immer nur zeitweise verstummt (vgl. Otto 1972). Sie schwillt in den Jahren nach 1968 wieder an, etwa im Zusammenhang mit einem Thesenpapier der F.D.P. von 1972, in dem sich die Partei unter Verweis auf die Neutralität des Staates gegen den Religionsunterricht ausspricht. Auf andere Weise hat es in jüngster Zeit mit der Einrichtung des Lernbereichs L-E-R (**L**ebensfragen, **E**thik und **R**eligionskunde) in Brandenburg wieder eine Entscheidung gegeben, die die Frage der religiösen Bildung in der Schule berührt. L-E-R in Brandenburg ist ein von der Bezugswissenschaft Theologie abgekoppelter Unterricht über religiöse Themen in objektivierendem Sinn; allerdings: dass man sich in der Schule mit Fragen der Religion zu beschäftigen habe, ist auch in Brandenburg eine von fast allen Parteien geteilte Auffassung (→ II.13).

Gegenwärtig zeigt sich die Warum-Frage in einem neuen Licht. Dies hängt mit grundlegenden Veränderungen zusammen, die die moderne Gesellschaft durchläuft und die Religion nicht unberührt lässt. Die christlichen Kirchen in Nord-West Europa sind einbezogen in einen umfassenden Wandel des religiösen Feldes (→ I.4). Bis vor wenigen Jahrzehnten war es scheinbar evident, diesen Wandel als ›Säkularisierungsprozess‹ zu deuten. Die Annahme lautete, dass mit zunehmender Modernisierung der westlichen Gesellschaften zwangsläufig ein Bedeutungsverfall, vielleicht sogar das Ende von Religion verbunden wäre (vgl. van der Loo/van Reijen 1990). Seit einiger Zeit mehren sich Zweifel an dieser Variante der Säkularisierungstheorie. Sie gilt als zu wenig differenziert, weil sie einen linearen Zusammenhang zwischen Modernisierung und Religion konstruiert, der der Vielschichtigkeit der tatsächlichen Zusammenhänge nicht gerecht wird. Religion erscheint heute im Plural und Religiosität erst recht. Religion ist in Westeuropa zwar noch vielfach, aber nicht mehr exklusiv mit der christlichen Religion identisch. Die christliche Religion ist nicht mehr exklusiv beschränkt auf die traditionellen christlichen Kirchen. Individuelle Religionsstile gibt es mit und ohne Verbindung zu den überlieferten kirchlichen Glaubenssystemen. Dies führt dazu, dass zunehmend Kritik an einer Säkularisierungstheorie als ›linearer Verfallstheorie‹ angemeldet wird. Die Kritik besagt *nicht*, dass es keinen Säkularisierungsprozess gibt oder dass es ihn nie gegeben hat. Der Prozess der Entkirchlichung ist jedoch nur *eine* Facette des gegenwärtig hoch differenzierten religiösen Feldes. Es gibt gute Gründe für die christliche Theologie im Allgemeinen und die Religionsdidaktik im Besonderen, ihr Augenmerk nicht nur auf den kleiner werdenden Teil kirchlich gebundener Christlichkeit zu lenken, sondern das religiöse Feld insgesamt im Blick zu behalten. Bei genauerem Hinsehen fällt auf, dass das Konstatieren eines Bruchs zwischen kirchlich vertretener Christlichkeit und moderner Kultur zu einfach ist. Das Religionssystem einschließlich der Kirchen ist selbst einbezogen in den Modernisierungsprozess und interagiert mit diesem. Hinzu kommt, dass moderne Menschen nicht in zwei Welten leben, einer religiös-kirchlichen und einer profanen. Sie leben in einer Welt, in der sie Weltlichkeit und Religion integrieren müssen. Die theologisch und religionspädagogisch produktivere Frage ist daher, wie Religion und christlich-kirchlich vermittelte Religiosität und Glaube miteinander verwoben sind und wie Lernprozesse diese kulturellen Voraussetzungen angemessen aufgreifen können (vgl. Ziebertz 1999a; 2001e).

Für ein umfassendes Verständnis religiöser Bildung hat sich bereits der Synoden-beschluss »Der Religionsunterricht in der Schule« ausgesprochen. In Kapitel 2.3 heißt es:

»Mit ›Religion‹ in weitem Sinn wird eine Dimension des individuellen und sozialen Lebens angesprochen, dessen stillschweigende oder ausdrückliche Leugnung ebenso eine menschliche Grundentscheidung darstellt wie seine Bejahung. ›Kein Mensch, auch nicht der einfache Mensch, kann ohne Weltdeutung, sei sie noch so primitiv oder pauschal, geistig leben. Wo ihm nicht die Religion zu einer solchen Deutung verhilft, greift er zu Visionen, die diese ersetzen sollen‹ (H. Roth).«

Schon der Synodenbeschluss reflektiert die Koordinaten religiöser Bildung im Fadenkreuz zwischen alltagsweltlich und anthropologisch (offenkundig oder latent) präsenter sowie kirchlich-christlich überlieferter Religion (vgl. auch Hemel 1988; Angel 1998). Für die Religionsdidaktik bietet es sich an, von einer Interaktionsdynamik zwischen Religion und Kultur auszugehen, in der nicht nur Brüche, sondern auch Gemeinsamkeiten erkennbar sind. Religiöses Lernen kann an der Präsenz von Religion in unserer Gesellschaft und an der Involviertheit vieler (moderner) Menschen in Religion anknüpfen. Beide Sachverhalte legitimieren religiöse Bildung, d.h. Religion als erkennbare Dimension der Wirklichkeit verdient es, im schulischen Kontext aufgedeckt, reflektiert und gebildet zu werden. Freilich wird der konfessionelle Religionsunterricht dieses allgemeine religiöse Interesse in Balance halten oder zu bringen versuchen mit Religion, wie sie konkret in der Tradition des Christentums überliefert und gelebt wird. Aus einer anderen Perspektive formuliert: die Suchbewegungen moderner Menschen nach Halt, Sinn und Hoffnung richten sich immer auch auf etwas, was dem christlichen Glauben wichtig ist. Diesen Zusammenhang kann der Religionsunterricht aufzeigen. Er kann zeigen, dass und wie die Botschaft des christlichen Glaubens jene existentielle Frage aufnimmt, die sich anthropologisch als ›Rätsel unseres Daseins‹ stellt. Ein breites Religionsverständnis einerseits und die Verdichtung im Rahmen der christlichen Überlieferung andererseits verhalten sich in diesem Modell wie Brennpunkte in einer Ellipse. In diesem Sinn schafft der Religionsunterricht eine Orientierung hinsichtlich der religiösen Dimension der Wirklichkeit und er eröffnet eine Plattform für eine persönliche Glaubensentscheidung.

2. Was ist Religion?

Die Bedeutung eines umfassenden Verständnisses von religiöser Bildung wird noch einsichtiger, wenn man sich dem Religionsbegriff zuwendet. Von ›Religion‹ zu sprechen ist uns heute sehr geläufig, der Begriff klingt vertraut. In der Nomenklatur ›*Reli*gionlehrer/in‹, ›*Religion*sunterricht‹ oder ›*Religion*sdidaktik‹ ist er wie selbstverständlich enthalten. Aber sobald versucht wird, genauer anzugeben, was Religion sei, werden seine vielen Facetten offenkundig. Wenn der Religionsunterricht die religiöse Dimension der Wirklichkeit erschließen will, muss geklärt werden, welche Wirklichkeit gemeint ist.

Etymologisch und kulturhistorisch

Etymologisch (begriffsgeschichtlich) wird Religion auf drei Wurzeln zurück geführt: erstens die Verwendung des Begriffs ›religio‹ bei Cicero (106–43 v.Chr.), der ihn von *relegere* (immer wieder durchgehen, gewissenhaft beachten) ableitet; zweitens der Begriff *religari* (sich zurückbinden…an Gott) bei Caelius Firmanius Lactantius (ca. 250–325) und drittens der Gebrauch von *reeligere* (wiedererwählen) bei Thomas von Aquin (1225–1274) (vgl. Zisler 1987, 32; Wagner 1997, 523). In allen drei Bedeutungsdimensionen geht es um eine spezifische Hinwendung des Menschen zu etwas Besonderem. Für ein Verstehen von Religion reicht jedoch die etymologische Bestimmung nicht hin, denn trotz des Befundes, dass bereits vor 2000 Jahren Wurzeln des Begriffs Religion auszumachen sind, gehört dieser Terminus bis zum 16. Jahrhundert nicht zum allgemeinen Sprachgebrauch.

Um die Bedeutung des Religionsbegriffs zu ermitteln, sind wir zusätzlich auf die kulturhistorische Forschung angewiesen. Sie weist die enge Verwobenheit des Religionsbegriffs mit der europäischen Zivilisationsgeschichte nach. Der Begriff religio war in der Antike kein Gattungsbegriff, sondern in ihm drückt sich der Respekt vor den Göttern aus. Er wird für die Christen im späten römischen Reich zum Gattungsbegriff, als sie in Abgrenzung zu anderen Religionen von *ihrer* Religion als der *religio vera* sprachen. Allerdings dominiert im kirchlich-christlichen Kontext bis zur Reformation der Begriff *Glaube* (vgl. Wagner 1997). Kulturhistorisch ist der Religionsbegriff ein Spiegelbild für die Verarbeitung der Erfahrung des Auseinanderbrechens des vormals einheitlichen Christentums.

Hohmann (1994) nennt drei Phasen der kulturhistorischen Formung des Religionsbegriffs:

- Zunächst diente der Religionsbegriff der Purifizierung (›Reinhaltung‹) von Religion: In der Reformationszeit wird das christliche Religionssystem abgesetzt von Magie, Astrologie, Aberglauben usw. In gewissem Sinne taucht hier das Schema der ›religio vera‹ wieder auf.

- Zweitens diente der Religionsbegriff der Universalisierung der Religion: Als im 16. Jahrhundert die Eroberung Lateinamerikas begann und sich die Europäer auch in anderen Teilen der Welt Kolonialgebiete suchten, tauchte die Frage auf, wie die eigene christliche Religion und die religiösen Vorstellungen der Völker begrifflich einheitlich beschrieben werden könnten, die man jeweils antraf; d.h. um die verschiedenen Mythen, Kulte usw. mit den vertrauten Inhalten und Formen des christlichen Glaubens in Einklang zu bringen, diente der Religionsbegriff der Universalisierung, er erlaubte es, Dimensionen von Religion zu benennen, die überall auf der Welt benutzt werden konnten.

- Ein dritter Aspekt ist die Differenzierung: Der Religionsbegriff, so wie ihn die Aufklärung und die nachfolgende Philosophie und Religionswissenschaft verwendet, erlaubt eine Unterscheidung von christlichem Offenbarungsglauben und Deismus. Er erlaubt es, verschiedene Sprachspiele der Religionskritik aufzunehmen. Strömungen wie den Pietismus, den französischen Jansenismus, den englischen Methodismus usw. vergleichend mit dem jeweils eigenen christlichen Glauben zu beschreiben.

Will man angesichts der Vielperspektivität des Religionsbegriffs eine allgemeine Bedeutung benennen, ist dies wohl der Transzendierungsaspekt, also die Bindung und Orientierung des Menschen oder von Gruppen von Menschen an eine letzte überweltliche Gegebenheit. Dies kann die numinose Kraft von letzten Werten sein, ein Ultimatum, letzte Sinnbezüge, Götter, Dämonen, usw. (vgl. Kehrer 1998 sowie die folgenden Definitionen).

Beschreibungsversuche von Religion

Emilé Durkheim: Religion ist ein solidarisches System von Glaubensvorstellungen und Haltungen, bezogen auf sakrale Dinge. Diese Vorstellungen und Handlungen vereinen in einer moralischen Gesellschaft, genannt Kirche, alle diejenigen, die ihr anhängen.

Milford Spiro: Religion ist eine Institution, die aus kulturell geformter Interaktion mit kulturell postulierten übermenschlichen Wesen besteht.

Rudolf Otto: Religion ist die Begegnung des Menschen mit dem Heiligen.

Gustav Mensching: Religion ist die erlebnishafte Begegnung mit dem Heiligen und das antwortende Handeln des vom Heiligen bestimmten Menschen.

Max Weber: Religion ist die Sinnganzheit der Welt.

Paul Tillich: Religion ist die Ergriffenheit von dem, was den Menschen unbedingt angeht.

Niklas Luhmann: Religion ist die soziale Chiffrierung des Kontingenten und Unbestimmbaren.

Bronislaw Malinowski: Religion ist ein Modus zur Kompensation von Todesangst und Unrechtserfahrungen.

Peter L.Berger/Thomas Luckmann: Religion ist anthropologisch und sozial ein Prozess der Individuierung.

Heinz Robert Schlette: Religion ist eine Weise des Existierens aus der Relation zu einem letzten Sinngrund, der als das schlechthin Gründende und Sinnspendende die Deutung des Seienden bestimmt.

Arnold Toynbee: Religion ist die Überwindung der Egozentrik durch die Gemeinschaft mit der geistigen Wirklichkeit hinter dem Universum, mit der wir unseren Willen in Harmonie bringen.

J. Milton Yinger: Religion ist ein System von Überzeugungen und Handlungen, durch welche eine Gruppe von Menschen mit letzten Problemen des menschlichen Lebens ringt. Sie drückt ihre Weigerung aus, vor dem Tode zu kapitulieren, aufgeben angesichts der Enttäuschung und der Feindseligkeit zu gestatten, menschliche Gemeinschaft zu zerstören. Die Qualität der religiösen Existenz beinhaltet erstens einen Glauben, dass das Übel, der Schmerz, die Verwirrung und das Unrecht fundamentale Tatsachen des Lebens sind und zweitens ein System von Praktiken und damit verbundenen geheiligten Überzeugungen, die die Gewissheit ausdrücken, dass der Mensch letztlich von diesen Tatsachen erlöst werden kann.

Wilhelm Gräb: Religion ist die Kultur der Symbolisierung letzter Sinnhorizonte in der alltagsweltlichen Lebensorientierung.

Die nachfolgende Untersuchung der unterschiedlichen wissenschaftlichen Disziplinen, die sich mit Religion beschäftigen, bringen an diesen allgemeinen Befund eine Reihe von Spezifizierungen an.

Religionssoziologisch

Die Religionssoziologie legt bei der Untersuchung von Religion ihr Augenmerk auf die Funktion, die die Religion für die Gesellschaft und den Einzelnen erfüllt (vgl. u.a. Hach 1980). Bei Emilé Durkheim (1858–1917), einem Klassiker der Religionssoziologie, erfüllt die Religion eine Integrationsfunktion für die Gesellschaft. Religion ist der Zement, der die Gesellschaft zusammenhält. Sie verkörpert Werte und Normen, über die die Integration des Einzelnen in das Gemeinwesen geleistet wird. Religion ist das kollektive Bewusstsein in einer Gesellschaft, das dem Einzelnen› einerseits gegenübersteht, an dem er andererseits aber auch Anteil hat. Das kollektive Bewusstsein hat für Durkheim sakralen Charakter.

Als Soziologe ist Durkheim nicht an einem theologischen Verständnis von Religion (etwa als Offenbarungsmitteilung) interessiert, sondern er fragt, wie Religion ›funktioniert‹. Religion ist für ihn in erster Linie ›Kult‹ und erst in zweiter Linie ›Verpflichtung‹. Die Bedeutung von ›Religion als Kult‹ liegt darin, dass im Kult verpflichtende Normen symbolisch verdichtet werden. Auf diese Weise erbringt der Kult stabilere und nachhaltiger wirkende Integrationsleistungen für die Gesellschaft als es rein vertragliche Vereinbarungen ermöglichen würden. Im Blick auf Durkheims Konzept von Religion wird gegenwärtig gefragt, ob es immer noch aktuell ist. Kritiker meinen, zumindest in Nord-West-Europa sei keine Religion sichtbar, die eine solche Integrationsleistung erbringen würde. Andere entdecken in Europa durchaus noch die Wirksamkeit des Christentums als »Memory«, die auf vielfältige Weise das individuelle und soziale Leben berührt (Davie 2000; Hervieu-Léger 2000). Durkheims These geht jedoch auch über Religion als konkrete Religionsgemeinschaft hinaus.

Durkheims Auffassung von gemeinsam geteilten Symbolen und Überzeugungen kommt dem nahe, was heute als ›Zivilreligion‹ (civil religion) bezeichnet wird. In den USA ist die Zivilreligion ein eingeführter Begriff. Ob es auch im deutschsprachigen Raum Zivilreligion gibt, wird kontrovers diskutiert (vgl. Vögele 1994). Man versteht darunter Überzeugungen und Wertmuster, die das Denken, Fühlen und Urteilen von Menschen nachhaltig bestimmen, etwa der Glaube an eine höhere Macht, an moralische Maßstäbe, an die Familie, die Nation, usw. In jedem Fall ist im Blick auf Europa eine christliche Kulturprägung unübersehbar: in den Lebensmodellen, der Moral, dem Rechtswesen, der Architektur usw. Von Zivilreligion könnte gesprochen werden, wenn sich diese Prägungen verselbständigt haben und ohne Bezug zur christlichen Religion lebenstragend sind. Die religiöse Dimension der Wirklichkeit zu erschließen ist somit bereits eine kulturgeschichtliche Aufgabe (→ II.13). Schülerinnen und Schüler werden mit den Wurzeln der westlichen Kultur vertraut gemacht, die wesentlich durch das Christentum geprägt wurde.

Max Weber (1864–1920), ein weiterer Klassiker der Religionssoziologie, sieht in der Religion vor allem die Funktion, soziales Handeln mit ›Sinn‹ zu versorgen. Soziales Handeln könne Sinn aber nicht hinreichend aus sich selbst beziehen.

Am Beispiel der abendländischen Geschichte, die Weber als Prozess der Rationalisierung beschreibt, legt er dar, wie die ›protestantische Ethik‹ (calvinistischer Couleur) als Legitimation für unternehmerisches Handeln gedient hat. Allerdings, so Weber, erschöpft sich die sinnstiftende Funktion von Religion allmählich. Je höher die Evolutionsstufe sei, die eine Gesellschaft erreiche, desto mehr könne sich die Wirtschaft aus sich selbst heraus legitimieren. Statt durch einen »Heiligen Kosmos« wird die Gesellschaft dann von wirtschaftsimmanenten Rationalitätsprinzipien zusammen gehalten – diese setzen ihre Ansprüche unter Umständen auch gegen die traditionelle christliche Religion durch. Es kommt zur ›Entzauberung der Welt‹, also zu jenem Prozess der Säkularisierung, von dem bereits weiter oben gesprochen wurde. Gleichwohl vermag eine Gesellschaft, die stets mehr durch Rationalitätsprinzipien gesteuert wird, die Erfahrung der Irrationalität nicht zu beseitigen. Die Erfahrung der Kontingenz bleibt erhalten. Mit Kontingenzerfahrung ist die Erfahrung der Endlichkeit gemeint, dass alles auch anders sein bzw. ausgehen könnte, dass es für jede Entscheidung Alternativen gibt, aber entschieden werden muss; usw.

Weber kommt zu dem Schluss, dass die stets rationalere Gesellschaft Religion in gewissem Sinn beseitigt, aber auf Religion angewiesen bleibt, weil zur Bewältigung von Kontingenz ein ›jenseitiges Eingebundensein‹ nötig ist. In der Folge wird Religion zu einem sektoral-spezifischen Ereignis. Sie wird letztendlich zurückgedrängt in den Bereich des Privaten und verliert ihre Funktion als gesellschaftliches Integrations- und Kontrollmittel (vgl. Hach 1980, 165–173). Mörth (1986, 49f) fasst Webers Intention wie folgt zusammen:

»Religion verwebt die heterogene, als irrational erfahrene Wirklichkeit menschlicher Existenz zu einem systematischen symbolischen Kosmos, der auf die Handlungsprobleme des Individuums zentriert ist. Religion ist also der erste Schritt zu einem rationalen Verhältnis des Menschen der Welt, in dem durch sie die Distanz zur Natur und zum Mitmenschen symbolisiert wird. Die Emanzipation von der ›bloßen Faktizität‹ der Welt zielt auf deren Beherrschung ab; Religion als Sinnstiftung ergibt sich aus dem Ziel, die sinnvoll definierte Wirklichkeit durch sinnvolles Handeln zu bewältigen.«

Die christliche Theologie kann dieser Funktionsbeschreibung bis zu einem gewissen Grad folgen. Christliche Religion will Sinn stiften und Lebensbewältigung fördern. Wo aber die Gesellschaft Religion funktionalisiert, um den Rest an Irrationalität zu bewältigen, den die Gesellschaft selbst nicht beseitigen kann (wie Lübbe 1986 vorschlägt), ist theologisch Widerstand angezeigt. Die christliche Religion versteht sich selbst nicht als eine Funktion der Gesellschaft oder des Staates.

In jüngerer Zeit hat Niklas Luhmann (1927–1998) Religion aus dem Blickwinkel der Systemtheorie untersucht. Er setzt sich zunächst von Durkheim und Weber ab. Durkheim gehe von der integrierenden Funktion von Religion aus und übersehe, dass Religion (in der Perspektive der Gesellschaft) auch dysfunktional sein könne (z.B. als Potenzial für Protest, Widerstand, etc.). Auch Webers Fokussierung auf die interpretierende Funktion von Religion begegnet er kritisch. Weber setze einen Interpretationsbedarf im Sinne eines Existentials voraus. Der Interpretationsbedarf, so Luhmann, könne aber durch den Prozess der Evolution verändert oder gar ausgelöscht werden. Luhmann konzentriert sich stattdessen auf Religion als *Praxis der Kontingenzbewältigung* (vgl. Luhmann 1977, 10–30).

Luhmanns Konzept gründet auf der Unterscheidung von System und Umwelt. ›System‹ ist ein formaler Begriff. Der einzelne Mensch ebenso wie eine Institution können ›System‹ sein. Unter ›Umwelt‹ wird alles verstanden, was ein System ausgrenzt. Menschliche Existenz ist – in der Perspektive der Systemtheorie – ein Handeln in System-Umwelt-Bezügen. Die Umwelt ist ›faszinosum et tremendum‹. Sie stellt Fragen und gibt Rätsel auf, die der Mensch beantworten bzw. lösen muss. Die Umwelt bietet aber immer mehr Möglichkeiten (Handlungsalternativen) als praktisch gewählt werden können. Auf diese Weise ist die Problematik der Endlichkeit (Kontingenz) kein zu beseitigendes Übel, sondern eine kontinuierliche Herausforderung. Sie ist nicht vollständig über sich selbst aufklärbar und sie nutzt nicht ab. Letzteres führt dazu, dass die Kontingenzerfahrung als Motor für Religionsentwicklung permanent zur Verfügung steht.

Mit Religion kann die erfahrene unbestimmbare Komplexität in bestimmbare transformiert werden. Unter diesen Vorzeichen spendet sie Sicherheit und Orientierung. Im Blick auf Luhmann ist theologisch unbestritten, dass auch die christliche Religion helfen will, Kontingenz zu bewältigen. Seelsorge angesichts der Endlichkeit des Lebens, die der Tod in aller Dramatik versinnbildlicht, ist von je her ein Kerngebiet der christlichen Religion – aber sie will sich darin nicht erschöpfen (Peukert 1982).

' Schließlich ist auf die einflussreichen Studien von Thomas Luckmann einzugehen. Luckmann (1991) hat sehr entschieden eine substanzielle Konzeption von Religion durch eine funktionale ersetzt. Neu und radikal an Luckmann ist, dass er Religion aus den bisher bekannten kirchlichen Zusammenhängen herauslöst und sie rein anthropologisch versteht. So unterschiedlich und heterogen die Subjekte sind, die Religion aktivieren, so unterschiedlich sind Formen der Religiosität. Religion ist für Luckmann ein wesentlich individualisiertes privatisiertes Geschehen. Was als religiöses Thema sichtbar wird, ist eine Dramatisierung des subjektiv-autonomen Selbst bei der Suche nach Selbstverwirklichung und Selbstbestätigung. Religion ist die Frage danach, wie der Mensch wirklich zum Menschen wird.

Nach Luckmann wird der Mensch zum Menschen dank der Gemeinschaft, in der er lebt. Diese Gemeinschaft stellt die Mittel zur Individuation in Form von Sinngebungssystemen bereit. Solche »meaning systems« helfen dem Einzelnen, sich als ›rein biologische Existenz‹ zu überschreiten (Selbsttranszendierung). Durch Selbsttranszendierung erfährt sich das Individuum in Kontinuität zwischen Vergangenheit, Gegenwart und Zukunft. Sinngebungssysteme helfen, das Leben als ein geordnetes ›Ganzes‹ zu erfahren. Individuation ist somit dem Wesen nach ein religiöser Prozess. Nicht die Mittel, die benutzt werden, sind religiös oder mit Religion gleichzustellen, sondern der Individuationsprozess als ganzer. Mit diesem Konzept hat Luckmann einen der breitesten Religionsbegriffe überhaupt eingeführt – nicht jedoch gegen die Religion des kirchlichen Christentums. Luckmanns deskriptiver Religionsbegriff lässt es zu, dass Menschen mit individualisierter Religion die institutionalisierte kirchliche Religion weiterhin als Gesprächspartnerin suchen. Wie Daiber (1996) aufgezeigt hat, geschieht dies auch, weil im westeuropäischen Kontext Religion kaum unabhängig von der Tradition des Christentums gedacht werden kann.

Der Vorteil von Luckmanns Konzeption ist, dass ein breites Spektrum von Glaubensinhalten und Formen erfasst werden kann, die eine religiöse Funktion erfüllen. Der Nachteil ist, dass alles, was an Ideologien und Weltanschauungen besteht, als religiöser Inhalt oder religiöse Form idendifiziert werden kann (vgl. Hach 1980, 202–208). Die christliche Theologie kann von Luckmann lernen, ihr Wahrnehmungsrepertoire zu erweitern und ›Religion‹ umfassender zu identifizieren. Insgesamt hilft der Ansatz von Luckmann, Religion als eine ›Selbstverständlichkeit‹ im modernen Leben zu verstehen, ihre Bedeutung für den Prozess der Individuation zu erkennen und die Bildungsbedürftigkeit dieser Religion zu begründen. Die christliche Theologie wird aber nicht dabei stehen bleiben können, zum Beispiel religiöse Erziehung allein als Prozess der Selbsttranszendierung zu konzipieren. Neben die anthropologische Religionsverwiesenheit des Menschen tritt die Selbstoffenbarung Gottes.

Religionspsychologisch

Die Religionspsychologie blickt in ihrer Entwicklungsgeschichte auf ein kritisches Verhältnis zur Religion zurück. Insbesondere in der Tradition von Sigmund Freud (1856–1939) erscheint die Religion in einem negativen Licht (Freud 1927). Religion ist für ihn eine infantile und irrationale Angelegenheit, die den Menschen von der Realität fernhält. Religion leistet eine illusionäre Beheimatung des Menschen in einem infantilen Schutzraum, um sich vor der unberechenbaren Natur zu sichern. Im Reich der Religion sei alles so, wie es sich die Menschen wünschten. Allerdings, so Freud, werde diese Sicherheit nur um den Preis eines fundamentalen Wirklichkeitsverlustes erzielt.

Religion sei nicht das Resultat des Denkens, sondern eine Illusion, mit der die tiefsten Menschheitswünsche erfüllt werden sollen. Freud zieht ein drastisches Fazit. Er hält Religion für eine Gefahr für wissenschaftlichen Fortschritt und Evolution. Als Ziel kann er daher nur formulieren, die Religion zu durchschauen, sie aufzudecken und sie damit überflüssig zu machen. Der Mensch, so Freud, könne nicht ewig Kind bleiben. Der reife Mensch müsse sich mit der ihn umgebenden Realität arrangieren. Daher dürfe die Erziehung die ›Schwere‹ des Lebens nicht wegnehmen und sie durch Religion kompensieren. Ziel der Erziehung sei es vielmehr, den Menschen zu befähigen sich mit der ihn umgebenden Realität auseinander zu setzen.

Norbert Mette plädiert dafür, Freud's Kritik ernst zu nehmen (Mette 1983, 128–138) und selbstkritisch die Effekte von Religion und religiöser Erziehung zu kontrollieren. Dass religiöse Erziehung repressiv sein kann, zeigt nicht nur Tilman Moser in seinem Band ›Gottesvergiftung‹ (1976). Aus psychotherapeutischer Sicht ist die Liste der krankmachenden Faktoren lang, die ursächlich auf Religion zurück geführt werden.

Günther Hole (1994) führt den kosmischen und anthropologischen Dualismus und den bei Paulus anzutreffenden Gegensatz zwischen Geist und Fleisch an, der den Menschen in Seele und Leib spalte, wobei in der Seele die positiven und im Leib die negativen Kräfte angelegt sind. Insgesamt wird dem Christentum ein düsteres Menschenbild ›nach dem Sündenfall‹ zugeschrieben mit der Folge neurotischer Krankheitssymptome wie ein strenges Über-Ich, Internalisierung strenger Außenautoritäten (Eltern, Erzieher, Gott), sadistischer Einschlag gegen das eigene Ich und Ermächtigung der vorgegebenen rigoristischen religiösen Inhalte gegen die Entfaltungsbedürfnisse des Ich. Als Folge davon wird eine starke Neigung zur Entwicklung von Schuld- und Unwertsgefühlen (unabhängig von wirklicher Schuld), eine deutliche Aggressionshemmung mit entsprechendem Harmonieideal in zwischenmenschlichen Beziehungen, einer Unfähigkeit »Nein« zu sagen, Rückzugsverhalten in kritischen sozialen Situationen, usw. diagnostiziert (vgl. Hole 1994, 216).

Diese negativen Befunde besagen nicht, dass mit Religion immer eine solche Wirkung erzeugt würde. Sie sind überdies vor dem Hintergrund einer Gesellschaftsformation zu werten, in der das Milieu-Christentum eine andere soziale Abstützung erfahren hat, als dies seit den siebziger und achtziger Jahren des 20. Jahrhunderts in Deutschland der Fall ist.

Aber auch die Religionspsychologie hat sich verändert und ihr Perspektivenarsenal erweitert. Neben Freud haben sich weitere Konzepte etabliert, die Religion in einem anderen Licht sehen. Religion kann sogar empirisch als eine Quelle für Lebensglück identifiziert werden (Francis u.a. 2001). In diese Richtung argumentiert auch der Psychologe und Theologe Wolfram Kurz (1994). Für ihn ist die ›Förderung der Selbstwerdung des Menschen‹ und die ›Förderung seiner psychischen Entwicklung und Reife‹ ein Grundthema der Psychologie. Darin geht es um die Sorge um sich selbst, um den Selbsterhalt. Dieses Grundthema steht für Kurz in Verbindung mit Religion. Religiöse Erziehung kann verdeutlichen, dass die Heilszusage Gottes dem Menschen die existentielle Hauptlast von den Schultern nimmt, nämlich: die Sorge um sich selbst.

Die existentielle Sorglosigkeit ermöglicht eine neue Heiterkeit und Gelassenheit, sich selbst in der Licht- und Schattenseite anzunehmen und beide Seiten auch bei anderen wohlwollend zu akzeptieren. Der Mensch muss nicht für die Erfüllung seines Lebens kämpfen, sondern kann sich der Erfüllung bewusst sein. Er kann an und mit der Welt arbeiten, dort seine Begabungen entfalten und Lust an der Entfaltung steigern. Und er kann seine Begabungen in den Dienst für Andere stellen und sich darüber freuen, anderes Leben wachsen zu sehen. Das Motiv der Arbeit nimmt auch in der Logotherapie von Viktor Frankl eine zentrale Stellung ein. Beide Motive, Wachstum und Hingabe, sieht Kurz in der biblischen Tradition verankert: der Mensch soll mit seinen Talenten wuchern und sich an der Weltbewahrung beteiligen.

Daraus ergibt sich die Aufgabe für die religiöse Erziehung, einen positiven Beitrag für die Ich-Stärkung zu leisten. Religiöse Erziehung kann die Erfahrung vermitteln, dass das Leben lebenswert ist; die Überzeugung stärken, dass Heranwachsende für andere Menschen wertvoll sind; an die Kompetenz erinnern, schon öfter Schwierigkeiten gemeistert zu haben und auf diese Weise Menschen aufbauen und ermutigen; die Gewissheit verstärken, geborgen zu sein; und das Gefühl der Hoffnung vermitteln, dass das Leben gut ausgeht. Negativ ausgedrückt geht es um die Vermeidung von Angstgefühlen (Bedrohung), von falschen Schuldgefühlen (tue nichts richtig), Inkompetenzgefühlen (kann nichts wirklich), Minderwertigkeitsgefühlen (bin nichts wert) und Sinnlosigkeitsgefühlen (das ganze Leben ist nichts). Christlich-religiöse Erziehung ist demnach eine Anleitung, mit diesen Gefühlen umgehen zu lernen und Erfahrungen mit Tod, Leere, Sinnlosigkeit und Schuld bewältigen zu können. Dazu helfen biblische Geschichten. Mit der Angstüberwindung korrespondiert die Vorstellung des christlichen Gottes als diejenige Macht, die den Tod überwindet; mit der Schuldbewältigung der Gott, der die Menschen vorbehaltlos annimmt (vgl. Kurz 1994). Religiöse Bildung kann Gelassenheit vermitteln, Vertrauen und Hoffnung in das Leben zu haben, das bereits angenommen wurde und unter Gottes Gnade steht, bevor es der Mensch durch seine Leistung ›verdient‹ hat.

Offenbarungstheologisch

Auch in der christlichen Theologie wird um ein Verständnis von Religion gerungen. Es gibt keine einheitliche Definition und es kann sie nach Waldenfels (1991) in strengem Sinne auch nicht geben, weil sich der Bezugspunkt (Gott, das Heilige...) der Verfügbarkeit durch den Menschen entzieht. Die Theologie ist selbst Teil eines Diskurs-Universums, in dem versucht wird, etwas über Religion auszusagen. Dabei ist interessant, dass gerade in der theologisch motivierten Religionsphilosophie viele Facetten der zuvor dargestellten Annäherungen an den Religionsbegriff aufgenommen werden. So sieht Waldenfels (1991, 418) eine Übereinkunft darin, dass Religion erkennbar ist, wo sich der Mensch mit einer umgreifenden Ordnungsmacht in Beziehung setzt. In alltäglichen Sinnerfahrungen, in erlebter Sympathie und Treue, in erfahrener Solidarität, Liebe und Gerechtigkeit, Verzeihung und Feindesliebe scheine die Grunderfahrung eines wohlwollenden Ordnungsgesetzes auf. Die christliche Theologie muss diese Erfahrung bei der Formulierung eines eigenen Religionsbegriffs nicht abwerten oder gar leugnen. Allerdings kann sie dabei nicht stehen bleiben. Die ›unbedingte Ordnung‹ erhält in der jüdisch-christlichen Tradition ein konkretes Gesicht und einen konkreten Namen. Die christliche Theologie nimmt eine erhebliche Erweiterung des Religionsverständnisses bzw. eine entscheidende Konkretion vor, indem sie – über die anthropologischen und gesellschaftlichen Phänomene hinaus – von einem unverfügbaren Anruf Gottes an den Menschen spricht. Dieser Anruf ist die umfassende Heilszusage des sich selbst offenbarenden Gottes, die dem Menschen einen Weg zu Freiheit und Seligkeit eröffnet. Die christliche Religion kann weder auf Innerlichkeit reduziert werden, noch ist sie eine abstrakte gesellschaftlich produzierte Metaphilosophie. In der Selbstmitteilung des jüdisch-christlichen Gottes geht es um den Aufruf zu einer besonderen

Form der Existenz inmitten eines Plurals von Sinnentwürfen durch die Hinwendung zu Gott und zum Nächsten. Es geht um die Entscheidung für den Glauben an Gott. Ohne den Begriff ›Glaube‹ kann der Religionsbegriff im Christentum nicht hinreichend erfasst werden. Nach Seckler und Berchthold (1991) richtet sich der Glaube inhaltlich auf den vorsehenden und fürsorgenden Gott (Mt 6,25ff). Er bezeichnet die Annahme der Botschaft von der Heilstat Gottes in Jesus Christus (fides quae) als Entscheidung und Akt des Vertrauens durch den Einzelnen (fides qua). Er hat vor allem – und das unterscheidet ihn von anderen Religionen – eine christologische Orientierung. Der Träger der Gottesbotschaft (Jesus Christus) ist selbst Inhalt des Glaubens. In Jesus Christus eröffnet sich ein Heilsweg, der sich als Einladung an alle Menschen richtet (Gal 2,15ff; Röm 3,21–31). Eine weitere Akzentuierung ist gerade im Hinblick auf die Religionskritik wichtig: der jüdisch-christliche Glaube will gesellschaftliche Zustände nicht zudecken und Menschen auf ein Jenseits vertrösten, also keine Illusion vorgaukeln oder wie ein Opiat wirken, sondern ein kritisches Bewusstsein wachrufen und eine Praxis intendieren, in der ›das wirkliche Elend‹ (Marx) beim Namen genannt wird. Es geht um Seelentrost, aber auch um Widerstand gegen Ungerechtigkeit und Leid. In diesem Sinne kann sich, wie Luhmann richtig gesehen hat, Religion aus gesellschaftlicher Perspektive durchaus systemstörend (dysfunktional) auswirken (wie z.B. die Befreiungstheologie in einem totalitären Staat). Die kritische Perspektive ist auch nicht einfach eine Folge der Selbsttranszendierung, sondern steht dieser gewissermaßen gegenüber. Damit übersteigt das christliche Religionsverständnis einen Religionsbegriff, wie ihn Luckmann und andere formulieren.

3. Religion und Glaube als fruchtbare Spannung

Das ›Handbuch der Religionspädagogik‹ aus dem Jahre 1973 verwendet den Religionsbegriff in seiner weiten *und* engen Form. Günter Stachel (1973, 22) begründet dies in einem Grundlagenkapitel damit, dass christliche Erzieher auch die außerkirchliche Religiosität in den Blick nehmen und die Bildung dieser Religiosität als eigene Aufgabe verstehen sollten. Der breite Blick auf Religiosität schafft eine gemeinsame Basis für die Thematisierung der Sinnsuche, Hoffnung und Rettung des Menschen, ohne deshalb eine Unabhängigkeit christlich-religiöser Erziehung von der Kirche zu behaupten. Christlich religiöse Erziehung bezieht sich auf ›Religion‹, weil in dieser Religion der Glaube zur Sprache gebracht werden kann, ohne dass allerdings der Glaube in Religion aufgeht. Für das entsprechende Religionsverständnis ist Paul Tillich ein viel zitierter Gewährsmann, er meint:

»Religiös sein bedeutet, leidenschaftlich nach dem Sinn unseres Lebens zu fragen... Eine solche Auffassung macht die Religion zu etwas universal Menschlichen... Religion in ihrem wahren Wesen ist...das Sein des Menschen, sofern es ihm um den Sinn seines Lebens und Daseins überhaupt geht. Viele Menschen sind von etwas ergriffen, was sie unbedingt angeht; aber sie fühlen sich jeder konkreten Religion fern, gerade weil sie die Frage nach dem Sinn ihres Lebens ernstnehmen. Sie glauben, dass ihr tiefstes Anliegen in den vorhandenen Religionen nicht zum Ausdruck gebracht wird und so lehnen sie die Religion ab ›aus Religion‹. Diese Erfahrung lehrt uns, zu unterscheiden zwischen Religion als Leben in der Dimension der Tiefe und den konkreten Religionen, in deren Symbolen und Einrichtungen das religiöse Anliegen des

Menschen Gestalt gewonnen hat. Wenn wir die Situation des heutigen Menschen verstehen wollen, müssen wir von dem Wesensbegriff der Religion ausgehen und nicht von einer spezifischen Religion, auch nicht dem Christentum« (vgl. Tillich 1969, 9).

Tillich wäre allerdings falsch verstanden, würde man aus seinem Ansatz eine traditionsunabhängige Religionsdidaktik ableiten. Tillich hält vielmehr die Spannung aufrecht zwischen der existentiell angelegten Offenheit für Religion und der Verinhaltlichung dieser Offenheit durch eine konkrete geschichtlich gewordene Tradition – im traditionellen Religionsunterricht ist dies das kirchlich repräsentierte Christentum. Tillich schreibt selbst an späterer Stelle, dass ›ohne einen letzten Inhalt jede Religion zugrunde geht‹ und dass ›Gott‹ der Name ist ›für den Inhalt dessen, was uns unbedingt angeht‹ (Tillich 1969, 26). Ganz in diesem Sinn hält Georg Baudler es für schwierig, wenn nicht für unmöglich, Menschen zu begleiten, die sich mit der Tiefendimension ihres Lebens beschäftigen, ohne dabei eine konkrete geschichtliche Tradition, in der solches Fragen kultiviert ist, zur Sprache zu bringen (Baudler 1970, 36f).

Bei dem Rückgriff auf ›Religion‹ wird unterstellt, dass bei allen Menschen eine existenzielle Offenheit für die religiöse Dimension der Wirklichkeit (wenigstens potenziell) vermutet werden kann. Hingegen verlangt die Konkretisierung im Sinne des christlichen Glaubens eine Entscheidung. Ist eine solche Entscheidung getroffen, bleibt der existentielle Hintergrund gleichwohl erhalten. Er kann angesichts der *Verinhaltlichung* durch den Glauben in seiner Bedeutung verblassen. Aber er kann ebenso als Quelle des Fragens und Suchens eine Herausforderung bleiben (Ziebertz 2001). Kein geringerer als der katholische Dogmatiker Karl Rahner hat diese Spannung oftmals angesprochen:

»Wo immer der Mensch als Mensch lebt, wo er sich wagend auf einen anderen Menschen einlässt, sich ihm als Person zuwendet, wo er verzeiht, ohne dazu aus äußeren Gründen gedrängt zu sein, wo er sich einsam fühlt, wo er sich frei und aus seinem Gewissen heraus entscheidet, steckt ein Stück Ewigkeit, ein Stück Transzendenz in seinem Leben und wenn der Mensch sich besinnt und sich ganz diesen Erfahrungen öffnet, erklärt er diese Ewigkeit im Endlichen als einen unbedingten Anspruch. In solchen Erfahrungen unseres Lebens haben wir die Erfahrung des Geistes gemacht ... die Erfahrung der Ewigkeit, die Erfahrung, dass der Mensch mehr ist als ein Stück dieser zeitlichen Welt, die Erfahrung, dass der Sinn des Menschen nicht im Sinn und Glück dieser Welt aufgeht, ... und wenn wir diese Erfahrung des Geistes machen, dann haben wir (wir als Christen mindestens, die im Glauben leben) auch schon faktisch die Erfahrung des Übernatürlichen gemacht« (Rahner [2]1957, 107f).

Diese klassischen theologischen Entwürfe zeigen, vielleicht sogar mit zunehmender Aktualität, dass Religion und Glaube in einer spannungsvollen Beziehung stehen. Wir haben es mit einer Vielgestaltigkeit von Religion (letzlich auch des Glaubens) zu tun. Man kann diese Vielgestaltigkeit als Reichtum sehen, aber auch als Gefahr. Die Einschätzung der Gefahr führt dazu, Glaube gegen Religion auszuspielen. Wird der Glaube verkürzt auf das Fürwahrhalten von Lehrsätzen, müssen selbst theologische Bedenken vorgetragen werden. Seckler und Berchthold (1991) weisen darauf hin, dass die Kirche in zwei Jahrtausenden den Glauben zwar vielfach fixiert, definiert und dogmatisiert hat, dass aber nicht Lehrsätze und Formeln (Jak 2,14–26), sondern ›die Sache selbst‹ im Mittelpunkt stehen müsse. Der eigentliche Glaubensgegenstand ist Gott. Gott zu erkennen vollzieht sich als *Inter*relation (→ III.1) zwischen der existentiellen Erfahrung, vielleicht der Akzeptanz einer umgreifenden Ordnungskraft, *und* der christlichen Überlieferung von der Selbstmitteilung Gottes, die jedem Menschen zugänglich ist und von der Kirche als Gemeinschaft der Glaubenden tradiert wird.

Als Aufgabe der Religionsdidaktik kann festgehalten werden, den Reichtum zu erschließen, der mit dem Begriff ›Religion‹ angedeutet wird, d.h. die Frage des Menschseins in dieser Welt in seiner Radikalität aufzunehmen und religiöser Kommunikation zugänglich zu machen. Der christliche Gottesglaube steht dieser Frage nicht entgegen, sondern verinhaltlicht sie. Die Religionsdidaktik findet ihre Basis darum weder ausschließlich in einer anthropologischen Grundlegung, noch ausschließlich in einer dogmatischen. Sie muss davon ausgehen, dass die Unterscheidung zwischen subjektiver und kirchlicher Religion unwiderruflich ist. Es ist der Religionsdidaktik aufgetragen, die Spannung aufzunehmen und auszuhalten und sie für die Unterrichtskommunikation fruchtbar zu machen. Für die christliche (kath./ev.) Religionsdidaktik bedeutet dies, »das im Menschen vorhandene Fundamental-Religiöse und dessen Gestalt und Ausformung innerhalb des Christlichen aufzuweisen« (Fink 1987, 27).

4. Die religiöse Dimension der Wirklichkeit erschließen

Auf die Frage, warum die religiöse Dimension der Wirklichkeit erschlossen werden soll, gibt es nach der Analyse des Religionsbegriffs mehrere Antworten. Zwei zentrale Dimensionen, die gesellschaftliche und die individuell-anthropologische, sollen im Folgenden noch einmal ausdrücklich als Bildungsaufgabe entfaltet werden.

Die Bedeutung der Religion für die Gestaltung der Kultur

Eine Gesellschaft ist nicht nur ein technologisch gesteuertes Großsystem – glücklicherweise. Gesellschaften haben Kultur und die zentralen Wurzeln der europäischen Kultur liegen zweifelsfrei im Christentum. Auch wenn die Kultur plurale Züge trägt, gibt es doch viele, immer noch selbstverständliche Werte und Normen, die nicht permanent neu begründet werden müssen. Hierin zeigt sich das sozialintegrative Moment der Religion. Bildung bedeutet, mit dem kulturellen Erbe bekannt zu machen. Dabei kann es nicht darum gehen, Heranwachsende unkritisch zu Trägern einer ›Kultur der Vergangenheit‹ zu machen. Sie sollen vielmehr die Wurzeln der eigenen Kultur verstehen lernen und befähigt werden, sie in die Zukunft hinein fort zu entwickeln (zu transformieren). Zur Beschäftigung mit den christlichen Wurzeln gehören die Schattenseiten ebenso wie die vielen positiven Impulse. Bis heute relevant ist der Einfluss der christlichen Religion auf das Menschenbild, die Personwürde oder das westliche Verständnis von individueller Freiheit, auf die Gesetzgebung der Bundesrepublik (z.B. im Arbeits-, Familien- und Sozialrecht) und selbst (noch) auf die Wirtschaft (z.B. Mitbestimmung). Nicht zu vergessen ist unser Zeitgefühl, d.h. die Unterbrechung des Stroms des Lebens durch die Einteilung in Wochen, freie Sonntage, christlich begründete Feiertage usw. Manche dieser Errungenschaften sind heute in Gefahr. Zum Beispiel:

- Die christliche Vorstellung von der Würde des Menschen ist in die Asylgesetzgebung eingegangen – heute konkurrieren damit bevölkerungspolitische Überlegungen.
- Die christliche Vorstellung von Arbeit und Ruhepause hat den freien Sonntag begründet – heute konkurrieren damit ökonomische Interessen.

- Die christliche Vorstellung von der Einzigartigkeit jedes Menschen hat das Grundgesetz der Bundesrepublik Deutschland geprägt – heute eröffnet sich die technische Möglichkeit der Vervielfältigung des Menschen (Klonen).

Die religiöse Dimension der Wirklichkeit zu erschließen hat im Blick auf diese gesellschaftlichen Konflikte eine explizit soziale und politische Ladung. Schülerinnen und Schüler müssen als Staatsbürger verantwortlich urteilen und entscheiden. Dazu gehört die Kenntnis der christlichen Wurzeln unserer Gesellschaft. Wenn dies als Bildungsaufgabe betont wird, geht es nicht vordergründig um den Einfluss und die Macht der Kirchen in der Gesellschaft, sondern um das Einbringen einer bestimmten Sicht des Menschen und des Zusammenlebens. Die neuzeitliche Vorstellung vom *Humanum* ist zwar zum Teil gegen das Christentum durchgesetzt worden, aber doch auch mit Hilfe des christlich-biblischen Menschenbildes. Die religiöse Dimension der Wirklichkeit zu erschließen bedeutet, Kenntnis und Einsicht in die Leistungen der christlichen Religion in kultureller, sozialer, ökonomischer und politischer Hinsicht zu ermöglichen und ihre Wünschbarkeit und Haltbarkeit für die Zukunft angesichts der Alternativen zu prüfen, die in der öffentlichen Diskussion sind. Der Beitrag der christlichen Religion für die Sozialintegration des Einzelnen in das Gemeinwesen und die Stabilität der Gesellschaft besteht nicht darin, den status quo zu verteidigen, sondern sich in den Wertediskurs (→ III.9) über die Zukunft des Lebens einzumischen bzw. diesen Diskurs zu beginnen, wo Indifferenz das Feld beherrscht.

Die Bedeutung der Religion für die Lebensorientierung des Menschen

Ein Pendant zur religiösen Dimension der Wirklichkeit in sozialer und politischer Hinsicht ist der Mensch selber. Es ist eine unabgeschlossene Frage, ob Religion anthropologisch zur Ausstattung des Menschen gehört oder nicht. Das bedeutet auch, dass man sich einer der beiden Positionen anschließen kann, weil gute Gründe *für* sie sprechen. Mehrheitlich wird in der Religionsdidaktik davon ausgegangen, dass der Mensch offen ist für eine religiöse Deutung der Welt, vielleicht sogar, dass es ihm eigen ist, »religiös« nach dem Woher, Wohin und Wozu seines Lebens und der Welt zu fragen. Was in diesem Zusammenhang unter Religiosität verstanden wird, kann nur auf der Basis eines breiten Religionsverständnisses angegeben werden. Vier Dimensionen kommen in Betracht, die in der Kinder- und Jugendphase (aber nicht ausschließlich dort) eine Rolle spielen.

Menschliche Grundsituationen sind deutungsoffen und deutungsbedürftig

Jugendliche erleben in der Pubertät einen ›Umbau‹ ihrer Persönlichkeit. Plötzlich kleiden sie sich bewusster, weil sie gefallen wollen. Auf einmal macht sich Unzufriedenheit breit, weil der eigene Körper als hässlich erfahren wird. Die erste große Liebe lässt einen Ozean von Gefühlen aufschäumen und entsprechend tief ist der Strudel, wenn die Beziehung beendet wird. Die Erfahrung von Ungerechtigkeit oder Krieg lässt das Vertrauen in die Politik und in die ›zivilisierte weltliche Kultur‹ erschüttern. Die Fragen ›Wer bin ich und wer will ich sein?‹ ›Warum passiert das?‹ usw. werden als existentielle Probleme erfahren. Der Religionsunterricht geht davon aus, dass menschliche Erfahrungen der Deutung bedürfen. Altes und Neues Testament bezeugen, dass seit mehreren tausend Jahren jüdisch-christlicher Tradition Menschen existentielle Erfahrungen gemacht haben und sie zeigen, wie diese Erfahrungen im Dialog mit Gott gedeutet worden sind. Angesichts der Offenheit menschlicher Erfahrungen erschließt der Religionsunterricht das Deutungsreservoir der christliche Tradition.

Menschen praktizieren Selbsttranszendierung

Analysen menschlichen Handelns fördern zutage, dass Transzendierungen (Überschreitungen) keineswegs auf kirchlich gebundene Menschen beschränkt sind. Thomas Luckmann (1991) hat eine Unterscheidung zwischen ›kleinen‹, ›mittleren‹ und ›großen Transzendenzen‹ vorgeschlagen. Kleine Transzendenzen richten sich auf die Transzendierung des eigenen Körpers. Wir erleben dies in einer boomenden Gesundheits- und Wellness-Kultur oder in der Expressivität und Performance der Selbstinszenierung. Mittlere Transzendenzen richten sich auf Andere. Wir erleben dies in einer boomenden Beziehungssuche – aber auch in einer Hochschätzung der Familie. Schließlich die großen Tranzendenzen, womit jene Selbstüberschreitung auf ein Ultimatum gemeint ist, wie sie die christliche Religion mit dem Wort ›Gott‹ ausdrücklich thematisiert. Es ist nicht von der Hand zu weisen, dass in manch esoterischer Weisheit der Platz Gottes durch etwas anderes ersetzt worden ist. Luckmann erklärt die ›Gewöhnlichkeit‹ von Transzendierungen mit dem Wunsch, sich als bloß ›biologisches‹ Wesen zu überschreiten. Menschen wollen nicht nur ein Zufallsprodukt der Evolution sein. Für die Religionsdidaktik bedeutet dies zunächst, nicht von einer Krise der Transzendierungsbedürftigkeit auszugehen (vgl. Tzscheetzsch/Ziebertz 1996). Sie kann darauf aufbauen, dass sich in und mit den Transzendierungen ein grundlegendes Bedürfnis des Menschen ausdrückt, ›mehr‹ sein zu wollen. Der Religionsunterricht kann bewusst machen, dass ›Überschreitungen‹ tief in der menschlichen Existenz verwurzelt sind. Es handelt sich um eine vorfindbare religiöse Dimension der Wirklichkeit. Der Religionsunterricht hat eine kritische Funktion, indem er aufdeckt, welche ›neuen Götter‹ in den Transzendierungen vorkommen und er stellt die Frage nach Aberglaube und Magie. Und er hat die konstruktive Aufgabe, christlich motivierte Transzendenz auf den Gott Abrahams, Isaaks und Jakobs vernunftgemäß zu verantworten.

Menschen erfahren Zeitlichkeit und Endlichkeit

Die Bewältigung von Angst und Tod zählt zu den Kernthemen der christlichen Religion. Als existentielle Erfahrung kann kein Mensch den Anfragen entrinnen, die sich aus der Endlichkeit des Daseins ergeben. Aber es ist nicht nur die persönliche Angst, die das Thema der Zeitlichkeit und Endlichkeit bedeutsam macht. Hinzu kommt die Angst vor der Bedrohung der Welt als Ganzer; die Fragilität (Brüchigkeit) des Daseins; die Hoffnung auf Glück und die Erfahrung, es nicht ganz zu fassen; der Widerspruch zwischen Fortschritt und Zerstörung der (z.B. ökologischen) Lebensgrundlagen; der Widerspruch von wachsendem Wohlstand und einer wachsenden Zahl von Sozialhilfeempfängern; die bleibende Kluft zwischen Nord- und Südhalbkugel; usw. Die religiöse Dimension dieser Wirklichkeit liegt darin, dass die Welt selbst keine Antwort auf diese Fragen und Konflikte gibt. Diese Dimension zu erschließen beinhaltet, das Bedürfnis nach Integration ernst zu nehmen, die Welt als sinnvolles Ganzes erleben zu können und dem Einzelnen das sichere Gefühl der Beheimatung in dieser Welt zu geben (vgl. Berger 1988, 3–28). Die christliche Tradition kann dazu die Vorstellung einer umfassenden Heilsgeschichte anbieten. Aber auch hier gilt, die christliche Tradition nicht nur als ›Vertröstungspraxis‹ vorzustellen, sondern auch als Legitimation von Widerstand, wo Veränderung möglich ist (vgl. Kaufmann 1989, 84f).

Menschen werden mit der Sinnfrage konfrontiert

Das Jugendalter wird üblicherweise als die Lebensphase verstanden, in der sich die Sinnfrage stellt. Heute wissen wir, dass die Frage ›nach dem Sinn des Ganzen‹ Teil der modernen Existenz ist. Die Ambivalenz des Modernisierungsprozesses (Zuwachs an Freiheit und Risiko) begründet die Suche nach neuen Sicherheiten. Auch wenn die Sinnfrage nicht mit christlicher Religion identisch ist, so führt sie doch zumindest in den ›Vorhof‹ religiöser Fragen und Erfahrungen (vgl. Fürstenberg 1994). ›Sinn‹ hat viele Gesichter. Religionsdidaktisch geht es darum, Sinn als ›Orientierungsmatrix für das Leben‹ zu entfalten, die Vergangenheit, Gegenwart und Zukunft zusammenbindet. Das Leben hat einen gewollten Ursprung und es wird heute gelebt von der Hoffnung und Zuversicht auf eine Zukunft. Die biblische Tradition ist uns zugänglich als ein Geschehen von vor 2000 Jahren. Der Kern dieser ›alten‹ Tradition ist jedoch die Gegenwart, von der Zukunft aus betrachtet. Die Zeitstruktur der biblischen Botschaft entspricht somit der Struktur der menschlichen Sinnfrage. Die Verbindung ist jedoch, wie Stachel (1973, 25) meint, nicht mit der knappen Objektivität einer Lehraussage hinreichend zu bearbeiten, sondern nur durch einen Erfahrungsprozess. Der Auszug aus Ägypten oder der Emmausgang sprechen nicht von einer *punktuellen Erkenntnis*, sondern von einer vorausgehenden (wachsenden) *Erfahrung mit Gott durch Begegnung*.

Zusammenfassung

Dieses Kapitel hat Religiosität als einen Prozess der Transzendierung entfaltet, der in der modernen Gesellschaft keineswegs versiegt. Die semantische Reichhaltigkeit des Religionsbegriffs hilft der Religionsdidaktik, ihre Wahrnehmung zu schulen und sensibel zu werden für die Ansprechbarkeit des Menschen hinsichtlich der religiösen Dimension der Wirklichkeit. Die religionsdidaktische Aufgabe liegt darin, Schülerinnen und Schüler zu befähigen, die Bedeutung dieser Dimension ihres Lebens zu erkennen und gestalten zu lernen. Im christlichen (kath./ev.) Religionsunterricht steht der Religionsbegriff in einer kritisch-konstruktiven Spannung zum Begriff des Glaubens. Was Religion meint, ist dem Glauben nicht fremd, gleichwohl geht der Glaube nicht in Religion auf. Die Thematisierung von Religion im Licht des Glaubens konkretisiert Religion und verinhaltlicht sie. In diesem Sinn spricht das Johannes-Evangelium von Gott als Weg, Wahrheit und Leben und die gesamte Jesus-Verkündigung findet ihre Sinnspitze in der Ankündigung des Gottesreiches, das durch die Nachfolge anfanghaft erfahrbar wird.

Lesehinweis

Fink, Hans (1987): Anthropologischer Ansatz und Selbstverständnis der Religionspädagogik. In: Leitner, Ruppert (Hg.) Religionspädagogik Bd. I, Wien 1987, 13–29.

Tzscheetzsch Werner/Ziebertz Hans-Georg (1996) (Hg.): Religionsstile Jugendlicher und moderne Lebenswelt, München.

Waldenfels, Hans (1991): Religionsverständnis. In: NHThG IV, München, 412–421.

II.2 Wozu religiöses Lernen? Religionsunterricht als Hilfe zur Identitätsbildung

Hans-Georg Ziebertz

Die Religionsdidaktik erschließt die religiöse Dimension der Wirklichkeit und sie tut dies insbesondere im Kontext des Christentums. Das Vertraut-Werden mit der religiösen Dimension der Wirklichkeit ist ein wesentlicher Bestandteil der allgemeinen Bildung. Als übergreifende Metapher, mit der die Entwicklungsaufgaben während der Schulzeit und darüber hinaus erfasst werden können, wird der Begriff »Identität« herangezogen. Identität wird in diesem Kapitel als »narrative Identität« entfaltet. In diesem Identitätskonzept wird davon ausgegangen, dass Identität vor allem durch die Geschichten zustande kommt, die Menschen von sich selbst und über sich selbst erzählen. Religionsdidaktisch stellt sich die Aufgabe, Schülerinnen und Schüler als Autoren ihrer eigenen Lebensgeschichte zu verstehen und sie zu fördern, »ihre Story« unter Einschluss der religiösen Dimension erzählen zu lernen.

1. Problemstellung

In der Religionsdidaktik ist immer wieder versucht worden, religiöses Lernen unter eine übergreifende Leitidee zu stellen. Je differenzierter Lernsituationen, -kontexte und -voraussetzungen in der modernen Gesellschaft beschaffen sind, desto schwieriger ist es, sie alle mit einer inhaltlichen Leitidee zu erfassen. Dies ist ein Grund für einen verstärkten Rückgriff auf formale Konzepte. Ein solchermaßen formales Konzept ist »Identität«. Mit Hilfe des Identitätsbegriffs soll geklärt werden, wie Menschen mit der Frage »Wer bin ich?« umgehen, wie sie diese Frage stellen und beantworten – und wie sie begleitet werden können, das Identitätsproblem für sich befriedigend zu lösen. In der religiösen Erziehung wird es vor allem darauf ankommen, die lebensbejahenden Impulse der christlichen Religion, von denen die Bibel berichtet, und die unbedingte Annahme des Menschen durch Gott als Hilfestellung bei der Deutung des eigenen Lebens zur Sprache zu bringen bzw. die Welt und das eigene Leben mit Hilfe religiöser Überlieferungen und Symbole *anders sehen zu lernen*. Das eigene Leben auf diese Weise deuten zu lernen, kann im Religionsunterricht nur angebahnt werden. Die Integration der Fragen und Antworten sowie der Suchbewegungen und Sackgassen in die eigene Person, ist letztlich eine individuelle Leistung, die niemandem abgenommen werden kann. Diesen weiteren Horizont spannt der Identitätsbegriff auf. Er ist seit dem 20. Jahrhundert aus der pädagogischen Literatur nicht mehr wegzudenken. Mit der Wahl des Identitätskonzepts ist eine pädagogische und didaktische Wendung zum Subjekt erfolgt. Identität gilt als ein Konzept, das am besten das »zu sich selbst gekommene Subjekt«

erfasst. Die Frage an die Religionsdidaktik ist, ob und welches Identitätskonzept geeignet ist, auch als Leitidee für religiöses Lernen zu fungieren.

2. Endogene Identität?

Die sicherlich klassischste Auffassung von Identität geht davon aus, dass alles das, was die persönliche Identität ausmacht, bereits im einzelnen Menschen vorhanden ist. Identität ist endogen angelegt. Wie eine Blumenzwiebel, die zuerst eine grüne Pflanze, dann eine Knospe und schließlich eine farbenreiche Blüte hervorbringt, gibt es im Menschen einen »Bauplan«, in dem seine Identität vorgezeichnet ist. Menschen müssen diesen Bauplan erkennen und ihn zur Verwirklichung führen. Identität hat man in diesem Verständnis aus sich selbst heraus und für sich selbst. Auch wenn eine solche Vorstellung von Identität für manche etwas Faszinierendes hat, weil sie von einer gewissen Vollkommenheit und Autarkie des Menschen ausgeht und den Einzelnen hervorhebt, ist dieses Modell wenig realistisch. Rein endogene Theorien greifen zu kurz, weil sie übersehen, dass sich Identität eben nicht wie eine Blüte von selbst entfaltet (selbst sie braucht genügend Sonne und Wasser).

Das endogene Identitätskonzept ist auch auf den religiösen Bereich übertragen und mit religiöser Bildung verbunden worden (vgl. Englert 1985, 219–224). Man ging davon aus, dass es im Menschen entweder eine religiöse oder sogar eine christlich-religiöse Anlage gibt, die die christliche Erziehung zur Entfaltung verhelfen soll. Zugespitzt gesagt: weil Religion bzw. das ganze Christentum bereits in jedem Menschen schlummert, ist eine systematische christlich-katechetische Erziehung nichts anderes als die Geburtshilfe zur Erweckung der christlichen Persönlichkeit. Erziehung und Bildung fügen der Person nichts Fremdes hinzu, sondern bringen auf den Weg, was in ihr vorgezeichnet ist. Zum einen kann bezweifelt werden, ob diese Annahmen tatsächlich zutreffen, zum anderen käme auch diese religiöse Bildung nicht umhin, ihren »edukativen Eingriff« eigens zu verantworten.

Identität ist nicht endogen unter Vernachlässigung aller Umweltfaktoren erklärbar (Keupp/Höfer 1997). Identität muss unter Umständen konfliktreich erarbeitet oder erkämpft werden. An dieser Stelle setzt Eriksons Theorie an. Endogene Theorien greifen zur kurz, weil sie vernachlässigen, dass Menschen soziale Wesen sind. Sozialität bedeutet Interaktion mit anderen Menschen in einem spezifischen gesellschaftlichen und kulturellen Kontext. Identität ist somit etwas, was erst in und durch (jedenfalls nicht ohne) Interaktion möglich ist. Beide Linien sollen kurz verfolgt werden.

3. Eriksons Identitätskonzept

Erik Eriksons Identitätstheorie (1977/1959) ist in der Religionsdidaktik stark rezipiert worden. Identität ist für Erikson in die menschliche Entwicklung insgesamt eingebettet. Sie folgt einem epigenetischen Prinzip, d.h. alle Teile sind die Folge eines ursprünglichen Grundplans, der durch verschiedene Lebenszyklen hindurch zur Verwirklichung gelangt. Der Begriff »Grundplan« ist nicht als ein endogenes Konzept misszuverstehen, sondern bedeutet, dass Identitätsentwicklung vor allem durch Krisen angestoßen wird, die sich in den »Lebenszyklen« ereignen. Jede Krisensituation enthält eine spezifische Entwicklungsaufgabe. Das Individuum befindet sich in einem Spannungsfeld, das Erikson mit zwei polaren Dimensionen konkretisiert. Darin ist die zu leistende Entwicklungsaufgabe lokalisiert. Gelingt die Bewältigung der Krise, bedeutet dies einen Reifungsfortschritt.

Identität durch Bewältigung von Lebenskrisen (Erikson)

Lebensphase	zu bewältigende psycho-soziale Krise
Säuglingsalter	Urvertrauen vs. Misstrauen
Kleinkind	Autonomie vs. Scham und Zweifel
Spielalter	Initiative vs. Schuldgefühl
Schulalter	Werksinn vs. Minderwertigkeitsgefühl
Adoleszenz	Identität vs. Identitätsdiffusion
Frühes Erwachsenenalter	Intimität vs. Isolierung
Erwachsenenalter	Generativität vs. Selbst-Absorption
Reifes Erwachsenenalter	Integrität vs. Lebens-Ekel

Vereinfachte Darstellung aus: Erik H. Erikson: Identität und Lebenszyklus, Frankfurt [4]1977 (1959), 150–151

Für die schulbezogene Didaktik sind vor allem die Phasen Schulalter und Adoleszenz, in manchen Fällen auch das frühe Erwachsenenalter von Bedeutung.

- Im *Schulalter* übersteigt der Aktionsradius des Kindes die Familie. Es erfährt sich als leistungsfähig und lernt, dass es auch ohne die Hilfe der Eltern Probleme meistern kann und dafür Anerkennung erntet. Lernen und Lernerfolge sind die entscheidende Basis für Identität. Aber Erfolge sind nicht garantiert, sodass die Gefahr des Scheiterns lauert: Scheitern kann Minderwertigkeitsgefühle verstärken. Die durchgehende Krise dieser Zeit besteht darin, die aufbauenden Kräfte des eigenen Werksinns gegen die Gefahr der Minderwertigkeitserfahrung zu nutzen.

- In der *Adoleszenz* werden hergebrachte Sicherheiten in Frage gestellt. Ihr Referenzsystem wandelt sich. Die normative Kraft, die den Eltern bislang zukam, wird auf andere Personen oder Gleichaltrigengruppen übertragen. Kinder werden zu Jugendlichen und erfahren an sich eingreifende körperliche Veränderungen (z.B. sexuelle Reife). Für wen man sich selber hält und für wen andere einen halten, ist nicht mehr einfach in Kongruenz zu bringen. In dieser Phase stellt sich die Aufgabe der Entwicklung einer Ich-Identität angesichts der Möglichkeit der Identitätsdiffusion.

- Das *frühe Erwachsenenalter*, das Erikson in seiner Erstfassung bei ca. 20 Jahren angesiedelt hat, kann gegenwärtig schon am Ende der Gymnasialzeit diagnostiziert werden. In dieser Phase werden tiefere intime Beziehungen aufgenommen. Die Spannung besteht darin, den Wunsch nach Intimität zu befriedigen, ohne sich damit selbst aufzugeben; sich für etwas zu engagieren und sich in Anspruch nehmen zu lassen, ohne das gewonnene Ich preiszugeben.

Die Brillanz dieses Modelldenkens ist ohne Frage die Klarheit und die gute Anwendbarkeit. Identitätskrisen lassen sich auf diese Weise einfach diagnostizieren. Ebenso legt das Modell nahe, wie in Lernprozessen im Sinne des Entwicklungsziels interveniert werden kann, indem es den Positivbereich und den Gefahrenbereich polar benennt. Eriksons Konzept bleibt der Idee verhaftet, dass Identität letztlich ein auf immer höheren Stufen sich herausbildendes Ich ist. Der Kern ist angelegt und entfaltet sich soziokulturell, d.h. durch die Abarbeitung an Krisen, die sich aus der Individuum-Umwelt-Konstellation ergeben. Die größte Aufmerksamkeit widmet Erikson der Adoleszenz. In dieser Phase wird gewissermaßen der »Master-Plan« für das Leben entworfen. Ohnehin ist Identitätsbildung vor allem eine Aufgabe der Kindheit und Jugendzeit. Was dort gelingt, kann ein Leben lang tragen. Der Modellcharakter dieses Ansatzes ist aber auch gleichzeitig ein Problem. Die Frage ist, ob Heranwachsende auf diese Weise »standardisiert« Identität erarbeiten, ob Identität wie eine Art »Laufbahn« funktioniert, ob die Krisen zurecht in Zeitschablonen lokalisiert werden, ob Identität als »abschließbar« betrachtet werden kann und ob das Prinzip der stufenweisen Höherentwicklung tatsächlich haltbar ist. Die letztgenannte Frage kann ebenso an strukturgenetische Theorien wie die von Kohlberg, Fowler u.a. gerichtet werden, in denen das Endziel der Entwicklung jeweils feststeht.

Ungeachtet dieser einschränkenden Bemerkungen ist die Bedeutung des Erikson'schen Konzepts nicht gering zu schätzen. Für die Religionspädagogik und -didaktik war sein Ansatz sehr befruchtend (vgl. u.a. Schweitzer 1987). Es wurde eine Vielzahl wechselseitiger Bezüge entdeckt. Zum einen konnte die Religionsdidaktik von Erikson lernen, ihre Lernangebote lebenszyklisch zu überprüfen, zum anderen war sie herausgefordert, ihrerseits anzugeben, wie religiöses Lernen psychosoziale Reife fördern könnte. Erikson hatte unter anderem gezeigt, wie wichtig ein gesundes Urvertrauen, eine sinnstiftende soziale Ordnung und ein orientierendes Weltbild sind. In allen drei Fällen hat die Religion etwas zu bieten.

- Das Urvertrauen korrespondiert mit der christlichen Vorstellung von der unbedingten Annahme jedes Menschen durch Gott. In der sakramentalen Taufe wird diese unbedingte Annahme symbolisch verdichtet oder auch im Segensspruch, in der der Zuspruch Gottes kulminiert. In den ersten Lebensjahren symbolisieren die Eltern dieses Angenommensein, später ist es ein Auftrag an alle Mit-Erzieher, in ihrem Verhältnis zu den Schülerinnen und Schülern diese unbedingte Annahme in der Unterrichtskommunikation nicht zu konterkarieren. Aus der Fähigkeit vertrauen zu können kann die Fähigkeit und Bereitschaft wachsen, sich Gott anzuvertrauen, d.h. zu glauben.
- Die sinnstiftende soziale Ordnung korrespondiert mit der christlichen Vorstellung der »communio«. Die christliche communio kann als Sinnbild einer Gemeinschaft gelten, in der Gottesliebe erfahren, Nächstenliebe geübt und Selbstliebe zugestanden werden. Als symbolische Keimzelle der communio gilt wiederum die Elternbeziehung, die später auf größere Gruppen ausgedehnt wird. Die Kirche als communio kann in dem, was sie vermittelt, wie sie lebt und feiert, ein Bezugssystem für Sinnstiftung sein.
- Erikson zeigt schließlich, wie bedeutsam orientierende Weltbilder für die psycho-soziale Entwicklung sind. Allen psycho-sozialen Krisen sind große theologische Fragen (wie z.B. Vertrauen oder Schuld) inhärent. Religion verkörpert das Angebot eines Weltbildes »par excellence«, Religion ist die Klärung der Frage, woher wir kommen und wohin wir gehen.

Eriksons Identitätstheorie ist reichhaltig, sie bietet der Religionsdidaktik auch zukünftig zahlreiche Ansatzpunkte für eine anthropologisch-entwicklungsbezogene Reflexion ihrer Lernangebote (vertiefend: Esser 1991).

4. Identität aus Interaktion

Eine zweite Alternative zu endogenen Identitätsvorstellungen bieten interaktionistische Konzepte (John Dewey, William James, George Herbert Mead). Sie zeigen, dass Identität auf einer Balance zwischen Selbstbild und Fremdbild beruht und dass diese Balance permanent *in* und *durch* Interaktion hergestellt werden muss (→ II.4). Drei theoretische Konzepte sind für das interaktionistische Identitätsmodells bedeutsam: Rollenübernahme, I und Me sowie Ich-Identität (vgl. Ziebertz 1990, 48–74).

Rollenübernahme
Der Rollenbegriff hat eine lange Tradition. So haben etwa klassische Sozialisationskonzepte den Prozess der »Selbstwerdung« durch »Rollenübernahme« erklärt. Damit war gemeint, dass die Identität eines Menschen die Folge der Internalisierung normativer Erwartungen der Eltern, der Gesellschaft oder der Kirche sei. »Rollen« sind Einstellungen, Werte, Normen oder Glaubensüberzeugungen. Im extremsten Fall kann Rollenübernahme zur Aufhebung der aktiven Selbstleistung des Subjekts führen: Identität wäre in diesem Fall »Rollenidentität«, also eine Identität, die externe Erwartungen widerspiegelt.

Interaktionistische Ansätze greifen zwar auf das »Rollenmodell« zurück, aber sie verstehen Identitätsentwicklung nicht als eine monologische Rollenübernahme. Mead zeigt, dass das Individuum nicht nur externe Erwartungen internalisiert und sich diese zu eigen macht, sondern dass es auch zu diesen Erwartungen interpretativ Stellung nimmt. Diese Interpretationen und Stellungnahmen wirken wiederum zurück auf andere beteiligte Interaktionsteilnehmer und vice versa. Mit anderen Worten: Menschen »erschließen« sich wechselseitig und alle Teilnehmer sind aktiv, die Äußerungen des/der Anderen zu rekonstruieren und sich auf diese Weise zu ihm/ihr in Beziehung zu setzen. Für die Interaktionisten liegt hier ein Schlüssel zum Verstehen, wie sich Identität bildet: in Interaktionen findet die innere symbolische Rekonstruktion des Verhaltens, Erlebens und der Erwartungen anderer statt, mit denen sich ein Subjekt (real oder imaginär) in Interaktion befindet. Die internale Rekonstruktion der sozialen Interaktionsstruktur ermöglicht die wechselseitige Antizipation von Erwartungen und macht sie zum Ausgangspunkt für dialogisches Handeln. Selbst- und Fremdbild werden »balanciert«. Es gibt also tatsächlich Rollenübernahme, aber nicht in einem monologischen Sinn. Die entscheidende Einsicht der interaktionistischen Theorie bei der Erklärung der Rollenübernahme ist, dass ein Individuum aktiv die Haltungen anderer in sich selbst rekonstruiert. Das geschieht nicht zwangsläufig nur interpersonal, also im Dialog zwischen zwei oder mehreren Menschen. Diese Rekonstruktion kann sich auch intrapersonal vollziehen, also ausschließlich im Bewusstsein einer Person. Um diesen Vorgang zu verstehen, werden die Instanzen I und Me bemüht.

»I« und »Me«

Menschen können rekonstruieren, wie sie andere zum Objekt ihrer Erfahrungen und sich selbst zum Objekt ihrer Reflexion machen können. Mead erklärt die Struktur dieser reflexiven Bewusstseinsakte durch die zwei Instanzen »Me« und »I« (Mead 1978, 216ff).

- Das Me ist das Bewusstsein, das einem Individuum im Selbstbewusstsein als Ergebnis der Rollenübernahme erscheint: Ego sieht sich mit den Augen anderer und nimmt deren Standpunkt sich selbst gegenüber ein, d.h. ein Mensch kann zutreffend die Erwartungen rekonstruieren, die von außen an ihn gerichtet werden. Das Me ist das *erkennende Selbst*, das im Prozess der reflexiven Selbstobjektivierung in den Blick kommt. Gäbe es aber nur das Me, wäre Sozialisation der monologische Prozess der Einführung Heranwachsender in die bestehenden gesellschaftlichen Verhältnisse. Dies wird durch das I verhindert.

- Im I erkennt Mead jene spontanen Kräfte im Handeln des Menschen, die aus den privilegiert zugänglichen Erlebnissen der subjektiven Welt resultieren. Das I ist nicht objektivierbar, weil es durch die Objektivierung zu einem Me würde. Das I ist eine unabdingbare Voraussetzung für Erfahrungen, aber es kann niemals selbst zum Gegenstand der Erfahrung werden. Sobald ein Vorgang reflexiv in die Erinnerung zurückgeholt wird, wird er in der reflektierenden Erinnerung zu einem historischen Objekt. Dem entzieht sich das I, es ist empirisch nicht zu fassen. Durch das I wird Neues in das Handeln eingeführt, es ist der Motor und Statthalter der Individuierung und der Grund für das subjektive Bewusstsein von Freiheit. Das I repräsentiert, was ein Subjekt zu verwirklichen sucht, ohne es in Besitz nehmen zu können. Wie jemand handelt, tritt erst nach Ablauf der Handlung in seine Erfahrung ein. Die Bedeutung des I liegt also vor allem in dem Vermögen, aus den im Me verankerten gesellschaftlichen Orientierungen hinauszutreten.

Mit I wird somit die unverwechselbare Selbstdarstellung des Subjekts bezeichnet (»self as knower«), mit Me das Objekt der Kenntnis (»self as known«). Menschen können sich gewissermaßen dabei zusehen, wie sie handeln. Sie können nicht nur über sich nachdenken und ihre eigenen Erfahrungen auf subjektive Weise interpretieren; sie können darüber hinaus auch nachvollziehen, wie sie selbst mit anderen Menschen interagieren und wie Andere mit ihren Aussagen, Wünschen oder Befehlen Teil des eigenen Denkens und Fühlens geworden sind, und schließlich, wie man wiederum auf diese Erfahrung reagiert. In allen diesen Interaktionsbewegungen werden Informationen und Bedeutungen ausgetauscht, mit denen sich die Partner auseinandersetzen. Identität resultiert insofern aus Interaktion, weil das, *was jemand von sich weiß, das er ist, ist er auch durch andere, die ihn dafür halten, dass er so ist*. Wenn also Fremdäußerungen nicht das Bild von mir bestätigen, das ich selber von mir habe, gibt es ein Identitätsproblem, das wiederum nur durch Interaktion zu lösen ist.

Ich-Identität

In der Weiterführung des interaktionistischen Ansatzes ist versucht worden, mit dem Begriff der Ich-Identität ein Qualitätsmerkmal zu formulieren, mit dem das interaktionistische Konzept von Identität von Rollenidentität abgegrenzt werden kann. Der Begriff der Ich-Identität sieht in der unabhängigen und schöpferischen Energie des I die wichtigste Voraussetzung dafür, dass ein Handelnder Individualität ausdrücken kann. Ich-Identität wird als Prozess, nicht als Produkt verstanden. Sie konstituiert sich »in«

Interaktionen und wird zur Ich-Identität »aus« Interaktionen (U. Peukert 1976, 162). Der Prozessaspekt beinhaltet, dass sich ein Mensch nicht nur fragt, wer er geworden ist, sondern auch, wer er sein will. Die kommunikativen Rollen Ego-Alter-Neuter übernehmen eine wichtige Funktion bei der Ausbildung von Ich-Identität (Mead 1978, 356ff). Indem ein Subjekt sich in die Situation eines anderen (Alter) versetzt, schafft es eine erste Voraussetzung zur Distanz gegenüber eigenen Erwartungen. Ein weiterer Schritt, auch die »Gefangenheit« der dualen Interaktion (Ego – Alter) zu erkennen, ermöglicht die Übernahme einer »dritten Perspektive« (Neuter). In dieser Perspektive ist eine kritische Distanz zu Ego- und Alter-Positionen genetisch angelegt. Die Fähigkeit zur wechselseitigen Perspektivenübernahme ist an die Möglichkeit menschlicher Kommunikation gebunden, deren wichtigstes Symbol die Sprache ist. Die Sprache ist *das* intersubjektiv gültige Symbolsystem, mit dem Menschen ihr Verhalten und ihre Handlungen koordinieren können. Kommunikation ist das sinnstiftende und sinnerhaltende Handeln, das den Menschen ermöglicht, sich über Normen, Regeln und Ziele der gemeinsamen Interaktion zu verständigen. Sie hat ihren Zweck im Subjekt selbst (Mollenhauer 1976, 42).

Die Stärke des interaktionistischen Ansatzes liegt darin, den Erwerb von Identität mit dem Prozess der *Individuierung* in Zusammenhang zu bringen. Das Ziel ist Ich-Identität, keine Rollenidentität. Ich-Identität entsteht des Weiteren nicht nur durch die Bewältigung von Krisen, sondern sie kann in der Interaktion schlechthin lokalisiert werden. In der Interaktion beziehen sich Menschen wechselseitig aufeinander, vornehmlich auf der Basis des Symbolsytems »Sprache« (→ I.5.2). Die Aufmerksamkeit für sprachlich-kommunikatives Handeln hat letztlich den Blick für eine Lerndimension geöffnet, die die Frage nach den Lerninhalten weit übersteigt. Sprachliche Kommunikation ist nicht nur ein »Instrument«, sondern eine Identität-konstituierende Praxis. Für die Religionsdidaktik, die Identitätsbildung mit der Würde, Einzigartigkeit und Gott-Ebenbildlichkeit des Menschen begründet, wird Kommunikation selbst zum Inhalt: wie im Unterricht kommuniziert wird, ist Teil der religiösen Botschaft.

5. Narrative plurale Identität

Die Frage nach der Möglichkeit von Identität wird am Beginn des 21. Jahrhunderts unter den Bedingungen einer (post-)modernen westlichen Gesellschaft gestellt (→ I. 4). Diese Gesellschaft wird unter anderem gekennzeichnet von einer ausgeprägt pluralistischen Grundstruktur in beinahe allen Fragen des Lebens – Religion und Weltanschauung eingeschlossen. Die Pluralität des modernen Lebens lässt die Möglichkeit von Identität nicht unberührt. Es wird sogar die Frage gestellt, ob unter den gegenwärtigen Lebensbedingungen überhaupt noch Identität möglich sei. Die theoretische und empirische Evidenz von Modellen, die von einem Identitätskern ausgehen oder die den Endzustand von Identität und den Weg dorthin zu kennen meinen, schwindet. Die gesellschaftlichen und kulturellen Veränderungen in der sogenannten »Postmoderne« haben direkte Auswirkungen auf den Mikro-Bereich der persönlichen Lebenseinstellung und Lebensführung. Es wächst die persönliche Freiheit, aber auch der

Zwang, sich selbständig zu orientieren und auf das eigene Ich als Handlungszentrum zurückzugreifen. Das Individuum wird zum Unternehmer, das sich seine »Identität« selbst »erbauen« muss (→ III.8). Dabei erfährt es, dass es sich bei der Ausbildung von Identität um eine im Kern nicht abschließbare Aufgabe handelt. Die Fragmentierung sozialer Bezugspunkte, die Herauslösung aus »sicheren« Kontexten (Giddens: ›disembedding‹) und die Notwendigkeit der Reintegration sind immer wiederkehrende Prozesse. Daher wird man sagen können, dass Eriksons Konzept der Identitätsdiffusion gegenwärtig nicht auf eine Zeitspanne beschränkt erscheint, sondern zu einer realen Herausforderung für das ganze Leben wird. Es scheint ein Kennzeichen postmoderner Identität zu sein, zwischen Zerissenheitserfahrung einerseits und Identitätsbedarf andererseits die richtige Balance zu finden. Vor diesem Hintergrund steht »Identität« stets weniger für eine inhaltlich-positive Konzeption. »Identität« wird zur Metapher für den Prozess, dass Menschen angesichts der potentiellen Optionen in der Pluralität nach Selbstvergewisserung, Konsistenz und Kohärenz suchen. Das Konzept der narrativen Identität setzt genau hier an. Es meint, dass Menschen sich als »identisch« erfahren, indem sie die Ereignisse ihres Lebens erzählend nacherleben. In der Erzählung wird das Leben strukturiert, werden Zusammenhänge hergestellt, Widersprüche eingepasst, sowie genutzte und verpasste Chancen evaluiert.

Dreidimensionale Struktur von Identität

1. Identität hat erstens eine *temporale Struktur* (vgl. Krauss 2000, 96ff; auch Ritter 1989, 316ff). Die Zeiteinstellung ist ein zentrales Merkmal jeder Identität, denn jeder Mensch stellt sich die Frage »Wer bin ich?« im Zeitstrahl des eigenen Lebens. Die Ausgangsperspektive ist die Gegenwart. Von der Gegenwart aus werden Erwartungen und Ziele an die Zukunft gerichtet. Gleichzeitig stehen Gegenwart und Zukunft in einem kausalen Zusammenhang zur Vergangenheit, denn was »jetzt« ist und in Zukunft sein »kann«, wird nicht unerheblich von der Vergangenheit her bestimmt. Was jemand von der Zukunft erhofft, gerät zur Illusion, wenn es nicht im Zeitbezug mit der Gegenwart und Vergangenheit vermittelt wird. Für eine stabile Identität sind wenigstens gute Aussichten auf die mittlere Zukunft nötig. Dazu braucht es eine Balance zwischen einer optimistischen und pessimistischen Zukunftseinstellung, zwischen einer aktiven und passiven Haltung, zwischen Ideenreichtum und Unkonkretheit. Ein »Zuviel« des Guten überschätzt leicht die tatsächlichen Möglichkeiten, ein »Zuwenig« lässt den Reichtum der Handlungsoptionen nicht in den Blick kommen.

2. Wenn sich ein Mensch über sein Leben im Zeitbezug vergewissert, kommt eine weitere Ebene hinzu: *Wirklichkeit* und *Möglichkeit* (vgl. Greve 2000). Alles hätte in der Vergangenheit anders laufen können, auch in der Gegenwart gibt es ein »ist« und ein »könnte« und selbst die Zukunft ist in diesem Sinne offen. Der Konjunktiv spielt eine entscheidende Rolle: »Hätte ich damals, dann...«; »Soll ich jetzt..., oder...?«; »Wird mir dies in der Zukunft helfen oder schaden?«. Ganz gleich wie diese Überlegungen und Fragen entschieden werden, jede Antwort ist endlich (kontingent). Selbst Menschen, die ihr Leben eindimensional und materialistisch gestalten, stoßen bei dem Versuch der Selbstvergewisserung auf die Spannung zwischen dem, was ist, und dem, was sein könnte.

3. Die dritte Strukturebene der Identität besteht aus einem *kognitiv-beschreibenden* und *affektiv-evaluierenden* Pol. Die indikativische und konjunktivische Darstellung von Erlebnissen im Zeitbezug kann »feststellend« und »bewertend« sein. Man kann Ereignisse aufzählen, oder zu ihnen Stellung nehmen und sie bewerten. Die Bewertung wird um so positiver ausfallen, je mehr die eigene Lebensgeschichte Kohärenz (Zusammenhang) und Konsistenz (Widerspruchslosigkeit) aufweist.

Diese Strukturmerkmale füllen einen dreidimensionalen Raum (vgl. Grafik). Ob ein Leben als kohärent und konsistent erfahren wird, hängt davon ab, wie erinnerte Erfahrungen *in* diesen Feldern (aber auch Projektionen *auf* diese Felder) in Zusammenhang gebracht werden können. In diesem Raum wird die Frage »Wer bin ich?« gestellt und versucht, sie *erzählend* zu beantworten.

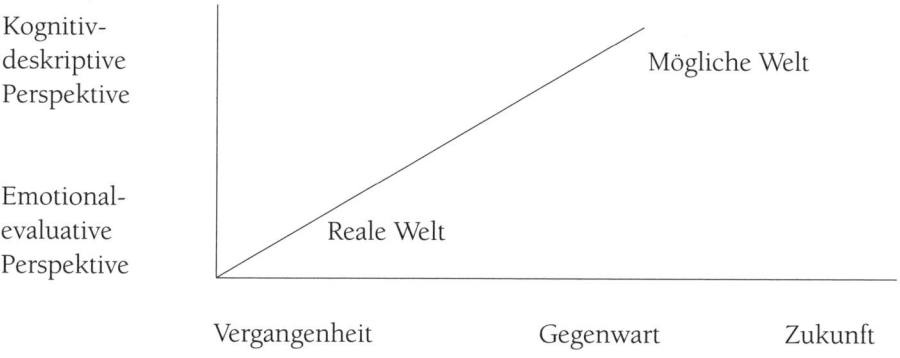

Dreidimensionalität von Identität

Plurale Identität

Im Erzählprozess macht sich das Subjekt selbst zum Gegenstand seiner Wahrnehmung (das I wird zum Me). Dabei kann es passieren, dass das Subjekt sich nicht nur als »Eines« erfährt, sondern in »Vielheit«. Es wird gewahr, dass man in einer bestimmten Situation gehandelt hat, wie man sonst nicht Handeln würde, dass man etwas gefühlt hat, was man sich sonst nicht erlauben würde zu fühlen, dass man etwas gedacht hat, was man sonst nicht denken würde, usw. Die Erfahrung kann auch weniger dramatisch ausfallen. Es kann bewusst werden, dass man als Ministrantin am Altar eine andere ist als im Reitverein, in der Schule eine andere als zuhause, beim Schach-Spielen eine andere als in der Disco usw. In diesem Fall kommt es nicht zum Erschrecken über sich selbst. Man wird sich vielmehr bewusst, dass es ein Set von Selbst-Bildern gibt, die in unterschiedlichen Zusammenhängen aktiviert werden.

Die Vielzahl von Selbst-Bildern hat nicht zwangsläufig die Qualität von »Identität«. Um von Identität sprechen zu können, muss es erstens Kohärenz (Zusammenhang) zwischen diesen »Selbsten« geben. Zweitens muss die/der Einzelne aktiv sein, in diese Kohärenz zu investieren, womit sie/er ausdrückt, dass dieses Selbst für sie/ihn etwas Sinnvolles und Erstrebenswürdiges ist. Drittens muss dieses Selbst auch von der Umgebung anerkannt sein, weil sonst die wichtige Rückmeldung ausbleibt, dass Selbst- und Fremdwahrnehmung übereinstimmen (Krauss 2000, 124). Die zentrale Einsicht, die zum Begriff der »narrativen Identität« führt, ist nun, dass diese »Selbste« durch Selbst-Narration zusammengehalten und integriert werden. Was in der Gegenwart, Vergangenheit und Zukunft war, ist oder sein wird und was möglich (gewesen) wäre oder möglich sein könnte, wer ich in diesem und in jenem Kontext bin, ist nicht einfach kohärent und konsistent, sondern muss als Kohärenz und Konsistenz gedeutet werden. Menschen tun dies mit Hilfe von Geschichten. In einer Geschichte, die wir uns über uns selber erzählen, unternehmen wir den Versuch, Zusammenhang herzustellen. Darin wird den freudigen Momenten ebenso ein Platz eingeräumt wie den tragischen; sie erscheinen retrospektiv in einer Ordnung, die ihnen das erzählende Selbst zuerkennt. Den einzelnen Elementen wird auf diese Weise Sinn *zugeschrieben*. Menschen nehmen zur Welt auf narrative Weise Beziehung auf, durch die Narration erscheint das Leben als Einheit. Erzählend wird die Vielgestaltigkeit und Widersprüchlichkeit der Erlebnisse in einen Zusammenhang gebracht: es gibt einen Anfang, Höhepunkt, Tiefpunkt und ein Ende. Man selbst und andere werden in diesen Erzählzusammenhang eingebaut. Das I ist permanent beschäftigt, die eigene Lebensgeschichte mit dem Me als Hauptdarsteller zu erzählen. Dabei geht es nicht um »objektive Wahrheiten«, sondern um eine Konstruktion, die plausibel ist und mit der man leben kann. Weil sich die Lebensumstände ändern, kommt die Lebensgeschichte nie an ein Ende. Ständig müssen neue Erfahrungen interpretiert und integriert werden – und es beginnt eine neue Geschichte. In den Erzählungen geht es nicht nur um reale Interaktionen mit physisch anwesenden Interaktionspartnern. Ebenso bedeutsam ist die Imagination und die fiktive Interaktion. Auf diese Weise wird ein räumlicher Horizont aufgespannt, vor dem reale und fiktive Elemente in ihrem Zeitbezug indikativisch und konjunktivisch zusammengebracht werden.

Hilfe zur Identitätsbildung durch Narration

Lernprozesse, die Indentitätsbildung fördern wollen, müssen von der Vorstellung Abschied nehmen, Identität könne wie ein Besitz erworben werden. Sie werden die prozessuale narrative Struktur von Identität zum Anlass nehmen, Schülerinnen und Schüler zu ermuntern, zu begleiten und zu fördern, die *Autorschaft* für das Schreiben ihrer eigenen Lebensgeschichte zu übernehmen und bewusst auszugestalten. Konkret kann der Religionsunterricht

- die Kompetenz ausbilden, die Fraglichkeit seiner selbst und der Welt zuzulassen;
- helfen, in der Vielzahl der »Selbste« ein »religiöses Selbst« zu entdecken;
- die Fähigkeit entwickeln helfen, Interaktion zwischen den »Selbsten« zu pflegen;
- Wege zeigen, das eigene Leben im Kontext einer Geschichte zu plazieren;
- »Input« liefern, die Fraglichkeit zusammenhängend zu deuten, bspw. indem die Analogie zwischen der Zeitstruktur der biblischen Überlieferung (Zukunftsverheißung von der Vergangenheit her) und dem anthroplogischem Weltbezug (Vergangenheit, Gegenwart und Zukunft) fruchtbar gemacht wird.

6. Identität als Thema der Religionsdidaktik

Die Frage nach dem Zusammenhang zwischen Identität und religiösem Lernen soll im Folgenden noch einmal explizit aufgegriffen werden. Ist »Identität« eine brauchbare Leitidee für die Planung, Durchführung und Verantwortung religiöser Lernprozesse entlang des Lebenslaufs? Henning Luther (1992) hat diese Frage eindeutig bejaht. Für ihn ist Identität kein fixierbarer Zustand, sondern eine Bewegung: »Wir müssen uns nicht gefunden haben, um zu leben, sondern wir leben, um uns zu finden« (Luther 1992, 151). Diese Bewegung deutet Luther in der emanzipatorischen Tradition der Aufklärung als Prozess des »Herausgehens aus Unmündigkeit«.

Identität als emanzipatorisches Konzept

Mit »Identität als Leitbild der Bildung« werde die Unterwerfung des Individuums unter die Regeln der Herkunftswelt oder herrschender Traditionen und Autoritäten problematisiert. Identität intendiere Kritik an dem, was Menschen hindere, zur menschenwürdigen Fülle ihres Lebens zu gelangen. In theologischer Perspektive ist es letztendlich die Gottebenbildlichkeit des Menschen, die zu einem Identitätsverständnis anstiftet, das auf die Freilegung und Rettung der Subjektivität gerichtet ist. Die Subjekt-Perspektive beinhaltet, dass für Pädagoginnen und Pädagogen (christliche Erzieher eingeschlossen) der einzelne Mensch im Vordergrund steht. Erst dann, und zwar von der Subjekt-Perspektive aus, wird der Blick auf die Gesellschaft ausgedehnt. Es ist unbestritten, dass es ohne Gesellschaft keine Identität gibt. Ich bin immer nur »Ich« in einem bestimmten Kontext. Allerdings gibt es eine Spannung zwischen Vergesellschaftung und Individuation, die in der Geschichte der Erziehung nicht selten zu einer Unterordnung der Individuation unter die Vergesellschaftung geführt hat. Die Annahme lautet in einem solchen Fall, dass mit der Eingliederung der Heranwachsenden in die vorgegebene Tradition bzw. Kultur gleichsam automatisch »Ich-Werdung« verbunden ist. Luther will nicht Subjekt und Gesellschaft gegeneinander ausspielen. Sein Anspruch ist vielmehr, ein Identitätsverständnis zu entwickeln, in dem die Autonomie des Einzelnen mit seiner/ihrer Integration in die Gesellschaft zusammen gedacht werden kann, ohne dass die Integration auf Zwang beruht.

Differenz statt Sicherheit

Für die Zielorientierung von Lernprozessen bedeutet das, Identität nicht ausschließlich durch Begriffe wie Einheit, Ganzheit und Geschlossenheit zu füllen, sondern die Zerrissenheit, Fragmentierung und Widersprüchlichkeit des »wirklichen Lebens« zuzulassen und edukativ als jene »Bewegung« aufzugreifen, in der Heranwachsende lernen können, sich zu finden. Henning Luther bringt seinen Anspruch auf den Punkt, wenn er sagt, dass Heranwachsende gerade dann betrogen werden, wenn man sie sicher macht und ihre Identitätssuche inhaltlich füllt (Luther 1992, 158). Gegen dieses nach seiner Meinung falsche Sicherheitsdenken und gegen diese falsche Positivität will Luther das Bewusstsein für Differenz wachhalten: gerade in der Negativität des Daseins, in den Widersprüchen (Aporien), Endlichkeitserfahrungen (Kontingenz) und in der Vergänglichkeit alles Lebenden werde der Mensch mit seiner ganzen Existenz auf Gott verwiesen. Gott sei die kritische Instanz, die alle positiven Ideale in Frage stelle und zu einer neuen Sicht der Welt herausfordere. Bildungstheoretisch bedeutet dies, Gott nicht als Inhalt von Lernprozessen zur Sprache zu bringen, um das Leben zu legitimieren, zu stabilisieren, zu bestätigen oder zu überhöhen, sondern um der Fraglichkeit des Daseins auf die Spur zu kommen. Im ersten Fall würde Identität als abschließbar betrachtet und inhaltlich definiert, im zweiten Fall ist Identität eo ipso unabschließbar und inhaltlich offen. Damit wird aber nicht der »edukativen Verwahrlosung« Tür und Tor geöffnet. Die Form ist selbst Inhalt. Ziel ist die Entwicklung einer Kompetenz, die Welt erstens als »fragliche Welt« sehen, diese Frage zweitens selbst als die entscheidende *religiöse* Frage verstehen und sie drittens mit Hilfe des Traditionsüberschusses der christlichen Überlieferung deuten zu können.

Mehrperspektivität und existentielle Tiefe

Gegenüber einem eindimensionalen Selbst- und Weltverständnis zielt ein solches Konzept religiösen Lernens auf intellektuelle Mehrperspektivität und existentielle Tiefe. Die Fraglichkeit weist über sich selbst hinaus, sie entzündet religiöses Fragen. Es liegt auf der Hand, dass Identität in diesem Kontext nicht positiv als ein anzueignender Inhalt bestimmt werden kann, sondern in hohem Maße prozesshaft und entwicklungsorientiert verstanden werden muss und entscheidend an das Individuum selbst gebunden bleibt. Mit einem solchen Identitätsverständnis ist eine klare Absage an endogene und materiale Konzepte verbunden, wonach jedem Menschen Identität bereits in Vollform eingestiftet ist, sodass Erziehung und Bildung einzig diese Anlage zum Wachsen und Gedeihen bringen. Identität ist vielmehr soziokulturell vermittelt, sie muss in Auseinandersetzung mit der Umwelt erarbeitet werden. Es ist schließlich der einzelne Mensch selbst, der diese Auseinandersetzung zu Identität verarbeitet. Dies geschieht im »Schreiben« seiner Geschichte: Identität hat eine narrative Grundstruktur.

»Fraglichkeit« als religiöse Dimension

Wer die Fraglichkeit der Welt und der menschlichen Existenz als Problem erkennt und die Frage überhaupt zulässt, reflektiert *religiös*. Es gibt vielfältige Strategien, diese Fragen zu überspielen (vgl. Krauss 2000, 143–158). Man kann Widersprüche leugnen, sich an eine rigide Welterklärung klammern, Heterogenität bekämpfen, Einheitsideologien beschwören, Opposition ablehnen und Pluralität umgehen. Was äußerlich als Charakterstärke erscheint, kann innerlich der verzweifelte Versuch sein, sich gegen die drohende Auflösung des Selbst in der modernen pluralen Welt zu wehren. Religionsdidaktisch ist Aufmerksamkeit geboten, diese vordergründige Bedürftigkeit nicht unkritisch zu bedienen. Die Religionskritik von Freud und Marx stellt an diesem Punkt nach wie vor eine große Herausforderung dar. Positiv kann religiöses Lernen zeigen, dass es *im Sinne* der christlichen Religion ist, Ich-Stärke in Auseinandersetzung mit der Fraglichkeit der realen Welt auszubilden. Religiöses Lernen kann dazu anleiten, unterschiedliche Möglichkeiten auszuhalten. Es kann Lernwege anbahnen, sich auf die Realität einzulassen, die Spannung zwischen Wunsch und Wirklichkeit zu thematisieren und Schritte zu überlegen, wie die »gewünschte« Welt ein Stück näher gebracht werden kann. Grenzen müssen erkannt werden, um sie verlegen und schließlich übersteigen zu können. Religiöses Lernen kann aufzeigen, wie glaubende Menschen diese Probleme bewältigt haben. In der christlichen Tradition denken wir zunächst an Abraham, aber auch an Esther und Jona – und an Jesus. Gleichwohl vermittelt die Bibel nicht nur »glatte« Modelle. Von Petrus und Paulus, Judas und Thomas erfahren wir, welche Rolle der »Umbau« des Lebens oder der Zweifel in der Biographie gespielt haben. Ihre Erfahrungen sind uns in Erzählungen zugänglich. Sie können dazu anstiften, die eigene Erzählung zu beginnen. Schülerinnen und Schüler zu ermuntern, Autoren ihrer eigenen religiösen Biographie zu werden, ist ein wichtiger Schritt auf dem Weg zu religiöser Mündigkeit.

Zusammenfassung

Für die postmoderne Existenz gibt es keine Identitätsvorgabe, die einfach übernommen werden könnte. Die Möglichkeit der Identitätsdiffusion ist real und sie durchzieht die gesamte Biographie. Immer wieder neu wird die Frage virulent: Wer bin ich? Identität wird zu einem unabschließbaren Prozess. Neuere Identitätstheorien zeigen, dass die Suche nach einem einheitlich definierbaren Identitätskern in eine Sackgasse führt. Identität hat vielmehr eine prozessuale Struktur. Sie entsteht aus der Erzählung des eigenen Lebens. Die Fragmente des Lebens werden in einen Rahmen gesetzt: gelungenes und misslungenes Handeln, befriedigende und unbefriedigende soziale Kontakte, Erfolg und Misserfolg. Gelingt es, darin einen Zusammenhang zu konstruieren? Für Heranwachsende im Schulalter stehen vor allem die Fragen an, die eigene Person annehmen zu können, Beziehungen gestalten zu lernen, einen Platz in der Gesellschaft zu finden, Wertmaßstäbe zu entwickeln, usw. Religiöse Bildung kann keine »Lösungen« im Einzelfall anbieten, aber Perspektiven vermitteln, wie man das Leben sehen kann. Sie verdeutlicht, dass es sich um »Urfragen« des Menschen handelt. Sie kann aufweisen, dass die Bibel einen Erzählungsüberschuss bietet, wie Menschen in der Geschichte diese Urfragen mit Gott in Verbindung gebracht haben. Das narrative Identitätsmodell eröffnet für religiöse Lernprozesse die Perspektive, die Offenheit des Lebens als Wagnis zu begreifen. Das Wagnis, auf ein Angenommensein zu vertrauen und andere anzunehmen. Der »neue Himmel« und die »neue Erde« ist keine Vertröstung, sondern eine Einladung, einen Weg zu gehen, von dem auch der Religionsunterricht nur Konturen vermitteln kann.

Lesehinweis

Esser, Wolfgang (1991): Gott reift in uns. Lebensphasen und religiöse Entwicklung, München.

Keupp, Heiner/Höfer, Renate (1997) (Hgg.): Identitätsarbeit heute. Klassische und aktuelle Perspektiven der Identitätsforschung, Frankfurt.

Schweitzer Friedrich (1987): Lebensgeschichte und Religion. Religiöse Entwicklung und Erziehung im Kindes- und Jugendalter, München.

II.3 Woraufhin geschieht religiöse Erziehung? – Aufgaben und Ziele

Hans-Georg Ziebertz

Ununterbrochene Aktivitäten bestimmen den Unterricht, den Schultag, die Schulwoche und das Schuljahr. Damit die zahlreichen Aktivitäten zu Lernprozessen werden, muss angegeben werden können, wozu sie dienen. Die Wozu-Frage ist eine Frage nach den Lernzielen. Ohne Ziele gibt es kein planvolles Lernen. Mit Zielformulierungen werden die ausgewählten Inhalte begründet und verantwortet: in wissenschaftlicher und gesellschaftlicher Hinsicht und in ihrer Bedeutung für die Schülerinnen und Schüler. Ziele beschreiben die Effekte, die ein Lernprozess bei Lernenden hervorbringen soll. Sie machen Lernprozesse transparent, kontrollierbar und kritisierbar. In diesem Kapitel wird die Zielproblematik nach einigen grundlegenden Fragen inhaltlich und formal reflektiert.

In diesem Kapitel wird zunächst in die Problematik der Lernziele eingeführt. Eine nach wie vor grundlegende Elaborierung der Ziele religiösen Lernens hat der Synodenbeschluss »Der Religionsunterricht in der Schule« (1974) vorgelegt, auf die eingegangen wird (1). Daran schließen sich zwei Subkapitel an, in denen die Frage der Ziele material und formal vertieft wird. Bei der materialen Seite von Zielen geht es um inhaltliche Begründungen, besonders aus pädagogischer und theologischer Perspektive (2). Die formalen Aspekte beziehen sich auf die Kennzeichen von Zielen und Zielformulierungen und entsprechend notwendige Unterscheidungen (3).

1. Christlich-religiöse Mündigkeit

Der Begründer der wissenschaftlichen Religionspädagogik (früher: Katechetik), Johann Baptist Hirscher (1788–1865), spricht am Beginn seiner ›Katechetik‹ (1831) von »christlicher Volljährigkeit« als dem Ziel religiöser Erziehung. Heute könnte man Volljährigkeit mit ›Erwachsenwerden‹ (Böhnke/Reich/Ridez 1992), ›Reife‹ (Esser 1991), ›Autonomie‹ (Oser/Gmünder1988) übersetzen, oder, wie Ulrich Hemel (1988) vorgeschlagen hat, mit ›religiöser Kompetenz‹. Wie alle Erziehungsanstrengungen die Ertüchtigung der Heranwachsenden zu einer selbständigen und freien Lebensgestaltung im Kontext des menschlichen Zusammenlebens zum Ziele haben, so gilt nach Hirscher auch für die religiöse Erziehung, dass ihr Ziel sein müsse, eine reife persönliche Religiosität im Sinne des christlichen Glaubens zu fördern. Hirschers Option ist noch stets aktuell, ihre Bedeutung ist in den zurückliegenden Jahren eher noch stärker ins Bewusstsein gerückt. Religiöse Erziehung und Bildung ist kein Sonderbereich im Gesamt der Erziehung. Es gibt für jeden Bereich (jedes Fach) spezifische Ziele, diese korrespondieren aber mit der übergreifenden Perspektive, dass der Mensch aufgrund seiner Personalität und Würde selbst das Ziel und nicht Mittel für etwas anderes ist. Auf dieser Basis können übergreifende Erziehungsziele festgestellt und spezifische Ziele formuliert werden.

Die Begründung religiösen Lernens in der öffentlichen Schule geht von der grundsätzlichen Integrationsfähigkeit und Konvergenz der Lernziele zwischen den unterschiedlichen Fächern aus. Damit wird theoretisch die Möglichkeit unterstellt (was in der Praxis auch geschieht), dass sich die beteiligten Institutionen über Ziele einigen können. Im Falle der religiösen Erziehung und Bildung im Religionsunterricht sind dies vor allem Staat und Kirche, sowie auf wissenschaftlicher Ebene die Theologie – in interdisziplinärem Verbund mit den angrenzenden Disziplinen. Lernziele werden im deutschsprachigen Bereich gesellschaftlich durch den Staat und seine Organe verantwortet. Dazu wird ihnen durch die jeweiligen Wissenschaften zugearbeitet. Was den Religionsunterricht betrifft, liegt die inhaltliche Verantwortung sogar bei den Kirchen (→ II.13.1). Lernziele strukturieren schließlich Lehrpläne, deren praktische Bedeutung unter anderem darin liegt, dass auf ihnen Unterrichtsmaterialien aufbauen, die im Unterrichtsalltag angewendet werden (vgl. Ort 1997; Zisler 1987). Diese kurzen Hinweise zeigen, dass die Bestimmung der Lernziele des Religionsunterrichts nicht nur ein Problem der engeren Religionsdidaktik ist. Die Zielbestimmung des Lernens ist immer auch ein ›Politikum‹, weil darin Interessen zum Zuge kommen.

Ein für die Bundesrepublik noch immer beachtenswertes Niveau bei der Bestimmung von Zielen religiösen Lernens in der Schule hat die Würzburger Synode erreicht. Ihr Konzept hat eine breite Zustimmung (kirchlich und gesellschaftlich) gefunden. Mit dem Synodenbeschluss »Der Religionsunterricht in der Schule« (1974) konnten Religionspädagogik und -didaktik mit dem Diskussionsstand gleichziehen, wie er in der Schulpädagogik erreicht worden war. Der Religionsunterricht entfaltet seine Aufgabe im Rahmen der Information, der Sensibilisierung, der Urteilsbildung sowie der Einübung neuen Handelns (→ III.14). Der Synodenbeschluss stellt den Religionsunterricht als ein Fach vor, das mit der religiösen Dimension der Wirklichkeit vertraut machen will (→ II.1) und konzipiert ihn als Unterricht für gläubige und nicht-gläubige Schüler. Die einen sollen durch den Unterricht ihren Glauben vertiefen und die anderen durch die Beschäftigung mit substanziellen religiösen Traditionen ihr Weltbild entwickeln können. Die Unterscheidung hat sicher nur idealtypischen Charakter. Zwischen beiden Typen gibt es eine Reihe von Mischformen.

Der Synodenbeschluss spricht im Blick auf die Ziele religiöser Bildung mehrfach von ›verantwortlichem Denken und Verhalten‹. Schülerinnen und Schüler sollen die religiöse Dimension der Wirklichkeit wahrnehmen und deuten lernen sowie in ihr handlungsfähig werden können. Dabei geht es um den Erwerb von Glaubenswissen, um den Aufbau einer spirituellen Kompetenz, um ein Leben in und mit Gemeinschaft sowie um ein verantwortliches Handeln in der Gesellschaft. ›Verantwortliches Denken und Verhalten‹ bezieht sich damit auf ein kognitiv adäquates Wissen, auf die Kompetenz zur Lebens- und Weltdeutung im Blickwinkel der christlichen Religion, auf die Reife, sein Leben in sozialen Bezügen zu gestalten und auf das Vermögen, der ›richtigen‹ Einsicht ein entsprechendes Handeln folgen zu lassen.

Ziele des Religionsunterrichts			
Globalziel »Religionsunterricht soll zu verantwortlichem Denken und Verhalten im Hinblick auf Religion und Glaube befähigen.«			
Teilziele			
Er weckt und reflektiert die Frage nach Gott, nach der Deutung der Welt, nach dem Sinn und Wert des Lebens und nach den Normen für das Handeln des Menschen und ermöglicht eine Antwort aus der Offenbarung und aus dem Glauben der Kirche.	Er macht vertraut mit der Wirklichkeit des Glaubens und der Botschaft, die ihm zugrunde liegt und hilft, den Glauben denkend zu verantworten.	Er befähigt zu persönlicher Entscheidung in Auseinandersetzung mit Konfessionen und Religionen, mit Weltanschauung und Ideologien und fördert Verständnis und Toleranz gegenüber der Entscheidung anderer.	Er motiviert zu religiösem Leben und zu verantwortlichem Handeln in Kirche und Gesellschaft.

(Quelle: Synodenbeschluss »Der Religionsunterricht in der Schule«, Kap. 2.5.1)

Ziele religiösen Lernens müssen, wie bereits angedeutet, inhaltlich begründet werden. Damit die Normativität der Ziele nicht willkürlich erscheint, muss die inhaltliche Entfaltung der Zielproblematik mit besonderer Sorgfalt erfolgen. Für diesen Zweck wird im Folgenden auf den Begriff der ›Erziehung‹ zurückgegriffen, weil er, wie gezeigt werden wird, bereits in etymologischem Sinn ein ›Programm‹ enthält. Erziehung und Bildung sollen aber nicht gegeneinander ausgespielt werden, als ginge es bei Erziehung um ein Oktroyieren von Inhalten und bei Bildung um die Selbstwerdung des Menschen (2). Nach der inhaltlichen Reflexion über Ziele geht es zweitens um eine Reihe von formalen Kriterien, die insbesondere seit der intensiven Curriculum-Diskussion in den siebziger Jahren des letzten Jahrhunderts zum Allgemeingut geworden sind. Beide Zugänge werden im Folgenden beschritten (3).

2. Inhaltliche Aspekte der Lernzielbestimmung

In der religionsdidaktischen Literatur ist die Aussage ›Der Religionsunterricht ist ein besonderes Fach‹ wahrscheinlich ebenso oft zu finden wie die Aussage ›Der Religionsunterricht ist ein Fach wie jedes andere‹. In diesem Abschnitt kommen beide Aussagen zum Tragen. Zum einen wird begründet, was allgemeine Erziehung und religiöse Erziehung und Bildung gemeinsam haben und warum es wichtig ist, diese Gemeinsamkeit zu betonen. Zum anderen wird auf der Basis der Gemeinsamkeit herausgestellt, worin das Spezifische religiöser Bildung liegt. Ein wichtiges Stichwort ist in diesem Zusammenhang *Transzendenz*. Transzendenz durchzieht sowohl alle Erziehungsbemühungen aufgrund ihrer Ausrichtung auf Vergangenheit, Gegenwart und Zukunft, sie bestimmt aber auch das Besondere religiöser Erziehung (2.1). Mit Hilfe dieser Analyse ist eine Unterscheidung von Erziehung, religiöser Erziehung, christlich-religiöser Erziehung und Katechese möglich. Ziele und Aufgaben dieser Formen der Entfaltung des Transzendenzbezuges werden aufgezeigt (2.2). In einem dritten Schritt geht es um Dimensionen religiösen Lernens: um Instruktion, spirituelle und koinonische Entwicklung sowie um transformatives Handeln (2.3). Abschließend wird im Zusammenhang aufgezeigt, welche Ziele religiöse Bildung verfolgt, wenn bestimmte Formen religiöser Erziehung und bestimmte Lerndimensionen in Beziehung gesetzt werden (2.4).

2.1 Der Transzendenz-Bezug der Erziehung

Die Wortbedeutung von Erziehung geht zurück auf ›educare‹, darin steckt ›ducar‹ und ›ducere‹, was soviel bedeutet wie ›heraus-‹ oder ›empor-führen‹. Das Verbum ›führen‹ beinhaltet die Dimension der Zeit. ›Heraus‹ verweist auf einen gegenwärtigen oder zurückliegenden und ›empor‹ auf einen vorausliegenden Zeitraum. Erziehung ist also ein Geschehen in der Gegenwart, das jedoch ebenso verbunden ist mit der Vergangenheit wie mit der Zukunft. Thomas Groome (1980, 5–19) hat für die Religionsdidaktik entfaltet, dass und warum in diesem Zeitbezug Transzendenz thematisiert wird (vgl. auch Höhn 1999; Ritter 1989, 316–319; Terhart 2000, 26; Fritzsche 2000, 181–191).

Erziehung will ›herausführen‹. Was die *Vergangenheit* betrifft, hat Erziehung mit den Erfahrungen zu tun, die frühere Generationen gemacht haben. Die Vergangenheit birgt ein Kapital, das es fruchtbar zu machen gilt. Das bedeutet erstens, dass Lernprozesse nicht immer wieder am Punkt ›Null‹ beginnen, sondern auf positiven Erfahrungen aufbauen können, die gemacht wurden. Aber auch die negativen Erfahrungen eröffnen die Möglichkeit, aus ihnen zu lernen. Aus dieser Ambivalenz ergibt sich, dass die Erziehung einen kritischen Bezug auf die Vergangenheit braucht. Der Vergangenheitsbezug ist deduktiv und Deduktion ist unumgänglich. Gefährlich wird Deduktion, wenn man sie als ein exklusives Prinzip versteht; wenn Erziehung nichts anderes ist als Weitergabe dessen, was vor uns gedacht wurde; wenn die Vergangenheit zum Maß für Gegenwart und Zukunft gemacht wird.

Die *Gegenwart* ist die Zeit, die in edukativer Hinsicht die entscheidende Rolle spielt, denn Erziehung findet in der Gegenwart statt. Das Wissen, das sie vermittelt, soll Hier und Jetzt von Nutzen sein. Darin steckt etwas sehr Wichtiges, denn gegenüber einer Vergangenheitsorientierung wird deutlich, dass Schülerinnen und Schüler nicht nur Tradition übernehmen sollen, sondern in dem, was sie lernen, auch eine ›Wahrheit-für-sich-selbst‹ entdecken können müssen. In diesem Sinn haben Piaget und Inhelder (1979) Lernen als jenen Vorgang beschrieben, in dem Vergangenes kritisch reflektiert, aber mit den Augen von Heute gelesen wird. Die kreative Dimension des Lernens liegt darin, dass die Beschäftigung mit Vergangenem nicht zum Stillstand führen, sondern als Herausforderung verstanden werden soll. Der didaktische Eichpunkt ist die Gegenwart. Die Gegenwart kommt zur Sprache, wenn von den Interessen der Schüler gesprochen wird, wenn sie in dem Licht von Heute Vergangenem Bedeutung zumessen. Der Gegenwartsbezug in der Erziehung ist *induktiv*. Induktion ist unumgänglich. Gefährlich wird sie, wenn sie als exklusives Prinzip verstanden wird und Vergangenes verdrängt oder Vergessen lässt.

Erziehung will ›emporführen‹ bzw. ›weiterführen‹ – sie verweist auf eine *Zukunft*.

In der Erziehung geht es immer auch um die ›noch nicht – Dimension‹, um das, was noch realisiert werden soll. Gleichwohl ist diese Zukunft offen: für die Schülerinnen und Schüler, für Lehrerinnen und Lehrer, für Kirche, Glaube und Gesellschaft. Für diese offene Zukunft sollen Jugendliche tauglich gemacht werden. Nicht selten wird dazu auf ein *geschlossenes* Konzept von Zukunft zurückgegriffen. Erziehung soll sich vollziehen am Beispiel standardisierter Leitbilder. Was werden soll steht mehr oder weniger fest. Aber wird Erziehung auf diese Weise nicht miss-braucht? Handelt es sich nicht um ein faules Konzept von Zukunft, dem es um den ›Selbsterhalt in der Gegenwart‹ geht, nicht aber wirklich um Zukunft? Um der Zukunft willen darf ›Selbsterhalt in der Gegenwart‹ nicht der Maßstab für die Zukunft sein. Ist er es wohl, droht die Gefahr der Stagnation anstatt Wachstum zu fördern. Stattdessen ist die positive Kraft aus dem Zukunftsbezug freizulegen: Zukunft wollen alle, ob jung oder alt, arm oder reich, christlich oder nicht-christlich. Auf diese Zukunft ist pädagogisches Handeln ausgerichtet, nicht nur auf das Überleben im Hier und Jetzt. Zukunft muss einen offenen Charakter haben, zu ihr gehören Vision und Utopie – ohne diese beiden fehlt die Idee einer besseren Welt. Durch den Zukunftsbezug bekommt die utopische Dimension in der Erziehung eine wichtige Bedeutung: es geht um die Befähigung, eine bessere Welt zu errichten. Der Zukunftsbezug ist transformativ. Er addiert nicht einfach Vergangenheit und Gegenwart und leitet daraus ab, was werden soll. Erziehung auf Transformation auszurichten ist vielmehr eine kreative Tätigkeit.

Erziehung ist somit die *Transformation der Gegenwart auf eine Zukunft hin, im Wissen um die Vergangenheit*. Es geht um das spannungsvolle beieinander Halten der drei Dimensionen. Diese Aufgabe, die alle Sparten der Erziehung betrifft, ist weder spezifisch religiös, noch ist sie ›nur‹ pädagogisch. Das Entscheidende ist nun, dass der Aspekt ›Transformation‹ auf etwas Transzendentes verweist. Darin wird die Frage des menschlichen Daseins überhaupt thematisiert. Erziehung vermittelt nicht nur irgendwelche Kenntnisse, Haltungen, Fähigkeiten und Fertigkeiten, sondern es ist ihr eigen, Heranwachsende zu einem Verstehen der Kunst des Lebens zu führen und ihnen zu helfen, ihre Potenziale auszuschöpfen. Das ist eine Aufgabe, an der sich alle schulische Bildung messen lassen muss. Man kann vor diesem Hintergrund davon sprechen, dass Erziehung ein Moment der Transzendenz beinhaltet, ohne zu behaupten, dass daher alle Erziehung ›religiös‹ sei. Für den Religionsunterricht hat diese Überlegung den Vorteil, dass damit eine grundsätzliche Verbindung zu allen Erziehungsbemühungen geschaffen wird. Metaphorisch gesprochen geht es um Folgendes: *Lehrerinnen und Lehrer sind Partner, die junge Leute mit auf die Reise nehmen, ihre Herkunft kennen zu lernen, diese im Licht von Heute zu deuten und eine Vision von der Zukunft zu entwickeln. Das Ziel einer so begründeten Erziehung ist die Befähigung zur Gestaltung des eigenen Lebens und der Welt: in der Gegenwart, auf Zukunft hin und im Wissen um die Herkunft.*

Gleichwohl stellt sich die Frage, wie die Hoffnung auf Zukunft begründet werden kann. Im Rahmen der edukativen Arbeitsteilung (im Sinne der unterschiedlichen Schulfächer) muss jedes Fach auf seine Weise dazu beitragen, die Möglichkeit dieser Hoffnung zu besprechen. Dem Religionsunterricht kommt diese Aufgabe nicht exklusiv zu, sondern er hat daran Anteil. Der Religionsunterricht entfaltet, wie jedes andere Fach auch, ein gemeinsames Anliegen auf spezifische Weise. Dieses Vorgehen hat den Vorteil, dass es den Religionsunterricht nicht von den übrigen Fächern abspaltet, son-

dern seinen Ort in der Schule vom Gesamt der Schule her begründet. Auf die einzelnen Akteure hin liegt der Gewinn darin, dass Lehrerinnen und Lehrer, die mehrere Fächer unterrichten und Schülerinnen und Schüler, die einen noch größeren Durchlauf
von Fächern erleben, die Ziele des Religionsunterrichts als integrative Ziele des gesamten schulischen Lernens nachvollziehen können. Im Vordergrund steht der Zusammenhang aller Erziehung. Der zweite Blick ist auf die einzelnen Unterrichtsfächer gerichtet,
er zeigt: Unterschiede ja, Trennung nein.

2.2 Zielfindung unter der Berücksichtigung der Formen religiöser Erziehung

Wenn bereits eine allgemeine Konzeption von Erziehung ein tranzendentes Moment
enthält, worin liegt dann das Besondere des Religionsunterrichts? Im Hinblick auf das
religiöse Lernen lassen sich drei Präzisierungen anbringen, wovon nicht eine richtig ist
und die anderen falsch sind. Auch kommt nicht nur eine für den Religionsunterricht
in Frage und die anderen nicht. Es handelt sich vielmehr um drei Perspektiven, die
sich wechselseitig durchdringen können. Sie können als Perspektiven in jedem Unterrichtsthema oder auch als sich ergänzende Blickwinkel zur Sprache kommen. Es geht
um die Unterscheidung zwischen religiöser, christlich-religiöser und katechetischer
Erziehung. In Anlehnung an die religionspädagogischen Arbeiten von Groome (1980,
20–28) lässt sich zeigen, was sie mit dem allgemeinen Ziel der Erziehung verbindet
und wie sie doch das Besondere des Religionsunterrichts herausstellen.

Zunächst zur *religiösen* Erziehung. Als ›religiöse‹ Erziehung‹ thematisiert der Religionsunterricht die Frage des Menschen nach dem Transzendenten, nach dem letzten
(ultimaten) Grund des Daseins (vgl. auch Hemel 1988, bes. 543–690 sowie → II.2).
Der Religionsunterricht fördert das Nachdenken über die eigene Beziehung zu einem
solchen Grund. Er kann aufzeigen, wie auch in der Gegenwart viele (höchst unterschiedliche) Zeitgenossen diese Beziehung thematisieren: in der Musik, im Film, in der
Literatur, aber auch in der Philosophie, der Medizin oder der Physik, ebenso in Weltanschauungen und spezifischen religiösen Traditionen. Das Adjektiv ›religiös‹ in der
religiösen Erziehung deutet das Spezifische an, das Nomen ›Erziehung‹ sagt, was religiöse Erziehung mit Erziehung insgesamt gemein hat. Das heißt: Religiöse Erziehung
vergewissert sich nicht nur darüber, was ihre Arbeit mit Glaubenstraditionen verbindet, sondern auch darüber, in welcher Beziehung sie mit einer größeren Gemeinschaft
(Gesellschaft, Menschheit) steht. Religiöse Erziehung teilt mit anderen Erziehungsin-
stitutionen die Sorge um die Qualität der Erziehung. Sie thematisiert explizit die existentielle Dimension des Lebens. In Fortführung der oben erwähnten Reise-Metapher
lässt sich formulieren: *Religiöse Erziehung expliziert auf dieser ›Reise‹ den ultimaten Grund
des Daseins durch den Bezug auf Religionen und Weltanschauungen. Ziel religiöser Erziehung
ist die Befähigung zur Gestaltung des eigenen Lebens und der Welt: in der Gegenwart, auf Zukunft hin und in bewusster Referenz zu einem ultimaten Grund des Seins.*

In dem Titel ›christlich-religiöse Erziehung‹ ist mit ›christlich‹ ein weiteres Adjektiv
zu finden. Es erinnert daran, dass die Suche nach dem ultimativen Grund des Daseins
nicht einfach a-historisch gedacht werden kann. Wir treffen auf Religion im Kontext
bestimmter religiöser Traditionen. Selbst moderne neu-religiöse Stile sind in Westeuropa kaum ohne einen Bezug zur christlichen Semantik zu denken. Christlich-religiöse

Erziehung bringt im Unterricht eine bestimmte Tradition zur Sprache, in der ein bestimmter Bezug zum Ultimaten aufscheint, wobei ein spezifisches Symbolsystem benutzt wird und zwar im Kontext einer bestimmten Gemeinschaft. Das Adjektiv ›christlich‹ vor ›religiöse Erziehung‹ erinnert den christlichen (ev./kath.) Religionsunterricht daran, dass dieser kein Monopol auf religiöse Erziehung hat, sondern für eine bestimmte Ausprägung religiöser Erziehung einsteht. Der Begriff ›christlich‹ hält zudem in ökumenischer Perspektive das Bild von der universalen Kirche lebendig. Umgekehrt erinnert der Begriff ›religiöse Erziehung‹ nach ›christlich‹ daran, dass die Frage nach der Transzendenz breiter ist, als sie in einer konkreten religiösen Gemeinschaft üblicherweise thematisiert wird. Durch diesen Rückbezug der christlich-religiösen Beziehung auf die religiöse Erziehung und die Erziehung insgesamt wird ihr spezieller Charakter betont. Sie ist nicht etwas ganz anderes neben allen anderen Erziehungsbemühungen, sondern sie teilt mit ihr eine pädagogisch verantwortete Basis. Sie betont gleichwohl etwas Spezifisches und macht damit ein Angebot an Schülerinnen und Schüler, diese besondere Beziehung zum ultimaten Grund des Daseins zu bedenken. Die Reise-Metapher lässt sich daraufhin präzisieren: *Christlich-religiöse Erziehung expliziert diese ›Reise‹ als umgriffen von der Gegenwart Gottes, von der die Botschaft des Reiches Gottes (Überlieferung) erzählt und die als Möglichkeitsgrund für ein gelingendes Leben vorgestellt wird (Hoffnung).* Als Ziel kann somit festgehalten werden: *Christlich-religiöser Erziehung geht es um die Befähigung zur Gestaltung des eigenen Lebens und der Welt: in der Gegenwart, auf Zukunft hin und in bewusster Beziehung zur befreienden Botschaft des Gottesreiches, seinen Ansprüchen an die Lebens- und Weltgestaltung und seiner Verheißung auf Vollendung.*

Von diesen Formen ist schließlich die Katechese zu unterscheiden. ›Katechein‹ meint ›antworten‹ – antworten auf den konkreten Anruf des jüdisch-christlichen Gottes, wie ihn die Kirche verkündigt und die Theologie verantwortet. Katechese ist ein kirchlicher Begriff. Die Katechese gewinnt ihre Inhalte und Prinzipien vornehmlich aus der Theologie, neben der Dogmatik aus der Exegese und Moraltheologie. Katechese ist in diesem engen Verständnis *ein* Aspekt innerhalb einer umfassenderen christlich-religiösen Erziehung. Katechese expliziert die Reise als Initiation innerhalb der Vollzüge einer christlich-kirchlichen Gemeinschaft. Katechese intendiert auf direkte Weise die Anbahnung eines ›zu gebenden Einverständnisses im Glauben‹. Dieses kann allerdings im heutigen Religionsunterricht nicht mehr einfach vorausgesetzt werden. Der Religionsunterricht stieße an seine Grenzen, wenn er sich katechetisch verstünde. Auf der anderen Seite findet hier die Besonderheit christlich religiöser Erziehung ihren Bezugspunkt. Es geht, je mehr man sich auf die christliche Tradition des Glaubens einlässt, um einen konkreten Glauben einer konkreten Glaubensgemeinschaft. Um auch hier die Metapher fortzuführen: *Katechese expliziert diese ›Reise‹ als ›Initiation‹ und ›Sozialisation‹ in den Vollzügen einer christlich-kirchlichen Gemeinschaft. Entsprechend kann als Ziel formuliert werden: Katechese befähigt in der Gegenwart und auf Zukunft hin zur Gestaltung des eigenen Lebens und der Welt durch die Einführung in die Praxis des christlichen Glaubens, durch wachsendes Vertrautwerden mit Gott und als Teilhabe am rituellen Vollzug einer konkreten kirchlichen Gemeinschaft.*

Welcher Form entspricht nun der konfessionelle Religionsunterricht? Die Antwort lautet: jeder und keiner. ›Jeder‹, weil der durchschnittliche Religionsunterricht immer eine erzieherisch-bildende Funktion hat, weil er ›Religion‹ als gesellschaftliches und anthropologisches Phänomen thematisiert, weil er als konfessioneller Unterricht sein Spezifikum gerade in der Entfaltung der christlichen Tradition sieht und weil er letztlich die Option offen hält, Anschluss an konkrete kirchliche Vollzüge herzustellen. In der Grundschule geschieht dies in manchen Bundesländern beispielsweise in der dritten Klasse im Rahmen der Vorbereitung auf die Erstkommunion. Der Religionsunterricht entspricht aber ebenso ›keiner‹ dieser Formen, weil er nie nur Erziehung ist oder nie nur ›religiös‹ bildet (das Spezifische würde verloren gehen), weil er wahrscheinlich auch nicht immer streng dem Typus christlich-religiöser Erziehung in dem hier beschriebenen Sinn entsprechen kann, wenn beispielsweise ›religiöse Alphabetisierung‹ angezeigt erscheint (man denke an stark entkonfessionalisierte Gebiete) und weil er in der Schule keine kirchliche Katechese leisten kann. Die Funktion dieser Unterscheidungen liegt darin, dass sie helfen kann, die eigene Praxis hinsichtlich der Balance zwischen Allgemeinheit und Besonderheit zu überprüfen.

Formen religiöser Erziehung: Aufgaben und Ziele				
	Erziehung	**Religiöse Erziehung**	**Christlich-religiöse Erziehung**	**Katechese**
Aufgabe	Erziehung nimmt Menschen mit auf die ›Reise‹, Grenzen zu erkennen, sie zu verlegen und sie zu überschreiten auf eine ›neue Welt‹ hin.	Religiöse Erziehung expliziert auf dieser ›Reise‹ den ultimaten Grund des Daseins im Sinne (einer) Religion bzw. Weltanschauung.	Christlich-religiöse Erziehung expliziert die ›Reise‹ als umgriffen von der Gegenwart Gottes, von der die Reich-Gottes-Botschaft als Erbe und Verheißung als Ermöglichung gelingenden Lebens erzählt.	Katechese expliziert diese ›Reise‹ als ›Initiation‹ und ›Sozialisation‹ in den Vollzügen einer christlich-kirchlichen Gemeinschaft.
Ziel	Befähigung zur Gestaltung des eigenen Lebens und der Welt: in der Gegenwart, auf Zukunft hin und im Wissen um die Herkunft.	Befähigung zur Gestaltung des eigenen Lebens und der Welt: in der Gegenwart, auf Zukunft hin und in bewusster Referenz zu einem ultimaten Grund des Seins.	Befähigung zur Gestaltung des eigenen Lebens und der Welt: in der Gegenwart, auf Zukunft hin und in bewusster Beziehung zur befreienden Botschaft des Gottesreiches, seinen Ansprüchen an die Lebens- und Weltgestaltung und seiner Verheißung auf Vollendung.	Befähigung zur Gestaltung des eigenen Lebens und der Welt in der Gegenwart, auf Zukunft hin durch die Einführung in die Praxis des christlichen Glaubens, wachsendes Vertrautwerden mit Gott und Teilhabe am rituellen Vollzug einer konkreten kirchlichen Gemeinschaft.

2.3 Zielfindung unter der Berücksichtigung der Dimensionen religiöser Erziehung

In den Zielen religiöser Bildung, wie sie der Synodenbeschluss benennt, sind mehrere Dimensionen enthalten, von denen in der Religionsdidaktik vier besondere Aufmerksamkeit verdienen. In Anlehnung an Seymour und Crain (1997) werden sie als ›Instruktion‹, ›spirituelle Entwicklung‹, ›Leben in, mit und aus Gemeinschaft‹ sowie als ›veränderndes Handeln‹ beschrieben. Zwischen den Dimensionen gibt es Überlappungen, um aber die Facetten religiösen Lernens besser herauszuarbeiten, ist eine differenzierende Analyse notwendig. In der Praxis religiösen Lernens sollten sich die Dimensionen ergänzen. Beispielsweise hat Spiritualität für sich einen Wert, aber ebenso der Einsatz für andere. Es ist zugleich unbestrittene christliche Überzeugung, Mystik und Politik als komplementäre Aktivitäten zu verstehen.

Zunächst zur *Instruktion*. Geordnetes und systematisches Lernen ist ein besonders prägnantes Merkmal schulischen Lernens. Religiöse Instruktion beinhaltet strukturierte und formalisierte Lernprozesse, in denen Kenntnisse über Religion im Allgemeinen und der christlichen Tradition im Besonderen vermittelt werden. Schülerinnen und Schüler, die lernen sollen, die religiöse Dimension der Wirklichkeit zu erschließen, brauchen dazu entsprechende Bezugspunkte. Sie werden vertraut gemacht mit den Phänomenen, die ›Religion‹ und ›Christentum‹ kennzeichnen. Instruktion geschieht vor allem kognitiv als Vermittlung von Wissen, Erarbeitung von Bedeutungen, Diskussion von Konsequenzen, usw. Wissen bedeutet, Erfahrungen einordnen und zuordnen zu können. Religiöses Wissen ist eine unverzichtbare Basis für die eigene Orientierung und das persönliche Urteil. Christliches Leben bedarf der Kenntnis der biblischen Überlieferung, christlich-kirchlicher Glaubensaussagen, Kenntnis über die Geschichte des Volkes Gottes und Kenntnis der Symbole und Rituale, die in der christlich-religiösen Praxis lebendig sind. Wissensvermittlung dient des Weiteren der kognitiven Beheimatung. Christlich-kirchlich distanzierte Schülerinnen und Schüler erarbeiten zumindest den religiös-kulturellen Hintergrund der westlichen Welt, die wesentlich durch das Christentum geprägt ist. Sie können erkennen, dass sie im Jahresablauf immer wieder auf Spuren des Christentums treffen. Religiös beheimateten Schülerinnen und Schülern dient der Wissenserwerb der Vertiefung ihrer persönlichen Orientierung. In der modernen rational strukturierten Welt hat religiöse Instruktion das Ziel, zukünftige Erwachsene auf dem Gebiet der Religion kognitiv so auszurüsten, dass die Verantwortung der persönlichen Religiosität ihrer allgemeinen Entwicklung standhält (und nicht auf Kinderniveau verharrt) und dass sie die religiöse Dimension der Wirklichkeit angemessen wahrnehmen und beurteilen können.

Als zweite Dimension wurde die *spirituelle Entwicklung* genannt. Bei der spirituellen Entwicklung steht die Person, besser: das Innere der Person, im Mittelpunkt. Spiritualität ist Leben aus dem Geist (→ III.7). Zwar hat dieser Geist im religiösen Lernen eine besondere Bedeutung, Spiritualität ist aber längst kein spezifischer Begriff der christlichen Religion mehr. Daher ist es heute oft einfacher, über Spiritualität zu reden, denn vielen Menschen ist bewusst, dass sie nach Eckpunkten in ihrem Leben suchen, dass sie die Mitte in sich selber finden wollen, dass sie das Leben deuten, sich im Leben orientieren und eine Ordnung in ihrem Leben finden wollen (vgl. Gerts 1986). Diese Suchprozesse aufzunehmen, sie zu begleiten und ihnen Richtung zu geben, ist das ureigene Feld der ›Religion‹. Spiritualität ist das Finden des ›Geistes‹, der diese Integrations- und Orientierungskraft freisetzt. ›Zu sich selber zu kommen‹ kann bedeuten: zur Besinnung zu kommen: in Stilleübungen, Meditationen, im Fasten und Verzichten. ›Still werden‹ kann bedeuten, Neues in sich selbst wahrzunehmen, Neues von Außen zu hören und auch den Anruf Gottes zu spüren. Auf diese Weise wird die spirituelle Entwicklung im christlichen Religionsunterricht nicht im Allgemeinen belassen, sondern als ›Entdeckung‹ im Licht des Glaubens konkretisiert.

Eine dritte Dimension religiösen Lernens ist das *Leben in, mit und aus Gemeinschaft.* Diese Dimension gewinnt vor dem Hintergrund des modernen Lebens aktuelle Bedeutung, denn so sehr die Freisetzung des modernen Individuums einen Zuwachs von Freiheit gebracht hat, so sehr hat sie ihre Schattenseite in Orientierungs- und Zugehörigkeitsproblemen, in Einsamkeit, Halt- und Bindungslosigkeit, usw. Die Fragmentierung des Lebens korrespondiert unübersehbar mit einem Bedarf an Einheit. In der religiösen Erziehung hat der Bezug zu Gruppen und Gemeinschaften einen festen Platz. Zum einen ist Identität (auch religiöse Identität) nicht nur durch den Blick in mich selbst zu erhalten, sondern sie ist das Ergebnis von Interaktion. Interaktion setzt eine Gruppe voraus. Zum anderen ist Religion immer gemeinschaftsbezogen: im Ausbilden einer Lebens- und Glaubensüberzeugung, von Werten und Normen, usw. Die Dimension der Gemeinschaft erinnert in der religiösen Bildung an die einheitsstiftende Kraft der Gemeinschaft. Sie zeigt, wie die Religionsgemeinschaften im Allgemeinen und die Kirche im Besonderen Gemeinschaft als Ort der Sammlung und Sendung verstehen, wie in Gemeinschaften Integration durch Partizipation geschieht und wie in Gemeinschaftsritualen die Knotenpunkte des Lebens gefeiert werden. Menschen brauchen die Rückbindung an eine Gemeinschaft, wozu die direkte Umgebung ebenso gehört wie der Oikos: die Weltgemeinschaft. Gemeinschaft hat im religiösen Lernen noch einen weiteren Klang. Der Begriff ›religio=zurückbinden‹ (→ II.1) erinnert daran, dass Gemeinschaft immer auch die Gemeinschaft mit Gott einbezieht. Der Religionsunterricht sollte nicht nur über Gemeinschaft reden, sondern Möglichkeiten der Gemeinschaftsbildung entweder selbst ins Auge fassen oder auf Aktionsgruppen an der Schule und Jugendgruppen in der Gemeinde verweisen.

Schließlich als vierte Dimension das *transformative Handeln.* Nicht alle Religionen betonen diesen Aspekt gleichermaßen, aus der christlichen Tradition ist er jedoch nicht wegzudenken. Die jüdisch-christlichen Wurzeln bezeugen einen starken Weltbezug: die Welt ist vom Schöpfer gesegnet und Abraham ist Zeichen dieses Segens (Gen 12,3); als Jesus vom Salz der Erde und vom Licht der Welt spricht, zeichnet er damit seine Zuhörer nicht aus, sondern gibt ihnen einen Auftrag mit (Mt 5,13–16); Jesus bezeichnet sich selbst als Gesandten und weist seine Jünger an, ebenso in die Welt zu gehen (Joh 17,18). Der Weltbezug ist in der christlichen Tradition eine direkte Frucht des Glaubens. Bürger-sein und Christ-sein schließen sich nicht aus. Der Einbezug der transformativen Dimension in religiöse Lernprozesse zielt auf die Bewusstmachung, dass (in jedem Fall) der christlichen Religion daran liegt, dass Menschen ihr Potenzial zur Gestaltung der Welt wecken und entfalten und dass sie Verantwortung für sich und andere wahrnehmen. Religiöses Lernen kann transformatives Handeln anstoßen und begleiten, indem es sich des Dreischritts Sehen-Urteilen-Handeln bedient (vgl. Mette 1993). In praktischer Hinsicht kann im Schulbereich durch handlungs- und projektorientiertes Lernen (→ III.13 und → III.14) praktisch gehandelt werden: der Schulchor gestaltet während der Misereor-Aktion einen Abend mit ausgesuchten Liedern zur Gerechtigkeit; die SMV organisiert Maßnahmen gegen Gewalt an der Schule; Oberstufenkurse gestalten eine Aktionswoche gegen Ausländerfeindlichkeit; usw.

Zielorientierung in Erziehungsdimensionen			
Instruktion	**Spirituelle Entwicklung**	**Leben in, mit und aus Gemeinschaft**	**Veränderndes Handeln**
Kenntnis und Einsicht in die Bedeutung der Kultur (des Erbes) sowie Wissen um die bewahrenswerten und veränderungswürdigen Zustände des eigenen Lebens und der Welt.	Kenntnis und Einsicht in die Bedeutung von Überzeugungen und Haltungen, die geeignet sind, das Leben dauerhaft zu orientieren und zu tragen.	Kenntnis und Einsicht in die Bedeutung des Angewiesenseins und der Bezogenheit auf den Anderen/die Anderen sowie Entwicklung der Fähigkeit, das eigene Leben im sozialen Zusammenhang zu kultivieren und zu entfalten.	Kenntnis und Einsicht in die Notwendigkeit des individuellen und kollektiven Handelns in der Antizipation einer neuen (besseren) Welt.

In religiösen Lernprozessen kommen diese vier Dimensionen zur Sprache – sicherlich in unterschiedlicher Gewichtung, aber in komplementärem Sinn. In der Übersicht ist jeweils eine kurze Zusammenfassung des Lernziels angegeben.

2.4 Ziele religiöser Erziehung

Die bisher gewonnenen Konzepte sollen nun zusammengeführt werden. Die nachfolgende Übersicht entfaltet eine Matrix, die in horizontaler Hinsicht durch die Formen religiöser Erziehung und in vertikaler Hinsicht durch die soeben vorgestellten Dimensionen gegliedert wird. Der Wert einer solchen Zusammenschau liegt darin, die eigene Praxis lokalisieren, reflektieren und besser verantworten zu können. An den Schlüsselgedanken soll kurz erinnert werden: Im Mittelpunkt steht der Versuch, Ziele religiösen Lernens im Hinblick auf den Gesamtkomplex schulischer Bildung integrativ zu verantworten und dabei eine Korrespondenz zwischen anthropologischen, gesellschaftlichen, theologischen und kirchlichen Dimensionen religiösen Lernens zu entfalten.

Die Matrix kann vertikal und horizontal gelesen werden. In vertikaler Hinsicht kann gefragt werden, welche Ziele allgemeine Erziehungskonzepte (denen, wie gezeigt, eine transzendente Orientierung implizit ist) für die Dimensionen Instruktion, Spiritualität, Gemeinschaft und Handeln benennen können. Wenn diese Dimensionen kein Spezifikum eines religiösen Sonderbereichs sind, ist ein solches Vorgehen möglich. In der nächsten vertikalen Spalte (religiöse Erziehung) werden die Ziele auf einen ultimaten Grund ausgerichtet, von dem angenommen wird, dass er als anthropologische Frage alle Schülerinnen und Schüler beschäftigt. Über die Interpretationen ›des Ultimaten‹ kann informiert werden, das Ultimate berührt die Frage der Spiritualität (›aus welchem Geist...‹), seine Beziehung zum Aufbau von Gemeinschaft und seine Bedeutung für das Handeln kann reflektiert werden. In der dritten und vierten vertikalen Spalte wird der ultimate Grund als christliche Offenbarung konkretisiert. Das ›Ultimate‹ bekommt einen Namen und hat eine Geschichte. Es ist der konkrete jüdisch-christliche Gott, der jeden Menschen persönlich anspricht und in die Nachfolge ruft.

Die horizontale Betrachtung geht von den einzelnen Dimensionen aus und fragt, wie diese Bereiche gesellschaftlich, anthropologisch und im Licht des christlichen Glaubens gedeutet werden können.

Ziele: Formen und Dimensionen				
	Erziehung	**Religiöse Erziehung**	**Christlich-religiöse Erziehung**	**Katechese**
Instruktion	Wissen um die Verortung des Daseins zwischen Vergangenheit, Gegenwart und Zukunft.	Wissen um die anthropologisch-transzendentale Verfasstheit des Menschen.	Wissen um den Glauben der Christen in den Dimensionen Mystik und Politik	Wissen um die Bedeutung und Reichweite der kirchlichen Lehre über die Inkarnation Gottes in Jesus Christus.
Spirituelle Entwicklung	Entfaltung der Frage nach dem Grund und Sinn des Daseins.	Entfaltung der Frage nach dem Ultimaten, Offenheit für Transzendenz.	Mystagogische Entfaltung der Frage nach dem geistlichen Leben im Kontext der Modelle, die die christliche Tradition überliefert.	Mystagogische Entfaltung der Frage nach einem Leben in Gottes Geist durch Rückbindung an die Rituale kirchlich-christlichen Lebens.
Gemeinschaft	Verbindung des eigenen Lebens mit der ›einen Welt‹.	Verbindung des eigenen Lebens mit der ›einen Welt‹, die das empirisch Fassbare übersteigt.	Verbindung des eigenen Lebens mit der ›einen Welt‹ als organischem Zusammenhang mit der christlichen Heilsgeschichte.	Verbindung des eigenen Lebens mit der ›einen Welt‹ in der Praxis der universalen (katholischen) Kirche.
Veränderndes Handeln	Transformation der erfahrbaren Welt in eine ›neue Welt‹.	Transformation der Welt im Lichte des Daseinsgrundes.	Transformation der Welt im Anspruch der Gottesreich-Botschaft als Liebe und Gerechtigkeit.	Transformation der kirchlichen Praxis für sich selbst und für die Mit-Welt als Antizipation des Reiches Gottes.

Wenn man sich bewusst macht, dass religiöses Lernen in der Schule mit einer schwächer werdenden kirchlich-religiösen Sozialisation zu rechnen hat, wird die Bedeutung wachsen, Religion nicht als ›merkwürdigen Sonderbereich einer vergangenen Welt‹ zu behandeln, sondern ihre Kontinuität mit und in der modernen Lebenswelt herauszustellen (Ziebertz 1999a). Religion eröffnet keine Welt neben der bestehenden Welt, sondern leitet dazu an, die Welt anders (oder neu) wahrnehmen und deuten zu lernen. Um die religiöse Heterogenität einer Klasse sach- und persongerecht aufzufangen, wird es zukünftig immer wichtiger sein, eine Balance zwischen den Zielen der Erziehung insgesamt und der religiösen Erziehung insbesondere zu finden. Religionspädagogen verlassen nicht den Boden konfessioneller religiöser Erziehung, wenn sie aufzeigen können, was diese mit dem Bildungsanspruch der Schule gemein hat (Stachel 1973). Im Gegenteil: sie leisten einen wichtigen Beitrag für die Akzeptanz des Faches auf Seiten der Schüler, der Kollegenschaft und der Eltern.

3. Formale Aspekte der Lernzielbestimmung

So wichtig eine inhaltliche Reflexion von Lernzielen ist, so unersetzlich ist aber auch eine Beschäftigung mit formalen Aspekten der Lernzielformulierung. Lernziele sind eine sprachliche Artikulation, in denen der gewünschte Effekt eines Lernprozesses mitgeteilt wird. Lernziele dienen der verantworteten Planung und der planvollen Durchführung von Lernprozessen, sie sind notwendig für die Kontrolle von Lerneffekten und sie machen schließlich schulische Bildung transparent. Um diese Leistungen zu erbringen, müssen die Formulierungen formalen Kriterien entsprechen.

3.1 Ziele beziehen sich auf Inhalt und Verhalten

Die Lehrinhalte, die in den Jahrgangsstufen vermittelt werden sollen, sind eine entscheidende Bezugsgröße für die Bestimmung von Zielen. Die zehn oder dreizehn Schuljahre, die Schülerinnen und Schüler durchlaufen, sind wie eine Addition von beinahe unzählig vielen Themen. Wer wollte die gesamte Fülle des Lehrstoffs aufzählen? Themen können *an und für sich* Wert haben, aber erst die Zielformulierung stellt explizit heraus, *warum* und *wozu* ein bestimmter Lernstoff behandelt werden soll. Zielformulierungen explizieren in gewisser Hinsicht die funktionale Bedeutung von Lerninhalten. Dazu ein Beispiel: Schülerinnen und Schüler, die sich im Religionsunterricht mit dem gotischen Baustil beschäftigen, werden sicher Fragen der Baukunst besprechen. Es wird aber weiter darum gehen, von den Merkmalen gotischer Kirchen aus die Frage nach der ›Architektur des Glaubens‹ in jener Zeit zu stellen. Die Gotik ist somit als Inhalt in funktionaler Hinsicht bedeutsam für ein Kennenlernen der mittelalterlichen Spiritualität. Die Prozedur der Zielformulierung ist in religionsdidaktischer Hinsicht eine grundlegende und auch kontinuierliche Praxis, die Lehrende dazu zwingt, Rechenschaft über die Auswahl von Lerninhalten zu geben und die Bedeutung der einzelnen Elemente des Lehrstoffs zu bestimmen. Das Stichwort ›Bedeutung‹ lenkt den Blick von den Inhalten auf die Schülerinnen und Schüler, für die ein Inhalt Bedeutung haben soll. Damit ist die zweite entscheidende Bezugsgröße benannt. Zielformulierungen sagen etwas darüber aus, welche Veränderungen bei den Lernenden erreicht werden soll und wie die Qualität der Veränderung beschaffen ist. In der Regel wird von Lernen gesprochen, wenn eine Verhaltensdisposition dauerhaft verändert ist, d.h. wenn aufgrund einer edukativen Einwirkung ein größeres Wissen, eine höhere Einsicht oder eine bestimmte Fertigkeit vermittelt wurde, die mittel- und langfristig Bestand hat. Der Stoffaspekt und der Aspekt der Veränderung bei Lernenden sind wie zwei Seiten derselben Medaille. Zielformulierungen müssen beide Seiten in den Blick nehmen.

3.2 Prozess- und produktorientierte Formulierungen

Zielformulierungen müssen eindeutig darlegen, was Schülerinnen und Schüler beherrschen sollen, wenn das Ziel des Lernprozesses erreicht worden ist. Dieses ›Beherrschen‹ muss feststellbar sein, d.h. man muss es beobachten können. Zielformulierungen können den ›Endzustand‹ eines Lernprozesses beschreiben oder prozessbezogen in Aussicht stellen, was gelernt werden soll. In jedem Fall spielen bei der Formulierung Verbum und Hilfsverbum eine entscheidende Rolle. Produktorientierte Zielformulierungen sind beispielsweise: ›Schülerinnen und Schüler kennen die Merkmale romanischer und gotischer Kirchen und können beide Architekturformen unterscheiden‹. Prozessorientierte Formulierungen lauten hingegen: ›Schülerinnen und Schüler sollen die Merkmale romanischer und gotischer Kirchen kennen lernen und beide Architekturformen unterscheiden können‹. Wird die objektivierbare Kontrolle von Lernprozessen besonders betont, legen sich produkthafte Zielformulierungen nahe. Je konkreter diese operationalisiert sind, desto präziser ist eine Lernkontrolle möglich. Sicherlich macht es einen Unterschied, ob Ziele für einen programmierten Lernprozess entwickelt werden, in dem es um die Beherrschung einer bestimmten Operation am Computer geht, oder um einen Lernprozess, der stärker kommunikativ und Sinn-verstehend ausgerichtet ist. Im ersten Fall wird man Ziele besonders konkret formulieren können, im zweiten Fall sind sie oftmals etwas allgemeiner gehalten; nicht nur, weil der Unterricht schwerer zu operationalisieren ist, sondern auch, weil eine Konkretion die Komplexität eines Kommunikationsprozesses unter Umständen grob reduziert. Produkthafte Formulierungen einer programmierten Lerneinheit können z.B. lauten: ›Schülerinnen und Schüler können im Internet auf Datenbanken zur Jesus-Forschung zugreifen‹; ›Schülerinnen und Schüler können eine Homepage einrichten und eine Seite über ein Klassenprojekt gestalten‹. Im zweiten Fall ist es oft schwierig, das Endprodukt ganz konkret anzugeben. Wenn im Unterricht zum Thema ›gerechter Lohn‹ unter anderem das Gleichnis von den Arbeitern im Weinberg zur Sprache kam, muss die Zielangabe auf die Komplexität des Stoffes Rücksicht nehmen: ›Schülerinnen und Schüler sollen verstehen, wie im Gleichnis von ›Lohn‹ gesprochen wird‹; ›Sie sollen vertraut gemacht werden mit der Reich-Gottes-Botschaft‹, ›Sie sollen die Bedeutung der Gott-Mensch-Beziehung erkennen und auf das eigene Leben anwenden können‹, usw. In diesen Formulierungen bleibt eine Offenheit erhalten, die als Vagheit ausgelegt, aber auch als notwendiger Spielraum für kommunikativ angelegtes Sinn-Verstehen begründet werden kann.

3.3 Lernzielstufen

Mit der Reichweite der Lernziele hängt der unterschiedliche Abstraktionsgrad zusammen. Ein Lernziel für die gesamte Schullaufbahn von der ersten bis zur zehnten bzw. dreizehnten Klasse wird zwangsläufig allgemeiner ausfallen als ein Lernziel für eine Unterrichtsstunde oder gar nur ein Segment einer Stunde. Um Lernziele angemessen formulieren zu können, hat sich die Unterscheidung in Global-, Richt-, Grob- und Feinziele durchgesetzt. *Globalziele* beinhalten einen übergreifenden Anspruch für einen langen Zeitraum. So ist das Ziel ›Der Religionsunterricht soll dazu beitragen, dass die Frage nach Gott nicht verstummt‹ sehr allgemein gehalten. Es formuliert einen Anspruch, der für jede Religionsstunde gelten kann. Dieses Globalziel muss nicht kontinuierlich überprüft werden. Es legt sich wie ein Baldachin über alle religionsdidaktischen Bemühungen. *Richtziele* können unterschiedliche Reichweiten haben. Mit ihnen kann zum Beispiel ein Zusammenhang zwischen den Themen hergestellt werden, die in den drei Jahrgängen der Unterstufe behandelt werden oder aber Richtziele beziehen sich auf das Themenspektrum nur eines Schuljahres. Im Grundlagenplan wird für die fünfte Klasse das Leitmotiv ›Unterwegs – von Gott geführt‹ genannt. Als Richtziel könnte formuliert werden: ›Die Schülerinnen und Schüler sollen biblische Vorbilder im Glauben kennen lernen und deren Gotteszuwendung als Möglichkeit für das eigene Leben entdecken können.‹ *Grobziele* gliedern diesen Anspruch an Lernprozesse im Religionsunterricht weiter auf. Sie erstrecken sich auf Unterrichtseinheiten von (in aller Regel) vier bis zu acht Wochen. Am Beispiel der fünften Jahrgangsstufe lautet ein Grobziel zum Thema ›Jesus geht zu den Menschen‹: ›Schülerinnen und Schüler sollen erkennen, dass Jesus Geschwisterlichkeit gefordert und vorgelebt hat‹. Dieses ›Erkennen‹ soll mit Hilfe der Goldenen Regel (Mt 7,12) gefördert werden. Die einzelnen Erkenntnismomente werden in *Feinzielen* konkretisiert: ›Erkennen, dass die Goldene Regel die Basis für menschliches Zusammenleben ist‹, ›Verstehen, dass unter Gleichen keine Unter- bzw. Überordnung nötig ist‹, usw. Für die Zielformulierung ist entscheidend, dass der wechselseitige Zusammenhang zwischen den Zielstufen nicht aus den Augen gerät. Feinziele müssen rückübersetzbar sein in Grob- und Richtziele und sie müssen ausweisen, wie sie das Globalziel gefördert haben. Umgekehrt sind Richt-, Grob- und Feinziele deduktiv gewonnene Konkretionen des übergreifenden Globalziels. Für die Unterrichtsplanung ist eine periodische Vergewisserung über die wechselseitige Verschränkung der Ziele geboten.

3.4 Ziele nehmen Bezug auf Qualifikationen

Es ist ein Ergebnis der curricularen Didaktik, Lernen als Erwerb von Qualifikationen zu verstehen. Lernziele geben an, welche Qualifikationen erreicht werden sollen. Dazu wird zwischen Kenntnis, Einsicht, Haltungen und Fertigkeiten unterschieden. Mit *Kenntnis* ist der Erwerb von Wissen angesprochen. Schülerinnen und Schüler sollen beispielsweise die Kirchenväter, die fünf Säulen des Islam, die Stationen des Kreuzwegs, die Anzahl und Autoren der Evangelien, usw. benennen können. Sie sollen wissen, wie die Kirche über Abtreibung, Todesstrafe, Ehelosigkeit, usw. denkt. Entsprechende Verben in Zielformulieren sind ›kennen‹ oder ›wissen‹. Die Qualifikation *Einsicht* bezieht sich auf die Fähigkeit der Schülerinnen und Schüler, einen bestimmten Sachverhalt in seiner Komplexität zu erfassen, eine Wechselbeziehung zu angrenzenden Fragen herzustellen und die Reichweite eines Themas für das Leben insgesamt zu erkennen. Am Beispiel der Evangelien: ›Schülerinnen und Schüler der zwölften Klasse können die vier Evangelien im Sinne bestimmter Theologien beschreiben und die darin erkennbare Standortgebundenheit des Theologisierens als Chance und Grenze für die heutige theologische Reflexion darlegen‹. Diese Qualifikation setzt Kenntnis voraus, geht aber über sie hinaus. Der dritte Bereich der Qualifikationen bezieht sich auf *Haltungen*, also auf Einstellungen, Wertorientierungen oder Interessen. Diese Qualifikation hat im Religionsunterricht besondere Bedeutung. Zwar darf kein Unterricht indoktrinieren, also den Schülerinnen und Schülern eine bestimmte Einstellung oder Werthaltung aufzwingen, aber er verfolgt das Ziel, dass sich die Einstellung bilden kann; z.B.: Schülerinnen und Schüler sollen bei ihrer Einstellung zur Todesstrafe die Lehre der Kirche einbeziehen; sie sollen die Goldene Regel als Basisprinzip für ihr ethisches Urteilen annehmen wollen; ihr Interesse soll geweckt werden, das christliche Menschenbild zu bedenken und von dort aus das herrschende Bild des ›homo oeconomicus‹ kritisch zu werten. Durch den Bereich der Haltungen wird den Lernqualifikationen ein Aspekt hinzugefügt, der wesentlich ist für eine ganzheitliche Sicht auf den Menschen. Schließlich ist die Qualifikation *Fertigkeiten* zu nennen. Fertigkeiten zeigen sich, wenn

Schülerinnen und Schüler aktive und kreative Möglichkeiten sehen und ergreifen, Gelerntes anzuwenden oder umzusetzen; z.B.: Kenntnis und Einsicht in die Struktur einer Metapher kann als Fertigkeit entwickelt werden, Gleichnisse und Parabeln zu verstehen, etwa mittels der Unterscheidung von Sach- und Bildhälfte sowie unter Hinzuziehung der Frage nach dem Kontext; Kenntnis der teleologischen Richtung in der Moraltheologie und Einsicht in die Logik der Begründung von Werten und Normen kann zur Fertigkeit entwickelt werden, Konflikte im Schulalltag ›unter Berücksichtigung der Folgen‹ zu verstehen und zu lösen. Ganzheitlich angelegtes Lernen sollte in der Formulierung von Lernzielen darauf achten, alle vier Qualifikationen ausreichend zu berücksichtigen.

3.5 Lernzielarten

Lernziele werden des Weiteren unterschieden, ob sie auf der kognitiven, affektiven oder psychomotorischen Ebene angesiedelt sind. Zunächst soll grob vereinfachend kurz benannt werden, was darunter zu verstehen ist. Unter *kognitiven* Lernzielen versteht man solche, die auf das Denken und Wissen und auf Kenntnisse und Erkenntnisse abheben. Die kognitive Dimension ist berührt, wenn es um Intellektualität oder Kopfarbeit geht. Die *affektive* Dimension bezieht sich auf das Gefühl, die Motivation oder die Werteinstellung. Damit gemeint sind Fragen der persönlichen Betroffenheit, der Verbindung von Glauben und Leben, der Suche nach Halt und Sinn, der Bewertung politischer Vorgänge im Licht des Glaubens usw. *Psychodynamisch* formulierte Lernziele geben an, welche sensorischen, manuellen oder motorischen Fähigkeiten erworben werden sollen. Der Begriff, der vielleicht mehr dem Sport- als dem Religionsunterricht zugeordnet wird, hat im Religionsunterricht durchaus seine Relevanz, wenn es etwa um das Einüben einer bestimmten Meditations- oder Gebetshaltung geht, um das Nachspielen einer biblischen Szene, um die Gestaltung des Jugendkreuzweges, usw. Der Begriff ›psychomotorisch‹ wird bisweilen auch durch den Begriff ›pragmatisch‹ ersetzt. Die Bedeutung dieser Lernart findet im Religionsunterricht zunehmend Beachtung, beispielsweise in handlungs- bzw. projektorientierten Unterrichtseinheiten. Die Dreiteilung ist für die Unterrichtsvorbereitung nützlich, aber sie ist auch vereinfachend. Die Nebeneinanderstellung der drei Ebenen könnte Unabhängigkeit voneinander suggerieren, die es aber im Hinblick auf die Kognition nicht gibt: die Erfahrung eines bestimmten Gefühls ist ohne Kognition nicht möglich. Kognition wird heute umfassend verstanden, der Begriff bezeichnet nicht nur den Erwerb von Wissen.

3.6 Lernzielhierarchien

Ein weiteres Merkmal von Lernzielen ist die innere Hierarchie. Kognitive Lernziele können darauf ausgerichtet sein, dass Schülerinnen und Schüler Wissen reproduzieren, sie können aber auch auf ein bestimmtes Problemlösungsverhalten abheben. Die Reichweite der beiden Intentionen ist nicht vergleichbar. Problemlösen ist eine wesentlich komplexere Operation als Wissensreproduktion. Das gilt analog für den affektiven Bereich. Wenn in einer Unterrichtseinheit zum Thema ›Fremde Kulturen und fremde Religionen‹ die Bedeutung wechselseitiger ›Toleranz‹ vermittelt werden soll, kann ein wenig komplexes Ziel lauten: ›Schülerinnen und Schüler sollen aufmerksam werden für unterschiedliche Kulturen in Deutschland‹. Aufmerksamkeit kann als ein erster

Schritt zur Motivation der Schülerinnen und Schüler für das Thema verstanden werden. Wesentlich komplexer ist das Ziel, ›Schülerinnen und Schüler sollen Toleranz als Haltungsmerkmal verinnerlichen und im Umgang mit Fremden praktizieren‹.

Eine Übersicht über die innere Hierarchie von Lernzielen bieten sogenannte Taxonomien. Sie sind für den kognitiven (Bloom 1972) und den affektiven Bereich (Krathwohl 1975) entwickelt worden. In der kognitiven Taxonomie geht es um die Zunahme von Komplexität, in der affektiven um einen höheren Grad an Verinnerlichung.

Taxonomien können helfen, sich bei der Formulierung von Lernzielen die Anfangssituation der Schülerinnen und Schüler zu vergegenwärtigen und Ziele gemäß der Regel n + 1 zu entwickeln. Damit ist gemeint, dass Lernen weder *unter*fordern soll, indem Ziele zu lange auf dem Niveau der Schüler gehalten oder sogar darunter angesiedelt werden; auch nicht *über*fordern soll, wenn Ziele mehrere Niveaus oberhalb des Ausgangsniveaus formuliert werden; sondern *an*fordern soll, indem die nächst höhere Stufe kognitiver, affektiver und pragmatischer Operationen angezielt wird.

Zusammenfassung

Ausgangspunkt der Frage nach den Zielen religiöser Erziehung ist die unwiderrufbare Freiheit des einzelnen Menschen, die religiöse Dimension seiner Wirklichkeit zu erkennen und sie im Licht des christlichen Glaubens zu deuten. In diesem Kapitel wird die Frage nach den Zielen religiöser Erziehung mit den Zielen der Erziehung insgesamt verknüpft. In der Verwiesenheit auf Transzendenz wird ein gemeinsamer Anknüpfungspunkt gefunden, den die religiöse Erziehung auf spezifische Weise konkretisiert (religiöse Erziehung, christlich-religiöse Erziehung und Katechese) und in unterschiedlichen Dimensionen entfaltet (Instruktion, spirituelle Entwicklung, Gemeinschaftsbezug und transformatives Handeln). Indem zwischen diesen Begriffen Beziehungen hergestellt werden, kommen Zielperspektiven in den Blick, mit denen das eigene Handeln durchsichtig gemacht und besser verantwortet werden kann. Neben der inhaltlichen Seite sind eine Reihe formaler Prinzipien zu beachten, wenn über Ziele religiöser Erziehung nachgedacht wird. Auf sechs besonders bedeutsame Prinzipien sind wir näher eingegangen.

Lesehinweis

Zisler, Kurt (1987): Leitbilder religiöser Erziehung: In: Leitner, Rupert u.a. (Hg.), Religionspädagogik Bd. I, Wien, 26–47.

Hemel, Ulrich (1988): Ziele religiöser Erziehung. Beiträge zu einer integrativen Theorie, Regensburg.

Stachel, Günter (1973): Religiöse Erziehung als offene Frage. In: Feifel, Erich u.a. (Hg.): Handbuch der Religionspädagogik Bd. 1, Gütersloh u.a., 21–33.

II.4 Wer lernt? – Die Adressaten als Subjekte religiösen Lernens

Georg Hilger / Hans-Georg Ziebertz

Dieses Kapitel beschäftigt sich mit der Aufgabe des Religionsunterrichts, zum »Subjektwerden« der Schülerinnen und Schüler beizutragen. Subjektwerdung schließt ein, eigene Lernaktivitäten der Schülerinnen und Schüler zu fördern und offen zu sein für ihre individuellen Perspektiven im Hinblick auf die Sinndeutungen des Lebens, ihre Religiosität und ihren Glauben. Das bedeutet nicht, ›Schülerorientierung‹ versus ›Lehrerorientierung‹ zu polarisieren. Kritisch wird aber ein Religionsunterricht gesehen, für den die Lernenden nur ›zu Belehrende‹ sind und die Rolle von Objekten fremder Planungen und Strategien einnehmen (so unverzichtbar eine gute Planung für den Unterricht ist!). Eine Ausgestaltung des Subjektbezugs wird um so dringlicher, je weniger allgemeine Aussagen über Kinder und Jugendliche möglich sind, weil kaum noch von einem gemeinsamen Erfahrungshintergrund und Entwicklungsstand (insbesondere im Hinblick auf Religion) ausgegangen werden kann. Jedes Kind und jede/r Jugendliche/r ist ein »Sonderfall«, und – was heute mehr denn je in schulischer Praxis zutage tritt – sie bestehen darauf, dass ihre Autonomie in Sachen Religion geachtet wird. Dazu kommt, dass die Kluft zwischen dem, was der Religionsunterricht vermitteln soll bzw. was Lehrende vermitteln wollen, und dem, was Kinder und Jugendliche für ihr Leben als bedeutungsvoll ansehen und was sie von ihren Voraussetzungen und ihren Interessen her lernen können und lernen wollen, groß ist. Wer dies einfach ignoriert und Schülerinnen und Schüler lediglich als Belehrungsobjekte betrachtet, riskiert, sie und ihre Bildung zu verfehlen.

1. Problem und Fragestellung

Folgende Geschichte kann helfen, die Perspektive zu verdeutlichen, mit der in diesem Kapitel die Lernenden in den Blick genommen werden:

Herr Keuner sah sich die Zeichnung seiner kleinen Nichte an. Sie stellte ein Huhn dar, das über einen Hof flog.
»Warum hat dein Huhn eigentlich drei Beine?« fragte Herr Keuner.
»Hühner können doch nicht fliegen«, sagte die kleine Künstlerin, »und darum brauchte ich ein drittes Bein zum Abstoßen.«
»Ich bin froh, daß ich gefragt habe«, sagte Herr Keuner.
(Aus: Bertolt Brecht: Werke, Band 18: Geschichten von Herrn Keuner. © Suhrkamp Verlag Frankfurt 1995)

Stellen wir uns unter Herrn Keuner eine Grundschullehrerin und unter der Nichte eine Schülerin vor. Die Schülerin malt ein Bild, das nicht in die ›Logik‹ der Erwachsenen passt. Hat es deswegen keine ›Logik‹ oder hat es eine andere? Natürlich hat sich das

Mädchen Gedanken gemacht, die der Lehrerin aber verborgen geblieben wären, wenn sie nicht gefragt hätte. Mit ihrer Antwort eröffnet das Mädchen der Lehrerin, wie sie über einen Aspekt der Wirklichkeit denkt. Diese Geschichte macht deutlich, wie wichtig es ist, dass sich die Lehrerin in die Perspektive der Schülerin versetzt. Nur so kommt es zu einem Dialog.

Die Geschichte zeigt, was es bedeutet, sich aufmerksam und interessiert auf die Weltsichten und Weltdeutungen der Lernenden einzulassen. So können Lehrende zu kompetenten Gesprächspartnern im Unterricht werden.

2. Begriffsklärungen

Obwohl der Begriff ›Schüler‹ bzw. ›Schülerin‹ auch in einem weiteren Sinn verwendet wird (z.B. ›Fahrschüler‹), sind in diesem Kapitel Kinder und Jugendliche gemeint, die in die Schule gehen. Begriffsgeschichtlich lässt sich eine Entwicklung beobachten, in der zunächst vom Zögling, dann vom Edukandus und schließlich vom Schüler als Gegenüber zum Lehrer gesprochen wird. »Der damit verbundene Perspektivenwechsel erstreckt sich vom Schüler ›als Objekt der heteronomen Gesinnungs- und Wissensvermittlung‹ zum Schüler ›als Subjekt eines Autonomie fördernden Unterrichts‹ in seinen vielgestaltigen Formen« (Seibert 1998). Der Begriff »Schülerorientierung« ist nur dann mehr als eine Tautologie (Unterricht orientiert sich immer an Schülern) und mehr als ein Etikett für didaktische Binsenweisheiten, wenn in seiner Konzeption die Schülerinnen und Schüler konsequent als ›Subjekte‹ des Unterrichts und eben nicht nur als ›Adressaten‹ von didaktischen Bemühungen der Lehrerinnen und Lehrer gesehen werden (Hilger 1979, 186; Ziebertz 1996b; Ziebertz 2000b). Gegenwärtig wird der Begriff Subjektorientierung bisweilen vom Begriff der Schülerorientierung abgegrenzt (z.B. Lämmermann 1994, 209f; Goßmann 1997). Eine solche Gegenüberstellung ist im Blick auf eine vordergründige Schülerorientierung berechtigt, wenn damit die Lernenden als homogene Gruppe und lediglich in ihrer Schülerrolle in einer Polarisierung zur Lehrerrolle und nicht als Subjekte mit einer eigenen Lebensgeschichte in den Blick kommen.

Wenn in diesem Kapitel von ›Subjektwerdung‹ und vom ›Schüler als Subjekt‹ (und nicht vom Schüler als Person) gesprochen wird, impliziert dies eine normative Vorentscheidung und Zielsetzung für religiöse Lernprozesse. Zum Selbstverständnis des christlichen Glaubens und der christlichen Theologie gehört es, den Menschen als Subjekt und Person anzunehmen und zu bejahen. Person ist der Mensch von Gott her in unverfügbarer und unableitbarer Weise, Subjekt aber muss er werden. Das begründet seine Freiheit und auch seine Verantwortung, in einem lebenslangen Bildungsprozess Subjekt zu werden. Mit Subjektwerdung ist kein egoistischer, unsozialer Individualismus gemeint, vielmehr geht es um »Identität in universaler Solidarität« (Mette 1994, 139ff) und um die Frage, was Religion zur Subjektwerdung des Einzelnen beitragen kann.

3. Was heißt, Schülerinnen und Schüler als Subjekte ernst zu nehmen?

Aus der Umgangssprache ist die Redewendung vertraut, dass jemand ›ernst zu nehmen sei‹ bzw. ›ernst genommen werden müsse‹. Die Forderung, die Schülerinnen und Schüler ernst zu nehmen, könnte vor diesem Hintergrund wie eine triviale Aufforderung klingen. Das Substantiv ›Subjekt‹ fügt diesem ›ernst nehmen‹ jedoch eine bestimmte Qualifikation hinzu. Der Subjektbegriff knüpft an der neuzeitlichen Freiheitsgeschichte an, er beinhaltet eine theologische Programmatik, er fordert didaktisch zu einem Perspektivenwechsel heraus und hat vor allem in der Interaktion sein Realisierungsfeld.

Der Mensch als ›Zweck an sich‹ – nicht ›Mittel‹

Mit dem Beginn der neuzeitlichen Geschichte ist die Aufklärung eng verbunden. Diese ist, ungeachtet aller Unfreiheit, die sie selbst hervorgebracht hat, eine Geschichte der Entdeckung des Wertes und der Würde des Individuums. Einen wichtigen theoriebildenden Beitrag hat der Königsberger Philosoph Immanuel Kant geliefert. Mit ihm gewinnt ein neues Menschenbild an Kontur mit Auswirkungen auf das Erziehungshandeln (vgl. Groothoff 1963). In diesem Menschenbild ist der einzelne Mensch nicht mehr nur vor Normen verantwortlich, sondern er ist ursächlich einbezogen in deren Entstehung. Normen haben nicht mehr den Charakter einer unangefochtenen moralischen Autorität, sondern sie müssen vor der eigenen Vernunft bestehen können. Die menschliche Vernunft wird zum Dreh- und Angelpunkt und mit ihr wird der Mensch zum universalen Bezugspunkt der Welt. Dieser neue Mensch soll sich seiner Autonomie bewusst werden, er soll gegenüber allen Versuchen der Fremdbestimmung Selbstbestimmung ausbilden und verteidigen. Nur im freien Willen jedes Einzelnen, so Kant, liegt letztendlich die Möglichkeit zur Moralität verankert. Kant reduzierte sein Menschenbild aber nicht auf den autarken isolierten Menschen. Die freie Einsicht ist in dem Vermögen verankert, dass sich der Mensch einem selbst gegebenen Gesetz verpflichtet (Kant 1971, 393ff). Als ein solches Gesetz schlägt er vor: »Handle so, dass du die Menschheit sowohl in deiner Person, als in der Person eines jeden anderen jederzeit zugleich als Zweck, niemals bloß als Mittel brauchst« (Kant 1971, 429). Dieses Gesetz stellt sicher, dass sich die Selbstbestimmung nicht ›verselbständigt‹, sondern auf ein verträgliches Zusammenleben ausgerichtet bleibt. Die Freiheit des Einzelnen findet seine Grenze an der Freiheit des Anderen. Dieses auf strenge Wechselseitigkeit beruhende Prinzip will die Freiheit, die Ehre und Würde des Menschen schützen. Es steht und fällt mit der Anerkenntnis, dass die menschliche Person immer nur als Zweck und niemals als Mittel verstanden werden darf. Diese Norm ist nach Kant fundamental, denn sie ist durch keine andere Norm weiter zu begründen.

Das pädagogische Folgeproblem lautet aber nun, wie überhaupt noch Erziehung geschehen soll, die doch immer eine ›Einwirkung von außen‹ ist. Gibt es Erziehung ohne Fremdbestimmung, ohne Nötigung und ohne Zwang? Und ist die Forderung nach der ›Selbstzwecklichkeit des Menschen‹ nicht eine pädagogische Utopie? Die berühmte Frage, ›Wie kultiviere ich die Freiheit bei dem Zwange?‹, trifft ins Zentrum dieses Problems. Wie soll das pädagogische Verhältnis zwischen Lehrern und Schülern konzipiert werden? Einerseits ist unbestritten, dass Heranwachsende die volle Autonomie erst noch erwerben müssen, andererseits darf ihnen nach der Kant'schen Regel die Autonomie nicht einfach abgesprochen werden, weil sie diese noch nicht besitzen. Ursula Peukert (1976) hat daher für die Gestaltung des pädagogischen Verhältnisses vorgeschlagen, in der Unterrichtskommunikation den ›Vorgriff‹ auf die erst noch zu erwerbende volle Autonomie der Heranwachsenden zu wagen. Durch diesen Vorgriff werde sichergestellt, die Schülerinnen und Schüler als ›Zweck‹ und nicht als ›Mittel‹ zu behandeln. Die Rede vom ›Zweck an sich‹ erinnert pädagogisch Handelnde daran, dass allen Menschen, ob jung oder alt, eine Würde zukommt, die unverfügbar und unverletzlich ist und die eine unverkürzbare Achtung verdient. In der Geschichte der Pädagogik sind diese Fragen immer wieder aufgeworfen worden: Jean-Jacques Rousseau, Ellen Key, Johann Heinrich Pestalozzi, Janusz Korczak – um nur einige zu nennen – haben die Forderung nach der Achtung dem Kinde gegenüber auf die Tagesordnung gehoben und pädagogisch umgesetzt. Ein Ernstnehmen der Schülerinnen und Schüler als Subjekte ist also keine Frage des persönlichen Geschmacks, sondern berührt ein grundlegendes Moment des pädagogischen Handelns.

Person-Sein und Subjekt-Werden: theologische Begründung des Subjektansatzes

Die theologische Anthropologie formuliert keine Alternative zur ›profanen‹ Anthropologie. Aber sie übersteigt sie, indem sie die Frage des Menschseins aufbricht und auf das Gottesgeheimnis hin öffnet. Die Erfahrung von der Unbegreiflichkeit des Menschen und der Welt gilt als Schlüsselereignis, das auf das Geheimnis Gottes verweist (Raffelt/Rahner 1981). Menschen sind nach biblischer Überlieferung Gott ebenbildlich und im Mittelpunkt der Mensch-Gott-Beziehung steht der Liebesbegriff. Gott hat sich dem ganzen Menschengeschlecht in Jesus Christus als Liebe offenbart und der Geist öffnet den Menschen für diese Liebe. In der Teilhabe an der liebenden Kommunikation, die Gott ist, kann der Mensch ›Person‹ sein, d.h. er ist von Gott angenommen und ihm wird Würde zuteil – und zwar vor allen Leistungen, die er erbringt oder erbracht hat.

Mit der Gottebenbildlichkeit gelingt es der Theologie, das Prinzip zu begründen, dass eine Person einer anderen weder als Zweck zur eigenen Selbstverwirklichung, noch nur als Mittel dienen soll, um die eigene Machtbefugnis auszudehnen, sondern dass ein Mensch ›als Mensch‹ Achtung verdient. Die andere Person ist nicht Rivale, sondern ebenfalls gottebenbildlich. Daraus entsteht die Verpflichtung, dem anderen um seinet/ihret-willen zu begegnen (Werbick 1986, 628f). Die auf dem Trinitätsgedanken und der Ebenbildlichkeit aufbauende personkonstituierende Liebe zielt auf die Auflösung der Entfremdung zwischen den Menschen. Darin liegt theologisch gesehen der Schlüssel für das Grundverhältnis des Menschen zu sich, zum Anderen und zu Gott.

Der Theologe Johann Baptist Metz (1980) hat herausgestellt, dass die Theologie nicht nur über das Subjekt-*Sein* sprechen dürfe, sondern dass sie das Subjekt-*Werden* in den Blick nehmen müsse. Damit ist gemeint, Menschen nicht ontologisch einen Subjekt-Status zuzuschreiben, ohne Rücksicht darauf, ob das Subjekt-Sein auch tatsächlich verwirklicht wird. Denn es kann durchaus eine große Spannung geben zwischen einer Wesensbestimmung, die das Subjekt-Sein im Menschen aufgrund der göttlichen

Gnade angelegt sieht, und der faktischen Befindlichkeit des Menschen als Subjekt. Die Rede vom Subjekt-werden-Können greift diese Spannung auf und macht sie zum Programm. Das Programm lautet, dass Religion, Kirche und Religionsunterricht einen Beitrag leisten müssen, das Subjekt-werden-Können der Menschen zu fördern. Konkret bedeutet dies für religiöse Lernprozesse, religiöse Bildung unter das Ziel der Subjektwerdung zu stellen. In Anlehnung an den Galaterbrief (Gal 5,1) entwickelt Norbert Mette (1994, 131f) in sechs Punkten eine entsprechende Religionspädagogik der Befreiung. Der Name Gottes, so Mette, verbürge und begründe das Ziel der Freiheit (1); in der Befreiung des Menschen erfülle sich seine biblisch gewollte Bestimmung (2); Freiheit sei Ziel und Aufgabe, sie ereigne sich als kommunikativer Prozess der unbedingten Anerkennung anderer (3); Freiheit in christlichem Sinn beinhalte immer auch den Einsatz für die Freiheit des anderen (4); das Programm der Freiheit sei ein Auftrag an die Kirchen, diese realsymbolisch zu vergegenwärtigen (5); Freiheit sei aber nie vollständig ›machbar‹, sondern ein Geschenk, das in eschatologischer Perspektive auf die Vollendung der Freiheitsgeschichte in, durch und mit Gott verweise (6).

Das Subjekt-werden-Können wird in diesem Zugang inwendig mit der menschlichen Freiheitsgeschichte verbunden und biblisch begründet. Es liegt auf der Hand, dass dieser Inhalt methodisch nicht durch Unfreiheit konterkariert werden darf. Daher stellt sich die Frage nach einer didaktischen Orientierung, die diesem Anspruch genügt.

Didaktische Orientierung

Bisweilen wird die Didaktik heute noch als eine Art ›Vermittlungstechnologie‹ verstanden. Im Mittelpunkt steht das Wissen (der Lernstoff), das an die nachfolgende Generation weiter gegeben werden soll. Dieser ›vermittlungstechnologische‹ Gedanke hat Geschichte. Blankertz (1986) weist ihn in Bezug auf die klassische ›normative‹ Didaktik nach und in gewissem Umfang ist auch die Didaktik in der zugespitzt curricularen und kybernetischen Form ›vermittlungstechnologisch‹ konzipiert. Pointiert gesagt wird dieser Ansatz durch eine einlinige Kommunikation im Sinne eines Sender-Empfänger-Modells gekennzeichnet. Der ›Ruhm‹ der ›alten Paukschule‹ beruht in hohem Maße auf der ›Effizienz‹ dieses Ansatzes.

In dem Maße, wie die Didaktik ihren Zugang auf die Praxis des Lernens und Lehrens handlungswissenschaftlich weiterentwickelt und bildungstheoretisch begründet hat, gerät die ›technologische‹ Orientierung unter Druck.

- Handelnde (Schüler und Lehrer gleichermaßen) sind zwar immer in gewisser Weise Subjekt und Objekt füreinander, die Handlungsorientierung macht aber deutlich, dass alle Handlungspartner auf vielfältige Weise Lernprozesse konstituieren – und eben nicht nur die Lehrerinnen und Lehrer, indem sie Wissen vermitteln. Schülerinnen und Schüler sind keine passiven Rezipienten bzw. leere Gefäße, die erst durch die angebotenen Inhalte gefüllt werden und so ›zu Wissen kommen‹ (Freire 1981). Sie haben Vorwissen, Meinungen und Haltungen und sie verfügen über Symbolsysteme, Deutungen und Sinnstrukturen. Die Frage ist, wie sie diese mit den im Unterricht angebotenen Inhalten verbinden.
- Bildungstheoretisch wird der Gedanke relevant, dass Bildung immer heißt: ›sich selbst Bilden‹. Das Bischofspapier ›Die bildende Kraft des Religionsunterrichts‹ (1996) greift diesen Gedanken kurz auf (vgl. ebd. Kap. 2), ohne ihn jedoch konzeptuell in dem Gesamtdokument zur Geltung kommen zu lassen. Bildung ist ein Geschehen, das die Schülerinnen und Schüler als aktiv Handelnde selbst konstitu-

ieren. Ohne ihre Eigenleistung gibt es keine Bildung. Wenn in der Religionsdidaktik seit einigen Jahren der Blick über Prozesse der ›Vermittlung‹ hinaus auf Prozesse der ›Aneignung‹ gelenkt wird, zeigt sich darin das Bemühen, die Bedeutung der handelnden Schülerinnen und Schüler hervor zu heben und in ihnen ›Subjekte‹ religiöser Lernprozesse zu sehen.

Mit einer solchen Schüler- bzw. Subjektorientierung ist ein einschneidender Perspektivenwechsel verbunden. Die Frage ist nicht (allein), wie die Enzyklopädie des Wissens in einem Fach (z.B. der Theologie) über 10 bzw. 13 Schuljahre verteilt ›vermittelt‹ werden kann, sondern wie bedeutsam die Inhalte für die religiöse und allgemein menschliche Entwicklung der Schülerinnen und Schüler sind (vgl. Goßmann/Mette 1995). Es wird also gefragt, welchen Beitrag religiöse Symbolsysteme zur Bewältigung von Lebensfragen leisten können und wie sie die Bestimmung des Menschseins fördern helfen, nämlich zu einem selbstbestimmten Leben in Freiheit zu finden. Eine solche Subjektorientierung setzt bei den »sinnhaft handelnden Subjekten« an (vgl. Schöll 1995), in deren Dienst die biblische Befreiungsbotschaft gestellt wird. Der Ausgangspunkt ist nicht die Unterstellung, dass die vermittelten Inhalte wohl aus sich heraus zur Identitätsbildung beitragen werden – in diesem Fall stünde der Inhalt vor den handelnden Schülerinnen und Schülern –, sondern es geht um die Perspektive der Schüler – wenn auch nicht in einem naiven Sinne. Im Erziehungs- und Bildungshandeln gibt es immer Ansprüche ›von außen‹, daher wäre die Forderung nach Subjektorientierung falsch verstanden, würde man Schüler und Stoff gegeneinander ausspielen. Die Herausforderung der Schüler- und Subjektorientierung liegt darin, der Frage der Schülerinnen und Schüler nach der Relevanz des Stoffs Raum zu geben, ihre Auseinandersetzung mit der ›Anschlussfähigkeit‹ des Stoffs in Fragen der Lebensbewältigung zu fördern und ihre Fähigkeit zur Konstruktion von Bedeutungen entwickeln zu helfen. Dieses Lernen soll mit dem übergeordneten Anspruch konvergieren, dass religiöses Lernen ein Prozess der Subjektwerdung in Freiheit sein soll. Man wird nicht behaupten können, dass eine so verstandene Subjektorientierung bereits zum Allgemeingut der Theologie bzw. der Religionsdidaktik gehört. Gleichwohl gibt es gute Gründe, die Schülerinnen und Schüler als Handelnde stärker in den Blick zu nehmen.

Kernkonzept ›Interaktion‹

Lernen ist Handeln – und das vollzieht sich im Unterricht vor allem interaktiv. Der Anspruch, Schülerinnen und Schüler als Subjekte ernst zu nehmen und im Rahmen schulischen Lernens ihr Subjekt-Werden zu fördern, muss also in den faktischen Interaktionssituationen realisiert werden. Der Frankfurter Philosoph Jürgen Habermas (1981) hat gezeigt, dass und wie in der Interaktion die Frage besonders virulent wird, ob Heranwachsende als Zweck in sich oder als Mittel verstanden werden. Er beruft sich vor allem auf Einsichten aus dem Symbolischen Interaktionismus, wie ihn George Herbert Mead (1978) entwickelt hat. Nach Mead beruht Lernen auf Interaktion. Lernen ist bereits ursprünglich ein sozialer Vorgang und nicht nur eine monologische Verarbeitung von Erfahrungen, auf die sich Piaget konzentrierte. Unter Interaktion (inter-agere) wird die Auseinandersetzung mit der sozialen Umwelt verstanden. Interaktion bedeutet, sich mit Personen und Gegenständen seiner sozialen Umwelt zu beschäftigen. Wenn sich ein Subjekt (real oder imaginär) in Interaktion befindet, ist es kontinuierlich damit beschäftigt, das Verhalten, Erleben und die Erwartungen anderer innerlich symbolisch zu rekonstruieren. Nur indem Einzelne innerlich vorwegnehmen und deuten, warum sich andere so verhalten und was deren Erwartungen an sie sein könnten, kann man sich darauf beziehen. Didaktisch gewendet bedeutet dies: Schülerinnen und Schüler lernen nicht ›deterministisch‹, indem sie vorgegebene Situationsdefinitionen einfach übernehmen, sondern sie sind aktiv Beteiligte in dem Bestreben, Verständigung über die Bedeutung von Situationen herbeizuführen. Das gilt für den Umgang der Schüler untereinander als auch für die Lehrer-Schüler-Interaktion. In dieser Interaktion sind nicht nur die ›Ideen‹ der Beteiligten präsent, es werden zudem viele Vorstellungen des kulturellen Kontextes aktiviert, in dem die Beteiligten leben. Wichtig ist, dass weder das Bewusstsein der Schüler noch das der Lehrer einzig ein Reflex auf gesellschaftliche Positionen ist. Durch das wechselseitige Erschließen von Handlungsabsichten und Deutungen entsteht ständig Neues. Dass es zu einer Verständigung zwischen zwei oder mehreren Interaktionspartnern kommt, ist eine große Leistung. Sie beruht auf der reflexiven Fähigkeit, Rollen zu übernehmen, sie innerlich zu rekonstruieren und dazu Stellung zu beziehen. In diesem Prozess des »taking the attitude of the other« entwickelt sich neben dem Selbstbewusstsein auch das Denken (Mead 1978, 206).

Didaktisch gewendet zeigt diese Interaktionstheorie, wie sehr Lernen an die Aktivität des Einzelnen gekoppelt und wie sehr sie in der wechselseitigen Beziehung zu anderen verankert ist. Schülerinnen und Schüler sind ohne Frage Rezipienten, weil sie angebotene Inhalte übernehmen. Sie lagern diese aber nicht einfach in sich ab, sondern ›verarbeiten‹ sie, d.h. sie gehen rekonstruierend und deutend mit diesen Inhalten um und suchen ein Verhältnis, das ihnen erlaubt, dazu Stellung zu nehmen. Ein wesentliches Motiv ist dabei die Integration der ›alten‹ und ›neuen‹ Perspektivenstruktur (→ II.2). Diese entzieht sich der Kontrolle durch pädagogische und didaktische Beeinflussung, es ist das Kennzeichen des im Letzten freien Bewusstseins, das darüber entscheidet, wie sich ein Mensch zu einem Gegenüber (als Person oder Gegenstand) verhält. Vor diesem Hintergrund wird deutlich, wie oft vermutlich die Schule machtförmig in die Denk- und Bewusstseinsentwicklung der Heranwachsenden eingreift, wenn sie die Autonomie des Lernens nicht hinreichend berücksichtigt. Die Forderung, Schülerinnen und Schüler als Subjekte ernst zu nehmen, ist daher zu konkretisieren als eine explizite Wahrnehmung, Deutung und Entwicklungshilfe ihrer aktiven Auseinandersetzung mit der Welt.

4. Annäherungen an die Schüler als Subjekte ihrer religiösen Biographie

Wie kann das Subjekt-Werden als religiöser Lernprozess gestaltet werden? Drei Fragehorizonte weisen die Richtung, bei denen die Lernenden selbst im Mittelpunkt stehen. Didaktisch geht es um die Kompetenz, Schülerinnen und Schüler *wahrzunehmen*, wie sie sich religiösen Fragen zuwenden bzw. mit ihnen umgehen; zweitens um die Kompetenz, die Konstruktionen ihres »Weltbildes« *deuten* zu können, und schließlich um die Kompetenz, ihre Religiosität *entwickeln* zu helfen.

Schüler und Schülerinnen wahrnehmen lernen

Religionsunterricht sollte ein Lernort sein, an dem junge Menschen lernen, ihre Religion und ihren Glauben wahrzunehmen, anzunehmen, zu entwickeln, ihn kommunikationsfähig zu machen, also soziale Gestalt zu geben, und ihn reflektierend zu verantworten. Aufgabe der Lehrenden ist es dann, Kinder und Jugendliche bei ihrer religiösen Entwicklung in diakonischer Selbstlosigkeit zu begleiten, zu unterstützen und auch herauszufordern. Ein solcher Religionsunterricht setzt Lehrerinnen und Lehrer voraus, welche die Schüler als aktive Subjekte wahrnehmen können. Zur Professionalisierung von Religionslehrern und -lehrerinnen gehört darum nicht nur hermeneutische Kompetenz für theologische Inhalte, sondern auch hermeneutische Kompetenz im Hinblick auf die Lebenswelten von Kindern und Jugendlichen, die Fähigkeit also, sich auf die Perspektiven der Lernenden einzulassen, sie anzunehmen und in sensibler Weise wahrzunehmen. Wahrnehmungskompetenz für die Religiosität der Schülerinnen und Schüler ist eine dringliche Aufgabe religionsdidaktischer Aus- und Fortbildung.

Viele Probleme des Religionsunterrichts entstehen dadurch, dass Schüler nur in ihrem defizitären religiösen Status gesehen werden können, dass ihr Anders-Sein nicht wahrgenommen und angenommen werden kann. Es gilt also genau hinzusehen und hinzuhören, wie Kinder und Jugendliche sich Religion aneignen und wie sie Religion in ihren Lebensalltag integrieren. Für die religiöse Bildung bedeutet das, dass Religionsunterricht sich nicht damit begnügen kann, den kirchlich gelehrten Glauben systematisch geordnet »weiterzugeben« und dabei die Differenz zwischen gelehrtem und gelebtem Glauben zu übergehen. Religionsdidaktische Bemühungen haben ihren theologischen Ort in der kritisch-produktiven Vermittlung zwischen gelebter Religiosität und gelebtem Glauben (bzw. Areligiosität und Unglauben) auf der einen und dem gelebten und gelehrten Glauben der Kirchen auf der anderen Seite. Friedrich Schweitzer setzt in seiner Religionspädagogik des Jugendalters folgende Handlungsperspektive an die erste Stelle: »Religion der Jugend wahrnehmen und anerkennen, herausfordern und begleiten« (Schweitzer 1987, 153). – Wie aber kann man sensibel werden für die gelebte Religiosität von Kindern und Jugendlichen? Ein Beispiel aus der Lehrerbildung soll dies verdeutlichen.

Schülertheologie deuten lernen – am Beispiel von Gottesvorstellungen

Das Beispiel will zeigen, wie Lehrende lernen können, Gottesvorstellungen von Kindern zu deuten. Sie müssen für die Theologie von Kindern auf dem Hintergrund ihrer religiösen Entwicklung und ihres lebensweltlichen Kontextes sensibel werden. Eine achtsame Deutung von Äußerungen – seien es Worte, Bilder oder Gesten – ist wohl nur möglich, wenn man sich nicht mit einem beobachtenden Wahrnehmen in wissenschaftlicher Distanz begnügt, sondern sich auf einen Interaktionsprozess mit den Schülerinnen und Schülern einlässt. Dabei muss damit gerechnet werden, dass die Deutungen immer perspektivisch bleiben und nie das ganz einholen können, was die Interaktionspartner mitteilen.

Das gilt in besonderer Weise für Bilder, deren eigene Bild-Sprache mit ihren Codes durch Worte verbal nicht adäquat übersetzt werden kann und bei deren Deutung sich der Interpret immer auch selber zur Sprache bringt. Eine achtsame und das Gegenüber respektierende Deutung heißt in diesem Sinne, Annäherung an die eigene (und sicher auch fremde) Art, wie z.B. Kinder in einer bestimmten Situation ihre Gottesvorstellungen konstruieren.

Kinder wurden zum Malen von Gottesbildern angeregt und dabei beobachtet. Der Impuls lautete: »Ich hätte gern, dass du mir ein Bild von Gott malst, wie du dir Gott vorstellst. Wichtig ist, dass es dein eigenes Bild ist. Du kannst nichts dabei falsch machen. Wenn Du magst, kannst du auch auf dem Bild vorkommen.« Der Weg zum Verstehen der Gottesvorstellungen der Kinder führte über das Protokollieren des Malablaufs und aller Äußerungen zum Bild und vor allem über eine intensive Auseinandersetzung mit dem fertigen Bild. Dabei kam es darauf an, zuerst einmal das Bild sorgfältig zu rekonstruieren, damit sich der Interpret vor jeder Deutung immer wieder des Gegenstandes vergewissert, und sich für einen behutsamen und achtsamen Umgang mit den Dokumenten der Kinder Zeit lässt (Näheres zum didaktischen Arrangement vgl. Hilger/Rothgangel 2000, 263–279). Anregungen der »Dokumentarischen Methode der Interpretation« (nach Ralf Bohnsack 1993, Hans Schmid 1993) folgend, wurde der Interpretationsprozess durch folgende vier Schritte verlangsamt:

1. Rekonstruktion der Datengenerierung und Kriterien der Auswahl: Welche Dokumente liegen vor, in welchem Kontext und mit welchen Fragestellungen bzw. Impulsen sind sie entstanden? Welche Kriterien spielten bei der Auswahl des Bildes eine Rolle?

2. Formulierende Interpretation – Nachvollzug der Äußerung: Hier wendet sich der Interpret den bildlichen und sprachlichen Äußerungen zu, formuliert sprachlich, was er auf dem Bild sieht und stellt in seiner Sprache auch dar, was das Kind geschrieben bzw. gesagt hat. Durch dieses »Nacherzählen« wird die Sprache des Kindes in die Sprache des Interpreten »übersetzt«. Hierbei erschließen sich die Gesichtspunkte, die für den Interpreten besonders relevant sind. »Ich sage weiter, was das Bild (der Text) mir sagt.« Es gilt, sich dem Bild bzw. dem Text in seiner Ganzheit zuzuwenden und ihm im Sinne einer produktiven Verlangsamung Aufmerksamkeit zu schenken.

3. Reflektierende Interpretation – Rekonstruktion der Form: Im Mittelpunkt dieses Schrittes steht eine möglichst präzise Form-Inhalts-Analyse. Die Bild- (bzw. Text-)Strukturen werden erhoben, der Zusammenhang der einzelnen bildlichen Zeichen wird ermittelt. Schließlich wird herausgefunden, was das Zentrum des Bildes (des Textes) darstellt. Um das Bild (den Text) in seiner Besonderheit darzustellen, liegen im Sinne einer komparativen Analyse auch Vergleiche mit anderen Bildern (Texten) nahe. Hierdurch kann sich das Besondere erschließen. Grundregel ist also: Der Inhalt wird über die Form rekonstruiert.

4. Zusammenfassende Interpretation: Auf dieser vierten Stufe fasst der Interpret die einzelnen Elemente der Äußerung zusammen, nennt und interpretiert die entdeckten formalen und inhaltlichen Grundmuster. Er kann sie auch in Relation zu anderen veröffentlichten Äußerungen bzw. Theorien und zu theologischen Fragestellungen verdeutlichen.

Schon die Beobachtungen bei dem Entstehungsprozess der Bilder gewähren Einblicke, wie Kinder an ihren Gottesvorstellungen arbeiten. Sie sind zu anspruchsvollen theologischen Auseinandersetzungen fähig, dabei aber auf eigene Weise »Theologen«, die in ihren theologischen Konstruktionen vieles verarbeiten, was sie in der Familie und in ihrer Lebenswelt erfahren haben, was sie auf ihre Weise an Wirklichkeit wahrgenommen haben – auch an religiöser Symbolik – und wohl auch das, was sie gelernt haben, beiläufig oder in institutionalisierten Lernprozessen. Sandra, Schülerin einer vierten Grundschulklasse, zeigt immer wieder durch ihr Radieren und ihre Übermalungen, wie sie an ihren Gottesvorstellungen arbeitet: Zuerst malt sie Gott auf einer Wolke als Mann mit Bart, lächelndem Mund, Heiligenschein, Hose und Füßen. Später malt sie ihm – wie zwei kleiner gemalten Engeln auf ihrem Bild – zwei Flügel, radiert seine

Hose und seine Füße wieder weg und zeichnet ihm eine lange Kutte mit einem Kreuz auf der Brust. Die Flügel radiert sie dann wieder weg und meint dazu: »Gott braucht keine Flügel! – Er kann überall sein.« Immer wieder radiert Sandra an ihrem Bild: die kleine Erdkugel am rechten unteren Bildrand ist ihr zu klein. Sie sucht malend und radierend nach einem angemesseneren Platz und platziert diese schließlich – so groß, dass man nur einen Teil von ihr sehen kann – in die Mitte des unteren Bildrandes, möglichst nah zu Gott. Auch ihre Mariendarstellung – viel kleiner als ihr Gottesbild, aber in der gleichen Körperhaltung – wird wegradiert, an anderer Stelle angeordnet. Als ein Kind meint: »Deine Maria ist aber ganz schön klein!«, antwortet sie: »Na und? Gott ist sowieso viel größer!«

Neue Dimensionen erschließen sich, wenn man versucht, sich möglichst gegenstandsbezogen den bildnerischen Äußerungen des Kindes anzunähern. Sandra hat es nach all den Korrekturen geschafft, für ihre Vorstellung eines zugleich großen, fernen und nahen, freundlichen Gottes eine Form zu finden. Dass Gott unsichtbar ist, drückt sie dadurch aus, seinem Gesicht als einzigem auf dem Bild keine Farbe zu geben. Seine Größe wird sichtbar durch die Mittelpunktstellung und die Relation zu den anderen Figuren des Bildes. Durch seine Armhaltung, das Kreuz und die Körperachse Gottes ergibt sich eine Bewegungsrichtung zur Erde hin, die durch Maria und den »Tempel« unterstützt wird. Farblich dominieren blau und gelb. Diese beiden Farben im Kleid der Maria und ihr Nimbus verbinden die Mariengestalt mit der Erde und mit Gott. Die beiden Engelgestalten – gleich gekleidet wie Gott und mit einem nicht umrandeten Nimbus versehen – sind von ihrer Ausrichtung und Körperhaltung sowohl von der Gottesgestalt als von der Mariengestalt abgehoben. Auffällig sind die trinitarischen Symbole auf dem Portikus des Tempels: das Auge Gottes, das Kreuz und eine Taube. Der Kreis links oben im Bild soll der Planet Jupiter sein: »Da wohnen die Außerirdischen«, kommentiert Sandra.

Derartige Bilder und die Kommentare der Kinder zu ihrem Entstehungsprozess sind ein Anzeichen dafür, dass Kinder ihre Welt und ihre Gottesvorstellungen nicht ausschließlich rezeptiv aufnehmen, sondern sich produktiv aneignen auf je eigene Weise und in engster Beziehung zu dem, was sie wahrgenommen haben. Kindern zuzugestehen eine eigene Theologie aktiv zu entwerfen (vgl. Bucher 1992) setzt eine Anthropologie voraus, die anerkennt, dass Kinder anders sind als Erwachsene und sich auf eigene Weise mit den großen Fragen des Lebens auseinander setzen. Sie dabei begleiten zu können, setzt voraus, sich ihrem Theologisieren verstehend anzunähern.

Religiosität der Schülerinnen und Schüler entwickeln helfen

Mit der Zielperspektive »Religiosität der Schülerinnen und Schüler entwickeln helfen«
im Sinne einer Begleitung eines eigenen Lernweges, aber auch einer Herausforderung,
nicht in einem gewissen Entwicklungsstadium stehen zu bleiben, wird schon implizit
vorausgesetzt, dass es eine progressive religiöse Entwicklung gibt in unterscheidbaren
Phasen bzw. Stufen, vergleichbar einer kognitiven oder moralischen Entwicklung. Vorausgesetzt wird dabei auch, dass jeder Mensch in seiner Religiosität bzw. seinem Glauben entwicklungsfähig ist. Der Begriff Entwicklung, hier als Ziel religiöser Bildung und
Erziehung verstanden, betont ferner die Eigenaktivität des sich aktiv entwickelnden
Subjekts und enthält in seinem Menschenbild auch die Idee und das Ziel des mündigen religiösen Menschen (vgl. Bucher 1999).

In diesem Kapitel beschränken wir uns auf zwei Theorien religiöser Entwicklung,
die im deutschsprachigen Raum in den letzten Jahrzehnten intensiv diskutiert wurden
und in enger Beziehung zu den entwicklungspsychologischen Forschungen von Jean
Piaget stehen: Theorien zur Entwicklung des religiösen Urteils nach Fritz Oser und
Paul Gmünder und zu den Entwicklungsstufen des Glaubens nach James W. Fowler.

Zu Grundannahmen von genetisch-strukturellen Entwicklungstheorien, die auf
Jean Piaget zurückgehen, gehört: Kinder und Jugendliche denken anders und verarbeiten das an sie (z.B. im Unterricht) Herangetragene anders als Erwachsene. Denken entwickelt sich nicht durch Belehrungen, sondern dadurch, dass die Lernenden ihr Denken durch den Aufbau von neuen Strukturen als aktiver Prozess der jeweiligen Subjekte umstrukturieren. Entwicklung findet dann statt, wenn die bisherige Denkstruktur
für das eigene Weltverständnis nicht mehr als adäquat angesehen wird und aufgegeben
und somit umgebaut werden muss, um den neuen Aufgaben und Problemen gewachsen zu sein. Erfährt z.B. das Kind, dass es aufgrund seiner Denkstrukturen zu Fehlein-
schätzungen der Wirklichkeit kommt – dass der nur mit einem Handtuch bedeckte
Ball also noch nicht ganz aus der Welt sei, dass das höhere Glas nicht unbedingt mehr
Limonade enthalten muss als ein niedrigeres –, dann muss es versuchen, durch »Akko-
modation« neue Denkstrukturen zu entwickeln. Mittels Assimilation und Akkomoda-
tion eine zunehmend angemessenere »Äquilibration« im Gleichgewicht zwischen Organismus und Umwelt herzustellen, das ist in der Sicht einer solchen Entwicklungstheo-
rie der wesentliche Steuerungsfaktor von Entwicklungsprozessen (vgl. u.a. Piaget
1974).

Entwicklung des religiösen Urteils nach Fritz Oser und Paul Gmünder

Religionspädagogisch inspirierte entwicklungspsychologische Forschungen im Sinne
von J. Piaget (z.B. durch F. Oser/P. Gmünder, J. W. Fowler) haben bestätigt, dass Kinder
und Jugendliche auch im religiösen Bereich als aktive Subjekte ihrer Entwicklung anzusehen sind. Das lernende Subjekt muss die Inhalte des Religionsunterrichts aktiv in
sich aufnehmen und verarbeiten, gewissermaßen einverleiben (assimilieren) gemäß
seiner kognitiven Entwicklung. Nur so werden sie bedeutsam, und nur so können sich
Erkenntnisstrukturen entwickeln und dem neuen Bewusstseinsstand angepasst (ak-
kommodiert) werden (vgl. u.a. Oser/Gmünder 1984; Bucher 1991).

Fritz Oser und Paul Gmünder, die in der deutschsprachigen religionspädagogischen Diskussion hohe Beachtung gefunden haben, sind davon überzeugt, dass es für

jeden Menschen genauso wie mathematische oder moralische auch kognitive religiöse Strukturen gibt. Sie untersuchen das religiöse Urteil, d.h. nach welchen Strukturen Menschen konkrete Lebenssituationen religiös in Bezug auf ein Ultimates, letztlich Verbindliches, deuten. Für den Ansatz bedeutsam ist, dass Personen in unterschiedlichsten Situationen dieselbe Deutungsstruktur verwenden. Was bedeutet das?

Ein Kind von zwölf Jahren, das ein Los gewinnt, erklärt sich dieses Glück damit, Gott sei besonders gut zu ihm. Es habe schließlich auch viel für Gott getan und viel gebetet; deshalb habe Gott ihm auch jetzt geholfen.

In einer anderen Situation, in der die Freundin oder der Freund schwer krank wird, meint das Kind, Gott wolle es prüfen. Und es und der Freund bzw. die Freundin müssten jetzt tapfer sein, dann werde Gott dies belohnen und dafür sorgen, dass er bzw. sie gesund werde. In einer dritten Situation, in welcher ein Schüler ein Ausscheidungsspiel verliert, meint er, Gott werde ihm das nächste Mal zum Sieg verhelfen, denn er sei ja gerecht. In einer vierten Situation opfert das Kind von seinem Taschengeld und betet dazu: »Lieber Gott, hilf mir bei der nächsten Prüfung, denn du kannst alles und ich tue ja so viel für die Armen. Du darfst mich nicht strafen, indem du mich bei der Prüfung im Stich lässt.«

Wie lässt sich nun, unabhängig von der konkreten Situation, die religiöse Denkstruktur beschreiben, nach der hier beurteilt worden ist? Gott tut etwas, aber der Mensch muss auch etwas tun. – Gott handelt also in Entsprechung zu den menschlichen Leistungen. Der Mensch kann durch bestimmte Taten Gottes Wohlgefallen verdienen (vgl. Oser 1988, 12f). Diese religiöse Struktur entspricht der zweiten Stufe der religiösen Entwicklung nach Fritz Oser und Paul Gmünder: Orientierung an »do ut

---

Stufen der Entwicklung religiöser Urteilskraft (nach Oser/Gmünder)

Stufe 1: Orientierung an absoluter Heteronomie (Deus ex machina)
Das Kind fühlt sich »ausgeliefert«. Es glaubt an ein Größeres (»Ultimates«), das über ihm steht und es in allem leitet. Gott als »deus ex machina« ist unerreichbar und unbeeinflussbar.

Stufe 2: Orientierung an »do ut des«
Das Kind kann dieses Größere, das über ihm steht, durch intentionale Akte wie Opfer, Gebet, das Befolgen von Geboten usw. beeinflussen, mit ihm in der Weise eines Tauschverhältnisses gleichsam handeln.

Stufe 3: Orientierung an Selbstbestimmung (Deismus)
Der junge Mensch befreit sich aus der Abhängigkeit von diesem Ultimaten, ihm wird (in den meisten Fällen) ein eigener, vom Menschen getrennter Bereich zuerkannt. Sein Leben wird aber dadurch nicht mehr direkt beeinflusst.

Stufe 4: Orientierung an Autonomie und Heilsplan
Der Mensch nimmt sich als derjenige wahr, der selbst entscheidet, selbst handelt, selbst reflektiert und selbst die Verantwortung ergreift. Er fragt aber nach den Bedingungen der Möglichkeit für diese Vernunft und Freiheit und erfährt sie als durch das Ultimate gegeben und geschenkt

Stufe 5: Orientierung an Intersubjektivität
In allem, was der Mensch tut, sieht er sich heilsgeschichtlich verwurzelt. Er nimmt den Standpunkt seiner unbedingten Religiosität ein, die nicht mehr auf einen Sonderbezirk der Lebenswelt beschränkt, sondern allumfassend ist. Die Sache des Menschen ist von jener Gottes nicht mehr trennbar. Gott ist die Ermöglichung der eigenen Freiheit, die Freiheit des Anderen wird das Sinnziel des Handelns. Gott erscheint in der Begegnung und der unbedingten Anerkennung des Anderen in seiner Freiheit.

des« (ich gebe, damit du gibst). Das Kind meint Gott durch Akte wie Opfer, Gebet und gute Taten beeinflussen zu können. Mit dieser situationsunabhängigen religiösen Urteilsstruktur werden Erfahrungen religiös gedeutet. Das gilt auch für Texte. Von den religiösen Denkstrukturen hängt es ab, wie z.B. biblische Texte verstanden und verarbeitet werden können. Fritz Oser und Paul Gmünder haben in umfangreichen empirischen Untersuchungen fünf Stufen religiöser Entwicklung validieren können.

Religionsdidaktisch hat diese Theorie an erster Stelle einen heuristischen Wert: Sie ermöglicht eine Sensibilisierung für das kognitive Entwicklungsniveau der Lernenden, kann so Unterricht vor demotivierender Über- oder Unterforderung schützen und somit helfen, Kinder oder Jugendliche dort abzuholen, wo diese in ihren religiösen Denkstrukturen tatsächlich stehen.

Zweitens legt dieser entwicklungspsychologische Ansatz es nahe, die Lernenden in ihrer jeweiligen Entwicklungsstufe anzunehmen, damit sie ihre erworbene Denkstruktur auch anwenden können in eigener aktiver Auseinandersetzung mit Inhalten, die auf die jeweilige Struktur Rücksicht nehmen. Der Entwicklung nicht dienlich ist es, ihnen theologische Erwachsenenpositionen aufzuzwängen. Oser betont den optimalen Ausbau der jeweiligen Stufe (Oser 1988, 20).

Wer die Stufentheorie bei seiner unterrichtlichen Planung berücksichtigt, wird drittens daran interessiert sein, die Lernenden durch Impulse zu stimulieren, sich zur nächsten Stufe zu entwickeln, wenn sie ihren altersmäßig optimalen Entwicklungsstand noch nicht erreicht haben. Dies ist aber nur dann möglich, wenn z.B. das Kind seine Stufe wirklich ausdifferenziert hat und an seine Grenzen gelangt ist.

Problematisch kann eine Vernachlässigung des affektiven Aspekts werden. Sicher ist religiöse Entwicklung ganzheitlich und zeigt sich nicht nur in der verbalen und kognitiven Urteilsfähigkeit, doch betrifft sie, wenn man affektives und kognitives Handeln nicht künstlich trennen will und intuitive, emotionale und symbolische Ausdrucksformen nicht prinzipiell vernachlässigt, einen zentralen Aspekt religiösen Lernens, der vor allem für schulisches Lernen bedeutsam ist. Auch die hierarchische Ordnung von Stufen und der Endpunkt religiöser Entwicklung ist problematisch: Ist jede höhere Stufe auch eine wertvollere Form von Religiosität oder hat jede Phase ihren eigenen Wert? Schon die Begriffe »Stufe« und »Entwicklung« suggerieren eine Hierarchie und einen normativen Zielpunkt. Es wären auch andere Metaphern wie z.B. Spirale, Weg oder Sequenz denkbar, z.B. im Rückgriff auf mystische Weltsichten. Religiöse Entwicklung braucht nicht unbedingt immer ein Weg nach oben, sie kann auch ein Weg in die Tiefe sein. Es kommt durch die Stufentheorie zum religiösen Urteil also nicht alles in den Blick, was für eine umfassende religiöse Bildung bedeutsam ist.

Stufen der Glaubensentwicklung nach James W. Fowler

Weniger im deutschsprachigen Raum rezipiert ist die Stufentheorie von J. W. Fowler. Sie ist komplexer und umfassender als die von Oser/Gmünder, weil Fowler u.a. auch die Erkenntnisse zur Lebenslaufforschung und zur Entwicklung der Ich-Identität von E. H. Erikson mit einbezieht, sich somit nicht auf das religiöse Urteil und die darin aufscheinende Beziehung des Menschen zu einem Göttlichen beschränkt. Fowler reflektiert den Lebensglauben des Menschen als eine Aktivität des sinnschaffenden Menschen, das Leben zu erkennen, zu werten und mit Sinn zu füllen, es also im Horizont eines umfassenden Ganzen zu begreifen. (Er unterscheidet dabei Glaube als »faith«, als eine das ganze Leben bestimmende Grundhaltung, von »belief« als Festhalten an bestimmten Glaubensinhalten.) Die Suche nach dem Sinn ist dem Menschen von Natur aus gegeben und aufgegeben, und sie zeigt sich je nach Lebensphase in unterschiedlicher Weise.

Stufen der Glaubensentwicklung nach James W. Fowler

Stufe 0: Erster Glaube, *Glaube als Urvertrauen:* Grunderfahrung des Aufgehobenseins, des elementaren Gebens und Nehmens in den ersten Lebensmonaten.

Stufe 1: Intuitiv-projektiver Glaube, der stark von der Phantasie geprägt ist. (ca. 2–6 Jahre)

Stufe 2: Mythisch-wortgetreuer Glaube (»Buchstabenglaube«): Wirklichkeit wird von Phantasie unterschieden, Mythen werden wörtlich genommen, nicht als symbolische Sprache erkannt. Gott wird wie ein menschliches Wesen aufgefasst. (Kindheit im Grundschulalter und frühe Jugend)

Stufe 3: Synthetisch-konventioneller Glaube, der eine noch wenig reflektierte Synthese von Überzeugungen und Wertvorstellungen darstellt, die den Einzelnen mit anderen verbindet. Glaube ist also noch kein persönlich angeeigneter Glaube, er ist vielmehr von anderen übernommen und von anderen abhängig. (ab Jugend)

Stufe 4: Individuierend-reflektierender Glaube, der eigenständiges und kritisch-rationales Denken voraussetzt, Symbole können erfasst und Glaubensaussagen entmythologisiert werden. Hier zeigt sich ein klares Bewusstsein der eigenen Individualität und Autonomie. (von Jugend und frühem Erwachsenenalter an)

Stufe 5: Verbindender Glaube, der die eigene Individualität in die umfassende Kommunikation einbringt. Es wächst ein neues Verständnis für den Wahrheitsgehalt von Symbolen und Mythen und Metaphern (vom mittleren Lebensalter an).

Stufe 6: Universaler Glaube, bei dem individuelle Interessen in den Hintergrund treten, Selbsthingabe aus Liebe und Selbsttranszendierung auf den Grund des Seins möglich werden.

Die folgenreichste religionsdidaktische Erkenntnis dieser Entwicklungskonzepte ist, dass religiöses Lernen nicht so geschieht, dass Inhalte einfach vom Lernenden eingespeichert werden könnten. Das Subjekt muss die Inhalte des Religionsunterrichts den eigenen Möglichkeiten gemäß aktiv in sich einverleiben (bzw. gemäß den bisher gebildeten Strukturen assimilieren) und somit zu einem eigenen Resultat kommen dürfen. Lernende müssen das Recht erhalten, auf ihrer jeweils erreichten Stufe der Entwicklung verweilen zu dürfen und die Möglichkeiten dieser Stufe selbständig auszuschöpfen, bis sie zu der Grenze gekommen sind. Das bedeutet natürlich nicht, darauf zu verzichten, ihnen zur rechten Zeit von der nächst höheren Stufe her Impulse zu einer weiteren Entwicklung zu geben, sie also auf die nächste Stufe hin zu stimulieren und so zu eigener religiöser Reflexion und Praxis anzuregen. Sie sollen das Recht erhalten, ihre je eigenen stufenadäquaten religiösen Vorstellungen, ihre Gottes- und Weltvorstellung artikulieren und leben zu können. Das bedeutet nichts anderes, als dass Kinder und Jugendliche einen Anspruch auf ihre eigene Theologie haben, auch wenn diese von der Theologie der Erwachsenen abweicht. Die religionsdidaktisch entscheidende Planungsperspektive und Handlungsperspektive ist es, diese differenten Theologien wahrzunehmen und mit dem gelebten und gelehrten Glauben der jüdisch-christlichen Tradition in einen Dialog im Sinne einer kritisch-produktiven Wechselbeziehung (→ III.2) zu bringen.

Zusammenfassung

Dieses Kapitel hat den Anspruch erhoben, religiöses Lernen müsse dem Subjekt-Werden der Schülerinnen und Schüler dienen. Um einen unbestimmten und womöglich inflationären Gebrauch des Subjektbegriffs zu vermeiden, ist ausführlich geklärt worden, was »Subjekt« in religionsdidaktischen Zusammenhängen bedeuten kann. Die Verwendung des Subjektbegriffs orientiert sich an einer Anthropologie, die im Menschen den höchsten Zweck und nicht ein Mittel (für etwas anderes) sieht. Es ist letztlich die Gottebenbildlichkeit des Menschen, die eine solche Anthropologie theologisch stützt. Im Religionsunterricht kann die Realisierung des Subjektgedankens in der Interaktion zwischen Lehrern und Schülern sowie innerhalb der Schülergruppe lokalisiert werden. In der Interaktion geschieht Selbstexplikation und Fremdeinwirkung. Die Analyse des Interaktionsgeschehens unterstreicht die zentrale Bedeutung der Eigenleistung des Subjekts bei der »Organisation« von Lernprozessen und beim Erwerb von Identität. Während die Rede vom Subjekt-Sein auf eine Wesensbestimmung hinweist und die grundsätzliche Annahme des Menschen durch Gott thematisiert, problematisiert das Subjekt-Werden das faktische »Einholen« dieser Annahme. Religionsdidaktisch wird davon ausgegangen, dass die unbedingte Annahme durch Gott eine »irdische« Seite hat, die nicht einfach »gegeben« ist oder als selbstverständliches Ergebnis von Reifung betrachtet werden kann, sondern die auf Lernen und Entwicklung beruht. Solche Lern- und Entwicklungsprozesse anzustoßen zählt zu den genuinen Aufgaben religiöser Bildung. Diese Aufgabe mit Hilfe von Lerninhalten bewältigen zu wollen, ist notwendig, aber nicht hinreichend. Als ebenso wichtige Komponente kommt hinzu, den Blick auf die Schülerinnen und Schüler selbst zu richten, d.h. sich auf *ihre* alters- und entwicklungsgemäßen religiösen Artikulationen einzulassen, diese deuten und entwickeln zu helfen. Die Subjektorientierung *ersetzt* nicht den Unterricht über christliche Glaubensinhalte durch eine Orientierung an den lebensweltlichen Sinndeutungen der Schülerinnen und Schüler, sondern sucht nach einer angemessenen Balance. Sie problematisiert die immer noch anzutreffende Denkbewegung *vom Stoff zu den Lernenden*. Die Subjektorientierung wertet die Lernenden auf und führt dazu nicht zuletzt theologisch-anthropologische Argumente an; und sie zeigt, warum eine Vernachlässigung der alters- und entwicklungsbedingten Möglichkeiten der Schülerinnen und Schüler didaktisch kontraproduktiv ist.

Lesehinweis

Fowler, James W. (1991): Stufen des Glaubens. Die Psychologie der menschlichen Entwicklung und die Suche nach Sinn, Gütersloh.

Hull, John M. (1997): Wie Kinder über Gott reden. Ein Ratgeber für Eltern und Erziehende, Gütersloh.

Schweitzer, Friedrich (1987): Lebensgeschichte und Religion. Religiöse Entwicklung und Erziehung im Kindes- und Jugendalter, München.

II.5 Was wird gelernt? – Inhalts-
bereiche des Religionsunterrichts

Herbert Stettberger / Stephan Leimgruber

Obwohl Inhalte nach wie vor eine zentrale Rolle spielen, bestimmen sie nicht allein das Unterrichtsgeschehen, sondern sind im Kontext des subjektorientierten Aneignungs-prozesses der Schülerinnen und Schüler zu sehen. Besonders die curriculare Phase hat die Bedeutung der Lernziele hervorgehoben und die Tatsache, dass zumindest drei Fak-toren für ihre Gewinnung intervenieren: Schüler, Fachwissenschaft(en) und Gesell-schaft. In pluraler postmoderner Zeit und angesichts neuer Erkenntnisse in Theologie und Humanwissenschaften sind die Lernenden selbst Subjekte aller Lernprozesse, die sich an den Inhalten »abarbeiten« und bilden. Die didaktische Analyse wird »Inhalte« zu schülerrelevanten Themen aufbereiten und die Prinzipien des »Elementarisierens«, der »kairologischen Pünktlichkeit«, des »Exemplarischen«, der »existentiellen Hierar-chie der Wahrheiten« und des »Ganzen im Fragment« berücksichtigen.

1. Problemanzeige

Mehr denn je sieht sich der Religionsunterricht gegenwärtig von unterschiedlicher Seite her mit einer Vielzahl divergierender Erwartungen konfrontiert (→ I.4): »Der Re-ligionsunterricht soll auf die Schülerinnen und Schüler eingehen, sie abholen, ihre Sprache sprechen und ihre eigentlichen Lebensfragen behandeln«, sagen die einen, während andere, – brüskiert durch die abnehmende Kirchlichkeit – für ein »Zurück zu den (zentralen) Glaubensinhalten« (vgl. Werbick 1990) eintreten. Es liegt auf der Hand, dass eine annehmbare Antwort nicht in einem strikten Entweder-Oder-Schema liegen kann, denn sowohl theologische wie auch anthropologische und didaktische Aspekte bilden das Proprium des Religionsunterrichts; eine Trennung von beiden, nämlich von Inhalt und Lernvorgang, verbietet sich daher von Grund auf. Ein stoff-orientierter Katechismusunterricht bemüht sich zwar um eine möglichst vollständige und korrekte Darbietung der essentiellen Glaubensinhalte, aber er wird leicht den Adressaten nicht gerecht. Ein bloß aktualitäts- und problemorientierter Religionsunter-richt läuft indessen Gefahr, Lebens- und Glaubensfragen nur oberflächlich zu behan-deln und jeden Sinn beispielsweise für biblische oder kirchengeschichtliche Themen zu verlieren. Bereits Theoderich Kampmann stellte fest, dass Glaubensinhalte nicht an sich, also nicht wie rein objektive Informationen angenommen werden; vielmehr sind sie »assimilierbar nur auf der Grundlage eines den ganzen Menschen einbegreifenden Aktes, den wir Glauben nennen« (Kampmann 1958, 147). Ein heute verantworteter Religionsunterricht kommt nicht daran vorbei, die Sehnsüchte und Erfahrungen jun-ger Menschen ernst zu nehmen, ihre Interessen und Fragen aufzugreifen, ja, ihren bruchstückhaften Glauben so mit Inhalten und Zielen religiöser Bildung zu verknüpfen, dass die Auseinandersetzung mit Sinnfragen an Tiefe gewinnt und neue religiöse Erfahrungen möglich werden. Dabei wird er sich den Anforderungen der Gesellschaft und der Verpflichtung gegenüber dem jüdisch-christlichen Erbe ebenso bewusst sein wie der Bedeutung des didaktischen Arrangements, der bestehende Kontexte und der möglichen Kooperationen mit anderen Sozialisationsinstanzen. Sinnvoll scheint mit dem Beschluss »Der Religionsunterricht in der Schule« der Gemeinsamen Synode der Bistümer in der Bundesrepublik (1974) eine konvergente Dimensionierung zu sein, wo also theologische wie pädagogisch-humanwissenschaftliche Sichtweisen das Unterrichtsgeschehen konstituieren mit dem Ziel, dass Schülerinnen und Schüler sich mit Inhalten für ihr Leben und ihren Glauben selbst auseinandersetzen, sich daran bilden und so zu religiös-christlicher Mündigkeit gelangen.

2. Ein Blick zurück – Strukturwandel der Inhalte

Die Inhalte waren im Religionsunterricht *zur Zeit der Katechismen* (ca. 1500 – 1960) eine klare Sache. Gegliedert in die vier »Hauptstücke« Glaubenslehre, Sittenlehre, Sakramente und Gebete standen sie unverrückbar im Zentrum der evangelischen und besonders auch der katholischen Unterweisung (→ I.3). Ein beredtes Zeugnis dafür liefert uns die über vierhundertjährige Geschichte der Katechismen mit unzähligen Auflagen der wichtigsten Ausgaben und – in missionarischer Absicht – sehr vielen Übersetzungen des zeitlos gültigen Glaubenswissens, angefangen bei den Katechismen Martin Luthers (1529), der Summe des Petrus Canisius in ihren Variationen (1555), dem Heidelberger Katechismus (1563) und dem römischen Katechismus (1566) über die aufklärerischen Katechismen des Abtes Felbiger, den neuscholastischen »Lehrbegriff« Joseph Deharbes (1847) und den nach der Münchener Formalstufenlehre konzipierten Einheitskatechismus Theodor Mönnichs (1920) bis hin zum kerygmatisch orientierten »grünen Katechismus« der Bistümer Deutschlands (1955).

Katechismen (1500–1955)	Rahmenplan (1967)	Zielfelderplan (Sek I: 1973; GS: 1977)	Grundlagenplan (1984)	
			Theologie	*Pädagogik*
	Bibel	Eigenes Leben (I.)	Bibel	Welt deuten
Glaubenslehre	Glaubenslehre	Leben mit anderen (II.)	Glaubens-	Mensch
	Kirchengeschichte		lehre	werden
Sittenlehre	Ethik-Gewissens-	Religionen (III.)		Zusammen-
	bildung	Kirche (IV.)	Kirchen-	leben mit
			geschichte	anderen
Sakramente	Spiritualität	Qualifikationen	Ethik	Leben in Gesellschaft und Kultur
Gebet	(Beten und Handeln)		Spiritualität	

Die darin enthaltene von Gott der Kirche geoffenbarte, unveränderliche Lehre des Glaubens musste hinreichend gekannt und memoriert werden. Die Inhalte waren in einem relativ einheitlichen konfessionellen Milieu das Wichtigste für die Weitergabe des Glaubens; sie mussten korrekt und vollständig vermittelt und rezipiert werden. – In Bezug auf das Wissenschaftsverständnis bedeutete dies, dass die angenommene Funktion der Katechetik darin bestand, die kirchliche Dogmatik im Blick auf das Verständnisvermögen der Kinder und Jugendlichen »hinabzutransponieren« oder zu vereinfachen, sodass ihre Aussagen verstehbar wurden. Insgesamt blieb die Religionspädagogik Anwendungswissenschaft der systematischen Theologie; sie war der Dogmatik nachgeordnet und stand in ihrem Dienste. Die Schülerinnen und Schüler gerieten erst *nachträglich*, d. h. nach der Bestimmung der Inhalte in den Gesichtskreis.

Bereits im »*Rahmenplan für die Glaubensunterweisung*« (1967) rückt man von den früheren »Stoffverteilungsplänen« ab und führt die Lernbereiche »Bibel«, »Gewissensbildung« und »Spiritualität« ein. Man spürte, dass die Inhalte allein noch keinen lebensbedeutsamen Religionsunterricht ergaben. Es stellten sich grundlegende Fragen: Auf welcher Basis konstituiert man die jeweiligen Inhalte, Themenfelder und Lernziele überhaupt? Welche Kriterien sind für ihre Auswahl in bestimmten Jahrgangsklassen ausschlaggebend? Nach welchen Schlüsseln sind Inhalte auszuwählen und zu verteilen? Es ging um die Frage, wie aus der Vielzahl möglicher Inhalte und Stoffe das Fundamentale und Elementare aufzufinden ist.

Die Inhalte nahmen in der *curricularen Didaktik* nach Robinson nochmals eine zentrale Rolle ein, wurden aber jetzt stets mit Zielen zusammen gesehen. Der curricular strukturierte Zielfelderplan für die Sekundarstufe I (1973) sowie der Zielfelderplan für den katholischen Religionsunterricht in der Grundschule (1977) verbinden mit Erfahrungsfeldern (I. Eigenes Leben, II. Leben mit andern, III. Religion und Religionen, IV. Kirche) Ziele, wodurch in jedem Jahrgang Lernen an bestimmten Erfahrungen und Inhalten vertieft werden konnte.

Wolfgang Klafki betont dabei den *Vorrang der fachdidaktischen vor der fachwissenschaftlichen Reflexion* und dass der Zugang über die *Schlüsselprobleme*, die alle angehen, gefunden werden kann. Zu den epochaltypischen Schlüsselproblemen zählte er 1993 a) die Friedensfrage, b) die Umweltproblematik, c) die Probleme der neuen Steuerungs-, Informations- und Kommunikationsmedien und e) die Erfahrung der Liebe und Sexualität (Klafki 31993, 56–60), was sich teilweise mit dem Programm des Konziliaren Prozesses (vgl. 3, 14) deckt.

Im religionspädagogischen Nachgang des jüngsten Konzils kamen somit neu auch die in den Lernvorgang involvierten Personen (Schülerinnen und Schüler, Lehrerinnen und Lehrer, Eltern und die Gesellschaft) und die Ziele in Betracht, weil sie mit den Inhalten verschränkt und mit konstitutiv für gelingendes religiöses Lernen sind. Zusammen mit den einschlägigen Fachwissenschaften bzw. der Lehre, d. h. den Inhalten (a) und der Gesellschaft (b) bildeten die Lernenden (c) die drei maßgeblichen Determinanten für die Erstellung von Curricula, d. h. von organisierten Lernverläufen mit zu erwerbenden *Qualifikationen*, welche zur Bewältigung gegenwärtiger und künftiger Lebenssituationen ausstatteten. So kommt es zu einem »*Strukturwandel der Inhalte*« (Feifel 1971, 216), insofern diese auf *Ziele* und Schülersituationen bezogen wurden. Gemäß dem didaktischen Korrelationsprinzip sollen nun Inhalte *mit* Personen, Glauben *und* Leben, jüdisch-christliche Tradition *und* Schülersituation miteinander verknüpft werden. Die Inhalte des Glaubens sollen von vornherein, nicht bloß nachträglich, mit der Schülersituation in eine wechselseitige produktiv-kritische Beziehung gebracht werden. Umgekehrt bilden auch die Fragen und Aussagen der Schülerinnen und Schüler Ausgangspunkte für mögliche Korrelationen mit dem Glauben der Kirche. Erfahrungen der Jugendlichen können zu Anfragen an den Glauben der Kirche werden.

Der Religionsunterricht muss also keine »Inhalte an sich« vom Depositum fidei auf die Jugendlichen deduzieren; vielmehr sind die Bedürfnisse und Sehnsüchte junger Menschen so mit den elementaren Inhalten des jüdisch-christlichen Glaubens zu verschränken, dass sie darin Antworten auf ihre Lebens- und Glaubensfragen erhalten. Wenn sie etwa bei ihrem Bedürfnis nach Liebe und Anerkennung auf Jesus hinweisen, der diese Liebe vorgelebt und transparent gemacht hat, und so Glaube mit ihrem Leben in Zusammenhang bringen, dann ist damit bereits ein wichtiger Schritt vollzogen. Auf diese Weise vermag die Perspektive der Religion und insbesondere der christliche Glaube jungen Menschen in ihren Nöten und in ihrem noch unthematisierten Suchen echte Orientierungshilfen geben.

Die Grundlagenpläne (ab 1980) sind einer offenen Curriculumstheorie verpflichtet und gleichsam Orientierungshilfen für Plänemacher in den einzelnen Bundesländern, wobei die Tendenz zurück zu einer stärkeren Themenorientierung unverkennbar ist. In den Grundlagenplänen werden nur noch Ziel*richtungen* vorgegeben; es handelt sich dabei um ein offenes Curriculum, wie bereits im Synodendokument »Der Religionsunterricht in der Schule«; die Schülerinnen und Schüler wie auch die gesellschaftlichen Bedingungen kommen vermehrt ins Blickfeld.

Für junge Menschen ist hierbei der Angebotscharakter der Inhalte des Religionsunterrichts von entscheidender Bedeutung. Denn Religionsunterricht will sie nicht infiltrieren und ideologisch vereinnahmen; er ist durchaus offen und gegenüber anderen Positionen tolerant. Damit nimmt er die Schülerinnen und Schüler als eigenständige und zutiefst freie Personen ernst. Er weiß um ihre Selbstverantwortung und um das Ziel einer theologisch verankerten Autonomie, wozu er einen nicht zu unterschätzenden Beitrag zur Gewissensbildung leistet. Im Synodenbeschluss wird diese Intention – wie folgt – auf den Punkt gebracht:

»Wie kein anderes Schulfach fragt der Religionsunterricht auf der Grundlage reflektierter Tradition nach dem Ganzen und nach dem Sinn des menschlichen Lebens und der Welt. Er erörtert die Antworten, die Menschen heute auf diese Fragen geben und die sie in der Geschichte gegeben haben und zeigt dabei Mensch und Welt in ihrem Bezug zu Jesus Christus im Licht des kirchlichen Glaubens und Lebens. (...) Religionsunterricht soll Scheinsicherheiten aufbrechen, vermeintlichen Glauben ebenso wie gedankenlosen Unglauben« (Syn 2.5.1).

Damit bahnte sich auch ein neues Selbstverständnis der Religionspädagogik und -didaktik an, welche nicht mehr Anwendungen der vorgegebenen Inhalte auf verschiedene Jahrgangsstufen produzieren, sondern fächerübergreifende Verbundwissenschaften sind und das religiöse Lernen entlang der Biographie wissenschaftlich betrachten.

Die Entwicklung von den Katechismen zu den Grundlagenplänen zeigt, dass die Inhalte nicht irrelevant geworden wären, aber sie wurden neu in Beziehung zu Personen und Zielen gesetzt, geleitet von der Einsicht, dass Glauben-Lernen sich nicht auf kognitives Behalten beschränkt, sondern ein Verstehensvorgang mit auch affektiven, sozialen und kreativen Dimensionen ist, im Grunde ein dialogisches, interaktives und kommunikatives Geschehen. Die Notwendigkeit des korrelativen Vorgehens stand mit der zunehmend pluralistischen gesellschaftlichen und kirchlichen Situation der beginnenden 1970er Jahre im Zusammenhang.

3. Entwicklungslinien in den Grundlagenplänen

Wenngleich der Religionsunterricht in hohem Maß der freien Gestaltung der Lehrenden überantwortet ist, kennt er doch schulartenspezifische Lehrpläne und inhaltliche Themenschwerpunkte. Statt völliger Willkür in der Themenwahl und Preisgabe an ephemere Trends hält er an einem Kerncurriculum fest. Nachfolgend soll die Entwicklung der didaktischen Anlage mit Zielen, Themen und Vorgehen nachgewiesen werden, wie sie sich in den derzeit gültigen Grundlagenplänen zeigt.

Wir gehen geschichtlich vor und beginnen mit dem »Grundlagenplan für den katholischen Religionsunterricht an Beruflichen Schulen (1980). Dieser Grundlagenplan ist wesentlich noch vom Zielfelderplan und vom curricularen Denken geprägt. Den Ausgangspunkt für die inhaltliche Gesamtstruktur bilden vier »Problembereiche«, die für jedes der vier Schuljahre (10., 11., 12. u. 13. Schuljahr) gleichsam vertikal und horizontal bestimmend sind: der Persönlichkeitsbereich, die soziale Ausrichtung des Menschen, die Sichtweisen der Welt sowie die christliche Botschaft – allesamt unter anthropologischen und theologischen Gesichtspunkten betrachtet. Als nächste inhaltliche Ebene tauchen die sog. »Themenfelder« auf; sie sollen als »didaktische Einheit«, nämlich konkret als »Zusammenstellung von Intentionen und möglichen Themen mit Beispielen für Motivationen« verstanden werden (GP BS 1980, 43). Zugeordnet sind sie wiederum den o. g. Problembereichen. Für jedes der vier Schuljahre gibt es spezifische Themenfelder. Was die verbindlich vorgegebenen Themenfelder für Teilzeitschulen, einjährige Vollzeitschulen (10. Kl.), zweijährige Vollzeitschulen (10. u. 11. Kl.) sowie einjährige Vollzeitschulen (12. Kl.) angeht, so sind Inhaltsgebiete aus dem alternativ-religiösen Bereich (z. B. »Aberglaube – Religionsersatz«), aus dem zwischenmenschlichen (z. B. »Ehe«, »Sexualität und Partnerschaft«) und auch aus dem ekklesiologischen Bereich (»Kirche – Volk Gottes – Ortsgemeinde«) jahrgangsstufenübergreifend präsent.

Diese inhaltlichen Vorgaben dürfen jedoch nicht über den curricularen Charakter dieses Grundlagenplanes hinwegtäuschen; seine grundsätzliche Zielorientierung zieht sich bis zur einschlägigen Nomenklatur hindurch (vgl. Termini wie »Richtziele«, »Problem-« anstelle von »Erfahrungsbereiche«, »Qualifikationen« usf.). In den vergangenen zwanzig Jahren wurde dieser Grundlagenplan in mehreren Ländern und Diözesen fortgeschrieben und sowohl der veränderten gesellschaftlichen Situation und neueren didaktischen Erkenntnissen angepasst.

Beim »Grundlagenplan für den katholischen Religionsunterricht im 5. bis 10.Schuljahr« (1984) handelt es sich um einen revidierten Zielfelderplan. Er weist vom vertikalen

Aufbau her – als jahrgangsübergreifende Basisinhalte – insgesamt fünf theologisch und fünf anthropologisch begründete »Lernfelder« auf, die ein kontinuierlich fortschreitendes Lernen ermöglichen sollen. Von der Anthropologie her werden Akzente in Richtung Weltdeutung, Menschenbild, Gesellschaft und Kultur gesetzt; was die Theologie angeht, stehen die traditionellen Lerninhalte Bibel, Glaube, Kirche, Ethik und Spiritualität auf dem Programm. Auf der Ebene der jeweiligen Jahrgangsstufen werden die einzelnen Themen durch sog. »Leitmotive« miteinander in Zusammenhang gestellt (horizontale Vernetzung); dabei sind insgesamt 30 Kernthemen (sechs pro Schuljahr) als verbindliche Vorgaben und 35 Wahlthemen als zusätzliches fakultatives Angebot konzipiert. Eine Konkretisierung dieser Themen findet durch die jeweilige Angabe von zentralen Inhalten statt. Für die unterrichtenden Lehrkräfte können sich dabei die nach curricularem Muster aufgebauten Planungsskizzen zu den Kernthemen, die teilweise zusätzlich schulartspezifisch (für die Hauptschule, Realschule und das Gymnasium) angelegt worden sind, als hilfreich erweisen. Durch die zahlreichen Wahlthemen bahnt sich hier ein offenes Curriculum den Weg.

Im »*Grundlagenplan für den katholischen Religionsunterricht an Gehörlosenschulen*« *(1987)* zeigt bereits die Tatsache, dass hier ein Grundlagenplan für den RU mit gehörlosen Kindern und Jugendlichen ausgearbeitet wurde, einen weiteren Schritt in der Lehrplanentwicklung; wird doch damit das Interesse signalisiert, die mit der Behinderung gegebene spezifische Lernsituation ernst zu nehmen. Im Vorwort betont der damalige Schulbischof Johannes J. Degenhardt die Notwendigkeit »besonderer Methoden und eines differenzierten Problembewusstseins« (GP GH 1987, 5). Zwar orientieren sich die Inhalte und die religionspädagogische Grundlegung am Aufbauschema des »Grundlagenplanes für den katholischen Religionsunterricht im 5. bis 10. Schuljahr« (1984). Aber die Schwierigkeit sprachlicher Differenzierung bei Gehörlosen wird berücksichtigt und zwar indem er den »mühsamen Prozess im Erwerb einer Sprachkompetenz im religiösen Bereich« wahrnimmt. Wiewohl der RU »Einführung in den Glauben der Kirche« (GP GH 1987, 8) sein soll, geht er »auf die Erfahrungswelt der gehörlosen Schüler ein, weckt religiöse Fähigkeiten und übt sie ein« (GP GH 1987, 8).

Da für die *gymnasiale Oberstufe* kein Grundlagenplan existiert, seien hier zwei Beispiele ausgewählt: Der »Lehrplan für das bayerische Gymnasium« (1991) und der Lehrplan »Sekundarstufe II Gymnasium/ Gesamtschule. Richtlinien und Lehrpläne Katholische Religion« in Nordrhein-Westfalen (1999). Die Inhalte in beiden gymnasialen Lehrplänen sind vergleichbar mit einem Einführungskurs in die wissenschaftliche Theologie, in den Glauben und in komplexe gesellschaftliche Probleme; sie stehen im Zeichen theologischer Erwachsenenbildung im Sinne des »reflektierten Glaubens« (Exeler/Emeis 1976). Unterschiedlich präsentieren sich die beiden Lehrpläne, was die methodisch-didaktischen Empfehlungen angeht; während der nordrhein-westfälische Lehrplan eine umfangreiche religionsdidaktische Ausarbeitung vornimmt, begnügt sich der bayerische primär mit der Auflistung der Inhalte. Aber es geht in beiden um die Auseinandersetzung mit der Sinn- und Gottesfrage, mit Kirchen- und Religionskritik und auch um eine »Ethik der Lebensbereiche« (vgl. Furger 1985). In den Leistungskursen sollen dann einzelne Fragen vertieft selbständig erarbeitet werden; jedoch besteht die Gefahr einer theologischen Überforderung der jungen Menschen.

Folglich muss gefragt werden, wie sehr gerade im Gymnasium die Schülerinnen und Schüler Subjekte des Glaubens sind, wie stark ihre Lebenswelt zum Tragen kommt oder ob nicht so etwas wie frühere »Glaubensvermittlung« intendiert wird. In der gegenwärtig anlaufenden Überarbeitung des Bayerischen Lehrplans für Gymnasien wird deshalb nach einem »Grundwissen« gefragt, das allerdings zumindest ambivalent ist: Handelt es sich um »elementares Wissen«, das für die Jugendlichen lebensrelevant ist, oder um eine Neuauflage einer »Summe der Theologie«? Außerdem wäre eine Vernetzung mit anderen Disziplinen und Fächern notwendig! Es zeigt sich, dass gerade die gymnasialen Lehrpläne der didaktischen Reflexion bedürfen und nicht bloß Anweisungen für »Theologiekurse« sein dürfen.

Neu am »*Grundlagenplan für den katholischen Religionsunterricht an Schulen für Lernbehinderte/Förderschulen*« (1991) ist, dass es an erster Stelle um die Befindlichkeiten und Situationen der Schülerschaft geht. Darüber hinaus findet das Prinzip der Korrelation Anwendung, nämlich indem auf die »wechselseitige Durchdringung und gegenseitige Auslegung der christlichen Tradition und heutigen Erfahrung« geachtet wird (GP LB 1991, 13). Vom inhaltlichen Aufbau her bilden fünf »Lernfelder« die Basis. Sie sind vertikal ausgerichtet und ermöglichen so ein sequenzielles Lernen: Im Vordergrund steht zuallererst die Selbstannahme als Mensch, der in Gott geborgen ist. Die Erfahrungen der Wirklichkeit bzw. aus der Bibel, die Begegnung mit Menschen nach dem Vorbild Jesu und das Leben in Gemeinschaft, die im Besonderen die Kirche darstellt, bilden dabei weitere Themen, welche mögliche Stigmatisierungsvorgänge aufgrund gesellschaftlicher Ausgrenzungen aufgreifen.

Ferner kommt die *Symboldidaktik* insofern zum Zuge, als für die einzelnen Jahrgangsstufen bzw. »Lernstufen« sog. »Leitsymbole« (Licht, Hände, Brot, Wasser, Brücke, Haus, Feuer, Baum, Tür, Weg) thematisiert werden, denen wiederum »Themen« und »zentrale Inhalte« zugeordnet sind. Beispielhaft für die Schülerorientierung sind folgende Zielformulierungen:

»Der Schüler soll im Religionsunterricht erfahren, dass er unbedingt erwünscht ist, dass ihm ein Vorschuss an Wertschätzung auch angesichts von Situationen des Versagens zukommt, weil Gott ihn ins Leben rief und bejaht. Er soll im Religionsunterricht erfahren, dass er in der Begegnung mit Jesus, dem Christus, Ermutigung gewinnen kann auch angesichts leidvoller Enttäuschungen, weil Jesus Benachteiligungen und Geringschätzung von Menschen nicht gelten ließ, sondern sich zum Bruder aller machte und deren Kreuz als seines angenommen hat« (GP LB 1991, 13) .
Diesen Zielen werden die Inhalte untergeordnet, und die Didaktik erfordert »ein hohes Maß an Flexibilität« (GP LB 1991, 22).

Die entscheidende Neuerung des »*Grundlagenplan für den katholischen Religionsunterricht in der Grundschule*« (1998) besteht darin, dass sein Ausgangspunkt die Person und Sichtweise der Kinder bildet. Dabei ist didaktisch ein möglichst fächerverbindendes »*Lernen mit allen Sinnen*« anvisiert, welches die Biographien und Situationen der Schülerinnen und Schüler berücksichtigt. Konkret werden sechs Zieldimensionen 42 thematische Schwerpunkte zugeordnet, die den veränderten Lebenswelten der Kinder Rechnung tragen sollen. Eine zentrale Rolle hierbei spielen die Themen, die sich dem Aspekt des Zusammenlebens mit anderen Menschen in einer *multi-kulturellen* und *multi-religiösen Gesellschaft* widmen. Außerdem soll der Frage nach dem Woher und Wohin nachgegangen sowie die Suche nach Gott unterstützt werden. In diesem Zusammenhang stehen auch Ausdrucks- bzw. Kommunikationsformen des Glaubens, wie sie den Kindern in Bildern, Gesten, Symbolen usf. begegnen können, zur Disposition. Ein weiterer inhaltlicher Schwerpunkt liegt in der Beschäftigung mit den Überlieferungen der Bibel. Schließlich geht es auch um die Sensibilisierung der Schülerinnen und Schüler »zum bewussten Engagement für Gerechtigkeit, Frieden und Bewahrung der Schöpfung« (GP GS 1998, 24). Diese Ziel- bzw. Themenangaben fungieren für künftige Länderlehrpläne als verbindliche Vorgaben. Hinzu kommen inhaltliche Mindestanforderungen mit verbindlichem Charakter. Sie umfassen vor allem biblische Inhalte, die sieben Sakramente, Grundgebete sowie die Einrichtungen der Kirche bzw. das Kirchenjahr. Kuld stellt dazu fest, dass diese »wohl jenes theologische Wissen nacharbeiten und sichern soll(en), das ein auf die vorgeschlagenen thematischen Schwerpunkte konzentrierter Lehrplan offenbar nicht garantiert«, (Kuld 1998, 134). Die Zuordnung der Zieldimensionen und der damit verbundenen inhaltlichen Vorgaben zu den jeweiligen Grundschuljahren fällt in den Kompetenzbereich der Lehrplankommissionen der Länder. Insgesamt beabsichtigt der Religionsunterricht einen »Dialog zwischen Glaubensüberlieferungen und Lebenserfahrungen« (GP GS 1998, 51).

Schließlich kommen wir zum »*Grundlagenplan für den katholischen Religionsunterricht an Schulen für Menschen mit geistiger Behinderung*« (1999). Im Mittelpunkt des Interesses stehen wiederum Kinder und Jugendliche, die in besonderer Weise der schulischen Förderung bedürfen. Der RU muss sich demzufolge »dezidiert auf die Bedingungen der geistigen Behinderung selbst [einlassen] und sich an den religiösen Fähigkeiten und Bedürfnissen der Kinder und Jugendlichen und an ihrer Würde« orientieren (GP GB 1999, 6). In diesem Sinne hat man vier Lernbereiche zusammengestellt, die sich ausgesprochen nach der subjektiven Situation dieser jungen Menschen richten: darunter fallen besonders – und an erster Stelle! – die eigene Wertschätzung und das Angenommensein von Gott (I), aber auch die Gemeinschaft mit anderen Menschen analog zur Gemeinschaft der Menschen mit Jesus (II) sowie die Entdeckung der Schöpfung (III) und das Vertrauen zu sich selbst und den eigenen Handlungen angesichts der Unterstützung Gottes (IV).

Wenn auch bisweilen der »Verzicht auf eine didaktische Stufung der Ansprüche und damit auf eine Logik der Abfolge in den vier Lernbereichen« kritisiert wird, weil dies »den Lehrer leicht von einer im Fach fundierten Systematik, wie sie auch in anderen Lern- und Fachbereichen der geistigbehinderten Schule anzutreffen ist« (Schurad 1999, 336), entbinde, so ist doch die insgesamt überaus positive Intention hervorzuheben, Freiräume für die Unterrichtsgestaltung im Hinblick auf die individuellen spezifischen Befindlichkeiten dieser jungen Menschen offenzuhalten.

Zwischenbilanz

Betrachtet man die Inhalte in ihrer bald 500-jährigen Geschichte von den ersten Katechismen zu den neuesten Grundlagenplänen, so sind erstaunliche Konstanten und nicht zu übersehende Verschiebungen festzustellen.

1. In den Lehrplänen ist ein Übergang vom Vorrang der dogmatischen Inhalte zum Interessenschwerpunkt der mit der Schülersituation zusammenhängenden Inhalte zu beobachten.

2. Darüber hinaus kann man ein Verlassen der geschlossenen Curricula hin zu den of-

fenen Zielrichtungen feststellen, die wiederum Inhalte und Themen in ihrer Lebensrelevanz beachten.

3. Die Lehrpläne für Kinder mit Behinderungen haben eine Vorreiterfunktion gegenüber den Lehrplänen der Regelschulen.

4. Am wenigsten didaktisch reflektiert und nahezu ausschließlich inhaltlich orientiert bleiben die gymnasialen Lehrpläne. Gymnasiasten sind aber nicht mit Diplomtheologen zu verwechseln.

5. Das Zweite Vatikanischen Konzil, insbesondere die Pastoralkonstitution »Gaudium et Spes« und die anthropologische Wende in der Systematischen Theologie haben grundlegend mehr »Schülerorientierung« im RU gebracht und im Gefolge von Bildungstheorie und Curriculumsforschung verlagert sich die Aufmerksamkeit von den Inhalten zu den lernenden Subjekten und ihren Lebenskontexten.

6. Die neuesten Lehrpläne, vor allem für die Grundschule, beziehen die gewandelte gesellschaftliche Situation mit der Multikulturalität, der Individualisierung und den neuen Medien am stärksten ein.

Zukunftsfähige inhaltliche Vorgaben für den Religionsunterricht müssen sich unbedingt an den Befindlichkeiten der Adressaten orientieren und die gesellschaftlichen Wandlungen berücksichtigen. Das bringt keine Auflösung der Inhalte mit sich, denn diese evozieren letztlich Gottes Wirken in dieser Welt.

4. Von den Inhalten zu den Themen – Auswahlkriterien

Die Inhalte allein genügen noch nicht für den konkreten Religionsunterricht. Die Religionslehrerin bzw. der Religionslehrer müssen die Themen im Blick auf die Ziele und die Schülerinnen und Schüler aufbereiten. Dies geschieht in der »didaktischen Analyse«, welche nicht bloß inhaltlich zu verstehen ist.

Didaktische Analyse

In der »didaktischen Analyse« werden die konkreten Inhalte dahin überprüft, wie sie als Bildungsinhalte die Unterrichtsthemen bestimmen und im Hinblick auf die jeweiligen Schülerinnen und Schüler dargestellt werden (Emeis 1997, 31 u.ö.). Es gilt die Inhalte neu zu konstituieren und in den Horizont der Schülerinnen und Schüler hineinzustellen. Themen sind aufzubereiten, die Vorwissen und Erfahrungen, Fragen und Sehnsüchte der Schüler einbeziehen. Oft überfordern die aktuellen Lehrpläne mit ihrer Stofffülle und mit komplexen Themen die Religionslehrenden. Der Schulalltag mit seinen Turbulenzen und mit den zentrifugalen Kräften, die ein kontinuierliches Arbeiten nicht immer gestatten, braucht Hinweise, wie junge Menschen sich überhaupt für die religiöse Dimension der Wirklichkeit öffnen können und wie sie sich mit den vielen Inhalten auseinander setzen können. Dazu bieten sich folgende fünf Prinzipien an:

Elementarisierung der Inhalte

Bereits im Jahre 1958 hat Wolfgang Klafki »Elementarisierung als Kern der Unterrichtsvorbereitung« betrachtet (vgl. Nipkow 1986, 600). Damit ist die didaktische Frage gemeint, wie aus der Vielzahl der vorgegebenen Stoffe und Inhalte das Wesentliche für die Schülerinnen und Schüler zu finden ist. Das Problem, vor dem jede Lehrerin und jeder Lehrer steht, besteht darin, wie aus den möglichen Inhalten jene konkreten gefunden und so aufbereitet werden, dass sie von jungen Menschen als relevante Schlüsselthemen wahrgenommen werden, mit denen sie sich gerne auseinandersetzen. Nach neueren Darstellungen (vgl. Nipkow 1986, 608; Schweitzer u.a. 1995, 24–31; Oberthür 1998, 25–28) sind vier teilweise schwer voneinander zu trennende Schritte zu unterscheiden:

a) Elementarisierung als wissenschaftliche Vereinfachung komplexer Inhalte
In diesem ersten Schritt geht es um die Frage nach einem allgemeinen Sinn oder Sachzusammenhang eines Inhaltes, also um die Frage nach dem Wesentlichen eines Themas oder nach seinem Grundprinzip bzw. seiner Grundaussage. Komplexe Inhalte sollen auf die einfachen zurückgeführt, nicht simplifiziert werden.

b) Elementarisierung als Relevanzproblem
Der zweite Schritt schlägt den Bogen vom Inhalt zum Lebenshorizont der Schülerinnen und Schüler und fragt, inwiefern sie die wesentlichen Inhalte betreffen können. Sind sie interessant und lebensbedeutsam? Haben die Jugendlichen bereits Erfahrungen gemacht, mit denen die zu behandelnden Inhalte verbunden werden können? Bei der Vorbereitung ist also danach zu fragen, welches Vorwissen und welche bereits durchlaufenen Erfahrungen gegeben sind, um daran anzuknüpfen.

c) Elementarisierung als Sequenzproblem innerhalb der Verstehensvoraussetzungen
Der dritte Schritt fragt nach entwicklungsbedingten und selbständigen Verstehensweisen der Inhalte durch die Kinder. Es geht darum, welche Inhalte für Kinder geeignet sind und ihrer psychosozialen Entwicklung entsprechen. Welche Voraussetzungen bringen sie an Vorverständnis mit, damit ein sequentielles Lernen bei Früherem fortfahren kann.

d) Elementarisierung als Problem der Lernwege
Der vierte Schritt fragt nach möglichen Lernwegen für die Schülerinnen und Schüler, nach optimalen Lernimpulsen, Zugehensweisen und Medien. Auch hier sind zunächst frühere Lernwege zu vergegenwärtigen und dann geeignete für die betreffenden Inhalte zu suchen.

Religionspädagogische Pünktlichkeit

Rudolf Englert hat plastisch aufgezeigt, wie heutige individuelle Biographien auch spezifischen Glaubensgeschichten in Kontext von Zeit- und Christentumsgeschichte entsprechen (→ II.10). Die strukturgenetischen Stufentheorien von Fowler, Kohlberg und Oser können dabei Hilfe leisten. Was bereits in der Bibel mit den Zeichen der Zeit (Lk 12, 56) angesprochen ist, gilt nun a fortiori für die Bearbeitung der individuellen Glaubensform und den dazugehörigen Gehalten. Das bedeutet für die religionspädagogischen Bemühungen, dass die jeweiligen fruchtbaren Augenblicke und zeittypischen Aufgaben wahrzunehmen sind. Nur dort sind Antwortversuche anzubieten, wo überhaupt Fragen und Probleme bestehen. Eine religionspädagogische Kairologie versucht, zu bestimmten Zeiten das jeweils Dringliche und Mögliche im Hören auf die Zeichen der Zeit zu tun (Englert 1985, 1988).

Die existentielle Hierarchie der Wahrheiten

Das Zweite Vatikanische Konzil hat im Ökumenismusdekret Nr. 11 in Erinnerung gerufen, dass im Dialog mit anderen Glaubensgemeinschaften nicht alle Inhalte gleich bedeutsam sind. Vielmehr gibt es eine »Rangordnung der Wahrheiten« (eine Hierarchie der Wahrheiten), je nachdem, wie stark sie mit dem Zentrum der Lehre verbunden sind. Dieses Prinzip gilt auch für den Religionsunterricht. Den Religionslehrenden ist die Aufgabe übertragen, wichtige Inhalte von weniger wichtigen zu unterscheiden. Schon die Frage der Auswahl der zu behandelnden Inhalte setzt im Blick auf die Schülerschaft und im Blick auf die Botschaft ein gesundes Iudicium voraus.

Karl Rahner hat diesen Topos auf Lebensbedeutsamkeit der Inhalte in je verschiedene Alters- und Lebenssituationen weitergeführt (1982). Je nach Krise, Reife und Lebenslage können je andere Inhalte lebensbedeutsam sein. Die Religionspädagogik bemühte sich in der damaligen Diskussion um Kurzformeln des Glaubens und altersspezifische konzentrierte Verdichtungen des Glaubens in bestimmten sozio-kulturellen Kontexten junger Menschen (Feifel 1973). Stets zielte man darauf hin, das Wesentliche und Betreffende des Glaubens verständlich zu formulieren in Anwendung des Prinzips der Rangordnung der Wahrheiten.

Das Prinzip des Exemplarischen

Im Zuge eines schülerorientierten RU ist stets auch ein exemplarisches Lehren und Lernen gefordert. Dies bedeutet eine vermehrte Auseinandersetzung mit ausgewählten *konkreten* Lerninhalten; bei der Zusammenstellung des Stoffes kommt es darauf an, dass das Besondere das Allgemeine möglichst exakt erfasst und so der Zugang zu komplexen Inhalten erleichtert oder u. U erst ermöglicht wird. Gerade etwa in Bezug auf die inhaltliche Konzeption des Geschichtsunterrichts favorisierte Klafki eine exemplarische Annäherung an das Konglomerat historischer Ereignisse (vgl. Klafki 1964); die Umsetzung dieser induktiven Vorgehensweise im religionsdidaktischen Bereich hat Biehl auf dem Gebiet der Kirchengeschichte aufgezeigt. Erwähnenswert sind auch die auf das exemplarische Lernen und Lehren basierenden unterrichtspraktischen Empfehlungen Wagenscheins (1992).

Bei alledem steht fest: Exemplarisches Lernen und Lehren muss mit der Elementarisierung von Inhalten einhergehen. Gleichzeitig sind insbesondere die emotionalen und kognitiven Befindlichkeiten der Schülerinnen und Schüler ausreichend zu berücksichtigen. Darüber hinaus sollen die jeweiligen Optionen der Schülerinnen und Schüler angemessen etwa bereits bei der Komposition relevanter Beispiele für die zu behandelnden Themenbereiche wahrgenommen werden. Als besonders sensibler Bereich stellt sich das exemplarische Lernen an Vorbildern dar, wo sich Impulse von Schülerseite her als unabdingbar erweisen. Somit wird zugleich auch eine maximal authentische Korrelation erreicht. Anstelle einer deduktiven Vermittlung von abstrakten Lerninhalten geht es um eine aktive Verarbeitung von konkreten Glaubenserfahrungen und Informationen. Seinen Ursprung hat dieses didaktische Prinzip in den reformpädagogischen Ansätzen Georg Kerschensteiners, Hugo Gaudigs und Peter Petersens. Ziel ist es, die Selbständigkeit und Selbsttätigkeit sowie die Motivation und Konzentrationsfähigkeit der Schülerinnen und Schüler zu fördern, andererseits komplexe Inhalte und Themen zu entflechten und buchstäblich ›be-greif-bar‹ zu machen.

Das Ganze im Fragment

Dieses erstmals von Hans Urs von Balthasar für die Geschichtstheologie (1963) erwähnte Prinzip besagt, dass Gottes Offenbarung zwar in Jesus Christus bereits zur Vollendung gelangt ist, dass aber das Bekenntnis des Glaubens stets in einem geschichtlichen Kontext und in einer Glaubensgemeinschaft geschieht und somit eine fragmentarische Aussage ist. Das Ganze des Glaubens kommt insofern fragmentarisch zum Ausdruck, als die Geschichte des Menschen, seine Sprache und Formulierungen kontingent und noch nicht zur Vollendung gelangt sind. Ein fragmentarischer Glaube kann trotzdem ein ganzer Glaube sein, wenn er den Menschen in seinem Lebensprojekt unbedingt in Anspruch nimmt und auf Gott, das eigentliche Ziel hin, ausrichtet. Dabei ist einzubedenken, dass es sich um einen anfanghaften Glauben handelt – Stückwerk ist auch unser Erkennen (1 Kor 13,9) – und dass dieser fragmentarische Glaube noch wachsen kann. Wie in den Evangelien und Paulusbriefen das Ganze des Glaubens in einem Ausdruck formiert wurde, so können auch junge Menschen in einer Formulierung ihren ganzen Glauben an den dreieinigen Gott zum Ausdruck bringen. Ein fragmentarischer expliziter Glaube formuliert den ganzen impliziten Glauben in einer geschichtlich konkreten Situation (vgl. Dimpflmaier, 1995, 147–152. u. ö.).

Zusammenfassung

Die Inhaltsfrage im Religionsunterricht hat ihre einstige Klarheit aus den Zeiten der Katechismus unterweisung innerhalb eines einheitlichen sozialen Milieus gründlich verloren. Glaubensinhalte und weitere Inhalte des Religionsunterrichtes sind nur noch kontextuell versteh-, vermittel- und lernbar. Sie stehen primär mit bestimmten Schülerinnen und Schülern einer Klassengemeinschaft eines Schulhauses in einer zeitspezifischen Situation in Zusammenhang und können nicht mehr losgelöst von Lernzielen oder Lernrichtungen, von Interaktionsformen und Medieneinsätzen gedacht werden. Dennoch kann an einzelnen Inhalten aufbauend, vertiefend und differenzierend gelernt werden; hierbei soll es weniger um Vermittlung, sondern um aktive Aneignung durch die Schülerschaft selbst gehen. Diese nämlich bleibt nicht wie unbeteiligte Zuschauer außerhalb der Inhalte, sondern trägt ihre Fragen, Interessen und Sehnsüchte, ihr Vorwissen und bereits gemachte Erfahrungen an die Inhalte heran. Inhalte müssen exemplarisch, pünktlich und elementar angegangen werden, weil der ganze Glaube (als Grundhaltung, Vision und Lebensperspektive) in jedem einzelnen Fragment zum Ausdruck kommt.

Lesehinweis

Emeis, Dieter (1997): Didaktische Analyse von Themen und Texten. Schritte der Vorbereitung auf Katechese und Religionsunterricht, Bildungsarbeit und Predigt, München.

Grundlagenplan für den katholischen Religionsunterricht in der Grundschule (1998), hg. von der Zentralstelle Bildung der Deutschen Bischofskonferenz, München.

Nipkow, Karl Ernst (1986): Elementarisierung als Kern der Unterrichtsvorbereitung. In: KatBl 111, 600–608.

Schweitzer, Friedrich (2000): Elementarisierung als religionspädagogische Aufgabe: Erfahrungen und Perspektiven. In: Pädagogik und Theologie 52, 240–252.

II.6 Wer initiiert religiöse Lernprozesse? Rolle und Person der Religionslehrerinnen und Religionslehrer

Hans-Georg Ziebertz

Was auch immer der Staat von der Schule fordert, was auch immer die Kirche vom Religionsunterricht erhofft, welche Meinung auch immer die Eltern vom Religionsunterricht ihrer Kinder haben und wozu auch immer die Schülerinnen und Schüler bereit sind: Religionslehrerinnen und Religionslehrer nehmen im Prozess der religiösen Bildung in der Schule eine Schlüsselstellung ein. Sie sind die Adressaten einer Vielzahl von Erwartungen, sowohl im Hinblick auf ihre fachliche Rolle als auch im Hinblick auf ihre Person. Diese Erwartungen können in positivem Sinn »fordern«, sie können aber auch überfordern, oder sie sind aufgrund ihrer Widersprüchlichkeit gar nicht eindeutig zu erfüllen. Das Kapitel will klären, welche unterschiedlichen Erwartungen sich an Religionslehrerinnen und -lehrer richten. Pädagogische, didaktische und soziale Kompetenzen (Leitungshandeln und Konfliktlösungsstile) werden ebenso behandelt wie theologische, religionspädagogische und religionsdidaktische. Das Kapitel geht auch auf personale Kompetenzen ein und stellt Erwartungen an die Spiritualität und Konfessionalität der Religionslehrerinnen und -lehrer dar.

In einer Zeit, in der dem Religionsunterricht sowohl gesellschaftlich als auch kirchlich erhöhte Aufmerksamkeit zuteil wird, weil zum einen Kennzeichen der Entkonfessionalisierung unübersehbar sind und zum anderen Alternativen zum etablierten Religionsunterricht nicht nur gedacht, sondern auch erprobt werden, rücken die Religionslehrer neu ins Blickfeld. Kirchlicherseits kommt es zu verstärkten Bemühungen, die Fachlichkeit und die spirituelle Kompetenz der Lehrerinnen und Lehrer in den Blick zu nehmen und zu fördern. Im Folgenden werden einige Aspekte zusammengetragen, die die Rolle und Person betreffen. Die Kenntnis der unterschiedlichen Erwartungen soll nicht das »Über-Ich« beschweren, sondern eine sach- und personadäquate Auseinandersetzung mit dem Beruf der Religionslehrerin bzw. des Religionslehrers ermöglichen.

Dieses Kapitel erläutert zunächst unterschiedliche Erwartungen an Religionslehrerinnen und -lehrer unter Zuhilfenahme eines rollentheoretischen Modells (1) und geht dann auf einige Rahmenbedingungen ein, die speziell den Religionsunterricht betreffen (2). Im Anschluss daran werden verschiedene Kompetenzen dargestellt. Dabei wird zwischen pädagogisch-didaktischen (3) und theologisch-religionspädagogischen Kompetenzen (4) unterschieden. Die Reflexion der personalen Kompetenzen bezieht Fragen der Spiritualität und Konfessionalität ein (5). Einige abschließende Bemerkungen beenden das Kapitel (6).

1. Religionslehrerinnen und -lehrer zwischen Erwartungen und Selbstentwurf

Viele Abhandlungen zur Rolle und Person von Religionslehrerinnen und -lehrern orientieren sich an rollentheoretischen Konzepten (z.B. Raske 1978; vgl. zum Überblick: Ziebertz 1995a). Mit Hilfe der Rollentheorie können Einflussfaktoren auf das berufliche Handeln deutlich gemacht und wechselseitige Erwartungen geklärt werden. Im Mittelpunkt der nachfolgenden Darstellung stehen die Lehrerinnen und Lehrer selbst: ihre Lebens- und Glaubensbiographie, ihr Status als Beamte und ihre Funktion als Fachlehrer/in für bestimmte Unterrichtsfächer. In den ersten beiden Dimensionen werden Personaspekte, in den letzten beiden Rollenaspekte hervorgehoben. Die vier Dimensionen stehen in einer wechselseitigen Beziehung zueinander und bilden das »Netzwerk«, in dem und aus dem heraus Lehrerinnen und Lehrer handeln. Diese Dimensionen werden von der Gesellschaft, dem Staat, der Kirche und der Schule flankiert. Das Handeln der Lehrerinnen und Lehrer richtet sich an Schülerinnen und Schüler, die ihrerseits in dem Netzwerk Eltern, Gesellschaft, Staat, Kirche und Schule verankert sind.

Religionslehrer/in: Rolle und Person

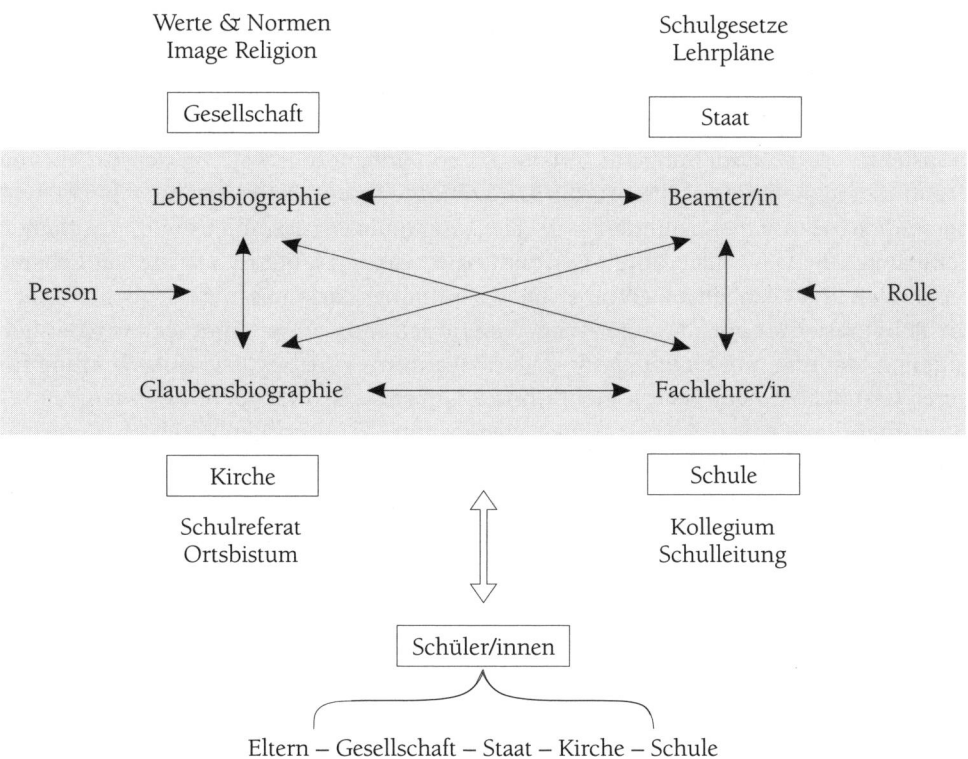

Werte & Normen
Image Religion

Schulgesetze
Lehrpläne

Gesellschaft

Staat

Lebensbiographie ← → Beamter/in

Person →

← Rolle

Glaubensbiographie ← → Fachlehrer/in

Kirche

Schule

Schulreferat
Ortsbistum

Kollegium
Schulleitung

Schüler/innen

Eltern – Gesellschaft – Staat – Kirche – Schule

Die Person der Religionslehrerin/des Religionslehrers ist gekennzeichnet durch die Lebensbiographie und die Glaubensbiographie. Die *Lebensbiographie* ist ein Resultat des Aufwachsens in einer bestimmten Kultur, des Gebildet-werdens in bestimmten Ausbildungsinstituten und des Lebens als Erwachsener in einer Gesellschaft, in der bestimmte Werte und Normen gelten, bestimmte Regeln des Umgangs miteinander üblich sind und bestimmte Muster für die individuelle Lebensgestaltung zur Verfügung stehen. In dieser Gesellschaft gibt es auch bestimmte Images von Religion, Christentum und Kirche (→ I.4). Religionslehrerinnen und -lehrer sind, wie andere Menschen auch, »Kinder ihrer Zeit«. Sie teilen die Lebensmöglichkeiten und -beschränkungen mit ihren Zeitgenossen. Als Christen sind sie vom Stellenwert, den eine praktizierte Religion in der modernen Gesellschaft hat, betroffen, denn die »Identität« als Christ/in ist nicht unabhängig von der Plausibilität, die dem kirchlichen Christentum gesamtgesellschaftlich zugemessen wird. Während dies für alle Christen gilt, ist im Blick auf Religionslehrerinnen und Religionslehrer die *Glaubensbiographie* eigens hervorzuheben. Gegenüber anderen religiösen Menschen üben sie nicht nur Religion aus, sondern sie haben Religion zum Beruf. Dies verlangt eine reflexive Haltung zur eigenen Glaubensgeschichte. Wer Religion lehrt, sollte sich aus mehreren Gründen über seine eigene Religiosität im Klaren sein. Zum Beispiel sollte die eigene Religiosität nicht »abgeschlossen« werden, sondern offen sein für Entwicklung. Man sollte sich ebenso darüber klar sein, dass es verschiedene Formen gibt, den christlichen Glauben zu leben, daher darf die eigene Praxis nicht für andere normativ geltend gemacht werden. Jede individuelle christlich-religiöse Praxis steht des Weiteren in Beziehung zu sozialen Formen der Religionsausübung (Kirche; Glaubensgemeinschaft). Von dort können bestärkende, stimulierende aber auch kritische Impulse für die eigene Religiosität ausgehen. Für Religionslehrer ist die Beziehung zur Ortskirche von Bedeutung, weil mit der kirchlichen Beauftragung, Religion erteilen zu dürfen, konkrete Erwartungen an das fachliche und persönliche Handeln verbunden sind. Die Kirche unterstützt über die Bischöflichen Schulämter die Lehrenden durch Fortbildungskurse und Unterrichtsmaterial. Lebensbiographie und Glaubensbiographie sind nicht immer harmonisch ausgeglichen. Auch für Religionslehrer gilt, dass sie einen Weg finden müssen, in einer weltanschaulich pluralen Moderne mit einem spezifischen Bekenntnis zu leben. Die Entscheidung für einen Glauben ist heute kaum mehr ohne Glaubenskrisen möglich. Eine Vergewisserung über den eigenen Weg ist immer wieder nötig. Zu Konflikten zwischen der Lebens- und Glaubensbiographie mit der Kirche kann es kommen, wenn beispielsweise eine Ehe zerbricht und eine Wiederheirat ansteht. Religionslehrerinnen und -lehrer merken in solchen Fällen deutlich, dass ihr persönliches Leben nicht unabhängig ist von ihrer beruflichen Position.

Die Berufsrolle der Religionslehrerin/des Religionslehrers zeigt sich im Status Beamtin/Beamter – ein für nicht wenige Lehrerinnen und -lehrer nach wie vor wichtiges Motiv für den Lehrerberuf – und in der konkreten Rolle als Fachlehrer/in. Als Beamte haben Lehrerinnen und Lehrer die »hoheitliche« Aufgabe der Erziehung und Bildung. Ob es heute noch sinnvoll und nützlich ist, den Lehrerstatus auf diese Weise zu definieren, ist freilich eine kontrovers diskutierte Frage. Für Privatschulen gilt diese Regelung ohnehin nicht. Der Staat trägt das Schulwesen und erlässt Richtlinien für schulisches Lernen, er legt auch die Rahmenbedingungen für den Religionsunterricht fest.

Vom Staat sind die Religionslehrerinnen und -lehrer direkt betroffen: der Staat stellt sie ein, teilt ihnen eine Stelle an einer Schule zu, entscheidet über den Aufstieg, usw. Die Ziele der schulischen Bildung sind in den Länderverfassungen festgeschrieben und in Lehrplänen hinsichtlich der Ausführung konkretisiert. In der Schule treten Lehrerinnen und Lehrer als *Fachlehrer* auf. Sie unterrichten nicht nur Religionslehre, sondern mindestens ein weiteres Fach. Für den Staat, die Schule und auch für Eltern und Schüler sind sie in erster Linie »Lehrer« und erst in zweiter Linie Fachlehrer für Religion. Religionslehrerinnen und -lehrer arbeiten in einem Kollegium und reflektieren ihre Aufgabe im Gesamt des schulischen Erziehungs- und Bildungsauftrags. Sie sind gegenüber dem Schulleiter als direktem Dienstvorgesetzten verantwortlich. Inhaltlich sind Religionslehrerinnen und -lehrer zunächst rückgebunden an die Fachgruppe Religion an der Schule. Kirchliche Gruppen wie zum Beispiel der Deutsche Katecheten Verein (DKV) können eine zusätzlich Beheimatung bieten.

Schließlich finden sich in dem Schema die Schülerinnen und Schüler, denen das Wirken der Lehrerinnen und Lehrer letztlich gilt. Hinter den Schülern stehen die Eltern, die der Schule einen Teil ihrer Erziehungsverantwortung abtreten. Wenn diesen beiden Gruppen, vor allem jedoch den Schülern selbst, ein nur bescheidener Platz in der Grafik eingeräumt wird, darf dies nicht darüber hinweg täuschen, dass sie im Schulalltag die meisten Erwartungen repräsentieren. Denn ob die eigene Zufriedenheit angesichts eines gelingenden Unterrichts ermöglicht oder verhindert wird, ist zu allererst eine Folge der Interaktion im Unterricht »vor Ort«.

Ein solches Schema hat den Wert, dass es aufzeigt, welche Weisungslinien es an die Religionslehrerin und den Religionslehrer gibt und welches Erwartungsbündel damit verbunden sein kann. Das, was auf die Lehrer »einströmt«, ist jedoch nur die eine Seite der Medaille. Die andere Seite ist das, was Lehrerinnen und Lehrer als Selbstentwurf von sich persönlich und von ihrem Lehrerhandeln haben. Es zeichnet gerade den freien Menschen aus, sich auch gegen Erwartungen stellen zu können, wenn diese als nicht wünschbar oder nicht haltbar empfunden werden. Ein freier Mensch kann kein Sklave von Rollenerwartungen sein, sondern ist Gestalter von Rollen. Rollenhandeln ist also nicht nur »role taking«, sondern auch »role making«. Dies ist umso notwendiger, als es heute kaum noch einheitliche Erwartungen an ein spezifisches Lehrerhandeln gibt. Was den Religionsunterricht betrifft, können die Eltern an religiöser Emanzipation, die Schule an Ruhe und Ordnung und der Staat an der wertkonservativen Funktion von Religion interessiert sein. Und nicht alle Eltern werden einer Meinung sein, so wie auch ein Kollegium kaum »stromlinienförmig« denkt. Kurzum: die Pluralität der Rollenerwartungen macht es unmöglich, Rollenhandeln als Handeln entsprechend der Erwartungen zu verstehen. Die Alternative ist aber ebenso utopisch. Man kann sich bis zu einem gewissen Grad gegen Erwartungen verhalten. Selbst wenn gute Gründe dafür sprechen, die eigene Position zu verteidigen – Lehrer sind in vielfältiger Weise abhängig und werden immer abwägen müssen, wie weit sie gehen können. Es ist daher gut und wichtig, die Abhängigkeiten zu erkennen, nicht aber, um sich ihnen unterzuordnen, sondern um den Selbstentwurf von sich und der eigenen beruflichen Rolle im Wissen um divergente Erwartungen verantwortlich auszugestalten. Es zeichnet gerade akademische Berufe aus, dass die erworbene Qualifikation auf eine hohe berufliche Autonomie drängt. Religionslehrerinnen und -lehrer sollten die Handhabung und Gestaltung der Autonomie als eine Entwicklungsaufgabe verstehen, die mit theologischem und pädagogischem Fachwissen und mit persönlicher Kompetenz zu tun hat (vgl. Ziebertz/Heil/Riegel 2001).

2. Rahmenbedingungen für den Religionsunterricht

Die Sorge für den Religionsunterricht teilen sich Staat und Kirche (→ II.13.1). Der Staat stellt die Rahmenbedingungen sicher und die Kirche zeichnet für die inhaltliche Ausgestaltung verantwortlich. Die Vereinbarungen zwischen Staat und Kirche sind durch Konkordate und Gesetze geregelt. Staat/Gesellschaft und Kirche sind somit Säulen, die für den Lehrerberuf im Allgemeinen und den Religionslehrerberuf im Besonderen von Bedeutung sind. Zwei Aspekte sollen kurz erläutert werden.

Formaler Rahmen:
Religionsunterricht als ordentliches Unterrichtsfach

Für die Rahmenbedingungen des Religionsunterrichts ist Artikel 7, Absatz 3 des Grundgesetzes der Bundesrepublik Deutschland von großer Bedeutung (→ II.3). Der Passus besagt: »Der Religionsunterricht ist in öffentlichen Schulen mit Ausnahme der bekenntnisfreien Schulen ordentliches Lehrfach.« Kein anderes Unterrichtsfach wird im Grundgesetz auf diese Weise in den Fächerkanon eingeschrieben. Mit dem Status des »ordentlichen« Lehrfachs sind eine Reihe wichtiger Konsequenzen verbunden. Zunächst ist der Artikel des Grundgesetzes bedeutsam für die allgemeine rechtliche Absicherung des Religionsunterrichts. Er kann also nicht einfach durch nachgeordnete Gesetze oder Verfügungen abgeschafft oder verändert werden. Dennoch sollte Paragraph 7 GG in der Argumentation für den Religionsunterricht nicht überstrapaziert werden. Sicher ist das Grundgesetz nicht einfach zu ändern, denn es bedarf dazu einer Zwei-Drittel-Mehrheit im Parlament. Gleichwohl ist die Grundgesetzvereinbarung nicht vor Kritik geschützt (vgl. Scharnberg/Ziebertz 2000). Wenn sich die allgemeine Akzeptanz von Religion und Kirche dramatisch verändern würde, stünde dieser Paragraph unter erheblichem Druck. Kirche und Religionslehrerschaft sollten die derzeitige Absicherung daher als Verpflichtung begreifen, alles zu tun, um durch einen zeitgemäßen Religionsunterricht positive Evaluationsergebnisse zu erbringen, die die dauerhafte Verteidigung des Fachs in jedem Fall erleichtern. Umfragen belegen, dass dies durchaus gelingt (Bucher 2000). Durch den Grundgesetzartikel erhält der Religionsunterricht eine Ausstattung, die ihn mit anderen Fächern gleichstellt, er hat seinen festen Platz im Fächerkanon, er muss innerhalb der normalen Stundentafel gegeben werden und er unterliegt denselben formalen Bedingungen wie andere Fächer auch. Des Weiteren werden im Religionsunterricht versetzungsrelevante Noten gegeben: nicht für den Grad der Religiosität der Schüler, ihre Gläubigkeit oder Kirchlichkeit, sondern für messbare Leistungen, die sie im Unterricht erbringen. Dabei ist es sehr wichtig, dass Lehrerinnen und Lehrer messbare Einheiten deutlich von nicht-messbaren unterscheiden (wie beispielsweise eine Meditation), denn Unklarheiten in dieser Frage können zu erheblichen Problemen führen (→ II.11).

Der Religionsunterricht unterliegt, wie das Schulwesen insgesamt, der staatlichen Aufsicht, d.h. er ist keine »kirchliche Katechese in Schulräumen«, sondern zuallererst ein Unterricht, der sich dem Bildungsanspruch unterordnet, den Bund und Länder in allgemeinen Zielbestimmungen festlegen. Deshalb müssen auch die Ziele und Inhalte religiöser Bildung an der Schule im Kontext des schulischen Bildungsanspruch formuliert werden. Die Länderverfassungen sprechen von Bildungszielen wie »Entfaltung der Persönlichkeit«, die »Herbeiführung von Mündigkeit und Selbständigkeit«, auf »eine Haltung, die die Würde des Menschen achtet« und die eine »Verpflichtung zum solidarischen Handeln« erkennt, sowie – in manchen Länderverfassungen – »Ehrfurcht vor Gott«. Eine volle Integration des Religionsunterrichts ist unter anderem davon abhängig, wie es einerseits gelingt, seinen Beitrag mit den Zielen der schulischen Bildung insgesamt zu verknüpfen und andererseits innerhalb dieses Rahmens seine spezifische Leistung herauszustellen – nicht nur vor dem oder für das Gesetz, sondern vielmehr in der Erfahrung der Schülerinnen und Schüler, der übrigen Lehrerinnen und Lehrer sowie der Eltern. Religionslehrerinnen und -lehrer integrieren diese Ansprüche unter anderem schon dadurch, dass sie Fachlehrer für mindestens noch ein weiteres Fach sind. Auf diese Weise haben sie selbst die Vergleichbarkeit der Fächer im Blick.

Inhaltlicher Rahmen:
Die Verantwortung der Kirchen und der Theologie

Der Religionsunterricht ist des Weiteren eine Sache der Kirche. Artikel 7 des Grundgesetzes (Satz 2, Abs. 3) legt fest: »Unbeschadet des staatlichen Aufsichtsrechtes wird der Religionsunterricht in Übereinstimmung mit den Grundsätzen der Religionsgemeinschaften erteilt.« Mit dieser Aussage wird die inhaltliche Verantwortung an die Kirchen gesichert. Die Kirche partizipiert an Lehrplankommissionen, an der inhaltlichen Ausgestaltung der Curricula und sie entscheidet über die Zulassung von Lehrmitteln. Diese Arbeitsteilung ist festgelegt und darf nicht einseitig verändert werden. Religionslehrerinnen und Religionslehrer können sich keiner dieser beiden Einflussgrößen entziehen. Die »doppelte Zuständigkeit« für den Religionsunterricht geht von einem wechselseitigen Einvernehmen aus, das beide Seiten in die Pflicht nimmt (vgl. Gabriel 1989; Simon 2000). Die Kirche hat bisweilen Grund, den Ausfall von Religionsstunden zu monieren, was u.a. mit dem Fehlen von Lehrerinnen und Lehrern zu tun haben kann, die über eine Fakultas verfügen. Oder es gibt Grund zur Klage, weil den Religionsstunden ein ungünstiger Platz auf der Stundentafel zugewiesen wird. Umgekehrt bedeutet der konfessionell getrennte Religionsunterricht für den Staat (die Schule) einen Mehraufwand hinsichtlich der Bereitstellung von Räumen und Personal, der sich noch verschärft, wenn zusätzlich ein Alternativ-Unterricht wie Ethik angeboten werden muss. Dies zeigt, dass das »fragile Bündnis« der dauerhaften Pflege bedarf, wozu Religionslehrerinnen und -lehrer (evangelische und katholische) durch eine schulinterne Kooperation untereinander und innerhalb des Kollegiums sowie mit der Schulleitung einen Beitrag leisten können.

Die Verantwortung der Kirchen erstreckt sich auch auf die Autorisierung des Lehrpersonals. Unterrichten darf nur, wer vom Ortsbischof die »Missio« (kath.) bzw. »Vocatio« (ev.) erhalten hat (→ II.13.1.3). Die Rahmenrichtlinien für die Verleihung der Missio sind bundeseinheitlich geregelt.

Kriterien für die Verleihung der Missio canonica:

- Der Religionslehrer ist bereit, den Religionsunterricht in Übereinstimmung mit der Lehre der Katholischen Kirche zu erteilen.
- Der Religionslehrer beachtet in der persönlichen Lebensführung die Grundsätze der Lehre der Katholischen Kirche.

Der Antrag auf die Erteilung der Missio kann nach dem bestandenen 2. Staatsexamen an den Bischof gestellt werden. Die formale Prozedur erläutern die Mentorate bzw. bischöflichen Schulabteilungen. Bestehen seitens des Bischofs Bedenken, sind diese dem Antragsteller mitzuteilen. In besonderen Fällen kann die Missio-Kommission eingeschaltet werden.

Die Kirchen haben einen Teil der fachlichen Kompetenz an die Theologie delegiert. Die Theologie reflektiert als wissenschaftliche Disziplin die entsprechenden Glaubenssysteme nach Inhalt und (Sozial-) Form. Sie ist auf der akademischen Ebene die Instanz, die in der Ausbildung jene Kompetenz vermittelt, die notwendig ist, um »in Übereinstimmung mit den Grundsätzen der Religionsgemeinschaften« unterrichten zu können. Andere Disziplinen können daran Anteil haben, wenn die Kirchen diese autorisieren, die »Grundsätze« auszulegen. Diese Frage wird etwa hinsichtlich eines Einbezugs der Religionswissenschaft virulent.

3. Pädagogisch-didaktische Kompetenz

Lehrerinnen und Lehrer erwerben während ihrer Ausbildung eine allgemeine pädagogische und didaktische Kompetenz. Der Bedarf an einer solchen Kompetenz unterscheidet Lehrerinnen und -lehrer mit dem Fach »Religionslehre« im Übrigen nicht von ihren Berufskolleginnen und -kollegen. Die didaktische Kompetenz hat zahlreiche Aspekte, die an unterschiedlichen Stellen in diesem Buch behandelt werden (→ Teil III). Wir beschränken uns im Folgenden auf ausgewählte Aspekte der didaktischen Kompetenz, der Leitungskompetenz und der sozialen Kompetenz.

Didaktische Kompetenz

Didaktische Kompetenzen können im Zusammenhang mit allgemein-didaktischen Modellen erläutert werden, die seit etwa 1960 miteinander konkurrieren. In ihnen zeigen sich jeweils unterschiedliche Anforderungen an das Lehrerhandeln (→ I.3).

In der Religionsdidaktik spielt nach wie vor die geisteswissenschaftliche Tradition der bildungstheoretischen Didaktik eine wichtige Rolle, ferner die lerntheoretische und die kommunikative Didaktik sowie eine Reihe weniger elaborierter Konzepte (vgl. Hilger 1978 sowie → I.5). Für die bildungstheoretische Tradition ist vor allem der »frühe« Klafki zu nennen, in dessen Konzept die Frage nach dem Bildungssinn bzw. Bildungsgehalt von Inhalten eine zentrale Funktion zukommt. Klafki konzipiert die »didaktische Analyse« als ein Instrument, mit dessen Hilfe der allgemeine Bildungsgehalt im konkreten Bildungsinhalt ermittelt werden soll. Die Reflexion des Unterrichts wird von der Durchdringung der Inhalte dominiert, was die Anschlussfähigkeit dieses didaktischen Modells für den Religionsunterricht förderte. Der Religionsunterricht war lange Zeit in hohem Maße textorientiert. Die bildungstheoretische Didaktik öffnete die Augen für die Bildungsrelevanz der Texte. Bei diesem frühen Ansatz handelte es sich um eine Theorie für Lehrerinnen und Lehrer, während die Schülerinnen und Schüler als »Empfänger« der Botschaften nur indirekt in den Blick kamen. Lehrerinnen und Lehrer waren »Textvermittler« – eine Beschränkung, die Klafki später selbst ausgeräumt hat (Klafki 1991).

Die einseitige Fokussierung auf die Lehrerrolle haben *lerntheoretisch* orientierte Didaktiken zu beheben versucht (Schulz; Heimann). Sie konzipierten Unterricht als interdependentes Geschehen zwischen Subjekten (Lehrern und Schülern), Objekten (Zielen, Inhalten, Methoden und Medien) und Kontexten (Schule, Gesellschaft, Kirche, usw.). Als Unterrichtswissenschaft zielt die lerntheoretische Didaktik auf eine rationale Aufklärung über Lernabläufe und deren Effizienz. Sie bietet den Lehrenden formale Kriterien, an denen sich die Unterrichtsplanung ausrichten soll. Gegenüber der bildungstheoretischen Didaktik wird die Seite der Unterrichtsinhalte etwas schwächer beleuchtet, dafür kommen weitere unterrichtsrelevante Aspekte in den Blick. Lehrerinnen und Lehrer werden in der lerntheoretischen Didaktik umfassender in die Pflicht genommen. Sie kommen als »Manager von Lernsituationen« in den Blick. In der curricularen Variante, in der die Kontrollierbarkeit des Inputs und Outputs im Sinne eines Effizienzstrebens bisweilen überbetont wurde, konnte auch das Lehrerbild des »Unterrichtstechnokraten« entstehen.

In der *kommunikativen* Didaktik schließlich wird die soziale und inhaltliche Seite der Unterrichtskommunikation in den Mittelpunkt gestellt. Von Theorien der sozialen Kommunikation bzw. des Interaktionismus wird die Einsicht entlehnt, dass Lernen immer mit Sach- und Beziehungsaspekten zu tun hat. Lehrerinnen und Lehrer sollen Kommunikation stimulieren und unterhalten. Sie sollen »Meta-Kommunikation« anstoßen, damit Sach- und Beziehungsfortschritte festgestellt werden können. Kommunikation ist nicht allein ein Instrument zur Erreichung von Lernzielen, sondern ermöglicht die Generierung von Sinn durch verständigungsorientiertes Handeln (vgl. Ziebertz 1996b; 2000b; auch → I.5.2). In der kommunikativen Didaktik kommen Lehrerinnen und Lehrer als »Moderatoren« in den Blick (Ziebertz 1995b).

Neben diesen gebräuchlichen Didaktiken gewinnen gegenwärtig *konstruktivistische* Ansätze an Bedeutung, in denen die Frage nach der Genese von Erkenntnis, wie Heranwachsende überhaupt verstehen, radikalisiert und ins Zentrum gerückt wird (→ I.5.3). Lehrerinnen und Lehrer sind »Arrangeure von Lernchancen«.

Es ist deutlich, dass die Anforderungen an Lehrerinnen und Lehrer in den didaktischen Modellen unterschiedlich ausfallen. Entlang der Reihenfolge der referierten Modelle ist auch ersichtlich, dass sich eine Öffnung des Lehrerhandelns auf das gesamte Unterrichtsgeschehen und eine Konzentration auf die Schülerinnen und Schüler herausgebildet hat. Fragt man nun, ob sich eines der Modelle für den Religionsunterricht besonders (oder ein anderes nicht) eignet, kann keine schlüssige Antwort gegeben werden. In der Religionsdidaktik werden unterschiedliche Präferenzen gesetzt: Pius Siller (1991) baut auf der bildungstheoretischen Didaktik auf, Joseph Bulckens (1994) auf der lerntheoretischen, das Handbuch der Religionspädagogik (Feifel u.a. 1973) auf der curricularen und Erich Feifel (1995) auf der kommunikativen Didaktik – um nur einige Beispiele zu nennen (konstruktivistische Ansätze werden erst allmählich rezipiert). Dieser Befund unterstreicht, dass es in allgemein-didaktischer Perspektive kein Präjudiz für eine bestimmte Didaktik-Schule gibt, die sich für den Religionsunterricht nahe legen würde. Vermutlich wird der Alltag sehr viel stärker von »didaktischen Synkretismen« geprägt, als dies die Modelle in Reinform suggerieren. Heute ist kaum eine Didaktik ernsthaft zu verteidigen, die keine Auskunft über die Leistungen gibt, die sie erbringen will, die den Unterricht nicht als Kommunikationsprozess versteht und die nicht die Schüler als Subjekte ins Zentrum stellt – eine Didaktik also, die eine Reihe von Aspekten integriert, die als Spezifika unterschiedlicher Didaktiken gelten. An diesen Anforderungen müssen sich auch Religionslehrerinnen und -lehrer messen lassen.

Leitungskompetenz

Klassische Abhandlungen zum Leitungsstil unterscheiden zwischen einem autoritären, anti-autoritären und Laisser-faire Stil. Die Einfachheit dieser Unterscheidung ist gewiss ein Vorteil, sie geht allerdings auf Kosten einer differenzierten Dynamik, die mit dieser Typeneinteilung nicht in den Blick kommt. Das nachfolgende Schema enthält zwei Achsen, mit denen das Maß an Kontrolle bzw. das Maß an Zuwendung angegeben wird. Leitungshandeln kann sehr auf Kontrolle bedacht sein, es kann Kontrolle aber auch geringschätzen. Ebenso kann es in die Interaktion starke emotionale Zuwendung einbringen, oder aber Zuwendung auf niedrigem Niveau halten. Das Achsenkreuz enthält vier Quadrate. Die beiden oberen werden durch hohe Kontrolle gekennzeichnet, die beiden unteren durch niedrige Kontrollen; die beiden linken durch wenig Zuwendung und die beiden rechten durch starke Zuwendung. Entsprechend enthält jedes Quadrat eine Mischform. Für jedes dieser Felder gibt es eine bestimmte Typisierung. Die Typenbezeichnungen stehen in der Mitte der Quadrate, weil das Maß von Zuwendung und Kontrolle für die vier Typen nicht mit den Extrempositionen verbunden ist. Im Gegenteil: eine Überbetonung von Zuwendung oder Kontrolle führt zu Leitungsstilen, die pädagogisch bedenklich sind. In der Grafik sind die überbetonten Positionen mit einem * jeweils in der äußeren Ecke markiert.

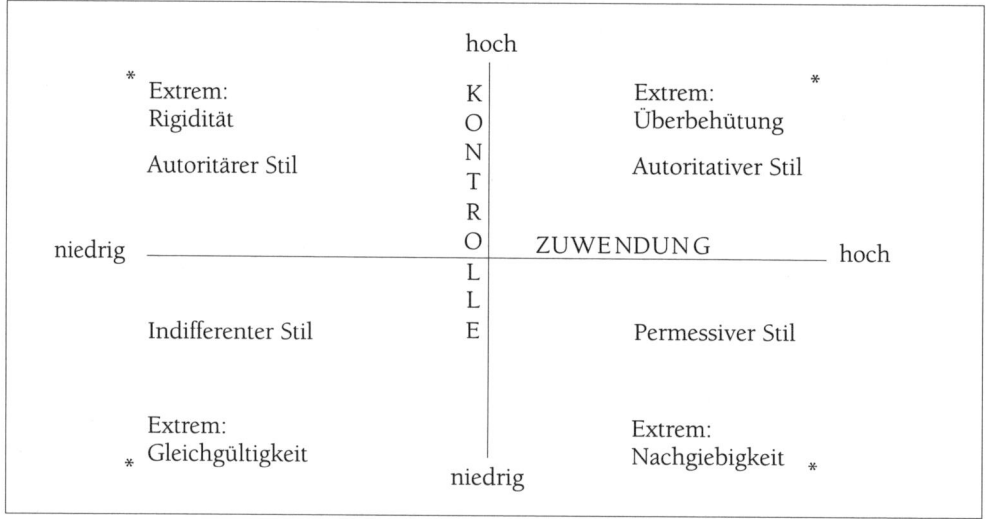

Leitungsstile

Autoritärer Stil: wenig Zuwendung mit viel Kontrolle. Wir treffen auf diesen Stil, wenn Lehrerinnen und Lehrer sich beispielsweise unter Verwendung eines Arsenals von Sanktionen auf Fragen der Disziplin konzentrieren oder permanente Leistungsmessungen durchführen, dabei aber nur unzureichend das Gefühl vermitteln, dass ihnen an den Kindern gelegen ist. Mit dem hohen Maß an Kontrolle ist interaktionale Distanz verbunden, sodass das Klima als distanziert und kühl empfunden wird. Im Extrem kann dieser Stil als rigide erfahren werden.

Autoritativer Stil: viel Zuwendung mit viel Kontrolle. Dieser Stil könnte auch als »Leitung mit und durch Autorität« bezeichnet werden. Die Koppelung von Zuwendung und Kontrolle nimmt der Kontrolle die Härte. Kontrolle wird weniger als ein disziplinarisches Element wahrgenommen, sondern kann aufgrund der starken emotionalen Zuwendung als »Inter-esse« (Dazwischen-Sein) gedeutet werden. Die Zuwendung wiederum steht nicht allein, sondern findet zu einer ausgewogenen Balance von Sachinteresse und Personinteresse. In der Extremform liegt die Gefahr, Schülerinnen und Schüler von der Liebesgunst der Lehrerin oder dem Lehrer abhängig zu machen bzw. die Behütung so weit zu treiben, dass die Selbständigkeit der Lernenden Schaden erleidet.

Indifferenter Stil: wenig Zuwendung und wenig Kontrolle. Die Kombination dieser Akzente führt im Extrem zur Gleichgültigkeit. Wenn Lehrerinnen und Lehrer keine Zuwendung zeigen und auch nicht an Kontrolle interessiert sind, können die Schülerinnen und Schüler nur den Schluss ziehen, dass sie den Lehrkräften persönlich und in der Sache gleichgültig sind. In der weniger extremen Form trifft man auf diesen Stil in einem Unterricht, der den Schülern sehr viel Freiraum zur Selbstbestimmung lässt und kaum Instrumente aktiviert, die eine Ziel- und Wertorientierung erkennen lassen. In diesem Fall gibt es auch keinen Reibungsgrund. Wenn man die in der frühen Pädagogik diskutierte Alternative zwischen »Führen« und »Wachsenlassen« auf diesen Stil anwendet, handelt es sich um eine Pointierung des Wachsenlassens – allerdings mit der möglichen Konsequenz pädagogischer Verwahrlosung.

Permissiver Stil: viel Zuwendung mit wenig Kontrolle. Der permissive Stil schließlich zeigt den Schülerinnen und Schülern persönliches Interesse. Lehrerinnen und Lehrer engagieren sich interaktional, aber vernachlässigen Aspekte wie Leistungskontrolle, Einhaltung bestimmter Regeln usw. Gut gemeintes Gewährenlassen kann somit zum Extrem einer nachgiebigen Pädagogik führen, die zu wenig Stimuli bietet, sich für Sachfortschritt einzusetzen und die darauf verzichtet, Fortschritt zu evaluieren und zu kontrollieren.

Die vier Stile sind auf diese Weise voneinander zu unterscheiden. Zugleich sind sie jeweils für sich genommen nicht »auf den Punkt« zu definieren. Jeder Stil impliziert die Möglichkeit von »mehr« oder »weniger« Zuwendung und Kontrolle. Der autoritative Stil ist vermutlich pädagogisch am ergiebigsten, jedoch sollte die Balance von Kontrolle und Zuwendung innerhalb dieses Quadrates hinreichend beachtet werden. Zuviel Zuwendung ist ebenso problematisch wie zuwenig Kontrolle. Die richtige Dosierung ist im Übrigen abhängig von der Situation der Klasse und vom Alter der Schüler – beispielsweise wird in der Grundschule die Kontrolle stärker sein als in der Oberstufe. Auch die Form der Zuwendung wird sich von der Grundschule bis zur Oberstufe ändern, jedoch sollte das Maß nicht verringert werden. Für Religionslehrerinnen und -lehrer kann in diesem Punkt eine besondere Verpflichtung gelten. Zuwendung als Empathie und Caritas sind Kennzeichen einer christlich motivierten Beziehung: Religionslehrerinnen und -lehrer sind ein »personales Angebot« und nicht nur Fachleute für Religion. Ein diakonischer Religionsunterricht hat den ganzen Menschen im Blick und nicht nur seine Leistungsfähigkeit.

Soziale Kompetenz

Besonders die kommunikative Didaktik hat die soziale Kompentenz im Blick und markiert diese im Spannungsfeld von »Sache« und »Beziehung«. Konflikte sind »Testfälle« für die soziale Kompetenz von Lehrerinnen und Lehrern, daher kann an Konflikten gezeigt werden, welche Ausprägung die soziale Kompetenz haben kann. In kirchlich-religiösen Zusammenhängen gelten Konflikte bisweilen als störend oder unerwünscht. Sie sind aber eine Normalität. Religiöses Lernen an der Schule findet in keinem Biotop statt. Daher sollte es eine Aufgabe für den Unterricht sein, den Umgang mit Konflikten zu kultivieren. Das heißt nicht, Konflikte zu suchen. Wo aber Konflikte auftauchen, gilt es Lösungswege einzuüben, die in der Sache weiterführen und die allen Beteiligten ermöglichen, ihr Gesicht zu wahren. Bereits Paulus und Petrus hatten einen erheblichen Konflikt auszustehen, als es um die Frage der »Heiden-« bzw. »Judenmission« ging. In der Apostelgeschichte sind weitere Konflikte dokumentiert, die die junge Kirche zu bewältigen hatte. Die biblischen Erzählungen weisen nicht einen bestimmten Stil als »gültigen« aus, aber sie zeigen, dass Streit in der Sache mit Fairness gegenüber der Person verknüpft war.

Um nicht bei wohlmeinenden Empfehlungen stehen zu bleiben, bietet es sich an, Möglichkeiten des Konflikthandelns zu konzeptualisieren. Man kann fünf Stile im Umgang mit Konflikten unterscheiden (vgl. Blake/Mouton 1964). Die Konfliktstile werden erstens danach unterschieden, wie viel oder wie wenig Handelnde in die inhaltliche Problemlösung investieren (=Sachebene). Das Kontinuum läuft von passiv bis aktiv. Als passiv im Sinn der inhaltlich orientierten Konfliktlösung gelten die Stile »Ausweichen« und »Zudecken« und als »aktiv« können die Stile »Forcieren« und »Konfrontieren« verstanden werden. Die zweite Unterscheidung betrifft die Sorge für eine gute Zusammenarbeit und die Integration von Interessen (= Beziehungsebene). Das Kontinuum dieser Achse verläuft von negativ nach positiv. Wenig Beziehungssorge enthalten die Stile »Forcieren« und »Ausweichen« (negativ), hohe Beziehungssorge weisen die Stile »Zudecken« und »Konfrontieren« auf. Der Stil Kompromiss-Suche ist auf einer Mittelposition einzuordnen.

Konflikten ausweichen

Bei diesem Handlungsstil ist von Bedeutung, dass Handelnde weder in Bezug auf die inhaltlich zur Diskussion stehenden Sachfragen, noch in Bezug auf die Integration der gegenseitigen Interessen aktiv werden, sondern versuchen, sich aus der Konfliktzone

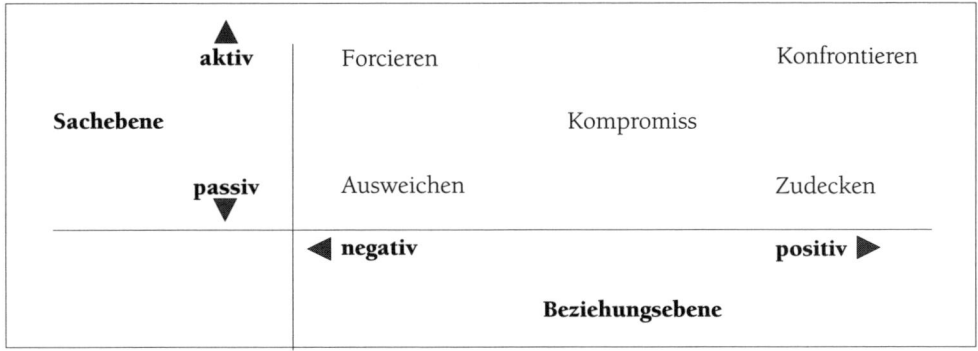

Zweidimensionale Zuordnung der fünf Konfliktstile

zurückzuziehen. Es werden keine sachbezogenen Aktivitäten zur Lösung eines Konflikts unternommen. Gleichgültigkeit beherrscht die Szene. Gründe dafür können sein: der Inhalt des Konflikts wird als unbedeutend eingeschätzt; man sieht keine Möglichkeit, sein Ziel zu erreichen; die möglichen Kosten einer direkten Konfrontation werden im Vergleich mit dem aktuellen Zustand als zu hoch eingeschätzt; durch das Ausweichen tritt eine Ruhepause ein, aus der heraus neue Anläufe entwickelt werden können; eine Phase des Nachdenkens wird einem schnellen Beschluss der Vorzug gegeben; jemand anders kann den Konflikt besser führen oder der Gegenstand des Konflikts ist ein Deckmantel für etwas Wesentlicheres und schließlich Beziehungsverlust.

Konflikte zudecken
Dieses Modell geht von der Annahme aus, dass viele Menschen fragil sind, dass ihnen eine offene Konfrontation und das Durcharbeiten von Meinungsverschiedenheiten sehr schwer fällt. Menschen wollen eine freundschaftlich-harmonische Atmosphäre und sie fürchten, dass ein Konflikt negative Emotionen hervorruft. Meinungsverschiedenheiten werden vermieden. Die Herstellung von Harmonie geht einher mit der Preisgabe eigener Ziele. Man passt sich an und versucht, andere zufrieden zu stellen, ohne die eigenen Ansprüche zu realisieren. Gründe für das Zudecken von Konflikten können sein, dass ein Handelnder Unrecht hat und daher eine direkte Auseinandersetzung in jedem Fall vermeiden will; weil er die persönliche Ausgangsposition für einen späteren Zeitpunkt zu verbessern meint, z.B. indem er zu erkennen gibt, dass er aus Fehlern lernen kann; um sozialen Kredit zu gewinnen oder aus Angst vor Beziehungsverlust; um größeren Schaden zu vermeiden, etwa bei der Gefahr, einen Konflikt zu verlieren und ausgeschaltet zu werden oder weil der Konfliktinhalt nicht als bedeutend angesehen wird, um deshalb einen Konflikt zu wagen.

Konflikte forcieren
Wer Konflikte forciert, sieht die sich gegenüberstehenden Ansprüche als einander ausschließend. Ziel ist es, in dem Konflikt um jeden Preis zu gewinnen. Dies kann auch unter Anwendung von Machtmitteln geschehen, wenn diese zur Verfügung stehen. Zum Beispiel können gezielt Informationen zurückgehalten oder Falschinformationen gegeben werden. Das Handeln nach diesem Modell ist stark an einer sachbezogenen

Lösung in eigenem Interesse orientiert. Gründe für eine Orientierung an diesem Modell können sein: eine schnelle Entscheidung erscheint geboten; es geht um besonders wichtige Fragen, für deren Bewältigung unpopuläre Entscheidungen in Kauf genommen werden; eine Entscheidung wird »durchgedrückt«, weil sich andere Betroffene gegen eine Mitverantwortung bzw. Mitarbeit sperren; es geht um Fragen, die z.B. den Fortbestand einer Gruppe bestimmen und man hält andere für wenig kompetent, sie sachdienlich bearbeiten zu können oder man verfügt über entsprechende Machtmittel und kann Konflikte forcieren, ohne dass die eigene Position bedroht wird.

Konfliktlösung durch Kompromiss
Dieser Handlungsstil sucht nach einer »mittleren Auflösung«, die es jeder Partei ermöglicht, etwas von ihrem eigenen Standpunkt beizubehalten, ohne ihn aber vollständig realisiert zu haben. Natürlich wird jede einigermaßen befriedigende Lösung von Konflikten mit einem (wie auch immer beschaffenen) Kompromiss enden. Was diesen Handlungsstil aber kennzeichnet, ist das sofortige Anstreben einer für beide Parteien bestmöglichen Auflösung, wobei dem Gedanken des Gleichgewichts besondere Bedeutung zugemessen wird. Dazu müssen beide Parteien Konzessionen machen, was im Endeffekt auch eine »schiefe« Lösung zur Folge haben kann. Gründe für dieses Modell liegen auf der Hand. In der Regel bietet es einen Ausweg aus dem Extrem »forcieren«, dabei eventuell zu unterliegen oder aber einen Konfliktgegner zu überwältigen und es bietet einen Ausweg aus der unbefriedigenden Sachlösung beim Extrem »zudecken«.

Konfrontative Konfliktlösung
Dieser Stil ist effektiv zur Lösung von Konflikten. Er setzt sich zusammen aus den Elementen »Konfrontieren« und »Problem-Lösen«. Unter Konfrontieren wird verstanden, dass ein Problem in einer Kommunikation offen und direkt angesprochen wird, dass Ursachen aufgehellt, Gefühle mitgeteilt und Missverständnisse aufgeklärt werden. Die Konfrontation räumt gewissermaßen den Weg frei, um Konflikte lösen zu können. Die Problemlösung sucht nach realen Möglichkeiten, die auf beiden Seiten zu einer hohen Befriedigung führen soll. Ziele und Inhalte beider Parteien werden in ein drittes Konzept integriert, dessen Erstellung als eine gemeinsame Aufgabe verstanden wird. Jeder Gruppe wird die gleiche Chance eingeräumt, ihre Anliegen und Ziele zur Sprache zu bringen (Konsens-orientiertes Diskursmodell). Gründe für diese Position können sein: Beide Interessen werden als so bedeutend angesehen, dass man sie nicht durch einen Kompromiss verwässern will; man strebt eine Integration beider Positionen an; die Mitwirkung beider Parteien ist bei der Beschlussfassung über ein Programm unverzichtbar; die Erhellung der Beziehungsebene wird als notwendig für die weitere Zusammenarbeit angesehen; entsprechende Zeit und Mittel stehen zur Verfügung, um eine konfrontative Konfliktlösung zu suchen oder beide Gruppen sind genügend motiviert, um daran zu arbeiten, die Beziehungen zu verbessern.

Sicherlich ist Vorsicht geboten, nur ein bestimmtes Konzept als geeignet für die Bewältigung von Konflikten zu erklären. In der Praxis kann es Gründe geben, dass jeder der genannten Stile in unterschiedlichen Situationen Anwendung findet. Das bedeutet aber nicht, dass sie gleichwertig sind. Im Unterricht kann dieses Schema gebraucht werden, um den Verlauf und die Richtung, die Konflikte nehmen, adäquat zu analysieren (Ist-Zustand). Es kann zweitens gebraucht werden, um eine wünschenswerte Form der Konfliktlösung festzulegen (Soll-Zustand) und es kann drittens dazu dienen, bei der Konfliktbegleitung den realistischen nächsten Schritt zu planen (konkretes Handlungsziel). In der kirchlich-religiösen Praxis steht oftmals der (zu) schnelle Ausgleich in Form eines Kompromisses im Vordergrund, wenn nicht sogar das Übergehen von Konflikten. Die Analyse der Konfliktstile zeigt, dass einem »guten« Kompromiss die fordernde Konfrontation vorausgeht. Religionslehrerinnen und -lehrer sind auch als »Konfliktmanager« gefragt: in der Klasse, in der Schule, im Kollegium und im Elternkontakt. Diese soziale Kompetenz sollte daher nicht gering geschätzt werden.

4. Theologisch-religionspädagogische Kompetenz

Für Religionslehrerinnen und -lehrer spielt die theologisch-religionspädagogische Kompetenz eine besondere Rolle. Sie zeigt sich in der theologischen Kommunikationsfähigkeit, insbesondere in der Fähigkeit des Theologisierens von der Lebenswelt der Schülerinnen und Schüler aus. Sie unterscheidet sich des Weiteren danach, welchem religionsdidaktischen Modell der Vorzug gegeben wird.

Theologische Kommunikationsfähigkeit

Religionslehrerinnen und -lehrer verfügen aufgrund ihres Studiums über eine theologische Kompetenz in den unterschiedlichen theologischen Disziplinen (→ I.2). Im Religionsunterricht wird von ihnen erwartet, dass sie ihr Wissen nicht nur weitergeben, sondern dieses als »Theologie im Lebensvollzug« anzuwenden wissen (→ II.4). Dabei geht es nicht isoliert um eine Einführung der Schülerinnen und Schüler in die theologische Enzyklopädie, sondern in eine Einübung von Denken und Verhalten, von Reflexion und Haltung in Bezug auf die Wirklichkeit der Religion und des christlichen Glaubens, wobei beide, Religion und Glaube, in Beziehung stehen zum eigenen Leben und zum Zusammenleben insgesamt. Die Unterscheidung zwischen Religion und Glaube wird in einer Zeit religiöser Ausdifferenzierung immer wichtiger (→ II.1). Das erfordert für die Unterrichtsplanung eine besondere Sensibilität hinsichtlich der Vielgestaltigkeit von Religion und Religiosität, für anthropologische und funktionale Dimensionen ebenso wie für offenbarungstheologisch-substantielle. Lehrerinnen und Lehrer bedürfen selbst einer reflektierten Haltung zu religiöser Pluralität. Es geht nicht darum, Pluralität an sich zu rechtfertigen oder Pluralität zu verurteilen, sondern im Kontext der Pluralität kommunikationsfähig zu sein und diese Fähigkeit mit Schülerinnen und Schülern einzuüben. Sich selbst zu verstehen, andere zu verstehen und miteinander zu verstehen, was das Leben trägt und welchen Beitrag dazu die christliche Religion zur Weltdeutung leistet, ist kein »Joker« im Sinne einer Definition, die Religionslehrer zu einem bestimmten Zeitpunkt hervorholen können, sondern ein Weg, der gegangen werden muss. Es gibt nicht nur sichere Lösungen, sondern auch bleibende Fragen und Zweifel – auch unter Lehrerinnen und Lehrern. Religiöse Kommunikation hat daher oftmals den Charakter eines Such- und Deutungsprozesses, an dessen Ende immer wieder neue Fragen stehen. Lehrerinnen und Lehrer müssen diese

Offenheit selbst aushalten können und gleichwohl handlungsfähig bleiben. Religiöse Bildung bedarf sogar der Offenheit. In dem Dokument »Die bildende Kraft des Religionsunterrichts« (Kap. 2) heißt es:

> »Bilden ist ein selbstbezügliches Handeln. ›Erziehung‹ muss sich also gemäß diesem Bildungsverständnis eine Einschränkung gefallen lassen. Sie muss sich verstehen als ein Freiheit gewährendes Handeln. Dieses Zurücktreten im Respekt vor der Würde des Menschen ist damit ein unaufgebbares Moment der Erziehung. Erziehung muss verstanden werden als intersubjektives, kommunikatives Handeln. Der Selbstwerdungsprozess ist keinem strategischem Kalkül zu unterwerfen.«

Aus diesen Äußerungen können wir entnehmen, dass die theologische Kompetenz der Religionslehrerinnen und Religionslehrer in hohem Maße *religionspädagogischer Art* ist: religiöse Kommunikation ist ein Bildungsgeschehen, nicht nur im Sinne einer Wissensübertragung, sondern eines Verstehens und Deutens, das sich auf die Gegenwart bezieht im Wissen um eine Vergangenheit und in der Hoffnung auf eine Zukunft (→ II.3). Die Frage nach der Orientierung (in) der Welt und nach dem Sinnhorizont und der Zukunft des Lebens hat eine horizontal-gegenwärtige und eine vertikal-traditionale Dimension. Fragen des Lebens und der Zukunft werden *heute* gestellt und beantwortet und sie sind im Laufe der Menschheit gestellt und beantwortet worden. Religionslehrerinnen und -lehrer sollen beide Momente in den Blick nehmen und zwischen ihnen Beziehungen herstellen können. Sie sollen den Schülerinnen und Schülern Wege eröffnen, sich mit den Fragen des Daseins auseinander zu setzen und diese im Licht der Religionen, insbesondere im Licht der christlichen Überlieferung verstehen und deuten zu lernen. Ziel ist die Herbeiführung religiöser Urteilskraft. Der Synodenbeschluss (bes. Kap. 2.5) sieht realistisch, dass eine religiös heterogene Schülerschaft die Regel ist. Der Religionsunterricht soll für alle Schüler offen sein. Das bedeutet, dass er gläubigen Schülern eine Vertiefung im christlichen Glauben und nicht-gläubigen Schülern eine Auseinandersetzung mit religiösen Traditionen ermöglichen soll. Lehrerinnen und Lehrer müssen dazu über eine theologische Basisfähigkeit verfügen, die in der Theologie unter dem Begriff der (→ III.1) »Korrelation« verhandelt wird. Über die Tauglichkeit der Korrelationsdidaktik wird kontrovers diskutiert. Das Prinzip der Korrelation ist jedoch auch für den Religionsunterricht ein theologisch unaufgebbares Konzept.

Theologisieren von der Lebenswelt der Schüler aus

Die Bereitschaft Jugendlicher, Fragen der Lebens- und Weltdeutung religiös auszuloten, ist in hohem Maße an die Kompatibilität mit alltagsweltlichen Erfahrungen verbunden. Die Aneignung, Uminterpretation oder auch Abstoßung christlicher Traditionselemente vollzieht sich vorwiegend im Suchhorizont der individuellen Selbst-, Welt- und Wirklichkeitsorientierung (Drehsen 1994, 61–91). Man muss diesen, an der eigenen Erfahrung orientierten Umgang mit Religion nicht negativ als ›privatistische Weltflucht‹ verstehen. Man kann ihn auch positiv als ›lebensgeschichtliche Erarbeitung einer Weltanschauung‹ deuten, die aufgrund ihres Such-Charakters unabgeschlossen und für die Zukunft offen ist. In diesem Sinn konstatiert Friedrich Schweitzer (1993), dass kirchlich-pädagogisches Handeln nur in dem Maße an das vorhandene religiöse Interesse bei Jugendlichen anknüpfen kann, wie es sich auf die Jugendlichen einlässt und bereit ist, auf die für sie religiös bedeutsamen Zusammenhänge einzugehen. Es geht um eine religionspädagogische Orientierung an der Lebens-

welt der Heranwachsenden, die die darin vorhandenen Aktivposten als Lerngegenstand in den Vordergrund holt, die sich etwa im Zusammenhang mit ethischen Problemen, mit Fragen nach dem Woher?, Wohin? und Wozu? oder in der Suche nach persönlicher Gewissheit und Glaubwürdigkeit zeigen, und sie nicht nur als Anknüpfungspunkte für den eigentlichen Lerninhalt begreift. Funktionsspezifische Kontakte, die in
aller Regel in der Schule vorherrschen, machen den Erfahrungs- und Lebensweltbezug
nicht unmöglich. Für schulisches Lernen könnte ›Erfahrungsbezug‹ bedeuten, sich
didaktisch nicht allein darauf zu konzentrieren, Schülerinnen und Schülern das gesamte Kompendium der Theologie abstrakt – wenn auch in reduzierter Komplexität
und über die Schulzeit verteilt – zu vermitteln. In der neu aufgebrochenen Diskussion
zur *Elementarisierung* mehren sich die Versuche, das ›Ganze des Glaubens im Fragment‹ mit einem stärker lebensgeschichtlich-erfahrungsspezifischen Zugang zu verbinden (Lämmermann 1990; Zwergel 1993; Zilleßen 1993). Für Feifel (1993) beinhaltet
dies, dass die ›Lehre‹ nicht als eine in sich ruhende Größe betrachtet, sondern schon
von ihrem Ansatz her auf die Adressaten bezogen wird. Erfahrungen werden als ein
fundamentales Element des Glaubens verstanden, die es ermöglichen, Leben, Wahrheit und Sinn zu vernehmen *und* zu empfangen. Wir können nicht direkt zum Glauben erziehen (Nipkow 1993), aber wir können mit Jugendlichen die Schlüsselerleb-
nisse ihres Menschseins erhellen, wir können fragen, von welchen Schlüsselerlebnis-
sen die Bibel berichtet und wie sie mit Gott in Verbindung gebracht wurden und wir
können schließlich Brücken bauen, um die Erfahrung von damals in der heutigen Erfahrungswelt lebendig, d.h. anschaulich werden zu lassen. Aber unsere Antworten sollten auf *unsere* Probleme das sein, was die Antworten der biblischen Schriftsteller auf
die Probleme *ihrer* Zeit gewesen sind (Ziebertz 1995b; Biehl 1991, 224–246). Es geht
also um den Erwerb der Fähigkeit, von der Lebenswelt Jugendlicher aus Theologisieren zu lernen.

Religionsdidaktische Kompetenz

Wie die allgemeine Didaktik unterschiedliche Ansätze und Schulbildungen kennt, so
hat es auch in der Religionsdidaktik einige hervorstechende Konzepte gegeben, die bestimmte Orientierungen für das Lehrerhandeln implizieren. Hilger (1978) und Adam
(1993) verweisen in diesem Zusammenhang auf die Tradition des kerygmatischen
Unterrichts bzw. der Evangelischen Unterweisung, auf den hermeneutisch konzipierten, problemorientierten, therapeutischen, korrelativen und schülerorientierten Unterricht, die mit Rollenerwartungen an Lehrerinnen und Lehrer korrespondieren.

Für den *kerygmatischen Ansatz* (katholischerseits) ist der Unterricht »Kirche in der
Schule«: Religionsunterricht ist »ein pfingstliches Ereignis«, in dem der Glaube verkündigt wird. Entsprechend wird von den Lehrerinnen und Lehrern erwartet, dass sie
sich als Diener/innen der Glaubensverkündigung definieren. Jungmann hatte als pro-
minenter Vertreter dieser Richtung gefordert, Lehrerinnen und Lehrer müssten mit heiliger Begeisterung von der Botschaft vom Reich Gottes beflügelt sein und das depositum fidei getreu und objektiv mitteilen (vgl. Schlüter 1986, 294). Lehrer sind die
Botschafter und Schüler die Empfänger der Botschaft. Im *hermeneutischen Religionsunterricht* sind Lehrkräfte nicht Glaubenslehrer, sondern theologisch geschulte Fachleute. Sie verkündigen nicht den Glauben, sondern erschließen ihn aus den Textzeug-

nissen der biblischen und kirchlichen Überlieferung. Im traditionellen hermeneutischen Unterricht der sechziger und siebziger Jahre des 20. Jahrhunderts beschränkte sich der hermeneutische Zirkel auf ein Nachvollziehen der Wechselwirkung zwischen kirchlicher Lehrverkündigung und biblischen Texten. Das Vorverständnis der Schülerinnen und Schüler war in diesem Ansatz nicht eigens konzeptualisiert. Sie sollten die Glaubensinterpretation nachvollziehen können, wie sie die Theologie akademisch vorlegte. Der *problemorientierte Religionsunterricht* versuchte den Brückenschlag von der Theologie bzw. Kirche zur Lebenswelt. Schülerinnen und Schüler sollten die Welt, ihre Probleme, Konflikte und Kontingenzen im Licht des Glaubens wahrnehmen und deuten lernen. Die Anforderung an die Lehrerinnen und Lehrer lautete, als »christliche Zeitgenossen« (Adam 1993, 108) den Brückenschlag anzubahnen. Im *therapeutisch orientierten Religionsunterricht* steht die Identitätsentwicklung der Schülerinnen und Schüler im Vordergrund. Religion soll nicht krank machen, sondern heilen. Die Verheißung des »Lebens und Fülle« hat einen Ort in dieser Welt und der Unterricht soll sich daran bemessen, was er für die Lebensorientierung, Sinnfindung und Ich-Stärke leistet. Lehrerinnen und Lehrer sind Therapeuten, Begleiter und Berater. Der *korrelative Religionsunterricht*, der in der katholischen Religionspädagogik des ausgehenden 20. Jahrhunderts eine besondere Rolle gespielt hat, bemühte sich in der Tradition des Synodenbeschlusses zum Religionsunterricht um die Zusammenschau von anthropologischen und theologischen Erfahrungen, also um den Zusammenhang von Erfahrung und Überlieferung. Sein Schicksal war freilich, dass die Hauptanstrengung auf der Elaborierung der theologischen Akzente lag, zu denen anthropologische Erfahrungen hinzugesucht wurden (vgl. Prokopf/Ziebertz 2000). Nicht immer wurde verstanden, dass Korrelation im Sinne Tillichs und Schillebeeckx' auf einer strengen Wechselseitigkeit beruhte. Korrelationen sollten nicht konstruiert, sondern im faktischen Leben »aufgedeckt« werden.

Die genannten Ansätze folgen nicht einfach aufeinander, sondern finden sich zum Teil auch parallel in Theorie und Praxis. Hinzu kommt in jüngerer Zeit ein schülerorientierter Unterricht, der bereits im problemorientierten und therapeutischen Religionsunterricht angelegt war, aber von den kommunikativen und konstruktivistischen Didaktik neue Impulse erfahren hat. Unter Verwendung eines anthropologisch gefassten weiten Religionsbegriffs werden Schülerinnen und Schüler als Mitlernende verstanden, die religiöse Erfahrungen (oder sogar Glaubenserfahrungen) machen, die ihr Leben beispielsweise aufgrund von Kontingenzen reflektieren und transzendieren, die also nicht wie leere Gefäße mit Inhalt gefüllt werden müssen, sondern etwas mit- und einbringen, sodass der Unterricht zwischen lebensweltlicher Orientierung, Information, und Deutung eine Balance finden muss. Religionslehrerinnen und -lehrer sind *Moderatoren* religiöser Lernprozesse (vgl. Ziebertz 1995b). Dabei wird nicht an einem Begriffsverständnis angeknüpft, womit das Ausgewogene oder Mittelmäßige gemeint ist, sondern an »moderari« (lat. zu lenken beabsichtigt) im Sinne einer aktiven zielgerichteten Leitung. Moderatoren stoßen Denkprozesse an und provozieren eigenes Urteilen. Sie suchen eine inhaltliche Haltung zu einem Thema hervorzulocken und zu einer nachhaltigen Arbeit und mit einem Gegenstand anzustiften.

5. Personale Kompetenz

Für Schülerinnen und Schüler ist es in jedem Fach von Bedeutung, dass sie auf Lehrkräfte treffen, die sich als Personen engagieren, die emphatisch sind und die Interesse an den Schülern zeigen, an denen man sich reiben kann, usw. Das Spezifische für Religionslehrerinnen und -lehrer liegt nicht in solchen Qualitäten, sondern in der Weise der Identifikation mit dem Inhalt, den sie im Religionsunterricht vertreten. Evangelium und Kirche werden als zwei entscheidende Bezugsgrößen verstanden.

Bilden und Bezeugen in Orientierung am Evangelium

Von Lehrerinnen und Lehrern wird insgesamt erwartet, dass sie neben ihrer fachlichen Qualifikation über eine persönliche Qualifikation verfügen, denn sie treten den Schülerinnen und Schülern auch in ihrer Person als Erzieher/in und Bildner/in gegenüber. Sie müssen nicht nur mit der Möglichkeit rechnen, sondern auch bewusst wollen, dass Schülerinnen und Schüler sich an ihnen »reiben«. Auf die Lehrkräfte kommt der Anspruch zu, dass Heranwachsende sie als authentische, wahrhaftige und faire Partner erfahren können, die ein Denken ohne Ideologie fördern und die Gefühle zulassen, ohne Abhängigkeiten zu fördern und Bloßstellungen zu riskieren. Schülerinnen und Schüler dürfen ihre Lehrerinnen und Lehrer auch als Menschen mit eigenen Standpunkten erleben, wenngleich sich Letztere des Machtgefüges zwischen ihnen und den Schülern bewusst sein und daher ihre eigene Position behutsam einbringen müssen. In jedem Fall ist Indoktrination zu vermeiden. Das Ziel kann nicht sein, dass Schülerinnen und Schüler die Meinung bestimmter Lehrerinnen und Lehrer übernehmen, sondern dass sie sich an Meinungen »bilden«.

Neben solchen allgemeinen persönlichen Qualifikationen finden sich eine Reihe besonderer Hinweise für Religionslehrerinnen und -lehrer. Stichworte sind in diesem Zusammenhang Religionslehrer/in als *Zeuge, Vorbild* oder *Modell*. In dem Teil des Synodenbeschlusses »Der Religionsunterricht in der Schule« (1974), der von den Religionslehrern handelt (2.8) wird das Zeugnis-Geben in verbialer Form als »bezeugen« des Evangeliums ausgeführt. Lehrerinnen und Lehrer sollen nicht nur die »Sache« darstellen, sondern einen »eigenen Bezug zur Sache« erkennen lassen. Die Rede vom »Bezeugen« ist vor zwei Missverständnissen zu schützen (Tzscheetzsch 1999): Religionslehrerinnen und -lehrer sind nicht einfach die »strahlenden Vorglaubenden«, als ob sich Modelllernen direkt vollzöge. Es gibt auch Spannungen oder gar individuelles Scheitern. Zweitens darf »personale Rechenschaft« nicht heißen, alles preisgeben zu sollen. Der pädagogische Takt muss gewahrt bleiben, ein gewisses Maß an Diskretion ist durchaus wünschenswert. Manches ist dem Raum der Schule nicht angemessen. Man kann auch Schüler durch zu viel Offenheit missbrauchen.

Der Synodenbeschluss ist weit davon entfernt, ein idealisiertes und unkritisches Bild von Religionslehrern zu entwerfen. Den Autoren ist bewusst, dass Zeugnis-Geben immer auf einer persönlichen Hermeneutik des Evangeliums beruht und nicht uniformiert werden kann. Diese Hermeneutik beruht auf persönlichem Für-wahr-Halten, auf einer wissenschaftlichen Grundlage und auf dem Einbezug der kirchlichen Lehre zu Fragen des Glaubens. Das »Zeugnis« ist daher offen und nicht geschlossen konzipiert.

An anderer Stelle wird im Synodenbeschluss von der Komplementarität von »Liebe« und »kritischer Distanz« gesprochen (Ziffer 2.8.5). Von den Lehrerinnen und Lehrern wird eine prinzipielle Bejahung der christlichen Botschaft erwartet und die Bereitschaft, die Tradition des Christentums als Angebot der Weltdeutung einbringen zu wollen, wobei ihre eigene Verwurzelung im kirchlich vermittelten Glauben den Inhalt der Unterrichtskommunikation beglaubigend unterstützen soll. Von den Lehrerinnen und Lehrern wird kein »blinder Gehorsam« erwartet, aber ihr Zeugnis soll in kritischer Loyalität zur kirchlichen Lehre stehen.

Kirchlichkeit und Konfessionalität

Kirchliche Dokumente nach dem Synodenbeschluss erwecken intuitiv den Eindruck, als würde diese offene konstruktive Grundposition modifiziert. Im Blick auf die Erklärung »Zum Berufsbild und Selbstverständnis des Religionslehrers« vom 22.6.1983 kommt Richard Schlüter (1986, 292) zu dem Schluss, dass die Forderung, der Religionslehrer solle Zeuge sein und Rechenschaft über seinen Glauben geben, ihn als »Anwalt zentraler Aufgaben der Kirche« qualifiziert. Damit einher gehe »eine wieder größere Nähe des dem Dokument zugrundeliegenden Konzeptes von schulischem Religionsunterricht zum material-kerygmatischen Religionsunterricht...« (ebd. 294). Für Schlüter knüpft diese Entwicklung an den Fuldaer Lehrplan von 1925 an, für den die Persönlichkeit des Religionslehrers als »Künder der Offenbarungswahrheit« als zentrales Kriterium für den Erfolg galt. Ein neuerer Text (»Die bildende Kraft des Religionsunterrichts« vom 27.9.1996) unterstreicht diesen Anspruch durch einen Hinweis auf die Konfessionalität der Lehrerinnen und -lehrer. Die enge Verbundenheit von Lehre und persönlichem Leben wird herausgestellt, ebenso die Forderung nach einer unmissverständlichen Darstellung des eigenen Bekenntnisses. Während das Dokument »Zur Spiritualität des Religionslehrers«, das die Deutschen Bischöfe am 1.9.1987 herausgegeben haben, das Zeugnis des Glaubens in einem realitätsbezogenen, weit gespannten Horizont christlicher Spiritualität elaboriert, kann die »Bildende Kraft« den Eindruck einer bisweilen angestrengten Apologetik in dieser Sache nicht ganz vermeiden.

Vorbild – Modell

Es kann kein Zweifel daran bestehen, dass Lehrerinnen und -lehrer im Rahmen des konfessionellen Religionsunterrichts einen »Bezug zur Sache« haben müssen. Die Frage ist allerdings, wie der Zeugnis-Charakter im Sinne einer professionellen Berufsrolle akademisch konzipiert werden kann. In der Diskussion finden sich Begriffe wie »Vorbild« oder »Modell«. Allerdings sind beide Begriffe nicht hinreichend trennscharf. So wird der Begriff Vorbild bisweilen als »Imitationslernen« verhaltenspsychologisch verstanden, aber ebenso trifft man auf eine Rezeption des Modell-Begriffs im Sinne früher behavioristischer Theorien. Aber genauso gibt es Vertreter des Vorbild-Lernens, die Vorstellung der Konditionierung weit von sich weisen, dann aber nicht mehr präzise angeben können, worin der Unterschied zum Modell-Lernen liegt; während Vertreter eines »aufgeklärten Behaviorismus« in der Tradition Albert Banduras (1979) das Vorbild-Lernen als Imitationslernen bezeichnen würden, von dem sie ihr Konzept absetzen, das sehr viel stärker den konstruktivistischen Anteil des Lernens betone.

Einen Ausweg aus diesem Dilemma bieten Theorien der symbolischen Interaktion (→ II. 2.4), die, bezogen auf die Unterrichtskommunikation davon ausgehen, dass sich Lernen nie nur als Übernahme angesonnener Rollenmuster (repräsentiert durch tugendhafte Vorbilder), sondern als fortdauernder Prozess der Interpretation, der Sinnauslegung und Bedeutungsfindung vollzieht. Das Ergebnis steht nicht fest, weil Handelnde, Lehrer wie Schüler, in einer sich wandelnden sozialen und kulturellen Umgebung interagieren, die in sich selbst noch einmal mehrdeutig ist (es gibt diesen

Religionslehrer und jene Religionslehrerin – beide sind Christen, aber bezeugen den Glauben unterschiedlich), sodass das gegenseitige Bemühen um Wahrnehmung und Verstehen in den Mittelpunkt des Vorgangs religiöser Bildung rückt und nicht ein bestimmtes materiales Produkt. Religiöse »Sozialisation ist daher immer schon als ein durch die Optik oder Perspektive der einzelnen Mitglieder einer Gruppe oder Gesellschaft ›gebrochener‹ Prozess anzusehen; die Normen, Wertorientierungen und Regeln – auch wenn sie geschrieben und ›gesatzt‹ sind oder wenn eine Interpretation als quasi objektiv erklärt und sogar von einer Person gegen Widerstreben einer anderen Person durchgesetzt wird – sie unterliegen einer ständigen Interpretation, sie liegen also nicht unverbrüchlich fest. Auch wenn die subjektive Interpretation unterdrückt wird, so bleibt sie dennoch im verborgenen die subjektive Realität für das sinnverstehende Subjekt und vielleicht der einzige Halt in einer quasi objektiv geregelten und verplanten Welt« (Kron 1988, 84).

Den Zeugnis-Charakter religionspädagogischen Handelns im Sinne des symbolischen Interaktionismus zu begreifen hat den Vorteil, dass der offene und dialogische Charakter der Generierung von religiösen Bedeutungen in den Mittelpunkt rückt und verhaltenspsychologische Missverständnisse vermieden werden. Zudem wird der Gefahr vorgebeugt, die Fragilität des eigenen Zeugnisses mit Ansprüchen zu überfrachten. Das »Ideal« religiöser Existenz ist weder identisch mit dem Handeln einzelner Lehrerinnen und Lehrer, noch mit dem einzelner Schüler, sondern es ist etwas, das »vor« beiden liegt und erschlossen werden will.

6. Rolle und Person in Entwicklung

Heutige Lehrerinnen und Lehrer sind, wie Vertreter anderer Berufe auch, mit dem Ende ihrer Ausbildung nicht hinreichend ausgerüstet für ihre weitere Berufskarriere. Die Unterscheidung der Lehrerbildung in eine erste (Universität), zweite (Referendariat) und dritte Phase (Fort- und Weiterbildung) deutet schon an, dass lebenslanges Lernen unerlässlich ist. Sie ruft in Erinnerung, dass die Universität nicht »fertige« Lehrer entlässt, sondern ein reflexives Basiswissen vermittelt hat, auf dem die zweite Phase aufbaut. Erste eigene Berufserfahrungen »läutern« manch akademische Theorie, aber auch manch praktizistische Engführungen. Mit fortgeschrittener Berufserfahrung gibt es nicht selten ein neues Interesse an Konzeptualisierungen und Theorie.

Wie die Fachkompetenz (im besten Fall) in einer Entwicklungsspirale bleibt, so sollten auch die personalen Komponenten gefördert werden. Der Lehrer der Zukunft wird sich selbst als Person das wichtigste Medium sein (Dauber 1998). Zu den personalen Kompetenzen zählen zum einen allgemeine Kommunikationsfähigkeiten. Lehrerinnen und Lehrer müssen Selbst- und Fremdwahrnehmung einüben, ihre Rolle und ihr Verhalten im Zusammenhang mit den Geschehnissen im Unterricht reflektieren, Unterrichtsstörungen besprechen und den eigenen Unterrichtsstil reflektieren können. Sie müssen eine wertschätzende Grundhaltung den Schülern gegenüber mitteilen und ein Unterrichtsklima der Zusage und Annahme eröffnen können (vgl. Leitner/Schrettle 1992). Kollegiale Beratung und professionelle Supervision können eine Hilfe sein, diese

Kompetenzen zu erweitern. Zu den personalen Kompetenzen zählen zum anderen auch die Vergewisserung über die eigene Haltung zu Religion, Christentum, Kirche und Glaube. Diese spirituelle Kompetenz bezieht sich auf die subjektive Haltung, Leben und Glauben im eigenen Lebensvollzug zusammenzubringen und das Leben vom Glauben her zu deuten (Tzscheetzsch 1999, 108).

Schreiner (1999) spricht von Religionslehrerinnen und -lehrern als Wahrnehmenden, Erzählenden und Seelsorgenden. Als *Wahrnehmende* heben sie Lebenserfahrungen ans Licht und suchen nach Gottes Spuren im Alltag. Als *Erzählende* überraschen sie mit Gegenerfahrungen, befreienden Geschichten und Erinnerungen, aus denen in der Gegenwart für die Zukunft geschöpft werden kann. Als *Seelsorgende* verstehen sie es, Erfahrungen der Heilung (1 Kor 12, 4–11), des Trostes (2 Kor 1,4), des Ratgebens (Eph 4,11), der Ermutigung (1 Thess 5,14), der Fürsorge (Lk 10,34) und der Ermahnung (Tit 2,15) zu vermitteln. Religionslehrerinnen und -lehrer, die eine Idee davon weitergeben wollen, was es heißt, hinaus zu gehen in die Weite des Horizonts (Ps 4) und das Leben in Fülle (Joh 10,10) zu suchen, geben nicht nur ein historisches Wissen weiter (Werbick 1995, bes. 74–84), sondern sind selbst auf einer Erkundung, bei der es keine letzte Sicherheit gibt. Der Glaube gibt einige Anhaltspunkte, wie mit der Fraglichkeit der Welt und des Lebens umgegangen werden kann.

Zusammenfassung

Religionslehrerinnen und -lehrer sind gefordert, im Wissen um die Vielzahl der Erwartungen und Aufgaben ihr eigenes Profil zu schärfen. Ihr Augenmerk gilt der Schule und den Schülern und nicht zuletzt sich selbst. In der eigenen Person kann der Glaube als bereicherndes Geschenk erfahren werden, aber ebenso kann dessen Gefährdung erlebt werden. Von Religionslehrerinnen und -lehrern werden pädagogische, theologische und personale Kompetenzen erwartet. Das didaktische Modell, an dem sie sich orientieren und die Weise, wie sie den Unterricht leiten und aufkommende Konflikte lösen, ist nicht nur eine Frage des persönlichen Geschmacks. Die Konzeptualisierungen in diesem Kapitel helfen, Entscheidungen bewusster zu treffen. Ähnliches gilt für die theologischen, religionspädagogischen und religionsdidaktischen Kompetenzen. Religionslehrer und -lehrerinnen sind darüber hinaus in einer spezifischen Weise als Person gefragt. Gemeint ist der Geist, aus dem heraus sie Religion unterrichten bzw. ihre Spiritualität. Kompetenzen werden nicht nur einmal erworben, sondern sind in einem lebenslangen Lernen zu entwickeln, zu klären und zu verdichten.

Lesehinweis

Leitner, Rupert/Schrettle, Anton (1992): Lehrer werden – Mensch bleiben. Überlegungen zur Lehrerpersönlichkeit. In: Leitner, Rupert, u.a. (Hg.), Religionspädagogik II, Wien, 234–260.

Schreiner, Martin (1999): Mit Begeisterung und Besonnenheit. Zum Profil evangelischer Religionslehrerinnen und -lehrer heute. In: Ders. (Hg.), Vielfalt und Profil. Zur evangelischen Identität heute, Neukirchen-Vlyun, 189–203.

Ziebertz, Hans-Georg (1995): Lehrerforschung in der empirischen Religionspädagogik. In: Ziebertz, Hans-Georg/Simon, Werner (Hgg.), Bilanz der Religionspädagogik, Düsseldorf, 47–78.

II.7 Wie Religionsunterricht gestalten? Methodenfragen und ihre Implikationen

Georg Hilger

Eine von Anton A. Bucher verantwortete Befragung von 7200 Schülerinnen und Schülern zum Religionsunterricht in Deutschland im Jahr 1999 bescheinigt diesem Fach eine relativ gute Akzeptanz, vor allem dann, wenn er die Lernenden im Sinne einer handlungsorientierten Didaktik aktiviert und sich methodischen Innovationen öffnet (Bucher 2000, 148). Die Attraktivität des Faches Religionsunterricht hängt also in einem hohen Maße von seinem didaktisch-methodischen Niveau ab. In diesem Kapitel zur Methodenfrage geht es nach einer Begriffsklärung um die Fragen: Ist Glauben überhaupt lehrbar oder lernbar? Wie verhalten sich Inhalte und Methode zueinander? Was heißt Methodenkompetenz? Ferner soll am Umgang mit Bildern und Bibeltexten gezeigt werden, wie ein reflektiertes methodisches Arbeiten im Unterricht aussehen kann. Den Abschluss bilden religionsdidaktisch relevante Einsichten der Lehr-Lernforschung. Ziel ist es, Anregungen für einen methodisch abwechslungsreichen und lebendigen Religionsunterricht zu geben.

1. Problemstellung

Wir gehen von vier konkreten Praxissituationen aus:

● Lehrerin Irlesberger baut ihr Freiarbeitsmaterial zum Thema »Wasser als Symbol« in einer Schulklasse auf: ein Tonbandgerät mit Kopfhörer, um Wassergeräusche abhören und bestimmen zu können, ein Lernangebot mit Wassergeschichten und -märchen, Fotos und Bildern aus der Kunst, Redewendungen zum Wasser, biblische »Wassergeschichten«, ferner Schüsseln, Gläser und Flaschen mit unterschiedlichem Wasser, Papier, Farben, Pinsel etc. und »Ideenblätter«, auf denen viele Möglichkeiten des Umgangs mit dem Lernangebot aufgeschrieben sind. Diese unterschiedlichen Zugänge zu »Wasser« sind Teil der »vorbereiteten Umgebung«, um Kindern die Sinnenhaftigkeit und Symbolhaftigkeit von Wasser erfahrbar zu machen: sieben Annäherungen an das Symbol.

● Lehrer Heinrichs erkundet mit seinen Schülerinnen und Schülern den »guten Ort«: den jüdischen Friedhof. Die Schüler haben Skizzenblöcke, Stifte und Notizblöcke, um ihnen fremde Symbole abzuzeichnen, Inschriften, auffällig wiederkehrende Todestage, Namen, die vertraut oder fremd sind u.ä. zu notieren. Dabei wachsen Fragen über Fragen, die im späteren Unterricht bearbeitet werden.

● Frau Vogel hat ein Bild eines expressionistischen Künstlers zu einer biblischen Szene projiziert, erst nach langer, stiller Betrachtung – die Schüler kennen das biblische Thema noch nicht – wird über das Bild gesprochen: erste Eindrücke und Beobachtungen zur Farbgebung, Anordnung der Gestalten, ihre Körperhaltungen werden nachgestellt als »lebendiges Bild«. Dialoge der Personen auf dem Bild werden erdacht und in Sprechblasen geschrieben. Dann erst wird die Erzählung von Jesus und der Ehebrecherin (Joh 8,1–11) erzählt und gelesen, anschließend werden Bezüge zwischen dem Text und dem Bild, dem Bild und dem Text hergestellt.

- Kollege G. hält nichts von einem solchen, für ihn »zeitverschwenderischen und modischen methodischen Aufwand«: Er fragt ab, was in der letzten Stunde als Merksatz an der Tafel stand, lässt das Religionsbuch aufschlagen, einen Text vorlesen und die Arbeitsanweisungen dazu bearbeiten. Es wird ein Gespräch über die Ergebnisse der Erarbeitung geführt. Dabei entsteht ein Tafeltext, der ins Heft eingetragen wird und später den Lernzuwachs kontrollieren soll.

In der Fachkonferenz Religion debattieren die Kolleginnen und Kollegen darüber, ob Inhalte wichtiger seien als Methoden. Je nach Schulform und Lehrertyp wird man mit unterschiedlichen Positionen rechnen müssen. In Gymnasien findet man eher Lehrende, die von den Inhalten her denken und Methodenfragen als zweitrangig ansehen, in Grundschulen und Hauptschulen ist eine höhere Sensibilität für schülernahe Lernwege ausgeprägt. Auf die belehrende Vermittlung von Inhalten fixierte Lehrertypen werfen kind- bzw. schülerbezogenen Lehrertypen vor, bei ihnen würden sich die Schülerinnen und Schüler zwar wohl fühlen, dabei aber wenig lernen. Umgekehrt wird jenen vorgehalten, eingetrichterte Inhalte würden schnell vergessen und methodische Phantasielosigkeit mindere die Lernmotivation der Lernenden. Auf den »Stoff« fixierte Fachlehrer sind eher methodenskeptisch; methodenfreudige Lehrende hingegen vernachlässigen zuweilen den fachlichen Anspruch der Inhalte. Ein Ausspielen von Fachkompetenz und Methodenkompetenz ist aber verhängnisvoll und falsch. Fachkompetenz ist mehr als Stoffvermittlung, sie verlangt auch methodische Kompetenzen, je schneller sich die Inhalte verändern, desto mehr.

2. Begriffsklärungen

Methode

»Methode« umfasst umgangssprachlich wie auch im Kontext der Wissenschaften eine Fülle von Bedeutungen. Jemand mit Methoden schikanieren oder die Methodenfrage der Sozialwissenschaften im wissenschaftstheoretischen Diskurs erörtern, das sind recht verschiedene Dinge. Selbst in der Erziehungswissenschaft gibt es keinen allgemein akzeptierten Konsens darüber, wie sich pädagogische und nicht pädagogische Methoden unterscheiden oder wie weit der Begriff zu fassen ist. Die verwirrende Bedeutungsvielfalt verlangt nach Festlegung.

Das Wort Methode ist aus dem Griechischen abgeleitet und setzt sich zusammen aus meta hodos, wörtlich »Nach/Hin – Weg«, »Nach/Hin – Gang«. Folgt man der Metapher »Weg«, dann kann damit im unterrichtlichen Kontext der Weg des Lehrers oder der Weg der Schülerin bzw. des Schülers auf ein Ziel hin gemeint sein: aus der Perspektive des Lehrers als ein Lehrweg oder aus der Perspektive des Schülers als ein Lernweg. Dementsprechend kann man zwischen Lehrmethoden (»Lehrweg«) des Lehrers und Lernmethoden (»Lernweg«) der Schülerinnen und Schüler unterscheiden. So verlockend eine solch weite Definition auch ist, sie ist problematisch, weil sie alles mit einschließen würde, was mit Lehren und Lernen und dem Bildungsweg zusammenhängt, also auch zufällige Begegnungen und außerunterrichtliche Einflüsse. »Methode« meint hier ein bewusstes und zielgerichtetes, produktives Handeln von Lehrern und

Schülern, das als Unterrichtsmethode den Lernweg des Schülers strukturiert (vgl. Meyer 1987, 85–92). Methoden sind Mittel zur Zielerreichung, vermitteln zwischen Lernenden und den anzueignenden Lerngegenständen bzw. Inhalten und umfassen Rahmenbedingungen zur Schaffung von günstigen Lernbedingungen bzw. Lernarrangements. Unterrichtsmethoden stellen einen Zusammenhang zwischen Lehr- und Lernmethoden, Lehrer- und Schülertätigkeiten dar und intendieren gemeinsames und zielorientiertes Handeln. So gesehen umfassen sie alle Wie- und Wegfragen unterrichtlichen Lehrens und Lernens (Lachmann 1993, 18).

Unterscheiden lassen sich methodische Tätigkeits- und Handlungselemente (z.B. fragen, sich melden, Notizen machen), komplexere Methoden (z.B. Erzählung, Gespräch), Sozialformen des Unterrichts (z.B. Einzelarbeit, Partnerarbeit, Gruppenarbeit, Frontalunterricht), methodische Großformen (z.B. Lehrgang, Projekt (→ III.13), Lernortwechsel).

Die Fülle dessen, was unter die Rubrik »Methode« im religionsdidaktischen Horizont gezählt werden kann, wird deutlich in dem umfangreichen »Methodischen Kompendium für den Religionsunterricht«, das eine Auswahl von Methoden präsentiert, klassifiziert in Sozial- und Interaktionsformen, sprachorientierte, bildorientierte, medienorientierte und musikalische, spielerische und meditative Unterrichtsmethoden bzw. Handlungselemente (Adam/Lachmann 1993).

In diesem Kapitel wird die normative Vorentscheidung getroffen, solche Unterrichtsmethoden zu bevorzugen, welche die Selbsttätigkeit und die religiöse Mündigkeit der Lernenden fördern. Methoden sollen Lernenden und Lehrenden helfen, in der eigenen Religiosität und im eigenen Glauben zu wachsen, ihm Ausdruck zu geben und ihn zu reflektieren. Es geht also nicht um einbahnige Vermittlungsprozesse von Glaubenslehren hin auf die Lernenden, sondern um Lernprozesse als Aneignungsprozesse.

Lernen

»Lernen« wird dabei verstanden als ein komplexer Prozess, der aus Interaktionen eines Menschen mit anderen, mit der Umwelt und im schulischen Kontext mit Lerninhalten bzw. Themen besteht und Erfahrungen kreativ verarbeitet, um zu bestimmten, sichtbaren oder auch unsichtbaren Reaktionen und Aktionen oder Veränderungen zu führen. Lernen hat also mit Veränderungen zu tun, die nicht als Reifung oder vorübergehende Zustände (z.B. Rausch, Ermüdung, Krankheit) erklärt werden können. Verlernen, Umlernen und Weiterlernen sind wichtige Elemente im Prozess des Lernens. Lernen ist auf Erfahrungen angewiesen und verändert Erfahrungen.

In diesem Buch wird aus religionsdidaktischem Interesse ein Lernverständnis bevorzugt, das Wert legt auf einsichtiges Lernen, das die aktive und strukturierende Rolle des Lernenden (→ I.5.3) bei der Wahrnehmung von Wirklichkeit und der Verarbeitung von Informationen und Eindrücken sowie die Bedeutung sozialer Interaktion im Blick hat. Auch Staunen, Imaginieren (→ III.1), Intuition und Entdecken sind wichtig für ein religionsdidaktisches Verständnis von Lernen. Folgende Aussage berücksichtigt diese Momente: »Lernen geschieht in vielen kleinen Schritten, mehr oder weniger bewusst sowie aus unterschiedlichen Motiven und in je anderer Betroffenheit. Innerhalb eines Lernprozesses werden frühere Deutemuster durch neuere ersetzt. Neue Zusammenhänge werden entdeckt, wodurch dann auch Einstellungen und Verhalten verändert werden. Durch Schauen, Lesen und Hören kann zwar gelernt werden, doch nachhaltiger wird durch Erfahrung, Begegnung, Interaktion und Kommunikation gelernt« (Leimgruber 1997, 48). Lernen ist so schließlich das Ergebnis einer aktiven Auseinandersetzung des lernenden Subjekts mit seiner Umwelt und der menschlichen Kultur.

3. Religionsdidaktische Implikationen der Methodenfrage

Die religionsdidaktische Komplexität der Methodenfrage ist u.a. geprägt durch Fragen grundsätzlicher Art nach der Lehr- und Lernbarkeit von Glauben oder von Religiosität und dem Verhältnis von Inhalt und Methode.

Kann man Glauben lehren oder lernen?

Die religionsdidaktische Dignität der Methodenfrage ist geprägt durch Fragen grundsätzlicher Art nach der Lehr- und Lernbarkeit von Glaube und dem Verhältnis von Inhalt und Methode. Ist Glaube Ergebnis einer gekonnten Belehrung? Kann man Glauben vermitteln? Kann man Glauben weitergeben? Kann man in ihn eingeübt bzw. hinein sozialisiert werden? Ist der Glaube Ergebnis guten Willens und/oder intellektueller bzw. spiritueller Anstrengung? Die Antworten auf diese Fragen haben Auswirkungen auf das Lernverständnis im Religionsunterricht und somit auch auf die Methodenwahl. Das zeigen schon folgende, unterschiedliche Positionen:

Glaube als Ergebnis aufgeklärter Rationalität?

Aus theologischen Gründen ist Skepsis angebracht gegenüber der erziehungsoptimistischen Vorstellung, Glaube könne »gelernt« werden, etwa im Sinne der Aufklärung (im 18. und 19. Jahrhundert), sodass sich die Notwendigkeit eines Glaubens an den Gott der Offenbarung zu Gunsten einer sich selbst verantwortenden aufgeklärten Rationalität auflöst. Ein Gott, der sich aus der menschlichen Vernunft erschließen oder aus der menschlichen Erfahrung ableiten lässt, der braucht sich nicht zu offenbaren. Radikal aufklärerisch würde Glaube reduziert auf menschliche Leistung und menschliches Glücksstreben. Man könnte ihn aus den Kindern herausfragen. Er wird als »natürliche Religion« zum Produkt des Menschen und verliert somit auch seinen »Mehrwert« und seine Provokation.

Glaube als Erlernen und Für-Wahr-Halten von Glaubenssätzen?

Skepsis muss auch angemeldet werden gegenüber der Vorstellung, Glauben-Lernen sei so etwas wie das Auswendig-Lernen, z.B. von Katechismus-Sätzen, Glauben sei gleichbedeutend mit dem Für-Wahr-Halten des Gelehrten und Gelernten. Hier wird Glauben verstanden als Erlernen und Akzeptieren eines von Gott geoffenbarten übernatürlichen Wissens, das er der Kirche anvertraut hat. Den Glauben kennen, bedeutet noch lange nicht Glauben-Können und sich existentiell auf die Zusage des Heils einzulassen.

»Glauben kann man nicht lernen«?

Unter dem Vorzeichen einer »dialektischen Theologie« wurde in den zwanziger Jahren des letzten Jahrhunderts grundsätzlich die Eignung des natürlichen Menschen für die Erkenntnis Gottes bestritten. Gegen jede Funktionalisierung und Vereinnahmung Gottes wird hier radikal die unüberbrückbare Andersheit Gottes und seine Unverfügbarkeit betont. Christlicher Glaube ist unverfügbares Geschenk, man kann sich ihm öffnen, ihn annehmen oder sich ihm verweigern. Eine radikale Konsequenz dieses Ansatzes könnte sein: Methodische Bemühungen haben für das Glauben-Lernen keine Bedeutung. Um den Glauben kann man nur beten.

Glaube im Kontext von Lern- und Reifungsprozessen

Festzuhalten ist, dass – theologisch gesehen – Glaube ein unverdientes und nicht zu erarbeitendes Geschenk der Menschenliebe Gottes ist. Er geht zuerst auf die Menschen zu und will bei ihnen ankommen. Menschen können auf ihren suchenden Wegen auf Gottes Geheimnis treffen, wenn sie sich für ihn entscheiden. Dem Glauben-Lernen und -Lehren sind somit durch den göttlichen Gnadencharakter und auch durch die menschliche Freiheit Grenzen gesetzt. Gnadenhaft ist dem Menschen mitgegeben, dass er glauben kann, dass er »Hörer des Wortes« (Karl Rahner) sein kann.

Glauben-Können durch Gnade und Glauben-Können durch Lernen brauchen aber keine unüberbrückbaren Gegensätze zu sein. Eine Entwicklung und ein Reifen im Glauben hin zu einem mündigen und in Freiheit bejahten Glauben ist auf Lernen angewiesen, indem man um seinen Glauben ringt, sich mit ihm auseinandersetzt. Glauben-Können heißt dann auch, sich für den geschenkten Glauben zu entscheiden, ihn zu befragen, zu vertiefen und somit lernen zu können. Dann gibt es so etwas wie ein religiöses Lernvermögen, das entwicklungs- und bildungsbedürftig ist. Selbstverständlich kann ich das Geschenk »liegen lassen«, es nicht auspacken, in die Ecke stellen und ablehnen.

Glaube kann aber auch als lebenslanger Lernprozess angesehen werden, der das Zweifeln und Fragen und die Unsicherheit kennt (→ I.4; III.5). Glaube entfaltet sich dann aus der lernenden Auseinandersetzung z.B. mit den Inhalten des Glaubens und mit dem Glauben anderer. »Der Glaube kann nicht als ein Resultat von Lernprozessen beschrieben werden; aber er ereignet sich im Kontext menschlicher Lern- und Reifungsprozesse« (Werbick 1985, 13).

Es empfiehlt sich darum, den so leicht missverständlichen Begriff »Glauben-Lernen« durch »Christsein-Lernen« zu ersetzen. Auch bei dieser Formulierung muss die Dialektik von Geschenk und Lernprozess mitbedacht werden. Stephan Leimgruber (1997, 53–55) versucht, in fünf Thesen auf den Punkt zu bringen, inwiefern Christsein gelernt werden kann:

1. Lernbar sind menschliche Grundhaltungen und ethische Tugenden als Voraussetzung des Glaubens. Nicht lernbar ist das ethische Handeln aus der Motivation des Glaubens heraus.

2. Lernbar sind religiöse und theologische Inhalte; nicht lernbar ist indessen der Glaube als personaler und inhaltsbezogener Vollzug.

3. Lernbar sind religiöse Sprache und symbolische Handlungen; nicht lernbar ist jedoch der gläubige Vollzug symbolischer Sprechhandlungen.

4. Lernbar ist das Herstellen von Korrelationen zwischen Leben und Glauben, denn Christsein-Lernen heißt Korrelieren-Lernen.
5. Eine personale Glaubensentscheidung kann nicht erlernt, aber ermöglicht werden.

Christsein-Lernen« und/oder Förderung »religiöser Kompetenz«?

Religionsunterricht, der in diesem Sinne behutsam zu Lernprozessen im »Christsein-Lernen« beitragen will, wird aber nicht alle Schülerinnen und Schüler ansprechen können, vor allem solche nicht, die (noch?) keine Bereitschaft zeigen, Christin oder Christ werden zu wollen, aber durchaus religiös suchend, fragend und zweifelnd sind. Religionsunterricht wird für viele Lernende Impulse zum Christsein-Lernen vermitteln können. In der Regel wird eine solche Perspektive der Realität nicht gerecht. Darum wird zunehmend die Förderung »religiöser Kompetenz« und damit religiöser Mündigkeit ein Orientierungspunkt für methodische Entscheidungen werden müssen. Mit dem Begriff »religiöse Kompetenz« wird der neuen Herausforderung des Religionsunterrichts wohl am ehesten Rechnung getragen werden. Dieser Begriff ist in der Geschichte der religiösen Erziehung und Bildung noch nicht mit belastenden sprachlichen Assoziationen belegt worden und er schließt ein Christsein-Lernen und eine Glaubensentwicklung nicht aus. Ulrich Hemel definiert religiöse Kompetenz wie folgt: »Religiöse Kompetenz ist die erlernbare, komplexe Fähigkeit zum verantwortlichen Umgang mit der eigenen Religiosität in ihren verschiedenen Dimensionen und in ihren lebensgeschichtlichen Wandlungen« (Hemel 1988, 674). Religiöse Kompetenz kann methodisch geleitet in Lernprozessen gefördert werden. Sie umfasst folgende Dimensionen von Religiosität:

1. Religiöse Kompetenz in der *Dimension religiöser Sensibilität* im Sinne der Eröffnung eines qualifizierten Zugangs zu religiöser Wirklichkeit (→ II.1).
2. Religiöse Kompetenz in der *Dimension des religiösen Ausdrucksverhaltens* etwa in dem Sinne, die eigenen religiösen Fähigkeiten und Begabungen ausdrücken und ihnen Gestalt geben zu können, aber auch als Fähigkeit, sich innerhalb einer religiösen Glaubensgemeinschaft zu betätigen.
3. Religiöse Kompetenz in der *Dimension religiöser Inhaltlichkeit.* Hier geht es um so etwas wie Bildungswissen im umfassenden Sinne, den Umgang mit Inhalten religiösen Wissens als Orientierungsgrößen zur persönlichen Weltdeutung und die Motivation zu einer lebenslangen Auseinandersetzung mit religiösen Inhalten und Vorstellungen.
4. Religiöse Kompetenz in der *Dimension religiöser Kommunikation.* Hier geht es nicht nur um den Erwerb einer religiösen Sprachkompetenz, sondern darüber hinaus um den Aufbau einer religiösen Kommunikationsfähigkeit und Mitteilungsfähigkeit.
5. Religiöse Kompetenz in der *Dimension der religiös motivierten Lebensgestaltung.* Hier geht es vor allem um die Entfaltung religiöser Entscheidungskompetenz im Sinne eines persönlich verantworteten Glaubens oder einer religiösen Selbst- und Weltdeutung und um die Auseinandersetzung mit religiösen Wertorientierungen (vgl. Hemel 1988, 675–690; Glock 1967).

Zur Interdependenz von Inhalt und Methode

Die Frage nach dem Verhältnis von Inhalt und Methode ist ein alter Streit zwischen Erziehungswissenschaft und den Fachwissenschaften, auch zwischen Religionspädagogik und den anderen theologischen Disziplinen. Es geht dabei um die Frage, ob die Religionsdidaktik lediglich als eine Anwendungsdidaktik bzw. Abbilddidaktik den anderen theologischen Disziplinen zu dienen habe und als solche lediglich zuständig ist für optimale Methoden für die Vermittlung von Inhalten, die andere theologische Disziplinen vorgeben.

Inhalte werden in einem solchen Denken als von dem Kommunikationsprozess ablösbar angesehen, als eigenständige und feste Größe, unabhängig von der Methode, unabhängig von dem Aneignungs- und Verarbeitungsprozess, vielleicht sogar unabhängig von der Form ihrer Darstellung. Den Methoden wird dann eine »dienende Funktion« als Vehikel für Inhalte und Ziele zugeschrieben. Methoden sind lediglich Transportmittel für die von Fachwissenschaftlern, von staatlichen und kirchlichen Institutionen vorgegebenen »Stoffe« und besitzen keine oder nur geringe eigene Wertigkeit. Es gibt aber nicht den Inhalt an sich, und es gibt nicht die Methode an sich. Beides wird erst im Kommunikationsprozess konstituiert, beides ist unlösbar miteinander verbunden. Die Methode wird zum Lernweg durch Ziele und Inhalte, und die Ziele und Inhalte erschließen sich und konstituieren sich erst in ihrer jeweiligen Perspektivität je nach der Methode, je nach Aneignungsprozess durch das einzelne Subjekt. Der Sachgehalt eines Inhalts und die Zugangsart sind unauflöslich miteinander verschränkt. In der Didaktik hat sich für diesen unlösbaren Implikationszusammenhang der unterschiedlichen Faktoren des Lernprozesses der Terminus Interdependenz eingebürgert (Blankertz 1970, 91). So kann man sagen: »Die Methoden haben teil an der Interdependenz aller Unterrichtsfaktoren und bilden mit ihnen zusammen einen sich wechselseitig bedingenden Implikationszusammenhang« (R. Lachmann 1991, 17f).

Die befreiende Kraft des Gottesglaubens im Horizont des Christentums wird in einem fragend-entwickelnden Unterrichtsstil kaum vermittelbar sein. Angemessener wären vielleicht Rollenspiele, die Arbeit an einer Fotoauswahl zu Situationen von zeitgenössischen Formen der Bedrückung und Befreiung oder das Suchen nach authentischen biographischen Erzählungen, in denen lebens- und schülernah Bedrückungserfahrungen oder Befreiungserfahrungen eine Gestalt gefunden haben.

Inhalte werden durch Gestalt und Form zu einem Gegenüber für die lernenden Subjekte und erst dadurch zu einem wahrnehmbaren »Etwas«. So kann man sagen, dass der Inhalt durch den Lernweg konstituiert wird und damit unlösbar verbunden ist. Je nachdem, wie sich den Schülerinnen und Schülern der Inhalt darstellt (oder wie er dargestellt wird), welche – kognitiven, affektiven oder pragmatischen – Beziehungen zum Inhalt sie mitbringen oder entwickeln, erschließt er sich ihnen. Die konkrete Gestalt, in der Inhalte dargeboten werden, eröffnet Perspektiven, blendet sie aus, formiert oder deformiert Inhalte. Methoden sind deshalb nie inhaltsneutral, sie enthalten inhaltliche und normative Implikationen. Dies gilt vor allem dann, wenn im Unterricht Methoden zum Inhalt werden, wenn es etwa um das Erlernen und Reflektieren von Methoden geht (z.B. bei Stilleübungen, Phantasiereisen, synoptischen Vergleichen, Rollenspielen etc.).

4. Methodenkompetenz

Was heißt Methodenkompetenz? Methodenkompetenz gehört mit zur Professionalität von Lehrenden und meint die Handlungsfähigkeit in konkreten unterrichtlichen Situationen. Kompetent ist, wer alle Wege unterrichtlichen Lehrens und Lernens auch in nicht vorhersehbaren Unterrichtssituationen zielorientiert bedenken kann, über ein vielseitiges Spektrum an methodischen Möglichkeiten verfügt und zugleich ein (selbst-)

kritisches Problembewusstsein über die Möglichkeiten und Grenzen eines auf eine konkrete Situation hin verantwortbaren Methodengebrauchs besitzt.

Methodische Vielfalt gegen Methodenmonismus

Da überlegt jemand sorgsam, wie in einem guten Lehrervortrag, die Schüler motivierend, einen Inhalt knapp und anregend darstellend, Problemzusammenhänge aufzeigend, Erfahrung einbringend, mit Fragen auflockernd, das nahegebracht werden kann, was der Lehrplan vorsieht.

Eine solche lehrerzentrierte darbietende Methode hat immer noch ihre Berechtigung. Sie wird jedoch nur in den Unterrichtssituationen sinnvoll sein, in denen es vorrangig um die Vermittlung grundlegender Inhalte geht und ein großes Informationsgefälle zwischen Lehrer und Schülern besteht. Ist der Unterricht auch unabhängig von diesen Situationen lehrerzentriert aufgebaut, dann besteht die Gefahr, dass die Schüler sich unterfordert sehen und immer passiver werden. Wenn man eine aktive Teilnahme der Schüler am Unterricht und initiatives Verhalten erreichen will, dann müssen Arbeits- und Kommunikationsformen gefunden werden (z.B. interaktionales Schreiben oder Malen, Pro- und Contradiskussionen, Rollenspiel usw.), die den Kompetenzen der Schüler Raum geben und sie fördern.

Solche Lernwege können im Unterricht aber nur Hilfen sein, die gewünschten Lernergebnisse zu erzielen, wenn die Schüler schon gelernt haben, wie so etwas geht, wenn sie die entsprechenden Kommunikationsregeln und Arbeitstechniken beherrschen. Schüler wollen Abwechslung in der Methode und sie brauchen dazu auch eigene Methodenkompetenz. Nichts ist für sie langweiliger als ein steriler Methodenmonismus.

Methodenkompetenz auch für die Lernenden

Die Befreiung von einem Methodenmonismus setzt voraus, dass Lernende und Lehrende über eine gute Bandbreite von Lernwegen und Sozialformen verfügen. Wichtig ist es also, dass sich die Lernenden Methodenkompetenz aneignen als eine Fähigkeit, den eigenen Arbeits- und Lernprozess bewusst, zielorientiert, ökonomisch und kreativ zu gestalten (vgl. Meyer 1987, 107) und auf diese Weise das Lernen lernen. Diese Seite der Methodenkompetenz wird im Unterricht zu oft vernachlässigt. Wer aber die religiöse Kompetenz und die Mündigkeit der Lernenden im Blick hat, wird auch diese Handlungskompetenz als eine wichtige »Sache« des Religionsunterrichts ansehen. In diesem Sinne empfiehlt es sich, Methoden zum Gegenstand des Unterrichts zu machen und die Voraussetzungen, Wirkungen und die Akzeptanz in Phasen eines »Meta-Unterrichts« zu thematisieren. Die bewusste Auseinandersetzung mit dem eigenen Lernen und die bewusste, ausdrücklich thematisierte und an Inhalte gebundene Vermittlung von Strategien kann als »Metalernen« bezeichnet werden. Dazu können Methoden der Informationsgewinnung (z.B. Fragetechnik erlernen, gezieltes Markieren, in Büchern nachschlagen, aktives Zuhören durch Nachfragen), der Informationsverarbeitung (z.B. Arbeitsaufträge verstehen, Unverstandenes erfragen, Notizen machen, Skizzen anfertigen können, Reduzieren, Strukturieren von Texten, Präsentieren und Visualisieren von Arbeitsergebnissen), Kommunikationstechniken (z.B. Gesprächsregeln einüben, Pro- und Contradiskussion, Rollenspiel, etwas mit Hilfe von Stichworten vortragen können) und Techniken des Übens und Wiederholens sein (z.B. Methoden des Auswendiglernens, Zusammenfassungen erstellen, Frage-Antwort-Spiel, Merkzettel anlegen).

Fachspezifische Methoden für den Religionsunterricht?

Gibt es so etwas wie besondere, sozusagen fachspezifische Methoden für den Religionsunterricht? Darüber ist in der Geschichte des Religionsunterrichts oft diskutiert worden, etwa über Methoden, die dem Offenbarungscharakter des Glaubens oder dem Verkündigungscharakter der Glaubensunterweisung gerecht werden. Jede Konzeption von Religionsunterricht hat zwar – ob bewusst oder unbewusst – eine besondere Nähe zu bestimmten Methoden entwickelt, doch gibt es keine Methoden, die eindeutig fachspezifisch sind. Wichtige Kriterien der Methodenwahl sind zum einen die Beachtung der spezifischen Möglichkeiten und Grenzen des Lernorts und zum anderen die jeweiligen Ziele und Inhalte. Religionsunterricht sollte sich dadurch angenehm von anderen Fächern unterscheiden, indem er seine Freiheiten ausnutzt und sich durch eine reflektierte Methodenvielfalt auszeichnet.

Kriterien für eine reflektierte Methodenentscheidung

Rainer Lachmann nennt drei Kriterien, mit denen ein unkritischer Methodengebrauch verhindert werden kann: Ziel- und Sachgemäßheit, Schüler- und Lehrergemäßheit sowie Situationsgemäßheit. »Wer verantwortlich entscheiden will, wie er unterrichtet, muss wissen, *wozu* er *was* – an *wen* – und *unter welchen Umständen* vermitteln möchte« (1991, 32).

Das Kriterium der Lehrergemäßheit mag zunächst verwundern, aber es gilt zu berücksichtigen, dass nicht jeder Lehrende alles oder alles gleich gut kann, jeder vielmehr seine individuellen Stärken und Schwächen hat und mit unterschiedlichen Methoden unterschiedlich gut zurecht kommt. Wichtig ist: Die Lehrenden müssen die Methoden mit ihren Vorzügen und Schwächen sowie ihre eigenen Möglichkeiten und Grenzen und die jeweils zu schaffenden Voraussetzungen kennen und selber schon erprobt haben.

5. Umgang mit Bildern der Kunst

Kunst im Religionsunterricht

Dass es heute eine umfangreiche religionspädagogische Literatur zur Bilddidaktik gibt und Bilder in religionsdidaktischen Materialien einen so breiten Raum einnehmen wie nie zuvor, ist keine Selbstverständlichkeit, immerhin ist das Christentum doch ursprünglich keine Bildreligion. Im Mittelpunkt seiner Verkündigung stand und steht die Wortverkündigung sowie deren Veranschaulichung im liturgischen oder diakonischen Handeln (vgl. G. Lange 1993, 247).

Bei manchen Theologen gilt noch immer, Kunst habe allenfalls Glaubensvorstellungen in Bilder umzusetzen, und mancher tut sich mit der Kreativität einer Künstlerin, eines Künstlers schwer, wenn dadurch seine eigene Bilderwelt irritiert wird. Auf der anderen Seite gibt es große Vorbehalte von Kunstschaffenden gegenüber der Kirche. In ihnen meldet sich die Angst vor Vereinnahmung und Bevormundung. Künstler sehen ihre Autonomie nur dann gesichert, wenn sie Abstand halten können von der Institution, die Jahrhunderte lang sowohl ihr wichtigster Auftraggeber und auch ihr Zensor war. Die in der Renaissance beginnende Emanzipation der Kunst von jeglicher Bevormundung, ihr Anspruch auf Autonomie, stellt neue Fragen an die Bilddidaktik. Dies gilt vor allem für die Kunst der Moderne, die über ihre Inhalte und ihre Formen frei verfügen will und nur kunsteigene Kriterien akzeptiert. Kunstwerke wollen nicht als Hülle für etwas anderes, als Transportmittel für Inhalte, als Mittel zum Zweck »eingesetzt« werden. Vielmehr wollen sie in ihrer Einmaligkeit, Einzigartigkeit und Individualität wahrgenommen werden. Lehrende müssen Anwälte der Würde des Gegenstandes sein.

Ein gutes Kunstwerk ist immer bedeutungsoffen, zeigt mehr, als man sagen kann, und lebt geradezu von seinem Überschuss an Bedeutung. Der individuelle Betrachter eines Bildes ist nicht der Empfänger einer eindeutigen Botschaft, er wird durch sein eigenes Sehen und sein eigenes Nachdenken zum Mit-Schöpfer eines Kunstwerkes. Anspruchsvolle Kunstwerke appellieren an die Einbildungskraft (→ III.1) der Rezipienten und wollen erreichen, dass diese sehen lernen, was sie vorher so nicht oder überhaupt noch nicht gesehen haben. Wo dies gelingt, erweitert Kunst die Einbildungskraft. Gute Bilder verlangen vom Betrachter die Auflösung einer auf Eindeutigkeit angelegten Wirklichkeitssicht zugunsten einer Offenheit für die Vieldeutigkeit der Wirklichkeit. Dass dies für die religiöse Grundhaltung besonders bedeutungsvoll ist, liegt auf der Hand: Die grundsätzliche Mehrdeutigkeit des Bildes kann fixierte Glaubensvorstellungen aufbrechen und für die Unverfügbarkeit und Unbegreifbarkeit der Wirklichkeit Gottes sensibilisieren. Kunst ist Weltdeutung oder besser gesagt: Weltentwurf, sie kann »fiktive Welten« entwerfen, die anders sind als die vorgefundene. Sie kann damit gegen das Bestehende protestieren und an das Mögliche appellieren. Damit weckt sie den Möglichkeitssinn, der gerade für eine religiöse Erziehung so bedeutend ist (vgl. Rombold 1991, 90–92).

Stufen der Bilderschließung

Günter Lange, seit Jahrzehnten Anwalt einer anspruchsvollen religionspädagogischen Bilddidaktik, empfiehlt fünf Schritte der Begegnung mit Werken der Kunst, die nicht schematisch angewendet werden sollen, aber in ihrer Abfolge grundsätzlich sinnvoll sind (vgl. Lange 1993, 259f):

1. Spontane Wahrnehmung:
Was sehe ich – stilles Abtasten und »Lesen« des Bildes; spontane, unzentrierte Äußerungen; im Bild spazieren gehen, hier und dort verweilen mit ungelenkter Aufmerksamkeit.

2. Analyse der Form und Sprache:
Wie ist das Bild gebaut? Systematische Wahrnehmung und Benennung der »Syntax« des Bildes: seine Formen, seine Farben, Struktur und Rhythmus, einzelne Teile und der Zusammenhang des ganzen sichtbaren Formbestandes. Bewusstmachung der Bildordnung. Volle Außenkonzentration.

3. Innenkonzentration:
Was löst das Bild in mir aus? – Gefühle und Assoziationen, auf welche Bestimmtheit zielt das Bild selbst? An was erinnert es mich? Anziehend oder abstoßend?

4. Analyse des Bildgehalts:
Was hat das Bild zu bedeuten? Die Thematik des Bildes; sein Bezug evtl. zum Text des Bildes oder zu sonstigen Quellen; evtl. sein Standort innerhalb der christlichen Ikonographie; seine Innovationen bzw. Verstärkungen der Tradition; seine Glaubenssichten, Lebenserfahrungen und Lebensdeutungen.

5. Identifizierung mit dem Bild:
Wo siedle ich mich auf dem Bild an? – Sich in das Bild hineinziehen, in die Geschichte verwickeln lassen. Wenn figürlich, in welcher Figur finde ich mich am ehesten wieder? Wie behandelt das Bild mich als Betrachter? Bewirkt es Einverständnis oder Irritation, oder kann es mich unmerklich verwandeln? Zieht es mich in seinen Bann? Überlasse ich mich ihm oder sträube ich mich? Bin ich ihm gewachsen oder überfordert es mich?

Wichtig bei diesen Schritten ist, dass der autonomen Formsprache des Bildes zu ihrem Recht verholfen wird. Der Schlüssel für einen angemessenen Zugang zu einem Bild ist die Verlangsamung des Sehens, die Stärkung der Sehgeduld. In dem Schema enthalten ist die Balance zwischen Distanz und Nähe, zwischen rationaler Analyse und intuitiver Verschmelzung (vgl. Lange 1993, 259f).

Methoden der Arbeit mit Bildern

Franz Wendel-Niehl hat 32 Methoden zur Arbeit mit Bildern im Religionsunterricht zusammengestellt (Niehl 1998). Zur Anregung der methodischen Phantasie und Kompetenz werden hier einige genannt:

- *Bildbefragung:* In Partner- oder Gruppenarbeit werden Schülerinnen und Schüler aufgefordert, Fragen an ein Bild zu stellen; die Fragen an das Bild werden als Wandzeitung präsentiert. Das eignet sich zur Vorbereitung der Bildbetrachtung.
- *Interview mit dem Bild:* Das ist ganz wörtlich gemeint: Ein oder mehrere Schüler richten Fragen an das Bild. Eine Gruppe von Schülerinnen und Schülern bzw. der Lehrende versucht, auf diese Frage angemessen zu antworten. Das setzt natürlich voraus, dass sich eine Gruppe intensiv auf das Interview vorbereitet hat.
- *Ergänzungscollage:* Ein Bild wird auf weißen Karton aufgeklebt. Schülerinnen und Schüler stellen durch Malen und Kleben eine neue Bildumgebung her. Eine Variante: Ein Bildsegment wird ausgeschnitten. Jeder Schüler erhält ein anderes Bildsegment, kann das auf einen DIN-A3-Bogen aufkleben und, von diesem Impuls ausgehend, das Bild vervollständigen.
- *Verzögerte Bildbetrachtung:* Von einem größeren Bild wird zunächst nur ein Teil vorgestellt und interpretiert. Schrittweise wird das ganze Bild so zugänglich gemacht. So kann ein vielschichtiges oder reich gegliedertes Bild in seiner Komposition und in seinen Elementen durchsichtig werden.
- *Bildvergleich:* Zwei motivgleiche Bilder, evtl. aus verschiedenen Epochen, werden auf Gemeinsamkeiten und Unterschiede hin untersucht. So kann der Wandel des Lebensgefühls bzw. des Menschenbildes, aber auch der Wandel religiöser Vorstellungen erfasst und besprochen werden.
- *Bilddialoge:* Wenn ein Bild eine charakteristische Konstellation von mehreren Personen zeigt (z.B. Eltern – Kind; Mächtiger – Unterlegener) erarbeiten die Lernenden einen fiktiven Dialog zwischen den Personen. Der Dialog kann auch szenisch gespielt werden.
- *Motivverfremdung:* Ein Kernstück eines Bildes wird ausgeschnitten und in eine neue Bildumgebung eingefügt, die durch Malen oder Kleben entsteht. So kann etwa bei Motiven aus alter Kunst die Konfrontation mit heutiger Lebenswirklichkeit erfolgen (z.B. ein altes Madonnenbild im Kontext der Welt einer modernen Frau, die Versuchung Jesu heute usw.).
- *Lücken füllen:* Ein Bild wird ausgehändigt, in dem entscheidende Bildelemente fehlen. Diese Lücken werden nach eigenen Vorstellungen ergänzt. Auch dieses Verfahren kann zu einem aufmerksameren Sehen oder zu schöpferischer Auseinandersetzung mit dem Bildinhalt anleiten. Wenn die Schüler ihre Arbeit beendet haben, werden ihre Ergebnisse mit dem vollständigen Original verglichen.
- *Bilder nachstellen:* Die Lernenden erhalten ein Bild, dieses wird szenisch nachgestellt. So kann die Bedeutung der Körpersprache und der Konstellation im Bild nachempfunden und intensiviert werden. Die Sprache des Bildes wird so in eigenes Erleben umgesetzt.

6. Umgang mit Bibeltexten

Bei der Methodenwahl im Umgang mit biblischen Texten (→ III.8) ist stets zu beachten, dass die lebensbezogenen Glaubenserfahrungen in einem biblischen Text einerseits und die gegenwärtigen Lebenssituationen und -erfahrungen der Lernenden andererseits im Sinne eines Dialogs verknüpft werden. Dies setzt voraus, dass die in einem Text aufbewahrten und tradierten Erfahrungen durch eine sorgfältige Textarbeit erhoben werden und auf der anderen Seite die Kinder und Jugendlichen sich mit je ihrer Lebenswelt, ihrem subjektiven Wirklichkeitsverständnis und ihren Denkstrukturen im Gespräch mit dem Text und den Mitlesern einbringen können. Auch der Stand ihrer religiösen Vorprägung und die jeweiligen lern- und entwicklungspsychologischen Voraussetzungen sind dabei zu bedenken. In diesem Sinne ist nach Lernformen zu fragen, die einen solchen Dialog anbahnen. Ob er gelingt, ist auch durch eine noch so geschickte Methodenwahl nicht zu garantieren. Welche Lernwege bzw. Methoden jeweils angemessen sind, muss mit Blick auf den jeweiligen Text, sein Thema und seine Intentionalität, auf die Erfahrungswelt und entwicklungsbedingten Voraussetzungen der Lernenden reflektiert werden (vgl. Ott 1995, 301–306).

Schritte einer interaktionalen und dialogischen Bibelarbeit

Im Kontext einer interaktionalen und dialogischen Bibelarbeit, bei der die Leser mit dem Bibeltext und in einer Lerngruppe miteinander in einen erfahrungsbezogenen Dialog kommen sollen, schlägt Theophil Vogt (1985, 95–124) folgenden idealtypischen Dreischritt für die Bibelarbeit vor: auf den Text zugehen (entdecken), vom Text ausgehen (erarbeiten), über den Text hinausgehen (aneignen). Sigrid Berg hat diesen Dreischritt unter dem Vorzeichen einer kreativen Bibelarbeit leicht variiert: 1. Spontaner Zugang, 2. Erarbeitung, 3. Gestaltwerdung/Verinnerlichung (Berg 1991, 13–16).

Phase 1: Spontaner Zugang
Im Eröffnungsschritt muss Zeit und Raum geschaffen werden, um persönliche Alltagserfahrungen, Gefühle, Vorbehalte, Betroffenheiten artikulieren, austauschen und mit dem Text in Beziehung bringen zu können. Folgende Methoden können dem dienen: Vor dem Vorlesen des Textes werden ausgesuchte Schlüsselwörter aus dem Text verbildlicht oder Assoziationen dazu aufgeschrieben, die dann – an entsprechender Stelle des Textes – vorgelesen werden. Ein Text wird in unterschiedlichen Übersetzungen in Ruhe und Gelassenheit mehrfach vorgelesen; Schülerinnen und Schüler lesen ihn abschnittsweise, jeder soviel er möchte, wenn zwischendurch Pausen entstehen, ist das willkommen. Dem Gehörten kann man nachsinnen. Wer will, kann einzelne Worte oder Sätze, die ihm wichtig sind, noch einmal wiederholen. Methoden des »verzögerten Lesens« (vgl. Kurz 1984, 73ff; z.B. etappenweises Lesen, bei dem Leerstellen von den Schülern mit alternativen Textvarianten aufgefüllt werden, weitere Möglichkeiten erdacht werden, wie die Erzählung weitergehen könnte, puzzleartiges Verschneiden eines Textes, der dann als Textganzes rekonstruiert wird, etc.) unterbrechen verlangsamend eine zu schnelle und nur wiedererkennende Rezeption und schützen zugleich die Eigenständigkeit und Fremdheit eines Bibeltextes. Nicht die mundgerechte Annäherung, sondern Annäherungen mit Widerständen und Blockaden gegen das zu

schnelle Konsumieren schützen gegen unproduktive Langeweile bei der Bibelarbeit. Je entfernter die Lernenden zum Bibeltext stehen, desto mehr sollte gerade dieser erste Zugang methodisch verzögert werden.

Phase 2: Erarbeitung

Dieser Schritt, bei dem vom Text ausgegangen wird, ist dann produktiv, wenn der Text vor zu schneller Vereinnahmung geschützt und in seiner sprachlichen Gestalt ernst genommen wird.

Dies kann geschehen, indem man den Text strukturiert, den Textaufbau durch ein eigenes Schriftbild visualisiert, Sinnschritte mit eigenen Überschriften versieht, verschiedene Übersetzungen bzw. biblische Bezugsstellen vergleicht, die Strukturen des Textes als Textwelt in ihren vielfältigen Dimensionen und Beziehungen wahrnimmt. Die »Welt« eines Textes kann anhand der ihn strukturierenden Komponenten erfasst werden. Es geht darum, den Text als kunstvolles Gewebe zu untersuchen. Dazu gehört vor allem bei Erzählungen die Beschreibung der räumlichen Dimension (Wege, Gegenden, Ortswechsel) ebenso wie die Erarbeitung der zeitlichen Dimensionen (Orientierungspunkte im Geschehen wie »später« oder »danach«, Spanne des Zeitraumes, zeitlose Tatsachen/Bekenntnisse). Die »Textwelt« einer Erzählung wird besonders durch die Akteure (einzelne Personen oder Gruppen) und ihr Handeln und ihre Beziehungen konstituiert. Ebenso wie die erkennbaren Werte, die es zu befragen gilt, müssen sie nicht immer gleichbleibend oder einheitlich sein. Wichtig ist es auch, die jeweiligen Erwartungen, deren scheinbare Enttäuschung und häufig überraschende Erfüllung zu eruieren, um der »Textwirklichkeit« näher zu kommen (vgl. Zirker 1980). Auch ein Suchen nach Wiederholungen von Wörtern und Motiven, das Zusammentragen der im Text vorkommenden Verben und das Aufspüren von Gegensätzen können dazu beitragen, die Andersheit des Textes wahrzunehmen und zu erspüren, was er sagt und was er nicht sagt.

Phase 3: Gestaltwerdung/Verinnerlichung

Der dritte Schritt interaktionaler Bibelarbeit wird dann produktiv, wenn Erfahrungen mit dem Text sinnenhaft zum Ausdruck gebracht werden können. Die Vielfalt ganzheitlicher Methoden begünstigt einmal das Eindringen in den Text und das Eindringen des Textes in die Person. Mögliche Lernwege in dieser ganzheitlichen Hinsicht sind etwa das Weitererzählen der Geschichte, die Verfremdung und Aktualisierung des Textes, die Transformation in eine andere Textgattung (z.B. von einem Gleichnis in einen Zeitungsbericht), das Nachspielen und Weiterspielen, die musikalische und bildnerische Gestaltung, eine Klangcollage, die Verleiblichung des Textes durch Pantomime. Zu bedenken ist freilich, dass all diese Lernwege Zeit brauchen.

Das Erzählen

Die Erzählung ist ein Medium, das nichts kostet und nichts anderes verlangt als Zuhörerinnen und Zuhörer. Kinder und Erwachsene hören gerne Erzählungen, vor allem dann, wenn der Erzähler etwas von sich mitteilt und so die Zuhörenden in die eigene Erfahrung und in eigene Geschichten hinein nimmt und sie darin verstrickt oder wenn im Erzählen Entferntes herbeigeholt wird und Fremdes nahe kommt. Erfahrungen,

Einstellungen, Gefühle, Sehweisen, Traditionen werden in Geschichten weitergegeben. Im Erzählen können wir uns selbst mitteilen und finden Menschen ihre Geschichte (→ III.5). Tragisch ist es, wenn Erzähler keine Zuhörer finden, die an seinen/ihren Geschichten interessiert sind. Erzählen und Zuhören ermöglichen das Mitfühlen, Mitfreuen und Mitleiden und so Teilhabe an den Leiden und Hoffnungen gegenwärtig lebender und verstorbener Menschen. So ist Erzählen anthropologisch gesehen ein Moment der dialogischen Struktur der menschlichen Existenz.

Erzählungen können aber auch befremden, indem sie Selbstverständlichkeiten in Frage stellen. Sie können für die Mächtigen geradezu gefährlich werden, wenn Erinnerungen an bessere Zeiten oder Vorstellungen eines anderen und freieren Lebens geweckt werden. Erzählungen einer heileren Welt können zu widerständigen Hoffnungsgeschichten werden. Erzählungen sind schön, wenn sie das Erwartete umkehren, das Gewohnte und Alltägliche übertreiben, Furcht gegenstandslos machen, Hoffnungen unerwartet erfüllen und Schwächen zu Stärken werden lassen.

Erzählen ist eine Grundform jüdisch-christlicher Überlieferung. Darin zeigen sich die prophetische Kraft »gefährlicher Erinnerungen« (→ III.4), die Vorstellungen einer erlösten Welt als Hoffnungsspuren und das Wirken Gottes in der Geschichte. Dieses Handeln Gottes erweitert die Grenzen der Wirklichkeit. Vor allem Wundergeschichten inszenieren geradezu den Widerspruch zu vordergründigen Gewissheiten.

Religionsunterricht braucht das Erzählen und Zuhören und dabei die Erfahrung einer Erzählgemeinschaft. Dazu gehören nicht nur biblische Geschichten, sondern auch die eigenen Geschichten vom Leben und Glauben und – neben den Geschichten von anderen Glaubenden, Hoffenden, Zweifelnden, Leidenden und Liebenden – auch Alltagsgeschichten. Folgende Empfehlungen können helfen, das Erzählen als eine Grundform religiösen und biblischen Lernens wieder neu zu entdecken:

- *Authentisch erzählen:* Kinder und Jugendliche haben ein Gespür dafür, ob eine künstlich konstruierte und aufgesetzte Geschichte erzählt wird, bei der der Erzähler sich aus der Geschichte heraushält, oder ob davon erzählt wird, wozu man selber einen Bezug hat und etwas von sich mitteilt. Beim Erzählen authentisch bleiben bedeutet, seine eigene Sprache sprechen und nicht »kindertümelnd« bzw. in einem anbiedernden Jargon. Im Hinblick auf biblisches Nacherzählen fordert Ingo Baldermann eine doppelte Authentizität: Authentizität einerseits gegenüber dem biblischen Text und dem, wovon er erzählen will, und andererseits gegenüber der Glaubwürdigkeit des Erzählers. Authentizität wird verfehlt, »wenn die Erzählung an den Erfahrungen der ursprünglich Betroffenen vorbeigeht, an ihren Schmerzen und ihrer Sehnsucht, und zum anderen, wenn die Erzählung an mir selbst vorbeigeht.« (Baldermann 1996, 100) Ein solch authentisches Erzählen setzt voraus, den Bibeltext wahrzunehmen, mit ihm umzugehen, auf ihn zu hören, sich von ihm ansprechen zu lassen und sich mit seinen Widerständigkeiten auseinander zu setzen. Es sollte kein Bibeltext erzählt werden, der nicht persönlich bedeutungsvoll geworden ist.
- *Vorstellungen wecken:* Worte können bei den Zuhörenden Imaginationskräfte freisetzen und Bilder hervorrufen oder erzeugen. Dies wird erschwert, wenn in einer generalisierenden Sprache erzählt wird oder wenn die Bilder im Erzählen schon zu sehr ausgemalt werden. Imaginationskraft wird eher durch sparsame und präzise erzählerische Mittel geweckt als durch überbordende Anschaulichkeit, die jedes Detail ausmalen will. Produktive Anschaulichkeit lässt Leerstellen, Lücken und aktiviert durch Unausgesprochenes Fragehaltungen und Vorstellungen. In den biblischen Erzählungen findet man eine solch sparsame und unaufdringliche Anschaulichkeit, die kraftvoll ist und viele Bilder wecken kann (Baldermann 1996, 106).

● *Erzählatmosphäre schaffen:* Dazu gehören Rituale wie zum Beispiel eine angemessene Sitzordnung, die Bereitschaft zuzuhören, der Blickkontakt des Erzählers mit den Zuhörern und das Erzählen mit Gesten. Erzählen und Zuhören verlangen eine Erzählkultur, die häufig erst wieder eingeübt werden muss angesichts eines fragend-entwickelnden, diskursiven und informierenden Unterrichtsstils. Zur Erzählatmosphäre gehört auch das Interesse am anderen und an dem, was er zu erzählen hat, und eine Bereitschaft, die Scheu zu überwinden, Erfahrungen auszutauschen. Erzählen fördert Gemeinschaft, setzt aber auch eine Bereitschaft zur Erzählgemeinschaft voraus. Kann der Religionsunterricht es schaffen, dies zu fördern?

7. Anregungen aus der Lehr-/Lernforschung für methodisch-reflektiertes Lernen

Aufbau von situiertem Wissen

Eine der zentralen Fragestellungen der neueren Lehr-/Lernforschung lautet: Wie lässt es sich vermeiden, dass »träges Wissen« (Renkl 1996) aufgebaut wird; ein im Unterricht erworbenes Wissen, das evtl. als Prüfungswissen abrufbar ist, aber irrelevant für die eigene Lebensdeutung und -gestaltung bleibt. Wie lassen sich Befähigungen und Einsichten vermitteln, die in der Praxis auch außerhalb der Schule wirksam werden? Schulisches Wissen ist häufig Wissen um des Wissens willen und bleibt darum oft oberflächlich, isoliert und reines Faktenwissen. Das Problem betrifft nicht nur den Religionsunterricht. Der geringe Wissenstransfer von Schule zum außerschulischen Kontext ist ein Problem schulischen Lernens überhaupt (vgl. u.a. Gruber/Renkl 2000, 2f).

Schulisches Lernen ist weitgehend »rezeptives Lernen«, d.h. die zu lernenden Inhalte werden in fertiger Form dargeboten, im günstigen Falle gut strukturiert, mit sinnvollen Inhalten, in kleinen Schritten, mit Übungsmöglichkeiten und Rückmeldungen für die Lernenden. Dieses Modell der Instruktion leidet oft an motivationalen Defiziten, weil die Lernenden wenig aktiv sind als »Entdecker« und wenig Gelegenheit bekommen, die Bedeutung des instruierten Inhalts in seinen verschiedenen Perspektiven und somit seinen Transfermöglichkeiten zu entdecken. Gelingt es nicht, beim Lernenden Interesse zu wecken, kann die instruktionale Wissensvermittlung noch so gut geplant und perfekt inszeniert worden sein, das Wissen bleibt träge im Hinblick auf außerschulische Anwendungssituationen.

Grundlegend ist die Frage, wie Wissen bzw. Kompetenzen »situiert« sind bzw. werden. »Situiertes Wissen« (vgl. Gruber/Renkl 2000, 13–15) betont die enge Beziehung der Situation, in der das Individuum lernt und mit dem Wissen handelt. Gelerntes Wissen ist an einen bestimmten Kontext gebunden und kann nicht automatisch auf andere Kontexte bezogen werden. Eine solche »Anwendung« in neuen möglichen Situationen und Kontexten muss beim Lernen schon reflektiert bzw. antizipierend eingeübt werden. Einen Transfer auf andere Situationen ermöglicht am ehesten ein Lernen an komplexen, authentischen oder zumindest realitätsnahen Problemstellungen, ein problemorientiertes bzw. »situiertes Lernen«. Ausgangspunkt sollte ein möglichst interessantes Problem sein, das die Lernenden motiviert, sich mit dem Gegenstand aktiv auseinander zu setzen und zwar am besten in Interaktion und Kooperation mit anderen. Dies ermöglicht die Eröffnung verschiedener Perspektiven. Auch sinnvolle Phasen lehrerzentrierter Instruktion eines »Experten« können dann greifen. »Situiertes Lernen« schließt also instruktionale Unterstützungsmaßnahmen nicht aus.

Prinzipien »situierten Lernens«

a) *Problemorientiertes und erfahrungsorientiertes Lernen,* das sich auf realitätsnahe Fragestellungen und Erfahrungen bezieht. Antworten werden erst bedeutsam, wenn sie sich auf Fragen der Lernenden beziehen lassen, die von nicht zu unterschätzender Bedeutung für das Lernen sind. Wenn Fragen des Unterrichts zu echten Fragen geworden sind, dann werden von den Lernenden auch Suchbewegungen ausgehen, die zu ersten tastenden Antworten führen. Wichtig sind intrinsisch motivierende Herausforderungen, die einen Bezug zum Leben und evtl. zu späteren Anwendungskontexten aufweisen. Die Fragestellung bzw. das Problem muss motivieren, sich ein bestimmtes Wissen bzw. bestimmte Kompetenzen anzueignen, welche einer Problemlösung dienen. Gedacht ist aber nicht an eine kurzfristige Motivationsphase; vielmehr geht es um ein Lernen in konkreten Problem- bzw. Erfahrungssituationen (→ III.13 u. III.14).

b) *Realitätsnähe* bedeutet, dass die Lernsituation der Anwendungssituation möglichst ähnlich sein soll. Ohne Realitätsnähe kann kaum davon ausgegangen werden, dass anwendbares Wissen entsteht. Lernen soll im direkten Bezug zum Anwendungskontext bzw. zu authentischen Situationen stehen.

c) *Artikulation und Reflexion* sollen helfen, dass erworbenes Wissen nicht an einem bestimmten Kontext »festklebt«. Versprachlichung und kritische Reflexion helfen, Wissen zu abstrahieren. Das Bewusstmachen des Gelernten unterstützt einen Transfer auf andere Kontexte. Anwendungsbedingungen, Möglichkeiten und Grenzen der Wissensübertragung auf ähnliche Situationen müssen eigens (metakognitiv) bedacht werden.

d) *Multiple Perspektiven* unterstützen den Aufbau eines flexibel anwendbaren Wissens. Dadurch, dass die Problemstellung aus unterschiedlichen Perspektiven beleuchtet wird (z.B. aus der eigenen biographischen und fachkompetenten Perspektive der Lehrenden, aus der Perspektive verschiedener Schüler, die immer wieder Gelegenheit bekommen sollen, ihre Perspektive und ihre Sicht von Wirklichkeit in den Dialog einzubringen, sowie aus der Perspektive der für das Thema jeweils relevanten Wissenschaften), entsteht ein Bewusstsein von der Komplexität und der vielfältigen Bedeutung der Lerninhalte. Mehrperspektivität bewirkt, dass Wissen in einer Vielzahl von Kontexten anwendbar wird bzw. darauf bezogen werden kann.

e) *Lernen im sozialen Austausch* findet z.B. durch das Problemlösen in Kleingruppen statt. Schülerinnen und Schüler sollen fähig werden, gemeinsam zu lernen. Wichtig ist dabei das kooperative Arbeiten mit kompetenten Partnern. Vor allem im Religionsunterricht sollte diese Kultur gepflegt werden. Lernen im sozialen Austausch unterstützt die oben genannten Prinzipien und fördert sowohl das Denken in »multiplen Perspektiven« wie auch die Fähigkeit zur »Artikulation und Reflexion«.

Die hier genannten Prinzipien gelten für ein Lernen, bei dem anwendungsrelevantes Wissen und lebensrelevante Kompetenzen aufgebaut werden sollen. Für wissenschaftliches Basiswissen, komplexe Kulturtechniken, abstrakte Denkoperationen und metakognitive Kompetenzen (vgl. Weinert 1996, 4) eignen sich Formen gut organisierter Instruktion, für den Erwerb von Anwendungswissen hingegen sind Formen des situierten Lernens eindeutig überlegen (vgl. Gruber/Renkl 2000, 16). Auch hier gilt es, stets die richtige Passung von Inhalt, Ziel und Methode im Blick zu behalten.

Instruktionslernen
Darstellendes und selbsttätiges Lernen – ein Widerspruch?

Auch instruktionspsychologisch orientierte Lernforschung sieht Lernen als einen aktiven und konstruktiven Prozess des lernenden Subjekts an. Somit darf Instruktionslernen nicht missverstanden werden als ein rein passives und mechanisches Aufnehmen von Informationen, die durch Lehrende vermittelt werden im Sinne eines lehrerzentrierten darstellenden Unterrichts. Darbietung bzw. gute Instruktion hat eine Berechtigung und ist wohl auch unverzichtbar, wenn sie zum Medium wird, mit dem sich die Lernenden gemeinsam und selbsttätig auseinandersetzen können. Dies ist dann der Fall, wenn eine gelungene Erzählung, ein gutes Vorlesen, die Darbietung einer Situation oder die Darstellung und Erklärung eines Sachverhalts Fragen aufwirft und zur Interaktion mit dem Lerngegenstand motiviert und einlädt oder herausfordert, eigene Vorstellungen zu bilden. Ist aber eigenständige Auseinandersetzung intendiert, braucht ein solches Lernen nicht im Widerspruch zu einem Lernverständnis stehen, das Lernen als aktiven und konstruktiven Prozess des lernenden Subjekts ansieht.

Instruktion im Dienste von selbsttätigem Lernen

Instruktion im Kontext schulischen Lernens geht über darstellendes oder darbietendes Lehren hinaus und meint jene Aktivitäten von Lehrenden, welche die Bedingungen, Prozesse und Ergebnisse des Lernens mit Blick auf eine Lerngruppe kollektiv oder auch differentiell und individuell optimieren und konzentriert sich so auf die Lernprozesse. Lernen können nur die Lernenden, und darum muss jede Instruktion darauf ausgerichtet sein, deren selbständiges Lernen zu unterstützen.

Langfristiger Lernertrag wird vor allem durch selbstinitiiertes, selbstgesteuertes, selbstkontrolliertes und selbstverantwortliches Lernen begünstigt. Instruktion durch Experten muss diesem Mittel und Ziel dienen.

Die oft heterogenen und nicht kompatiblen Lerntheorien erschweren es, zu eindeutigen Prinzipien für erfolgreiche Instruktion zu kommen. Mit Vorbehalten seien hier einige empirisch gut belegte und für methodische Entscheidungen inspirierende Prinzipien genannt (vgl. Weinert 1997, 39–41):

- Bei den Entscheidungen über Ziele, Inhalte und Lernwege sind die interindividuellen Differenzen des kognitiven Entwicklungsstandes, des Vorwissens und der Lernmotivation zu berücksichtigen.
- Wenn nicht zumindest ein Minimum an Sach-, Lern- und Leistungsmotivation bei den Lernenden vorhanden ist, muss dieses durch geeignete Instruktionsmaßnahmen ausgelöst oder substituiert werden.
- Instruktion muss dafür sorgen, dass das für den Aufbau inhaltsspezifischer Wissenssysteme notwendige Wissen in hinreichender Qualität und Quantität, in angemessenem Schwierigkeitsgrad und Umfang gelernt werden kann. Für fehlendes Vorwissen müssen Kompensationsmöglichkeiten gesucht werden.
- Instruktion bedeutet nicht nur Unterstützung beim Aufbau inhaltlicher Wissenssysteme, sondern sollte auch dazu beitragen, dass Lernen selbst erlernt wird.
- Die Bedeutung des Gelernten für verschiedene Anwendungssituationen bzw. seine Relevanz sollte thematisiert werden.

- Auch wenn Routinen, automatisierte Fertigkeiten, mechanisch reproduzierbare Kenntnisse keineswegs in ihrer Bedeutung für das Lernen unterschätzt werden dürfen, sollte Lernen grundsätzlich ein möglichst tiefes Verstehen des Gelernten zum Ziel haben.

- Rückmeldungen sind wichtig für den Lernprozess. Sie müssen informativ sein und sollen darüber hinaus auch motivierend wirken.

- Langfristiges Behalten von Gelerntem hängt vor allem von seiner lebensweltlichen Relevanz für das Individuum, von seinem »Nutzungswert«, aber auch von spezifischer Übung, Automatisierung, Anwendung in unterschiedlichen Situationen und der Reflexion von Anwendungsmöglichkeiten des Wissens ab.

Zusammenfassung

In diesem Kapitel wird die Bedeutung der Methoden bei der aktiven Rezeption und eigenständigen Verarbeitung von unterrichtlichen Inhalten im Interesse an einer Förderung religiöser Mündigkeit und Kommunikationsfähigkeit hervorgehoben. Theologische Skepsis ist angesagt bei der Annahme einer Lehr- und Lernbarkeit des Glaubens. Glaube ist nicht als Resultat von Lernprozessen verfügbar, ereignet sicher aber im Kontext menschlicher Lern- und Entwicklungsprozesse. Religiöse Kompetenz und Mündigkeit sind darauf angewiesen.

Methodenentscheidungen sind im Zusammenhang mit Ziel- und Inhaltsentscheidungen zu sehen, weil jene nie inhaltneutral und frei von normativen Implikationen sind. Methodenmonismus ist für den Religionsunterricht kontraproduktiv. Angemessene methodische Entscheidungen auf die Lernenden und auf die Ziele und Inhalte des Faches erfordern methodische Kompetenz sowohl bei Lehrenden als auch bei den Lernenden. Exemplarisch wird auf methodische Kompetenzen beim Umgang mit Bildern der Kunst und mit biblischen Texten hingewiesen: Bei Bildern wie auch bei Texten der Bibel kommt es darauf an, den Rezeptionsprozess produktiv zu verlangsamen, um die Lerngegenstände vor zu schneller Vereinnahmung zu schützen. Zu beachten ist die methodisch sorgfältige Reflexion des Zusammenspiels von Annäherung an den Lerngegenstand, seine Rezeption, die Interaktion mit dem Gegenstand und mit der Lerngruppe sowie der eigene Ausdruck. Gutes Erzählen verlangt eine doppelte Authentizität als Sachangemessenheit und als persönliche Glaubwürdigkeit. Lebendiges Lernen und ein effizienter Wissensaufbau werden gefördert durch die Beachtung von Gesichtspunkten sowohl eines situierten Lernens als auch von Regeln für ein produktives Instruktionslernen. Letzteres hat die aktive Aneignung durch die Lernenden und ihre Selbsttätigkeit im Blick.

Lesehinweis

Adam, Gottfried/Lachmann, Rainer (Hgg.) (1993): Methodisches Kompendium für den Religionsunterricht, Göttingen.

Herion, Horst (1990): Methodische Aspekte des Religionsunterrichts, Donauwörth.

Kurz, Helmut (1984): Methoden des Religionsunterrichts, München.

Niehl, Franz Wendel / Thömmes, Arthur (1998): 212 Methoden für den Religionsunterricht, München.

Schmid, Hans (1997): Die Kunst des Unterrichtens. Ein praktischer Leitfaden für den Religionsunterricht, München.

II.8 Woran wird gelernt?
Medien im Religionsunterricht

Stephan Leimgruber

Nachdem der Religionsunterricht lange Zeit dem Wort eine zentrale Aufgabe zuerkannte, geschieht religiöses Lernen heute in lebendiger Vielfalt. Die Lehrenden setzen Hilfsmittel ein: das Religionsbuch, Arbeitsblätter, Kunstbilder, einen Stationenplan, Fernsehen und Videos, dazu neuere elektronische Medien wie PC, CD-ROMs, Digitalkamera, DVD und das Internet. Die Mehrheit junger Menschen wächst multimedial auf. Zu ihrem Selbstverständnis und ihrem In-der-Welt-Sein gehört ein Verbund von Medien, wodurch ihr Kommunikations- und Informationsverhalten entscheidend geprägt wird. Dabei stehen wir erst am Anfang einer rasant vorwärtstreibenden, scheinbar unaufhaltsamen Bewegung. Der Religionsunterricht kann durch die vielfältige kritisch-konstruktive und kreative Nutzung neuer (und alter) Kulturtechniken an Qualität gewinnen und eine entwicklungsfördernde Medienkompetenz einüben. So trägt er zur allgemeinen und religiösen Bildung bei, ohne die originären Begegnungen und die direkten Kommunikationsweisen zu vernachlässigen oder zu vergessen, dass die Religionslehrerin bzw. der Religionslehrer selbst unersetzbares Medium ist.

1. Problemstellung

Die Frage »Woran wird gelernt?« zielt auf die Hilfsmittel des (religiösen) Lernens im Unterricht, auf den Einsatz des Schulbuches, von weiteren Materialien und Medien sowie deren Wirkung auf das Bewusstsein. Religiöses Lernen geschieht vieldimensional, jedenfalls nicht mehr allein durch worthafte Belehrung, sondern ebenso durch eigene Überlegungen der Schülerinnen und Schüler, durch ihre Auseinandersetzung mit anderen Meinungen über den Umweg von Bildern, Videos und kreativ gestalteten Inhalten und Formen. Wir fragen nach dem didaktischen Stellenwert des Religionsbuches, was es bringt, wenn sich junge Menschen auf Kunstbilder einlassen, Kurzfilme oder Videoclips anschauen und besprechen, sich an alternativen Meinungen und Sichtweisen »abarbeiten« und sich mit den alten (vgl. 3) und neuen (vgl. 4) Medien vertraut machen. Was sind überhaupt Medien (2) und was ist unter konstruktiv-kritischer Medienkompetenz (5) zu verstehen, die in Teilen jene der Eltern übertrifft? Was tragen Medien zur Konstruktion der Identität von Kindern und Jugendlichen bei? Helfen Sie zu sinnerfülltem, gestaltetem Leben? Besonders soll auf die neue Herausforderung durch das Internet eingegangen werden, um zu didaktischen Kriterien für den Mediengebrauch zu gelangen, schließlich zu Berichten über Projekte (6). Eines ist klar: Die Medien sollten nicht die Jugendlichen beherrschen und sie mit demokratiefeindlichen, gewaltverherrlichenden und pornographischen Sequenzen abspeisen, sondern die Jugendlichen sollten Medien mündig-kreativ nutzen lernen und im Mediengebrauch selbst produktiv werden. Innerhalb des Religionsunterrichts, der Medien selbstverständlich integriert, ohne sie zu verabsolutieren, soll zum allgemeinen Bildungsziel »Medienkompetenz« ein wesentlicher Beitrag geleistet werden.

2. Was sind Medien? Funktionen und Implikationen

Das Zweite Vatikanische Konzil hat die Medien positiv gewürdigt und sogar erstmals eine »Erklärung über die sozialen Kommunikationsmittel« (Inter mirifica, 1963) abgegeben. Darin zählt es die Medien zu den »erstaunlichen Erfindungen der Technik«, die einen wichtigen Beitrag zur Verbindung der Menschen leisten, aber auch zur »Erholung und Bildung«, nicht zuletzt zur Verkündigung (IM 1 und 13). Es plädiert für die Einrichtung eigener Stellen für Presse, Film, Rundfunk und Fernsehen (IM 21) und weist auf den verantwortlichen Umgang mit Medien hin, die stets zur Förderung der Menschen und im Dienste des Gemeinwohls eingesetzt werden sollen. – Zu unterscheiden sind die Printmedien, die auditiven, die audiovisuellen Medien (Film, TV) und die neuen elektronischen Medien. Bei letzteren sind Medien nicht mehr allein Vermittler von Botschaften, sondern auch selbst sinnstiftende Orte, an denen gelernt und verweilt werden kann. Ja, Medien sind zu Begleitern der Menschen geworden. Individuell und kollektiv nutzbar, bieten sie eine Fülle von Informationen, Sinnsplittern und Eindrücken. Sie wirken auf unsere Wahrnehmung und beeinflussen das Sinnsystem.

Die Medien nehmen in der privaten und beruflichen Welt sowie in der öffentlichen Meinungsbildung als eigenständige »Erziehungs- und Bildungswelt« (Buschmeyer 1997, 138) eine zentrale Stellung ein: Sie sind zum integrativen Bestandteil gesellschaftlicher Wirklichkeit geworden. Eltern, Lehrpersonen und weitere Erziehungsverantwortliche haben für die Mediensozialisation der Kinder eine Verantwortung, können doch die meisten Medien bereits durch Kinder frei und eigenständig genutzt werden. Kinder und Jugendliche brauchen Ansprechpartner, »Medienbegleitpersonen«, mit denen die vielfältigen Medienerlebnisse verarbeitet werden können.

Aus didaktischer Perspektive sind Medien »Mittler« zwischen Menschen und Wirklichkeit sowie »Vermittler« von Botschaften. Diese Botschaften sind subjektiv abbildende oder modellhafte oder symbolische Abbilder der Wirklichkeit und werden in kommunikativen Zusammenhängen weiter gegeben. Die Weitergabe geschieht auf Seiten des Senders als Verschlüsselung (Codierung) der Botschaften in einem Zeichensystem und auf Seiten des Empfängers als Entschlüsselung (Decodierung), insofern die Bedeutung der Zeichen herausgefunden wird. So kann eine Pressemeldung gelesen,

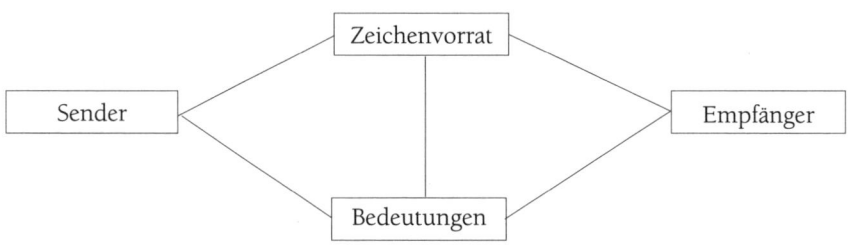

ein Bild wahrgenommen, ein Videoclip entziffert oder ein E-Mail (eine elektronische Postsendung) verstanden werden. Die Empfänger können auf die Botschaft antworten und selbst »Sender« werden. Kurz gefasst sind Medien »Mittler, durch die in kommunikativen Zusammenhängen bestimmte Zeichen mit technischer Unterstützung übertragen, gespeichert und wiedergegeben werden und die in symbolischer Form präsentiert werden« (Tulodziecki 1997, 37).

Daraus ergibt sich ihre *primäre Funktion* in der Weitergabe von *Informationen*. Da diese Informationen aber stets Ausschnitte, Aspekte und Portionen der Wirklichkeit darstellen, da sie gefiltert und von Interessen geleitet ausgewählt sind, kommt den Nutzern die Aufgabe zu, diese Informationen zu verarbeiten, aus ihren Zusammenhängen zu verstehen und sie in das bestehende Sinnsystem einzuordnen. Nicht zu Unrecht heißt es, »*Bilder lügen*«, weil sie nur einen Ausschnitt der subjektiv wahrgenommenen Realität zeigen und stets der Kontextualisierung bedürfen.

Medien haben zweitens eine *Bildungsfunktion*, insofern sie die Nutzenden mit Lernangeboten konfrontieren, was wiederum mit der Information und dem Präsentieren neuer Sinnperspektiven zusammenhängt. Die Medien sind selbst Ort und Gegenstand von Bildung und inhaltlicher Auseinandersetzung. So erweitern sie unseren Horizont, machen uns mit neuen Problemen und Zusammenhängen vertraut und fordern zur eigenen Stellungnahme heraus. Es ist beispielsweise dem Fernsehen der 1980er Jahre zu verdanken, dass »Umwelt« überhaupt ein Thema der Öffentlichkeit wurde. Das Fernsehen hat Anstöße gegeben, gesellschaftliches Handeln zu verändern und ökologisches Denken zu institutionalisieren.

Drittens haben Medien eine *Unterhaltungsfunktion*, die nicht zuletzt vielen älteren Menschen zugute kommt. Für einige Jugendliche sind sie ein Mittel gegen Langeweile und bieten dadurch die Gefahr, von den eigentlichen Problemen der Welt und des Alltags abzulenken oder durch ihre Auswahl der Bilder und Bildsequenzen die Realität zu »schönen« (vgl. Soaps). Zusammen mit der Reklame gibt diese Unterhaltungsfunktion die ökonomische Basis für die Sendeanstalten ab. Selbst Sportsendungen stehen zunehmend unter diesen ambivalenten Vorzeichen, und zwar mit astronomischen Summen. Auf diese Weise tragen sie zur wachsenden Ökonomisierung der Welt bei. Die geltenden wirtschaftlichen Interessen betrachten auch Schule und Jugend als Käufer und Konsumenten von Medien.

Den neuen Medien (CD-ROMs, Internet) kommt viertens eine *kommunikative und interaktive Funktion* zu, insofern sie die im Fernsehen übliche Einbahnkommunikation erweitern zu einer wechselseitigen Kommunikation (→ II.9). Selbst wenn die Partner nicht einander direkt gegenüber sitzen, können sie – räumlich und zeitlich versetzt – miteinander kommunizieren. Als für viele unentbehrliches Kommunikationsinstrument erweist sich das Handy, welches direkte Funkkontakte und indirekte Kommunikation (durch SMS – short messages service) erlaubt. So vermitteln sie virtuelle Nähe, die Jugendliche auch in sogenannten »Chatrooms« (Kommunikationsräumen) erfahren, wo sie mit mehreren Teilnehmenden über ein Thema diskutieren können. Diese kommunikative und interaktive Funktion der Medien gewährt jungen Menschen die Möglichkeit zur Selbstdarstellung und Identitätsfindung, etwa dann, wenn sie eine eigene Homepage einrichten. Auf der anderen Seite sind Möglichkeiten zur externen Kontrolle und zerstörerische Eingriffe aller Art zu beachten.

Durch all diese Funktionen haben die Medien die ursprüngliche Relation des Menschen zur Welt verändert. Sie berichten nicht nur über die Realität, sondern schaffen – indirekt – selbst Wirklichkeit und verschiedene Medienwelten. Sie strukturieren, definieren und konstituieren Realität. Wirklichkeit und Inszenierung von Wirklichkeit überlagern sich partiell und können sich in der Wahrnehmung vermischen. So finden Medienereignisse oft nicht eigentlich statt, weil sie nur inszenierte, nicht wirkliche Medienereignisse sind. – Insgesamt richten sie an die Erziehungsverantwortlichen den Auftrag, die fatale Alternative zwischen Aversion und Euphorie hinter sich zurückzulassen und zu einer realistischen und kritischen Einstellung zu den Medien und durch sie in neuer Weise zu Natur, Kultur, Gesellschaft und auch Religion zu finden. Es kommt darauf an, was sie zu einem angemessenen, differenzierten Verhältnis zur Realität beitragen können und wie hilfreich sie für die Lebensgestaltung sind.

3. Lernen mit dem Schulbuch, mit weiteren Materialien und den klassischen Medien

Zahlreiche polyvalente Medien gehören heute zur selbstverständlichen Ausstattung eines Schulzimmers. Materialien im Sinne Maria Montessoris, welche die Selbsttätigkeit anregen, farbige Tücher von Franz Kett als Hilfen für die Vorstellung und Darstellung (Schneider 1996), Flipcharts und Tageslichtprojektor, notfalls auch die Wandtafel, Rundfunk, Diaapparat und Videogerät werden in Schule und Religionsunterricht unverkrampft, wenn auch mit unterschiedlicher Quantität und Qualität eingesetzt. Vergessen wir nicht, dass erst seit gut dreißig Jahren von einer »Mediengesellschaft« gesprochen wird.

Gewandelte Funktionen des Schulbuchs

Das *Schulbuch* ist ein Produkt der Erfindung des Buchdrucks von Johannes Gutenberg (Gensfleisch) (1397/1400–1468) und hat in fünf Jahrhunderten unterschiedliche didaktische Stellungen eingenommen. Es stand stets zwischen Lehrenden und Lernenden, aber in je verschiedenen Aufgaben, früher näher bei den Lehrenden, heute näher bei den Lernenden. Folgende Typologie von Schulbüchern lässt sich erstellen:
1. Zur Zeit des Katechismus und des Bibelunterrichts kann von einem *theologischen Lehrbuch* mit autoritativer Stellung innerhalb des Unterrichtsgeschehens gesprochen werden.
2. Es gab und gibt *Erbauungs- und Lesebücher* für den Religionsunterricht, welche die tradierten biblischen, dogmatischen und ethischen Inhalte illustrieren sollen.
3. Das Religionsbuch als *Quellensammlung* (z.B. mit Texten von Philosophen oder aus Religionen) trat in einem Religionsunterricht als Information auf.
4. Ein konsequent an überprüfbaren Lernzielen orientierter Religionsunterricht favorisierte Lehrbücher als linear strukturierte Lehrgänge.
5. In den letzten Jahren verstehen sich Religionsbücher immer mehr als orientierende Lehrbücher, welche den Schülerinnen und Schülern als *ein* Hilfsmittel unter anderen Impulse geben und den Überblick bewahren können.

Zusammenfassend kann festgestellt werden, dass sich die Bedeutung des Religionsbuches gewandelt hat von einem theologisch-dogmatischen und biblischen Lehrbuch zu einem schülernahen Lernangebot zur eigenen Urteilsbildung. Das Schulbuch hat »Konkurrenz« bekommen durch viele weitere Materialien und Medien. Dies wurde

1. Theologisches Lehrbuch	2. Lese- und Erbauungsbuch	3. Religionsbuch mit Quellentexten	4. Linear strukturiertes Lehrbuch	5. Orientierendes Lehrbuch
Katechismusunterricht	Kerygmatischer oder hermeneutischer Religionsunterricht	Religionsunterricht als Quellenstudium	Lernzielorientierter Religionsunterricht	Subjektorientierter Religionsunterricht

besonders im Religionsunterricht der Berufsschule festgestellt, wo eine Mehrheit der Lehrer auf ein Schulbuch verzichtet. Damit hat sich seine Stellung relativiert. Es kann durchaus seine Berechtigung im Religionsunterricht behalten, sei es im Dienste vertiefender Informationen, sei es durch Fragen und Impulse zu einem Thema, sei es als Nachschlagewerk oder als selbst mit zu gestaltendes Schülerbuch. Es soll *Planungshilfe, nicht Planungsersatz* (Hagstedt 1977) sein und einen Blick auf markante Elemente eines Lernwegs erlauben, Zusammenhänge erkennen lassen, und den Aufbau eines eigenen Koordinationssystems in unübersichtlicher Zeit ermöglichen. Diesem Ziel kann auch das eigene Gestalten eines *Schülerheftes* oder eines *Schülerordners* (mit Einlageblättern) dienen. Vertiefte und nachhaltige Lernprozesse sind gefragt, nicht schmetterlinghaftes Antippen!

Was ist ein gutes Religionsbuch?
Wer die mühe- aber verdienstvolle Aufgabe der Schulbuchproduktion auf sich nimmt und überlegt, nach welchen Kriterien heute Schulbücher erstellt werden sollen, damit sie den Unterricht inspirieren, kann sich folgende sieben Fragen stellen (vgl. Hilger 1976; 1981):

(a) Ist das Buch zur Schülerwirklichkeit hin offen und spiegelt es authentische Lebenserfahrungen junger Menschen wieder?
(b) Welche humanwissenschaftlichen, theologischen und spirituellen Perspektiven und Positionen vertritt es?
(c) Wie weit sind Lehrpläne der Fächer evangelische und katholische Religion bzw. Ethik darauf abgestimmt? Werden Bezüge zu anderen Fächern (z. B. Deutsch, Geschichte, Erdkunde) bzw. zu Fächergruppen hergestellt?
(d) In welchen Phasen der Lernprozesse kann es eingesetzt werden? Zu Beginn, als Information, als Denkanstoß, zur Vertiefung, zur Zusammenfassung und / oder zur Ergebnissicherung?
(e) Eignet es sich für Klassenunterricht, Gruppenarbeit und / oder Einzelstudium?
(f) Geben die Autoren genügend Anstöße, Impulse und stellen sie weiterführende Fragen?
(g) Wie ist das Buch in graphischer, sprachlicher und bildlicher Hinsicht gestaltet?

Lernen mit weiteren Materialien
Zu den bewährten Lernmaterialien im Religionsunterricht gehören *Dias, Zeichnungen, Comics, Fotos, symbolische Fotos, Karikaturen,* kurz: *bildorientierte Medien* mit der Spezialform des *Kunstbildes* (vgl. Staudigl [7]1997, 313–338; Adam/Lachmann [2]1996, 211–283). Auch hier hat sich das didaktische Grundverständnis gewandelt. Bereits

Comenius und Pestalozzi wiesen darauf hin, dass Materialien sowohl in der Hand der Lehrenden hilfreiches Anschauungsmaterial bieten als auch die Lernenden unterstützen können. Freilich standen diese Materialien allzu oft *im Dienste* vorgegebener Gedanken; sie waren willkommene *Illustrationen* und veranschaulichten die Inhalte. Sie galten als Beispiele einer in Worte fassbaren Botschaft und wurden bestimmten Inhalten und Lernzielen zugeordnet. Sie »passten« bald zu diesem Thema, bald zu jenem.

Die moderne Religionsdidaktik indessen beachtet das Prinzip *der Autonomie des Bildes*, d.h. Bilder haben ihre eigenen Gesetze und enthalten selbst Botschaften, welche Jugendliche in unterschiedlicher Weise be treffen. Zeitgenössische Künstlerinnen und Künstler wollen ihre Bilder nicht verzwecken oder in den Dienst irgendeiner zuvor bestehenden Aussage stellen, sondern das Werk wirken lassen, seine Struktur herausfinden, die Farbkombination erfahren und die Komposition entdecken lassen. Deshalb ist (Religions-)Unterricht elementare Wahrnehmungsschule (→ III.1). Das lernende Subjekt steht einem Gegenstand gegenüber, nimmt ihn wahr und geht mit ihm um. Auch Fotos können eine Tiefenschärfe aufweisen, die zu diskutieren gibt. Sie sind oft mehrdeutig und unterschiedlich deutbar. »Fotos symboliques« sind ähnlich wie Kunstbilder zu behandeln. Daraus folgt wiederum ein Plädoyer für ein offenes Curriculum, für die Beachtung des fruchtbaren Augenblickes (vgl. II.10.4) sowie für spontane Lehrer-Schüler-Gespräche. Gerade die bewährten Materialien und Medien können Lernprozesse in andere als (die vom Lehrer) gewünschte Richtung lenken, weil die Schülerinnen und Schüler sich persönlich von einem Gegenstand treffen lassen (vgl.II.7) .

Arbeit mit Karikaturen – Beispiel
Karikaturen sind übertreibende, witzige Darstellungen gesellschaftspolitischer, kultureller und auch kirchlicher Phänomene. Mittels satirischer Zeichnungen werden Personen, Ereignisse und Tendenzen kritisiert, entlarvt und in ihrer Widersprüchlichkeit aufgezeigt – mit dem Blick auf Bewusstseinsbildung und Veränderung des Status quo. Karikaturen sind im Zusammenhang mit der »emanzipatorischen« Konzeption und Tendenz der 1970er Jahre in die Unterrichtspraxis eingeflossen und wollen produktiv die gängigen Denk- und Handlungsmuster aufrühren. Die Gefahr beim *Einsatz* von Karikaturen besteht darin, sofort die Pointe erfassen zu wollen und zur »Anwendung« fortzuschreiten, ohne zuerst geduldig hinzuschauen, die einzelnen Zeichen zu entschlüsseln, Strukturen der Karikatur zu analysieren und die verschiedenen Aussageebenen zu unterscheiden. Einzelaussagen können mit Sprechblasen herausgestellt werden, um langsam zur Gesamtaussage vorzudringen. Oft enthalten Karikaturen im kirchlichen Bereich Kritikpunkte, welche das prophetisch-kritische Potential des Glaubens visualisieren und Anstöße zu Gegenwelten geben. Karikaturen geben zu denken (Berg [2]1996, 262–268)!

Fotografie, Film, Hörfunk und Fernsehen
Mittlerweile gehören diese traditionellen Medien zum festen Bestand des didaktischen Repertoires der Religionslehrenden. Ein Religionsunterricht allein mit dem Lehrbuch ohne visuelle und akustische Impulse scheint unvorstellbar zu werden. Gewiss machen die gezielte Auswahl, der sparsame Gebrauch und die Abwechslung den Reiz aus, den heute viel-dimensionales, lebendiges Lernen braucht.

Fotografie

Noch ins vorletzte Jahrhundert zurück reicht die Erfindung der *Fotografie*. Sie hält ein konkretes Stück Wirklichkeit schnappschussartig fest; sie zeigt keine abstrahierende Verallgemeinerung, sondern eine gezielte Momentaufnahme eines Ereignisses. Fotos verdanken wir Erinnerungen an Jugend und Biographisches überhaupt. Heutige Berufsfotografen sind Künstler geworden, insofern sie Bildkompositionen arrangieren, Lichteffekte planen und Hintergründe auswählen. Merkert hat Recht, dass Fotografen die Wirklichkeit »umdichten« (Merkert 1984, 613).

Film

Der *Film* ist technisch betrachtet – eine Fortführung der Fotografie. Er reiht nämlich zahlreiche fotografische Bilder aneinander und bewegt sie vor dem Auge so, dass der Eindruck eines unmittelbaren Handlungsablaufes erweckt wird. Mit dem Film, der übrigens zunächst als Stummfilm, später mit Ton und Mischtechnik gezeigt wurde, beginnt didaktisch eine neue Epoche. Denn Filme vermitteln selbst das Lehrmaterial, und die Lehrperson kann zunächst in den Hintergrund treten. Sie ist aber bei der Verarbeitung erneut gefragt, nachdem sie bereits zuvor für die Fokussierung des Interesses verantwortlich war. Der Film brachte eine Modifikation der Lehrerrolle mit sich.

Einige *Impulsfragen zur Filmverarbeitung*: Habe ich den Film verstanden? Könnte ich den Film nacherzählen? Hat der Film emotional angesprochen? Welche Gefühle weckte er? Was sind seine Botschaften? Mit welchen Symbolen arbeitet er? Welche Musik verwendet er? Welche Dialoge und Aussagen sind in der Erinnerung geblieben? Stellt der Film Wirklichkeiten angemessen dar? Von welchen Anliegen sind die Autoren geleitet? Gibt es Parallelen zu anderen Filmen?

Rundfunk

Eine etwas andere Stellung hat der Rundfunk bzw. das Radio. Entstanden in der Zwischenkriegszeit (1923) eroberte er bald die breite Bevölkerung und wurde bis in die sechziger Jahre zum beliebten Massenkommunikationsmittel. Anfänglich stand das gesprochene Wort im Vordergrund, sowohl in zahlreichen gesendeten Vorträgen als auch in vielen Schulfunksendungen. Musikalisch hatte die klassische Opernmusik den Vorrang. Als akustisches Medium gewinnen heute zunehmend Mischformen von Musik und Wort an Bedeutung, bei einigen als dauernder Hintergrund selbst bei Arbeit und Studium. Gewisse Radiosendungen, teilweise aufgenommen auf Kassetten, können den Religionsunterricht zweifellos bereichern. Doch fordert das allein auditive Medium große Aufmerksamkeit und Sammlung.

Fernsehen

Das Fernsehen hat 1952 seine täglichen Sendungen aufgenommen. Anfangs stieß es auf massive Anfragen: (a) »Bewahrungspädagogen« warnten vor den »geheimen Miterziehern« und vor allfälliger Reizüberflutung, sie fragten, ob diese indirekte, weil nicht personale Vermittlung überhaupt erzieherische Qualität haben könne. (b) »Bildungsoptimisten« propagierten in den sechziger Jahren das Schulfernsehen, das Hochschulfernsehen und glaubten an einen Bildungsboom durch das Fernsehen. Erst in den siebziger Jahren kamen Fernsehsendungen für Kleinkinder auf. Nicht zuletzt weil das Fernsehen Bild und Ton zu einer Einheit verschmelzen lässt und den Zuschauer ganz in seinen Bann schlägt, findet es großen Anklang. Die befürchteten Irritationen für das fa-

miliäre Leben werden unterschiedlich gelöst: teils kommunikativ, teils auch individua-
lisierend: jedem seinen Fernsehapparat!

Fernsehfilme oder Videos gehören mittlerweile zum Beliebtesten – sowohl zu
Hause (wo viele zwei Stunden täglich und mehr schauen) wie im Unterricht –, aber
auch zum Bequemsten. »Audiovisuelle« Medien verschmelzen Bild und Ton zu einem
akustisch vertieften Seherlebnis, wenden »sich mit Bild und Farbe, Wort, Musik, Bewegung und Handlung an Auge und Ohr, Gemüt und Verstand des Menschen und damit an den sehenden, hörenden, fühlenden und denkenden, eben den ganzen Menschen« (Staudigl 1997, 333). Videos dienen der Information, der Unterhaltung, und
sie ermöglichen Identifikation. Bei all ihren Varianten, neue Horizonte zu eröffnen,
Werte anzusprechen, den Fernsten zum Nächsten werden zu lassen, ist ihnen die Gefahr zu eigen, im Religionsunterricht ein passives, konsumierendes Verhalten zu unterstützen und die Zeit damit tot zu schlagen.

Einer großen Beliebtheit erfreuen sich bei Jugendlichen private Fernsehsender mit
ihren sogenannten Seifenopern (Daily Soaps als »Eintrittskarten« in die Jugendszene
und als Pflichtsendungen für Teenager). Fernsehreihen wie »Marienhof«, »Gute Zeiten, schlechte Zeiten«, »Unter uns« oder »Verbotene Liebe« werden auf fast allen Ka-
nälen gezeigt. Was an diesen Sendungen fasziniert, sind die Charaktere, in die hinein
sich die eigenen Sehnsüchte, Bedürfnisse und Ängste projizieren lassen. Ihre Komposi-
tionen sind unwahrscheinlich, doch Unglück in Raten ist möglich: »Seine Freundin
starb, er verunglückte und brauchte einen Rollstuhl, kam dann in eine Sekte, die ihn
später verfolgte. Schließlich wurde er vergiftet. – All das ist schon etwas übertrieben«,
sagt die 12-jährige Jenny (Meiners 2001, 32). Eine große Rolle spielen die modische
Kleidung, die Wohnungseinrichtungen, ein konsumorientierter Lebensstil und »tren-
dige« Musik. Nicht zu viel Elend, lieber einfachere als komplexe Situationen und möglichst durchschaubar sollten die Sendungen sein, damit sie mitreißen, aber nicht in die
Tiefe gehen.

Wenn beim Einsatz dieser herkömmlichen klassischen Medien nicht Ausschnitte
ausgewählt werden, Vorbereitungen für das Schauen getroffen, Beobachtungsaufgaben
gestellt und Verarbeitungsgespräche initiiert werden, können sie den Sinn des Religionsunterrichts pervertieren. Wenn sie nicht mit Vorerfahrungen verknüpft, mit bereits vorhandenen Handlungsmustern konfrontiert und diskutiert werden, laufen sie
Gefahr, nicht verarbeitet zu werden. Letztlich werden durch zu häufiges und unmoti-
viertes, zusammenhangloses Konsumieren die Schülerinnen und Schüler in ihren echten, wahren Bedürfnissen nicht mehr ernst genommen, sondern fremdbestimmt. Hier
heißt es: Weniger ist mehr! Außerdem sollten Filme von den Lehrpersonen unbedingt
vorher angeschaut und im Blick auf die Jugendlichen bedacht werden.

4. Lernen mit den neuen Medien

Als neue Medien sind im Wesentlichen die elektronischen Medien gemeint. Durch Di-
gitalisierung können sie die Zeichensysteme für Schrift, Bild und Ton zu einer Einheit
auf dem Bildschirm verschmelzen lassen. Die Hypertextsprache HTML kombiniert die

verschiedene Ebenen miteinander und verbindet sie untereinander durch Links. Ein Hypertext ist eine Verbindungs- und Verstehenshilfe, die zwischen einzelnen Dokumenten verweist. Die wechselseitigen Verweisstrukturen sind Qualitätsmerkmal und bergen tieferes Verstehenspotential in sich (Bild, Text, Animation, Graphik). Es braucht Anklickfelder, um zum Start zurückzuführen und Verweise für den Weg (Buschmeyer 1997, 140). Im Grunde kombinieren die neuen Medien die Möglichkeiten des Fernsehens mit jenen des Computers. Der Computer ist die Schlüsselstelle zur Verarbeitung digitalisierter Texte, Bilder und Graphiken, Animationen, Geräusche und Musik.

CD-ROMs (Compact Disk – Read Only Memory. Speichermedium)

Noch ohne Internetanschluss verwendbar, gehören CD-ROMs zu den neuen und vielbenutzten Medien. Sie lassen ebenfalls Bild, Ton und Schrift zu einer erlebbaren Einheit verschmelzen, die darüber hinaus interaktive Möglichkeiten bietet. Die Nutzerin oder der Nutzer kann aufgrund der verfügbaren Informationen, die durch Links miteinander verbunden sind, eigene Lernwege beschreiten. Häufig sind Namen, Bezeichnungen, Fremdwörter oder Fachausdrücke farbig unterlegt, d. h. per Mausklick lässt sich ein integriertes Lexikon abfragen. In CD-ROMs eine Gefahr für das Buch zu sehen, wäre verfehlt, denn vielmehr ist es als Ergänzung anzusehen, als ein – allerdings multifunktionales und für Jugendliche attraktives – Lernmaterial unter vielen anderen.

Sowohl Theologie allgemein wie die Religionspädagogik insbesondere haben diese neuen Medien genutzt. So sind zahlreiche Standardwerke auf die kleine Scheibe gepresst, etwa die Bibel in verschiedenen Versionen, Wörterbücher, Atlanten sowie lebendig präsentierte Informationen über Jesus und Paulus, über die großen Religionen, über ethische und lebenskundliche Fragen, über kirchengeschichtliche Themen (z. B. Martin Luther, Holocaust). Für den Religionsunterricht sind Informationen zu lebenskundlichen Themen (z. B. Liebe, Partnerschaft, Schulden, Sehnsucht, Gewalt), zu Glaubensfragen (katholisch-evangelisch), ja zu einzelnen Lehrplänen und auch Kunstbilder bereitgestellt (Engel 1999, 195–200). All diese CD-ROMs ermöglichen eigenaktives, subjektorientiertes, aber begleitendes vor- und nachbereitendes Lernen.

Internet

Das Internet ist das große virtuelle Netz aller Netze. Es kann in Sekundenschnelle Informationen aus der ganzen Welt abrufen und damit die Informationen dynamisieren. Die Informationsbeschleunigung erübrigt die physische Bewegung von Ort zu Ort. Durch Internet können viele Dienstleistungen mühselige Gänge ersparen, doch verlocken diese Teledienste auch zu vermehrtem Konsumieren: Telebanking, ortsunabhängiges Homeshopping. Das Neue am Internet ist, wie gesagt, sein interaktiver Charakter. Der Sender kann zum Empfänger und der Empfänger zum Sender werden. Damit werden die kreativen und kommunikativen Möglichkeiten vergrößert, aber es gibt auch einen gewissen »Kommunikationsmüll« im Internet. Über das Internet können Menschen universelle Du-Beziehungen eingehen.

Das Internet begünstigt ein *forschendes Denken*, insofern die Hypertexte strukturelle Verbindungen durch Links herstellen. Damit wird ein lineares Denken vertieft zu einem strukturellen Denken. Um einen beliebten Vergleich zu gebrauchen: Während Dante Alighieri in seiner Göttlichen Komödie Virgil auf die große Reise – eine Wanderung durch das Jenseits mit Himmel, Hölle und Fegfeuer – mitnimmt, können wir heute ebenso spannende und eindrückliche virtuelle Reisen im Internet unternehmen. Freilich, sie sind nicht einlinig und geradeaus, sondern Reisen in stets neuen Feldern und Strukturen.

E-Mail (Electronic-Mail)

Hier handelt es sich um eine sehr beliebte neue digitale Form der Kommunikation (ohne Papier). Ein Nutzer schreibt eine persönliche Nachricht und sendet sie – allenfalls mit einer Datei im Anhang – zu einem anderen Nutzer im Netz. Der Empfänger kann die im Server gespeicherte Nachricht dann lesen, wenn er am Computer sitzt. Möchte er eine Antwort geben, genügt ein Mausklick auf »Antwort« und er kann seine neue Nachricht verfassen und senden.

Für viele ersetzt diese indirekte und internationale Kommunikationsweise das Telefon.

SMS (Short Message Service)

Dieser »Kurznachrichtendienst« stellt eine Variante oder Abwandlung von E-Mail dar, insofern vom Computer aus dieselben Nachrichten versendet werden können, aber diesmal nicht auf einen anderen PC, sondern auf ein Handy. Von dort aus können ebenfalls schriftliche (und natürlich mündliche) Antworten gegeben werden. – Nicht nur die Geschäftswelt, auch viele Kinder und Jugendliche sind mit diesen Mitteilungstechniken vertraut. Immer mehr haben ein Handy, und die Zahl jener wächst ebenfalls, die eine eigene Mail-Adresse haben.

DVD (Digitale Versatile Disc)

DVD sind (versatile) multimediale Datenträger, die Töne und Texte in verschiedenen Sprachen abspielen können. Im Grunde sind sie Nachfolger der Compact Disc, die vor 20 Jahren die Stereo-Langspielplatten abgelöst haben. Der nicht zu unterschätzende Unterschied liegt darin, dass DVD in Bedienung und Kapazität viel leistungsfähiger ist als CDs.

Die Liste neuer Medien ließe sich weiterführen, die Möglichkeiten wären noch zu erwähnen, die verschiedene Codierungsarten und Sinnesmodalitäten (auditive, visuelle) kombinieren. Zunehmend werden die verschiedenen Medien miteinander vernetzt: Telefon mit PC im Handy; Radio und PC, TV und Internet. Der große Gewinn liegt darin, dass Schülerinnen und Schüler selbst aktiv werden können. Wir wollen jetzt aber zum Religionsunterricht und zu unserer Ausgangsfrage zurückkehren: »Woran lernen wir ?« – Im Religionsunterricht lässt sich nun entgegnen: »Wir (Lehrer und Schüler) lernen – auch – mit den Medien und von ihnen.«

Aus religionsdidaktischer Warte stellt sich nun die Frage: Wie kann religiöses Lernen im Religionsunterricht so begleitet werden, dass die in den 1970er Jahren groß geschriebene Medienkompetenz gefördert wird?

5. Medienkompetenz und Religionsunterricht

Will religiöse Erziehung den Zeiterfordernissen gerecht werden, kann sie kein so bedeutungsvolles Gebiet wie die Medien aussparen und sich in eine romantische Idylle zurückziehen. Vielmehr muss sie dort, wo die Menschen leben, Anknüpfungspunkte entdecken und Chancen wahrnehmen. Religiöse Erziehung ist zunächst »Hilfe zur Menschwerdung« (Exeler 1982) und zur Identitätsfindung. Hierbei sind Medien nicht mehr wegzudenken. – Auch der Religionsunterricht geschieht nicht in einem medienfreien Reservat außerhalb der Schule, nein, will er in der Schule bleiben, muss er deren Grundbedingungen akzeptieren, ohne freilich alle Implikationen dieser Institution zu übernehmen.

Gegen Verweigerung und gegen »Mediokratie« – für kritische Integration

Der Religionsunterricht kann es sich nicht mehr leisten, die modernen Medien zu ignorieren und sich dieser Welt, in der auch die Kinder und Jugendlichen leben, verweigern. Andererseits wäre dieser Unterricht ebenso verfehlt, würde er sich im Mediengebrauch erschöpfen und sich den Medien kritiklos ausliefern, mit andern Worten, eine Herrschaft der Medien (»Mediokratie«) im Religionsunterricht praktizieren. Auch die Eltern und Erziehungsverantwortlichen könnten kaum verstehen, wenn sich der Religionsunterricht in eines der genannten Extreme hin entwickeln würde. Stattdessen ist eine realistische Einschätzung und ein sinnvoller Gebrauch der Medien angezeigt. Der Religionsunterricht zielt auf einen integrierten Mediengebrauch ab. Je nach Situation, Bedürfnissen und Möglichkeiten sollen geeignete Medien und netzbasierte Kommunikation eingesetzt und genutzt werden, ohne die primären sozialen Kontakte und die direkten Wahrnehmungsweisen zu vernachlässigen.

Medienkompetenz in bildungstheoretischer, konstruktivistischer und kritischer Sicht

Medienkompetenz ist ein dynamischer prozessualer Begriff, der nicht auf technische Fertigkeiten reduziert werden darf, sondern ständiger Veränderung und Neubewährung ausgesetzt ist (vgl. Mendl 2000, 13–16). Medienkompetenz zielt auf ein Ensemble von Fähigkeiten und Fertigkeiten, die am »Projekt Menschwerdung« mitarbeiten und dazu beitragen, dass das Subjekt in die verschiedenen Teilidentitäten Kohärenz, Konsistenz und Kontinuität hineinbringt. Im Besonderen hat Medienkompetenz die Aufgabe, Unterscheidung und Verbindung zwischen virtueller Identität und inszenierter »Real-Life-Identity« herzustellen (Fink/Kammerl 2001, 10–13). Es soll keine gespaltene Persönlichkeiten produzieren, die ein Medien-Ich entwickelt haben, das ganz anders reagiert und andere Rollen wahrnimmt als in Wirklichkeit. Nun soll der dreifache Ansatz der Religionsdidaktik (bildungstheoretisch, konstruktivistisch und kommunikativ-kritisch (→ I.5) im Hinblick auf die Mediendidaktik reflektiert werden:

● In *bildungstheoretischer* Hinsicht zielt Medienkompetenz auf Lernprozessbeteiligung und Adressatenorientierung. Die Jugendlichen sollen im Religionsunterricht mediale Lernvorgänge in eigener Regie – persönlich – mitvollziehen. Erst durch ihr Engagement (self-involvement) können sie spüren, dass es hier um ihre eigene Bildung und Entwicklung geht. Bildung ist wesentlich »Selbstbildung des Menschen als Person aufgrund ihrer Erfahrungs- und Urteilsfähigkeit« (Feifel 1995, 87). Die Auseinandersetzung mit Medien und ihr sinnvoller Gebrauch im Religionsunterricht hebt auf nichts anderes ab, als auf die umfassende Entfaltung der humanen und religiösen Möglichkeiten der Jugendlichen. Eingebunden in dieses Bildungsanliegen ist die Förderung von Kooperation mit Lerngruppen sowie die Einübung in Solidarität, was deshalb nicht unterschätzt werden darf, weil der digitale Medienkonsum bei aller Interaktivität eine Tendenz zu vermehrter Individualisierung aufweist.

● Medienkompetenz in *konstruktivistischer Perspektive* weiß um die Offenheit und Korrekturbedürftigkeit der Lernprozesse und der damit verbundenen Einstellung zur Wirklichkeitserfahrung bzw. den virtuellen Welten. Das dabei entstehende Weltbild darf nicht für immer fix und fertig bleiben, denn aufgrund lebenslanger Lernbereitschaft und Verarbeitung multimedialer Erfahrungen wird es fortwährend korrigiert und Wirklichkeitsverlust wettgemacht. Dem konstruktivistischen Ansatz kommt die Möglichkeit zur Selbststeuerung multimedialer Lernvorgänge entgegen. Diese bewirkt das Gegenteil von Fremdbestimmung durch aufgezwungenen oder erduldeten Medienkonsum. Ein gemäßigter Konstruktivismus lädt zum mutigen Beschreiten des eigenen Medienweges ein, zur Konstruktion der eigenen Weltsicht. Er lässt sein Bewusstsein nicht von den nivellierenden Wirkungen der »Massenmedien« verkrusten. Vielmehr soll das eigene Identitätsgewebe ausgebildet werden, indem Impulse von außen ebenso einbezogen werden wie die ureigenen Intuitionen.

● Erziehung zur Medienkompetenz meint hier drittens die Hinführung zur kritischen, hinterfragenden Nutzung sowohl der klassischen als auch der neuen Medien. Sie wird darauf achten, die leitenden Interessen und Absichten der Medien zu erkennen und keine naiven Rezipienten zurückzulassen. Dazu gehören: das Aufdecken ideologisch gefärbter medialer Wirklichkeitsdarstellungen, die Einsicht in Eigengesetzlichkeiten der Medien und die zunehmende Ökonomisierung der Alltagswelt. Auch der Traum vom »elektronischen Paradies« (Welsch 1995, 289) ist kontaminiert von der Begierlichkeit der Menschen. Gerade auch der prophetische Charakter des Glaubens muss Einspruch erheben gegen alle medial erzeugten Entfremdungen der Menschen, gegen die (durch die Medien) künstlich erzeugten Bedürfnisse und gegen Kommunikationsstörungen, die sie mitverursachen (Henke 1999, 66).

Medienkompetenz als Ensemble von Fähigkeiten und Fertigkeiten

Diese groß geschriebene Schlüsselqualifikation kann nicht in einem Schnellkurs ein für allemal erworben werden. Sie ist eine lebensbegleitende Lernaufgabe, die einen integralen Bestandteil der kommunikativen Kompetenz ausmacht, allerdings in der Fachdiskussion unterschiedlich definiert wird. Zu ihr gehören jedenfalls:

● Die grundlegende Ausbildung *technischer Fertigkeiten*, die einen sachgerechten, selbstbestimmten, kreativen und sozialverantwortlichen Umgang mit den Medien erst ermöglichen. Dazu gehört die einfache Handhabung eines Diaapparates, das Beherrschen der Computersprache(n), eine Offenheit für Innovationen in der Medientechnologie usw.
● die Fähigkeit zur *Wahrnehmung* virtueller Systeme, Baustrukturen und Welten (*Medienästhetik*). Diese Apperzeption muss geschult, differenziert und verlangsamt werden, soll sie die multimedial gesendeten Botschaften entschlüsseln, verstehen und verarbeiten. Besonderes Augenmerk ist auf die Gefühlsebene zu richten, wo es beispielsweise zu erkennen gilt, wie Stimmungen medial erzeugt werden (vgl. III.1).
● die Fähigkeit *transzendente, symbolische und religiöse Dimensionen* von Sendungen wahrzunehmen (vgl. III.3). Dazu gehört auch die Kompetenz, im Internet inhaltlich-thematisch religiöses Wissen zu recherchieren. Viele Jugendliche haben sich angewöhnt, für ihre Lebensthemen oder auch Vortragsaufgaben Wissen durch Suchmaschinen, Lexika und weitere Kanäle zu erwerben.

- die Fähigkeit zur *Auswahl, Einschätzung und Bewertung* bestimmter Wissenssegmente. Die unendlich vielen abrufbaren Informationen haben noch keine Wertung erfahren. Gerade Schülerinnen und Schüler sind in dieser Hinsicht auf Begleitpersonen und Ansprechpartner angewiesen.
- die Fähigkeit zu selbstgesteuertem eigenverantwortlichem Lernen (Selbststeuerungskompetenz). Dazu gehört die Reflexion der Medienbeiträge, das Besprechen mit anderen und die Auswertung bestimmter Sendungen.
- die Fähigkeit, Medienbeiträge *selbst zu produzieren* und in kooperativen Medienprojekten aktiv zu partizipieren. Dazu gehören wiederum technische Fertigkeiten, aber auch andere bereits erwähnte Fähigkeiten. Ziel ist ein freudiges lustvolles Genießen der Medien in durchaus kritischer Distanz, nicht zuletzt im Präsentieren dieser Beiträge in der Öffentlichkeit. Durch die Produktion wird das Funktionieren der Medien am Intensivsten erfahrbar.

6. Unterrichtspraxis

Abschließend seien Kriterien genannt, welche den konkreten Einsatz von klassischen und neuen Medien im Religionsunterricht leiten sollen, dazu einige Erfahrungsberichte aus der beginnenden Projektarbeit.

Kriterien für den Einsatz von Medien im Religionsunterricht

Die Versuchung für manche Lehrperson in Bezug auf den Mediengebrauch besteht darin, einfach vorhandene oder bereits erprobte und bewährte Materialien und Medien einzusetzen, also der Opportunität den Vorrang gegenüber der didaktischen Reflexion zu geben. Im Anschluss an den Medienpädagogen Tulodziecki (1997, 248–250) seien folgende Kriterien für eine schülergerechte Mediennutzung genannt:

Situationsorientierung

Ausgangspunkt für medienpädagogisches Handeln sollten Situationen aus der Lebenswelt und Grundbedürfnisse von Kindern und Jugendlichen sein. Auch die konkrete Klassensituation ist einzubeziehen, die Verteilung der Geschlechter, die soziale Herkunft, das Bildungsniveau und die Bereitschaft einer Lerngruppe, auf mediale Impulse einzugehen.

Erfahrungsorientierung

Ebenso ausschlaggebend für die Auswahl eines Videos oder die Projektfindung sind die bisherigen Erfahrungen der Jugendlichen zum visierten Thema sowie zur Weise der Medienbearbeitung. Ist eine Klasse bereits eingeübt in Verarbeitungsformen – etwa das strukturierte Kleingruppengespräch –, kann es mit vorbereiteten Fragen zur Medienbeobachtung intensiviert und optimiert werden. Auch auf außerschulische Erfahrungen kann Bezug genommen werden (vgl. II.12).

Kommunikationsorientierung

Arbeit mit Medien (Elementen) sollte nicht beim Konsumieren verbleiben, sondern in Gespräche ausmünden. Die Lerngruppe bildet durch das Betrachten eines Kunstbildes oder eines Videos eine Erlebnisgemeinschaft, die aufgrund der gemachten Erfahrungen in Kommunikation treten kann. Optimal ist die Vertiefung, Differenzierung, allenfalls die Korrektur früherer, einschlägiger Erfahrungen. Der Austausch über Medienerlebnisse sollte ebenso gelingen wie die an ein Projekt anschließende Auswertung und Reflexion.

Entwicklungsorientierung

Unter dem Aspekt der Entwicklungsorientierung ist es wichtig, dass Lernen und die erzieherische Anregung sowie die Unterstützung von Kindern und Jugendlichen einerseits entwicklungsgemäß erfolgen und andererseits entwicklungsfördernd wirken. Ein fixiertes, pauschales Denken mit Schwarz-Weiß-Malerei sollte aufgebrochen werden zu einem konkret-differenzierenden Denken. Die sozial-moralische Entwicklung ist zu fördern.

Erfahrungsberichte

Als »Königsweg« des multimedialen Lernens wird immer mehr das Projektlernen erfahren. Nachfolgend illustrieren das ein paar Projektberichte.

Einen Werbespot drehen

Eine Schulklasse dreht vor laufender Kamera einen Werbespot zum Thema »Fairplay«. Die Gruppen überlegen zuerst verschiedene Situationen eines Fußballspiels, nämlich ein grobes Faul gegenüber einem Mitspieler, ein Auslachen des Schiedsrichters und das verbotene Einnehmen von Doping. Anschließend werden die Szenen mehrmals gespielt, angeschaut und ausgewertet.

Homepage mit Diskussionsforum

Eine staatliche Berufsschulklasse (Jahrgangsstufe 11) mit unterschiedlichen PC-Kenntnissen richtet eine Homepage ein und darauf ein Diskussionsforum zum Thema »Todesstrafe«. Die Klassenmitglieder können eigene Voten zum Thema eingeben. Nach einigen Stunden werden die Stellungnahmen durch einen Beamer auf die Projektionsleinwand geworfen und ausgewertet. Insbesondere kann stichhaltiges Argumentieren gelernt werden.

Interkulturelles E-Mail-Projekt

Eine Unterrichtsklasse sucht aus der Liste der konfessionellen Schulen eine Partnerschule in England aus. Es kommt zu einem Austausch über die Situation der Schule und zu einem gegenseitigen Kennenlernen.

Namenspatrone der Schülerinnen und Schüler

Das Lehrplanthema »Heilige und Namenspatrone« wird in einer 5. Jahrgangsklasse der Hauptschule mithilfe von Lexika und der Suchmaschine Yahoo angegangen. Die Jugendlichen sammeln Informationen über ihre Namenspatrone und stellen sie sich gegenseitig vor.

Zusammenfassung

Der Religionsunterricht gewinnt an Tiefe, Lebendigkeit und Interesse, wenn er für die Auseinandersetzung mit Themen und Inhalten sowohl die klassischen als auch die neuen Medien schülergerecht und situationsadäquat einsetzt. Sie sollen weder das genuine Lehrer-Schüler-Gespräch ersetzen, noch das Religionsbuch, die Bibel oder andere Grundlagenwerke. Überhaupt sind sie kein Allheilmittel für Unterricht mit schwierigen Klassen. Ihre Stärke liegt darin, Impulse aus der weiten Welt in die Schulstube hineinzutragen, Anstöße aus Gesellschaft und Weltkirche in die Nähe zu transportieren, sodass Lehrende wie Lernende herausgefordert werden. Während die klassischen Medien mit Selbstverständlichkeit in eine anregende Lernumgebung integriert sind, bringen die neuen Medien mit den digitalen Datenträgern eine andere Qualität in den Unterricht. Sie öffnen Tore zu enormen Informations- und Wissensbeständen; sie beschleunigen das Recherchieren und verkürzen die Wege, vorausgesetzt, dass die vorbereiteten Lernarrangements solide ausgeführt wurden. Im Idealfall gelingt es im Religionsunterricht, mit jungen Menschen selbst produktiv zu werden und in Kommunikation untereinander und mit der Öffentlichkeit zu treten.

Lesehinweis

Katholisches Schulkommissariat in Bayern (Hg.) (2000): Bausteine zum Einsatz von Medien im Religionsunterricht, München.

Katholisches Schulkommissariat in Bayern (Hg.) (2000): Zum Einsatz des Internet im Religionsunterricht. Materialien am Gymnasium, Real- und Berufsschulen (Augsburger Arbeitsgruppe »Computer im Relgionsunterricht«), München.

Mertin, Andreas (2000): Internet im Religionsunterricht, Göttingen.

Tulodziecki, Gerhard ([3]1997): Medien in Erziehung und Bildung. Grundlagen und Beispiele einer handlungs- und entwicklungsorientierten Medienpädagogik, Bad Heilbrunn.

Einige Internetadressen im Hinblick auf Religionsunterricht

http://www.Religionsunterricht.de	Hilfen für den Religionsunterricht
http://www.katholische-kirche.de	Römisch-katholische Kirche
http://www.dbk.de	Sekretariat Deutsche Bischofskonferenz
http://www.ekd.de	Evangelische Kirche in Deutschland
http://www.wcc-coe.org	Ökumenischer Rat der Kirchen
http://www.sagena.de/surftips.htm	Theologie im Internet
http://www.zum.de/cgi-bin/hoturls/religion	Zentrale für Unterrichtsmedien in Religion
http://.dbs.schule.de/	Der Deutsche Bildungsserver
http://www.rpz-bayern.de	Religionspädagogisches Zentrum in Bayern
http://www.uni-leipzig.de/ru	Bilder für den Religionsunterricht
http://www.rpi.at	Religionspädagogische Institute in Österreich
http://www.heiligenlexikon.de/index.htm	Ökumenisches Heiligenlexikon
http://www.ddb.de/	Die Deutsche Bibliothek
www.meta.rrzn.uni-hannover.de	Metasuchmaschine in Hannover
http://www.blinde-kuh.de	Suchmaschine für Kinder
http://www.kindernetz.de	Virtueller Spielplatz für Kinder, Bibliothek
http://www.kinderkanal.de	Programmtipps für Kindersendungen
http://www.kinderherz.de/chat	Kinderchat

II.9 Wo wird gelernt? – Schulische und außerschulische Lernräume

Andreas Prokopf / Hans-Georg Ziebertz

> **Im Nachdenken über religiöse Lernprozesse kommen die ›Räume‹, in denen gelernt wird, nur selten in den Blick. Das rechteckige Klassenzimmer (mit den typischen Tischanordnungen ›traditionell gestaffelt‹, ›Hufeisen‹, usw.), die Fachräume, der Schulflur, die Pausenhalle, der Schulhof und vielleicht noch der angrenzende Sportplatz werden als selbstverständliche räumliche Bedingungen für schulisches Lernen vorausgesetzt. Religionsdidaktisch verdienen weitere Räume Aufmerksamkeit. So sind, anthropologisch gesehen, Schüler und Lehrer selbst Räume, in und mit denen sich Lernen ereignet. Kirchenräume erzählen eine Geschichte, strahlen eine bestimmte Aura aus und sind signifikante Orte für spezifische Rituale. Virtuelle Räume haben religiöse ›Ladungen‹, an und mit denen gelernt werden kann. Räume sind nicht nur vorgegeben, sondern werden gemacht. Sie werden mit Leben und Geist gefüllt, sie vermitteln eine bestimmte Botschaft oder können mit Bedeutungen belegt werden.**

Religiöses Lernen kann nicht unabhängig von der Raum-Dimension adäquat beschrieben werden. Daher gehört zu einer Reflexion religiösen Lernens eine Reflexion über Räume. Im Folgenden soll die Vielgestaltigkeit des Raumes an ausgewählten Beispielen verdeutlicht werden (1). In der Religionsdidaktik denken wir zunächst an das Schulgebäude und den Klassenraum. ›Raum‹ hat hier unter anderem eine architektonische Bedeutung, es handelt sich aber auch um Schulräume, die mit Leben zu füllen sind. Wir wollen uns diesen Räumen zuwenden und nach Anknüpfungspunkten für religiöse Lernprozesse fragen (2). ›Raum‹ hat des Weiteren eine leibliche Bedeutung, denn jeder Mensch ist Raum. Die Frage wird sein, wie der Raum ›Leib/Körper‹ Gegenstand religiöser Lernprozesse sein kann (3). Drittens gibt es Räume, die unmittelbar auf religiöse Bedeutungen verweisen: Sakralräume. Es wird zu untersuchen sein, wie sakrale Räume in religiöse Lernprozesse einbezogen werden können (4). Schließlich kommen die Schülerinnen und Schüler mit zahlreichen Raumerfahrungen in die Schule. Stellvertretend sollen Aspekte virtuellen Raumes untersucht werden und für religiöse Lernprozesse fruchtbar gemacht werden (5).

1. Räume erschließen als religionsdidaktische Aufgabe

Die Überschrift dieses Kapitels »Wo wird gelernt...« verweist auf den Raum des Lernens. Zunächst: Was verstehen wir unter ›Raum‹? Es gibt Räume, die wir vorfinden und Räume, die wir schaffen; Räume, in denen gelernt wird und Räume, durch die und mit denen gelernt wird; Räume, die eine religiöse Aura freigeben und Räume, in denen die Begegnung mit der religiösen Dimension der Wirklichkeit ermöglicht wird;

es gibt lokale Räume und geistige Räume. Raum ist also weit mehr als nur ein Zimmer oder ein Gebäude. Die Frage, wie, wo und was ein Raum ist, hängt sehr eng mit der Wahrnehmung des Menschen zusammen. Gestaltpsychologen weisen darauf hin, dass es nur innerhalb der menschlichen Vorstellung ein ›Innen‹ und ›Außen‹, ›Zeit‹ und ›Raum‹ gibt. Die kognitive Welt ist die räumliche und zeitliche Wirklichkeit des wahrnehmenden Menschen. Kognitive Raum-Zeit-Begriffe sind keine ›Realität an sich‹, sondern in der menschlichen Wahrnehmung verwurzelt (vgl. an der Heiden 1985, 83). Selbst der Schulraum, der für Schülerinnen und Schüler und für Lehrerinnen und Lehrer gleichermaßen objektiv existiert, wird nicht von jedem identisch erlebt. Die Bedeutungen, die diesen Räumen zugeschrieben werden, können vom ›Ort der Unterdrückung‹ oder ›Ort des notwendigen Broterwerbs‹ bis hin zum ›Ort der kreativen Entfaltung‹ oder ›Ort der Erfüllung einer Lebensaufgabe‹ reichen.

In kulturanthropologischer Sicht haben Räume sogar eine religiöse Ladung. Im Umgang mit Räumen wird ein immer wiederkehrendes Grundmuster festgestellt. Menschen neigen dazu, in ihrem lokalen und geistigen Lebensfeld Räume abzugrenzen. Anthropologisch gesehen hat die Abgrenzung von Räumen die Funktion, eine chaotisch erscheinende Welt zu ordnen. Religionsphänomenologisch wird der sakrale Raum innerhalb des grenzenlosen Raumes als die Konstituierung des »heiligen Raumes« betrachtet, der der formlosen Weite des Universums gegenüber steht (Eliade 1957, 16). Dieser abgegrenzte heilige Raum ermöglicht es, aus dem chaotischen Kosmos eine geordnete Welt zu konstruieren. Selbst innerhalb des sakralen Raums gibt es Abgrenzungen: der Raum für das Volk, der Raum für den Klerus, der Raum für das stille Gebet.

2. Lernen im Schulraum

Oberflächen- und Tiefenstruktur von Räumen

Schülerinnen und Schüler, die bis zur dreizehnten Klasse die Schule besuchen, verbringen etwa 14000 Stunden im ›Raum‹ der Schule. Auf diese Weise teilen sie auf engem Raum einen großen Teil ihrer Lebenszeit miteinander. Vielleicht deutlicher als in der Vergangenheit kommt heute in den Blick, dass die Schule nicht hinreichend als ›Lernfabrik‹ verstanden werden kann, sondern dass sie nolens volens auch ein Lebensraum ist. Bei einer Inventarisierung der Schulräume kommen der klassische Unterrichtsraum (Klassenraum), Funktionsräume (für Physik, Chemie, Kunst, Musik, EDV…), Sonderräume (Verwaltung, Bibliothek, Toiletten…) und sonstige Räume (Aula, Cafeteria…) in den Blick (vgl. Meyer 1997 I, 261). Mit diesen Räumen werden vielfältige Erfahrungen verbunden: Gerüche, Zustand der Wände und des Mobiliars, Helligkeit oder Dunkelheit, gestaltete oder kahle, gemütliche oder ungemütliche Räume. Viele dieser Erfahrungen beruhen auf sinnlichen Wahrnehmungen, die, auch wenn sie nicht eigens reflektiert werden, sehr entscheidend sein können für das Wohlbefinden an der Schule. Ansprechende Räume fördern das Wohlbefinden, nicht ansprechende Räume verhindern oder schwächen es.

Räume haben eine Oberflächen- und eine Tiefenstruktur (Meyer 1997 I, 261). Mit Oberflächenstruktur ist die wahrnehmbare Anzahl und Ausgestaltung der Räume in der Schule gemeint. Unter Tiefenstruktur werden die Nutzungsregeln und Rituale verstanden, die in und für bestimmte Räume gelten. Man könnte auch sagen: Mit der Tiefenstruktur wird nach den *Bedeutungen* gefragt, die Räume haben. Bedeutungen werden zu einem erheblichen Teil tradiert – Schüler wie Lehrer finden sie als ›ungeschriebene Regeln‹ vor und arrangieren sich mit ihnen. Bedeutungen haben aber auch eine Traditionsgeschichte, d.h. sie sind beeinflussbar. In religionsdidaktischer Perspektive zieht die Tiefenstruktur von Räumen die größere Aufmerksamkeit auf sich. Wenn zum Beispiel eine Schule über einen Stilleraum verfügt, in dem Materialkisten abgestellt werden, geht die Tiefenstruktur ›Stille-Nachdenken-Besinnung‹ verloren.

Bibel-theologisch ist ›Raum‹ eine häufig anzutreffende Metapher: Gott hat Räume (Himmel und Erde) erschaffen; Gott haucht dem menschlichen Körper (Raum) Geist ein; Gott entlässt die Menschen in den Raum der Schöpfung (Erde); Jesus sucht symbolisch angereicherte Räume auf (z.B. Wüste, Berg); er geht in die Häuser der Menschen; die Kirche ist der Raum, in dem der Glaube weiterlebt und verkündigt wird.

Schulraum gestalten lernen

Nach einer Zeit der Nüchternheit und Funktionsstrenge, der PVC-Bodenbeläge und des penetranten Geruchs von Reinigungsmitteln, kommt die Frage in den Blick, wie weit der Schulraum gestaltbar ist, um ihm dem Empfinden von Wohnlichkeit anzunähern, das Schüler wie Lehrer üblicherweise gewohnt sind. Das Sprichwort »Das Auge isst mit« wäre abzuwandeln: »Alle Sinne lernen mit«. Die Metapher des ›Einrichtens‹ begegnet bereits in der Schöpfungsgeschichte. Den Menschen wird die Erde zur Gestaltung übergeben, sie sollen sich in der Welt häuslich-wohnlich einrichten, sich an der Schöpfung erfreuen, sie erhalten und den Schöpfungsauftrag fortsetzen (dieser Gedanke ist als Auftrag zur Herrschaft über die Welt allerdings immer wieder anthropozentrisch verengt worden). Wenn man diesen Gedanken auf den Schulraum überträgt, geht es nicht um Fragen der Innenarchitektur, sondern umfassender um die Frage nach dem Leben, das in diesen Räumen stattfindet. Die besondere Möglichkeit des Religionsunterrichts liegt darin, die Tiefenstruktur des Schulraumes im Auge zu behalten und einen Beitrag zu leisten, Schulräume zu ›beseelen‹. Von einer lokalen Sicht auf Räume ist eine kommunikative zu unterscheiden.

Zunächst zum lokalen Aspekt. Wenn im Rahmen religiösen Lernens ein Beitrag zur wohnlichen Gestaltung des ›Schulhauses‹ geleistet werden soll, eignen sich dazu Formen der Projektarbeit. Schüler und Lehrer suchen zunächst eine Leitidee und bauen darauf einen ›Einrichtungsplan‹ auf.

Mögliche Leitideen

- *Was uns heilig ist:* Schülerinnen und Schüler sammeln Fotos und Gegenstände, die ihr Verständnis von ›heilig‹ ausdrücken.
- *Christus stirbt auch heute:* Plakate des ›Kreuzwegs der Jugend‹ werden im Klassenzimmer bzw. im Flur aufgehängt, dazu werden Texte verfasst und Bilder gesucht, die von ›Todeswegen‹ heute erzählen und das fortgesetzte Leiden Christi im Leiden von Menschen versinnbildlichen.
- *Das Glück hat einen Namen:* Die christliche Hoffnung auf Erlösung und Vollendung hat eine diesseitige und eine jenseitige Dimension. Schülerinnen und Schüler überlegen, welche Hoffnungen sie im Blick auf die Zukunft haben und wie sie ihre Hoffnungen begründen.

In diesen Beispielen bedeutet Schulräume zu ›beseelen‹, Knotenpunkte des Lebens aufzuspüren, sie in Symbolen zu verdichten und visuell aufzubereiten. Symbole machen das Leben zum Thema und sie regen zum Nachdenken an. Der Religionsunterricht kann auf diese Weise eine Anregung geben, den Raum der Schule (und der Welt) zu thematisieren. Indem er das tut, kann der Schulraum ein Teil von mir selbst werden und das Gefühl fördern, in der Schule heimisch zu sein. Im Horizont der christlichen Tradition stellt das Schöpfungsgeschehen Deutungspotenzial bereit, den Lebensraum Schule zu kultivieren.

Nun zum kommunikativen Aspekt. Lehrer und Schüler nutzen nicht nur Räume, sondern sie erschaffen Räume durch Interaktion (vgl. Ziebertz 1996b, 39–48). Sie halten sich an Kodes, die für bestimmte Räume gelten und sie weisen einander Plätze im Raum zu. Dazu nur zwei Beispiele:

- In der einen Klasse schreitet die Lehrerin während der Klassenarbeit langsam durch die Reihen, die Schüler scheinen mit ihrem Körpern an die Stühle gebunden zu sein und fixieren mit ihren Augen das Arbeitsblatt.
- In einer anderen Klasse wird in Gruppen gearbeitet. Einzelne Schülerinnen und Schüler gehen an Nachbartische und borgen sich Klebzeug oder Schere. Es wird verglichen, bestaunt und geredet. Der Lehrer fragt nach, unterstützt und berät.

In beiden Fällen wird der Raum durch Kommunikationsbeziehungen gestaltet. Dirk Röller (1998) unterscheidet zwischen linearer und vernetzter Kommunikation (vgl. dazu Watzlawick u.a. 1980 mit der Unterscheidung zwischen beziehungsorientiert = analog und wissensorientiert = digital). Im Klassenraum ist vermutlich lineare Kommunikation im Sinne des Sender-Empfänger-Modells vorherrschend.

»Der Lehrer steht vor der Klasse und spricht seine Schüler als Adressaten an; das Wort steht im Mittelpunkt; der Hörsinn ist das angeregte Empfangsorgan; die Kommunikation erfolgt auf dem Sprech-Hörkanal; insbesondere am Gymnasium gelangen in Fachsprachen codierte Botschaften als Signale des Senders Lehrer an das Empfängerohr der Schüler; der Sender setzt die Decodierungsfähigkeit des Empfängers voraus; erst bei Lernkontrollen stellt sich heraus, dass die distribuierte Botschaft nicht immer im Sinne des Senders aufgenommen wurde; als gängiste Erklärung für das Missverhältnis zwischen Sendercodierung und Empfängerdecodierung wird ein Fehlverhalten des Empfängers angesehen, bezeichnenderweise nicht des Senders« (Röller 1998, 110).

In der linearen Kommunikation besetzen Lehrerinnen und Lehrer die Schlüsselposition im Unterricht. Sie sind der Bezugspunkt für Kommunikationsverläufe, für Autorität und Macht und sie weisen den Schülern Positionen zu. Nun wäre die Forderung wirklichkeitsfern, in der vernetzten Kommunikation sollten die Lehrer ihre Schlüsselposition verlieren. Sie verstehen vielmehr ihre Rolle anders und setzen ihre Macht anders ein. In der vernetzten Kommunikation gibt es nicht nur ein Zentrum, sondern mehrere. Lehrerinnen und Lehrer sind ›Regisseure von Kommunikationsprozessen‹. In dem Maße, wie sie einen Teil ihrer Raum-Dominanz an Schüler abtreten, steigt die Interaktionsfrequenz der Schülerinnen und Schüler – sowohl insgesamt als auch untereinander. Der Raum kommt in Bewegung und erhält eine neue Struktur (Röller 1998, 114). Nun wird nicht jeder Unterricht immer vernetzte Kommunikation realisieren können. Die Frage ist aber, ob es einen theologischen Grund gibt, dass Lehrerinnen und Lehrer, die sensibel sind für die Raum-Dimension des Lernens, ›vernetzte‹ Kommunikation herstellen sollten? Es gibt diesen Grund und er liegt in der Wortbedeutung selbst: *communio* bzw. *communicatio* steht für Beziehung, Gemeinschaft und Austausch

(Stobbe 1985, 222). Gott spricht zu den Menschen *in Beziehung*, nämlich durch Jesus Christus. Das Medium ist die Botschaft, entsprechend müssen auch die Inhalte im Religionsunterricht und die Formen der Unterrichtskommunikation miteinander korrespondieren.

Schulraum als Raum zum Verweilen

- Im Schulraum sollten Schülerinnen und Schüler mit ihrer eigenen Geschichte und Gestaltungskraft anwesend sein. Pinnwände, Collagen, Fotografien mit handgeschriebenen Kommentaren sowie Orte für persönliche Gegenstände können den Schulraum häuslich werden lassen.
- Religionsunterricht in persönlich gestalteten Räumen kann zur Wahrnehmungsschule werden: Aufmerksamkeit für die persönlichen Eigenarten und die Einzigartigkeit eines jeden im Schulraum Anwesenden sind theologisch bedeutsam.

Schulraum als Ort der Schulpastoral

Die Reflexion des ›Lebensraums Schule‹ ist keine Spezialaufgabe der Religionslehrerinnen und -lehrer und beschränkt sich nicht auf den Religionsunterricht. Unter dem Stichwort ›Schulpastoral‹ wird das Schulleben insgesamt zum Thema gemacht. Es gibt derzeit nicht ›ein‹ Konzept von Schulpastoral, sondern vielgestaltige Versuche, diesen Begriff zu füllen. Die meisten Konzepte teilen wohl das Anliegen, einen Beitrag zum Wohl der Lehrer und Schüler im Lebensraum Schule zu leisten, Fragen der Humanisierung der Schule auf die Tagesordnung zu setzen, durch gezielte Projekte die Kultur der Schule zu verbessern und natürlich, in explizit liturgischem Sinn, Gottesdienstangebote zu machen. Schulpastoral versteht sich als Dienst *an der* Schule und *für die* Schule. Die theologische Begründung der Schulpastoral ist die Diakonie. Der ›Dienst‹ (genauer: Liebesdienst) *an* und *für* andere Menschen ist im Doppelgebot der Liebe grundgelegt. Gott und den Nächsten zu lieben ist die zentrale Botschaft der Heiligen Schrift. Wenn in diesem Sinn Schulpastoral diakonisch verstanden wird, geht es um eine Hinwendung zu den Kindern und Jugendlichen, ja, zu allen Handelnden in der Schule mit dem Ziel, einen Beitrag zur Vermenschlichung des Schulalltags zu leisten. Die zentrale Frage der Schulpastoral ist, wie ein erfülltes humanes Lebens möglich und begleitet werden kann. Dabei kommen Maßstäbe und Prinzipien aus dem christlichen Glauben zur Geltung. Ein erster Schritt kann sein, an der Schule solche Fragen anzusprechen. Schulpastorale Aktivitäten können helfen, den Schulraum ganzheitlicher zu gestalten.

Schulpastoral schafft Räume

- durch Angebote, bei denen sich Heranwachsende über Fragen der Lebensgestaltung austauschen und die Sinnfrage besprechen können;
- durch Anlässe, Schüler mit der Lebenssituation anderer Menschen zu konfrontieren, insbesondere mit denen, die benachteiligt sind, und sie zu solidarischem Handeln herausfordern;
- sowie durch Anlässe, in denen demokratisches Verhalten und wechselseitige Verantwortung eingeübt werden kann, weil Wohlbefinden nie nur privat zu haben ist, sondern eine soziale Dimension hat.

Ob es um Fragen der Benachteiligten geht oder um Fragen nach dem Lebenssinn – immer geht es implizit auch um einen Beitrag, den der christliche Glaube leisten kann. Zum anderen wird die geistliche Dimension aber auch eigens zum Angebot gemacht:

mit einem Raum der Stille, Angeboten zur Meditation, Frühschichten, Einkehrtagen, Gottesdiensten, Eine-Welt-Projekten, Diskussionsrunden zu ausgewählten Fragen und Spezialrubriken in der Schülerzeitung usw. Gleichwohl ist nicht die Vielzahl der Aktionen für die Schüler entscheidend, sondern die Qualität des Umgangs mit ihnen. Die Entwicklung des Begriffs ›Schulpastoral‹ zeigt, dass damit der ›Raum Schule‹ in umfassendem Sinn wahrgenommen und von einer geistlichen Dimension aus gedeutet wird.

3. »Aus der eigenen Quelle trinken« – Leib als Raum

Im Christentum hat der Körper (›Leiblichkeit‹) immer eine hohe Wertschätzung genossen – allerdings im Hinblick auf den Umgang mit Sexualität auch in ambivalenter Weise. Die Inkarnation Gottes in Jesus Christus und seine leibliche Auferstehung verweisen darauf, dass vollendetes Leben in christlicher Perspektive immer den Aspekt der vollendeten Leiblichkeit einschließt (Schneider 1991, 483). Der Leib, den jeder Mensch hat, ist Ausgangspunkt und Schauplatz menschlicher Erfahrungen, er ist existentiell mit der menschlichen Identität verwoben. Im Hinblick auf den Körper spricht man von einer grundlegenden »Gestimmtheit« des Mensch-Seins, die als Basis des Handelns immer schon sinnlich-anschaulich gegeben ist und die jeder Wahrnehmung vorausgeht (Waldenfels 1994, 184). Menschen bewohnen mit dem Leib das »umhüllende Sein« (Husserl 1948). Sie erfahren die Welt mittels ihres Leibes (Kruse 1974, 45). Der Leib ist der räumlich fassbare Schauplatz des Selbstbewusstseins, der Gefühle und des Geistes (Beuscher/Zilleßen 1998, 141).

In der katholischen Tradition (aber sicher nicht nur dort) wird der Leib als Realsymbol für die Fähigkeit verstanden, mit anderen Menschen zu kommunizieren und Geschichte(n) in sich zu sammeln. Leiblichkeit ermöglicht Sprechen, Hören, Anschauen, Sich-Mitteilen und ein ›den-Anderen-wahrnehmen‹. Im Zentrum der Leib-Symbolik steht in christlicher Perspektive die Auferstehung, also der Glaube, dass der Leib als Ausdruck der kommunikativen und geschichtlichen Räumlichkeit des Menschen wieder hergestellt wird. Mit dem menschlichen Leib sind die Momente der Freude und des Leides, die ekstatischen und schmerzhaften Erfahrungen, der das ganze Leben andauernde Prozess des Geboren-Werdens, Reifens und Zugehens auf den Tod inwendig verbunden, und sie sind Teil der Hoffnung auf Auferstehung (vgl. Lohfink 1974, 136ff).

Der Raum ›Leib‹ ist ein Ort für viele basale Erfahrungen

- Biologisch ermöglichen gesunder Herzschlag und regelmäßiges Atmen menschliches Leben – Herz und Atem (Odem) sind aber auch religiös gesehen wichtige Begriffe.
- Mit dem Körper können Menschen ihre Freude und Begeisterung ausdrücken, aber auch Niedergeschlagenheit zeigt körperliche Wirkung.
- Gebetshaltungen bringen äußerlich je unterschiedliche innere Gestimmtheiten zum Ausdruck.
- Sexualität, eine der intimsten Bereiche von Leiblichkeit, verlangt einen verantwortlichen Umgang mit mir und dem anderen Menschen.
- Das Altern des Leibes ist ein beständiges ›Memento mori‹, womit der Umgang gelernt werden will.

Bei Lernprozessen mit dem ›anthropologischen Raum‹ geht es metaphorisch gesprochen um das Ziel, den eigenen Körper als Quelle kennenzulernen, aus der man trinken kann. Dazu muss die Gestimmtheit dieses Raums wahrgenommen und gedeutet werden und es sind Dimensionen des Handelns zu erschließen. Zu diesen drei Aspekten werden einige didaktische Anregungen gegeben.

Leiblichkeit wahrnehmen

Mit Schülerinnen und Schülern Leiblichkeit wahrzunehmen bedeutet, ein Gespür für deren jeweilige Gestimmtheit zu bekommen. Religionsdidaktisch kann darauf hingearbeitet werden, die Spuren von Symboltraditionen und religiösen Überlieferungen in alltäglichen ›Verkörperungen‹ aufscheinen zu lassen, zum Bespiel mit den körperlich-räumlichen Erfahrungen des Stehens, Sitzens und Liegens. Stehen, Sitzen und Liegen sind elementare Positionen. Schülerinnen und Schüler lernen wahr zu nehmen, was als existentielle Erfahrung immer schon vorhanden ist (vgl. dazu und zu den Bsp. Zilleßen und Gerber 1997, 63ff). Am lebendigen Beispiel dieser körperlichen Handlungen kann die Präexistenz und Vorreflexivität des Räumlichen (menschliches Dasein ist immer räumlich), die Definition von Identität über den Raum (Aufspüren meines ›Standortes‹) und die Rolle des Körpers als räumlich-religiöser Bedeutungsträger bewusst gemacht werden (vgl. Schneider 1991, 463ff).

Methodische Elemente

● *Stehen:* In Rollenspielen kann erfahren werden, welche Stellung Jugendliche zum Beispiel zu Vorgesetzten (Lehrern), Mitschülern oder Eltern einnehmen. Gefragt werden kann, welchen Selbststand sie haben und welchen sie gerne hätten. Experimentiert werden kann mit der Haltung des Aufrecht-Stehens: was richtet mich auf, was stützt mich und was macht mich klein? Heranwachsende streben nach Selbständigkeit. Sie können durch solche Übungen leibhaftig erfahren, was ›Stehen‹, ›für-etwas-Einstehen‹ und ›Stand-haben‹ heißt. Einen Stand haben, das kann biblisch im Gegensatz zum ›Kalt – oder Lau – Sein‹ für entschiedenes, ›heißes‹ Einstehen für die Sache Christi stehen (Offb 3,14).

● *Sitzen:* Die Platzverteilung in Gesellschaft, Kirche, Elternhaus oder Schule kann als gerecht oder ungerecht, als gerechtfertigt oder willkürlich erfahren werden. Jugendliche sind vielfältig in Platzverteilungen verwickelt. Sie sollen lernen können, ihre Ansprüche zu definieren: Wer bin ich und wer akzeptiert mich unter welchen Bedingungen, wo habe ich meinen Platz? Worauf sitze ich, was nehme ich in Besitz, und wie verhalte ich mich, wenn es zu wenig Plätze gibt? Mit den Erfahrungen des Sitzens, Besitzens, sich Setzens, Besetzens, Sich – Durchsetzens wird die Frage thematisiert, wer Plätze verteilt und wer den ersten bzw. letzten Platz vergibt. Das biblische Motiv: »Die ersten werden die Letzten und die Letzten werden die Ersten sein« (Lk 13,30) kann hier leibhaftig – räumlich umgesetzt werden.

● *Liegen:* Die Position des Liegens fördert weitere Wahrnehmungen zu Tage – durchaus ambivalente Erfahrungen: Welche Bedürfnisse verbinde ich mit Liegen, Schlafen, Ausruhen, ›Abschalten‹; Welche Ängste stellen sich ein, wenn man am Boden liegt (›ausgeliefert sein‹)? Die Position des Liegens konfrontiert des Weiteren mit der Hinfälligkeit des Lebens, dem Ausblick auf ein Liegen im Sarg. Schülerinnen und Schüler können die Frage aufgreifen: Was kommt danach? Hier wäre ein bibliodramatisches Nach-Inszenieren der Lazarusgeschichte passend: Der scheinbar für immer Daniederliegende steht auf, weil Jesus das will (Lk 16,20ff).

Wahrnehmung der Leiblichkeit deuten

Über die Wahrnehmung der eigenen Befindlichkeit erhalten Schülerinnen und Schüler wichtige Aufschlüsse über ihre gegenwärtige (auch existentielle) Situation. Wenn die Schüler beispielsweise ihre Position in der Klasse (Mittelpunkt oder Randfigur) wahrgenommen haben, können sie weiter fragen und bewerten, wie die eingenommene Position ihr Leben beeinflusst. Sind sie in diesem Raum sicher aufgehoben und geborgen oder fühlen sie Angst, Gottesferne und Hoffnungslosigkeit? Ziehen sie symbolisch gesprochen durch eine Wüste oder befinden sie sich im gelobten Land, wo Milch und Honig fließen? Mit Hilfe der leiblich-räumlichen Symbolik kann das Leben auf einem Kontinuum von ›Heil‹ und ›Unheil‹ gedeutet werden. Methodisch können ›leibhaftige‹ Situationen der Krise und der Entscheidung in Rollenspielen aufgenommen werden.

Übung: ›Auf-der-Kippe-Stehen‹

Wie ist Mut zum Leben zu gewinnen, wenn das Leben Krisen hat (auf der Kippe steht)? Enttäuschungen, Zweifel und Verzweiflungsphasen werden im Klassenraum körperlich nachgestellt: wie man im Leben immer wieder sicheren Halt verliert, Begrenzungen nicht überwindet, ein Wechselbad von Hoch- und Tiefpunkten erlebt, usw. Balancierbrett, Reck, Holzkreuz, Fesseln, Grabtücher und Verdunkelungsvorrichtung können benutzt werden, um solche Krisen in ihrer körperlichen Dimension zu inszenieren und sie dadurch räumlich konkret zu vergegenwärtigen. An dieser Stelle bietet es sich an, die Heimkehr des verlorenen Sohnes im Klassenraum nachzuinszenieren als Balanceakt zwischen Hoffnung auf Annahme und hoffnungsloser Selbstanklage (Lk 15,11–32).

Leiblich handeln

Bereits in den vorangegangenen Übungen wurde gehandelt. Die Handlungsdimension kann aber auch direkt zum Inhalt gemacht werden. Das Ziel ist, den Raum, der mir gegeben ist, ›in Besitz‹ zu nehmen und darin handlungsfähig zu sein (oder zu werden). Schülerinnen und Schüler lernen, Ziele zu definieren und Strategien zu entwickeln, um ihr Leben zu gestalten. Die Souveränität und die Freiheit der menschlichen Existenz sind Grundwerte, beide müssen aber auch erlernt werden. Paulus' Aussage (Gal 5,13): »Ihr seid zur Freiheit berufen!« kann als Hintergrundfolie dienen, Gestaltungsräume im Kontext christlicher Selbst- und Nächstenliebe zu erschließen. Die sinnvolle Gestaltung des eigenen Lebens wird auf diese Weise vom Lebenswissen des christlichen Glaubens her erschlossen. Der Erwerb dieser Handlungsfähigkeit hat leibliche Dimensionen. Methodisch kann auf das Bibliodrama zurückgegriffen werden.

Im Bibliodrama können existentielle Erfahrungen in direktem Bezug auf die leibliche Erfahrung in religiösen Bildern nachempfunden werden. Zum Nachspielen eignen sich ›Der Besessene von Geresa (unreine, unfrei machende Geister fahren in Schweine)‹ (Mk 5) oder die ›Auferweckung des Lazarus‹ mit der konkret leiblichen Aufforderung: »Steh auf, hebe dein Bett auf« (Lk 16,20). Schülerinnen und Schüler können unterschiedliche Möglichkeiten der Überwindung des ›Gefangen-Seins‹ und ›Danieder-Liegens‹ erfahren: Ärmel aufkrempeln, Fesseln sprengen, sich aufrappeln, um Hilfe schreien, resignieren, an sich glauben und an Gott glauben. Die christliche Religion will Halt und Hilfe geben sowie Kraft freisetzen. In solchen Übungen wird erfahren, ob und wie der Glaube Berge versetzen, Kisten öffnen, Grenzen verrücken, Begrenzungen aufheben, Liegende aufrichten und unreine Geister vertreiben kann (Zilleßen/Gerber 1997, 65).

4. Tradition lebendig werden lassen – der sakrale Raum

Neben dem Schulraum und dem Raum des eigenen Körpers ist der sakrale Raum ein Ort religiösen Lernens. Welche Rolle spielen Kirchen für moderne Menschen? Werden sie sich, wie kritisch gefragt wird, zu Museen und Dauerausstellungen christlicher Architektur-, Bild- und Musikgeschichte wandeln? Oder können Kirchen als Erfahrungs- und Handlungsräume eines lebendigen Glaubens erfahren werden (Soeffner 1998, 48)?

Die 17-Jährige Marlen sagt über die Kirche:
»Was ich..., ja, Kirche! Die katholische Kirche ist für mich eher etwas Negatives, ich weiß nicht (...). Wobei ich sagen muss, dass die Kirche, das Gebäude an sich, also: Wenn man in 'ne Kirche reingeht, ist das für mich was Schönes. Das hat irgendwie was Ehrfürchtiges, also, wenn man reinkommt, auch das ›Leise-Sein‹, also, man fängt an zu denken, wenn man in eine Kirche reinkommt, das finde ich schon schön. Wobei mir nicht jede Kirche gefällt, ich finde eher auch so kleine Kapellchen und so, und was ich auch schön find ist irgendwie 'ne Kerze in der Kirche anzuzünden oder so 'was, finde ich wirklich gut. Weil man einfach, weil man in dem Moment einfach abschaltet und über Sachen nachdenkt« (vgl. Ziebertz/Prokopf 2000).

Marlen bezeichnet sich als nicht-religiös. Ihre Aussage macht deutlich, dass Kirchenräume auch im Kontext der Moderne als Räume des Rückzugs ›in Gebrauch‹ genommen werden und dass sie selbst solchen Jugendlichen, die an der Institution Kirche kein besonderes Interesse haben, noch etwas zu geben bzw. zu sagen haben. Religionsdidaktisch ist die Frage, wie Kirchen als sakrale Räume zu Lernräumem werden können. Kirchen verkörpern mehrere Dimensionen:

- *Transzendenz*: Kirchen unterscheiden sich von Alltagsräumen. Ihre Andersartigkeit in Bau- und Funktionsweise grenzt sie von pragmatisch-besetzten Funktionsräumen ab. Kirchen symbolisieren und transzendieren den Alltag und stehen doch mitten in ihm (Soeffner 1998, 45f). Sie verweisen auf eine Welt jenseits der Funktionalität und der Zweckrationalität.
- *Tradition*: Kirchen sind Garanten einer Tradition. Sie vermitteln durch ihre Formen und Ausgestaltungen ein symbolisches Wissen über den Glauben und die Erfahrungen vorangegangener Generationen (Soeffner 1998, 48). Kirchen bergen einen traditionell gewachsenen Reichtum religiöser Ausdrucksgestalten. Für Klie (1998, 14) liegt der kirchenpädagogische Wert der Erkundung von Sakralräumen darin, dass die Teilnehmenden zurück gebunden werden (religare) an die christliche Erzähl- und Erinnerungskultur, in deren Zentrum die Bezeugung des Glaubens an das Christusereignis steht.
- *Übergangsrituale*: In Kirchen werden bedeutende Lebensübergänge rituell gestaltet: Taufe, Kommunion/Konfirmation, Heirat, Tod. Kirchen sind ›sakrale‹ Zentren einer Gemeinschaft, in der sich das Leben verdichtet (vgl. Turner 1989). So wie ein Haus für seine Bewohner das räumliche ›Innen‹ gegenüber einer Außenwelt ist, so gilt der ›Tempel‹ analog als der mythische Raum, in dem eine Gemeinschaft ihre Mitte gegenüber einem umgreifenden Kosmos findet.
- *Wiederkehrende Ordnungen*: Der Ritus, der im Kirchenraum unablässig wiederholt wird, zielt auf eine ständig zu leistende, mimetische Wiederbelebung der überlieferten religiösen (auch mythischen) Ordnung (vgl. Soeffner 1998, 44). Im Rhythmus des Kirchenjahres spiegeln sich der Rhythmus der Natur (Jahreszeiten) und die christliche Heilsgeschichte wieder.

Religiöses Lernen im Kirchenraum (auch ›Kirchenpädagogik‹ genannt) geht davon aus, dass Kirchen keine Museen einer vergangenen Kultur sind, sondern als Orte gelebter Religiosität erschlossen werden können. Die skizzierten Dimensionen sakraler Räume:

Transzendenz, Tradition, Übergangsriten und wiederkehrende Ordnungen sind nicht spezifisch christlich, sondern es hat sie immer gegeben. Kirchenpädagogisch geht es darum, sowohl diese Urdimensionen sakraler Gebäude aufzuzeigen als auch konkrete Zeugnisse christlichen Glaubens sehen und deuten zu lernen. (Grethlein 1998, 32). Religionsdidaktisch kann in Lernprozessen die Kompetenz der Wahrnehmung, der Deutung und des Handelns erweitert werden.

Anregung: Kirchliche Heimatkunde
- Welche Personen trifft man in der Kirche (Küster, Kaplan, Pfarrer, Betende) und wie verhalten sie sich?
- Was bedeutet die Kirche als Gemeinschaft der Glaubenden für all diese Menschen?
- Begegnung mit Chor, Empore, Kanzel, Langschiff, Turm, Sakristei, Taufstein, Orgel usw.
- Zuordnen der in der Kirche abgebildeten biblischen und heiligen Gestalten.
- Reflektieren und gestaltendes Nachbilden des Wahrgenommenen (vgl. Wegenast 1993, 82ff)

Kirchenraum wahrnehmen

Angesichts der Negativ-Besetzung von ›Kirche‹ ist es wichtig, dass Schülerinnen und Schüler ihre Gefühle wahrnehmen lernen, wie es ihnen in der Kirche geht und welche Stimmungen sie in der Kirche haben. Ein Kirchenbesuch kann damit beginnen, dass die Schüler in der Kirche ›frei‹ umher gehen und auf sich zukommen lassen, ob sie sich willkommen, geborgen oder fremd und ungebeten fühlen. Dazu kann das stille Betrachten der Gegenstände und das verharrende Schauen gehören. Anschließend können sie aufgefordert werden, sich einen Lieblingsplatz zu suchen, ggf. die Augen zu schließen und weitere Eindrücke aufzunehmen (vgl. Kürschner 1998). Des Weiteren kann die Aufmerksamkeit auf den Lichteinfall, die Ausgestaltung der Kirche, die Anlage des Altars, die Bauweise des Gestühls, den Hall und Klang von Gesang und Orgel, das aufgeschlagene Lektionar, die liturgischen Farben, das Taufbecken, den (Trau-)Altar, die aufgebahrte Tote, das Weihwasser, das Allerheiligste in seiner räumlichen Vergegenwärtigung im Tabernakel gelenkt werden.

Kirchenraum deuten

Auch in ›einfachen‹ Kirchenräumen kann danach gesucht werden, was sie von profanen Räumen unterscheidet. Schülerinnen und Schüler können ihre Eindrücke deuten lernen, indem zum Beispiel gefragt wird, welche Bilder und Darstellungen elementare Ereignisse in Lebensgeschichten enthalten und welche persönlichen Erfahrungen damit verbunden sein können (Raschzok 1998, 115). Der Kirchenraum wird ohne Bezug zum Gottesdienst nicht hinreichend erschlossen. Während eines gemeinsamen Besuchs der (nicht immer gleichen) Liturgie mit Eröffnung, Lesungen, Evangelium und Eucharistie kann die Kirche als Raum wahrgenommen werden, in dem etwas Signifikantes geschieht. Alle Handlungen verweisen auf Inhalte: Was wird geopfert, was wird gewandelt, wer segnet in wessen Namen, usw.?

Es gibt viele Methoden, den Kirchenraum zu deuten. Neben einer bau- bzw. kunstgeschichtlichen Führung kann eine ›Führung mit offenem Ausgang‹ gewählt werden, wobei die Schülerinnen und Schüler motiviert werden, durch die Kirche zu gehen und Fragliches zu notieren. Die Fragen können anschließend von einem ›Experten‹ (Küster, Kirchenführer) beantwortet werden. Eine andere Möglichkeit ist der ›blinde Spaziergang‹. Zwei Personen bilden ein ›Team‹; ein Schüler führt einen anderen durch die Kirche, wobei den Geführten die Augen verbunden werden. Ornamente und Skulpturen können mit den Händen abgetastet und die Eindrücke später ausgetauscht und gedeutet werden (vgl. Kürschner 1998, 152f).

Im Kirchenraum handeln

Schließlich soll der Aspekt des Handelns direkt in den Blick genommen werden. Schülerinnen und Schüler werden aufgefordert, den Altar zu umschreiten oder den Kreuzweg nachzugehen. Sie sollen die Dimensionen des ›heiligen Raums Kirche‹ leibhaftig inkorporieren. Entgegen der ansonsten passiven Rolle von ›Laien‹ in der Kirche will die Kirchenpädagogik in sakralen Räumen ermöglichen, »Religion als Zeichensystem so darzustellen, dass dessen besondere ›Grammatik‹ erlernt werden kann und darüber die Möglichkeit eröffnet wird, Religion in Gebrauch zu nehmen« (Dressler 1998, 81). Schülerinnen und Schüler beschäftigen sich dabei mit den Fragen: »Wie kann ich mich mit meiner Lebensgeschichte authentisch in der Kirche bewegen?«, und: »Wie sollte ich mich gemäß der Tradition in der Kirche verhalten«? Ziel ist es, dass Jugendliche den Kirchenraum als Raum der Stille für sich selbst, aber auch als Raum der weltumspannenden Gemeinschaft der Christen entdecken. Sie können lernen, die Symbole des Kirchenraumes als »Zeichen der Nähe Gottes« (Th. Schneider) zu entdecken.

Methodisch kann ein ›Kanzellesen‹ geübt werden. Schülerinnen und Schüler erfahren, wie sich die eigene Stimme beim Lesen eines ›heiligen‹ Textes anhört, welche Wirkung erzielt wird, welche Tonlage angemessen ist und welche nicht, usw. Die ›Vokaldominanz‹ eines lateinischen Kirchenliedes oder der Gregorianik erschließt auch ungeübten Sängern die Klanggewalt der eigenen Stimme. Singend kann Theologie getrieben werden, wie Macht es formuliert: »Das Gottesbild eines derart hohen Gewölbes wird singend zum Vexierbild. Der weit über mir thronende Gott ist hinabgestiegen (...). Was die Akustik hier leistet, ist Versinnbildlichung von Rechtfertigungstheologie. Was ich aus eigener Kraft nicht geschafft hätte, trägt die Architektur mir zu« (Macht 1998, 158). Auch im Tanz wird gehandelt. Tanz und theologische Reflexion können verbunden werden, wenn zum Beispiel in vier Gruppen von den vier Himmelsrichtungen her ein Kreuz aus Körpern gebildet wird. Im Tanz kann, mit ausgestreckten Armen und durchgedrückter Wirbelsäule, das Ausgestrecktsein Christi und sein weltumspannendes, erlösendes Tun leiblich symbolisiert werden (vgl. Macht 1998, 163).

5. Den Alltag transzendieren – der virtuelle Raum

Der virtuelle Raum von modernen Computerspielen, der uns am Ende dieses Kapitels beschäftigen soll, ist vermutlich vielen Schülerinnen und Schülern vertrauter als den meisten Lehrerinnen und Lehrern. Einerseits kann der virtuelle Raum selbst religiöse Qualität annehmen, andererseits finden sich im virtuellen Raum zahlreiche Inhalte, die explizit religiöse Themen ansprechen.

Die religiöse Qualität des virtuellen Raums

Der Befund, dass virtuelle Räume selbst religiöse Qualität haben können, setzt einen weiten Religionsbegriff voraus. Die Religionspädagogik hat sich (wenn auch kritisch) von der Idee inspirieren lassen, dass die alltägliche Sinnstiftung und die Transzendierung des Alltags funktional in den Bereich religiöser Erfahrungen fallen (vgl. Berger/Luckmann 1969). Analysen der Lebenswelt Jugendlicher zeigen, dass kontinuierlich symbolische Sinnwelten aufgebaut werden, die die Funktion wahrnehmen, Identität zu stiften (Klessmann 1987, 30). Diese »innerweltliche Religiosität« (Max Weber) hat Thomas Luckmann als »unsichtbar« bezeichnet, sie gründet nicht unmittelbar auf Institution, Konfession oder Tradition. Victor Turner (1989) hat beschrieben, wie aus Brüchen und Krisen in der alltäglichen Lebenswelt Räume entstehen, bei der es sich in kulturanthropologischer Perspektive um die Wiederholung eines uralten Prinzips handelt: es kommt zur Abtrennung eines ›heiligen‹ Bereiches von der normalen, profanen Welt. Bewältigungsmechanismen für alltägliche Probleme werden in Gang gesetzt und räumlich inszeniert, d.h. es werden Räume gesucht, die mit Bedeutungen der Identitätssicherung belegt werden können. Solche Räume haben auch heute noch die Funktion, Transzendenzerfahrungen zu ermöglichen sowie Orientierung, Regeneration und Lebenserneuerung zu stiften (Failing 1998, 113f). In den Räumen, in denen ›Übergänge‹ symbolisiert werden, zeigt sich ein besonderes Merkmal der menschlichen Existenz: »Mit seiner Geburt ist der Mensch noch nicht fertig, noch nicht in seiner Fülle. Aber das gilt auch für den Kosmos als ganzen: er ist noch nicht fertig und immer auch offen für Chaos und Barbarei. Daher: Schwellen, Pforten, Wallfahrten zu heiligen Zentren, Übergangsriten und Bekehrungsrituale...« (Failing 1997, 119; vgl. Turner 1989, 119). Schon in der Dimension der Zeit verkörpert der virtuelle Raum räumliche Grenzenlosigkeit und globale Kommunikationspotenz ›around the clock‹. Gutmann meint, dass im virtuellen Raum die Regelhaftigkeit des Alltags verlassen werden kann. Im virtuellen Raum kann die Grenze zur Welt jenseits des Alltags überstiegen werden (vgl. Gutmann 1998, 170). Dieser weite Religionsbegriff macht somit auf einen anthropologischen Grundbefund aufmerksam: Die ›Unterbrechung‹ der alltäglichen Routine in der modernen Lebenswelt wird begleitet von traditionell-religiösen Anleihen, an den Rändern des Alltags scheint eine religiöse Dimension auf (Luther 1992, 217). Der virtuelle Raum hat somit bereits selbst religiöse Qualität, weil er eine solche ›Unterbrechung‹ darstellt (vgl. Scholtz 2000, 20f).

Religion im virtuellen Raum: das Adventure-game ›Zelda‹

Religion gibt es aber auch *im* virtuellen Raum, wie Christopher Scholtz (vgl. Scholtz 2000) am Beispiel des Computerspiels ›Zelda‹ aufgezeigt hat (www.zelda.de). Wenn mit Schülerinnen und Schülern im Computersaal der Schule dieses Spiel ausprobiert wird, kann man feststellen, dass die Spielenden sich schnell mit dem Protagonisten dieses Spieles, ›Link‹, identifizieren. ›Link‹ (alias der ›User‹) muss den dreidimensionalen Raum der Spielwelt ›Zelda‹ auf z.T. abenteuerlichen Wegen erkunden. In verschiedenen virtuellen Räumen erfährt ›Link‹ von anderen Gestalten mehr über seinen ›Spiel‹-Auftrag. Jeder Raum birgt aber auch zahlreiche Gefahren, denen Link sich stellen muss. Die Analogie der Spielerzählung zur christlichen Erlösungsbotschaft ist unschwer zu erkennen. ›Zelda‹ benutzt zudem zahlreiche religiös geladene Begriffe und Symbole. Ein magischer ›Deku-Baum‹, der als Abkömmling der Götter vorgestellt wird, eröffnet ›Link‹, welche Mission er zu erfüllen hat. Der Baum offenbart ihm, dass diabolische Kräfte und dunkle Mächte in der Welt ›Zelda‹ immer stärker werden und das Link zur Gruppe der Auserwählten gehört. Er soll sich der Auserwählung bewusst werden und seine magischen Kräfte entdecken. Link muss den Hauptauftrag ausführen, der darin besteht, das »heilige Triforce«, die göttliche Hinterlassenschaft, zu finden und vor den Händen des Bösen zu bewahren. Gelingt ihm der Auftrag, wird er stellvertretend die ganze Welt vor dem Zugriff des Bösen bewahren.

Wahrnehmen lernen: Die Realität des Virtuellen und die Brücken zu christlich-religiösen Symbolen

Die Welt von Computerspielen und der Umgang mit fiktiven Helden wie ›Link‹ in ›Zelda‹ sind für die meisten Jugendlichen heute so selbstverständlich, dass die Grenzen zwischen Realität und Virtualität oftmals nicht wahrgenommen werden. Im Unterricht kann herausgearbeitet werden, wo man sich in ›Zelda‹ überhaupt bewegt. Was bedeuten die verschiedenen Räume im Spiel? Wie wirken enge, dunkle Räume, welche Botschaft haben weite, lichte Räume auf den Spielenden? Welche Farben, die in ›Zelda‹ vorkommen, beruhigen mich als Spielenden, welche versetzen mich in Aufregung und Panik? Die Reflexion des Spiels kann zeigen, dass bestimmte räumliche (An-)ordnungen Wirkungen auf die Spielenden haben. Die atmosphärische Prägung des virtuellen Raumes in ›Zelda‹ ist stark mythisch aufgeladen; so finden sich Feuer- und Wassertempel sowie ein Todesberg etc. Auch dieser alltägliche Umgang mit dem Mythischen im Virtuellen kann im Religionsunterricht bewusst gemacht werden. Ziel ist es, herauszustellen, dass in der Virtualität ein Überschuss an Realität vorhanden ist, der sich im Mitempfinden des einzelnen Spielenden in Bezug auf Farben, Formen und Gestalten des Computerspieles ausdrückt. All das, was virtuell im Computerspiel Angst macht, Freude bereitet oder Hoffnung auf Befreiung verheißt, kann eine Entsprechung im Empfinden des Spielenden finden. Die Virtualität, das soll vermittelt werden, spricht innere Hoffnungen, Wünsche und Ängste im Spielenden an. Damit kann sie eine Realität verkörpern, die sich im ›User‹ selbst wieder findet. Die im Computerspiel dramatisch verdichteten Erfahrungen korrespondieren ja mit einer Reihe von wichtigen Lebensthemen des Jugendalters (Aufbruch aus der Kindheit, Angst, Bedrohungen etc.).

Deuten lernen: Unterscheiden von Religion im Computerspiel und christlicher Religion

Bei aller Aufmerksamkeit für die religiösen Anspielungen in Zelda muss christlich verantworteter Religionsunterricht zur Unterscheidung befähigen und die Unterschiede der im Spiel repräsentierten Religion zur christlichen Glaubensüberlieferung herausstellen. Angesichts der religiösen Anspielungen ist kritisch zu prüfen (vgl. Heimbrock 1998, 12), ob die Welt von ›Zelda‹ nicht einfach nur die vorgefundene Welt übernimmt und dahingehend abändert, dass die narzisstischen Träume des Spielenden von Macht, Erfolg und Spaß erfüllt werden können. Eine solche Utopie, die keine neue Perspektive enthält und nur die Situation im Interesse einer kleinen Minderheit wandelt, oder die in Allmachtsphantasien die »Differenz zwischen Gott und Mensch« (Gutmann 1998, 172) zu verwischen sucht, zerstört den Konsens zwischen ihr und der Religion (vgl. Scholtz 2000, 33). Ferner kann herausgearbeitet werden, wie in ›Zelda‹ oder auch anderen Spielen Religion mit Magie und Mythos verschmilzt und was im Unterschied dazu ›christliche Freiheit‹ bedeutet. In den Begleitzeitschriften zu ›Zelda‹ wird beispielsweise Jesu Gebet: »Dein Reich komme« benutzt. Schülerinnen und Schüler können die »Reiche« kritisch prüfen lernen: Das Reich der drei Göttinnen, das Reich des Deku-Baumes und das Reich eines nach unendlichem Leben strebenden ›Link‹ – und im Kontrast dazu Jesu Gottesreich-Botschaft mit dem Angebot eines Heils für die ganze Menschheit. Dessen Dialektik (›schon‹ und ›noch nicht‹) kann mit der einseitig auf den ›Helden‹ Link entworfenen Heilsvision Zeldas kontrastiert werden.

Handeln: Computerspiele als Anreiz, sich im (religiösen) Raum zu bewegen

Schülerinnen und Schüler sollen im Unterricht dafür sensibilisiert werden, dass die virtuell auftretenden Symbole, Rituale und Chiffren eine Beziehung zu ihrer eigenen, existentiellen Situation haben. Werden für einen solchen Ansatz Computerspiele genutzt, muss nicht mit mehr oder weniger abstrakten Beispielen gearbeitet, sondern es kann direkt an Erfahrungen der Jugendlichen angeknüpft werden. Der Einbezug von Computerspielen in den Religionsunterricht und die Auseinandersetzung mit virtuellen (religiösen) Handlungsräumen kann durchaus für traditionelle religiöse Räume fruchtbar gemacht werden. Wer erkennt, dass in der virtuellen Welt viel Realität verborgen ist, kann sensibilisiert werden für ein Erkennen der Realität in Symbolen – auch in religiösen Symbolen. Denn auch das Geheimnis des christlichen Glaubens wird in Symbolen und Zeichen gewahr. Es entzieht sich dem Zugriff des Menschen und ist doch jedem Menschen sehr nahe. Wer spielend handelt, handelt mit der Realität der Religion (homo ludens). Computerspiele sind für heutige Jugendliche ein ›einheimischer‹ Lernort. Mit einer entsprechend kritischen Haltung angesichts der Beschränkungen dieses Mediums bietet es zahlreiche neue Lernchancen.

Zusammenfassung

Die Darstellung der unterschiedlichen Lernräume ›Schulraum‹, der ›eigene Leib‹, der ›sakrale Raum‹ und der ›virtuelle Raum‹ soll dafür sensibilisieren, dass neben der Konzentration auf Ziele, Inhalte und Methoden der ›Raum‹ eine wichtige Größe religiösen Lernens ist. Wir existieren räumlich und können den Raum so wenig abstreifen wie die Kultur, in die wir hinein sozialisiert worden sind. Räume haben eine transzendente Dimension. Sie sind einerseits in ihrer Pragmatik vorgegeben, andererseits weisen sie über sich selbst hinaus. Das Bedenken der Raum-Dimension macht über die üblichen didaktischen Prinzipien hinaus aufmerksam auf Basiserfahrungen menschlicher Existenz: der Begrenzung und der Überschreitung, des Eingegrenzt-Seins und des Gestalten- sowie Überschreiten-Könnens. Schülerinnen und Schüler machen diese Erfahrungen in der Schule, mit sich selbst (ihrem eigenen Körper), in besonderen (sakralen) Räumen oder, sicherlich in zunehmendem Maße, in virtuellen Räumen. Religionsdidaktisch können Räume als Inhalte behandelt werden, die helfen, neue Welten aufzuschließen.

Lesehinweis

Gutmann, Hans-Martin (1998): Der Herr der Heerscharen, die Prinzessin der Herzen und der Knig der Löwen. Religion lehren zwischen Kirche, Schule und populärer Kultur, Gütersloh.

Failing, Wolf-Eckart/Heimbrock, Hans-Günther (1998): Gelebte Religion wahrnehmen. Lebenswelt – Alltagskultur – Religionspraxis, Stuttgart.

Klie, Thomas (1998) (Hg.): Der Religion Raum geben. Kirchenpädagogik und religiöses Lernen, Münster.

II.10 Wann wird gelernt?
Vom Kairos und vom guten Umgang mit der Zeit

Georg Hilger

Schule aus der Perspektive von Zeit zu betrachten und wie sich verschiedene Zeitvorstellungen auf die Schulkultur und das religiöse Lernen auswirken, das sind relativ neue Fragen. Ihre Beantwortung führt zu praktischen Konsequenzen weit über die Zeiteinteilung von Lehr- und Lernprozessen hinaus. In diesem Kapitel wird über die Bedeutung der Gegenwart und damit der eigenen Zeit der Kinder und Jugendlichen und über die »Pünktlichkeit« religionspädagogischen Handelns nachgedacht. Schließlich werden einige Praxisanregungen für ein bewussteres Umgehen mit »Zeit« im Religionsunterricht vorgestellt.

1. Zeit als Thema für die Religionsdidaktik

»Zeit« ist ein wichtiges Thema geworden in den verschiedensten wissenschaftlichen Disziplinen. Für den Religionsunterricht proklamiert Friedrich Schweitzer Zeit als ein neues Schlüsselthema (Schweitzer 1995). »Zeit« ist auch lehrplanfähig geworden. Im Grundlagenplan für den katholischen Religionsunterricht in der Grundschule aus dem Jahr 1998 z.B. finden sich bei dem Thema »Umgang mit der Zeit« aufschlussreiche Begründungen zur »Pünktlichkeit« dieses Themas: »Stärker als jemals zuvor leben auch Grundschulkinder mit einem Terminkalender: Schule und Freizeit, die Termine der Eltern und die Sendungen des Fernsehens – all das wird von der Uhr bestimmt. Die Hektik, die vielfach den Alltag prägt, wirkt sich auf die Kinder aus. Der Religionsunterricht kann – zusammen mit anderen Fächern – das Erleben der Zeit bewusst machen. Er setzt Akzente gegen die oberflächliche Betriebsamkeit und begünstigt Konzentration, Verlangsamung und Stille. Dadurch wird vielleicht ein neues Zeiterleben möglich: ruhiges Gegenwärtigsein in dem, was wichtig ist, getan und erlebt werden kann« (Zentralstelle Bildung 1998, 46).

Die pädagogische und religionspädagogische Aufmerksamkeit für die Zeitthematik ist vorbereitet worden durch die Erfahrung von sinnentleerter Zeit und die oft krank machenden Zeitkonflikte, denen Menschen heute ausgesetzt sind. So erklärt sich auch die große Resonanz einiger Romane, z.B. Michael Endes Märchen-Roman »Momo« (1973) mit dem programmatischen Untertitel: »Die seltsame Geschichte von den Zeit-Dieben und von dem Kind, das den Menschen die gestohlene Zeit zurückbrachte«. Sten Nadolnys »Die Entdeckung der Langsamkeit« (1983) ist auf den ersten Blick ein Abenteuer- und Entwicklungsroman, darin aber eine subtile Studie über die Zeit und über die Vorzüge der Langsamkeit, wenn es darum geht, das Einzigartige und das Detail zu entdecken und einen eigenen Lebensrhythmus zu finden. In Peter Høegs autobiographischem Roman »Der Plan von der Abschaffung des Dunkels« (1998) geht es um den rigiden Versuch, aussichtslose Erziehungskarrieren durch strenge Ordnung, vor allem Zeitordnung, heilen zu wollen. In diesen drei Romanen wird von dramatischen Konflikten zwischen erfüllter Eigenzeit und selbst bestimmter Zeit erzählt und es sind viele pädagogische und religionspädagogische Anfragen enthalten. Michael Endes Roman Momo stellt u.a. die Frage des Verhältnisses von sinnerfüllter Zeit und »kolonialisierter« Zeit bzw. von erfüllter Zeit und ökonomisierter Zeit. Hier spiegeln sich viele Fragen des aktuellen Kampfes um die Zeit und der Bedeutung von erfüllter Gegenwart wider.

Bei Peter Høegs Roman stellt sich die Frage nach der Bedeutung einer Zeitgestaltung, in der sich die »Uhrenzeit« als Lebensform darstellt: nach der Unausweichlichkeit einer leer fortschreitenden Zeit, der man sich nicht entziehen kann, einer Zeit, die vom Menschen als Artefakt konstruiert ist, aber dennoch als vorgegebene Realität akzeptiert wird. Bleibt sie noch offen für Kommendes?

Sten Nadolny fragt nach der durch einen Schnelligkeitswahn bedingten Erfahrungsarmut und setzt dagegen Langsamkeit als Voraussetzung, um Neues entdecken und Einzelnes in seinem Eigenanspruch wahrnehmen zu können. Langsamkeit fördert Nähe und ermöglicht Beziehungen zu Menschen wie auch zu Sachen. Langsamkeit braucht man also, um Neues entdecken zu können.

2. Schule im Spannungsfeld unterschiedlicher Zeitvorstellungen

Dass der Begriff Schule von dem lateinischen »schola« abgeleitet ist und vom Wortsinn her verbunden ist mit Ruhe, Muße bzw. Innehalten, das ist heute kaum noch im Schulalltag zu erspüren. In ihrer ursprünglichen Bedeutung von Schule klingt noch an, dass Bildung Ruhe, Muße und Innehalten braucht, faktisch ist es aber ein terminierter Takt, der Leben und Lernen in der Schule steuert. Ein Takt, der weitgehend indifferent geworden ist gegenüber Inhalten und wenig Rücksicht nimmt auf die Subjektivität und die Biographie von Lehrern und Schülern. Schule zeigt sich von ihrem Zeitverständnis her als Kind einer bürgerlichen, kapitalistischen Wertordnung, die in jahrhundertelangen Prozessen und Auseinandersetzungen dazu beitrug, dass das Zeitverständnis sich von den Rhythmen der Natur, den heiligen Zeiten und den Zeitfolgen der Kirche ablöste und dann auch von den sachlichen Anforderungen und Aufgaben und von den sozialen Gegebenheiten und Notwendigkeiten. Mit wachsender Ökonomisierung und Industrialisierung wurde Zeit immer mehr von Sinngehalten bereinigt. Leere Zeiten als Zeiten des Abwartens sind unproduktiv und deshalb in Betrieben wie in Schulen zu vermeiden. Auswirkungen eines ökonomisch-industriell geprägten Zeitverständnisses auf die Schule sind u.a.: das Lernen im Gleichschritt, objektivierende Verfahren der Leistungsbewertung, rigide Zeiteinteilungen, unabhängig von Lebensalter, Lebensrhythmus, Jahreszeit, Rhythmus des Kirchenjahres und Inhalten, die Angst des Lehrers nicht voranzukommen und die Angst der Schüler (und Eltern) nicht mitzukommen. Die inhalts- und subjektneutrale Stundentafel mit ihrem 45-Minuten-Takt lässt sich (vor allem in weiterführenden Schulen) nur in Ausnahmefällen von Lerninhalten oder von subjektiven und sozialen Anforderungen in Frage stellen. Lerninhalte und Beziehungsfragen müssen in den vorgegebenen Takt untergebracht werden und zeitlich so portioniert werden, dass Lehrende und Lernende ihre Aufgaben innerhalb dieser Zeitspanne erledigen können. Der voll automatisierte Gong beendet die Auseinandersetzung mit den Inhalten oder auch die Möglichkeit der Beziehung zwischen der Lehrerin bzw. dem Lehrer und den Schülerinnen und Schülern.

Schule heute ist in einem hohen Maße von einem solchen Bewusstsein vom Umgang mit Zeit beeinflusst. Dabei ergeben sich aber zunehmende Schwierigkeiten, weil es mit anderen Zeitvorstellungen kollidiert, die gelebt werden wollen auch im Raum von Schule. In seinen Studien zur Anthropologie von Schule unterscheidet Ludwig Duncker vier unterschiedliche und zum Teil auch gegensätzliche Zeitverständnisse.

Lineares Zeitverständnis mit festgelegter Zukunft

Prägend für die heutige Schule ist ein lineares Zeitverständnis mit klar definiertem Anfang und Ende. Zukunft ist hier vom Ziel in der Zukunft her festgelegt, diese dominiert über die Gegenwart. Gegenwart wird somit zum Durchgangsstadium für zukünftige Ziele. Das ist das Zeitmuster der Zweckrationalität, mit dem auch der wissenschaftlich-technische Fortschritt engstens verbunden ist. Der Bildungsprozess wird in genaue Planungen, möglichst kleine und kontrollierbare Zeiteinheiten gepresst und als linearer Fortschritt in der Zeit aufgefasst. All das zeigt, dass die Schulzeit unter einem solchen Vorzeichen von ihrem Ende her entworfen wird (Duncker 1996, 156f). Auch Schüler sehen den Sinn von Schule von ihren Abschlüssen, von ihrem Ende her. Schulzeit wird dadurch als Durchgangsstadium angesehen und verzichtet letztlich darauf, erfüllte und in sich sinnvolle Gegenwart zu werden. In einem solchen Zeitverständnis wird Subjektivität zum Problem, dass z.B. jede Lernsituation eine differentielle Zeitstruktur schon allein dadurch hat, dass die Lernenden aus der Vergangenheit ihre Erfahrungen mit den Lerngegenständen und mit dem Lernen überhaupt in die gegenwärtige Situation mitbringen, auch ihre persönlichen Erwartungen oder Befürchtungen.

Lineares Zeitverständnis mit offener Zukunft

Davon zu unterscheiden ist ein geschichtliches Zeitbewusstsein, bei dem die Gegenwart in Beziehung steht zu Vergangenheit und nicht determinierter Zukunft und somit viele Möglichkeiten enthält, die zur Entscheidung herausfordern. Lernen wird unter einer solchen Perspektive vielfältiger und bewegt sich nicht nur auf einer vorgegebenen Bahn. Unterbrechungen und Überraschungen, ungeahnte und unerwartete Ereignisse und Entdeckungen können einen Sinn bekommen. Lernen öffnet sich für Suchbewegungen, für umkreisendes Verstehen, für Probehandeln und Lernsituationen können offen bleiben für Einfälle und günstige Gelegenheiten. Kultiviert wird die Freude am Experiment und der Sinn für das Mögliche. »Wo die Schule sich solch unstetigen Formen des Lernens verschließt, dort verwehrt sie ein Lernen durch Erfahrung, ein forschendes, entdeckendes und sinnstiftendes Lernen. Streng genommen gibt es dann auch keine Überraschung mehr, kein Staunen und keinen fruchtbaren Umweg« (Duncker 1996, 159).

Occasionales oder horizontales Zeitverständnis

Davon abgrenzbar ist ein Zeitbewusstsein, das nur nach Jetzt und Nicht-Jetzt unterscheidet und in vielen jugendlichen Lebensstilen anzutreffen ist und im Gegensatz steht zu einem linearen Zeitverständnis: ein präsentisches, auf die Gegenwart fixiertes. Hier zählt das Hier und Jetzt, in der Gegenwart wird Sinn gesucht, z.B. im dichten Erleben. Wer so lebt, dem oder der fällt es schwer, dies einer (ungewissen und/oder bedrohlichen) Zukunft oder langfristigen Zielen durch Bedürfnisaufschub aufzuopfern (Duncker 1996, 158). In jugendlichen Subkulturen lässt sich eine charakteristische Betonung des Wertes der Gegenwart (gegenüber der Bedingtheit durch die Vergangenheit wie auch der schulisch und gesellschaftlich herangetragen Erwartungen der Zukunft) beobachten (Mollenhauer 1995). Viele Jugendliche setzten konsequent auf die Gegenwart (ohne Zukunft) – das führt zu Konflikten in einer Schule mit ihrer dominant linearen Zukunftsorientierung.

Zyklisches Zeitverständnis

Über Jahrtausende hinweg war das Zeitbewusstsein der Menschheit durch ein zyklisches Zeitverständnis geprägt: Zeit als wiederkehrende Folge von Rhythmen und Ereignissen, die kommen und gehen. Alles war schon einmal da und es wird nichts Neues kommen, so wie Ebbe und Flut, Tag und Nacht, Sommer und Winter. Das relativiert die Veränderbarkeit von Zukunft und zielt auf Zustimmung zu dem, was gegeben ist und was kommen wird und auf Einverständnis mit den vorgegebenen Rhythmen des Lebens. Wer das Verwickeltsein des Menschen in vorgegebene Zyklen übersieht, der riskiert seine Entfremdung von der Natur. Und dies macht ihn letztlich krank bzw. zerstört seine Lebensgrundlagen. Durch die »innere Uhr« der biologisch-physiologischen Zeitrhythmen bekommt Zeit eine körperliche Dimension (Schweitzer 1999, 4). Ein Lernkonzept, das von einem zyklischen Zeitverständnis geprägt ist, betont sich wiederholende Ereignisse und Rituale im Schulleben vom Ablauf des Schuljahres bis auf die einzelne Schulstunde bezogen und schafft so Verlässlichkeiten und Sicherheiten, auf die sich die Lehrenden und Lernenden einstellen können. Dies kann auf der einen Seite Vertrauen und positive Erwartungen hervorrufen, andererseits auch zu stumpfer Routine, zu Eintönigkeit und Verdruss führen: Schließlich weiß man ja schon genau, was einen an diesem Tag bzw. in dieser Stunde wieder – vielleicht Fades oder Unangenehmes – erwartet. Die vertrauensbildende und entlastende Funktion von zyklischer Wiederkehr und wiederkehrenden Rhythmen darf keineswegs unterschätzt werden (vgl. u.a. Kron 1991, 94f), so z.B. die Kultur des Feierns in der Schule, Zeiten des gemeinsamen Frühstücks, des Innehaltens und des Gebets, auch die Beachtung des Jahreskreises mit seinen Festen, Rituale des Schulanfangs und -endes, des Stundenbeginnes und des Abschlusses. Auch die Wiederholung und Übung, das Wiedererkennen des bereits Bekannten und Gelernten, geben dem Lernen Sicherheit und dies begünstigt die Öffnung für und die Aneignung von Neuem (vgl. Duncker 1996, 164).

In der Schule ist durch institutionelle Vorgaben, gesellschaftliche Erwartungen, Traditionen des heimlichen Lehrplans bei Lehrenden und Lernenden mit unterschiedlichen Zeitkonzepten zu rechnen, die sich ergänzen können oder – wegen ihrer Unverträglichkeit und wenn sie absolut gesetzt werden – zu Konflikten führen. Es ist schon viel geholfen, wenn dies bewusst ist, weil mit den Zeitvorstellungen auch Werte, Erwartungen und Unterrichtskonzepte verbunden sind. Mit dem linearen Zeitbewusstsein mit festgelegter Zukunft konvergiert ein lehrgangsartig strukturierter Unterricht und mit der Zeitvorstellung einer offenen Zukunft konvergiert z.B. ein projektartiger Unterricht oder einer, der einen prinzipiell ergebnisoffenen Frage- und Suchprozess betont. Aus religionsdidaktischer Perspektive ist – bei sicher auch partieller Berechtigung und Notwendigkeit lehrgangsmäßig vermittelter Wissensbestände und Fertigkeiten – eine einseitige und übergewichtige Ausrichtung des Lernens an einem linear-geschlossenen Zeitkonzept zu kritisieren, weil – außer bei eindeutigen Lehrgängen, Kursen und Übungen – Offenheit ein wesentliches Charakteristikum für religiöse Bildung ist. In dem Beschluss der Gemeinsamen Synode der Bistümer Deutschlands aus dem Jahre 1974 »Der Religionsunterricht in der Schule« wird dies ausdrücklich hervorgehoben durch die Aussage: »Gerade für den Religionsunterricht ist ein sogenanntes ›offenes Curriculum‹ erforderlich« (Der RU in der Schule 2.5.4). Ein offenes Curriculum aber intendiert offene Lernprozesse (vgl. Hilger 1975), bei denen die Gegenwart des Kindes und der Jugendlichen ernst genommen und an die Offenheit der Zukunft – nicht zuletzt aus theologischen Gründen – immer wieder erinnert wird. Gegenwartsbezug und Zukunftsbezug sind in ihrem Verhältnis und in ihrer Spannung zu sehen.

3. Die Gegenwart achten – Lernzeit als sinnvolle Lebenszeit

Der immer schneller werdende Takt der Maschinen, blitzschnell rechnende Computer, Uhren, die Hundertstelsekunden anzeigen und über Sieg und Niederlage entscheiden, immer schneller werdende Fortbewegungsmittel, die unseren Körper in eine unbewegliche und möglichst passive Haltung zwingen, volle Terminkalender mit ausgefeiltem Zeitmanagement, das sind einige Symbole einer verplanten Zeit, der Hektik und Zeitknappheit einer Zeitrationalität der Moderne. Der überall beklagte Zeitmangel führt zu immer mehr Aktivität. Zeit vergeht nicht mehr, sie verfliegt. So erhöhen sich auch die Lebensgeschwindigkeiten: Der Sog der Zukunft wird immer stärker und vernichtet die Gegenwart und entwertet Vergangenes. Beschleunigungen erzeugen Zeitdruck auf die Gegenwart. Dabei ist Zeit gar nicht knapp. Zeit wird überfrachtet mit zu vielen Erwartungen und mit Überforderungen des Erlebens. Erlebnisse und Handlungen brauchen ihre Zeit und lassen sich daher nicht beliebig und nur begrenzt in einer Zeitstrecke unterbringen (vgl. Hilger 1999).

Kohelet wusste in seiner vielleicht recht pessimistischen Zukunftslosigkeit: »Alles hat seine Zeit« (Koh 3,1). Der weise Mensch heute müsste sich auf Folgendes besinnen: »Alles braucht seine Zeit.« Gewähren wir im Unterricht den Kindern und Jugendlichen die Zeit, die sie brauchen? Schulzeit gilt es wieder neu als Zeit des Erlebens und Handelns zu entdecken, zu gestalten und – was heute dringlicher denn je ist – zu verteidigen. Dies ist aber nur möglich, wenn man weiß, was in den Grenzen der vorgegebenen Zeit möglich ist und selbstbewusst die Freiheit von der Herrschaft einer linearen Zeit durch ein verweilendes »Nicht-Mitgehen mit der Zeit« (M. Theunissen 1991) reklamiert. Dies ist dort möglich, wo die Gegenwart ausgedehnt und die Erfahrung erfüllter Gegenwärtigkeit gemacht wird. Gegenwart ist die Zeit, in der der Mensch seine subjektive Zeiterfahrung macht, sie als erfüllte oder entfremdete erfahren kann. Zukunft als Erwartung und Vergangenheit als Erinnerung werden hier vergegenwärtigt. Hier kann Zeit entweder als »kairos« oder aber unter der Herrschaft einer Chronokratie erfahren werden (vgl. Wulf, 1987).

Von der Antike her kennen wir die Unterscheidung von »chronos« und »kairos«. »kairos« kommt dem nah, was hier als gelebte Zeit bezeichnet wird, eine Zeit, die in Beziehung steht zum Handeln des Menschen. Es ist die Zeit, die als rechte Zeit anzeigt, was zu tun und zu lassen ist, eine Zeit, die für etwas Bestimmtes gut ist. Im biblischen Denken ist »kairos« Gottes Zeit, die Zeit, die Gott dem Menschen und den Dingen zumisst. Davon erzählt das Lehrgedicht des Kohelet: »Alles hat seine Stunde. Für jedes Geschehen unter dem Himmel gibt es eine bestimmte Zeit: eine Zeit zum Gebären und eine Zeit zum Sterben, ein Zeit zum Pflanzen und eine Zeit zum Abernten der Pflanzen, ...« (vgl. Koh 3,1–8).

»chronos« kommt dem modernen physikalischen und linearen Zeitverständnis nahe. »chronos« ist die quantifizierbare Uhrenzeit, die inhalts- und subjektunabhängig weiterschreitet und die vom Chronometer präzise gemessen wird. Zur Diagnose der Moderne gehört es ja, dass sich viele Menschen freiwillig der »Chronokratie« unterwerfen mit all den Folgen, die bekannt sind und die zunehmend bewusst geworden sind. »chronos« erzeugt einen Kult der Planbarkeit und Machbarkeit, der keine Erwartungen mehr kennt. Wenn wir uns nicht vom »chronos« beherrschen oder gar auffressen lassen wollen, dann gilt es, die Gegenwart und den Augenblick zu achten: Zeit zu qualifizieren durch sinnvolle Gegenwart und die Gegenwart bewusst zu leben (vgl. Englert 1985, 30–54). Das soll aus theologischen Gründen betont werden.

Johann Baptist Metz setzt – theologisch argumentierend – gegen eine Chronokratie und gegen die Erscheinungen von Zeitlosigkeit, in der keiner Zeit hat und sich niemand Zeit nimmt, ein radikales Verständnis von eschatologischer Naherwartung. Auf die Jetztzeit, die Gegenwart, kommt es an. Jede Sekunde kann, um mit einem Bild bei Walter Benjamin zu sprechen, die kleine Pforte sein, durch die der Messias treten könnte (Benjamin 1980, 261). Wer daran glaubt, dass zu jeder Zeit der Messias kommen kann, setzt gegen das lineare Zeitverständnis ein eschatologisches, der opfert das jetzige Leben nicht Zukunftsideologien bzw. sieht Zukunft nicht einfach als Verlängerung der Vergangenheit an. Wer ernst nimmt, was er oder sie im Vaterunser betet: »Dein Reich komme!«, der rechnet mit Diskontinuität bis hin zum Abbruch der Zeit. Jetztzeit bekommt unter diesem Vorzeichen messianische Qualität: Sie öffnet sich den Erwartungen auf Kommendes und rechnet sogar damit, dass das Erwartete anders sein kann, als in den Vorstellungen enthalten, und dass Zeit eine andere werden kann.

Ein solches Zeitverständnis unterbricht den linearen Zeitfluss und betont gegen die Religion der modernen Zivilisation und den Fortschrittsglauben die »Unterbrechung« – nach Johann Baptist Metz die »kürzeste Definition von Religion«: »Unterbrechung meint Liebe und Solidarität, die sich Zeit nimmt und Erinnerung, die sich als »gefährliche Erinnerung« gegen die Sieghaftigkeit des Gewordenen und Bestehenden wendet« (Metz 1977, 150f). Die Vater-unser-Bitte »Dein Reich komme!« oder der Ruf der Christen: »Komm, Herr Jesus!« beziehen sich auf eine Gegenwart, die heute schon kommen kann und offen bleibt für eine nicht berechenbare Zukunft.

Im Widerstand gegen den Zeitfluss und ihn unterbrechend, sinnvolle Zeit zu leben, das ist eine Bildungs- und Erziehungsaufgabe ersten Ranges. Wenn der Religionsunterricht selbstloser Dienst an jungen Menschen sein will und zu ihrer Subjektwerdung beitragen will, bildende Kraft im besten Sinne des Wortes sein will, dann wird er dazu seine Beiträge leisten müssen.

Die Zeit des Religionsunterrichts gilt es als Gestaltungsaufgabe anzunehmen, zu ermöglichen, dass diese eine sinnvolle Lebenszeit als personal gestaltete Zeit für die Kinder und Jugendlichen wird. Diese Lebenszeit darf nicht der Zukunft geopfert werden. Bei aller Entfremdung, die auch zur Schulzeit gehört, soll Religionsunterricht möglichst als sinnvolle Lebenszeit erfahren werden können, in der gelernt wird, was persönlich und gesellschaftlich bedeutsam ist und was Möglichkeiten eröffnet für humanes und solidarisches Leben. Schulzeit kann als sinnvolle Lebenszeit erfahren werden, wenn sich die Lernenden als Subjekte der Bildung erfahren können, wenn ihnen Zeit bleibt zum Erleben und Handeln und wenn sie ernst genommen werden (Steck 1994). Das stellt hohe Anforderungen an die Schulkultur und die Lernkultur.

Der Gegenwart ihre Bedeutung geben, das bedeutet auch, Kindheit als Kindheit, Jugend als Jugend jeweils als vollwertige Phasen des Menschseins anerkennen und ihnen »Eigenzeit« (Nowotny 1993) zu gewähren. Das bedeutet, dem Kind und dem Jugendlichen zugestehen, dass sie eigene Weisen der Wahrnehmung und des Zugangs zur Wirklichkeit haben, die sich oft von denen der Erwachsenen und der Lehrenden unterscheiden – und ihnen dafür Zeit zu lassen. Kinder und Jugendliche müssen ein Recht auf ein eigenständiges Erkennen und auf ein eigenständiges Theologisieren haben. Das ist dort nicht möglich, wo sie sich aus Zeitgründen oder zugunsten eines raschen Lernerfolgs mit ihren eigenen Perspektiven und ihrem eigenen Lerntempo in den Unterricht nicht einbringen können. Horst Rumpf hat in einem viel beachteten Artikel mit dem provozierenden Titel »Abschied vom Bescheidwissen. Über Bildung und Sterblichkeit« (Rumpf 1994) den Abschied von einem Wissen gefordert, das die Endlichkeit und Sterblichkeit weltlichen Wissens nicht anerkennt zugunsten eines Lernverständnisses, bei dem Zweifel und Zögerlichkeit und Langsamkeit Platz haben. Dort also, wo Schüler nicht herausgefordert werden zu suchen, zu fragen, sich an Lerngegenstände oder Herausforderungen heranzutasten, zu zweifeln und in Frage zu stellen, dort wird Gegenwärtigkeit nicht akzeptiert, vor allem dort, wo Kenntnisse einfach vermittelt werden ohne Bezug zu haben zur Lebenspraxis und zu eigenen Erfahrungen. Und es ist doch gerade die Gegenwärtigkeit, aus der heraus Zukunft wächst und in der Zukunftsperspektiven entstehen.

Die Gegenwart im schulischen Kontext achten, das kann auch heißen, die Routine des Unterrichts hier und da bewusst zu unterbrechen und Ungeplantes zuzulassen, dem Möglichen anstelle des zwingend Notwendigen Platz zu schaffen, den Einfällen Zeit zu geben und nicht zuletzt Zeit zu gewähren, Zeit zu gestalten und bewusst zu erfahren. Das alles sind Spielräume der Unterbrechung des Zwangsläufigen. Oft wird es notwendig sein, die gewohnten Abläufe und Wahrnehmungsmuster zu unterbrechen durch Irritation und Verfremdung und das vor den Augen Liegende befremdlich werden zu lassen, damit Phantasie und Einbildungskräfte geweckt werden, in denen eigene Erinnerungen, Wahrnehmungen und Vermutungen zusammenfließen können.

Dabei geht es immer darum, dem Wahrnehmenden in seiner Gegenwärtigkeit und dem Wahrzunehmenden Zeit zu lassen und so Gegenwärtigkeit zuzulassen, damit sie als erfüllte Zeit erfahren werden kann (→ III.1).

4. Zeit und »Pünktlichkeit« religiösen Lernens

Das Kind als Kind mit eigenem Recht auf Kindsein und den Jugendlichen als Jugendlichen mit einem Eigenrecht auf seine Lebensphase ernst zu nehmen, bedeutet immer auch, ihre phaseneigenen Lebensgeschichten anzunehmen mit ihren lebensgeschichtlichen Besonderheiten und Unterschieden und mit dem Recht darauf verweilen zu dürfen. Dies gilt für die Glaubensgeschichte, die eingebettet ist in die Lebensgeschichte und sich in einer bestimmten lebensgeschichtlichen Bedingtheit vollzieht. Eine solche Glaubensentwicklung kann sich aber auch »abkoppeln« vom Fortgang der Lebensgeschichte, kann stagnieren als »Kinderglaube« im Erwachsenenalter (vgl. Englert 1988, 160), z.B. bei entwicklungsverfehlenden oder -störenden Formen religiöser Erziehung und wenn Impulse zu einer entwicklungsangemessen Weiterentwicklung ausbleiben (vgl. Schweitzer 1987, 233–244). Die Abkoppelung der Glaubensgeschichte von der Lebensgeschichte aber wäre problematisch und enthält die religionspädagogische Herausforderung, religionspädagogisches Handeln am Verlauf und an den Bedingungen der glaubensgeschichtlichen Entwicklung zu orientieren und so auf die »Pünktlichkeit« (Englert 1985) religiöser Lernangebote zu achten. Angestrebt werden soll, dass die Entwicklung des Glaubens im Gleichschritt mit der Entwicklung des Lebens bleibt. Religionsdidaktische »Pünktlichkeit« achtet darauf, dass Lernangebote nicht zu früh oder zu spät kommen. Dabei genügt es nicht, auf die Individualgeschichte mit ihrem jeweiligen Fragehorizont und auf entwicklungspsychologisch bedingte Phasen bzw. Stufen religiöser Entwicklung zu achten, wie sie z.B. James W. Fowler oder Fritz Oser und Paul Gmünder erforscht haben (II.4). Dies würde zu kurz greifen. Die Glaubensgeschichte eines Menschen ist immer eingebunden und positiv und/oder negativ beeinflusst, auch von gesellschaftlichen und christentumsgeschichtlichen Situationen.

»Pünktlichkeit« bedeutet in diesem Sinne: Aufmerksamkeit für kontextuelle Bezüge. Es geht darum, im Hören auf die in der Gesellschafts- und Christentumsgeschichte und auf die in der Glaubensgeschichte des Einzelnen wahrnehmbaren »Zeichen der Zeit«, die Recht-Zeitigkeit religionsdidaktischer Bemühungen anzustreben (Englert 1988, 164). Dies ist im pädagogischen Kontext verhandelt worden unter der Frage nach dem »fruchtbaren Moment im Bildungsprozess« (Copei 1950) oder nach der Passung eines Lernangebots mit den Entwicklungsproblemen und -chancen eines jungen Menschen.

In einem solchen Denkansatz wird Zeit als Ort des Glaubens ernst genommen, wird Zeit ein Ort theologischer Erkenntnis und »Pünktlichkeit« als Bewusstsein von der Dringlichkeit und Rechtzeitigkeit zu einer zentralen Herausforderung. Die Zeichen der Zeit wahrnehmen, annehmen und darauf handelnd antworten wird ein grundlegendes Anliegen einer »religionspädagogischen Kairologie«, also einer »Pünktlichkeitslehre« (entfaltet bei Englert 1985).

5. Anregungen für einen bewussteren Umgang mit der Zeit

Zeiten der Stille

Stille als Eigentätigkeit und Innehalten im Strom der Erfahrungen sind Wege innerer Erfahrung. Auch verlangsamte Begegnungen mit Gegenständen durch Übungen des Riechens, Tastens, Hörens und Sehens, das Versenken in Geräusche, Gegenstände und Bilder können solche Erfahrungen begünstigen. Sie verlangen innere Ruhe. Ein aktives Verweilen will gelernt sein und es braucht Rituale, die es schützen. Stille wird oft als unproduktive Zeit angesehen, doch können in Zeiten der Stille innere Bilder, Vorstellungen und Gedanken entstehen, die später zum Ausdruck drängen. Gemeinsame Stille kann zudem Menschen miteinander verbinden.

Maria Montessori sieht Stille als einen Beitrag zur Persönlichkeitsbildung, weil sie es dem Heranwachsenden ermöglicht, die eigene Aufmerksamkeit zu polarisieren, sich zu öffnen für seine Umgebung, offen zu werden für den Kontakt mit anderen und den Menschen so befähigt, über sich selbst in Verantwortung zu verfügen (vgl. Holtstiege 1977, 163–185). Hubertus Halbfas greift als Religionspädagoge viele Überlegungen von Montessori auf. Er sieht in der verweilenden Stille die Möglichkeit, dass dabei eine andere Wirklichkeit wirksam werden kann und spricht von der Stille als Weg zur eigenen Mitte wie auch zu Gott (Halbfas 1987, 175–186 u. 192–211). Stille-Übungen verfeinern die Wahrnehmung und öffnen für die Erfahrung des Augenblicks und intensivieren die Erfahrung der Gegenwart. Gabriele Faust-Siehl (1992, 1–38) wünscht als Pädagogin eine Schule, die das Innehalten im Strom der Eindrücke und Erfahrungen fordert. Stilleübungen als »Tore zur inneren Welt« ermöglichen es, dass die Person sich selbst und ihre Erlebnisse und Erfahrungen in neuer Perspektive wahrnimmt. Sie können so beitragen zu einer inneren Weiterentwicklung. Stilleübungen werden dann zu – wie sie es nennt – «Pfaden der inneren Veränderung» (Faust-Siehl 1992, 33) und sind ein Beitrag, eine Engführung des schulischen Lernverständnisses aufzubrechen, indem sie den Lernenden Räume eröffnen, Empfindungen und Vorstellungsbilder zu entwickeln und gewohnte Wahrnehmungsmuster aufzubrechen (Faust-Siehl 1993, 375). Stille-Erfahrungen können nur in einem Lernklima gedeihen, in dem das Lernen nicht völlig verzweckt ist und die Bedeutung von Innehalten und Muße für die Bildung der jungen Menschen erkannt worden ist. Stille-Übungen haben in sich einen Bildungswert, vor allem für eine religiöse Sensibilisierung, nicht zuletzt auch, weil sie eine Distanznahme gegenüber augenblicklichen Zwängen und Einflüssen ermöglichen und helfen können, diese aus einer anderen, zutiefst eigenen Perspektive wahrnehmen zu können. Auf die religiöse Dimension der Stille verweist zudem die reich entwickelte Kultur des Schweigens in verschiedenen Religionen; in den abrahamitischen Religionen ist es eine Voraussetzung für das Hören auf Gott. Stille ist eine Zeit, in der der Mensch nicht handeln braucht und sich öffnen kann für religiöse Erfahrungen.

Pause als produktive Unterbrechung

Pausen sind sinnvoll, selbst wenn sie vielen als nutzlos erscheinen. Pausen – auch die in der Schule – sind sicher mehr als Minuszeiten zum Zweck der Frischluftzufuhr und der Notdurftregulierung. Selbst an manchen stillen Orten, die gerne in der Pause aufgesucht werden, kann man spüren, dass man dort zu sich kommen kann: hinter verschlossener Tür und frei vom Erwartungsdruck anderer. Im Wort Pause ist das lateinische *pausa* enthalten, »Rast«, oder auch *pausare*, was man mit »innehalten« übersetzen darf. Innehalten, selbst ein Innehalten in gelassener Müdigkeit, öffnet für Inspirationen. Peter Handke stellte sich in seinem Versuch über die Müdigkeit die Pfingstgesellschaft, wie sie den Geist empfing, durch die Bank müde vor. »Die Inspiration der Müdigkeit sagt weniger, was zu tun ist, als was gelassen werden kann. ...*Gesunde* Müdigkeit – sie allein schon die Erholung ... Die Müdigkeit als das Mehr des weniger Ich« (Handke 1998, 74).

Pausen sind nicht nur zwischen hoch aktiven Unterrichtsstunden angebracht, sondern können auch im Unterricht produktiv sein. Phasen des »Sein-Lassens«, des »Stille-Haltens«, des Schauens, des Nachdenkens und des Verarbeitens haben auch Platz im Unterricht. Warten, Ruhe, Nachsinnen, nicht zuletzt Muße können für religiöse Bildung produktiv sein. Darauf gibt ebenfalls das priesterschriftliche Schöpfungslied einen Hinweis, wenn es die Ruhe des Schöpfers am 7. Tag als Höhe- und Zielpunkt der Schöpfung besingt. »*schabbat*« bedeutet als Verb *unterbrechen, aufhören, ruhen*. Das Ruhigwerden am Schabbat rhythmisiert die Zeit, damit der Mensch und die Schöpfung zu sich und zu Gott finden. Vielleicht kann der Religionsunterricht irgendwann eine Zeit sein, bei der die guttuende und heilende Gabe des Schabbat erspürt wird. Dabei kann »unterbrochen« werden, was nach weit verbreiteter Zeitökonomie üblicherweise als »kostbare Zeit« gilt.

Feste und Feiern

Feste und Feiern zu gestalten und zu feiern, auch in der Schule und in der Zeit des Religionsunterrichts, das gehört zu einer Schule, die sich als Lebens- und Erfahrungsraum versteht. Feste sind etwas anderes als »Pausen« zum Kraft tanken im Dienste geschäftiger Aktivitäten. Feste dienen nicht der Steigerung von Umsätzen oder Produktivität. Bei Festen und Feiern kann erfüllte Zeit erfahren werden, als eine zweckfreie und sinnvolle, die nicht instrumentalisiert für das Erreichen eines bestimmten Ziels, sondern die da ist für die Menschen, die zusammenkommen, damit sie sich begegnen und sich am Leben und am Schönen freuen können. Die anthropologische Bedeutung eines Festes liegt darin, dass hier jenseits von Arbeitsbeziehungen Menschen erahnen können, dass nicht Zwecke und Leistungen der tiefste Sinn des Menschseins sind. Bei Festen gelten die Regeln der Arbeit und der Produktion nicht. So wird die Möglichkeit anderer Zeit erahnbar, dem Außergewöhnlichen wird Zeit eingeräumt, und Freiheit kann erfahren werden. Sicher kann man heute von einer weit verbreiteten Unfähigkeit sprechen, Feste feiern und den Augenblick heiligen zu können. Auch das kann »erlernenswert« sein im Sinne einer nicht verkürzten Menschenbildung: die Kunst, mit anderen zusammen zu feiern, froh und ausgelassen zu sein, einfach zusammen zu sein, aneinander Anteil zu nehmen und so Gemeinschaft zu erfahren. Feste und Feiern bilden ein Gegengewicht zu dem zweckrationalen Handeln und einem planenden Problemlösen in der Schule. Feste und Feiern können Innehalten von geschäftiger Betriebsamkeit bedeuten (oder ausarten in eine neue Betriebsamkeit), können transzendierende »Unterbrechung« z.B. des schulischen Alltags und eines nivellierten und gleichförmigen Lebens aus Anlass einer Vergegenwärtigung und Erinnerung von gemeinsamer oder individueller Vergangenheit (z.B. als Jubiläum, Feste des Kirchenjah-

res) oder der Feier eines Übergangsereignisses (z.B. Einschulung, Schulabschluss) oder
eines Lebensanlasses oder eines Höhepunkts in der Lebensgeschichte (z.B. Namenstag
oder Geburtstag) sein. Feste und Feiern verdichten (symbolisieren) und bejahen somit
das Leben, sind Zustimmung zur Welt (Pieper 1963), heben Leben von einer Gleich-
förmigkeit ab und zeigen, was Leben ist bzw. sein könnte oder einmal sein wird als er-
löstes Leben in Fülle. Leben kann und darf gefeiert werden: Sich dafür Zeit zu nehmen, zeichnet den Menschen als Menschen aus. Er zeigt damit Souveränität und
Widerstand gegenüber der Herrschaft einer linear ablaufenden, mechanischen Zeit
(vgl. Dober 1992, 226–228). Bei Festen wird Vergangenes erinnert und vergegenwärtigt und Zukünftiges vorweggenommen. Fast alle Feste symbolisieren und rhythmisieren Zeit, angefangen vom Sonntag bis hin zu den Festen im Jahreskreislauf, hier vor allem auch der Festkreis des Kirchenjahres, welcher meistens in enger Beziehung zur
Jahreszeit steht (z.B. Ostern, Pfingsten, Weihnachten) und den Menschen immer wieder – jährlich wiederkehrend – einlädt, einer anderen Zeit zu begegnen und so neue
Lebensperspektiven zu gewinnen (Dober 1992, 247f).

Religionslehrerinnen und Religionslehrer können dazu beitragen, dass Schule ein
Ort ist, an dem nicht nur gearbeitet, sondern das Leben auch gefeiert wird: Klassenfes-
te, Feste der Schule und des Schulortes, Feste des Jahresablaufs und des Kirchenjahres
sowie Feste anderer Religionen können in der Lebensgemeinschaft Schule gefeiert werden. Feste transzendieren den Alltag auf eine tiefere Sinnhaftigkeit hin und heiligen
ihn so. Sie haben damit religiösen Verweischarakter. Zur religiösen Festkultur gehört
auch die Vielfalt gottesdienstlicher Formen, wenn sie so gestaltet sind, dass sie Feier
der Zustimmung Gottes zum Leben und der Nähe Gottes im Leben der jungen Menschen werden.

Lernzeiten außerhalb des üblichen Stunden-Takts

Religionsunterricht findet meistens in dem üblichen 45-Minuten-Takt statt. Über die
Effektivität und Sinnhaftigkeit wird mit guten Gründen gestritten. Größere Spielräume
für die Gestaltung von sinnvollen Lernzeiten und für kooperative, handlungsorientierte und kreative Lernformen tun sich auf bei dem Zeitrahmen einer Doppelstunde.
Lernortwechsel, Exkursionen und Erkundungen außerhalb der Schule und der Schulzeit, Schulfreizeiten, Besinnungstage, auch die sog. Wandertage, Projekttage, Projektwochen (vgl. III.5 u. III.7) und Lernformen wie Freiarbeit, Stationenlernen, Lernzirkel
(vgl. IV.6) ermöglichen durch ihre anderen Zeitdimensionen Freiheiten von den üblichen Zeitzwängen zugunsten sachbezogener oder individueller (wie z.B. bei der Freiarbeit) Zeiteinteilung. Epochalunterrricht ermöglicht durch das Zusammenlegen der
im Stundenplan vorgesehenen Religionsstunden zu Blöcken eine Intensivierung der
Arbeit. Größere und zeitaufwendigere Vorhaben können in einem angemessenen und
überschaubaren Zeitraum bearbeitet und zu einem Abschluss gebracht werden. So
kann sich die Aufmerksamkeit der Lernenden über längere Zeit auf einen Gegenstandsbereich des Religionsunterrichts richten, sie können länger bei einer Sache bleiben.
Wenn Religionslehrer in einer Schulklasse mehrere Fächer unterrichten, lässt sich Epo-
chalunterricht organisatorisch relativ einfach planen. Er setzt vorausschauende Planung und eine größere Methodenvielfalt voraus als eine übliche Schulstunde. Auch die
außerschulische Zeit für Hausaufgaben braucht nicht überwiegend eine Zeit des me-

chanischen Übens und Festigens von Wissen (z.B. Ausfüllen von Lückentexten) sein. Die Zeit der Hausaufgabe kann mit didaktischer Phantasie als sinnvolle Lernzeit erfahren werden, wenn die individuelle Schülermotivation aktiviert wird z.B. durch eigenverantwortliche Erkundungen, Informationsbeschaffungen, Recherchen (z.B. im Internet) und Gestaltungsaufgaben (z.B. Interview, Videoaufzeichnungen). So kann verhindert werden, dass Hausaufgaben mehr sind als Rituale der Pflichterfüllung und sich lernverhindernd auswirken.

Zusammenfassung

Mit den unterschiedlichen Zeitkonzepten, die in der Schule aufeinander prallen, sind jeweils konkurrierende Werte, Erwartungen und Unterrichtskonzepte verbunden. Eine einseitige Ausrichtung des Religionsunterrichts an einem zweckrationalen und linear geschlossenen Zeitkonzept entspricht nicht der Zielsetzung dieses Faches. Für dieses Fach ist es wichtig, die Gegenwart und die Zukunft der Kinder und Jugendlichen zu achten und Schulzeit als sinnvoll gelebte Zeit zu gestalten. Der Gegenwart ihre Bedeutung geben bedeutet auch, dem Kind und dem Jugendlichen zuzugestehen, dass sie eigene Weisen der Wahrnehmung und des Zugangs zur Wirklichkeit, zu ihrer Religiosität bzw. ihrem Glauben haben. Gefordert wird eine religionspädagogische Pünktlichkeit, die auf die entwicklungspsychologische, individualgeschichtliche, aber auch auf die gesellschaftliche und christentumsgeschichtliche Situation achtet. Ein bewussterer Umgang mit der Zeit kann im Religionsunterricht durch Zeiten der Stille, sinnvolle Pausen, Feste und Feiern wie durch Lernzeiten außerhalb des üblichen Stunden-Taktes kultiviert werden.

Lesehinweis

Duncker, Ludwig (1996): Zur Komplexität der Zeitverhältnisse in Schule und Unterricht. In: Ders.: Zeigen und Handeln. Studien zur Anthropologie der Schule, Langenau-Ulm, 153–166.

Englert, Rudolf (1988): Plädoyer für »religionspädagogische Pünktlichkeit«. Zum Verhältnis von Glaubensgeschichte, Lebensgeschichte und Bildungsprozess. In: KatBl 113, 159–169.

Rumpf, Horst (1994): Abschied vom Bescheidwissen. Über Bildung und Sterblichkeit. In: KatBl 119, 232–238.

Schweitzer, Friedrich (1995): Zeit – ein neues Schlüsselthema für Religionsunterricht und Religionspädagogik? In: Biehl, Peter (Hg.), Jahrbuch der Religionspädagogik 11, Neukirchen-Vluyn, 145–164.

II.11 Welche Wirkung hat der Religionsunterricht? – Leistungsbewertung

Georg Hilger

Nirgendwo tritt der Rollenkonflikt von Religionslehrerinnen und -lehrern so deutlich zutage wie bei der Frage nach der Bewertung und Benotung von Leistungen im Religionsunterricht. Können sie sich den gesellschaftlichen Erwartungen an jedes ordentliche Schulfach entziehen und Religionsunterricht als Fach ohne überprüfbaren Leistungsanspruch definieren? Gelten hier nur die individuellen Interessen und Bedürfnisse oder auch überindividuelle? Ist Solidarität der Lernenden untereinander wichtiger als ein Leistungsvergleich?

In diesem Kapitel geht es um die Fragen, ob es im Religionsunterricht überhaupt möglich und sinnvoll ist, nach Leistung zu fragen und diese zu bewerten? Ist der Erfolg und sind die Wirkungen überprüfbar oder gar objektiv messbar? Dabei wird zuerst einmal zu fragen sein, ob und in welcher Weise »Leistung« und Leistungsüberprüfung religionsdidaktisch und pädagogisch relevant sind. Dies muss vor dem Hintergrund des wachsenden Einflusses eines ökonomisch – zweckrationalen Leistungsverständnisses verhandelt werden, das zunehmend schulisches Lernen überhaupt beeinflusst und den Bildungsauftrag von Schule und somit auch von Religionsunterricht deformiert.

1. Begriffsklärungen

Woran können die Effektivität und der Lernerfolg ermittelt werden? Doch wohl an den erbrachten Leistungen! Was aber ist eine Leistung? Bei dem Versuch einer Definition zeigt sich schon ein Problem mit vielen pädagogischen Implikationen: Leistung an sich gibt es nicht. Etwas kann zur Leistung werden, wenn eine bestimmte Handlung oder ein Handlungsergebnis als »Leistung« anerkannt und bewertet wird. So muss man damit rechnen, dass manche Aktivitäten – je nach dem Wertmaßstab derjenigen, die bestimmen können, was »Leistung« ist, keine Chancen haben, als solche honoriert zu werden, weil sie von ihnen nicht erwünscht sind (z.B. ein Streik). So ist Leistung stets das Resultat einer Be-Wertung von Handlungen und somit auf ein normatives Kriterium bezogen. Leistung gibt es stets nur in Verbindung mit Inhalten und Handlungen. Um die Anerkennung als schulische Leistung wird immer wieder gerungen zwischen gesellschaftlichen Gruppen und denen, die Einfluss darauf nehmen können. Einiges davon wird wirksam durch die expliziten Anforderungen von Lehrplänen und Richtlinien, nicht weniges durch unreflektierte Erwartungen des »heimlichen Lehrplans« (hidden curriculum). Folgt man dieser Argumentation, dann gibt es keine inhalts- und subjektunabhängige »Leistungsbereitschaft«. Diese ist stets gebunden an Zwecke und Ziele, an die Voraussetzungen und Konsequenzen konkreten Handelns, die von außen kommen können, aber von den Lernenden akzeptiert werden müssen. Entscheidend für Leistungsbereitschaft ist also, welche Ansprüche gestellt werden und wie sie begründet werden. »Deshalb kann nicht ausgeschlossen werden, dass Anstrengung und Anstrengungsbereitschaft implizit mehr über die Relevanz und Qualität der Zwecke, Inhalte und Bedingungen erwarteten oder vorgeschriebenen Handelns aussagen als über eine von ihrem Inhalt getrennte, ›pure‹ Anstrengungsbereitschaft des Handlungssubjekts« (Heid 1992, 99). »Leistung« in diesem Sinne stellt sich als »objektive« von außen kommende Normerwartung an einzelne Subjekte dar und ist folglich stets daraufhin zu befragen, welchen Sinn und welchen Zweck sie hat. Vom Subjekt her kann mit Klafki Leistung als Ergebnis oder Vollzug von Tätigkeiten und Handlungen umschrieben werden, die mit Anstrengung verbunden sind, für die Gütemaßstäbe gesetzt sind oder von den betreffenden Subjekten selbst gesetzt werden (Klafki 1983, 983).

Wenn in diesem Kapitel von »Wirkungsüberprüfung« und »Leistungsbewertung« und nicht von »Leistungsmessung« gesprochen wird, dann sind in dieser Wahl der Begriffe schon Optionen enthalten: eine Distanz gegenüber einer technizistisch verstandenen »objektiven Leistungsmessung«, für welche die Einzigartigkeit und Subjekthaftigkeit der zu »vermessenden« Personen und die Abhängigkeiten der Lernleistungen von Lerngelegenheiten keine Rolle spielen. Wirkungsüberprüfung und Leistungsbewertung beziehen sich auf geplante Lernvorgänge und können Lernenden wie Lehrenden an erster Stelle eine transparente Rückmeldung über die Effizienz des Unterrichts und der Leistungsanstrengungen ermöglichen.

2. Pädagogische Perspektiven

Leistungsbewertung im Spannungsfeld von gesellschaftlichen und pädagogischen Interessen

Was in der Schule als Leistung gefordert und verstanden wird, das hängt einmal ab vom jeweils herrschenden Bildungs- bzw. Erziehungsverständnis und zum zweiten davon, was die Gesellschaft von der Schule erwartet.

Geschichtliche Perspektiven

Der Nachweis schulischer Leistungen diente erst ab dem 19. Jahrhundert dem Berechtigungswesen für bestimmte Berufsausbildungen oder gesellschaftliche Positionen und machte diese unabhängig von adliger Herkunft, der Gunst mächtiger Gönner oder von Privilegien und Willkür. So gesehen hatte der schulische Leistungsnachweis keine innerpädagogische Begründung, sondern war anfangs lediglich Ausdruck eines neuen gesellschaftlichen Bewusstseins und bürgerlich-demokratischer Interessen. Im Laufe der Zeit waren dies die Interessen eines zentralistischen Obrigkeitsstaates, der mit Leistungsanforderungen und -nachweisen soziale Klassen- und Schichtgrenzen zu fixieren versuchte sowie den Zugang zu den Universitäten und zu Staatsämtern regeln wollte. Die normierte Überprüfung von Leistungen war also bei aller Ambivalenz ihrer Begleiterscheinungen für nicht privilegierte Kinder und Schüler oft der einzige Weg zum gesellschaftlichen Aufstieg.

Eine weitere Quelle des Leistungsgedankens der deutschen Schule ist eine schematisierte Vorstellung von schulischer »Allgemeinbildung«, die für alle Schülerinnen und Schüler einer Jahrgangsklasse ein verbindliches Jahrespensum an Bildungswissen vorschrieb, das dann selbstverständlich abgeprüft werden konnte. Jeder einzelne Schüler sollte das für alle verbindliche Pensum bewältigen. Damit verbunden war das System von Klassenarbeiten, Zensuren und Zeugnissen.

Ein statischer Begabungsbegriff trug drittens dazu bei, dass bis in das 20. Jahrhundert hinein nicht ein dynamisches Begaben als zentrale Aufgabe von Schule angesehen wurde, sondern die Auslese der von Natur aus Minderbegabten, die damit ein wichtiges Motiv für schulische Leistungsüberprüfung wurde.

Von diesen Momenten ist das Leistungsverständnis der Schule auch heute noch beeinflusst. Hinzu kommt – als ein relativ modernes Motiv – ein Verständnis von schulischer Leistung, das sich ableitet von der »Leistungsgesellschaft«: Weil Erziehung und Schule junge Menschen für das harte Leben in einer »Leistungsgesellschaft« zu qualifizieren habe und weil Schule Kinder für den Beitrag zur internationalen Wettbewerbsfähigkeit auszurüsten habe, müsse sie Leistungsschule sein (vgl. Klafki 1976, 141–176). Unter diesem ideologischen Vorzeichen werden in der Schule manchmal Leistungen gefordert und überprüft, die wenig geeignet sind, Leistungsbereitschaft zu fördern und Menschen nur bedingt dazu befähigen, sich in der sog. Leistungsgesellschaft zu behaupten. Während hier im wachsenden Maße Kooperationsbereitschaft und Phantasie verlangt werden, ist das schulische Verständnis von Leistung immer noch individualistisch, wettbewerbs- und konkurrenzorientiert. Ohne ein Mindestmaß an Solidarität wird eine »Leistungsgesellschaft« nicht überleben können.

Leistung und Lernmotivation

Ein pädagogisch reflektiertes Leistungsverständnis steht gegenüber manchen gesellschaftlichen Leistungsanforderungen und dem damit verbundenen sozialen Druck in kritischer Distanz. Diese Distanz ist gerade dann unaufgebbar, wenn Schule den ganzen Menschen fördern will und ihre eigenen – von der Gesellschaft aufgetragenen – Erziehungs- und Bildungsziele ernst nimmt. Maßstab für schulische Leistung sind dann Ziele wie Mündigkeit, Selbst- und Mitbestimmungsfähigkeit und Kompetenzen zu solidarischem Handeln. Leistungskriterien müssen sich auch auf die Kooperations-, Kommunikations- und Kritikfähigkeit beziehen, wie sie sich in konkreten Handlungen zeigt. Kreative und originelle Leistungen, Hilfsbereitschaft und Beiträge zur gemeinsamen Lösung eines Problems etc. in der lernenden Gruppe sind entsprechend zu würdigen. Nicht zuletzt hat eine kriterienbezogene und für die Schülerinnen und Schüler transparente Leistungsbeurteilung dem Lernprozess und der Selbstbeurteilung des Lernens zu dienen. Rückmeldungen über die eigenen Leistungen sind wichtig und unersetzlich für eine Lernmotivation. Erfolgs- oder Misserfolgserlebnisse wirken sich auf das Selbstbewusstsein und die Erhaltung oder Steigerung der Lernmotivation aus. Sie beeinflussen somit auch die Lernbereitschaft. Lernbereitschaft und Leistungsstreben setzen keineswegs Leistungsanforderungen von außen voraus. Man wird damit rechnen können, dass Heranwachsende auch aus sich heraus das Bedürfnis verspüren, etwas zu leisten und zu können. So besteht die Aufgabe der Schule darin, zu sinnvollen Leistungen zu ermutigen bzw. sie zu provozieren, damit der Heranwachsende sich selbst herausfordert und herausgefordert sieht zu einem möglichst selbsttätigen Lernen. Sorgfältige Leistungsüberprüfung und -bewertung – am Ende oder auch während eines Lernabschnittes – sind Ausdruck einer Wertschätzung und Achtung der Leistungen von Kindern und Jugendlichen. Sie sind unverzichtbares Feedback und enthalten Hinweise für die Lehrenden. Sie tragen zur Lerndiagnose, zur Effizienz der eigenen Unterrichtsgestaltung und zur Verbesserung der Lernprozesse bei. Einem solchen pädagogisch reflektierten Leistungsverständnis zugunsten der jungen Menschen kann ein ständiges Beurteilen, Maßregeln und ein Abstempeln der Schüler in gute oder schlechte entgegenstehen. Wo dies geschieht, ist Schule in der Gefahr über einem unreflektierten Leistungsverständnis ihre eigenen Bildungsziele zu verfehlen.

Die Überlegungen haben aufzeigen wollen, dass die Frage nach Leistung und Leistungsbewertung eingebunden ist in schultheoretische Optionen und Widersprüche. Einerseits muss und soll Schule im Auftrag der Gesellschaft unter pädagogischen Vorzeichen jungen Menschen grundlegende Fähigkeiten und Kenntnisse vermitteln (*Qualifikationsfunktion*), ihrer Subjektwerdung und Persönlichkeitsentfaltung dienen (*Bildungsfunktion*), sie erziehen zu Mündigkeit und solidarischem Verhalten (*Erziehungsfunktion*) und ihnen helfen, ihre Rollen in der Gesellschaft zu finden und zu spielen (*Sozialisationsfunktion*). In diesem Sinne werden in der Schule Leistungen gefordert und gefördert, welche die Bewältigung von Aufgaben und Lernprozessen ermöglichen und zur Selbst- und Mitbestimmung führen können. Andererseits werden der Schule von der Gesellschaft außerpädagogische Funktionen zugeteilt, die nicht zu den unmittelbaren Lehr-, Bildungs- und Erziehungsaufgaben zählen: die leistungsbezogene Auslese (*Selektion*) und Zuteilung von Berechtigungen für Berufs- und Lebenschancen (*Allokationsfunktion*). So stehen die Leistungserwartungen an die Schule und in der Schule vor schwer auflösbaren Widersprüchen: Leistung im Zusammenhang von Förderung der persönlichen Entwicklung und der Freude daran, etwas bewirkt zu haben und etwas zu können auf der einen, Leistung im Zusammenhang von Auslese und gesellschaftlicher Zuteilung auf der anderen Seite (vgl. Nipkow 1979, 29–39). Lernerfolgsüberprüfung kann Lernen unterstützen, anerkennen, ermutigen und so der individuellen Förderung dienen oder der Selektion, was für die Verlierer demotivierend wirkt. Mit dieser Differenz müssen Lehrkräfte sachkundig und verantwortungsvoll umgehen, auch mit dem wachsenden Druck, das schulische Leistungsverständnis zunehmend stärker an dem gesellschaftlichen Leistungsprinzip auszurichten. Schließlich haben viele Eltern das gesellschaftlich vorherrschende Leistungsprinzip verinnerlicht. Das deutsche Schulwesen ist so organisiert, dass Leistungsselektion (über Zensuren, Zeugnisse, Notendurchschnitte) als unverzichtbar erscheint für die »leistungsgerechte« Zuweisung zu unterschiedlichen Bildungswegen und Bildungsabschlüssen.

Subjektbezogene, sachbezogene oder sozialbezogene Leistungsnormen?

Was soll beim Lernen bewertet werden: der subjektive Lernfortschritt, die sachliche Angemessenheit bzw. Richtigkeit oder die Leistung des Einzelnen im Vergleich zu den anderen in einer Lerngruppe? Was im Klassenvergleich unter dem Durchschnitt liegt, das kann, individuell betrachtet, eine überdurchschnittliche Leistung sein. Lehrende benutzen, oft unbewusst, sehr unterschiedliche Bezugsnormen zur Leistungsbewertung: Bei subjektbezogenen Bezugsnormen wird das Lernergebnis mit dem verglichen,

was dieselbe Person bei gleichen oder ähnlichen Aufgaben bislang erzielt hat. Bei sachbezogenen Bezugsnormen entscheidet die Richtigkeit einer Aufgabenlösung oder Antwort, bei sozialen Bezugsnormen wird die erbrachte Leistung mit dem verglichen, was
andere Personen bei der gleichen Aufgabe gezeigt haben. Je nach Bezugsnorm fällt die
Bewertung eines gleichen Ergebnisses unterschiedlich aus. Man wird das pädagogische
Konzept von Lehrenden daran unterscheiden können, an welchen der o.a. Bezugsnormen sie ihr pädagogisches Handeln und ihre Erziehungsziele, ihre Wahrnehmung von
Schülern und ihre Leistungsbewertung orientieren. Nicht zu übersehen ist, dass diese
Vorentscheidung schon bei nonverbalen oder verbalen Rückmeldungen zu mündlichen
Schüleräußerungen zum Tragen kommt. Die Reflexion über diese Vorentscheidung
macht klar, dass häufig eine Mischform der Bezugsnormen zugrunde liegt.

In diesem Zusammenhang stellt sich die Frage nach der Gerechtigkeit bei der Bewertung von Schülerleistungen. Eine egalisierende Gerechtigkeit »ohne Ansehen der
Person« würde zu Ungerechtigkeiten gegenüber Benachteiligten führen und ihnen
nicht gerecht werden. Eine Schule im Dienste der Förderung der Heranwachsenden
wird eine unterscheidende Gerechtigkeit pflegen müssen, die sich an dem orientiert,
was das jeweilige Kind oder der Jugendliche für seine Entwicklung braucht und so seiner Individualität gerecht wird. Hierfür sprechen pädagogische und nicht zuletzt auch
theologische Gründe (vgl. Nipkow 1987, 168). Gerechtigkeit wird nie durch vermeintliche Objektivität zu erreichen sein, weil es diese nicht gibt. Dies und die Relativität
von Bewertungen bzw. Ziffernnoten müssen sich die Beurteiler eingestehen. Bewertungen von Lernleistungen – auch wenn sie sich objektiv in Zahlen darstellen – sind subjektive Vorgänge. Wenn diese transparent gemacht, an nachvollziehbare Kriterien angebunden und in ein Gespräch mit den betroffenen Personen eingebracht und verdeutlicht werden, dann kann von einer intersubjektiven Überprüfbarkeit und von einer
plausiblen, nachvollziehbaren Bewertung gesprochen werden. Dies gilt in besonderer
Weise von Leistungen im Religionsunterricht, die über bloßes Faktenwissen hinausgehen und Verstehens- und Interpretationsprozesse, subjektive Meinungen und Stellungnahmen einbeziehen.

Leistungsanforderungen in einer subjektorientierten Didaktik

In diesem Buch wird eine Religionsdidaktik vertreten, welche Lernende als Subjekte
ihrer eigenen religiösen Biographie betrachtet und Lernen als Aktivität dieser Subjekte
ansieht. In einer solchen Perspektive könnten von außen her festgelegte schulische
Leistungsanforderungen als Beeinträchtigung der subjektiven Lernbedürfnisse dem
originären Wunsch des Subjekts entgegenwirken, Wirklichkeit für sich zu erschließen.
Dabei wird leicht die produktive Wechselwirkung zwischen »objektiven« Anforderungen und Herausforderungen und subjektiven Bedürfnissen übersehen und ein idealisiertes Bild von Lernen konstruiert. Das Subjekt entwickelt sich, indem es sich mit Anforderungen und Herausforderungen auseinandersetzt, die seiner Subjektwerdung in
gewisser (auch entfremdender) Weise im Wege stehen und dabei seine Subjekthaftigkeit behauptet bzw. Subjektanteile dieser Wirklichkeiten vergrößert. Das kann auch
geschehen in und durch eine Auseinandersetzung mit den gesellschaftlichen Selek-
tions- und Allokationsinteressen in seiner schulischen und außerschulischen Biographie. Aufgabe der Lehrer ist es, die Schüler vor Anforderungen und Zumutungen zu

stellen, an denen sie als Subjekte wachsen können, mehr Selbständigkeit und Verantwortung entwickeln. So können Forderungen und Förderungen Pole eines fruchtbaren Spannungsfeldes und Anforderungen und Widerstände zu Lerngelegenheiten werden, an denen das Subjekt seine Fähigkeiten messen und entwickeln kann (vgl. Holzbrecher 1999, 54–56; → II.6).

Lernziele als Kriterien der Wirkungsüberprüfung und Leistungsmessung?

Jede schulische Leistung muss verantwortet werden im Hinblick auf die Erziehungs- und Bildungsziele der Schule und des jeweiligen Faches, aber auch vor den jeweiligen Beteiligten am Lehr- und Lernprozess in ihrem Lebenskontext. Gerade dieses letztgenannte Legitimationskriterium relativiert die an sich plausible Regel, Lernziele als die wichtigsten Kriterien der Wirkungsüberprüfung und Leistungsmessung anzuerkennen. Dabei wird Unterricht zu leicht zu einem »geschlossenen System«, bei dem es darauf ankommt, möglichst schnell und ohne großen Aufwand die vorweg definierten Ziele zu erreichen. Bei einer radikalen Lernzielorientierung, die immerhin mehr Transparenz ermöglicht, wird die Messbarkeit und Überprüfbarkeit der Lernziele leicht zum dominierenden Selektionskriterium für die Ziele, Inhalte und Verfahren. Nicht oder nur schwer messbare Wirkungen (z.B. motivationale, kreative, affektive, divergente, unvorhersehbare und individuelle) werden als ineffektiv ausgeschieden. Darum wird man Wirkungsüberprüfungen und Leistungsbeurteilungen zumindest nicht ausschließlich an vorgegebenen Lernzielen orientieren dürfen. Daran orientierte Maßnahmen sind zu ergänzen durch solche, welche versuchen, möglichst viele Wirkungen des Unterrichtsprozesses in den Blick zu nehmen.

3. Religionspädagogische und theologische Aspekte

Aus theologischen Motiven wird man sich gegen jede Ideologisierung von Leistung sowohl im gesellschaftlichen Bewusstsein, im schulischen Bildungswesen als auch im Religionsunterricht wenden müssen. Der Wert eines Menschen hängt nicht von seiner Leistung ab, sondern ergibt sich aus der Gottebenbildlichkeit eines jeden Menschen, dem Gott sein unbedingtes Ja und sein bedingungsloses Erwünschtsein zugesprochen hat, und zwar von Anfang an. Die Anerkennung einer jeden Person mit ihren je eigenen Begabungen und Neigungen, die Achtung vor ihrer Unverfügbarkeit und die Bejahung von Mitmenschlichkeit und Solidarität gehören unverzichtbar zu einem christlichen Menschenbild. Von daher gilt, dass die Würde der menschlichen Person nie von ihren Leistungen abhängig gemacht werden darf. Sie eignet auch solchen Personen, die nichts leisten und leisten können. Gerade den Leistungsschwachen gilt ja die parteinehmende Sympathie Gottes. Von daher begründet sich eine Skepsis gegenüber allen Vorstellungen von Bildung und Erziehung, die sich leiten lassen von einem technisch-ökonomischen Interesse an der gesellschaftlichen Effektivität. Wo Erfolg und Leistung dominieren, tritt die Subjektivität und Personalität und die unverfügbare Würde des Menschen in den Hintergrund. Das christliche Verständnis vom Menschen trägt dazu bei, derartige Engführungen zu vermeiden. Vor jeder Leistung steht die liebende Zuwendung Gottes. Hiervon Ahnungen zu ermöglichen, dürfte ein wesentliches Ziel eines theologisch begründeten Religionsunterrichts sein. Religionslehrerinnen und -lehrer sind dann in erster Linie Anwälte der Kinder und Jugendlichen. Leistungen sind darum stets daraufhin zu befragen, ob sie dem Menschsein in seiner Ganzheit dienen und ein solidarisches Leben fördern. So könnte man mit Blick auf den Religionsunterricht theologisch gut begründen, sich aus dem leidigen Geschäft der Notenerteilung und damit der Auslese und der Zuteilung von Berechtigungen herauszuhalten und eine für das Lernen so wichtige Leistungsüberprüfung ausschließlich als Rückmeldung im Dienste individueller Förderung und als korrigierendes, motivierendes Feedback für die Schülerinnen und Schüler und für die eigene Unterrichtsgestaltung anzuerkennen. Religionsunterricht ist von seiner Zielsetzung her nicht auf Leistungsbeurteilung und Zeugnisnoten angewiesen, braucht sie nicht, auch wenn nicht wenige diese als unverzichtbar ansehen, weil sie auf die Möglichkeiten des Drucks bzw. sekundärer Motivierung und Disziplinierung durch Noten und der Gleichbehandlung des Faches im Vergleich mit anderen ordentlichen Schulfächern nicht verzichten wollen. Nach sorgfältiger Abwägung der Probleme einer Leistungskontrolle kommt Karl Ernst Nipkow zu der Empfehlung, den Religionsunterricht an allen Aufgaben der Schule, also auch an der Allokations- und Selektionsaufgabe, teilhaben zu lassen und ihn unter Bedingungen zu stellen wie andere Fächer auch (vgl. Nipkow 1979 und 1987). Die spezifische Aufgabe des Religionsunterrichts innerhalb der realen Bedingungen von Schule wäre es dann, in kritisch-konstruktiver Mitverantwortung an den Aufgaben der Schule zugunsten der Schüler mitzuwirken, um die Humanisierung und Veränderung des schulischen Leistungsbegriffs zu unterstützen und mit Phantasie auf innovative Formen der Leistungsüberprüfung hinzuweisen. Dies schließt nicht aus, dass der Religionsunterricht im Interesse seiner Zielsetzungen bewusst Freiräume von jeglicher Effektivitätsüberprüfung kultiviert, als Auszeiten ohne objektiv überprüfbare Lernleistungen, die den Schülern gut tun und für ihre religiöse Bildung bereichernd sind (z.B. Phasen der Stille, der Kontemplation, des Schauens, Hörens, der meditativen Sammlung).

Eine unverzichtbare Aufgabe des Religionsunterrichts ist es, durch die Praxis einer individualisierten und differenzierten Leistungsüberprüfung und durch die kritische Reflexion gesellschaftlicher und schulischer Leistungsvorstellungen eine theologisch begründete Skepsis gegenüber einem entsolidarisierenden und egalisierenden Leistungsprinzip in die Schule einzubringen. Der Wert eines Menschen hängt nicht von seiner Leistung ab. Andererseits ist die Frage nach der persönlichen Leistung nicht immer als eine belastende Frage zu betrachten. Vielmehr ist zu berücksichtigen, dass sinnvolle Leistungen und das Wissen darum, etwas gelernt und geleistet zu haben, das Selbstwertgefühl und die Selbstständigkeit eines Heranwachsenden steigern können.

Vor dem Hintergrund der o.a. pädagogischen und religionsdidaktischen Überlegungen sind folgende Vorschläge für eine veränderte Praxis der Wirkungskontrolle und Leistungsüberprüfung zu verstehen. Dass die Frage der Notengebung und der Zeugniszensuren dabei eine untergeordnete Rolle spielt, hängt mit diesen Überlegungen zusammen. Weitere und konkretere Vorschläge und Beispiele für einen kreativen und konstruktiven Umgang mit der Herausforderung einer Leistungsüberprüfung im Religionsunterricht sind zu finden in: Bernhard Jendorff: Leistungsmessung im Religionsunterricht, München 1979.

4. Vorschläge für eine andere Praxis der Leistungsbewertung

Leistungsrückmeldungen

Zu den klassischen Modellen der Rückmeldung von Schülerleistungen an die Lehrenden gehören schriftliche Tests als Klassenarbeiten oder auch mündliches Abfragen. Ihr enger Leistungsbegriff (Überbetonung von individuellen, verbalen, reproduzierenden, kognitiven und punktuell erhobenen Leistungen als Lernprodukte gegenüber Gruppenleistungen, ästhetischen, psychomotorischen, sozialen, zeitlich ausgedehnteren und prozessbezogenen Leistungen) vernachlässigt wichtige Dimensionen eines produktiven Lernens und benachteiligt diese in einer leistungsbezogenen Wertschätzung. Es sind im Sinne einer produktiven und motivierenden Lernkultur, eines Lernens mit allen Sinnen, vielfältigere Formen der Leistungsrückmeldung zu pflegen: soziale, nonverbale, ikonische, symbolische, praktische und prozessbezogene Leistungen. Rückmeldungen sollen nicht nur zurückschauen, sondern auch Anregungen für das zukünftige Lernen enthalten. Rückmeldungen an die Schüler/innen durch die Lehrenden sind im Sinne eines Feedback wichtiger Teil des Unterrichts und darum nicht auf Sondersituationen abzuschieben und bedürfen einer Dialogform, die sich nicht zufrieden gibt mit der Bekanntgabe einer Zensur.

Präsentationen

Ein innovatives Verständnis von Leistungsrückmeldung wird immer weniger auf die alten Mittel von Klausuren oder Tests oder Abfragerei zurückgreifen, sondern danach suchen, wie Lernergebnisse der Lerngruppe oder der Schulgemeinde präsentiert werden können und so präsent werden. Damit können Lernergebnisse wieder zu neuem Lernen anregen und Schüler anleiten, sich als Subjekte einer Lerngemeinschaft zu begreifen. In ihren Präsentationen können die Akteure verschiedene Medien – von der eigenen Erzählung, der OHP-Folie oder dem Plakat bis zum Interview, von der Expertenbefragung, dem Rollenspiel bis zum selbst erstellten Rap oder Video – ausprobieren und so Erfahrungen mit der Vielfalt ästhetischer Ausdrucksmittel sammeln. Präsentationen können zeigen, wie souverän die Lernenden die fraglichen Inhalte beherrschen, über welche Kommunikationsfähigkeit sie verfügen und inwieweit sie fähig sind, sich als Subjekte des Lernens einzubringen. So können Präsentationen in ästhetischer Praxis oder in Formen sozialen Handelns Wahrgenommenes und Reflektiertes zum Ausdruck bringen, und nicht zuletzt können dabei die Lernenden in ihrem Selbstbewusstsein gestärkt werden. Zu berücksichtigen ist, dass zur Präsentation das abschließende Bewertungsgespräch gehört. Bei einer evtl. Benotung müssten sowohl der inhaltliche Gehalt als auch die Präsentationsform bewertet werden (vgl. Kossik 1999, 43–47).

Transparenz und Aushandeln von Kriterien in einem Unterricht über Unterricht

Anzustreben ist ein reflexiver und öffentlicher Umgang mit der Bewertung von Leistungen. Transparenz schafft Vertrauen, sensibilisiert die Lernenden für ihren Lernprozess und fördert ihre Selbsteinschätzung. Leistungsbewertung ist kein Monopol von Lehrenden und kein »pädagogisches Herrschaftswissen«. Gemeinsam mit den Lernenden kann – projektbezogen, themenbezogen oder für gewisse Zeiträume – in einem

Unterricht über Unterricht (Meta-Unterricht) ausgehandelt werden, was als erfolgreiches Lernen anerkannt und bewertet wird und ob das Lernen erfolgreich war. Hierbei wird nicht nur das Lernprodukt, sondern auch der Lernprozess bedacht. Meta-Unterricht ist ein Ort, um über Bewertungskonflikte zu sprechen. Die Schülerinnen und Schüler sollten so weit wie möglich in den Beurteilungsprozess mit einbezogen werden und ihren individuellen Lernerfolg selbst feststellen und interpretieren. Bei dem Zwang einer nummerischen Notengebung kann gemeinsam ausgehandelt werden, welche Leistungen z.B. mit wie viel Punkten bzw. mit welcher Note bewertet werden. Nichts ist schädlicher für ein gutes Lernklima als Zufälligkeit und Willkür bei der Bewertung von Leistungen. In einem Unterricht über Unterricht (Meta-Unterricht) kann ein Konsens ausgehandelt werden zwischen den Anforderungen der Lehrenden, die gesellschaftlich (und kirchlich) vermittelt sind, und den Themen und Lerninteressen der Schülerinnen und Schüler. Dabei geht es vor allem darum, dass die Frage nach dem Sinn von Unterricht und von Lernleistungen für alle Beteiligten transparent wird und die Frage nach der Lebensrelevanz ausdrücklich angesprochen wird. Religionsunterricht, der das Fragen und das Suchen nach dem Sinn des Lebens einüben, wach halten, fördern und radikalisieren will, ist darauf angewiesen, dass das, was in ihm geschieht, auch von den Schülern als sinnvoll und sie betreffend angesehen wird. So hat Meta-Unterricht einen diagnostischen Aspekt, weil hier ein Ort ist, an dem unterrichtsbezogene Kommunikationsprobleme bearbeitet werden und die Beteiligten ihre subjektiven Erfahrungshintergründe und Perspektiven einbringen können (vgl. Hilger 1980, 90–96).

Im Austausch mit Lehrerinnen und Lehrern hat Rainer Oberthür nach Bewertungskriterien gesucht, die auf wichtige religiöse Kompetenzen und Ziele des Religionsunterrichts bezogen sind. Was hier für Lehrende an Grundschulen entwickelt wurde kann auch eine Anregung sein, mit älteren Schülern über Bewertungsmaßstäbe des Religionsunterrichts ins Gespräch zu kommen (vgl. Oberthür 2001, 12):

Bewertungskriterien für den Religionsunterricht

Bereitschaft und Fähigkeit,

- seine Fragen nach dem Woher, Wozu und Wohin des Lebens und seine Sichtweisen dazu zu äußern (Fragekompetenz);
- sich, sein Leben, das Leben anderer und die Welt wahrzunehmen und seine Erfahrungen anderen gegenüber zum Ausdruck zu bringen (Wahrnehmungskompetenz);
- sich auf Texte, Bilder und Musik des Religionsunterrichts einzulassen, sie zu deuten und sich auf Grundlage unterrichtlicher Impulse in eigenen Worten und Bildern zum Ausdruck zu bringen (Gestaltungs- und Urteilskompetenz);
- sich an den Gesprächen, Diskussionen und Symbolhandlungen (Ritualen) des Religionsunterrichts innerlich und mit eigenen Beiträgen zu beteiligen (kommunikative Kompetenz);
- grundlegende Kenntnisse und Hintergründe über Inhalt, Entstehung und Auslegung einzelner biblischer Texte zu erwerben (bibelbezogene Kompetenz);
- Elemente der biblischen, theologischen und kirchlichen Überlieferung mit eigenen Erfahrungen in eine kritisch-produktive Wechselbeziehung zu bringen (korrelative Kompetenz);
- sich mit Inhalten und Ausdrucksformen anderer Religionen auseinander zu setzen und Achtung sowie Verständnis gegenüber Menschen mit anderen Lebensdeutungen zu entwickeln;

- Probleme des Menschen und des menschlichen Miteinanders zu erkennen, Einfühlungsvermögen zu entwickeln und sich Lösungswege vorzustellen oder sie nachzuvollziehen (ethische Kompetenz);
- seine mit Gott zusammengebrachten Vorstellungen und Erfahrungen auszudrücken, sich vertraut zu machen mit den christlich-jüdischen Gottesvorstellungen und -erfahrungen und sie als Anstoß für die eigene religiöse Entwicklung zu begreifen (theologische Kompetenz).

Aufgabendifferenzierung

Im Hinblick auf die Heterogenität der Schülerschaft sollte eine Vielzahl von Leistungskriterien und -nachweisen ermöglicht werden, damit auch verbal- oder rechtschreibschwächere Kinder über den bildnerischen Ausdruck oder über praktische Aufgaben sich selbst und den anderen nachweisen können, was sie verarbeitet haben. Jede Prüfungsmodalität bevorzugt oder benachteiligt bestimmte Schülerinnen und Schüler. Es spricht nichts dagegen, dass sie aus unterschiedlichen Aufgabenkombinationen mit unterschiedlichen Niveaus und Ausdrucksformen auswählen können oder bewusst nach einer Abwechslung der Prüfungsformen suchen. Natürlich muss die jeweilige Aufgabenform mit den im Unterricht verwendeten Methoden in Beziehung stehen. Man kann nicht in einer Überprüfungssituation plötzlich Aktivitäten verlangen, welche im Unterricht bislang überhaupt keine Rolle gespielt haben. So spiegelt sich in der Rückmelde- und Überprüfungspraxis die Methodenvielfalt des Unterrichts wider. Gerade der Religionsunterricht kennt ja eine Vielzahl von Aneignungs- und Ausdrucksformen, und er hat das Privileg, im Hinblick auf eine Leistungsbewertung wenig normiert zu sein. Das bedeutet, dass grundsätzlich möglichst alle Lernenden Erfolge erzielen können. Wie die jeweiligen Leistungen bewertet werden, das kann im Meta-Unterricht thematisiert werden.

Eigenverantwortete Lernleistung

Ideen aus der Reformpädagogik – die sog. Jahresarbeiten und der Projektunterricht – könnten in modifizierter Form das Spektrum der Überprüfung des Lernerfolgs und Leistungsvergewisserung bereichern. Als eine solche Lernleistung kann eine Arbeit gelten, die eine oder mehrere Schüler/innen zu einem selbst gewählten und mit der Lehrkraft abgestimmten Thema erstellt haben, z.B. die Dokumentation eines Projekts, Erkundungen auf einem jüdischen Friedhof, Recherche zu einem Thema im Internet, die Präsentation eines selbst entwickelten Theaterstücks usw. Wichtig ist dabei, dass die Lernenden sich ihre Aufgabe entsprechend ihren Interessen und Fähigkeiten selber stellen, ein Arbeitskonzept entwickeln und das Ergebnis dann präsentieren.

Schülerselbstbewertung

Eine Konsequenz aus den bisherigen Überlegungen ist es, Jugendliche kontinuierlich und zunehmend in die Bewertung ihrer Leistungen einzubeziehen. Dies fördert die Selbstwahrnehmung der Lernenden und bereichert die Leistungswahrnehmung der Lehrenden. Auf diese Weise kommen Selbstwahrnehmung und Fremdwahrnehmung in einen Dialog, der überaus zweckmäßig, sinnvoll und ergiebig ist. Wer die Lernenden zu selbsttätigem Lernen befähigen will, muss ihre Fähigkeit zur Selbstbeurteilung fördern und ihnen Kriterien, Lernstrategien und Lerntechniken anbieten, damit selbst erkannte Stärken und Defizite produktiv bearbeitet werden. Es geht also darum, dass die Lernenden fähig werden, ihren eigenen Lernstand festzustellen, um weitere Lernschritte anzuschließen. Dem dient es, wenn in Unterrichtssituationen die Kriterien der Bewertung offen gelegt und als verhandelbar oder interpretierbar erkannt werden. Kommunikation über Leistung muss kultiviert und gelernt werden und setzt ein Vertrauensklima einmal zwischen Lehrenden und Schülern und dann auch zwischen den Schülern untereinander voraus. Nur unter diesen Voraussetzungen ist es möglich, ohne Konkurrenzdenken individuelle Leistungen und kleine Lernerfolge zu erkennen, zu würdigen und Kritik als positive Anregung zu erfahren. Selbstbewertung ist darum auf Dialog mit anderen angewiesen, weil sich erst im Dialog Kriterien und Gesichtspunkte einer eigenständigen Bewertung aufbauen und ausweiten (vgl. Winter 1996, 34–37).

Zusammenfassung

Aus religionspädagogischer Perspektive darf der Wert eines Menschen nicht von seinen Leistungen abhängig gemacht werden. Die Unverfügbarkeit der einzelnen Person und ihre vorurteilsfreie Anerkennung stehen allein im Vordergrund. Deshalb sind Religionslehrerinnen und Religionslehrer in erster Linie Anwälte der Kinder und Jugendlichen. Sie fordern ihre Schülerinnen und Schüler zu selbsttätigem Lernen heraus und unterstützen sie dabei in der Wertschätzung ihrer eigenen Leistungen. Im Hinblick auf die Leistungsüberprüfung sind die Lehrenden aufgerufen, die gesellschaftlichen wie schulischen Vorstellungen von Leistung kritisch zu reflektieren und im Unterricht einen Dialog über Leistung, Leistungsbewertung und -kriterien als selbstverständlichen Bestandteil zu kultivieren. Vor allem muss die Schülerselbstbewertung Teil des Unterrichts werden, d.h. die einzelnen Schülerinnen und Schüler sollen ihren eigenen Lernstand beurteilen können, um produktiv daran weiter zu arbeiten. Der Lehrer stellt ihnen dafür Lernstrategien und -techniken zur Verfügung. Zuletzt soll nicht vergessen werden, dass gerade der Religionsunterricht Freiräume vom Druck der Leistungsbewertung schaffen kann – Phasen der Stille und der Ruhe, in denen sich junge Menschen eine Leistungs-Auszeit gönnen dürfen!

Lesehinweis

Jendorff, Bernhard (1979): Leistungsmessung im Religionsunterricht. Methoden und Beispiele, München.

Reil, Elisabeth: Lern- und Erfolgskontrolle. In: Weidmann, Fritz (Hg.): Didaktik des Religionsunterrichts, Donauwörth [7]1997, 392–408.

Themenheft Leistung (2001): ru 31, H.1.

II.12 In welchen Beziehungsfeldern steht der Religionsunterricht?

Stephan Leimgruber

Nachdem zahlreiche Aspekte religiöser Bildung und Erziehung am Lernort Schule behandelt worden sind, fokussiert dieses Kapitel die Aufmerksamkeit auf die außerschulischen Lernorte Familie, Gemeinde und Freizeit. Diese stehen als Beziehungsfelder mit dem Religionsunterricht in Verbindung, weil sie einerseits Lernvoraussetzungen bereitstellen und andererseits Impulse vom Religionsunterricht aufgreifen und weiterführen. – Die Gewichtung dieser Beziehungsfelder hat sich durch den gesellschaftlichen Wandel allerdings verändert. Strittig geworden ist, ob die Familie noch die »Zelle« der religiösen Bildung ist und wie nachhaltig die gemeindliche Sakramentenkatechese auf das religiöse Bewusstsein einwirkt. Neue Bedeutung haben die Beziehungsfelder »Öffentlichkeit« und »Medien« erhalten, die in bisherigen religionsdidaktischen Handbüchern weitgehend fehlen.

1. Problemstellung

Im Vergleich zu den früher homogenen Milieus ist für viele heutige Jugendliche die Aufgabe charakteristisch, an einem Tag von einer Lebenswelt in eine oder mehrere andere Lebenswelten zu wechseln: von der familiären Lebenswelt in die Welt der Ausbildung (Schule oder Berufslehre) mit ihren leistungsbezogenen Standards, von der Ausbildungswelt in den Kosmos der Freizeit, sei dies die Sportwelt, die Gruppe der Gleichgesinnten oder – im Ausnahmefall – die Welt der kirchlichen Jugendarbeit, dazwischen oder nachher die Musikwelt, die Welt der Filme oder der Cyberspace des Internet und von dort zurück in die Herkunftswelt. All diese Welten haben je andere Rollenerwartungen an die Jugendlichen und stellen recht hohe Anforderungen. Damit dieser ständige Wechsel bewältigt werden kann, brauchen Jugendliche die »Fähigkeit des Übergangs« (Höring 2001, 116) oder mit Wolfgang Welsch die »transversale Vernunft« (1995). Durch die Integration unterschiedlicher kultureller Milieus basteln sie ihre eigene dynamische Identität. So bleiben sie dieselben Personen in wechselnden Zusammenhängen, Funktionen und Rollen (→ I.4).

Dies bedeutet für die Religionsdidaktik, dass Lernen ganz allgemein und religiöses Lernen im Besonderen von diesen ineinandergreifenden Beziehungsfeldern her zu verstehen ist, von denen ebenfalls Impulse ausgehen und die verarbeitet werden. Religiöse Bildung geschieht nicht bloß im Religionsunterricht; sie geschieht in all diesen Welten, freilich mehr oder weniger intensiv. Sie baut auf vorherigen Lernprozessen auf und wird in nachfolgenden vertieft, differenziert und korrigiert. Nicht zuletzt auf Reisen und in Ferien geschieht religiös erhebliches Lernen. Möglich ist allerdings, dass diese Dimension der Wirklichkeit nicht wahrgenommen wird und zugeschüttet bleibt.

Deshalb stellt sich die Frage nach den Beziehungsfeldern des Religionsunterrichts und ihren Wirkungen. Wir gehen dabei nicht der traditionellen Reihenfolge der Lernorte entlang (Familie, Gemeinde, Freizeit), sondern beginnen mit der »Öffentlichkeit« und den diese mitbestimmenden Medien (2), dann beschäftigen wir uns mit dem Einfluss der Gruppe der Gleichgesinnten (Peer groups) (3), weiter mit der Schulwelt und den benachbarten Fächern sowie der Schulpastoral, die im Zeichen einer neuen Schulkultur steht (4), um zur Gemeinde- und Sakramentenkatechese zu gelangen (5) und schließlich zur Herkunftswelt, der (postmodernen) Familie (6). Im Bewusstsein, dass die veränderten gesellschaftlichen Verhältnisse die Wirkung in den herkömmlichen religiösen Sozialisationsinstanzen relativiert haben, beschreiten wir den Rückweg von außen nach innen, allerdings mit der begründeten Hoffnung, dass religiöses Lernen häufiger geschieht, als es auf den ersten Blick erscheint. Das bildungstheoretische und konstruktivistische Konzept des Lernens impliziert, dass in allen Beziehungsfeldern, wo religiöses Lernen stattfindet, vorbereitet oder vertieft wird, Menschwerdung und Identitätsfindung geschehen. Die Schülerinnen und Schüler haben die Aufgabe, ihre religiöse Biographie selbst zu entwerfen (vgl. III. 5).

2. Religiöses Lernen im Raum der Öffentlichkeit und der Medien

Die Pastoralkonstitution »Gaudium et spes« (1965) steht für die Öffnung der Kirche auf die Welt hin, insbesondere auf die Nöte der Armen. »Es gibt nichts wahrhaft Menschliches, was nicht in ihrem Herzen seinen Widerhall fände« (GS, Nr. 1). Deshalb weiß sich die Kirche mit der ganzen »Menschheitsfamilie« verbunden und bemüht sich darum, die »Zeichen der Zeit« (GS, Nr. 4) wahrzunehmen. Für das religiöse Lernen bedeutet dies, dass die klassischen Lernorte Religionsunterricht, Gemeinde, Jugendarbeit und Gottesdienst ausgeweitet werden sollen durch die Dimension »Öffentlichkeit«. Religiöses Lernen soll nicht auf konfessionelles Milieu, auf »Sakristei« oder »Katakombendasein« beschränkt bleiben, sondern osmotische Durchlässigkeit aufweisen und sich den transzendenten Dimensionen des gesellschaftlichen und kulturellen Lebens öffnen. Die Kirchen selbst haben verhältnismäßig rasch gelernt, ihre Angebote, Meinungen und Leistungen in der Öffentlichkeit zu präsentieren, denken wir nur an die Internet-Auftritte der kirchlichen Institutionen und ihrer Vertreterinnen und Vertreter. Ihre Aufgabe ist es jetzt, noch entschlossener in einen Dialog mit der Welt zu treten, zu der auch Öffentlichkeit und Medien gehören.

Unter *Öffentlichkeit* sind die gesellschaftlichen Kommunikations- und Beteiligungsverhältnisse zu verstehen, deren Entstehung und fortwährende Dynamik eine öffentliche Meinung möglich machen (vgl. Ziebertz 2001c). Öffentlich waren zuerst die Gerichtsentscheide. Heute ist das politische Leben eine öffentliche Angelegenheit, ebenso das kulturelle Leben und die Manifestationen der bildenden Kunst. Schule und Universität sind weitgehend öffentliche Lebensbereiche, ebenfalls die Kirche – etwa ihre Gottesdienste. Den Medien kommt die Funktion von Lautsprechern zu, verborgene Vorgänge durch die Berichterstattung ins allgemeine Bewusstsein zu heben.

Fragen wir jetzt danach, wo junge Menschen im Raum der Öffentlichkeit Religion und Glaube begegnen, wie sie sich an diesen Kommunikations- und Informationsprozessen beteiligen können und was sie daraus für ihr Leben lernen: Nennen wir stellvertretend einige Bereiche, die zum öffentlichen Bezugsfeld gehören und die in der Regel über die Medien bekannt werden:

- Da ist zunächst die *Berichterstattung* kirchlicher und religiöser Ereignisse durch Fernsehen, Hörfunk und Printmedien. Die Jugendlichen vernehmen zu einem guten Teil, wohin in aller Welt die Pastoralreisen des Papstes führen, welche politischen und religiösen Vertreter er trifft, welche kritischen Anfragen er ihnen stellt und wo er für die Würde der Menschen einsteht. Einigen entgeht nicht, wenn er die katholische Sexualmoral einschärft und verteidigt, und sie machen sich Gedanken über diese Ereignisse, die gelegentlich auch in Schule und Religionsunterricht aufgegriffen werden.
- Die *großen Religionen der Welt* und ihre Kulturen sind in den Medien präsent. Die abrahamitischen Religionen Judentum, Christentum und Islam kommen im öffentlichen Diskurs in ihren Auseinandersetzungen und in ihren Einheitsbemühungen vor. Fast täglich werden Kämpfe aus Israel gemeldet. Auch Konflikte zwischen Hindus, Muslimen und Buddhisten sind häufig zu sehen. Religiöse Zeugnisse aus all diesen Religionen werden gezeigt (vgl. die zehnteilige Fernsehserie über die großen Religionen der Stiftung Weltethos!). Jugendliche nehmen dies mehr oder weniger zur Kenntnis. Viele von ihnen wissen bedeutend mehr über die Religionen als ihre Eltern und Großeltern, die vor 30 bzw. 60 Jahren dem Jugendalter angehörten.
- In der Öffentlichkeit werden *ethische Fragen* kontrovers diskutiert. Talkshows am Fernsehen mit den Zeugen Jehovas und konservativen Bischöfen als Gesprächspartner sind sich des Medienechos sicher. Ob Menschen »geklont« werden dürfen, ob homosexuelle Lebensgemeinschaften gesellschaftlich und allenfalls kirchliche Anerkennung finden und wie die so leicht übertragbaren Tierkrankheiten eingedämmt werden können, dies alles wird ohne Tabu besprochen. Jugendliche bilden sich aufgrund solcher und anderer Diskussionen ihre Meinungen. Gelegentlich übernehmen sie einfache Urteilsmuster aus der Regenbogenpresse.
- Die Werke der *bildenden Kunst* werden zunehmend im Raum der Öffentlichkeit präsentiert. Architektonische Kunstbauten, Mahnmäler in Erinnerung an den Holocaust und Kunstausstellungen mitten in Städten suchen ganz bewusst Öffentlichkeit und verstehen sich als Beiträge zur Meinungsbildung. Die 14-tägige Verhüllung des Reichstages in Berlin durch Jeanne-Claude und Christo wurde mehrheitlich bestaunt und über Satellitenfernsehen in die ganze Welt übertragen. Ähnliches geschieht mit religiösen Kunstwerken und Kirchenbauten. Das öffentliche Interesse an Kunst wächst. Romanische Kirchen, gotische Kathedralen und Museen aller Art werden auch von jungen Menschen neu entdeckt.
- Es gibt *explizit religiöse Sendungen* im Fernsehen wie das Wort zum Sonntag, die Übertragung von Gottesdiensten, Trauungs- und Bestattungsfeierlichkeiten gewisser Personen oder Ausstrahlungen über die Fastenaktion »Misereor«. Jugendliche schauen ab und an mit. Sie wechseln auf CD-ROMs und ins Internet, wo sie eigene Wahlen treffen können und gelegentlich auch Informationen zu kirchlichen und religiösen Themen anklicken.
- In den alltäglichen Filmen, Videoclips und Fernsehsendungen spielen *Sinn- und Lebensfragen* eine große Rolle. Vor allem private Sender zeigen Lebensthemen junger Menschen wie die Frage des Rechtsextremismus, familiäre Konflikte, Fragen zu Liebe, Freundschaft und Sexualität. Gewiss wird vieles nur oberflächlich angetippt oder vordergründig und sensationsträchtig behandelt, doch wenn sich zahlreiche Jugendliche zwei Stunden und länger pro Tag diesen Medien widmen, nehmen sie davon einiges auf, übernehmen sie gewisse Meinungen, hinterfragen sie andere, oft mit Humor und aus unterschiedlicher Distanz!

Es wird uns zunehmend bewusst, welch bedeutende Rolle Religion und besonders das Christentum in der Öffentlichkeit und in den Medien spielen, obwohl die Bindungen an die Kirche und an jede Institution lockerer werden. Religiöse Bildung hat darauf zu achten, dass die Auseinandersetzung mit der öffentlichen Meinung in dialogischer Weise, fair und nicht apodiktisch geführt wird. Eine konstruktiv-kritische Medienkompetenz ist deshalb unabdingbar (vgl. II.8). Der Religionsunterricht kann Neugierde wecken und das Gespräch mit gesellschaftlichen Tendenzen und Meinungen vertiefen und exemplarisch weiterführen. Ja, er kann auch seine Produkte in den öffentlichen Diskurs einbringen, z. B. durch die Teilnahme an Chatrooms, durch thematische Ausstellungen in kirchlichen oder öffentlichen Räumen, durch Zeitungsberichte über Projektwochen oder durch die Abfassung von Leserbriefen. So gelangen Impulse des Religionsunterrichts in die Öffentlichkeit, und es kommt zur Kommunikation über Sinn- und Wertfragen zwischen Jugend und Öffentlichkeit. Jugendliche erhalten Anteil an der öffentlichen Meinung und können sie mitgestalten.

3. Das Beziehungsfeld der Peer-groups

Schwerpunkt gegenwärtiger jugendlicher Lebenserfahrung bildet das Zusammensein mit Gleichgesinnten in der Freizeit. Im Netzwerk der Peers verbringen sie fernab von den schulischen und familiären Fremdbestimmungen ihre »Lebenszeit« und erfahren sie Sinn und Freiheit, manchmal auch die eigene Armseligkeit. Ihre Unruhe und Sehnsucht tendieren dahin, dazu zu gehören, Beachtung und Anerkennung zu erfahren. Ziel der Freizeitgestaltung sind Erlebnisse. Es muss nicht Canyoning und Bungee-Jumping sein, aber ein Hauch von Abenteuer und Spaß gehört dazu.

Eine erhebliche Rolle in der Freizeitgestaltung spielt der *Sport* und zwar sowohl der aktive Sport mit seinen unbegrenzten Möglichkeiten als auch der Zuschauersport mit seinen Fanclubs in den Stadien bzw. das Fernseh-Schauen. Bei Ersterem erfahren sich die Jugendlichen selbst – auch in ihrer Leibhaftigkeit und ihren Leistungsgrenzen; sie können die Gruppe als bedeutsam erleben; bei Letzteren spielt die Identifikation mit »local heroes« und mit einem Club eine Rolle. Zugegebenermaßen geschieht hier wenig explizit religiöse Bildung, und schichtspezifische Privilegierungen und Benachteiligungen kommen tatsächlich vor. Eine Mehrheit Jugendlicher verbringen einen respektablen Teil ihrer Freizeit in solchen oder/und ähnlichen Gruppierungen, was der Religionsunterricht zur Kenntnis nehmen muss.

Im Freizeitbereich spielt sich auch die *kirchliche Jugendarbeit* ab. Diese hat gelernt, ihre Arbeit als uneigennütziges Engagement für die Jugend zu verstehen, also diakonisch (Würzburger Synode, Lechner 1992) und immer mehr als absichtsfreie Begegnung (koinonisch: Höring 2000), also nicht als Rekrutierungsmaßnahme für die Gemeinde und den Gottesdienstbesuch. Es erstaunt immer wieder, wie viele Lehramtsstudierende für das Fach Religion aus den Bereichen der *kirchlichen Jugendarbeit* kommen, zumindest in gewissen Gegenden (z.B. in Bayern oder im Sauerland). Diese steht heute in starker Konkurrenz zu anderen Anbietern mit verlockenderen Angeboten. In ländlichen Gebieten und, wenn sie sich auf die spezifisch religiöse Lebensmöglichkeiten besinnt, auch in städtischen Gebieten, hat sie nach wie vor eine Chance. Ein freiheitlicher partnerschaftlicher Umgangsstil kann erfahren werden. Diakonisch ausgerichtete Anlässe stiften auf ihre Weise Sinn und zielen in die Mitte einer Bildung aus dem Glauben. Die kirchliche Jugendarbeit ist durchaus ein Ort, wo junge Menschen experimentieren, neue Lebensstile erproben und wo religiöses Lernen geschieht, vielleicht sogar intensiver und ganzheitlicher als im schulischen Religionsunterricht. Auch hier stehen Gemeinschaftserfahrungen an erster Stelle, und sie können durchaus mit den erfolgsorientierten und karrieristischen anderen Angeboten mithalten. Die Jugendlichen bevorzugen kurzfristige Mitgliedschaften, absehbare Ereignisse und einmalige

Veranstaltungen, die in ihr sonst reich befrachtetes Freizeitprogramm hineinpassen. Nicht zuletzt unterstützen besorgte Eltern die Teilnahme an Anlässen der kirchlichen Jugendarbeit.

Aus den multiplen kirchlichen Gruppierungen, die den Religionsunterricht alimentieren, seien drei herausgegriffen. Zwar machen keine Scharen von Jugendlichen mit, aber doch einige mit bisweilen erstaunlicher Leidenschaft:

(a) Die traditionelle kirchliche Verbandsarbeit ist gewiss geschrumpft, aber nach wie vor gibt es die Deutsche Pfadfindergemeinschaft St. Georg (DPSG) mit ihren traditionellen Schwerpunkten der Ausländerpolitik, der Entwicklungspolitik und der Behindertenarbeit. Die Christliche Arbeiter Jugend (CAJ) und Jung Kolping (JK) setzen sich mit zahlreichen Projekten für Arbeitsplätze ein, die Katholische Landjugendbewegung (KLJB) gestaltet Freizeiträume, und die Gemeinschaft Christlichen Lebens (GCL) versucht, eher religiöse und spirituelle Angebote für die studierende Jugend zu planen. Trotz Gegenwind leben noch viele örtliche und regionale Verbandsgruppen.

(b) Kirchliche Jugendarbeit vollzieht sich weiter in Zusammenhang mit den sozialen Bewegungen (Ökologiebewegung, Friedensbewegung und Frauenbewegung) (Blasberg-Kuhnke, 1992, 245–364), wo sich Menschen aller Generationen aus freien Stücken für ein Anliegen zusammen tun, sei dies um für einen achtsameren Umgang mit der Welt zu werben, in einer Pax Christi Gruppe mitzuarbeiten oder in den verschiedenen feministischen Gruppierungen. Hier geschieht selbstbestimmtes, politisches Lernen für mehr Gerechtigkeit, wobei sich oft christliche mit nichtchristlichen Gruppen in einem gemeinsamen Interesse solidarisieren. Hier lebt eine erstaunliche Spiritualität. Niemand wird ihnen authentische Religiosität absprechen.

(c) Drittens sei an die *geistlichen Erneuerungsbewegungen* erinnert, die gegenwärtig unverkennbar Aufschwung haben und für einige Jugendliche die Erfahrung des Ernst-Genommen-Werdens vermitteln. Mag sein, dass Gruppeninteressen zum Zuge kommen und tiefere Auseinandersetzungen mit der Welt eher Ausnahmen sind. Tatsache ist, dass hier religiöses Lernen geschieht, und zwar durch Zeugnisse und religiöse Gespräche, in Bibelrunden, Eucharistiefeiern, Beichtgesprächen und auf – durchaus modern gestalteten – Wallfahrten.

Religiöses Lernen geschieht im Beziehungsfeld der Peers nicht mehr vorrangig in religiösen Gruppenstunden, sondern bereits im *Umgang untereinander* und in der *Begegnung* mit engagierten Leiterinnen und Leitern (im Ehrenamt). Es kann sich in projektartigen Unternehmungen erweisen, wo jeder Einzelne Hand anlegen und Verantwortung mittragen muss. Besondere Offenheit ist bei Jugendlichen für Begegnungen mit der Natur im Wechsel der Jahreszeiten feststellbar, oder mit anderen Kulturen in fremden Ländern. Auf dem Umweg über die Begegnung mit anderen können sie zu sich selbst finden.

Weitere Ansatzpunkte religiösen Fragens sind die *globalen Kontingenzen*, für die Jugendliche sensibel sind: die ökologischen Probleme, die Doppeldeutigkeit des technischen Fortschrittes oder die Sorge um Gerechtigkeit, Frieden und Bewahrung der Schöpfung (→ III.12). In all diesen Fragen können Jugendliche die innerweltlichen Gegebenheiten und ideologischen Denkformen überschreiten und kritisch hinterfragen lernen. Sie spüren: Es gibt mehr, als die Welt zu geben vermag.

Ferner geschieht religiöses Lernen anlässlich von *Grenzerfahrungen* des Lebens, etwa beim Abschied oder Verlust von vertrauten Menschen, in Zeiten der Krankheit oder anlässlich der Erfahrung von Niederlagen (z. B. in einer Freundschaft) oder persönlicher Schwächen. Es braucht dann weniger große Worte aus hoher theologischer Warte als die gelebte Solidarität, das gegenseitige Verstehen, vielleicht unter Hinweis auf den tragenden Grund des Glaubens.

Insgesamt wird in diesem Kapitel deutlich, dass es die Jugend auch hier nur im Plural gibt und dass sich Religiosität tiefgreifend gewandelt und differenziert hat. Die traditionsgeleiteten Frömmigkeitsformen wollen, von Ausnahmen abgesehen, nicht mehr greifen und sind weiter im Schwinden, während neue Lebensstile mit freien religiösen und sozial engagierten Formen entstehen. Was junge Menschen in den Beziehungsfeldern der Peers erleben, das bringen sie in die Schule und in den Religionsunterricht mit. Eine Mehrheit hält an religiösen Feiern anlässlich der Lebenswenden fest (kirchliche Trauung, Taufe, Erstkommunion, Firmung, Konfirmation). Es ist eine neue »Alltagsreligiosität«, oft eine »verborgene« Religiosität, erkennbar. Die Bezeichnung einer »narzisstischen« Generation wird der komplexen Wirklichkeit jedenfalls nicht gerecht. »Wir erleben einen Wandel hin zu einer individualisierten selektiven Religiosität, die nicht mehr eindeutig an kirchlicher Praxis und Lehre festgemacht werden kann, die Züge einer ›unsichtbaren Religion‹ (Thomas Luckmann) annimmt, die institutionell nicht organisiert ist und die – gemessen an den Lehrgebäuden fest ausgeprägter Religion – oft synkretistische Züge trägt« (Hilger 1996, 347f).

4. Schule und Schulpastoral

Kinder verbringen viel Lebenszeit in der Schule. Bedingt durch den Trend zur Kleinfamilie begegnen sie – nach dem Kindergarten – in der Schule vermehrt gleichaltrigen Kindern mit ähnlichen Problemen und Entwicklungsaufgaben. Oft wird die Grundschule zum Ersatz für das Elternhaus und nimmt sozialpädagogische Aufgaben wahr. So machen die Kinder erste Erfahrungen der Zugehörigkeit zu einer Lerngruppe; sie erleben Gemeinschaft im Klassenunterricht, bei Spiel und Sport; sie entdecken das andere Geschlecht, ja die Schule wird zunächst als Lebensraum wahrgenommen. Erst dadurch wird sie zum Lernraum. Grundfähigkeiten werden ausgebildet wie das Staunen, das Hören, Sehen und Lesen. Soziale Fähigkeiten kommen zum Tragen wie das Miteinander-Sprechen, die Rücksichtnahme und das Teilen, das Anteil-Nehmen und Anteil-Geben; in integrierten Klassen begegnen sie erstmals Kindern mit Behinderungen. Durch all diese Kleinaufgaben hindurch, welche für die Kinder sehr wichtig sind, erfahren sie die Schule als ein »Stück seelischer Heimat« (Faust Siehl 1996, 20).

Natürlich ist es Aufgabe der Grundschule, in die Symbolsysteme des Weltverstehens und der Weltdeutung einzuführen. So kann Schule als ursprünglicher Ort des Fragen-Lernens verstanden werden. Fragend eignen sich Kinder Welt an, fragend erobern sie Welt, fragend finden sie sich im Leben zurecht. Solange der Religionsunterricht in die Schule integriert ist, partizipiert er an der Schulatmosphäre und trägt er ihre Förderaufgaben mit. Sein wichtigstes Ziel – so das Resultat der Umfrage bei Grundschullehrerinnen und -lehrern Ende der 1990er Jahre – bestehe darin, »die Kinder zum Nachdenken zu bringen« (Englert/Güth 1999, 78). Und die entscheidende Fähigkeit für Grundschullehrerinnen und -lehrer besteht darin, »den Kindern das Gefühl menschlichen Angenommenseins geben zu können« (Englert/Güth 1999, 103). Der Religionsunterricht hat überdies eine kritische Funktion gegenüber der Schule, aber er ist Teil ihres Systems. Er stellt fest, dass bereits die Schule religiöse Basisfähigkeiten und Grundmuster ausbildet. Die Fächer Deutsch, Geschichte, Erdkunde und Fremdsprachen behandeln allgemeine Fragen, aber ebenso Lebensfragen, die mit Glaubensfragen zusammenhängen. Auseinandersetzungen mit Traditionen werden erarbeitet. In der Schule begegnen die Kinder der Tatsache der Bi- oder Multikonfessionalität sowie der Vielfalt der Weltreligionen. Sie lernen am Fest des islamischen Fastenbrechens etwas über den Islam, eventuell im Vergleich zum Christentum. Interkulturelles und interreligiöses Lernen finden nicht allein im Religionsunterricht statt.

Das religiöse Lernen im Beziehungsfeld der Schule ist nicht unbedingt kirchliches Lernen. Gleichwohl prägen das Christentum und seine Kultur das schulische Leben maßgeblich. Die Schule stellt die Frage nach dem Kreuz im Klassenzimmer; sie nimmt *fächerverbindende Aufgaben* wahr wie die Gesundheitserziehung, die Sexualaufklärung und ökologische Themen, die alle ethisch-religiöse Aspekte und religiöses Sinnpotential enthalten. Die Einübung sozialer Verantwortung gehört zu den Grundaufgaben von Schule *und* Religionsunterricht.

Neu in den Blick kommt seit einigen Jahren die *Schulpastoral*, welche die Schule als System betrachtet und sich um eine Schulkultur bemüht. Angesichts großer Schulen in städtischen Agglomerationen tritt die Schulpastoral für eine Humanisierung der Schulen ein. Schulen sollen zu menschenwürdigen Lebensräumen werden, die Kommunikation, Partizipation und Kooperation aktivieren (Fuchs 2000, 117). Auch das spezifisch religiöse Lernen soll im schulischen Beziehungsfeld gefördert werden, wenn Klassen zu Orientierungstagen (vgl. Schulreferat Rottenburg, 2000) eingeladen werden, wenn ein Schulfest geplant und Schulgottesdienste gefeiert werden und wenn in der Advents- und Fastenzeit religiöse Akzente im Raum der Schule gesetzt werden. Die Schulpastoral kümmert sich auch um die Einzelnen mit einem ansehnlichen Gesprächs- und Beratungsangebot. In Kooperation mit den Lehrpersonen achtet sie darauf, dass lebensbedeutsame Ereignisse in der Schule nicht spurlos vorübergehen.

Fazit: Im Beziehungsfeld Schule geschieht zweifellos religiöses Lernen. Hier wird mit allen Sinnen gelernt, erzählt, zugehört, gespielt und gefeiert. Es gibt praktisches Lernen, Erkundungen und Gespräche, die nachdenklich machen. Lernen in der Begegnung mit anderen, biographisches und situationsorientiertes Lernen sind alles elementare Vollzüge, die im neuen Grundlagenplan für den katholischen Religionsunterricht vorkommen (GLP 1999, 66–74), und dies gilt nicht nur für die Bekenntnisschulen, sondern für »gute« Schulen überhaupt (Wegenast 1986, 154–159).

5. Gemeinde und Gemeindekatechese

Religiöses Lernen, das mit dem Religionsunterricht in Beziehung steht und ihn befruchten kann, ereignet sich ferner in der christlichen Gemeinde, näherhin in der außerschulischen Gemeindekatechese. Die Bundesrepublik Deutschland verdankt diese Einrichtung dem konziliaren Aufbruch und der wiedererweckten Volk-Gottes-Theologie, welche sich im Verständnis der Gemeinde als mündiges Subjekt des Glaubens konkretisiert hat. In derselben Nachkonzilszeit wurde eine tragfähige Begründung des Religionsunterrichts und eine neue Verhältnisbestimmung von RU und Gemeindekatechese nötig, was das Arbeitspapier »Das katechetische Wirken der Kirche« so formulierte:

»Der Religionsunterricht muss – in der Verantwortung der Kirche – konsequent von der Aufgabe der Schule her konzipiert werden. Demgegenüber muss die Katechese ebenso konsequent von der Gemeinde her entwickelt werden und die damit verbundenen spezifischen Aufgaben und Chancen wahrnehmen« (Syn E II, 1975, 52).

Während dem Religionsunterricht die Aufgabe zukommt, religiöse Phänomene zu verstehen und sich mit ihnen auseinander zu setzen, sollte die Gemeindekatechese in den Glaubensvollzug einführen und ihn auch einüben. Mit der Vorbereitung auf die Sakramente, die von zahlreichen Müttern und einzelnen Vätern mit Enthusiasmus begonnen wurde, verband man (zu) hohe Erwartungen an die Kinder und Jugendlichen, nämlich eine lange und dauerhafte Kirchenbindung, eben die »Eingliederung« in die Kirche. Dazu wiederum die Synode:

»Die Sakramente als Zeichen der Nähe und Liebe Gottes findet der Mensch in der Kirche. Durch sie erfüllt die Kirche in der ausdrücklichsten Weise ihren Auftrag, d.h. Christus den Menschen zu vermitteln. Wer ein Sakrament empfängt, wird deshalb in der durch das Sakrament bezeichneten Weise in das Leben der Kirche hineingenommen. Für den einzelnen Menschen wird dies erfahrbar in seiner Gemeinde« (Syn I, 1975, 241).

Sehr viel Energie wurde und wird bis heute in die gemeindliche Katechese investiert. Ein intergenerationelles Glauben-Lernen ist anfanghaft entstanden; Eltern und Kinder beginnen, über den Glauben und die gemachten Erfahrungen zu sprechen. Eine Menge von Unterrichtshilfen zur Gemeindekatechese (Emeis/Schmitt), zu Erstkommunion, Bußerziehung und Firmvorbereitung ist erschienen. Konzepte aus dem französischen Raum wurden übernommen, etwa der Dreischritt »Leben – Bewusstwerden – Feiern« von Philippe Béguerie oder »Leben – Deuten – Feiern« durch Dietrich Zimmermann (vgl. Hofrichter 1997, 103–140). Der symboldidaktische und der kommunikative Ansatz wurden für die Sakramentenkatechese entfaltet (Tebartz-van Elst 1995, 480–485).

● Zur Gemeindekatechese gehört die *Taufpastoral* oder die *Taufkatechese* im Anschluss an die Geburt eines Kindes. Die seit dem neuen Tauforgo (1971) obligatorischen Taufgespräche können als »Interventionsgeschehen« verstanden werden mit folgenden Aufgaben: das Bewusstwerden der Lebenswende Geburt, die anthropologische und theologische Deutung dieses existentiellen Ereignisses und die Vorbereitung der liturgischen Tauffeier (Hofrichter 1997, 219–266). Abgesehen von jenen, die das Taufgespräch möglichst schnell abhaken wollen, sind einige junge Eltern zu Taufgesprächen in Gruppen oder zu Taufseminaren bereit, welche dann bereits auf die religiöse Kleinkinderziehung überleiten.

● Die *Eucharistiekatechese* hat die Aufgabe erhalten, unterschiedlich religiös sozialisierte Kinder im Alter von acht bis neun Jahren auf dem Weg des Christsein-Lernens zu begleiten. Sie führt in die Lebensvollzüge des Glaubens ein: in das Hören und Meditieren der Heiligen Schrift, in das gemeinschaftliche Gebet, in das Leben im Kirchenraum und in die Gemeinschaft der Kirche; sie bereitet auf die Begegnung mit Jesus Christus vor, die zeichenhaft, symbolisch, real, leibhaftig und gemeinschaftlich geschieht. Der schulische Religionsunterricht kann die sakramentale Initiation insofern unterstützen, als er vermehrt das Verstehen einschlägiger biblischer Texte, Symbole und Zeichenhandlungen fördert und auf seine Weise auf die personale Begegnung mit Jesus Christus vorbereitet. Die parallele Elternbildung thematisiert den Glauben der Erwachsenen, schafft Klärung, gibt Hilfestellung und vertieft die vorhandenen Ansätze.

● Die gemeindekatechetische Aufgabe der Hinführung zum *Sakrament der Buße* ist seit längerer Zeit in die Krise geraten und sucht nach geeigneten, altersgerechten neuen Wegen. Unbestreitbar jedoch ist die menschliche Versöhnungsbedürftigkeit, die gerade auch Kinder erfahren: Grenzen eingestehen, Fehler erkennen, Unterlassungen sehen, Schuld eingestehen und Gutes tun, all das sind religionsdidaktische Aufgaben der Gemeindekatechese, die eigentlich befreienden Charakter haben und zu einem guten menschlichen Leben beitragen. Der schulische Religionsunterricht wiederum kann die Bußerziehung auf seine Weise unterstützen, sei dies mit der Erarbeitung biblischer Geschichten, durch Modelllernen, Dilemmageschichten, durch globales Denken usw.

● Die Vorbereitung auf die Feier des *Sakramentes der Firmung* hat im Zuge der Erhöhung des Firmalters den Charakter einer ersten bewussten Auseinandersetzung mit Lebens- und Glaubensfragen erhalten. Sie wird deshalb nicht unterlassen, über den Sinn des Lebens, über Beruf und Berufung, über Religion, Glaube und Kirche nachzudenken und die Frage nach dem dreieinigen Gott wachhalten. Während der Gemeindekatechese Aufgaben zukommen wie das Kennen-Lernen der Gemeinde, die Hinführung zur Liturgie, die Erprobung jugendgemäßer liturgischer Formen, soziale Aktion und Praktika, kann wiederum der schulische Religionsunterricht biblische, theologische und geschichtliche Hinweise zur Firmung geben, Vergleiche mit der Konfirmation im ökumenischen Kontext anstellen und in seinen Zusammenhängen die Sinn- und Gottesfrage stellen. Weder Firmung noch Konfirmation haben in den letzten Jahren große Einbrüche erlebt. Sie sind zu Feiern der beginnenden »Mündigkeit« in christlichem Kontext geworden.

● Zur Gemeindekatechese gehört ferner die *Vorbereitung* auf die *kirchliche Trauung*. Sie markiert den Beginn der kirchlichen Erwachsenenbildung in den 1950er Jahren. Auch dieses gemeindekatechetische Gespräch, das angesichts der unterschiedlichen Personen und Situationen nicht einfach ist, kann ein »Interventionsgeschehen« mit drei Aufgaben sein: das Bewusstwerden der Lebenswende, die Deutung der offenen Situation und die Vorbereitung auf die kirchliche Traufeier.

1992 wagte der Deutsche Katecheten-Verein eine kritische Bilanz der »Gemeindekatechese an ihren Grenzen« (DKV 1992, 368–374) zu ziehen. Aus dem Eingeständnis, das Ziel der »Eingliederung« mehrheitlich nicht erreicht wurde, erwuchsen neue Perspektiven in der »Sakramentenpastoral im Wandel« (1993) u.a. die Denkform einer differenzierten Zugehörigkeit zur Kirche, die Möglichkeit einer zweiten Bekehrung und der Prozesscharakter der Evangelisierung überhaupt (Schmitt 1995, 425f), in dessen Gesamtzusammenhang auch die Sakramentenkatechese zu situieren ist. – Eine Gemeindekatechese, die um ihre realistischen Möglichkeiten weiß, kann gleichwohl Kindern, Jugendlichen und Erwachsenen gewinnbringend für das Leben überhaupt werden. Vor allem macht sie gemeindliche und gemeinschaftliche Erfahrungen mit dem Glauben möglich. Zusammenhänge von Glauben-Verstehen und Glauben-Feiern können aufgehen, und die existentielle Dimension von Religion wird deutlich. In einer unsicheren Welt eröffnet Religion einen bergenden Horizont.

6. Religiöses Lernen in der postmodernen Familie

Der Soziologe und Theologe Michael Ebertz hat im Jahre 2000 anlässlich einer Tagung über den Wandel der Religiosität folgende erstaunliche Aussage gemacht, dass nämlich der moderne Mensch bereit sei zum »Martyrium für die Familie«. Die Familie, sagt er, sei das Einundalles der Zeitgenossen. Ihr räumten sie unbedingte Priorität ein. – Warum diese Behauptung? Ist die Familie nicht zu einer fragilen Kleingruppe geworden, in der viele Kinder Geschwister vermissen, die weniger sozial gestützt ist als früher, deshalb störanfälliger und konfliktiver ist? Zudem übersieht kaum jemand, dass in ihr die traditionsgeleiteten religiösen Grundmuster nicht mehr greifen und sie immer weniger als kleine Kirche (ecclesiola) Ursprungsort des Glauben-Lernens ist. Also, was macht denn ihre Attraktivität aus? Weshalb ist die Familie keineswegs am Ende, auch für die Mehrheit junger Menschen nicht? – Ihr Geheimnis liegt darin, dass sie der privilegierte Raum für die Kultivierung der Intimwerte des ehelichen Zusammenlebens und der Kindererziehung ist. Im Schonraum der Familie können Gefühle der Nähe und Affekte der Freude und Trauer gelebt werden (Mette 2000, 28; 1986, 126). Sie ist der Ort primärer Entwicklung, der Verlässlichkeit, des leistungsfreien Aufgehobenseins und der unverwechselbaren Identität. Allerdings stellt sie hohe Anforderungen an ihre Mitglieder, wenn sie unbedingte Annahme, Fürsorge, Hilfe und stellvertretende Hingabe verlangt, faires Streiten und Schuld-Aufarbeiten; sie ist der »Ernstfall christlicher Liebe« (Dietmar Mieth). Wir sprechen heute deshalb von postmoderner Familie, weil zur herkömmlichen Familienstruktur mehrere familienähnliche Lebensformen, die gleichberechtigt sind, hinzugekommen sind, etwa die Ein-Eltern-Familie, die zusammengesetzte Familie (Patchworkfamilie) u. a.

Was hier interessiert, ist die Frage, inwiefern die moderne Familie Beziehungsfeld für religiöses Lernen ist. Umfragen bestätigen, dass Gebet, religiöses Brauchtum, Gottesdienstbesuch der Familien rückläufig sind, gewiss mit Stadt-Land-Differenzen, aber in Ansatz und Tendenz vergleichbar. Eine Minderheit pflegt bewusst Religiosität und ist offen für neue, kindgemäße Formen. Eine Mehrheit hält an den religiösen Ritualen zu den Hauptzeiten des Kirchenjahres oder den Knotenpunkten des Lebens fest. Ausschlaggebend ist, dass die erwähnten familialen Tugenden, die ein gutes Zusammenleben in der Familie ermöglichen, eigentlich religiös-christliche Tugenden sind: Liebe, Umkehrbereitschaft und Treue. Die Familie als Ort gelebter Solidarität und Versöhnung, wo Umgang mit Versagen und Schwächen gemacht werden können, ist kostbar. Einige Eltern delegieren die religiöse Kindererziehung an den schulischen Religionsunterricht, oft aus der Not heraus, keine Sprache und keine angemessenen Formen für das Religiöse und für den Glauben zu finden. Nicht zu unterschätzen ist aber doch manches, was in den Familien auch heute geschieht: Das Erzählen von Geschichten, auch biblischer Geschichten, die Prägung im gegenseitigen Umgang durch den Glauben, die verschiedenen Feiern, die Stille vor dem Essen, das Gespräch über Begegnungen und Vorgänge, Aufbau religiöser Grundfähigkeiten (z. B. teilen lernen, sich entschuldigen, Gutes tun).

Zusammenfassung

Dieses Kapitel hat die Beziehungsfelder und Kontexte des Religionsunterrichtes angesprochen und deutlich gemacht, wie vernetzt religiöses Lernen ist. Andere Sozialisationsinstanzen wirken auf den Religionsunterricht mit ein: Da sind zunächst die Öffentlichkeit, die öffentliche Meinung und die Medien, welche ihn beeinflussen. Kulturelle Ereignisse, Werke der Kunst und moderne Architektur weisen Aspekte auf, welche die religiöse Bildung betreffen. Auch die öffentlichen Kontroversen um ethische Probleme zeigen bisweilen die religiösen Wurzeln dieser Fragen auf.

Die Familie als früher erstrangige religiöse Bildungsstätte ist gegenwärtig stark herausgefordert, was die humanen Beziehungen unter den Mitgliedern betrifft. Ohne große menschliche Tugenden, die letztlich religiös-theologische Tugenden sind, ist sie nicht lebbar. Für die Wiedergewinnung sinnhafter religiöser Vollzüge ist sie deshalb auf Sprachhilfen angewiesen, weil traditionelle Sprachformen in Krise geraten sind. – Die diesbezüglichen Erwartungen an die Peer-groups hängen von der Interpretation der verborgenen Religiosität und der neuen Lebensstile ab. Entlastend wirkt dabei ein weiter Religionsbegriff, der kirchlich geprägte Lebensformen als eine Variante neben anderen einordnet. Unverzichtbar sind verlässliche partnerschaftliche Beziehungen für den Aufbau eines gesunden Selbstbewusstseins, das auch offen für religiöse Phänomene ist. Am stärksten verändert hat sich wohl die Einschätzung der Reichweite der Gemeindekatechese. War sie lange Zeit zu optimistisch in Bezug auf die Eingliederung in die Kirche, ist sie gegenwärtig vielleicht zu pessimistisch und unterschätzt, wie religiöse Vollzüge (Meditation, Gebet, Schriftlesung, Gottesdienst) das Leben bereichern können (vgl. II.1 u. II.2). Das Ziel dieses Kapitels »Beziehungsfelder des Religionsunterrichtes« könnte mit »wechselseitigem Empfangen und Senden« umschrieben werden. Das heißt, wie sehr sich der Religionsunterricht von den anderen Lernorten bereichern lässt und von ihnen vieles empfängt, so sehr soll er auch seine »Botschaften« in die anderen Beziehungsfelder senden.

Lesehinweis

Bitter, Gottfried/Gerhards, Albrecht (Hgg.) (1998): Glauben lernen – Glauben feiern. Katechetisch-liturgische Versuche und Klärungen, Stuttgart.

Guethlein, Christian (1998): Religionspädagogik, Berlin/New York, 312–347.

Höring, Patrik C. (2000): Jugendlichen begegnen. Jugendpastorales Handeln in einer Kirche als Gemeinschaft, Stuttgart.

Hofrichter, Claudia (1997): Leben – Bewusstwerden – Deuten – Feiern, Ostfildern.

II.13 Unter welchen Rahmenbedingungen findet religiöses Lernen statt? Religionsunterricht – Ethik – LER

Boris Kalbheim / Hans-Georg Ziebertz

Die Beschreibung der Dimensionen religiösen Lernens schließt ein, sich mit den Rahmenbedingungen zu beschäftigen, unter denen der Religionsunterricht stattfindet. Rahmenbedingungen werden von den Kirchen, dem Staat und von der Gesellschaft geschaffen. Die Kirchen führen theologische und pädagogische Gründe für den Religionsunterricht an; vor allem der Staat ist an einer weltanschaulichen bzw. wertbezogenen Bildung interessiert. In den deutschsprachigen Ländern sind beide Interessen bisher weitgehend zum Ausgleich gekommen. Inzwischen ist die Krise des kirchlich vertretenen Christentums in der Gesellschaft unübersehbar. Die Zahl der getauften Schülerinnen und Schüler nimmt insgesamt ab. Deshalb haben die meisten Bundesländer einen Ethikunterricht als Ersatzfach eingerichtet. Ein religionskundliches Modell schulischer Werteerziehung ist der Unterricht »Lebensgestaltung-Ethik-Religionskunde« (LER). Wie die einzelnen Fächer begründet werden und in welcher Beziehung sie zueinander stehen, klärt dieses Kapitel.

Nach der inhaltlichen Reflexion zu Fragen religiösen Lernens im Blick auf die Schüler, den Stoff und die Lehrenden, steht eine Vergewisserung über die Vorgaben an, unter denen schulisch religiöse Bildung im Religionsunterricht stattfindet. Vorgaben machen die Kirchen, die für die Lerninhalte verantwortlich zeichnen, und der Staat, der den Religionsunterricht rechtlich und organisatorisch absichert (1). Angesichts der öffentlichen Bedingungen, unter denen sich heute religiöse Bildung ereignet, wäre eine Beschränkung auf diese Vorgaben zu kurz gegriffen. Daher soll der Ethikunterricht einbezogen werden, der in den meisten Bundesländern den Status eines Ersatz- bzw. Alternativfachs hat (2). Schließlich führt die Veränderung der konfessionellen Verfasstheit der deutschen Gesellschaft dazu, dass grundsätzliche religionskundliche Alternativen zum Religionsunterricht beraten werden. Das wohl ausgeprägteste Modell dieser Art ist das Fach »Lebensgestaltung, Ethik und Religionskunde« (LER) in Brandenburg, dessen Intentionen erläutert werden (3).

1. Kirchliche und staatliche Vorgaben für den Religionsunterricht

Der Religionsunterricht ist eine staatliche Veranstaltung, die unter der Mitwirkung der Kirchen zustande kommt. Im Folgenden werden die Verantwortlichkeiten erläutert, aus kirchlicher (1.1) und aus staatlicher Perspektive (1.2). Eine Besonderheit des Religionsunterrichts ist das Konfessionalitätsprinzip, auf das eigens eingegangen werden soll (1.3). Die Darstellung macht deutlich, dass die den Religionsunterricht tragende Konstruktion auf einem gesellschaftlichen Konsens beruht, der nicht selbstverständlich und unverändert für die Zukunft angenommen werden kann (1.4).

1.1 Kirchliche Begründung des Religionsunterrichts an der öffentlichen Schule

Ein nach wie vor zentrales Dokument für die Begründung des Religionsunterrichts an der öffentlichen Schule ist der Beschlusstext »Der Religionsunterricht in der Schule«, den die Gemeinsame Synode der Bistümer in der Bundesrepublik Deutschland 1974 in Würzburg (kurz: »Würzburger Synode«) verabschiedet hat. Nach einer bis zum II. Vaticanum dominanten kerygmatisch orientierten Religionspädagogik (→ I.3) und unter dem Eindruck tiefgreifender gesellschaftlicher Umbrüche in der Nachkriegszeit gelingt der Synode eine fundamentale Neukonzeption des Religionsunterrichts. Die entscheidende Neuerung liegt in einer zeitgemäßen Verknüpfung theologischer und pädagogischer Argumentation. Die Synode stellt dar, wie und warum der Religionsunterricht pädagogisch verantwortet ist, welchen Beitrag er zur Verwirklichung der Ziele schulischer Bildung leistet und auf welche Weise diese Ziele mit theologischen Zielen korrespondieren. Der Konvergenzaspekt durchzieht die Konzeption des Religionsunterrichts wie ein roter Faden. Man will damit die Zeitgemäßheit des Religionsunterrichts unterstreichen und findet zu einer didaktisch-methodischen Neukonzeption, indem nämlich der »Konvergenzgedanke« zur Plattform des korrelativen Denkens in der Religionspädagogik wird.

Pädagogische Begründung des Religionsunterrichts

Zunächst zur pädagogischen Begründung. Sie knüpft an den Schulzielen an und will aufzeigen, dass RU einen notwendigen Beitrag zur Erreichung dieser Ziele leistet. Als grundlegende Schulziele gelten: Individuation und Vergesellschaftung. Individuation steht für das Selbst-werden im Sinne einer Subjekt-werdung in umfassendem Sinne; Vergesellschaftung steht für die Sozialität des Menschen, sein Leben in und mit Gemeinschaft gestalten zu können. Schule und Unterricht haben einen erziehenden und Wissen vermittelnden kulturellen Auftrag. Kulturell bedeutet Bildung, die junge Generation mit der gegenwärtigen Kultur sowie mit deren Wurzeln in der Vergangenheit bekannt zu machen. Dadurch sollen Heranwachsende zu Trägern der Kultur werden, diese aber nicht nur reproduzieren, sondern sie qualitativ transformieren (vgl. a. »Die bildende Kraft des Religionsunterrichts«, 1996). Warum ist aber der Religionsunterricht ein relevantes Fach für die Erreichung die Ziele Individuation und Vergesellschaftung?

Dem Synodenbeschluss folgend, leistet der Religionsunterricht zur Erreichung des ersten Ziels einen wichtigen Beitrag, weil Religion in einem weiten Sinn als eine anthropologische Dimension aufgefasst werden muss. Weltdeutung, Sinnfindung und Erhellung des Transzendenzbezugs markieren Bereiche, die den Menschen betreffen. Würde man diese Bereiche in der Schule nicht berücksichtigen, ließe man einen wesentlichen Aspekt der Qualität des Menschseins verkümmern. Die individuell-anthropologische Seite hat ihr Pendant in der kulturgeschichtlichen Prägung Europas bzw.

der deutschsprachigen Länder. Überall in Europa sind christentumsgeprägte Sozialformen des Lebens zu finden. Der Jahreskalender mit seinen Fest- und Feiertagen; Werte, Normen und Übereinkünfte, die zum Allgemeingut gezählt werden, aber christlichen Ursprungs sind; Bräuche; Kunst; usw. sind oft nur verständlich, wenn man ihre Wurzeln kennt und freilegt. Bildung ohne religiöse Bildung bleibt daher reduziert, wenn man die kulturgeschichtliche Seite vernachlässigt.

Auf evangelischer Seite wird ähnlich argumentiert. Auch für Adam und Lachmann (1993) beinhaltet schulische Bildung die Konfrontation der Schüler mit der Frage nach sich selbst, nach dem Dasein, nach den Grenzsituationen des Lebens etc. Wenn es dem Menschen eigen ist, sich mit metaphysischen (religiösen) Problemen zu beschäftigen, muss dieses Fragen kultiviert werden. Nicht »Religion« oder »Religiosität« sei angeboren, sondern eine transzendentale Fragehaltung, d.h. eine grundsätzliche Angewiesenheit des Menschen auf eine Gesamtorientierung. Es ist Teil des Bildungsauftrags der Schule, die Auseinandersetzung mit den Sinnantworten der Religionen und Weltanschauungen zu fördern. Der Religionsunterricht hat Anteil an dieser Aufgabe, und zwar auf der Basis einer vorgängigen Wertentscheidung für die christliche Tradition. Neben dieser anthropologischen Begründung verweisen Adam und Lachmann auf die Aufgabe der Schule, die überlieferte Kultur darzustellen und zu interpretieren. Diese Aufgabe betrifft zwar nicht nur den Religionsunterricht, doch hat dieser darin seine spezifische Funktion. Adam und Lachmann fügen diesen beiden Argumenten ein weiteres »volkskirchlich-bildungsorientiertes« hinzu. Sie verweisen darauf, dass die Kirche noch immer eine entscheidende Größe in der Gesellschaft sei und ihr von daher Bildungsrelevanz zukomme. Gerade weil der Staat auf dem Gebiet der Weltanschauung neutral sein will, muss er subsidiär die Behandlung von Weltanschauungsfragen zulassen, d.h. gesellschaftlich relevante Gruppen mit der Ausgestaltung beauftragen bzw. sie zumindest daran beteiligen. Wenn der Staat die Kirchen mit der materialen Sorge für den Religionsunterricht betraut, ist das nicht eine Bevorzugung der Kirchen (Schneider 1995). Vielmehr entspricht der Staat damit der Situation in der Bevölkerung, wonach ca. 3/4 der Deutschen Mitglied der evangelischen bzw. katholischen Kirche sind. Die Argumentation von Adam und Lachmann geht aber noch weiter. Sie meinen, dass Heranwachsende angesichts ihrer zukünftigen Verantwortung in der Gesellschaft unabhängig von der Kirchenmitgliedschaft in Glaubens-, Gewissens- und Bekenntnisfragen gebildet werden sollen. Der Religionsunterricht müsse sich seinerseits für dieses Ziel in die Pflicht nehmen lassen. Um sein Bildungsziel zu erreichen, dürfe der Religionsunterricht daher nicht als Rekrutierungselement für die Kirchen missbraucht werden, sondern müsse ein Unterricht sein, der zur kritischen Auseinandersetzung befähige.

Die Gründe für den Religionsunterricht an der Schule beziehen sich material auf Religion, Religiosität, Sinn- und Weltdeutung. Gleichwohl sind sie pädagogischer Natur, denn sie thematisieren aus einem pädagogischen Blickwinkel die Notwendigkeit religiöser Bildung. Die Argumente stehen und fallen jedoch damit, dass es einen Konsensus gibt, ob Religion wirklich zum Menschsein gehört und gebildet werden muss, welchen Anteil die kulturelle Dimension angesichts der Erfordernisse der Informationsgesellschaft im Lehrplan haben soll, ob die Kirchen in Zukunft milieuprägende Größen sein werden und daraus Ansprüche ableiten können, usw. Diese und ähnliche kritische Fragen werden durchaus gestellt.

Theologische Begründung des Religionsunterrichts

Die theologische Argumentation konzentriert sich auf die Frage, was es heißt, Heranwachsende mit der geistigen Überlieferung vertraut zu machen. In Korrespondenz zum anthropologischen Argument für den Religionsunterricht wird theologisch ausgeführt, dass die christliche Offenbarung auf das Heil des Menschen in seiner Welt zielt. Der Mensch, der sich auf die Botschaft einlässt, wird zum Partner Gottes. Er erfährt durch diese Partnerschaft neue Perspektiven für seine eigene Identität. Die Theologie nimmt die Grundbedürfnisse des Menschen ernst und reflektiert sie – nicht nur, um den Menschen zu bestätigen, sondern auch in kritischer Absicht: als Herausforderung zur Umkehr. Damit knüpft die Synode an das anthropologische Argument von der Transzendenzverwiesenheit des Menschen an und qualifiziert diese Verwiesenheit theologisch mit dem Angebot des Heils in Jesus Christus. Neben der Individuum-bezogenen Argumentation spricht die Synode von der sozialen Gestalt der Religion und des Glaubens. Darunter versteht die Synode die Wirklichkeit des Glaubens und der Botschaft, wie sie im Leben und Glauben der Kirche Gestalt annimmt. Ohne ein tieferes Glaubensverständnis könne es kein Verständnis für christliches Verhalten und Handeln geben. Man sieht hierdurch eine Korrespondenz zum kulturgeschichtlichen Argument für den Religionsunterricht. Eine dritte Ebene wird angesprochen, wo die Synode den Binnenraum der Kirche übersteigt und den öffentlichen Charakter christlicher Praxis anspricht. Es geht um den Gesellschaftsbezug der christlichen Religion. Sie befasst sich mit der Welt und ihrer Zukunft im Licht des Glaubens. Biblische Kategorien sind »Glaube, Hoffnung und Liebe«. Christliche Praxis ist reflektierte Welterfahrung aus der Perspektive des Glaubens. Nicht »von außerhalb«, sondern als Teil einer konkreten Gesellschaft soll eine neue Praxis angestoßen werden; d.h. das Christentum reklamiert eine entscheidende Rolle in der Gestaltung des öffentlichen Lebens. Religiöse Bildung bereitet junge Leute vor, Verantwortung zu übernehmen und diese im Licht der christlichen Überlieferung zu reflektieren. Zu den theologisch begründeten Inhalten kommt ein formaler Aspekt: mit der christlichen Botschaft korrespondiert der Wert der Freiheit. Daher ist das Bekanntmachen mit der christlichen Überlieferung eine Einladung – keine Nötigung. Die Freiheit des Menschen muss respektiert werden, auch wenn Selbstbestimmung nicht ohne Fremdbestimmung zu haben ist. Gleichwohl muss die Annahme des Evangeliums in Freiheit geschehen. Die theologische Begründung religiöser Bildung an der Schule liefert somit nicht nur Inhalte, sondern zugleich ein Prinzip für die Gestaltung des Unterrichts. Die Synode konnte davon ausgehen, dass diese Ausführungen sowohl gesellschaftlich akzeptabel als auch staatlich wünschenswert waren. Doch: ein solcher Konsensus besteht nicht unangefochten. Durch die Fortschreibung der Konzepte muss versucht werden, diesen Konsens zu erneuern.

Das leitende Prinzip der theologischen Begründung des Religionsunterrichts ist Konvergenz. Konvergenz markiert über die genannten Ausführungen hinaus eine religionspädagogische und -didaktische Aufgabe. Der Religionsunterricht soll Konvergenz zwischen menschlichen Fragen und Lebensdeutungen aus dem Glauben aufdecken. Konvergenz meint didaktisch Korrelation, also die kritisch wechselseitige Befragung zum Zwecke einer »Verdichtung« des Lebens. Diese religiöse Dimension zu kultivieren heißt, Heranwachsende zu befähigen, ihr eigenes Leben und die Frage nach dem Woher?, Wohin?, Wozu?... in die Hand zu nehmen (→ III.2.).

Begründungen des Religionsunterrichts

Gesellschaftlich	Erziehung und Bildung zielen auf die Befähigung zum Leben in der weltanschaulich-pluralistischen Welt. Die christliche Religion bietet dazu Orientierungen an und trägt zu einem kritischen Bewusstsein bei.
Kulturgeschichtlich	Erziehung und Bildung als Bekanntmachen der heranwachsenden Generation mit der Kultur schließt Vertrautsein mit den christlichen Wurzeln der westlichen Kultur ein.
Bevölkerungs-demographisch	Etwa drei Viertel der Deutschen gehören weltanschaulich einer christlichen Kirche an.
Anthropologisch	Das öffentliche Schulwesen trägt mit der Einrichtung katholischer und evangelischer Religionslehre diesem Befund Rechnung.
Politisch	Der Religionsunterricht kultiviert die Frage nach dem Woher und Wohin, er befähigt zu einem qualifizierten Umgang mit der Sinnfrage und der Transzendenz menschlichen Lebens. Der moderne demokratische Staat ist selbst weltanschaulich neutral, braucht aber ein weltanschauliches Fundament. Daher sichert er den Religionsunterricht formal ab, der diese Leistung erbringt.

1.2 Gesetzliche Absicherung des Religionsunterrichts

In den Beratungen über das Grundgesetz wurde das Verhältnis von Staat und Kirche neu geregelt. Das Grundgesetz hat keine radikale Trennung von Staat und Kirche vorgenommen, sondern Bereiche ausgewiesen, die als »res mixtae« (»gemischte Bereiche«) gelten. Hintergrund dieser Entscheidung war die Auffassung, dass die Kirchen eine wichtige Rolle bei der Gestaltung des öffentlichen Lebens erfüllen. Die Kirchen in Deutschland sind keine privaten Vereinigungen, sondern »Körperschaften des öffentlichen Rechts«. Es handelt sich nicht um eine Auszeichnung, sondern um eine Verpflichtung. Die Kirchen kommen dieser Verpflichtung etwa im caritativ-diakonischen Bereich nach, aber auch im Erziehungssystem.

Für den Religionsunterricht ist GG Art. 7 Abs. 3 ein zentraler Artikel. Darin wird der Religionsunterricht zum ordentlichen Lehrfach an öffentlichen Schulen erklärt, der nach den Grundsätzen der Religionsgemeinschaften zu erteilen ist. Der Religionsunterricht ist sachlich, nicht aber persönlich obligatorisch, d.h. es besteht die Möglichkeit sich abzumelden (vgl. zum Folgenden: Seitzmayer 1996; auch Fikenscher 1988). Das Schulwesen, also auch der Religionsunterricht steht unter der Aufsicht des Staates. Die Aufgabe des Staates ist eine flächendeckende Schulbildung und ein vergleichbares Niveau schulischer Bildungsgänge und Abschlüsse sicher zu stellen. Die Integration des Religionsunterrichts in die schulische Bildung bedeutet, dass der Staat als Auftraggeber des Religionsunterrichts auftritt. Er wacht darüber, dass der Religionsunterricht, wie alle anderen Fächer auch, den demokratischen Regeln der Gesellschaft entspricht, also Pluralität zulässt, Freiheit der individuellen Positionsbestimmung respektiert und Indoktrination vermeidet.

Die Regelung im GG hat zur Konsequenz, dass der Religionsunterricht in Deutschland hervorragend abgesichert ist. Er ist Teil des Lehrplans; er ist mit anderen Fächern gleichgestellt, sowohl hinsichtlich der personellen und materiellen Ausstattung als auch hinsichtlich der Mindeststundenzahl; er ist nicht Lehrgegenstand, sondern selbständiges Fach; er ist in die Notengebung einbezogen und kann versetzungsrelevant sein. Schließlich ist nicht ganz unwichtig, dass der Schulträger den Religionsunterricht im Rahmen der Gesamtverantwortung zu finanzieren hat.

Die Unterscheidung zwischen »sachlich« und »persönlich« obligatorisch führt zur Möglichkeit der Abmeldung. In den Bundesländern gibt es für diesen Fall unterschiedliche Regelungen hinsichtlich eines Ersatz- oder Alternativfachs. Dass man bei einer Abmeldung vom Religionsunterricht die Stunden nicht einfach ausfallen lässt, sondern zum Beispiel Ethik oder Philosophie vorschreibt, wird begründet mit dem Grundsatz der Gleichheit und mit dem Interesse des Staates an einer moralisch-geistigen Erziehung der Jugend (vgl. 13.2).

Insbesondere die Erfahrungen mit dem Nazi-Deutschland haben zu der Haltung geführt, dass der Staat mit keiner Religion oder Weltanschauung verbunden sein dürfe. Der Staat legt sich die Pflicht auf, neutral zu sein. Während diese Verpflichtung in anderen europäischen Ländern zu der Konsequenz führt, weltanschauliche Inhalte von der Schule fern zu halten bzw. sie allenfalls am Nachmittag als freiwilliges Angebot zu erlauben, hat man in Deutschland anders argumentiert. Der Staat will nicht »Neutralismus« zur Weltanschauung erheben, sondern es den weltanschaulichen Gruppen ermöglichen, ihre Inhalte in den Bildungsprozess einzubringen. Der Staat respektiert die Freiheit des Glaubens, des Gewissens und des ungestörten religiösen Bekenntnisses und stellt dazu Erziehung auf diesem Gebiet formal sicher. Aber er übernimmt nicht die inhaltliche Verantwortung, denn dies würde mit dem Gebot weltanschaulicher Neutralität kollidieren. Der Staat braucht also die Mitwirkung der Kirchen. Die Kirchen nehmen diese Mitwirkung wahr, indem sie die Ziele religiöser Bildung in der Schule und die Inhalte (Curriculum) festlegen. Die Grenze der Mitwirkung durch die Kirchen liegt in den verfassungsmäßigen Grundlagen schulischer Bildung und der Festlegung, was Religionsunterricht sein soll. Eine inhaltliche Festlegung betrifft die Konfessionalität. Der Religionsunterricht, wie ihn die Verfassung versteht, ist weder Moral- oder Sittenlehre, noch eine religionskundliche Darstellung religiöser Systeme. Er ist in konfessioneller Positivität und Gebundenheit zu erteilen.

1.3 Konfessionalität

Die Konfessionalität des Religionsunterrichts ist in der Diskussion. Bereits die Würzburger Synode hat diese Problematik implizit diskutiert, und fünf alternative Modelle des Religionsunterrichts abgewogen (vgl. Volz 1974): Katechetischer Religionsunterricht als Kirche in der Schule (1); schulpädagogisch begründetes Erschließen der (religiösen) Kultur (2); pädagogisch und theologisch zu begründender Religionsunterricht (3); kirchenfreier allgemeiner Religionsunterricht (4); religionskundlicher Unterricht über Religion (5). Die Synode optiert für den dritten Vorschlag einer pädagogisch-theologischen Konvergenz. Beide großen Kirchen haben seitdem in Erklärungen die Konfessionalitätsfrage präzisiert (vgl. die Diskussion in rhs 40 (1997) 4 sowie im Ev.Erz. 45 (1993) 1). Die Katholischen Bischöfe haben das Dokument »Die bildende Kraft des Religionsunterrichts« (1996) herausgegeben, die Evangelische Kirche in Deutschland die Denkschrift »Identität und Verständigung« (1994).

»Die bildende Kraft« stellt klar, dass Konfessionalität nicht als Konfessionalismus missverstanden werden dürfe, sondern »Konfession als Bekenntnis« meine. Das Bekenntnis wird eng mit der Lehre der Kirche verknüpft. Die Kirche verkörpert das Evangelium institutionell und ist im Blick auf die Geschichte der Ermöglichungsgrund für ein Bekenntnis überhaupt. Konfessionalität als Prinzip des Religionsunterrichts sei daher wesensnotwendig kirchlich gebundener Unterricht. Beide Begrifflichkeiten, »kirchlicher« bzw. »konfessioneller« Religionsunterricht, seien synonym, also austauschbar. Das katholische Bekenntnis wird der dogmatischen Konstitution »Lumen Gentium« (II. Vatikanum) entlehnt, wonach sich die universale Kirche in der römisch-katholischen Kirche verwirkliche. Unter dieser Voraussetzung sei es realistisch, von einer noch länger andauernden Trennung der christlichen Kirchen auszugehen. Einem ökumenischen Unterrichtskonzept wird eine Absage erteilt, gelegentliche Kooperationen ausgenommen. Der bekenntnisorientierte Religionsunterricht hat nach dem Verständnis der »Bildenden Kraft« die katechetische Aufgabe der behutsamen Hinführung der Schülerinnen und Schüler zum kirchlich repräsentierten christlichen Glauben. Von dieser Haltung aus plädieren die Autoren für eine Ausweitung des Konfessionsprinzips, wodurch auch anderen religiösen Gruppen ein entsprechender Unterricht ermöglicht würde (vgl. Schlüter 1997).

Die Evangelische Kirche in Deutschland nunaciert diese Fragen anders. Entsprechend des evangelischen Kirchenverständnisses, das nicht die Vorordnung der kirchlichen Autorität vor den individuellen Glauben kennt, spricht sich das Dokument »Identität und Verständigung« für einen subjektbezogenen Religionsunterricht aus, in dem die persönliche Selbstbestimmung der Schüler bei der Sinnsuche im Mittelpunkt steht. Der Religionsunterricht hat diese Suche pädagogisch-erzieherisch und theologisch-inhaltlich zu begleiten und zu strukturieren. Das evangelische Dokument ist bemüht um eine realistische Einschätzung der Ausgangslage. Es erkennt an, dass nicht mehr von einem religiösen Baldachin ausgegangen werden kann, der privates und öffentliches Leben überspannt. Stattdessen müsse in der modernen religiös pluralen Gesellschaft grundsätzlich von Differenz (Heterogenität) ausgegangen werden. Vor diesem Hintergrund wird das Verständnis von Konfessionalität vor allem im Hinblick auf die Konfessionalität der Lehrerinnen und Lehrer entfaltet, auch wenn es so etwas wie eine konfessionelle (kirchliche) Vorprägung gebe. Besonders im Handeln der Lehrer komme die universale christliche Wahrheit zur Geltung (vgl. Schweitzer 1997).

Ein entscheidender Unterschied zwischen beiden Kirchen liegt darin, dass die katholische Kirche Konfessionalität nach wie vor als eine »Trias« auffasst: Lehrer, Schüler und die Inhalte des Religionsunterrichtes sollen katholisch sein bzw. sich einer Konfession zuordnen. Elemente dieser Trias sind die Religionslehrerinnen und -lehrer, der Religionsinhalt und die Schülerinnen und Schüler.

- Von den Lehrerinnen und Lehrern (vgl. auch → II.6) wird erwartet, dass sie persönlich bekennen, was sie zu lehren haben. Sie sollen dem Unterrichtsgegenstand nicht neutral gegenüber stehen, sondern persönlich involviert sein. Die Missio canonica (ev.: Vocatio) ist Ausdruck der Beauftragung, Religionsunterricht erteilen zu dürfen. Zugleich repräsentiert sie die Bindung an die Kirche, zu der Religionslehrerinnen und Lehrer zumindest ein Verhältnis »kritischer Loyalität« unterhalten sollen.
- Die Konfessionalität der Lehre wird begründet mit dem Verweis auf die je spezifische historische und kulturelle Erscheinungsform des Christentums. Es gebe kein Christentum »an sich«, sondern nur das Christentum im Rahmen einer konkreten institutionalisierten religiösen Gemeinschaft. Die Konfessionalität der Lehre und die der Lehrerinnen und Lehrer stehen nach diesem Verständnis in einer direkten Wechselbeziehung.

● Die Konfessionalität der Schülerinnen und Schüler kann heute nicht mehr einfach vorausgesetzt werden. Aber was für die Aussagen zur kirchlichen Gestalt des Christentums insgesamt gilt, hat auch Konsequenzen für die Erläuterung der Konfessionalität der Schülerinnen und Schüler. Der empirische Befund einer marginalen Konfessionalität in der Schülerschaft einerseits und die religiöse Bildungsaufgabe als Vertrautmachen mit der christlichen Religion andererseits führt zur Formulierung der Aufgabe, Heranwachsende zur Möglichkeit des Glaubens hinzuführen. Diese Aufgabe müsse von der Praxis einer gelebten konkreten Religion her entwickelt werden. Von Konfessionalität auf Seiten der Schüler zu sprechen markiert somit vor allem das Ziel, in religiöser Hinsicht zu konfessionellem (d.h. kirchlich vermitteltem christlichen) Denken, Urteilen und Handeln zu führen.

Die Trias ist in der Diskussion, sowohl hinsichtlich der darin enthaltenen Normativität, als auch hinsichtlich ihrer Umsetzbarkeit (vgl. u.a. Beiträge in Lott 1992; Biesinger/Hänle 1998). Was die Normativität betrifft, richtet sich die Kritik insbesondere auf die ungenügende Aufarbeitung der Pluralität in Bezug auf die Hermeneutik der Lehre, die religiös-kirchlichen Einstellungen der Lehrerinnen und Lehrer und ihrer religiösen Praxis sowie die Heterogenität der Schülerschaft. An der praktischen Seite wird kritisiert, die Trias erhebe etwas zum »Soll«, was kaum erreichbar sei. Auf diese Weise würden die Lehrerinnen und Lehrer mit Ansprüchen überfrachtet, die sie kaum einlösen könnten. Es wird bei einer Fortschreibung des Konfessionalitätsprinzips darauf ankommen, empirische Einsichten zu berücksichtigen und auf dieser Plattform realistische Perspektiven zu entwickeln.

1.4 Die Dynamik von Rahmenbedingungen

Der derzeitige Religionsunterricht verdankt sich einer weitreichenden Vereinbarung zwischen Staat und Kirche, die zwar grundgesetzlich abgesichert ist, gleichwohl der Pflege bedarf. Der Konsensus, den das Grundgesetz formuliert hat, beruht auf gesellschaftlichen Plausibilitäten, die immer wieder neu erarbeitet werden müssen. Vertreter der Kirche und Befürworter des Religionsunterrichts können sich daher nicht auf dem Grundgesetz ausruhen. Sie haben die pädagogische und öffentliche Relevanz religiöser Bildung an der Schule konzeptuell zu untermauern. Der Synodenbeschluss hatte für den Religionsunterricht formuliert, auch nicht-gläubige Schüler sollten sich dort wohlfühlen und etwas mitnehmen können. Freilich, die Beibehaltung eines offenen Religionsunterrichts setzt voraus, Pluralität und Heterogenität (kurz: Differenz) als eine »normale« moderne Herausforderung zu erfahren.

Eine wichtige Visitenkarte für den Religionsunterricht ist sicher eine gute Unterrichtspraxis. Die öffentliche Meinung bildet sich nicht nur über Medien, sondern auch über die konkreten täglichen Erfahrungen vor Ort. Gleichwohl ist nicht von der Hand zu weisen, dass die »öffentliche Meinung« gerade die Plausibilität herstellt oder vorenthält, die nötig ist, um gute Rahmenbedingungen für die religiöse Bildung an der Schule abzusichern. Es wird stets darauf ankommen, unter den Bedingungen einer zunehmend entkonfessionalisierten Gesellschaft zunächst die religiöse Dimension der Wirklichkeit frei zu legen (→ II.1) und darin eingebettet die kirchlich-christliche Praxis als eine Konkretion der allgemeinen religiösen Gestimmtheit auszuweisen, die eine Einladung darstellt und eine Entscheidung verlangt.

2. Ethik als Ersatzfach bzw. Alternativfach zum Religionsunterricht

Die verfassungsrechtliche Absicherung des Religionsunterrichtes steht im Kontext der positiven und negativen Religionsfreiheit (Art. 4 GG, vgl. auch Isensee 1996, 11). Niemand darf zu einem bestimmten Bekenntnis gezwungen werden (negative Religionsfreiheit); gleichzeitig wird die Entfaltung der Religionsgemeinschaften garantiert (positive Religionsfreiheit). Die positive Religionsfreiheit ermöglicht es den Religionsgemeinschaften, die Inhalte des Religionsunterricht zu bestimmen; die negative Religionsfreiheit eröffnet die Möglichkeit, dass Schülerinnen und Schüler vom Religionsunterricht abgemeldet werden können (Art. 7, Abs. 2 GG). Eine Abmeldung darf den Schülern weder Nachteile noch Vorteile bringen. Diese Gleichbehandlung muss auch für Schüler gelten, die einer anderen oder keiner Konfession angehören.

Aufgrund dieser juristischen Forderung hat zuerst die bayerische Verfassung einen Ersatz für den Religionsunterricht geschaffen: Wer nicht am Religionsunterricht teilnimmt, soll einen »Unterricht über die allgemein anerkannten Grundsätze der Sittlichkeit« erhalten (Art. 137, Abs. 2 Bay Verf). Bis in die sechziger Jahre des letzten Jahrhunderts hinein bestand kein Bedarf nach einem solchen Unterricht. Seitdem stieg jedoch die Zahl der Abmeldungen vom RU; ebenso stieg die Zahl der Kinder, die nicht getauft waren oder die nichtchristlichen Religionen angehören. Einen besonderen Schub in dieser Entwicklung brachte die deutsche Wiedervereinigung: In den neuen Bundesländern sind getaufte Christen in der Minderheit, 70 bis 80% der Schüler sind nicht Mitglied einer Kirche oder Religionsgemeinschaft. Daher kann der Religionsunterricht in diesen Ländern nur eine Minderheit der Schüler erreichen.

Diese Entwicklungen haben dazu geführt, dass der Ethikunterricht von einer juristischen Notlösung zu einer erkennbaren Alternative zum Religionsunterricht geworden ist (vgl. »Die bildende Kraft« 1996, 8, S. 73). Für Religionslehrerinnen und -lehrer ist es daher sinnvoll, das Verhältnis zwischen Ethikunterricht und Religionsunterricht zu kennen. Im Folgenden sollen kurz die Rahmenbedingungen des Ethikunterricht dargestellt werden (2.1). Anschließend werden die inhaltlichen Vorgaben des Ethikunterricht dargestellt (2.2), und zuletzt soll sein Verhältnis zum Religionsunterricht reflektiert werden (2.3). Da die Gestaltung der Schule Sache der Länder ist, gibt es in jedem Bundesland eine eigene Regelung zum Ethikunterricht. Schon die Namen dieses Faches differieren: »Ethik« (Baden-Württemberg), »Werte und Normen« (Niedersachsen), »praktische Philosophie« (NRW) oder »Philosophieren mit Kindern« (Mecklenburg-Vorpommern). Die Bezeichnungen aus NRW und Mecklenburg-Vorpommern weisen darauf hin, dass dieser Unterricht nicht mit dem Unterrichtsfach »Philosophie« zu verwechseln ist, welches in der Oberstufe angeboten wird. Im Folgenden sollen die Ersatzfächer unter der Bezeichnung »Ethikunterricht« subsumiert werden. Die nähere Darstellung erfolgt am Beispiel der Regelungen in Bayern.

2.1 Äußere Aspekte des Ethikunterrichts

Verfassungsrechtlich ist der Ethikunterricht ein Ersatz zum Religionsunterricht. Der Ethikunterricht soll in möglichst exakter Entsprechung zum Religionsunterricht angeboten werden, er hat den gleichen Platz in der Stundentafel, er ist versetzungsrelevant und kann als drittes oder viertes Abiturfach gewählt werden. Der Ethikunterricht wird für diejenigen Schüler eingerichtet, die nicht am Religionsunterricht teilnehmen, seine Zielgruppe ist nur negativ begrenzt. Dadurch finden sich im Ethikunterricht drei unterschiedliche Gruppen von Schülern ein (vgl. Nipkow 1998, 212).

- Religionsunterricht wird von institutionalisierten Religionen verantwortet. Daher müssen Schüler am Ethikunterricht teilnehmen, wenn sie keiner Religionsgemeinschaft angehören. Diese Gruppe ist in den neuen Bundesländern besonders groß, da dort nur 20 % der Jugendlichen getauft sind. In Bayern sind ca. 40 % der Teilnehmer am Ethikunterricht konfessionslos.
- Religionsunterricht wird in Bayern von vier christlichen Konfessionen (römisch-katholisch, evangelisch, griechisch-orthodox und neuapostolisch) angeboten, daneben gibt es israelitischen Religionsunterricht. Schüler die einer anderen christlichen Konfession oder Religionsgemeinschaft angehören, müssen am Ethikunterricht teilnehmen. Für muslimische Grundschüler besteht in Bayern eine Ausnahmeregelung. Von den Teilnehmern am Ethikunterricht sind in Bayern ca. 20 % Mitglieder einer anderen Religionsgemeinschaft.
- Schließlich müssen am Ethikunterricht alle Schüler teilnehmen, die vom Religionsunterricht ihrer Konfession abgemeldet sind. In Bayern ist bis zum 18. Lebensjahr diese Abmeldung Sache der Eltern, nur erwachsene Schüler können sich selbst abmelden (Art. 137, Abs. 1 Bay Verf); in anderen Bundesländern können sich Schüler selbst vom Religionsunterricht abmelden, wenn sie mindestens 14 Jahre alt sind. In Bayern machen die abgemeldeten Schüler ca. 40 % der Teilnehmer am Ethikunterricht aus.

Bislang (Frühjahr 2003) sind die Lehrer des Ethikunterrichtes in Bayern nicht eindeutig für ihr Fach qualifiziert (vgl. Schwillus 2000, 18f), die Einrichtung einer entsprechenden Lehrerausbildung steht jedoch bevor. In Bayern kann zur Zeit jeder Lehrer zum Ethikunterricht herangezogen werden, nur Religionslehrer sollen keinen Ethikunterricht erteilen. Ein Lehrer kann die Erteilung von Ethikunterricht nicht ablehnen. Eine eigenständige akademische Ausbildung für diesen Unterricht gibt es zur Zeit noch nicht, in der zweiten Phase erhalten die Referendare eine Einführung in die Grundzüge des Ethikunterrichts. In der Fort- und Weiterbildung der Lehrer bestehen spezielle Angebote für Lehrer des Ethikunterrichtes.

2.2 Inhaltliche Aspekte

Im Gegensatz zum Religionsunterricht, der eine »Veranstaltung von Staat und Kirche« ist (s.o.), steht der Ethikunterricht allein in der Verantwortung des Staates. Die juristische Berechtigung leitet sich aus dem Erziehungsmandat des Staates ab (Isensee 1996, 12). Von staatlicher Seite aus soll dieser Unterricht die »säkularen Wirkungen« des Religionsunterrichts erreichen, wie die Vermittlung von Lebenssinn, die ethische Unterweisung sowie die Tradierung von kulturellem Wissen (ebd., 11; vgl. → III.9).

Die bildungstheoretische Berechtigung für einen Ethikunterricht in staatlicher Regie wird oft mit dem Hinweis auf die vier Fragen gegeben, die Kant als Grundfragen der Philosophie bestimmt hat: ›Was kann ich wissen?‹, ›Was soll ich tun?‹, ›Was darf ich hoffen?‹, ›Was ist der Mensch?‹ Ethikunterricht bezieht sich vor allem auf die Frage ›Was darf ich hoffen?‹ (vgl. dazu z.B. Simon 1999, 90; ebenso Stürmer/Ley 1996, 37 oder implizit Wegener 1996, 47). Über die didaktischen Konzepte für diese Beschäftigung gibt es unterschiedliche Überlegungen. Idealtypisch lassen sich vier Konzepte ausmachen (Simon 1999, 91–93).

Ethikunterricht als:

Moralerziehung	• Einführung in die gesellschaftlich akzeptierten Werte • Didaktische Aufgabe: Eine praxisorientierte Hermeneutik vorgegebener und zugleich angezielter Sittlichkeit (Simon 1999, 92) • Deduktives Vorgehen von einem Kanon fraglos akzeptierter moralischer Regeln • Beruft sich auf die demokratischen Rechtsgrundlagen Deutschlands und die obersten Bildungsziele nach den Landesverfassungen
Lebensgestaltung	• Lebenswelt der Schülerinnen und Schüler steht im Mittelpunkt • Setzt bei der Orientierungslosigkeit vieler Schüler an (vgl. Heilemann 1996, 102f) • Lehrerin/Lehrer interpretiert stellvertretend die Alltagswelt der Schüler und berät sie • Lehrer übernimmt therapeutische Funktion • Induktives Vorgehen von der Lebenswelt der Schüler aus
Ethische Reflexion bzw. praktisches Philosophieren	• Nimmt die Pluralität der Schüler und deren Weltvorstellungen zum Ausgangspunkt • Zielt auf die Fähigkeit, eigenständige moralische Urteile zu fällen, das heißt auf deren ethische Kompetenz • Greift auf die plurale ethische Tradition des Abendlandes zurück • Betrachtet die Religionen insofern es um deren ethische Implikationen geht (Scheilke 1998, 32)
Kulturkunde	• Schülerinnen und Schüler sollen die Traditionen kennen lernen, auf denen die westliche Gesellschaft beruht • Zielt darauf, dass Jugendliche aktive Mitglieder der Gesellschaft werden (Preul 1999, 318f) • Schließt politische Bildung mit ein

Mit dem Ethikunterricht reagiert der Staat auf den schwindenden Einfluss der Kirchen in der Gesellschaft. Er will am Ziel moralischer Bildung festhalten, auch wenn dafür der Religionsunterricht nicht mehr uneingeschränkt zur Verfügung steht. In den Bundesländern werden die verschiedenen Konzepte des Ethikunterrichtes miteinander kombiniert (Schwillus 2000, 7). Ethikunterricht soll Schülerinnen und Schüler in die demokratische Gesellschaft einführen und sie befähigen, ihr zukünftiges Leben zu bewältigen.

Gegen den Ethikunterricht wird jedoch auch Kritik vorgebracht, denn die genannten Konzepte haben Grenzen: Der Ethikunterricht als Moralerziehung hat das Problem, dass in der pluralen Gesellschaft die moralischen Regeln nicht fraglos existieren. An das Konzept der Lebenshilfe kann die Frage gestellt werden, ob so eine Hilfe im Rahmen der Schule möglich ist. Das Konzept des Ethikunterrichtes als ethische Reflexion kann diese Kritik beantworten, indem es auf die »ethische Kompetenz« der Schüler abzielt. Eine grundsätzliche Anfrage an den Ethikunterricht besteht in der Frage, wie er sich mit der weltanschaulichen Neutralität des Staates vereinbaren lässt.

2.3 Ethikunterricht und Religionsunterricht

Bisher gilt juristisch der Ethikunterricht als Ersatzfach für den Religionsunterricht, das heißt es besteht eine Hierarchie zwischen diesen beiden Fächern. Solange diese Hierarchie gewahrt bleibt, plädiert auch die Bischofskonferenz für den Ethikunterricht (»Die bildende Kraft« 1996, 8, S. 73). Nur in Berlin und in Bremen gibt es bisher Ausnahmeregelungen: Aufgrund der besonderen historischen Situation dieser Länder wird dort seit Beginn der Bundesrepublik kein konfessioneller Religionsunterricht erteilt. In Bremen gibt es dafür einen allgemeinen »Unterricht in biblischer Geschichte« (Verf. Bremen § 32), in Berlin gibt es bislang keinen Religions- oder Ethikunterricht im Rahmen der Schule. Beide Sonderregelung sind durch Art. 141 GG gedeckt. Gegenwärtig gibt es im Land Berlin einen Schulversuch zur Einführung eines Faches Ethik/Philosophie (Schwillus 2000, 3).

Die Hierarchie zwischen dem Religionsunterricht als ordentlichem Lehrfach und dem Ethikunterricht als Ersatzfach ist in den neuen Bundesländern faktisch umgekehrt, einerseits durch die geringe Teilnahme am Religionsunterricht, andererseits durch die Vorbehalte, die viele Schulen gegenüber einem konfessionellen Religionsunterricht haben (vgl. Nipkow 1998, 187). Auch in den westlichen Bundesländern steht die gegenwärtige Situation auf dem Prüfstand (vgl. Zimbrich 2001): In Hessen zum Beispiel erhalten mehr als ein Drittel der Schüler weiterführender Schulen keinen Religions- oder Ethikunterricht. Dies liegt vor allem daran, dass es zu wenig Ethiklehrer gibt.

Die meisten östlichen Bundesländer haben den Religionsunterricht nach westlichem Muster eingeführt, mit Ausnahme von Brandenburg (s.u. 13.3.). In Mecklenburg-Vorpommern ist in Kooperation mit den Kirchen eine Fächergruppe eingeführt worden, die den konfessionellen Religionsunterricht sowie die Fächer »Philosophieren mit Kindern« und »Philosophie« umfasst (Schulgesetz vom 15.5.1996, vgl. Evangelischer und katholischer Religionsunterricht in Mecklenburg-Vorpommern 2000). Diese Fächer beschäftigen sich mit den Grundfragen für das Verständnis und die Gestaltung des Lebens. Die Fächer beziehen sich somit auf den gleichen Aspekt des schulischen Erziehungsauftrages. Diesen Bezug beantworten die Fächer jedoch in unterschiedlicher Weise: Der konfessionelle Religionsunterricht steht in der Perspektive der christlichen Glaubensoffenbarung und ihren Wirkungen, die säkularen Fächer richten sich auf die »Sinnentdeckung in der Selbstvergewisserung durch Vernunft« (Evangelischer und katholischer Religionsunterricht in Mecklenburg-Vorpommern 2000). Diese unterschiedliche Betrachtung der gleichen Themen und Fragestellungen ist die Grundlage dafür, dass diese Fächer miteinander kooperieren können und sollen. Praktisch soll diese Kooperation auf allen Ebenen der Schule erfolgen: Bei der Ausarbeitung der Curricula, in der schulischen Praxis sowie in der Ausbildung und Zusammenarbeit der Lehrer.

Das Modell des Landes Mecklenburg-Vorpommern stellt einen Versuch dar, Religionsunterricht und Ethikunterricht als gleichberechtigte Partner aufeinander zu beziehen. Dadurch können beide Fächer ein eigenes Profil gewinnen, ohne in Konkurrenz zueinander zu stehen. Die Kirchen und das Land Mecklenburg-Vorpommern erhoffen sich davon, dass christliche und nichtchristliche Schüler lernen, sich gegenseitig zu akzeptieren. Kritisch ist die Beschreibung der Grundlage des Ethikunterrichtes zu bewerten, die »Sinnentdeckung in der Selbstvergewisserung durch Vernunft«. Mit dieser Beschreibung werden die Annahmen verdeckt, auf denen das säkulare Denken beruht (so Antes 1999). Trotz dieser Kritik stellt das Konzept des Landes Mecklenburg-Vorpommern einen zukunftsträchtigen Versuch dar, die Balance zwischen der Neutralität des Staates und seinem Erziehungsauftrag auf die Situation der östlichen Bundesländer anzuwenden (Simon 1996, 113–115).

3. Lebensgestaltung – Ethik – Religionskunde (LER)

Im Unterschied zu den anderen östlichen Bundesländern hat das Land Brandenburg keinen Religionsunterricht eingeführt, sondern ein allgemeines Fach »Lebensgestaltung – Ethik – Religionskunde« (LER). Damit wurde eine Debatte angestoßen über die Werteerziehung an den Schulen und die Bedeutung des Religionsunterrichtes. Im Folgenden soll zunächst die Entwicklung von LER skizziert werden (3.1), sodann sollen das Konzept und das Ziel dieses Faches dargestellt werden (3.2), schließlich soll diese neue Konzeption bewertet werden (3.3).

3.1 Die Entwicklung von LER

Mit der Vereinigung Deutschlands im Jahre 1989/90 mussten in den neuen Bundesländern Schulreformen durchgeführt werden. In der Vorbereitung der Schulreform in Brandenburg stellte man Defizite bei den Schülern fest, vor allem in Fragen der Lebensorientierung, in Haltungen gegenüber anderen Kulturen sowie in der Kenntnis unterschiedlicher Kulturen (Leschinsky 1996, 7). Schon vor der Wende gab es Vorarbeiten, um eine Wertebildung in der Schule zu ermöglichen (vgl. Peter 1997). Aufgrund dieser Vorarbeiten beschloss das erste Kabinett von Brandenburg »einen breit angelegten Unterricht in Religions- und Lebenskunde durchzuführen« (Koalitionsvertrag vom 19.11.1990). Dieser Unterricht wurde zunächst in einem Modellversuch (1992–1995) entwickelt, seit dem Schuljahr 1996/97 ist LER ordentliches Schulfach in Brandenburg.

Inhaltlich sollte das Fach nach der Anfangskonzeption staatlich und kirchlich verantwortet werden (Simon 1995, 20), daher hieß dieses Fach anfangs »Lebensgestaltung – Ethik – Religion«. Die katholische Kirche verlangte die Einrichtung konfessionellen Religionsunterrichtes und arbeitete nicht am Modellversuch mit (seit August 1993); die evangelische Kirche unterstützte die Planung bis Mai 1995, stieg dann aber aus dem Projekt aus. Daraufhin wurde der Namensteil »Religion« in »Religionskunde« geändert. In dieser Zeit begann der Widerstand der Kirchen gegen das Fach LER, der bis vor das Bundesverfassungsgericht gebracht wurde. Das Gericht erreichte einen Vergleich zwischen den Parteien (Urteil BVerfG, 1 BvF 1/96 vom 11.12.2001); demnach ist LER in Brandenburg das zentrale werteorientierte Fach, Religionsunterricht wird dann angeboten, wenn genügend Schüler ihn wünschen (mindestens 16 in einer Schule). Schülerinnen und Schüler haben die Wahl, entweder an LER teilzunehmen oder am Religionsunterricht oder an beiden Fächern. Damit ist der Religionsunterricht, anders als in den anderen Bundesländern, eine Alternative zu LER.

3.2 Konzeption und Ziel von LER

Die erste Konzeption des Faches LER wurde 1991 unter dem Titel »Gemeinsam leben lernen« vorgestellt. Mit diesem Konzept wollten Bildungspolitiker auf das Defizit der schulischen Erziehung der DDR reagieren, die Fragen des Lebens, der Ethik und der Religion ausgegrenzt hatte. Das Konzept »Gemeinsam leben lernen« stellt das persönliche Leben der Schüler in den Mittelpunkt und will den Heranwachsenden Hilfen zu selbstverantwortetem Leben geben. Anfangs waren Integrations- und Differenzierungsphasen geplant: In den Differenzierungsphasen sollten die christlichen Schüler konfessionellen Religionsunterricht erhalten, die nichtchristlichen Schüler Ethikunterricht. Damit wurde dem Wunsch entsprochen, die Religionen kennen zu lernen, ohne aber eine religiöse Unterweisung zu erhalten. Die didaktische Grundlage dieser Konzeption waren der gemeinsame Unterricht aller Schülerinnen und Schüler ohne weltanschauliche Trennung, sowie die Integration unterschiedlicher Zugänge der Religionen und Weltanschauungen zu einem lebensweltlich bedeutsamen Thema.

Faktisch lief diese Konzeption auf das Modell eines Ethikunterrichtes als Lebensgestaltung hinaus. An die Lehrer stellte diese Konzeption hohe Anforderungen: Sie sollten ihren eigenen Standpunkt offen darlegen, sich selbst in Frage stellen und sich in Schüler einfühlen sowie einen Dialog zwischen Vertretern unterschiedlicher Weltanschauungen und den Schülern ermöglichen und fördern können.

Nach dem Modellversuch 1992–1995 wurde die Konzeption für das Fach LER verändert. Nach dem neuesten Entwurf (Rahmenplan 2000) soll LER nicht mehr Lebenshilfe darstellen, sondern die »Vermittlung von Grundlagen für eine wertorientierte Lebensgestaltung, von Wissen über Traditionen philosophischer Ethik und Grundsätzen ethischer Urteilsbildung sowie über Religionen und Weltanschauungen«. Die drei Bereiche Lebensgestaltung, Ethik und Religionskunde werden als drei grundlegende Perspektiven oder Dimensionen bezeichnet (Rahmenplan 2000, 1–3): »Lebensgestaltung« verweist auf die konkrete Lebenswelt der Schüler, »Ethik« verweist auf das Ziel der Entwicklung moralischer Kompetenz und »Religionskunde« auf die verschiedenen (vorgelebten) Möglichkeiten, im Leben Sinn zu erfahren. Die normative Grundlage dieses Faches ist der »Wertekonsens der Verfassungen und der allgemeinen Erklärung der Menschenrechte« (ebd., 4).

Die didaktischen Grundlagen von LER sind weiterhin der gemeinsame Unterricht aller Schülerinnen und Schüler sowie die Integration der drei Dimensionen Lebensgestaltung, Ethik und Religionskunde. Diese Grundlagen werden in vier Prinzipien entfaltet: Das Prinzip des konstruktiven Diskurses, das Prinzip der Kontroversität und Pluralität, das Prinzip der Authentizität sowie das Prinzip der Ganzheitlichkeit. LER will in der pluralen Gesellschaft Möglichkeiten bereit stellen, unterschiedlichen Haltungen zum Leben zu begegnen (Prinzip der Authentizität und der Pluralität). Dabei stellt der konstruktive Diskurs die Grundlage dar, gleichzeitig soll ein ausgewogenes Verhältnis von Erleben, Erfahren und Reflektieren angestrebt werden (Prinzip der Ganzheitlichkeit). Im Unterschied zur Konzeption des Modellversuches will LER seit Neuestem nicht mehr konkrete Therapie leisten, sondern eine Einführung der Schüler in die Gesellschaft bringen. Daher nennt die neue Konzeption vier Ziele des Faches: Die Förderung der Identitätsentwicklung der Kinder und Jugendlichen, die Entwicklung ethischer Urteilsfähigkeit und die Bereitschaft zur Übernahme von Verantwortung, Orientierungswissen sowie die Fähigkeit, sich mit existentiellen Fragen auseinanderzusetzen, schließlich die Fähigkeit zum Umgang mit »weltanschaulicher Pluralität«.

Die Stellung des Lehrers ist in der neuesten Konzeption immer noch sehr anspruchsvoll: Der Lehrer soll eine vertrauensvolle Unterrichtsatmosphäre schaffen und mit möglichst vielen Medien arbeiten, er soll bestimmen, wann authentische Vertreter der verschiedenen Religionen oder Weltanschauungen eingeladen werden und für die fachübergreifende Vernetzung der Inhalte von LER sorgen (Rahmenplan 2000, 31f).

3.3 Zur Bewertung von LER

Das Anliegen, das zur Einrichtung von LER geführt hat, ist ein spezifisches Problem der ostdeutschen Gesellschaft: Die Ablösung von der Ideologie der DDR und die damit verbundene Gefahr der Anomie. Eine juristische Bewertung des Faches LER steht noch aus. Im Folgenden soll die inhaltliche und didaktische Konzeption von LER bewertet werden. Eine Reihe von Themen in LER korrespondieren mit den Themen des konfessionellen Religionsunterrichtes oder des Ethikunterrichtes in anderen Bundesländern. Die Besonderheit von LER lässt sich in drei Punkten beschreiben: LER setzt auf den »konstruktiven Diskurs« der Schüler, LER beschäftigt sich rein phänomenologisch mit den Religionen und LER hat eine Monopolstellung an der Schule. Diese Besonderheiten sollen etwas näher betrachtet werden.

Die Konzeption von LER versucht, eine Balance zu finden zwischen dem Diskurs der Schüler und ihrer pluralen Weltanschauungen einerseits sowie der Moderation dieses Diskurses durch den Lehrer andererseits (vgl. Simon 1995, 38). Für die Balance des Unterrichtes und für die Steuerung des Diskurses ist der Lehrer verantwortlich. Das heißt, der Lehrer muss sowohl den Dialog der Schüler untereinander steuern als auch seine eigenen Beiträge kontrollieren. Durch seine hervorgehobene Stellung ist der Lehrer in der Gefahr, seine Haltungen zu stark in den Vordergrund zu stellen – und damit die Konzeption von LER zu verfehlen.

Im Rahmen von LER werden Religionen und Weltanschauungen phänomenologisch betrachtet: Die Mitte der Religionen, ihr Anspruch auf Wahrheit und ihre Verweisung auf das Göttliche, können und sollen in LER nicht thematisiert werden (Lohmann 1999, 160). An dieses Konzept muss die Frage gestellt werden, ob damit die Religionen nur unzureichend dargestellt werden und damit die Schüler Religionen falsch verstehen.

Besonders umstritten ist die Monopolstellung des Faches LER. Wie lässt sich die weltanschauliche Neutralität des Staates mit der inhaltlichen Verantwortung eines allgemeinen, verpflichtenden Unterrichtes wie LER durch den Staat vereinbaren (vgl. Simon 1995, 35)? Die Entwicklung von LER zeigt, dass das letzte Wort über die Konzeption dieses Faches noch nicht gesprochen ist.

Positive Aspekte von LER

- Die Konzeption von LER ist ein Versuch, auf die besondere gesellschaftliche Lage in Brandenburg zu reagieren: Ein hoher Anteil an konfessionslosen Schülern sowie die Befreiung aus der staatlichen Ideologie.
- LER versucht, Schüler auf die pluralistische Gesellschaft vorzubereiten, indem es deren Grundlage – die Koexistenz verschiedener Weltanschauungen oder Wertorientierungen übernimmt.
- LER vertraut auf den freien Diskurs der Schüler untereinander. Damit versucht er, die Schüler aus der Bevormundung anderer herauszuführen.

Negative Aspekte von LER

- Die Konzeption von LER verlangt vom Lehrer einerseits die Offenheit für verschiedene Anschauungen, andererseits hat der Lehrer eine herausragende Stellung. Damit ist der angezielte freie Diskurs der Schüler in Gefahr.

- LER orientiert sich an den Problemen der Schüler und beurteilt Religionen oder philosophische Aussagen ausschließlich nach deren Nutzen. Damit steht LER in der Gefahr, eine unzureichende Darstellung der Religionen zu geben, obwohl er auf die Authentizität seiner Darstellung Wert legt.
- LER hat in der brandenburgischen Schule eine Monopolstellung. Damit wird die weltanschauliche Neutralität des Staates unterlaufen.

Zusammenfassung

Der Religionsunterricht hat im Gesamt der Schule Anteil am allgemeinen Bildungsauftrag, Jugendliche für ein Leben in der pluralen Gesellschaft auszurüsten. Die Religionsgemeinschaften begründen den Religionsunterricht aus diesem Grund nicht nur theologisch, sondern auch (schul-)pädagogisch. Für den katholischen Religionsunterricht gilt weiterhin die konfessionelle Trias für Lehrer, Lehre und Schüler. Weil nicht alle Schüler am Religionsunterricht teilnehmen wollen oder können, wird ein Ethikunterricht als Ersatz- bzw. Alternativfach angeboten. Über diese klassische Konstruktion von Pflicht- und Ersatzfach hinaus wird spätestens seit der Einrichtung von LER verstärkt über einen lebenskundlichen Religionsunterricht nachgedacht. In Zukunft kann das Modell einer kooperierenden Fächergruppe an Bedeutung gewinnen, worin Religionsunterricht und Ethikunterricht unter Wahrung der Eigenständigkeit in eine geregelte Beziehung zueinander treten. Eine solche Fächergruppe wäre mit einer Weiterentwicklung des Religionsunterrichtes verbunden, etwa im Blick auf die Offenheit für nichtchristliche Schüler und ihre Wahlfreiheit innerhalb der Fächergruppe. Bei alledem wird die Entwicklung in den einzelnen Bundesländern vermutlich unterschiedlich verlaufen.

Lesehinweis

Lott, Jürgen (1992) (Hg.): Religion – warum und wozu in der Schule? Weinheim.

Scheilke, Christoph/Schweitzer, Friedrich (Hgg.) (1999): Religion, Ethik, Schule. Bildungspolitische Perspektiven in der pluralen Gesellschaft, Münster.

Sekretariat DBK (Hg.) (1998): Texte zu Katechese und Religionsunterricht, Bonn.

Simon, Werner (1999): Ethikunterricht – Philosophieunterricht – Religionskunde – Religionsunterricht. Probleme und Differenzierungen. In: ThQ 179, 90–99.

Exkurs: Ziele und Aufgaben des Religionsunterrichts im Spiegel kirchlicher Dokumente

Ulrich Kropač

Über den Synodenbeschluss hinaus gibt es weitere kirchliche Dokumente, die nachfolgend daraufhin befragt werden, welche Bedeutung sie im weiteren und engeren Sinne für den Religionsunterricht haben.

Die Enzyklika »Evangelii nuntiandi«

Die am 18.12.1975 von Papst Paul VI. veröffentlichte Enzyklika »Evangelii nuntiandi« über die Evangelisierung in der Welt von heute ist ein Dokument, das nicht nur für die Missionstheologie maßgebend geworden ist, sondern auch verschiedene Perspektiven für religionspädagogische Fragestellungen eröffnet. Das Dokument weiß sich dem II. Vatikanum – dessen Abschluss zum Zeitpunkt der Publikation genau zehn Jahre zurücklag – mit seinem Grundanliegen verpflichtet, »die Kirche des 20. Jahrhunderts besser zu befähigen, das Evangelium der Menschheit des 20. Jahrhunderts zu verkünden« (2). Seine Mitte bildet der Begriff »Evangelisierung«, den der Papst zu einer Fundamentalperspektive ausgestaltet. Evangelisierung ist nicht ein Sektor kirchlichen Handelns neben zahlreichen anderen, sondern ein die Identität der Kirche begründendes Prinzip (vgl. 14), an dem sich ihre gesamte Praxis ausrichten muss.

Evangelisierung ist zunächst und zuerst Selbst-Evangelisierung der Kirche im Prozess beständiger Erneuerung (vgl. 15), ohne die eine glaubwürdige Evangelisierung der Welt undenkbar ist. Ziel der Evangelisierung ist nicht weniger als eine Erneuerung der Menschheit in allen ihren Lebensbereichen und Kulturen durch innere Umwandlung (vgl. 18–20). Dazu ist es nötig, dass der »Bruch zwischen Evangelium und Kultur« (21) überwunden wird. Dies kann aber nur geschehen, wenn die Evangelisierung die kulturelle Verwurzelung der Menschen ernst nimmt. Darin eingeschlossen sind zugleich Annäherung des Evangeliums an und kritische Distanz zu Kultur. Diese Probleme werden heute vor allem unter den Stichworten *Inkulturation des Christentums* bzw. *Kontextualität* verhandelt.

Bemerkenswert an dem Dokument ist die Forderung nach einer engen Verbindung von Glaubens- und Lebenszeugnis. Die Evangelisierung beginnt mit dem gelebten Zeugnis, einem »Zeugnis ohne Worte« (21). Daran schließen sich erst die weiteren Schritte des Evangelisierungsprozesses (Verkündigung, Zustimmung des Herzens, Eintritt in die kirchliche Gemeinschaft, Empfang der Sakramente, Apostolat) an. Sie ist primär auf eine persönliche Vermittlung, auf die Mitteilung der eigenen Glaubenserfahrung an einen anderen verwiesen (vgl. 46). Andere Wege, die Institution oder Organisation voraussetzen, treten demgegenüber zurück. In der Priorität des Lebenszeugnisses vor aller Lehre und dem personalen Beziehungsgeschehen vor institutionalisierten Vermittlungswegen liegt ein wichtiger Impuls für religionspädagogisches Handeln.

Als Zielgruppe von Evangelisierung nennt das Dokument zunächst jene, die Christus noch nicht kennen, dann die Nichtglaubenden und Nichtpraktizierenden – eine unter dem Vorzeichen der Säkularisierung wachsende Gruppe, bei der es gleichwohl nicht an »christliche[n] Anknüpfungspunkte[n]« (55) fehlt – und die nichtchristlichen Religionen, wobei hervorgehoben wird, dass die Achtung und Wertschätzung anderer Religionen und die Vielschichtigkeit der mit der Missionierung verbundenen Probleme die Kirche nicht hindern dürfen, Christus zu verkünden (vgl. 53). Die Evangelisierung richtet sich aber auch an diejenigen, die schon glauben; hier gewinnt sie den Charakter einer Glaubenshilfe.

Das von Gott allen Menschen angebotene Heil – der Inhalt der Evangelisierung – wird in dem Apostolischen Schreiben vor allem als Befreiung gedeutet. Ausdrücklich lehnt der Papst ein verkürztes Verständnis von Befreiung als eines rein diesseitigen und daher für Ideologisierung anfälligen Programms ab. Er betont im Gegenzug, dass jene

Befreiung, auf welche die Evangelisierung zielt, den Menschen in allen seinen Dimensionen betrifft – einschließlich seiner Öffnung auf Gott hin. Dieser Gedanke, der durch die Befreiungstheologie wieder verstärkt in das Bewusstsein getreten ist, birgt zugleich für die Religionspädagogik einen unüberhörbaren Imperativ: ihr Handeln so auszurichten, dass Menschen darin Befreiung erfahren, die nicht auf zeitliche Bedürfnisse begrenzt bleibt, sondern auf das Heil in Gott angelegt ist.

»Allgemeines Direktorium für die Katechese«

Das am 15. August 1997 von der Kongregation für den Klerus approbierte Dokument versteht sich als Erfüllung einer Intention des II. Vatikanischen Konzils, das in dem Dekret »Christus Dominus« (Nr. 44) die Abfassung eines solchen Werkes für die katechetische Unterweisung in Auftrag gab. Ziel der Katechese ist die Gemeinschaft des Menschen mit Christus (vgl. 80). Überlegungen, die den *Inhalt* des Glaubens betreffen, führen unmittelbar zu einer Reflexion auf den »Katechismus der Katholischen Kirche«. Die Funktionsbestimmung dieses Glaubenskompendiums für die Katechese erhält dadurch Brisanz, dass Katechismus und Heilige Schrift nahe zusammengerückt werden: Beide Größen erscheinen nach dem Direktorium als »grundlegende Quellen der Inspiration für das gesamte katechetische Wirken der Kirche in unserer Zeit« (128).

Im Hinblick auf *methodische Fragen* wird grundsätzlich auf die »Erziehungsweisheit Gottes, wie sie sich in Christus und in der Kirche entfaltet« (143), verwiesen. Unter dieser Perspektive stellt sich die Katechese als »aktive Glaubenspädagogik« (144) dar, die auf menschliche Kompetenzen und Erfahrungen nicht verzichtet, ihr letztes Maß jedoch an der sich in der geschichtlichen Offenbarung zeigenden göttlichen Pädagogik nimmt. Verhältnismäßig spät kommen die *Adressaten* der Katechese in den Blick. Der katechetische Prozess muss so angelegt sein, dass sich der Adressat als »aktives, bewusstes und mitverantwortliches Subjekt und nicht als bloß schweigender, passiver Empfänger« (167) entdecken kann. Das Schlusswort erinnert daran, dass alles katechetische Mühen letztlich vom gnadenhaften Wirken Gottes abhängig ist.

Das Direktorium von 1997 kommt zu einer relativ differenzierten Sicht des *Religionsunterrichts* (vgl. besonders 73–75). Deutlich wird der Eigencharakter des Religionsunterrichts gesehen. Seine Relation zur Katechese bestimmt sich als »eine Beziehung der Unterscheidung und wechselseitigen Ergänzung« (73). Der Religionsunterricht beansprucht, hinsichtlich Systematik und Strenge ein Schulfach wie jedes andere zu sein. Sein spezifischer Beitrag zur Erziehungtätigkeit der Schule besteht in der Förderung eines interdisziplinären Dialogs zwischen den Unterrichtsfächern, der vorrangig so angelegt ist, dass Welt und Mensch im Licht des Glaubens wahrgenommen werden können. Ähnlich wie der Synodenbeschluss zum Religionsunterricht von 1974 werden im Direktorium für die Katechese gläubige, suchende bzw. zweifelnde und nicht glaubende Schüler unterschieden, denen der Religionsunterricht in je spezifischer Weise begegnen soll. Insgesamt wird man vom Dokument der Kleruskongregation jedoch keine weitreichenden Impulse für den Religionsunterricht erwarten dürfen, da sein Hauptinteresse der Katechese gilt, die wiederum bezüglich der Adressaten primär Erwachsene (vgl. z.B. 59), bezüglich des Ortes in erster Linie die Gemeinde (vgl. z.B. 141) vor Augen hat.

Die Denkschrift der Evangelischen Kirche Deutschlands »Identität und Verständigung – Standort und Perspektiven des Religionsunterrichts in der Pluralität«

Titel und Untertitel der 1994 erschienenen Denkschrift der Evangelischen Kirche in Deutschland konzentrieren Intention, Problemanzeige und Horizont der Schrift in instruktiven Schlagworten: Es geht ihr um eine Positionsbestimmung heutigen Religionsunterrichts, die zum Ausgangspunkt wird für die Suche nach den Koordinaten eines zukunftsfähigen Religionsunterrichts. Die Überschrift »Identität und Verständigung« weist auf zwei Ziele heutiger Erziehungs- und Bildungsbemühungen hin: Hilfe bei der Identitätsfindung und Förderung von Verständigungsfähigkeit bei jungen Menschen (vgl. 10f). Beide Schlüsselbegriffe werden in der weiteren Entfaltung der Argumentation auf den Religionsunterricht übertragen, dessen Grundzug dann als ein wechselseitiges Angewiesensein von *konfessioneller Identität und ökumenischer Verständigung* bestimmt werden kann. (→ II.13)

Eine Situationsanalyse skizziert in knappen Zügen das schwierige Verhältnis junger Menschen zum Thema Religion, wobei deutlich wird, dass entgegen allen Säkularisierungstendenzen in der jungen Generation ein Potential von Sinn- und Grenzfragen existiert, das für Schule und Kirche gleichermaßen eine Herausforderung darstellt. Hervorgehoben wird die Doppelfunktion von Schule als »Ort der Bildung« und als »Lebensraum« (22). Die Denkschrift betont das Erfordernis einer »neuen allgemeinen Bildung« die in ihrer *individuellen* Ausrichtung auf Identitätsfindung, in ihrer *universalen* auf Verständigungsfähigkeit zielt (vgl. 10f).

Sinn und Aufgaben des Religionsunterrichts werden darin gesehen, dass er zum einen für junge Menschen einen »Beitrag zu ihrer persönlichen religiösen Orientierung und individuellen menschlichen Bildung« (36) leistet, dass er zum anderen für die Schule insgesamt unverzichtbar ist, will sie ihren Erziehungs- und Bildungsauftrag erfüllen. Die theologische Begründung (3.2) hebt ab auf die Mitverantwortung der Kirche für die Zukunft der jungen Generation, die sich in der Mitgestaltung von Schule und Bildung artikuliert. Dieses Engagement versteht sich als konkreter Dienst an den Schülerinnen und Schülern, die aus der christlichen Überlieferung Impulse und Orientierungshilfen für ihr gegenwärtiges und zukünftiges Leben gewinnen sollen. Die starke rechtliche Position des Religionsunterrichts in Art. 7.3 GG wird in der Denkschrift nicht zu sehr hervorgekehrt, da langfristig sein Bestand nur durch gesellschaftliche Akzeptanz und nicht durch einen Rekurs auf die Rechtssituation gesichert werden kann. Es wird im Gegenteil im Blick auf Art. 7.3 GG auf die »*Aufgabe einer interpretativen Fortentwicklung der Verfassung*« (42) verwiesen, um weitreichende konfessionelle Kooperationen in der Zukunft zu ermöglichen. Dem Aufriss verschiedener (religions-) didaktischer Prinzipien wie ökumenisches, interreligiöses, identifikatorisches, kompensatorisches und fächerübergreifendes Lernen sowie Lernen im Sinne einer religiösen Alphabetisierung ist gewissermaßen als Präambel das Prinzip des schülerorientierten Lehrens vorangestellt: Es sind die Schülerinnen und Schüler samt ihrer religiösen Biographie, die Subjekte des Lernprozesses sind (vgl.4).

Unzweideutig plädiert die Denkschrift für einen nach Konfessionen getrennten Religionsunterricht in der Form eines »*konfessionell-kooperativen Religionsunterrichts*« (65). Diese Konzeption impliziert die nachdrückliche Modifikation der überkommenen Gestalt des Religionsunterrichts (vgl. 64). Die Schrift der EKD schlägt dazu eine Öffnung bei allen drei Elementen der unter einem einheitlichen konfessionellen Vorzeichen stehenden Trias von Lehrenden, Lernenden und Lerninhalten vor. Daraus ergeben sich verschiedene Möglichkeiten der Kooperation mit der katholischen Kirche, die weit über den gegenwärtigen Stand hinausgehen. Ausdrücklich ist dem Dokument daran gelegen, die bisherige Zusammenarbeit der beiden Kirchen inhaltlich und institutionell auszubauen und entsprechend rechtlich auszugestalten.

Vom Bildungsauftrag der Schule her argumentierend, spricht sich das Dokument für einen eigenständigen Ethikunterricht mit dem Status eines ordentlichen Lehrfachs aus, den jene Schülerinnen und Schüler besuchen, die nicht am Religionsunterricht teilnehmen wollen (vgl. 5.3). Weiterhin wird für den evangelischen, den katholischen und den Religionsunterricht anderer Religionsgemeinschaften sowie den Ethikunterricht eine eigenständige Fächergruppe mit Pflichtcharakter vorgeschlagen. Damit könnten Ethik- und Religionsunterricht durch Herausarbeitung des Gemeinsamen und Differenten gleichermaßen eine Vertiefung ihres Profils erfahren.

Das Bischofswort »Die bildende Kraft des Religionsunterrichts – Zur Konfessionalität des katholischen Religionsunterrichts«

Die am 27.9.1996 von den katholischen deutschen Bischöfen veröffentlichte Erklärung konzentriert sich, wie aus dem Untertitel hervorgeht, auf den nach Konfessionen getrennten Religionsunterricht. Sie will den in der Spannung von Konfessionalität und ökumenischer Offenheit stehenden Religionsunterricht als einen unersetzbaren Beitrag zum Bildungsauftrag der Schule ausweisen. Dabei wird das Plädoyer für einen konfessionell gebundenen Religionsunterricht durch eine Zusammenschau bildungstheoretischer und theologischer Perspektiven entwickelt (2.–5.). Aus der Darlegung der Rechtslage (7.) ergibt sich eine weitere, gegenüber der zuvor vorgetragenen Argumentation allerdings zurücktretende Begründung. Das Dokument argumentiert mit einem Verständnis von Bildung, bei dem das Moment der Selbsttätigkeit im Zentrum steht. Sich-Bilden zielt auf Allgemeinbildung und nicht auf die Schaffung eines Depots von Wissen. So sehr Allgemeinbildung an eine konkrete kulturelle Gemeinschaft gebunden ist, so wenig darf sie sich aber der Kommunikation mit anderen kulturellen Identitäten verschließen. Dazu gehört auch und vor allem die Bereitschaft, sich auf die Perspektive des anderen einzulassen. Diese Fähigkeit ist gewissermaßen die »Tiefenstruktur der Allgemeinbildung« (2.2).

In welcher Weise kann nun der Religionsunterricht mit seinen Inhalten zur Bildung in einem Verständnis, wie es eben entfaltet worden ist, beitragen? Die Bildungsherausforderung des Evangeliums besteht darin, auf das von Gott allen Menschen zugedachte Heil und seine allen Menschen angebotene Liebe aufmerksam zu machen (vgl. 3.2). Das Evangelium lädt ein, diese Zuwendung Gottes anzunehmen und sie im eigenen Leben und im Leben anderer Menschen wirksam werden zu lassen. Wenn das Evangelium als bildende Kraft wirksam werden soll, ist es allerdings auf ein »soziales und leibliches Bildungsmedium« (4.3) angewiesen, in dem es sich verkörpern kann. Mit anderen Worten: Das Evangelium »muss Institution, muss kirchliche Religion schaffen« (4.3). Es ist Aufgabe der Kirche, allen Menschen, unabhängig von ihrer nationalen und kulturellen Zugehörigkeit, die Nähe des kommenden Gottesreiches zu verkünden. Damit wird aber die Kirche und zusammen mit ihr der Religionsunterricht *»ein Ort allgemeiner Bildung«* (4.4). Das Bischofswort verdeutlicht diese Aussage für den Religionsunterricht: Alle Schülerinnen und Schüler, mögen sie sich als Christen, Agnostiker oder Atheisten verstehen, sind – wenigstens latent – von Grundfragen und Grunderfahrungen der menschlichen Existenz bewegt. Diese haben ohne jede Einschränkung Platz im Religionsunterricht. Hier können sie mit dem von der Kirche verbürgten Evangelium ins Gespräch gebracht werden.

Mit einer Reflexion auf das Verhältnis von Konfessionalität und Ökumene erreicht die Argumentation der Bischöfe für einen konfessionellen Religionsunterricht im fünften Kapitel ihren Höhepunkt (→ II.6; II.13). Zunächst wird dargelegt, dass der Begriff *Konfession* nicht (mehr) *Konfessionalismus* meint und damit auf Abgrenzung zielt, sondern seine ursprüngliche Wortbedeutung – *Bekenntnis* – zurückgewonnen hat (5.1). Sodann wird der Begriff unter dem Eindruck vielfältiger ökumenischer Zusammenarbeit als *»gesprächsfähige Identität«* näher bestimmt (5.2). Ökumene setzt also Positionalität bzw. Konfessionalität voraus! Auf den Religionsunterricht gemünzt bedeutet das, dass er der konfessionellen Bindung bedarf, um den anderen wirklich verstehen und anerkennen zu können. Für die Bischöfe folgt aus dem inneren Zusammenhang von Konfessionalität und Ökumene, dass alle drei Bestimmungsfaktoren der Trias *Lehrer, Lehre* und *Schüler* der konfessionellen Bindung unterliegen. Dies gilt insbesondere für die Schüler (vgl. 50). Damit legt die Erklärung engere Maßstäbe an als die Denkschrift der EKD. Was die Zusammenarbeit der Konfessionen im Religionsunterricht betrifft, so sieht das Bischofswort keine Notwendigkeit, über den im Synodenbeschluss von 1974 gesteckten Rahmen hinauszugehen. Die von der Schrift »Identität und Verständigung« unterbreitete Palette von Möglichkeiten einer Zusammenarbeit der Konfessionen im Religionsunterricht, die dort unter dem Stichwort eines »konfessionell-kooperativen« Religionsunterrichts zusammengefasst sind, erscheint den Bischöfen zu weitgehend. Sie plädieren, die Formulierung der Denkschrift aufgreifend, sie aber zugleich einschränkend, für einen »begrenzten konfessionell-kooperativen Religionsunterricht unter Wahrung der konkreten kirchlichen Bindung« (5.3.5).

Zum Bildungspotential des katholischen Religionsunterrichts gehört es, dass dieser Gelegenheit bietet, junge Menschen in die Übernahme fremder Perspektiven einzuüben und sie in ihrer Selbständigkeit wachsen zu lassen. Er verbürgt ihnen Lebenssinn, weist sie in die Erfahrung des »Für-andere-Seins« ein und fördert ihre Ich-Identität. Eine herausragende Stellung in diesem Geschehen kommt dabei, wie das Bischofswort wiederholt betont, dem im Glauben verwurzelten und ihn bezeugenden Religionslehrer zu.

Die Bischöfe optieren für ein qualifiziertes Unterrichtsfach (8.), das für alle Schüler, die nicht am Religionsunterricht teilnehmen wollen, obligatorisch ist. In der Einrichtung eines Ersatzfachs sehen die Bischöfe die Chance, dass der konfessionelle Religionsunterricht sein eigenes Profil schärft.

Teil III:
Religionsdidaktische Prinzipien

Hinführung

Wer die jüngeren Ansätze des Religionsunterrichts darstellen will, tut dies – wie in diesem Buch in Kap. I.3 – in der Regel unter dem Vorzeichen von »Konzeptionen«, die epochenweise leitend waren für den Religionsunterricht und seine Lehrpläne, Religionsbücher und didaktische Materialien prägten.

In diesem Kapitel werden »religionsdidaktische Prinzipien« vorgestellt und zwar in einer Vielzahl. Und sie werden bewusst unterschieden von »Konzeptionen«, die phasenweise beanspruchten den Religionsunterricht insgesamt begründen und beschreiben zu können bis hin zu Handlungsanleitungen für die Durchführung von Unterricht. Auf eine solch eindeutig dominante Leitvorstellung von Religionsunterricht wird hier verzichtet. Wir können angesichts der Komplexität religionsdidaktischer Entscheidungen auf verschiedenen Ebenen und in verschiedenen Situationen nicht alles Bedenkens- und Beachtenswerte einer einzigen »Konzeption« unterordnen und sprechen deshalb von »Prinzipien«, die in ihrer Reichweite und Komplexität begrenzter als »Konzeptionen« sind. Religionsdidaktische Prinzipien können durch ihre Begrenzung konkreter und situationsangemessener sein.

Die hier ausgearbeiteten »religionsdidaktischen Prinzipien« wollen Orientierungspunkte sein für das Handeln und die Wahrnehmungs- und Handlungsmöglichkeiten im Unterricht erweitern in unterschiedlichen Situationen. Religionsunterricht soll so in seinem Aspektreichtum aufgezeigt werden, ohne alles auf einen gemeinsamen Nenner zu bringen und ein Prinzip als das allein richtige und mögliche darzustellen. Sie sind zwar wissenschaftlich begründet, eröffnen aber nur jeweils bestimmte Perspektiven auf Religionsunterricht und sind ergänzungs- und revisionsfähig. Eine solche Relativität darf und will nicht mit Beliebigkeit verwechselt werden, denn flexibles und Kontext angemessenes religionsdidaktisches Handeln verlangt begründete und kriterienbezogene Positionsbestimmungen und Entscheidungen. Hierfür sollen Spielräume eröffnet, gleichzeitig aber auch Komplexität reduziert werden. Manchmal dominieren bei den ausgewählten Prinzipien die inhaltlichen Aspekte (z.B. bei Symbollernen, Biblisches Lernen, Interreligiöses Lernen), oder auch methodische (z.B. bei Freiarbeit, Projektunterricht, Praktisches Lernen) bzw. solche, die in einem engen Zusammenhang mit Zielsetzungen des Religionsunterrichts (z.B. Korrelieren lernen, Mystagogi-

sches Lernen, Ethisches lernen, Biographisches Lernen) stehen. Bei den jeweiligen Ausarbeitungen wird der unauflösbare Zusammenhang von Ziel-, Inhalts- und Methodenentscheidungen gesehen.

Religionsdidaktische Prinzipien stehen oft in weitreichenden Begründungszusam-
menhängen und haben in der Regel Auswirkungen auf das Verständnis von schulischem Lernen, auf Ziel-, Inhalts- und Methodenentscheidungen. Religionsdidaktische
Prinzipien eröffnen neue Gesichtspunkte für die Analyse und Planung von Unterricht,
vermitteln Kriterien für die Begründung von unterrichtlichen Entscheidungen. Sie sind
damit konkreter und gleichzeitig begrenzter als »Konzeptionen von Religionsunterricht« und sind allgemeiner als methodische Handlungsanweisungen, wie z.B. »Rollenspiel«, »Gruppenarbeit«, »Stilleübungen«.

Die Vielfalt der religionsdidaktischen Prinzipien in diesem Teil des Buches will begründete und diskutierbare Anregungen geben für religionsdidaktisches Handeln in
verschiedenen Situationen unter verschiedenen Bedingungen angesichts einer Vielfalt
an Zielperspektiven für religiöse Erziehung und Bildung und so beitragen zu einem
besseren Religionsunterricht. Den Lehrenden wollen die hier vorgestellten Prinzipien
theoretische Fundierungen für religionsdidaktisches Handeln dadurch anbieten, dass
die theoretischen Implikationen der religionsdidaktischen Prinzipien offengelegt werden, damit Lehrerinnen und Lehrer zu mündigen Mitwissern und zu Beteiligten an religionsdidaktischer Theoriebildung werden können. Die Auswahl und Gewichtung der
fünfzehn Prinzipien sind sowohl Resonanz auf aktuelle Herausforderungen als auch
auf die religionspädagogische Diskussion um einen lebendigen und sinnvollen Religionsunterricht.

III.1 Ästhetisches Lernen

Georg Hilger

Angesichts einer wortreichen Schule und einer allgemeinen Reizüberflutung wird hier für einen Religionsunterricht votiert, in dem Schülerinnen und Schüler das sinnenhafte Wahrnehmen, Deuten und Gestalten in Achtsamkeit und Verlangsamung neu lernen. Solch ästhetisches Lernen ist das Tor zu inneren Welten und eröffnet Zugang zu religiösen Sehweisen auch der sinnlich erfahrbaren Wirklichkeit. Es ermöglicht tiefere Auseinandersetzungen mit Sinn- und Glaubensfragen sowie ein neues Handeln.

1. Problemanzeige

Wie in anderen Schulfächern besteht auch im Religionsunterricht die Tendenz, »träges Wissen« in den Köpfen der Kinder und Jugendlichen anzuhäufen. Damit ist ein Wissen gemeint, das letztlich wirkungslos bleibt und keine Relevanz für Lebensdeutung und Weltverstehen besitzt, weil es nicht biographisch und lebensweltlich situiert ist und somit distanziertes Wissen bleibt. Um einer Engführung religiöser Bildung zu entgehen, bemüht sich die Religionsdidaktik seit vielen Jahrzehnten, den Religionsunterricht erfahrungshermeneutisch zu konzipieren.

Ein religionsdidaktischer Ansatz, der die Wahrnehmung von Wirklichkeit(en) in den Blick nimmt und dem es damit um Erfahrungsorientierung geht, lässt sich unter dem Begriff »ästhetisches Lernen« zusammenfassen. Was damit gemeint ist und worin die religionsdidaktische Bedeutung gesehen werden kann, soll in diesem Kapitel dargelegt werden.

2. Was will ästhetisches Lernen?

Unter dem Vorzeichen eines »ästhetischen Lernens« soll für eine Lernkultur im Religionsunterricht geworben werden, die den Lernenden in seiner Leiblichkeit und Sinnlichkeit annimmt, seine Wahrnehmungsfähigkeit für die Vieldimensionalität von Welt und Leben und eine kritische Infragestellung und Irritation von Wahrnehmungsgewohnheiten fördern will, seine religiöse Gestaltungs- und Urteilsfähigkeit fördert und eine rationalistische Engführung religiösen Lernens im Sinne einer distanziert-objektivierenden Wissensaneignung vermeiden und darüber hinaus Vorstellungs- und Einbildungskräfte anregen will.

3. Zum Begriff »ästhetische Bildung«

Hartmut von Hentig (1967) hat den Ästhetikbegriff wieder in die pädagogische Diskussion eingeführt und ihn nicht nur auf Kunst und musische Bildung bezogen. Ästhetische Bildung meint dann – die wörtliche Bedeutung des Begriffs »aisthesis« auf-
nehmend – Ausrüstung und Übung des Menschen in der Wahrnehmung. An Friedrich
Schillers Briefe »Über die ästhetische Erziehung des Menschen« aus dem Jahre 1795
anknüpfend, bedeutet ästhetische Bildung Erziehung zu einer Sittlichkeit, die den
Menschen und die Natur nicht instrumentalisiert, welche eine Spaltung der Rationalität in innen und außen, des intuitiven vom abstrahierenden Verstand und damit das
Auseinanderfallen von Mittel und Zweck überwindet.

Vor Schiller hat der Philosoph Alexander Gottlieb Baumgarten (1714–1762), der
Gründungsvater der Ästhetik, in Auseinandersetzung mit einem verengten Rationali-
tätsbegriff der Aufklärung die Rehabilitation der sinnlichen Erkenntnis (aisthesis) gefordert und Ästhetik als eine neue Wissenschaft begründet, die den ganzen Menschen
mit all seinen Erkenntnismöglichkeiten wieder in den Vordergrund stellt (vgl. Schneider 1988, 8–20). Wenn Sinnestätigkeit also Grundlage von Erkenntnis ist, dann muss
jeder Unterricht die Dimension des Ästhetischen und damit auch sinnliche Erkenntnis
nicht nur berücksichtigen, sondern bewusst pflegen. Neben einer sog. distanziert wissenschaftlichen Erkenntnis bzw. Rationalität ist ästhetische Erkenntnis bzw. Rationalität ein davon unterscheidbarer Weg der Erkenntnis und Weltzuwendung, der neben
dem Sinnlichen die Emotionen und die persönlichen Vorlieben und Abneigungen und
Stellungnahmen nicht verdrängt, sondern diese in die Reflexion mit einbezieht. Angezielt wird also eine Integration von Sinnlichkeit und Rationalität. Wie aktuell ein solches Anknüpfen an die humanistischen Vorstellungen von Erziehung bei Friedrich
Schiller ist, zeigt das gewachsene Bewusstsein um Ausbeutung und Zerstörung der Natur und die Gefahr einer Instrumentalisierung und Verdinglichung des Menschen. Das
»postmoderne« Krisenbewusstsein hebt darum die Bedeutung des Individuellen, Körperlichen und Endlichen hervor und hat eine neue Hinwendung zum Ästhetischen
vorbereitet als eine Sensibilität für den Zusammenhang von Form und Inhalt, von Innen und Außen und von Vernunft und Praxis (vgl. u.a. Welsch 1993, 1996).

Ästhetische Erfahrung im Kontext der folgenden religionsdidaktischen Überlegungen wird in drei Dimensionen entfaltet: Aisthesis im wörtlichen Sinne als Sinneswahr-
nehmung, sodann ästhetische Erfahrung als Poiesis im Sinne von Gestaltungs- und
Handlungsfähigkeit und schließlich ästhetische Erfahrung als Katharsis im Sinne von
Entscheidungs- und Urteilsfähigkeit. Diesen drei aufeinander bezogenen Dimensionen
liegen Kategorien der antiken Ästhetik zugrunde, die in der neueren Ästhetikdiskussion
aufgegriffen wurden, um ästhetische Erfahrung gegenüber anderen Formen menschlicher Erfahrung abgrenzen zu können (Jauß 1984, 88f, Grözinger 1987, 122–125).

Diese drei Dimensionen ästhetischer Erfahrung erlauben es, ästhetische Bildung
näher zu beschreiben.

Aisthesis

Im wörtlichen Sinne meint ästhetische Bildung soviel wie Bildung der sinnlichen Wahrnehmungsfähigkeit (aisthesis = Wahrnehmung) und zielt auf die Erweiterung und

Übung von Wahrnehmungsmöglichkeiten und die Fähigkeit zur Wahrnehmungskritik. Dies schließt die Möglichkeit ein, das alltägliche Leben neu, anders, interessierter wahrzunehmen. Ästhetische Wahrnehmungsschulung umfasst sowohl eine Sensibilisierung der Sinnlichkeit als auch die Infragestellung bzw. Irritation von Wahrnehmungsgewohnheiten wie die Förderung einer neuen Welt- und Selbstwahrnehmung. Darin drückt sich eine besondere Beziehung zur Welt und zum Leben aus, nämlich ein konkretes Wahrnehmen, das sich einlässt und sich behutsam und aufmerksam an die Welt annähert, auch an ihre Widerstände, Widersprüche und Fremdheiten. Es geht dabei darum, das wahrzunehmen und anzuerkennen, was wir nicht wahrnehmen wollen: das Übersehene, Überhörte, Unerhörte (Welsch 1996, 132). Das hier gemeinte Weltverständnis sieht Reilly (1988, 56) als ein prinzipiell affektives und praktisches Verwickeltsein des Menschen in der Welt. Wahrnehmen heißt dann auch mitempfinden: mitfreuen und mitleiden können. Kritisiert wird damit eine distanzierte, »extramundane«, darüber stehende Wahrnehmung, die sich auf vereinnahmendes Bescheidwissen beschränkt (Rumpf 1994, 237f).

Poiesis

Ästhetische Bildung weist über sinnliches Wahrnehmen hinaus auf ästhetisches Gestalten von Wirklichkeit (Poiesis) und eröffnet Raum für das Mögliche und Erhoffte (Katharsis). Ästhetisches Gestalten ist Ausdruck menschlicher Freiheit und Würde. Dies gilt besonders augenfällig für das Spielen, Musizieren, Malen, Plastizieren, Erzählen, Textgestalten und die rhythmische Bewegung, ebenso wie für den ganzen Bereich der ästhetischen Alltagspraxis wie z.B. die Wahl der Frisur, der Kleidung, Wohnraumgestaltung, Gestalten eines Festes, eines Essens, von Beziehungen, von Zeit etc. (Klafki 1993, 28). Kein Bereich von menschlicher Erfahrung ist davon ausgenommen, auch nicht der von Religion, Politik, Ökonomie und Gesellschaft. Ästhetisches Gestalten bezieht sich auf Möglichkeiten, Wirklichkeit neu und menschlicher zu gestalten (Reilly 1988, 58).

Katharsis

Die dritte Dimension von ästhetischer Bildung, die Katharsis, zielt darauf hin, kritisches Bewusstsein zu fördern, die Schülerinnen und Schüler für manipulative Verwendungsmöglichkeiten ästhetischer Mittel (Werbung und Propaganda) zu sensibilisieren und zwar im Interesse der Freiheit des Subjekts und universeller Solidarität. Gemeint ist damit eine Sensibilisierung für Unterschiede. Ästhetik hat zwischen Besserem und Schlechterem, Humanerem und Inhumanerem, Erstrebenswertem und zu Vermeidendem zu unterscheiden. Damit ist schon ein weiteres Merkmal von ästhetischer Bildung angesprochen. Sie umfasst außerdem die Förderung von ästhetischem Bewusstsein und schließt damit Rationalität und Aufklärung als konstitutive Elemente, die den Prozess des ästhetischen Erfahrens mitbedingen, tragen und verändern, ein. Es kann nicht von Bildung gesprochen werden, solange Ästhetik auf die bloße Schulung von Sinnesorganen oder auf ein Produzieren von Objekten beschränkt bleibt. Menschliche Wahrnehmung enthält notwendigerweise Momente des Erkennens, Denkens, Deutens und Fühlens. Als ästhetische Wahrnehmung führt sie zu ästhetischer Urteilsbildung. Ästhetische Bildung meint somit Stellungnahme und Parteinahme.

4. Religionsdidaktik und ästhetisches Lernen

In der Religionspädagogik wird seit Ende der achtziger Jahre der Ästhetikbegriff im Hinblick auf seine Bedeutung für religionspädagogisches Handeln reflektiert (Peter Biehl, George Reilly, Erich Feifel, Jürgen Werbick, Günter Lange, Hans-Günter Heimbrock, Georg Hilger). Oft wird dies angestoßen durch das Interesse an der (bildenden) Kunst (Lange 1995, 339–350). Religionsdidaktische Praxis zeigt aber unter recht unterschiedlichen Vorzeichen eine »ästhetische« Dimension (→ II.7.5). Diese tritt dort zutage, wo die Form-Inhalt-Relation etwa bei der Gestaltung eines Festes bewusst beachtet wird, wenn mit Kopf, Herz und Hand gelernt wird. Die ästhetische Dimension des Lernens wird ferner wirksam, wenn alltägliche und religiöse Symbole in ihrer ganzen Sinnenhaftigkeit wahrgenommen werden und Schülerinnen und Schüler angeregt werden, selber zu symbolisieren und im ausdrückenden Spiel, kreativen Schreiben, bildnerischen Gestalten ihren Erfahrungen und Wahrnehmungen Ausdruck zu geben, auch dort, wo sie sich im Rahmen eines Projekts für eine sinnvolle Sache engagieren, Stellung beziehen oder andere in Bewegung bringen, oder wenn sie lernen, etwas mit einem anderen Blick, einem anderen Ohr wahrzunehmen. Religionsunterricht wird »ästhetisch«, wenn er z.B. biblisch inspirierte Sehvorschläge ins Spiel bringt, sich als »Sehschule« (Lange, 1977) im weitesten Sinne versteht, um Welt und Leben anders sehen bzw. wahrnehmen zu lernen, wenn er Anregungen gibt, sich auf Gottes liebevollen und parteiischen Blick auf die Welt und den Menschen einzulassen.

Reilly (1988, 60) sieht die religionsdidaktische Bedeutung ästhetischer Bildung vor allem in der Entwicklung einer elementaren Sensibilität für die religiöse Dimension der Wirklichkeit und betont für die Inhalte und die Unterrichtsformen des Religionsunterrichts, dass diese Sensibilisierung als sinnenhafte wörtlich zu nehmen sei. Feifel (1992, 8) fordert unter dem Vorzeichen einer religionspädagogischen Ästhetik, den Gestaltcharakter von Wirklichkeit und die Leibhaftigkeit der Botschaft des Glaubens zu erschließen. Das bedeutet auch, dass in Lernprozessen nicht mehr länger nach einem Inhalt durch die Form hindurch oder an ihr vorbei gefragt werden kann. Die Stimmigkeit von Inhalt und Form, von Gehalt und Gestalt kann als das unterscheidend Ästhetische angesehen werden: Der Inhalt ist Form und umgekehrt (Grözinger 1987, 124).

Was diese folgenreiche Aussage für religionsdidaktisches Handeln in aller Konsequenz bedeutet, muss erst noch aufgearbeitet werden, meint es doch nicht weniger, als dass auch unterrichtliches Handeln hohe Affinitäten zu künstlerischer Gestaltung hat. Wie in der Kunst geht es im Religionsunterricht um die Eröffnung neuer Wahrnehmungsmöglichkeiten und um die Irritation festgefahrener Wahrnehmungsmuster, z.B. durch Verfahren der Verfremdung und der produktiven Verlangsamung, durch die Blockaden errichtet werden gegen vorschnelle Inbesitznahme von Wirklichkeit zugunsten neuer Erfahrungen. Angesprochen werden dabei möglichst viele Wahrnehmungsmöglichkeiten, die so sehr intensiviert werden, dass sie über das sinnlich Wahrnehmbare hinaus weisen auf den Sinn der Sinne. Vor allem zeigt sich die Nähe des Religionsunterrichts zur Kunst dann, wenn er bewusst gestaltet wird und eine Form gewinnt, die dem Inhalt und den im Unterricht agierenden Menschen gerecht wird. Die Stimmigkeit von Lernformen und Inhalt bzw. von Gestalt und Gehalt macht den Religionsunterricht zum Kunst-Stück (Hilger 2000, 45).

In der Theologie der Gegenwart ist die Ästhetik erst durch das zunehmende Interesse an der Sinnlichkeit des Glaubens zu einem wichtigen Thema geworden, obwohl schon in den sechziger Jahren Hans Urs von Balthasar eine umfassende theologische Ästhetik ausgearbeitet hat. Wer die Wirklichkeit des Lebens Jesu als Ikone des unsichtbaren Gottes (Kol 1,15) und Offenbarung als Selbstmitteilung Gottes versteht, der wird keine Theologie betreiben können, ohne der greifbaren Leibhaftigkeit der Gotteswahrheit und der Konkretheit des Reiches Gottes nachspüren zu wollen. Die Provokationen, die in Jesus Christus Gestalt gewonnen haben, fordern zum »Anders-Sehen« und Wahrnehmen des Mitmenschen und der Wirklichkeit heraus. Sie sind Zumutungen für menschliche Wahrnehmungs- und Vorstellungskraft. Sich auf seine Wirklichkeit einzulassen, bedeutet, sich alle Sinne öffnen zu lassen für das, was bisher nicht wahrnehmbar war, und von Jesus Christus her neu zu sehen und neu zu erleben, was das Leben und die Welt zutiefst bestimmt (Werbick 1992, 19.25f).

5. Religionsdidaktische Perspektiven

Was hier als Herausforderung für die Theologie genannt wird, kann religionsdidaktisch unter dem Vorzeichen einer religiösen Wahrnehmungs- und Ausdrucksschulung aufgegriffen werden, die hilft, Welt und Leben anders wahrzunehmen und zu gestalten. Wesentliche Elemente eines solchen religiösen Lernens sollen im Folgenden dargestellt werden.

Aufmerksamkeit und Achtsamkeit lernen (Aisthesis)

Aufmerksamkeit und Wachheit der Sinne sind Voraussetzungen eines teilnehmenden und teilgebenden Miteinander-Lebens. Theologisch kann hier an die Aufmerksamkeit des Samariters (Lk 10,32 f) und an die Aufmerksamkeit erinnert werden, die Jesu Rede vom Endgericht einfordert (Mt 25,42–46; vgl. Bitter 1987, 924). Im Dienste von Bildung ist Wahrnehmung zu weiten und sind Wahrnehmungsblockaden zu erkennen und zu überwinden. Den Ernstfall stellt die Wahrnehmung der Anderen und des Anderen dar als Voraussetzung, den Anderen auch in seinem Anderssein anerkennen zu können. Helmut Peukert sieht darin den Ernstfall von Bildung in unserer Zeit: Bildung als Prozess der Wahrnehmung und Anerkennung anderer und als produktive Verarbeitung von kultureller Differenz (Peukert 1994, 12).

Entwicklung von Wahrnehmungsfähigkeit stellt sich gegen die »Vernichtung nachdenklicher Aufmerksamkeit« (Rumpf 1992, 28), gegen Unbetreffbarkeit, Empfindungslosigkeit in einer Zeit einer Überflutung durch konsumanregende, kurzfristige Lust und Neugier erzeugende ästhetische Reize. Solche ästhetischen Phänomene einer »Anästhetik« (Welsch 1993, 9–40) machen letztlich kontakt- und gefühllos gegenüber Welt und Leben. Oft wird es notwendig sein, »mit fremdem Blick« (Rumpf 1986) Wahrnehmungsgewohnheiten zu unterbrechen, um überhaupt sowohl das Vertraute wie das Fremde in seiner Differenz wahrnehmen zu können und es so dem schnellen Konsumieren zu entziehen. Dies setzt wieder voraus, sich wirklich auf Wahrnehmungen einzulassen, sich beeindrucken zu lassen und sich Zeit zu nehmen für das Widerständige und Unvertraute im Vertrauten und im Fremden. Bisweilen muss erst etwas fremd geworden sein, um es in seiner Besonderheit wahrnehmen zu können.

Ästhetisches Lernen wird nicht selten eingeschränkt auf reine Sinnesschulung: Sehen – Hören – Riechen – Tasten – Schmecken – Fühlen – Empfinden. Solche Sinne sind »Tore zur Welt« und gleichzeitig Tore zur Innenwelt des Selbst. Sie helfen, Welt und Leben wahrzunehmen, zu bestaunen und zu befragen. Wache Blicke, geschulte Ohren, eine gute Nase und die Fähigkeit sich einzufühlen, sind Voraussetzung zur Wahrnehmung, können das Ich vor Abschottung und Selbstbefangenheit bewahren. Es geht dabei nicht um das Training isolierter Fähigkeiten, um reine Sinnesschulung. Religionsdidaktisch steht das Entwickeln von Aufmerksamkeit und von Interesse für das, was außen und innen das Leben ausmacht, was es fördert und hindert, für das, was gegeben und was aufgegeben, was zu bejahen und zu verändern ist, im Vordergrund.

Wo Wahrnehmung verkümmert, wird auch das Erfahren dürftiger – im Zusammenleben mit Freunden, in Situationen, in der Begegnung mit der Welt und mit uns selbst. Das kann so weit führen, dass die eigenen Wahrnehmungsunfähigkeiten und Begrenztheiten nicht mehr erkannt werden. Mangelnde Wahrnehmungsfähigkeit führt dazu, dass vieles fraglos hingenommen und die Vorstellungskraft geschwächt wird.

Seinem Leben und seinem Glauben Gestalt geben (Poiesis)

Gestalt geben bedeutet, dass die Lernenden innere Vorgänge, vertiefende Eindrücke, Wahrnehmungen, Lebensstile, Botschaften, Gemeinsamkeiten etc. mit vielen Möglichkeiten ausdrücken lernen und ausdrücken dürfen. Inneres Leben bedarf der äußeren Form. Gesten und Formen sind für das Gelingen von Kommunikation unersetzlich. Religiöse Formen, die gestaltlos bleiben, verflüchtigen sich schnell. Im Religionsunterricht sollen Kinder und Jugendliche lernen, ihre Lebensdeutungen, ihr Engagement, ihre Religiosität und ihren Glauben zu gestalten: sichtbar, hörbar, fühlbar und mitteilbar. Dabei wird es vor allem darauf ankommen, dass die Schüler und Schülerinnen zu eigenem Ausdruck befreit werden: im Erzählen, im kreativen Schreiben, im Beten, im Malen und Gestalten, in der Bewegung, im darstellenden Spiel, in ihren eigenen Symbolisierungen, in ihren Selbstdarstellungen, in der Gestaltung von Ritualen, in der Festgestaltung etc. Religionsunterricht sollte Lernformen anbieten, die Schülerinnen und Schülern helfen, das auszudrücken, was für sie im Leben wichtig, bedeutungsvoll, »heilig« ist, was als sinnvoll oder sinnlos erfahren wird, was sie leben und hoffen lässt, aber auch was ihr persönliches und das Leben anderer behindert. Auf diese Weise finden Menschen zu einer intensiveren Wahrnehmung und Kommunikation und werden sensibel für das, was ist, was werden könnte und was anders werden müsste.

Den Zusammenhang von ästhetischer Wahrnehmung und Handeln kann man an zahlreichen Erzählungen der biblischen Überlieferung ablesen: Gott nimmt das Elend seines Volkes in Ägypten wahr, sieht es (Ex 3,7), hört sein Stöhnen (Ex 3,24). Sein Erkennen führt zum Handeln: »Ich bin herabgestiegen, sie aus der Hand der Ägypter zu entreißen und aus ihrem Land hinaufzuführen in ein schönes, weites Land, in ein Land, in dem Milch und Honig fließen...« (Ex 3,8). In der ästhetisch gesättigten Emmaus-Erzählung (Lk 24,13–35) ist es nicht das Wort, das die Jünger zum Erkennen bringt, sondern die sinnlich-ästhetische Erfahrung beim Brotbrechen, in der Jesus sich als der Auferstandene zeigt, ihnen die Augen öffnet und sich sogleich ihren Blicken entzieht. So werden durch dieses ästhetische Widerfahrnis die vorherigen Worte auf dem Weg eindeutig. Gestärkt durch diese Wahrnehmung begeben sich die Jünger schließlich auf den Rückweg nach Jerusalem (vgl. Grözinger 1987, 99–102).

Alle diese so unterschiedlichen biblischen Überlieferungen sind zunächst einmal bezogen auf Wahrnehmung, verwandeln und eröffnen neue Wahrnehmungen (aisthesis) und regen schließlich an zu neuem Handeln (poiesis) und zur Umkehr (katharsis).

Eine produktiv-kritische Wechselbeziehung zwischen erfahrenem Leben und den in den Texten, Bildern, Symbolen und Sakramenten Gestalt gewordenen Lebens- und Weltdeutungen christlicher Tradition kann wohl nur aufnehmen, wer sich selbst und seine eigenen Lebens- und Weltdeutungen wahrgenommen hat und wenn es gelungen ist, ihnen Gestalt zu geben. Auch die Symbole des christlichen Glaubens lassen sich nur dann in ihrer lebensdeutenden und heilenden Kraft erahnen, wenn Kinder und Jugendliche selber gelernt haben zu symbolisieren, wenn sie gelernt haben, eine »Sprache«, einen Ausdruck dafür zu finden, was für sie in ihrem Leben Bedeutung hat, was für sie sinnvoll und sinnlos ist.

Zu Urteils- und Entscheidungsfähigkeit angestiftet werden (Katharsis)

Ästhetische Wahrnehmung will zur Stellungnahme herausfordern gegenüber der Verfasstheit des Alltags, will aufmerksam machen auf Lebensformen, die das Recht auf Leben behindern, und dabei vor allem für die Zukurzgekommenen, Verachteten und Unterdrückten Partei nehmen.

Die kathartische Dimension von Wahrnehmung betont den Entscheidungscharakter. Vor allem in Lebensbereichen, in denen es keine Eindeutigkeiten gibt, ist ästhetische Urteilsfähigkeit und Entscheidungsfähigkeit anzubahnen. Sie fragt nach Wahrheit, nach der Qualität und der Ausrichtung auf gutes menschliches Leben. Das sind Stützen eines christlichen Ästhetikbegriffs, dem es darum geht, ästhetische Erfahrung vor autoritären oder illegitimen Abhängigkeiten, etwa durch Propaganda und Manipulation, zu bewahren. Die Bildung ästhetischer Urteilsfähigkeit setzt voraus, dass jeder Beteiligte seine eigenen Erfahrungen in die Kommunikation über ästhetische Erfahrung einbringen kann, ohne Zwang und Bevormundung, im Interesse eines kommunikativen Suchens nach Wahrheit. In kathartischer Perspektive öffnet sich die Wahrnehmung für neue, bisher nicht gekannte Möglichkeiten des Lebens. Religiöses Lernen fördert dann die Vorstellung von dem, was anders sein könnte und wie es anders sein könnte. Ästhetik verweist in diesem Sinne auf Ethik. Ästhetik liegt ihr voraus. Eine Sensibilität für den Anspruch und Zuspruch des Anderen und seine Wahrnehmung ermöglicht erst ethische Entscheidungen. Wache Aufmerksamkeit und die Anerkennung des Lebensrechtes anderer ist Voraussetzung eines teilnehmenden und teilgebenden Miteinander-Lebens. In Lk 10,32f wird der Zusammenhang von samaritanischer Aufmerksamkeit als Vorbedingung für samaritanisches Helfen deutlich (Bitter 1987, 926). Religiöses Lernen in diesem Sinne will eine Wahrnehmung, die herausfordert zu Stellungnahme, Parteinahme, zu liebender Zuwendung, aber auch zu Widerspruch und Protest.

6. Ästhetisches Lernen und imaginatives Lernen

Wer Glaube als eine Haltung versteht, die ernst nimmt, dass alles vor Gott und durch Gott ein gutes Ende finden wird, ist gehalten, das, was ist, anzunehmen und zugleich das, was vorfindlich, machbar und verfügbar ist, zu transzendieren. Damit wird dem Machbaren unter eschatologischer Perspektive der Schein des Letztgültigen genommen. Wahrnehmung der eschatologischen Dimension von Wirklichkeit setzt aber die Fähigkeit zur Imagination voraus und ruft nach einer Förderung des Möglichkeitssinns und der Einbildungskraft. Die Einbildungskraft des Möglichen in Anbetracht des Faktischen avanciert zu einer Zielperspektive religiösen Lernens. Es geht hier um die Fähigkeit eines »neuen Sehens« und Wahrnehmens von Wirklichkeit, damit das je Größere erahnbar wird, was Gott mit dieser Wirklichkeit vorhat.

Imaginatives Lernen als religiöse Schlüsselqualifikation

Diesem Anliegen versucht ein Religionsunterricht gerecht zu werden, der sich als Wahrnehmungsschule (Hilger 1998) versteht. In ihm geht es nicht nur darum, den Wirklichkeitssinn zu fördern, sondern einer menschenwürdigen und gottgefälligen Wirklichkeit zuliebe auch den Möglichkeitssinn bei den Schülerinnen und Schülern zu entwickeln. Im Interesse einer zu gestaltenden Zukunft, die offen ist für Neues und für das, was man kaum zu hoffen wagt, wird hier versucht, in ein neues Sehen einzuüben durch die imaginative Kraft der Gleichniserzählungen, die imaginativ-poetische Kraft der Psalmen, die prophetisch-utopischen Verheißungen einer »neuen Erde« und eines »neuen Himmels« oder auch durch die Begegnung etwa mit bildender Kunst. All dies kann helfen, dass Wirklichkeit neu gesehen wird und sich neue Möglichkeiten des Hoffens auftun, die auch ein neues Handeln ermöglichen. So verstanden enthält ein kritischer Handlungsimpuls Vorstellungen und Imaginationen, weil sie in die Deutung des Wahrzunehmenden die Wirklichkeit des Möglichen integrieren (Ritter 2000), die Mechanismen und Zwänge des Alltags unterbrechen und einen Weg zeigen, wie Leben sein könnte oder sein sollte (zum Zusammenhang von Kritik und Imagination: Vgl. Failing/Heimbrock 1998, 283–286). Einbildungskraft gibt sich so gesehen als Leistung des Subjekts zu verstehen, in der sowohl Imagination im Sinne von Anschaulichkeit und Sinnlichkeit als auch als Kraft der Reflexion zueinander in Beziehung gesetzt werden. Imagination verunmöglicht also nicht Kognition, sondern ist als Möglichkeit zu verstehen, diese zu erweitern, wie sich auch Kognition als Weg gestaltet, Imagination zu konkretisieren (vgl. Capurro 1996, 56).

So kann man die Fähigkeit der Imagination ohne Übertreibung als eine »religiöse Schlüsselqualifikation« ansehen (Biehl 1997, 410). Es ist schon viel gewonnen, wenn der Religionsunterricht mit seinen Möglichkeiten dazu beiträgt, eine produktive Vorstellungs- und Imaginationskraft im Raum der Schule nicht zu diskriminieren und die Schülerinnen und Schüler für ein Weltverstehen zu sensibilisieren, das offen ist für das Überraschende und Neue, für das nicht Beherrsch- und Planbare.

Innere Bilder aktivieren und konstruieren

Alltägliche Impulse wie: »Versetz dich in die Situation von ...«, »Wie könnte die Geschichte weitergehen?«, »Was wird der Blinde am Straßenrand wahrgenommen haben?«, »Welche Bilder kommen dir beim Hören dieser Musik (beim Lesen dieses Gedichts) in den Sinn?« zeigen, dass im Religionsunterricht immer wieder Vorstellungen evoziert oder vorausgesetzt werden. Die Begriffe Vorstellungslernen und Imaginationslernen werden hier fast synonym gebraucht, wobei »Imagination« nicht eingeengt bleibt auf visuelle Bilder. Während »Imagination« eher eine Fähigkeit bezeichnet, meint der Begriff »Vorstellung« inhaltlich bestimmte Vorgänge (vgl. Fauser 1996, 241f). In der Schule wird wie selbstverständlich Imaginationskraft vorausgesetzt und an mitgebrachte Vorstellungen angeknüpft. Nicht selten gehen Lehrende davon aus, dass alle Schülerinnen und Schüler über den gleichen Vorrat an Vorstellungen verfügen – sozusagen als ein Fundus an »inneren Bildern«, der sich zudem noch mit dem eigenen Bildervorrat deckt.

Unterrichtliche Lernwege wie das Rollenspiel und Bibliodrama, wie Phantasiereisen, Stilleübungen, die Verklanglichung eines Textes, die pantomimische Darstellung einer Situation als »Standbild«, das Ausdrücken einer Stimmung in Farbe und Form, das »Clustern«, das automatische Schreiben und das Schreiben zu Bildern und Musik versuchen, Vorstellungen und Emotionen zu strukturieren und für Textproduktionen etc. freizusetzen. Dass solche Methoden, z. B. des kreativen Schreibens (vgl. u.a. Spinner 1993), inzwischen in der Schule Fuß fassen konnten, deutet darauf hin, dass in der Praxis zumindest intuitiv die Bedeutung der Imaginationskraft für ein lebendiges und identitätsförderndes Lernen erkannt worden ist. All diese Ausdrucksarten setzen die Fähigkeit zur Imagination, zur Aktivierung und Produktion von innerer Sprache, inneren Bildern bzw. von Vorstellungen voraus. Durch sie werden innere Wirklichkeiten angesprochen, evoziert oder gezielt konstruiert und reflektiert und zugleich neue Wirklichkeitsräume eröffnet.

Rezeption von literarischen und biblischen Texten und Imagination

Die Rezeption von literarischen und biblischen Texten lebt in besonderer Weise von der Imaginationskraft. Literarische Texte sind einerseits Produkte von Imagination und nehmen es andererseits den Lesenden oder Hörenden nicht ab, diese auf ihre je eigene Weise selbst zu entdecken, indem sie sie re-imaginieren bzw. indem die Texte die Rezipientinnen und Rezipienten aktivieren, neue Vorstellungen zu entwickeln, die über diejenigen des Textproduzenten hinausgehen können (vgl. Lange 1995, 136–138). Bewusst oder unbewusst setzt ein Erzähler bei den Zuhörenden Imaginationskraft voraus, wenn er sie an andere Orte und ferne Zeiten versetzt und sie Anteil nehmen lässt an fremden Lebensschicksalen. Das alles versucht der Erzähler mit Worten, die Bilder entstehen lassen, Sehnsüchte hervorrufen, sinnliches Fühlen bewirken. Erzählen aktiviert also Imaginationskräfte, weckt neue Vorstellungen, die mit Sinneserfahrungen und nicht nur mit visuellen Bildern verbunden sind. So können neue Wirklichkeiten entstehen, neue Weltsichten wachsen, kann ein neuer Blick neue Möglichkeiten eröffnen (vgl. Collmar 1996, 178–182).

Vor allem durch die Leerstellen im Text wird die produktive Einbildungskraft bei der Rezeption von literarischen und so auch von biblischen Texten herausgefordert (vgl. Iser 1970, 34), indem z. B. das offene Ende einer Erzählung wie der Parabel vom Vater und den zwei Söhnen (Lk 15) zum Anlass wird, die Geschichte weiter zu spinnen (zur Bedeutung von Imagination im Literaturunterricht: Köppert/Spinner 1999).

Die neue Herausforderung ist, Vorstellungslernen bzw. imaginatives Lernen in seiner pädagogischen und religionsdidaktischen Bedeutung für das Lernen zu bedenken. Gemeint ist dabei die bewusste und gewollte Bildung von eigenen Vorstellungen und von Imaginationskraft, die angesichts der Pluralisierung, Individualisierung und Differenzierung der Vorstellungswelten immer dringlicher wird. Vorstellungen greifen Erinnerungen und Erfahrungen auf, die Denken und Handeln leiten und Wahrnehmung beeinflussen können. Sie tragen dadurch einerseits entlastend zur Vereinfachung von komplexer Wirklichkeit und damit zum besseren Zurechtfinden in ihr bei, bergen aber andererseits die Gefahr, diese vorhandene Komplexität in einem unzulässigen Maß zu reduzieren. Verfestigte Vorstellungen können wahrnehmungsblind machen bis hin zur krankhaften Einkapselung des Ich in eine nicht mehr dialogfähige und für das Neue und Fremde offene Vorstellungswelt.

Zielperspektiven und Kriterien

Vorstellungen sind ambivalent, subjektiv, individuell, manchmal wenig bewusst, oft situationsgebunden und nicht immer zu kontrollieren. Vielleicht sind dies die Gründe, weshalb in der Schule Imaginationskraft und inhaltsbezogene Vorstellungen nur vorausgesetzt, oft sogar entwertet und nur selten reflektiert und planvoll in das Lernen einbezogen werden (vgl. Fauser 1999, 8). Die Konfrontation mit vielen Bilderwelten und Wertsystemen, die die Vorstellungen und die inneren Wirklichkeiten der Menschen beeinflussen wollen, ohne die Mündigkeit des Subjekts im Blick zu haben, machen deutlich, wie wichtig es ist, Schülerinnen und Schüler Vorstellungen entwickeln zu lassen, die ein »Mehr« an Leben im Blick haben. Vorstellungs- und imaginatives Lernen lässt sich leiten von einer konsequenten Orientierung am Subjekt des/der Lernenden, indem die dem Subjekt eigenen Vorstellungen, Vorstellungswelten und Imaginationskräfte gefördert und kultiviert werden. Das setzt einen Unterricht voraus, der den individuellen Sichtweisen Raum gibt und sie bewusst und sie achtend in den Unterricht einbezieht (vgl. u.a. Fauser/von Wulffen 1999, 6f).

Damit ist nicht einer subjektiven Selbstbespiegelung das Wort geredet. Hier wird vielmehr für ein Lernen plädiert, das dem Empfinden und den Emotionen Raum gibt, das die Phantasie zu entfalten, zu fördern und zu kultivieren sucht und dabei Kognition und Imagination miteinander in Beziehung bringt. Vorstellungslernen bzw. »Vorstellungsdenken« (E. Madeling) bedeutet darum nicht Flucht vor der Realität, es muss vielmehr verortet werden in dem »intermediären Raum« zwischen Subjekt und Objekt, dort, wo Subjekt und Objekt miteinander verbunden sind im Wechselspiel von Phantasie und äußerer Realität (vgl. Winnicott 1979, 121–127).

Wenn man anerkennt, dass Religionsunterricht den ganzen Menschen im Blick hat mit seinem Denken, seinen Sinneserfahrungen und Gefühlen, seiner Phantasie und seiner Symbolisierungsfähigkeit bzw. -bedürftigkeit, dann lässt sich erahnen, welche Bedeutung Vorstellungsdenken bzw. imaginatives Lernen für die religiöse Bildung hat.

Es stellt sich nun die Frage, was das imaginative Lernen im Kontext des Religionsunterrichts ausmacht, welche Bedeutung es für das Denken und insbesondere für die Theologie hat und warum es in einer Schule von heute und für morgen wichtig ist. Das imaginative Lernen wäre gründlich missverstanden, wenn es dazu beitrüge, einem neuen Irrationalismus das Wort zu reden und eine esoterische Praxis oder manipulative Beeinflussung zu propagieren. Imaginatives Lernen als Dimension religiösen Lernens zielt vielmehr ganz konkret auf religiöse Mündigkeit und auf die Subjektwerdung junger Menschen. Von eben diesen Komponenten her gewinnt es seine Kriteriologie.

Will das imaginative Lernen dazu beitragen, Mündigkeit, Freiheit und Selbstverantwortung des Menschen zu fördern, auf dass Leben gelingt, dann muss in ihm die Mehrdimensionalität des Menschen angesprochen werden. Das heißt vor allem, dass produktive Einbildungskraft und Vorstellungslernen Rationalität erweitern und nicht ausschließen. Lernprozesse müssen so angelegt sein, dass nachzudenken, zu fragen, zu imaginieren und zu konstruieren einander bedingende Weisen sind, mit einer Sache umzugehen.

Für den Bereich des Unterrichtens ergibt sich aus diesen Überlegungen ein weiteres, wichtiges Kriterium für das imaginative Lernen. Obwohl Vorstellungsbildung in unterrichtlichen Prozessen nicht beliebige Assoziationen wachrufen will und der thematische Bezug gewahrt bleiben soll, kann und darf über sie nicht von außen verfügt werden. Weil das imaginative Lernen in hohem Maß mit dem Innersten des Menschen zu tun hat, muss es die Entscheidung der Schülerinnen und Schüler bleiben, ob und inwieweit sie darüber kommunizieren wollen. Damit Vorstellungslernen in der Schule gelingt, müssen sich die Lehrenden bewusst sein, dass viele imaginative Übungen in ihrer Wirkung ambivalent sind, vor allem im Hinblick auf ihre therapeutische Wirkung nur sehr behutsam angewendet werden dürfen und zudem voraussetzen, dass die Lehrenden mit der jeweiligen Übung schon eigene Erfahrungen gemacht haben. Vorstellungslernen braucht Raum und Zeit, während der in der jeweiligen Lerngruppe ein Vertrauensklima wachsen kann.

Vorstellungsbildung und Imaginationslernen sind dann religionspädagogisch sinnvoll, wenn dadurch die Wahrnehmungs- und Imaginationskraft der Lernenden so angeregt und erweitert wird, dass ihnen Neues aufgeht und es zu einer Vertiefung der religiösen Vorstellungswelt kommt (Kuld 1989, 235), die den Wirklichkeitssinn erweitern und Handlungsimpulse wachrufen hilft (Ritter 2000).

7. Ästhetisches Lernen und produktive Verlangsamung

Der Philosoph Wolfgang Welsch betont gegen einen oberflächlichen Ästhetisierungstrubel als Grundgesetz der Ästhetik, dass unsere Wahrnehmung nicht nur Belebung und Anregung, sondern auch Verweilen, Ruhezonen und Unterbrechungen braucht (Welsch 1996, 57). Ästhetisches Lernen meint in diesem Sinne immer eine Lernkultur, die allzu glatte und zu schnelle Lernwege bewusst unterbricht. Religionsunterricht wird so zum Ort einer »produktiven Verlangsamung« (Hilger 1993, 1998). Produktive Verlangsamung produziert und provoziert Unterbrechung der glatten und zu schnellen Lernwege im Interesse einer sinnen- und sinnerfüllten Lernzeit und einer Ermöglichung ästhetischer Kompetenz, die offen ist für die Sinnlichkeit des Glaubens. Wenn für den Religionsunterricht die Erfahrungen von Gemeinschaft, von Begegnungen, von Vertrauen wichtig sind, dann muss hierfür Zeit sein. Produktive Verlangsamung kann zu einer Vorbedingung werden, um offen zu werden für das Andere, das Fremde und

Neue. Neues und Fremdes kann nur an sich heran lassen, wer wartend etwas erwarten kann. Eine ausgeprägte Sensibilität für die Verlangsamung religionspädagogischer Lernprozesse schafft Raum für Zeiten der Stille als Eigentätigkeit und Innehalten im Strom der Erfahrungen und als Weg innerer Erfahrung. Auch verlangsamte Begegnungen mit Gegenständen durch Übungen des Riechens, Tastens, Hörens und Sehens, das Versenken in Geräusche, Gegenstände und Bilder, können unter dem Vorzeichen der gewollten Verlangsamung gesehen werden. Sie verlangen eine innere Ruhe, ein aktives Verweilen. Das bedeutet Verzicht auf Stofffülle und auf eine einseitige Vermittlungshermeneutik, die darauf abzielt, möglichst viel Lernstoff möglichst schnell an die Lernenden heranzubringen. So gilt nicht nur: weniger kann mehr sein, sondern auch langsamer kann mehr sein! Warten, Ruhe, Nachsinnen, nicht zuletzt Muße sind für religiöse Bildung produktiv.

8. Unterrichtsbeispiel für einen verlangsamten Umgang mit einem Bild

Alexej Jawlensky, In Andacht, 24,7 x 17 cm, 1937. © VG Bild-Kunst, Bonn 2001

Folgendes Beispiel kann verdeutlichen, wie in einem Religionsunterricht, der die Lernenden und die Sache ernst nimmt, eine gewollte Verlangsamung produktiv werden kann im Sinne intensivierter Wahrnehmung, eigner und kreativer Ausdrucksfähigkeit und eigener Stellungnahme. Zur Kunst der Bildbetrachtung gehört die gewollte Verlangsamung des Rezeptions- und Interpretationsprozesses (→ II.7). Nur so ermöglichen Bilder neue Sichtweisen und nur so lassen sie »Einbildungen« zu. Es gibt gute Gründe für die Annahme, dass eine verlangsamte und dadurch intensivierte Wahrnehmung von Bildern Schichten erreicht, die der Intellekt nicht beschreiben kann, und die das Ergebnis von unendlichen und unberechenbaren Wechselwirkungen zwischen dem Bild und den ganzheitlichen Strukturierungsprozessen des wahrnehmenden Subjekts sind. Zu schnelle Deutungen von Bildern blockieren die Wahrnehmung von Neuem und Fremdem und verschließen die Chance für neue Erfahrungen. Verlangsamen bedeutet hier, aus der quasi allmächtigen Bilderflut aussteigen, gehaltvolles Betrachten und produktives Sehen im Sinne einer gegenstandsbezogenen und kreativen Wahrnehmung.

Sechs Unterrichtsstunden brauchte eine Begegnung von Kindern eines 5. Schuljahres mit dem Bild von Alexej Jawlensky (Bahr/Fischer 1999). Intendiert war dabei u.a. eine innere Auseinandersetzung der SchülerInnen mit den Farben und Formen des Bildes, mit den Leiderfahrungen und Hoffnungsperspektiven, die dieses Bild von Jawlensky enthält bzw. modellhaft eröffnet, und die Auseinandersetzung damit, ob Malen als religiöser Akt, als eine Form des Betens angesehen werden kann.

1. Unterrichtseinheit: Symbolkraft von Farben, Gefühle mit Farben ausdrücken

In der ersten Doppelstunde ging es um die Symbolkraft von Farben und um Möglichkeiten, Gefühle mit Farben auszudrücken. Zu Beginn wurden die Kinder auf eine Phantasiereise mitgenommen, und zwar in ein Museum, in einen Saal mit nur einem Bild und mit den Farben Blau, Grün, Rot, Gelb, Schwarz. Daran schloss ein Gespräch über diese Farben an und über die imaginierten Bilder. Auf dem Tageslichtprojektor wurde dann das Bild von Jawlensky so projiziert, dass es nur verschwommen in seiner Farbigkeit und seinen Formen zu erkennen war. Im Gespräch, in Partnerarbeit, mündlich und schriftlich setzten sich die Kinder mit den Gefühlsqualitäten und dem Symbolgehalt dieser Farben auseinander. Zu einer der Farben konnten sie ihre Einfälle aufschreiben. Schließlich wurden die damit verbundenen Gefühle pantomimisch dargestellt, und die Mitschüler überlegten sich, welche Farbe an der Bewegung, der Körperhaltung, am Gesichtsausdruck abgelesen werden kann. Die erste Lerneinheit wurde beendet mit Malen. Arbeitsauftrag: »Wenn man Gesichter malt, dann kann man mit Farben Gefühle in Gesichtern verändern. Male nun ein Gesicht, das ein bestimmtes Gefühl ausdrücken soll. Verwende dazu nur die Farben Schwarz, Gelb, Rot, Grün, Blau. Du kannst alle Farben, einige Farben oder auch nur eine Farbe davon verwenden. Beachte beim Malen: Du darfst nur senkrechte oder waagerechte Linien machen.«

Weil diese Bilder auch etwas aussprechen und den Betrachter ansprechen, schreiben die Kinder in Sprechblasen kurze Texte »Mein Gesicht erzählt«.

2. Unterrichtseinheit: Bildbegegnung und -erschließung

In der zweiten Doppelstunde gingen die Kinder wieder in einer Phantasiereise in den Museumssaal, sahen jetzt das Jawlensky-Bild zuerst unscharf, dann immer deutlicher sehr groß auf der Projektionsfläche. Es wurde auch in der Originalgröße präsentiert und es folgte dann eine intensive Bilderschließung: Die Form des Bildes wurde nachvollzogen mit der Hand in der Luft und in der Hand, mit dem ganzen Körper wurden die »Grundlinien« des Bildes nachgestellt und so wurde die Kreuzstruktur des Bildes verinnerlicht. Die Farben wurden genau betrachtet und es wurden in der Kreuzform und in den Farben Leid und Trauer entdeckt. Es folgten Hinweise auf den Expressionismus und eine Auseinandersetzung mit dem Satz des Malers: »Ich will nicht ein ganz bestimmtes Gesicht malen, sondern ich möchte das Gesicht malen.« In vorbereitete Sprechblasen schrieben die Schüler, weshalb jemand so ein Bild malen könnte. Es ging dann um den Künstler Jawlensky, seine Lebensgeschichte, sein Kreuz mit der schweren Krankheit, den Lähmungen an den Händen, so dass er nur noch mit ausgestreckten Armen, den ganzen Oberkörper bewegend seine Meditationen malen kann, insgesamt mehr als 700. »Ich sitze und arbeite. Das sind meine schönsten Stunden. Ich arbeite für mich, nur für mich und meinen Gott. Die Ellbogen schmerzen dabei sehr. Oft bin ich wie ohnmächtig vor Schmerz. Aber meine Arbeit ist ein Gebet, ein leidenschaftliches durch Farben gesprochenes Gebet.« In der Schlussphase dieser Doppelstunde suchten die Kinder eigene Bildtitel, sie bekamen den Umriss des Bildes als Kopie und konnten zu Hause dieses Bild mit Farben so ausmalen, wie sie es in Erinnerung hatten.

3. Unterrichtseinheit. »In Andacht« – und Beten

In der abschließenden Einheit wurde die Intention des Bildes aufgegriffen, ein Gebet, eine Andacht zu sein. Die Kinder setzten sich mit Leidsituationen in den aktuellen Presseberichten und -bildern auseinander, suchten aus vorgegebenen Psalmtexten Gebete aus, mit denen die dargestellten Menschen ihre Situation vor Gott tragen könnten, ordneten die Gebete den Farben aus dem Bild zu, formulierten eigene Gebete und fertigten schließlich eine Collage mit dem Bild von Jawlensky, den Zeitungsbildern und den Gebetstexten an. Sechs Unterrichtsstunden rund um ein Bild und im Rhythmus von Wahrnehmen, Stellungnehmen, Imagination und eigenem Ausdruck.

Zusammenfassung

Religionsunterricht unter dem Vorzeichen von ästhetischer Bildung meint erfahrungsbezogenes Lernen, das möglichst alle Sinne einbezieht, das die Wahrnehmung für das Gegebene, Anvertraute sowie Fremde und eine Vorstellungskraft für das Mögliche fördert. Ästhetische Bildung stärkt die Fähigkeit, Leben und Welt anzunehmen, mit zu gestalten sowie seiner Religiosität und seinem Glauben sinnliche Gestalt zu geben. Die Sinnlichkeit des Glaubens kann nicht entsinnlicht erschlossen werden. Wer so etwas anbahnen oder lernen will, braucht eine elementare Sensibilität für die religiöse Dimension von Wirklichkeit. Dies kann oft nur über eine neue Lernkultur erreicht werden, die allzu glatte und zu schnelle Lernwege bewusst unterbricht. Religionsunterricht ist also auch als Ort einer »produktiven Verlangsamung« anzusehen. Religionsunterricht kann zu einer Wahrnehmungsschule werden, die eine Aufmerksamkeit fördert für die religiöse Dimension der sinnlichen Erfahrung. Es ist immer eine Lernkultur mit gemeint, die Wert legt auf Achtsamkeit bei der Wahrnehmung, die zur Stellungnahme herausfordert und dazu anregt, seinen Wahrnehmungen und Stellungnahmen auch Ausdruck und Gestalt zu geben. Gerade letzteres kommt im RU oft zu kurz.

Lesehinweis

Biehl, Peter (1997): Wahrnehmung und ästhetische Erfahrung. Zur Bedeutung ästhetischen Denkens für eine Religionspädagogik als Wahrnehmungslehre. In: Grözinger, Albrecht u.a. (Hg.): Gelebte Religion, Rheinbach, 380–411.

Grözinger, Albrecht (1987): Praktische Theologie und Ästhetik. Ein Beitrag zur Grundlegung der Praktischen Theologie, München.

Reilly, George (1988): Religionsdidaktik und ästhetische Erziehung. In: RpB 22, 55–66.

Welsch, Wolfgang (1993): Ästhetisches Denken, Stuttgart.

III.2 Korrelieren lernen

Georg Hilger

»Korrelation« gilt in der Religionspädagogik seit Mitte der siebziger Jahre als das Leitmotiv für die Didaktik des Religionsunterrichts. Wer aber in einem Fremdwörterlexikon unter dem Stichwort »Korrelation« nachschlägt, findet dort keinen Eintrag über eine eventuelle religionspädagogische oder theologische Bedeutung des Begriffs. Auch das Lexikon für Theologie und Kirche kennt in seiner zweiten Auflage (1961) »Korrelation« nicht. In der dritten Auflage hingegen widmet man Korrelation drei Spalten (Bd. 6, 387ff). Korrelation wird als Wechselbeziehung von Offenbarung und Erfahrung, von christlicher Botschaft und menschlichem Leben, von überliefertem und gelebtem Glauben reflektiert. Die zunehmende Bedeutung dessen, was mit dem Begriff Korrelation gemeint ist, weist darauf hin, dass diese Wechselbeziehungen als nicht mehr selbstverständlich betrachtet werden. Es stellt sich eine Reihe von Fragen: Dazu gehören grundsätzliche hermeneutische Fragen, die Verstehensprobleme in den Blick nehmen, darüber hinaus fundamentaltheologische Probleme, die auf das Verhältnis von Offenbarung und Erfahrung abheben, sowie nicht zuletzt religionsdidaktische Fragen, die die Problematik der Vermittlung reflektieren. Diesem Komplex verschiedener Fragen soll im Folgenden nachgegangen werden.

1. Korrelation und Verstehen von tradierten Glaubenserfahrungen

Verständigung zwischen zwei Lebewesen kann nur gelingen, wenn sie durch einen gemeinsamen Horizont miteinander verbunden sind. Dieser muss nicht notwendigerweise in einer gemeinsamen Wortsprache bestehen, sondern kann ebenso über Gesten hergestellt werden. Dazu gehören ein Händedruck, mit dem wir jemanden willkommen heißen, wie auch die erhobene Handfläche, mit der wir uns gegenüber zu großer Nähe verwahren: Komm mir ja nicht zu nahe!

Auch für das Verstehen von fremder oder vergangener Tradition gilt, dass sie sich dem Verstehenden nur dann erschließt, wenn er eine Verbindung zwischen seiner eigenen Lebenswelt und seinem Selbstverständnis mit der überlieferten Welt und ihrem Lebensverständnis herstellen kann. Zum Verstehen gehört also, dass prinzipiell zumindest eine punktuelle Verbindung zwischen den beiden Horizonten hergestellt werden kann. Das gilt in besonderer Weise für die sprachliche Überlieferung der jüdisch-christlichen Tradition und für ihre Symbole. Gottes »Offenbarung« selbst hat sich auf unsere menschlichen Verstehensbedingungen eingelassen. Es gehört nun zu den Besonderheiten jüdisch-christlicher Tradition, dass Gott sich in der Geschichte und unter menschlichen Verstehensbedingungen selbst mitteilt, seine Offenbarung also mit menschlichen Erfahrungen verwoben ist und sie zugleich übersteigt.

Die Existenz eines gemeinsamen Verstehenshorizontes ist auch dort unverzichtbar, wo Glaubenstraditionen vergangener Zeiten den Menschen heute nahe gebracht werden sollen. Von einem Verstehen der Glaubenstradition wird man wohl erst dann sprechen können, wenn man sich der Bedeutung dieser Tradition für sich in seiner eigenen Situation und seiner eigenen Geschichte bewusst wird.

2. Korrelation als Denkform der Theologie – fundamentaltheologische Perspektive

Frage-Antwort-Korrelation (Paul Tillich)

Der evangelische Theologe Paul Tillich (1886–1965), der zuerst in Berlin, dann in den USA lehrte, hat den Begriff »Korrelation« in die Theologie eingeführt. Er geht davon aus, dass der Inhalt von Religion und der Gegenstand von Theologie das ist, was den Menschen »unbedingt angeht«, ihn also existentiell zutiefst betrifft. Glaube ist für ihn eine die Ganzheit der menschlichen Person begreifende Macht: Ergriffen-Sein von dem, was uns unbedingt angeht. Das Prinzip der Korrelation prägt sein gesamtes theologisches Denken. Er will die christliche Botschaft so entfalten, dass sie für den kritisch-fragenden Zeitgenossen zugänglich, einsichtig und überzeugend wirkt (vgl. zu seinem Ansatz System. Theologie I, 73–83; 129–158).

Das hofft er dadurch zu erreichen, dass er sie als Antwort auf die ureigenen existentiellen Anliegen des Menschen begreifen kann. Sein Ziel ist es, die christliche Botschaft und das Leben der Gläubigen in einen sinnvollen Wechselbezug zu bringen. Korrelation bedeutet nicht, dass die Botschaft einerseits und die Situation andererseits angepasst werden, sondern setzt vielmehr voraus, dass beide als solche erhalten und polar aufeinander bezogen werden. Dieses gegenseitige Aufeinander-Einwirken nennt er die »Methode der Korrelation«. Die Botschaft des Glaubens soll für den Menschen nicht nur verständlich sein, sondern auch als für ihn bedeutungsvoll ausgewiesen werden können.

Korrelation als Methode ist bei Tillich aber vor allem die Bestimmung des Verhältnisses »Gott – Mensch« und »Botschaft – Situation« als korrespondierende Beziehungen. Aus der Perspektive des Erkennens begreift Tillich die Struktur dieser Offenbarungskorrelation als Frage-Antwort-Konstellation: »Gott antwortet auf die Fragen des Menschen, und unter dem Eindruck von Gottes Antworten stellt der Mensch seine Fragen.« (Tillich 1956, 75) Tillich setzt Frage und Anwort, Situation und Botschaft, menschliche Existenz und göttliche Selbstoffenbarung in Beziehung und er geht davon aus, dass die Inhalte des christlichen Glaubens durch existentielles Fragen und theologisches Antworten in wechselseitiger – also korrelativer – Abhängigkeit erklärt werden können (vgl. Tillich 1956, 15.74). Aufgabe der Theologie ist es dann, die menschlichen Fragen und die Inhalte der Offenbarung so aufzuarbeiten, dass deren Wechselbezug deutlich wird. Dabei ist zu beachten, dass die Antwort der Offenbarung sich nicht aus der Analyse der menschlichen Situation ableiten lässt: »Der Mensch ist die Frage, aber er ist nicht die Antwort.« (Tillich 1958, 20) Die Antwort der Offenbarung wird in die menschliche Existenz hineingesprochen, kann aber nur dann wirklich Antwort sein, wenn sie eine selbstständige Bedeutung behält. Andernfalls verkäme sie zu einer bloßen Projektion, einem Spiegelbild eigener Wünsche und Sehnsüchte.

Kritisch-produktive Korrelation (Edward Schillebeeckx)

Von den führenden katholischen Theologen hat sich an erster Stelle der Theologe und Dominikaner Edward Schillebeeckx explizit mit dem Korrelationsdenken auseinandergesetzt. Schillebeeckx setzt bei der hermeneutischen Frage an. Christliche Theologie schöpft nach ihm stets aus zwei Quellen: 1. aus der Erfahrungtradition der großen jüdisch-christlichen Bewegung; 2. aus heutigen menschlichen Erfahrungen von Christen und Nicht-Christen. Die jeweilige aktuelle Situation bleibt ein wichtiges inneres Moment des Verstehens von Gottes offenbarendem Sprechen in der Geschichte Israels und in Jesus (Schillebeeckx 1979, 13f).

Nach Schillebeeckx ist es nicht möglich, sich der Botschaft losgelöst von der jeweiligen aktuellen Situation zu nähern, um auf diese Weise ihren vorgegebenen, unwandelbaren Kern heraus zu destillieren, der dann auf verschiedene Situationen übertragen werden könnte.

Ohne die Beziehung zu unserem heutigen Leben lässt sich gar nicht erarbeiten, was die Botschaft des Glaubens für uns genau bedeutet (→ I.4). Die heutige aktuelle Situation ist also ein unverzichtbarer hermeneutischer Schlüssel zum Verstehen der Botschaft des Glaubens. Schillebeeckx berücksichtigt bei seinem Denken, dass Religion nicht mehr ein allgemein anerkannter Integrationsfaktor für Gesellschafts- und Weltdeutung ist und dass der säkulare Fortschrittsglaube der Moderne in eine Krise geraten ist. Er betont – deutlicher als Tillich – die Zweideutigkeit der menschlichen Erfahrungen: Sie enthalten Sinn wie Widersinn, Hoffnungen wie Bedrohungen. Diese Zweideutigkeit menschlicher Erfahrung erfordert Entscheidung. Die christliche Tradition, vor allem die Geschichte Jesu, wird angesichts der zweideutigen Erfahrung zum Angebot der Integration von Erfahrung, zum Angebot einer Lebensmöglichkeit. Bewährt sich diese Deutung der Erfahrung aus christlichem Glauben in der eigenen alltäglichen Lebenserfahrung, kann das Angebot zur festen Lebensüberzeugung werden. So kann der Mensch Erfahrungen mit der Erfahrung machen (Schillebeeckx 1979, 21). Manchmal nehmen menschliche Erfahrungen selbst »offenbarenden« Charakter an, wenn sich in ihnen etwas vom tieferen Sinn und Zusammenhang der Wirklichkeit erschließt, wenn sie zu einer neuen und als Geschenk erlebten Integration der Daseinsdeutung führen. Die qualitativ höchste Offenbarungsstärke erfuhren die Menschen in der Begegnung mit Jesus; hier zeigte sich Gott als Heil für die Menschen. In der Begegnung mit ihm erfuhren Menschen eine fundamentale Änderung ihrer Lebensrichtung, darin Befreiung, neue Identität, Sinn und die Ermöglichung einer neuen Praxis, wie Jesus sie vorgelebt hatte. Schillebeeckx betont dabei die kritische Bedeutung der überlieferten Glaubenserfahrungen mit Jesus. Ursprüngliche Erfahrungen mit Jesus und aktuelle Situation treten somit in wechselseitige kritische Korrelation, damit aus ihrer Begegnung eine erneute lebendige Erfahrung hervorgehen kann.

Wechselseitige kritische Korrelation bedeutet einerseits Kritik an heutigen Erfahrungen vom Evangelium, von der Botschaft Jesu her. Fragt man, was zum Heil-Sein des Menschen gehört, so kann von da aus das kritische und befreiende Handlungspotential der christlichen Hoffnung in das Gespräch mit heutigen Erfahrungen gebracht werden.

Wechselseitige kritische Korrelation bedeutet aber auch Kritik an der Art, wie das Wort Gottes, die Botschaft des Evangeliums zur Sprache gebracht wird. Auch das Sprechen über das Wort Gottes bedarf ständiger Auseinandersetzung und Überprüfung von neuen Erfahrungen her. Aus neuen Erfahrungen (wie z.B. des Holocausts oder der Begegnung mit vielen Religionen, der drohenden ökologischen Krise, der Erfahrung struktureller Sünde) kann neues Licht auf die Offenbarung fallen. In einer jüngeren Publikation bevorzugt Schillebeeckx den Begriff »kritische Interrelation«. Damit betont er, dass die Glaubenstradition eine Vielzahl von Erfahrungen kennzeichnet, die sich äußerst komplex gestalten, in unterschiedlichen kulturellen und sozialen Kontexten gewachsen sind und in diesen jeweils neu ausgedrückt werden müssen. Erst indem die verschiedenen Kontexte miteinander verglichen werden, wird erahnbar, was mit Tradition gemeint sein kann, sodass insgesamt deutlich wird, dass Tradition nach vorne hin offen und keine starre Größe ist (vgl. Schillebeeckx 1994).

Wer dem theologischen Ansatz von Schillebeeckx folgt, der wird sich also vor glatten Korrelationen hüten. Da ihm bewusst ist, wie fragil Korrelationen sind, wird er mehr auf die Konfrontation und die Provokation der ursprünglichen christlichen Glaubenserfahrung mit der zwiespältigen säkularen Welterfahrung in unserer Zeit abheben. Er wird nicht billige Harmonisierung und Nivellierung anstreben, sondern eine *produktive kritische Wechselbeziehung* zwischen Glauben und Leben suchen. Im »Grundlagenplan für den kath. Religionsunterricht im 5.–10. Schuljahr« findet sich knapp formuliert, was wechselseitige kritische Korrelation bedeutet: »Diese gegenseitige Wechselbeziehung wird kritisch genannt, weil in der Gegenüberstellung von Glaubensüberlieferung und Gegenwartserfahrung diese Gegenwartserfahrungen geprüft und verändert werden und weil zugleich die Glaubensüberlieferung in einem neuen Licht erscheint. Produktiv ist diese Wechselbeziehung, weil einerseits die Glaubensüberlieferung neue Lebenserfahrungen anstößt und andererseits die gegenwärtigen Erfahrungen die Glaubensüberlieferungen neu befragen.« (Zentralstelle Bildung der Deutschen Bischofskonferenz 1984, 243)

3. Korrelation als unterrichtliches Leitprinzip – religionsdidaktische Perspektive

Mit dem »Zielfelderplan für den kath. Religionsunterricht an der Grundschule« (Zentralstelle Bildung der Deutschen Bischofskonferenz 1977) wird der Begriff »Korrelation« in der kath. Religionspädagogik zu einem Leitmotiv und zu einem Programm, das seither alle Lehrpläne für den Religionsunterricht prägt und als Vorgabe für die Entwicklung von Religionsbüchern aller Schulstufen und Schularten dient. Ein wichtiges Motiv für den konsequenten Einsatz des Korrelationsprinzips war, den Religionsunterricht vor einem problematischen Entweder-Oder zu bewahren, das zur Wahl zwischen einem bibel- und traditionsorientierten Religionsunterricht einerseits und einem problem- bzw. erfahrungsorientierten Religionsunterricht andererseits zwingt. Korrelation stand also für die Entdeckung eines »dritten Weges« (ebd. 16), der vor zwei Engführungen gleichermaßen schützen soll: Die erste besteht in einem religionsdidaktischen Ansatz, der die christliche Tradition als etwas Vorgegebenes, Unveränderliches betrachtet und sie als System festgelegter Sätze und Wahrheiten vermitteln will, ohne Rücksicht auf die Situation des Adressaten zu nehmen. Die zweite Engführung besteht in einem Verständnis von Religionsunterricht, das sich dem Zeitgeist kritiklos einfügt und so den Glauben an das jeweilige Bewusstsein anpasst, ohne das Frage-Antwort-Geschehen zu berücksichtigen, dem der überlieferte Glaube sich verdankt und in dem die Menschen heute ihre Erfahrungen machen.

Das Stichwort »Korrelation« signalisiert darüber hinaus eine stärkere Rückbindung des Religionsunterrichts an die Theologie. Der Religionsunterricht sollte dadurch wieder ein eindeutigeres theologisches Profil gewinnen, das er mancherorts aus Gründen der Unkorrelierbarkeit von konkreten Erfahrungen der Lernenden mit den Glaubenserfahrungen der jüdisch-christlichen Überlieferung und wegen der wachsenden Kirchendistanz vieler Jugendlicher verloren hatte. Gleichzeitig sollte er aber den Herausforderungen der Zeit und den Schülerinnen und Schülern als Subjekten ihres religiösen Lernens gerecht werden können.

Der Begriff »Korrelation« wurde in der katholischen Religionspädagogik sehr schnell aufgenommen und akzeptiert. Im Rückblick auf die Rezeption des Begriffs wird deutlich, dass er sehr unterschiedlich interpretiert und inhaltlich besetzt wurde. Diejenigen, die eine stärkere Theologisierung des Religionsunterrichts wünschten, fanden ihre Vorstellungen durch das Korrelationsprinzip bestätigt. Diejenigen hingegen, die einen stärkeren Schülerbezug wünschten, sahen sich in ihrer Position ebenfalls durch das Korrelationsprinzip gedeckt. Seit Ende der siebziger Jahre des vorigen Jahrhunderts versteht sich katholischer Religionsunterricht als korrelativer Religionsunterricht, wenigstens aus der Perspektive der offiziellen Verlautbarungen und der Lehrpläne. Diese versuchen seit 1977 mit unterschiedlichen Instrumentarien Korrelation zu ermöglichen: Durch Didaktische Strukturgitter, Vernetzungen, die korrelative Sprache der Themen- und Zielformulierung, den Aufweis von theologischen und anthropologischen Akzenten je Thema usw. wird versucht, die korrelative Struktur von Erfahrung und Glaubensinhalt transparent zu machen. Konsequent und mit hohem Begründungsaufwand geschieht dies im Zielfelderplan (1977) und im Grundlagenplan 5.–10. Schuljahr (1984). Auf der Abstraktionsstufe von Lehrplänen lässt sich Korrelation stimmig darstellen. Hier finden sich beachtliche Ansätze einer korrelativen Theologie und Religionsdidaktik.

Religionsbücher und Unterrichtsentwürfe tun sich im Vergleich dazu schwerer, transparent zu machen, was sie unter »Korrelation« verstehen. Sie versuchen auf unterschiedliche Weisen eine Zuordnung von Traditionselementen und Dokumenten aufzubauen, welche die Lebenswelt präsentieren: Man greift zurück auf Frage-Antwort-Schema, korreliert additiv, nivellierend, ethisierend, aktualisierend, kontrastierend, bemüht sich um den Aufweis verschiedener Perspektiven oder von Strukturanalogien und versucht, verfremdend oder überbietend zu wirken (zu Beispielen vgl. Hilger 1977). Korrelation hat didaktische Phantasien freigesetzt, die zu attraktiven Religionsbüchern und anregenden Unterrichtsentwürfen geführt haben.

Um den Graben zwischen Absichtserklärungen und unterrichtlicher Realisation zu überbrücken, wurden zweipolige »Grundprinzipien« konstruiert, wie z.B. die »analytisch-assoziative Übertragung« als Weg von der Überlieferung zur Situation oder die

»situativ-existentielle Konzentration des Glaubens« als Weg von der Situation zur Überlieferung (differenziert ausgearbeitet bei Baudler 1979, 96–209), ähnlich das Modell der »korrelierenden Vierecke« (Bitter 1996, 8). Diese Modelle haben eine hilfreiche und erhellende Funktion für Teilbereiche der Unterrichtsplanung, können eine didaktische Analyse aber nicht ersetzen.

Im Hinblick auf den Unterricht stellt sich die Frage, ob Korrelationen durch die Person des/der Lehrenden hergestellt, vorgegeben, nahe gelegt, durch instruierende didaktische Arrangements angeboten, aufgedeckt bzw. bezeugt werden oder ob umgekehrt die Lernenden angeregt und provoziert werden zu eigenem Korrelieren in einer Suchbewegung mit offenem Ausgang (Niehl 1993, 96). Dies kann etwa geschehen durch ein Fragen-Lernen, wie Feifel dies vorschlägt (Feifel 1995, 100). Instruktion durch Lehrende und Konstruktion durch Lernende brauchen keine Gegensätze zu sein (→ II.7), je nach Gewichtung verändert sich aber die Perspektive: In einem Fall stehen fundamentaltheologische bzw. hermeneutische Grundsatzfragen und Inhaltsfragen im Vordergrund, im anderen Fall sind Überlegungen zur kommunikativen Struktur der Lernprozesse und zur Rolle der Lernenden anzustellen, die als theologisch produktive und kreativ korrelierende Subjekte betrachtet werden.

Ob die Praxis des Religionsunterrichts diesem Anspruch gerecht wurde bzw. wird und ob sie ihm auch unter den veränderten Bedingungen heutiger religiöser Sozialisation noch gerecht werden kann, das ist eine Frage, der nachgegangen werden muss.

4. Merkmale eines »korrelativen« Religionsunterrichts

Erfahrungsorientierung und Lebensweltbezug

Korrelativer Religionsunterricht geht von der Einsicht aus, dass die Offenbarung selbst in konkrete menschliche Situationen hinein erfolgte, dass die christliche Überlieferung sich in menschlicher Geschichte vollzog und dass die Verwirklichung des christlichen Glaubens immer in konkreten menschlichen Lebensvollzügen geschieht. Dies fordert einen Religionsunterricht, der einerseits die Tradition auf die Glaubens- und Lebenserfahrungen hin befragt, die in den Überlieferungen ihre Deutung erfahren haben, und diese dann in kritische Beziehung zu heutigen Erfahrungen setzt; der andererseits heutige Erfahrungen thematisiert, sie vertieft und in eine kritische Wechselbeziehung setzt zu tradierten Glaubenserfahrungen.

Repräsentanz und Relevanz

Korrelativer Religionsunterricht bedeutet, dass bei der Entscheidung über die Inhalte des Religionsunterrichts stets geprüft werden soll, ob die ausgewiesenen Inhalte einmal die Sinnmitte der christlichen Botschaft aufleuchten lassen und zum anderen auch die konkrete Situation der Menschen heute erhellen. Nur solche Inhalte sind nach diesem Doppelkriterium religionsdidaktisch relevant, die einen Bezug zur »Lebenssituation« der Kinder und Jugendlichen haben und die gleichzeitig auch von der Sinnmitte der christlichen Botschaft her befragt werden können. Umgekehrt gilt, dass nur solche Inhalte aus der jüdisch-christlichen Tradition und der Botschaft des Evangeliums relevant sind, die eine kritische produktive Wechselbeziehung zur Lebenssituation ermöglichen.

Korrelation als dynamischer Prozess

Korrelation ist ein offener, fragiler und dynamischer Prozess. Korrelativer Religionsunterricht ist auf Personen angewiesen, die sich selbst fragen, welche Erfahrungen sie mit den in der christlichen Glaubenstradition enthaltenen Erfahrungen gemacht haben, Personen, die reflektieren, wie sie ihre Erfahrungen »im Lichte des Glaubens« deuten und was dies für sie ganz persönlich und ihre Lebenspraxis bedeutet. Diese Erfahrungen können selbstverständlich auch kontrastierende oder ambivalente Erfahrungen sein. Darum lassen sich Korrelationen nicht im eigentlichen Sinn »herstellen«! Die Korrelation, um die es im Religionsunterricht gehen soll, lässt sich zwar planerisch strukturieren, durch Aktionsformen oder durch didaktische Entscheidungen begünstigen oder auch erschweren. Lehrende und Lernende können bezeugen und offen legen, wo sie für sich Wechselbeziehungen zwischen ihrem (gelebten) Leben und der in der biblischen Tradition enthaltenen Glaubenserfahrung sehen und welche Bedeutung dies für ihre Lebensdeutung hat. Es kann im Unterricht auf Gruppen und Menschen verwiesen werden, die in ihrer konkreten Situation durch ihr Leben oder durch ihr Engagement Zeugnis davon geben, wie bedeutungsvoll und konsequenzenreich, wie heilend und befreiend ein Leben aus dem Glauben sein kann. Gleichwohl kann das Bemühen um eine sinnvolle Korrelation auch unerfüllt bleiben. Ein korrelativer Religionsunterricht kann das Verstehen der Glaubensbotschaft als mögliche Antwort auf und Anfrage an Erfahrungen des Menschen wohl vorbereiten, niemals aber die Annahme der Antwort garantieren. Korrelativer Religionsunterricht wird einladen, sich auf das Wagnis einzulassen und herausfordern, die eigenen Lebensentscheidungen, das eigene Lebensmodell, die eigenen Deutungen zu reflektieren und im günstigen Fall von der christlichen Botschaft her zu befragen. Er wird dem Lernenden jedoch die Freiheit lassen, seine persönliche Antwort zu geben, auch dann, wenn diese ablehnend ist.

Korrelation als Einladung (und Provokation), selbst initiativ zu werden

Wie die Kinder und Jugendlichen sich auf korrelative Lernprozesse einlassen, wird stets individuell verschieden sein. Das anspruchsvollste Ziel religionsdidaktischer Planung ist es, die Lernenden durch Angebote oder Provokationen dazu einzuladen, selber nach sinnvollen Bezügen zwischen ihrem Leben und der Botschaft des Glaubens zu suchen, also selber zu korrelieren. Das gilt vor allem dann, wenn die für Religion und Glauben relevanten, je unterschiedlichen Erfahrungen so weit auseinander gehen, dass von gemeinsamen Erfahrungen gar nicht mehr gesprochen werden kann. Der Prozess der Individualisierung macht es zugegebenermaßen immer schwieriger, von generalisierbaren Erfahrungen und Situationen auszugehen. Die vom Lehrplan oder Schulbuch vorgeschlagenen Korrelationsangebote greifen darum oft nicht (mehr). Korrelation wird sich – wenn sie überhaupt noch greift – vor allem im situativen und individuellen Prozess anbahnen. Sicher wäre dies leichter möglich, wenn im Religionsunterricht nicht nur Glaube und Glaubensdeutung bzw. Situationsdeutung aus dem Glauben in der Form der Auslegung vermittelt würde, sondern auch auf die Praxis eines überzeugend gelebten und befreienden Glaubens verweisen könnte.

5. Beispiel: Das Thema »Angst und Vertrauen« – zwei Zugänge

In einem 6. Schuljahr sollen Schülerinnen und Schüler ihre eigenen Angsterlebnisse aufschreiben bzw. sie malen. An Bildern und Erzählungen werden die Erlebnisse vertieft. Mit Hilfe psychologischer Erklärungsmodelle wird in vertrauensvoller Atmosphäre besprochen, was Angst auslöst und wie man mit ihr umgehen kann. Erfahrungen der Kinder kommen zur Sprache, werden zumindest ansatzweise bearbeitet und verstehbar gemacht. In einem korrelativen Religionsunterricht werden kindliche Erfahrungen von Angst mit ähnlichen Erfahrungen der jüdisch-christlichen Tradition in Wechselbeziehung gebracht. Dazu wird etwa Psalm 23 eingeführt: »Der Herr ist mein Hirte, nichts wird mir fehlen. ... Muss ich auch wandern in finsterer Schlucht, ich fürchte kein Unheil; denn Du bist bei mir, Dein Stock und Dein Stab geben mir Zuversicht.« Entsprechende Vorschläge finden sich in vielen Religionsbüchern und Handbüchern zum Religionsunterricht. Sind die Vorgaben eines korrelativen Religionsunterrichts aber schon erfüllt? Hat dieser Unterricht Aussicht, wirklich in produktiver Weise Korrelationsprozesse bei den Lernenden anzuregen?

Franz-Wendel Niehl wendet sich gegen ein Verständnis von Korrelation, das sich auf die lineare Abfolge des Dreischritts: (1) das Bewusstmachen von Erfahrungen, (2) die Reflexion über humanwissenschaftliche Deutungsversuche und sich (3) auf die Suche nach Deutungen bzw. Antworten beschränkt, z.B. aus der biblischen Tradition.

Das in der Praxis oft entstehende Problem besteht darin, dass anfangs angeregt über ein die Schüler betreffendes Thema gesprochen wird und dann an irgendeiner Stelle die Glaubensüberlieferung angebunden wird, ohne dass den Lernenden aufgrund ihres aktuellen, bis dahin erreichten Problemhorizontes der Sinn dieser Verknüpfung klar wird. Wo dies der Fall ist, gewinnen sie schnell den Eindruck, dass es letztlich gar nicht um ihre eigenen Ängste ging, sondern dass diese thematisiert wurden, um als Projektionsfolie für den im Unterricht zu vermittelnden Text aus der kirchlich-christlichen Überlieferung zu dienen. Gegen eine solche lineare Abfolge setzt Niehl (1993, 94f) das Modell des nachdenklichen und fragenden Gesprächs im Sinne eines »*umkreisenden Verstehens*«. Legt man dieses Modell zugrunde, dann sähe der Unterricht zu dem o.a. Thema vielleicht folgendermaßen aus (Niehl 1993, 91):

Auch in diesem Unterricht werden Angsterlebnisse bewusst gemacht, werden die Schülerinnen und Schüler angeregt, ihnen Form, Ausdruck und Gestalt in Form von Texten und Bildern und Gesprächsbeiträgen zu geben. Unter Umständen werden dabei Angsterfahrungen, wie sie in literarischen Texten oder in Bildern erkennbar werden, betrachtet, gedeutet und vorsichtig analysiert. In diesen Verständigungsprozess über Angst fließen dann auch Glaubensüberlieferungen ein. Dies geschieht aber nicht so, dass ein Text am Ende der Reihe die fertige »Antwort« des Glaubens präsentiert. Vielmehr werden unterschiedliche biblische Motive in das Gespräch eingebracht und befragt. Das nächtliche Ringen Jakobs am Fluss (Gen 32, 22–32) wird dabei ebenso als Angstgeschichte eingeführt wie der in Ps 22 begegnende Aufschrei gegen die Angst. Zur Sprache gebracht werden kann die Angst des Petrus, der aus dem sicheren Schiff aussteigt, um Jesus auf dem Wasser entgegenzugehen, und der plötzlich merkt, dass er keinen Boden mehr unter den Füßen hat (Mt 14,22–33). Des Weiteren kann etwa die Geschichte des Wolfes von Gubbio erzählt werden, die davon berichtet, wie sehr die

Bewohner der Stadt sich vor dem Tier fürchteten und wie Franziskus es verstand, ihre Angst zu mindern. In Texten wie diesen leuchtet auf, was Angst verstärkt, wie Angst zähmbar wird und wie man mit Angst umgehen kann. Selbstverständlich können in das Gespräch auch (tiefen)psychologische Deutungen und Denkmodelle einfließen.

In diesem Gegenbeispiel wird jetzt die christliche Botschaft nicht als Antwort auf die menschlichen Erfahrungen auf überhöhte Weise eingebracht, sondern es bahnt sich ein Dialog an, in dem von verschiedenen Seiten her das Phänomen »Angst« beleuchtet wird. Die Angst als solche wird damit nicht aufgelöst, und es wird nicht mit einem fertigen Rezept aufgewartet, das dazu anleitet, wie man seine Angst überwinden kann. Die in das Gespräch eingebrachten Elemente der Glaubensüberlieferung sind nicht verbindliche Vorgaben für das zu erreichende Ergebnis, sondern bereichern das Gespräch um heutige Lebensdeutungen, in der Hoffnung, dass die Glaubensüberlieferung zur Erhellung des Daseins und zur Ermutigung zum Leben beiträgt. Inwieweit die Korrelationsangebote in die Lebensdeutung der Schülerinnen und Schüler tatsächlich integriert werden, bleibt dabei eine Frage, die nicht auf Anhieb und eindeutig beantwortet werden kann.

6. Kritik und Diskussion

Die Weite des Begriffs erwies sich zwar als konsensbildend und inspirierend, zeigte aber seine Schwächen. Korrelation geriet in die Nähe einer normativen Didaktik: Von einem theologischen Basissatz wurden Deduktionsketten aufgebaut von Zielformulierungen bis hin zu methodischen Entscheidungen, die anfällig sind für unreflektierte Nebenentscheidungen, leicht wahrnehmungsblind machen für die komplexen Faktoren und Bedingungen von Unterricht und sich so für unterschiedlichste Positionen vereinnahmen lassen (Hilger 1993, 828). Durch Korrelation ließ sich vieles begründen und wurden unterschiedlichste Erwartungen geweckt. Die Erwartung einer Vermittelbarkeit von Erfahrungen und Glaubensinhalten konnte zu selten eingelöst werden. Der Normalfall in der konkreten Unterrichtspraxis ist eher das Scheitern, nicht zuletzt wegen des mangelnden Bezuges der meisten Schülerinnen und Schüler zur Praxis des gelebten Glaubens (Englert 1993, 106). Die einen sehen einen Überhang des Korrelats Glaubensinhalte auf Kosten der nicht wahrgenommenen lebensweltlichen Erfahrungen der Schülerinnen und Schüler (Ziebertz 1994a, 102) und im Hinblick auf theologisch überfrachtete Lehrpläne. Andere bedauern einen Mangel an seriöser Theologie (dazu Englert 1996, 4). Halbfas (1992, 750) moniert, Korrelation kranke an einem strukturellen Dualismus, der künstlich auseinander reiße, was – bei einer konsequent betriebenen anthropologischen Theologie – zusammengehöre. Dies ist ein gewichtiger Einwand, den auch Prokopf und Ziebertz aufgreifen. Eine Korrelation, die von der Trennung zwischen Erfahrung und Tradition ausgehe, schaffe unnötige und zusätzliche Probleme. Sie fordern deshalb, Korrelationen nicht künstlich herzustellen, sondern die immer schon bestehenden Brücken zwischen Tradition und Erfahrung wahrzunehmen und sichtbar zu machen. Es soll nicht mehr um ein wie immer auch geartetes Nebeneinander von menschlicher Erfahrung und christlicher Überlieferung gehen, sondern aus der konkreten Erfahrung heraus soll der Blick auf tiefere Verbindungen zwischen dem Religiösen in der besonderen Situation und dem Allgemeinen der religiösen Tradition in dieser Situation geöffnet werden. Um einer Polarisierung von Induktion und Deduktion zu entgehen, sprechen sie von einer »abduktiven Korrelation« (Prokopf / Ziebertz 2000).

Daneben wird in der Diskussion die Theoriefähigkeit von Korrelation für konkretes unterrichtliches Handeln angezweifelt (Reilly 1993, 25). Englert (1993, 102) fragt, ob nicht aus einem Konzept, an dem nichts Gravierendes auszusetzen sei, das »beste Konzept zur falschen Zeit« (bzw. am falschen Ort) geworden sei und plädiert für einen »ehrenhaften Abgang« der Korrelation als schulische Fachdidaktik, was ihre Bedeutung für andere religionspädagogische Lernfelder (z.B. Erwachsenenbildung) keinesfalls schmälern würde (1996, 17). Wenn für einen großen Teil der Schülerinnen und Schüler (und vielleicht auch mancher Lehrenden) menschliche Grunderfahrungen und Glaube nicht mehr korrelierbar sind, dann muss Korrelation zumindest das Aushalten von biographisch und gesellschaftlich bedingter Unkorrelierbarkeit theologisch reflektieren (Hemmerle 1994, 308).

Kaum einer der Kritiker bezweifelt die Verdienste der Korrelation. Unbestritten scheint der erfahrungshermeneutische Ansatz, die Unverzichtbarkeit einer korrelativen Theologie für einen theologisch verantworteten Religionsunterricht, für das Selbstverständnis von Religionspädagogik als praktisch-theologischer Disziplin (Bitter 1996, 7), die Bedeutung eines korrelativen Denkens als Inspirationsquelle für viele Bereiche des Religionsunterrichts und als kritisch-produktive Provokation, die zur Stellungnahme herausfordert. Korrelation kann inspirierend sein für den Dialog mit anderen theologischen und außertheologischen Disziplinen und für die Ermittlung von religionspädagogischen Forschungsdesideraten (vgl. Ziebertz 1994a, 102f, skeptisch Reilly 1993, 25f).

7. Perspektiven

Korrelation als Denkform für eine zeitangemessene und erfahrungsbezogene Theologie und theologische Hermeneutik ist ein Grundprinzip für theologisch verantwortete Vermittlungsprozesse im Religionsunterricht. Die Kunst des Korrelierens bleibt eine Basiskompetenz für Lehrende dieses Faches und muss in Ausbildungsgängen stärker als bisher eingeübt werden. Dem Status einer umfassenden schulischen Didaktik kann die Methode der Korrelation jedoch nicht gerecht werden (Hilger 1993, 832f). Eine solche würde leicht zu Blickverengungen verleiten, die Unkorrelierbares ausblenden, die alltagsweltlichen religiösen Bedürfnisse der Schüler funktionalisieren und zu bloßen »Aufhängern« für das eigentliche Thema degradieren. Fragen einer religiösen Propädeutik würden dadurch zu sehr in den Hintergrund gedrängt und schultheoretische wie bildungstheoretische Probleme marginalisiert. Dies könnte verhindert werden, wenn das Korrelationsprinzip angereichert würde durch Fragestellungen einer religionsdidaktischen Elementarisierung (→ II.5; III.8; IV.1), die sich auf eine bildungstheoretische didaktische Tradition bezieht (Reilly 2001, 91f). Für Lernorte im kirchlichen Kontext der religiösen Erwachsenenbildung und der gemeindlichen Katechese kann Korrelation eine größere Reichweite beanspruchen (Englert 1996, 17). Deshalb gilt: Korrelation kann produktiv bleiben, wenn sie ihre Grenzen erkennt und benennt und als Prinzip betrachtet wird, welches immer wieder daran erinnert, dass die Rede von Gott für Menschen in einem bestimmten Kontext verstehbar sein und der Religionsunterricht die heilsame und provozierende Präsenz des Christlichen aufzeigen soll. Schließlich erweist sich Korrelation auch dann als produktiv, wenn alltägliche Erfahrungen in ihrer Tiefendimension transparent werden und die Fremdheit zwischen den eigenen Lebenserfahrungen bzw. dem Lebensglauben und den in der jüdisch-christlichen Tradition überlieferten und verdichteten Glaubenserfahrungen bewusst wird. Ein realistisches Korrelationsprinzip wird Wert darauf legen, vertraute und fremde Wirklichkeitsdeutungen je für sich sorgsam wahrzunehmen und verstehen zu lernen, um sie in ihrer Unterschiedlichkeit respektvoll miteinander zu konfrontieren (Porzelt 2000, 325).

Zusammenfassung

Korrelation ist an erster Stelle ein hermeneutisches Grundverständnis bezüglich des Verhältnisses von Glaubensüberlieferung und Erfahrung. Korrelation als theologisches Prinzip meint eine kritische, produktive Wechselbeziehung zwischen Glaubensüberlieferung und der Erfahrung heutiger Menschen. Im Dialog bzw. in der Konfrontation beider Größen erscheinen beide in neuem Licht. So können im günstigsten Fall die Glaubensüberlieferungen neue Lebenserfahrungen provozieren. Korrelation aus didaktischer Perspektive bezeichnet grundsätzlich den offenen und dynamischen Prozess eines mehrperspektivischen Dialogs, in dem verschiedene (theologische und nicht-theologische) Deutungshorizonte präsent sind. Ein Ziel, das den Religionsunterricht u.U. überfordert, ist, die Schülerinnen und Schüler durch didaktische Arrangements und das persönliche Zeugnis zum eigenen Korrelieren einzuladen, sie anzuregen bzw. herauszufordern, eigene Erfahrungen mit den tradierten und gelebten Erfahrungen des Glaubens zu machen. Korrelation ist hingegen missverstanden, wenn man in ihr lediglich eine Methode des Religionsunterrichts sieht.

Lesehinweis

Baudler, Georg (1984): Korrelationsdidaktik: Leben durch Glauben erschließen, Paderborn.

Fuchs, Gotthard (1985): Einweisung ins Unglaubliche und Selbstverständliche. Zur theologischen Kunst des Korrelierens. In: rhs 28, 84–91.

Englert, Rudolf (1996): Korrelation(sdidaktik). Bilanz und Perspektiven. In: RpB H. 38, 3–18.

Hemmerle, Klaus (1994): Religionsunterricht als Vermittlungsgeschehen. Überlegungen zum Korrelationsprinzip. In: KatBl 119, 304–311.

III.3 Symbollernen

Georg Hilger

In unserem Alltag »wimmelt« es von Symbolen und Symbolhandlungen: in der Werbung, in unseren Wohnungen, bei Begrüßungen – überall spielen sie eine große Rolle. Auch Kinder und Jugendliche gebrauchen und entwickeln eine Vielfalt von Symbolen, um sich auszudrücken, Beziehungen zu gestalten, Zugehörigkeiten zu signalisieren und Konflikte zu bewältigen. Wer ein Kreuzzeichen macht, begeht eine symbolische Handlung. Wer von »Himmel« und von »Reich Gottes« spricht oder Jesus als den »Weg« und das »Licht der Welt« bezeichnet, verwendet sprachliche Symbole. Himmel, Berg, Wasser, Weg, Baum, Wüste, Wind/Sturm, Licht, Ring, Kerze und vieles mehr sind durch ihren Verweischarakter gegenständliche Symbole. Symbole haben seit den 80er Jahren des vorigen Jahrhunderts in der Religionsdidaktik Hochkonjunktur. Warum sind Symbole für religiöses Lernen so wichtig? Was bedeutet der Begriff Symbol und welche symboldidaktischen Entwürfe sind wirksam und inspirierend für den Religionsunterricht?

1. Warum Symbole im Religionsunterricht?

Es gibt keine Religion ohne Symbole. Wo dies nicht berücksichtigt wird, gilt, dass mit den Symbolen auch die Religion schwindet.

Religiöse Überlieferungen bieten stets ganze Symbolwelten an, die von den Religionsgemeinschaften tradiert werden. Dies geschieht durch Brauchtum, Feiern, Gesten, durch Bilder, Gebäude, Erzählungen oder durch institutionalisierte »Weitergabe« einer verbalen Symbolwelt. Die dabei oft so rationale Einseitigkeit bei der religiösen Erziehung und Bildung lässt wieder neu danach suchen, was den Menschen mit all seinen Sinnen und mit dem Herzen anspricht. Auch die aktuelle Wiederbelebung des Mythos und die Herausforderung einer visuellen Kultur mit einer anwachsenden und oft vereinnahmenden Symbolproduktion fordern dazu auf, Symbole in ihrer Ambivalenz und Mehrdeutigkeit wahrzunehmen, ihre Bedeutung und Verwendungszusammenhänge zu verstehen. Junge Menschen zu befähigen, eigene religiös-symbolische Zugänge zu tradierten Symbolwelten zu entwickeln und eigene symbolische Ausdrucksformen zu suchen bzw. zu entwickeln, ist somit eine elementare religionsdidaktische Aufgabe.

2. Zum Wortsinn »Symbol«

Das griech. Verb »symballein« heißt soviel wie »zusammenwerfen«, »zusammenfallen«, »Getrenntes zusammenfügen«; das entsprechende Substantiv »symbolon« bedeutet »das Zusammengefügte« oder »Zeichen«, »Kennzeichen«, »Erkennungszeichen für

Freunde«, »Vertrag«. Symbolisieren bedeutet dann soviel wie: »Etwas zusammenfügen, das zusammengehört, aber vorher getrennt war«. Es war soviel wie ein Erkennungszeichen oder »Passwort« für die im Glauben Verbundenen. Eine Verstehenshilfe ist auch der Gegenbegriff »diaballein«. »Diabolos« ist der, der trennt, auseinander wirft, was zusammengehört, zerstört.

Wer die Wortbedeutung von »Symbol« Kindern und Jugendlichen erklären will, kann dies anhand der Vorstellung eines antiken Brauchtums tun, von dem die folgende Geschichte erzählt:
Zwei Freunde im Alten Griechenland nehmen Abschied voneinander. Sie ritzen ihren Namen auf eine Tonscherbe und brechen sie in zwei Stücke. Jeder nimmt eine Hälfte mit; er weiß, dass er den Freund lange nicht sehen wird. Das Brechen von Ton und Namen drückt den Schmerz des Abschieds aus. Das sorgfältige Bewahren steht für die gegenseitige Treue. Jede Hälfte verweist auf die Freundschaft, die gestern erlebt wurde, und ist zugleich ein Zeichen der Hoffnung auf die Freundschaft, die morgen neu erfahren werden kann. Der zerbrochene Teil der Tonscherbe ist zwar selbst nicht Freundschaft, aber er ist ein sinnliches Erkennungszeichen, das abwesende Freundschaft lebendig macht und so in die Gegenwart hineinziehen kann.
Nach langer Zeit treffen sich die Freunde wieder; bei einer Schale Wein setzen sie die Tonstücke zusammen. Ton und Namen ergänzen sich wieder. Sie feiern das Glück der Wiedervereinigung der Getrennten (vgl. Biehl 1987, 481).

Diese Geschichte veranschaulicht: Symbole haben einen Hinweischarakter; die Tonscherben weisen über sich hinaus auf die Wirklichkeit der erfahrenen Freundschaft. Sie vergegenwärtigen diese Freundschaft in einer räumlichen und zeitlichen Distanz. Zum Symbol gehört auch die Einheit von Sinnlichem und Sinnenhaftem. Folgendes Beispiel kann noch andere Bedeutungen von Symbolen veranschaulichen:

Während der Zeit der Christenverfolgung kommt ein junger Christ in eine römische Stadt. Er weiß, dass dort Christen leben. An einem Brunnen trifft er auf ein Mädchen, das dort gerade Wasser schöpft. Er beginnt ein Gespräch und zeichnet spielend mit nassem Finger einen Fisch auf den Brunnenrand. Daran erkennt das Mädchen, dass auch der Fremde ein Christ sein könnte und nimmt ihn mit nach Hause, wo er sich zu erkennen gibt. Das griechische Wort »ichthys«, Fisch, verweist mit seinen Anfangsbuchstaben auf das urchristliche Glaubensbekenntnis: Jesus Christus Gottes Sohn der Retter = Iesous Christos Theou Hyios Soter. Dies »ichthys« ist so etwas wie ein Passwort. Wer die Bedeutung der Buchstaben kannte, konnte sich als Christ ausweisen. Der christliche Gebrauch des Begriffs Symbol leitet sich vom lateinischen Wort für Glaubensbekenntnis ab: symbolum (vgl. Biehl 1987, 481f).

Das Beispiel zeigt: Symbole sind auf Verständigung und Anerkennung angewiesen. Wenn sie ihre Bedeutung in der Gemeinschaft verlieren, können sie in Vergessenheit geraten und verloren gehen (vgl. I.4).

Umgangssprachlich wird der Begriff »Symbol« meist abwertend gebraucht. »Das ist ja nur symbolisch« bedeutet soviel wie: unpräzise, nur ein bildlicher Ausdruck für einen »eigentlichen« Sachverhalt oder Gegensatz zu »wirklich«, »real«. Dahinter steckt ein enges und positivistisches Verständnis von Sprache: Sprache als Abbildung von Sachverhalten, Sprache als Vokabular von eindeutigen Namen, die nichts als die Etiketten der Dinge seien. Man wird sicher auch bei Jugendlichen mit einem solchen engen Verständnis von »Symbol« rechnen müssen. Gleichzeitig können die gleichen Personen die Symbole ihrer eigenen Lebenswelt oder ihrer Parteinahmen oder Wertschätzungen enorm hoch schätzen: den Freundschaftsring, das Zeichen einer Gruppenzugehörigkeit, das Erinnerungszeichen an eine geliebte Person usw.

Der Wortsinn von »Symbol« geht über die bisher genannten Bedeutungszuschreibungen noch um vieles hinaus. Hier können nicht alle Definitionen von »Symbol« berücksichtigt werden. Einige aber sollen angedeutet werden: Der Philosoph und Sprachforscher *Paul Ricoeur* versteht unter einem Symbol ein sprachliches Zeichen, das neben einem ersten wortwörtlichen Sinn einen zweiten mit sich trägt. Deshalb kann er sagen: »Symbole geben zu denken.« Der Tiefenpsychologe *Sigmund Freud* (1856 – 1939) hingegen sieht in Symbolen lediglich maskierte Einkleidungen verdrängter sexueller Wünsche. Für ihn sind Symbole überwiegend negativ besetzt.

Manche verstehen jedes mathematische Zeichen wie »+« »∞« oder »√«, ja sogar jedes Verkehrsschild als Symbol. Der Psychoanalytiker Alfred Lorenzer nimmt hier eine wichtige Unterscheidung vor, die auch für die Religionsdidaktik von Bedeutung ist. Er unterscheidet zwischen *Symbol, Zeichen* und *Klischee.* Ein Einbahnstraßenschild ist kein Symbol, sondern wegen seiner Eindeutigkeit als Informationsträger nicht mehr als ein Zeichen. Es will schnell erkannt werden, den Menschen aber nicht emotional ansprechen oder bewegen. Das Schild könnte auch ganz anders aussehen. Problematisch für die psychische Entwicklung ist es, wenn Symbole in ihrer Vieldeutigkeit verkürzt werden zu eindeutigen Zeichen. Sie werden dann zu einer bloßen Formel. Was für Freud ein Symbol ist, bezeichnet Lorenzer als Klischee: die symbolische Darstellung von Verdrängtem. Klischees bringen den Menschen in seiner Entwicklung nicht mehr weiter, sind regressive Verdrängungen. Sie »lullen« ihn höchstens ein und fixieren ihn auf kindische Erfahrungsmuster und Abhängigkeiten. Im Klischee verdichten sich höchstens diffuse Gefühle. Symbole bedeuten in diesem Sinne mehr: In ihnen verdichten und zeigen sich Erfahrungen. Sie geben zu denken und zu handeln, fördern menschliche Kreativität und sprechen den Menschen in seiner Existenz an (vgl. Halbfas 1982, 87–89). Die Unterscheidung macht darauf aufmerksam, dass Symbole leicht zu Zeichen bzw. zu Klischees verkommen können. Andererseits können Zeichen zu Symbolen werden, wenn sie einen Mehrwert an Bedeutungen bekommen und über sich hinausweisen (ausführlicher zur Begriffsklärung Symbol – Zeichen: Zisler 1988).

Eine für die Religionsdidaktik inspirierende Unterscheidung macht die amerikanische Philosophin *Susanne Langer.* Sie unterscheidet *präsentative Symbole* von sprachlichen bzw. diskursiven Symbolen. In einem solchen Verständnis kann z.B. ein Ring ein präsentatives Symbol werden, in dem der geliebte Partner präsent wird, der ihn einmal schenkte. Sogar die Natur als Schöpfung kann zu einem präsentativen Symbol werden, wenn in ihr der Schöpfer wahrgenommen werden kann. Ein zentrales präsentatives Symbol ist der menschliche Leib. Ihn ihm zeigt sich die Beseeltheit des Menschen. Präsentative Symbole wollen mit allen Sinnen wahrgenommen werden (III.1), denn im Sinnlichen zeigt sich unmittelbar der geistige Gehalt. Die Tiefe der Symbole erschließt sich im handelnden Umgang mit ihnen. Diskursive Symbole wären dann die sprachlichen Zeichen mit einem mehrfachen Sinn (zur religionspädagogischen Rezeption vgl. Bucher 1990).

Schon diese wenigen Hinweise zeigen, dass der Begriff »Symbol« mehrdeutig, oft widersprüchlich verwendet wird, und das nicht nur in der Umgangssprache. Dass sich »Symbol« nicht eindeutig definieren lässt, ist für manche Menschen eine Barriere, manche sehen gerade darin eine besondere Chance. Die semantische Polyvalenz eines Begriffs eröffnet oft überraschende Möglichkeiten, vielseitige Bedeutungselemente, Bezüge, Anschlüsse, Übergänge und Überschneidungen und innere »Verwandtschaften« zu entdecken (vgl. Welsch 1996, 21–43).

3. Zur religionsdidaktischen Verwendung des Symbolbegriffs

Auch in der Religionsdidaktik wird der Begriff »Symbol« in unterschiedlichen Kontexten und unter Verweis auf unterschiedliche philosophische, soziologische, psychologische und theologische Theorien verwendet. Der weite semantische Bedeutungshorizont des Symbolbegriffs führt dazu, dass die exponiertesten Autoren wie z.B. *Hubertus Halbfas, Yorik Spiegel, Peter Biehl,* und *Anton A. Bucher* je mit unterschiedlichen Symbolbegriffen operieren. Sie verweisen darauf, dass sich die Bedeutungsfülle des Symbols einem eindeutig definierten Begriff entzieht.

Folgende Merkmale und Funktionen werden in den verschiedenen religionspädagogischen Publikationen hervorgehoben (vgl. Hemel 1990, 151f):

- *Hinweis- und Vermittlungscharakter:* Symbole machen das Abwesende anwesend und das Anwesende sichtbar und verweisen somit auf eine Wirklichkeit (wie z.B. die Tonscherbe auf Freundschaft), die über den Gegenstand hinausweist. Sie vermitteln Gegenwart, Vergangenheit und Zukunft, innere und äußere Wirklichkeit.
- *Soziale Integration:* Das Beispiel von der christlichen Bedeutung des Symbols Fisch verweist auf die integrierende und orientierende Bedeutung von Symbolen. In ihnen können gemeinsame Erfahrungen einer Gruppe zum Ausdruck gebracht werden. Symbole ermöglichen Verständigung und gemeinsame Erinnerung, sind andererseits aber auch auf Verständigung und Anerkennung angewiesen. Wenn sie ihre Bedeutung in der Gemeinschaft verlieren, können sie in Vergessenheit geraten und verloren gehen.
- *Symbole als Bedeutungsträger:* Symbole haben die Kraft, tiefere Erfahrungen und Dimensionen von Wirklichkeit zu erschließen und so den Dingen und dem Leben Bedeutung im Horizont von umfassenden Sinnbezügen zu verleihen.
- *Offenheit:* Symbole sind – wenn sie nicht zu eindeutigen Zeichen degenerieren – vieldeutig und bedeutungsoffen und haben einen Doppelsinn. Die Offenheit ermöglicht es, dass unterschiedliche Gefühle, Erfahrungen und Erlebnisse durch sie ausgedrückt und auf sie bezogen werden können.
- *Ambivalenz:* Mit der Polyvalenz hängt ihre ambivalente Wirkung zusammen. Wasser z.B. kann Leben spenden und zerstören, Hände können Geborgenheit und Gewalt symbolisieren.
- *Eigenwert des Symbolträgers:* Der nicht-symbolische Eigenwert des anschaulichen Symbolträgers hat eine eigene Bedeutung. Der Bedeutungsgehalt ersetzt nicht die Leiblichkeit und Materialität des Bedeutungsträgers. Die Balken des Kreuzes bleiben Gegenstände aus Holz mit allen Eigenschaften des Holzes, selbst wenn der symbolische Wert des Kreuzes für Christen unermesslich ist. Zum Verstehen des symbolischen Wertes ist es notwendig, die Balken aus Holz in ihrer eigenen Sinnlichkeit wahrzunehmen. Das Brot bleibt unverwechselbar Brot, auch wenn es in der »Wandlung« den »Leib Christi« vergegenwärtigt. Um das Brotsakrament zu verstehen, muss erahnt werden können, was es bedeutet, wenn ein Weizenkorn sterben muss, um Frucht zu bringen, wie Brot gebacken wird, was Brotbrechen bedeutet usw.

4. Religionsdidaktische Entwürfe einer Didaktik der Symbole

Hubertus Halbfas

Halbfas hat das Wort »Symboldidaktik« in die religionspädagogische Diskussion eingebracht. 1982 erschien das Werk mit dem programmatischen Titel »Das Dritte Auge

– Religionsdidaktische Anstöße«. *Halbfas* geht in diesem Werk noch von einer weitgehenden Symbolunfähigkeit der Kinder und der Menschen heute aus. Sein Anliegen ist es, den Menschen so zu sensibilisieren, dass er wieder mit Symbolen kommunizieren kann und durch tätigen Umgang zur unmittelbaren Wahrnehmung von Symbolen fähig wird. Dabei sollen sich ein emotionaler Bezug und eine Intuition für das Symbol oder, symbolisch gesprochen, das »Dritte Auge« entwickeln als ein Organ, das es ermöglicht, das Unsichtbare sichtbar zu machen, das Sakrale im Profanen wahrzunehmen. Das »Dritte Auge« kann nach innen und in die Tiefe schauen und die eindimensionale, oberflächliche Wirklichkeit durchbrechen. Dieses zu schulen, bedeutet den inneren Symbolsinn zu entwickeln, also eine Sensibilisierung für den genuin religiösen Sinn anzubahnen. Für Halbfas sind Symbole die einzige Sprache, in der sich religiöse Sprache unmittelbar ausdrücken kann. Religionsunterricht kann verstanden werden als eine Sehschule für das »Dritte Auge« und in eine solche Sehschule sind die Kinder und Jugendlichen einzuüben.

Einen Unterricht über Symbole als Symbolkunde lehnt er ab. Das im Hintergrund einer Geschichte Geahnte, das dem Schweigen Anvertraute, das zwischen den Zeilen Gesagte ist ihm wichtiger als ein streng methodisch geplanter Zugang zu einem Symbol. Die Einübung in das Symbol erfordert einen ganzheitlichen Unterrichtsstil und fordert einen schulpädagogischen Kontext bzw. eine besondere Schul- und Lernkultur. Stilleübungen als Weg in die Stille sind geeignet, die integrierende und orientierende Kraft der religiösen Symbole wieder freizulegen. In seinem praktischen Anregungspotential kann der Ansatz von Halbfas nicht genug gewürdigt werden. Dennoch muss auf einige Diskussionspunkte hingewiesen werden: So kommt die gesellschaftskritische und ideologiekritische Perspektive eher indirekt als direkt zur Sprache. Bei einer Überbetonung von Intuition können die Reflexion und Interpretation von Symbolen und eine Symbolkritik zu kurz kommen. Wenig bedacht werden die Symbole des Alltags, mit denen Kinder und Jugendliche ständig konfrontiert sind und mit denen sie umgehen.

Yorik Spiegel

Spiegel orientiert sich in seinem dreibändigen Werk »Glaube, wie er leibt und lebt« (1984) vor allem an den Funktionen und Wirkungen von Symbolen. Symbole sind für ihn eine Macht, die jede Gesellschaft in irgendeiner Weise beherrschen, mögen sie religiös, politisch oder ökonomisch geprägt sein. Werte und Vorstellungen einer Gesellschaft werden deutlich, wenn sie sich in Bildern und Symbolen darstellen. Dem Einfluss von Symbolen kann man sich nicht entziehen, seien sie religiös oder nichtreligiös. Spiegel fragt nach der Wirkmacht der uns begegnenden Symbole, der sprachlichen und optischen. Symbole als Sinn-Bilder können schützen, stärken und trösten, können aber auch eine krank und unfrei machende Wirkung ausüben. Das gilt für so unterschiedliche Symbole wie Reklamebilder, Kultbilder, politische Parolen, Dichterworte, wissenschaftliche Deutungsmuster und Bibeltexte.

Wichtig ist der Hinweis auf die zwiespältige Wirkung der Symbole, die eine kritische Prüfung erfordert. Er verweist auf die Kontraste in unserer Gesellschaft, wenn unterschiedliche Symbolwelten gegenüberstehen: z.B. Kreuz und Mercedesstern, »Himmel« als Einkaufsparadies oder als eschatologische Hoffnung auf eine neue Wirklichkeit. Dabei stellt sich nicht an erster Stelle die Frage, was ein Symbol ist, sondern, wozu und in welchem Zusammenhang ein Symbol gebraucht wird.

Wichtiger als der Sinn für die Mythen und die religionsgeschichtliche Bedeutung der Symbole sind für Spiegel die schöpferische Weiterentwicklung und der lebendige Umgang mit Symbolen. Er fordert also auf, nicht nur tradierte Symbole zu gebrauchen, sondern auch neue Symbole zu entwickeln bzw. überlieferte zu transformieren.

Deutlich wird die faktisch gegebene Macht der Symbole für unser Alltagsleben heute und die Ambivalenz der Symbole betont. Sein Ansatz ist situativer, weil er die faktisch wirksamen Religionen in unserer Gesellschaft, wie z.B. den Konsumismus, ernst nimmt. Ziel religiöser Bildung müsste es dann sein, die lebensbedeutsamen und die lebensfeindlichen Symbole zu unterscheiden. Kritisch gesehen werden kann bei ihm die Nivellierung des symboldidaktischen Materials und die sekundäre Bedeutung der theologischen Wahrheitsfrage.

Peter Biehl

Während *Halbfas* die integrierende und orientierende Funktion der Symbole betont und *Spiegel* ihre konfliktbearbeitende Funktion hervorhebt, akzentuiert *Biehl* die ausdrucksfördernde und vermittelnde Funktion der Symbole. Sie geben dem Leben Ausdruck und Deutung, und sie vermitteln zwischen Bewusstem und Unbewusstem, zwischen innerer und äußerer Wirklichkeit, zwischen Vergangenheit, Gegenwart und Zukunft, zwischen den eigenen Erwartungen und Träumen und der kollektiven Sehnsucht der Menschheit, wie sie in Mythen und Märchen erzählt werden; Symbole sind Brücken zwischen den Lebenserfahrungen der Zeitgenossen und denen der Bibel. *Biehl* spricht von einer kritischen Symbolkunde; damit will er – auch in Abgrenzung zu *Halbfas* – deutlich machen, dass Symbolverstehen sich in der Dialektik von Sinnvorgabe und kritischer Reflexion, Engagement und Distanz vollzieht. *Biehl* verbindet so einen ganzheitlichen Zugang mit kritischer Interpretation.

Wie *Halbfas* arbeitet auch *Biehl* seinen Ansatz bis hin zu Unterrichtsvorschlägen durch. Kriterium für die Auswahl der Symbole ist, dass sie in das Zentrum biblischer Theologie führen. Dabei betont *Biehl* – in der Nähe zu dem korrelativen Denken von *Georg Baudler* – eine doppelte Verstehensbewegung, die wechselseitig aufeinander bezogen ist: In der ersten Bewegung geht es ihm darum, mit Hilfe anthropologischer Grunderfahrungen, die in den Lebenssymbolen verdichtet sind, elementare Zugänge zu den biblisch-christlichen Glaubenssymbolen zu gewinnen, z.B. *Hand, Haus, Weg*. Die zweite Bewegung geht von biblisch-christlichen Glaubenssymbolen aus, die ein überraschendes Licht auf unsere Lebenserfahrungen werfen können, z.B. die Glaubenssymbole *Brot, Wasser* und *Kreuz*.

Sowohl der Weg von den Lebenserfahrungen der Kinder und Jugendlichen hin zu den christlichen Symbolen als auch der von den christlichen Symbolen und ihrem Verheißungsüberschuss hin auf die Lebenssituation der Lernenden sind für *Biehl* gleichrangige Vermittlungswege für den religiösen Lernprozess. *Biehls* Reflexionen beziehen sich vor allem auf die Sekundarstufe I. Vielleicht erklärt das auch die stärkere Betonung des kritischen Diskurses. Dieser verweist darauf, dass nicht nur die sinnstiftende Potenz von Symbolen in den Blick zu nehmen sei, sondern auch die ambivalenten Wirkungen der Symbole. Christliche Symbole setzen ihre wahre Kraft häufig erst gerade dann frei, wenn sie in ihrer kontrastierenden und unterbrechenden Funktion erkennbar werden.

Anton A. Bucher

Bucher gilt als vehementer Kritiker der Symboldidaktik von *Halbfas*. Seine Kritik lässt sich zusammenfassen unter dem Vorzeichen von »Verfrühung« und einer Nichtbeachtung psychologischer Erkenntnisse. Interessanter als seine Kritik ist sein Ansatz, der sich u.a. der Entwicklungspsychologie von *Jean Piaget* (II.4) verpflichtet weiß: Kinder müssen ihre Symbole selber »aufbauen« und konstruieren. Symbole gehen aus Handlungen hervor, ehe sie eine Sprachgestalt bekommen können. Das Kind muss einen Ball greifen, ihn spüren, mit ihm spielen, ehe sich in seinem Bewusstsein eine verinnerlichte und bleibende Vorstellung, eben ein Symbol des Balles, bilden kann. In diesem Symbol bleiben die Handlungen und Erfahrungen, die das Kind z.B. mit dem Ball gemacht hat, aufgehoben. Kinder müssen also mit jenen Dingen, die wir als Symbole (seien es religiöse oder nichtreligiöse) bezeichnen, agieren können, mit der Hand ebenso wie mit dem Kopf und mit dem Herzen. Wenn wir beispielsweise das Wasser als Symbol des Lebens erschließen, genügt es nicht, über die Erfahrungen mit diesem Element bloß zu reden oder schöne Texte und Mythen über das Wasser zu hören. Das konkrete und aktive Handeln muss immer den Worten vorausgehen. Mit dem Wasser muss so umgegangen werden, dass die Ambivalenz erfahrbar wird, dass die vielen Verwendungszusammenhänge, die Konflikte um Wasserbeschaffung, die verschiedenen Wasserqualitäten etc. deutlich werden, bis sich verdichtet, dass Wasser mehr ist als H_2O, und Symbol werden kann für neues Leben. Nur wer wirklich mit allen seinen Sinnen wahrgenommen hat, was ein Sturmwind ist, der kann – nach *Bucher* – verstehen, dass der Sturmwind ein Symbol des Geistes ist, der reinigen und beleben und Feuer entfachen kann. Symbollernen ist damit engstens verbunden mit ästhetischem Lernen (III.1).

Wichtig für *Bucher* ist die Unterscheidung von *S. Langer* von diskursiver Symbolik und präsentativer Symbolik. Hierdurch rückt sein Ansatz in die Nähe ästhetischer Erziehung. Präsentativ symbolisch sind beispielsweise ein Glockengeläute, eine Umarmung. Nichts davon kann durch eine andere Darstellungsform adäquat ersetzt werden. Präsentative Symbole sind unauswechselbar und zeigen sich unmittelbar. Symbollernen muss darum die Wahrnehmungsfähigkeit im weitesten Sinn fördern. Im Mittelpunkt stehen die Aktivitäten des Kindes, durch die es den Dingen dieser Welt neue Bedeutung und Sinn verleiht, indem es sie sieht, hört, erlebt, er-greift und erfährt.

In der Praxis, die er befürwortet, unterscheidet sich *Bucher* gar nicht so sehr von den Unterrichtsvorschlägen bei *Halbfas*. Aber der Ansatz ist ein anderer: Bei *Buchers* Symbolerziehung wird nicht die innere Intuition und die Schulung des »Dritten Auges« in den Vordergrund gestellt. Hier wird betont, dass wirklich mit beiden Augen gesehen, mit beiden Ohren gehört, mit beiden Händen ergriffen, also mit Leib und Seele erlebt wird. Nur so sind die Bedeutungen zu bilden, die dann Bestände der biblisch-christlichen Überlieferung durchdringen können. Im Zentrum seines Interesses steht der aktive Prozess der Symbolbildung durch das Kind.

5. Zur Praxis des Symbollernens

So wie der Symbolbegriff vielschichtig ist, kann auch der Umgang mit Symbolen in Lehr-/Lernprozessen vielgestaltig sein. Es kann z.B. einmal der ästhetische Zugang des Wahrnehmens und Gestaltens von Symbolen, ein andermal das Symbolverstehen bzw. eine Symbolkunde oder auch eine Symbolkritik im Vordergrund stehen. Es können Alltagssymbole der Kinder und Jugendlichen (z.B. Kleidung, ihre »Heiligtümer«), Symbolwelten in der Werbung oder im öffentlichen Leben oder explizit religiöse Symbole thematisiert werden. Für alle diese Zugänge gilt, dass sich im idealen Fall die Wahrnehmung mit allen Sinnen, das eigene Gestalten und die kritische Urteilsfähigkeit ergänzen. Symbollernen bedeutet ja nicht Kultivierung von Irrationalismus. Die sinnenhafte Nähe und Erfahrung von und mit Symbolen ist unverzichtbar. Dabei sollte aber nicht die Distanz vergessen werden, die durch Reflexion entsteht und für Reflexion wichtig ist. Das folgende Beispiel will Möglichkeiten aufzeigen, wie Symbollernen im Religionsunterricht gefördert werden könnte.

Beispiel: Steine

● Kinder sitzen am Boden oder eine Gruppe von Jugendlichen einer höheren Schulklasse hat sich mit ihren Stühlen zum Kreis formiert. Zunächst ist es wichtig, eine Atmosphäre der Aufmerksamkeit vorzubereiten. Den Kindern, die ihre Augen geschlossen haben, legt die Lehrerin einen kleineren Stein, den sie vom Meeresstrand mitgebracht hat, in die Hand. Auch sie nimmt einen Stein in die Hand und setzt sich zu den Kindern. Es bleibt Zeit, den Stein zu fühlen und zu erspüren, immer noch mit geschlossenen Augen. Dann schauen sich alle den Stein lange an. Es wird dabei nicht gesprochen. Auf einem Blatt Papier schreiben die Kinder »steinige Wörter« auf, die sich aus dem entwickeln, was sie zuvor gefühlt, gerochen, gesehen, gehört und evtl. auch geschmeckt haben. Beim nochmaligen Durchlesen unterstreicht jedes Kind drei ihm besonders wichtige Wörter. Mit diesen Wörtern bildet es ein oder zwei Sätze. Diese kleinen Texte werden nun vorgelesen, ohne dass das Gehörte kommentiert wird. Jedes Kind kann nun seinen Stein mit nach Hause nehmen.

Am nächsten Tag können die Kinder ihre Steine mit Bleistift zeichnen und die drei unterstrichenen Wörter und den kleinen Text dazu gestalten. Alexander hat die Worte *hart, erdig, Staub* ausgewählt und folgenden Text geschrieben: »*Ein Stein fällt hart in den Staub. Er ist erdig.*«

● Bei älteren Schülern geht eine Lehrerin so vor: Sie packt eine Sammlung von Steinen aus, die sie in einem Bach oder auf einem ungeteerten Weg oder auf der Baustelle in der Nähe gefunden hat, und die Schüler suchen sich einen aus, tasten ihn ab, wägen, wenden ihn nach allen Seiten. Es wird darüber gesprochen, wie einem der Stein vorkommt, wie er sich anfühlt, was man mit ihm machen könnte, woran er erinnert. Der Stein wird verbunden mit einem Stück konkreter Biographie, und das weckt immer Aufmerksamkeit, Achtung, vielleicht sogar Mitempfinden. Es wird ohne Druck durch Leistungsnachweis erzählt und zugehört, es wird einander angeschaut, die Steine werden Anstoß, etwas von sich selber mitzuteilen. Die Lehrkraft leitet später dazu an, die Steine nach und nach so in die Mitte zu legen, dass darin die Beziehungen der Schülerinnen und Schüler zueinander sichtbar werden, und es entsteht nach anfänglicher Überwindung ein undefinierbares Gebilde, dessen Entstehung mit Spannung verfolgt wird. Es zeigen sich Cliquen, Freundschaften, Ausgrenzungen und Solidarisierungen. Die Lehrkraft stellt Fragen und versucht einige auffällige Nähen oder Distanzen zu deuten. So erzählen die Steine auf einmal von einem Klassenleben, von Beziehungen zueinander und machen eine Realität sichtbar im Symbol.

- Ein anderer Lehrer lässt biblische Geschichten mit Steinen darstellen, z.B. die Geschichte vom Gleichnis vom Schatz im Acker (Mt 13,44ff). Die Kinder werden aufgefordert, die betreffende Erzählung mit Hilfe der Steine darzustellen. Sie tun das in Gruppen und beginnen mit den zur Verfügung gestellten kleinen und großen, runden und eckigen Steinen, mit Schmucksteinen und Tonscherben ein Umfeld aufzubauen, zu überlegen, welche Steine welchen Personen oder Personengruppen zuzuordnen sind und spielen die Geschichte, indem sie die Steine bewegen.

Aus dem Bezug zu Redensarten und Redewendungen (z.B. »jemandem einen Stein in den Weg legen« oder »den Stein der Weisen nicht gefunden« zu haben) ergibt sich ein Hinweis auf den Symbolgehalt des »Steins« im Alltagsbewusstsein.

Zahlreich sind die Möglichkeiten, biblische Textstellen heranzuziehen:

Gen 28,10–22: Jakob richtet den Stein, auf dem sein Kopf während des »Himmelsleiter-Traums« gelegen hatte, zu einem Denkmal auf und begründet so das Heiligtum Bethel.

Jos 4,1–5,1: Die zwölf Gedenksteine am Jordan, die an den Durchzug des Volkes Israel durch den Jordan vor der Landnahme erinnern.

Jes 50,7: Hier schreibt der verfolgte und gepeinigte »Gottesknecht«: »Ich mache mein Gesicht hart wie einen Kieselstein.«

Mt 4,3: Die Versuchungsgeschichte: »Wenn du der Sohn Gottes bist, sprich, dass diese Steine Brot werden.« Oder Mt 7,9: »Wer von euch wird seinem hungrigen Kind Steine statt Brot geben?«

Beispiel : Kreuz

Das Kreuz Jesu ist das christliche Symbol schlechthin. Als Tötungsinstrument Jesu ist es engstens verbunden mit seinem Leben und dem Ereignis seines Sterbens und seiner Auferstehung. Diese Spannung von Tod und Auferstehung ist oft einseitig aufgelöst worden hin zum reinen Triumphzeichen. Oft ist das Kreuz in der Geschichte politisierend missbraucht worden vom kaiserlichen Siegeszeichen bis zum Haken-Kreuz. Zugleich ist das Kreuz ein Gegenstand aus zwei sich kreuzenden Hölzern, die eine Horizontale und Vertikale bilden. Die Kreuzform als anschaulicher Symbolträger kann als bloßes Ding und als dekoratives Zeichen genutzt werden und damit seine christliche Sinnfülle und Symbolik verlieren. Ziel des Symbollernens muss es sein, die Bedeutungsvielfalt des Symbols »Kreuz Jesu« zu erinnern. Dies wird man im Unterricht nie durch eine einmalige Unterrichtsreihe abschließend erarbeiten können. Das Symbol Kreuz ist in seiner Bedeutungsfülle nicht ganz einholbar. Darum können hier nur einige wenige Ideen mit Blick auf den Religionsunterricht mit Jugendlichen in Anlehnung an differenziertere Vorschläge und Ausarbeitungen von Peter Biehl stichwortartig angedeutet werden (vgl. u.a. Biehl 1993, 172–224).

Gedankenkreis: Das Kreuz in der Lebenswelt von Jugendlichen

Die Jugendlichen drücken aus, was sie beim Tragen des Kreuzes als Schmuck empfinden; was ihnen das Kreuz evtl. in ihrem Zimmer oder als geschenktes Schmuckstück bedeutet und was sie damit verbinden. In einer Schreibmeditation können sie Assoziationen zum Kreuz äußern und dadurch verschiedene Bedeutungszuschreibungen wahrnehmen. Erkundungen und Dokumentation (evtl. collagenartig), wo und wie in der Öffentlichkeit, in den Medien, in der Mode, bei Sportlern usw. das Kreuz vorkommt oder getragen wird. Interviews: Ist in ihrer Wohnung / in ihrem Geschäft ein Kreuz? Welche Bedeutung hat das Kreuzeszeichen für sie? Würden Lehrer und Schüler es merken, wenn für einige Tage das Klassenkreuz abgehängt (bzw. durch ein völlig anderes ersetzt) würde? Aus einer Sammlung von Bildern (u.a. auch der alten und der zeitgenössischen Kunst) wählen die Jugendlichen eines aus, das sie anspricht bzw. das sie nie aufhängen würden, und kommen darüber ins Gespräch.

Gedankenkreis: Das Kreuz Jesu und seine theologischen Deutungen

● Kreuzesdarstellungen und Darstellungen des Gekreuzigten der zeitgenössischen Kunst miteinander vergleichen (z.B. Joseph Beuys, Herbert Falken, Antonio Saura, Alfred Hrdlicka, Arnulf Rainer), welche Bedeutungsschichten (z.B. Protest, Leiden, Hoffnung, Ausgeliefertsein, Verlassenheit) akzentuiert werden.

● Die Kreuzigungsszene (Mk 15,20–41) im synoptischen Vergleich erschließen und besonders anhand der »letzten« Worte Jesu die theologische Intention der Evangelisten herausarbeiten und entsprechenden Darstellungen der bildenden Kunst aus verschiedenen Epochen zuordnen.

● Einen Jugendkreuzweg gestalten oder Klassenkreuze gestalten, die verschiedene Bedeutungsschichten des Kreuzes Jesu ausdrücken (z.B. Kreuz als Lebensbaum, als Protest und Ärgernis, als Ausdruck der Solidarität Gottes mit den Leidenden, als Symbol menschlicher Existenz).

Lernchancen des Symbollernens

Zusammenfassend werden an dieser Stelle religionsdidaktisch bedeutsame Lernchancen des Symbollernens aufgeführt, das sich immer auch als Symbolisieren-Lernen versteht:

Die Bedeutung und die Funktion von Symbolen im alltäglichen und im religiösen Leben kann erkannt, befragt und kultiviert werden. Symbole können in ihrer Ambivalenz wahrgenommen und daraufhin befragt werden, ob sie lebensdienlich oder lebensfeindlich sind. Symbole können innere oder äußere Konflikte zum Ausdruck bringen und eine Lösung zu ihrer Bewältigung anbieten. Mit Hilfe von Symbolen z.B. aus der Bibel, dem kirchlichen Leben, aus Religionen, Literatur, Kunst und Musik und einem kreativ-leibhaften Umgang mit Symbolen können Kinder und Jugendliche für ihre religiös-relevanten Erfahrungen eine Sprache gewinnen und schrittweise ihre religiöse Ausdrucksfähigkeit verfeinern.

Durch eine erfahrungsnahe Erschließung von Symbolen können Zugänge zum Verständnis christlicher Feste, Sakramente und fundamentaler christlicher Erfahrung gewonnen werden. Symbole der tradierten und gelebten christlich-jüdischen Tradition können Angebote sein, mit dem Symbolangebot des christlichen Glaubens probeweise Erfahrungen zu machen. So lässt sich sagen: Symbolverstehen, Symbolkritik und Symbolisierungsfähigkeit tragen zu religiöser Kompetenz und Mündigkeit bei. Auch für das Symbollernen gilt: Weniger ist mehr! Eine Symbolinflation und Überfütterung mit Symbolen ist kontraproduktiv.

Lesehinweis

Biehl, Peter (1989): Symbole geben zu lernen: Einführung in die Symboldidaktik anhand der Symbole Hand, Haus und Weg, Neukirchen.

Ders. (1993): Symbole geben zu lernen (II): z.B. Brot, Wasser und Kreuz. Beiträge zur Symbol- und Sakramentendidaktik, Neukirchen.

Bucher, Anton A. (1990): Symbol – Symbolbildung – Symbolerziehung. Philosophische und entwicklungspsychologische Grundlagen, St. Ottilien.

Halbfas, Hubertus (1982): Das Dritte Auge – Religionsdidaktische Anstöße, Düsseldorf.

Oelkers, Jürgen / Wegenast, Klaus (Hgg.) (1991): Das Symbol – Brücke des Verstehens, Stuttgart.

III.4 Erinnerungsgeleitetes Lernen

Stephan Leimgruber

In unserer schnelllebigen Zeit gewinnen Kategorien wie Erinnerung, Gedenken und Geschichte neue Bedeutung. Die Erfahrung zeigt ferner, dass sich die Biographie nicht ablegen lässt wie ein Kleid oder abstoßen wie eine Last; vielmehr gilt es, sie anzunehmen und daraus Konsequenzen für das Heute und Morgen zu ziehen, im besten Sinne aus gemachten Erfahrungen zu lernen. Sigmund Freud hat für die seelische Gesundheit Träume in Erinnerung gebracht, und Zeitgenossen fordern ein Ernstnehmen des Erfahrungsschatzes, welcher im kulturellen Gedächtnis – oft in Stein gehauen oder in Denkmälern sichtbar – wird. Die Religionsdidaktik sieht im erinnerungsgeleiteten Lernen aus der Geschichte ein großes Zukunftspotential, weil so Konsequenzen aus begangenen Fehlern gezogen werden. Dabei fällt auf, wie lebensbedeutsam das Gedenken in allen drei abrahamitischen Religionen ist.

1. Problemanzeige

In den letzten Jahrzehnten ist die Bedeutung der Erinnerung für das alltägliche Leben wie für das religiöse Lernen neu ins Bewusstsein getreten. In ständiger Erinnerung an frühere Eindrücke und durch Verarbeitung von Erfahrungen, die wir gemacht haben, gestalten wir den Alltag auf Zukunft hin. Zwar ist ein mechanisches »Speichern« im Computerzeitalter gleichsam zum Kult verkommen; doch ohne ganzheitliche Erinnerung gibt es kein Selbstverständnis und keine Identität, weder Orientierung noch ein Zurechtfinden in Leben und Kommunikation. In diesem Zusammenhang sucht die moderne Gedächtnisforschung mit einem integrierten Ansatz kognitionspsychologische, neurologische und psychotherapeutische Erkenntnisse über das Gedächtnis zu gewinnen. Das Gedächtnis wird dabei nicht mehr als geschlossenes System gesehen, sondern zusehends als offene Struktur unter wechselnden Bedingungen. Der Prozess der Erinnerung wird wissenschaftlicher Forschung unterzogen.

Um den rechten Umgang mit der Erinnerung wurde und wird auch politisch gestritten: etwa als es um die architektonische Realisierung eines Mahnmals in der Stadt Berlin ging und damit um ein angemessenes Gedenken an die Ermordeten im Zweiten Weltkrieg. Wie brisant »Erinnerung« gerade in diesem Zusammenhang sein kann, wird in Versuchen deutlich, die kollektive Erinnerung der Gesellschaft an die Schrecken der nationalsozialistischen Vernichtungslager zu untergraben, indem vielfältige Belege dafür und Berichte der Überlebenden darüber in Zweifel gezogen wurden. – Seit den 1970er Jahren fand die Kategorie »Erinnerung« Eingang in den Diskurs der politischen Theologie, als Johann Baptist Metz, der Verfasser des Basistextes »Unsere Hoffnung« der Würzburger Synode, eine »Erinnerungskultur« im Verbund mit der narrativen Theologie forderte. Unter »Erinnerungskultur« versteht er ein achtsames Gedenken, das Veränderungen in der Einstellung und im Handeln nach sich zieht, also kein rein äußerliches Erinnern, sondern gleichsam einen Stachel für das Subjekt-Werden, ein einfühlendes, aufwühlendes und folgenreiches Lernen für eine bessere Zukunft. Als angemessener Lernweg für die Vergegenwärtigung und Vermittlung von Erinnerungen eignet sich u.a. das Erzählen der erinnerten Geschichten.

Erinnerungsgeleitetes (oder anamnetisches) Lernen soll nachfolgend für die Religionsdidaktik reflektiert werden, um neue Aspekte der Subjektwerdung und Identitätsfindung der Heranwachsenden (→ II.2) zu beleuchten. Dieser Versuch schlägt Brücken von erinnerten biographischen (→ III.5), kulturellen und religiösen Ereignissen zu Gott, mit dem unsere Geschichte zusammengebracht werden soll.

2. Begriffsklärungen

»Erinnerung« (griech. anámnesis; lat. memoria) meint wie bei Platon die Wieder-Erinnerung von bereits Gewusstem oder auch die Vergegenwärtigung von früher Erlebtem. Während »Amnesie« das Vergessen von Erfahrungen oder Lücken im Gedächtnis bezeichnet und »Anamnese« die vom Psychotherapeuten im Gespräch mit dem Patienten erhobene Vorgeschichte einer Krankheit, bedeutet anamnetisches oder erinnerungsgeleitetes Lernen das Wiedererinnern, Vergegenwärtigen und Gedenken früherer Ereignisse, um daraus Konsequenzen für Gegenwart und Zukunft zu ziehen. Es geht um die »unverstellte und aufrichtige Begegnung mit eigener und fremder Vergangenheit wie auch um die Herausforderung zur Modifikation des Denkens und Fühlens« (Görg 1998, 23). Gemeint ist das schöpferische Verarbeiten biographischer, öffentlich-kultureller und religiöser Erfahrungen im Hinblick auf Veränderungen in Einstellung und Verhalten. Bereits im fünften Buch Mose heißt es: »Denk an die Tage der Vergangenheit, lerne aus den Jahren der Geschichte!« (Dtn 32,7). Anamnetisches Lernen will Geschichte vergegenwärtigen, bedenken, um begangene Fehler zu erkennen, daraus zu lernen und zu neuem Handeln befreit zu werden.

Im Kontext der politischen Theologie spricht Johann Baptist Metz deshalb von einer »gefährlichen Erinnerung«, weil die betreffende Vergangenheit die heutigen Menschen beunruhigen und in ihrem Verhalten hinterfragen soll. Näherhin ist die Erinnerung an Jesus Christus gefährlich, weil durch ihn die alten Gewohnheiten und die bestehenden Machtverhältnisse gerade nicht bestätigt wurden, sondern weil Jesus eine Option für die Armen traf und Partei für die Entrechteten, für die Deklassierten, die Ausgegrenzten, aber auch für Kinder und Frauen ergriff. Die »gefährliche Erinnerung« an Jesus stellt Christen die Frage, mit wem sie »paktieren« und ob dies mit den Optionen Jesu vereinbar ist. – Unter einer »anamnetischen Kultur« versteht Metz (1992) deshalb einen angemessenen Umgang mit der Vergangenheit, welcher sowohl Widerstand gegen das Vergessen als auch gegen die Gewöhnung an Katastrophen leistet. Kurz, die anamnetische Kultur führt zu Umkehr und Veränderung. Metz postuliert die Pflege und einen achtsamen, gefassten Umgang mit jenen geschichtlichen Ereignissen, die den heutigen Menschen zur Mahnung werden können. Dazu gehören auch künstlerische Darstellungen in Architektur, Literatur, Musik und bildender Kunst, die eine Erinnerung über Generationen hinweg wach halten.

Mit dem »kollektiven Gedächtnis« (collective memory) ist der Erfahrungsschatz gemeint, welcher die Geschichte hinterlässt, aber wiederum mit Blick auf das ganzheitliche Lernen für das Jetzt und für die Zukunft. Es begnügt sich weder mit einer äußerlichen Zurkenntnisnahme von Fakten, noch mit kognitivem Wissenserwerb. Vielmehr lässt es sich durch die Elemente, Ereignisse oder Fragmente aus dem kollektiven Gedächtnis betreffen und nach den zugrunde liegenden Motiven fragen. Die »emotionale Intelligenz« (Goleman 1997) kommt ins Spiel, fragt nach den Beweggründen und versucht, zu einem vertieften Umgang mit Schmerz und Gefühlen zu gelangen.

Der didaktische Zugang zum erinnerungsgeleiteten Lernen schlechthin ist das Erzählen (→ II.7). Es war wiederum Johann Baptist Metz, der für eine narrative, eine erzählende Theologie plädierte und damit einen Kontrapunkt zur diskursiven Theologie setzte. Dabei wies er unter der Formel »Athen oder Jerusalem« darauf hin, dass Israel schon immer dem Erzählen der Heilsgeschichte den Vorzug gab, während die christliche Theologie in Auseinandersetzung mit der griechischen Philosophie und dem römischem Rechtsdenken gezwungenermaßen sich argumentativ behaupten musste und dabei den Wert der Erzählung oft zu gering veranschlagte. Vor allem wurde vergessen, dass Jesus selbst der Erzähler von Geschichten war, dass er in Bildern, Metaphern und Gleichnissen lehrte.

3. Anthropologische Aspekte erinnernden Lernens

»Im Innern tue ich dies, im ungeheuren Raume meines Gedächtnisses. Dort sind mir gegenwärtig Himmel, Erde, Meer und alles, was ich von ihren Dingen mit meinen Sinnen fassen konnte, nur jenes nicht, was ich vergessen habe. Dort begegne ich auch mir selbst und erlebe es noch einmal, was und wann und wo mein Tun gewesen und was ich bei diesem Tun empfunden. Dort ist alles, wessen ich mich entsinne, sei es von mir erlebt oder dass ich es von anderen erfahren habe. Aus derselben Masse hervor verknüpfe ich mir selber auch immer neue Bilder erlebter oder dem fremden Erlebnis – weil es meinen eigenen entsprach – geglaubter Dinge mit vergangenen zu einem Gefüge und erwäge auf Grund dessen auch schon künftiges Tun, wie es ausgehen mag, was sich hoffen lässt, und wiederum ist dies alles wie gegenwärtig vor meinem Geiste« (Augustinus, Confessiones X, 8).

Wir sehen, welch große Bedeutung Augustinus dem Gedächtnis und den Erinnerungsvorgängen zumisst. Das Gedächtnis ist wie ein unendlich großer Raum, in dem die erinnernde Person der einst wahrgenommenen Welt, ihren Dingen und Personen, sogar sich selbst noch einmal – im Geiste – begegnet. Unabhängig von der Zeit kann eine Verbindung von Vergangenheit und Gegenwart hergestellt werden: Ein neues Erleben und Empfinden geschieht; Verstehen und geschichtliches Einordnen werden möglich. Sich-Erinnern macht eine Grundstruktur des Menschseins aus. Der Mensch als Wesen der Erinnerung wird fähig, sich selbst, die Welt und sogar die Zeit zu verstehen, was auch eine Differenz zum nahezu unbegrenzten Speicher eines PCs und wohl auch zu den instinktgebundenen Erinnerungen der Tiere ausmacht. Ein Mensch ohne Gedächtnis kann sich selbst nicht begreifen.

Weiter zeigt der Passus aus den Bekenntnissen, wie sehr die Erinnerung ein aktiver, selektiver und verknüpfender Konstruktionsprozess ist (→ I.5). Was vergessen wurde, entfällt dem Gedächtnis; was bleibt, hängt nach der modernen Gedächtnisforschung (Schacter 1999, 71–121) von folgenden Faktoren ab: von der gegenwärtigen Situation mit ihrer Ausrichtung und Grundstimmung, von der Wahrnehmung und Deutung des Vergangenen als besonders sinnvoll oder aber schmerzhaft, was sich traumatisch auswirken kann. Es gibt auch implizite Erinnerungen, die, ohne explizit und thematisch zu werden, nachwirken. Für die Erstellung einer Biographie werden speziell memorative Elemente zu einem sinnvollen Ganzen rekonstruiert. Erinnern heißt damit auswählen und neu zusammenfügen.

In diesem Sinne verhilft sich erinnern der Identitätsfindung und Subjektwerdung (→ II.2). Erinnerungen können nicht abgelegt werden wie ein Kleid. Indem eigene Erfahrungen verarbeitet und angenommen werden, bilden sie einen Teil unser selbst. Sie tragen zur Konstitution des Selbst bei, zum Prozess, ein unverwechselbares Individuum zu werden und sich immer wieder der Umgebung zu stellen. – Die Auseinandersetzung mit Ereignissen des kollektiven Gedächtnisses trägt zur Förderung des Selbstbewusstseins und zur Reifung bei. Dies kann durch das Betrachten eines Bildes, durch das Studium von Biographien, durch die Beschäftigung mit profan- oder kirchengeschichtlichen Fragen und wiederum besonders durch Erzählungen geschehen. Schritt für Schritt bildet sich das eigene Selbst heraus. Das Gedächtnis als plastische, zukunftsoffene Struktur ist dafür unaufgebbare Voraussetzung.

4. Erinnerung und Gedächtnis in den »abrahamitischen Religionen«

Die Erinnerung als gestaltende Kraft für Gegenwart und Zukunft und die Bedeutung anamnetischen Lernens für eine zukunftswirksame Religionsdidaktik können mit großem Gewinn auf die religiöse Praxis des Judentums, Christentums und des Islam blicken. Alle drei Religionen weisen Erinnern und Gedenken (memoria) als wesentliche Strukturmerkmale aus. Glauben heißt nämlich auch, sich des Handelns und der Gegenwart Gottes zu erinnern, seiner im Jetzt zu gedenken, um daraus Hoffnung und Zuversicht für morgen zu schöpfen.

Das Judentum – Ursprungsort der Erinnerung

Eine umfassende anamnetische Kultur ist im Volk Israel, der Wurzel des Christentums, bekannt, und im Judentum bis auf den heutigen Tag lebendig. – Es geht dabei um ein existentielles, ganzheitliches Erinnern der geschichtlichen Heilstaten JHWHs angesichts erfahrener Ohnmacht und Bedrohung von außen und von innen. Der einschlägige Sprachgebrauch »Zakor« bedeutet »Erinnere dich«. Er findet sich achtmal in der Tora, der Grundurkunde für Juden und Christen:

a) »Denke an diesen Tag«, sagt Mose zum Volk Israel und meint damit »erinnere dich« an den Tag der Rettung JHWHs aus der Knechtschaft in Ägypten und an die Herausführung mit starker Hand (Ex 13,3).
b) Im Dekalog, dem als Ganzem die Befreiungsformel vorausgeht (Ex 20,2; Dtn 5,6), soll der Sabbat ge-

heiligt werden durch die Erinnerung an Jahwes Ruhe am siebten Schöpfungstag (Ex 20,8–11) bzw. wiederum an die Herausführung aus der ägyptischen Knechtschaft (Dtn 5,15). Der Sabbat wurde zum Geschenk Israels an die Menschheit!

c) Bevor das Volk den Jordan überschritt und – ohne Mose – ins Gelobte Land zog, mahnte Mose die Seinen, den befreienden Gott nicht zu vergessen (Dtn 6,12).

d) Angesichts der Übermacht der Nachbarvölker ruft wiederum Mose Israel zur Furchtlosigkeit und Zuversicht auf mit den Worten: »Erinnere dich daran, was Jahwe, dein Gott, mit dem Pharao und mit ganz Ägypten getan hat« (Dtn 7,18b). In dieser Kriegsansprache, die von der Idee des kriegsführenden und kriegsentscheidenden Gottes geprägt ist, gilt die Erinnerung an Jahwes Wirken.

e) Im Buch Josua ist ferner die Erinnerung ausgeweitet auf Gottes Wort, welches einst an Mose erging und das im Volk weiterhin lebendig gegenwärtig bleiben soll (Jos 1,13).

Innerhalb der Seder-Feier in der Pesachnacht kann die Frage des jüngsten Sohnes »Warum ist diese Nacht anders als alle anderen Nächte?« als katechetischer Impuls verstanden werden, auf welchen dann wiederum das Bekenntnis zu JHWH und die Erzählung des Auszugs aus Ägypten rezitiert werden. Durch das Erzählen partizipiert die Tischgemeinschaft am gemeinsamen Gedenken; sie zeigt sich solidarisch mit den Gleichgesinnten und leitet den Strom der Erinnerung in der Geschichte weiter (vgl. auch das jüdische Glaubensbekenntnis »Schema Israel« Dtn 6,4–9).

Zusammenfassend bezieht sich die Erinnerung Israels primär auf Gott, seine geheimnisvolle Gegenwart und sein unberechenbares, aber stets rettendes Wirken in der Heilsgeschichte. Diese Erinnerung ist ermunternder Zuspruch und Aufruf ebenso wie kritische Mahnung. Letztlich ist sie ein Ringen mit Gott, der sich oft wie Jakob am Jabbok gegenüberstellt und mit ihm bis zum Morgengrauen ringt (Gen 32,23–33). »Für den Glaubenden ist Zakor (Erinnere dich) eine bittere und heilsame Arznei der Erneuerung, für den Nicht-Glaubenden ein unvermeidlicher Anstoß zur Rückfrage nach dem Sinn seiner Existenz« (Görg 1998, 32).

Die Kirche als Erinnerungs- und Erzählgemeinschaft

Die Erinnerung hat weiter in den christlichen Kirchen eine grundlegende gemeinschaftsstiftende Bedeutung, und zwar auch, aber nicht nur in der Liturgie. Eine christliche Lebenspraxis, die Verkündigung und erst recht die Diakonie ohne Gottesgedächtnis wären lediglich aktivistische Tätigkeiten ohne tragfähige Basis. Das zentrale Wort im christlichen Gottesdienst »Tut dies zu meinem Gedächtnis« (Lk 22,19) knüpft an das Gedächtnis im Judentum (Zikkaron) an. Doch bezieht sich die Erinnerung nun auf die Rettungstat durch Person und Ereignis Jesu von Nazaret, insbesondere auf sein Leiden, sein Sterben und seine Auferstehung. Selbst der Name Jesus bedeutet etymologisch »JHWH ist Rettung«, womit die Heilsbedeutsamkeit Jesu Christi nochmals an den Rettergott Israels und damit an den Gott aller drei abrahamitischen Religionen zurückgebunden ist. Die frühe Christengemeinde pflegte das gemeinsame Gedenken unmittelbar nach den Ostererfahrungen durch gemeinsame Gebete, Schriftlesungen, durch das Brot-Teilen und das Festhalten an der »Lehre der Apostel« (Apg 2,42). Sie bildete in diesen Feiern eine »Erinnerungsgemeinschaft« (Apg 2,44), die sich in der Gütergemeinschaft (Apg 2,44–47) einen glaubwürdigen Ausdruck gab.

Auch im Christentum wird die Erinnerung häufig durch das Erzählen hergestellt. Die ersten Christinnen und Christen haben die Geschichte Israels als ein Ursprungsereignis gedeutet, durch mündliche Erzählung weitergegeben und so eine entsprechende Tradition begründet. Die Gleichnisse und Metaphern Jesu gehören ebenso zum

»Urgestein« der Evangelien wie die Berichte über die letzten Tage Jesu (Passion) und bilden den Kern der später abgefassten Evangelien. Wie sich das israelitische Volk seines Gründungsereignisses fortwährend erinnerte, so gab die frühe Kirche dem erzählten Gedächtnis einen wichtigen Stellenwert. Sie deutete den Sinn der Geschehnisse von Kreuz und Auferstehung als überwältigenden Ausdruck der Liebe Gottes zu den Menschen. Erinnerungs- und Erzählgemeinschaft bilden so eine Einheit, in der Glaube und Hoffnung erneuert werden.

Anamnetisches Lernen bedeutet für Christusgemeinschaften, sich stets neu am Weg Jesu zu orientieren, an seiner befreienden und versöhnenden Praxis. Es gilt Maß zu nehmen an seinen Intentionen, bereit zu werden umzukehren und sich verwandeln zu lassen. Erinnerung und Erzählung haben keine konservierende oder fixierende, sondern eine erschließende, zukunfteröffnende Funktion, die neue Lebensmöglichkeiten aufzeigt (Stubenrauch 1999, 776–782).

Gedenken an Gott im Islam

Auch die dritte Religion, der Islam, mit der gemeinsamen Wurzel in Abraham, räumt dem Gedenken Gottes großen Platz ein. Bereits der arabische Begriff »Islam« bedeutet »Ergebung« oder »Hingabe« an den Willen Gottes. Dies zeigt auf, wie zentral Gott in dieser streng monotheistischen Religion für das Leben der einzelnen und der Gemeinschaft als ganzer ist.

Um dies immer wieder in Erinnerung zu rufen, bestehen im Islam die fünf »Säulen« oder »Pflichten«: Glaubensbekenntnis, Gebet, Fasten, Wallfahrt und Armensteuer. In der ersten »Säule« oder im Glaubensbekenntnis kommt die Anerkennung der Souveränität Gottes zum Ausdruck sowie die Bereitschaft der Glaubenden, Gott in Demut zu loben. Die Gebete fordern »Anwesenheit des Herzens«, also Konzentration und das Vertrauen, dass Gott die guten Dinge schenkt, aber auch die Verbeugung und Furcht vor ihm und seinem unerforschlichen, nicht hinterfragbaren Willen. Das Gebet ist Zeichen der totalen Hingabe an Gott: Der Beter spricht: »Gott ist größer. Preis sei meinem Herrn, dem Höchsten« (Khoury 1988, 133). Dies soll am Mittag, am Nachmittag, am Abend, in der Nacht und in der Morgendämmerung vergegenwärtigt werden. Besonders im mystischen Islam (Sufismus) spielt das ständige Gottesgedenken (Dhikr) eine zentrale Rolle: Indem der Mystiker einen oder die 99 der schönsten Namen Gottes ungezählte Male rezitiert und meditiert, macht er sein Bewusstsein völlig frei für Gott allein (Renz 1999b, 459). Denn der Koran fordert den Gläubigen auf, stets Gottes zu gedenken so wie auch Gott unablässig des Menschen gedenkt (Sure 62,10; 33,41). Weiter ist das Fasten der Muslime im Monat Ramadan mehr als ein bloßes Ritual oder eine lästige Pflicht, sondern vielmehr eine weitere Möglichkeit der Erinnerung an Gott. Fasten öffnet den Menschen, macht ihn transparent, stärkt die geistigen Kräfte und schafft Raum für Dankbarkeit an Gott. Das Fasten impliziert die Bereitschaft zur Versöhnung mit den Nächsten. In einer Fastenpredigt Muhammads heißt es: »Er [der Ramadan] ist der Monat der Geduld, und der Lohn der Geduld ist das Paradies. Er ist der Monat der Versöhnung, er ist der Monat, in dem der Lebensunterhalt der Gläubigen sich mehrt. Er ist ein Monat, dessen Beginn Barmherzigkeit, dessen Mitte Vergebung und dessen Ende Befreiung vom Feuer ist« (Khoury 1989, 139).

Die religiöse Praxis des Fastens, die übrigens im Judentum wie im Christentum lange Traditionen kennt und heute neu entdeckt wird, hat somit eine eminent religiös-theologische Bedeutung erhalten, insofern sie dazu beiträgt, an Gott, den Einzigen, Barmherzigen und Gerechten zu denken. Der fromme Muslim lebt im ständigen Bewusstsein von Gottes Größe, Liebe und Gerechtigkeit. Unbedingtes Vertrauen und Anbetung Gottes stehen im Zentrum seines Lebens und können die Formen des Dankes, Lobes, der Bitte und Reue annehmen (Renz 1999a, 375).

5. Strukturmerkmale anamnetischen Lernens im Hinblick auf den Religionsunterricht

Erinnerungsgeleitetes Lernen unterscheidet sich einerseits von anderen traditionellen Lernformen wie z. B. dem Auswendig-Lernen, andererseits befindet es sich in unmittelbarer Nähe zu neueren, ganzheitlichen Lernformen.

Ein neuer Umgang mit der Zeit

Erinnerndes Lernen bewirkt insofern ein neues Verhältnis zur Zeit, als diese nicht bloß in ihrem regelmäßigen und monotonen Ablauf zur Kenntnis genommen wird, sondern in ihrer Einheit von Vergangenheit, Gegenwart und Zukunft (→ II.10). Die Vergangenheit wird deshalb ins Gedächtnis gerufen, um sich ihrer Relevanz und ihrer Auswirkungen für heutiges Denken und künftiges Handeln bewusst zu werden. Exemplarische Epochen der Kirchengeschichte (vgl. Ruppert 1997) im Religionsunterricht können in dieser Fragestellung neue Aktualität gewinnen. Herausragende Personen und ihre Zeugnisse bringen Modelllernen in Gang, Ereignisse, die den Lauf der Geschichte bestimmt haben, machen nachdenklich, rütteln auf. Zur rhythmisierten Zeit tritt existentiell erlebte Zeit in Konkurrenz. Durch anamnetisches Lernen kann ein neuer Bezug zur Zeit entstehen, auch im Sinn von Psalm 105, der ein Loblied auf Gott, den Herrn der Geschichte ist.

Das Erzählen als bevorzugter Zugang zum Erinnern

Trotz der neuen Medien und ihrer großen Anziehungskraft für die Jugend hat das persönliche Erzählen von Geschichten keineswegs an Beliebtheit eingebüßt. Das Erzählen einer Geschichte stiftet unter den Anwesenden Solidarität und schweißt sie zu einer Erzählgemeinschaft zusammen (→ II.7). Eine Geschichte hören und aufnehmen ist aktives Tun, welches trägt und Gemeinschaft bildet. Dazu sind Hilfsmittel zu erwähnen, etwa Bilder, Erinnerungszeichen, Erlebnisgestalten, Gegenstände, Kunstwerke und gegebenenfalls musikalische Begleitung, welche das Erzählerlebnis unterstützen und bereichern können. Insgesamt muss der narrative Zugang zur Erinnerung wohl ursprünglich neu erlernt werden, weil uns die Geduld abhanden gekommen ist und weil die Phantasie, welche durch das Erzählen inspiriert wird, in der täglichen Bilderflut zu ersticken droht. Anamnetisches Lernen rückt so in die Nähe von biographischem Lernen (→ III.5).

Aus Erinnerung lernen meint einerseits die Teilhabe am kulturellen Gedächtnis, also eine eher gemeinschaftliche Partizipation an der Vergangenheit mit ihrer Relevanz für die Gegenwart. Dazu gehören kapitale Ereignisse der Geschichte, die geschaffenen Kulturen der Völker, sowie die vielfältigen Erzeugnisse unserer Vorfahren. Andererseits gilt es, durch Erinnerung die persönliche Biographie mit ihren Begegnungen und gemachten Grenzerfahrungen zu vergegenwärtigen und anzunehmen. Ein abendliches Reflektieren des Tages, ein Rückblick auf einen Zeitabschnitt und die dabei gemachten Erfahrungen wirken persönlichkeitsfördernd und identitätsstiftend. Im Religionsunterricht können auch begleitende Meditationen, so genannte »Zeitreisen«, angeboten werden.

Erinnerungsgeleitetes Lernen als aktives Tun

Die gegenwärtige Museumspädagogik zeigt uns die Bedeutung der Lernumgebung für anamnetische Lernprozesse plastisch auf. Da werden die Bilder nicht mehr lieblos langweilig aneinandergereiht, sondern in bestimmten Arrangements besucherfreundlich präsentiert. Es gilt zunehmend, die Teilnehmenden in einen interaktiven Entdeckungsprozess zu involvieren und deren expressivem Tun freie Möglichkeiten bereit zu stellen (→ III.14). Dabei soll Raum für das Ausdrücken von Erfahrungen und für das Gestalten von Gefühlen eröffnet werden, damit Freude wie Trauer, Klage, Protest und Begeisterung ausgelebt werden können (→ III.1).

6. Praxisanregungen für einen angemessenen Umgang mit der Schoa

Wie kann es aktuellem Religionsunterricht gelingen, die unvergleichlichen Ereignisse der Schoa passend zu behandeln, ohne sie der Sensation auszuliefern oder aber dem Vergessen? Die Lehrperson muss sich gewiss zuerst einmal persönlich damit auseinandersetzen, um zu klarem Bewusstsein zu gelangen, welch unvergleichliches Unrecht Juden angetan wurde. – Folgende Elemente einer einschlägigen Sequenz seien berichtet: Nach wie vor hilfreich für empathische Einfühlung empfiehlt sich die Lektüre des Tagebuches der Anne Frank oder ein Film darüber, denn biographische Erinnerungen von Kindern sprechen Jugendliche unmittelbar an. In einem zweiten Schritt können kulturelle Dokumente herangezogen werden, welche Benachteiligungen der Juden und Vorurteile über sie belegen. Dazu gehören etwa die Darstellungen von Kirche und Synagoge in mittelalterlichen Kathedralen (z. B. Straßburg, Bamberg) oder auch neutestamentliche pauschalisierende Sprechweisen über »die Juden« oder »die Pharisäer«.

Ein vorbereiteter Besuch einer Synagoge und/oder eines Synagogengottesdienstes kann heute lebendige religiöse Praxis der Juden vorstellen, wobei im Gottesdienstraum durchaus Parallelen zu christlichen Kirchen zu entdecken sind. Eine wiederum gut vorbereitete Exkursion zu einer Gedenkstätte (z. B. Dachau, Bergen-Belsen) oder zu einem Mahnmal der Schoa, auch ein Gespräch mit einem Zeitzeugen kann Offenheit bewirken, um sich auf diese Ereignisse ganzheitlich einzulassen und daraus zu lernen. Es ist nicht einfach, Schülerinnen und Schüler auf den Mittelweg zwischen Nicht-Ernstnehmen und depressivem Mitleid zu führen. Die Bemühungen sind einzuordnen in den übrigen Religionsunterricht mit seinen steten Verweisen des Christentums auf seine jüdischen Wurzeln. Für den angemessenen Umgang mit der Schoa gilt, die Grundformel anamnetischen Lernens, wie sie der chassidische Lehrer Rabbi Baal Schem-Tow formuliert hat: »Vergessen führt in die Verbannung. Erinnerung jedoch ist das Geheimnis der Erlösung.«

Zusammenfassung

Anamnetisches Lernen versteht sich als neuer umfassender religionsdidaktischer Schwerpunkt, der angesichts von Aktivismus und Hektik der Erinnerung und dem verweilenden Gedenken den ihnen gebührenden Platz zurückgibt. Sowohl die biographische Erinnerung als auch das kollektive Gedenken können integrierende und heilende Wirkungen zeitigen, vorausgesetzt, die Bereitschaft zum Lernen aus den Fehlern ist vorhanden. Schule und Religionsunterricht sollen vermehrt Wege des Gedenkens, des Erzählens und Feierns beschreiten, wobei sie viel von der Erinnerungskultur in den großen Religionen profitieren können.

Lesehinweis

Görg, Manfred (1998): Erinnere Dich! Ein biblischer Weg zum Lernen und Leben des Glaubens. In: MThZ 49, 23–32.

Langer, Michael (1997): Auschwitz lehren? Prolegomena zu einer anamnetischen Religionspädagogik, in: Manfred Görg/Michael Langer (Hgg.): Als Gott weinte. Theologie nach Auschwitz, Regensburg, 203–217.

Münz, Christoph (1995): Der Welt ein Gedächtnis geben. Geschichtstheologisches Denken im Judentum nach Auschwitz, Gütersloh.

Schacter, Daniel L. (1996): Searching for Memory. The Brain, the Mind, and the Past, New York (dt.: Wir sind Erinnerung. Gedächtnis und Persönlichkeit, Reinbek bei Hamburg 1999).

Wermke, Michael (1997) (Hg.): Die Gegenwart des Holocaust. »Erinnerung« als religionspädagogische Herausforderung, Münster.

III.5 Biographisches Lernen

Hans-Georg Ziebertz

In religiöse Lernprozesse sind konkrete Menschen mit konkreten Biographien einbezogen. Allerdings gibt es heute kaum mehr standardisierte Biographiemuster, an denen sich Heranwachsende orientieren könnten. Jede Biographie ist ein Einzelfall. Wie die Biographie gestaltet werden kann, welche Erfahrungen gelingenden und nicht-gelingenden Lebens verarbeitet werden müssen, welche Perspektiven für die Zukunft realistisch erscheinen, sind Fragen, die nicht »generell« beantwortet werden können. Die christliche Religion ist biographiebezogen. Die Bibel enthält zahlreiche Erzählungen, in denen von der Lebensgeschichte einzelner Menschen in ihrer Beziehung zu Gott berichtet wird. Gott hat ein Interesse am einzelnen Menschen. Er hat jede und jeden bei ihrem/seinen Namen gerufen. Für religiöse Lernprozesse in der Schule stellt sich die Aufgabe, die Biographie der Schülerinnen und Schüler in den Blick zu nehmen und ihnen zu helfen, ihre eigene Biographie in die Hand zu nehmen und unter den Zuspruch Gottes zu stellen, gerade auch im Einbezug »fremder« Biographien aus der biblischen Überlieferung und der Geschichte der Menschen.

Nach einer kurzen Problemskizze (1) werden in diesem Kapitel zunächst Aspekte zusammengetragen, die das Konzept »Biographie« verständlich machen (2). Im Anschluss daran wird das Spannungsfeld beleuchtet, in dem sich biographisches Lernen ereignet (3). Biographisches Lernen wird des Weiteren konzeptuell als transitorisches Lernen entfaltet (4) und zum Schluss auf das Feld der Schule und des Religionsunterrichts bezogen (5).

1. Problemstellung

Peter ist 22 Jahre alt und spricht über seine Schulzeit. Eine Erfahrung aus der 8. Klasse ist ihm so präsent, als wäre sie eben erst geschehen. Es handelt sich um einen Disput mit seinem Englischlehrer, der ihm (nach Peters Meinung ungerechtfertigt) eine Störung des Unterrichts vorwarf. Nachdem sich Peter zu wehren versucht hatte, geht der Lehrer langsamen Schrittes durch die Klasse und macht Peter, wie er selber sagt, »vor der versammelten schweigenden Klasse runter«. Peter erinnert sich noch ganz besonders an die Worte »Nun schaut Euch mal dieses Geschöpf in der zweiten Reihe an, es bringt nichts, hat einen großen Mund und ist zudem noch ein hässliches Entlein«. Vor allem das »hässliches Entlein« hat ihn tief gekränkt. Peter fühlte sich vor allen Klassenkameradinnen und Kameraden »richtig ausgezogen«. Er hatte ohnehin Probleme mit seinem Aussehen und dass der Lehrer in diese Wunde schlägt, hat ihm das Herz pulsieren lassen. Seine Beziehung zum Fach Englisch und zu diesem Lehrer, so Peter heute, sei fundamental gestört worden und bis zur Schulentlassung nicht mehr genesen.

Warum kommt gerade eine solche Szene angesichts einer langen Schulkarriere in Erinnerung? Gäbe es nicht ganz andere Dinge zu erzählen, etwa Erfahrungen mit Schulfreunden, gelungene Streiche, gute Leistungen usw.? Wir können den Gründen hier nicht weiter nachgehen. Im Hinblick auf das biographische Lernen ist jedoch bedeutsam, dass »Biographie« nur dann in Erscheinung tritt, wenn wir aus dem Fluss des Lebens bestimmte Etappen herausgreifen und ihnen eine Bedeutung zuschreiben. Biographie ist gedeutetes Leben. Durch solche Bedeutungen wird die lange Ereigniskette des eigenen Lebens konturiert, man entdeckt Höhen und Tiefen, Gleichklang und Einschnitte. Die biographische Perspektive ist immer retrospektiv. Man versucht den Ablauf von Ereignissen, sei er monoton oder chaotisch gewesen, »Sinn« zuzuschreiben.

Im Religionsunterricht ist der Bezug zu Biographien nicht außergewöhnlich. Die Beschäftigung mit der Bibel, mit Heiligen oder mit besonderen Vertretern in der Kirchengeschichte ist in weiten Teilen eine Beschäftigung mit Biographien. Schülerinnen und Schüler erfahren, wie Menschen ihr Leben deuten und sich klagend, bittend und dankend an Gott wenden. Dramatische Szenen wie das Opfer des Abraham, Bekehrungserlebnisse »vom Saulus zum Paulus« oder Wendepunkte im Leben wie bei Augustinus und Franziskus zählen zu den häufig besprochenen Themen im Religionsunterricht. Was wir von Gott wissen, ist uns wesentlich vermittelt durch Erfahrungen, die Menschen mit Gott gemacht haben. Wir lesen und hören davon, wie Gott in »ihr Leben eingeschlagen« ist.

Welche Rolle spielen nun die Biographien der Schülerinnen und Schüler? Im Religionsunterricht wird der christliche Glaube als eine Perspektive für das Leben erschlossen – nicht nur als Haltegriff für einen Moment oder für ausgewählte Lebensstationen. Gottes Verheißung ist das »Leben in Fülle«, sie schließt die Gegenwart ein und reicht über den Tod hinaus. Nach christlicher Vorstellung ist Gott an jedem Menschen persönlich interessiert. Jede/r Einzelne ist von Gott bei ihrem/seinem Namen gerufen. Schon aus diesem Grund muss der Religionsunterricht der persönlichen Biographie mit Wertschätzung und Respekt begegnen. Biographisches Lernen im Religionsunterricht beinhaltet neben dem Lernen an »heiligen« Biographien ebenso die Arbeit an der eigenen Biographie. Dort, wo durch die Mithilfe des Religionsunterrichts das Leben gestützt, gefördert und auf Zukunft hin ausgerichtet wird, nimmt der Unterricht eine diakonische Funktion wahr. Zudem erschließt der Religionsunterricht Lebenszuversicht aus dem christlichen Glauben. Die Plausibilität der Erschließung wird sich nicht unabhängig davon einstellen, wie es gelingt, die Deutung des eigenen Lebens mit der christlichen Verheißung in eine fruchtbare Spannung zu bringen. Freilich: Schülerinnen und Schüler müssen solche Bedeutungen selbst in ihren Lebenslauf »eintragen«.

2. Kontexte und Konturen der neuzeitlichen Biographie

Ulrich Beck hat mit seinem Buch »Risikogesellschaft« (1986) eine anhaltend kritische Auseinandersetzung über die soziologischen Bedingungen des modernen Lebens ausgelöst. Vor allem seine Beschreibung des »Individualisierungsprozesses« ist weit über die Soziologie hinaus rezipiert worden. Die Ausdifferenzierung und Pluralisierung der modernen Welt hat nach Beck ein Spiegelbild in der Individualisierung der Lebensführung. Eine stets differenzierte Welt kann nur funktionieren, wenn es »individualisierte« Individuen gibt. Ein schützender Horizont, der eine für alle gleichermaßen gültige Lebensorientierung bereitstellen könnte, ist angesichts der Differenzierungsprozesse nicht mehr vorhanden.

Die Ambivalenz dieses Prozesses liegt auf der Hand: auf der einen Seite gibt es für den Einzelnen einen enormen Freiheitszuwachs, auf der anderen Seite sind aber auch die Gefahren des Scheiterns gestiegen. Ob beispielsweise der Berufswunsch, der sich in der neunten Klasse auftut, tatsächlich realisiert werden kann, ist nicht mehr vorhersehbar; wie lange sich der Beruf ausüben lässt, wenn er realisiert werden kann, noch viel weniger. Der Mangel an Ausbildungsplätzen und das Damoklesschwert der Arbeitslosigkeit sind heute reale Krisenmomente, mit denen sich bereits junge Menschen auseinandersetzen. Die Räume, in denen die Zukunft des eigenen Lebens am Leben der Eltern oder anderer signifikanter Erwachsener vorweg genommen werden kann, sind geschmolzen. Selbst die Kinder eines Bergbauern werden mit der Möglichkeit alternativer Lebensentwürfe konfrontiert und sehen ihre Zukunft nicht mehr selbstverständlich in der Weiterführung des elterlichen Hofes. Die Globalisierung hat die Alm erreicht. Trotz regionaler Unterschiede hinsichtlich des Grades an Differenzierung und Individualisierung gilt für die westliche Welt, dass die zeitgenössische Biographie zu einem »offenen Curriculum« geworden ist.

Alheit (1995) weist auf einige Veränderungsprozesse hin, von denen die Erfahrung der persönlichen Biographie nicht unberührt bleibt. Im Vergleich mit Generationen vor uns hat sich das Lebenszeitbudget insgesamt erweitert und die klassische Dreiteilung des Lebens in eine Lernphase in der Jugend, eine Arbeitsphase im mittleren Lebensabschnitt und eine Ruhephase im Alter muss heute differenzierter betrachtet werden. Lernen ereignet sich zwar immer noch grundlegend in der Schule, aber nicht mehr exklusiv. Nach der Schule ist Lernen ein permanentes berufsbegleitendes Erfordernis, sei es, um »nur« im eigenen Fach »up to date« zu bleiben, oder sei es, um durch Fort- und Weiterbildung die persönliche Konkurrenzfähigkeit für Karrierefortschritte zu erhöhen. Aufgabenwechsel innerhalb einer Berufskarriere sind eher die Regel als die Ausnahme. Jeder größere Wechsel impliziert Lernprozesse im Sinne der »Vorbereitung«. Zudem ist jeder Übergang mit Risiken des Gelingens und Misslingens behaftet. Neue Statuspassagen entstehen, in denen erworbene Positionen relativiert werden und eine Anerkennung der eigenen Rolle neu gefunden werden muss. Das erleben bereits Viertklässler im Übergang in eine neue Schule. Waren sie in der Grundschule die »Großen«, sind sie in der fünften Klasse die »Kleinsten«. Je weniger für solche und andere Übergangsprozesse standardisierte Muster zur Verfügung stehen, desto notwendiger wird die Kompetenz, in allem einen »roten Faden« zu erkennen, dem Leben Kontinuität und Kohärenz zuzuschreiben und vor allem selbst zu verifizieren, dass man handlungsfähig ist. Traditionelle biographische Entwürfe scheinen ihre »Treffsicherheit« verloren zu haben. Selbst junge Eltern merken, dass sie die Schulerfahrungen ihrer Kinder nicht mehr ohne weiteres im Erfahrungsrahmen ihrer eigenen Schullaufbahn evaluieren können. Zeitgenössische Biographien werden komplizierter, individueller, autonomer und eigensinniger (Alheit 1995, 278). In jedem erreichten Zustand ist mittlerweile dessen Revision als Möglichkeit und Notwendigkeit enthalten.

3. Biographisches Lernen im Feld zweier Kraftströme

In der Sozialisationsforschung spielen die Begriffe »Individuation« und »Vergesellschaftung« eine zentrale Rolle (vgl. ausführlich Ziebertz 1990, 21–74). Mit der Unterscheidung zwischen Individuation und Vergesellschaftung macht die Sozialisationstheorie auf zwei elementare Erfordernisse für das individuelle und das soziale bzw. gesellschaftliche Leben aufmerksam. Menschen sollen »sie selber« werden, aber auch die Gesellschaft muss überleben können. Zwischen beiden ist ein Ausgleich zu finden (und zwar nicht einmalig, sondern immer wieder), sodass die individuellen Interessen zu ihrem Recht kommen und zugleich das Sozialgefüge in seinem Bestand gewahrt bleibt. Dem interaktionistischen Prinzip zu Folge gilt keine der beiden Größen als determinierend, sondern als gestaltbar. Natürlich ist die Machtverteilung nicht immer ausgewogen. Sie kann zu Gunsten einer Größe ausfallen, wie Jürgen Habermas mit dem Konzept der »Kolonialisierung der Lebenswelt« (1981 II, 229–297) ausführt. Hier kann nicht geklärt werden, ob seine Theorie realistisch oder pessimistisch ist. Als Frage ergibt sich daraus, welches Gewicht strukturelle und institutionelle Bedingungen haben und unter welchen Bedingungen von einem Verlust individueller Handlungsfähigkeit gesprochen werden muss oder inwieweit ein wie immer beschaffener Rest an Handlungsfähigkeit erhalten bleibt. Jede Pädagogik kommt an ein Ende, wenn sie nicht auf einen solchen Rest vertraut. Es drängt sich also die Frage auf, ob und wie pädagogisch gehandelt werden kann und soll, wenn die Spannung zwischen Individuation und Vergesellschaftung als Voraussetzung insbesondere für biographische Lernprozesse akzeptiert wird.

Erziehung und Bildung ereignet sich exakt im Spannungsfeld zwischen Individuation und Vergesellschaftung. Die Schule vereinigt beide Momente. Sie ist einerseits ein Ort der »Bildung«, die den Menschen zur Individuierung führen will. Andererseits werden ihre Ziele aus gesellschaftlichen Vorgaben deduziert indem die Gesellschaft definiert, was unter »Lebenstüchtigkeit« verstanden werden soll. Die Schule muss also objektive Anforderungen und subjektive Eigenarten vermitteln. Sie kann weder dem einen noch dem anderen Aspekt den Vorzug geben. Sie muss programmatisch umsetzen, dass es ein Eigenrecht der Kinder und Jugendlichen gibt, den persönlichen Lebensweg auszurichten. Sie muss aber ebenso gewährleisten, dass eine Bündelung der Lebensausrichtungen auf bestimmte gemeinsame Ziele geschieht. Und sie weiß, dass beide Aspekte nicht ohne weiteres deckungsgleich sind (vgl. Ziebertz 2000b).

Baacke und Sander (1995) formulieren im Anschluss an Henningsen, dass der subjektive Faktor »Lebenswelt« nicht in pädagogischer Intentionalität aufgehen dürfe. Die heutige Pädagogik hat die Dialektik als Problem erkannt. Aufgrund der »Macht der Institutionen« erscheint es als gerechtfertigt, der Entwicklungsmöglichkeit des Subjektiven besondere Aufmerksamkeit zu widmen. Biographisches Lernen ist ein bevorzugter Ort, die Entwicklung des Individuums in den Blick zu nehmen (vgl. Helsper/Bertram 1999). Vor dem Hintergrund der beiden Kraftströme lautet ein allgemeines Ziel biographischen Lernens, die Handlungsautonomie der Kinder und Jugendlichen zu stärken. Sie sollen die Fähigkeit entwickeln, Handlungsmöglichkeiten zu erkennen und umzusetzen. Problematisch ist biographisches Lernen, wenn es sich ganz auf den persönlichen Lebenslauf konzentriert und strukturelle Aspekte ausklammert. In diesem Fall wird die persönliche Befindlichkeit, nicht aber die Interdependenz der Befindlichkeit im Kontext der Strukturen und Institutionen behandelt. Es kann zur Verstärkung irrealer Welten kommen, wenn Schülerinnen und Schüler auf sich selbst zurückgeworfen werden und die Frage ihrer Handlungsfähigkeit im sozialen Raum ausgeklammert bleibt (→ III.13 u. 14). Diese Problematik zeigt sich auch bei therapeutischen Ansätzen. Sie beziehen sich auf Risikoereignisse im Lebenslauf, in denen die persönliche Handlungsautonomie verunsichert oder gestört erscheint. Erfahrungen sollen kompensiert und integriert werden. Alheit (1995) wirft die Frage auf, inwieweit »Kompensation« und »Integration« die Möglichkeit einer »Normalbiographie« voraussetzen – dann aber wäre biographisches Lernen ein Anpassungsvorgang.

4. Biographisches Lernen als transitorisches Lernen

Transitorisches Lernen geht davon aus, dass moderne Biographieverläufe weder hinreichend als Explikation eines dem persönlichen Leben zugrunde liegenden Sinns verstanden werden können, der wie ein roter Faden das Leben durchzieht und nur erkannt werden muss. Noch ist Biographie allein eine Serie von Stationen in einem sozialen Raum, die einander ablösen und mehr oder weniger (un-)zusammenhängend sind. Bei der ersten Position kommt zu wenig in den Blick, dass es Biographie nur im Rahmen eines Sozialgefüges gibt, bei der zweiten Position wird der »Eigensinn« der Biographie vernachlässigt. Biographie vereinigt immer den äußerlich wahrnehmbaren Ablauf eines Lebens und die Binnensicht des Individuums, das diese Abläufe wahrnehmen und deuten kann. Transitorisch-biographisches Lernen konzentriert sich auf die Interdependenz zwischen Subjekt und Struktur als Spannung zwischen Kontinuität und Diskontinuität.

Biographisches Lernen als »transitorisches Lernen« (Alheit) zu konzipieren beinhaltet, die beiden Faktoren »Subjekt« und »Strukturen der Lebenswelt« in den Mittelpunkt des Interesses zu stellen und die wechselseitigen Bezüge und Übergänge der Reflexion, d.h. der Deutung, zugänglich zu machen. Biographie enthält Gesellschaftlichkeit und Subjektivität zugleich. Aber Jugendliche sollen sich nicht als »Opfer« von Zuständen erfahren müssen, sondern sich als Handelnde erfahren können, denen es möglich ist, ihr Leben zu gestalten und zu verändern. Ein wesentliches Kennzeichen dieser Erfahrung ist erstens die Erkenntnis, welche Grenzen zwischen Subjekt und Struktur *bestehen*, zweitens die Suche nach Möglichkeiten, die Grenzen zu *verlegen*, d.h. den Handlungsspielraum auszuweiten, und drittens die Fähigkeit, Grenzen zu *übersteigen*.

Biographisches Lernen trägt auf diese Weise dazu bei, dass Handelnde ihre Umwelt nicht als »Bedrohungs-« sondern als »Möglichkeitsraum« entdecken lernen, in dem das eigene Leben nicht festgelegt ist, sondern neue biographische Lebensräume zu erschließen sind. Freilich ist der Rahmen, in dem sich die Biographie entfalten kann, nicht beliebig. Zwar sind die Wahlmöglichkeiten potentiell unbegrenzt, reale Umsetzungsmöglichkeiten werden aber von einer Vielzahl »generativer« Einflüsse begrenzt. Gerade der Spannungsbogen, weder von einer Dominanz des Individuums über soziale Zusammenhänge noch umgekehrt von einer Determinierung des Subjekts durch seine Umwelt ausgehen zu müssen, entfaltet ein pädagogisch bedeutsames Handlungsfeld. In diesem Handlungsfeld kann Kindern und Jugendlichen geholfen werden, ordnende Einsicht in ihre Biographie zu nehmen, Hilfestellung zu geben, wie der Anteil der eigenen Handlungssteuerung vergrößert werden kann und Vertrauen zu vermitteln, dass man im Wissen um die Abhängigkeit des Lebens in der Lage ist, die persönliche Biographie in die eigene Hand zu nehmen. Letztlich geht es um das Gefühl, dass es sich ungeachtet aller Widersprüchlichkeiten um das eigene Leben handelt (Alheit 1995, 296).

Für das Konzept des biographisch-transitorischen Lernens benutzt Alheit einen Gedanken, den die Systemtheorie detailliert entwickelt hat (vgl. Willke 1993). Alle Umweltfaktoren bilden zusammen genommen einen komplexen Lebenskontext für das Individuum, der ein erhebliches »Potenzial ungelebten Lebens« enthält. Es kann davon ausgegangen werden, dass Menschen intuitiv um diese Möglichkeiten wissen. Für die Begleitung biographischer Lernprozesse ist dieses Wissen eine elementare Ressource, die als emergente Kraft pädagogisch nutzbar gemacht werden kann. Wird dieses Wissen »aufgeschlossen«, kann es zum einen die Erfahrung freisetzen, dass das eigene Leben auch anders aussehen könnte. Diese Erkenntnis liefert einen Sinnüberschuss, der zu einer bewussten Veränderung des Blickwinkels führen kann, aus dem heraus man sich selbst und das eigene Handeln in der Welt bisher gesehen hat. Zum anderen kann die intuitive Gewissheit, dass Familie, Schule und andere für die Lebensgestaltung bedeutsame Institutionen nun einmal so und nicht anders funktionieren, differenziert werden. Weil man die eigene Beziehung zu diesen Institutionen anders sieht, eröffnet sich die Möglichkeit, institutionelle Rahmenbedingungen zu transformieren (Alheit 1995, 298).

Biographisch- transitorisches Lernen gestaltet sich als ein Prozess, bei dem eine neue Qualität des Selbst- und Weltbezuges angestrebt wird. Dazu ist die Überwindung eines traditionellen Lernverständnisses notwendig, das Lernen als Addition neuer Information versteht, wodurch der etablierte Rahmen allenfalls erweitert, nicht aber verändert wird. Im transitorischen Verständnis von Lernen wird Information anders verarbeitet; neues Wissen wird nicht nur in das bestehende Wissensgebäude eingebaut, sondern das Wissensgebäude selbst wird verändert – die Veränderung des Wissensgebäudes eröffnet wiederum neue Blickwinkel, usw. (→ II.7) Transitorisch-biographische Lernprozesse sind »abduktiv«, sie bringen etwas zusammen, was man sich vorher nicht hat träumen lassen. Heranwachsende werden begleitet und befähigt, sich als Akteure ihrer Biographie zu sehen, ihr Leben »kontextuell« zu interpretieren und diese Kontexte als transformierbar zu erfahren.

5. Biographisches Lernen als religionsdidaktische Aufgabe

Nach den grundsätzlichen Hinweisen zu den Konturen moderner Biographien und der Konzipierung biographischen Lernens als transitorisches Lernen geht es im Folgenden um die Frage nach dem religionsdidaktischen Anwendungsbezug.

Theologisches Interesse an Biographien

Die Chiffre vom »gelingenden Leben« wird im Religionsunterricht als »gelingendes Leben unter dem Anspruch Gottes« thematisiert. Dem Religionsunterricht geht es nicht um ein religiöses Leben neben dem alltäglichen profanen Leben, sondern um eine Deutung des gelebten Lebens unter der Verheißung Gottes (→ III.2). Im christlichen Verständnis steht die gesamte Geschichte unter der Verheißung der Erlösung und Vollendung, die »schon« in der Gegenwart wirksam aber »noch nicht« in seiner Fülle gegenwärtig ist, weil sie über die Gegenwart und über das gelebte Leben hinausreicht. Die an transitiv-biographischem Lernen interessierte Religionspädagogik entwirft keine Theorie, die über das Subjekt-Sein vergewissert, sondern eine Theorie, die das Subjekt-Werden-Können thematisiert (vgl. Metz 1980; Luther 1992; Biehl 1991). Im ersten Fall dient die offiziell dogmatisch fixierte Lehre dazu, über die Facetten christlicher Existenz aufzuklären. Schülerinnen und Schüler sind Empfänger eines Wissens, das sie sich aneignen und an dem sie ihr Leben ausrichten sollen. Im zweiten Fall kommt die christliche Überlieferung als Anregungspotential in den Blick. Im Hinblick auf die Tradition des Alten Testaments wird die Frage der Gerechtigkeit in den Mittelpunkt gerückt. Das Neue Testament stellt die Liebe zu Gott, zum Nächsten und zu sich selbst in den Mittelpunkt. Aus der Bibel kann nicht konkret deduziert werden, wie das Leben geführt werden soll, weil die ›Modelle von damals‹ auf den ›Kontext von damals‹ bezogen waren. Aber sie enthält Prinzipien, in denen ein reichhaltiges Lebenswissen vorrätig ist. Die christliche Tradition hat eine stimulierende, kritisierende und korrigierende Funktion (Auer). Sie kann

- *stimulieren*, die Potenziale des nicht gelebten Lebens von der Verheißung des »Lebens in Fülle« her zu erkennen; sie kann
- *kritisieren*, indem es insbesondere vom Doppelgebot der Liebe aus hinterfragt, was dem Leben dient; und sie kann
- *korrigieren*, indem sie persönliche Barrieren und strukturelle Einschränkungen mit Alternativen konfrontiert.

Biographisches Lernen als Subjekt-Werden-Können bedeutet für Religionspädagoginnen und -pädagogen, die christliche Tradition als »Anwalt« des verletzbaren individuellen Lebens zu aktualisieren (Luther 1992, 13). Schülerinnen und Schüler sind Handelnde, die nicht nur vorgängiges Wissen rezipieren, sondern die ihr Leben und ihren Kontext deuten, entwerfen und gestalten. Dabei kommt die Widersprüchlichkeit und Kontingenz des Lebens zur Sprache, die letztlich nicht aufgehoben, wohl aber kultiviert werden kann. Gegenüber der Zerrissenheit des Lebens hält die christliche Botschaft Zuspruch und Trost bereit, gegenüber den Beschränkungen kann sie Protest legitimieren und gegenüber der Apathie Widerstand aktivieren. Die christliche Perspektive der Verheißung des gelingenden Lebens baut nicht auf Weltflucht auf, sondern sie intendiert Weltgestaltung. Es geht nicht um eine Vertröstung auf eine zukünftige bessere Welt, sondern darum, unter Zuhilfenahme des christlichen Zuspruchs die Welt anders zu sehen – und wer die Welt anders sieht, erblickt neue Handlungsmöglichkeiten.

Heute ist es die individuelle Lebensgeschichte, die den Zugang zu Religion und Glaube strukturiert. Die persönliche Religiosität hat selbst eine Geschichte. Nur in seltenen Fällen entfaltet sie sich wie eine linear aufsteigende Linie, in der Regel hat sie wechselhaften oder gar fragilen Charakter, sodass Kohärenz nur durch die Brüche hindurch erfahrbar wird. Entsprechend ist religiöses Lernen als »lebenslanges« Lernen ein andauernder Prozess des Christ-Werdens (vgl. Nipkow 1987). Für Henning Luther (1992, 43) ist die Besinnung auf die Biographie theologisch gerechtfertigt, weil die letzte Absicht aller Handlungen im Namen des Christentums dem einzelnen Menschen gilt. Die Beschäftigung mit Biographien in edukativer Hinsicht begründet Luther mit der Differenzierung der modernen Welt. Moderne Lebensläufe entsprechen nicht einfach einem standardisierbaren Muster christlicher Biographien. ›Christliche Signaturen‹ müssen gleichsam je individuell in persönliche Lebensläufe eingetragen werden. Das verlangt von den Begleitern biographischer Lernprozesse ein Gespür für Gelegenheiten, wo solche Signaturen ›eingetragen‹ werden können.

Religionslehrerinnen und -lehrer als Anwälte des Subjekt-Werden-Könnens

Die Hervorhebung der individuellen Biographie und die theologische Legitimation der Beschäftigung mit ihr zielt nicht auf eine Atomisierung der christlichen Existenz. Der Mensch steht zwar *einzeln* vor Gott, aber nicht *allein*. Vor allem Johann Baptist Metz hat ein christliches Gottesverständnis beschrieben, das unmittelbar mit dem Einsatz für das Subjekt-Werden-Können des/aller Menschen zusammenhängt. Die Geschichten des Alten und Neuen Testaments treten für Metz »nicht zu einer in ihrem Subjekt-Sein bereits konstituierten Menschheit hinzu, als Überbau oder feierliches Akzessorium. Sie sind vielmehr Geschichten der dramatischen Konstitution des Subjektseins der Menschen – eben durch ihr Gottesverhältnis. Menschen werden herausgerufen aus den Zwängen und Ängsten archaischer Gesellschaften; sie sollen zu Subjekten einer neuen Geschichte werden« (Metz 1980, 58). In diesem Verständnis kann Metz davon sprechen, dass Gott Ausdruck einer Option ist, nämlich der Option für das Subjektsein-können bzw. Subjekt-werden-müssen aller Menschen. Der Name Gottes steht für Freiheit. In edukativer Hinsicht impliziert dieses Gottesverständnis, dass Erziehungsprozesse im Namen der christlichen Religion diesem Freiheitsanspruch nicht mit Teilnahmslosigkeit begegnen oder ihm gar entgegenlaufen dürfen. Sie stehen stattdessen unter dem Anspruch, dass die Freiheit, für die der christliche Gottesgedanke steht, wenigstens in Fragmenten erfahrbar wird.

Religionslehrerinnen und -lehrer nehmen eine »Anwaltschaft« für das Subjekt-Werden-Können der Schülerinnen und Schüler wahr (vgl. II.6). Dazu müssen sie selbst sensibel sein für die Vielgestaltigkeit von Lebensläufen, für die persönlichen und sozialen Faktoren, die Lebensläufe beeinflussen und für die Spannung zwischen Fremd- und Selbstbestimmung, die insbesondere während der Pubertät eine wichtige Rolle spielt (→ II.4). Lehrerinnen und Lehrer müssen Möglichkeiten der Förderung jugendlicher Biographien erkennen können und gegenüber der Gefahr der Einschränkung und Behinderung von Lebensmöglichkeiten wachsam sein (vgl. Hurrlemann/Wolf 1986). Biographisches Lernen im Religionsunterricht ist freiheitsverbürgendes Lernen, das menschliche Autonomie gegenüber Heteronomie verteidigt. Die Spannung zwischen Individualität und Sozialität ist nicht auflösbar. Mit dem christlichen Gottesverständnis können aber Ansprüche, die aus beiden ableitbar sind, nicht gegeneinander ausgespielt werden. Die ›Anwaltschaft‹ für das Subjekt-Werden-Können intendiert eine bestimmte Haltung und eine bestimmte Praxis. Sie wird als ›Haltung‹ konkret, wo die grundsätzliche Einstellung zu Schülerinnen und Schülern und zum Schulleben berührt wird. Als Praxis erweist sich die Anwaltschaft in der konkreten Unterrichtsgestaltung: in der Lehrer-Schüler-Interaktion, die nach symmetrischer Kommunikation strebt und Metakommunikation zulässt; bei der Formulierung von Zielen, in denen nicht nur Wissensreproduktion im Vordergrund steht, sondern eine lebensbezogene Problematisierung angestrebt wird; in der Darbietung von Inhalten, bei der Gott als Option für das Subjekt-Werden-Dürfen kennengelernt wird.

Schule und Biographie

Helsper und Bertram (1999, 265ff) treffen bei ihrer Durchsicht empirischer Studien zur Biographieentwicklung auf den Befund, dass Schülerinnen und Schüler die Schule vielfach als heteronomen Bildungsraum wahrnehmen. Ein entscheidendes Kennzeichen dieses Bildungsraums ist, dass ihm eine so zentrale Bedeutung zugeschrieben wird (bspw. als Selektionsinstitut für die spätere Karriere), dass jugendkulturelle Eigenheiten den Erfordernissen der Schule untergeordnet werden. Die Schule ist zwar keine »totale Institution«, aber sie dominiert die Lebenswelt von Kindern und Jugendlichen in erheblichem Ausmaß. Biographieverläufe passen sich den Maßgaben, die von der Schule vorgegeben werden (vgl. auch Nittel 1992). Biographisches Lernen in der Schule zu thematisieren bedeutet folglich, die Schule selbst zu thematisieren bzw. die Interaktion zwischen Schülern und Schule (→ I.4).

Die Schule erscheint im Vergleich zu anderen Bildungsräumen oft in negativem Licht. Aus Befragungen nach Beendigung der Schulzeit ist bekannt, dass sich Schülerinnen und Schüler negative Erfahrungen persönlich zuschreiben und oft noch Jahre nach der Schule diese Phase ihrer Biographie nicht »abgeschlossen« haben. Dieser »Abschluss« gelingt Schülerinnen und Schülern wesentlich schneller, die ihre Schulzeit als »Erfolg« bewerten. In der Biographieforschung spricht man im Hinblick auf Erfahrungen des Versagens von »eskalierenden Verlaufskurven«. Damit ist gemeint, dass die Wirkung solcher Erfahrungen über die Zeit der Schule hinaus in der Form psychischer Verletzungsanfälligkeit, Abbrüchen, Wechseln oder ›Fluchthandeln‹ sichtbar wird. Selbst zeitlich begrenzte Erfahrungen des Versagens hinterlassen biographische Spuren, wie Untersuchungen mit Schulabgängern zeigen. Kommt es während der Schulzeit zu Verletzungen des »Selbst«, können sich Zweifel an der eigenen Leistungsfähigkeit bis ins spätere Leben durchtragen. Dieser Befund unterstreicht die Bedeutung, biographisches Lernen in der Spannung zwischen Selbstentwurf und Fremderwartung anzusiedeln und neben der Förderung der individuellen Handlungsfähigkeit den Blick auf die institutionellen Rahmenbedingungen zu richten und zu fragen, wo Schule als Verletzungsraum erfahren wird. Lehrerinnen und Lehrer können sich als Sachwalter der Institution verstehen, die die Ansprüche der Schule vertreten, oder sich als Sachwalter von Biographien anbieten, die an der Entwicklung der Heranwachsenden interessiert sind. Professionelles Lehrerhandeln wird den Ausgleich suchen – als Vermittler von Inhalten *und* als Berater der Schülerinnen und Schüler. Aus Untersuchungen ist bekannt, dass Lehrerinnen und Lehrer zwar nicht sehr oft als »signifikante Andere« angesprochen werden, aber dass sie gleichwohl auf emotionalem Niveau in biographischer Hinsicht hoch bedeutsam und nicht leicht ersetzbar sind. Helsper und Bertram zeigen auf, »dass Lehrer als ›signifikante Andere‹ vor allem für jene Schüler und Schülerinnen bedeutsam werden, die entweder aus unvollständigen oder hoch problembelasteten und konflikthaften Familien stammen und familial enttäuschte Erwartungen und Wünsche auf schulische Bezugspersonen richten« (1999, 268). Lehrerinnen und Lehrer sollten Signale erkennen und ernstnehmen, die daraufhinweisen, dass Bedarf an »Interaktion« besteht.

Lernen an der eigenen Biographie

Biographisches Lernen geschieht, wo die Kette der Ereignisse im Lebenslauf unterbrochen wird. Im Licht der autobiographischen Reflexion scheinen einzelne Ereignisse auf, denen Bedeutung zugeschrieben wird. Dabei kann es sich um Knotenpunkte des Lebens handeln (die erste Freundin oder der erste Freund; eine folgenreiche Erkrankung eines Familienmitglieds; usw.), um Phasen des Übergangs (die Firmung; der 16. Geburtstag; der Mofa-Führerschein; usw.) oder um Situationen, an denen ›Beschädigungen‹ festgemacht werden (Verlust einer Beziehung; Sitzen-Bleiben oder Schulabgang; usw.). In formaler Hinsicht zielt transitiv-biographisches Lernen in allen diesen Situationen auf den Erwerb einer ausreichenden Handlungsfähigkeit. Schülerinnen und Schüler sollen sich nicht als Spielball übermächtiger Ereignisse erfahren, sondern ›Akteure‹ ihres Lebens bleiben können (Ziebertz 2000b). Mehr noch: sie sollen lernen, die Potenziale des ungelebten Lebens zu erkennen und den Möglichkeitsüberschuss in den eigenen Handlungsspielraum einzubeziehen. Dies setzt zunächst Bewusstwerdung und Deutung voraus, aber auch ein Zutrauen in die eigene Person, etwas an der Situation ändern zu können. Ziel des biographischen Lernens ist eine ›ausbalancierte Handlungsfähigkeit‹ (Geulen). Handelnde können erstens objektive Gegebenheiten hinnehmen und diese verarbeiten wie sie sind; sie können zweitens innerhalb eines sozial strukturierten Feldes begrenzt frei agieren; oder sie sind drittens in der Lage, die sie umgebende Realität aktiv zu verändern.

Im menschlichen Handeln sind immer alle drei Modi präsent, allerdings kann die Gewichtung zwischen einem Mehr an »passiver Hinnahme« oder einem Mehr an »aktiver Gestaltung« verlaufen. Diese Spannung bietet in edukativer Hinsicht den Raum, in dem biographisches Lernen lokalisiert werden kann. Es ist an der Erhöhung der Fähigkeit interessiert, die eine aktive Lebensgestaltung möglich macht.

Um diese Leistung zu erbringen, geht es bei der Begleitung von Prozessen biographischer Selbstreflexionen um drei Funktionen: um eine kognitiv-aufklärerische, eine affektiv-integrierende und um eine pragmatisch-handlungsleitende Funktion. Diese drei Funktionen stehen in einem engen Zusammenhang.

Kognitiv-aufklärerische Funktion

Biographisches Lernen hat eine kognitiv aufklärerische Funktion, indem es hilft, Jugendlichen zu mehr Klarheit über die vielfachen wechselseitigen Abhängigkeitsverhältnisse zu verhelfen. Abhängigkeitsfaktoren können Freunde (Peer-group), Eltern und Familie, Schule und Lehrer, Kirche und andere lebensweltrelevante Gruppen sein. Biographisches Lernen kann Abhängigkeiten nicht aufheben, sondern helfen, sie zu erkennen und zu fragen, wie sie in Kontinuität und Diskontinuität zum eigenen Lebensentwurf stehen. Die kognitiv-aufklärerische Funktion richtet sich nicht allein auf den Kontext, sondern auf die Interdependenzen zwischen dem Kontext und sich selbst. Dabei können eigene Schwächen in den Blick kommen, etwa das Unvermögen, Abhängigkeitsverhältnisse anzusprechen und andere mit eigenen Wünschen zu konfrontieren. Aufklärung im Sinne des Bewusst-Werdens ist ein erster wichtiger Schritt, die eigene Biographizität zu entdecken und die persönliche Biographie »lesen« zu lernen.

Affektiv-integrierende Funktion

Die affektiv integrierende Funktion kommt in den Blick, wenn es darum geht, das Wissen um die Interdependenzen und die Einsicht in die konkreten Abhängigkeiten gefühlsmäßig zu verarbeiten. Die Aufklärung kann dazu führen, dass Verletzungen und Kränkungen ebenso wie Triumphe und Glücksmomente deutlicher ins Bewusstsein dringen. Es taucht die Frage auf, »Warum ist mir das zugestoßen?« oder »Womit habe ich das verdient?«. Das Wissen um Widerfahrenes will gedeutet werden – damit wird es zur Biographie. Die affektiv-integrierende Funktion biographischen Lernens zielt auf die Erfahrung von Kohärenz und Kontinuität. Kohärenz stellt sich ein, wenn für eine mehrdeutige Erfahrung ein ›in sich‹ schlüssiger Zusammenhang gefunden werden kann. Kontinuität stellt sich ein, wenn über einen längeren Zeitraum differente Erfahrungen so in Beziehung gestellt werden können, dass das Gefühl dominant ist: »das ist mein Leben«.

Pragmatisch-handlungsleitende Funktion

Die Deutung von Ereignissen ist der »Eintrag in das Lebensbuch«, womit Heranwachsende ihrem Leben Be-deutung geben. Wissen und Einsicht drängen von sich aus zu der Frage nach den zukünftigen Handlungsmöglichkeiten, womit die pragmatisch handlungsleitende Funktion in den Blick kommt. Es geht um die Frage, wie die eigene Handlungsfähigkeit verbessert werden kann bzw. wie neue Potenziale erschlossen werden können. Gerade in der Zeit der Pubertät können Turbulenzen auftreten, in denen Heranwachsende zwischen Zukunftsoptimismus und -pessimismus, Orientierung und Desorientierung, Gleichgewicht und Chaos, Zuversicht und Zweifel, Vertrauen und Misstrauen usw. hin- und hergerissen sind. Der Religionsunterricht kann helfen, neue Wege zu eröffnen, beispielsweise sich selber anzunehmen oder sich Leistung zuzutrauen.

Lernen an fremden Biographien

Die originäre Leistung des Religionsunterrichts liegt sicher darin, dass in der Begleitung der biographischen Reflexion die stimulierende, kritisierende und korrigierende Funktion der christlichen Überlieferung entfaltet wird. Sie hat ihren Ort vor allem im Bereich der affektiv-integrierenden sowie der pragmatisch-handlungsleitenden Funktion. Biblische Geschichten berichten von Menschen, die sich klagend, bittend und dankend an Gott wenden. Sie enthalten eine Aktualisierung der freiheitsverbürgenden Kraft des christlichen Gottesglaubens in konkreten Lebenssituationen. Klagende Menschen erhalten Trost, bittende sehen Hoffnung und dankende teilen ihre Freude. Im Rahmen der affektiv-integrierenden Akzentuierung biographischen Lernens bieten biblische Geschichten Modelle, wie Widerfahrnisse im Leben angenommen und gedeutet, d.h. wie sie in das eigene Leben integriert werden können. Biblische Geschichten fordern aber auch heraus. Sie zeigen, wie Menschen scheinbar selbstverständlich Gewordenes hinter sich lassen, wie sie ›neu geboren‹ werden, wie der Anruf Gottes sie zu einem neuen Leben führt, das sie qualitativ als ›reicher‹ erfahren. Die pragmatisch-handlungsleitende Bedeutung solcher Geschichten liegt darin, dass sie zeigen, wie der christliche Glaube vorher nicht gedachte Möglichkeiten für ein anderes Leben erschließt, wenn man sich auf Gott einlässt.

Die stimulierende, kritisierende und korrigierende Funktion der christlichen Überlieferung kann neben den Texten der Bibel durch Symbole und Symbolhandlungen zum Tragen kommen, die das kirchliche Leben kennt. Beispielsweise kann die Besiegelung der Taufe durch die Firmung ein Anlass sein, die Frage zu stellen und zu vertiefen, was »christliche Volljährigkeit« (Hirscher) heute bedeuten soll und welche Potenziale sie für die eigene religiöse Entwicklung freilegt.

Zusammenfassung

Biographisches Lernen ist mit der Zeitstruktur des Lebens eng verbunden. Diese Zeitstruktur finden wir auch in der Wortbedeutung von Erziehung (»educare«). In »educare« stecken »ducare« und »ducere«, was soviel bedeutet wie »heraus-« oder »empor-führen«. »Heraus« verweist auf einen gegenwärtigen oder zurückliegenden und »empor« auf einen vorausliegenden Zeitraum. Erziehung ist ein Geschehen in der Gegenwart, das jedoch unlösbar verbunden ist mit der Vergangenheit und der Zukunft. Erziehung und Biographie hängen so stark zusammen, dass die Frage, wie Heranwachsende lernen und was sie lernen, nicht unabhängig von ihrer eigenen Lebensgeschichte gedacht werden kann. Lernen ist immer Lernen im Rahmen einer Lebensgeschichte, die ihre Zielbestimmung und Dynamik von der Zukunft her erfährt. Die Gegenwart, in der die Vergangenheit wirkmächtig ist, soll transformiert werden auf eine bessere Zukunft hin. Schülerinnen und Schüler sollen ihre Herkunft kennenlernen, sie im Licht von Heute deuten und eine Vision von der Zukunft entwickeln können. Auf dem Weg in die offene Zukunft sind Grenzen zu erkennen, zu verlegen und allmählich zu übersteigen. Der Religionsunterricht kann in der Begleitung solcher Lernprozesse eine originäre Aufgabe sehen, denn der christliche Glaube ist subjekt- und zukunftsorientiert. Er macht bekannt mit der Verheißung eines Lebens in Fülle, die als Angebot und Aufruf an jeden Menschen gerichtet ist. Auf diese Weise konkretisiert sich im Religionsunterricht ganz besonders die Verflochtenheit von Biographie und Lernen.

Lesehinweis

Krüger, Heinz-Hermann/Marotzki, Winfried (Hgg.) (1999): Handbuch Erziehungswissenschaftliche Biographieforschung, Opladen.

Luther, Henning (1992): Religion und Alltag, Stuttgart.

Biehl, Peter (1991): Der biographische Ansatz in der Religionspädagogik. In: Ders.: Erfahrung, Glaube und Bildung, Gütersloh, 224–246.

III.6 Mädchen und Jungen in der Schule

Ulrich Riegel / Hans-Georg Ziebertz

Mädchen und Jungen verhalten sich in der Schule oft in geschlechtstypischer Weise, sie üben ein Verhalten ein, das zwar als normal empfunden wird, Frauen gegenüber Männern jedoch benachteiligt. Diese Benachteiligung widerspricht dem biblisch-christlichen Menschenbild, sodass Geschlechterdifferenz ein Thema des Religionsunterrichts ist. Dieser Beitrag entwickelt Aufgaben und Ziele einer »Religionsdidaktik des Differenten« im Kontext der Geschlechterdifferenz, die die Schülerinnen und Schüler zu einem selbstbestimmten Umgang mit den gesellschaftlichen Geschlechterstereotypen befähigen will. »Geschlecht« soll dabei nicht als Trennendes, sondern als Unterscheidendes erfahren werden.

Der ›kleine Unterschied‹ zwischen Mädchen und Jungen hat im Schulalltag spürbare Folgen. Denn hier »[...] wird immer wieder auch männliche Dominanz und weibliche Nachordnung als alltägliche Selbstverständlichkeit erlebt. Allerdings: In der Schule besteht offiziell der Anspruch der Gleichbehandlung von Jungen und Mädchen [...]« (Tillmann 1992, 15). Vor dieser Herausforderung kann sich auch der Religionsunterricht nicht verschließen. Die aus der Gottesebenbildlichkeit abgeleitete Gleichwürdigkeit zwischen Frau und Mann (vgl. KKK 357.369) gehört zum Kernbestand biblisch-christlicher Anthropologie. Damit ist der Umgang mit Geschlechterdifferenz, d.h. mit allen Phänomenen, in denen sich Kinder und Jugendliche in geschlechtlicher Hinsicht unterscheiden, auch eine genuin religionsdidaktische Herausforderung.

Dieser Beitrag will Möglichkeiten aufzeigen, wie Schülerinnen und Schüler zu einem selbstbestimmten Umgang mit den geschlechterdifferenten Stereotypen befähigt werden können. Dazu fragen wir zuerst, wie sich Geschlechterdifferenz im Schulalltag zeigt und welche Ursachen sie hat (1). Anschließend werden Prinzipen für einen religionsdidaktisch verantworteten Umgang mit Geschlechterdifferenz entwickelt (2) und Ziele und Handlungsmöglichkeiten desselben skizziert (3).

1. Geschlechterdifferenz im Schulalltag und ihre Ursachen

Geschlecht ist eine elementare Ordnungskategorie sozialer Wirklichkeit. Auch der Schulalltag ist durch geschlechtstypische Strukturen in Verhalten, Wahrnehmung und Rollenmodellen geprägt. Die im Folgenden referierten Beobachtungen beruhen in der Regel auf Mittelwertdifferenzen, d.h. sie geben das durchschnittliche Verhalten der beiden Geschlechtsgruppen wieder. Davon kann individuelles Verhalten abweichen.

Geschlechterdifferenz in Verhalten und Wahrnehmung im Schulalltag

Jungen zeigen in ihrem Verhalten in der Klasse und auf dem Pausenhof vorwiegend einen an Konkurrenz und Durchsetzungsvermögen orientierten Umgangsstil. Sie gebrauchen z.B. eine offenere und raumgreifendere Körpersprache als Mädchen (Hilgers 1994, 109), stellen Regeln auf oder belegen Mädchen mit sexuell anzüglicher Fäkalsprache (Spender 1985, 103.112). Die meisten Mädchen reagieren auf diese ›Anmache‹ entweder mit Rückzug oder mit Anpassung (Enders-Dragässer/Fuchs 1993, 71). Überhaupt agieren sie eher ruhig und konsensorientiert. Dieser Beitrag der Schülerinnen für die Klassengemeinschaft wird von den Klassenkameraden kaum wahrgenommen (Hilgers 1994, 112). Lehrerinnen und Lehrer dagegen greifen dieses typische Verhalten der Mädchen gerne auf und setzen sie zur Disziplinierung der Jungen ein (ISB 1997, 43), z.B. um bei arbeitsteiligen Unterrichtsmethoden Jungen zu mäßigen. Weiterhin werden Schüler vor allem für kreatives Unterrichtsverhalten gelobt und ihre Leistungen eher auf die individuelle Intelligenz zurückgeführt, während bei Schülerinnen angepasstes Verhalten und Fleiß erwartet werden (Enders-Dragässer/Fuchs 1993, 36). Ferner erhalten Jungen im Unterricht etwa doppelt so viel Aufmerksamkeit (positiv wie negativ) wie Mädchen, werden häufiger aufgerufen und müssen nicht so lange warten, wenn sie sich melden (ebd., 40–41). Auch die Lieblingsschüler sind meistens Jungen (Spender 1985, 109–111). Lehrerinnen und Lehrer nehmen also Jungen in der Regel bewusster wahr als Mädchen. Einzelne Versuche engagierter Lehrkräfte, Aufmerksamkeit gleichmäßig zu verteilen, wurden sowohl von Schülern als auch von Schülerinnen als ungerecht empfunden (Hilgers 1994, 111).

Geschlechterdifferenz zeigt sich auch in der Wahl der Arbeitsgemeinschaften und der Leistungskurse. In beiden Fällen sind die Schülerinnen überproportional stark im sprachlich-musischen Bereich vertreten, während die Schüler hauptsächlich aus dem technisch-naturwissenschaftlichen Sektor des Fächerspektrums wählen (ISB 1997, 68, 258–259). Auffällig ist auch, dass trotz der im Durchschnitt besseren Abschlussnoten Schulabgängerinnen weniger berufliche Zukunftschancen offen stehen als Jungen (Kampshoff/Nyssen 1999, 231–232). Ein weiteres Phänomen, das Martina Horner hauptsächlich bei Mädchen beobachtete, ist die »Angst vor Erfolg«: Aus Angst vor den hämischen Kommentaren der Jungen bringen manche Mädchen nicht ihr ganzes Wissen im Unterricht ein (vgl. Enders-Dragässer/Fuchs 1993, 32). Dabei scheint es für viele Mädchen durchaus einen Unterschied zu machen, welches Geschlecht die Lehrkraft hat. So erreichen Mädchen bei Lehrerinnen im Schnitt bessere Leistungen und beteiligen sich aktiver am Unterricht (ebd., 39).

Beim Blick auf die geschlechtlichen Rollenmodelle im Schulalltag zeigt sich, dass fast zwei Drittel der Lehrenden Frauen sind. Die Lehrerinnen sind jedoch nicht gleichmäßig über alle Schularten verteilt, sondern unterrichten vor allem in der Grundschule. In den Sekundarstufen I und II überwiegen Männer (vgl. www.statistikbund.de/basis/d/biwiku/schultab18.htm). In der Folge erscheinen Lehrerinnen vielen Schülerinnen und Schülern ungeachtet ihres tatsächlichen Könnens als intellektuell weniger anspruchsvoll als ihre Kollegen (Hilgers 1994, 96–97). Außerdem nehmen Frauen in allen Schularten relativ selten sichtbare Leitungspositionen ein. Damit reproduziert die Schule die geschlechtstypischen Zuordnungen in der Arbeitswelt der Gesellschaft (Nyssen/Schön 1992, 863). Allerdings konnte Andrea Hilgers (1994) bei

Lehrerinnen und Lehrern im Vergleich zu anderen Bevölkerungsgruppen ein größeres Bewusstsein für die Geschlechterproblematik feststellen, insofern sie traditionelle Geschlechterstereotypen in geringerem Maße vertreten.

Hinsichtlich der Rollenmodelle in den Unterrichtsmedien zeigte vor allem die vehemente Schulbuchkritik der letzten zwanzig Jahre Wirkung, sodass die Darstellung der Rolle von Frau und Mann zumindest oberflächlich die Grenzen traditioneller Rollenmuster sprengt. In den neuen Unterrichtswerken treten Frauen auch in Funktionen auf, die bislang als »typisch männlich« galten. Männer werden jedoch nach wie vor fast ausschließlich in »männlichen« Aufgabenfeldern dargestellt (Hilgers 1994, 123).

Theoretische Positionen zur Ursache von Geschlechterdifferenz

Die formal gleichen Bildungschancen für Mädchen und Jungen werden durch geschlechterdifferentes Verhalten im Schulalltag also unterlaufen. Der didaktische Handlungsspielraum hängt davon ab, wie stark diese Unterschiede biologisch determiniert sind. Nach der Soziobiologie verhält sich ein Lebewesen stets so, dass eine optimale Weitergabe der eigenen Gene gewährleistet ist. Beim Menschen bedeutet diese Annahme auf Grund der unterschiedlichen Beiträge zur Fortpflanzung, dass sich eine Frau im Leben eher vorsichtig und abwartend verhält, ein Mann dagegen eher aktiv und konkurrenzorientiert (Barash/Lipton 1997, 21–36). Beide Verhaltensmuster sind biologische Dispositionen, die kulturell nur noch modelliert werden können.

Zweifel an einer »natürlichen« Geschlechterdifferenz

Allerdings hat die aktuelle Genderforschung die biologischen Wurzeln geschlechtstypischen Verhaltens gründlich dekonstruiert. So sind die Ergebnisse soziobiologischer Forschungen in der Regel durch kulturelle Vorannahmen beeinflusst (Hubbard 1982, 1992) und die gemessenen Unterschiede hinsichtlich Verhalten oder Fähigkeiten innerhalb der beiden Geschlechtsgruppen sind oft größer als die Mittelwertdifferenz zwischen beiden Gruppen (Hagemann-White 1984, 14–25). In der Folge dieser Untersuchungen hat sich die Überzeugung durchgesetzt, dass geschlechtstypisches Verhalten nicht biologisch dispositioniert, sondern kulturell erzeugt wird. Es ist nicht der Körper, der die Bedeutung, die Menschen ihm zuweisen, erzeugt, sondern es ist der Mensch, der dem Körper und seinen einzelnen Teilen konkrete Bedeutungen zuweist (Graham 1996, 59–76; vgl. Rendtorff/Moser 1999, 11–40). Der Körper des Individuums ist der materiale Ort, der geschlechtliche Bedeutungszuschreibungen auslöst und in den sie sich einschreiben (Maihofer 1995; Rendtorff 2000, 53–55). Damit ist der Körper ein wesentlicher Faktor für geschlechtstypisches Verhalten, ohne dieses jedoch zu determinieren. Die Grenzen des didaktischen Handlungsspielraums bestimmen damit Gesellschaft und Individuum.

Rollentheoretische Ansätze und Social-Learning-Theory

Die gesellschaftlichen Anteile der Geschlechterdifferenz betonen rollentheoretische Ansätze und die »Social-Learning-Theory«. Nach Alice Eagly richtet das soziale Umfeld normative Erwartungen an Frauen und Männer, die sich in der Regel am biologischen Geschlecht orientieren und geschlechterdifferent angelegt sind. Sie schreiben bestimmte Verhaltens- und Darstellungsweisen vor, die nur eine Frau bzw. nur ein Mann zeigen darf (vgl. Alfermann 1996, 79–80). Das Kind wächst mit diesen normativen Erwartungen seines Umfeldes auf, sodass es schließlich geschlechtstypisches Verhalten in drei Schritten erwirbt: »first he learns to discriminate between sex-typed behavior patterns, then to generalize from these specific learning experiences to new situations, and finally to perform sex-typed behavior« (Mischel 1966, 57). Wichtige Einflussfaktoren beim Erwerb von Geschlechtsrollen sind z.B. das Geschlecht des Rollenmodells und die absehbaren positiven bzw. negativen Sanktionen durch das soziale Umfeld. Allerdings darf der Zusammenhang zwischen Geschlechtsrolle und geschlechtstypischem Verhalten nicht mechanistisch interpretiert werden. Bei der Rollenübernahme eröffnet sich dem Individuum ein Gestaltungsspielraum, den dieses kreativ nutzen kann. Pädagogische Konzepte, die einen selbstbestimmten Umgang mit den Geschlechterstereotypen vermitteln wollen, fragen deshalb nach dem Spektrum der in der Schule wirksamen Geschlechtsrollen und prüfen, inwieweit sie den Schülerinnen und Schülern beim Aufbau eines individuell stimmigen Geschlechtskonzepts helfen bzw. dieses behindern. Ferner bedenken sie die im Schulalltag wirkenden Bekräftigungsstrukturen. Schließlich entwickeln sie ein kritisches Bewusstsein für das, was Kinder und Jugendlichen als alternative Deutungsmuster akzeptieren können. Auch eine Erziehung, die geschlechtstypisches Verhalten aufbrechen will, unterliegt den Bekräftigungs- und Modellstrukturen des sozialen Umfeldes und kann nur innerhalb eines akzeptierten Gestaltungsspielraums wirksam werden.

Kognitionspsychologische und psychoanalytische Ansätze

Die Rolle des Individuums für die Ausbildung von Geschlechterdifferenz ist Thema kognitionspsychologischer und psychoanalytischer Ansätze. Sobald sich ein Kind zutreffend als Junge oder Mädchen bezeichnet, bekommen Informationen, die mit »Geschlecht« assoziiert werden, unterschiedliche Bedeutung: Informationen, die das eigene Geschlecht betreffen, werden tendenziell höher bewertet (Kohlberg 1966, 111). Die Kinder entwickeln »a spontaneous readiness to impose a gender-based classification system on social reality.« (Bem 1987, 265). Das so entstehende anfängliche Geschlechtsbewusstsein, das sog. Gender-Schema, veranlasst die Kinder, verstärkt das wahrzunehmen, was die schon vorhandene Struktur bestätigt. Die Wahrnehmung von Verhalten folgt somit nicht nur einer Situationslogik, sondern auch einer Geschlechtslogik. Für den Umgang mit den Geschlechterstereotypen ist jedoch nicht nur der Grad der kognitiven Kompetenz des Individuums bedeutsam, sondern auch die individuelle Lebensgeschichte: Die (früh-)kindlichen Erfahrungen mit der Umwelt – insbesondere den Eltern – haben Einfluss auf die individuelle Geschlechtsidentität. So erleben z.B. Mädchen den Kontakt mit und die Ablösung von der Mutter anders als Jungen (Hagemann-White 1984, 90–97). Pädagogische Konzepte, die einen selbstbestimmten Umgang mit den Geschlechterstereotypen vermitteln wollen, fragen deshalb nach den wirksamen Gender-Schemata in den Jahrgangsstufen und bei Lehrerinnen und Lehrern. Sie bedenken den Zusammenhang zwischen den Gender-Schemata und den schulischen Interaktionen unter Berücksichtigung der kognitiven Kompetenz der Beteiligten. Ferner behalten sie die Kinder und Jugendlichen als Individuen im Blick und fragen nach den jeweiligen Eltern-Kind-Beziehungen.

Geschlechterdifferenz als Produkt sozialer Interaktion

Insgesamt liegen die beobachteten geschlechterdifferenten Phänomene des Schulalltags also im kulturellen System der Zweigeschlechtlichkeit begründet, d.h. in der Überzeugung, dass es nur die beiden Geschlechter »weiblich« und »männlich« gebe, für beide Geschlechter unterschiedliche Werte und Normen gälten und »Männliches« mehr gilt als »Weibliches« (vgl. Hagemann-White 1984, 78–86). Die Kinder kommen bereits als geschlechtlich sozialisierte Mädchen und Jungen in die Schule, d.h. sie wissen, dass sie selbst entweder »Mädchen« oder »Junge« sind und wie sich »normale« Mädchen und Jungen zu verhalten haben. Darüber hinaus sind die Kinder und Jugendlichen im Schulalltag in vielen Situationen mit geschlechtstypischen Verhaltenserwartungen und -modellen konfrontiert. In ihrer Gesamtheit bilden die Erwartungen und Modelle ein unbewusstes »Netz von Einstellungen, Vorurteilen und Rollenstereotypen«, das treffend als »geheimer Lehrplan« (Kreienbaum 1992, 59) bezeichnet werden kann. In der Auseinandersetzung mit diesem geheimen Lehrplan entwickeln die Schülerinnen und Schüler Strategien und Verhaltensweisen, mit denen sie ihre Geschlechtszugehörigkeit situationsgerecht darstellen und bestätigen können.

2. Prinzipien eines religionspädagogisch verantworteten Umgangs mit Geschlechterdifferenz

Insofern das System der Zweigeschlechtlichkeit der Rahmen ist, innerhalb dessen die geschlechtstypischen Prozesse in der Schule stattfinden, kann eine Religionsdidaktik diesen Prozessen nicht gleichgültig gegenüberstehen. Weder die Überordnung des Mannes über die Frau noch die Einordnung von Menschen anhand stereotyper Eigenschaftsmuster entsprechen dem biblisch-christlichen Menschenbild.

Geschlechterdifferenz im Spiegel des biblisch-christlichen Menschenbildes

Gleichwürdigkeit des Menschen als Frau und Mann

Frau und Mann sind nach dem biblisch-christlichen Menschenbild gleichwürdig. Nach Gen 1,27 ist der Mensch als geschlechtlich differenziertes Abbild Gottes geschaffen. Frausein und Mannsein sind die beiden Daseinsformen, in denen sich Menschsein realisiert. Beide Daseinsformen sind gleichwürdig, insofern beide in gleicher Weise an der Gottesebenbildlichkeit teilhaben. Frausein und Mannsein haben ihren Eigenwert und sind mehr als eine biologische Notwendigkeit. Zusätzlich bestimmen beide Daseinsformen zusammen das Wesen des Menschen. Weder Frausein noch Mannsein allein machen dieses Wesen aus, sondern beide Seinsformen in ihrer Beziehung zueinander (vgl. Duquoc 1991, 343–344). Schülerinnen und Schülern kommt die gleiche Würde zu, die sich auf individuelle – u.a. auch geschlechterdifferente – Weise realisiert.

Schülerinnen und Schüler als Subjekte

Menschen sind gleichwürdig in ihrer Differenz. Angesichts der Vielfältigkeit der Lebensmöglichkeiten in einer differenzierten Gesellschaft kommt dem Umgang mit der

Unterschiedlichkeit der Menschen eine entscheidende Bedeutung zu. Das gilt für Lehrerinnen und Lehrer genauso wie für Schülerinnen und Schüler. Der Umgang mit Differenz wird damit sowohl zum Formal- als auch zum Materialobjekt der Erziehung. Mit anderen Worten: Erziehung muss zum einen Maßnahmen anwenden, die die Unterschiedlichkeit der Schülerinnen und Schüler anerkennt und fördert. Zum anderen muss der Umgang mit Differenzen, d.h. mit Fremden und Fremdem auch Inhalt des Unterrichts sein. Beides kann so gelingen, dass Gleichwürdigkeit das Kennzeichen des Umgangs mit Differenz ist, wenn die Schülerinnen und Schüler als Subjekte der Erziehung wahrgenommen werden. Indem sie ihre eigenen Ansichten und Wünsche, ihre Fähigkeiten und Bedürfnisse in die Erziehungsprozesse einbringen können, wird Differenz anerkannt und unter dem Vorzeichen der Gleichwürdigkeit verhandelt. In dieser Perspektive bereichern die individuellen Unterschiede der Kinder und Jugendlichen die Erziehungsprozesse und verleihen ihnen eine qualitative Tiefenschärfe.

Gleichwürdige Differenz im Kontext der Geschlechterdifferenz nimmt Geschlecht also als etwas Unterscheidendes, nicht als Trennendes wahr. Eine Religionsdidaktik, die sich diesem Ansatz verpflichtet fühlt, will Kinder und Jugendliche zu einem selbstbestimmten Umgang mit den gesellschaftlichen Geschlechterstereotypen befähigen. Dazu muss sie das momentan gültige System der Zweigeschlechtlichkeit dekonstruieren, d.h. sie zerlegt das kulturelle Muster der Zweigeschlechtlichkeit in seine einzelnen Bestandteile, hinterfragt sie auf ihre Gegenwartsrelevanz und befähigt die Schülerinnen und Schüler zu einem Neuarrangement der Einzelteile gemäß alternativer Wertmuster (vgl. Kahlert, 2000), hier des biblisch-christlichen Menschenbildes.

Ansätze einer Dekonstruktion des kulturellen Systems der Zweigeschlechtlichkeit

Kritische Sensibilität für die Hermeneutik der Zweigeschlechtlichkeit

Weder Kinder und Jugendliche noch Lehrerinnen und Lehrer sind unabhängig vom kulturellen System der Zweigeschlechtlichkeit, denn die Wahrnehmung der Wirklichkeit (Gender-Schema) wie auch die Erwartungen des sozialen Umfeldes an das Individuum (Geschlechtsrolle) folgen einem Muster, das Frauen und Männern bestimmte Eigenschaften und Verhaltensweisen als typisch zuschreibt. Die Wirklichkeit wird aus einer »Hermeneutik der Zweigeschlechtlichkeit« heraus gedeutet. Diese gilt es bewusst zu machen, indem die Schülerinnen und Schüler über den Zusammenhang von geschlechtstypischen Erwartungen und Wertungen aufgeklärt werden. Eine Religionsdidaktik, die gleichwürdiger Differenz verpflichtet ist, macht die Kinder und Jugendlichen deshalb auf geschlechtstypische Zuschreibungen aufmerksam und hinterfragt die vordergründige Normalität der im sozialen Umfeld gültigen Geschlechterstereotype.

Mehrdimensionalität menschlicher Geschlechtlichkeit

Ein Ansatzpunkt einer kritischen Analyse ist die Mehrdimensionalität menschlicher Geschlechtlichkeit. Noch gilt in der allgemeinen Auffassung Geschlechterdifferenz als natürlich bedingt. Diese Überzeugung kann aufgebrochen werden, wenn analytisch zwischen biologischem und psychologisch-kulturellem bzw. sozialem Geschlecht unterschieden wird. Das biologische Geschlecht eines Menschen wird dabei mit der

Geburt konstituiert, während sich das soziale Geschlecht erst im Zusammenhang mit den Sozialisierungspraktiken des gesellschaftlichen Umfeldes, in dem das Individuum aufwächst, herausbildet. Auch wenn diese Unterscheidung zwischen biologischem und sozialem Geschlecht in der aktuellen Geschlechterdebatte heftig umstritten ist (Wartenpfuhl 2000, 19–24.35–39), scheint sie uns für die pädagogische Praxis weiterhin instruktiv. Sie liefert zum einen ein analytisches Modell, zum anderen eine begriffliche Operationalisierung, die zu einer differenzierten Wahrnehmung des kulturell erzeugten Geschlechterverhältnisses beitragen und die Bedeutung des biologischen Geschlechts als Ordnungskriterium relativieren kann.

Mehrdimensionalität von Geschlechtskonzepten

Ein dekonstruktiver Umgang mit der Bipolarität der Geschlechterstereotype zeigt sich auch in den zweidimensionalen Geschlechtermodellen der Androgyniedebatte (vgl. Bem 1974; Spence/Helmreich 1978). Bis in die 70er Jahre hinein wurde das Geschlechtskonzept einer Person psychologisch ausschließlich durch eindimensionale Modelle gedeutet. Eine Person gilt hier entweder als feminin oder als maskulin, und zwar mit der Konsequenz, dass sie um so femininer ist, je weniger maskulin sie ist – und umgekehrt. In den 70er Jahren begann man in der Psychologie, »Femininität« und »Maskulinität« als voneinander unabhängige Konzepte zu begreifen. Statt einer femininen oder maskulinen Ausprägung eines psychischen Merkmals zeigt eine Person innerhalb dieser Modelle eine schwache oder starke Ausprägung eines femininen bzw. maskulinen psychischen Merkmals. Auf Grund der neuen Perspektive lassen sich vier Typen des Geschlechtskonzepts unterscheiden: Der feminine Typ zeigt stark ausgeprägte feminine Züge und nur schwach ausgeprägte maskuline Züge. Der maskuline Typ zeigt umgekehrt stark ausgeprägte maskuline und schwach ausgeprägte feminine Züge. Sind sowohl die femininen als auch die maskulinen Züge stark ausgeprägt, spricht man von einem androgynen Typ. Bei schwacher Ausprägung beider Dimensionen handelt es sich um einen undifferenzierten Typ. Pädagogisch instruktiv ist dieses Modell, insofern es die Mehrdimensionalität individueller Geschlechtskonzepte zwar im Kontext der gängigen Geschlechterstereotypen, jedoch jenseits ihrer strukturellen Dualität operationalisiert. Es stellt Lehrerinnen und Lehrern eine Perspektive zur Verfügung, die für die prinzipielle Unabhängigkeit individueller Eigenschaften vom biologischen Geschlecht aufmerksam macht, ohne den Kontext gängiger Wahrnehmungsgewohnheiten zu verlassen. Sie nimmt Geschlechterdifferenz nicht nur zwischen Schülerinnen und Schülern wahr, sondern auch zwischen Schülerinnen und Schülerinnen bzw. Schülern und Schülern.

Prinzipien einer »Religionsdidaktik des Differenten« im Kontext der Geschlechterdifferenz

Auf einen Nenner gebracht, gehört die Geschlechterdifferenz auf Grund des biblisch-christlichen Menschenbildes zu den ureigenen Themen der Religionsdidaktik. Sie nimmt geschlechtliche Unterschiede aus einer Haltung gleichwürdiger Differenz heraus wahr, d.h. sie begreift Unterschiede als Unterscheidendes, nicht als Trennendes, so dass sich der Sinn von Geschlechtlichkeit aus dem Differenten heraus erschließt. Insofern kann sie als »Religionsdidaktik des Differenten« bezeichnet werden. Im Kontext der Geschlechterdifferenz gesteht sie den Kindern und Jugendlichen ihre geschlechtliche Individualität zu und befähigt sie zu einem selbstbestimmten Umgang mit dem gesellschaftlichen System der Zweigeschlechtlichkeit. In der Dekonstruktion desselben gehorcht sie folgenden Prinzipien:

- Gleichwürdigkeit des Menschen als Frau und Mann
- Schülerinnen und Schüler als Subjekte
- kritische Sensibilität für die Hermeneutik der Zweigeschlechtlichkeit
- Mehrdimensionalität menschlicher Geschlechtlichkeit
- Mehrdimensionalität von Geschlechtskonzepten

3. Ziele und Handlungsoptionen einer »Religionsdidaktik des Differenten« im Kontext der Geschlechterdifferenz

Das Umgehen mit der Geschlechterdifferenz im Kontext der Schule muss vermittelt werden mit den allgemeinen Aufgaben schulischen Lernens, die sich auf alle Fächer erstrecken, einschließlich des Religionsunterrichts.

Allgemeine Aufgaben der Schule

Information

Unbestritten ist der kognitive Auftrag an die Schule, Schülerinnen und Schüler mit den Wissensbeständen der Kultur vertraut zu machen. Schule hat eine informative Aufgabe. Sie muss – vor aller wertenden Stellungnahme – über Theorien und verschiedene Formen der Lebenspraxis aufklären. Dies geht nicht, ohne die Vielfalt sowohl der Theorien als auch der Lebensstile zu thematisieren. Insbesondere in Fragen der Geschlechtlichkeit hat das letzte Jahrhundert einen Pluralisierungsschub erbracht (vgl. Sigmund Freud, die sog. »sexuelle Revolution« oder die Neubestimmung des Geschlechterverhältnisses in der Frauenbewegung). Für den Bereich des Religionsunterrichts kommt hinzu, dass Sexualität und Geschlecht in der kirchlich-christlichen Tradition eine besondere Beachtung erfahren haben und weiter erfahren.

Sensibilisierung

Neben das Wissen tritt die Einsicht und die Entwicklung des Bewusstseins. Die Schule soll nicht nur Fakten nebeneinander stellen, sondern die Wahrnehmung schärfen. Diese Aufgabe reicht hinein in den Bereich des Aufbaus von Haltungen. Schülerinnen und Schüler begegnen Informationen nicht als »leere Gefäße«, sondern sie bringen bereits Haltungen mit und konstruieren vor diesem Hintergrund Bedeutungen. Oftmals sieht man nur das, was man sehen will, weil es die eigene Haltung bestätigt. Der Unterricht hat die Aufgabe, für eine umfassendere Suche nach Bedeutungen zu sensibilisieren. Im Religionsunterricht geschieht dies unter Einbezug von Erfahrungen, die sich in der Christentumsgeschichte und der Praxis von Christinnen und Christen niedergeschlagen haben. Indoktrination soll dabei vermieden werden.

Urteilsbildung

Über den Erziehungsauftrag der Schule wird viel diskutiert und nicht selten eine stärkere Wertorientierung gefordert. Insbesondere bei wertbezogenen Fragen zeigt sich ein Konflikt, ob Werte direkt vermittelt werden sollen oder ob der Fokus stärker auf der Ausbildung einer Urteilskompetenz liegen soll. Wenn wir den pluralen Kontext in Rechnung stellen und die Möglichkeiten eines einheitlichen Wertekanons realistisch einschätzen, müssen wir der Aufgabe der Urteilsbildung eine zentrale Rolle zusprechen. Die Schule soll daher Schülerinnen und Schülern Inhalte zur Verfügung stellen, die geeignet sind, dass sich an ihnen Urteile in der Auseinandersetzung mit Werten und Normen bilden lassen. Für den Religionsunterricht bedeutet dies konkret, Inhalte aus der christlichen Überlieferung und der Lehre der Kirche aufzubereiten, die Schülerinnen und Schüler konfrontieren und zur Stellungnahme herausfordern.

Transformation

Schließlich hat die Schule eine transformative Aufgabe. Sie will nicht nur »vorausgegangene« Kultur darstellen und Heranwachsende in diese Kultur hinein sozialisieren. Statt dessen leitet sie Schülerinnen und Schüler dazu an, neues Handeln einzuüben. Schulisches Lernen geschieht »hier und jetzt« in der Perspektive der Zukunft. Kinder und Jugendliche werden vorbereitet auf eine Welt, deren Konturen die heutigen Erwachsenen nicht voraussehen können. Zu transformativem Lernen anzuleiten schließt also ein, Experimente mit »Neuem« zuzulassen und zu wollen. Es verlangt die Möglichkeit, Handeln auszuprobieren, auch zu scheitern, und neue Versuche zu machen. Der Religionsunterricht kann aus der Verheißung der »neuen Welt« schöpfen und jenen Freiraum eröffnen, Heranwachsenden eine Einübung in eine neue Geschlechtsrolle zu ermöglichen.

Pädagogisch-didaktische Ziele

Wir verfügen nun über fünf Prinzipien und vier Aufgabenbereiche, die den Rahmen für eine »Religionsdidaktik des Differenten« bereitstellen. In diesem Abschnitt verknüpfen wir beide im Sinne einer Matrix, in der jedes Prinzip mit jeder Aufgabe eine Zelle bildet. Aus dem wechselseitigen Bezug von Prinzip und Aufgabe lassen sich konkrete pädagogisch-didaktische Ziele formulieren.

Die folgende Matrix (S. 370) pädagogisch-didaktischer Zielformulierungen beschreibt die Grundhaltung einer »Religionsdidaktik des Differenten« im Kontext der Geschlechterdifferenz. Der hier entfaltete Anspruch will:

1) das biologische Geschlecht und die Wahrnehmung der geschlechtlichen Unterschiede zwischen den Schülerinnen und Schülern relativieren,
2) die Reproduktion des Systems der Zweigeschlechtlichkeit überwinden und
3) das »Humanum des Christentums« (Schillebeeckx, 1990 232ff) in den Umgang mit der Geschlechterdifferenz einbringen.

Ziele einer »Religionsdidaktik des Differenten«

Aufgabe Prinzip	Information Aufklärung …	Sensibilisierung Wahrnehmung …	Urteilsbildung Auseinandersetzung …	Transformation Einübung …
Gleichwürdigkeit	über die Würde des Menschen als Geschöpf Gottes, die diesen über seine individuellen Unterschiede hinweg als gleichwertig zu seinen Mitmenschen kennzeichnet.	der Dignität des einzelnen Menschen im Sinne des biblisch-christlichen Menschenbildes.	mit Werten und Normen, die die Würde des Menschen beschreiben, z.B. die Seligpreisungen oder die Zehn Gebote.	eines Umgangs mit differenten Phänomenen, der die Unterschiede als Bereicherung wahrnimmt, statt Fremdes als Bedrohung zu empfinden.
Subjektivität	über die Personalität der bzw. des Einzelnen und den Gewinn, den diese Vielfalt für die Gemeinschaft bedeutet.	der eigenen Stärken und Schwächen, Fähigkeiten und Interessen, die den Kern der Personalität bilden.	mit der Werthaltigkeit individueller Positionen im Horizont der Nächstenliebe für eine differenzierte Gesellschaft.	einer Kommunikationsfähigkeit, die die eigenen Interessen mitteilt, ohne das Gegenüber zu verletzen (vgl. das Beispiel Jesu).
Hermeneutik der Zweigeschlechtlichkeit	über die subtile Funktion der Geschlechterstereotypen im Kontext sozialer Organisation.	der geschlechtstypischen Kategorisierungen, von denen unsere Gesellschaft und religiösen Gemeinschaften geprägt sind.	mit alternativen Werten und Normen, die den Menschen unabhängig von seinem biologischen Geschlecht betrachten.	eines selbstbestimmten Umgangs mit den Geschlechterstereotypen, der die soziale Integration nicht gefährdet.
Mehrdimensionale Geschlechtlichkeit	über die Aspekte menschlicher Geschlechtlichkeit im Zusammenhang von Natur und Kultur.	einseitiger Verortungen von Phänomenen in der Natur bzw. der Kultur.	mit alternativen Sinnmustern, die den Menschen sowohl als biologisches als auch als kulturelles Wesen begreifen.	einer differenzierten Wahrnehmung des Gegenübers, die neben dem biologischen Geschlecht auch die psychologischen und sozialen Aspekte berücksichtigt.
Mehrdimensionales Geschlechtskonzept	über die Bandbreite individueller Entwürfe menschlicher Geschlechtlichkeit.	der Inhalte und Formen des eigenen Geschlechtskonzepts.	mit der prinzipiellen Unabhängigkeit des individuellen Geschlechtskonzepts vom biologischen Geschlecht.	einer Darstellungskompetenz des eigenen Geschlechtskonzepts.

Handlungsoptionen

Die praktische Umsetzung der pädagogisch-didaktischen Zielformulierungen hängt von der jeweiligen Unterrichtssituation ab. Die folgenden Möglichkeiten sind deshalb keine Rezepturen für Erziehungsmaßnahmen, sondern wollen das Spektrum andeuten, mit dem eine »Religionsdidaktik des Differenten« arbeiten kann.

Darstellung Gottes in seinen mütterlichen und väterlichen Zügen

Gott tritt in der Bibel in vielen Szenen auf, in denen er Züge zeigt, die als typisch weiblich bzw. typisch männlich gelten. Gott weint, ist fürsorglich, stillt, behütet, bzw. rächt, kämpft, richtet usw. Auch die göttlichen Erscheinungsgestalten können sowohl dem weiblichen (Mutter, Gebärerin, Frau Weisheit) als auch dem männlichen Geschlecht (Vater, Herr, Richter, Hirt) zugeordnet werden (vgl. Heizer/Walter 1988). Diese verschiedenen Züge und Erscheinungsweisen kennzeichnen Gottes Qualität. Sie geben dem Wesen Gottes Tiefenschärfe, ohne dass sie es in getrennte Bereiche aufspalten. Eine »Religionsdidaktik des Differenten« stellt Gott deshalb in seiner Vielgestaltigkeit dar. Es geht nicht darum, die männliche Seite Gottes durch ein weibliche Seite zu ergänzen, da beide Seiten innerhalb der »Hermeneutik der Zweigeschlechtlichkeit« nie gleichwürdig wahrgenommen würden (Grossmann 1988, 83–90). Vielmehr geht es um die Darstellung der vielfältigen Gottesvorstellungen und die kritische Diskussion ihrer geschlechtlichen Konnotationen. Die Schülerinnen und Schüler können in der Auseinandersetzung mit einem in vielen geschlechtlichen Facetten qualitativ beschriebenen Gottesbild lernen, dass auch untypische Geschlechtsidentitäten religiös legitimiert sind – evtl. im Gegensatz zu ihren persönlichen Erfahrungen mit »Kirche«.

Einsatz ganzheitlicher Biographien

Viele Frauen und Männer aus Bibel und (Kirchen-)Geschichte können den Schülerinnen und Schülern als Vorbild für das eigene Geschlechtskonzept dienen. Motiviert durch die feministische Kritik, liegt mittlerweile vielfältiges didaktisches Material vor, das Menschen in geschlechtsuntypischen Rollen vorstellt. Der gezielte Einsatz dieses Materials wirft ein neues Licht auf das herkömmliche Geschlechterverhältnis und kann die Schülerinnen und Schüler zu einem selbstbestimmten Umgang mit den Geschlechterstereotypen ermuntern. Eine »Religionsdidaktik des Differenten« achtet hier besonders darauf, dass die Frauen und Männer in den verschiedenen Facetten ihres Lebens, d.h. in ihren geschlechtstypischen wie in ihren geschlechtsuntypischen Zügen, vorgestellt werden. So werden die identifikatorischen Momente der Biographien nicht exklusiv mit dem biologischen Geschlecht verbunden und die Hermeneutik der Zweigeschlechtlichkeit unterbrochen. Die Schülerinnen und Schüler können in der Auseinandersetzung mit ganzheitlichen Biographien lernen, dass geschlechtliche Identität nicht auf die im sozialen Umfeld gängigen stereotypen Muster festgelegt ist.

Einsatz kooperativer Arbeitsformen mit Feedbackelementen

Der selbstbestimmte Umgang mit den Geschlechterstereotypen kann nicht ausschließlich theoretisch vermittelt werden. Als natürliche Übungsfelder bieten sich im Unterricht kooperative Arbeitsformen an. Die Arbeit im Team ist in einem kulturellen System der Zweigeschlechtlichkeit auch durch die Geschlechtslogik geprägt. Während die Schülerinnen und Schüler das gestellte Sachproblem kooperativ lösen, kann die Lehrerin bzw. der Lehrer durch gezielte Interventionen in den Arbeitsprozess einen selbstbestimmten Umgang mit den Geschlechterstereotypen fördern. Die Art der Intervention hängt dabei von der konkreten Situation ab. Das kann die explizite Problematisierung der wirksamen geschlechtstypischen Muster sein, aber auch die Aufforderung einer bzw. eines Einzelnen zu einer Aufgabe im Team, die sie bzw. er sich noch nicht zutraut, obwohl sie bzw. er bereits dazu fähig wäre. Die Schülerinnen und Schüler können in diesen Kooperationen sich selbst in neuen, nicht geschlechtstypischen Rollen erleben und ein diesbezügliches Selbstbewusstsein angesichts der Erwartungen des sozialen Umfelds aufbauen.

Gruppenbildung an Hand des individuellen Geschlechtskonzepts

Eine mittlerweile vertraute Maßnahme im Umgang mit der Geschlechterproblematik ist die Bildung geschlechtshomogener (Klein-)Gruppen. Mit der Aufteilung der Klasse bzw. des Jahrgangs in reine Mädchen- und Jungengruppen versucht man die Kinder und Jugendlichen aus der Geschlechtslogik im gegenseitigen Umgang herauszunehmen. Problematisch bleibt die Betonung des biologischen Geschlechts als soziales Ordnungskriterium. Dieser Kreislauf wird aufgebrochen, wenn an die Stelle des biologischen Geschlechts das individuelle Geschlechtskonzept tritt. Dann würden die Lehrerin bzw. der Lehrer einer Kleingruppe z.B. nur feminine Mädchen und Jungen zuteilen, einer anderen nur maskuline. In diesen Gruppen liegt dann der Schwerpunkt des gegenseitigen Umgangs stärker auf der Auseinandersetzung mit ähnlichen Charaktereigenschaften, weniger auf dem Geschlechtsunterschied. Die Schülerinnen und Schüler können in diesen Kleingruppen lernen, dass die individuelle Geschlechtsidentität nicht durch das biologische Geschlecht festgelegt ist.

Zusammenfassung

Mit diesen Handlungsoptionen kann Religionsunterricht zur Dekonstruktion des kulturellen Systems der Zweigeschlechtlichkeit beitragen. Denn entgegen dem expliziten Vorsatz, Mädchen und Jungen in der Schule gleiche Bildungschancen zu eröffnen, ist der Schulalltag durch geschlechtstypische Strukturen und Interaktionen geprägt, die das kulturelle System der Zweigeschlechtlichkeit in der Schule reproduzieren. Der Religionsunterricht kann sich mit dieser Situation nicht zufrieden geben. Er ist den biblisch-christlichen Ansprüchen der Gleichwürdigkeit von Frau und Mann und der Auffassung des Menschen als personales Subjekt verpflichtet. Aus dieser Haltung heraus entwickelt er eine kritische Sensibilität für die Hermeneutik der Zweigeschlechtlichkeit, die Mehrdimensionalität menschlicher Geschlechtlichkeit und der Vielschichtigkeit individueller Geschlechtskonzepte. Auf diese Weise befähigt er Kinder und Jugendliche zu einem selbstbestimmten Umgang mit den gesellschaftlichen Erwartungen an Mädchen und Jungen und eröffnet eine Sichtweise auf Geschlechterdifferenz, in der sich menschliche Geschlechtlichkeit im Differenten als Ganzes zeigt. In dieser Perspektive trennen Unterschiede nicht mehr, sondern eröffnen den Blick auf ein Ganzes, das seine Tiefenschärfe aus der Vielfalt individueller Lebensmuster erhält.

Lesehinweis

Enders-Dragässer, Uta Fuchs, Claudia (1993): Interaktionen der Geschlechter. Sexismusstrukturen in der Schule, 2. Aufl., Weinheim/München.

Hagemann-White, Carol (1984): Sozialisation: Weiblich – männlich?, Opladen.

Rendtorff, Barbara Moser, Vera (Hgg., 1999): Geschlecht und Geschlechterverhältnisse in der Erziehungswissenschaft. Eine Einführung, Opladen.

III.7 Mystagogisches Lernen

Mirjam Schambeck

In der gegenwärtigen religionspädagogischen und -didaktischen Diskussion besteht Einigkeit darüber, dass die Gottesfrage als Kerncurriculum anzusehen ist. Die Frage stellt sich aber, wie das am Lernort Schule realisiert werden kann. Kann es nur darum gehen, die Gottesfrage zu thematisieren und zu reflektieren, oder braucht es nicht auch Wege und Möglichkeiten, den Schülerinnen und Schülern Räume und Zeiten zu eröffnen, mit der Wirklichkeit Gottes Erfahrungen zu machen. Bei diesen Überlegungen setzt das mystagogische Lernen an. Es will sensibel machen für Transzendenzerfahrungen und Möglichkeiten anbahnen helfen, für Gotteserfahrungen aufmerksam zu werden.

1. Problemanzeige

Religionsunterricht heute muss sich damit auseinandersetzen, dass Kinder, Jugendliche und Erwachsene einerseits in Räumen leben, in denen Religion und Glaube weitgehend marginalisiert sind, andererseits aber eine neue Sensibilität für Religion und religiöse Phänomene zeigen. Empirische Studien (R. Schuster, K. E. Nipkow, G. Schmidtchen, Jugendwerk der Deutschen Shell, A. Feige, H. Barz u. a.) kamen zu dem Ergebnis, dass trotz der Unterbrechung religiöser Sozialisationsprozesse die Gottesfrage nach wie vor ein wichtiges Thema für Jugendliche ist (→ I.4). So schreibt beispielsweise ein Schüler zu dem Stichwort Religion:

»Ich glaube schon an Gott aber nicht an den Gott den uns eine andere Kirche oder Person vorsetzt. Ich glaube ein jeder sollte seine eigene Religion und seinen eigenen Gott selber finden. Die Kirche sollte keine Religion vorsetzen, sondern bei der eigenen Religionsfindung helfen. Helfen zu sich selbst zu finden, zu dem eigenen Gott, der in einem selbst ist.«

Das Interesse an Religion und näherhin an der Gottesfrage ist also feststellbar, auch wenn es nicht auf den Bereich des kirchlich tradierten Christentums eingeschränkt bleibt und sich für die Lebenspraxis unverbindlicher darstellt (Eiben 1992, 102f). Die Jugendlichen verstehen die Auseinandersetzung mit der Gottesvorstellung in hohem Maß als aktiven, konstruierenden Prozess und drücken ihr Gottesverhältnis in sehr verschiedenen »Sprachen« aus (Ziebertz 2001b, 232–239). Diese Sensibilität für das Transzendierungspotenzial, das religiösen Phänomenen aneignet, drückt sich auch in der Dringlichkeit der Sinnfrage, dem Bedürfnis nach erlebtem Sinn bzw. der Erfahrung von Sinnleere aus. Eine Schülerin denkt über die Frage »Was ich denke – was ich glaube« nach und schreibt:

»Ich glaube nicht an Gott. Aber ich bin mir sicher, dass jeder etwas glaubt, weil der Glaube uns am Leben erhält. Ich selber habe noch nicht viel darüber nachgedacht, an was ich glaube. Ich ›glaube‹ es ist mehr Hoffnung auf Besseres, d. h. besseres Leben, glückliches Leben, sinnvolles Leben, ereignisreiches Leben...«.

Die Sinnfrage zu buchstabieren, die als eine, vielleicht die wichtigste heutige Gestalt der Gottesfrage aufscheint, ist Anliegen eines Religionsunterrichts, der die Dimension des mystagogischen Lernens im Blick hat. Beim mystagogischen Lernen geht es darum nachzufragen, ob es Gott gibt und ob er etwas mit meinem Leben zu tun hat. Oder anders gesagt: In einem Unterricht, in dem mystagogische Momente zum Tragen kommen, werden Schülerinnen und Schüler eingeladen, sich für diese Fragen zu öffnen, die vorfindliche Welt auch auf ihre Grenzen hin abzutasten und diese erlebten Grenzen in einen Dialog mit der Sinn- und der Gottesfrage zu bringen. Dies kann für manche auch heißen, Gott in ihrem Leben nachzuspüren, diese Erfahrung auszuloten und in ihre Lebensgestaltung zu integrieren. Wichtig bleibt in diesem Zusammenhang, die Skepsis der Schülerinnen und Schüler ernst zu nehmen, ob es überhaupt etwas gibt, was über diese Welt hinausgeht, ob Gott existiert, ob er etwas mit den Menschen zu schaffen hat und ob er gewillt ist, den Menschen zu helfen.

Welche Akzente mystagogisches Lernen in den Religionsunterricht einbringen kann und wo sich Grenzen abzeichnen, soll im Folgenden behandelt werden. Für den Kontext von Schule bleibt schon an dieser Stelle festzuhalten, dass mystagogische Momente, in denen Kinder und Jugendliche sich ihrer Gotteserfahrungen vergewissern, höchstens angelegt werden können und eher die Ausnahme als den Normalfall beschreiben. Darin liegt vermutlich auch der Grund, warum das mystagogische Lernen als mögliche Dimension des Religionsunterrichts in der Religionsdidaktik bisher so wenig diskutiert wurde (Simon 1998, 571; Gertz 1986, 84).

2. Zum Wortsinn von Mystagogie

Die Wörter, aus denen sich der Begriff Mystagogie zusammensetzt (*myein*: einweisen, unterrichten; und *agein*: führen, leiten), deuten an, dass Mystagogie und damit mystagogisches Lernen einen Prozess meint, also dynamisch verläuft und Bewegungscharakter hat. Mystagogie geschieht als Begegnung, in der der Mensch, der eingeweiht werden soll (= der Myste) und die/der Einweisende (= die/der Mystagoge) sich ausrichten auf das Geheimnis, das es zu entdecken und für den je eigenen Lebenskontext zu buchstabieren gilt.

Der Begriff »Mystagogia« stammt aus den Mysterienreligionen und war Ausdruck für die Einweihung der Mysten in die heiligen Geheimnisse der jeweiligen Religion. In der altchristlichen Theologie bezeichnete Mystagogie die Erschließung des christlichen Mysteriums für die Neugetauften (Gertz 1986, 82). Der Unterschied einer christlich verstandenen Mystagogie zu einer in den Mysterienkulten praktizierten besteht darin, dass im Christentum letztlich nur Gott als Mystagoge gilt und der Mensch allein aufgrund der Gnade Gottes zum Eingeweihten wird (Hugo Rahner 1989, 52).

In der gegenwärtigen theologischen und näherhin religionspädagogischen Diskussion lassen sich zwei Verstehensweisen von Mystagogie ausmachen. Die eine orientiert sich am patristischen Sprachgebrauch und akzentuiert Mystagogie als Begleitung von Menschen beim Prozess der Initiation bzw. als Erschließung der christlichen Geheimnisse, indem deren existentieller Bezug zum eigenen Leben in den Vordergrund gerückt wird (vgl. die Mysterientheologie Odo Casels, 1886–1946, und seiner Schule: Arno Schilson, sowie die Liturgische Bewegung um Romano Guardini, 1895–1968). Sie kann als *liturgisch und sakramententheologisch inspirierte Mystagogie* betitelt werden. Die zweite Richtung versteht sich von der Theologie Karl Rahners her und ist als *transzendentale Mystagogie* zu bezeichnen. Sie begreift Mystagogie als Prozess des Gewahrwerdens der Gotteserfahrung, die im Menschen immer schon da, aber meistens verschüttet ist (Karl Rahner 1983, 378). Mystagogische Wege zu beschreiten, heißt also, Räume und Zeiten zu eröffnen, über die eigene Tiefen- und Welterfahrung zu staunen, sie als Ort der Gotteserfahrung verstehen zu lernen und sie zu gestalten. An diese Position, die als Weise charakterisiert werden kann, für Gotteserfahrungen aufmerksam zu werden und mit ihnen umzugehen, knüpft das mystagogische Lernen an.

3. Mystagogische Momente im Religionsunterricht

In einem mystagogisch akzentuierten Religionsunterricht wird versucht, die SchülerInnen dafür zu sensibilisieren, was Leben ausmacht, und diese Auseinandersetzung als Möglichkeit verstehen zu lernen, sich der Gottesfrage zu stellen. Zu fragen und zu philosophieren, zu entdecken, wie Welt und Leben sein kann, sich auch der Bruchstückhaftigkeit der Welt und des menschlichen Miteinanders zu stellen, sich menschliche Grunderfahrungen zu vergegenwärtigen, Stille wahrzunehmen, Schweigen und Beten können zu mystagogischen Momenten werden, in denen Lebenserfahrungen durchsichtig werden auf Gott. Im Folgenden sollen solche Momente mystagogischen Lernens exemplarisch aufgezeigt werden.

Eine Religionspädagogik der Frage und eine Kultur des Philosophierens entwickeln

In einem Religionsunterricht, in dem auch mystagogische Momente vorkommen, sind die SchülerInnen eingeladen, zu staunen, zu fragen, das Leben auch in seinen Grenzen wahrzunehmen, es einmal auszuprobieren, was es heißen könnte, die vorfindliche Welt zu überschreiten und die jungen Menschen so für das Mögliche und noch Utopische zu sensibilisieren.

Das heißt, dass mystagogisches Lernen einen Religionsunterricht voraussetzt, dem an einer Kultur der Frage und des Philosophierens gelegen ist, der die SchülerInnen ermutigt, ihre Fragen zu artikulieren und diese Fragen als Ausgangspunkt des Lernens in den Unterricht einzubringen (vgl. Oberthür 1995). Das kann beispielsweise durch Bilder geschehen. Diese Bewegungen des Fragens, die geweckte Nachdenklichkeit, das Überschreiten von Wirklichkeit können zu mystagogischen Momenten im Religionsunterricht werden, indem versucht wird, eine Begegnung mit dem Vorfindlichen und Gegebenem anzubahnen, und zwar auch mit seinen Grenzen.

Geschichten zu erzählen und zu bedenken, wie es die seit den 80er Jahren des 20. Jahrhunderts herausgebildete Kinderphilosophie praktiziert (Freese 1990, 45), ist ein anderer Weg dazu. Gareth B. Matthews gibt beispielsweise einen Abschnitt aus dem Kinderbuch von L. Frank Baum *»Der Zauberer von Oz«* wieder und wirft damit die

Frage auf, was Identität bedeutet. Der Text handelt von einem blechernen Holzfäller, der ein Leben als ein Wesen von Fleisch und Blut begann. »Allmählich wurde er dadurch ein anderer, dass ihm nach und nach alle sein Gliedmaßen und andere Körperteile amputiert und durch solche aus Blech ersetzt wurden, bis er am Ende ganz aus Blech bestand... Das Problem (liegt) darin, an welcher Stelle während der stückweisen Erneuerung, und warum gerade dann, das ursprüngliche Gebilde zu existieren aufhört« (Matthews 1991, 80). Diese Geschichte kann zum Ausgangspunkt eines Gesprächs mit Kindern und Jugendlichen werden, das sie anregt, darüber nachzudenken, was sie selbst zu sich selbst macht, wie Veränderung Leben nicht auslöscht, sondern bedingt und wo die Grenzen von Identität und Alterität sind (Vgl. auch Geissler 1994, 238–240; Matthews 1989, 63–75; Martens 1990, 14–19; Rosenberg 1989, 64–77).

So gesehen bereichern mystagogische Momente einen Religionsunterricht, indem zu staunen, zu fragen, bei einer Sache, einem Gedanken, einem Bild, einer Geschichte zu verweilen genauso möglich wird wie zu reflektieren, zu kritisieren und zu diskutieren. Das wiederum braucht eine Dramaturgie des Unterrichtsgeschehens, die die Ungleichzeitigkeit von Erfahrungen berücksichtigt, wenn beispielsweise eine Schülerin mehr Zeit braucht als eine andere, um zur Transzendenzerfahrung Zugang zu bekommen bzw. im Idealfall zur Gotteserfahrung. Lernwege sind deshalb so angelegt, eine Sache von mehreren Seiten anzugehen, immer wieder auf sie zuzugehen, sich an ihr abzuarbeiten und dafür aufmerksam zu werden, was sie noch sagt. Mystagogisches Lernen muss aber auch respektieren, dass sich SchülerInnen mit ihren Transzendenz- bzw. Gotteserfahrungen nicht auseinandersetzen wollen.

Der Welt zu begegnen als Chance, Gott zu erfahren

Weil Gott sich seit der Schöpfung und der Inkarnation in den Strukturen dieser Welt ausgelegt hat, und die Welt damit zum Ort geworden ist, an dem er erfahren werden kann, ist es möglich, dass eine Begegnung mit der Welt in allen Sinnen zu einem mystagogischen Moment wird.

Das kann beispielsweise geschehen, indem SchülerInnen eingeladen oder auch provoziert werden, sehend, hörend, schmeckend, riechend, tastend, sich bewegend zu entdecken, wie Welt ist (→ III.1). Welt ist hierbei nicht mehr als Objekt zu verstehen, das beliebig zu funktionalisieren ist, sondern scheint als Mitwelt auf, die auch transparent für Gott werden kann. Ähnlich wie Franz von Assisi in Sonne und Mond, in Wind und Wetter, in Feuer und Luft seine Geschwister erkannte, die ihm von Gott erzählten, können SchülerInnen vielleicht erleben, dass aufmerksam zu werden für die »Sprache«, Schönheit und Verwiesenheit der Welt auch etwas von Gott erfahren lässt.

In den Geschundenen und Unterdrückten das Gesicht Gottes erkennen lernen

In der Parusie-Rede (vgl. Mt 25,31–46) macht Jesus deutlich, dass sich am Verhalten zu den Geschundenen und Unterdrückten der Zugang zum Reich Gottes entscheidet. Er weist die geschehene bzw. verweigerte Begegnung mit den Armen als geschehene bzw. verweigerte Begegnung mit Gott aus. Gott zu erfahren, hat dann damit zu tun, für die Geschundenen und Unterdrückten heute einzustehen. Die SchülerInnen zu sensibilisieren, Situationen und Strukturen wahrzunehmen und sie korrigieren zu helfen, die Menschen unterdrücken, ausbeuten und ihnen den Boden entziehen, menschenwürdig zu leben, kann sich so gesehen als mystagogisches Moment im Religionsunterricht erweisen.

Konkret bedeutet das, Projekte zu entwickeln, die die sogenannte »Eine-Welt-Problematik« betreffen (→ III.12): Beispielsweise Klassenpartnerschaften anbahnen und die jeweiligen Lebensbedingungen thematisieren bzw. zu verbessern helfen. Gedacht ist auch an Initiativen, die die »neuen Armen«, zu denen die Schülerinnen und Schüler vielleicht selbst gehören, in den Blick nehmen.

Genauso wichtig in diesem Kontext ist es, dass die Schülerinnen und Schüler die eigene Lebenswelt daraufhin abtasten, wo sie die Rolle des Herrschers oder des Beherrschten übernehmen, wo Ungerechtigkeit, Intoleranz und Gewalt auch ihr Leben bedrohen. Das könnte ein Ansatz sein, Wege zu mehr Gerechtigkeit, Toleranz und Solidarität zu erproben und vielleicht auch zu erfahren, welche Möglichkeiten erfüllten Lebens sich durch das christliche Ethos eröffnen (→ III.9).

Menschliche Grunderfahrungen als Möglichkeiten, Gott zu erfahren

Ein weiteres mystagogisches Moment im Religionsunterricht kann sich auftun, wenn Schülerinnen und Schüler darüber sprechen, was sie in ihrem Leben als tragend oder auch als bruchstückhaft erleben. Alltagserfahrungen und hier vor allem jene Ereignisse, in denen der Mensch auf sich selbst zurückgeworfen wird (Rahner 1970, 168) wie Freude, Leid, Hoffnung und Tod, können zum Ausgangspunkt einer Kommunikation werden, in der die am Gespräch Teilnehmenden ihr Leben thematisieren und ihre Erfahrungen von Sinn oder auch von Sinnleere einbringen.

Gerade die für die Phase des Jugendalters wichtigen Etappen des Experimentierens (Knoblauch 66), des Umgehens mit Rollen und des Konstruierens einer eigenen Identität fordern Räume und Zeiten, in denen sich die Jugendlichen ihrer selbst, ihrer Person und Existenz, ihrer Fähigkeiten und Grenzen, ihrer Individualität und Sozialität bewusst werden (Haslinger 1991b, 52). Ein mystagogisch akzentuierter Religionsunterricht versucht, die Fragen »Wer bin ich?«, »Was sind meine Fähigkeiten und Schwächen?«, »Was kann ich aus meinem Leben machen?« aufzugreifen und einen Kommunikationsprozess anzustoßen, in dem auch die Gottesfrage aufscheint (→ II.2).

Menschliche Grunderfahrungen im Religionsunterricht zu thematisieren, kann also zu einem mystagogischen Moment werden, indem Zeiten und Räume eröffnet werden, sich selbst auf die Spur zu kommen und mit sich selbst vertraut zu werden. Das kann heißen, die eigenen Fähigkeiten als auch Grenzen zu entdecken und mit ihnen umzugehen.

Vielleicht tut sich den SchülerInnen dabei die Erfahrung auf, dass Gott der ist, der ohne jede Vorleistung oder trotz aller Schwierigkeiten, jede einzelne beim Namen gerufen hat, dass Gott die Möglichkeit, der Grund und die Voraussetzung ist, zu sich selbst in ein Selbstverhältnis zu treten, weil, wie Rahner formuliert, »die Geschichte der Selbsterfahrung ... die Geschichte der Gotteserfahrung« ist (Rahner 1972, 137).

Stille entdecken

Sich Zeit zu nehmen, bei Menschen, Dingen, Gegenständen zu verweilen, Stille zuzulassen sind Möglichkeiten des Religionsunterrichts, die auch zu mystagogischen Mo-

menten werden können (→ III.1). Die Literatur über Stilleübungen und Meditations-
praktiken im schulischen Kontext ist in den letzten Jahren stark angewachsen. Dazu
trug bei, dass sich der Umgang mit Zeit verändert hat (→ II.10), dass schon Kinder
und Jugendliche mit viel verplanter Zeit zurechtkommen müssen und still zu werden,
zu verweilen und eine produktiv verlangsamte Lernkultur (Hilger 1994, 215–220) erst
wieder neu als Quellen entdeckt wurden, um zu sich selbst zu kommen, um Kreativität und Leben, das Freude macht, zu spüren.

Stille als Zeit zu erfahren, in der nichts geleistet werden muss, die frei und unver-
zweckt ist, kann eine Möglichkeit sein, auf das eigene Innere horchen zu lernen, zu erleben, was dasein bedeutet, auch den anderen als gegenwärtig zu erfahren und vielleicht auch zu entdecken, dass Gott sich zeigt als einer, der verborgen da ist.

Eine Weise, still zu werden, ist das Ausmalen von Mandalas. Formen, die von der
Mitte her nach außen wachsen bzw. die sich von außen auf eine Mitte zu bewegen, die
einfach sind und Wiederholungen aufweisen, sind hier gut geeignet (Maschwitz 1993,
138). Auch das Labyrinth in seinen verschiedenen Varianten ist eine Möglichkeit, SchülerInnen einzuladen, malend still zu werden. Ebenso können SchülerInnen versuchen,
sich von Paul Klees Schreibbildern wie z. B. »Einst dem Grau der Nacht enttaucht...«
aus dem Jahr 1918 inspirieren zu lassen und einen kurzen Satz immer wieder zu
schreiben, in einer Linie oder auch spiralförmig (Klee 1996, 159).

Das Element der Wiederholung und der Einfachheit findet sich auch in der Musik,
beispielsweise in Liedrufen aus Taizé, wieder. Indem sie mehrmals hintereinander ge-
sungen werden, eventuell in verschiedener Lautstärke, die vom Summen zum lauten
Klingen variiert, sind auch sie ein Weg, still zu werden.

Gott erfahren im Beten und Schweigen

Im Idealfall werden im Religionsunterricht Momente angelegt sein, die Schülerinnen
und Schüler einladen, im Schweigen und Beten für die Gegenwart Gottes offen zu werden. Aufmerksam zu werden für das Jetzt als Zeit Gottes, sich in das Du Gottes einzuüben, Meditation als Weg zur Kontemplation, Umgehen mit der Bibel als dem Menschen von Gott zugesprochenes Wort können Möglichkeiten sein, solche mystagogischen Momente auch im Religionsunterricht der Schule zu verankern.

Die wichtigste Quelle, sich zum Beten inspirieren zu lassen, sind die biblischen
Texte und hier vor allem die Psalmen als Gebetbuch von Juden und Christen. Die verschiedenen Erfahrungen der Beter, die die reiche Palette der Lebenssituationen widerspiegeln, die von Angst und Verzweiflung, von Hoffnung und Hilfe, von Geborgenheit
und Sich-Getragen-Wissen, von der Verantwortung für die Armen und Kleinen sprechen, können Schülerinnen und Schüler ermutigen, auch ihr Leben in allen Höhen
und Tiefen in Gottes Gegenwart zur Sprache zu bringen (→ III.8).

4. Theologische Prämissen und religionsdidaktische Implikationen

Gotteserfahrung als Wirklichkeit, die den Menschen angeht

Der jüdisch-christliche Glaube erkennt Geschichte und Welt als Orte, an denen und durch die Gott sich auslegt, an denen und durch die er sich erfahren lässt. Ein mystagogisch akzentuierter Religionsunterricht versucht deshalb, die Spuren des »kenotisch verborgen anwesenden Gottes« (Bitter 1995, 285) zu suchen.

Eine besondere Dichte erfährt die Entdeckung der verborgenen Gegenwart Gottes in der Entdeckung des Menschen. Der Mensch wird verstehbar als »Chiffre Gottes« (K. Rahner), als einer, der von Gott angesprochen ist, der von Gott her und auf ihn hin erschaffen ist. Es liegt am Menschen, diese Erfahrung in seinem Leben Gestalt annehmen zu lassen oder nicht. Glaube ist so gesehen Antwort auf das Bezogensein auf Gott und nicht ein von außen in den Menschen hineingetragenes Wissen um Gott bzw. von ihm (Rahner 1970, 161.164). Mystagogisches Lernen ist also nicht zu verstehen als Anleitung, Gotteserfahrung erstmals zu machen, sondern sie als immer schon gegebene zu erkennen (Rahner 1970, 166) und diese je neu zu entfalten und Gestalt annehmen zu lassen.

Es stellt sich in diesem Zusammenhang die Frage, ob bzw. wenn ja, wie und inwieweit es überhaupt möglich ist, Glauben zu lehren bzw. zu erlernen. Zunächst ist festzuhalten, dass die Bewegung Gottes auf den Menschen ungeschuldet, unverdienbar und nicht durch Leistung eingeholt werden kann. Gott selbst ist es, der auf den Menschen ausgreift und mit ihm in Beziehung treten will. Damit Beziehung zur Begegnung und Erfahrung wird, braucht es die freie Antwort des Menschen auf diese ursprüngliche Gotteserfahrung, die sich je neu in der Geschichte des Menschen auslegt.

Damit sind auch die Grenzen mystagogischen Lernens markiert. Es bleibt die freie Entscheidung des Menschen, diese Antwort zu geben oder zu verweigern. Ebenso ist es ein nicht machbares, unverdientes Geschenk (= Gnade), dass sich Gott nicht versagt, sondern dem Menschen und der Welt zusagt. Mystagogisches Lernen kann also, wenn sich die/der Lernende darauf einlässt, für Gotteserfahrung sensibilisieren und disponieren, sie aber nicht herbeiführen.

In einem Religionsunterricht, der mystagogische Momente zulässt, geht es dann darum, den jeweiligen Lebenskontext der Schülerinnen und Schüler zu erhellen und ihn als Möglichkeit verstehen zu lernen, Gott zu erfahren. Im besten Fall heißt das auch, dass sich dieser Prozess, Gotteserfahrungen wahrzunehmen, sie zu reflektieren und durch den Glaubensinhalt zu deuten, in der Gestaltung des Lebens aus der Perspektive des Glaubens niederschlägt (in einer veränderten Orthopraxis).

Mystagogisches Lernen als Umgehen mit (Gottes-)Erfahrungen

In diesem Zusammenhang stellt sich die Frage, was Erfahrung ist und wie der Mensch der Gotteserfahrung im Speziellen gewahr werden kann. Mit Bernhard Welte und Werner H. Ritter lassen sich zwei bzw. drei Merkmale von Erfahrung ausmachen: der Aspekt der Unmittelbarkeit, der Interpretation und des Betroffenseins (Welte 1979, 123; Ritter 1998, 151f; vgl. auch Biehl 1991, 16).

Unter Erfahrung sind demnach jene Ereignisse gemeint, die dem Menschen unmittelbar gegeben sind, sich als Phänomene erschließen und nicht nur durch bloße Reflexion vermittelt sind. Im Unterschied zum Erlebnis kennzeichnet Erfahrung das Moment der Deutung. Das, was erlebt wurde, gilt es, im subjektiven Deutungsrahmen bzw. demjenigen einer Erfahrungsgemeinschaft zu interpretieren. Zugleich zeichnet die Erfahrung aus, dass sie den Menschen betrifft und verändert.

Übertragen auf das Phänomen der Gotteserfahrung heißt das folgendes. Auch die Gotteserfahrung ist eine unmittelbare Erfahrung (Biehl 1991, 28f), und zwar in einem doppelten Sinn. Einmal meint Gotteserfahrung die vorgängige Erfahrung Gottes, die dem Menschen schon immer zukommt. Zum anderen kann Gotteserfahrung als Geschehen beschrieben werden, sich dieser schon immer ereigneten Gotteserfahrung je neu inne zu werden, sie zu reflektieren, zu deuten und sie Gestalt annehmen zu lassen. Die Gotteserfahrung radikalisiert also die Lebenserfahrung, insofern Gott als der verlässliche Grund des Lebens aufscheint, die Entfremdungen des Alltags aufdeckt und zu beseitigen anspornt (Biehl 1991, 29f).

Mit Erfahrung bzw. Gotteserfahrung umzugehen, heißt dann, diese wahrzunehmen, sie im subjektiven und intersubjektiven Deutehorizont zu interpretieren und in eine konkrete Gestaltung des Lebens zu übersetzen.

Mystagogisches Lernen versteht sich demnach als Weise religiöser Bildung, der es um die Wahrnehmung von Erfahrung, um ihre Deutung und Gestaltung geht (→ III.1). Diese drei Dimensionen mystagogischen Lernens, die sich gegenseitig bedingen und erschließen, sollen im Folgenden skizziert werden.

Erfahrungen wahrnehmen

Mystagogischem Lernen geht es darum, den Erfahrungen und Lebenswelten von Kindern und Jugendlichen auf die Spur zu kommen und zu entdecken, wie sie ihre Erfahrungen mit sich selbst, mit anderen, mit dem, was die vorfindliche Welt ausmacht und über sie hinausgeht, artikulieren. Das erfordert von den Lehrkräften eine große Kompetenz, die SchülerInnen in ihren lebensweltlichen Erfahrungen wahr- und anzunehmen (vgl. Hilger/Rothgangel 1997, Hilger 2000a; Hilger 2000b), sie einzuladen, über die Grenzen der erlebten Welt hinauszutasten, und die Transzendenzerfahrungen mit der Gottesfrage und der Gotteserfahrung in einen Dialog zu bringen. Die Lebenserfahrungen der SchülerInnen wahrzunehmen kann zur Chance werden, in diesem Kommunikationsprozess auch die Gottesfrage zu thematisieren und die eigenen Lebenserfahrungen als Gotteserfahrungen deuten zu lernen. Das würde dann eventuell auch bedeuten, dass SchülerInnen die kritisch-provokative Kraft von Gotteserfahrung kennenlernten (Jüngel 1972, 132) und nach ihr handelten, indem sie anfangen, überall dort, wo Leben geknechtet wird, für das Leben einzustehen.

Erfahrungsdeutung

Erfahrungsdeutung als Dimension des mystagogischen Lernens meint eine Bewegung, die eigenen Lebens-, Transzendenz- und Gotteserfahrungen in einen kritisch-produktiven Dialog mit den Erfahrungen des jüdisch-christlichen Glaubens zu bringen. Dieser Prozess ist grundsätzlich auch offen für die Glaubenserfahrungen anderer Religionen (→ III.11). Der Glaubensgehalt wird hier zur Möglichkeit, die eigene Erfahrung auszudrücken, sie von einem geschichtlich gewordenen Ausdruck her zur reflektieren, anzufragen, zu korrigieren und zu vertiefen (→ III.4). Erfahrungsdeutung zielt aber auch auf die umgekehrte Richtung. Der Glaubensgehalt muss sich von den Lebens-, Transzendenz- und Gotteserfahrungen der Menschen je neu anfragen lassen und legt sich so durch diese subjektiven Erfahrungen in der Zeit und für sie aus. Das braucht eine Deutungsgemeinschaft, die Suchbewegungen ernst nimmt.

Erfahrungsdeutung als Dimension mystagogischen Lernens zielt dann darauf, die geschichtlichen Erfahrungen der jüdisch-christlichen Tradition und näherhin den Hoffnungsimpuls des von Jesus verkündeten Reiches Gottes als Deutehorizont für die eigenen Erfahrungen fruchtbar werden zu lassen (→ III.8).

Erfahrungsdeutung kann geschehen, indem biblische Texte mit ihrem Erfahrungsgehalt zur »Sprachschule« (Ingo Baldermann) für die eigene Gottsuche bzw. die eigenen Gotteserfahrungen werden. Gedacht ist hier beispielsweise an die Psalmen. Sie können durch ihre versprachlichten Erfahrungen eines nahen und fernen, eines fürsorgenden und verborgenen Gottes helfen, die eigenen Gotteserfahrungen zu thematisieren und sie von diesem Horizont aus zu deuten.

Das kann auch durch theologische Vorstellungen und religiöse Texte in Gang gebracht werden, die als »geronnene Niederschläge« (W. Ritter) vorausliegender Gotteserfahrungen helfen, heutige Glaubenserfahrungen zu erschließen. Erfahrungsdeutung im Sinne des mystagogischen Lernens meint also auch, Wirklichkeit anders, neu sehen zu lernen, mit dem Utopischen zu rechnen und seine innovatorische Kraft im Gegebenen zu verorten.

Insgesamt wird deutlich, dass die Lernenden dadurch die Chance bekommen, nicht nur bei ihren Gotteserfahrungen stehen zu bleiben, sondern auch andere, fremde Weisen von Gott zu sprechen kennen zu lernen, sich mit ihnen auseinander zu setzen, daran abzuarbeiten und so zu einem vertieften Verstehen und Wahrnehmen Gottes, zu neuen Perspektiven und Handlungsräumen zu gelangen.

Erfahrungen Gestalt geben

Erfahrungen zu gestalten, ist eine weitere wichtige Dimension mystagogischen Lernens (→ III.14). Das heißt, dass versucht wird, die Erfahrungen von Welt, von dem, was über sie hinausgeht, was Sinn macht und eventuell auch die Gotteserfahrung, die wahrgenommen, gedeutet, reflektiert und kritisiert worden ist, in einen konkreten Ausdruck umzusetzen. Erfahrungen Gestalt zu geben, meint also, das, was erfahren wurde, ins Wort, ins Bild, ins Symbol, ins Tun zu heben und damit zu verorten. Das kann durch Weisen des kreativen Schreibens, durch den Umgang mit Farben und Formen, durch Musik und Bewegung, durch gestalterische und inszenierende Elemente geschehen.

Mystagogisches Lernen als Weise erfahrungsorientierten Lernens

Mystagogisches Lernen ist verwiesen auf ein Verständnis von religiöser Bildung, das von den Prämissen erfahrungsorientierter Ansätze in der Religionspädagogik und Religionsdidaktik ausgeht. Mit den SchülerInnen darüber zu kommunizieren, was Leben ausmacht, was ihm Sinn gibt und wo sie es als sinnlos erleben, über die Gottesfrage nachzudenken, den Menschen zu verstehen als wahrnehmendes, reflektierendes und gestaltendes Wesen, sind zentrale Merkmale mystagogischen Lernens.

Mystagogisches Lernen steht damit in der Nähe zum ästhetischen Lernen (→ III.1), zum Symbollernen (→ III.3), zum handlungsorientierten Lernen (→ III. 14), also zu Weisen des Lernens, in denen die Kategorien der Aisthesis (Wahrnehmung von Wirklichkeit(en)), Katharsis (Urteilsfähigkeit) und Poiesis (Gestaltungsfähigkeit) in ihrer Wechselbeziehung zueinander eine Rolle spielen.

Anders als die katechetischen Bemühungen, die im Idealfall von der Glaubenszustimmung der AdressatInnen ausgehen können, muss das mystagogische Lernen in der Schule von einer »Hermeneutik des noch zu gebenden Einverständnisses« (K. E. Nipkow, vgl. auch III.8) ausgehen. Das heißt also, dass die Glaubenszustimmung nicht vorausgesetzt, wohl aber die wenn auch noch unentdeckte Gotteserfahrung als für das Wesen des Menschen konstitutiv angenommen wird. Beim mystagogischen Lernen geht es dann darum, Lebenserfahrungen zu thematisieren und diese Kommunikation für die Gotteswirklichkeit offen zu halten. Mystagogisches Lernen setzt voraus, dass sich Glaubenlernen und Lebenlernen gegenseitig bedingen, auslegen und verändern.

5. Erfahrungen mit dem Labyrinth – Ein Beispiel mystagogischen Lernens

Die Mädchen und Jungen eines achten Schuljahres sitzen im Kreis. Am anderen Ende der Raumes befindet sich ein siebengängiges Labyrinth, das aus Seilen gelegt wurde. Zu russischer Musik (CD: Oi Tsvetyot Kalina, Russian Dances, selected by Hennie Konings) beginnen sie sich zu bewegen, indem sie an den Händen gefasst, den Sitzkreis verlassen und sich bei ihren Schritten auf den Rhythmus der Musik einlassen. Weite und enge Bewegungen, spiralförmige und weit kreisende Figuren, Diagonalen und Geraden wechseln die Bewegung ab und ermöglichen, Kontakt miteinander, mit dem Raum und mit dem Labyrinth aufzunehmen. Nachdem auch das Labyrinth mehrmals umkreist worden ist, versammeln sich alle im Halbkreis in der Nähe des Labyrintheingangs. Die Jugendlichen »laufen« nun mit den Augen den Weg in die Mitte und wieder zurück zum Ein- bzw. Ausgang ab. Anschließend erhält jede/r ein Blatt Papier, auf dem dieselbe Labyrinthform abgebildet ist. Jetzt sollen sie mit Hilfe eines Fingers den Weg zur Mitte und wieder heraus zum Eingang abfahren. Erste Eindrücke werden in einer offenen Runde gesammelt: »Der Weg zur Mitte ist sehr weit.« »Ich hatte Angst, den Weg nicht zu finden.« »In der Mitte musste ich umkehren, um wieder herauszukommen.« Danach folgt eine Phase, in der sich die SchülerInnen zunächst mit dem aufgezeichneten Labyrinth beschäftigen. Mit Wachsmalkreiden, Ölkreiden o.ä. sollen sie den Weg des Labyrinths gestalten, und zwar mit den Farben, die ihnen in den Sinn kommen, wenn sie an den Zeitraum des vergangenen Jahres denken. Daran schließt sich ein Austausch zu Zweien an. Die Jugendlichen formieren sich daraufhin wieder zum Kreis, stecken die farbigen Labyrinthblätter ein und machen sich erneut zur Musik auf den Weg, diesmal in das Labyrinth aus Seilen. Wenn alle in der Mitte angekommen sind, bleibt eine Zeit des Verweilens und Stillhaltens. Beim Weg aus dem Labyrinth legen die SchülerInnen an der Stelle, die ihnen passend erscheint »ihr« Jahreslabyrinth nieder und versammeln sich dann wieder im Sitzkreis. Die Lehrerin legt jetzt

Verse aus Ps 139, die auf Papierstreifen geschrieben sind, in die Mitte und fordert die SchülerInnen auf, sie zu besehen, zu lesen, sich einen auszuwählen, der sie anspricht und diesen auf ein gesondertes Blatt zu schreiben.

Die dichte Sprache von Ps 139 kann den jungen Menschen helfen, ihre Tiefenerfahrung, die vielleicht auch zur Möglichkeit wurde, aufmerksam für Gott zu werden, Gestalt annehmen zu lassen. Anschließend schreiben sie auf das Blatt, auf das sie schon den Psalmvers notiert hatten, einen Text, der mit dem ausgewählten Psalmvers beginnt und diesen weiterführen soll. Wer will, kann seinen Text der ganzen Klasse vorlesen.

6. Grenzen und Chancen mystagogischen Lernens in der Schule

In einem Religionsunterricht, in dem mystagogische Momente möglich sind, wird gegen einen neuen »Inhaltismus« versucht, den Kindern und Jugendlichen Zugang zu ihrer je eigenen Transzendenz- und näherhin Gotteserfahrung zu eröffnen, diese zu reflektieren und zu gestalten. Darin liegt die Schwierigkeit aber auch die Chance dieser Dimension religiöser Bildung am Lernort Schule.

Die Perspektive des mystagogischen Lernens kann ein Verständnis von Religionsunterricht erweitern, dessen erstes Ziel darin besteht, zu »verantwortlichem Denken und Verhalten im Hinblick auf Religion und Glauben (zu) befähigen« (Würzburger Synode 1975, 2.5.1, 139), selbst wenn Glaubenlernen eine erhoffte und erwünschte Nebenwirkung ist. Geht es wie beim mystagogischen Lernen um Gotteserfahrung, dann heißt das, sich Gotteserfahrungen auszuliefern, also Religion zu vollziehen. Damit aber werden Grenzen schulischen Lernens überschritten.

Weil mystagogisches Lernen darauf zielt, den Menschen in all seinen Vermögen und Dimensionen anzusprechen, also ein »ganzheitlicher« Weg ist, kann er auch funktionalisiert und missbraucht werden. Er muss deshalb stets neu mit der Frage konfrontiert werden, ob er in seiner Gestalt und seinem Gehalt wirklich eine Weise ist, den Gott Jesu Christi im eigenen Leben zu entdecken oder einer verkürzten Gotteserfahrung Vorschub leistet bzw. sogar Gotteserfahrungen behindert.

In einem Religionsunterricht, der Schule von heute mitgestalten will, sich als diakonisch im Sinne eines Dienstes für alle Schüler und Schülerinnen versteht (Würzburger Synode 1975, 2.5.1, 139) und damit weltanschaulichen Pluralismus zu respektieren hat, können mystagogische Momente angelegt, aber nie forciert werden.

Eine weitere Schwierigkeit mystagogischen Lernens am Lernort Schule zeichnet sich in den faktischen Gegebenheiten des Unterrichts ab. Ein 45-Minuten-Lerntakt, ein Stundenplan, in dem eine Vielzahl verschiedener Fächer aus unterschiedlichen Wissensgebieten aneinandergereiht ist, auf die sich die SchülerInnen mit dem Stundengong einstellen sollen, erschwert mystagogisches Lernen, das Zeit braucht, Aufmerksamkeit auch für ungewohnte Dinge einfordert, das Fragen stellt, die das eigene Leben und nicht nur abrufbares Wissen betreffen (→ II.10).

Die Chance mystagogischen Lernens am Lernort Schule besteht aber darin, die Gottesfrage als existentielle Frage ins Spiel zu bringen. Gott nicht nur als Begriff kennen zu lernen, sondern sich seiner Wirklichkeit anzunähern, und zwar als Wirklichkeit, die mir zusagt, dass ich nicht ins Leere laufe, sondern geliebt bin, sind Erfahrungen, auf die das mystagogische Lernen aufmerksam machen will.

In einem Religionsunterricht, in dem mystagogische Momente möglich sind, wird versucht, die Fragen der SchülerInnen ernst zu nehmen, sie zu einer Auseinandersetzung mit der Welt, die sie vorfinden, zu ermuntern, und sie einzuladen, diese Welt auch auf ihre Grenzen hin abzutasten. Das bedeutet, sie in ihrer Individualität anzuerkennen (→ II.4), ihre pluralen Vorstellungen von Religion und Glauben zu respektieren (→ I.4) und ihre Suchbewegungen als Weisen des Glaubens anzuerkennen. Die Lebenswelten der SchülerInnen werden zum Ausgangspunkt des Unterrichtsgeschehens, indem sie als Orte verstanden werden, an denen sich Gott erfahren lässt.

Mystagogisches Lernen am Lernort Schule wird so gesehen für SchülerInnen, die vielleicht noch nicht mit ihren Gotteserfahrungen in Berührung gekommen sind, zu einer Einladung, ihre Lebensspur als von der Gottesspur durchzogen wahrzunehmen.

Zusammenfassung

In einem Religionsunterricht, in dem mystagogische Momente vorkommen, geht es darum, Erfahrungen von Kindern und Jugendlichen, die sie mit sich selbst, mit anderen, mit dem Leben und dem Gegebenem machen, wahrzunehmen, sie zu deuten und ihnen Gestalt zu geben (→ III.1). Das spezifische Anliegen mystagogischen Lernens ist es, diesen Kommunikationsprozess für die Gottesfrage offen zu halten und sie eventuell sogar zu provozieren. Das kann auf ganz unterschiedliche Weisen geschehen. Zu fragen und zu philosophieren, sehen, hören, schmecken, riechen, tasten und sich bewegen lernen und so entdecken, wie Welt sein kann, sich auch der Bruchstuckhaftigkeit der Welt und des menschlichen Miteinanders zu stellen, sich menschliche Grunderfahrungen zu vergegenwärtigen, Stille wahrzunehmen, Schweigen und Beten können zu mystagogischen Momenten werden, in denen Lebenserfahrungen durchsichtig werden auf Gott. Das bedeutet dann auch, SchülerInnen Räume und Zeiten zu eröffnen, die Erfahrung des Gottes Israels und Jesu als kritischen Impuls für die Wahrnehmung und Gestaltung dieser Welt und ihres Lebens kennen zu lernen.

In einer weltanschaulich pluralen Schule können mystagogische Momente höchstens angelegt werden.

Lesehinweis

Berk, Tjeu van den (1996): Die mystagogische Dimension religiöser Bildung. In: Tzscheetzsch, Werner/Ziebertz, Hans-Georg (Hgg.): Religionsstile Jugendlicher und moderne Lebenswelt, München, 211–229.

Bitter, Gottfried (1995): Ansätze zu einer Didaktik des Glauben-Lernens. Versuch einer religionspädagogischen Selbstaufklärung. In: Ziebertz, Hans-Georg/Simon, Werner (Hgg.): Bilanz der Religionspädagogik, Düsseldorf, 276–290.

Bleistein, Roman (1979): Mystagogie und Religionspädagogik. In: Vorgrimler, Herbert (Hg.): Wagnis Theologie. Erfahrungen mit der Theologie Karl Rahners (FS Karl Rahner) Freiburg i.Br., 51–60.

Haslinger, Herbert (1991): Sich selbst entdecken – Gott erfahren. Für eine mystagogische Praxis kirchlicher Jugendarbeit, Mainz.

Simon, Werner (1998): Mystagogie. Religionspädagogisch und praktisch-theologisch. In: LThK[3] 7, 571f.

III.8 Biblisches Lernen

Ulrich Kropač

Umfragen zum Thema »Bibel« lassen biblisches Lernen als schwieriges Aufgabengebiet des Religionsunterrichts erscheinen. Hinzu kommen generelle Anfragen an die Bibel durch die Postmoderne, die die christliche Grundüberzeugung, dass sich in der Schrift Gottes Wort niedergeschlagen hat, lediglich als Votum einer partikulären Gruppe betrachtet. Dennoch ist biblisches Lernen nicht chancenlos. Vor dem Hintergrund der einzigartigen theologischen Bedeutung der Bibel und ihres reichen bildungstheoretischen Potentials ermöglicht das Prinzip der Dekonstruktion einen subjekt- und erfahrungsorientierten Religionsunterricht. Dekonstruktion will eine komplexe Bewegung und Begegnung zwischen Subjekt und biblischem Text in Gang setzen, die beiden Polen neue Horizonte eröffnet.

1. Problemanzeige

Einstellungen von Schülerinnen und Schülern zur Bibel

»Hat die Bibel eine große Bedeutung für dich?« – «Wie sollte man sich deiner Meinung nach im Religionsunterricht mit der Bibel beschäftigen?« Diese Fragen gehörten zu einem größeren Fragebogen, den Horst Klaus Berg für eine Untersuchung zum Thema »Bibel« mehr als 4000 Schülerinnen und Schülern vorgelegt hatte (vgl. H.K. Berg 1993, 12–20). Die Auswertung der Antworten erbrachte folgende Ergebnisse:

Bei der ersten Frage zeichnete sich – nicht unerwartet – der Trend ab, dass die Bedeutung der Bibel für Schülerinnen und Schüler mit wachsendem Alter abnimmt. Zugleich war ein hoher und mit zunehmendem Alter steigender Prozentsatz von Schülern festzustellen, die die Antwort »Das kann man nicht so genau sagen« ankreuzten. Anders gesagt: Die Items »große Bedeutung« – «keine große Bedeutung« stellten für eine große Zahl der Befragten – im Schnitt mehr als 50% – keine für sie zutreffende Beschreibung ihres Verhältnisses zur Bibel dar. Offensichtlich siedeln viele Schülerinnen und Schüler die persönliche Bedeutung der Bibel in einem Niemandsland zwischen Relevanz und Irrelevanz an.

Nicht weniger Beachtung verdienen die Antworten, die auf die zweite Frage gegeben wurden. Zwar nahm die Zustimmung auf die Antwort »Man sollte sich ausführlicher mit der Bibel beschäftigen, sie kennenlernen« mit höherem Lebensalter ab, während gleichzeitig die Zustimmung zu der Position »Man sollte sich vor allem mit heutigen Problemen beschäftigen« wuchs. Am häufigsten – durchschnittlich von jedem zweiten – wurde jedoch die Variante angekreuzt, in der eine Beschäftigung mit den gegenwärtigen Problemen *unter Einbeziehung* biblischer Texte vorgeschlagen wurde. Daraus ist der Schluss zu ziehen, dass bei vielen Schülern Interesse an einem lebensbezogenen, erfahrungsorientierten Bibelunterricht besteht. Diesem Bedürfnis kommt aber, wie Berg feststellt, der bisherige Religionsunterricht nicht genügend nach.

Fazit: Die Unentschiedenheit eines großen Teils heutiger Schülerinnen und Schüler hinsichtlich der Bedeutung der Bibel für ihr Leben lässt sich als ein Raum deuten, der Chancen für biblisches Lernen bietet. Entsprechende Konzepte versprechen aber nur dann Aussicht auf Erfolg, wenn sie den Lebens- und Erfahrungsbezug der Schülerinnen und Schüler als unverzichtbare Konstitutionselemente einbringen.

Biblisches Lernen vor den Herausforderungen der Postmoderne

Sinnangebote mit universellem Anspruch stehen quer zu einem Selbstverständnis von Wirklichkeit, für das die Vokabel »postmodern« (→ I.4) üblich geworden ist. Damit hat die Bibel von vornherein einen schweren Stand: Die in der kirchlichen Gemeinschaft vertretene Grundüberzeugung, dass in der Bibel Gottes Wort enthalten ist, das den Menschen unbedingt anzusprechen und ihm einen letztverbindlichen Sinnhorizont zu eröffnen vermag, hat im Horizont der Postmoderne lediglich den Stellenwert eines spezifischen Denksystems einer partikulären Gruppe. Dieses kann nicht mehr Geltung in einem Diskurs beanspruchen als andere Überzeugungen mit ihren je eigenen Argumentationsfiguren. Für biblisches Lernen heißt das: Wie auch immer ein bibeldidaktischer Entwurf ausgestaltet wird, er muss wegen seines konstitutiven Bezugs zur Bibel – verstanden als Gotteswort – in jedem Fall mit Anfragen und Infragestellungen durch ein postmodernes Verständnis von Wirklichkeit rechnen. Im Folgenden werden drei grundlegende Charakteristika der Postmoderne benannt (vgl. Baumann 1999, 35f) und auf ihre Konsequenzen für biblisches Lernen befragt.

Pluralismus

Pluralismus meint kurz gesagt das gleichberechtigte Nebeneinander unterschiedlicher Traditionen mit je eigenen Wertesystemen, ohne dass eine für sich den Primat beanspruchen könnte. Plakativ gesprochen: Wahrheit, Gerechtigkeit, Menschlichkeit gibt es nicht mehr im Singular – nur mehr im Plural (vgl. Welsch 1987, 5; → I.4).

Bibeldidaktisch bedeutet dies zunächst einmal, dass der Religionsunterricht mit Schülerinnen und Schülern zu rechnen hat, für die das christliche Verständnis der Bibel als unhintergehbare Quelle der göttlichen Offenbarung und als Norm des Glaubens gleichberechtigt neben einer Auffassung steht, die in diesem Buch lediglich ein großes Werk der Weltliteratur sieht. Übertragen auf biblischen Unterricht folgt aus einer umfassenden, d.h. Lebenswelt *und* Lebensgeschichte durchdringenden Pluralisierung eine »neue Unübersichtlichkeit der Unterrichtssituationen« (Nipkow 1998, 255f). Sie macht nach Karl Ernst Nipkow eine »hermeneutisch-didaktische Pluralisierung« (Nipkow 1998, 244) erforderlich.

Individualisierung

Kinder und Jugendliche stehen heute vor der schwierigen Aufgabe, angesichts einer in ungezählte Lebenswelten zerfallenden Wirklichkeit ihre eigene Biographie zu konstruieren. Sie sind nicht mehr Mitglieder eines ihnen vorgängigen Traditionsstroms, der ihnen Sinn und Identität verbürgt, sondern partizipieren an verschiedenen Traditionen und Sinnsystemen, aus denen sie Fragmente auswählen und synthetisieren müssen. Subjektwerdung gerät so zu einem hochgradig aktiven und konstruktiven Prozess, zu einem ›biographischen Basteln‹, das eine ›Patch-work-Identität‹ hervorbringt (→ I.1).

Für biblisches Lernen heißt das, dass im Unterricht von Schülerinnen und Schülern auszugehen ist, deren Subjektwerdung sich in oftmals stark divergierenden Lebenswelten vollzogen hat und vollzieht und die in diesem Prozess unterschiedlich weit gekommen sind. Entsprechend vielfältig sind ihre Beziehungen zur Bibel. Ihre Haltung gegenüber der Schrift überstreicht das gesamte Spektrum von Hochachtung bis Ablehnung. Während kirchlich gebundene Schülerinnen und Schüler möglicherweise schon über einen gewissen Schatz an persönlichen Erfahrungen mit Schrifttexten verfügen, haben andere vielleicht zum ersten Mal mit bestimmten Bibeltexten zu tun. Nicht weniger differieren die Einschätzungen von Schülerinnen und Schülern hinsichtlich der Bedeutung der Bibel für Glaubens- und Lebensfragen: Auch hier ist mit einer großen Bandbreite zu rechnen, die Relevanz und Unerheblichkeit gleichermaßen umschließt.

Mehrperspektivität

Lösungen für Fragen der Gegenwart und der Zukunft werden nicht mehr von einem einzigen Traditionssystem erwartet, sondern von einer kritischen Zusammenschau jener Ansätze und Strategien, die unterschiedliche Traditionen anbieten. Komplexe Probleme in einer komplexen Welt verlangen nach einem Dialog zwischen gleichberechtigten Partnern, der seine Kraft aus der Komplementarität und Differenz der unterschiedlichen Perspektiven bezieht (vgl. I.5).

Aus bibeldidaktischer Sicht ergibt sich daraus die Konsequenz, dass die Bibel ihren Anspruch im Gespräch mit den heiligen Schriften der großen Religionen ausweisen muss. Biblisches Lernen öffnet sich so auf interreligiöses Lernen. Auf biblische Texte gemünzt meint Mehrperspektivität, dass sie selbst eine breite Palette von Sinnpotentialen bergen, der auf der Seite des Schülers und der Schülerin ein je eigenes Spektrum von Deutemustern korrespondiert. Unter diesem Vorzeichen gestaltet sich biblisches Lernen als ein Dialog, in dem die unterschiedlichen Perspektiven von Text und Rezipient in Beziehung treten.

2. Begründungsfiguren biblischen Lernens

Theologische Aspekte

Ungeschminktes Menschenbild

Wie kein anderes Buch versammelt und verdichtet die Bibel Erfahrungen von Menschen mit sich selbst, mit anderen und mit Gott. Alle Höhen und Tiefen des Lebens, der Mensch in seinem Glanz und seinem Elend, in überschwenglicher Freude und abgrundtiefer Verzweiflung kommen in ihr zur Sprache. Poetische Texte, die von der Zärtlichkeit und dem Eros der Liebenden durchtönt sind, haben in ihr genauso Platz wie martialische, die von den großen Zügen auf dem Spielplan der Weltgeschichte erzählen, durch die ganze Völker der Katastrophe entgegengehen. Gewalt ist eines der großen Themen in der Bibel, das sie von der ersten bis zur letzten Seite durchzieht. Schonungslos, brüskierend und provozierend wird von Terror, Perversion, ja Genozid gesprochen: Auch das ist Offenbarung, gewissermaßen »Offenbarung von unten«

(Görg 1995, 39). So liefert die Bibel in der Tat »auf allen ihren Ebenen in ihrer tausendjährigen Geschichte ein Spielgelbild dessen [...], was unter Menschen möglich ist« (ebd. 25).

Nicht weniger facettenreich wird das Verhältnis von Menschen zu ihrem Gott ausgebreitet. Hoffnung und Vertrauen auf Gottes starken Arm stehen unausgeglichen neben Erfahrungen, in denen Gott als dunkle und lebensbedrohende Macht erscheint. Der polyphone Chor von Gotteserfahrungen lässt Stimmen des Lobes und Dankes genauso ertönen wie Schreie der Enttäuschung und verzweifelter Anklage.

Wer sich mit der Bibel beschäftigt, dem tut sich die Fülle menschlichen Lebens auf. Er erfährt, was es um den Menschen ist. Damit kann die Bibel für ihn zum Spiegel werden: Das existentielle Ringen und Hoffen anderer vermag auf sein eigenes Dasein hin durchsichtig zu werden.

Suchen und Fragen im Horizont der Hoffnung

Die Bibel begnügt sich nicht mit der Beschreibung und Analyse der menschlichen Existenz. Sie drängt zum Fragen und Handeln, ohne selbst ein Kompendium von Antworten und Handlungsanweisungen sein zu wollen – wofür sie nicht selten gehalten wurde und wird. In der Bibel ergeht die Aufforderung an den Leser, die in ihr eingezeichnete Frage- und Suchbewegung aufzugreifen und als eigene Existenzmöglichkeit zu verwirklichen. Zugleich steckt sie den Horizont ab, auf den hin diese Bewegung erfolgen soll. Sie skizziert Räume, in denen menschliches Zusammenleben ohne Gewalt und in Gemeinschaft möglich ist (vgl. Görg 1995, 25); und sie berichtet immer wieder von Menschen, die aus einer lebendigen und spannungsvollen Gottesbeziehung heraus visionär Modelle gelingenden (Zusammen-)Lebens entworfen haben, die im Widerspruch zu den herrschenden Verhältnissen standen.

Biblisches Lernen kann somit zum Ort werden, an dem Fragen und Suchen als menschliches Existential entfaltet und die Kraft der Phantasie kultiviert wird. Es fordert dazu heraus, im Horizont begründeter Hoffnung Gegenwelten zu vermeintlich unveränderlichen Strukturen zu denken und in Gang zu setzen.

Gottes Wort in Menschenwort

Allen Behauptungen der Postmoderne vom Ende der großen Erzählungen zum Trotz ist für den Gläubigen die Bibel mehr und anderes als eine Sammlung von Schriften: Sie ist für ihn *Heilige* Schrift, weil ihre Texte nicht nur von Mensch und Welt sprechen, sondern auch von Gott, mehr noch, weil Gott *sich selbst,* vermittelt durch menschliche Autoren, in ihnen ausspricht. Sie ist für ihn ›Meta-Erzählung‹, weil die einzelnen Erzählungen bzw. Schriften der Bibel zusammengehören, d.h. *die* Schrift bilden. Zwischen ihnen besteht ein inneres (›heilsgeschichtliches‹) Verweisgeflecht, das die einzelnen Erzählungen als Teil eines übergeordneten, auf Gott selbst zurückgehenden Zusammenhangs begreift, der insofern als ›Meta-Erzählung‹ bezeichnet werden kann.

Die Rede von der Bibel als Gottes Wort in Menschenwort unterliegt gelegentlich Missverständnissen. Die Texte der Bibel dürfen nicht dinglich mit dem Wort Gottes gleichgesetzt werden – diesen Anspruch erhebt der Islam für den Koran –, sie sind vielmehr als »Niederschlag der göttlichen Selbstkundgabe in Schriften, die menschliche Verfasser zu Autoren haben« (Beinert 1995, 94), zu verstehen. In einem ganz spezifischen Sinn verwendet das Neue Testament dieses Prädikat, wenn es Jesus Christus als *das* Wort Gottes bezeichnet, um damit seine einzigartige Beziehung zu Gott, dem Vater, zum Ausdruck zu bringen.

Als Zeugnis der göttlichen Selbstoffenbarung und eines geoffenbarten Menschenverständnisses besitzt die Bibel für Christen einen einzigartigen Rang. Sie übt gegenüber der gesamten Glaubenslehre und Glaubenspraxis eine normierende Funktion aus. Was auch immer als Äußerung christlichen Glaubens Geltung beansprucht – und hierzu gehört auch der Religionsunterricht –, findet in der Bibel als *der* Ur-Kunde der Selbstmitteilung Gottes einen obersten und letzten Maßstab.

Einladung zur Gottesbegegnung

In dem in der Bibel niedergelegten Wort Gottes teilt der sich offenbarende Gott nicht *etwas*, sondern *sich selbst* mit. Damit verbietet sich eine Sicht der Bibel, die in ihr lediglich ein Depositum göttlicher Wahrheiten erkennt. In ihr manifestiert sich vielmehr ein auf Dialog und Heil gerichtetes Handeln Gottes, das mit der Kanonbildung nicht einfach zum Abschluss gekommen ist. Eingerückt in den Kontext der Gegenwart, erschließt sich Gottes Wort in neuen Bedeutungen. Es eröffnet so neue Möglichkeiten der Selbst- und Gotteserkenntnis.

Umgang mit der Bibel heißt dann nicht nur Hören auf ein ergangenes, sondern auch auf ein heute ergehendes Wort. Dieses Hören drängt hin zu einem Dialog, mehr noch, zu einer lebendigen, personalen Begegnung mit Gott, in der der Gläubige Heil erfährt.

Bildungstheoretische Begründung

Biblisches Lernen als Beitrag zur Allgemeinbildung

Gehört zur Allgemeinbildung die »Aneignung der die Menschen gemeinsam angehenden Frage- und Problemstellungen ihrer geschichtlich gewordenen Gegenwart und der sich abzeichnenden Zukunft« (Klafki 1996, 53), versteht es sich von selbst, dass schulischer Unterricht an der breiten Auslegungs- und Wirkungsgeschichte der biblischen Überlieferung nicht vorübergehen kann. Die Einflüsse biblischen Gedankenguts auf unsere gesamte Kultur sind kaum zu überschätzen: Nicht nur unsere Sprache, sondern auch eine Vielzahl von Werken der bildenden Kunst, der Architektur, der Literatur und der Musik trägt mehr oder weniger deutliche Spuren der biblischen Tradition an und in sich. Um ihre Bedeutung erschließen zu können, ist ein Rückgang auf ihre biblischen Quellen notwendig.

Im Streit um Werte und Normen in unserer Gesellschaft spielt die Bibel trotz der nachlassenden kirchlichen Prägekraft noch immer eine erhebliche Rolle. In den Diskussionen um Bewahrung der Schöpfung, um Gerechtigkeit, Euthanasie, Schutz des Lebens, Schutz der Familie, Erhaltung des Friedens usw. wird immer wieder die Stimme der biblischen Tradition hörbar. Ethische Diskurse leben nicht zuletzt aus der Kraft biblischen Denkens, und sei es im Widerspruch dazu!

Wenn es sich die Schule zur Aufgabe macht, im Sinne einer Allgemeinbildung die Erscheinungsformen unserer Kultur zu erschließen, muss die Bibel für sie ein Thema sein. Originärer, wenngleich nicht einziger Ort ist dann der Religionsunterricht.

Biblisches Lernen als Dienst an der (religiösen) Sprachfähigkeit

Wirklichkeit eröffnet sich durch die Sprache und in der Sprache. Zum Bildungsauftrag gehört daher unverzichtbar ein Vertrautmachen mit der Sprache und ihrer erschließenden Funktion für Wirklichkeit. Biblisches Lernen leistet hierfür einen bedeutsamen Beitrag.

Biblischer Unterricht bietet die Chance, ein eindimensionales Welt- und Sprachverständnis aufzubrechen: Die Welt lässt sich nicht auf einen positivistischen Nenner bringen, dessen Pendant eine von Ober- und Untertönen, Andeutungen und Ambivalenzen befreite faktizistische Sprache bildet. Biblische Texte bergen das ganze Spektrum existentieller Erfahrungen. Die Wahl verschiedener Redemodi (symbolisches, bildhaftes, mythisches, rituelles Sprechen) ist Ausdruck eines Ringens um eine angemessene sprachliche Gestalt dieser Erfahrungen. Biblische Sprache – so kann kurz gesagt werden – wagt nicht weniger als den Versuch, die Wirklichkeit in ihrer Fülle und den hinter ihr geahnten unaussprechlichen Grund ins Wort zu heben, wohl wissend, dass dieses Unterfangen von vornherein unter dem Vorzeichen der Inadäquatheit steht.

Lernen an und mit biblischen Texten erweitert also die Sprachkompetenz und das Verständnis von Wirklichkeit. Es stellt sprachliche Formen zur Verbalisierung eigener Erfahrungen zur Verfügung. Dies gilt vor allem für religiöse Erfahrungen. Weil es in erster Linie biblische Kategorien sind, in denen die religiöse Dimension des Daseins in unserem Kulturkreis zur Sprache kommt, steht biblisches Lernen vor der auch bildungstheoretisch relevanten Aufgabe, eine Alphabetisierung in der religiösen Sprache zu leisten.

Biblisches Lernen als Hilfe zur Identitätsfindung

Mögen sie zeitweise übertönt oder anästhesiert werden, auf Dauer lassen sich die großen Fragen »Wer bin ich?« oder »Welchen Sinn hat mein Leben?« nicht unterdrücken. Insbesondere Knotenpunkte in der eigenen Biographie, an denen sich Glück und Erfolg aufgipfeln oder Erfahrungen von Scheitern, Verlust und Tod in tiefste Abgründe führen, lassen diese Grundfragen urplötzlich aufbrechen (→ II.2).

Der über Jahrhunderte gesammelte und im Prozess des Wachsens immer auch neu reflektierte Erfahrungsschatz der Bibel bietet eine Chance, sich existentiellen Fragen zu stellen und sich von der Dynamik der in diesem Buch niedergelegten Antwortversuche herausfordern zu lassen. Die Auseinandersetzung mit der Bibel kann um so bedeutsamer werden, als sich die Suche nach der eigenen Identität in einer von Pluralisierung und Individualisierung gekennzeichneten gesellschaftlichen Situation nicht mehr innerhalb eines relativ geschlossenen sinnstiftenden Rasters vollzieht, sondern dem Einzelnen weitgehend selbst überlassen ist. Im Prozess der Selbstkonstitution des autonomen Subjekts bilden existentielle Grundfragen einen Nukleus. Mit der Bibel steht ein Gesprächspartner zur Verfügung, der dabei hilft, diese Fragen zu stellen und sich ihnen zu stellen. Die Bibel leitet dazu an, die denkerische Provokation, die existentiellen Fragen innewohnt, aufzunehmen und für die mit ihnen verbundenen Ängste und Hoffnungen einen Ausdruck zu finden.

Biblisches Lernen vermag auf diese Weise einen wichtigen Dienst für die Identitätsfindung zu leisten. Ein Charakteristikum biblischen Lernens liegt darin, dass es bei Kindern und Jugendlichen die Erfahrung anbahnen kann, dass sie auf der Suche nach ihrer Identität nicht auf ihr Bemühen und ihre Leistung allein setzen müssen, sondern immer schon unter dem Zuspruch eines liebenden Gottes stehen. Vielleicht kann die Bibel so dazu beitragen, dass Kinder und Jugendliche dem menschlichen Leben eine letzte Sinnhaftigkeit zutrauen und Mut zu diesem Leben fassen.

Biblisches Lernen als Einübung in Kritik und Hoffnung
Die Bibel zeichnet ein bemerkenswerter Realismus aus. Sie wird nicht müde, Verfehlungen und Fehlentwicklungen im Kleinen wie im Großen anzuprangern und zur Umkehr aufzufordern. Biblische Texte halten »gefährliche Erinnerungen« (Johann Baptist Metz) wach: Sie protestieren gegen Verabsolutierungen und mahnen noch nicht eingeholte Möglichkeiten des individuellen und gesellschaftlichen Lebens an. Bei aller Kritik an Zuständen, die menschenunwürdig sind und dem Willen Gottes widersprechen, erzählt die Bibel zugleich von unerwarteten Wendungen zum Guten, die Einzelne (z.B. Paulus) oder ganze Gruppen (z.B. die aus Ägypten ausziehenden Israeliten am Schilfmeer) betreffen. Sie berichtet von Menschen, die sich gegen bestehende Unrechtsverhältnisse stemmten (z.B. die Propheten) und trotz ihrer Misserfolge nicht verstummten, weil sie von einer unauslöschlichen Hoffnung auf Veränderungen angetrieben wurden. Die Sprache der Bibel ist deshalb nicht nur anklagende, sondern auch hoffnungsvolle Sprache. Die Bibel lädt ein, »die Sprache der Hoffnung von den Anfängen an zu lernen« (Baldermann 1996, 16).

Die kritische Funktion der Bibel gegenüber dem »Druck der Verhältnisse« oder »Sachzwängen« lässt sie aus bildungstheoretischer Perspektive bedeutsam erscheinen. Wenn Schule und Bildung nicht in einer Anpassung an die bestehenden Verhältnisse aufgehen, sondern zu Veränderungen im Sinne eines humaneren Lebens beitragen wollen, dann befindet sich biblisches Lernen auf einem soliden bildungstheoretischen und schulpädagogischen Fundament. Auch innerkirchlich wird, nebenbei bemerkt, das Argument des »Sachzwangs« oder der »Tradition« nicht selten bemüht. Insofern kann und muss die Bibel gerade im Binnenraum der Kirche kritische Instanz für deren Handeln sein.

3. Biblisches Lernen nach dem Modell der Elementarisierung

Für die Planung und Durchführung von biblischen Lehr- und Lernprozessen bietet sich das Konzept der Elementarisierung als geeigneter Theorieansatz an (→ II.5). Er soll kurz in einer Gestalt vorgestellt werden, in der die entwicklungspsychologische Dimension integraler Bestandteil ist (vgl. Schweitzer u.a. 1995).

Die Theorie der Elementarisierung ruht auf vier Säulen: Gesucht wird zum einen nach *elementaren Strukturen* und *elementaren Wahrheiten* eines biblischen Texts, gefragt wird zum anderen nach *elementaren Erfahrungen* und *elementaren Entwicklungsbedingungen bzw. Zugängen* im Blick auf die Schülerinnen und Schüler. Die Zuordnung der ersten beiden Dimensionen zur Sachseite, der beiden folgenden zur Subjektseite intendiert keine strikte Trennung der Aspekte »Text« und »Subjekt«: Elementare Wahrheiten betreffen sowohl den Text als auch die Person, ebenso referieren elementare Erfahrungen nicht nur auf heutige Kinder und Jugendliche, sondern auch auf den biblischen Text. Die genannten vier Dimensionen der Elementarisierung werden im Folgenden kurz charakterisiert und am Beispiel des Gleichnisses von den Arbeitern im Weinberg (Mt 20,1–16) erläutert (vgl. Schweitzer u.a. 1995, 24–31; 173–181).

Elementare Strukturen

Die Suche nach elementaren Strukturen einer biblischen Perikope hebt auf die Kennzeichnung konstitutiver und charakteristischer Elemente des Texts ab. Diese betreffen sowohl die Form als auch den Inhalt der Bibelstelle. Dieser Arbeitsschritt bedient sich vor allem der historisch-kritischen Methode und Verfahren der linguistischen Auslegung.

Eine Analyse des Beispieltexts Mt 20,1–16 unter historisch-kritischer Perspektive ergibt, dass die Perikope der Form nach ein Gleichnis ist. Elementare Sinnmitte ist die Güte und Liebe Gottes, die die geltende Korrelation von Leistung und Belohnung gründlich in Frage stellt. Bedeutsam in diesem Zusammenhang ist auch, dass es Jesus ist, der dieses Gleichnis erzählt.

Elementare Erfahrungen

In einem weiteren Schritt werden elementare Erfahrungen ermittelt, die dem biblischen Text zugrunde liegen. Diese Analyse steht nicht für sich. Die Erschließung elementarer biblischer Erfahrungen soll vielmehr Anstoß für Kinder und Jugendliche sein, Ähnlichkeiten zwischen überlieferten und eigenen Erfahrungen zu entdecken, oder Anregung, neue Erfahrungen zu machen, die den biblischen entsprechen.

Im Gleichnis von den Arbeitern im Weinberg lässt sich als elementare Erfahrung ein im gesellschaftlichen Kontext gewachsenes Gerechtigkeitsempfinden ausmachen, das verletzt ist, wenn für gleiche Arbeit nicht gleicher Lohn bezahlt wird. Ähnliche Erfahrungen sind Kindern und Jugendlichen nicht fremd: Der Zusammenhang von Leistung und (sich in Noten ausdrückendem) Erfolg gehört zu ihren elementaren Erfahrungen.

Elementare Entwicklungsbedingungen bzw. Zugänge

Die Einbeziehung entwicklungspsychologischer Befunde in das Elementarisierungskonzept trägt der Erkenntnis Rechnung, dass das Verstehen von Kindern und Jugendlichen von ihrem psychosozialen bzw. kognitiv-strukturellen Entwicklungsstand abhängig ist. Die Begegnung mit biblischen Texten vollzieht sich als kognitiver Assimilierungsprozess, der spezifische Verstehensformen voraussetzt. Geraten diese in Konflikt mit den Deutemustern, die dem biblischen Text eingezeichnet sind, erwächst hieraus für Schülerinnen und Schüler ein kognitiver Konflikt, der die Chance eines echten Lernfortschritts birgt.

Blickt man auf das Gleichnis in Mt 20,1–16, so wird man bei Schülerinnen und Schülern in einem 5. oder 6. Schuljahr (die nach Fritz Oser auf der Stufe 2 des religiösen Urteils stehen, → II.4) von einem lebhaften Interesse an Textdeutungen ausgehen müssen, die eine Wiederherstellung des verletzten Gleichheitsgrundsatzes »Gleicher Lohn für gleiche Arbeit« leisten. Unterrichtserfahrungen zeigen, dass die als nicht hinnehmbar empfundene Gerechtigkeitslücke etwa durch die Annahme gefüllt wurde, die später gekommenen Arbeiter würden am nächsten Tag eher an ihrem Arbeitsplatz erscheinen, während ihre Kollegen entsprechend später ihre Arbeit aufnähmen (vgl. Schweitzer u.a. 1995, 176f). Unter Umständen ist sogar damit zu rechnen, dass Schülerinnen und Schüler Gott als Gegenfigur zu dem »ungerechten« Besitzer des Weinbergs verstehen. Nicht zuletzt ist daran zu denken, dass sie Schwierigkeiten mit der Textgattung Gleichnis und seiner symbolisch-metaphorischen Sprache haben.

Elementare Wahrheiten

Welche Aspekte des Wahrheitsanspruchs, den die biblische Botschaft als Ganzes erhebt, werden in einer bestimmten Perikope greifbar? Unter dieser Fragestellung soll der Bibeltext auf Wahrheiten abgehört werden, in denen sich Grundüberzeugungen des christlichen Glaubens aussprechen. Die Fragebewegung verharrt indes nicht auf der Seite des Texts. Sie drängt zurück zur Subjektseite und sucht die elementaren Wahrheiten, die der Text verwahrt, als existentielle Wahrheiten geltend zu machen – auch und gerade im Widerspruch zu Systemen persönlicher Gewissheit.

Im Gleichnis von den Arbeitern im Weinberg spiegelt sich die im gesamten Neuen Testament bezeugte Wahrheit, dass mit der Gottesherrschaft eine Wirklichkeit angebrochen ist, in der Güte und Liebe den entscheidenden Maßstab bilden. Diese elementare Wahrheit konkurriert mit der durch vielfältige Erfahrungen gestützten Überzeugung, dass unser Zusammenleben nach plausiblen Regeln verläuft, die beispielsweise »Gleiches Recht für alle« oder »Lohn nach Leistung« lauten.

4. Biblisches Lernen im Kontext der Postmoderne

Mit dem Elementarisierungskonzept ist ein sehr allgemeines Modell gegeben, das sich grundsätzlich zur Bearbeitung verschiedener Inhaltsbereiche des Religionsunterrichts eignet. Daneben wurden spezielle bibeldidaktische Entwürfe vorgelegt, so z.B. von Horst K. Berg (1991; 1993), Ingo Baldermann (1996), Wolfgang Langer (1987) und Rudi Ott (1990). Nimmt man die Herausforderungen der Postmoderne ernst (→ I.4), stellt sich jedoch die Frage, ob nicht die herkömmliche Bibeldidaktik aufgegeben und durch eine postmoderne ersetzt werden muss. Mit Blick auf die sich in vielen Bereichen (Wirtschaft, Bildung, Sozialpolitik etc.) vollziehenden Reformen, die auf grundlegende Revision des Bestehenden und Schaffung ganz neuer Strukturen drängen, scheint sich eine Bejahung dieser Fragen nahezulegen. Bei einer nüchternen Sichtung der vorhandenen bibeldidaktischen Theoriekonstrukte deutet sich jedoch eine differenziertere Antwort an: Es kann einerseits davon ausgegangen werden, dass sowohl in der Religionsdidaktik als auch in der Bibeldidaktik grundlegende Theorieelemente bereits geschaffen wurden, die zukunftsfähig sind. Sie bedürfen jedoch andererseits einer stärkeren Profilierung und Fokussierung sowie einer Weiterentwicklung, um im Kontext der Postmoderne bestehen und ihm auch widerstehen zu können.

Im Folgenden werden zunächst zwei Grundprinzipien benannt, die biblisches Lernen unter den Bedingungen der Gegenwart berücksichtigen muss. Als didaktische Realisierung, die diesen Prinzipien in besonderer Weise Rechnung trägt, wird eine wechselseitige Dekonstruktion von Text und Subjekt vorgeschlagen. Ein dritter Abschnitt konkretisiert dekonstruktive Bibelarbeit durch eine Reflexion auf geeignete Lernwege.

Grundprinzipien

Subjektorientierung

Subjektorientierung als basale Signatur der Religionsdidaktik bzw. Bibeldidaktik erscheint als eine selbstverständliche Forderung. Wird sie wirklich ernst genommen, müssen die Schülerinnen und Schüler mit den ihnen eigenen Lebens- und Vorstellungswelten den Ausgangspunkt biblischen Lernens bilden. Empirisch-entwicklungspsychologische Studien haben somit unmittelbar bibeldidaktische Relevanz (→ II.4).

Richtet sich der Blick auf den Prozess biblischen Lernens, konkretisiert sich Subjektorientierung als ein Modus, den Schüler so ins Spiel zu bringen, dass ihm theologische bzw. exegetische Kompetenz zugerechnet und zugetraut wird. Der Zugang zum Text reduziert sich nicht auf die Alternative »falsches bzw. richtiges Verstehen«, die mit dem Ziel einhergeht, den Schüler zum an sich schon feststehenden richtigen Verständnis eines biblischen Textes zu befähigen. Leitend muss vielmehr die Einsicht sein, dass der Sinn eines Textes nicht ohne den Bezug auf den lebensweltlichen Kontext der Rezipienten ermittelt werden kann.

Subjektorientierung als Prinzip biblischen Lernens bedeutet schließlich auch, dass biblischer Unterricht als Dienst an der Identitätsfindung der Schülerinnen und Schüler auszugestalten ist (→ II.2). Er leistet einen Beitrag zur Selbstkonstruktion von Kindern und Jugendlichen als autonome Subjekte (→ II.4). Dabei ist jedoch der Vorstellung entgegenzutreten, dass sich die Beziehung Text – Subjekt in eine unerschöpfliche Vielfalt von individuellen Relationen auflöst. Stufentheorien der religiösen Entwicklung, wie sie etwa von James W. Fowler und Fritz Oser/Paul Gmünder vorgelegt wurden (→ II.4), zeigen, dass es überindividuelle Strukturen (»Stufen«) gibt, die erklären können, warum Interpreten biblischer Texte auf einer bestimmten Stufe ihrer religiösen Entwicklung zu Deutungen kommen, die in ihren Grundzügen übereinstimmen. Die Selbstkonstruktion des Subjekts bleibt also an bestimmte Gesetzmäßigkeiten gebunden.

Erfahrungsorientierung

Die Grundaufgabe biblischer Didaktik, (religiöse) Erfahrungen heutiger Menschen mit der Überlieferung des Glaubens in den Prozess einer wechselseitigen produktiven und kritischen Erschließung und Vermittlung zu bringen, bleibt auch in postmodernen Zeiten gültig. Zum einen ist es erforderlich, das bislang favorisierte »*Reflexionsmodell*« (Schweitzer 1994, 248), das von Erfahrungen der Schüler außerhalb des Unterrichts ausgeht, zu einem Reflexions- *und* Erfahrungsmodell auszubauen. Mit anderen Worten: Religionsunterricht bedenkt nicht nur von außen eingebrachte Erfahrungen, sondern bietet selbst einen Raum, Erfahrungen – auch religiöse! – *zu machen*. Zum anderen ist unter dem Vorzeichen der Individualisierung ein starres Korrelationsmodell auf situative und individualisierende Korrelationsverfahren hin aufzubrechen (→ III.2).

Der skizzierte Ansatz gilt auch für den Umgang mit der Bibel. Biblische Kenntnisse oder gar Vertrautheit mit biblischen Erzählungen können immer weniger als Ausgangspunkt für biblisches Lernen in der Schule vorausgesetzt werden. Erfahrungen mit der

Bibel und (partielle) Vertrautheit mit ihr bezeichnen vielmehr ein wichtiges Ziel biblischen Lernens (vgl. Schweitzer 1999, 132). Religionsunterricht nimmt so die Gestalt eines Erfahrungsraums an, der in sich den Keim zu weiteren Entwicklungen trägt, insofern Erfahrung auf Ausdruck und Handlung zielt (→ III.1).

Wechselseitige Dekonstruktion von Text und Subjekt

Dekonstruktion als Grundbewegung biblischen Lernens

Von Jacques Derrida (²1988) stammt die Methode der Dekonstruktion als Zugang zu philosophischen Texten. Diese Methode soll im Folgenden aufgegriffen und – über Derridas Intentionen hinaus – für biblisches Lernen fruchtbar gemacht werden. Dekonstruktion könnte so zu einem Schlüsselbegriff der biblischen Didaktik avancieren.

Mit dem Kunstwort »Dekonstruktion« wird eine Methode der Textarbeit bezeichnet, die zwei gegensätzliche Bewegungen in sich schließt: Sie verbindet in paradoxer Weise Destruktion und Konstruktion. Destruktiv ist die Methode, weil sie einer vorschnellen Beanspruchung des Texts durch vorgegebene Sinnschemata Widerstand entgegensetzt. Sie besteht auf einem genauen Abhören des Texts auf seine Zwischentöne und Ambivalenzen, seine Dunkelheiten und Abgründe. Dekonstruktion bedeutet Abwehr gegen die Einebnung der vielgestaltigen Sinnspitzen und Sensibilisierung für die untergründigen Bedeutungsschichten eines Texts. Sie initiiert einen Prozess, in dem fortlaufend Fragen an den Text gestellt und immer neue Antworten gesucht werden.

Dekonstruktion erschöpft sich allerdings nicht in Dispersion und Subversion. Zu ihr gehört ebenso eine Bewegung, die als konstruktiv bezeichnet werden kann: Sinngehalte des Texts werden aufgespürt, arrangiert, kontextualisiert und zu neuen Zusammenhängen komponiert. Dieses konstruktivistische Vorgehen (→ I.5.) verwahrt sich allerdings gegenüber jedem Zwang zum System.

Die der Dekonstruktion eigene paradoxe Bewegung könnte als Grundmuster für biblisches Lernen fruchtbar gemacht werden. Dann ist zunächst der Zugang des Subjekts zum Text als Dekonstruktion auszulegen. Aber auch die Umkehrung gilt: Der Text ermöglicht eine Dekonstruktion des Subjekts. Diese wechselseitige Dekonstruktion von Text und Subjekt konvergiert weitgehend mit den Anliegen eines konstruktiv-kritischen Bildungsbegriffs.

Dekonstruktion als methodischer Weg des Subjekts zum Text realisiert sich in pluriformen Textzugängen. Ziel der Arbeit ist es nicht, *die* Wahrheit des Texts zu erheben, sondern vielfältige Sinnpotentiale zu erschließen. Dazu bedarf es vor allem kreativer und spielerischer Formen der Textbegegnung (z.B. Bibliodrama). Dekonstruktion hebt deutlicher, als dies bislang in der Bibeldidaktik der Fall war, hervor, dass Suchen und Fragen, Umkreisen und Perspektivenwechsel eine Weise der Annäherung an die Schrift darstellen, in der sich ein ihr ureigener Grundzug widerspiegelt. Sie hält zugleich gegenüber allen systembildenden Zugriffen an einer nicht restlos aufzuhellenden Fremdheit und Uneindeutigkeit des Texts fest. Dem Subjekt ist es aufgegeben, die sich ihm erschließenden Bedeutungsschichten in Beziehung zur eigenen Person zu bringen und sie subjektiv zu bewahrheiten: Es gibt nicht *den* Sinn des Textes *an sich*, sondern nur Sinngehalte des Textes *für mich*. Diese unterstützen den Konstruktionsprozess der eigenen Biographie (→ III.5).

Dekonstruktion betrifft den biblischen Text *und* das Subjekt. Die Schrift provoziert nicht nur Fragen, sie stellt den Hörer selbst in Frage. Sie ist subversiv gegenüber den Deutungs- und Plausibilitätsmustern, mit denen sich Subjekte in ihrer Welt eingerichtet haben. Biblische Texte befragen das Selbstverständnis der eigenen Person, die übernommenen oder selbst entworfenen Welt- und Gottesbilder. Parallel zu dieser destruktiven Bewegung verläuft eine konstruktive, in der Kräfte, Perspektiven und Hoffnungen sichtbar werden, die die bisher gültigen Denk- und Verhaltensmuster verändern, überwinden oder in neue Zusammenhänge bringen können.

Die Bibel als Buch der Kirche im Horizont von Dekonstruktion

Die Kirche ist Anwalt und Garant für die dekonstruktive Kraft der Bibel. Die Entstehung der Schrift und die Überzeugung, dass sie *Heilige* Schrift, Wort Gottes ist und damit einen menschlich nicht einholbaren offenbarungstheologischen Anspruch in sich begreift, setzen eine Erzähl-, Auslegungs- und Bekenntnisgemeinschaft voraus. Dass die Bibel *Buch der Bücher* ist, hängt aufs engste damit zusammen, dass sie *Buch der Kirche* ist. Jede Beschäftigung mit der Bibel bringt daher im Grunde auch die Kirche ins Spiel, selbst wenn der Zusammenhang zwischen beiden Größen nicht offen zutage tritt.

In der Kirche ist in einzigartiger Weise die Auslegungsgeschichte der Bibel präsent. Im Blick auf die Entfaltung des Sinns biblischer Texte im geschichtlichen Prozess übt sie eine bewahrende Funktion für die in der Bibel enthaltene Offenbarung aus, indem sie gegenüber beliebigen subjektiven Deutungen und Aneignungen auf einem ›Eigen-Sinn‹ der Texte besteht.

Dekonstruktion als Wirkmächtigkeit des biblischen Texts kommt nur dann zum Tragen, wenn die innere (wechselseitige!) Beziehung von Bibel und Kirche zumindest implizit greifbar wird. Dies ist in der Schule zum einen dadurch der Fall, dass die Bibel Gegenstand des *Religions*unterrichts ist. Hier tritt Kirche in Erscheinung, zwar nicht als ›Kirche in der Schule‹, wie es die materialkerygmatische Katechese (→ I.3) intendierte, sondern in ihrer diakonischen Funktion. Den inneren Konnex zwischen Bibel und Kirche verbürgen zum anderen die Religionslehrerinnen und Religionslehrer, die – bei aller kritischen Distanz zur Kirche – an ihrer Sendung teilhaben. Die konkrete Arbeit mit biblischen Texten ist schließlich auch dadurch an die Kirche zurückgebunden, dass in ihr die Ergebnisse der Exegese – die sich selbst wiederum als theologische Disziplin versteht – angemessen berücksichtigt werden. Dabei nimmt die historisch-kritische Methode einen bevorzugten Platz ein (vgl. Die Interpretation der Bibel 1995, 166f). Indem sie den Text vor einer Auflösung in subjektive Spiegelungen schützt und sein kritisches und provozierendes Potential pointiert hervortreten lässt, steht die historisch-kritische Methode im Dienst der Forderung, dass Dekonstruktion ein zweipoliges Geschehen ist, das nicht nur den Text, sondern auch das Subjekt betrifft.

Plädoyer für eine Vielfalt interpretativer Verfahren

In der Praxis konkretisiert sich dekonstruktive Bibelarbeit als wechselseitige Erschließung von Text und Subjekt, die methodisch (→ II.7) die Bereitstellung einer Vielfalt von interpretativen Verfahren voraussetzt. Einige seien genannt (vgl. H.K. Berg 1991):

- *Historisch-kritische Auslegung:* Sie zielt darauf, einen Bibeltext als Dokument der Geschichte zu verstehen und ihn mit geschichts- und literaturwissenschaftlichen Methoden zu untersuchen. Dazu gehören eine philologische Analyse des Texts, eine Klärung seiner Entstehungsgeschichte, eine kritische Rekonstruktion des in ihm thematisierten historischen Geschehens sowie eine Erhebung der Bedeutung, die der Text in der geschichtlichen Situation hatte.

- *Linguistische Auslegung:* Dieser Ansatz begreift den biblischen Text als einen in sich abgeschlossenen sprachlichen Organismus, der aus sich heraus, ohne Berücksichtigung seiner Geschichte und seiner Kontexte, verständlich ist. Interpretiert als System von Beziehungen zwischen verschiedenen sprachlichen Elementen, soll der Text mit Hilfe von literaturwissenschaftlichen Verfahren auf konstante Relationen, die zwischen diesen Elementen bestehen, untersucht werden. Unter methodischer Ausklammerung des Rezipienten fragt die linguistische Auslegung nach den Strukturen der »Welt«, wie sie der biblische Text entwirft. Sie untersucht Raum (z.B. Orte und Wege) und Zeit (z.B. Zeitpunkte und Zeiträume), analysiert die Akteure und ihre Beziehungen (z.B. Hierarchien und Konflikte), eruiert die Wertvorstellungen, die einzelne Personen, Gruppen oder ganze Völker vertreten, und rekonstruiert die Erwartungen und Hoffnungen der Figuren, die in der vom Text geschaffenen Wirklichkeit agieren.

- *Tiefenpsychologische Auslegung:* Sie geht in Anlehnung an Carl G. Jung davon aus, dass von der Menschheit in ihrer Frühgeschichte gemachte gute und heilvolle Erfahrungen mit ganzheitlichem Leben im »Kollektiven Unbewussten« verwahrt sind und in »Archetypen« – symbolischen Bildern, Mythen und biblischen Texten – Gestalt annehmen. Biblische Texte geben demnach nicht nur äußere Ereignisse wieder, die auf der »Objektstufe« zu erfassen sind, sondern auch Vorgänge innerhalb der Psyche, deren Beschreibung auf der »Subjektstufe« erfolgt. Die methodisch geleitete Erschließung der im Text niedergelegten Grunderfahrungen soll orientierende und heilende Impulse vermitteln und so zu gelingendem Leben beitragen.

- *Interaktionale Auslegung:* Interaktion kommt in diesem Konzept in doppelter Weise zum Tragen: als Wechselbeziehung zwischen Leserin/Leser und biblischem Text und als Handlungsgeschehen zwischen den Mitgliedern einer Gruppe, die sich mit diesem Text auseinandersetzen. Grundlegend für die interaktionale Auslegung ist der Vorrang des Laien als Subjekt des Verstehens vor dem exegetischen Spezialisten, die Gruppe als integraler Bestandteil der Interaktion und eine erfahrungsbezogene Bibelarbeit, die den Menschen in allen Dimensionen – leiblich, geistig und seelisch – ansprechen soll (vgl. Vogt 1985).

Grundsätzlich gilt bei der Anbahnung von Lernwegen, dass Lehr- und Lernformen Priorität zukommt, die Schülerinnen und Schülern eine aktive und kreative Auseinandersetzung mit biblischen Texten ermöglichen (→ II.7). Aus entwicklungspsychologischer Sicht ist besonders an Verfahren zu denken, die sie in kognitive Konflikte und dilemmatische Situationen verwickeln. Schließlich ist in Anschlag zu bringen, dass gemeinsame Arbeit an biblischen Texten und den durch sie aufgeworfenen Problemen Lern- und Entwicklungsfortschritte verstärkt.

Das in Abschnitt (1) skizzierte Prinzip einer wechselseitiger Dekonstruktion von Text und Subjekt spiegelt sich in der Doppelbewegung zwischen Person und Sache, wie sie für das Konzept der Elementarisierung zentral ist, radikalisiert sie aber noch. Hilfreich sind Verfahren, die es Schülerinnen und Schülern erlauben, selbst den Text auf für sie erkennbare Sinnelemente zu analysieren (»Destruktion«) und diese zu neuen Sinnstrukturen zusammenzustellen (»Konstruktion«). Biblisches Lernen bleibt jedoch nicht an diesem Punkt stehen. Der Auflösung des Textanspruchs in ein Ensemble subjektiver Interpretationen, die durch ein postmodernes »sowohl – als auch« allesamt in den Rang gleicher Gültigkeit (mit der Gefahr der Gleichgültigkeit) erhoben werden, begegnet es mit einer dekonstruktiven Dynamik, die das Subjekt in Frage stellt, es aber zugleich zu einer Erweiterung seines bisherigen Vorstellungs-, Denk- und Handlungshorizonts herausfordert.

Lernwege

Dekonstruktive Bibelarbeit erfordert ein sensibles didaktisches Arrangement verschiedener Methoden. Im Folgenden sind einige geeignete Methoden aufgelistet. Die knappe Übersicht orientiert sich an den Optionen einer interaktionalen Bibelarbeit (→ II.7) und ordnet Methoden nach dem Dreischritt *Entdecken: auf den Text zugehen – Erarbeiten: vom Text ausgehen – Aneignen: über den Text hinausgehen* (vgl. Vogt 1985, 94–130 und S. Berg 1991, besonders 17–31; zu Methodenfragen vgl. ferner Oser 1987; L. Knecht/M. Knecht 1992; Niehl/Thömmes 1998, hier 111–144):

Entdecken: auf den Text zugehen

- Schülerinnen und Schüler sammeln Assoziationen zu ihnen vorgegebenen Schlüsselwörtern aus einem biblischen Text (z.B. in Form eines Clusters) oder visualisieren diese mit Hilfe von Bildern und Fotos aus Zeitschriften. Die Gedanken oder Bilder werden beim Vortragen des biblischen Texts an den entsprechenden Stellen eingebracht;
- eine biblische Perikope wird vorgetragen, danach erhalten die Schülerinnen und Schüler ein Textblatt. Sie suchen einen Vers aus, der sie besonders angesprochen hat, und tragen diesen vor;
- Erzählen (→ II.7);
- die innere Nähe bzw. Distanz zu einem biblischen Text wird durch die räumliche Distanz zu einer an der entsprechenden Stelle aufgeschlagenen Bibel, die in der Mitte des Raums liegt, dargestellt.

Erarbeiten: vom Text ausgehen

- Vergleich verschiedener Übersetzungen zu einer biblischen Perikope;
- Ausfüllen eingebauter Textlücken (die durch Auslassung einzelner Wörter oder auch ganzer Verse entstanden sind) entweder durch Auswahl aus einem Vorrat von vorgegebenen Varianten oder ganz nach eigenen Vorstellungen;
- Unterbrechung des Texts an einer bestimmten Stelle; die Schülerinnen und Schüler überlegen, wie die Erzählung weitergehen könnte;
- Zusammenfügung einer in Stücke zerschnittenen Bibelstelle zu einem Gesamttext (evtl. werden ein bis zwei Textteile beigegeben, die nicht zum ursprünglichen Text gehören);
- schriftlicher Dialog mit dem Text;
- Auswahl eines Titels aus einer Sammlung unterschiedlicher Überschriften oder freie Titelsuche;
- Strukturierung des Texts, Einfügung von Zwischenüberschriften;
- grafische Darstellung der Beziehungen zwischen den handelnden Personen;
- Gruppen von Schülerinnen und Schülern werden mit Hilfe je verschiedener Leitfragen zu einer Textinterpretation angeleitet; Vergleich der erarbeiteten Interpretationen;
- Neuerzählung des biblischen Texts aus der Perspektive einer Erzählfigur.

Aneignen: über den Text hinausgehen

- Weitererzählung einer biblischen Geschichte (Wie ist es mit einer bestimmten Figur der Perikope weitergegangen?);
- Verfremdung, Aktualisierung bzw. Transformation der Perikope in eine andere Textgattung (z.B. in einen Zeitungsbericht);
- grafische Gestaltung eines Texts (durch Schriftgröße, Schriftattribute, Schriftarten etc.);
- musikalische (z.B. Verklanglichung, Tanz) und bildnerische Gestaltung (z.B. Malen, Collagieren);
- Nach- und Weiterspielen des Texts durch Rollenspiel oder Pantomime;
- Bibliodrama.

5. Unterrichtsbeispiel zur Bibelarbeit als Dekonstruktion

Die folgende Unterrichtseinheit ist für ein 6. Schuljahr konzipiert und bezieht sich auf das Gleichnis von den Arbeitern im Weinberg (Mt 20,1–16).

Zum Gesamtarrangement

Dekonstruktive Bibelarbeit greift auf Strukturen und Methoden zurück, wie sie für einen kreativen Umgang mit biblischen Texten typisch sind. Insofern bedeutet sie keinen radikalen Neubeginn, der mit den herkömmlichen Ansätzen bricht. Gleichwohl setzt die vorzustellende Einheit charakteristische Akzente, sie atmet gewissermaßen »dekonstruktiven Geist«. Dies wird an folgenden Grundzügen erkennbar:

- Die Unterrichtseinheit ist von einer ständigen Pendelbewegung zwischen Text und Subjekt durchzogen;
- der Text kommt nicht als Ganzes auf die SchülerInnen zu, sondern in Fragmenten; er löst so immer neue Fragen und Irritationen aus;
- die SchülerInnen werden nicht zu einer definitiven Positionsbestimmung gedrängt, sondern erhalten die Gelegenheit, vorläufige Standpunkte zu gewinnen, diese zu überdenken und ggf. zu revidieren;
- der gesamte Lernprozess ist konsequent subjektorientiert angelegt;
- er bietet die Möglichkeit, dass die SchülerInnen ihre eigenen Erfahrungen zur Sprache bringen und reflektieren.

Zu den einzelnen Lehr- und Lernschritten

Die Unterrichtseinheit wird mit subjektiven Textzugängen eröffnet (A). Ausgehend von einem Textstück (V. 1b–V. 8) entwerfen die SchülerInnen eigene Erzählvarianten, die das Fragment fortführen. Diese werden auf Differenzen und Gemeinsamkeiten befragt.

Der anschließende Schritt (B) verwickelt die SchülerInnen in eine intensive Auseinandersetzung mit dem Text, indem sukzessive weitere Textstücke – zunächst V. 9f, dann V. 11–15 – eingebracht werden. Diese Phase, geprägt von Irritation, Provokation und Konfrontation, lebt von Anfragen an den biblischen Text durch die SchülerInnen und Infragestellung der Überzeugung der SchülerInnen durch den Text im Wechsel.

Sie mündet ein in eine vorläufige Positionsbestimmung der SchülerInnen (C), in der sie ihre eigenen Denkmuster und konkrete Erfahrungen zum Verhältnis zwischen Leistung und Lohn thematisieren können.

Ein Informationsblock (D) vermittelt Wissen, das zum Verständnis des Texts unabdingbar ist. Herausgestellt wird insbesondere die existentielle Bedeutung eines Denars: Er repräsentiert die Kaufkraft für Lebensmittel, die die Versorgung einer Familie für einen Tag sichern. Diese Informationen werden bewusst erst jetzt gegeben, damit zuvor eine unverstellte, möglichst authentische Textbegegnung erfolgen konnte.

Mit diesen Informationen ausgestattet, sollen die SchülerInnen ihre bislang eingenommenen Positionen überprüfen (E). Ein Rollenspiel, das zwei während des ersten Schritts (A) vorgestellte konkurrierende Erzählvarianten in Szene setzt, lässt die Konsequenzen, die sich aus den in den Erzählungen implizierten Maximen (z.B. »Gleicher Lohn für gleiche Leistung«) ergeben, erfahrbar werden. Zu welchen Schlussfolgerungen die SchülerInnen kommen, muss offen bleiben.

Der letzte Schritt (F) identifiziert den Text als *biblischen* Text, als Text mit einer Reich-Gottes-Perspektive. Er eröffnet einen Raum, das eigene Welt- und Gottesbild zu hinterfragen und zu verändern (entwicklungspsychologisch: Übergang von einer niedrigeren zu einer höheren Stufe). In ihm bahnt sich vielleicht die Erfahrung an, dass durch eine Veränderung der eigenen Lebenspraxis im Sinne des Evangeliums ein Stück des Reiches Gottes im Hier und Jetzt zum Durchbruch kommen kann.

Verlaufsplan

(A) Subjektive Zugänge
• Das Gleichnis wird als Textfragment präsentiert (V. 1b–V. 8);
• die SchülerInnen erzählen den Text ab V. 8 weiter; dabei bringen sie ihre subjektiven Sichtweisen und Wertpräferenzen ein;
• im Austausch werden Differenzen und Gemeinsamkeiten der verschiedenen Erzählvarianten deutlich.

(B) Irritation
• Die SchülerInnen werden mit der provozierenden Praxis, nach der im Gleichnis der Lohn ausbezahlt wird, konfrontiert (V. 9f);
• sie äußern sich zu dem unverständlichen Vorgehen des Weinbergbesitzers; ihre Meinungen schreiben sie in »Sprechblasen«, die sie an die Tafel heften;
• die Äußerungen der SchülerInnen werden mit dem biblischen Text V. 11–15 in Beziehung gebracht und dadurch (vermutlich) teils bestätigt (V. 11f), teils widerlegt (V. 13–15); das provozierende Potential des Gleichnisses wird so voll zur Geltung gebracht.

(C) Vorläufige Positionsbestimmung der SchülerInnen (I)
Partnerarbeit: Je zwei SchülerInnen schreiben dem Weinbergbesitzer einen Brief, in dem sie ihm ihren Standpunkt mitteilen und begründen (hier besteht die Möglichkeit, dass die SchülerInnen ihre eigenen Erfahrungen mit Leistung und Belohnung einbringen).

(D) Information
Anhand von Bildern und Texten wird ein Einblick in das Leben der Menschen zur Zeit Jesu gegeben. Dabei sollte deutlich werden, dass viele Menschen im damaligen Palästina von akuter Armut bedroht waren und buchstäblich von der Hand in den Mund lebten. Ein von einem Tagelöhner erarbeiteter Denar sicherte die Versorgung seiner Familie lediglich für einen Tag. Ein Denar markiert damit gewissermaßen das Existenzminimum! Evtl. wird auch auf die damals übliche Zeiteinteilung (»dritte«, »sechste« Stunde usw.) hingewiesen.

(F) Vorläufige Positionsbestimmung der SchülerInnen (II)
• Spiel mit verteilten Rollen: Die Weinbergarbeiter treffen sich abends am Dorfbrunnen; jeder Arbeiter bringt so viel zu essen mit, wie dem Lohn entspricht, den er nach dem Urteil der SchülerInnen bekommen hätte (symbolisiert durch ein Stück Brot als

Gegenwert für einen Denar und entsprechend kleinere Stücke). Exemplarisch werden zwei kontrastierende Lösungsmöglichkeiten aus den zuvor eingebrachten Erzählvarianten (vgl. (A)) dargestellt und auf ihre praktischen Konsequenzen hin befragt. In jedem Fall sollte klar erkennbar sein, dass ein Arbeiter mit einem Lohn, der unter einem Denar liegt, nicht auskommen kann. Offen bleibt, wie die SchülerInnen mit der Situation umgehen (alle legen ihr Essen zusammen und teilen gerecht auf?);

● die Arbeiter überlegen sich, wie der Weinbergbesitzer handeln sollte, wenn er am nächsten Tag wieder Arbeiter zu unterschiedlichen Tageszeiten einstellt. Ein Sprecher der Arbeiter überbringt dem Weinbergbesitzer diese Empfehlung und diskutiert sie mit ihm.

(F) Reich-Gottes-Perspektive

● Impuls: »Es ist Jesus, der mit dieser Geschichte etwas vom Reich Gottes erzählen will. Er hätte die Geschichte so erzählen können, wie sie viele von euch erwartet hätten: dass nämlich alle ihren Lohn nach der Zahl der Arbeitsstunden erhalten. Er erzählt sie aber anders ...«;

● in dem entstehenden Gespräch soll nach Möglichkeit für SchülerInnen erahnbar werden, wie durch Denken und Handeln im Sinne des Gleichnisses ein Stück des Reiches Gottes Wirklichkeit wird.

Zusammenfassung

Biblisches Lernen wird von Schülerinnen und Schülern als relevant empfunden, wenn der Umgang mit der Bibel lebens- und erfahrungsbezogen ausgerichtet ist. Ein solcher Unterricht ist aus theologischer und bildungstheoretischer Perspektive gut begründbar. Eine geeignete Theorieform für die Planung und Realisierung biblischen Unterrichts ist das Konzept der Elementarisierung. Den Herausforderungen, vor die sich biblisches Lernen durch die Postmoderne gestellt sieht, begegnet in spezifischer Weise das Prinzip einer wechselseitigen Dekonstruktion von biblischem Text und Subjekt. Seine Verwirklichung lässt die religionsunterrichtlichen Grundprinzipien »Subjektorientierung« und »Erfahrungsorientierung« profiliert zur Geltung kommen. Praktisch entfaltet sich dekonstruktive Bibelarbeit im Einsatz einer Vielfalt interpretativer Verfahren, die Text und Rezipienten in eine Bewegung reziproker Anfrage und Horizonteröffnung bringen.

Lesehinweis

Baldermann, Ingo (1996): Einführung in die biblische Didaktik, Darmstadt.
Berg, Horst K. (1991): Ein Wort wie Feuer. Wege lebendiger Bibelauslegung, München/Stuttgart.
Hilger, Georg/Niehl, Franz W. (1989): ... und Jakob hinkt. Bibelarbeit als offener Prozess. In: KatBl 114, 397–403.
Ott, Rudi (1995): Lernen in der Begegnung mit der Bibel. In: Ziebertz, Hans-Georg/Simon, Werner (Hgg.): Bilanz der Religionspädagogik, Düsseldorf, 291–309.

III.9 Ethisches Lernen

Hans-Georg Ziebertz

Im ethischen Lernen beschäftigen sich Schülerinnen und Schüler mit Werten und Normen. Inhalt ethischen Lernens sind die Wertvorstellungen, die persönlich, kirchlich und gesellschaftlich vertreten werden. Ziel ethischen Lernens ist die Fähigkeit, praktische Wertdiskurse zu führen und ein Urteilsvermögen zu entwickeln, das zu verantworteten Entscheidungen befähigt hinsichtlich der Fragen: Was muss ich tun? Was sollen wir tun? Was soll gelten? Was ist wünschbar und haltbar – für mich und für andere? Diese Fragen sind nicht auf ein bestimmtes Schulfach beschränkt, etwa den Ethik-Unterricht. Ihre Bearbeitung hat auch im Religionsunterricht einen festen Platz. Christen urteilen in ethischer Hinsicht (wie andere auch) unter Zuhilfenahme ihrer Vernunft, aber sie tun dies im Horizont der biblisch-christlichen Überlieferung. Daraus ergibt sich eine zweifache Anforderung an ethische Lernprozesse im Religionsunterricht: Schülerinnen und Schüler sollen ihre ethische Urteilskompetenz entwickeln und Wertentscheidungen im Licht der christlichen Botschaft begründen lernen. Dies geschieht im Kontext einer Pluralität von Werten und Normen. Vier Modelle (Wertübertragung, Werterhellung, Wertentwicklung und Wertkommunikation) werden geprüft, wie in ihnen Wertpluralität verarbeitet wird und worin ihre je spezifische Leistung für ethische Lernprozesse liegt.

1. Problem und Fragestellung

Diejenigen, die in der Schule mit Jugendlichen zusammenkommen, sehen sich mit höchst unterschiedlichen Erwartungen, Weltanschauungen und Deutungskonzepten konfrontiert. Sie müssen auf die Interessen der Schülerinnen und Schüler eingehen, deren Ausgangssituation höchst unterschiedlich sein kann und sie müssen sich mit den Erwartungen beschäftigen, die von Eltern, Schule bzw. Schulaufsichtsbehörde, uvm. vertreten werden. Kaum eine dieser Gruppen kann man als homogen bezeichnen. Das gilt auch für die Gruppe der Lehrerinnen und Lehrer. Es ist nicht davon auszugehen, dass die Vielfalt der Positionen immer harmoniert. Vielmehr muss mit konfligierenden Erwartungen, mit sich widersprechenden Interessen und gegensätzlichen Werturteilen gerechnet werden. Auf diese Weise ist die Situation der ethischen Bildung ein Spiegelbild der Pluralität von Einstellungen und Wertorientierungen, die unsere Gesellschaft insgesamt kennzeichnet, einschließlich der Chancen, die sie ermöglicht und der Konflikte, die sie erzeugt.

Aber auch der Bereich der Religion, selbst die römisch-katholische Kirche, bleibt von Pluralität nicht verschont. Zwar hat das II. Vatikanische Konzil Fragen des Glaubens und der Sitte von der »weltlichen Autonomie« ausgenommen, aber die Antworten sind bisweilen vielstimmig, wie Christen in dieser oder jener Situation handeln sollten. Spricht das Lehramt noch relativ einheitlich (wenngleich auch hier Differenz zu beobachten ist: z.B. die ›Königsteiner Erklärung‹ der Deutschen Bischöfe und ›Humanae Vitae‹ 1968; der Konflikt um die Schwangeren-Konfliktberatung innerhalb des deutschen Episkopats und mit Rom 1999), sind die Aussagen der Theologie zum christlichen Proprium bereits pluraler. Auf der Ebene der Gläubigen trifft man schließlich auf eine Bandbreite von Auffassungen, die sich nur noch unerheblich von der Pluralität unterscheidet, die in der Gesellschaft angetroffen werden kann.

Die Pluralität ist ein gesellschaftliches Faktum, von der die Erziehungspraxis durchdrungen wird. Weder ist es möglich, ihr gezielt auszuweichen, noch erscheint es als realisierbar, Erziehungshandeln als heilen Mikrokosmos aus den gesellschaftlichen Zusammenhängen herauszulösen, mit denen die Heranwachsenden unweigerlich verbunden sind.

Die Pluralität hat zur Folge, dass mit der Auswahl bestimmter Wertauffassungen, die tradiert werden sollen, andere Auffassungen gleichzeitig ausgeschlossen werden. Daher wird erwartet, dass sich ihre Vorzugswahl begründen lässt. Lehrerinnen und Lehrer erfahren, dass der kirchliche Verweis auf die Autorität der vorgebrachten Inhalte bei Jugendlichen vielfach ins Leere geht und die Sachargumentation vor der Schwierigkeit steht, dass es zu bestimmten Problemen häufig nicht nur eine, sondern viele Ansichten gibt. Die Chiffre »Tradierungskrise von Werten« greift zu kurz, wenn damit allein Störungen im Vermittlungsprozess oder ein ungünstiges geistig-kulturelles Umfeld gemeint sind. In der Praxis des Religionsunterrichts steht die Legitimation der zu tradierenden Inhalte oftmals selbst zur Diskussion, nämlich dann, wenn es einen Konflikt darüber gibt, welche Werte und Normen es wert sind, tradiert zu werden. Religionslehrerinnen und -lehrer sind in ihrer Praxis in einer Weise neu gefordert, auf den Plural von Kenntnissen, Erfahrungen, Einstellungen, Haltungen und auch Forderungen von Jugendlichen in Wertfragen einzugehen, dem sie mit einer »Wertvermittlung« im traditionellen Sinn kaum gerecht werden können. Vielen ist deutlich, dass weder eine Wende zum Rigorismus, noch zum Relativismus in der Werterziehung als moralpädagogisches Konzept zukunftsfähig sein kann (vgl. Hall 1979, 4–20). Was Akzeptanz finden soll, muss umfassend, mitteilungsfähig und überprüfbar sein. Jugendliche melden den Anspruch an, mehr als nur ein bestimmtes Wertkonzept rational prüfen zu dürfen. Diese Kompetenz zur »Prüfung« wird ihnen in vielen Bereichen des Alltags zugemutet.

Der Religionsunterricht muss seinen Anteil leisten, diese Kompetenz zu entwickeln. Dies gilt umso mehr, als ethisches Lernen in der Schule intentionales Lernen ist. Es ist bewusst geplantes Lernen zu Werten und Normen. Es unterscheidet sich von inzidentellem Lernen, womit jene Internalisierungsvorgänge und Imitationsprozesse gemeint sind, die jedes Kind von Geburt an vollzieht.

Ethisches Lernen soll orientieren, darf aber nicht indoktrinieren. Die in der Gesellschaft vorfindbare Pluralität muss respektiert und Schülerinnen und Schüler dürfen nicht in eine bestimmte Richtung gelenkt werden. Aber der Religionsunterricht will bspw. mit der Lehre der Kirche bekannt machen und kommt nicht umhin, die jeweiligen ›evokativen‹ oder sogar ›präskriptiven‹ Gehalte darzustellen. Die Spannungsfelder ›Parteinahme und Freiheit‹, ›Orientierung und Pluralität‹, ›Rigidität und Verwahrlosung‹ markieren einige der Herausforderungen, die sich für das ethische Lernen in der Schule stellen.

Wie es scheint, ist ethische Erziehung unter den Bedingungen der modernen Gesellschaft kein leichtes Unterfangen. Vor allem gilt die Pluralität von Werten und Normen als ein Problem. Sie ist nach Brezinka (1986) der wesentliche Grund für die Krise, in der sich die ethische Bildung befinde. Der Grund ist einleuchtend: wo gesellschaftlich eine allseits geteilte Wertüberzeugung fehlt, kann ethische Bildung nicht ohne weiteres das Ziel verfolgen, Heranwachsende unhinterfragt in eine bestimmte Wertüberzeugung einführen zu wollen. Aber weder macht es Sinn, das nicht zu beseitigende Faktum der Pluralität anzuklagen, noch ist es zu verantworten, aufgrund der Schwierigkeiten ganz auf ethische Bildung zu verzichten. Die Frage ist also, wie das Problem als Herausforderung begriffen und bewältigt werden kann.

2. Pluralität von Werten und Normen: Problem und Herausforderung

Über die Wertorientierung von Jugendlichen wird viel geschrieben und viel geklagt. Gleichwohl ist es eine Binsenweisheit, dass die Einstellung junger Leute immer auch ein Spiegelbild der Gesellschaft ist. Für die Begleitung ethischer Lernprozesse in der Schule ist Einsicht in die Wertorientierung der Schülerinnen und Schüler sowie in die Wertdynamik der Gesellschaft unerlässlich.

Wertorientierung von Jugendlichen

Im Rahmen einer empirischen Studie wurden Schülerinnen und Schüler aus neunten Klassen in Unterfranken gebeten, zu einer Reihe von Wertaussagen Stellung zu nehmen (vgl. Tab. 1). Das Ergebnis zeigt, dass in den Einstellungen der befragten Jugendlichen deutlich Werte dominieren, in denen die persönliche Freiheit betont wird, in denen ein gewisser Hedonismus befürwortet wird (einschließlich eines positiven Zugangs zur Sexualität) und in denen eudaimonistische Züge erkennbar sind, in welchen das persönliche Glück im Vordergrund steht. Die Übersicht zeigt, dass solche Werte von über 90 Prozent der befragten Schülerinnen und Schüler als besonders wichtig empfunden werden. Erst an zweiter Stelle folgen Wertorientierungen, in denen soziale Bezüge angesprochen werden: Menschen in Schwierigkeiten helfen, Beziehungen eingehen (Ehe und Familie) sowie dem Zusammenleben dienen. Zu diesen Orientierungen gehört aber auch ›viel Geld verdienen‹. An dritter Stelle finden sich vermischte Werte. Dazu zählen der Einsatz für eine gerechte Welt ebenso wie der Wunsch nach einer beruflichen Karriere (›hohe Position‹) – und religiös konnotierte Werte, die allerdings das Schlusslicht bilden. ›Einen Glauben zu haben‹ (vielleicht auch im Sinne ›an etwas zu glauben‹) finden 56 Prozent der Befragten wichtig. Wo aber das Wort ›Gott‹ eingefügt wird, sinkt die Zustimmung unter 50 Prozent.

Zwischen der Wertorientierung der jungen Leute und ihrer Religiosität besteht im Übrigen ein Zusammenhang (vgl. Ziebertz/Schnider 2000). Jugendliche, die sich als ›religiös‹ bezeichnen, sprechen sich signifikant positiver für soziale, familiale und eudaimonistische Wertorientierungen aus und signifikant negativer für materielle und autonomistische im Vergleich zu den Jugendlichen, die sich als ›nicht religiös‹ bezeich-

Welche Werte streben Jugendliche an?
(N=723: Schülerinnen und Schüler aus 9. Klassen in Unterfranken.
Angaben in Prozent)

	nicht wichtig	teils teils	wichtig
Frei und unabhängig sein	0,0	4,0	96,0
Tun und lassen können, was man will	0,5	4,5	95,0
Das Leben genießen	1,0	4,0	95,0
Sexualität erleben	1,0	6,0	93,0
In Harmonie mit mir selbst leben	1,0	9,0	90,0
Viel Geld verdienen	6,0	18,0	76,0
Ein guter Mensch sein	6,0	20,0	74,0
Menschen helfen, die in Schwierigkeiten sind	8,0	23,0	69,0
Stille Momente genießen	9,0	25,0	66,0
Heiraten und eine glückliche Ehe führen	10,0	23,0	66,0
Beitrag für ein menschl. Zusammenleben leisten	7,5	29,0	63,5
Kinder haben	11,0	31,0	58,0
Mich einsetzen für eine gerechte Gesellschaft	11,0	32,0	57,0
Eine hohe Position in der Gesellschaft einnehmen	10,5	34,0	55,5
Einen Glauben haben	14,0	30,0	56,0
Wünschen, dass Gott mein Leben begleitet	27,5	28,0	44,5
Vertrauen in Gott haben	26,5	30,0	43,5

(Quelle: Ziebertz 2001b)

nen. Allerdings ändert dieser Zusammenhang nichts an der Hierarchie der Werte. Auch für die ›religiösen Jugendlichen‹ stehen Freiheit und Autonomie an der Spitze ihrer Wertskala. Ihr Werteprofil entspricht den allgemein anzutreffenden Werthierarchien, wenn auch weniger extrem in der Ausprägung. Wie ist die Wertorientierung dieser jungen Leute zu bewerten? Handelt es sich um eine subkulturelle Wertorientierung oder trifft die Behauptung zu, dass die Werte der Jugendlichen ein Spiegelbild der gesellschaftlichen Wertmuster sind?

Tendenzen des Wertewandels

In Wertorientierungen manifestieren sich Überzeugungen, die über einen längeren Zeitraum menschliches Handeln steuern und das Zusammenleben ordnen. Doch obwohl sie sich nicht wie Tagesaktualitäten ändern, sind sie nicht unveränderlich. In der Werteforschung hat man den Wertewandel vielfach untersucht. Dabei findet ein Befund Bestätigung, den der Soziologe Helmut Klages als Minderung der Orientierung an »Pflicht- und Ordnungswerten« und Aufwertung von »Selbstentfaltungswerten« beschreibt. Bemerkenswert ist für Klages, dass die Ausdehnung des Wertespektrums in Richtung zunehmender Liberalität nicht einhergeht mit der Auflösung autoritär-patriotischer Werte, sondern dass sie sich parallel zu ihnen entfalten, und zwar vor allem in den Bereichen Wirtschaft, Wissenschaft und Verwaltung. Dies sind die ersten Bereiche, in denen sich die Bedeutung kirchlich-konfessioneller Wertkonzepte abschwächt. Im städtischen Bereich geht die Entwicklung schneller als auf dem Land, wo die integrative Kraft der kirchlichen Milieus den Erhalt einer traditionellen Wertordnung sicherstellte.

Klages verfolgt diesen Prozess über die Weimarer Republik und die NS-Zeit bis in die Jahre nach dem Zweiten Weltkrieg. Vor allem in der jungen Generation kam es in den sechziger Jahren des 20. Jahrhunderts zu einer entschiedenen Abwertung von Disziplin, Gehorsam, Pflichterfüllung, Treue, Unterordnung, Fleiß, Anpassungsbereitschaft, Fügsamkeit, Bescheidenheit und Enthaltsamkeit (Klages 1988, 54). Freilich wurden diese Werthaltungen nicht völlig zerstört oder ausgelöscht, sondern sie standen in Konkurrenz zu Selbstentfaltungs- und Selbstverwirklichungswerten wie Genuss, Abenteuer, Ausleben emotionaler Bedürfnisse, Ungebundenheit, Eigenständigkeit und Selbstverwirklichung. In den sechziger und siebziger Jahren verändert sich zum einen die Zustimmung zu den Pflicht- und Ordnungswerten von einem hohen auf ein mittleres Niveau und zum anderen (gleichzeitig) die Zustimmung zu den Selbstentfaltungswerten von einem niedrigen auf ein mittleres Niveau. Diese Entwicklung, die natürlich je nach demographischen, politischen oder sozialen Hintergrundmerkmalen Nuancen erfährt, interpretiert Klages als einen Prozess der *Wertsynthese*. Beide Wertgruppen sind nach wie vor im Bewusstsein der Menschen präsent und zwar im Sinne einer gleichgewichtigen Koexistenz (nicht Verschmelzung).

Klages erklärt den skizzierten Prozess mit dem Übergang von einem nomozentrischen zu einem autozentrischen Selbst- und Weltverständnis. Ein nomozentrisches Selbst- und Weltbild wird durch das Bewusstsein gekennzeichnet, von der Umwelt nicht nur abhängig zu sein, sondern in deren Schuld zu stehen. In diesem Verständnis ist der Mensch auf die Umwelt angewiesen, weil er niemals in der Lage wäre, aus sich selbst heraus sein Leben zu meistern. Das Selbstwertgefühl speist sich vor allem aus dem Vollzug von Zugehörigkeitsrechten und -pflichten. Ein autozentrisches Selbst- und Weltbild gründet auf den Kapazitäten der eigenen Person, auf ihrer individuellen Rationalität und Beurteilungsfähigkeit, auf einem individuellen Nutzwertdenken und dem Bedürfnis nach personaler Verwirklichung. Letzteres kann unter anderem mit Begriffen wie Ungezwungenheit, Unbefangenheit, Unmittelbarkeit, Selbstverwirklichung, Suchen und Ausnutzen von Handlungsspielräumen sowie der Erwartung auf Resonanz präzisiert werden. Das autozentrische Selbst- und Weltbild definiert sich der gesellschaftlichen Umwelt gegenüber als unabhängig oder zumindest unabhängigkeitsberechtigt (Klages 1988, 64ff).

Wertorientierung und Wertewandel

Bringt man den Befund zum Wertewandel mit den oben dargestellten empirischen Ergebnissen in Zusammenhang, scheint die Theorie von Klages eine plausible Erklärung zu bieten. Werte wie Freiheit und Autonomie beinhalten eine Selbstverwirklichungsorientierung und können als Ausdruck eines autozentrischen Weltbildes verstanden werden, in dem das Subjekt in den Mittelpunkt gerückt ist. Während Klages noch von einer Balance von Pflicht- und Selbstentfaltungswerten spricht, ist heute allerdings die Frage, ob sich diese Balance nicht bereits zugunsten der letztgenannten Wertgruppe verändert hat.

Die Analyse des Wertewandels zeigt die Entwicklung auf, dass wir es mit einer Zunahme von Werten zu tun haben, die auf das Individuum bezogen sind. Diese Werte stehen aber nicht in einer negativen Wechselbeziehung zu sozial orientierten Werten. Vielmehr korrespondieren sie miteinander und es ist zu vermuten, dass die Balance in einzelnen Fällen in die eine bzw. andere Richtung ausschlägt. Auffällig ist in jedem Fall die untergeordnete Bedeutung von Werten, die direkt auf die Religiösität abheben. Dieser Befund darf allerdings nicht als eine a-religiöse Haltung interpretiert werden. Es ist der christlichen Religion nicht fern, das persönliche Glück und ein menschliches Zusammenleben zu fördern. Christliche Wertvorstellungen kommen in solchen Werten implizit zur Sprache.

Neben der inhaltlichen Seite ist ein anderer Befund weitreichend. Der gewachsene Freiheitsspielraum auf der Basis eines autozentrischen Weltbildes zeigt die Bedeutung des Individuums bei der Entscheidung für oder gegen Werte. Wie auch immer dieser Befund bewertet wird, es ist nicht von der Hand zu weisen, dass nicht mehr Autorität oder Tradition, sondern der einzelne Mensch in Wertfragen für sich eine Urteilsbefugnis reklamiert. Dieser Anspruch kann nicht ohne Folgen für ein Konzept ethischer Bildung in der Schule bleiben. Es wirft die Frage auf, wie Heranwachsende bei der Entwicklung ihres Urteilsvermögens begleitet werden können.

3. Modelle ethischer Bildung

Im Folgenden werden vier Modelle vorgestellt, mit denen im Unterricht Werte und Normen behandelt werden können (vgl. Van der Ven 1985; Ziebertz 1990).

Wertübertragung

Wertübertragung in einer wertpluralen Gesellschaft anzustreben bedeutet, eine Selektion von Werten und Normen vorzunehmen, die von einer bestimmten sozialen Gruppe präferiert werden. Dabei kann es um die Erhaltung von Werten gehen, die in der Vergangenheit von Bedeutung waren, aber auch um Werte, die als »Emanzipation« von der Tradition verstanden werden. Welchen Werten auch immer der Vorzug gegeben wird, die formale Prozedur ist vergleichbar. Es geht darum, die Einstellung der Jugendlichen zu formen und ihr Handeln zu beeinflussen. Dieses Verfahren setzt voraus, dass Lehrerinnen und Lehrer aus der faktischen Vielfalt von Wertkonzepten eine Selektion vornehmen. Das bedeutet, dass zu Beginn von Lernprozessen feststeht, welche Haltungen in Jugendlichen geformt werden sollen. Mit anderen Worten: ein ausgewählter Bestand an Werten und Normen wird als wichtig und unaufgebbar betrachtet und gilt durch die Ziele, die man damit verbindet (Traditionserhalt oder Traditionskritik), gleichzeitig als legitimiert, ihn an Jugendliche weiterzugeben.

Das Konzept der »Wertübertragung« kann kognitiv, affektiv und voluntativ akzentuiert werden (Van der Ven 1985; Ziebertz/Van der Ven 1991). In der *kognitiven* Akzentuierung geht es vor allem um die Verarbeitung von Informationen. Im Vordergrund steht der Erwerb von Wissen und die Entwicklung des Denkens. Die kognitive Struktur der Lernenden soll gebildet werden, indem sie Werte kennenlernen, sie reproduzieren und klassifizieren können. Die *affektive* Akzentuierung sieht im Lernen von Werten und Normen vor allem einen Internalisierungsvorgang. Werthaltungen sollen eingeprägt und zu einem persönlichen Bekenntnis werden. Wird die affektive Akzentuierung betont, erscheint die kognitive Zuspitzung als eine Intellektualisierung der Moralerziehung. In der affektiven Variante wird dem Lernen an Vorbildern, Tugenden und (gemeinsamen) Idealen der Vorzug gegeben (vgl. Brezinka 1986). Die *volunta-*

tive Akzentuierung intendiert das Ziel, die Willensausrichtung Jugendlicher zu beeinflussen. Häufig wird damit die Formung bestimmter Einstellungen und Haltungen verbunden (Mauermann 1988, 141ff). Für die Wertübertragung ist kennzeichnend, dass
der Lernprozess gesteuert ist, d.h. der inhaltliche Rahmen dessen, was die Motivations-
struktur des Jugendlichen durchdringen und welche Haltung er einnehmen soll, wird
durch die Auswahl des Stoffes vorgegeben, den Lehrerinnen und Lehrer für bedeutsam
halten.

Die Zielstellung der Wertübertragung kann wie folgt kurz zusammengefasst werden: *Jugendliche sollen Werte und Normen übernehmen, die in intentionalen Lernprozessen
von Seiten der Lehrerinnen und Lehrer aus einer Reihe möglicher Alternativen ausgewählt
und für wichtig befunden werden, damit sie daraus eine Werthaltung ausbilden und ihr Handeln danach ausrichten.*

Werterhellung

Das Konzept der Werterhellung ist eine direkte Alternative zum Modell der Wertübertragung. Es geht nicht von bestehenden Werten und Normen aus, die von Jugendlichen
internalisiert werden sollen, sondern von den Werten, die Heranwachsende verinnerlicht haben. Aus der Perspektive der Werterhellung stellt sich nicht das Problem einer
Krise der Moral oder dass bestimmte Moralsysteme durch die Pluralität Schaden nehmen könnten. Sie nimmt den Einzelnen in den Blick und nimmt gewahr, dass und wie
sich die Vielfalt in Verunsicherung, Apathie oder Ziellosigkeit ausdrückt. Die Moral-
krise, so Hall (1979, 10), sei nach diesem Modell in Wirklichkeit eine Identitätskrise.
Entsprechend liegt das moralpädagogische Interesse dieser Akzentuierung ausschließlich beim Einzelnen. Jugendliche sollen lernen, über ihre eigene Werttradition nachzudenken und über den Weg einer biographischen Reflexion zur Einheit ihres Denkens,
Fühlens und Handelns zu gelangen (vgl. Mauermann 1988, 143). Diese Werte sollen
ans Licht gehoben und der Bearbeitung zugänglich gemacht werden, um sie nach einer
Reflexion »im Licht von heute« entweder zu bestätigen, zu korrigieren oder zu verwer-
fen. Das, was als Ergebnis der Wertübertragung angesehen werden kann (Über-
nahme/Internalisierung von Werten), wird durch die Werterhellung biographisch rekonstruiert und problematisiert. Ziel ist das Aufspüren von Konsistenzen und Inkonsistenzen im Wertempfinden entlang der eigenen Biographie zwischen »früher« und
»jetzt«. Gefragt wird, ob sich die erworbenen Werthaltungen mit dem aktuellen Bewusstsein und den aktuellen Gefühlen im Einklang befinden. Methodisch geht es um
den Prozess des »unfreezing«, »involvement« und »freezing«, also dem »Auftauen« er-
worbener Werte, dem »Sich-einlassen« auf eine neue Wahl- und Entscheidungssitua-
tion und schließlich dem »Einfrieren« der neuen Haltung.

Raths u.a. (1976) verstehen ihr Konzept der Werterhellung als entschiedene Alternative zum Konzept der Wertübertragung. Für sie kommt die Wertübertragung selbst
dann der Indoktrination gleich, wenn die internalisierten Werte nicht mit negativen
Gefühlen belegt sind. Erstens würden Jugendlichen Alternativen vorenthalten, zweitens basiere die Legitimation der ausgewählten Werte auf Willkür, drittens seien Werte
relativ und veränderten sich, sodass heute nicht vorausgesagt werden könne, welche
Werte morgen angemessen seien und viertens werde der Wertentwicklung hinsichtlich
der individuellen Identitätsentwicklung nicht hinreichend Bedeutung geschenkt. Die

Freiheit der Selbstfindung des Individuums steht im Mittelpunkt. Der Weg der individuellen Wertklärung soll unter allen Umständen gewahrt bleiben und kein objektiver Wert wird als so bedeutend angesehen, dass mit ihm die freie Orientierung des Einzelnen eingeschränkt werden dürfte. Die Ziele der Arbeit werden nicht aus den Inhalten heraus entwickelt, sondern ihnen gegenübergestellt.

Die Zielstellung der Werterhellung kann wie folgt kurz zusammengefasst werden: *Jugendliche sollen (sich) die Werte und Normen reflexiv bewusst machen, die sie in der Vergangenheit internalisiert haben und im Hinblick auf ihre Gefühle, die sich heute dabei einstellen, Konsistenzen sowie Inkonsistenzen wahrnehmen und bearbeiten mit dem Ziel, durch die Herstellung einer Einheit von Denken, Fühlen und Handeln ihre persönliche Identität zu finden und zu stabilisieren.*

Wertentwicklung

Als Hauptvertreter dieses Ansatzes gilt Lawrence Kohlberg (1981; 1984), der die moralische Entwicklung, genauer, moralisches Urteilen als eine Sequenz von sechs Stufen beschreibt, die Menschen durchlaufen (können). Ein vorkonventionelles Stadium wird dadurch gekennzeichnet, dass sich Menschen an Bestrafung und Gehorsam oder an instrumentellen Werten orientieren. Angedrohte Sanktionen oder die Einstellung »eine Hand wäscht die andere« kennzeichnen die beiden Stufen dieses Stadiums. Konventionell sind für Kohlberg die Stufen drei und vier, in denen Konformität und Loyalität gegenüber den Regeln der Bezugsgruppe oder gegenüber Autoritäten maßgeblich sind. Was die Mehrheit »für gut« befindet oder was in sozialen Ordnungen als »richtig« (»Recht und Ordnung«) gilt, findet auch die persönliche Zustimmung. Autonom (oder postkonventionell) nennt Kohlberg die Stufen fünf und sechs. Die fünfte Stufe wird gekennzeichnet durch die Orientierung an Übereinkünften, die auf Konsensus beruhen und die in öffentlich-rechtlichen Verträgen und Gesetzen ihren Niederschlag finden. Die letzte Stufe schließlich enthält einen universalistischen Kern. Menschen, die sich auf dieser Stufe befinden, orientieren ihr Handeln an abstrakten ethischen Prinzipien, deren Gültigkeit im Licht aller Betroffenen erwiesen werden muss. Kohlberg nennt als Beispiel für solche Prinzipien die »Goldene Regel« oder den »Kategorischen Imperativ«: *Handle nur nach derjenigen Maxime, von der du zugleich wollen kannst, dass sie ein allgemeines Gesetz werde!*

Modelle der Werterziehung, die auf diesem Ansatz aufbauen, interessieren sich vor allem für die Erhöhung der ethischen Urteilskompetenz Jugendlicher. Kohlberg hat in diesem Zusammenhang eine Reihe von moralischen Dilemma-Geschichten entwickelt, mittels derer Jugendliche Entscheidungen diskutieren sollen, welches Handeln in den vorgestellten Situationen anzustreben sei. Für die pädagogische Begleitung stellt sich die Aufgabe, erstens diagnostisch zu ermitteln, auf welcher Stufe sich Jugendliche befinden und sie zweitens mit Argumentationsformen der nächst höheren Stufe zu stimulieren, um einen Stufenwechsel vorzubereiten.

Die Zielstellung der Wertentwicklung kann wie folgt kurz zusammengefasst werden: *Jugendliche sollen ihre moralische Urteilsfähigkeit stufenweise erweitern und über die Arbeit an Dilemmata zu einem prinzipiengeleiteten moralischen Urteil befähigt werden.*

Die Stufen des moralischen Urteilens

Stufe 0:
Egozentrisches Urteilen
(etwa 4 Jahre)

Was richtig ist:
Grund zum Gutsein:

Ich sollte meinen Willen bekommen
Belohnungen erhalten, Strafe vermeiden.

Stufe 1:
Blinder Gehorsam
(etwa Vorschulalter)

Was richtig ist:
Grund zum Gutsein:

Ich sollte tun, wie mir gesagt wird.
Sich aus Schwierigkeiten heraushalten.

Stufe 2:
Fairness als direkter
Austausch:
»Was ist dabei für mich
drin?«
(Grundschuljahre)

Was richtig ist:

Grund zum Gutsein:

Ich sollte an meinen eigenen Nutzen denken,
aber zu denen fair sein, die fair zu mir sind.
Eigeninteresse: Was ist für mich drin?

Stufe 3:
Zwischenmenschliche
Konformität
(Mittlere Kindheit bis
Jugendalter)

Was richtig ist:

Grund zum Gutsein:

Ich sollte ein netter Mensch sein und den Erwartungen derjenigen entsprechen, die ich
kenne und an denen mir liegt.
Ich möchte, dass die anderen gut von mir denken (soziale Anerkennung) und ich damit auch
eine gute Meinung von mir selbst haben kann
(Selbstwertschätzung)

Stufe 4:
Verantwortlichkeit gegen-
über »dem System«
(Mittleres oder spätes
Jugendalter)

Was richtig ist:

Grund zum Gutsein:

Ich sollte meine Verpflichtungen gegenüber
dem sozialen System oder Wertsystem, dem ich
mich zugehörig fühle, erfüllen.
Ich möchte dazu beitragen, dass das System
nicht auseinanderbricht, und ich möchte meine
Selbstachtung als jemand erhalten, der Verpflichtungen nachkommt.

Stufe 5:
Prinzipiengeleitetes Ge-
wissen
(frühes Erwachsenen-
alter)

Was richtig ist:

Grund zum Gutsein:

Ich sollte die größtmögliche Achtung vor den
Rechten und der Würde jedes einzelnen Menschen zeigen, und ich sollte ein System unterstützen, das die Menschenrechte schützt.
Die Gewissenspflicht, gemäß dem Prinzip der
Achtung gegenüber allen menschlichen Lebewesen zu handeln.

(Schema: Lickona 1989, 20—21. Die Beschreibung der Stufen 1 bis 5 basiert auf Lawrence Kohlbergs
Stufen des moralischen Urteilens; Stufe 0 wurde von William Damon und Robert Selman übernommen. Die Altersangaben beziehen sich auf Kinder mit normaler Intelligenz, die in einer fördernden
moralischen Umwelt aufwachsen.)

Wertkommunikation

In der Wertkommunikation ist ›Interaktion‹ ein entscheidender Faktor für den Erwerb
von Werten und Normen. Im Rückgriff auf den symbolischen Interaktionismus (George H. Mead) stellt Habermas (1988, 187ff) heraus, dass Beteiligte in Interaktions-
prozessen kontinuierlich aufeinander Bezug nehmen. Das wichtigste Medium der
Interaktion ist die Sprache. Habermas sieht die besondere Bedeutung der Sprache in
der Leistung, Verständigung (idealiter einen Konsens) über strittig gewordene
»Selbstverständlichkeiten« herbeizuführen. Die Wertkommunikation macht sich diese
Einsicht zu Nutzen und versteht entsprechend die Kommunikation über Werte und

Normen hinsichtlich der Fragen, was für mich und für alle anderen wünschbar ist und gültig sein soll, als Kern ethischer Lernprozesse. Schülerinnen und Schüler lernen zu argumentieren, indem sie in einer realen Kommunikation Geltungsansprüche von Normen vor dem Forum der argumentierenden Vernunft verteidigen (Habermas 1983, 53ff, 64f). Ein wichtiges Prinzip, den argumentativen Gebrauch der Sprache zu nutzen, ist das Konzept der *Dezentrierung*. Unter ethischer Dezentrierung wird im Anschluss an Mead und Piaget der Wechsel zwischen Ich-, Du- und Sie-Perspektive verstanden. Jugendliche lernen beispielsweise, Werte nicht nur aus ihrer eigenen Perspektive zu formulieren und zu erwarten, dass andere sie teilen, sondern sie lernen sich in die/den Andere/n hinein zu denken und deren/dessen Sichtweise zu rekonstruieren. Aber die Frage nach dem, was gelten soll, bleibt nicht auf die Zweierbeziehung begrenzt, sondern schließt eine dritte Perspektive ein. Diese dritte Perspektive fragt danach, ob auch andere, die potentiell von diesen Werten betroffen sind, diesen zustimmen könnten oder nicht. Das Konzept der Dezentrierung hilft, die Frage nach Werten oder der Gültigkeit moralischer Normen zu universalisieren und die Reflexion aus subjektivistischer Befangenheit und Egozentrismus herauszuführen. Maßstab ist nicht allein der andere, sondern allgemeine (universale) Interessen, das übergeordnete Wohl oder die Bedürfnisse derer, die die geringste Chance haben, ihre Belange öffentlich zu vertreten. Damit wird auch die normative Basis der Wertkommunikation berührt. Dieses Konzept ist nicht wertneutral, sondern es orientiert sich am allgemeinen Willen, wie er in der Goldenen Regel oder dem Kategorischen Imperativ formuliert ist.

Pädagogisch enthält die Wertkommunikation einen Vorgriff auf eine ideale Sprechsituation, in der sich die Partner als gleichberechtigt anerkennen, die Argumente der/des Anderen wie eigene behandeln und davon ausgehen, dass Verständigung grundsätzlich möglich ist (vgl. Bender 1988). Diese Unterstellungen werfen in der Arbeit mit Jugendlichen das Problem der faktischen Ungleichheit in Kompetenz und Macht zu den Lehrerinnen und Lehrern auf. Benner und Peukert meinen zu diesem pädagogischen Paradox, dass Moralität beim Heranwachsenden weder vorausgesetzt noch einfach anerzogen werden kann. Könnte man sie voraussetzen, wären moralpädagogische Überlegungen überflüssig. Könnte man sie anerziehen, würde das neuzeitliche Freiheitsprinzip unterlaufen, weil statt unbedingter Achtung vor der Einsicht des anderen in moralische Prinzipien eine Art ›moralische Heteronomie‹ praktiziert würde. Das Paradox wäre dann, freie Einsicht heteronom herbeiführen zu wollen. Jugendlichen muss folglich die noch fehlende Kompetenz in einer Weise zugestanden werden, dass ihr Tätigwerden aus eigener Einsicht stimuliert wird (Benner/Peukert 1983). Dieser Punkt berührt wiederum die normative Grundstruktur des kommunikativen Ansatzes. Freiheit und Autonomie werden nicht nur anthropologisch behauptet, sondern durch die Dialogstruktur des Handelns faktisch ermöglicht; im Blick auf Jugendliche durch einen Vorgriff auf die noch zu erreichende volle Reziprozität. Auf diese Weise bleiben ethische Aussagen nicht außerhalb der Sachgesetzlichkeit der Kommunikationsstruktur, sondern werden in sie verwoben.

Der kommunikative Ansatz, darin liegt die entscheidende Neuerung, macht die Pluralität, also das Zerbrechen einer Selbstverständlichkeit, selbst zum Problem. Es löst die Pluralitätskonflikte nicht ›vor‹ dem Unterricht auf, sondern thematisiert sie mit dem Ziel, dass Schülerinnen und Schüler selbst den Prozess der Begründung und

Abwägung differenter Werte durchlaufen und durch diese Praxis ihre ethische Kompetenz erhöhen. Schülerinnen und Schüler werden ermuntert, eine Bewertung der Ist-Situation vorzunehmen; sie diskutieren über den Soll-Zustand und sie üben sich in der kritischen Prüfung, welche Schlussfolgerungen daraus gezogen werden können bzw. sollen.

Die Zielstellung der Wertkommunikation kann wie folgt kurz zusammengefasst werden: *Jugendliche sollen über Werte und Normen kommunizieren, in der sie mittels argumentativer Verfahren eine Urteilskompetenz ausbilden und »problematisch gewordene Selbstverständlichkeiten« nach Inhalt und Begründung zu rekonstruieren lernen, um von einer ethischen Perspektive aus zu klären, welche Werte und Normen als Leitorientierung für das konkrete Handeln Geltung beanspruchen können.*

Vergleich der Modelle

In der nachfolgenden Übersicht ist ein Vergleich der vier Modelle nach vier Prinzipien dargestellt. Gefragt wird, welche Ziele diese Modelle verfolgen, welche Methode sie präferieren, welche Wertorientierung ihnen zugrunde liegt und wie sie mit der Wertpluralität umgehen. Da es sich um idealtypische Formulierungen handelt, wird es in der Praxis immer Schnittmengen zwischen Modelltypen geben. Für eine allgemeine Bewertung sollen die Modelle hier kurz hinsichtlich ihrer Ziele verglichen werden.

● Das Ziel der Wertübertragung ist, kurz gesagt, Konformität zu herrschenden Auffassungen. Die ethische Qualität bestimmter Werte gilt als erwiesen, was ihre Weitergabe auf direktem Weg legitimiert. Die faktische Wertpluralität kommt nicht zur Sprache, weil quasi stellvertretend für die Jugendlichen eine Auswahl getroffen wird.
● Gegenüber dem deduktiven Charakter der Wertübertragung ist die Werterhellung induktiv orientiert. Für sie sind die Methoden der Wertübertragung indoktrinär, weil sie Jugendlichen nicht wirklich die Freiheit einräumen, ihre Wertorientierung selbsttätig festzulegen und ihre Gefühle, ihr Denken und Handeln in Einklang zu bringen. Darauf kommt es der Werterhellung an. Sie richtet sich kritisch gegen jede Art der Bevormundung. Werte und Normen erhalten ihre Qualität vor allem dadurch, dass sie individuell als wertvoll gelten.
● Dagegen zielt die Wertentwicklung auf die Erhöhung der ethischen Urteilskompetenz, die stufenweise auf ein prinzipiengeleitetes Denken hin fortschreiten soll. Aus der Perspektive der Wertentwicklung verfolgt die Wertübertragung Ziele, die auf dem (prä-)konventionellen Niveau angesiedelt sind. Allerdings steht die Wertentwicklung in der Gefahr, tatsächliche Wertkonflikte zu instrumentalisieren, um über sie einen »Stufenfortschritt« zu erreichen.
● Die Wertkommunikation schließlich nimmt faktische Wertkonflikte zum Anlass, um die ethische Wünschbarkeit der konfligierenden Wertvorstellungen argumentativ zu überprüfen. Ihr Ziel ist es, aus der Perspektive des Anderen (aller Anderen) danach zu suchen, welche Werte es verdienen, dass sie als Leitorientierung für das Handeln herangezogen werden. Erziehung zur ethischen Mündigkeit verlangt in der Perspektive der Wertkommunikation, Heranwachsenden diese Mündigkeit bereits im Verfahren der Kommunikation über Werte tatsächlich zuzugestehen. Mündigkeit darf nicht nur behauptet, sondern muss in der Dialogstruktur praktisch eingelöst werden. Die diesem Modell implizite Wertorientierung liegt also in der Anerkennung der Jugendlichen als sittlich autonome Subjekte. Welchen Werten und Normen sie letztlich folgen, ist das Ergebnis eines Lernprozesses und nicht, wie bei der Wertübertragung, ihr Ausgangspunkt.

An welchem Modell sich Lehrerinnen und Lehrer auch immer praktisch orientieren: Ethische Bildung in der Schule muss zwei Extreme vermeiden: Rigidität und Gewährenlassen. Moralische Rigidität in ethischen Lernprozessen intendiert Vereinnahmung und Konformität. Einer rigiden ethischen Bildung können wohlwollende Motive zugrunde liegen, etwa keine Unsicherheit aufkommen zu lassen und die ›richtigen‹ Antworten zu geben, aber solche Lernprozesse unterliegen der Gefahr der Indoktrination.

Auf der anderen Seite kann Gewährenlassen ein soziales Vakuum schaffen. Schülerinnen und Schüler lernen nicht, ein Urteil zu bilden und zu vertreten. Selbst bei der besten Absicht, etwa die Entscheidungsfreiheit der Heranwachsenden unangetastet zu lassen, tendiert Gewährenlassen zu moralischer Verwahrlosung. Die meisten Chancen, der Freiheit der Schüler Rechnung zu tragen und sie zugleich zu befähigen, zu Werten interpretativ Stellung nehmen zu können, bieten die Modelle Wertentwicklung und Wertkommunikation. Mit der Wertentwicklung wird die Frage nach der Alters- und Entwicklungsgemäßheit in den Mittelpunkt gerückt und mit der Wertkommunikation die edukative Bedeutung faktischer Aushandlungsprozesse. Die Aussage ›Prüfet alles und das Gute behaltet‹ ist ein Imperativ. Er fordert zum eigenen Urteilen und Entscheiden auf – nicht zum Übernehmen der Urteile und Entscheidungen Anderer. Dies gilt es, im Unterricht umzusetzen.

Zusammenfassender Vergleich der vier Modelle

	Wertübertragung	Werterhellung	Wertentwicklung	Wertkommunikation
Ziel	Jugendliche sollen vorab ausgewählte Werte und Normen übernehmen	Jugendliche sollen erworbene moralische Einstellungen erkennen und sich ggf. davon emanzipieren	Jugendliche sollen ihre moralische Urteilskompetenz stufenweise erhöhen	Jugendliche sollen die Wünschbarkeit und Haltbarkeit von Werten und Normen aus einer ethischen Optik beurteilen
Methode/ Verfahren	Weitergabe von Werten und Normen auf direktem Weg durch kognitive, affektive und volitive Lernprozesse	Bewusstmachung von und Konfrontation mit erworbenen Werten und Normen	Diskussion moralischer Konflikte anhand von Dilemma-Geschichten	Teilnahme an argumentativen Diskussionsprozessen mit Perspektivenwechsel
Wertorientierung	liegt in den Inhalten (»dem Wert«) der Werte und Normen, die tradiert werden sollen	liegt in der Optimierung des subjektiven Denkens, Fühlens und Handelns	liegt im Aufbau eines Prinzipien-geleiteten ethischen Urteils	liegt im Ziel der ethischen Mündigkeit des Jugendlichen, die Ziel und Methode ist
Wertpluralität	wird auf jene Werte reduziert, die von Jugendlichen übernommen werden sollen	wird auf die Werte reduziert, die individuell bedeutsam sind	kommt in ausgesuchten Dilemmata in funktionaler Absicht zur Sprache	ist Ausgangspunkt und Gegenstand der Kommunikation über Werte und Normen

4. Urteilskompetenz im Horizont der christlichen Überlieferung

In traditionellen Konzepten ethischen Lernens wird das Gewissen in den Mittelpunkt gerückt, in diesem Kapitel ist es die Urteilskompetenz der Heranwachsenden. Daher muss die Beziehung zwischen beiden Konzepten geklärt werden. Aus der Betonung der Urteilskompetenz ergibt sich konzeptuell eine Präferenz für prozesshaftes Lernen.

Dieses Lernen kann gegen ein produkthaftes Lernen abgesetzt werden. Abschließend ist zu zeigen, was eine spezifisch christliche ethische Bildung auszeichnet.

Gewissen und Entscheidung

Eine erste Frage ist, inwieweit ethisches Lernen im Religionsunterricht auf den Begriff des ›Gewissens‹ angewiesen ist. Der Moraltheologe Bruno Schüller (1980, 40–57) beginnt seine Moraltheologie mit einer Erörterung des Begriffs ›Gewissen‹. Er überprüft unterschiedliche Verwendungsformen dieses Begriffs und kommt zu dem Schluss, dass er entbehrlich sei, weil es bessere Synonyma gebe. Wenn man beispielsweise ›Gewissen‹ im Sinne von ›moralisch‹ versteht, ist damit die Haltung gemeint, sich nicht nur an Zweckmäßigkeit zu orientieren, sondern an sittlichen Pflichten; wenn mit Gewissen der ›innere Gebieter‹ oder das ›Herz‹ gemeint ist, geht es letztlich um die Wahrnehmung eigener Gefühle bzw. der eigenen Stimme; wird ›Gewissen‹ schließlich als Erkenntnisvermögen ausgelegt, lässt sich dieses Vermögen präziser beschreiben als mit dem Wort Gewissen. Schüller billigt dem Gebrauch des Wortes ›Gewissen‹ in der Alltagssprache eine Funktion zu. Wenn aber angegeben werden soll, wie das Gewissen ›funktioniert‹ und wie es gebildet werden soll, scheint ihm dieser Begriff aufgrund seiner mangelnden Präzision vermeidbar. Bei der Rede von ›Gewissen‹ gehe es im Kern um das Erkenntnisvermögen des Menschen. Dieses aber sei nicht durch eine Reflexion tiefer Seelengründe zu erfassen, sondern durch die sittlichen Einsichten und Urteile, zu denen Menschen kommen.

Wenn man die Position Schüllers teilt, geht es in der Gewissensbildung um die Bildung ethischer Einsicht, ethischer Urteilsfähigkeit und die Reflexion ethischen Handelns. Da aus einem bestimmten Denken nicht direkt ein bestimmtes Handeln folgt, wird der Religionsunterricht vor allem an der Herbeiführung von Einsicht und Förderung von Urteilsfähigkeit interessiert sein, also an der Frage, wie ethische Entscheidungen gefällt werden, wie sie zustande kommen und ob sie vor dem Forum der allgemeinen Vernunft Bestand haben können. In diesem Bemühen bietet sich eine Kooperation mit der Moraltheologie an, die Alfons Auer »Autonome Moral« nennt (vgl. Bucher 1995). Diese Richtung in der Moraltheologie vertritt nicht etwa ein Konzept von Autonomie im Sinne individualistischer Willkür, sondern sie radikalisiert die Einsicht, dass der Mensch das Gesollte aus freier Einsicht unter Zuhilfenahme seiner Vernunft erkennen kann. Auer präzisiert: »Der Begriff Autonomie beinhaltet die Vorstellung, dass der Mensch sich selbst Gesetz ist, dass sittliche Normen also dem Menschen nicht von außen im Sinne einer heteronomen Inpflichtnahme auferlegt, sondern von ihm selbst mit der Kraft seiner Vernunft entwickelt werden« (Auer 1984, 206).

Die angesprochenen Fragen durchziehen die gesamte neuere Geistesgeschichte (vgl. u.a. Blankertz 1982). Wie kann auf der einen Seite Erziehung zum sittlichen Handeln pädagogisch gefördert werden, ohne Gefahr zu laufen, auf der anderen Seite die Autonomie und Freiheit des Menschen zu begrenzen? Für die Pädagogen der Aufklärungsepoche war die Einsicht evident: Erziehung soll nicht nur das physische Überleben der Menschen sicherstellen, sondern durch die »Herausführung des Menschen aus der selbstverschuldeten Unmündigkeit« (I. Kant) zu seiner Höherbildung beitragen. Unmündigkeit hatte Kant als das Unvermögen verstanden, sich seines Verstandes ohne die Leitung eines anderen bedienen zu können. Der Mensch soll sein Handeln an den Maximen des Kategorischen Imperativs überprüfen. Woran er sein Handeln ausrichtet, das soll immer auch ein allgemeines Gesetz werden können. Gegen Kants Anspruch, dass Moralität eine Qualität des autonomen Subjekts sei, setzte Hegel die affirmative Freiheit. Die Möglichkeit zur Moralität lag für ihn in der Balance zwischen individuellem Gewissen und vernünftiger Gesellschaftsordnung. Nach Benner und Peukert (1983, 395) bringt die Differenz zwischen Kant und Hegel die Aporie ans Licht, dass man in der Erziehung weder die Autonomie des Willens beim Heranwachsenden einfach voraussetzen, noch von einer gerechten Gesellschaftsordnung ausgehen kann, sondern eine eigene, in Ethik und Gesellschaftstheorie nicht aufgehende, aber auf Autonomie und Moralität gerichtete Fragestellung zu entwickeln hat. Die Aufklärungspädagogen im ausgehenden 18.Jahrhundert bestimmten das Ziel der »Herausführung aus der Unmündigkeit« positiv mit der »Verbesserung der Heranwachsenden«. Der diesem Postulat zugrunde liegende Freiheitsbegriff problematisierte noch nicht die Interdependenzen zwischen der Freiheit des Einzelnen und den systemsteuernden, auf Konformität insistierenden Regeln der Gesellschaft (Parsons). Gegen Ende des 19. Jahrhunderts wurde der Autonomiegedanke vor allem von Marx, Freud und Fromm radikal in Frage gestellt; Marx hielt ihn für idealistisch, weil er für entgegengesetzte Interessen gebraucht werden könne, etwa als machtsteigernde Ausbeutung der arbeitenden durch die herrschende Klasse. Freud und später Fromm machten auf die intrapsychische Determination des Individuums durch verinnerlichte äußere Zwänge aufmerksam und deckten damit eine weitere Grenze des Autonomieanspruchs auf, wie er durch den Idealismus erhoben wurde, der kongruente Interessen zwischen Individuum und Gesellschaft zugrunde legte. Die historischen Erfahrungen seit Kant führten in der Dialektik der Aufklärung zu der verstärkten Diskussion über die Frage nach dem »wozu?« der Erziehung. Damit wurde problematisiert, ob Erziehung überhaupt eine idealistisch-positive Orientierung an Leitbildern sein könne. Gegenüber einer Menschenformung »von außen« und ihren impliziten Zwecksetzungen und möglichen Missbräuchen wird die Überwindung der Fremdbestimmung durch soziale und politische Verhältnisse angestrebt in der Hinführung zu und der Etablierung von Selbsttätigkeit, Selbstverantwortlichkeit und Selbständigkeit. Damit wird der Freiheitsbegriff der Aufklärung erneut radikalisiert und nicht der gesellschaftlichen Kontingenz unterworfen. Unter autonomem Handeln wird verstanden, sich nicht bedingungslos bestimmten Definitionen und vorgegebener Normativität zu unterwerfen, sondern diese zu hinterfragen und in kommunikativem Handeln selber auszubilden (Habermas 1985, 157ff). Autonomes Handeln impliziert demnach einerseits emanzipatorisch die Befreiung von gesellschaftlich verschuldeter Unmündigkeit und Abhängigkeit und will die Heranwachsenden andererseits in die Lage versetzen, die Zwänge und Interessen von außen zu erkennen, aber auch die Zwänge in ihrer verinnerlichten Form (Mollenhauer 1976). Erziehung zur Autonomie kann sich demnach nicht darauf reduzieren lassen, Heranwachsende für das System funktionstüchtig zu machen und sie in das Bestehende zu integrieren. Sie käme Kohlbergs konventionellem Niveau gleich (vgl. Kohlberg/Turiel 1978).

Für die Religionsdidaktik, die mit der Allgemeinen Pädagogik und Didaktik ins Gespräch kommen will, ist eine Auseinandersetzung mit dieser Geschichte unerlässlich, denn sie gerät nach wie vor leicht in Verdacht, jene normative Didaktik weiter zu führen, die Blankertz (1986, bes. 11–27) einer grundlegenden Kritik unterworfen hat. Das Spezifikum der Religionsdidaktik kann nicht in einem eigenen formalen Konzept liegen, sondern muss auf der Ebene der Inhalte zur Sprache kommen.

Produkt und Prozess

Die zweite Frage lautet, ob und warum im Religionsunterricht ein formalethischer Ansatz im Sinne der Modelle Wertentwicklung und Wertkommunikation Bevorzugung verdient vor einem materialethischen Ansatz wie der Wertübertragung. Während in der Wertübertragung materialethische Entscheidungen gefällt werden, welche Werte als tradierungswürdig und welche als nicht tradierungswürdig angesehen werden können, bleiben formalethische Modelle scheinbar inhaltsleer. Man könnte kritisieren, dass sie der moralischen Verwahrlosung Vorschub leisten. Allerdings würde eine solche Kritik übersehen, dass diese Modelle nicht ›wertfrei‹ sind. Die normative Basis dieser Modelle bemisst sich nicht primär an der Auswahl bestimmter Werte, sondern an der Möglichkeit, freie Einsicht durch die Optimierung der Urteilsbildung in einer praktischen Dialogstruktur einzulösen. Wie Jugendliche lernen, ist bereits Bestandteil der Verantwortung ethisch-normativer Erziehung. Dahinter verbirgt sich das seit Kant vernünftigerweise kaum abzustreitende Apriori, dass der Mensch immer selbst das *Ziel* und nie *Mittel* sein soll. Für ethisches Lernen ergibt sich daraus die Forderung, zwischen *Prozess* und *Produkt* zu unterscheiden. Ethische Bildung, die vom Produkt her denkt, setzt apriori eine bestimmte Wertauffassung, die am Ende eines Lernprozesses von Jugendlichen geteilt werden soll. Ethische Bildung, die vom Prozess her denkt, bemüht sich darum, dass Jugendliche ethische Prinzipien kennenlernen, mit deren Hilfe sie in der Lage sind, unterschiedliche Wertauffassungen zu unterscheiden und zu beurteilen. Die normative Basis dieses Vorgehens korreliert im Übrigen mit dem *demokratischen Ethos*, das die Freiheit der Wahl garantiert, damit aber gleichzeitig die Kompetenz voraussetzt, wählen zu können (vgl. Peukert 1984). Sie korreliert ebenso mit der großen Tradition in der Ethik, dass gutes Handeln an die freie Einsicht gebunden ist. Ethische Bildung muss es sich zur Aufgabe machen, dafür die Voraussetzungen zu schaffen oder zu verbessern. Da es letztendlich offen bleibt, für welches ›Produkt‹ sich Jugendliche entscheiden, ist eine Konsequenz aus der Prozessorientierung. Die Modelle Wertentwicklung und Wertkommunikation beruhen auf einer materialen Grundnorm, nämlich der Wertschätzung der Autonomie und Freiheit des Menschen. Von dieser Grundnorm wird gehofft, dass nichts Vernünftiges gegen sie spricht und dass es keinen anderen Wert gibt, der diese Grundnorm in ihrer ethischen Qualität übertreffen könnte. Vor diesem Hintergrund ist die Kritik, formalethische Konzepte seien ›beliebig‹, nicht haltbar.

Jean Piaget schrieb unter dem Eindruck des Krieges im Jahre 1949 (zit. n. Bertram 1986, 123): »Das Problem, das die internationale Erziehung in Angriff nehmen muss, besteht daher im wesentlichen, den Jugendlichen nicht zu vorgegebenen Lösungen hinzuführen, sondern ihm eine Methode an die Hand zu geben, die ihn in die Lage versetzt, selbst solche Lösungen zu entwickeln. In diesem Zusammenhang ist auf zwei miteinander zusammenhängende Grundprinzipien hinzuweisen, von denen eine an der Psychologie orientierte Erziehung niemals abweichen darf: 1. Die einzigen Wahrheiten sind die, die man selbst unabhängig entwickelt hat, und nicht die, die man von außen erhält; 2. das moralisch Gute ist im wesentlichen autonom und kann nicht vorgeschrieben werden.«

Der Verzicht auf die Produktorientierung bedeutet nicht, dass die Darstellung wichtiger kultureller und christlicher Positionen in Unterricht und Bildungsarbeit unterbleibt, wenn Jugendliche diese nicht selbst nennen. Sie sollen sogar in den Unterricht eingebracht werden, weil Werte und Normen nicht traditions- und geschichtslos zu denken sind (vgl. Oser 1996). Nur der Anspruch verändert sich, mit dem sie ins Spiel kommen. Sie müssen mitteilungsfähig (kommunikabel) und grundsätzlich kritisierbar sein, das heißt auch, sie müssen in Lernprozessen als ›Hypothesen über die Wahrheit‹ behandelt werden, damit sie kommunikabel bleiben. Selbst alle als objektiv vorgetragenen Aussagen beruhen auf der Reflexion von Subjekten; sie sind also immer auch für neue Einsichten offen (vgl. II.4).

Ethisches Lernen im Horizont des christlichen Glaubens

Die dritte Frage ist schließlich, was ethisches Lernen im Religionsunterricht von ethischem Lernen im Ethikunterricht oder in anderen Fächern unterscheidet. Eine wichtige Voraussetzung formuliert Alfons Auer, wenn er darlegt, dass die Rede vom christlichen Proprium nicht meint, dass Christen über eine besondere Struktur des Erkenntnisvermögens bzw. der Rationalität verfügen, die von der allgemeinen Vernunft zu unterscheiden wäre. Wenn Christen ethisch urteilen und handeln, bedienen sie sich der Vernunft, die allen Menschen je individuell gegeben ist. Das christliche Proprium ist für Auer vielmehr ein Sinnhorizont, der durch die Offenbarung Gottes in Jesus Christus dem Menschen zugänglich ist und ihn zu einem bestimmten Handeln auffordert. Diese Aufforderung ist allerdings nicht so konkret, als könnten Christen heute aus dem Handeln der Christen zur Zeit Jesu direkt ablesen, was zu tun sei. Die ethischen Prinzipien Jesu, die uns über die Texte der Schrift zugänglich sind, verlangen eine Vermittlung.

Es muss gefragt werden, ob der implizite Sinnhorizont des Modells der Wertentwicklung mit dem Sinnhorizont der christlichen Botschaft konvergiert. Kohlberg nennt als Sinnnorm seines Konzepts ›Gerechtigkeit‹. Prinzipiengeleitetes Urteilen überbietet die vorausliegenden Urteilsstufen gerade dadurch, dass es sich an einer stets universaleren Vorstellung von Gerechtigkeit ausrichtet. Im Blick auf die biblische Tradition wird Gerechtigkeit oftmals als ›Summe‹ des Alten Testaments bezeichnet, die im Neuen Testament durch das Doppelgebot der Liebe (Mt 22,36–40) verdichtet wird. Das Modell der Wertentwicklung ist im Religionsunterricht ›heimisch‹, wenn ›gerechtes Urteilen‹ als Sinnnorm verstanden wird, die ein Zusammenleben intendiert, für das die Propheten gekämpft haben und das durch Jesus Christus vorgelebt wurde.

Es muss auch gefragt werden, ob der implizite Sinnhorizont des Modells der Wertkommunikation mit dem Sinnhorizont der christlichen Botschaft konvergiert. Die Sinnnorm der Wertkommunikation ist die Goldene Regel: ›Alles, was ihr von anderen erwartet, das tut auch ihnen‹ (Mt 7,12). Immanuel Kant hat diese Regel im Kategorischen Imperativ weiter entfaltet. In der Wertkommunikation geht es um die Prüfung von Werten im Licht des Anderen und aller Anderen. Die Kompetenz der Schülerinnen und Schüler zu fördern, damit sie diese Prüfung wahrnehmen können, kann somit als eine Aufgabe verstanden werden, die im Religionsunterricht ›heimisch‹ ist. Gottesliebe, Selbstliebe und Nächstenliebe sind unauflösbar miteinander verbunden, so dass man sagen kann, dass in der Liebe zu sich und zum Nächsten die Liebe zu Gott aufscheint. Die Wertkommunikation operationalisiert diese Liebe als Kommunikationsprozess, in dem machtförmige Herrschaftsbeziehungen aufgebrochen und zu symmetrischer Kommunikation umgestaltet werden. Sie schließt dabei all jene ein, die selbst keine Stimme haben.

Neben einer impliziten Verträglichkeitsprüfung der Modelle Wertentwicklung und Wertkommunikation für den Religionsunterricht muss auch geklärt werden, wie der christliche Sinnhorizont explizit zur Sprache kommt (vgl. auch Adam/Schweitzer 1996, bes. Teil II). Dieser Sinnhorizont ist unter anderem zugänglich in den Zehn Geboten, in der Bergpredigt, in Gleichnissen und Parabeln, in den vielen Zeugnissen von Jesu Handeln im Einsatz für die, die nach gesellschaftlichen Maßstäben zu den Verlierern gehören, usw. Und er ist zugänglich im Alten Testament, von der Schöpfungsgeschichte über Abraham, David bis zu den Propheten. Dazu zwei Beispiele.

Beispiel 1

Schülerinnen und Schüler lesen in der Zeitung von einem neuerlichen Vollzug der Todesstrafe in einem westlichen demokratischen Land. Sie diskutieren über das Pro und Contra zur Todesstrafe. Sie wägen ab, wann und ob überhaupt bestimmten Menschen das Leben genommen werden soll und darf. Vermutlich wird es unterschiedliche Auffassungen geben. In diese Diskussion wird das Gebot ›Du sollst nicht töten‹ eingebracht, das in seiner präzisen Übersetzung lautet: ›Du sollst nicht rechtswidrig töten‹ (vgl. Schüller 1980, 17). Die zweite Formulierung macht deutlich, dass dieses Gebot nicht den Charakter eines Gesetzes hat, sondern dass es sich um Paränese (Mahnrede) handelt. Das Gebot legt nahe, Töten (im Sinne von

Morden) zu verhindern, aber es lässt Raum für Ausnahmen. Im Religionsunterricht muss also weiter gefragt werden, womit Ausnahmen gerechtfertigt werden könnten, wenn das Grundgebot Töten untersagt. Der Dekalog vermittelt in diesem Zusammenhang einen Sinnhorizont, der das eigene Urteilen nicht überflüssig macht, sondern zu der Überlegung auffordert, wie diese Mahnrede praktisch umgesetzt werden kann. Es gilt aber auch: Wer sich als Christ/in versteht, kann über diese Mahnung nicht einfach hinwegsehen.

Beispiel 2

Im Kontext der Weltreligionen wird im Unterricht der Umgang mit Fremden thematisiert. Zahlreiche Presseartikel liegen vor, in denen Fragen der Einwanderungs- und Asylpolitik behandelt werden. Schülerinnen und Schüler haben diese Artikel und weiteres Material zur Verfügung und werden aufgefordert, Stellung zu beziehen. Konkret liegt ein Bericht über die polizeiliche Beendigung eines Kirchenasyls vor. Einige werden sagen, dass man die Leute abschieben muss, wenn sie nicht als Asylbewerber anerkannt sind. Andere werden für mehr Großzügigkeit plädieren. Aus christlicher Sicht gibt es nicht die eine richtige Antwort. Im Religionsunterricht stellen biblische Aussagen aber einen Sinnhorizont für die Urteilsbildung zur Verfügung: der Verweis auf das Fremd-Sein in Ägypten (Ex 23,9), das Liebesgebot Fremden gegenüber (Ex 20,2–3; Lev 19,33f), der Verweis auf den Fremden im Samariter-Gleichnis, der mein ›Nächster‹ sein soll (Lk 10,25–27), das Eins-Werden in Christus und die Relativierung der Herkunft (Gal 3,28), das Zusammenwachsen zu einer Einheit in Vielfalt (Apg 2,1–14), die Behandlung des Fremden als Kriterium für das Heil des Menschen (Mt 25,31–36) usw. Keine dieser Stellen bietet eine direkte Lösung für Probleme der Migration oder des Asyls. Ethische Urteilsbildung im Religionsunterricht zu fördern bedeutet, diesen Sinnhorizont kennen zu lernen, ihn einzubeziehen zu lernen oder gar von ihm aus urteilen und entscheiden zu können.

Die Beispiele zeigen, dass das christliche Proprium nicht einfach auf den Punkt zu bringen ist. Das kann nur gelingen, wenn man es sehr abstrakt formuliert (bspw. als Gerechtigkeit und Liebe). Abstrakte Formulierungen haben den Nachteil, dass der Weg von ihnen bis zur Anwendung sehr weit sein kann. Das christliche Proprium verlangt daher zu jeder Zeit eine neue Ausdeutung. Diese Aufgabe ist der gesamten Theologie aufgegeben – und was die Ethik betrifft, der Moraltheologie (vgl. Gillen 1989). Allerdings spricht die Theologie vielstimmig. Daher ist allein der Bezug auf die Bibel als Quelle des Glaubens nicht hinreichend. Auch reicht nach katholischer Tradition der Glaubenssinn der Getauften und Gefirmten nicht hin. Dieser Glaubenssinn erlaubt es zwar, ihr Urteilsvermögen hervorzuheben, auch wenn dies – wie im Falle der Heranwachsenden – erst gebildet werden muss und daher als ›Vorgriff‹ geschieht. Die Kirche weist aber darauf hin, dass das sittliche Urteil auch an dem Maß nehmen soll, was die Kirche lehrt. Es ist der katholischen Tradition eigen, neben Bibel und Glaubenssinn des Gottesvolkes die Verkündigung der Kirche als Quelle des Glaubens anzusehen. Nach Alfons Auer (1984, 185–197) können die Aussagen des Lehramtes auf dreifache Weise ethisches Urteilen begleiten:

- Das Lehramt soll die christliche Botschaft in *integrierender Weise* vortragen, wo Vielstimmigkeit gegeben ist;
- es soll die Botschaft *stimulierend* zur Sprache bringen, wo es darum geht, sich des christlichen Sinnhorizonts zu vergewissern;
- und es soll die Überlieferung schließlich in *kritischer* Absicht einbringen, wo gesellschaftliche Entwicklungen das Humanum mit Füßen zu treten drohen.

Ethisches Lernen im Religionsunterricht ist kommunikatives Handeln. Die religionspädagogische Sinnspitze liegt nicht zuerst in dem *Ergebnis* der anzustrebenden Übereinkunft, sondern im *Prozess*, der zu einer Übereinkunft führt. Hierin besteht eine Übereinkunft mit Schallers Plädoyer für eine *Pädagogik der Kommunikation*:

»Wir finden heute in dem was ist, keine Stelle mehr, der die Regel über das, was sein soll, entspringen könnte. Verbindlichkeit – Regel hier und heute – wird nicht vorgefunden, sondern hervorgebracht: um unseres Weiterlebens als Menschen willen generiert im Prozess gemeinsamer Sinnverständigung: Kommunikation. Diesem Prozess können wir nicht entrinnen; wir sind als Menschen, die mit anderen Menschen in dieser Welt leben, in diesen Prozess verwickelt, bevor wir um ihn wissen. Hinter diese Erfahrung des mit Anderen in Welt Seins können wir nicht zurück. Wir sind (gleichsam) verurteilt zu Sinn. Wenn das so ist, erhält die Erziehung eine neue Dimension. Da geht es nun nicht mehr allein um Mitteilung von Fakten und Vermittlung von vorformulierten Sinnsätzen (Normen), sondern darüber hinaus und vielleicht zuvor ... um Hervorbringung von Sinn, welcher für die an der Hervorbringung Beteiligten (Lehrer und Schüler) als Stück ihrer Selbst von ihnen nicht zu trennen und auch um ihrer selbst willen verbindlich ist« (Schaller 1991, 92).

In diesem Ansatz wird Kommunikation nicht auf den Bedeutungszusammenhang von »Gespräch«, »Dialog« oder »Unterhaltung« reduziert, sondern es geht um die sinngenerierende Kraft der Kommunikation. Ethisches Lernen im Religionsunterricht ist kommunikatives Lernen. Wertentwicklung und Wertkommunikation werden mit dem christlichen Sinnhorizont verbunden, indem

- das eigene Gefühl für das Gute aktiviert, der biblische Sinnhorizont erschlossen und die Stimme des Lehramtes vorgestellt wird;
- unter alters- und entwicklungsgemäßer Rücksicht die Frage nach der Wünschbarkeit und Haltbarkeit von Werturteilen gestellt und faktischen Kommunikationssituationen ausgesetzt wird;
- Schülerinnen und Schüler ›durch Tun Lernen‹ (Kommunikation ist Handeln!), d.h., ihr Urteilsvermögen schärfen durch die Entwicklung und den Austausch von Argumenten, der wechselseitigen Übernahme von Perspektiven und der Suche nach Verständigung.

Zusammenfassung

Ethische Bildung findet heute im Kontext einer radikalen Pluralität von Werten und Normen statt. Die »Normalität« der Wertkonflikte ist kein Hinderungsgrund für ethische Bildung, sondern ihr Ausgangspunkt. Die Geschichte der Moralerziehung hat deutlich gemacht, dass die ethische Bildung auf zweifache Weise aufmerksam sein muss: sie hat sich um eine adäquate Aufbereitung der Inhalte ethischen Lernens zu bemühen und sie muss eine adäquate Methode finden, wie Werte und Normen zur Sprache gebracht werden können. Was die Methode betrifft, bieten die Modelle der Wertentwicklung und der Wertkommunikation die besten Voraussetzungen, Heranwachsenden Werte und Normen zu erschließen. Sie nehmen die Wertpluralität ernst und intendieren eine Erhöhung der Urteilsfähigkeit der Schülerinnen und Schüler. Was die Inhalte betrifft, sind Heranwachsende nicht vor der Pluralität zu schützen, die sie in der Gesellschaft ohnehin erfahren. Vielmehr erscheint es sinnvoll, sie unter der Berücksichtigung der Alters- und Entwicklungsgemäßheit mit Wertkonflikten zu konfrontieren und ihnen zu ermöglichen, im Blick auf konfligierende Werte Argumentieren zu üben und das Beziehen eigener Standpunkte zu erlernen. Dabei sollen sie christliche Prinzipien kennenlernen und diese in ihre Begründung einbeziehen können.

Lesehinweis

Adam, Gottfried/Schweitzer, Friedrich (1996): Ethisch erziehen in der Schule, Göttingen.
Lickona, Thomas (1989): Wie man gute Kinder erzieht, München.
Ziebertz, Hans-Georg (1990): Moralerziehung im Wertpluralismus, Weinheim/Kampen.

III.10 Ökumenisches Lernen

Stephan Leimgruber

Ökumenisches Lernen hat sich von einer dogmatisch geprägten, zwischenkirchlichen Kontroverstheologie erweitert zu einem gemeinsamen Suchprozess in jenen Aufgaben, welche die Tagesordnung der Welt vorgibt. Es meint neu das gemeinschaftliche Lernen in und zwischen den christlichen Kirchen angesichts der Überlebensfrage der Menschheit und der Sendung der Christen für die Welt. Ein Hoffnungszeichen für diesen Prozess war die Unterzeichnung der »Gemeinsamen Erklärung über die Rechtfertigung« in Augsburg (1999), welche frühere gegenseitige Verurteilungen in neuem Licht sehen ließ und Versöhnung inaugurierte. – Im Religionsunterricht haben diese Veränderungen markante Spuren hinterlassen, reicht seine Gestalt heute von einem monokonfessionellen Unterricht über konfessionell-kooperative Konzeptionen bis hin zu bekenntnisübergreifenden Organisationsformen. »Ökumenisches Lernen« hat somit zwei Stoßrichtungen: In der »kleinen Ökumene« geht es um ein besseres Verstehen der anderen christlichen Konfessionen, um bessere Kooperation und Konvivenz. In der »großen Ökumene« berührt es »interreligiöses Lernen« (vgl. III.11) und »globales Lernen im Konziliaren Prozess« (vgl. III.12). Hier steht die »kleine Ökumene« zwischen den Konfessionen im Vordergrund, während die »große Ökumene« nur hin und wieder angesprochen werden kann.

1. Problemstellungen

Am 31. Oktober 1999 fand in Augsburg ein beeindruckendes ökumenisches Ereignis statt. Nach einer längeren Vorbereitungszeit haben die beiden Großkirchen, vertreten durch Bischof Krause und Kardinal Cassidy, in der St. Annakirche zu Augsburg eine gemeinsame Erklärung über die Rechtfertigung unterzeichnet. In jener Stadt also, wo Martin Luther im Oktober 1518 bei einem Treffen mit dem päpstlichen Delegierten Cajetan seine neuen Lehren hätte widerrufen sollen, sich aber weigerte, wurde jetzt eine Übereinstimmung gefunden. Der einstige Hauptstreitpunkt war die Lehre von der Rechtfertigung. Von ihr wird jetzt gesagt, dass sie im Wesentlichen von beiden Konfessionen gleich verstanden wird. Die Frage nämlich, wie Gott sündige Menschen »rechtfertigt«, das heißt »erlöst« oder »befreit«, wird so beantwortet, dass Gott den Menschen *allein aufgrund des Glaubens* rettet, nicht aber aufgrund vorher geleisteter Werke. Die »Werke« oder guten Taten ›erwachsen‹ aus dem Glauben, der in der Liebe wirksam wird (vgl. Gal 5, 6). Damit ist der einst mit Bann verurteilte Martin Luther rehabilitiert, die einst so scharf trennende Lehre neu verstanden, und es ist zu hoffen, dass der Prozess gegenseitiger Verständigung, der Annäherung und der Kooperation, kurz, der Prozess der Ökumene im dritten Jahrtausend weiter voranschreitet. Hierbei ist zu fragen, welches Modell von Ökumene und welche Zielvorstellungen anvisiert werden, denn die Konfessionen haben mittlerweile ein Eigenleben entfaltet.

In der *Wahrnehmung vieler Kinder und Jugendlicher* sind die konfessionellen Grenzen undeutlich geworden. Konfessionelle Identitäten sind bei Jugendlichen heute weniger vorhanden als vor dreißig Jahren, wobei Unterschiede von Stadt und Land zu beachten sind. Zwar wird nach wie vor in Europa der größte Teil der katholischen Kinder zur Erstkommunion und Firmung in bisweilen intensiven katechetischen Kursen geführt und die Mehrheit der evangelischen Jugendlichen zur Konfirmation begleitet. Doch hinterlassen diese Initiationen immer weniger Spuren, und es stellt sich die Frage, ob ökumenisches Lernen auch ohne oder mit nur geringer konfessioneller Identität möglich ist. – Gewiss stellen Kinder und Jugendliche in manchen Dörfern fest, dass es zwei verschiedene Kirchen gibt: eine katholische und eine evangelische. Genauer betrachtet sind diese Kirchen im Innern recht unterschiedlich ausgestattet. In städtischen Agglomerationen können außerdem orthodoxe Gotteshäuser mit goldenen Zwiebeltürmen entdeckt werden, seltener alt- oder christkatholische Kirchen, zunehmend jedoch islamische Moscheen. Insgesamt gibt es auf der Welt über dreihundert christliche Kirchen mit etwa 1,5 Milliarden Mitgliedern. Deshalb muss hier nach dem Zusammenhang zwischen innerkirchlicher und interreligiöser Ökumene gefragt werden.

Weil Kinder und Jugendliche an vielen Orten *Religionsunterricht* nach Konfessionen aufgeteilt besuchen, fragen sie gelegentlich: Müssen wir uns wirklich im Religionsunterricht, wo es doch vorrangig um Fragen des Lebens, des Glaubens und der Religion geht, trennen? Weshalb gibt es überhaupt verschiedene Kirchen, wenn doch alle Leute an denselben Gott glauben? Warum wird an Sonn- und Feiertagen nicht gemeinsam in einer Kirche gebetet? Warum feiern die einen Erstkommunion und Firmung, die andern Konfirmation und Abendmahl? – Und immer häufiger wird gefragt: Was glauben Muslime? Wieso fasten sie und tragen bestimmte Kleider?

Dieser Beitrag fragt nach den ökumenischen Zielvorstellungen (5) und einigen Aspekten »ökumenischen Lernens« (6), die gegenwärtig verhandelt werden. Um sie zu erörtern sind zunächst begriffliche Klärungen hilfreich (2), dann einige geschichtliche Erinnerungen (3) sowie die wichtigsten Etappen der Ökumene (4). Als Unterrichtsbeispiel soll von Erfahrungen über ökumenisches Lernen in einer siebten Jahrgangsstufe berichtet werden (7).

2. Begriffsklärungen

Da der Begriff »Ökumene« mehrdeutig verwendet wird, mag eine Begriffsklärung nützlich sein. Sie wird auch die Bedeutung von »ökumenischem Lernen« mitprägen.

»Kleine Ökumene«

Unter *»Kleiner Ökumene«* wird die Bewegung konfessioneller Gemeinschaften der Christenheit bzw. der einen Kirche Christi aufeinander zu verstanden, vorab die Annäherung der evangelischen und der römisch-katholischen Kirche, aber auch der orthodoxen, anglikanischen Kirche und weiterer Konfessionen. Während sich beide Großkirchen von der Reformation bis ins 20. Jahrhundert voneinander abgrenzten, ist seit gut fünfzig Jahren eine gegenläufige Bewegung in Gang gekommen. Die »kleine Ökumene« geht vom gemeinsamen trinitarischen Gottesglauben und von der allen Christen gemeinsamen Taufe aus und respektiert die je andere Konfession in ihrer Andersheit. Mittlerweile ist es zu zahlreichen ökumenischen Aktivitäten (z.B. Gottesdiensten, sozialen Aktionen und interkonfessionell-kooperativem Religionsunterricht) gekommen. All diese ökumenischen Unternehmungen gelten als »kleine Ökumene«, als binnenkirchliche oder innerchristliche Ökumene.

»Abrahamitische Ökumene«

Ökumene wird zweitens für die gegenseitige Annäherung der drei abrahamitischen Religionen verwendet. Man spricht von der »*abrahamitischen Ökumene*« (vgl. Küng 1992) und meint den Prozess gegenseitiger Verständigung von Judentum, Christentum und Islam. Die Ökumene zwischen Judentum und Christentum (auch jüdisch-christliche Ökumene genannt) ist erst nach der Schoa in Gang gekommen und bringt den Christen ins Bewusstsein, wie nahe sie dem Judentum stehen und dass sie aus ihm hervorgegangen sind, dass Jesus, Maria und die Jünger Juden waren. Es wird neu gesehen, dass die Juden im Grunde die »älteren Geschwister« der Christen sind. Der recht große gemeinsame Schatz (Heilige Schrift, weitgehend gemeinsame Ethik, ähnliche Liturgien und Gebete) wird immer mehr entdeckt. Die Ökumene zwischen Christen und Muslimen wird erst seit den jüngsten Wanderbewegungen ernsthaft thematisiert. Jerusalem gilt als Prüfstein der »*abrahamitischen Ökumene*«, wo sich diese drei Religionen in einer symbolträchtigen Stadt mit einer wechselvollen Geschichte miteinander arrangieren und verständigen müssen. Gerade hier wird deutlich, dass die »*abrahamitische Ökumene*« erst am Anfang steht (vgl. III.11).

»Große Ökumene«

Schließlich besteht die »*Große Ökumene*« oder auch »*interreligiöse Ökumene*« im Dialog zwischen den Weltreligionen Hinduismus, Buddhismus, Konfuzianismus, Taoismus, Judentum, Christentum und Islam. Wie die Welt immer schneller zusammenwächst, so müssen sich die großen Religionen zusehends untereinander absprechen. Wollen sie die Überlebensprobleme dieser Welt wirksam angehen, müssen sie miteinander kooperieren. Die »Große Ökumene« ist dem »Konziliaren Prozess« sehr ähnlich, welcher alle Menschen guten Willens einlädt, Gerechtigkeit, Frieden und Bewahrung der Schöpfung zu fördern. Dieser weite Ökumenebegriff bringt ins Bewusstsein, dass »Ökumene« etymologisch das Zusammenleben aller Menschen auf der ganzen bewohnten Erde (oikoumene gä) meint. So beginnt Ökumene zwar vor Ort, sie bezieht aber von Anfang an den Welthorizont ein (vgl. III.11).

3. »Denk an die Tage der Vergangenheit, lerne aus den Jahren der Geschichte« (Dtn 32,7)

Diese Worte aus dem Ersten Testament sind für die Zukunft ökumenischen Lernens hilfreich, weil sie der Überzeugung Audruck geben, dass das kulturelle Gedächtnis nicht zu unterschätzen ist und aus der Geschichte Konsequenzen zu ziehen sind.

Jesus und Paulus in Auseinandersetzung mit Einheit und Pluralität

So kann aus der Kirchengeschichte gelernt werden, dass in Glaubensfragen schon zur Zeit Jesu und des Apostels Paulus »Parteiungen« existierten und ein Ringen um Einheit im Geiste, aber nicht um Uniformität lebensrelevant war. Die Geschichte zeigt uns einen fortschreitenden Differenzierungsprozess des Christseins in multiple Konfessionen, vergleichbar mit einem blühenden Baum, der viele Äste und Früchte trägt, die in Christus einen gemeinsamen Stamm und im Judentum gemeinsame Wurzeln haben. – Jesus ist gekommen, um das Reich Gottes zu verkünden. Zeichenhaft ist es angebrochen durch sein Wirken, etwa in den Heilungen von Kranken, durch sein versöhnendes Handeln oder auch seine Mahlpraxis. Die Aussage des vierten Evangelisten »Alle sollen eins sein: Wie du, Vater, in mir bist und ich in dir bin, sollen auch sie in uns sein, damit die Welt glaubt, dass du mich gesandt hast« (Joh 17,21) bringt durchaus die Grundeinstellung Jesu im Hinblick auf die Jünger und eine künftige Gemeinschaft von Christinnen und Christen zum Ausdruck. Doch so wenig »Einheit im Glauben« mit Uniformität zu verwechseln ist, so sehr sah sich bereits Jesus mit pluralen Bekenntnissen konfrontiert. Als er seine Jünger vor Cäsarea Phillippi fragte, für wen sie ihn hielten, meinten sie: »Einige für Johannes den Täufer, andere für Elija, wieder andere für sonst einen von den Propheten« (Mk 8,28).

Bereits der Apostel Paulus musste in der Gemeinde Korinth verschiedene Gruppierungen (1 Kor 1,10), auch Konflikte, »Zank und Streit« (1 Kor 1,11) feststellen. In der Tat sind fremde Missionare in die Stadt eingedrungen, weshalb verschiedene Gruppen entstanden sind, die jeweils sagten: »Ich halte zu Paulus – ich halte zu Apollo – ich zu Kephas – ich zu Christus« (1 Kor 1,12). Es gab Leugner der Auferstehung in der korinthischen Gemeinde (1 Kor 15,12), die Paulus nicht autoritär ausschloss, aber zurechtwies. Er schrieb die Andersglaubenden nicht einfach ab, sondern suchte mit ihnen das herausfordernde Gespräch. Paulus ging achtsam mit Pluralität um und suchte Konflikte kommunikativ und entschieden anzugehen (Ortkemper 1997, 249).

Die Entstehung christlicher Kirchen

Im ersten Jahrtausend entstanden im damaligen Römischen Reich zwei große Hauptäste des Christentums, nämlich die mit Rom verbundene Westkirche und die selbständig gewordene Ostkirche um Konstantinopel bzw. die östlichen Traditionen. Ihre Entstehung hatte mehrere Ursachen: theologische, liturgische und politische. Das Jahr 1054 gilt als Zeitpunkt, wo die beiden Hauptäste eine relative Selbständigkeit gewannen.

Im Laufe des 16. Jahrhunderts kam es hierzulande zu einer massiven Auseinandersetzung zwischen Martin Luther und der herkömmlichen Kirche, woraus sich mehrere Äste der reformatorischen Kirchen bildeten. Hauptstreitpunkt der Reformationszeit war, wie eingangs erwähnt, die Rechtfertigung als Prinzip. Am 31. Oktober 1999 wurde dieser Hauptstreitpunkt von Lutheranern und römischen Katholiken revidiert.

Die Kirche in England war bis ins 16. Jahrhundert eine Ortskirche des Westens, die unter der Rechtssprechung des Papstes stand. Kurz vor 1530 entstand die anglikanische Kirche. Zu ihr gehören zahlreiche Christen Englands, Irlands und Schottlands, dazu viele in Skandinavien und in Amerika.

Im 19. Jahrhundert entstand im Anschluss an das Erste Vatikanische Konzil eine weitere Teilkirche: die altkatholische oder auch christkatholische Kirche. Einigen Katholiken in Deutschland, Holland und in der Schweiz erschienen die Lehren dieses Konzils zu zentralistisch (besonders der Iurisdiktionsprimat und die päpstliche Infallibilität), sodass sie Rom nicht weiterhin anerkennen konnten und eine eigene Kirche gründeten. Abgesehen von diesem Streitpunkt hat die christkatholische Kirche sehr viel gemeinsam mit der römisch-katholischen Kirche (z. B. Liturgie, Sakramente).

Das 20. Jahrhundert kennt weitere Verästelungen des Christentums. Eine hat sich nach dem Zweiten Vatikanischen Konzil um Erzbischof Lefebvre gebildet, weil verschiedene Neuerungen des Konzils nicht anerkannt wurden (z.B. Religionsfreiheit).

Die Kirchengeschichte kann uns zeigen, durch welche Konflikte und durch welch intensives Ringen eine bunte Vielfalt christlicher Kirchen entstanden ist. So steht gleichsam ein mächtiger Baum mit fast unzähligen Ästen da, deren verschiedene Traditionen und Früchte insgesamt einen großen Reichtum darstellen. Nicht eingegangen werden kann in diesem Rahmen auf die Entstehung der großen Religionen, die ebenfalls einen Reichtum für die Welt darstellen.

4. Etappen der ökumenischen Bewegung

Die Anfänge der ökumenischen Bewegung

Im 19. und vor allem im 20. Jahrhundert ist den christlichen Kirchen bewusst geworden, dass die Vielgestaltigkeit der Christenheit das glaubwürdige Zeugnis dann beeinträchtigt, wenn die einzelnen Kirchen voneinander abgesondert leben. Spätestens die fast kämpferische Konkurrenz um Anteile der Konfessionen in den Missionsländern brachte die ökumenische Bewegung in Gang (Pannenberg 1999, 70). – Nachdem sich bereits herausragende Theologen wie Johann Adam Möhler (1796–1838) und Ignaz von Döllinger (1799–1890) für die Einheit der Christen und eine positive Sicht der Juden einsetzten (Bischof 1997, 474f), bemühten sich die erste Weltmissionskonferenz in Edinburgh (1910) um eine Zusammenarbeit der Konfessionen in den Missionsländern und 1927 die erste Weltkonferenz für Glauben und Kirchenverfassung (faith and order) um eine bessere Verständigung der Kirchen untereinander.

Für die Kirchen der Reformation und weitere Kirchen bedeutet das Jahr 1948 mit der Gründung des Ökumenischen Weltkirchenrates (ÖRK) mit Sitz in Genf einen wichtigen Meilenstein auf dem Weg der Ökumene. Dieser Rat hat in Genf symbolisch eine Kirche als Schiff gebaut, in dem alle christlichen Teilkirchen Platz finden sollten. Mittlerweile sind über 300 christliche Kirchen Mitglieder des ÖRK, darunter viele aus Afrika, Amerika und Europa.

Das II. Vatikanische Konzil und die Ökumene

Die römisch-katholische Kirche bejahte die interreligiöse (vgl. Nostra aetate) und die innerkirchliche Ökumene erst auf dem Zweiten Vatikanischen Konzil (1962–65). Im Ökumenismusdekret »Redintegratio unitatis« (UR) (1964) verstand sie Ökumene positiv als Aspekt der »Katholischen«, d. h. »weltweiten« Kirche. Im Gegensatz zur alten Forderung nach einer »Rückkehr« der von Rom getrennten Kirchen stand das Konzil zur eigenen Reformbedürftigkeit. Es intendierte reale Anerkennung des christlichen

Erbes in den anderen Kirchen, auch wenn dieses unterschiedlich und von einer differenzierten Kirchenzugehörigkeit sei. Schlüssel zu dieser Anerkennung bildete die Einsicht, dass Gottes Geist auch außerhalb der eigenen Kirche wirksam ist. Er erfüllt das ganze Erdenrund! Das Konzil hielt daran fest, »dass einige, ja sogar viele und bedeutende Elemente oder Güter, aus denen insgesamt die Kirche erbaut wird und ihr Leben gewinnt, auch außerhalb der sichtbaren Grenzen der katholischen Kirche existieren können: das geschriebene Wort Gottes, das Leben der Gnade, Glaube, Hoffnung und Liebe und andere innere Gaben des Heiligen Geistes und sichtbare Elemente« (UR, Nr. 3). Und im nächsten Abschnitt: »Es ist billig und heilsam, die Reichtümer Christi und das Wirken der Geisteskräfte im Leben der anderen anzuerkennen, die für Christus Zeugnis geben, manchmal bis zur Hingabe des Lebens« (UR, Nr. 4). Darüber hinaus formulierte dieses Dekret das Prinzip der *»Hierarchie der Wahrheiten innerhalb der katholischen Lehre«* (UR, Nr. 11). Das heißt, die Glaubensaussagen haben einen je verschiedenen Stellenwert innerhalb des ganzen Glaubens, je nachdem sie nämlich »mit dem Fundament des christlichen Glaubens« (UR, Nr. 11) verbunden sind.

Gegenüber den Orthodoxen kam es am 7.12.1965 zur Aufhebung des 1054 ausgesprochenen Kirchenbannes und im Weltkirchenrat nahm die katholische Kirche Einsitz in der Kommission »Glaube und Kirchenverfassung« (1968). Bilaterale und multilaterale Gespräche kamen in Gang. – Weitere bedeutsame Etappen der Ökumenischen Bewegung bildeten in Deutschland (1980) die Untersuchung über die Lehrverurteilungen der Reformationszeit mit dem Resultat, dass diese heute weitgehend nicht mehr zuträfen. Das Limadokument (1982) stellte ferner eine weitgehende Übereinstimmung in den Fragen der Taufe, der Eucharistie und des Amtes fest und erarbeitete eine gemeinsame Liturgie mit den wesentlichen Elementen. 1993 kam es zu der gemeinsamen und verbindlichen Auslegung des Glaubensbekenntnisses (Nizänum-Konstantinopeletanum) für alle christlichen Kirchen: Die Ökumeneenzyklika (1995) »Ut unum sint« (Dass alle eins sind) Johannes Pauls II. eröffnete eine Diskussion über die Form des Petrusdienstes. Ein echtes Vorankommen über das konziliäre Anerkennen und Teilhaben hinaus bestand darin, dass der Papst ein gegenseitiges Lernen und Helfen postulierte. – Zu erwähnen sind ferner die interreligiösen Gebete in der Franziskusstadt Assisi (1986, 1993 und 2002), wo Vertreter der christlichen Kirchen, des Judentums, des Islam und fernöstlicher Religionen um Frieden beteten.

5. Ökumenische Zielvorstellungen

In der ökumenischen Diskussion wurden in den vergangenen Jahrzehnten mehrere Modelle der Einheit und Konvivenz erarbeitet, deren Perspektiven Grundlagen für das ökumenische Lernen abgeben und die deshalb kurz vorgestellt werden.

»Kirche für andere« bzw. Kirche als Heilssakrament
Die evangelische Tradition knüpfte für ihr Grundverständnis von Ökumene an die Einsicht Dietrich Bonhoeffers an, dass Kirche nur wirklich Kirche ist und sein kann, wenn sie für andere da ist. Sie erhält ihre Legitimität allein vom Dienst an der Welt im Na-

men des Evangeliums, und zwar weil Jesus Christus selbst sein Leben für die Welt hingegeben hat. Für Ernst Lange bedeutet dies im Hinblick auf die Ökumene, dass nicht die Überwindung der Kirchenspaltung vorrangig ist, sondern das Dasein der Kirche für andere, letztlich für den Frieden der Welt (Schwab 2001).

Katholischerseits kommt die dienende Funktion der Kirche an der Einheit der ganzen Menschheit im Sakramentsbegriff des Zweiten Vatikanischen Konzils zum Tragen. Die Kirche ist keine sich selbst genügende, vollkommene Gemeinschaft (societas perfecta) mehr, sondern »in Christus gleichsam das Sakrament, das heißt Zeichen und Werkzeug für die innigste Vereinigung mit Gott wie für die Einheit der ganzen Menschheit« (Lumen gentium, Nr. 1). Dadurch hat die diakonisch verstandene Kirche eine Scharnierfunktion erhalten, welche a) zwischen den Menschen und b) zwischen den Menschen und ihrem Ursprung vermitteln soll. Sie ist Zeichen und Instrument des Heils, nicht das Heil selbst, denn sie ist mit aller Armseligkeit dieser Welt behaftet.

Das Modell »konziliare Gemeinschaft«

Diese Ökumenevorstellung aus den 1970er Jahren stammt von der Kommission für Glaube und Kirchenverfassung des Ökumenischen Rates der Kirchen. Sie meint eine Gemeinschaft von untereinander verbundenen Lokalkirchen, denen allen Katholizität zukommt. Sie anerkennen die anderen Gliedkirchen derselben Kirche Christi, wissen sich vom selben Geist Gottes geleitet, feiern dieselbe Taufe und dasselbe Abendmahl. Sie erfüllen den gleichen Auftrag Christi durch ihren Dienst in der Welt und bilden untereinander gleichsam ein großes Netz der Kirche.

Das Modell »Einheit in versöhnter Verschiedenheit«

Dieses Modell entwickelten hauptsächlich die konfessionellen Weltbünde. Sie verstanden darunter eine Kirchengemeinschaft, in der sich die einzelnen Gliedkirchen gegenseitig anerkennen bei bleibender konfessioneller Verschiedenheit. Es gibt dem Beharrungsvermögen der gewachsenen Konfessionen Raum und ruft sie gleichzeitig zur Erneuerung und Modifikation auf. Die Besonderheiten sollen so geläutert werden, dass sie für die anderen als legitime Ausprägung des christlichen Glaubens sichtbar werden. Ziel ist damit die Versöhnung und Bejahung der anderen in ihrem Anderssein. Dieses Modell hat auch von römisch-katholischer Seite Zustimmung erfahren.

Das Modell der »Koinonie«

Dieses Modell der Koinonie (Gemeinschaft) wurde von der Vollversammlung des Ökumenischen Rates der Kirchen 1991 in Canberra zur Sprache gebracht. Es stellt nicht mehr den christozentrischen Universalismus den Mittelpunkt, wonach alle in Christus Heil finden, sondern die Gemeinschaft der Kirchen in ihrer Solidarität mit der Welt und der ganzen Schöpfung. Die Einheit der Kirchen kommt im gemeinsamen Bekenntnis des apostolischen Glaubens und in der gemeinsamen Sendung zum Ausdruck, in der alle Menschen das Evangelium bezeugen und der ganzen Schöpfung dienen.

»Wiedereingliederung« oder »Communio«?

Nach der römisch-katholischen Kirche versteht sich, wie erwähnt, Ökumene seit dem Konzil nicht mehr als »Rückkehr« der anderen Konfessionen in den Schoß der »Mutter Kirche«. Auch möchte sie verhindern, dass sich die entstandenen Konfessionen selbst aufgeben. Die leitende Vorstellung ist vielmehr »Wiedereingliederung« der anderen Kirchen im Sinne der Wiedervereinigung, wobei diese Vorstellung nicht ganz klar ist. Wohl dürfte die sakramentale Gestalt der Kirche dazu gehören sowie die Anerkennung der apostolischen Sukzession des Episkopates und die Anerkennung des Bischofs von Rom als Papst. Von größerer Tragweite wäre allerdings das Konzept der Communio, welches eine, wenn auch gestufte Teilhabe vorsähe. Mit Bezug auf das Zweite Vatikanische Konzil hat das jüngste Schreiben der Glaubenskongregation »Dominus Jesus« (2000) allerdings die Differenzen zwischen den römischen Katholiken, die »die Fülle der Heilsmittel besitzen«, und den Nicht-Katholiken wie auch gegenüber den nichtchristlichen Religionen hervorgehoben. Die lebhafte Debatte über das Schreiben zeigt, wie unabgeschlossen die Diskussion über die Vorstellungen der Ökumene heute noch ist und weiterer Klärung bedarf. Für das ökumenische Lernen bedeutsam ist jedenfalls die Vorstellung einer »Einheit in der Vielfalt« oder einer »versöhnten Einheit« und nicht der Einförmigkeit.

6. Aspekte ökumenischen Lernens

Nachfolgend soll versucht werden, die Vielzahl der gegenwärtig existierenden Entwürfe ökumenischen Lernens zu systematisieren, ausgehend vom Nahbereich der »kleinen Ökumene« und fortschreitend zum Welthorizonte der »großen Ökumene«, eingedenk der Tatsache, dass christlicher Glaube an konfessionelle Bezüge gebunden bleibt, selbst wenn sie nicht mehr explizit deutlich werden und konfessionelle Identität zurückgeht. Denn einerseits gibt es kein natürliches Christentum ohne gewachsene Konfessionalität (Schwab 2000), und andererseits ist Identität ein »dynamisches Gewebe, das aus einem fortlaufenden interpretativen Bezug auf den pluralen Kontext entsteht« (Ziebertz 1999a, 82). Zu beachten ist fernerhin das Faktum, dass »*Lernen*« mehr ist als Auswendig-Lernen und kognitives Gedächtnistraining, sondern vielmehr ein schöpferisches Verarbeiten von gemachten Erfahrungen, das zu neuen kognitiven, emotionsbesetzten, sozialen und explizit religiösen Einstellungen führen kann.

Ökumenisches Lernen als Wahrnehmen verschiedener religiöser Kulturen

Der Beginn des ökumenischen Lernens liegt in der achtsamen Wahrnehmung religiöser Phänomene in den vielfältigen konfessionellen Kulturen. Ziel ist zunächst, religiöse Zeugnisse möglichst vorurteilsfrei aufzunehmen, in ihrer Andersartigkeit zu verstehen, um sie zu würdigen und zu respektieren. Aus dieser Wahrnehmung folgt der Rückschluss, dass die eigene religiöse und konfessionelle Herkunft nicht als einzige oder höher einzustufende zu betrachten ist, sondern mit anderen vergleichbar ist. Konkret geht es um das Erkunden von religiösen Räumen und deren Ausstattung, um architektonische Baustile, um den Gebrauch heiliger Schriften und um das Begreifen je anderer kirchlicher Organisationsformen und gottesdienstlicher Feiern. Diese ästhetische Kompetenz (vgl. III.1) wird sich auch auf Phänomene der Weltreligionen beziehen (Meyer 1999).

Affektives ökumenisches Lernen

Lernen in religiösen Angelegenheiten hat stets auch affektive Seiten, denn Glaube und Religion betreffen den ganzen Menschen. Von den Gefühlen kann nicht abstrahiert werden. Gerade weil es häufig um »letzte Fragen« geht, also darum, was Sinn gibt und woran unser Herz hängt, soll die emotionale Dimension ökumenischen Lernens nicht vernachlässigt werden. Affektives ökumenisches Lernen betrifft die religiösen Gefühle und Empfindungsqualitäten, die bereits beim Betreten einer Kirche aufkommen können (Otto 1929; vgl. II.9). Beten beispielsweise ist ein Akt, der in der Regel in Beschlag nimmt. Soll das Leben vor Gott gestellt und in seinem Lichte gedeutet werden, geschieht dies nicht bloß nüchtern und objektiv, sondern persönlich, subjektiv und emotional engagiert. Ein Predigtgottesdienst unterscheidet sich von einer Eucharistiefeier. Eine Beerdigung kann Betroffenheit auslösen, zu der wir stehen dürfen. Über die Konfessionsgrenzen hinweg kann Solidarität und Trost erfahren werden.

Handlungsorientiertes ökumenisches Lernen

geschieht in gemeinsamen Projekten, Tagungen und auch unterrichtlichen Kooperationen (vgl. III.13). Wenn Schülerinnen und Schüler, Lehrerinnen und Lehrer verschiedener Konfessionen eine Lerngemeinschaft bilden und die gleichen Mitsprache- und Mitwirkungsmöglichkeiten haben, lernen sie einander besser kennen und lernen auch religiöse Einstellungen kennen und machen gemeinsame Erfahrungen. Handlungsorientiert können sowohl konfessionsspezifische Fragen (z.B. Sakramente, Heilige, Wallfahrten, Fasten, Symbole) wie auch gemeinsame Anliegen der Religion und des Glaubens erarbeitet werden, etwa über Umweltverantwortung, Fragen der Lebensgestaltung oder Beziehungsfragen. Hier sind auch Projekte mit den neuen Medien verortet, freies Stationenlernen (vgl. III.15) oder handwerkliche Tätigkeiten.

Kognitives und sprachliches ökumenisches Lernen

bezieht sich auf die Verarbeitung und Einordnung von Wissensfragen in allgemeiner und theologischer Perspektive. Dazu gehört die Reflexion über das Gemeinsame und Differente in theologischen und religiös-praktischen Fragen. Ökumenisches Lernen ist auch zu einem guten Teil *sprachliches* Lernen. Denn Sprache schafft einen bestimmten Zugriff auf Wirklichkeit, und dieser ist nach Konfessionen teilweise unterschiedlich. Ein Beispiel unterschiedlichen sprachlichen Zugangs sind die »Sakramente«, die als Sprechhandlungen verstanden werden können, in denen durch Worte und Sätze in ganz bestimmten Augenblicken Taten vollzogen werden. Das JA-Wort der Trauung und die Taufe sind in allen Konfessionen strukturähnlich.

Ökumenisches Lernen als gemeinschaftliches und dialogisches Lernen

Dieser Punkt visiert bereits den Religionsunterricht in der Praxis an. Statt sich über andere umfassendes Wissen anzueignen, wirkt das gemeinsame dialogische Lernen mit Angehörigen anderer Konfessionen und Religionen viel belebender und nachhaltiger. Die Primärerfahrung der direkten Begegnung vermittelt tiefer reichende Eindrücke als abgeleitetes, indirektes und vermitteltes Lernen. Hier wird ökumenisches Lernen ein offener, empathischer und teilhabender Lernprozess, in den sich alle Beteiligten aktiv einbringen können.

Den Welthorizont lernen

Dieses Grundpostulat ökumenischen Lernens ist u.a. in Klaus Piepels Konzept der Weltkirche als Lerngemeinschaft vor Ort ausgearbeitet (Piepel 1993). Auf dem Hintergrund des letzten Konzils will er die Ortskirchen öffnen auf die Weltkirche hin, ganz konkret Partnerschaften zwischen Gemeinden verschiedener Kontinente aufbauen, wodurch ein echtes Geben und Nehmen entsteht. Dies wiederum befähigt zu Solidarität in einem erweiterten Horizont, und wir treffen erneut auf das Verständnis der Kirche als Sakrament der Einheit oder in ihrer diakonischen Funktion.

Ökumenisches Lernen und evangelisierende Erziehung

Als katholisches Pendant zum evangelischen Verständnis von ökumenischem Lernen hat Richard Schlüter das universale befreiungstheologische Konzept einer evangelisatorischen Erziehung für das ökumenische Lernen und die religionspädagogische Praxis fruchtbar gemacht (Schlüter 2000, 169–179). Grundlagen bilden die Impulse der lateinamerikanischen Bischofskonferenzen in Medellin und Puebla, die befreiende Erziehung als subjektorientierte Erziehung verstehen, das Lehrschreiben Evangelii nuntiandi Pauls VI. (1975) sowie Anstöße von Ernst Lange und Paolo Freire. Evangelisierung meint nicht Missionierung oder Überredung, sondern primär die Verkündigung der Botschaft Jesu Christi durch das gelebte Zeugnis noch vor aller Sprache, aber mit vitaler Kraft. Bis in die Tiefe und bis zu den Wurzeln sollen Mensch und Kultur umgestaltet und erneuert werden (EN 18; 20; 24). Auf diese Weise kann das Christentum an der ganzheitlichen Befreiung der Menschen partizipieren, wobei Befreiung das Durchschauen und Lösen von Abhängigkeiten meint und stattdessen Subjektwerdung in Mündigkeit und Solidarität intendiert. Eine evangelisierende Erziehung trennt religiöses Lernen nicht vom sozialen, politischen und kulturellen Lernen. Es bezieht alle Lebensbereiche ein, fördert die Bereitschaft zur Auseinandersetzung und die Konfliktfähigkeit. Sie fördert die Sensibilität für jede Form von Unmenschlichkeit, Unterdrückung und Ungerechtigkeit. Ihre Option ist für die Personwerdung der Benachteiligten. Schließlich verbindet sie ebenfalls im erweiterten Ökumenebegriff die Einheit der Kirche, das Zusammenleben der Menschen und die Weltverantwortung der Christen mit der Begründung, dass diese Dimensionen bereits in der Bestimmung der Inkarnation enthalten sind.

Ziele ökumenischen Lernens

In seiner »Ökumenischen Didaktik« hat Uwe Böhm zwölf Zielsetzungen für das ökumenische Lernen im schulischen Religionsunterricht herausgearbeitet und fachdidaktisch konkretisiert (Böhm 2001, 99–124). Sie überschneiden teilweise bereits Ausgeführtes, bilden aber einen Überblick auf das Ganze. Folgende Handlungsmaximen wurden erwähnt: 1) Sich Einleben in den Welt-Horizont als Klärung der Sinnfrage; 2) Wahrnehmen der Motive der Ökumenischen Bewegung als Orientierungsrahmen für die Zusammenarbeit der Kirchen; 3) Sich Einsetzen für Gerechtigkeit, Frieden und Bewahrung der Schöpfung als generationenübergreifende Zukunftsaufgabe; 4) Einüben von Konziliarität und Partizipation als Basis des sozialen Miteinanders; 5) Erfahrung von Kirche und Gemeinde als Lerngemeinschaft und Schule als Lernen in Gemeinschaft; 6) Aufspüren globaler Probleme in lokalen Erscheinungsformen als Schulung zur kritisch-konstruktiven Wirklichkeitswahrnehmung und -gestaltung; 7) Überwindung der Xenophobie als Aufgabe der multikulturellen und -religiösen Gesellschaft; 8) Bildung des Gewissens als Aufgabe im ökumenischen Geist; 9) Hinführung zu Spiritualität als Ausdrucksform ganzheitlichen Lebens; 10) Orientierung an den Verheißungen Gottes als Quellen der Hoffnung; 11) Durchführung kommunikativer Lernprozesse im Ringen um Wahrheit und als dialogisches Lernen durch Differenz, und 12) Vergewisserung der eigenen Identität als Förderung der Identitätsbildung.

Ökumenische Kooperation im Religionsunterricht

Zum Schluss sollen Möglichkeiten ökumenischen Lernens im Religionsunterricht bedacht werden. Mit großer Selbstverständlichkeit wird für die Unterrichtspraxis der »ökumenische Geist« betont, in welchem der Religionsunterricht erteilt werden soll. Gleichzeitig halten die Großkirchen in den jüngsten offiziellen Verlautbarungen an einem konfessionellen Unterricht fest, wohl aber mit verschiedenen Möglichkeiten der Öffnung und der Kooperation, die unten weitergeführt werden sollen.

Die Denkschrift »Identität und Verständigung« (1994) der Evangelischen Kirche Deutschlands schlägt einen konfessionell-kooperativen RU vor, der ökumenisch sein kann, wenn er auch evangelisch ist (63). Deshalb öffnet er seine kooperative Ausgestaltung auf die Schülerinnen und Schüler anderer Konfessionen hin. Dabei sind die Schulstufen und das Alter der Lernenden zu berücksichtigen. Beides sei nötig: eine »deutlich konfessionelle Profilierung mit gleichzeitiger ökumenischer Öffnung« (71), das »Wechselspiel von gewachsener Identität und anzustrebender Verständigungsfähigkeit«(65). »Bekenntnis und Konfession (sind) als dankbare Antwort des Menschen zu verstehen«, doch »hat das Konfessorische nichts mit Macht zu tun« (63).

Das Bischofswort »Die bildende Kraft des Religionsunterrichts« (1996) versteht sich als Fortschreibung der Gemeinsamen Synode der Bistümer in der BRD und betont ebenfalls die ökumenische Offenheit des RU, doch: »Ökumenisch kann nur sein, wer ... auch konfessionell ist« (49). Es sieht nur »in Ausnahmefällen« eine Öffnung des RU auf die andere Konfession vor. »Wer vor den Differenzen ausweicht, nivelliert die Unterschiede und kann den anderen in seiner Andersheit weder sehen noch anerkennen« (Die bildende Kraft 1996, 57).

Im Nachgang der beiden erwähnten Positionspapiere kam es 1998 zu einer gemeinsamen Stellungnahme der Deutschen Bischofskonferenz und der Evangelischen Kirche in Deutschland »Zur Kooperation von Evangelischem und Katholischem Religionsunterricht«. Danach können und sollen folgende Formen der konfessionellen Kooperation genutzt werden: Gemeinsame Unterrichtsprojekte, wechselseitige Einladung der Lehrenden, gegenseitiger Gebrauch von Unterrichtsmaterialien, Kooperation in der Fortbildung und in der Elternmitarbeit, in der Schulpastoral im Hinblick auf eine Verbesserung der Schulkultur, in ökumenischen Gottesdiensten sowie in der Entwicklung und Abstimmung der Lehrpläne. Insbesondere wird die ökumenische Kooperation auf der *Ebene der Lehrerbildung* (Referendariat) erwähnt, wobei gemeinsame Reflexion von Unterrichtserfahrungen und kooperative Ausbildungsmodelle denkbar sind. Hier kann hinzugefügt werden, dass in Diasporaverhältnissen häufig interkonfessionelle und konfessionsübergreifende Lösungen getroffen werden, dass verschiedentlich die Lehrperson für die erste oder Einführungsklasse den Religionsunterricht katholischen und evangelischen Schülerinnen und Schülern gemeinsam erteilt und dies anlässlich der Konstituierung des Klassenverbandes auch sinnvoll ist. Ähnliches gilt für den Religionsunterricht in der Berufsschule, für gymnasiale Leistungskurse auf der Kollegstufe und für den Religionsunterricht bei Kindern mit Behinderungen.

Bereits 1993 hat Kalmbach folgende *Organisationsformen* der Zusammenarbeit von evangelischem und katholischem Religionsunterricht vorgeschlagen:

- Im *»Parallelunterricht«* planen und verabreden beide Lehrkräfte gemeinsame Phasenelemente, unterrichten aber sonst parallel (getrennt) dasselbe Thema.
- Gemäß dem *»Delegationsmodell«* unterrichtet eine Lehrkraft über eine vereinbarte Zeit beide Konfessionen im Klassenverband.
- Unter *»Teamteaching«* wird verstanden, dass die Klasse aus evangelischen und katholischen Schülerinnen und Schülern stets von zwei Lehrpersonen (im Team) unterrichtet wird, wobei phasenweise zwei Kleingruppen gebildet werden können.
- Im *»Wechselunterricht«* kann der evangelische Lehrer einen bestimmten Unterrichtsgegenstand den katholischen Schülerinnen und Schülern (besser) näherbringen und vice versa.
- Im *»Wahlunterricht«* bieten die Lehrkräfte verschiedene Aspekte einer Thematik an und die Schülerschaft kann nach Interesse auswählen.

Den *»konfessionsübergreifenden Unterricht«* hält schließlich ein Lehrer vor Schülerinnen und Schülern beider Konfessionen. Ich habe selbst gute Erfahrungen mit allen fünf oben genannten Modellen gemacht, die besten freilich mit der erwähnten Form des Teamteachings, weil hier die Chancen genützt werden a) mit zwei Lehrpersonen eine (ganze) Klasse zu unterrichten und b) Gruppenunterricht zu halten. Insgesamt sind Einvernehmen und Abstimmung mit der Partnerin bzw. dem Partner der anderen Konfession entscheidend sowohl für die Kooperation als auch für die Atmosphäre im Religionsunterricht.

7. Ein Praxisbericht über ökumenisches Lernen

In ihrer »Didaktik ökumenischen Lernens« (1999) beschreibt Monika Scheidler Unterrichtserfahrungen mit einer Klasse von 29 (18 katholischen und 11 evangelischen) Siebtklässlern in Nordrhein-Westfalen (Scheidler 1999, 18–47). Nachdem in der Grundschule und in der 5. Jahrgangsklasse konfessioneller Religionsunterricht stattfand, wurde in der 6. und 7. Klasse insofern konfessionell-kooperativ unterrichtet, als zeitweise eine katholische Lehrerin die ganze siebte Klasse und eine evangelische Lehrkraft die ganze sechste Klasse übernahm (Delegationsmodell oder »konfessionsübergreifender Unterricht«). In zwei Unterrichtssequenzen von 8–10 Stunden erarbeitete erstere mit den Jugendlichen die Themen »Martin Luther und die Reformation« und »Kleine und große Ökumene«. Während das Reformationsthema Schwierigkeiten bot, die Bedeutung von »Rechtfertigung« einsichtig zu machen und lebensrelevant darzustellen, zeitigte das zweite Thema bei der Schülerschaft ein erhöhtes Interesse. In einem ersten Lernschritt ging es um das Verstehen der gegenwärtigen bikonfessionellen

bzw. multikonfessionellen Situation aus geschichtlicher Perspektive. In der anschlie-
ßenden Gruppendiskussion über mögliche Wege aus der Problematik kamen die Schülerinnen und Schüler aus sich heraus und schlugen interessante Möglichkeiten der
kleinen Ökumene (auch für die Klasse) vor. Im zweiten Lernschritt wurden anhand
des Hungertuches von Haiti komplexe Überlebensprobleme unseres Planeten mit dem
am Lebensbaum gezeichneten Christus verbunden und Antwortvorschläge bis in den
eigenen Erfahrungsraum hinein konkretisiert. Ausgehend von globalen Problemen,
wie sie auf dem Hungertuch angesprochen sind, wurden lokale Lösungen diskutiert.
Aus dem Engagement der Christen für die Welt enstanden Motive für konkretes Handeln vor Ort. Schließlich wurden Bedeutungsfacetten des Wortes »Ökumene« besprochen und Zusammenhänge zwischen großer und kleiner Ökumene eruiert. Damit waren erste Schritte ökumenischen Lernens getan.

Zusammenfassung

Ökumenisches Lernen hat sich nicht als eigene, zusätzliche Religionsdidaktik erwiesen, sondern
als neue Dimension religiösen Lernens im Kontext. Zum einen ist dieser Kontext die interkonfessionelle Situation, wie sie sich in der Vergangenheit herausgebildet hat und in der sich religiöse Identität in lebendiger Auseinandersetzung mit vielfältigen Erfahrungen konturiert; zum anderen ist es der Welthorizont, vor dem sich Glaube und Religiosität bewähren müssen. Im mehr-
schichtigen Begriff der »Ökumene« wurde zwar die »kleine Ökumene« vorrangig behandelt,
doch ist sie nicht mehr ohne ihren Bezug zur ganzen bewohnten Erde und damit auch zur »großen Ökumene« der Religionen denkbar. Als Bindeglied zwischen kleiner und großer Ökumene
fungiert die Kirche als Zeichen und Sakrament des Heils für die Einheit unter den Menschen
wie für die Einheit zwischen den Menschen und Gott bzw. in ihrem Status als »Dasein-für-an-
dere«. Die verschiedenen Konzeptionen ökumenischen Lernens zeichnen sich durch Ästhetik
als möglichst unvoreingenommenes Wahrnehmen, durch Subjektorientierung, Ganzheitlichkeit
inklusive Emotionalität und Sozialität aus sowie durch Prozesscharakter, Handlungsorientierung
und Grenzüberschreitung. Insgesamt ist das Bewusstsein erkennbar, dass die binnenkirchliche
Ausrichtung auf die Konfessionen einer Horizonterweiterung bedarf auf die große Ökumene
hin. Ökumenisches Lernen ruft immer mehr nach Kooperation!

Lesehinweis

Kuhl, Lena/Lögering, Aloys, (1997): Ökumenische Kooperation. Vorschläge für den konfessionellen Reli-
    gionsunterricht des 1. Schuljahres. In: KatBl 122, 54–62.
Neuner, Peter (1997): Ökumenische Theologie. Die Suche nach der Einheit der christlichen Kirchen,
    Darmstadt.
Scheidler, Monika (1999): Didaktik ökumenischen Lernens – am Beispiel des Religionsunterrichts in der
    Sekundarstufe, Münster.
Schlüter, Richard (2000): Konfessioneller Religionsunterricht heute? Hintergründe, Kontroversen, Per-
    spektiven, Darmstadt.
Schweizer, Friedrich (2000): Ökumenisches Lernen mit Kindern ohne konfessionelle Identität. Religions-
    unterricht und individualisierte Religion. In: Hilberath, Bernd Jochen/Moltmann, Jürgen (Hgg.): Öku-
    mene – wohin?, Tübingen, 109–122.

III.11 Interreligiöses Lernen

Hans-Georg Ziebertz / Stephan Leimgruber

Kinder und Jugendliche erleben ebenso wie Erwachsene, dass die Welt näher zusammenrückt. Nicht nur, dass Ereignisse in anderen Teilen der Welt durch die Medien bis in unser Wohnzimmer gelangen, sondern die westeuropäischen Länder erfahren sich selbst immer mehr als multikulturelle und religiös-plurale Gesellschaften. Darin liegt eine große Herausforderung für die Weltreligionen – das Christentum eingeschlossen. Die großen Religionen sind in der Vergangenheit oftmals auf ungute Weise in Konflikte involviert gewesen. Heute ist das Bewusstsein dafür gewachsen, dass die Religionen ein Motor für Verständigung und Frieden sein sollten. Für den Religionsunterricht stellt sich die Aufgabe, im Rahmen interreligiöser Lernprozesse junge Menschen zu Verständnis und Toleranz zu führen und wo möglich, gemeinsames Handeln mit Menschen anderen Glaubens anzubahnen. Das Kapitel skizziert die theologische Plattform für solche Lernprozesse und gibt Eckdaten an, wie interreligiöses Lernen geschehen kann.

1. Fragestellung

Die gegenwärtige Welt entwickelt sich auf schnellen Füßen zu einem »globalen Dorf«. Menschen lernen über große Entfernungen hinweg die Lebensformen anderer Menschen kennen und werden zunehmend mit fremden Gewohnheiten vertraut. Im »Global Village« werden Menschen zu »Nachbarn«. Diese Entwicklung wird zum einen durch den rasanten Fortschritt technischer und elektronischer Kommunikationssysteme beeinflusst, zum anderen durch Migrationsprozesse, die überall auf der Welt stattfinden und immer schon stattgefunden haben. Waren Russland, Amerika und Australien im vorletzten Jahrhundert das Ziel vieler Europäer, so ist jetzt Nord-West-Europa das Ziel für viele Südeuropäer, für Menschen aus dem Mittleren Osten, aus der Türkei und auch aus arabischen Ländern Nordafrikas wie Marokko, Tunesien und Nigeria. Dazu kommen Menschen aus den ehemaligen kommunistischen Ländern Osteuropas sowie die vielen Flüchtlinge aus allen Kriegs- und Unruhegebieten dieser Erde – und davon gibt es wahrlich genug. Dieser gewaltige Migrationsprozess hat seinen Ursprung in zahlreichen ökonomischen, politischen, sozialen und kulturellen Krisen. Wir müssen – leider – feststellen, dass ethnische und religiöse Konflikte oftmals eine Ursache sozialer und politischer Krisen sind.

In der Perspektive der Kinder zeigt sich die veränderte Situation in der täglichen schulischen Begegnung mit Kindern und Jugendlichen aus anderen Nationen, Erdteilen und auch Religionen. Oft gelingt der Umgang miteinander gut, oft gibt es Auseinandersetzungen zwischen Einheimischen und Fremden, zwischen Kindern verschiedener Kulturen und gelegentlich auch zwischen Angehörigen je anderer Religionen. Auf globaler Ebene hat Hans Küngs Projekt »Weltethos« die Rolle der Religionen im Prozess der Kulturbegegnung ins Spiel gebracht. Die jüngste Formulierung dieses Projekts lautet: »Kein Frieden unter den Nationen ohne Frieden unter den Religionen. Kein Frieden unter den Religionen ohne Dialog zwischen den Religionen. Kein Dialog zwischen den Religionen ohne globale ethische Maßstäbe. Kein Überleben unseres Globus ohne ein globales Ethos, ein Weltethos« (Küng 1999, 20). Die Ambitioniertheit des Projekts ist oftmals kritisiert worden, aber eine Wahrheit hat Küng sicher benannt: Ohne Frieden zwischen den Religionen hat es der Frieden auf der Welt insgesamt sehr schwer – vielleicht ist er sogar unmöglich. Auch Heinrich Fries plädiert für eine globale Perspektive in der theologischen Orientierung: »Die Ökumene von morgen wird sich nicht damit begnügen können, den innerchristlichen und innerkirchlichen Dialog weiterzuführen; er bleibt als bleibende Aufgabe der Ökumene – sie wird sich aber, ohne sich aufzugeben, erweitern müssen zum Dialog mit den großen Weltreligionen. Sie bekommt dadurch einen neuen Impuls. Die Ökumene nimmt damit universale, wahrhaft ökumenische, die Welt umspannende Züge an« (Fries 1989, 76).

Auf den Religionsunterricht kommt der Anspruch zu, Wege religiösen Lernens zu eröffnen, in denen andere religiöse Traditionen respektvoll behandelt und nicht stigmatisiert werden. Er sollte über dieses »Mindest-Ziel« hinaus zu einer Beschäftigung mit den Religionen führen, bei der miteinander und voneinander gelernt werden kann. Durch Begegnungen soll er zu einem tieferen Verständnis der Religionen selbst führen, für den eigenen Lebensweg die Frage verdichten und eine Lösung provozieren: Wer ist mein Gott? Interreligiöses Lernen heißt: Angehörige einer religiösen Tradition sind bereit, religiöse Erfahrungen anderer Traditionen achtsam wahrzunehmen und für das eigene Leben und Glauben schöpferisch zu verarbeiten. Interreligiöses Lernen hat ganzheitliche, emotionale, kognitive, sprachliche und kreative Dimensionen.

2. Die allmähliche Öffnung für interkulturelle und interreligiöse Fragen

In der religionspädagogischen Literatur fällt auf, dass es seit den sechziger Jahren des 20. Jahrhunderts (vgl. Läpple 1960) zu einer allmählichen Aufwertung der nichtchristlichen Religionen im Religionsunterricht kommt. In der Pädagogik hatte man die wachsende Anwesenheit von »Gastarbeitern« in Deutschland zum Anlass genommen, zuerst über eine Integrations- oder Assimilationspädagogik (Dickopp 1982), dann über eine »interkulturelle Pädagogik« (vgl. Auernheimer 1995) nachzudenken. Das Gewahrwerden »der« und »des Fremden« bringt eine Vielzahl von Problemen ans Licht. Für viele Menschen ist das Andersartige nicht nur das »Exotische«, sondern auch das »Bedrohliche«. In pädagogischer und bildungspolitischer Hinsicht wurde klar, dass es nicht mehr ausreichte, kurzfristig eine pädagogische Minimalversorgung zu gewährleisten (z.B. durch Sprachprogramme), mittel- und langfristig aber von der »Rückkehr« der Gastarbeiterkinder in die Herkunftsländer auszugehen. Gesellschaftlich wird diskutiert, ob Deutschland ein Einwanderungsland sei und sich zur »multikulturellen Gesellschaft« entwickele (vgl. Ziebertz 1995c; 1996c). Manche befürworteten dies und verlangten ein Einwanderungsgesetz; andere sahen darin die Bedrohung oder gar den Untergang des »christlichen Abendlandes«, was ähnlich auch für Österreich und die

Schweiz zutrifft. Bis heute scheint, allerdings vermehrt in städtischen Agglomerationen als in ländlichen Gebieten, die Feststellung von Heimbrock (1993, 574f) zuzutreffen: »Entgegen einer faktisch bereits seit langem vorherrschenden Pluralität von subkultureller Diversität und entgegen auch religiöser Pluralität herrscht bei uns immer noch das Bild eines deutschen Monokulturalismus. ...Deutsche Identität scheint durch Pluralität bedroht, während andere Kulturen wie diejenige in den USA oder in Kanada Identität immer schon im Aufnehmen von Pluralität entworfen haben.«

Damit ist die zentrale Frage nicht verstummt: Wie stehen die Geltungsansprüche der Religionen zueinander? Was ist ihr Wert und was ihre Wahrheit? Um die Beantwortung dieser Fragen wird gerungen; an ihnen vorbei ist kein Konzept für die Begegnung mit den Religionen im Unterricht zu erstellen (vgl. Ziebertz 1994b). Bis in die sechziger Jahre des 20. Jahrhunderts und offiziell bis zum Zweiten Vatikanischen Konzil waren die Christen davon überzeugt, dass es außerhalb der Bibel keine Offenbarung und außerhalb der Kirche keine Chance auf Heil gebe. Auch der Koran kennt entsprechende Aussagen, in denen ein islamischer Absolutheitsanspruch erhoben wird. Dass der Wert und die Wahrheit der christlichen Religion allen anderen Religionen überlegen war, daran sollte kein Zweifel bestehen. Die interkulturelle Problematik hat erst allmählich in das religionsdidaktische Denken Eingang gefunden. Man verfügte zwar über Unterrichtseinheiten zu den Weltreligionen, aber weitgehend unabhängig von den konkreten gesellschaftlichen und kulturellen Bedingungen. Mittlerweile ist die kulturelle und religiöse Pluralität zu einer Kontextbedingung schulischen Lernens insgesamt geworden, vor der sich der RU weder verstecken kann noch will, weil die Religionen in den meisten Kulturen eine Schlüsselstellung einnehmen. Wie man *Fremdem* begegnet, schließt immer auch die Frage ein, wie man *fremden Religionen* begegnet. Interkulturelles Lernen ist ohne den Einbezug interreligiöser Fragen nicht möglich, und umgekehrt kann interreligiöses Lernen nicht auf die umfassenderen kulturellen Aspekte verzichten.

Unmittelbar nach dem Zweiten Vatikanischen Konzil wurde in der religionspädagogischen Reflexion das Gedankengut der einschlägigen Dokumente (Lumen gentium, Nostra aetate, Dignitatis humanae) aufgegriffen (Feifel 1967). Ein Schlüssel zum Verständnis der Wende ist das Verständnis des gewandelten Kirchenbildes. Die Kirche ist nicht mehr die vollkommene Gesellschaft (societas perfecta), sondern »Zeichen und Werkzeug für die innigste Vereinigung mit Gott wie für die Einheit der ganzen Menschheit« (Lumen gentium, Art. 1). Dementsprechend sind die anderen Konfessionen und Religionen nicht einfach im Unrecht und fernab von jedem Heil, sondern auf die Kirche Jesu Christi *hingeordnet*. Die religiöse Erfahrung in den anderen Konfessionen und der weithin gemeinsame Glaube mit Judentum und Islam werden anerkannt, was einer »Kopernikanischen Revolution« gleichkam. Es sind große Werke für den RU über die anderen Religionen entstanden: Von Johannes Lähnemann (1986; 1998; 2000), Hubertus Halbfas (1989–94) und von Werner Trutwin (1996). Die Begegnung mit den großen Religionen und interreligiöses Lernen (Leimgruber 1995) bilden konstitutive Inhalte und Zielfelder der Lehrpläne, insbesondere für die Jahrgangsstufen sieben bis neun.

Heute erkennen wir besser die Wege und Sackgassen für interreligiöse Lernprozesse. Der Rückblick in die jüngste Vergangenheit ist wichtig. Er zeigt uns, wie jung das Bemühen unserer eigenen Religion ist, neue Wege des Miteinanders zu finden. Wir wollen diese Wege im Sinne übergreifender Perspektiven im folgenden Kapitel theologisch ausloten.

3. Religionen und ihre Beziehung zueinander – Religionstheologische Modelle

Didaktische Planungen für den RU beruhen auf einer Vielzahl von Vorentscheidungen. Eine dieser Vorentscheidungen betrifft theologische Aussagen darüber, wie das Christentum sich aus seinem eigenen Selbstverständnis heraus zu anderen Religionen in Beziehung setzt. Wir werden nur kurz auf die drei mittlerweile bekannten Modelle zu sprechen kommen, mit denen religionsdidaktische Folgeentscheidungen zusammenhängen (vgl. Ziebertz 1994c; 1994d).

Vereinfacht bedeutet *Exklusivismus*: Es gibt nur in einer bestimmten Religion (exklusiv) echte religiöse Erfahrung und die berechtigte Hoffnung auf Heil. Diese Auffassung steht aber in Spannung zum universalen Heilswillen Gottes (Gott, unser Retter, will, dass alle Menschen gerettet werden, 1 Tim 2,4). Zu unterscheiden ist ein ekklesialer (oder ekklesiologischer) Exklusivismus, der Heil nur innerhalb der Kirche (und auf Grund der Taufe) sieht, von einem christozentrischen Exklusivismus (z. B. des frühen Karl Barth), wonach allein der Glaube an Christus Heil gewährt und somit auch die »unsichtbare Kirche« einbezogen wäre. Vor diesem Hintergrund kann es keinen echten Dialog mit anderen religiösen Überzeugungen geben.

Die *inklusivistische Position* meint, dass es Heil in und durch Christus gibt; auch Angehörige anderer Religionen können (inklusiv) zum Heil gelangen, denn sie partizipieren implizit oder anonym am christlichen Glauben, auf den sie hingeordnet sind. Auch Menschen, die ohne Schuld das Evangelium nicht kennen, kann Gott auf »Wegen, die er weiß, zum Glauben führen« (Ad gentes, Art. 7) und damit zum Heil.

Seit den neunziger Jahren des 20. Jahrhunderts gewinnt in der angelsächsisch-amerikanischen Religionstheologie ein *pluralistisch-theozentrischer Ansatz* (*pluralist model*) an Bedeutung (Hick 1985; Swidler 1987; Knitter 1988; Bernhardt 1991). Dieser Ansatz wurde vom Gesprächsangebot der Ökumenebewegung, von der Öffnung des Konzils und von den ersten Ergebnissen des jüdisch-christlichen Dialogs angespornt. Seine Intention zielt auf paritätische Verständigung mit den vielen Religionen der Welt, in denen es vollwertige, mit dem Christentum ebenbürtige Heilswege erkennt.

Zweifellos stellt dieses neue Modell für Christentum und christliche Theologie eine *große Herausforderung* dar. Auf den ersten Blick scheint der christliche Glaube an die einmalige und eschatologisch gültige Rettung durch Christus völlig relativiert. Einzigartigkeit und Universalität des Christentums scheinen kompromittiert. Für das interreligiöse Lernen ist von Belang, dass sich die christliche Theologie selbst in einen Lernprozess involvieren lässt, über ihre Heilssicherheit nachdenkt und das Gespräch mit den anderen Religionen sucht. Überdies dürfte die Neuentdeckung der Quellen in den Weltreligionen (Neohinduismus, Neobuddhismus und neues Islambewusstsein) nicht ohne Rückwirkung auf das in Krise geratene abendländische Christentum bleiben.

4. Die Herausforderung des »Global Village«: Einheit und Vielfalt

Die zuvor dargestellten Konzepte dokumentieren einen Suchprozess innerhalb der Theologie, wie die Beziehung der Religionen untereinander in einer sich verändernden Welt »neu« verstanden werden können. Dabei spielt eine zentrale Rolle, ob und wie sich religiöse Wahrheit und Pluralität zueinander verhalten. Zunehmend kommt in den Blick, dass nach Jahrhunderten der Abgrenzung Modelle des wechselseitigen Verstehens notwendig sind, was in religionsdidaktischer Hinsicht die Fähigkeit zum Perspektivenwechsel unterstreicht (vgl. Ziebertz 2001f).

Wahrheit als relationaler Prozess

In den religionstheologischen Positionen geht es immer auch um die Frage nach der religiösen Wahrheit. Damit wird ein Thema berührt, das unpopulär zu werden scheint oder bereits unpopulär geworden ist. Empirische Untersuchungen zeigen, dass das allgemeine gegenwärtige Bewusstsein von der Auffassung geprägt ist, alle Religionen seien gleich und alle seien in gewisser Weise relativ. Entsprechend findet ein multireligiöses Unterrichtsmodell hohe Zustimmung, das die Religionen als »gleiche« nebeneinander stellt (Van der Ven/Ziebertz 1995). Ein relativistisches Verständnis ist aber aus der Eigenperspektive einer jeden Religion nicht ohne weiteres akzeptabel. Ebenso ist ein pluralistisches nicht unumstritten – weder im Christentum noch in den anderen großen Religionen. Ein exklusivistisches Wahrheitsverständnis kann jedoch keinen hilfreichen Beitrag für die Entwicklung des Global Village leisten.

In der jüngeren Zeit scheint sich ein Verständnis von Wahrheit durchzusetzen, das ihren relationalen, dialogischen Charakter betont und vielleicht in Zukunft eine Versöhnung zwischen einem inklusivistischen und einem pluralistischen Verständnis zulässt. Swidler (1992) folgend kann ein Verständnis von »Wahrheit« nicht losgelöst von Kultur- und Zeitbedingungen gesehen werden. Dies beinhaltet, den grundlegenden Paradigmenwechsel zwischen dem Denken der Klassik und dem der Neuzeit zur Kenntnis zu nehmen. In der Klassik sieht er ein absolutistisches oder klassizistisches Verständnis von Wahrheit ausgeprägt, das sich mit Hilfe des Ausschlusses in Begriffen des »Entweder-Oder« artikuliert. A ist A, wenn gezeigt werden kann, dass A nicht nicht-A ist. Was einmal als »wahr« festgestellt wurde, musste wahr bleiben. Für Swidler gründet dieses Wahrheitsverständnis auf dem aristotelischen Prinzip des Widerspruchs, dass etwas zur gleichen Zeit nicht in gleicher Hinsicht wahr und falsch sein kann. Dieser Wahrheitsbegriff bezieht sich nicht nur auf empirische, sondern auch auf metaphysische Sachverhalte: Bestimmte Bedeutungen können als ein »So-Sein-Sollen« absolut gesetzt werden (vgl. auch Ziebertz 1997).

Das relationale Wahrheitsverständnis will nicht die *Suche* nach Wahrheit relativieren, sondern die neuzeitlichen Konstitutionsbedingungen integrieren, wie überhaupt von Wahrheit gesprochen werden kann. Sich dialogisch auf die Wahrheitssuche zu begeben, bedeutet nicht, anderen Wahrheitsansprüchen a priori beizupflichten, wohl aber, ihnen zumindest aufgeschlossen gegenüberzutreten. Die Erkenntnis der universalen Dimension von Wahrheit schließt die Möglichkeit aus, Wahrheit könnte nur für mich bestehen. Knitter bringt es auf die Formel: »Um die Frage ›Wer ist mein Gott?‹

zu beantworten, müssen wir die Frage ›Wer ist dein Gott?‹ stellen« (Knitter 1988, 35).
Dies kann freilich bedeuten, dass sich die eigene Wirklichkeitsanschauung verändert
und wie Peter Berger bereits vor Jahren schrieb: »Sobald der Wettstreit erst einmal eröffnet ist, dürfte es unwahrscheinlich sein, dass seine Teilnehmer unverändert daraus
hervorgehen« (Berger 1980, 181).

Perspektivenwechsel als Lernen an Differenzen

Wir konnten bisher sehen, dass das Konzept der Exklusion theologisch begründet abgewiesen werden kann. Aus theologischen Gründen ist aber auch die Gegenbewegung
zu kritisieren, die eine »relativierende Gleichheit« befürwortet. Positiv am Konzept der
Inklusion ist, dass es die Härte des exklusiven Standpunkts überwindet und den eigenen Wahrheitskern schützt, den Schillebeeckx als christologisches Grunddogma bezeichnet hat. Eine in interreligiöser Perspektive problematische Konsequenz dieses
Modells ist, dass es andere Wahrheitsansprüche *christlich interpretiert* (Kritiker sagen:
vereinnahmt). Das pluralistische Konzept »Einheit in Vielheit« hat schließlich die Notwendigkeit verdeutlicht, Wahrheit nicht nur »nach rückwärts« abzusichern, sondern –
in Kontakt *mit* anderen Religionen – um ihre fortwährende Ausdeutung in Gegenwart
und Zukunft bemüht zu sein. Einheit zwischen den Religionen wird nicht einfach vorausgesetzt, sondern zur Aufgabe erklärt, der sich die Religionen im Dialog miteinander
stellen müssen.

Die Fähigkeit zum Perspektivenwechsel kann als eine zentrale Grundlage interreligiösen Lernens bezeichnet werden (van der Ven/Ziebertz 1995; Ziebertz 2001f). Der
Begriff »Perspektivenwechsel« beschreibt zum einen eine Tätigkeit und zum anderen
ein Ziel. Die Zielbeschreibung lautet, dass Teilnehmende durch den praktischen Vollzug die Fähigkeit erwerben, die eigene Religion nicht nur aus der eigenen Perspektive,
sondern auch aus der Perspektive der anderen Religion, mit der man in Kontakt tritt,
zu verstehen. Das bedeutet, dass man imstande ist, die eigene Religion aus eigener und
aus fremder Sicht zu sehen. Aber das ist nur eine Seite der Medaille. Perspektivenwechsel bedeutet außerdem, dass man in der Lage ist, die andere Religion nicht nur mit den
eigenen Augen, sondern auch mit den Augen der anderen zu sehen. Interreligiöses Lernen umfasst die wechselseitige Eigen- und Fremdinterpretation der eigenen und der
anderen Religion (vgl. Camps 1983). Interreligiöses Lernen ist somit die religionsdidaktisch organisierte Praxis dieses Modells, das sich freilich an alters- und entwicklungsbedingten Voraussetzungen orientieren muss. Interreligiöses Lernen impliziert
nicht nur das Streben nach gegenseitigem Verstehen, Toleranz, Respekt; es bedeutet
auch Selbst-Reflexion und Selbst-Kritik. Es bezieht sich auf die Einsicht, dass die eigene Religion durch die Geschichte hindurch auch eine kontextuelle Konstruktion ist,
die, in der Retrospektive, in bestimmten Momenten sogar *partielle Selbst-Zerstörung*
verlangen kann. Dieses Modell impliziert, dass jedenfalls immer wieder nach kritischer
Selbst-Rekonstruktion gefragt wird, gleichsam in einer nie enden wollenden Spirale.
Dies ist ein riskanter Prozess. Er impliziert die Möglichkeit (von einem monoreligiösen
Standpunkt aus könnte gesagt werden: die Gefahr!), von einem religiösen Flügel zum
nächsten zu wechseln, von einer religiösen Kongregation zur nächsten, von einer Religion zur nächsten oder einfach vom Glauben zum Nichtglauben. Man kann aber auch
sagen: Indem die »gefährlichen« Eckdaten des interreligiösen Prozesses bekannt sind,

kann der interreligiöse Dialog zu einem interessanten, herausfordernden und spannenden Experiment werden. Darin muss sich die skizzierte Gefahr nicht zwingend einstellen und, von Einzelfällen abgesehen, wird sie es auch nicht. Knitter und Panikkar, die den Prozess des »Passing Over« beschrieben haben, stellen den Gewinn heraus, den dieser Prozess für ein tieferes Verständnis der eigenen religiösen Tradition haben kann (vgl. Knitter 1990; Dune 1965; 1967). Wie immer man zwischen den skizzierten Modellen gewichten will: In unserer postmodernen Zeit wird es vermutlich auf Zukunft hin keine »Religion ohne Interreligiosität« geben.

5. Für eine subjektorientierte »Didaktik der Weltreligionen«

Karlo Meyer hat in seiner Dissertation mit Recht darauf hingewiesen, dass im herkömmlichen Religionsunterricht die Gefahr bestehe, religiöse Zeugnisse der großen Religionen rein oberflächlich und nur vordergründig zu behandeln. Dabei werde der Kontext vernachlässigt, aus dem diese Zeugnisse stammen, die religiöse Praxis übersehen, in der sie verwendet würden, und die bleibende Fremdheit dieser Dokumente und Texte einfach übergangen. Er sah in zahlreichen analysierten Unterrichtsmaterialien die Tendenz, allzu schnell Parallelen mit dem Christentum zu sehen und dadurch eine gewisse Vereinnahmung der anderen Religion auszuüben, statt sie in ihrer Authentizität zuerst einmal wahrzunehmen und zu würdigen (Meyer 1999, 40–96). Weniger phänomenologisch als mit den Augen der christlichen Kultur werden die Anderen und die Fremden mit ihren Schätzen des Glaubens und der Kultur wahrgenommen. Um diese Gefahr zu vermeiden, soll eine »Didaktik der Weltreligionen« in fünf Schritten entworfen werden. Im Zentrum dieses Unterrichtes stehen dabei die *Schülerinnen und Schüler als lernende Subjekte*. (→ II.4) Sie sollen die Relevanz anderer Religionen und deren Äußerungen für ihr eigenes Leben erkennen: Die fünf Schritte stehen zwar in einer logischen Abfolge, aber sie sind in der Praxis teilweise miteinander verbunden oder überlagern sich partiell.

Religiöse Zeugnisse wahrnehmen lernen

In einer ersten Lernphase sollen Schülerinnen und Schüler für religiöse Zeugnisse anderer Religionen geöffnet und sensibilisiert werden. Dies geschieht in der achtsamen Wahrnehmung, in einem verlangsamten Schauen und Beobachten sowie im sinnenhaften Erfahren durch Sehen, Hören, Horchen, Empfinden, Tasten, Riechen und Schmecken. Alle Sinne können einbezogen werden. Es geht dabei nicht um eine rein äußerliche Sinnesschulung, sondern um die Entwicklung des Interesses junger Menschen für fremde religiöse Wirklichkeiten. Abseits von Stress und Hektik sollen sie aufmerksam werden für Dimensionen des Lebens, die nicht instrumentalisiert oder sofort umgesetzt werden können, die aber für sie bedeutungsvoll sind (→ III.1).

Religiöse Phänomene deuten

Die Entdeckung des Sinnes religiöser Zeugnisse ist die zweite Aufgabe einer »Didaktik der Weltreligionen«. Aus den Beobachtungen und Wahrnehmungen können bestimmte

Bedeutungen erschlossen werden. Durch Vergleiche sind Folgerungen möglich, durch wiederholte Wahrnehmungen gehen Zusammenhänge auf, die nicht von vornherein erkennbar sind. In dieser Phase können die Lehrpersonen Hinweise geben, um Lernvorgänge zu initiieren und zu fördern, doch sind und bleiben die Schülerinnen und Schüler die erkennenden Subjekte (→ II.4).

Durch Begegnung lernen

Das Thema Weltreligionen im RU birgt die Chance in sich, Vertreterinnen und Vertreter einer bestimmten Religion persönlich kennen zu lernen. Dies kann nicht in jeder Unterrichtsstunde angemessen sein, aber sich einmal innerhalb einer Lernsequenz als sinnvoll erweisen. Begegnungen betreffen junge Menschen mehr als Filmausschnitte oder die Darbietung anderer indirekter Erfahrungen. Ein vertieftes Gespräch, ein Besuch nach einer Vorbereitung und mit anschließender Reflexion können nachhaltige Erlebnisse hinterlassen (→ III.14), welche den Eindruck über eine Religion prägen und Vorurteile abbauen. Dabei wird von allen Beteiligten ein hohes Maß an Einfühlung verlangt, wenn die Begegnungen nicht oberflächlich bleiben oder gar misslingen sollen.

Die bleibende Fremdheit respektieren

Dank den sozialen Kommunikationsmedien (→ II.8) sind unsere Jugendlichen im Vergleich zu früheren Generationen weit besser über die großen Religionen informiert. Dennoch muss man sich bewusst sein, wie vieles nur ansatzweise, nur vordergründig oder überhaupt nicht verstanden werden kann. Gerade die fernöstlichen Religionen differieren in ihrem Lebensgefühl so sehr vom unsrigen, dass ein tieferes Verstehen dieser Religionen schwierig ist. Die Denk- und Sprachstrukturen, die Zeichen- und Symbolwelten (→ III.3) werden für westliche Beobachter einen nicht unerheblichen Rest von Geheimnisvollem bewahren. Hier ergibt sich die Aufgabe einer »Didaktik der Weltreligionen« die religiösen Zeugen und die Zeugnisse aus anderen Kulturen und Religionen achten zu lernen, gerade auch in ihrer Andersheit. Trotz des teilweisen Unverständnisses den Menschen achtsam begegnen und ihnen gegenüber Respekt zeigen, das gehört zu den faszinierenden Aufgaben interreligiösen Lernens. Es ist nicht nötig, dass immer alles eingeordnet und verstanden werden kann.

In eine existentielle Auseinandersetzung verwickeln

Religiöses Lernen durch Wahrnehmung und Begegnung soll schließlich die Auseinandersetzung mit anderen und sich selbst entwickeln und fördern helfen. Falsch wäre es, die Jugendlichen blieben stumme, unbeteiligte Zuschauerinnen und Zuschauer. Sie würden am existentiellen Potenzial religiöser Zeugnisse achtlos vorübergehen und nicht zum Nachdenken über ihren eigenen Standpunkt gelangen. Statt dessen sind Schülerinnen und Schüler über die »Fahrzeuge« religiöser Zeugnisse einzuladen, sich selbst zu überprüfen und eigene Einstellungen zu revidieren. Lernen geschieht primär durch das personale Verarbeiten von Erfahrungen und soll auch zu einer Erweiterung des Verhaltensrepertoires führen (→ II.7). Interaktion und Kommunikation (→ I.5) sind dazu Schlüssel, um in die eigenen Welten einzudringen und am Ende auch selbst neu zu werden, sich wieder zu erkennen, zu verstehen und anzunehmen.

Eine »Didaktik der Weltreligionen« in diesen fünf Schritten ermöglicht eine differenzierte Auseinandersetzung mit religiösen Zeugen und Zeugnissen. Sie führt über eine sensible Wahrnehmung zu anfanghaftem, teilweise gelenktem, aber selbst angeeignetem Verstehen. Die Begegnung mit Personen wirkt umso nachhaltiger, je intensiver eine existentielle Auseinandersetzung geschieht. So können junge Menschen zu ihrer Identität finden, die letztlich von Gott gewollt und angenommen wird (→ II.2). Sie erfahren sich im Kontext religiöser Vielfalt selbst und finden ihren eigenen Weg.

Religionen im Religionsunterricht

Zwei Pole muss die Religionslehrerin/der Religionslehrer ins Auge fassen, wenn sie/er die großen Religionen im Unterricht behandeln will: die Schülerschaft zum einen und die spezifische Religion zum andern. Denn ein aufbauendes, spiralförmiges Lernen berücksichtigt die früheren Lernschritte, Erfahrungen und Eindrücke der Jugendlichen und bezieht diese in neue Lernprozesse ein, welche nicht mehr von einer Tabula rasa ausgehen sollen. Auf der anderen Seite muss den jeweiligen Religionen Gerechtigkeit verschafft werden. Das Judentum beispielsweise ist nicht auf dieselbe Stufe mit Islam und Buddhismus zu stellen, denn der Rückbezug des christlichen Glaubens auf seine Wurzel im Judentum muss eine didaktische Konstante religiös-christlichen Lernens sein. Weiter sind die abrahamitischen Religionen nicht auf dieselbe Ebene mit Buddhismus und Hinduismus zu stellen, da sie – im Unterschied zu letzteren – monotheistische Erlösungsreligionen sind.

Die *Lehrpläne* für die Sekundarstufe I sehen mutatis mutandis in den Jahrgangsstufen sieben bis zehn eine systematische Behandlung der Religionen Islam, Judentum, Buddhismus und Hinduismus vor. Dies dürfte sein gutes Recht haben und dem Bildungsauftrag der Schule wie auch dem Orientierungsbedürfnis der Schülerschaft nachkommen. Wichtig dabei aber ist, dass diese Religionen nicht mehr kontextlos behandelt werden, also unabhängig von den gesellschaftlichen und soziokulturellen Voraussetzungen, wie das allzu lange geschehen ist. So ist etwa der Hinduismus nicht mehr ohne Indien und die dortigen gesamtgesellschaftlichen Hintergründe inklusive das Kastenwesen zu begreifen, der Buddhismus nicht mehr ohne grundlegende asiatische soziale und kognitive Strukturen. Zunehmend wird bewusst, wie sehr das Christentum eine recht enge Verbindung mit dem europäischen Abendland und seiner Kultur eingegangen ist. Einmal mehr wird die Verbindung von interkulturellem und interreligiösem Lernen ebenso deutlich wie die Notwendigkeit einer Inkulturation des Glaubens.

Eine Didaktik der Religionen wird auch thematische und gar *fächerübergreifende Lerneinheiten oder Projekte* vorschlagen: So kann es in Leistungskursen auf der Kollegstufe durchaus sinnvoll sein, Oberthemen wie »die Gottesfrage« oder »Heilige Schriften« im interreligiösen Vergleich zu studieren, die Frage der »Propheten und Religionsstifter« anzugehen oder verschiedene Schwerpunkte in der »Ethik« miteinander ins Gespräch zu bringen. Eine Zusammenarbeit mit dem Fach Kunst legt sich für Vergleiche in der Architektur oder betreffend die künstlerische Ausstattung von Gottesdiensträumen, Skulpturen und Bildern nahe. Weiter sind auch Einzelfragen wie die der Geschlechterrollen, der religiösen Praxis, der sozialen Verpflichtung nicht zu vernachlässigen, gerade weil sie immer auch unser Verhalten mit ins Spiel bringen.

6. Unterrichtsbeispiel:
»Muslime bei uns – einander besser verstehen«

Wie interreligiöses Lernen konkret ablaufen kann und dem Ziel besserer Verständigung nach dem Bayerischen Lehrplan (1997) für den katholischen (und ähnlich für den evangelischen) Religionsunterricht entspricht, soll aus einer Münchener Schulklasse (7. Jahrgangsstufe) berichtet werden: Zunächst hat der Religionslehrer das bisherige Vorwissen der Schülerschaft abgefragt und Erfahrungsberichte wie auch Vorurteile eruiert: »Die Mädchen tragen Kopftücher«, wurde gesagt, »die Jungen sind gelegentlich frech«, »Erwachsene beten mit dem ganzen Körper« oder: »Der Ramadan wird streng eingehalten.« Daraufhin wurden die fünf Grundpflichten (»Säulen«) erarbeitet und in ihren Konsequenzen besprochen. In einer weiteren Stunde ist eine muslimische Schülerin aus einer höheren Klasse zu einem »Expertengespräch« über islamische Kultur in die Klasse gekommen, um Fragen zu den Kleidern und zum Geschlechterverhalten aus ihrer Sicht zu erläutern. Am meisten Interesse fanden dabei Fragen zum Kopftuch oder Schleier sowie zum Problem der Unterordnung von Musliminnen gegenüber ihren Männern. Es folgte ein Besuch in der Pasinger Moschee mit Erläuterungen des dortigen Imam. Schließlich kam der Religionslehrer auf die Grundpflichten zurück, besprach sie nun nicht mehr isoliert, sondern im Vergleich zum christlichen Glaubensbekenntnis, zum eigenen Gebetsverständnis und zum Fasten. So wurde die religiöse Praxis neu beleuchtet. Auch Fragen zum gemeinsamen Gott und zu Jesus im Koran wurden erörtert. – Insgesamt zeichnete sich ein ernstes Bemühen ab, die Fremden – und sich selbst – besser zu verstehen. Sich in andere einzufühlen und einen Perspektivenwechsel einzuüben, waren ebenso ermöglicht wie die unvoreingenommene Betrachtung des muslimischen Gebetsraumes mit seinen arabischen Schriftzügen.

Zusammenfassung
Interreligiöses Lernen drängt sich als neuer religionsdidaktischer Schwerpunkt auf: aus gesellschaftlichen Gründen, aus bildungstheoretischer Notwendigkeit und aus religiös-theologischer Sicht. Angehörige der großen Religionen sind unsere Nachbarn geworden, und es gehört zu den Grundaufgaben von Schule und Religionsunterricht Fremde besser auf ihrem sozio-kulturellen und religiösen Hintergrund zu verstehen. Ein Zurück zu den gemeinsamen Wurzeln in Gott, Abraham, in einer heiligen Schrift, weitgehend auch in Ethik und Eschatologie ermöglicht einen achtsamen Umgang miteinander und eine Konvivenz von unterschiedlich suchenden und glaubenden Menschen.

Lesehinweis
Lähnemann, Johannes (2000): Unterrichtsprojekte Weltethos (Bd 1: Grundschule-Hauptschule-Sekundarstufe I; Bd.2: Realschule-Gymnasium-Berufsschule), Hamburg.

Leimgruber, Stephan (1995): Interreligiöses Lernen, München.

Meyer, Karlo (1999): Zeugnisse fremder Religionen im Unterricht. »Weltreligionen« im deutschen und englischen Religionsunterricht, Neukirchen-Vluyn.

Rickers, Folkert (2000): Alltagserfahrungen im interreligiösen Kontext, Neukirchen-Vluyn.

Ziebertz, Hans-Georg (1994): Mono-, multi- oder interreligiös? Religionen im Religionsunterricht. In: Ders.: Religionspädagogik als empirische Wissenschaft, Weinheim, 141–194.

III.12 Lernen für die Eine Welt

Matthias Bahr / Stephan Leimgruber

Im letzten Jahrhundert ist das Bewusstsein gewachsen, dass die Menschen verschiedener Nationen, Rassen, Kulturen und Religionen zusammengehören und auf Gedeih und Verderben eine Schicksalsgemeinschaft bilden. Im Anschluss an die beiden Weltkriege entstanden unter der Bezeichnung »Konziliarer Prozess« neue Zielvorstellungen eines globalen Denkens, nämlich: »Gerechtigkeit lernen«, »Frieden stiften« und »Bewahrung der Schöpfung«. Schule und Religionsunterricht bieten Lernchancen, um über den eigenen Tellerrand zu blicken. Durch Begegnungen, Aktionen, Projekte und Reflexionen soll die globale Weltsicht und die internationale Verflochtenheit unseres Handelns anschaulich gemacht werden, sodass verantwortungsbewusste Einstellungen vertieft werden.

1. Problemanzeige

»Wächst das Ozonloch eigentlich wieder zu ?«, fragt die zehnjährige Jenny beim Frühstück. Der Vater vergräbt sich hinter der Zeitung, die Mutter lenkt ab: »Komm, iss dein Brötchen!« – «Was passiert mit den Tieren, wenn der Regenwald abgeholzt wird ?«, bohrt das Mädchen weiter. »Es ist schon spät, los, du musst zur Schule«, drängt die Mutter. »Manchmal habe ich Angst«, sagt Jenny, »dass irgendwann einmal ein Krieg ausbricht, dass Leichen auf der Straße vor unserem Haus liegen« (Weidt 1999, 79).

Solche und ähnliche Fragen treiben die heute breit informierten Kinder um. In Wort und Bild begegnen ihnen die jüngsten Kriegsschauplätze und alle möglichen Katastrophen. Weit mehr als frühere Generationen wissen sie über die »Dritte Welt« und auch um längerfristige ökologische Gefahren. Weil sie sich mit der Umwelt, z.B. mit den Tieren, stark verbunden fühlen, sorgen sie sich – zum Teil mit tiefer gehenden Ängsten – um die Zukunft, während dieselben Probleme die Erwachsenen weniger erreichen, ja, oft an ihnen abprallen. Von den Jugendlichen engagieren sich die einen vehement in dieser Richtung und praktizieren einen einfachen Lebensstil, während andere schon eher Schutzmechanismen entwickeln und auf Distanz zu diesen Problemen gehen, gelegentlich mit resignativen Untertönen (Bucher 1993, 158ff, Göppel 1991, 32).

2. Der ›Konziliare Prozess‹

Markante Stationen des Konziliaren Prozesses

Das, was als ›Konziliarer Prozess‹ bezeichnet wird, nimmt seinen inhaltlichen Anfang bereits in den 30er Jahren des 20. Jahrhunderts, wenn in einer Art Vorahnung des Zweiten Weltkrieges der protestantische Theologe Dietrich Bonhoeffer (1906–1945) bei einer ökumenischen Konferenz die Sorge um den Weltfrieden anmahnt. In seiner Rede 1934 auf der dänischen Insel Fanö fordert er eine Versammlung der Christen aller Erdteile, um zur Sicherung des Friedens ein deutliches Wort zu sprechen:

>»Nur das eine große ökumenische Konzil der heiligen Kirche Christi aus aller Welt kann es so sagen, dass die Welt zähneknirschend das Wort vom Frieden vernehmen muss und dass die Völker froh werden, weil diese Kirche Christi ihren Söhnen im Namen Christi die Waffen aus der Hand nimmt und ihnen den Krieg verbietet und den Frieden Christi ausruft über die rasende Welt« (Bonhoeffer 1965, 219).

Doch sein Appell verhallt. Die Forderung nach einem solchen Konzil geht vielen beteiligten Delegierten zu weit. 50 Jahre später nun wird dieser Ruf nach einem Friedenskonzil erneut aufgegriffen. Hintergrund bildet die Vollversammlung des Ökumenischen Rates der Kirchen (ÖRK) 1983 in Vancouver/Kanada. Im Zusammenhang mit einer Friedensdemonstration am 6. August – im Gedenken an die Opfer von Hiroshima – entsteht die Forderung nach einer Weltversammlung der Christen in dem klaren Bewusstsein um die Verantwortung für das Überleben der Menschheit im Atomzeitalter:

>»Weil Menschen nicht vergessen können, was sie wissen, und nicht unfähig werden, das zu tun, was sie jetzt tun können, ist das nukleare Zeitalter das letzte Zeitalter der Menschheit. Wir müssen leben und dem Leben Zeit schaffen unter der nuklearen Drohung. Die Menschheit ist sterblich geworden (Michail Gorbatschow). Ihr Überleben liegt in ihrer eigenen Hand« (Küng/Moltmann 1988, 3).

Dieses Anliegen der Christen findet in Europa Widerhall in der Zeit der Nato-Nachrüstung und der erstarkenden Friedensbewegung. Doch zunächst bleibt der Ruf nach einem ›Friedenskonzil‹ unbeantwortet; es bedarf erst der engagierten Rede des Physikers und Philosophen Carl Friedrich von Weizsäcker auf dem evangelischen Kirchentag in Düsseldorf (1985). – In der Folge ergeht mit Unterstützung der Evangelischen Kirche Deutschlands der Aufruf an die Kirchen der Welt, baldmöglichst ein ›Weltkonzil‹ für Gerechtigkeit, Frieden und Bewahrung der Schöpfung einzuberufen, das für das Frühjahr 1990 in Seoul (Südkorea) zugesagt wird. Doch schon vorher kommt es im Mai 1989 unter dem Thema »*Frieden in Gerechtigkeit*« in Basel zur Ersten Europäischen Ökumenischen Versammlung unter Teilnahme der evangelischen und der katholischen Kirche Europas. In diesem Konziliaren Prozess verpflichten sich die Christinnen und Christen Europas für Gerechtigkeit, Frieden und die Bewahrung der Schöpfung einzutreten. Erstmals bindet sich damit auch die katholische Kirche ein, die aufgrund des unterschiedlichen Kirchenverständnisses einer Mitgliedschaft im ÖRK bisher ablehnend gegenübersteht und nur in Unterkommissionen mitarbeitet (zum Begriff ›ökumenisch‹ vgl. III.10).

Forderungen nach Gerechtigkeit, Frieden und Bewahrung der Schöpfung gehen mit einer gemeinsamen Suchbewegung von anglikanischen und orthodoxen, von protestantischen und katholischen Christen einher, die ihren Erfolg an langfristigen Änderungen der Zustände messen.

»Die Zeit ist da«: Positionen des ›Konziliaren Prozesses‹

Die Beratungen in Seoul vom 5. bis 12. März 1990 führen zu einer Botschaft, deren einleitender Satz die Entschlossenheit dokumentiert: »Die Zeit ist da« – umzukehren von Ungerechtigkeit, Krieg und Umweltzerstörung und wieder neu auf den Bund Gottes zu antworten. Im Einzelnen werden folgende zehn Grundoptionen getroffen (Evangelischer Pressedienst 16/1990, 11–29): »Wir bekräftigen

I. – *dass alle Ausübung von Macht vor Gott verantwortet werden muss.*
II. – *dass Gott auf der Seite der Armen steht.*
III. – *dass alle Rassen und Völker gleichwertig sind.*
IV. – *dass Mann und Frau nach dem Bild Gottes geschaffen sind.*
V. – *dass Wahrheit zur Grundlage einer Gemeinschaft freier Menschen gehört.*
VI. – *den Frieden Jesu Christi.*
VII. – *dass Gott die Schöpfung liebt.*
VIII. – *dass die Erde Gott gehört.*
IX. – *die Würde und das Engagement der jüngeren Generation.*
X. – *dass die Menschenrechte von Gott gegeben sind.*«

Damit findet eine Positionierung statt, die z.T. bereits vorhandene Perspektiven aufgreift (z.B. Option für die Armen), aber auch neue Zusammenhänge herstellt (z.B. religiöse Fundierung der Menschenrechte). Kritik richtet sich u.a. gegen die verwendete religiös-kirchliche Binnensprache, wodurch Vermittlungsprobleme vor allem in die politische und wirtschaftliche Ebene hinein zu erwarten sind (zur Kritik vgl. Evangelischer Pressedienst 18/1990).

Verstärkt wird dies durch vier Konkretionen mit deutlich wirtschaftspolitischer Relevanz:

1. für eine gerechte Wirtschaftsordnung und die Befreiung von der Last der Auslandsschulden;
2. für wirkliche Sicherheit aller Staaten und Völker und für eine Kultur der Gewaltfreiheit;
3. für die Bekämpfung der Ursachen der Umweltzerstörung;
4. für die Abschaffung von Rassismus und Diskriminierung.

Entwicklungen bis in die jüngste Gegenwart

Fortsetzungen dieses Konziliaren Prozesses finden sich 1997 in der Zweiten Europäischen Ökumenischen Versammlung der Christen in Graz zum Thema »Versöhnung – Gabe Gottes und Quelle neuen Lebens«. Eine weitere Fortsetzung liegt in der Kampagne ›Erlassjahr 2000‹, wo vor allem von den kirchlichen und staatlichen Drittweltorganisationen aus ein Schuldenerlass der armen Länder postuliert wird. Organisatorisch unabhängig, aber inhaltlich einem ähnlichen Anliegen verpflichtet, weiß sich das Bemühen um ein Weltethos, das die Aktivierung der spirituellen und moralischen Kräfte der Weltreligionen anstrebt und in seiner Anlage auf den Ausarbeitungen Hans Küngs beruht (Küng 1990).

Aus dem Umfeld dieses Denkens entsteht – quasi als Kehrseite zur Deklaration der Menschenrechte – eine Erklärung der *Menschenpflichten* (Schmidt 1997). Von einer anderen Warte aus meldet sich 1992 der Club of Rome unter dem Titel »Die erste globale Revolution« mit einer Analyse zur Lage der Menschheit, in der auch ausdrücklich auf den Stellenwert von Bildung und Schule eingegangen wird (King/Schneider 1992, 178–181). Und ebenfalls 1992 beginnt unter Federführung der Vereinten Nationen eine intensive Diskussion um die Grundlagen des Lebens, ohne dabei soziale und wirtschaftliche Fragen außer Acht zu lassen. Dies führt Ende der 90er Jahre unter dem Titel ›Agenda 21‹ zur Bildung vielfältiger lokaler Aktivitäten. – Damit gibt es seit Beginn der 90er Jahre eine bemerkenswerte Tendenz ganz unterschiedlicher Institutionen und Gruppierungen, die Qualität des globalen Überlebens zu bedenken. Es geht nicht mehr um ein gnädiges Sich-Herabneigen der fortschrittlichen Industrienationen auf die »armen Entwicklungsländer«, sondern zusehends um eine globale Solidarität. Verschiedene Ethnien und Kulturen wollen gerecht, in Frieden und unter Bewahrung der Lebensgrundlagen miteinander das Leben gestalten.

3. Gerechtigkeit lernen

Versuchen wir nun, die drei Elemente des Konziliaren Prozesses, also »Gerechtigkeit«, »Friede« und »Schöpfungsbewahrung« tiefer zu verstehen und nacheinander im Blick auf globales Lernen im Religionsunterricht ausführlicher darzustellen. Das Thema ›Gerechtigkeit‹ steht deshalb an erster Stelle, weil es unabdingbare Voraussetzung für Friede und Wohlergehen der Menschen bzw. der Schöpfung darstellt.

Ein vielfältiges Verständnis von »Gerechtigkeit«

In den Augen mancher Kinder heißt gerecht in etwa gleich oder gleich viel. Ein gerechter Lehrer ist kein parteiischer Lehrer; er bevorzugt niemand, sondern verhält sich zu allen gleich. – In einem globalen Kontext erweist sich Gerechtigkeit als grundlegend zur Realisierung von Frieden und Schöpfungsbewahrung: kein Friede ohne Gerechtigkeit! Aber auch im sozialen Zusammenleben kleiner Einheiten (Familie, Schule) ist die Frage nach Gerechtigkeit ein sensibles Thema. Generationen übergreifend wird Gerechtigkeit als jene Tugend angesehen, auf die eine gemeinsame Verständigung am ehesten möglich ist; alle, ob jung oder alt, sind von dem Wunsch bestimmt, dass es doch im Miteinander gerecht zugehen möge. Dennoch kommt es darüber immer wieder zu teilweise heftigen Auseinandersetzungen, weil in der Tat Ungerechtigkeiten vorliegen und öfters nicht mit gesagt wird, was genauer unter Gerechtigkeit verstanden wird:

Tauschgerechtigkeit als Prinzip bedeutet, dass eine Ware gegen einen Geldbetrag eingetauscht wird. Gerecht ist dieser Tausch dann, wenn beide Partner sich an die zugrunde liegenden Regeln halten, also zum Beispiel ein gebrauchtes Fahrzeug zu einem vereinbarten Preis verkauft wird, ohne dass vorhandene Mängel vertuscht werden und andererseits die Geldsumme vollständig zum ausgemachten Zeitpunkt bezahlt wird. Dabei steht weder die Frage nach der jeweiligen Leistungsfähigkeit einer Person oder einer Gemeinschaft noch nach der Bedürftigkeit im Mittelpunkt, sondern allein die gegenseitige Akzeptanz vereinbarter Regelungen.
Austeilende Gerechtigkeit stellt das alte römische Prinzip des ›suum cuique‹ (jedem das Seine) in den Vordergrund, bei dem jedem nach seinem Verdienst zugeteilt wird. In modernen demokratischen Gesellschaften, wo allein die Leistung für den Erhalt der ökonomischen Güter zählt, ist die austeilende Gerechtigkeit entscheidendes Regulativ für das Funktionieren der Gesellschaft. Wir haben es hier mit der Verteilungsgerechtigkeit als austeilende Gerechtigkeit zu tun. Ein Beschäftigter erhält für seine Leistung einen bestimmten Lohn. In der Schule wird austeilende Gerechtigkeit bei der Notenvergabe je nach Leistung praktiziert.
Ausgleichende Gerechtigkeit will einen entstandenen Verlust mildern (z.B. Hilfszahlungen nach einer Hochwasserkatastrophe) oder auch grundsätzlich Chancengleichheit ermöglichen (z.B. erhöhte Kindergeldzah-

lungen oder sonstige Vergünstigungen für sog. ›kinderreiche‹ Familien zur Milderung der finanziellen Belastungen) (Raiser 1990, 69f; Mette 1991, 6). Menschen, die aufgrund von Umständen, die sie nicht oder nur teilweise selbst zu verantworten haben, in eine Zwangslage geraten, werden unter diesem Prinzip der *ausgleichenden Gerechtigkeit* – jener *anderen Seite der Verteilungsgerechtigkeit* – aus ihrer Notlage befreit und zumindest mit dem Lebensnotwendigen ausgestattet.

In der *Übertragung dieser Sachverhalte auf die Eine-Welt-Problematik* zeigt sich die weitgehende Dominanz der Tauschgerechtigkeit. Der Preis für Produkte, die in andere Länder verkauft werden, wird von den Gesetzen des Marktes bestimmt, und zwischen Geschäftspartnern wird unhinterfragbar davon ausgegangen, dass für den genannten Preis der entsprechende Geldwert bezahlt wird. Dabei spielt die Frage nach den Leistungsmöglichkeiten des Gegenübers keine Rolle. Die Dominanz des Marktes und des Kapitalismus hat sich auch mit dem Zusammenbruch von Sozialismus und Kommunismus in historisch nahezu einmaliger Weise ausgeweitet. Phänomene wie ›Globalisierung‹, ›shareholder-value‹ und Konzernfusionen stehen für die Macht der Wirtschaft, die das Verhalten des Einzelnen ebenso bestimmen will wie die Strategien der Politik. Problematisch ist daran besonders, dass derzeit innovative Perspektiven wie beispielsweise der Ruf nach einer ›Weltinnenpolitik‹ (C.F. von Weizsäcker) kaum Chancen auf Realisierung haben. Insofern zeigt sich angesichts derartig mächtiger struktureller Determinanten für das Individuum auch die Begrenztheit des Veränderungspotentials.

Wenn dennoch innerhalb des Konziliaren Prozesses die Forderung nach Gerechtigkeit gestellt wird, dann kommt dieser Bewegung auch ein visionärer Charakter zu im Sinne neuer, erst noch zu erreichender Lebensverhältnisse. Dabei bezieht sich dies auf eine Erweiterung der Tauschgerechtigkeit um die ausgleichende Gerechtigkeit. Explizit schlägt sich dies in der Forderung nach dem Erlass der Schulden nieder, was den Menschen in den ärmeren Ländern ein menschenwürdiges Leben gewähren soll.

Diese Perspektive kann auf einen *biblischen Hintergrund* zurückgreifen. Zwar hat Gerechtigkeit im alttestamentlichen Sinne eine mehrschichtige Bedeutung, insofern damit die Gerichtsbarkeit und auch die Herrschaft des Königs klassifiziert werden. Ebenso wird damit das Verhältnis zwischen Mensch und Gott sowie der Menschen untereinander beschrieben. Geradezu vehement mahnen Propheten (Amos, Micha) die Wiederherstellung gerechter Zustände an, die im Sinne des Ausgleichs insbesondere für Notleidende eine Wendung bedeuten können. Daran schließen die Haltungen des NT an; und bei Paulus erhält Gerechtigkeit im Kontext der Rechtfertigungslehre eine starke theologische Relevanz: Die Gerechtigkeit Gottes ist dabei zentral Geschenk an die Menschen (Röm 14,17). Nach Mt 25 (die sog. ›Werke der Barmherzigkeit‹) wird fürsorgendes und recht-schaffendes Handeln zu einem zentralen Kriterium für christliches Leben.

Gerechtigkeit im Bewusstsein Jugendlicher

Für das Lernen im Religionsunterricht bieten sich als klassischer Bezug zunächst die Erkenntnisse Lawrence Kohlbergs über das moralische Urteil auf der Grundlage von Dilemma-Geschichten an, in dessen Hintergrund die Gerechtigkeitsthematik verhandelt wird.

Auf einem ersten vormoralischen Niveau orientieren sich Heranwachsende an Bestrafung und Gehorsam und fragen nach den physischen Konsequenzen ihrer Argumentation. In einer zweiten, hedonistischen Stufe richtet sich das Handeln nach den eigenen Bedürfnissen. Auf dem Hintergrund von Rollenkonformität ist auf Stufe 3 das Ideal des ›braven Kindes‹ wirksam; im Mittelpunkt steht das Bemühen um die Erfüllung von Erwartungen anderer. Auf einer vierten Stufe erfolgt die Ausrichtung an ›Recht und Ordnung‹; das Aufrechterhalten der sozialen Ordnung ist hier zentral. Stufe 5 gesteht den Stellenwert von Einzelfällen zu, auch wenn hier noch legalistisch argumentiert wird. Auf Stufe 6 schließlich wird aufgrund des eigenen Gewissens entschieden nach selbst gewählten ethischen Prinzipien (Kohlberg 1995, 58).

Untersuchungen mit Schülerinnenn und Schülern unterschiedlicher Altersstufen im Religionsunterricht zeigen, dass die Gerechtigkeitsthematik für Heranwachsende ein emotional sehr gewichtiges Thema ist, das insbesondere in der Konfrontation mit biblischen Erzählungen zu engagierten Auseinandersetzungen führt (z.B. das Gleichnis von den Arbeitern im Weinberg, vgl. Mt 20,1–15). Aufgrund derartiger Anregungen kann die Sensibilität für die Komplexität von Gerechtigkeit gestärkt werden, sodass neben der austeilenden auch die ausgleichende Gerechtigkeit als Orientierungsprinzip in den Blick genommen wird (Schweitzer 1996, 42–48).

Schule als gerechte Gemeinschaft (Just Community) meint einen Schulversuch, der ursprünglich von Lawrence Kohlberg in den USA, später auch in Deutschland zusammen mit Fritz Oser durchgeführt wurde. Dabei geht es um ein in der Schule verwirklichtes Ethos, das sich in verantwortlichem Handeln unter den Kindern und Jugendlichen zeigen soll (→ III.9). Konkrete Möglichkeiten sind etwa Schülerversammlungen (wie bereits bei Janusz Korczak und Alexander S. Neill), in denen aktuelle Probleme des Zusammenlebens öffentlich diskutiert werden (z.B. Verhalten auf dem Pausenhof, Gestaltung von Feiern, Disziplinprobleme, eventuell Notengebung). Unter gleichberechtigter Beteiligung von Lehrern und Schülern kann anfanghaft eine gerechte Gemeinschaft realisiert werden (Schweitzer 1996, 78).

Neben diesem klassischen Zugang (Blasberg-Kuhnke 1996, 206) bedarf es für das Gerechtigkeitslernen im weltweiten Zusammenhang auch nachvollziehbarer Einblicke in die wirtschaftlichen und (finanz-)politischen Mechanismen, die die Lebensverhältnisse in den ärmeren Ländern beeinflussen. Dabei kann sich zeigen, dass die Armut in ihren vielen Gesichtern (Hunger und Unterernährung, Krankheit, mangelnde Bildungsmöglichkeiten, Analphabetismus, Säuglingssterblichkeit, Obdachlosigkeit usw.) aufgrund ganz bestimmter und z.T. auch explizit benennbarer Vorgänge – und damit also keineswegs anonymer Verhältnisse – entstanden ist und auch weiterhin erhalten bleibt. So ist beispielsweise der erdrückende Schuldenberg die Folge der Politik der letzten Jahrzehnte, als im Zuge des Ölgeschäfts günstige Kredite an ärmere Länder gegeben wurden, die nach Beendigung der Laufzeit in teure Zinszahlungen führen. Korruption und Missmanagement, persönliche Bereicherung und Fehlinvestitionen haben in vielen Ländern die Wirkung der Kredite ausgesetzt. Sanierungsprogramme nach den Richtlinien der Weltbank und des Internationalen Währungsfonds (IWF) tragen in der Reduzierung von Subventionen auf Grundnahrungsmittel o. Ä. zu einer zusätzlichen Verschlechterung der Lebensverhältnisse bei. Und nicht zuletzt ist die persönliche Beteiligung an diesen Mechanismen aufzudecken, wenn z.B. eigene Aktienkäufe oder Sparguthaben mit der Erwartung auf Kursgewinne und Zinseinnahmen den eigenen kleinen Beitrag zum Aufrechterhalten der Gesetzmäßigkeiten beisteuern (vgl. Füssel 1989, 222–226). Spätestens von hierher ergibt sich die dringende Frage an die Menschen in den reichen Ländern, inwieweit die Mitwirkung an den Mechanismen der Bereicherung unterbrochen werden kann.

Lernaufgaben im Religionsunterricht

Prinzipiell wird die Religionslehrerin bzw. der Religionslehrer eine eigene und klassenbezogene *Standortbestimmung* vornehmen müssen und sich fragen: – inwieweit ein Wissen um die verschiedenen Facetten von Gerechtigkeit erworben wurde; – welcher Kenntnisstand über die wirtschaftlichen und finanzpolitischen Weltverwicklungen vorhanden ist; – welche Positionen des Konziliaren Prozesses in den eigenen Denkhorizont eingebunden werden können; – ob das epochaltypische Schlüsselproblem der ›gesellschaftlich produzierten Ungleichheit‹ (Klafki) als Bildungsaufgabe im Blick ist?

Konkret stellen sich für den Religionsunterricht folgende Lernaufgaben:

- In einer übergreifenden Perspektive können sich Schülerinnen und Schüler einen Einblick in die Lebensverhältnisse von Menschen in ärmeren Ländern erarbeiten (vgl. Schlief/Bahr 1998). Erst die differenzierte Wahrnehmung und der Blick auf die Lebenssituationen einzelner Menschen in ärmeren Ländern kann ein realistisches Bild entstehen lassen – wo Menschen mit ihrer Armut und Not, aber auch mit ihren Freuden und Hoffnungen kennen gelernt werden – gegen manche Klischeebildungen.
- Unter der Perspektive eines handlungsorientierten Lernens können Ungerechtigkeiten, die in weltweitem Zusammenhang die täglichen Gesetzes des Handelns bestimmen, in den öffentlichen Raum getragen werden (→ III.13 u.14) im Sinne einer Mahnung und Erinnerung. Konkretisiert werden kann dies am Beispiel eines Alltagsproduktes (z.B. Kakao, Tee; Bananen). Schüler (und Erwachsene) lernen so die wirtschaftlichen Verwicklungen einschätzen (Bahr u.a. 1998, 184–188 u. 192). Auf diesem Hintergrund kann ein neues Bewusstsein vom Stellenwert des Teilens gewonnen werden.
- Zentrale theologische Dimensionen von Gerechtigkeit lassen sich z.B. durch kreative Bibelarbeit gewinnen (→ III.8), so z.B. in der Auseinandersetzung mit dem Gleichnis von den Arbeitern im Weinberg (Mt 20,1–15; ausgleichende Gerechtigkeit) oder etwa dem Gleichnis von den verlorenen Söhnen (Lk 15,11–32 mit Blick auf das Verhalten des zweiten Sohnes). Hier werden entschiedene christliche Positionen angeboten, die zu einer Stellungnahme herausfordern und weitere Diskussionen anregen können.
- Dilemma-Geschichten – etwa im Sinne Kohlbergs – machen auf die Komplexität von Gerechtigkeit aufmerksam. Bei aller Problematik und Theorielastigkeit von Dilemmadiskussionen führen sie dennoch an unterschiedliche Argumentationsmuster in der Auseinandersetzung mit Gerechtigkeit heran und können den Blick weiten auf mögliche grundsätzliche Problemstellen; vgl. dazu auch z.B. die Notwendigkeit von Alternativen zu ›vergeltender Gerechtigkeit‹ oder auch die prinzipielle Erweiterung von Gerechtigkeit durch die Dimension ›Liebe‹(Kuld/Schmid 2001).
- Konkret können Jungen und Mädchen in der Schule neue Verhaltensmodelle entwerfen und überlegen, wie alternative, gerechtere Verhältnisse zwischen einheimischen und fremden, zwischen wohlhabenderen und ärmeren Schülerinnen und Schülern verwirklicht werden können. Hier bieten sich dann wieder konkrete Projekte an, um ein ›Mehr‹ an Gerechtigkeit auch – anfanghaft – zu verwirklichen (→ III.13).

4. Im Dienste des Friedens

Der zweite Bereich des Konziliaren Prozesses, eingeordnet zwischen »Gerechtigkeit« und »Bewahrung der Schöpfung«, heißt »Friede«. Friede ist bei den meisten Menschen ein positiv besetzter Begriff und auch in fremden Sprachen ein wohlklingender Name: *Schalom* auf hebräisch, *eirene* auf griechisch und *pax* in Latein. Friede heißt italienisch *pace*, französisch *paix*, englisch *peace* und russisch *mir*. Der Begriff weckt viele Hoffnungen, manchmal zu viele. Damit Friede gedeihen und die tiefe Sehnsucht in den Herzen der Menschen erfüllt werden kann, müssen gerechte Verhältnisse geschaffen werden und die Beziehungen geklärt sein: »Gerechtigkeit und Frieden küssen sich« (Ps 85,11).

Zur Begrifflichkeit

Friede ist ein umfassender und vieldeutiger Begriff. Zunächst wird darunter die Abwesenheit von Streit und Krieg verstanden, dann das umfassende leibliche, seelische und soziale Wohlbefinden, wobei der Gesundheit ein besonders hoher Stellenwert eingeräumt wird. Zum Frieden gehören Selbstakzeptanz, ausreichender Lebensunterhalt, gelingendes Zusammenleben, Abwesenheit von Zerstörung sowie Harmonie mit Natur und Umwelt, kurz: Glück.

Im biblischen Sinne ist der Friede tiefer zu verstehen und nicht einfach machbar oder durch Erziehung erreichbar, sondern – obwohl in sozialen Vollzügen geschehend – stets Gabe und Geschenk Gottes. Friede entspricht dem Heilswillen Gottes für alle Menschen. In seiner Bundestreue schenkt er den Menschen all jene Güter, die nötig sind: Leben, Wachstum, gute Beziehungen und Freiheit, Güter, die aber alle durch Sünde und Egoismus getrübt werden können, ferner Nachkommenschaft und damit Hoffnung auf Zukunft.

Schalom im Ersten Testament zielt von Anfang an auf »alle Völker der Erde« (Gen 12,3), also auf Universalität des Friedens Gottes, dem auf der Seite des Menschen Solidarität entspricht. Am deutlichsten ist Gottes Friede in Jesus Christus sichtbar geworden: »Er ist unser Friede« (Eph 2,14). An ihm wird Gottes Friede und Versöhnung mit den Menschen ablesbar. *Schalom* ist der Sinn der Sendung Jesu. In Jesu Dienst am Heil und Glück der Menschen ist der todbringende Bann des Unrechts, der Gewalt und des Unfriedens gebrochen und wurden neue Lebensmöglichkeiten eröffnet. In Jesu Hinwendung an die Menschen zeigt sich der bedingungslos annehmende Gott. Wo dieses Angenommensein zur Existenzgrundlage wird, da kann sich das Verhältnis des Menschen zu sich selbst, zu anderen und zur Umwelt ändern, da können die Selbstbegründungsversuche auf Kosten anderer verlassen werden. Friede in *theologischer Perspektive* beginnt in dieser Welt – oft allerdings nur anfanghaft und in Zeichen – und wird eschatologisch in und durch Gott vollendet. Die Menschen sind eingeladen, nach Kräften »Frieden zu schaffen«, indem sie Hand anlegen und dadurch Gottes größere Gerechtigkeit und seinen Frieden hier und jetzt bezeugen. In diesem Sinne gilt auch die Seligpreisung der Bergpredigt den Friedensstiftern (Mt 5,9).

Friedenserziehung

Eine sowohl anthropologisch wie an der biblischen Botschaft orientierte Friedenserziehung ist nach den Worten des Zweiten Vatikanischen Konzils nicht nur eine »schwere Pflicht« für alle Erziehungsverantwortlichen (GS 82); sie ist gleichsam eine Konkretisierung der grundlegenden Reich-Gottes-Botschaft. Christsein bemisst sich am Dienst der Versöhnung, wie ihn Jesus Christus erfüllt hat (2 Kor 5,18). Friedenserziehung ist deshalb weder eine regionale Aufgabe der Religionspädagogik noch ein Einzelthema des Religionsunterrichtes, sondern vielmehr »*eine durchgehende Perspektive*« (Mette 1982, 184), die auf von Gott geschenkte Bekehrung und auf Veränderung individueller, gemeinschaftlicher und globaler Lebensverhältnisse zielt. Friedensfähigkeit impliziert Konfliktfähigkeit, Verzicht auf Gewalt und Mitarbeit am sozialen Frieden ebenso wie Abstand von Privilegiendenken und Profitstreben. Friedensfähigkeit bezieht sich sowohl auf das Innerste im Herzen der Menschen als auch auf von Menschen geschaffene »sündhafte« Strukturen. »Nach biblischem Verständnis kann Leben nur gelingen, wenn die Lebensbedürfnisse anderer zum Bestandteil der eigenen Lebenserwartungen werden« (Missalla 1986, 318).

● Voraussetzungen für aktiven und konstruktiven Dienst am Frieden sind auf der *persönlichen Ebene* Erfahrungen des Angenommenseins und des Geschätzt-Werdens, des unbedingten Erwünschtseins und Bejahtwerdens. Erst diese Erfahrungen befreien zur Selbstannahme, ermöglichen Offenheit und schenken die Bereitschaft zu permanenter Revision von Einstellungen, zur Kurskorrektur und zum Lernen aus gemachten Erfahrungen. In Frieden leben mit sich selbst und von seinem Gott her, das ist die christliche Sicht für eine zukunftswirksame Gestaltung der Welt.

● Auf der *zwischenmenschlichen Ebene* meint Friedensfähigkeit die Wertschätzung anderer Personen und die Auseinandersetzung mit unterschiedlichen Formen des Unfriedens und der Gewalt, das Bewusstwerden von Neid- und Hassgefühlen sowie die Einübung in eine Streit- und Konfliktkultur mit Verzicht auf unredliche manipulative Maßnahmen. Es geht um das Eingeständnis von Ängsten und den Abbau bzw. das Verlernen von Vorurteilen. In all diesen Prozessen können Besinnung und Betrachtung, Meditation und Gebet eine antizipative und motivierende, eine friedensfördernde und heilende Funktion einnehmen (Friedli 1981, 86–89).

● Weil Friede und auch die biblische Friedensbotschaft stets universalen Charakter aufweisen, darf Friedenserziehung die *gesellschaftliche und globale Ebene* keineswegs vernachlässigen. Sie vermittelt Betroffenheit durch Unrechts- und Armutssituationen auf der Welt, welche nicht ohne Bezüge zu unserem Dasein und Handeln stehen. Sie zeigt Ursachen und Wirkungen auf, die mit unserem Lebensstil zu tun haben. Sie arbeitet insgesamt auf vernetztes Denken im Blick auf den Welthorizont hin. Gerade die Medien zeigen heute unmittelbare Zusammenhänge zwischen nah und fern auf. Die berühmte Frage »Wer ist mein Nächster?« (Lk 10,29) muss heute vielleicht in dem Sinne beantwortet werden, dass der Fernste uns zum Nächsten geworden ist.

Lernaufgaben im Religionsunterricht

Wenn »Friede« eine »durchgehende Perspektive« der religiös-christlichen Erziehung darstellt, kann Friede im Religionsunterricht zu jeder Zeit und in jeder Jahrgangsklasse angesprochen werden. Die Lehrperson wird nach den fruchtbaren Augenblicken (II.10) für dieses Thema Ausschau halten und einzelne Aspekte situationsgerecht beleuchten.

● In der *Grundschule* sind Streit und Konflikte zwischen Schülerinnen und Schülern an der Tagesordnung. Oft steht der Friede zwischen Mädchen und Jungen, zwischen Stärkeren und Schwächeren, zwischen Außenseitern und Gruppen des Klassenverbandes auf dem Spiel. Die Klärung dieser Auseinandersetzungen ist bedeutsam für die Entwicklung und Identitätsfindung der Einzelnen. Wenn dabei auch immer Rangordnungs- und Statusansprüche verhandelt werden, so besteht ein wichtiger Lernschritt darin, faire Lösungswege zu entwickeln und physische und psychische Gewaltanwendung als unangemessene Strategien zu sehen. Doch können die Konflikte auch tiefe Wunden schlagen und Grenzüberschreitungen herbeiführen, welche eine umfassende Friedens- und Versöhnungsarbeit nötig machen. Schule und Religionsunterricht werden dann zu Plattformen, welche Ungerechtigkeiten thematisieren, Schädigungen sichtbar machen und die den Verletzten ihr Recht zurückgeben. Das alles wäre unter situationsbezogenem Einüben von Friedensschritten zu verstehen und gilt entsprechend auch für den Religionsunterricht bei Kindern mit Behinderungen.

● Die Verbesserung der Friedensfähigkeit kann auf der *Sekundarstufe und in der Berufsschule* zum zentralen Anliegen des Religionsunterrichtes werden. Es geht um die Einsicht, dass Friede das Zusammenleben erleichtert, erneuert und vertieft. Konflikte sind als etwas zum Leben Dazugehörendes anzusehen aufgrund der Einzigartigkeit jedes Menschen mit seinen unverwechselbaren Begabungen und Bedürfnissen. Dies muss in Interaktionen quasi zwingend zu differenten Sichtweisen führen. Nicht um leichtfertige Unterdrückung von Konflikten darf es gehen, sondern um den fairen Streit um Wahrheit und Wertigkeiten, die dann Geltung bekommen. Friede ist auch gemeinsam ausgehandelte Einigung und damit eine Angelegenheit von mehreren, denn Friede ist stets abhängig vom Frieden mit den anderen. Friede dient *allen* Beteiligten. Er setzt aber die Bereitschaft zu Umkehr, Vergebung und Aussöhnung voraus (vgl. III.9).

● In *höheren Jahrgangsklassen* fördert die Friedenserziehung das vernetzte und globale Denken dann, wenn bei gegebener Gelegenheit aktuelle öffentliche und politische konfliktive Ereignisse in das Unterrichtsgeschehen eingeblendet werden. Bei der Erarbeitung der oft historischen Gründe von Hass und Krieg werden Ursachen und Interdependenzen sichtbar, die verbieten, dass wir nurmehr als teilnahmslose Beobachter dabei sind, denn sie erfordern ein denkendes und handelndes Mitwirken.

● Der Dienst am Frieden kann sich stets durch die *biblische Friedensbotschaft* herausfordern lassen. So legt sich immer wieder die Konfrontation unserer Friedenssehnsucht mit dem biblischen Friedensverständnis nahe: Etwa im Zusammenhang mit Weihnachten kann die Friedensbotschaft erläutert und aktualisiert werden (vgl. Lk 2,14); in der Auseinandersetzung mit der Osterbotschaft verlangt die Begegnung des Auferstandenen mit den Jüngern nach einer Deutung des Friedensgrußes (vgl. Joh 20,19–29). Grundsätzlich ist nach der Sendung Jesu als Friedensbringer zu fragen (dazu vgl. Kol 1,19f, Röm 5,1, Eph 2,14 und 6,15 oder 2 Kor 5,18f). Und schon im Ersten Testament können Abgründe – etwa im tödlichen Streit zwischen Kain und Abel (Gen 4,1–8) – und messianische Hoffnungsbilder auf Frieden (vgl. Jes 9; 11 und 61) gefunden werden.

5. Bewahrung der Schöpfung

Globales Denken muss sich schließlich im dritten Bereich des Konziliaren Prozesses ausweisen, wo es um die Rettung der bedrohten Lebensgrundlagen im Blick auf eine gute Zukunft der ganzen Welt und der kommenden Generationen geht. Dabei genügt es nicht mehr, den Menschen als Krone der Schöpfung anzusehen, auch nicht, Friede und Gerechtigkeit unabhängig von der Mitwelt zu sehen. Vielmehr meint Schöpfungsbewahrung in einem globalen Denken die ganze bewohnbare Erde in ihren Fundamenten jetzt und für die Zukunft. Dabei wird zunehmend eine ›nachhaltige Entwicklung‹ (sustainable development) gefordert, d.h. einen Schutz der Mit- und Umwelt, wodurch auch künftigen Generationen ein menschenwürdiges Dasein bereitet werden kann (BUND/Misereor 1996, 24–26).

Welche Zukunft wollen wir? – Fakten und Tendenzen

Im letzten Drittel des 20. Jahrhunderts ist der Fortschrittsglaube erschüttert worden, der durch Wissenschaft und Technik gefördert wurde und kirchlicherseits etwa im Werk von Teilhard de Chardin (1881–1955) und auch noch in der Pastoralkonstitution des Zweiten Vatikanischen Konzils zum Ausdruck kam. Die vom »Club of Rome« prognostizierten »Grenzen des Wachstums« (1972) sind teilweise drastischer als vermutet ans Licht gekommen, und spätestens die Ölkrise (1973) zeigte die Fehleinschätzung von unendlich geglaubten Ressourcen. Durch das Aussterben mancher Arten von Lebewesen und durch die von materialistisch handelnden Menschen erzeugte Zerstörung mancher Lebensgrundlagen (z.B. Wälder) wurde die Verletzbarkeit der Umwelt bewusst. Die Tatsachen, dass gewisse Abfallstoffe nicht oder nur schwer abbaubar sind und stattdessen die Umwelt belasten und Krankheitssymptome fördern, offenbaren von uns selbst gemachte neue Belastungen. Die Luftverschmutzung bringt besonders in den städtischen Ballungszentren Krankheiten (Bronchitis, Asthma, Allergien) hervor, nicht zuletzt bei Kindern. Die Erwärmung der Erde verursacht größere Temperaturschwankungen und dadurch neue Probleme. Im Oktober des Jahres 1999 hat die Weltbevölkerung sechs Milliarden Menschen erreicht, und das Wachstum um ca. 15 Millionen Menschen pro Jahr stimmt nachdenklich.

Bewahrung der Schöpfung als Thema des Religionsunterrichtes

Globales Denken im Religionsunterricht kann auf die Tiefendimension der Wirklichkeit aufmerksam machen und die Natur als Geschenk und uns anvertraute Gabe Gottes verstehen lernen. Folgende vier Ziele und Lernbereiche werden dieser Dimension gerecht und vermögen Schülerinnen und Schüler in ihrem Gewissen und in ihrer Mündigkeit ansprechen:

● Die bei Kindern und Jugendlichen vorhandenen Ängste in Bezug auf die gefährdete Zukunft der Welt ernst nehmen und thematisieren: Wie das einleitende Gespräch (vgl. oben) gezeigt hat und auch Umfragen belegen, sind die Kinder oft sehr tief von schlimmen Nachrichten über die Lebensgrundlagen betroffen. Das Aussterben und noch mehr die gewaltsame Ausrottung oder Ausbeutung bestimmter Tierarten erzeugen Furcht und sogar (Lebens-)Angst (Bucher 1993, 154–158).
Hier hilft eine sensationsgierige Katastrophenpädagogik wenig, weil Panikmache ein schlechter Ratgeber ist. Vielmehr ist den einzelnen Tatsachen auf den Grund zu gehen. Ursachen und Zusammenhänge sind aufzuzeigen, wobei Alter, Fassungskraft und Situation der Schülerinnen und Schüler einzubeziehen sind (→ II.4).

● *Ein verantwortliches Umgehen mit unbelebter Natur, mit Pflanzen- und Blumen sowie mit der Tierwelt besprechen:* Dabei ist zu bedenken, dass Kinder und Jugendliche sehr sensibel sind für alle diese durchaus gestuften Weisen der Wirklichkeit. Viele sind erfahren im Umgang mit und in der Pflege von Tieren. Einige wissen vom Garten oder von Wanderungen in der Natur um die Kostbarkeit seltener Blumen und haben schon manches über verantwortlichen Umgang mit ihnen gehört. Gerade weil die Natur letztlich Schöpfung Gottes ist und dem Menschen dient, ihn erstaunen, erfreuen und beleben will, deshalb soll sie respektiert werden.

● *Einübung in einen umweltschonenden, einfachen Lebensstil:* Das Thema »Bewahrung der Schöpfung« enthält ferner ethische Impulse. Die Einladung zu einem umweltverträglichen, bescheidenen Lebensstil, welcher das konsumistische Denken der Wegwerfgesellschaft hinter sich lässt und stattdessen Gedanken der Sparsamkeit (z.B. des Wassers, des Stromes, der Energie überhaupt) oder der Wiederverwendung gebrauchter Materialien zulässt, gehören dazu. »Gut leben statt viel haben« kann als Motto gesehen werden, das Bedürfnisse wohl aufnimmt und anerkennt, sich aber gegen eine konsumptive Haltung sperrt (BUND/Misereor 1996, 206–224). Hier ist weiter der Mut zur schöpferischen Selbsttätigkeit zu erwähnen, was sich etwa auf das Zubereiten von Speisen oder das Erfinden von Spielregeln und Herstellen eigener Spielsachen beziehen kann.

● Durch die Arbeit mit biblischen Perspektiven die *Natur als Schöpfung sehen lernen:* Die Bibel des Ersten wie des Zweiten Testamentes ist voll von Aussagen über Natur und Schöpfung, angefangen bei den zwei Schöpfungserzählungen in Genesis 1 und 2, über die Psalmen als Loblieder der Schöpfung, sowie die Aussage des Apostels Paulus im Römerbrief über die noch seufzende Schöpfung, die auf das Offenbarwerden Gottes wartet (Röm 8,19), bis hin zur Erneuerung der Schöpfung in Jesus Christus. Denkbar sind Ergänzungen der biblischen Sichtweise durch Visionen der Schöpfung etwa bei Franz von Assisi (vgl. Sonnengesang) oder anderen Leitbildern. In diesem Zusammenhang kann besonders das ästhetische Lernen mit seinem Interesse an Wahrnehmungs- und Ausdrucksschulung Wirkung entfalten (→ III.1).

Schließlich sei darauf hingewiesen, dass »Schöpfungsbewahrung innerhalb des Konziliaren Prozesses« mittlerweile ausdrücklich in den *Lehrplänen* angesprochen wird und damit eine ständige Aufgabe christlich-religiösen Lernens darstellt. Bereits im Grundlagenplan für die Grundschule gehört der Konziliare Prozess zu den Zieldimensionen »Anteil nehmen – miteinander leben«. Hubertus Halbfas hat das Thema »Schöpfung« an die zweite Stelle seines aufbauenden Lernens im Grundschulwerk gesetzt. In der achten Jahrgangsstufe ist nach dem Grundlagenplan »Verantwortung für die Mitwelt« auf dem Programm, und die Berufsschule beschäftigt sich mit der Frage »Evolution und Schöpfung« (10.I.6). In didaktischer Hinsicht sind zu diesem Themenfeld Projekte sehr geeignet, weil sie handlungsorientierten, kooperativen Religionsunterricht nahe legen und zu gemeinsamen Erfahrungen führen (vgl. → III.13 u. III.14).

6. Praxisbericht über ein Projekt mit Straßenkindern

In einer neunten Realschulklasse nähern sich Schülerinnen und Schüler den Lebensverhältnissen von Straßenkindern an: über ein mehrfach vorgetragenes, von einem Straßenkind verfasstes Gedicht, zu dem die eigenen Gedanken notiert werden. Einzelne Zeilen werden dann selber weitergeschrieben.

Die Jugendlichen sitzen während dieser Stunde am Boden der Turnhalle, sie sind damit selbst ›unten‹. Farbdias (Misereor) liefern Hintergrundinformationen. Nach Diskussionen entscheidet sich die Gruppe dafür, die erarbeiteten Eindrücke und Kenntnisse in die Öffentlichkeit zu tragen. Plakate werden entworfen, Überlegungen zur Präsentation und für Aktionen angestellt. Vor dem Einkaufszentrum der Kleinstadt werden sie tätig: als Interviewer, Musiker, Videofilmer, Schuhputzer, Diskutierer – schließlich auch unter spontaner Mitarbeit des anderen, eigentlich nur zur Aufsicht mitgegangenen Lehrers, der ihnen zeigt, wie man auf den mitgebrachten Trommeln und Gitarren einen überzeugenden Rhythmus findet (→ III.13 u. 14).

Die Reaktion der Passanten ist überwiegend positiv. Viele lassen sich auf ein Gespräch mit den Jugendlichen ein und sind auch bereit, gegen einen kleinen Beitrag eine Dienstleistung anzunehmen. Gleichwohl zeigt sich auch viel Unkenntnis über die genauen Lebensverhältnisse von Straßenkindern.

Zusammenfassung

‹Lernen für die Eine Welt‹ kann ein Bewusstsein für die Eingebundenheit jedes Einzelnen in einen globalen Zusammenhang schaffen. Dieses Prinzip weiß sich der Arbeit an verschiedenen epochaltypischen Schlüsselproblemen verpflichtet und macht ernst mit der Verantwortungsfähigkeit und der Verantwortungsbereitschaft von Schülerinnen und Schülern, aber ebenso von Lehrerinnen und Lehrern einer Schule. Unter der Perspektive der Gerechtigkeit rücken vor allem Menschen in ärmeren Ländern in das Zentrum der Aufmerksamkeit; bei entsprechender Anlage der Lernprozesse können sich Schüler als solidarische Christinnen und Christen erweisen, denen durchaus Handlungs- und Veränderungskompetenz zukommt, so anfanghaft das je nach Alter auch noch aussehen mag. Damit erhalten friedenspädagogische Impulse einen neuen Akzent, der bis zu den Bemühungen um Schöpfungsbewahrung reicht: Gerechtigkeit kann als entscheidende Voraussetzung für Frieden und Bewahrung der Schöpfung wahrgenommen werden – auch auf dem Hintergrund bibeltheologischer Zugänge. Bei all diesen Überlegungen wird die Perspektive im Gefolge des Konziliaren Prozesses und der Agenda 21 auch für den Religionsunterricht Gültigkeit haben: »Global denken – lokal handeln.«

Lesehinweis

Kuld, Lothar/Schmid, Bruno (2001): Lernen aus Widersprüchen. Dilemmageschichten im Religionsunterricht, Donauwörth 2001.

Lähnemann, Johannes (2000): Unterrichtsprojekte Weltethos (Bd.1: Grundschule-Hauptschule-Sekundarstufe I; Bd.2: Realschule-Gymnasium-Berufsschule), Hamburg.

Vanoni, Gottfried (1993): Schalom als zentrale biblische Botschaft, in: ThPQ 141, 3–12.

Themenheft »Konziliarer Prozess«. In: RpB 1991/Heft 27.

III.13 Projektorientiertes Lernen

Hans-Georg Ziebertz

Projektorientiertes Lernen ist eine Alternative zum herkömmlichen Unterricht. Es eröffnet besondere Lernchancen, ohne den traditionellen Unterricht ersetzen zu wollen. Schülerinnen und Schüler lernen, sich gemeinsam für die Bewältigung einer Aufgabe zu engagieren. Sie lernen, ein Ziel zu formulieren und den Weg zur Erreichung des Ziels zu planen. Sozial-kooperative Lerndimensionen werden ebenso angesprochen wie eine besondere stoffbezogene Vertiefung der gestellten Aufgabe. Inhalte des Lehrplans bzw. der Wissenschaften kommen zur Sprache, jedoch nicht enzyklopädisch, sondern im Zusammenhang mit der zu bewältigenden Aufgabe, zu deren Klärung sie einen Beitrag leisten sollen. Eigeninitiative und Selbststeuerung der Schülerinnen und Schüler werden herausgefordert. Projektorientiertes Lernen kennzeichnet den »etwas anderen Unterricht«, bei dem Kopf, Herz und Hand beteiligt sind.

1. Problem

Engelbert Groß karrikiert in einem Zeitschriftenbeitrag Auffassungen über das Lernen am Gymnasium wie folgt: ›am Gymnasium solle nicht gedübelt, sondern gegrübelt werden‹, ›dort gehe es nicht um Handlungsorientierung, sondern um Denkorientierung‹, ›das Gymnasium soll Wissenschaftsbezug herstellen und keine Spaßpädagogik betreiben‹ (vgl. Groß 1999, 151ff). Die vorherrschende Meinung lautet: Projektarbeit ist vielleicht etwas für die Grund- und Hauptschule, weniger aber für die Realschule und sicher nichts für das Gymnasium. »Je abiturfähiger eine Schülerin oder ein Schüler ist, desto entbehrlicher und überflüssiger erscheint eine handlungsorientierte Dimension des Unterrichts; der Religionsunterricht des Gymnasiums hat Aktionen und Projekte nicht nötig« (Groß 1999, 152). Die abschätzige Einstellung gegenüber Projektarbeit erklärt sich vielleicht aus schlechten Beispielen, nicht aber aus der Sache selbst. Projektarbeit ist nicht gleichbedeutend mit der Nische an der Schule, in der man dem Druck und der Anstrengung des Lernens entkommen kann, in der praktisch und handwerklich gearbeitet wird und wo ein erholsames Durchatmen angesichts der ansonsten kognitiven Dominanz des Paukunterrichts erlaubt ist: Projektarbeit als ›low-level-activity‹. Projektorientierung des Unterrichts hat das negative Image zu Unrecht, denn ein pädagogisches und didaktisches Denken in »Projekten« ist sehr anspruchsvoll; vor allem, wenn man Projektorientierung im Sinne eines »Forschenden Lernens« entfaltet, das planvoll geschieht und bei dem die intrinsische Motivation der Beteiligten als Hauptmotor des Lerngeschehens gilt. In einem solchen Lernen steht der Erwerb von Qualifikationen im Mittelpunkt, auf denen letztendlich der gesamte Wissenschaftsbetrieb aufbaut. Wie sollte es also für das Gymnasium nicht angebracht sein, projektorientiert zu arbeiten und mit der Projektmethode vertraut zu machen?

Wir wollen diese Methode des Lernens im Folgenden näher untersuchen. Dabei verstehen wir unter *Projekt* alle Aktivitäten, die in einem festgelegten Zeitraum zu einem eingegrenzten Problembereich (Thema) stattfinden. Projektarbeit bedient sich der *Projekt-Methode*, die angibt, auf welche Weise ein Thema behandelt bzw. ein Problem angegangen und gelöst werden kann. Der Begriff *Projektorientierung* meint schließlich, dass Lernprozesse im Sinne der Projektmethode konzipiert werden, dass also die erkenntnisleitende »Philosophie« der Projektmethode dabei Pate steht. Für den Religionsunterricht ist die Projektarbeit wertvoll, weil sie eine Reihe von religiös relevanten Lernaspekten berührt: soziales und demokratisches Lernen unter Einbezug christlicher Prinzipien; Lösungswege für religiöse bzw. religiös motivierte Probleme kennenlernen; oder Probleme unter Berücksichtigung religiöser Einsichten lösen lernen. Dieses Kapitel erläutert die pädagogischen Merkmale (2), Prinzipien (3) und methodischen Schritte der Projektorientierung (4).

2. Merkmale der Projektorientierung

In den siebziger Jahren des 20. Jahrhunderts wird in Deutschland Projektarbeit an der Schule populär. Pädagogen interessieren sich zusehends für eine pädagogische Idee, die in der heute rezipierten Form theoretisch ihre Wurzeln in der pragmatischen Erziehungsphilosophie hat, wie sie maßgeblich John Dewey (1859–1952) vorgetragen hat (vgl. hierzu u.a. Knoll 1984; Frey 1990). Es gab bereits zuvor verschiedene Konzepte, die in die Richtung der Projektidee gingen, sodass sich inzwischen eine Art »Geschichtsschreibung« der Projektidee etabliert hat (vgl. zum Überblick: Groß 1996). Von den Grundgedanken, die die Projektidee getragen haben, verdienen die folgenden besondere Beachtung.

Eine Pädagogik der offenen Zukunft
Gudjons (1992) ruft die gesellschaftspolitische Vision der Projektorientierung in Erinnerung: Projektorientierung sollte eine Antwort auf eine sich wandelnde Gesellschaft sein. Für die »Väter« der Projektorientierung war klar: Wenn die Zukunft nicht mehr an dem abgelesen werden kann, was gegenwärtig gilt oder was zuvor galt, muss sie als ein »offenes« Projekt verstanden werden. Eine solche Zukunft verlangt eine neue Form des Lernens. Lernen kann dann nicht mehr bedeuten, Heranwachsende »monolinear« in die vorfindbare Kultur einzuführen, um sie zu Trägern dieser Kultur zu machen (vgl. Ziebertz 1990, 20–74). Heranwachsende sollen vielmehr lernen, sich den offenen Fragen und den offensichtlichen Problemen zu stellen, die das moderne Leben zuhauf bereit hält – sie sollen lernen, wie man solche Probleme angeht und löst. Die Offenheit der Zukunft gilt also nicht als Hindernis für die Erziehung, allenfalls als Erschwernis. Sie ist Problem, aber mehr noch Aufgabe. Heranwachsende sollen vor der Offenheit der Zukunft nicht »geschützt« werden, sondern sie sollen lernen, die Offenheit selbst zum Thema zu machen. Der Schule wird die Aufgabe zugewiesen, pädagogisch Wege aufzuzeigen, wie eine projektive Aneignung der offenen Zukunft geschehen kann.

Ist dies ein Denkhorizont aus einem vergangenen Jahrhundert, oder können wir heute daran anknüpfen? Es scheint, als radikalisiere die Diskussion um die Post-Moderne, die im Übergang zum 21. Jahrhundert auch die Theologie nicht unbeeindruckt lässt, die angerissenen Fragen (Ziebertz 1999). Die Offenheit der Zukunft und der Pluralismus auf allen Gebieten des Lebens hat die Frage nicht erledigt, wie Heranwachsende adäquat auf ein Leben in dieser Gesellschaft vorbereitet werden können (→ II. 3). Auch für die religiöse Erziehung gilt, dass die überlieferte Tradition nicht vorwegnehmen kann, wie die Zukunft der Religion und die der persönlichen Religiosität aussehen wird. Das Ergebnis erscheint als ein offenes Projekt. Was die heutigen Kinder demnächst als Erwachsene brauchen werden, ist immer schwerer vorauszusehen.

Eine Pädagogik der Erfahrung

Die Erfahrungsorientierung eröffnet eine Alternative zum üblichen schulischen Lernbetrieb, in dem Lernen oft auf Aneignung und Memorierbarkeit von Inhalten reduziert wird. Auch heute kann dem nüchternen Blick nicht entgehen, dass sich trotz reformpädagogischer Initiativen schulisches Lernen (oftmals oder überwiegend) als monologischer Wissenstransfer ereignet. Das mag noch einmal besonders für das Lernen in der Oberstufe am Gymnasium gelten, wie die eingangs zitierten Äußerungen illustrieren. Wo der Kampf um die Abiturnote eröffnet ist, wird die Wichtigkeit der Fähigkeit offensichtlich, möglichst viel Wissen anzusammeln und dieses zur Reproduktion vorrätig zu halten. Der »Stoff« steht im Mittelpunkt. Eine solche Praxis hatte John Dewey vor Augen, als er von Erziehung sprach, die sich »von oben« und »von außen« aufdränge, die den Heranwachsenden Werte und Normen der Erwachsenenwelt antrage, ohne sich den Abstand zu realisieren, der zwischen diesen und den tatsächlichen Erfahrungen der jungen Leute liege. Aufgrund des Abstands, so meint er, blieben die meisten Inhalte den Schülern fremd. Und weil sie den Schülern fremd und äußerlich blieben, darum müssten sie ihnen aufgedrängt werden (vgl. Dewey 1963, 27ff).

Schülerinnen und Schülern müssen Erfahrungen möglich sein – der Unterricht soll darauf gerichtet sein, dass Erfahrungen gemacht werden können! »Erfahrungslernen« war das Schlüsselkonzept des neuen Erziehungsverständnisses, das Dewey und andere in die Diskussion einführten. Indem Heranwachsende an und mit Erfahrungen lernen, so ihre Annahme, dringen die Inhalte wirklich zu ihnen vor, sie werden zu etwas Anschaulichem, das sich in der eigenen Erfahrungswelt als Wirklichkeit etabliert. Wissen bleibt nicht äußerlich, sondern wird innerlich nachvollzogen.

Solches »Erfahrungslernen« meint nicht etwa blinden Aktionismus, handwerkliches Tun statt rationales Raissionieren, reflexionsschwaches Vorgehen statt kognitives Lernen. Lernprozesse zu organisieren bedeutet in diesem Zusammenhang vielmehr erstens: Organisation von Möglichkeiten, Erfahrungen machen zu können; und zweitens: eine intrinsische Motivation (innere gewollte Beteiligung) bei den Schülern zu verstärken, dass sie selbst weitere Erfahrungen machen wollen. Diese veränderte Sicht auf Lernprozesse schien nicht in erster Linie eine Reform der Inhalte, sondern eine Reform der Methode zu verlangen (→ II.7). Die Analogie zum religiösen Lernen liegt auf der Hand: auch religiöse Inhalte können angeeignet werden, ohne dass Schüler eine Erfahrung mit dem Gelernten verbinden. Religiöse Inhalte haben aber immer auch eine existentielle Dimension. Religiöses Lernen wird halbiert, wenn man Schülerinnen und Schülern Erfahrungen vorenthält.

Eine Pädagogik mit gesellschaftspolitischer Vision

Dewey stand eine Reform der Erziehungspraxis vor Augen, mit der die transformatorische Wirkung der Erziehung auf die Gesellschaft erhöht bzw. überhaupt entfaltet werden sollte. Er verbindet mit der Erziehung das Ziel der »Demokratisierung« der Gesellschaft. Bereits in Schule und Ausbildung sollten Heranwachsende mit Verfahren bekanntgemacht werden, die auf eine kooperative Problemlösung angelegt sind. Lernen soll nicht nur Rezeption vorhandener kultureller Güter sein, sondern dazu anleiten, diese Güter selbständig und selbsttätig zu durchdringen. Sie treten den Schülern einerseits entgegen, sodass diese gleichsam passiv-rezeptiv Erfahrungen mit ihnen machen. Aber sie sollen nicht bei solchen Erfahrungen stehen bleiben, sondern zu einem aktivkonstruktiven Umgang mit kulturellen Gütern fortschreiten und zu einer experimentellen Auseinandersetzung mit der Welt motiviert werden, sodass sich neue originäre Erfahrungen eröffnen.

Für ein friedliches Zusammenleben ist es unumgänglich, dass Menschen in der Lage sind, über gegenläufige Erwartungen und Pläne kommunizieren zu können. Das setzt voraus, nicht nur eigene Positionen vorzutragen, sondern die Argumente in den Positionen anderer rekonstruieren zu lernen und auf einem übergeordneten Niveau Ausgleich herzustellen. Diese Fähigkeit zum Perspektivenwechsel ist für das Zusammenleben in einer demokratischen Gesellschaft unerlässlich. Sie ist die Grundlage dafür, dass Konflikte nicht gewaltsam, sondern über den Weg der Argumention gelöst werden.

Projektarbeit leitet zum Perspektivenwechsel an, indem sie Schüler mit Problemen konfrontiert, für deren Lösung ein gemeinsamer Plan erstellt werden muss und dessen Durchführung Kooperation verlangt. Schüler üben im »Mikrokosmos Schule« kooperative Verfahren ein, die im »Makrokosmos Gesellschaft« zur Demokratisierung beitragen.

Eine Pädagogik des Problem-Lösen-Lernens

Die Projektorientierung entfaltet Lernen als interaktives Geschehen zwischen Handelndem und Umwelt. »Umwelt« sind andere Schüler, Lehrer, Lerninhalte, die Schule, der Schulkontext, die Gemeinde, das Land oder die Welt. Diese Umwelt tritt uns nicht einfach als etwas Ganzes entgegen, sondern vielmehr in Fragmenten, in Deutungen und Andeutungen – sie hält ein ganzes Bündel an Definitionen, Einstellungen und Weltsichten bereit, die nicht selten widersprüchlich sind. Anstatt nun diese Gemengelage im Sinne lehrbarer Häppchen zu »frisieren«, schlägt das Projektkonzept vor, Schüler dahin zu führen, angesichts der Vieldeutigkeit der Welt eine Problemorientierung zu entwickeln. »Problem« ist ein Kernbegriff der Projektorientierung. Er hat nichts zu tun mit der schwermütigen Haltung, »nur Probleme zu sehen«. »Problem« steht vielmehr für Frage, Fragwürdigkeit, Befremden oder Zweifel. Um angesichts fragwürdiger Situationen nicht zu verzweifeln, soll ein bestimmter methodischer Ansatz helfen, solche Situationen zu bewältigen. Dazu gilt es, Neugierde und Wissensdrang freizulegen. Die Projektorientierung will eine experimentelle Haltung entwickeln helfen, sich nicht nur mit angebotenen Deutungen zufrieden zu geben, sondern selbständig Lösungen herbeizuführen (Dewey 1986).

Unterrichtspädagogisch bietet die Projektorientierung eine Alternative zu der Praxis, das Lehr- und Lerngeschehen enzyklopädisch von den traditionellen Fachinhalten her zu denken, also als ein Vermittlungsprozess von Inhalten, deren Logik einzig oder vorwiegend aus der Logik der betreffenden Disziplin abgeleitet wird. Die Projektorientierung insistiert darauf, an den Problemen anzusetzen, die bestimmte Fachinhalte für die Lernenden implizieren und von dort her die Inhalte zu entfalten. Die Vermittlung von Fachinhalten wird also weder aufgegeben noch als sekundär eingestuft, sondern von ihrem Sitz im Leben der Heranwachsenden her »aufgerollt«. Im problemorientierten Religionsunterricht (→ I.3) ist dieser Ansatz methodisch entfaltet worden.

3. Prinzipien der Projektmethode

Nach den vier grundlegenden Merkmalen der Projektorientierung geht es im Folgenden um einige Prinzipien der Projektarbeit. In der Literatur finden sich dazu unterschiedliche Zugänge (vgl. u.a. Weber 1973; Bastian/Gudjons 1986; Hänsel 1986; Frey 1990; Gudjons 1992; Groß 1994; Bastian 1997). Neben anderen hat Gudjons solche Prinzipien an verschiedenen Orten zusammengestellt. Seine Liste von zehn Prinzipien eignet sich als Orientierungsrahmen. Die einzelnen Prinzipien sind nicht immer streng voneinander zu trennen, sondern sie überlappen sich oftmals bzw. akzentuieren bestimmte Sichtweisen derselben Sache. Die nachfolgend gebrauchte Terminologie lehnt sich an Gudjons an, setzt allerdings in der Interpretation eigene Akzentuierungen.

(1) Situationsorientierung

In der Projektarbeit bedeutet Stofforientierung, dass die Inhalte nicht einzig aus der Logik der Fachwissenschaft deduziert werden, sondern mit der Welterfahrung der Schüler in Beziehung stehen sollen. In manchen Darstellungen wird gefordert, der Projektunterricht solle sich ausschließlich an Themen orientieren, die für die Schüler in einer bestimmten Situation interessant seien. Was interessant wäre, könne durch ein Brainstorming (eine spontane Ideensammlung) ermittelt werden. Richtig ist, dass die Schüler bei der Wahl eines Themas im Rahmen der Projektorientierung eine zentrale Rolle spielen. Das heißt aber nicht, dass neben dem Lehrplan-orientierten Fachunterricht der Projektunterricht der Freiraum wäre, in dem nun getan werden könnte, was der Lehrplan nicht oder nur am Rande thematisiert. Prinzipiell jedes Thema eignet sich für Projektarbeit – also auch Themen, die der Lehrplan vorschreibt bzw. empfiehlt. Das Prinzip Situationsorientierung bedeutet, einen möglichen Stoff, sei er dem Lehrplan entnommen oder auf Schülerwunsch gewählt, didaktisch auf die Problemlagen zu durchleuchten, die er für das gegenwärtige und zukünftige Leben enthält, für die Wert- und Glaubensorientierung, für die großen Fragen nach dem, was wir glauben und hoffen dürfen und was wir tun sollen. Wenn es schwer fällt, bestimmte Inhalte auf erfahrbare Situationen zu beziehen, bleibt er abstrakt und äußerlich. Unter Umständen gelingt es nicht, einen Inhalt »auf die Erde zu holen« – dann ist sein Bildungswert – nicht nur für die Projektarbeit, sondern überhaupt – kritisch zu befragen. Gerade im Religionsunterricht haben wir es mit vielen Konzepten zu tun, die sich sperrig gegenüber der Erfahrungswelt zu verhalten scheinen: z.B. Hl.Geist, Gnade oder selbst Gott.

Thema: » Gott in der modernen Welt: anwesend, verborgen, abwesend?«

- Wo begegnet uns das Wort Gott, in welchen Alltagssituationen wird von Gott gesprochen?
- Wofür »gebrauchen« Menschen Gott?
- Wie gestalten sie ihre Beziehung zu Gott?
- Gott als »Lückenbüßer«, als »Projektion«, als »Utopie«, als »Hoffnung«?
- Wie spricht die Bibel von Gott, wie sprechen die Schulbücher von Gott?

Es sollte nicht vorschnell entschieden werden, ob solche Konzepte vermittelbar sind oder nicht. Vor einer Entscheidung ist der Versuch zu machen, die Situationsbezogenheit solcher Begriffe auszuloten. Lässt sich ein Situationsbezug finden, kann ein Projekt bei der Problematisierung dieses Bezugs ansetzen.

(2) Interessensorientierung

Aus empirischen Untersuchungen ist bekannt, dass die Interessen der Schüler an zentralen Themen bzw. Fächern mit der Dauer des Schulbesuchs systematisch abnehmen. Die Schule bietet zuviel von dem, was als uninteressant empfunden wird und zu wenig von dem, was auf Interesse stößt. Sie orientiert sich am Schema der Übertragung von Wissen und Information und bedient sich dabei vor allem Formen der extrinsischen (von außen angetragenen) Motivation (Todt 1985, 367). Nach Csikszentmihalyi und Schiefele (1993) wird mit der vorherrschenden Konzentration auf extrinsische Motivation viel Energie vergeudet. Die Beachtung der intrinsischen (von innen kommenden) Motivation achtet das Bewusstsein der Schüler und behandelt sie nicht als fabrikationsbereites Rohmaterial. Die Forderung der Projektmethode, Lernen an den Interessen der Schüler auszurichten, wird mit der Hoffung auf intrinsische Motivation begründet. Intrinsischer Motivation wird pädagogische Bedeutung zugeschrieben. Aus pädagogischer Sicht geht es um die Frage, wie die aktive Selbst- und Weltgestaltung der Schülerinnen und Schüler gefördert wird und sich ihr Selbst im Laufe des pädagogischen Prozesses entwickeln kann. Der Begriff »Interesse« soll sicherstellen, dass dieses Ziel nicht aus dem Blick verloren wird, weil er daran erinnnert, dass ein Projekt unter dem Blickwinkel der Wertgebundenheit reflektiert werden soll, die es für alle Beteiligten (Schüler und Lehrer) hat. Ein Interesse richtet sich immer auf bestimmte Gegenstände, die individuell bedeutsam sind. Interesse zeigt sich daran, was gewählt wird, woran sich jemand orientiert, welche Präferenzen eine Rolle spielen (Krapp 1993, 201f). Es geht also immer auch um den Sinn, den Betroffene mit einem Thema verbinden. »Interessen zu haben, mit positiver Gefühlseinstellung um wissende Teilhabe an den Tatbeständen und Ereignissen der Lebenswirklichkeit bemüht zu sein, ist eine besonders günstige Lernvoraussetzung und ein Ziel, in dem sich u.a. die Eigenständigkeit der Person und auch ihre Würde verwirklicht« (Schiefele, Hauser und Schneider 1979, 7).

»Interesse« bezeichnet die Tendenz, »sich intentional und reflexiv mit je gegebenen Wirklichkeitsbereichen einzulassen. Die so entstehenden Person-Umwelt-Beziehungen werden aufgeklärt, kognitiv erschlossen und emotional bewertet (vgl. Prenzel/ Krapp/ Schiefele 1986, 163–173).

Interessen-Orientierung meint kein vordergründiges Abfragen: »Was wollt ihr denn tun?« Interesse ist eine besondere Qualität der Interaktion zwischen Person und Umwelt. Interesse ist ein Aspekt der qualitativen Gerichtetheit eines Individuums unter der Perspektive der Werthaftigkeit und der Valenz, die das Individuum bestimmten

Objekten zuschreibt. Interessierte Schülerinnen und Schüler verfügen über eine gesteigerte Handlungsbereitschaft. Sie erleben eine selbstbestimmte Leistungsrelevanz, d.h. sie denken (in gegenseitiger Verflochtenheit) über sich selbst und den betreffenden Gegenstand nach (vgl. Csikszentmihalyi/Schiefele 1993; Krapp 1993, 201f). Gerade damit erreicht das Interessenkonzept einen persönlichkeitsbildenden Referenzrahmen. In diesem Sinn sind Interessen für Todt (1985, 365) ein integraler Bestandteil des Selbstkonzepts eines Menschen und das Aufsuchen und Finden eigener Interessen ist eine bedeutsame Komponente bei der Entwicklung von Identität. Für die Planung von Projekten im Religionsunterricht bedeutet dies, aufmerksam zu sein für die intrinsische Motivation der Schülerinnen und Schüler und ihre spezifischen Interessen an Problemlagen zu erkennen.

(3) Orientierung auf Eigenverantwortlichkeit

Mit dem Insistieren auf Selbstorganisation und Selbstverantwortung bietet die Projektarbeit eine klare Alternative zum »Normalunterricht«. Die Projektmethode setzt auf Teamorientierung. Möglichst alle Beteiligten sollen in möglichst viele Entscheidungen einbezogen werden. Die Partizipation beginnt auf der Sachebene (Projektentscheidung; Themenwahl, Datenbeschaffung und -interpretation, Formulierung von Konsequenzen, Auswertung des Projektes) und schließt die Beziehungsebene ein. Es kommt zwangsläufig zu Meinungsverschiedenheiten bzw. zu Konflikten (→ II.6), denn es sind kontinuierlich neue Entscheidungen zu treffen, bei denen Schüler und Lehrer Kooperationsvermögen benötigen. Die Gruppendynamik innerhalb einer Projektausführung wird intensiver erlebt als im konventionellen Unterricht. Die Erfahrung, dass während der Projektarbeit Selbstverantwortung erwünscht ist, lässt den Anspruch wachsen, dass Schülerinnen und Schüler mit ihren Ideen und Meinungen ernst genommen werden wollen. Neben der Verantwortung für ein sachorientiertes zielgerichtetes Arbeiten verdient somit der Beziehungsaspekt Beachtung, d.h. die Sorge für ein gutes Kommunikationsklima. Ist dieses Klima gestört, bedarf es der Metakommunikation, also der Kommunikation über die Kommunikationsabläufe, in denen Störungen aufgetaucht sind (vgl. Prinzip 8).

Mit dem Insistieren auf Eigenverantwortlichkeit der Heranwachsenden wird eine Kompetenz angebahnt, die in ihrem Leben als Erwachsene unerlässlich sein wird. In einer freien und demokratischen Gesellschaft müssen Menschen »auf eigen Beinen stehen«. Die Projektarbeit zielt auf eine einübende Vorwegnahme dieser Selbständigkeit. Schüler sollen motiviert werden, Planungs- und Verfahrensregeln vorschlagen, sie sollen beteiligt sein, welche Etappen das Projekt in welcher Zeit nehmen soll. Sie sind einzubeziehen, wenn es darum geht, während des Projektverlaufs zu festgelegten Zeiten Erfahrungen zu reflektieren und aus der Reflexion ggf. zu einer Neuformulierung der Projektideen zu kommen. Eigenverantwortlichkeit aller Teilnehmer in einem Projekt zu wollen heißt auch, ihre Meinung im Rahmen einer kontinuierlichen Überprüfung der Projektziele einzufordern und den Zeitplan im Auge behalten.

Es wäre ein Trugschluss, Eigenverantwortlichkeit dahin zu deuten, als könne sich die Lehrkraft in dieser Zeit zurücklehnen. Lehrer behalten während der gesamten Projektzeit die Verantwortung. Ein »Laisser-Faire-Stil« seitens der Lehrer ist ebenso unangebracht wie ein Ansatz, bei dem die Lehrer vorgeben und die Schüler ausführen. Lehrer in der Projektarbeit sollten auch keine Beziehungssymmetrie vortäuschen, die es faktisch nicht gibt. Ihre Aufgabe besteht darin, die Gruppe zu begleiten, zu beraten, ggf. zu steuern und zu korrigieren, zur Reflexion anzuregen, Hilfen zu bieten, Anregungen zu geben, auf Sackgassen hinzuweisen und kontinuierlich Motivationsanreize zu geben. Die Lehreraktivitäten richten sich somit auf die Sachebene (Fragen des Inhalts), auf die Sozialebene (Fragen der Kooperation), auf die methodische Ebene (Fragen des Vorgehens) und die Ebene der Ressourcen (Material, Zeit, etc.).

In theoretischer Hinsicht kommt das Problem der Eigenverantwortlichkeit in der Religionspädagogik seit jüngerer Zeit auf neue Weise in den Blick, wo versucht wird, im Sinne der konstruktivistischen Didaktik Schüler stärker als Akteure zu verstehen (Ziebertz 2000 vgl. 2000b I.5). Die konstruktivistische Perspektive lenkt den Blick auf die Weise, wie die Schülerinnen und Schüler von ihrer Lebenswelt her Bedeutungen entwickeln. Sie legt besonderen Wert auf die »Brillen«, mit denen Inhalte angeschaut werden. Die konstruktivistische Didaktik fragt nach dem »erkennenden Umgang« der Lernenden mit bestimmten Sachverhalten. Sie zeigt, dass *Lernen* nicht nur die Kehrseite von *Lehren* ist (also nicht nur Reaktion, Rezeption, Informationsverarbeitung), sondern dass es sich in hohem Maße um eine Selbst-Tätigkeit der Schüler handelt.

(4) Relevanzorientierung

In den beiden vorgenannten Prinzipien ist der Relevanzaspekt im Blick auf die Schüler angesprochen worden. Hier geht es um die Frage, ob ein Projekt auch relevant sein soll für einen weiteren Kontext; konkret: für Gesellschaft, Religion und Kirche? In allgemeindidaktischen Ausführungen zur Projektarbeit wird gefordert, Projekte sollten nicht nur privat von Interesse sein, sondern auch Akzente setzen für das Zusammenleben. Im Blick auf den Religionsunterricht könnte ergänzt werden, dass sich die Bedeutung von Projekten auch für Religion, Christentum und Kirche in der Gesellschaft erweisen müsste. Wenn auch für solche Forderungen gute Gründe zu nennen sind, zwingend sind sie keineswegs. Gute Gründe sind etwa, dass ein Projekt nicht nur Informationen sammeln soll, die unter Umständen später einmal gebraucht werden, sondern dass sich die Nützlichkeit direkt erweisen soll, indem das Projekt (auch) bei anderen etwas bewirkt. Damit kann die Ausstellung gemeint sein, die im Rathaus- oder Schulflur mit ökologischen Veränderungen der direkten Lebensumwelt oder im Weltzusammenhang konfrontiert; das Theaterstück, das den Umgang mit den Menschenrechten aufgreift und aufgrund einer mehrfachen Aufführung viele Menschen erreicht; die Dokumentation über die Deportation der Juden durch die Nazis in der eigenen Stadt, die dem Bürgermeister, den Kirchen und Gruppen der Stadt während einer öffentlichen Veranstaltung angeboten wird, usw. Der Öffentlichkeitsbezug kann im Übrigen eine wichtige Motivationsquelle für Schüler bedeuten (vgl. Ziebertz 2001c).

Zum Beispiel enthält das Projekt »Wie kann in der heutigen modernen Gesellschaft überhaupt noch von Gott gesprochen werden?« zahlreiche Facetten, die die Schülerinnen und Schüler sowie die Lehrer damit verbinden: ihr Glaube und Unglaube, ihre Zweifel und Indifferenz, der ferne oder nahe Gott, der Gott der Bibel oder Gott als konturlose »Höhere Macht«, der Gott der Rock-Musik, der Literatur, der Kunst, der anthropomorphe oder abstrakte Gott usw. Die Gottesfrage kann zum Beispiel von der These her thematisiert werden, dass das Sprechen von Gott heute kaum mehr möglich ist. Das Projekt verfolgt das Ziel, sowohl zeitgenössische Aussagen zu sammeln, die die These zu bestätigen scheinen, als auch solche, die sie widerlegen. Ein solches Projekt, das seinen Ausgang nicht primär bei dogmatischen Traktaten sucht, sondern in den eigenen Lebenserfahrungen, kann für die Beteiligten und ihr religiöses Weltbild von großer Relevanz sein.

(5) Zielorientierung

Die Zielfrage hängt mit der Problembestimmung und Fragestellung eng zusammen. Beim Ablauf eines Projekts steht ein allgemeines Problem am Anfang. Es ist in aller Regel zu umfangreich und komplex, als dass es »als Ganzes« untersucht werden könnte. Daher muss aus dem Problemkontext eine Frage (oder mehrere Fragen) destilliert werden, die tatsächlich unter den zur Verfügung stehenden Bedingungen (zeitlich, materiell, räumlich etc.) behandelt bzw. beantwortet werden kann. Der Bestimmung der Frage(n) folgt ein Untersuchungsplan, der den Ablauf regelt und festlegt, wer was wann tut. Es schließt sich die eigentliche Aktionsphase an (vgl. Prinzip 6) sowie die Auswertung. Festgestellt wurde bereits, dass das gesamte Projekt relevant sein soll, d.h. es soll sich um ein Problem handeln, das in akademischer, gesellschaftlicher oder kirchlicher Hinsicht Nützlichkeit und Tiefgang verbindet. Aber was ist das Ziel, genauer: das Lernziel für die beteiligten Schüler?

Ziele werden mit Hilfe von Qualifikationsmerkmalen bestimmt (vgl. II.3). Man misst den Zuwachs an Kenntnis und Einsicht, Veränderungen in der Haltung und Einstellung sowie den Erwerb spezieller Fähigkeiten und Fertigkeiten. Im konventionellen Unterricht geschieht dies in aller Regel unter Ausschluss der Lernenden. Das Ideal der Projektarbeit besteht darin, die Schülerinnen und Schüler soweit wie möglich an der Festlegung der Lernziele zu beteiligen. Lehrer sind allerdings gefragt, entsprechende Vorgaben und Vorlagen zu machen:

- zu prüfen, welche Lerndimensionen die Projektarbeit berühren wird;
- in Aussicht zu stellen, welche Lernziele dabei erreicht werden können;
- Lernziele zu operationalisieren und die mit ihnen verbundenen Qualifikationen zu benennen;
- Wege zu überlegen, wie die vorhandenen Qualifikationen in der Gruppe inventarisiert werden können; und
- Möglichkeiten zu eröffnen, wie fehlende Qualifikationen entwickelt werden können.

Neben dieser Form der Zielbestimmung auf der Ebene der Lernziele wird es nötig sein, den Prozess des Projekts zu planen und die jeweiligen Komponenten mit der Zielbestimmung in Zusammenhang zu bringen. Dabei sind vor allem Handlungsqualifikationen gefragt. Festgelegt werden muss, welche Tätigkeiten wann und für welche Dauer in welcher Abfolge nötig sind, wer mit wem aus der Klasse zusammenarbeitet, welche externen Gesprächspartner eingeladen und von wem befragt werden, welche Quellen erforscht werden müssen usw. Für den Projekterfolg ist es wichtig, dass ein detaillierter Plan für das Projekt erstellt wird, in dem Zeitabfolgen, Tätigkeitsverteilungen (wer?, was?, wann?, wie?, wo?, womit?) usw. geregelt werden. Dazu gehören auch Fragen wie: Wann wird in Groß- und wann in Kleingruppen gearbeitet und wie wird der Kontakt gehalten?

Das Prinzip der Zielorientierung sollte transparent gehandhabt werden, d.h. die Schülerinnen und Schüler sollten in hohem Maße daran partizipieren, Lernziele und Handlungsziele festzulegen. Wenn eigenverantwortliches Lernen gefördert werden soll, darf die Frage der Zielentwicklung nicht ausgeklammert bleiben. Das heißt im Übrigen auch, die Schülerinnen und Schüler an der Evaluation zu beteiligen – denn eine Evaluation richtet sich auf den Erfolg eines Projekts, also auf die Frage, ob das Ziel erreicht wurde, wie man auf der Sach- und Beziehungsebene kooperiert hat, wie Produkt und Prozess zu bewerten sind und welche Qualifikationen und neuen Einsichten erworben werden konnten.

(6) Produkt- und Prozessorientierung

Beim »Produkt« der Projektarbeit handelt es sich oft um etwas, was öffentlich dargestellt werden kann: der veränderte Schulhof, die Ausstellung im Rathaus, die Schülerzeitung usw. Es liegt auf der Hand, dass sich ein solches Produkt, insbesondere wenn es sich um eine kollektive Leistung handelt, einer individuellen Bewertung durch eine Notenskala wie bei Klassenarbeiten entzieht (→ II.11). Vertreter der Projektarbeit messen dem Produkt eine hohe Bedeutung bei (vgl. auch Prinzip 4) und rekurrieren auf das Darstellbare und Öffentliche. Sicherlich liegt in der vorzeigbaren Leistung ein Gewinn und ein Reiz. Es stärkt das Selbstbewusstsein, für eine offensichtlich beachtenswerte Leistung Lob und Anerkennung zu bekommen und es kommt zu einem Rückkopplungseffekt zugunsten der Motivation der Gruppe. Die Gefahr einer (zu) starken Betonung vorzeigbarer Produkte liegt im Aktionismus, der eine Eigendynamik entwickeln kann, in der das problemorientierte Erfahrungslernen (vgl. die Merkmale 2 und 4 in 13.2) unter Umständen zu kurz kommt. Neben den vorzeigbaren Produkten sollten die inneren Produkte nicht vernachlässigt werden. Die Zunahme ideeller Lernwerte wie Wissen, Erkenntnis, Einsicht usw. darf hinter den äußerlich sichtbaren nicht zurückstehen. Die Chance der Projektarbeit ist vielmehr, beide in ihrer Ergänzung schätzen zu lernen.

In Beiträgen zur Projektarbeit findet man hinsichtlich des Produktaspekts eine merkwürdige Einseitigkeit. Das Produkt besitzt keinen Wert in sich, sondern es hat seine Bedeutung innerhalb eines Prozesses. Im Rahmen der Projektarbeit ist entscheidend, dass das Projektprodukt im Rahmen des Problemkontextes und der konkreten Fragestellung des Projekts einen klar lokalisierbaren Ort hat. Anders gesagt: das Produkt hat eine Geschichte, es beruht auf Einsichten und Entscheidungen, die am Beginn erkenntnisleitend waren. Das Produkt ist demnach nicht nur das Happening, das Spaß macht (und Spaß machen darf), sondern es steht in einem ursächlichen Zusammenhang mit einer Fragestellung, die die Gruppe beschäftigt hat. Das heißt, das Produkt ist zu reflektieren, ob und inwieweit es eine Lösung auf die ursprüngliche Problemfrage eröffnet hat: Was haben wir herausgefunden, was in die Wege geleitet, verändert usw.? Prozess und Produkt gehören zusammen – die Reflexion über die wechselseitige Verwiesenheit von Produkt und Prozess ist ein Merkmal der Projektarbeit und bietet die Plattform für Erfahrungen, aus denen gelernt werden kann.

(7) Orientierung auf Sinnenvielfalt

Die Handlungsdimension hat im Rahmen der Projektarbeit einen wichtigen Stellenwert. Ein Prinzip der Projektarbeit ist ein erfahrungsbezogenes Tun mit Kopf und Hand, geistig und körperlich, kognitiv und affektiv und psychomotorisch (→ III.14). Gudjons (1992, 23) bringt dieses Prinzip auf den folgenden Nenner. Es geht um eine Integration von Aneignungs- und Aktionsformen, von Denken und Handeln, von Konsum und Produktion, von Verstand und Sinnlichkeit, von Arbeit und Genuss, von Theorie und Praxis. Hinsichtlich des Zusammenhangs von Theorie und Praxis lassen sich drei Sichtweisen unterscheiden, (1) die Theorie stellt die Regeln für die Praxis bereit, (2) die Praxis ist die Basis für theoretische Einsichten, und (3) Theorie und Praxis stehen in einer dialektischen Spannung zueinander (→ I.1).

In der Projektarbeit können Schüler lernen, flexibel mit Theorie und Praxis umzugehen. Sie befragen Experten und studieren Quellen, was ihnen eine theoretische Sicht auf ihr Problem erlaubt. Sie lernen, dass theoretische Einsichten Hypothesen und »Optiken« bereitstellen, wie man die Praxis sehen kann. Aber während des Projektverlaufs erfahren sie die Praxis und generieren eigene Fragen an die Theorie, d.h. sie wenden die Theorie nicht nur an, sondern schreiben sie zu einem gewissen Teil selbst. Sie erlernen ein Umgehen mit Theorie und Praxis von ihrer eigenen Erfahrung aus. Ohne Theorie läuft Praxis Gefahr, in Aktionismus überzugehen, ohne Praxis unterscheidet sich das Projekt nicht vom konventionellen Unterricht. Gerade die bewusste Verschränkung und In-Beziehung-Setzung macht den Erfahrungs- und Lerngewinn der Projektarbeit aus.

(8) Orientierung auf soziales Lernen

Der Projektansatz stellt das kooperative Handeln heraus; daher ist die Aufmerksamkeit für soziales Lernen ein wichtiges Prinzip des Projektansatzes. Kooperation in Lernzusammenhängen bedeutet vornehmlich Kommunikation. Wie weiter oben angedeutet, geschieht Kommunikation über Sachfragen unter Einbezug der Beziehungsdimension. Soziales Lernen bedeutet, Sachfortschritt zu erzielen und Sachkonflikte lösen zu lernen sowie gleichzeitig sensibel zu werden für die emotionale Seite der Kommunikation. Konflikte sind dabei an der Tagesordnung (→ II.6). Strategien der Konfliktlösung einzuüben kann als ein wesentliches Kennzeichen des sozialen Lernens gelten. Für das Zusammenleben in einer Demokratie gilt, dass Konflikte nicht mit dem erhobenen Zeigefinger gelöst werden können, sondern mittels eines adäquaten Umgangs mit entsprechenden Verfahren. Während der Projektarbeit kommt es also darauf an, Einsicht in die Struktur von Konflikten zu gewinnen und Verfahren zum Umgang mit Konflikten kennen zu lernen und anzuwenden (vgl. Watzlawick u.a. 1980). Von den fünf Handlungsformen in Bezug auf Konflikte können während der Projektarbeit Konfliktlösungsstile eingeübt werden, in denen inhaltlich in die Problemlösung und in eine gute Zusammenarbeit sowie die Integration von Interessen investiert wird. Dazu bietet sich vor allem eine »konfrontative Konfliktlösung« an. Unter Konfrontieren wird verstanden, ein Problem offen und direkt anzusprechen. Die Konfrontation macht den Weg frei, einen Konflikt überhaupt lösen zu können. Bei der Problemlösung kommt es darauf an, dass beiden Seiten die gleiche Chance eingeräumt wird, ihre Anliegen und Ziele zur Sprache zu bringen.

(9) Interdisziplinäre Orientierung

Das Prinzip der interdisziplinären Orientierung will auf die Kontextualität eines Problems bzw. einer Aufgabe aufmerksam machen. Probleme mit einem entsprechenden Tiefgang haben eine komplexe Struktur. Die Frage »Was ist der Mensch?« kann philosophisch oder theologisch beantwortet werden mit »der Mensch ist ein zur Freiheit berufenes Wesen«, naturwissenschaftlich mit »er ist ein komplexes Netzwerk chemischer Abläufe«, kulturgeschichtlich mit »homo homini lupus est«, gesellschaftspolitisch mit »homo politicus« usw. Keine der Antworten ist absolut. Sie alle tragen etwas dazu bei, mehr über den Menschen zu erfahren. Die Frage der Interdisziplinarität lautet also: welche Aspekte eines Problems werden von welcher Disziplin behandelt, d.h. welche Disziplin kann als Brunnen gebraucht werden, um Informationen über das Problem zu bekommen?

Andere Disziplinen in der Form der Lektüre oder der Expertenbefragung einzubeziehen, kann innerhalb des Unterrichts erfolgen, oder man sucht am Nachmittag entsprechende Quellen auf und wertet sie aus. Der Einbezug kann aber auch im Rahmen einer fächerübergreifenden Projektarbeit erfolgen, die eine gute und langfristige Planung voraussetzt (vgl. Nottbrock 1993). In diesem Fall kann überdies Teamteaching realisiert werden. Auch andere Fächer haben dieselbe Wirklichkeit vor Augen, aber sie betrachten sie durch unterschiedliche Brillen. Eine interdisziplinär angelegte Projektarbeit unterläuft diese Weltzerteilung für einen Moment. Sie versucht zu zeigen, dass es für jedes Problem nicht nur eine, sondern viele Erklärungen gibt – jeder Exklusivanspruch gerät zur Ideologie. Der pädagogische Wert der Interdisziplinarität liegt darin, dass sie den Gedanken wachhält, dass es zur Kunst des Lebens gehört, vielperspektivisch wahrzunehmen und zu urteilen.

(10) Projektarbeit zwischen Ideal und Wirklichkeit

Mit der Projektarbeit werden oft viele Erwartungen verbunden, die bisweilen auf einer Überschätzung der Projektarbeit beruhen. Nicht alles Lernen in der Schule muss projekthaft sein. Gudjons (1992) zeigt auf, dass »der Lehrgang« in der Vergangenheit, in der Gegenwart und in der erahnbaren Zukunft die Grundform des schulischen Lernens darstellen wird. Projektarbeit wird den Lehrgang-Unterricht nicht ersetzen, aber sie kann ihn in jedem Fall bereichern und sollte ihn ergänzen. Aber es wird wohl auch in naher Zukunft besonderen Schulen vorbehalten bleiben, andere Gewichtungen vorzunehmen. Projektarbeit verlangt den Lehrern viel Planung und Einsatz ab, nicht weniger, sondern eher mehr, als sie für einen vergleichbaren guten Unterricht zu leisten haben. Heute erscheint es wichtig, Projektarbeit nicht mit allzu viel unerreichbaren Zielen zu befrachten, sondern eine machbare Integration in den Schulalltag anzustreben. Wir treffen auf unterschiedliche Formen der Projektarbeit:

- Die Projektwoche (an der z.B. die ganze Schule beteiligt ist)
- Fächerübergreifende Projektarbeit (an der mehrere/alle Fächer eines bestimmten Jahrgangs bzw. einer Stufe partizipieren)
- Projektarbeit in Unterrichtseinheiten (z.B. als Anwendung der Projektmethode in einem bestimmten Fach für die Dauer einer Unterrichtseinheit).

Jede dieser Formen hat ihren Wert. Dabei gilt nicht: Je weiter der Rahmen gespannt wird, desto besser ist das Projekt. Ein Projekt, in das große Teile der Schule eingebunden sind, ist zwangsläufig komplizierter zu planen und zu begleiten und kann die Gefahr in sich bergen, dass es sich von den konkreten Zugängen der Schüler entfernt. (Zu) kleinformatige Projekte wiederum können der Gefahr erliegen, dass bei Beginn

Hoffnungen hinsichtlich der Resultate und Wirkungen geweckt werden, die nicht eingelöst werden können.

4. Schritte der Projektmethode

Nach der Vorstellung von Merkmalen und Prinzipien der Projektarbeit werden abschließend methodische Schritte dargestellt, wie ein Projekt ablaufen kann. Die einzelnen Schritte sind zwar aufgrund ihres Zusammenhangs nicht beliebig austauschbar, allerdings sollte man sich auch nicht darauf fixieren, dass ein Projekt genau so ablaufen muss. Was wann ansteht, ist immer auch situativ zu entscheiden.

Schritt 1: Klärung des Themas

Die Aufgabe kann durch den Lehrplan vorgegeben sein, es kann sich als »Memo« aus einem anderen Thema ergeben haben, es kann motiviert werden durch Ereignisse an der Schule (z.B. Bekanntwerden von Drogengebrauch), in der Stadt (z.B. konkreter Fall der Abschiebung von Asylsuchenden), in der Kirchengemeinde (z.B. großes Patronatsfest); es kann sich ebenso aus den unterschiedlichen Kontexten der TeilnehmerInnen ergeben haben oder es ist das Ergebnis eines Brainstormings, wenn angesichts der überfrachteten Lehrpläne überhaupt Freiraum für ein selbstgewähltes Thema besteht.

Schritt 2: Konfrontation mit der Aufgabe, die das Thema impliziert

Jedes gewählte Thema enthält eine Vielzahl von Facetten, die bearbeitet und vertieft werden können. Um zu wissen, worauf man sich einlassen will, muss das Thema gleichsam mehrfach »umkreist« werden. Es kommt zu einer ersten Kenntnisnahme mit dem Thema, Assoziationen werden benannt, Kenntnisse und Erfahrungen mit dem Thema werden eingebracht und erste Stellungnahmen zum Problemcharakter des Themas werden zusammengetragen. Am Beispiel des Drogenfalles: Einige Schüler sind vielleicht der Meinung, man sollte es jedem selbst überlassen, ob er/sie Drogen nimmt, andere sind für ein striktes Verbot, wieder andere äußern, es habe sich doch um Haschisch gehandelt und das sei nicht gefährlich usw. Auf diese Weise entsteht ein Bild, wie die Beteiligten über ein Thema denken, was sie an dem Thema problematisch empfinden und wo sich Meinungsunterschiede ergeben. Dieses »Bild« muss im Folgenden hinsichtlich des Bildungswertes des Themas verdichtet werden.

Schritt 3: Erstellen einer Problemformulierung

Schritt 2 hat gezeigt, dass mit dem Thema viele Aufgaben verbunden werden können. Ziel des dritten Schritts ist es, zu einer bündigen Formulierung des Problems zu kommen, das sich nach Meinung der gesamten Gruppe aus dem Thema ergibt. Dazu sind zunächst die Kernpunkte der Aufgabe herauszufinden; z.B.: Drogenkonsum hat individuelle und gesellschaftliche Ursachen, ebenso sind die Folgewirkungen nicht nur individuell bedeutsam (z.B. gesundheitliche Schädigungen), sondern auch gesellschaftlich (z.B. Submilieu-Bildung; Gewalt etc.). Anschließend versucht die Gruppe, eine erste vorläufige Arbeitsdefinition zu erstellen, worin der Problemcharakter des Themas aufscheint. Ebenfalls werden schwierige Begriffe bzw. Zusammenhänge, deren Bedeutung nicht sogleich geklärt werden konnte, festgehalten, damit sie zu einem späteren Zeitpunkt aufgegriffen werden können. Das Problem sollte nicht normativ (z.B. »Drogengebrauch muss sozial geächtet werden«), sondern deskriptiv formuliert sein. Es sollte sich um eine Formulierung eines Problems handeln, das untersuchbar ist. In der Formulierung müssen die zentralen Begriffe aufgenommen werden, z.B.: »Persönliche und gesellschaftliche Ursachen und Folgen des Drogenkonsums in Deutschland«.

Schritt 4: Systematische Problemanalyse

In der systematischen Problemanalyse geht es darum, die einzelnen Aspekte (zentralen Begriffe) zu recherchieren. Hier bieten sich vor allem Kleingruppen an, die arbeitsteilig Wissen zusammentragen. Bei der systematischen Problemanalyse werden in der Regel externe Quellen herangezogen, also Expertenbefragungen, Literatur, Journale entsprechender Organisationen usw. Um das Eingangsbeispiel noch einmal zu bemühen: Die Gruppe fragt nun, was »die Politik«, »die Wissenschaftsdisziplinen«, »Sozialverbände« etc. zu den individuellen Ursachen des Drogenkonsums sagen, ob sie gesellschaftliche Ursachen für möglich halten und welche sie benennen, wie die jeweiligen Folgen abgeschätzt werden und welche Handlungsschritte gefordert werden. Durch die Recherche unterschiedlicher Quellen stoßen die Schüler zwangsläufig auf gegenläufige Analysen, Voraussetzungen und Bewertungen. Die Differenzen werden notiert (nicht selektiert oder »stellvertretend« für die Klasse bewertet bzw. entschärft), um sie der Diskussion (und Bewertung) in der Gesamtgruppe zugänglich zu machen.

Schritt 5: Inventarisierung der Teilanalysen

Wiederum in der Großgruppe geht es nun um das Zusammentragen der Informationen und Einsichten, die im vierten Schritt gewonnen wurden. »Zusammentragen« besteht aus »Inventarisieren«, »Ordnen« und »Benennen offener Fragen«. Inventarisiert werden muss die Vielzahl der Informationen, die die Kleingruppenarbeit erbracht hat. Dabei handelt es sich um »Wissen« (Fakten), aber auch um »Einsichten«, die während des Umgangs mit den Informationen geronnen sind. Durch die Phase der Inventarisierung werden die arbeitsteilig gesammelten Daten allen zugänglich gemacht (z.B. als Wandzeitungen, Collagen) – sie bilden nun gleichsam den gemeinsamen Wissensschatz der Klasse. Im Rahmen der prozeduralen Beschreibung folgt das »Ordnen« dem Inventarisieren, aber es taucht schon vorher auf, wenn gefragt wird, was alle diese Informationen und Einsichten bedeuten sollen/können. Beim Ordnen hilft die ursprüngliche Problemformulierung (Schritt 3). Sie erinnert daran, dass die Informationen zur Erhellung einer bestimmten Ausgangsfrage gesammelt wurden. Zum jetzigen Zeitpunkt ist die Gruppe auch in der Lage, die ursprüngliche Formulierung in einem neuen Licht zu sehen und sie ggf. anzupassen. Schließlich sollte die Gruppe festhalten, was ihr noch nicht klar ist und wo noch weiterer Klärungsbedarf besteht. An dieser Stelle ist situativ zu entscheiden, ob die ungeklärten Fragen so bedeutend sind, dass eine erneute systematische Problemanalyse erfolgen muss. Die Schritte 4 und 5 würden in diesem Fall zweimal durchlaufen. In allen drei Teilphasen des Schrittes 5 finden intensive Diskussionen statt. Kommunikatives Handeln hat hier eine zentrale edukative Bedeutung im Sinne des »Verstehen Lernens«, es ist nicht nur Mittel für einen anderen Zweck (vgl. Ziebertz 2000b).

Schritt 6: Ergebnisse formulieren

In Schritt 6 nehmen die Schüler »Distanz« zum bisherigen Projektverlauf ein. Sie erinnern an den Auslöser für das Projekt, an die eigenen Assoziationen und Meinungen am Beginn, an die erste Problemformulierung, die Problemanalysen, die »neue Sicht« auf das Problem und sie fragen jetzt, was als Ergebnis festgehalten werden kann. In diesem Schritt geht es um Transformation und Anwendung. Die Einsichten werden expliziter als im bisherigen Projektverlauf verdichtet und darauf bezogen, was sie für das eigene Leben und für das soziale Zusammenleben in Kirche und Gesellschaft bedeuten. Konsequenzen werden formuliert, vielleicht auch Visionen oder konkrete Forderungen an konkrete Gruppierungen (z.B. im Asylfall die Forderung nach Kirchenasyl bzw. die Forderung eines politischen Umdenkens). »Ergebnis« in Schritt 6 ist noch themabezogen, es geht noch nicht um die Ergebnisse im Sinne bestimmter Lernziele für die Schüler.

Schritt 7: Außendarstellung

Der Erfolg der Projektorientierung lebt auch von der Außendarstellung. Wenn es gelingt, im Rahmen der Schule oder darüber hinaus Aufmerksamkeit zu bekommen für das, womit man sich eine Zeit lang beschäftigt hat, hebt dies in jedem Fall das Selbstwertgefühl der Schüler. Wenn es darüber hinaus gelingt, mit dem Projekt etwas zu erreichen, bspw. dass sich der Pfarrgemeinderat in einer Dringlichkeitssitzung mit dem Asylfall beschäftigt, wird das Erfolgsgefühl noch einmal verstärkt. Neben die persönliche Aufmerksamkeit tritt der Aspekt der Relevanz, z.B. für etwas Wichtiges und Gutes eingetreten zu sein. Bei der Gestaltung der Außendarstellung ist der Phantasie keine Grenze gesetzt. Von der Aufführung, Wandzeitungsaktion und Podiumsdiskussion bis hin zum öffentlichen Happening, Leserbriefaktion etc. sind die Möglichkeiten unbegrenzt. Aufgrund der Bedeutung der Außenwirkung ist dieser Schritt meist auch der »affektive Höhepunkt« des Projekts, sodass es in aller Regel empfehlenswert ist, unmittelbar im Anschluss daran mit einem kleinen Fest, einem Ritual oder einer symbolischen Handlung des Schlusspunkt zu setzten.

Schritt 8: Lernkontrolle

Die Lernkontrolle hat zwei Bereiche. Zum einen sollte in der Gruppe eine ausgedehnte Reflexion erfolgen. Dabei ist nicht nur an eine »Feedback-Runde« zu denken, sondern an eine differenzierte Analyse aller »Ebenen«, die das Projekt berührt hat. Eine entsprechende Differenzierung ist wahrscheinlich von den Lehrkräften anzubieten. Reflektieren kann man nicht nur durch das Wort, sondern auch durch Zeichnungen oder Spiele. Neben diesem Bereich der Lernkontrolle steht die Notengebung an – im Rahmen der Projektorientierung ein leidiges Thema. Von Seiten der Lehrkräfte ist ein Modus zu finden, wie das Lernen während der Projektphase im Hinblick auf den Zuwachs von Wissen, den Zuwachs von Einsichten und den Zuwachs von Fähigkeiten und Fertigkeiten ebenso festgestellt werden kann wie die Entwicklung der gesamten Gruppe zu kooperativem Verhalten in Erarbeitungs- und Diskussionsphasen sowie bei Konflikten. In jedem Fall sollte die Einzelbewertung nicht nur auf der Basis eines schriftlichen Tests erfolgen. Wird ein solcher Test durchgeführt, sind die o.g. Aspekte bei der Notengebung zu berücksichtigen.

Zusammenfassung

Projektarbeit ist eine Alternative zum Lehrgang-Unterricht. Der projektorientierte Unterricht ist erfahrungsbezogen, er will Kopf, Herz und Hand gleichermaßen ansprechen. Die konzeptuelle Basis liegt in der pragmatischen Reformpädagogik. Vier grundlegende Perspektiven werden dargelegt. Im Mittelpunkt steht der Versuch, angesichts der Offenheit der Zukunft ein pädagogisches Modell zu schaffen, das Heranwachsende befähigt, selbständig Probleme zu sehen und Wege zu ihrer Lösung zu erproben. Demokratisches Ethos und soziale Kooperation sind entscheidende Eckwerte der Projektorientierung. Das Kapitel hat zwischen Projektorientierung und Projektmethode unterschieden. Mit Projektorientierung wird die grundlegende pädagogische Perspektive angesprochen, die in zehn Prinzipien veranschaulicht wird. Unter Projektmethode wird ein konkretes Anwendungsmodell verstanden, dessen acht Schritte erläutert werden. Ohne die übergreifende Projektorientierung verliert die Projektmethode ihre spezifische pädagogische Relevanz. Die Stärke der Projektorientierung liegt gerade darin, Schülerinnen und Schüler mit Entscheidungen und Problemen zu konfrontieren, die sie selbständig und kooperativ lösen lernen sollen. Religionspädagogisch ist projektorientiertes Lernen unter anderem von Bedeutung, weil Schülerinnen und Schüler ihre Erfahrungen im Licht einer gewünschten christlichen Praxis reflektieren können: sie erfahren die Möglichkeiten und Schwierigkeiten, Maßstäbe der Bergpredigt, des Liebesgebots oder der Goldenen Regel auf reale Probleme des Lebens und das eigene Handeln zu beziehen.

Lesehinweis

Duncker, Ludwig/Götz, Bernd (1984): Projektunterricht als Beitrag zur inneren Schulreform, Langenau-Ulm.

Groß, Engelbert (1996): Projekt-Didaktik-Religion. Historisch-strukturelle Grundlegung und exemplarische Praxis, Bad Heilbrunn.

Knoll, Michael (1994): Gesammelte Aufsätze zur Geschichte der Projektmethode, Würzburg.

Rauscher, Erwin (1991): Religion im Dialog. Fächerverbindung, Projektstruktur, Religionsunterricht, Frankfurt.

III.14 Handlungsorientiertes praktisches Lernen

Matthias Bahr

Auf der Grundlage eines vieldimensionalen Lernbegriffs und mit Rückgriff auf die Reformpädagogik wird für einen Religionsunterricht mit vermehrt handlungsorientierter Ausrichtung geworben. Praktisches Lernen geschieht dann, wenn eine aktive und selbstbestimmte Leistung der Lernenden vorliegt, die aus eigenem, freiheitlichem Tätigsein erwächst. Dadurch sollen Schule und RU, verstanden als Erfahrungsräume, durchlässig werden zum alltäglichen Leben und auf dieses in christlicher Intention gestaltend einwirken.

1. Problemanzeige

Impulse zu einem handlungsorientierten (Religions-)Unterricht nehmen die Einsicht auf, dass sich Schule nicht auf die Vermittlung von abstraktem Wissen beschränken darf, sondern auch dem praktischen Lernen Raum und Zeit geben muss. Lernen in der Schule wird von vielen gleichgesetzt mit Wissenserwerb, mit der Vermittlung von intellektuellem Rüstzeug, mit Lesen, Schreiben, Rechnen bis hin zur höheren Mathematik, mit dem Umgang mit Literatur, den neuen Erkenntnissen der Gentechnik, ja auch noch mit ethischen und religiösen Fragen usw. Handelnd tätig wird man höchstens im Sport-, Musik- und im Kunstunterricht, vielleicht noch in der Projektwoche nach den letzten Klassenarbeiten im Schuljahr. Je abstrakter und undurchschaubarer jedoch die medial vermittelte Alltagswelt wird, desto weniger können Kinder und Jugendliche entscheidende Erfahrungen und praktische Fähigkeiten, die zur Bildung und zum Lernen gehören, durch Mitleben und Mittun auch außerhalb der Schule erwerben. Deshalb müssen gerade heute Schule und Religionsunterricht grundlegende Erfahrungen ermöglichen, erschließen und sie aus dem eigenen Tätigsein erwachsen lassen.

2. Was will handlungsorientiertes praktisches Lernen?

Die Vielfalt praktischen Lernens

In Büchern und Aufsätzen wird handlungsorientiertes, praktisches Lernen meist mit einem Spektrum didaktischer Ansätze in Verbindung gebracht. Dabei dominieren offene Unterrichtsformen wie Freiarbeit (→ III.15) oder Projektlernen (→ III.13), ferner das entdeckend-genetische Lernen im Sinne von Martin Wagenschein (Gudjons 2000, 21–39). Insgesamt haben wir es bei praktischem Lernen nicht mit einer eigenen didaktischen Konzeption zu tun, sondern vielmehr mit einem Prinzip, das in unterschiedlicher Weise in Ansätzen von Lernen wirksam werden kann. So wird es von Gudjons auch auf Vorgänge wie Spielen, Erkunden, Herstellen, Studieren, Kommunizieren, Phantasieren, Eingreifen und Verändern bezogen (Gudjons 2000, 106–127).

Ein Blick zurück

Mit Einführung der allgemeinen Schulpflicht und der zurückgehenden Kinderarbeit entsteht ein pädagogischer Schonraum mit dem Anspruch, Kinder und Jugendliche auf die komplexer werdende Welt vorzubereiten. Zu Beginn der Moderne konnte sich Schule noch als Stätte verstehen, an der die Erfahrungen, die Schüler durch Mitleben im Alltag mitbrachten, lediglich reflektiert und systematisiert und evtl. auch ergänzt zu werden brauchten. Bereits Pestalozzi (1746–1827) kritisierte das »Maulbrauchen« der Stoff- und Buchschule, die die Lebensbedürfnisse der Kinder und die Eigenarten ihres Lernens verfehle: Vor dem Begreifen komme das Greifen, das Nachsinnen brauche auch das Erfahren und Anwenden. Ähnliche Stimmen werden in den ersten Jahrzehnten des 20. Jahrhunderts laut, wenn innerhalb der Reformpädagogik (Montessori, Freinet, Arbeitsschulbewegung) Alternativen zur »Paukschule« entworfen wurden. Die Dringlichkeit handlungsorientierten Lernens stellt sich nochmals in neuerer Zeit ein, wenn – wie z.B. in Deutschland – durch Bildungsreformen in den siebziger Jahren das Streben nach höheren Schulabschlüssen im Sinne der Chancengleichheit gefördert wird. Leitprinzip ist dabei eine Bildungsauffassung, wie sie innerhalb des Gymnasiums vertreten wird, wo Reflexion und Analyse dominieren, das hypothetische und diskursive Denken im Mittelpunkt stehen (Fauser/Tacke 1991, 44).

Zum Anliegen des praktischen Lernens

Im Nachwirken und im Erleben der Folgen dieser Ausdifferenzierung und Abwendung von den Alltagsthemen entstehen Alternativmodelle, die unter den Stichworten »Handlungsorientierung« oder »Praktisches Lernen« versuchen, im Lebensraum Schule ein Lernen mit vielen Sinnen zu ermöglichen und in das gesellschaftliche Umfeld handelnd einzugreifen. »Konnte sich die Schule früher darauf begrenzen, den Aufwachsenden das ihnen Ferne und Unvertraute nahezubringen, sie durch Bildung über ihre begrenzte Erfahrungswelt hinauszuführen, der Erfahrung also das Wissen beizugeben, so trifft die Schule heute auf Schüler, die schon alles aus den Medien zu kennen scheinen. Zugleich ist die moderne Umwelt als Ganze so durchrationalisiert, dass grundlegende Erfahrungen kaum mehr möglich sind. Horst Rumpf hat von einer Entsinnlichung des Lernens in der Moderne gesprochen und diese Entwicklung als Weg ›vom Fisch zum Fischstäbchen‹ charakterisiert« (Fauser/Tacke 1991, 45; vgl. Rumpf 1983, 585).

Ein Kernanliegen ist es, die Schülerinnen und Schüler in unmittelbare Berührung und Auseinandersetzungen mit den Dingen und Menschen zu bringen, statt ihnen Vorratswissen für eine fiktive Zukunftssituation »einzutrichtern«. Die Schule ist nicht als Stätte der Belehrung, sondern als Erfahrungsraum (→ II.9), als Teil des Lebens ernst zu nehmen bzw. auszugestalten. Damit erhält praktisches Lernen eine »politische« bzw. »gesellschaftspolitische« Dimension, insofern Ziel der Handlung das Leben in der Alltagswirklichkeit ist, wo die Sonderwelt Schule durchbrochen oder zumindest als Teil der Alltagswirklichkeit angesehen wird. Geradezu zwingend werden durch praktisches Lernen die jeweiligen Lebensgrundlagen und -probleme Teil des Unterrichts; die gesellschaftlichen Umstände werden Hintergrund und Ziel einer kritischen Auseinandersetzung (Flitner 1993, 117).

Anthropologisch begründet sich das Reformanliegen des praktischen Lernens damit, dass Menschen vielseitige praktische Fähigkeiten haben. Daraus lässt sich das Recht und die Pflicht auf eine vielseitige Förderung der menschlichen Fähigkeiten ableiten. Wer ferner den Menschen als fähig ansieht, sein Leben aktiv zu gestalten und gestalterisch auf das soziale Leben und die Natur einzuwirken, für den ist ein überwiegend rezeptives, anschauungsfernes und handlungsarmes Lernen eine Verkürzung dieser menschlichen Fähigkeiten. Aus den Entwicklungs- und Lerntheorien wissen wir, dass selbst die für das Überleben in unserer komplexen Welt so wichtigen hoch abstrakten Erkenntnisse und intellektuellen Leistungen nur dann voll entwickelt werden können, wenn das Erlernen leibhaftige und aktive Erfahrungen mit einbezieht und auf konkrete Situationen bezogen ist.

Versuche zu (weiteren) theoretischen Fundierungen werden in ganz unterschiedlichen Bereichen ausgemacht und sind noch unabgeschlossen. Dies beginnt bei den russischen Psychologen, die in der Praxis (in der Materie) den Grund und das Ziel des Handelns sehen; es geht über die Kognitionspsychologie im Sinne Hans Aeblis als wahr*nehmen*, be*greifen* und ein*sehen,* wo Begriffe gleichsam geronnene Handlungen sind (Aebli 1994, 183), bis hin zur Lern- und Motivationspsychologie, die u.a. den Stellenwert sinnenhaften Lernens und die Gedächtniswirksamkeit des Handelns klären soll (Gudjons 2000, 53).

3. Handlungsorientiertes Lernen im Religionsunterricht

Das religionsdidaktische Interesse

Hat der Religionsunterricht von sich aus ein Interesse an praktischem Lernen? Eine wichtige Brücke könnte der für die Religionsdidaktik so zentrale Erfahrungs- und Lebensbezug sein. Mit den Überlegungen zum Prinzip der Korrelation (→ III.2) ist deutlich geworden, dass sich die Religionsdidaktik seit Jahrzehnten um erfahrungsnahes und erfahrungsbezogenes Lernen bemüht. In jedem guten Religionsunterricht wurde und wird versucht, an die Lebenssituationen und an die Probleme der Schülerinnen und Schüler bzw. des gesellschaftlichen Kontextes anzuknüpfen, um diese dann im Religionsunterricht zu deuten und eventuell neu zu qualifizieren. Erfahrungen wurden im Religionsunterricht thematisiert und dann mit den Inhalten der Glaubenstradition verknüpft. Wenn dies gelingt, ist das eine religionsdidaktische Höchstleistung, über die jeder Religionslehrer glücklich sein kann. Genügt es aber, Erfahrungen lediglich heranzuziehen, zu verbalisieren und zu reflektieren? Friedrich Schweitzer weist darauf hin, dass bei aller religionsdidaktischer Richtigkeit, an Lebens- und Alltagserfahrung anzuknüpfen, neu über das Verständnis von Erfahrungsorientierung im Religionsunterricht nachgedacht werden muss:

»Mit einem ausschließlich auf Reflexion gerichteten Modell tritt der Religionsunterricht in eine Spannung zu einer Schule, soweit sich diese als Lebensraum zu verstehen beginnt. Als Konsequenz wäre die religionspädagogische Erfahrungsorientierung in Richtung eines Praktischen Lernens auszubauen. Wenn sich der Religionsunterricht, besonders der liturgischen, festlichen, meditativen, religiös-ästhetischen und -symbolischen sowie diakonischen Praxisformen annähme, so wäre dies zugleich ein spezifisch religionspädagogischer Beitrag und eine Bereicherung für die Schule« (Schweitzer 1994, 247f).

Ferner müssen Religionsdidaktiker wahrnehmen, dass ganz elementare Fähigkeiten, die für religiöses Lernen wichtig sind, nicht mehr vorausgesetzt werden können: z.B. konzentriertes Wahrnehmen, sich versenken, still werden, Erfahrungen von Gemeinschaft und Feier, von gemeinsam solidarischem Handeln, sich öffnen für die Schöpfung. Religionsunterricht muss Gelegenheiten schaffen, solche Erfahrungen im praktischen Tun zu machen. Erfahrungsbezogener Religionsunterricht muss also auch Erfahrungen ermöglichen und dabei praktisch werden.

Ansätze zu bibeltheologischen Begründungen

Über diese Einsichten hinaus und selbst bei einer Zustimmung zu den schulpädagogischen und bildungspolitischen Überlegungen wird man zum Aufweis der religionsunterrichtlichen Relevanz auch nach theologischen Begründungen suchen müssen.

Hier bietet sich zunächst der Bezug auf die *biblische Anthropologie* an, nach der sich für die in vielen Theologen- und Lehrerköpfen lange Zeit stattgefundene Trennung von Leib und Seele bzw. von Geist und Leib keine Verankerung finden lässt. »Erkennen« ist vor allem in der hebräischen Bibel, dem Alten Testament, immer ein Akt des ganzheitlichen Wahrnehmens, Prüfens, Unterscheidens, des praktischen Umgangs und hat mehr zu tun mit leibhaftigem Erkennen und Lernen als mit abstraktem Denken und Spekulieren. Biblische Anthropologie reißt Körper und Geist und auch Praxis und Theorie nicht auseinander. »Erkennen« ist nicht nur bezogen auf Gehirntätigkeiten, auf die Abstraktionsleistung des menschlichen Geistes; Erkennen im biblischen Sinne bezieht den ganzen Leib und das Herz mit ein (Schottroff 1971, 690). Erkennen vollzieht sich dadurch, dass man praktischen Umgang mit Personen und Gegenständen der Erkenntnis hat. Erkennen in diesem Sinne ist leibhaftiges Erkennen. Wenn im praktischen Lernen ein Lernbegriff favorisiert wird, der alle Sinne mit einbezieht (→ III.1), der wirklichkeitsbezogen und lebensbedeutsam sein will, dann lässt sich ein solches Lernverständnis in Einklang bringen mit dem biblischen »Erkennen«.

Theologisch argumentieren kann man auch von der *theologischen Anthropologie des Kindes* her, wie sie im Umgang Jesu mit den Kindern und mit der Wertschätzung Jesu ihrer Würde als Kind (vgl. Mk 10,13–16 parr) erkennbar ist. Hier lässt sich ein wichtiges Motiv mit religionspädagogischer Relevanz ablesen: Wenn Jesus den Kindern das Reich Gottes zuspricht, dann bekommt Kindheit eine eigene Würde und einen eigenen Wert, und zwar mit allen Konsequenzen bis in grundlegende Lebens- und Lernvorgänge hinein. Dies kann auch als ein Hinweis darauf gelesen werden, dass Kindheit nicht den Anforderungen eines künftigen Erwachsenenalters geopfert werden darf. Auf (religions-)pädagogisches Handeln bezogen kann das bedeuten, dass es in der Schule nicht (ausschließlich) darum geht, vom Maßstab des Erwachsenenalters und den Anforderungen an Erwachsene den Kindern Qualifikationen beizubringen. Vielmehr lernen Kinder nicht nur für ihre Zukunft als Erwachsene, sondern haben einen Anspruch, ihr Lernen jetzt als sinnvoll erfahren zu dürfen. Die Gegenwartserfahrungen der Kinder haben eine eigene Würde, Heranwachsende haben »ein Recht auf den heutigen Tag« (Korczak 1967, 40). Lernen hat auch mit Gegenwart zu tun (→ II.10). Gegen ein einseitiges »Vorratslernen« ist als kritisches Korrektiv die Bedeutung eines »Gegenwartslernens« zu reklamieren. Kindheit erhält im Neuen Testament ihren Sinn nicht erst von späteren Erwachsenenleistungen her. Kindheit hat einen Sinn in sich. Dieses Lernen von Kindern ist stets auch ein Tätigwerden, Aneignen und Untersuchen der Welt als Be-greifen.

Als ähnlich bedeutsam dürfte sich die Interpretation der jesuanischen Gleichnisse unter *handlungstheoretischer Perspektive* erweisen. Auf dem Hintergrund der kommunikativen Praxis Jesu mit seiner klaren Option für Gott als »die rettende Wirklichkeit..., die den Exkommunizierten beisteht, sie nicht im Stich lässt« (Arens 1981, 63), steht sie im Widerspruch zu jenen Adressaten der jüdischen Herrschaftsschicht, die Gott als Garant und Stabilisator einer gesellschaftlichen Ordnung sehen, welche ihre Identität (auch) durch den Ausschluss von Stigmatisierten gewinnen. Die kommunikative Praxis Jesu erweist sich als eine völlig andere Wirklichkeit: »So existiert Jesus radikal für Gott, indem er diesen Gott für die anderen praktisch behauptet und in seinem Handeln als die heilende, vergebende, rettende Wirklichkeit erfahrbar macht« (Peukert 1978, 326). Entscheidend ist dabei, dass Jesus diese Vollendung des Reiches Gottes als Heil für die anderen vorgreifend behauptet und zwar so, dass er diese Behauptung nicht theoretisch aufstellt, sondern »in seinem Verkündigen und Handeln, im Vollzug seiner Existenz als kommunikativer Praxis« (Peukert 1978, 326). In der Auseinandersetzung mit den Gegnern spielen dann zur Konfliktlösung die Gleichniserzählungen eine bedeutende Rolle, indem sie in der Geschichte eine alternative Welt mit anderen Selbstverständlichkeiten entwerfen, bestimmte Verhaltensweisen verfremdend zur Sprache bringen (z.B. die Entlohnungsthematik im Gleichnis vom Weinbergbesitzer, Mt 20,1–15; → III.8) und zugleich andere Handlungsmöglichkeiten erschließen. Die verfremdende Darstellung des Gleichnisses verweist auf eine Wirklichkeit, die Jesus zwar nicht selbst ist, die aber als Wirklichkeit in seinem Verhalten erfahrbar wird, seine kommunikative Praxis ganz bestimmt und eine neue, andere Art des Handelns herausfordert und ermöglicht. »Die Rede von Gott und seiner Herrschaft wird also streng aus dem Handeln in einer bestimmten Situation eingeführt und begründet« (Peukert 1978, 329). – Unter diesen Ansätzen wird handlungsorientiertes, praktisches Lernen im Religionsunterricht zur »Tat-Sache«, bei der das Christliche sich in Aktion und Projekt zeigt, nicht als aggressive, aber als eine »ingressive«, los- und hingehende Manifestation mit Veränderungspotential (vgl. Groß 1994, 150). Zum Erkenntnis- und Begründungsprinzip des Christlichen gehört konstitutiv auch das »Durchführungsprinzip« (Groß 1999, 153).

Lernwege für den Religionsunterricht

Innerhalb des praktischen Lernens werden wichtige Lernschritte vor allem aus jenen Erfahrungen abgeleitet, die mit der »Widerständigkeit des Materials« verbunden sind: Erst der handelnde Umgang fördert nachdrücklich die Einsicht zutage, dass sich Objekte einem verändernden Zugriff nicht einfach so – quasi angepasst und widerspruchsfrei – aussetzen, sondern zunächst die ihnen eigenen (und oftmals übersehenen) Gesetzmäßigkeiten in ihrer Wirkung erlebbar werden lassen (vgl. Lersch 1988, 790).

Wichtig dürfte es sein, auch das »Material« des Religionsunterrichts in den Blick zu nehmen; hier kann man sich neben den Begründungen aus bibeltheologischer Sicht auch z.B. an den »Grundlagenplan für den katholischen Religionsunterricht in der Grundschule« (1998) halten. Im sechsten Teil dieses von der Zentralstelle Bildung der Deutschen Bischofskonferenz herausgegebenen Dokuments werden Hinweise gegeben, in welcher Breite handlungsorientiertes, praktisches Lernen im Religionsunterricht stattfinden kann.

Inhaltlich geht es bei all dem um die Menschen und ihr Leben in der Beziehung zu Gott; um Inspirationen durch Bibel und Christentumsgeschichte, um die Suche nach Sinn und Verstehen, um Verheißungen und ihre Erfüllung, um Recht und Unrecht, Sünde (Schuld), Umkehr und Befreiung, um »Widerstand und Ergebung« (Dietrich Bonhoeffer, 1906–1945). »Materialien« sind dann Menschen mit ihren (Glaubens-)Erfahrungen gestern und heute mit dem Blick auf das Morgen, Gestaltungsmöglichkeiten der gemeinsamen Beziehungen, humane Auseinandersetzungen um Wahrheit. Eine besondere Rolle spielen hier jene »ingressiven«, also los- und hingehenden Formen, wie sie von E. Groß (1994, 157–213) aufgezeigt werden:

- »als Begegnung mit einem Gast«, mit dem die Wirklichkeit in den Religionsunterricht hineinkommt;
- »als ein Gang, der in Realitäten führt«, wo Spuren, Beispiele und Dokumente gelebten Glaubens aufgesucht werden;
- »als eine Praxis, in der das Christliche geht«, wo kleine Schritte zur Veränderung der Alltagsgewohnheiten unternommen werden, die beispielsweise einen Beitrag zur Bewahrung der Schöpfung leisten, indem Schulmaterialien aus umweltfreundlichen Produkten verwendet werden;
- »als Gestaltung, die nach außen wirkt«, bei der informierend, werbend, einladend, initiierend Menschen aus außerschulischen Zusammenhängen mit Themen des Religionsunterrichts in eine Verbindung gebracht werden;
- »als Spiel, das den anderen gilt«, wo Spielen als Glauben erlebbar wird – als jene Form von Daseinsverwirklichung, die dem Christlichen entspricht, weil es nicht verzwecklicht werden kann, sondern seinen Sinn in sich selbst besitzt (Albrecht 1978, 658 f).

Damit sind jene kleinen Schritte eingeschlossen, die als Lernen mit allen Sinnen im Religionsunterricht eine Erfahrungsorientierung einüben und die symbol-erschließende Wirkung (→ III.3) haben können. Gleichzeitig ergibt sich daraus die kritische Anfrage, inwiefern die Vielzahl schulischer bzw. unterrichtlicher Aktivitäten von bloßem Aktionismus entfernt ist. Strenger formuliert: Eine Bastelarbeit in Kleingruppen, eine Legearbeit in der Mitte des Klassenzimmers oder der Entwurf einer Plakatwand müssen sich daraufhin befragen lassen, inwiefern in ihnen die genannten religionsdidaktischen Perspektiven eingebracht sind – eine Ausschneide- und Klebearbeit, die Zeit und Aufmerksamkeit in Anspruch nimmt, ist damit nicht automatisch handlungsorientiertes, praktisches Lernen. Prüfstein wären hier die zugrunde liegenden Intentionen sowie das erfahrungsermöglichende, mehrere Sinne ansprechende Tätigwerden.

Religionsdidaktische Chancen des praktischen Lernens

Ein Unterrichtsalltag, in den Begegnungen, Aktionen und Projekte eingebracht sind und der selbst sich elementar als handlungsorientiert versteht, birgt viele Chancen in sich:

- *Dem Glauben als dem »Glauben in der Konkretion« begegnen:* Da praktisches Lernen anhand von konkreten, religiös bedeutsamen Objekten (z.B. Kirchengebäuden) oder Subjekten (z.B. Menschen in der Pfarrgemeinde) geschieht (bzw.: auf sie hin), geht es letztlich stets um eine Einheit von theologischen Perspektiven (z.B. pastoraltheologischen/architektonischen) und der Verwirklichung vor Ort, von Glaubensinhalten (z.B. der Bergpredigt) und dem individuellen Leben, von Theorie und Praxis. Heranwachsende können erkennen, dass Religiosität nicht (ausgesprochene, überfordernde) Ideale ausmacht, sondern in der jeweiligen Vereinzelung konkret werden will.

- *Die Gestaltungskraft des Glaubens für das Handeln erleben:* Praktisches Lernen kann den Blick dafür schärfen, wie biblische Botschaft und christliche Glaubenstradition Leben und Handeln eines Menschen prägen (z.B. anlässlich eines Interviews mit engagierten Christinnen oder Christen einer Pfarrei). So kann erfahrbar werden, welchen Beitrag gelebter Glaube in der Bewältigung von Alltagsfragen leisten kann, wie er Werteinschätzungen bestimmt und Hierarchien in Frage stellt. Daran kann die befreiende, Angst abbauende Kraft wahrgenommen werden.

- *Die solidarische und emanzipatorische Grundperspektive des Glaubens wahrnehmen:* In Projekten und Erkundungen, in Befragungen und Spielen können Modelle des Lebens erschlossen werden, die sich als Alternative zu den innerhalb der bürgerlichen Gesellschaft anerkannten Lebensvorstellungen anbieten.

- *An der Überwindung der Diskrepanz zwischen Urteilen und Handeln arbeiten:* Praktisches Lernen wirkt der vielfach wahrgenommenen Trennung zwischen der häufig engagierten Aussage und den oftmals ausbleibenden Handlungskonsequenzen entgegen.

- *Kirche als »Kirche in der Welt« verstehen lernen:* Sowohl die Begegnung mit Menschen, die christliches Engagement zeigen, als auch die Einwirkungsversuche auf die Umgebung auf dem Hintergrund der christlichen Botschaft lassen deutlich werden, dass Kirche ihren Ort im Geschehen der Welt hat (vgl. Gaudium et spes, Art. 1).

- *Im schöpferischen Handeln sein Menschsein vollziehen:* Wer handelnd tätig wird, der wird auch immer an Begrenzungen stoßen und andere Lösungen eines Problems suchen müssen. Gerade dann, im Finden neuer Wege, im Antworten auf Herausforderungen können Heranwachsende ihr kreatives Schaffen erleben und damit ihr Menschsein in Gottebenbildlichkeit vollziehen.

4. Beispiel für praktisches Lernen im Religionsunterricht

Durch die Bosch-Stiftung (Akademie für Bildungsreform/Robert Bosch Stiftung 1993) sind mehrere hundert Projekte in Schulen der ganzen Bundesrepublik gefördert und begleitet worden. Praktisches Lernen wollte auch praktisch werden. Im Rahmen des Religionsunterrichts wäre folgendes Beispiel denkbar:

Gegen Ausländerfeindlichkeit

Als es zu wiederholten Übergriffen gegen ausländische Mitbewohner und Menschen, die um politisches Asyl nachsuchen, gekommen ist, entsteht im Religionsunterricht die Einsicht, hier nicht nur mit Diskussionen innerhalb der Lerngruppe zu reagieren, sondern auch nach außen hin am Bewusstwerdungsprozess der Menschen mitzuwirken. Das Sammeln von Spenden, der Entwurf von Plakaten und die Anmietung einer Werbefläche in der Nähe der Schule bringt die Meinung innerhalb der Klasse an die Öffentlichkeit. Schülerinnen und Schüler beziehen Stellung, stärken die Überzeugung, aktiv handelnd mit den ihnen eigenen Mitteln einen Beitrag zur Veränderung zu leisten mit dem Ziel einer mitmenschlicheren Gesellschaft.

Ein Spiel: Reiche Länder – arme Länder

Teilt euch per Los in die reichen Industrieländer und in die ärmeren Länder auf entsprechend dem Bevölkerungsanteil (Tabelle):

Schüler	Industrieländer		Ärmere Länder	
	Menschen	Stühle	Menschen	Stühle
24	4	19	20	5

Nun verteilt die Stühle je nach Reichtum (Tabelle).
Vielleicht bringt jemand von euch etwa Schönes zum Essen mit, etwa eine Tüte Gummibärchen. Er soll sie so an euch verteilen, wie der Besitz in der Welt verteilt ist!
Beobachtet euch selbst, beobachtet eure Mitschülerinnen und Mitschüler. Sprecht anschließend über das, was euch aufgefallen ist (Bahr u.a. 1998).

Im Spiel wird Schülerinnen und Schüler der Stellenwert von struktureller Ungerechtigkeit in der Verteilung des materiellen Reichtums deutlich. Besonders nachdrücklich ist die Ohnmacht des Ausgeliefertseins an Zustände, deren Entstehen der Einzelne nicht zu verantworten hat und die die zufällige Willkür besonders brisant werden lassen. Welche weiteren Aktionen kann diese ›Spielszenerie‹ hervorbringen?

Zusammenfassung

Praktisches Lernen will ein Lernen sein, das auch in der Lernzeit und Schülerzeit als sinnvolles Handeln erfahrbar wird. Es geht nicht um ein bloßes Vorratslernen, sondern um die Öffnung der Schule für das konkrete Leben, sodass sich Schulzeit als sinnvolle Lebenszeit erweist. Im praktischen Tätigsein mit Kopf und Herz werden Schülerinnen und Schüler zu selbstbestimmten Leistungen angeregt, die sich in christlicher Intention als ›Aktion und Projekt‹ zeigen. Theologische Motive ergeben sich vor allem mit Bezug auf handlungstheoretische Perspektiven: Gerade in Jesu Praxis kommt seine Botschaft vom Reich Gottes zu ihrem eigentlichen Sinn.

Lesehinweis

Arens, Edmund (1981): Gleichnisse als Kommunikative Handlungen Jesu. In: ThPh 56, 47–69.
Groß, Engelbert (1994): Konsequenter Religionsunterricht: Aktion und Projekt, Donauwörth.
Themenheft »Praktisches Lernen – Lernen mit Kopf, Herz und Hand«. In: ru 21 (1991), 41–78.
Themenheft »Handlungsorientiertes Lernen«. In: KatBl 125 (2000), 392–421.

III.15 Freiarbeit

Ulrich Riegel

Freiarbeit, verstanden als eine Unterrichtsform, in der Wissen und soziale Kompetenzen in der freiheitlichen Auseinandersetzung mit angebotenem Material erworben werden, räumt den Lernenden weitgehende Freiheiten in der Wahl der Inhalte, der Methoden, der Zeiteinteilung, des Arbeitsniveaus, der Sozialform und des Lernorts ein. Die Lernenden werden zu Subjekten des Lernprozesses, die diesen verantwortlich mitbestimmen können. Für den Religionsunterricht eröffnet dieses Konzept der Freiarbeit die Möglichkeit, zentrale christliche Grundüberzeugungen und -haltungen jenseits des Religionsstunden-Ichs zu vermitteln, da sie als natürliche Konsequenz im Arbeitsprozess erlebt werden. Auf diese Weise kann freiarbeitlicher Religionsunterricht zu verantwortlichem Denken und Handeln im Blick auf Religion und Glaube beitragen.

Auf den ersten Blick herrschte ein wildes Durcheinander, als der Rektor in die Klasse trat. Die Jugendlichen saßen oder standen in kleinen Grüppchen im Raum verteilt. Einige unterhielten sich entspannt vor einem Plakat, andere waren in einen Text vertieft und eine dritte Gruppe diskutierte heftig über eine Schautafel. Die Lehrerin war nicht im Klassenzimmer, da sie gerade einer weiteren Gruppe den Computerraum aufschloss. »Habt ihr keinen Unterricht?«, fragte der Rektor.

Die Frage des Rektors verdeutlicht das Dilemma, in dem Freiarbeit steckt: Sie ist nach wie vor nur relativ wenigen Insidern bekannt und ihre Leistungen und Grenzen werden kontrovers diskutiert. Dieser Beitrag stellt Freiarbeit als Unterrichtsform für den Religionsunterricht vor, indem er das Konzept der Freiarbeit didaktisch (1) und religionsdidaktisch (2) verortet. Ferner wird beschrieben, welche Aspekte in der Praxis eines freiarbeitlichen Religionsunterrichts zu beachten sind (3).

1. Freiheit und Begrenzung – didaktische Verortung

»Freiarbeit« ist ein schillernder Begriff, der in der Pädagogik in verschiedenen Zusammenhängen verwendet wird. In diesem Beitrag wird Freiarbeit als eine Unterrichtsform verstanden, in der Wissen und soziale Kompetenzen in der freiheitlichen Auseinandersetzung mit angebotenem Material erworben werden (vgl. Lehmann, 1999, 41). Die Lernenden können im Rahmen ihrer Möglichkeiten selbst entscheiden, welchen Lerninhalt sie mit welcher Methode zu welcher Zeit mit welcher Intensität und welchen Partnern wo im Raum bearbeiten wollen (vgl. Sehrbrock, 1993, 12). Im Folgenden wird dargestellt, wie sich die Freiheit der Lernenden hinsichtlich der Wahl der Inhalte, der Arbeitsmethoden, der Zeiteinteilung, des Arbeitsniveaus, der Sozialformen und des Lernorts ereignet.

Inhalte

In der Freiarbeit wählen die Kinder und Jugendlichen aus dem inhaltlichen Angebot die Lerninhalte, die sie bearbeiten wollen, weitgehend selbst aus und bearbeiten sie eigenverantwortlich. Haben sie sich für einen Lerninhalt entschieden, wird bei der Freiarbeit jedoch auch von ihnen erwartet, dass sie den Bearbeitungsprozess nicht unbegründet abbrechen (vgl. Hintz/Pöppel/Rekus, 1995, 114–115). Dadurch dass die Schülerinnen und Schüler die eigenen Fähigkeiten und die Anforderungen einer Aufgabenstellung gegeneinander abwägen und die Konsequenzen einer Entscheidung zu überblicken lernen, fördert Freiarbeit ihre Entscheidungskompetenz.

An der weitgehend freien Wahl der Inhalte durch die Lernenden wird kritisiert, dass zu einer verantworteten Auswahl ein Überblick über die Gesamtthematik vorausgesetzt werden muss. Dieses Argument fordert zu Recht, dass sich die Lehrerinnen und Lehrer in der Freiarbeit nicht aus der Verantwortung der didaktischen Analyse zurückziehen. Freiarbeit bedarf eines orientierenden Rahmens, der den Fähigkeiten und dem Entwicklungsstand der Lernenden sowie den inhaltlichen Anforderungen der behandelten Thematik Rechnung trägt. In einer Freiarbeit gemäß der Definition dieses Beitrags finden die Schülerinnen und Schüler diese Orientierung im angebotenen Material, das die Inhalte elementarisiert und altersgemäß darstellt. Freiarbeit als materialbasiertes Lernen berücksichtigt damit sowohl die didaktische Kompetenz der Lehrenden als auch die Freiheit der Lernenden.

Ihre Grenze erreicht die inhaltliche Wahlmöglichkeit der Lernenden im Lehrplan. Er gibt den thematischen Rahmen und die zentralen Inhalte für die einzelnen Jahrgangsstufen verbindlich vor (→ II.5; Teil IV.). Darüber hinaus lässt der Fachlehrplan einen weiten Raum an pädagogischer Freiheit. Weder legt er die Reihenfolge der Themen fest noch bestimmt er den Zugang zur Problematik oder die Intensität der Bearbeitung. Diesen Gestaltungsspielraum kann Freiarbeit nutzen.

Ferner ist nicht jedes Thema des Lehrplans für die Freiarbeit geeignet. Es muss komplex genug sein, die Schülerinnen und Schüler herauszufordern, und übersichtlich genug, sie nicht zu überfordern. Gelingt diese Gratwanderung nicht, wird Freiarbeit von den Lernenden schnell als langweilig empfunden. Freiarbeit ist also keine universale Unterrichtsform, die immer und überall eingesetzt werden kann. Ein sinnvoller Wechsel mit anderen Unterrichtsformen ist didaktisch angezeigt.

Arbeitsmethoden

Die Kinder und Jugendlichen können in der Freiarbeit die Methoden, d.h. die Mittel und Wege, mit denen sie die gestellte Aufgabe lösen wollen, selbst wählen. In der Konsequenz müssen sie die dazu notwendigen Arbeitsabläufe planen, die erforderlichen Informationen und Materialien beschaffen und ihre Ergebnisse dokumentieren und präsentieren. Auf diese Weise kann Freiarbeit den Schülerinnen und Schülern Problemlösefähigkeit und Methodenkompetenz vermitteln.

Eine Überforderung der Lernenden wird durch altersgemäße und differenzierte Aufgabenstellungen vermieden. Offensichtlich kann Freiarbeitsmaterial für die gymnasiale Mittelstufe ein größeres Maß an Methodenkompetenz der Lernenden voraussetzen als Material für die Grundschule.

Ein weiterer Einwand gegen die freie Wahl der Methode lautet, dass die Lernenden zur Lösung der gestellten Aufgaben bevorzugt auf bekannte Methoden zurückgriffen, neue Lösungswege also kaum zu Stande kämen. Allerdings richtet sich dieser Einwand gegen die Aufgabenstellung und nicht gegen die freie Methodenwahl, denn Schülerinnen und Schüler handeln hochgradig rational, wenn sie Aufgaben mit bekannten Strategien lösen. Die Anwendung neuer Methoden wird durch Aufgabenstellungen motiviert, die mit herkömmlichen Strategien nur ungenügend gelöst werden können.

Zeiteinteilung

Die Kinder und Jugendlichen teilen sich die Zeit, die sie auf jede Teilaufgabe verwenden wollen, in der Freiarbeit selbst ein (→ II.10). Auf diese Weise können sie die Grenzen ihrer Produktivität kennen lernen und einen angemessenen Umgang mit ihnen einüben. Andererseits setzt Freiarbeit ein zeitliches Limit für die Bearbeitung der gesamten Thematik. Die Schülerinnen und Schüler stehen also vor der Herausforderung, den Zeitbedarf einer Aufgabenstellung realistisch einzuschätzen, komplexe Arbeitsprozesse zeitlich zu planen und ihren Zeitplan einzuhalten bzw. Störungen des Plans zu kompensieren. Damit kann Freiarbeit zu Zeitmanagement und Selbstdisziplin befähigen.

In den Augen ihrer Kritiker verführt die freie Einteilung der Arbeitszeit die Lernenden zu Trödelei und Zeitverschwendung. Tatsächlich wechseln sich im Arbeitsprozess produktive Phasen mit ineffektiven ab. Freiarbeit rechnet zum einen bewusst mit beiden Phasen, da der Mensch nicht beliebig belastbar ist, zum anderen setzt sie mit dem zeitlichen Limit für die Bearbeitung der Gesamtthematik eine verbindliche Grenze, die unmotivierte Trödelei unterbinden will.

Des Weiteren wird der Freiarbeit fehlende Effizienz vorgeworfen, denn sie benötige bei vergleichbarem Ergebnisniveau mehr Zeit als die Erarbeitung mittels eines lehrerzentrierten Unterrichtsstils. Da sich Freiarbeit in einem komplexen Tun ereignet, das die individuellen Fähigkeiten der Schülerinnen und Schüler beansprucht, ist sie notwendig zeitintensiv. Allerdings kann sich dieses Missverhältnis auflösen, wenn man neben den kognitiven Leistungen auch die emotionalen und praktischen Kompetenzen berücksichtigt, die Freiarbeit vermittelt. Insofern beide zu den ausdrücklichen Zielen des Religionsunterrichts gehören (vgl. Synodenbeschluss, 2.5.1), muss die Lehrerin bzw. der Lehrer jeweils entscheiden, wie stark sie bzw. er das Effizienz-Argument gewichtet.

Arbeitsniveau

In der Freiarbeit entscheiden die Schülerinnen und Schüler weitgehend selbst, wie intensiv sie eine Aufgabe bearbeiten und wo sie ihre Schwerpunkte setzen wollen. Freiarbeit reagiert damit auf die individuellen Unterschiede in einer Lerngruppe und eröffnet der bzw. dem Einzelnen ein differenziertes Lernangebot. Auf der anderen Seite bedingen die innere Struktur der Aufgabenstellungen und durch das Material festgelegte Standards für die Endprodukte ein Mindestniveau der thematischen Durchdringung. Auf diese Weise können die Schülerinnen und Schüler lernen, ihre Fähigkeiten realistisch einzuschätzen.

An der weitgehend freien Wahl des Arbeitsniveaus wird kritisiert, dass sie die Lernenden dazu verleite, die Inhalte nur oberflächlich zu behandeln. Für die Freiarbeit bedeute dies, dass sie im Klassendurchschnitt nicht das Niveau lehrerzentrierter Unterrichtsformen erreiche. Diese Frage kann jedoch seriös nur an Hand empirischen Materials beantwortet werden (vgl. Ludwig, 1994, 83–85; Jürgens, 1994, 83–85), wobei im Vorfeld der Vergleichsmaßstab zu klären wäre (Grad der thematischen Abstraktion, praktische Anwendbarkeit, kognitive, affektive und/oder pragmatische Kompetenzen). Unter Berücksichtigung der spezifischen Arbeitsstile kann vermutet werden, dass sich lehrerzentrierte Unterrichtsformen bei stark kognitiv orientierten Thematiken (z.B. Konfessionalität) günstig auf das Bearbeitungsniveau auswirken, während Freiarbeit bei Thematiken mit affektiven und praktischen Momenten (z.B. Brauchtum, Gotteshaus als heiliger Raum, → II.9) Vorteile hat. Außerdem bleibt der Lehrkraft auch im Rahmen der Freiarbeit die Möglichkeit, in den Arbeitsprozess einzugreifen, wenn Einzelne die Freiheit offensichtlich und permanent missbrauchen.

Sozialformen

Die Kinder und Jugendlichen wählen frei, ob sie eine Thematik alleine, mit einer Partnerin bzw. einem Partner oder in der Gruppe bearbeiten wollen. Dabei können sie sich allerdings·nicht nur nach ihren eigenen Vorlieben richten, sondern müssen in der Wahl der Sozialform auch die Anforderungen der Aufgabenstellung, die Interessen der Mitschülerinnen und Mitschüler sowie die Maßgaben durch die Arbeitsumgebung berücksichtigen (vgl. Hintz/Pöppel/Rekus 1995, 115). Insofern kann Freiarbeit den Schülerinnen und Schülern Teamfähigkeit und Ambiguitätstoleranz vermitteln.

Die freie Wahl der Sozialform steht in der Gefahr der Cliquenbildung, was auch bedeutet, dass inhaltliche Anregungen von »ungeliebten« Schülerinnen und Schülern fehlen. Auf der anderen Seite überträgt diese Freiheit den Lernenden die Verantwortung für das Klima in der Lerngruppe, denn sie wählen, mit wem sie arbeiten. In diesem Zwiespalt kann ein gruppendynamischer Prozess entstehen, in dem die Lerngruppe zu einer Klassengemeinschaft zusammenwächst. Dies gilt besonders für den Religionsunterricht, der auf Grund des Prinzips der Konfessionalität in der Regel in gemischten Lerngruppen gehalten wird. Die freie Wahl der Sozialformen trägt der anfangs fehlenden Vertrautheit zwischen den Schülerinnen und Schülern verschiedener Klassen insofern Rechnung, als sie es erlaubt, sich schrittweise einander anzunähern (vgl. Menke 1992, 74–75).

Problematischer ist, dass die freie Wahl der Sozialform keine Gemeinschaftserfahrungen der gesamten Lerngruppe erlaubt. Meditationen oder gemeinsames Singen sind im Rahmen der Freiarbeit nicht durchführbar. Deshalb eignen sich Themen, die derartige Gemeinschaftserfahrungen didaktisch nahe legen (z.B. Gebet und Meditation), weniger für die Freiarbeit. Wiederum ist ein sinnvoller Wechsel zwischen Freiarbeit und Regelunterricht angezeigt.

Lernort

Freiarbeit traut den Kindern und Jugendlichen zu, dass sie den Ort zur Bearbeitung der gestellten Aufgabe selbst wählen. Dabei kann es sich um einen zur Gruppenarbeit geeigneten Platz im Klassenzimmer oder – falls möglich (z.B. Aufsichtspflicht!) – um den Computerraum zur Internetrecherche oder die öffentliche Bibliothek zur Suche weiterführender Literatur handeln. Die Schülerinnen und Schüler können somit lernen, in welchem räumlichen Rahmen sich welche Arbeiten am produktivsten und kreativsten erledigen lassen, und sich die Arbeitsumgebung, die am besten zu ihrem Lernstil passt, zu organisieren.

Allerdings sind die Klassenzimmer der Regelschule normalerweise auf einen lehrerzentrierten Unterrichtsstil abgestimmt. Freiarbeit jedoch, die selbstbestimmte Lernprozesse anregen will, braucht eine Umgebung, in der »die für alle verbindliche räumliche Orientierung zur Tafel und zum Lehrerpult hin aufgelöst ist zugunsten von [...] dezentralen räumlichen Aktivitätsschwerpunkten.« (Sehrbrock 1993, 25) Die Lernenden sollen sich frei im Raum bewegen können, Gruppentische, freie Flächen und stille Ecken zur inhaltlichen Auseinandersetzung in verschiedenen Sozialformen und mit unterschiedlichen Methoden einladen. Horst Klaus Berg spricht in diesem Zusammenhang in Anlehnung an Maria Montessori von der »vorbereiteten Umgebung«, die die Kinder und Jugendlichen zur Freiarbeit stimuliert (vgl. 1998, 24.114). In vielen Fällen wird von der Lehrerin bzw. dem Lehrer einige Phantasie und Improvisationstalent verlangt, bis aus einem Klassenraum eine vorbereitete Umgebung wird. Ferner muss Letztere v.a. an Realschulen und Gymnasien oft jeweils neu auf- und wieder abgebaut werden. Erfahrungsgemäß sollten dafür unter Mithilfe der Lerngruppe etwa fünf Minuten eingerechnet werden.

Insgesamt ist Freiheit also ein wesentliches Bestimmungselement der Freiarbeit, wird von den Schülerinnen und Schülern jedoch als relativ erfahren. Strukturelle Begrenzungen der Freiheit liegen in den Fähigkeiten der Lernenden, dem inhaltlichen Angebot, der inneren Struktur der Thematik, den räumlichen Gegebenheiten der Lernumgebung, der Unterrichtskompetenz der Lehrkraft und den getroffenen Entscheidungen der Schülerinnen und Schüler selbst. Außerdem verzichtet Freiarbeit nur dort auf Schülerlenkung, wo es didaktisch verantwortbar ist. So gibt z.B. ein organisatorischer Rahmen (Verhaltensregeln, Dauer der Arbeitsphase, Präsentationsform der Ergebnisse) Arbeitsbedingungen vor, innerhalb derer sich Freiarbeit ereignet. Freiarbeit im beschriebenen Sinn darf daher nicht mit einem durch Beliebigkeit charakterisierten Unterrichtsstil verwechselt werden. Sie ist Arbeit, insofern eine bestimmte Thematik bearbeitet wird und ein Produkt entsteht. Sie ist frei, insofern die Schülerinnen und Schüler im weitest möglichen Umfang an Auswahl, Erarbeitung und Präsentation der Inhalte teilhaben können. In diesem Wechselspiel von Freiheit und Begrenzung verschränkt Freiarbeit die drei Größen »Inhalt«, »Person« und »Lernprozess« im Kontext von Freiheitserfahrungen (vgl. Grafik).

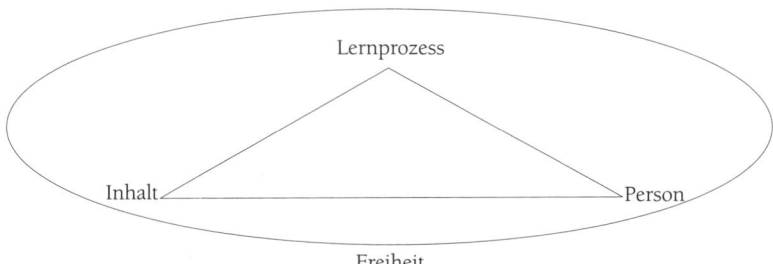

Das Verhältnis von Inhalt, Person und Lernprozess in der Freiarbeit

Freiarbeit orientiert sich an den durch den Lehrplan verbindlich vorgeschlagenen Inhalten, beteiligt die Schülerinnen und Schüler jedoch weitgehend an Auswahl, Erarbeitung und Darstellung der Inhalte, sodass die Lernenden zu Subjekten des Lernprozesses werden. Der Lernprozess selbst betont nicht nur das Ergebnis der inhaltlichen Auseinandersetzung, sondern begreift die gesamte Bearbeitung – von der Wahl der Inhalte bis zur Darstellung der Ergebnisse – als wertvolle Erfahrung, in der die Kinder und Jugendlichen neben neuen Inhalten auch sich selbst entdecken und ihre individuellen Fähigkeiten entwickeln können (II.7). Dazu fordert Freiarbeit neben den kognitiven auch die emotionalen und praktischen Kompetenzen der Schülerinnen und Schüler ein. Durch die Einbettung des Lernprozesses in Freiheitserfahrungen vermittelt Freiarbeit den Lernenden einen verantwortlichen Umgang mit Freiheit: Die Schülerinnen und Schüler können in die Verantwortung für das Gelingen der Arbeitsprozesse hineinwachsen, denn sie erfahren, dass die inhaltliche Auseinandersetzung dann gelingt, wenn sie ihre Freiheiten verantwortlich einsetzen. Dann eröffnen sich ihnen vielfältige Lernchancen hinsichtlich neuer Sachverhalte, Entscheidungskompetenz, Problemlösefähigkeit, Zeitmanagement, Teamfähigkeit und Ambiguitätstoleranz.

2. Individueller Glaube und Grundhaltungen des Christentums – religionsdidaktische Verortung

Freiarbeit wurde als eine Unterrichtsform konzeptualisiert, die die am Unterricht beteiligten Personen, den Lernprozess und die Lerninhalte im Kontext von Freiheitserfahrungen verantwortet miteinander verschränkt. Dieses Konzept von Freiarbeit soll im Folgenden religionsdidaktisch verortet werden, indem die spezifischen Leistungen für den Religionsunterricht im Kontext von vier wesentlichen Aspekten des biblischchristlichen Menschenbildes beschrieben werden: Personalität, Sozialität, Verwiesenheit auf Gott und Weltbezug.

Die Wertschätzung der Person ist konstitutiver Bestandteil des Freiarbeitskonzepts, denn sie motiviert zu weitgehenden Freiheiten der Lernenden, die es ihnen ermöglichen, sich als Subjekte in den Religionsunterricht einzubringen (vgl. Groß 1992, 65–67). Durch ein Angebot, das ganzheitliches Lernen anregen soll, wird der ganze Mensch im Lernprozess berücksichtigt. Auf der anderen Seite übernehmen die Lernenden mit der freien Wahl auch die Verantwortung für den Lernprozess: Im Gegensatz zu lehrerzentrierten Unterrichtsformen gelingt Freiarbeit nur, wo sich Schülerinnen und Schüler in den Lernprozess einbringen. Damit werden die Kinder und Jugendlichen auf sich selbst zurückgeworfen und zur Auseinandersetzung mit ihrer eigenen Person herausgefordert. So nimmt freiarbeitlicher Religionsunterricht die Personalität der Schülerinnen und Schüler ernst und bindet sie in den Lernprozess ein. Die Betonung der Personalität bedeutet gleichzeitig eine Notwendigkeit zu Sozialität, denn in der Freiarbeit bringen Kinder und Jugendliche ihre Persönlichkeit in eine Lerngruppe ein. Die besondere Chance der Freiarbeit liegt wiederum in der spezifischen Kombination aus Freiheit und Verantwortung. Auf der einen Seite können die Lernenden das Maß der Kooperation im Rahmen der inhaltlichen Anforderungen frei bestimmen, sodass individuelle Bedürfnisse nicht auf Kosten Dritter ausgelebt werden müssen. Auf der anderen Seite sind die Lernenden zur Bearbeitung komplexer Aufgaben auf eine Kooperation, die Kriterien der Sachlogik statt der Sympathie folgt, angewiesen. Diese Kooperation gelingt um so besser, je größer die Bereitschaft der Teilnehmenden ist, unterschiedliche Mentalitäten und Fähigkeiten in den gemeinsamen Arbeitsprozess zu integrieren. Christliche Grundhaltungen wie Nächstenliebe und Rücksicht gegenüber anderen Positionen werden als natürliche Konsequenz erfahren, d.h. sie überzeugen durch ihre unmittelbare positive Wirkung und die Kinder und Jugendlichen erfahren ihre Gegenwartsrelevanz jenseits typischer Abwehrmechanismen des Religionsunterrichts (vgl. das Religionsstunden-Ich). Analoges gilt auch für die Thematisierung der Beziehung des Menschen zu Gott und zur Welt. In einer pluralen Gesellschaft ist damit zu rechnen, dass zentrale christliche Überzeugungen (z.B. Gott als Garant menschlicher Freiheit, Welt als Schöpfung) von vielen Schülerinnen und Schülern kritisch bis ablehnend beurteilt werden. Glaube bleibt immer die freie Antwort des Menschen auf den Anruf Gottes, was den Religionsunterricht, der als ordentliches Lehrfach Leistungen bewertet, vor die Herausforderung stellt, ein Unterrichtsklima zu entwickeln, das die unterschiedlichen Glaubenshaltungen der Lernenden anerkennt. Im freiarbeitlichen Religionsunterricht finden die Kinder und Jugendlichen genügend Freiraum, sich mit dem inhaltlichen Angebot gemäß ihrer religiösen Haltung auseinander zu setzen, ohne sich ständig vor der notengebenden Lehrkraft profilieren zu müssen. Gemäß des Konzepts der Freiarbeit können kontroverse Positionen in die Arbeitsprodukte einfließen, da diese weitgehend von den Schülerinnen und Schülern gestaltet werden. Die Freiheit wird jedoch dann missbraucht, wenn unterschiedliche Positionen unvermittelt nebeneinander gestellt werden. Die Verantwortung für das Arbeitsprodukt umfasst auch den Dialog zwischen unterschiedlichen Sichtweisen bei grundsätzlicher gegenseitiger Anerkennung des Gegenübers. Damit erweist sich konfessioneller Religionsunterricht als ökumenisch, insofern er differente Positionen anerkennt und ins Gespräch bringt ohne die eigenen Überzeugungen zu leugnen. Den Lernenden erlaubt er eine eigenständige Haltung gegenüber der christlichen Perspektive auf Gott und die Welt, was »verantwortliche[s] Denken und Verhalten im Hinblick auf Religion und Glauben« (Synodenbeschluss, 2.5.1) fördert.

Insgesamt stellt sich Freiarbeit als eine alternative Unterrichtsform für den Religionsunterricht dar, die mehr leistet, als den Regelunterricht aufzulockern. Zielgerichtet bei angemessenen Themen eingesetzt bringt Freiarbeit christliche Grundüberzeugungen und -haltungen auf eine Weise zur Sprache, die die Lernenden zu einer eigenverantwortlichen Glaubenshaltung befähigen kann.

3. Material und Organisation – Praxisaspekte

Religionsunterricht als Freiarbeit unterscheidet sich von herkömmlichem Unterricht in der Organisation des Arbeitsprozesses, in der Rolle des Unterrichtsmaterials, der Problematik von Leistungserhebungen und den Rollen von Lehrenden und Lernenden.

Organisation des Arbeitsprozesses

Wenn Freiarbeit nicht fest im Stundenplan verankert ist (z.B. Wochenplan-Unterricht, vgl. Claussen, 1997), gliedert sie sich in der Regel in eine Motivations-, eine Arbeits- und eine Auswertungsphase. Die Motivationsphase soll die Lernenden in die Thematik der Freiarbeitssequenz einstimmen und auf die besondere Arbeitsform vorbereiten. Sie findet mit der gesamten Lerngruppe statt, folgt den üblichen Kriterien der Motivation und mündet in eine kurze Einführung der Schülerinnen und Schüler in den konkreten Ablauf der Arbeitsphase. Dazu gehören Raum- und Zeitvorgaben, Verhaltensregeln während der Arbeit und ein Überblick über die einzelnen Stationen. In der Arbeitsphase, die sich über mehrere Stunden erstreckt, findet die eigentliche Freiarbeit statt. Dazu werden im Unterrichtsraum einzelne Lernstationen aufgebaut. Zur besseren Orientierung können die Stationen mit einem Namen, einer Nummer oder einem Symbol gekennzeichnet werden. Die Anzahl der Stationen richtet sich nach der Thematik, dem Raumangebot und der Größe der Lerngruppe. Stationen mit grundlegenden Inhalten können zu Pflichtstationen erklärt werden, die von allen bearbeitet werden müssen. Während der Arbeitsphase bewegen sich die Lernenden frei zwischen den Stationen und bearbeiten die Inhalte ihrer Wahl. Die Auswertungsphase dient der Vorstellung und Diskussion der Arbeitsergebnisse und Lernerfahrungen. Sie verläuft wieder im Klassenverband, kann jedoch auch eine größere Öffentlichkeit wie Schule oder Gemeinde suchen (z.B. durch die Präsentation der Ergebnisse in einer Ausstellung). Ein wesentliches Charakteristikum der Auswertungsphase ist, dass sie die Eigenverantwortung, die die Schülerinnen und Schüler während der Arbeitsphase trugen, bestätigt und den Lernprozess reflektiert. Werden lediglich die inhaltlichen Ergebnisse verglichen, setzt sich bei den Lernenden der Eindruck fest, dass die in der Freiarbeit gewonnenen affektiven und praktischen Fähigkeiten zwar eine nette Bereicherung für den Schulalltag sind, für die weitere Schulkarriere jedoch keine Rolle spielen.

Freiarbeitsmaterial

Den Unterrichtsmaterialien kommt in der Freiarbeit eine zentrale Bedeutung zu. Sie »sollen den Schülern in der pädagogischen Situation als Angebot bereit stehen, aus dem sie frei auswählen und mit dem sie selbständig arbeiten können.« (Potthoff, 1990, 59) Grundsätzlich sollte jedes Unterrichtsmaterial lernzielbezogen, logisch und übersichtlich aufgebaut und gemäß dem Alter der Lernenden ausgewählt sein. Um eine selbständige Beschäftigung mit den Inhalten anzuregen, muss das Material jedoch noch weiteren Kriterien genügen. Zuerst muss sich das Material selbst erklären, so dass die Schülerinnen und Schüler ohne fremde Hilfe erkennen, was es zu erarbeiten gilt. Ferner sollte das Material verschiedene Zugänge zur Problematik, zu den Lösungswegen und Darstellungsformen der Ergebnisse erlauben. So wird es der Individualität der Lernenden gerecht und garantiert echte Wahlmöglichkeiten. Im Idealfall fordert das Material die kognitiven, affektiven und praktischen Fähigkeiten der Kinder und Jugendlichen heraus, spricht also den ganzen Menschen an. Schließlich soll das Material immanente Erfolgskontrollen beinhalten, sodass die Lernenden das Ergebnis ihrer Arbeit selbst überprüfen können. Sie können z.B. darin bestehen, dass das Arbeitsergebnis harmonisch ist, dass es funktioniert, dass es mit einer Vorlage übereinstimmt oder in ein vorher etabliertes System passt (vgl. Potthoff 1990, 62–63). Je nach Verwendungszweck unterscheidet Peter Sehrbrock (1993, 78–79) zwischen Ideenmaterial (Material, das bei den Schülerinnen und Schülern selbständige Lernprozesse anregt; z.B. biblische Geschichten oder ein Bericht von einer sozialen Notlage), Lernmaterial (Material zur direkten Aneignung eines speziellen Unterrichtsstoffes; z.B. Sachtexte oder Arbeitsblätter), Übungsmaterial (Material zur Sicherung von Fertigkeiten; z.B. Lückentexte oder Rollenspiele) und Steinbruchmaterial (Material ohne konkreten thematischen Bezug, das jedoch zur Lösung bzw. Darstellung des Ergebnisses einer Aufgabe verwendet werden kann; z.B. Bibel, Ton oder »Kett-Material«).

Offensichtlich sind die Freiarbeitsmaterialien zeit- und kostenintensiv in der Organisation bzw. Herstellung und erfordern von den Lehrerinnen und Lehrern viel Fantasie und didaktische Erfahrung. Ein typisches Problem vieler Freiarbeitsmaterialien liegt z.B. darin, dass die immanente Erfolgskontrolle nur durch eine standardisierte Darstellung der Ergebnisse gewährleistet ist, was jedoch dem offenen Charakter des Materials widerspricht. Auf der anderen Seite können hochwertige Materialien, die aufgrund ihrer Offenheit verschiedenen Lerngruppen gerecht werden, mehrmals eingesetzt werden, sodass sich die aufwändige Vorbereitung mit der Zeit relativiert. Möglich wäre auch, eine Freiarbeitssequenz inklusive Material mit anderen Religionslehrerinnen und -lehrern bzw. im Projektunterricht (→ III.13) zusammen mit Schülerinnen und Schülern zu erarbeiten. Mittlerweile haben auch viele Verlage in der Freiarbeit einen neuen Markt entdeckt und bieten Entwürfe zu verschiedenen Themen an.

Problematik von Leistungserhebung

Im Religionsunterricht sind als ordentlichem Lehrfach Leistungen zu benoten. Durch die Möglichkeit der individuellen Differenzierung des Bearbeitungsniveaus ergibt sich in der Kombination mit der freien Wahl der Inhalte jedoch ein praktisches Problem: In der Freiarbeit gibt es keinen verbindlichen Maßstab, an dem alle gemessen werden können. Schriftlich erhobene Leistungen, die sich auf den Stoff der Vorstunde beziehen, sind aufgrund der vielfältigen Inhalte, mit denen sich die Schülerinnen und Schüler beschäftigt haben, nicht durchführbar. Wo sich schriftliche Arbeiten auf den gesamten Arbeitszeitraum beziehen, sind diese prinzipiell möglich, stehen aber in der Gefahr, die Effekte der Freiarbeit auf die kognitive Leistung zu reduzieren (vgl. oben). Am ehesten können noch Unterrichtsbeiträge erhoben werden, sofern dies durch die jeweilige Schulordnung gedeckt ist. Das Problem der Leistungserhebung (→ II.11) relativiert sich jedoch dann, wenn sich Freiarbeit und Regelunterricht sinnvoll abwechseln. Außerdem scheint es mir eine wertvolle Kontrasterfahrung zu sein, sich in der Schule mit einem Inhalt zu beschäftigen, ohne auf eine Note zu spekulieren. Zumal Leistungserhebungen neben der Selektionsfunktion der bzw. dem Lernenden auch eine Rückmeldung über den aktuellen Leistungsstand bieten. Dieses Feedback ist jedoch nicht notwendig an eine Note gebunden, sodass auch in der Freiarbeit eine individuelle Leistungsdiagnostik möglich bleibt (vgl. Heinrich 1991, 91-103).

Veränderte Rollen von Lehrenden und Lernenden

In der Freiarbeit tritt die Lehrerin bzw. der Lehrer aus dem Zentrum der Aufmerksamkeit, sodass sich die Kinder und Jugendlichen selbst entfalten können. Lernen ist nicht mehr Belehrung, sondern aktive Aneignung der Inhalte, und an die Stelle der aktiven

Unterrichtsführung tritt die Begleitung der Schülerinnen und Schüler im individuellen Lernprozess. Das bedingt ein neues Rollenverständnis der Lehrenden (vgl. Zutavern 1995). Die Aufgaben der Lehrerin bzw. des Lehrers sind die Vorbereitung der Lernumgebung, die Bereitstellung und ständige Vervollkommnung des Freiarbeitsmaterials, die Hilfestellung auf Anfrage und die Anleitung der Klasse zur Reflexion des Lernprozesses. Diese neue Rolle setzt voraus, dass die bzw. der Lehrende den Kindern und Jugendlichen eigenverantwortliches Arbeiten zutraut. Für den Religionsunterricht bedeutet dies auch, dass den Kindern und Jugendlichen religiöse Mündigkeit zugetraut wird (vgl. Fischer 1999, 175). Ohne dieses Vertrauen in die Selbsttätigkeit der Schülerinnen und Schüler, das auch ineffektive Phasen im Lernprozess akzeptiert, kann Freiarbeit nicht gelingen, denn den Lernenden würde unterschwellig signalisiert, dass sie nicht eigenverantwortlich arbeiten können.

Auf Seiten der Kinder und Jugendlichen wird sich mit der Zeit ein Bewusstsein der Selbsttätigkeit einstellen. Sie erfahren in der Freiarbeit, dass ihr Engagement zu Ergebnissen führt, die ernst genommen werden. In der Reflexion des Arbeitsprozesses lernen die Schülerinnen und Schüler, ihre individuellen Fähigkeiten realistisch einzuschätzen, und dass Erfolg auch von der Ernsthaftigkeit ihres Engagements, ihrer sozialen Orientierung und ihrer Selbstdisziplin abhängt. Verbindlich werden diese Einsichten dadurch, dass sie keine »Lebensweisheiten« der Lehrenden sind, sondern von den Schülerinnen und Schülern selbst gemacht wurden.

Beide Rollen definieren ein neues Lehrer-Schüler-Verhältnis, das durch ein relativ partnerschaftliches Miteinander gekennzeichnet ist. Exemplarisch für dieses neue Verhältnis scheint mir Horst-Klaus Bergs Begriff der »Lernchance«, mit dem er das herkömmliche »Lernziel« ersetzt. In der Freiarbeit weiß die bzw. der Lehrende nicht, welche Ziele die Schülerinnen und Schüler am Ende der Erziehungsmaßnahme erreichen *sollen*, sondern sie bzw. er hat eine Vorstellung davon, welche Ziele im Lernprozess erreicht werden *können*. Ob diese Ziele jedoch erreicht werden oder ob sich im Laufe des Lernprozesses neue Zielperspektiven ergeben, entscheiden die Lernenden (vgl. Berg 1998, 39–40). Dieses neue Verhältnis wirkt sich auch auf den Religionsunterricht selbst aus. Zum einen erfahren sich die Schülerinnen und Schüler in ihrem individuellen Personsein ernst genommen. Zum anderen praktizieren sie im gegenseitigen Umgang christliche Grundmuster (z.B. Rücksicht gegenüber Schwächeren oder kritische Selbstreflexion), ohne dass diese aufgesetzt wirken. Der Religionsunterricht kann dadurch für die Kinder und Jugendlichen zu einem lebensrelevanten Ort und für die Schule zum Ausgangspunkt einer veränderten Schulkultur werden.

Lesehinweis

Berg, Horst Klaus (1998): Freiarbeit im Religionsunterricht. Konzepte. Modelle. Praxis, Stuttgart/München.

Lehmann, Christine (1999): Freiarbeit – ein Lern-Weg für den Religionsunterricht? Eine Untersuchung von selbständigem Lernen im Horizont kritisch-konstruktiver Didaktik, 2. durchges. Aufl., Münster.

Sehrbrock, Peter (1993): Freiarbeit in der Sekundarstufe I, Frankfurt.

Teil IV:
Religionsunterricht planen und gestalten

Matthias Bahr

Religionsunterricht muss sorgfältig geplant werden. Entscheidender Horizont dabei sind die Schülerinnen und Schüler, um deren religiöses Lernen es geht. Von ihnen her lassen sich Kriterien gewinnen, und nur mit ihnen kann Religionsunterricht gestaltet werden. Rahmenbedingungen eines guten Religionsunterricht sind vielfältig und haben einen hohen Anregungscharakter: von Lehrplänen über Lernziele, Fragen, Impulse und Aufgabenstellungen, die zur Auseinandersetzung auffordern. Differenzierte Unterrichtsbeobachtungen, eine genaue Wahrnehmung fächerverbindenden Lernens und die Offenheit für teamorientierte, kollegiale Planungen bilden weitere wichtige Voraussetzungen für ein gewinnbringendes Unterrichten in Religion.

Hinführung: Was ist ›guter‹ Religionsunterricht?

Die aktuelle Diskussion um das, was eine ›gute Schule‹ oder einen ›guten Unterricht‹ ausmacht, läuft schon seit mehr als zehn Jahren (Aurin 1990, Flitner 1993). Im Rahmen seiner empirischen Untersuchung »Religionsunterricht zwischen Lernfach und Lebenshilfe« zeigt Anton A. Bucher thesenartig (Nr. 1–5) verschiedene Aspekte auf, mit denen sich auch Antworten auf die Frage nach dem ›guten‹ Religionsunterricht geben lassen (Bucher 2000, 26–32):

1. *Guter Religionsunterricht ermöglicht die Selbsttätigkeit von Schülerinnen und Schülern:* Dies ist dann gegeben, wenn Schüler aktiv und kreativ sein können und nicht nur rezeptiv Adressaten des Lehrerwissens sind. Tätigkeiten gehen dabei über das Sitzen, Zuhören und Schreiben hinaus – es geht darum, vielfältig handelnd tätig zu sein, indem z.B. Collagen erstellt, Personen mit interessanten Tätigkeiten interviewt, Texte kreativ weitergeschrieben werden usw. (→ II.7). (→ III.13.15)

2. *Guter Religionsunterricht wird von den Schülerinnen und Schülern als lebensrelevant betrachtet:* Lernen muss sich hier auf das tatsächliche Leben ausrichten. Wie können Heranwachsende erleben, dass eine christliche Perspektive den Alltag prägt (→ III.13; III.14)? (→ II.4; II.1)

3. *Guter Religionsunterricht bringt explizit religiöse Themen, insbesondere Gott, zur Sprache* (→ II.7): Es geht um die Auseinandersetzung mit Fragen nach dem Woher und Wohin des Lebens, nach Gott als dem mög-

lichen Lebensgrund auf der Grundlage biblisch-christlicher Erfahrungen; es geht um die Frage nach der Existenz Gottes, der Zukunft der Welt, der Bewältigung von Leid mit Hilfe des christlichen Glaubens (Nipkow 1987, 43–92) und es geht auch um den Sinn des Lebens unter den Vorzeichen von Tod und Auferstehung. Im Mittelpunkt kann dabei jedoch nie ein Lehrbuchwissen stehen; vielmehr bedarf es der Anstrengungen gemeinsamer authentischer Annäherungsversuche an mögliche Antworten.

4. Guter Religionsunterricht peilt die ihm vorgegebenen Ziele an und erreicht sie zumindest partiell: Das im Synodenbeschluss »Der Religionsunterricht in der Schule (1974)« entwickelte Zielspektrum (Synodenbeschluss 1974, 2.5.1) (→ II.3) kann dabei leitend sein. Bei all dem handelt es sich um ein Angebot, das das Interesse an religiöser Mündigkeit und Kompetenz impliziert. Inhaltlich lassen sich hier viele Ausfaltungen denken, dazu gehören z.B. Bemühungen um Toleranz und die Erinnerung an die unschuldigen Opfer der Geschichte (→ III.4).

5. Guter Religionsunterricht bereitet den Schülerinnen und Schülern Freude: Er soll nicht nur für die ›frohe Botschaft‹ stehen, sondern ebenso im Vollzug positive Erfahrungen ermöglichen – Religionsunterricht als ein Fach, das Schülerinnen und Schüler gern besuchen. Entscheidend für das positive Erleben ist u.a. die Freundlichkeit und das Wohlwollen von Lehrerinnen und Lehrern (→ II.6). Verhindert wird dies jedoch dort, wo sich Langeweile einstellt, z.B. dann, wenn für Schüler irrelevante Themen behandelt werden und methodische Monotonie vorherrscht, wenn nur zugehört werden muss und nur wenig selbsttätiges Handeln ermöglicht wird.

6. Guter Religionsunterricht bemüht sich um exemplarische Vertiefung: Wirklich persönlich relevant werden Themen des Religionsunterrichts, wenn es mit den Schülerinnen und Schülern zu einer intensiven Arbeit daran kommt. Dies gelingt um so besser, je mehr die Konzentration auf wenige gewichtige Medien (→ II.8) und unterrichtliche Elemente gelenkt wird. Von erheblicher Bedeutung ist es, inwieweit der Rhythmus zwischen Eindruck und Ausdruck schon in der Planung berücksichtigt wird (→ IV.2). Kontraproduktiv ist ein oberflächliches Abarbeiten einer Stofffülle, das nicht nur ästhetisches (→ III.1) und korrelatives (→ III.2) Lernen verhindert, sondern auch den anderen religionsdidaktischen Prinzipien zuwiderläuft.

Diese Perspektiven können als Qualitätskriterien gelten, um eigenen Unterricht kritisch zu reflektieren – bereits in der Planungsphase, aber mehr noch in der Nachbetrachtung gehaltener Unterrichtsstunden (Evaluation). Gleichzeitig ist damit ein veränderter Blick erforderlich auf das, was im Rahmen des Religionsunterrichts unter ›Leistung‹ zu verstehen ist: Selbsttätiges Lernen etwa, das konsequenterweise in seinen Ergebnissen offener sein muss, entzieht sich häufig dem klassischen ›Richtig-Falsch-Schema‹. Hier sind differenzierte und vor allem qualitative Einschätzungen erforderlich (→ II.11).

IV.1 Planung des Unplanbaren: die Didaktische Analyse

1. Notwendigkeit und Grenzen von Planungen

Religionsunterricht als ein gemeinsamer Prozess der Interaktion von Lehrern und Schülern (→ I.5) ist – wie Unterricht anderer Fächer auch – letztlich nur bedingt planbar. Die Gründe dafür sind vielfältig:

Die Orientierung an den Interessen der Schülerinnen und Schüler, die Offenheit für spontane Gespräche und Fragen grundsätzlicher oder aktueller Art geht mit der Bereitschaft zu prozessorientiertem Arbeiten einher. Je nach Ablauf des konkreten Unterrichts ergeben sich so deutliche Verschiebungen in der Planung. (→ II.4)

Akzeptiert man als oberste Bildungsziele Mündigkeit und Selbstbestimmung der Heranwachsenden (→ II.2), so ergibt sich von daher – bezogen auf einzelne Unterrichtsvollzüge – die Herausforderung, diese in kleine Münze umgesetzte Mündigkeit Schritt für Schritt zuzulassen, zu wollen, anzuregen und herauszufordern. Jegliche bedingungslose Anpassung an eine vorgegebene Planung ist dann suspekt.

In *sozialpsychologischer Sicht* handelt es sich bei Unterricht um komplexe Situationen (Bandura 1979, 22), in denen viele Menschen miteinander in Interaktion treten. Dann aber kann es letztlich keine Sicherheiten über Abläufe und Reaktionen geben.

Auf dem Hintergrund unterschiedlicher *Lebensalter und Lebenswelten* werden Planungen von Lehrpersonen immer einer individuellen, dem eigenen Bezugssystem der jeweiligen Lebensphase untergeordneten Sichtweise auf die Schülerinnen und Schüler einer Klasse unterworfen sein (→ II.4). Unter der Perspektive einer vermuteten Gegenwarts- und Zukunftsbedeutung von Themen des Religionsunterrichts ist diese Einschätzung individuell. Sie ist Planung eben aus der Hand einer konkreten Person mit ihren subjektiven Einschätzungen.

Mit diesen Vorbehalten wird nicht der Willkür und Anarchie das Wort geredet. Unterrichtsvorbereitung in Religion als Planung des Unplanbaren kalkuliert diese Variabilität ein – Unterrichtsplanung und tatsächlicher Unterrichtsverlauf können und werden mehrheitlich voneinander zu unterscheiden sein. Unterstützt wird diese Sichtweise durch Erkenntnisse über den Prozess der Themenkonstitution.

Dennoch wird damit Planung nicht obsolet – erst auf dem Hintergrund einer sorgfältigen Planung lässt sich das eigene Vorgehen des Lehrers oder der Lehrerin rechtfertigen bzw. evaluieren – auch in der selbstkritischen Prüfung nach dem Erreichen der gesteckten Ziele. Besondere Aufmerksamkeit verdienen die Interaktionen mit den Schülerinnen und Schülern bei Fragen, Impulsen und Arbeitsaufträgen. Gerade an diesen Nahtstellen des Unterrichts wird sich zeigen, inwiefern gründliche Überlegungen das Lehr-Lerngeschehen anregen und im Sinne übergeordneter Ziele gelingen lassen.

Konkret zu bewältigende Stationen in der Unterrichtsplanung haben sich auf die verschiedenen Perspektiven der didaktischen Analyse zu beziehen. Dazu gehört zuerst die Frage nach lebensweltlichen Bezügen von Schülerinnen und Schülern, dann eine sachanalytische Aufbereitung eines Unterrichtsthemas und schließlich sind die Lernzielentscheidungen mit methodischen Überlegungen zu verbinden (→ II.7).

Wenn an dieser Stelle von Unterrichtsplanung gesprochen wird, dann ist hier – modellhaft – die Planung einer Einzelstunde bzw. einer kurzen Sequenz zu verstehen. Gewiss besteht Planungsnotwendigkeit auch im breiteren Rahmen, wenn es etwa um ein Schuljahr geht und die Frage, nach welchen Kriterien Themen bearbeitet werden können. Hier reichen die Vorgaben des Lehrplanes hinein in weitere umgreifendere Fragestellungen (z.B. nach fächerverbindendem Lernen).

2. Zum Stellenwert der ›Didaktischen Analyse‹

Mit der Nennung der ›didaktischen Analyse‹ *bereits in der Überschrift* zu dem ersten Abschnitt des IV. Kapitels wird eine bestimmte, unterrichtlich höchst relevante Position bezogen. Sie versteht sich im Anschluss an Wolfgang Klafkis berühmtem Aufsatz ›Didaktische Analyse als Kern der Unterrichtsvorbereitung‹ (1958) grundsätzlich als eine bildungstheoretisch verortete (→ I.5). Danach gibt es nicht die Vorstellung vom Lehrer als kühlen, rationalen Wissenschaftler, der sich sozusagen ›vorpädagogisch‹ mit einem bestimmten Inhalt befasst, um ihn dann in einem weiteren Schritt in Schülerwelten ›herunterzutransportieren‹. Vielmehr ist schon immer mit der Entscheidung für einen bestimmten thematischen Bereich als möglichem Unterrichtsthema die Frage nach dem, was Schülerinnen und Schüler angeht, mitgemeint. Dies ist bereits deswegen der Fall, da durch die Anregung bzw. Vorgaben von Lehrplänen eine bestimmte, bildungstheoretisch von Lehrplanmachern zu verantwortende Entscheidung gefallen ist, nämlich dass diesem Thema für Schülerinnen und Schüler erhebliche Bedeutung zukommt. Spätestens seit Klafki im Rahmen der Auseinandersetzung mit der kritischen Theorie der sogenannten ›Frankfurter Schule‹ seinen Ansatz mit dem Zusatz ›kritisch-konstruktiv‹ versehen hat, sind auch die Vorgaben des Lehrplanes der Verantwortung der Lehrenden nicht entzogen. Ihnen kommt eine kritische Funktion zu, insofern sie die Lehrplanvorgaben auf ihren Bildungsgehalt (für die jeweiligen Schülerinnen und Schüler) zu befragen haben. Klafki nennt Kriterien, an denen sich alle Vorgaben und Überlegungen zur Unterrichtsplanung messen lassen müssen:

● Auf einer sehr allgemeinen, übergeordneten Ebene sind diese obersten Prinzipien in den Begriffen Selbstbestimmungs-, Mitbestimmungs- und Solidaritätsfähigkeit zu finden (Klafki 1996, 256). Klafki steht hier ganz in der Tradition der neuzeitlich-aufklärerischen Positionen etwa Rousseaus, Kants, Humboldts oder Schleiermachers (Jank/Meyer 1997, 76), verschärft durch die Mahnung Adornos, sich im Sinne einer ›Erziehung nach Auschwitz‹ (→ II.4) stets der zentralen Kategorien gegenwärtig zu sein: »Die einzig wahrhafte Kraft gegen das Prinzip von Auschwitz wäre Autonomie, wenn ich den Kantischen Ausdruck verwenden darf; die Kraft zur Reflexion, zur Selbstbestimmung, zum Nicht-Mitmachen.« (Adorno 1977, 679)

● Diese – sehr allgemeine – Bestimmung, die in ihrem Abstraktionsgrad manchen Bildungszielen einer Länderverfassung durchaus nahe kommt (vgl. z.B. Art 131 Abs. 2 Bayer. Verf. mit dem Verweis auf ›Verantwortungsgefühl und Verantwortungsfreudigkeit‹), wird von Klafki mit Hinweis auf zu bearbeitende ›epochaltypische Schlüsselprobleme‹ in einen konkreten Gegenwarts- und Zukunftsbezug gestellt (Friedensfrage, Umweltfrage, Problem gesellschaftlich produzierter Ungleichheit, Gefahren und Möglichkeiten neuer technischer Steuerungs-, Informations und Kommunikationsmedien, die Subjektivität und die Ich-Du-Beziehung (Klafki 1996, 56–60). Diese Zusammenstellung kann fortgeführt werden: durch den Themenbereich ›Zeit‹ (Hilger 1993, 270; Schweitzer 1995a, 145), die Problematik ethischer Grundentscheidungen angesichts zunehmender Freiheiten und Handlungsmöglichkeiten, den weltanschaulichen und religiösen Pluralismus sowie Religion als Begründungshintergrund und Legitimationsinstanz für fundamentale moderne Werte wie z.B. die Menschenwürde (Kirchenamt der EKD 1995). (→ I.4)

● Erweitert wird diese Perspektive durch den Hinweis auf – die jeweiligen Schlüsselprobleme übergreifende – Einstellungen und Fähigkeiten wie etwa Kritik- und Argumentationsbereitschaft, Empathie sowie vernetztes Denken (Klafki 1996, 63), Fähigkeiten also, wie sie z.B. auch vom Club of Rome zur Bearbeitung der drängenden Aufgaben der Gegenwart gesehen werden (Club of Rome 1992, 214; → III.12).

Anhand von fünf Perspektiven (‹Grundfragen›) werden nach Klafki die Überlegungen zur Planung von Unterricht strukturiert (Exemplarische Bedeutung, Gegenwarts- und Zukunftsbedeutung, thematische Struktur, unterrichtliche Zugänglichkeit), die auch für den Religionsunterricht bedeutsam sind, hier jedoch noch spezifiziert werden können und müssen. Dies geschieht vor allem mit dem Konzept der ›Elementarisierung‹ (→ II.5; III.8).

(Selbst-)kritische Überlegungen, die sich angesichts von Lehrplanthemen stellen, könnten folgendermaßen lauten:
● *Welcher Bildungsgehalt kommt dem Thema zu? – d.h.: ›Lohnt‹ sich das überhaupt, was man den Schülerinnen und Schülern anzubieten gedenkt (Jank/Meyer 1994, 133)?*
● *Inwiefern könnte es einen wichtigen Beitrag zur Verwirklichung jener allgemeiner Ziele von Selbstbestimmungs-, Mitbestimmungs- und Solidaritätsfähigkeit leisten?*
● *Ist das Thema geeignet, die Herausforderungen der epochaltypischen Schlüsselprobleme konstruktiv anzunehmen?*

3. Religionsdidaktische Grundperspektiven

Aus religionsdidaktischer Sicht können viele Positionen jener bildungstheoretisch verorteten, kritisch-konstruktiven Didaktik mitgetragen werden. Epochaltypische Schlüsselprobleme finden sich im Bemühen um das ›Lernen für die Eine Welt‹ explizit wieder, bestimmen aber auch die Sichtweise der anderen religionsdidaktischen Prinzipien. Die allgemeinen Leitperspektiven von Selbstbestimmungs-, Mitbestimmungs- und Solidaritätsfähigkeit weisen eine Nähe zu Positionen theologischer Anthropologie (Mensch als Ebenbild Gottes in seiner Würde, seiner Freiheit und Verantwortung) auf und bestimmen auch das Denken religionspädagogischer Theoriebildung (→ I.2), wie das z.B. die Rede von der ›Identität in Solidarität‹ als praktischer Bestimmung einer Religionspädagogik des Subjektes zeigt (Mette 1994, 156; → II.2).

Eigene Akzentuierungen, die der Anlage und Gestalt des Unterrichtsfaches Religion gerecht werden wollen, gewinnen an Kontur in der Auseinandersetzung mit den oben (→ III.) ausführlich vorgestellten religionsdidaktischen Prinzipien, die je nach Unterrichtsthema ein anderes Gewicht erhalten.

4. Perspektiven der Unterrichtsplanung

Unterrichtsplanung ist ein komplexes und kreatives Geschehen, bei dem Lehrerinnen und Lehrer häufig über einen interessanten Text, eine Karikatur oder ein Bild angeregt werden, unterrichtliche Erarbeitungsschritte für ihre Schülerinnen und Schüler, von denen sie meist eine sehr klare Vorstellung haben, vorzunehmen. Manchmal wird das Medium abgeändert, umgearbeitet, verfremdet und mit anderen Elementen in eine Beziehung gebracht, sodass daraus ein neuer, eigenständiger und nur für den konkreten Kontext passender Entwurf erwächst. Auch bei einem derartigen Vorgehen wird man auf Planungsperspektiven nicht verzichten können.

Das Interesse an den Schülerinnen und Schülern in ihren lebensweltlichen Bezügen

Ein zentraler Blick wird sich – im Sinne der angesprochen Ausgangsposition – auf die Schülerinnen und Schüler richten, mit denen es eine Lehrerin oder ein Lehrer im konkreten Unterricht zu tun haben wird. Diese Forderung ergibt sich auch aus den Positionierungen, die im Rahmen dieser Fachdidaktik vorgenommen worden sind (→ II.4). Wo Schülerinnen und Schüler Subjekte von Bildung sind und ihre Eigentätigkeit gefordert, gewünscht und angeregt wird im Sinne eines bildungstheoretischen, kritisch-konstruktiven bzw. konstruktivistischen Ansatzes (→ I.5), da kann erst nach einer Wahrnehmung von Schülern entschieden werden, inwieweit ein Inhalt für sie zum Thema werden könnte (anders aber z.B. Gonschorek/Schneider 2000, 196).

Fragen, die sich vor diesem Hintergrund für Lehrerinnen und Lehrer stellen, lauten:
- *Wie können die religiösen Einstellungen der Schülerinnen und Schüler beschrieben werden? Welche elementaren Erfahrungen machen sie (z.B. im Sinne der Ausdifferenzierung bzw. Individualisierung der Alltagswelt)?*
- *Wie sind ihre religiösen Bedürfnisse und Interessen zu benennen?*
- *Welche Erkenntnisse lassen sich erheben hinsichtlich der elementaren Zugänge z.B. der religiösen Entwicklung etwa im Sinne der Stufentheorie von Oser/Gmünder bzw. Fowler (→ II.4)?*
- *Wie realistisch stellt sich die Möglichkeit gemeinsamer Planungsansätze des Religionsunterrichts dar (z.B. als Entscheidungen für Unterrichtsthemen; als Reflexion des Lernweges)?*
- *Welche Vermutungen können angestellt werden über Vorwissen/Erfahrungen/Interesse hinsichtlich einer bestimmten Themenstellung?*
- *Was kann festgestellt werden hinsichtlich der Herkunft (städtisch – ländlich; Bildungsvoraussetzungen)? Welche Erfahrungen haben die Schülerinnen und Schüler in ihrem bisherigen Religionsunterricht gemacht?*

Sachanalytische Klärung der Thematik

Wichtiger Teil der didaktischen Analyse ist eine gründliche Orientierung in der jeweiligen Sache: Die umfassende Erarbeitung der jeweiligen theologischen, philosophischen, kulturgeschichtlichen, humanwissenschaftlichen, kunstgeschichtlichen usw. Perspektiven eines möglichen Unterrichtsthemas geben jene Sicherheit, die ein entspanntes Begleiten der Lernprozesse ermöglicht. Fragen und Einwürfe von Schülern, die ein gewichtiges Interesse an einem dem Unterrichtsthema verwandten Bereich signalisieren, können – im Sinne von prozessorientiertem Lernen – um so besser verfolgt werden, je solider der Wissenshintergrund ist.

Innerhalb der Vorschläge zur Unterrichtsplanung haben sich bezüglich der Sachanalyse mehrere Zugangsebenen herauskristallisiert:

a) Die Bedeutung eines Themas für die Lehrerin und den Lehrer selbst

Lehrer haben ›Lieblingsthemen‹, die Freude und Hingabe auslösen; sie kennen ihr ›Pflichtprogramm‹, das mit Mühe und Anstrengung verbunden ist und haben wohl auch ›schwarze Schafe‹, bei denen sich Abwehr und Skepsis breit macht. Die Gründe für diese affektiven Reaktionen können vielschichtig sein. Hier zeigen sich oft theologische Grundhaltungen: Wer z.B. die sozialethischen Implikationen des Christentums als dauernde und in vielen Bereichen uneingelöste Herausforderung ansieht, wird dem Thema ›Menschen in Not‹ möglicherweise unmittelbar anders begegnen als dem Thema ›Stille erleben – Gott erfahren‹. Auslöser für die unterschiedlichen Reaktionen können auch mit geglückten oder missglückten Lehrplanformulierungen zusammenhängen. Erscheinen manche Lehrplanthemen im Ziel- und Inhaltsbereich griffig und strukturiert formuliert, zeigen sich andere diffus und redundant.

Wichtig dürfte es sein, diesen affektiven Zugang zu einem Thema bei sich selbst möglichst klar wahrzunehmen (→ II.6):

- *Freut, ärgert oder wundert mich etwas an diesem Thema? Lässt es mich unberührt? Macht es mich neugierig?*
- *Werden Erinnerungen an eigene Erlebnisse oder Erfahrungen geweckt?*
- *Widerspricht es meinen Vorstellungen – oder bestätigt es meine Überzeugungen? Fordert es mich heraus?*

b) Orientierung in der Sache auf dem Hintergrund wissenschaftlicher Erkenntnisse

Zur Sachanalyse gehört die inhaltliche Klärung und Vergewisserung hinsichtlich der Hintergründe und der jeweiligen thematischen Bezüge. Das erfordert ein gründliches Studium entsprechender Fachliteratur.

Für die Arbeit mit einem biblischen Text z.B. ist man dabei auf Methoden exegetischer Arbeit verwiesen. Aus historisch-kritischer Sicht gehören dazu vor allem die literarkritischen, gattungs- und überlieferungsgeschichtlichen Fragen, wie sie in exegetischen Kommentaren beantwortet werden. Der historisch-kritische Zugang kann dann erweitert werden durch andere Auslegungsmethoden (z.B. existential, materialistisch, interaktional, → III.8).

Ein erheblicher Stellenwert kommt z.B. den lukanischen Gleichnissen zu, unabhängig davon, ob es sich um Gleichnisse im engeren Sinn oder Parabeln handelt. Sehr bekannt sind z.B. im 15. Kapitel die drei Gleichnisse vom ›Verlieren und Wiedergefunden werden‹. Die historisch-kritische Analyse fördert dabei die Erkenntnis zutage, dass etwa am Ende stark die Hand des Redaktors spürbar ist. Das Gleichnis von dem verlorenen Schaf (traditionell im Umfang Lk 15,3–7) endet mit der Formel »Ich sage euch: Ebenso wird auch im Himmel mehr Freude herrschen über einen Sünder, der umkehrt, als über neunundneunzig Gerechte, die es nicht nötig haben umzukehren.« – Eine Aussage, die sich ähnlich auch in 15,10 findet (Gleichnis von der verlorenen Drachme). Für die Arbeit mit dem Text im Religionsunterricht ist nicht unwichtig, wie sozusagen der Schlusston eines biblischen Textes ›erklingt‹: Es macht einen Unterschied, ob der Text mit dieser – nachträglich hinzugefügten – mahnenden Formel oder mit der grundlegenden, offenen Aussage endet: »Freut euch mit mir; ich habe mein Schaf wiedergefunden, das verloren war.« (Lk 15,6) Erst die historisch-kritische Arbeit liefert Argumente, im Religionsunterricht dann den Text nur bis Vers 6 zu bearbeiten. Ähnlich zentral ist die Feststellung der Gattung, wie gerade die Geschichte der Gleichnisauslegung zeigt (Überblick: Halbfas 1985, 542–550) – die lange Zeit übliche Suche nach dem ›Tertium Comparationis‹ ist mittlerweile abgelöst worden durch die Auffassung vom Gleichnis als Metapher – die sich dann aber auch gegen eine abstrahierende, die Gleichniserzählung auf einen Merksatz reduzierende Festlegung sperrt.

Bei anderen Themen können sich die Bemühungen um Orientierung in der Sache schwieriger gestalten. ›Miteinander menschlich umgehen‹ beispielsweise ist bezüglich der Sachanalyse erst noch genauer zu entfalten. Erst wenn näher festgelegt ist, dass z.B. der Stellenwert von Konflikten in ihren unterschiedlichen Ausprägungen (‹heiß‹ – ›kalt‹, vgl. Verweijen 1993, 33) thematisiert und dabei auch nach der christlichen Haltung gegenüber Konflikten gefragt wird (→ III.9), lassen sich Informationen z.B. der Sozialpsychologie oder der Sozialethik bzw. der Moraltheologie suchen.

Fragehorizont dieses Anteils der Sachanalyse könnte sein:

- *Ist das Thema in seiner theologischen Weite erarbeitet worden (z.B. die Weltreligion des Buddhismus auch in ihrer Nähe und Ferne zum Christentum in ihrer Relevanz für die Bewältigung von Leiderfahrungen der Menschen)?*
- *Ist der jeweilige Blickwinkel des Unterrichtsthemas in seiner Akzentuierung bearbeitet worden (z.B. gemäß den Lehrplanzielen die Bewältigungsstrategien des Buddhismus angesichts der Rätsel des Lebens statt reiner Informationserhebung inklusive Gründergestalt und Ausbreitungsgeschichte)?*
- *Hat hinsichtlich der humanwissenschaftlichen Aspekte eine Vergewisserung stattgefunden und ist dies mit theologischen Perspektiven in Beziehung gesetzt worden (z.B. die Variationsbreite von Konflikten mit ihren konstruktiven und destruktiven Anteilen auf dem Hintergrund des neutestamentlichen Doppelgebotes der Gottes- und Nächstenliebe)?*
- *Repräsentiert die herangezogene fachwissenschaftliche Literatur den gegenwärtigen Diskussionsstand oder steht sie eher für eine (individualistische) Sondermeinung?*

c) Elementarisierende Zuspitzung

An verschiedenen Stellen ist bereits das Konzept der Elementarisierung vorgestellt worden (→ II.5; III.8). Seine Wichtigkeit erhält es als religionsdidaktische Fortschreibung der ›Grundfragen der didaktischen Analyse‹ nach Wolfgang Klafki vor allem durch die

Arbeiten Karl-Ernst Nipkows und seiner Mitarbeiterinnen und Mitarbeiter (Nipkow 1986; Schweitzer u.a. 1995, 173–181, Schweitzer 2000, 244; Ritter 2001, 83). Entscheidend ist, dass mit Elementarisierung ein dezidiert religionspädagogisches Modell formuliert wurde, das sowohl die (korrelative) Doppelbewegung zwischen Thema und Schülern bedenkt als auch die Wahrheitsfrage in den Blick nimmt, die ja den Religionsunterricht auch bestimmt. Dabei folgt das Elementarisierungskonzept dem bildungstheoretischen Interesse an einer unterrichtsbezogenen Betrachtung von Inhalten – auch hier sind die Inhalte bzw. Themen stets auf die unterrichtliche Situation bezogen.

- Hinsichtlich der Elementarisierung werden im Rahmen der Sachanalyse die elementaren Strukturen eines Unterrichtsthemas geklärt.

Darunter ist etwa bei einem Gleichnis die metaphorische Anrede zu verstehen, die Hörerinnen und Hörer zu einer Antwort in ihrem Leben herausfordert; bei Psalmen z.B. handelt es sich um Gebetstexte, in denen sich Freude, Angst, Hoffnung, Klage oder Lob von Menschen vor Gott artikuliert, von denen sich Menschen mit ihren Gebetshaltungen inspirieren lassen können; wenn es um die Hintergründe von Armut in Deutschland und anderen Ländern geht, werden neue Sachzusammenhänge deutlich.

Aus der Erarbeitung der jeweiligen Struktur eines Themas ergeben sich bereits Konsequenzen: Wo beispielsweise auf biblischem Hintergrund Herausforderungen vorgestellt werden, die sich an die jeweiligen Hörerinnen und Hörer einer Erzählung richten, bedarf es auch heute der Herausforderung zu einer ›Antwort‹, die zu dieser Zumutung Stellung nimmt. Ganz im Sinne des Interesses an gestaltendem Ausdruck (→ III.1) und des konstruktivistischen Ansatzes (→ I.5) ist dann z.B. das Weiterschreiben, Transformieren, Umgestalten und Umdeuten die angemessene Bearbeitung – und ein objektivierter Merktext der Sachstruktur zuwiderlaufend. – Dies ist dort anders, wo die Erarbeitung von Sachinformationen im Vordergrund steht und mit der Ergebnissicherung der Sachstand für alle Schülerinnen und Schüler nachvollziehbar zusammengefasst werden soll.

- Die Herausarbeitung *elementarer Wahrheiten* ist für den Religionsunterricht konstitutiv, denn die Auseinandersetzung mit einer religiös bedeutsamen Thematik enthält implizit die Frage nach dem was ›letztlich gilt‹. Vorstellungen vom ›wahren‹ und ›eigentlichen‹ Leben vermitteln immer wieder vor allem die biblischen Texte und fordern zu einer Antwort heraus (→ III.8).

So liegt beispielsweise die elementare Wahrheit des Gleichnisses vom verlorenen Schaf mit dem Akzent auf der Freude über das Wiederfinden des Verlorenen möglicherweise quer zu manchen ›spätbürgerlichen‹ Einschätzungen von individualistischen (?) emanzipatorischen (?) Ausbruchsversuchen aus den gewohnten Geleisen. Nicht Vergehen oder Verirrungen scheinen letztlich zu zählen, so die Botschaft dieses Gleichnisses, sondern es dominiert in der Perspektive Jesu die Freude über das ›Wieder-da-sein‹ des Verlorenen. Im Sinne einer existentialen Interpretation kann die Wahrheit des Gleichnisses auch für Heranwachsende in ihren Suchbestrebungen Hoffnung und Zuversicht vermitteln. (→ II.2)

Angesichts der Offenheit dieser Texte und gemäß der in ihnen verwirklichten Freiheit werden die Auffassungen über den Wahrheitsgehalt bei verschiedenen Menschen durchaus unterschiedlich sein können – treffen sie doch auf Menschen mit jeweils eigener Entwicklung, Herkunft und Lebensphase. Damit ist aber auch der Streit um die Wahrheit, die Herausforderung von Stellungnahmen notwendig und erforderlich. Kontraproduktiv wäre es jedoch (angesichts der festgestellten Struktur des Gleichnisses als religiöser Erzählung), diese gefundene Wahrheit nun im Sinne eines ›Merksatzes‹ festzuschreiben. Die elementare Wahrheit ist eine Wahrheit, mit der Schülerinnen und Schüler aus ihrer jeweiligen Perspektive heraus Fühlung aufnehmen müssen. Im Bedenken, Nachsinnen, Diskutieren, Weiterschreiben oder Ausgestalten geschieht erst der Aneignungsprozess – die elementare Wahrheit kann eine ›Wahrheit für mich‹ (oder für uns) werden, oder sie wird in der jeweiligen Lebensphase zurückgewiesen.

Überlegungen, die innerhalb der elementaren Zuspitzung sinnvoll sind, gehen dann in folgende Richtung:
- *Welche elementaren Strukturen liegen vor bzw. ergeben sich aus dem Hauptmedium?*
- *Herausarbeitung von Grunderfahrungen: Welche Glaubenserfahrung/Überzeugung/Einstellung ist mit dem Thema verknüpft?*
- *Welche Relevanz kommt dieser Grunderfahrung im Verhältnis zur Lebenswirklichkeit zu (Korrektur – Irritation – Bestärkung)?*

Didaktische Entscheidungen: Lehr-/Lernziele

Die Forderung nach einer ›Bildungsreform als Revision des Curriculums‹ (Saul B. Robinsohn) im Jahre 1967 (→ I.3) führte auch innerhalb der Religionsdidaktik zu intensiven Bemühungen um die Neuausrichtung des Religionsunterrichts, und zwar von einem stofforientierten zu einem lernzielorientierten Unterricht. In der Form z.B. der Curricularen Lehrpläne wurde auch für den Religionsunterricht die Orientierung des planenden Vorgehens an Lernzielen festgeschrieben. Damit verbunden ist die Frage, wie und in welcher Weise ein Inhalt überhaupt zum Thema von Unterricht wird.

a) ›Lernziele‹ im Kontext der Themenkonstitution

Gabriele Faust-Siehl (1987) zeigt auf, dass der Weg, wie ein Inhalt zum Unterrichtsthema wird, verschiedene Stationen durchläuft und dabei immer wieder konkretisiert und modifiziert wird. Die ›Instanzen‹, die daran mitwirken, sind sehr verschieden. Bei der Themenkonstitution geht es um die Frage, wer auf welche Weise hinsichtlich der Inhalte und Themen des Unterrichts die tatsächlich wirksam werdenden Bildungsprozesse konstituiert (Schweitzer u.a. 1995, 168). Auf einer *ersten* Ebene geschieht dies durch die Lehrpläne, die immer einen bestimmten thematischen Zusammenhang etablieren. In einer *zweiten* Hinsicht erfolgt die Konstituierung von Themen durch die Lehrerinnen und Lehrer, die ihren Unterricht planen und die Lehrplanintentionen auf je eigene Weise weiter entwickeln. Damit ist jedoch dieser Prozess noch nicht beendet, denn auch die Schülerinnen und Schüler, die mit dem Unterrichtsthema zu tun bekommen, verändern, interpretieren, verarbeiten und verstehen das Thema auf einer *dritten* Ebene in ihrer je eigenen Weise – wie sich bei offenen Unterrichtsplanungen an den Ergebnissen häufig zeigt. Kurzschlüssig wäre es von daher anzunehmen, mit der Planung der Lehrerinnen und Lehrer liege bereits das Thema fest – ebenso entscheidend dürfte sein, was Schüler selbst ›daraus machen‹. Konsequent ist aus dieser Perspektive die Wendung von einer ›Hermeneutik der Vermittlung‹ zu einer ›Hermeneutik der Aneignung‹, also bewusst Impulse vorzusehen, um eigenständige Prozesse der ›Aufnahme‹ und der Weiterentwicklung und Transformation (im Unterschied zur ›Übernahme‹) anzuregen (Retterath 1996, 39).

Obwohl mit diesen Einsichten nahezu zwingend eine Relativierung der Lernzielorientierung von Religionsunterricht einhergeht und man präziser zwischen Lehrzielen (= Ziele der Lehrerinnen und Lehrer) und Lernzielen (= Ziele der Schülerinnen und Schüler) unterscheiden sollte (bzw. Lernchancen), behalten Lehr-/Lernziele ihre Bedeutung für eine reflektierte Unterrichtsplanung, insofern sie die Planungsrichtung angeben und die Inhalte und methodischen Zugänge näher bestimmen.

b) Stundenziel und Feinziele – oder: wie lautet das Stundenthema?

»Ich muss eine Stunde zum Thema ›Gewissen‹ halten!«, erzählt Lehramtsanwärterin Fischer. – «Wie geht's Ihrer Josefsstunde?» will Betreuungslehrer Bohn wissen. – «In zwei Wochen können Sie Ihre Adventsstunde halten», teilt Seminarlehrerin Maier mit. – Diese und ähnliche Äußerungen wird man in Lehrerzimmern und Seminaren oftmals hören können. Dabei handelt es sich jedoch nur um abstrakte Kurztitel; als Thema für eine Religionsstunde wären diese so gar nicht realisierbar, da alle genannten Inhalte eine Fülle unterschiedlicher Aspekte in sich tragen, noch keine profilierte Festlegung beinhalten und in dieser Allgemeinheit kein intensives Einlassen auf eine spezifische Problemstellung einfordern. Im Rahmen der Unterrichtsplanung besteht eine wichtige Aufgabe darin, jeweils ein konkretes Stundenthema mit eigenem Ziel und weiteren Feinzielen herauszuarbeiten, die Fülle der Möglichkeiten in eine Konkretisierung zu überführen.

Eine Stunde zum großen Bereich ›Advent‹ könnte dann lauten: ›Die adventliche Zeit im Alltagsleben unserer Schulklasse‹ mit dem Stundenziel: ›die Vielfalt des adventlichen Brauchtums wahrnehmen und Gestaltungsformen für das gemeinsame Alltagsleben entwickeln‹. Einzelne Lernschritte, die sich in den Feinzielen zeigen, könnten folgendermaßen formuliert werden: ›sich durch eine brennende Kerze und das Singen eines Adventsliedes auf die Stimmung der Adventszeit einlassen‹; ›im gemeinsamen Erzählen Adventsbräuche erinnern und neue kennen lernen‹, ›Ideen entwickeln, wie in der Zeit vor Weihnachten einzelne Bräuche erlebbar werden können‹ sowie ›zu einer gemeinsamen Einschätzung des Klasseninteresses hinsichtlich der Vorschläge gelangen‹.

Das Beispiel will zeigen, wie Stundenthema, Stundenziel und Feinziele miteinander in einer Verbindung stehen und doch jeweils voneinander unterschieden werden können. Verschiedene Charakteristika von Zielformulierungen lassen sich bei genauerem Hinsehen feststellen:

● Jedem Lernziel (Intention) kommt eine *inhaltliche* (»Stimmung der Adventszeit«) und eine *verbal formulierte formale* Seite zu (»sich darauf einlassen«). Denkbar wären auch Formulierungen in der Nominalform (»Erinnerung an Adventsbräuche – Kenntnis neuen Brauchtums«) – die Verbalform dürfte aber dem Prozesscharakter des Lernens näher stehen.

● Verschiedene Lernzieldimensionen können unterschieden werden. Weit verbreitet ist die Unterscheidung von *kognitiven, affektiven* und *psychomotorischen* Lernzielen (→ II.3). Im oben genannten Beispiel können affektive Ziele ebenso festgestellt werden (›sich einlassen‹, ›im Erzählen erinnern‹) wie kognitive (‹Bräuche kennenlernen‹; ›Ideen entwickeln‹). In der Suche nach einer ›gemeinsamen Einschätzung hinsichtlich des Klasseninteresses‹ verbirgt sich ein psychomotorischer Anteil, der aber erst im Zusammenspiel mit der methodischen Gestaltung deutlich wird (z.B. die Durchführung des Entscheidungsprozesses mittels der Moderationsmethode bzw. ›Zettelwand‹. Klar ist, dass diese Unterscheidungen in Lernzieldimensionen nur analytischer Natur sind; im Lernprozess selbst vermischen sie sich. Es ist wohl davon auszugehen, dass beispielsweise eine längere Stilleübung immer auch affektive und kognitive Bereiche des Menschen berührt.

● Ebenfalls aus der amerikanischen Lernpsychologie stammen Lernzieltaxonomien, Versuche also, Lernziele nach ihrem Schwierigkeitsgrad zu ordnen (→ II.3). So lassen sich beispielsweise kognitive Lernziele nach dem Grad ihrer Komplexität unterscheiden: *Kennenlernen* ist – im wahrsten Sinne des Wortes – ›einfacher‹ als *Verstehen*, dieses wiederum weniger komplex als *Anwenden* – bis hin zum *Analysieren*, *Synthetisieren* oder *Beurteilen*. Lernprozesse einer Unterrichtsstunde bewegen sich nur selten in einem Komplexitätsgrad, häufiger ist hingegen das Auf und Ab im Anforderungsniveau. Ihren Stellenwert erhalten sie mehr in der Analyse z.B. von Lehrplänen, aber auch von Unterrichtsmaterialien wie Arbeitsblättern oder Schulbüchern. Mit diesen Taxonomien kann dann eine begründete Einschätzung über den Komplexitätsgrad der dargebotenen Materialien gegeben werden. So fordert beispielsweise das Schulbuchwerk ›Reli‹ am Ende eines jeden Kapitels zu *Stellungnahmen (Beurteilungen)* auf und bietet *dort gerade nicht* eine Zusammenfassung der *Kenntnisse* (Hilger/Reil 1998ff u. 2001ff).

Trotz dieser Skepsis schärfen Taxonomien das Bewusstsein für realitätsnähere Lernzielbeschreibungen, zumal auf der Ebene des Grobzielspektrums eines Themenbereichs häufig die Bandbreite der ›Taxonomieklaviatur‹ ausgespielt wird.

c) Lernziele – und das Interesse an offenem Unterricht

Planung von Religionsunterricht auf dem Hintergrund konstruktivistischer und kritisch-konstruktiver Didaktik stellt Ziele in den Mittelpunkt, die Schüler als Subjekte ihres religiösen Weges verstehen (→ I.5). Ziele religiöser Lernprozesse (→ II.3) müssen diese Offenheit und diesen Suchprozess widerspiegeln. Offenheit ist dabei nicht nur auf die prinzipielle Prozessorientierung des konkreten Unterrichtsverlaufes bezogen, sodass Planungsabweichungen nachvollziehbar, selbstverständlich und wünschenswert sind. Offenheit meint die Möglichkeit für Schülerinnen und Schüler, sich authentisch mit einem Unterrichtsthema auseinanderzusetzen und beispielsweise in einem gemeinsamen Gespräch dem Wahrheitsanspruch einer religiös bedeutsamen Perspektive nachzugehen, sich also gemeinsam mit Schülern auf eine Suche zu begeben (zum Zusammenhang von Schülerorientierung und Unterrichtsplanung vgl. Hilger 1979).

Ob diese Offenheit im Kontext von Unterrichtsplanung angestrebt wird, kann am deutlichsten an den Zielen abgelesen werden: Verbalformen wie *würdigen, entdecken, kritisch betrachten, entscheiden, entwickeln, gestalten, einschätzen, entwerfen, abwägen, begegnen, vergleichen* fordern diese Perspektive ein. Konkret legen diese methodische Verfahren fest (→ II.7). Schreibgespräche, Cluster, Erzählungen von (biblischen) Geschichten und ihre Ausgestaltung, aber auch die Erarbeitung eines Projektzieles oder handlungsorientierte, in den gesellschaftspolitischen Bereich wirkende Unterrichtsformen sind dazuzurechnen (→ III.13–15). So zeigt sich gerade bei dieser Frage die Verschränkung von Zielen, Methoden und Inhalten, vor allem wenn man das Elementarisierungskonzept ernst nimmt. Damit ist keine generelle Absage an ›traditionelle‹ Unterrichtsformen wie z.B. den Frontalunterricht verbunden – die Herausarbeitung der elementaren Struktur kann zu einer Entscheidung für einen sachlich überzeugenden, klar strukturierten Lehrervortrag mit anschließender weiterer Verarbeitung durch kopierte Arbeitsblätter sprechen – auch wenn dies nicht Standardzugang sein kann.

Fragen hinsichtlich der Lernzielentscheidungen könnten lauten:

- *Werden Thema und Ziel der Stunde in ihrem Zusammenhang mit dem Grobzielspektrum gesehen? Zeigt sich in ihnen eine Konkretisierung aus dem vorgegebenen Themenbereich?*
- *Inwieweit werden Hinweise auf Lernzieldimensionen und -taxonomien in die Planungsüberlegungen einbezogen und begründet?*
- *Wird die Relativität von Stundenziel und Feinzielen hinsichtlich der Problematik der Themenkonstitution berücksichtigt?*
- *Finden die Vorgaben des Grobzielspektrums hinsichtlich der Offenheit von Religionsunterricht Eingang in Thema und Zielbeschreibungen der Stunde? Inwieweit kann von einer Konsistenz hinsichtlich Zielen, Inhalten und Methoden gesprochen werden?*

IV.2 Lehrpläne: Steuerung, Entlastung, Anregung

Vor allem Staat und Kirche sind an der *Steuerungsfunktion* von Lehrplänen interessiert, insofern hier eine zentrale Einflussnahme auf die Rahmenbedingungen des Religionsunterrichts möglich ist. Die *Entlastungs-* und *Anregungsfunktion* (Hilger 1986, 484) ist vor allem für Lehrerinnen und Lehrer interessant – Lehrpläne entlasten, weil sie die täglichen Entscheidungen zur Themenfindung erleichtern. Sie geben inhaltliche und methodische Vorschläge zur Gestaltung des Unterrichts. Ebenso spielen sie eine Rolle für die *Evaluation* des Unterrichts: Sie können zum Maßstab werden, inwieweit Unterrichtsthemen innerhalb eines Schuljahres in angemessener Breite bearbeitet wurden.

Hinsichtlich der Zielbeschreibungen in Lehrplänen gibt es unterschiedliche Abstraktionsebenen, in denen sich ihre steuernde, entlastende und anregende Funktion entfaltet. Bewährt hat sich eine Unterscheidung in zwei Ebenen:

Globalziele für den Religionsunterricht

Es handelt sich um Ziele, die die Perspektiven des Religionsunterrichts in einem sehr grundlegenden Sinne beschreiben wollen.

In diesem Zusammenhang muss u.a. auf den Synodenbeschluss »Der Religionsunterricht in der Schule (1974)« verwiesen werden, in dem bis heute gültige Globalziele formuliert worden sind (→ II.3.1), die auch noch – z.T. wörtlich – in Lehrpläne eingehen (vgl. auch Grundlagenplan GS, 19).

In den Lehrplanwerken einzelner Bundesländer zeigen sich Globalziele ebenfalls, in bayerischen Lehrplänen z.B. finden sie sich innerhalb des Fachprofils.

Grobziele

Konkretisiert werden Globalziele (Fachprofile) auf der Ebene der verschiedenen Themenbereiche einer Jahrgangsstufe in den zugeordneten Grobzielen. Diese geben die Richtung an, in die ein Themenbereich entfaltet werden soll, und sie bestimmen gleichzeitig die vorgegebenen Inhalte näher. Hier sind nun allerdings deutliche länderspezifische Unterschiede auszumachen.

So fordern Lehrplanwerke z.B. aus *Nordrhein-Westfalen* die Realisierung der (meist zwei) Intentionen eines Themenbereichs, geben aber hinsichtlich der Inhalte nur Vorschläge an. Lehrer haben damit eine relativ große Freiheit, die Intentionen (Grobziele) für ihre jeweilige Klassensituation entsprechend aufzubereiten. Diese Gestaltungsfreiheit spiegelt sich auch in den in diesem Bundesland zugelassenen Schulbüchern wider. Fachlehrpläne in *Bayern* hingegen zeichnen sich jeweils durch ein umfangreiches Spektrum an Grobzielen aus.

Ziele – Inhalte

An einem Beispiel können Aufbau eines Lehrplan-Themenbereiches sowie die Verschränkung von Zielen und Inhalten (Themen) deutlich gemacht werden:

Themenbereich (10. Jahrgangsstufe)	Fremden Kulturen und Menschen begegnen – Buddhismus
Zielblock: Zustandsbeschreibung	Die Lehren, Symbole und Riten des Buddhismus dringen in unterschiedlichster Weise auch in unsere europäische Kultur ein
Zielblock: Grobzielspektrum (Auszug)	Beim Kennenlernen dieser fremdartigen und oft beeindruckenden Vorstellungen und Lebensweisen sollen die Schüler darauf aufmerksam werden, wie der Buddhismus die Probleme und Rätsel des Lebens zu erklären versucht ...
Inhalte	Das gibt es auch bei uns – fernöstliche Lebens- und Glaubensvorstellungen, z.B. eigene Erfahrungen, Kenntnisse aus Medien, die Anziehungskraft von Meditationen und Sportarten
Inhalte	Auf der Suche nach Sinn und Heil – wie Buddhisten leben und glauben, Grundzüge des Buddhismus: Leben und Lehre Buddhas, Lebensgestaltung, Verbreitung

(nach: Lehrplan für die bayerische Hauptschule, 1997)

Als entscheidend im Sinne einer schülerorientierten Unterrichtsplanung erweist sich die Zuordnung von Zielen und Inhalten. Würde man lediglich auf den Inhaltsbereich des Lehrplanthemas schauen, wäre zumindest die Gefahr gegeben, einen sehr breit informierenden Unterricht z.B. über die Lebensstationen Buddhas, die Lebensgestaltung und die Verbreitung des Buddhismus zu entwerfen. Erst die Hinzunahme des Grobzieles *»darauf aufmerksam werden, wie der Buddhismus die Probleme und Rätsel des Lebens zu erklären und zu lösen versucht«* fordert eine spezifische Perspektive ein, die im Religionsunterricht eingenommen werden soll: Probleme und Rätsel des Lebens von Schülerinnen und Schülern können Leiderfahrungen, Fragen nach dem Lebenssinn oder einem dauerhaften, um Ausgleich mit anderen und der Umwelt bemühten Lebensstil sein. An *diesen* Fragen sollen Einblicke in den Buddhismus unternommen werden, und somit also nicht nur informierende Religionskunde über das Leben des Buddha in seinen unterschiedlichen Facetten betrieben werden.

Mit dieser groben Zielbeschreibung und den breit angelegten Inhalten ist nun noch nicht genau ausgemacht, wie die konkreten Unterrichtsstunden geplant werden. Klar ist jedoch, dass die Grobziele des Lehrplanes auf eine Unterrichts*sequenz* bezogen sind, nie auf eine einzelne Religionsstunde. Die Entscheidung, welche Akzente im Unterricht gesetzt werden, bleibt damit in der Verantwortung der Religionslehrerinnen und Religionslehrer. Insofern reicht die Steuerungs-, Entlastungs- und Anregungsfunktion von Lehrplänen sozusagen ›bis auf den Schreibtisch der Lehrer‹. Die Konkretisierung für ihre spezifische Situation nehmen Lehrerinnen und Lehrer selbst vor.

Im Anschluss an die Ausführungen zu den Lernzieltaxonomien empfiehlt sich ein differenzierter Blick auf die Zielformulierungen der Grobzielebene. Sie geben sozusagen den ›Richtwert‹ der Komplexität an, in dem Unterrichtsthemen zu erarbeiten sind. So kann in einem Lehrplan z.B. in der sechsten Jahrgangsstufe in einem Themenbereich vom *Erkennen der Treue Gottes gegenüber seinem Sohn Jesus* als Zielvorstellung die Rede sein. In der zehnten Jahrgangsstufe hingegen sollen Schülerinnen und Schüler in einem Themenbereich *durch Vergleichen unterschiedlicher Jesusdeutungen prüfen, welche Jesusbilder mit neutestamentlichen Aussagen in Einklang gebracht werden können.* – Wenn auch in den Formulierungen zwischen sechster und zehnter Klasse eine inhaltliche Differenz besteht, so weist doch der Unterschied *erkennen – vergleichen/prüfen* (= beurteilen) darauf hin, dass ein deutlicher Unterschied in der Intensität der unterrichtlichen Bearbeitung angezielt ist – selbst wenn *Erkennen* schon mehr als *Kennen* sein dürfte.

IV.3 Religionsunterricht gestalten

Für den konkreten Religionsunterricht spielen – dem jeweiligen Thema gemäß – Fragen, Impulse und vor allem Aufgabenstellungen, die im Kontext der didaktischen Analyse entworfen werden und den Unterrichtsverlauf regeln, eine erhebliche Rolle. Quasi als Kehrseite der Medaille kann das Augenmerk auch auf das Rollenverständnis von Religionslehrerinnen und Religionslehrern gerichtet werden: Je nachdem, wie sie ihre eigene Rolle definieren oder wechseln im Unterricht, ergeben sich entsprechende Konsequenzen für die Unterrichtsgestaltung. Den ›Grundton‹ des religionsunterrichtlichen Handelns bestimmt der jeweils vorherrschende Führungsstil, wobei einem autoritativ-partnerschaftlichen, demokratischen bzw. sozial-integrativen Führungsstil in Abhebung von möglichen permissiven oder autoritären Führungsstilen besondere Bedeutung zukommt (→ II.6).

An der jeweiligen Eigenart von Fragen, Impulsen und Aufgabenstellungen zeigt sich das spezifische Verständnis von Unterricht und auch die Auffassungen über Schülerinnen und Schüler. So ermöglicht der vielfach sehr ausdifferenzierte Einsatz von Fragen eine starke Steuerung des Unterrichtsgeschehens von Lehrerseite. Wo Schüler ›an der kurzen Leine‹ geführt werden (sollen), wird man häufig auf Fragen im Kontext eines Unterrichtsgespräches stoßen, die mehr der ›Stofferarbeitung‹ dienen bzw. der Überprüfung, ob die Inhalte eines Unterrichtsthemas ›verstanden‹/aufgenommen wurden und rekapituliert werden können. In der pädagogischen Diskussion wird diese – gegen alle Erkenntnisse von interessegeleitetem, offenerem Lernen gerichtete – Verwendung von Fragen als höchst problematisch eingestuft: »Die kurzgeschlossene Reiz-Reaktionskonstellation (Lehrerfrage – Schülerantwort als monotone Glieder einer langen Kette) bietet sich als probates Mittel an, wenn es gilt, die Betriebsamkeit minutiös zu steuern und doch den Schein der Schüleraktivität zu wahren.« (Vierlinger 1996, 9). Aus religionsdidaktischer Sicht ist das fortlaufende ›Lehrer-Schüler-Ping-Pong-Spiel‹ problematisch. Es verhindert das Zustandekommen eines Gespräches im wahren Wortsinn, bei dem also Menschen sich authentisch und subjekthaft aufeinander beziehen und um die Klärung eines Sachverhaltes bemühen. Wenn Schüler der Bedeutung einer Thematik auf die Spur kommen sollen, werden die Fragen weniger der Wissensüberprüfung dienen als vielmehr zur nachdenklichen Auseinandersetzung anregen.

1. Frage und Impuls: Barriere oder Chance

Einen herausgehobenen Stellenwert besitzen Fragen und Impulse innerhalb des sogenannten ›Frontalunterrichts‹, in der Lehrer ihre stark steuernde Funktion wahrnehmen. Bei genauem Hinsehen zeigt sich, dass diese – häufig abgewertete – ›Sozialform‹ unterschiedliche Ausprägungen haben kann: Neben dem *darbietenden* Frontalunterricht (Erzählen, Vortragen, Vorführen, Erklären) ist auch ein *zusammenwirkender* (fragend-entwickelndes Gespräch, Impulsunterricht) oder ein *aufgebender* (mit der Aufforderung zur eigentätigen Ausführung einer Aufgabe) Unterricht möglich (Gudjons 1998, 7). Fragen und Impulse sind daraufhin sorgfältig zu planen und hinsichtlich ihrer didaktischen Qualität zu prüfen. Kriterium ist, wie z.B. Fragen und Impulse derart anregend sein können, sodass Schüler im Religionsunterricht bestehende kognitive Strukturen neu organisieren, je nach eigenem Verstehenshorizont neue Informationen einbauen und zu neuen gedanklichen Zusammenhängen anordnen.

Schlechte Fragen – gute Fragen
Bei Unterrichtsbeobachtungen lassen sich viele sehr unterschiedliche Frage-Arten feststellen, von denen einige recht bald als wenig anregend aussortiert werden können.

Dazu gehört die *Ergänzungsfrage* (Klapperfrage), die von Schülern als Antwort lediglich ein aus dem Sinnzusammenhang unmittelbar auf der Hand liegendes Wort oder einen Satzteil erwartet (»Für Jesus ist in der Erzählung die wichtigste Person ...?« – «Der Blinde.«). Gleiches gilt für die *Suggestivfrage*, bei der

Schüler unter dem Eindruck und dem Druck der Lehrerfrage nur die Möglichkeit haben, in der vom Lehrer gewünschten Richtung zu antworten (»Meinst du nicht auch, dass der barmherzige Vater seinen Sohn liebevoll aufnehmen wird?« (Gandlau 2000, 36). *Entscheidungsfragen bzw. Alternativfragen* (»Was soll Peter tun: Soll er mit Michael reden oder seinen Lehrer fragen?«) fordern dazu auf, zwischen (zwei) verschiedenen, durch die Frage eng begrenzten Möglichkeiten zu wählen (Bönsch 2000, 110).

Alle diese ›Fragen‹ dienen der Überprüfung eines abgelaufenen Unterrichtsgeschehens, mit dem sich Lehrer vergewissern wollen, ob Schüler angebotene Informationen reproduzieren können. Problematisch sind sie auch deswegen, weil ihnen z.T. ein manipulativer Charakter zukommt. Ein Anregungspotential ist dabei nicht erkennbar; die Antworten liegen im Grunde bereits ›auf der Hand‹.

Zur Verwirrung von Schülern (und Störungen im Unterrichtsgeschehen) tragen *Doppelfragen* bzw. sogar *Frageketten* bei (»Was macht der Zöllner in der Geschichte? Wie behandelt er die Leute? Was denken die über ihn?«), die – für sich genommen – zwar sachliche Hintergründe erschließen könnten, in ihrer Reihung jedoch den Focus der Aufmerksamkeit jeweils verschieben. Die dadurch ausgelöste Irritation (»Was will er jetzt eigentlich?«) ist für weitere Gespräche höchst hinderlich.

Die Verwendung der sogenannten ›W-Fragen‹ (Wer, Wo, Wie, Was, Wohin, Woher...?) ist in ihrem Stellenwert unterschiedlich einzuschätzen. Teilweise zielen sie darauf ab, vorhandene Kenntnisse zu überprüfen (»Warum werden Zöllner von der Bevölkerung abgelehnt?«) und sind insofern *enge Fragen* und auch ›unechte Fragen‹ (da die Religionslehrerin oder der Religionslehrer die Antwort bereits weiß).

W-Fragen können auch einen weiten Raum eröffnen (»Was bedeutet diese Erzählung für dich?«) und dabei auch *echte Fragen* sein, deren Antwort weder Lehrer noch andere Schüler bereits wissen.

Insgesamt zeigt sich – trotz häufiger Verwendung von Fragen – ein eher problematisches Bild. Wichtig dürfte es sein, sich der Funktionen von Fragen möglichst bewusst zu sein: Geht es z.B. darum, die Vorkenntnisse von Schülern zu einem Thema zu ermitteln? Soll die Aufmerksamkeit geweckt werden? Oder besteht das Ziel darin, Schüler tatsächlich zum Nachdenken anzuregen? – Gerade letzteres ist mit Blick auf die Aneignungsprozesse von Schülern zentral. Diesem Auftrag werden letztlich aber nur Fragen gerecht, die als echte Fragen daherkommen und mit der in ihnen liegenden Weite Schülern einen Raum eröffnen, sich eigene Gedanken zum Thema zu machen. Gerade dieses Anliegen verfolgen aber Impulse und Aufgabenstellungen konsequenter und vielseitiger, sodass die allgemeindidaktische Regel ›weniger fragen – mehr sagen‹ (Meyer 1987, 206) auch für den Religionsunterricht gilt.

Impulse: Gedanken auf die Sprünge helfen und zum Fragen animieren

Dabei helfen zunächst ›klassische‹ Impulse, die anstelle von Lehrerfragen auf das Unterrichtsgeschehen Einfluss nehmen, so z.B. die zum Impuls umformulierte Lehrerfrage:

Tätigkeit	Verbaler Impuls	anstelle von Lehrerfrage
beobachten	»Beobachte...«	»Was siehst du...«
besinnen	»Denk einmal darüber nach ...«	»Was denkst du...?«
mitteilen	»Erzähl uns...«	»Wer erzählt...?«
ergänzen	»Bezeichne das genauer...«	»Wer ergänzt...?«
urteilen	»Du hast eine andere Idee...«	»Wer hat eine bessere Idee...?«
begründen	»Es gibt doch einen Grund...«	»Warum...?«

(aus H. Gandlau, 2000, 37)

Mittels *differenzierter Verbal- und Körpersprache* kann das fortlaufende Lehrer-Schüler-Antwortspiel unterlaufen werden. Der erstaunte Gesichtsausdruck, die mit geänderter Betonung wiederholte Schüleraussage, die Provokation oder Gegenthese, mit der vermeintliche Sicherheiten irritiert werden – all dies kann für Schülerinnen und Schüler zur Herausforderung werden, der Infragestellung in eigenen Suchprozessen nachzugehen.

Interesse weckt *das Zeigen und Demonstrieren von mitgebrachten Gegenständen.* Der Aufmerksamkeitsfaktor und Anregungscharakter ist enorm: faustgroße Kieselsteine (»Der Stein, den die Bauleute verworfen haben, der ist zum Eckstein geworden.«, Lk 20,17), Reisigbesen, Kristallkugel und Kartenspiel (Hexenverfolgung: Kirche zwischen Anspruch und Wirklichkeit) oder Sand, graues Papier und Zahnräder aus Maschinen (zu dem Oscar-preisgekrönten Film ›Quest‹) wecken Interesse, sprechen die sinnliche Erfahrung an und führen zu einem intensiven Austausch. Auf dem Hintergrund solcher Impulse können sich auch wieder Fragen entwickeln, die aber von ganz anderer Art sind, insofern es Fragen der Schülerinnen und Schüler sind: nach den Mechanismen von Verfolgung und Vorurteilen gestern und heute; nach der Faszination von Technik, der modernen Welt mit ihren eigenen Gesetzen und Versuchen, Vereinzelung und Isolation zu bewältigen. Impulse des Zeigens und Demonstrierens können vermutlich jenes Anliegen der Reformpädagogen leisten, nämlich Fragen an den Gegenständen zu entwickeln, wo also aus dem interessanten Gegenstand die Neugier wachgerufen wird, mehr wissen zu wollen. Das kann noch intensiviert werden, wenn z.B. durch Verlangsamung die Wahrnehmung weiter angeregt wird, wie dies etwa Horst Rumpf zeigt, der Schüler unter einem Tuch verdeckt einen Gegenstand ertasten und beschreiben lässt, der sich später als Geschossüberrest aus dem ersten Weltkrieg herausstellt. Insofern ist Hilbert Meyer zuzustimmen, dass Lehrer »Weltmeister im Sachensuchen« sein müssten, mit Schultaschen so groß wie Seesäcken oder Werkzeugkisten (Meyer 1987, 212).

Mehr in Vergessenheit geraten sind Impulse, die aus dem *Vorführen und Vormachen von Lehrpersonen* erwachsen. Das Vortragen oder Erzählen (→ II.7) eines Textes, das Nachspielen und pantomimische Interpretieren einer biblischen Erzählung beinhalten ungewohnte Chancen der Heranführung an religionsunterrichtlich relevante Positionen und Bilder und laden zur weiteren Auseinandersetzung ein. Im Unterschied zu – abgegriffenen – Folien und Arbeitsblättern sind hier personale Angebote enthalten, die zum Mitmachen, Weiterdenken und Transformieren anregen.

Höchst bedeutsam sind darüber hinaus alle Bemühungen, Heranwachsende mit ihren *eigenen Fragen* und Suchbestrebungen ernst zu nehmen. »Woher kommt die Welt? Warum lässt Gott zu, dass man so traurig sein kann? Mein Gott, warum hast du mich verlassen?« (Oberthür 1995, 14–16) – Neugier und Interesse von Kindern und Jugendlichen über das Woher und Wohin ihres Lebens sind ein wesentlicher Unterrichtsfaktor. Wichtig dürfte es sein, Schülerinnen und Schülern einerseits mit ihren Anliegen ernst zu nehmen und diese Haltung auch erlebbar werden zu lassen. Andererseits können Fragen von Heranwachsenden nur dort entstehen, wo auch ein fragwürdiges Lernfeld bereitet ist – durch interessante Texte, Bilder, Erzählungen und vor allem Arbeitsaufträge.

2. Aufgabenstellungen: Strukturen, die Gestaltungsräume eröffnen

Für offenes, selbsttätiges Lernen ist die Qualität der Aufgabenstellungen von erheblicher Bedeutung. Entscheidend ist hierbei, ob sie den Schülerinnen und Schülern Bereiche eröffnen, in denen sie sich als Subjekte des Lernens erfahren (→ II.4). Dies kann dann gelingen, wenn Aufgabenstellungen soviel *Struktur* enthalten, dass sie als eine interessante Herausforderung angesehen werden. Gleichermaßen muss soviel *Freiraum* enthalten sein, dass die Schüler innerhalb der vorgegebenen Struktur eigene Überlegungen, Ideen und Gestaltungsalternativen entwickeln können. Vom Ergebnis her gedacht: Macht die Aufgabenstellung neugierig darauf, wie die Ausführungen bei den anderen Schülern ausgefallen ist? – Die Kunst dürfte somit darin bestehen, einen Mittelweg zu gehen zwischen zuviel Freiheit (»Ihr könnt zu dem Thema malen, was ihr wollt!«) und zuviel Festlegung (»Malt das vorgezeichnete Bild auf eurem Arbeitsblatt sorgfältig aus!«). An der Art der Aufgabenstellungen kann die didaktische Ausrichtung des jeweiligen konkreten Religionsunterrichts abgelesen werden.

Zum anderen ist es – im Sinne des konstruktivistischen Ansatzes (→ I.5) – von erheblicher Bedeutung, dass Phasen der Aneignung geschaffen werden (Retterath 1996, 39). Sind die Lernprozesse so angelegt, dass Erarbeitungsphasen abgelöst werden von Gestaltungsphasen, in denen das Erarbeitete und Erlebte in eine persönlich bedeutsame Sprache gebracht werden kann? Erst dann, unter sorgfältiger Vermeidung von ›Ausdrucksverstopfung‹ (Schmid 1997, 61), kann das eigentliche Ziel einer wirklichen Auseinandersetzung und Aneignung erreicht werden.

Religionslehrer Hochstetter möchte mit seiner achten Hauptschulklasse die faszinierende Vielfalt des Gleichnisses vom barmherzigen Vater (oder besser: dem verlorenen Sohn? oder noch treffender: den beiden verlorenen Söhnen? oder schließlich: dem umgekehrten, wiedergefundenen und dem zornigen, verkrampften Sohn? oder allgemeiner: schwierigen Verhältnissen?) (Niehl 1993, 220) erarbeiten.

(1) Im Sinne einer Annäherung wird der Text ›Fata Morgana‹ von Hans Stiller am Overhead-Projektor gezeigt, jedoch ohne Überschrift und ohne das letzte Wort (»Es wäre schön, wenn alle, die leben...«). Verschiedene Schüler lesen den Text laut vor. Nach spontanen Reaktionen erfolgt der Arbeitsauftrag: »*Ihr merkt, dass der Text eigentlich noch weiter geht. Es kann sehr interessant sein, den hier angefangenen Satz selbst weiterzuschreiben. Versucht es einfach kurz. Schreibt den Text ab und führt ihn dann selbst weiter!*« – Nach einer konzentrierten Arbeitsphase lesen die Schülerinnen und Schüler – gespannt auf die Texte der jeweils anderen – ihre Satzergänzungen vor. Dabei handelt es sich um Aussagen wie: »...nicht so gewaltsam wären! Sich gegenseitig mehr akzeptieren würden!« – «...das Leben ausleben und nicht vergeuden.« – »... die mir wichtig sind, gleich sind, glücklich und gesund wären.« – »... sich nicht gleich umbringen, wenn Hass entsteht. Es z.B. mit Worten regeln.«
Anschließend zeigt Lehrer Hochstetter den ganzen Text von Hans Stiller mit dem noch fehlenden Wort (»lebten«). Nach Reaktionen der Überraschung sprechen die Schüler den Text nochmals laut und dann auch als Sprechmotette: Ein Teil der Klasse spricht den vollständigen Text, der andere Teil gibt gleichzeitig dazu den ›Grundton‹ an, indem immer wieder das Wort »leben« gesagt wird. So entsteht nochmals ein gewichtiger Eindruck von diesem kurzen Gedicht.
(2) Eine weitere Intensivierung wird ermöglicht, indem nun in einem Schreibgespräch dem Stellenwert von ›leben‹ in dem von den Schülern bereits vorbereiteten Sinne nachgegangen wird. Die Aufgabenstellung lautet dazu: »*Ihr könnt euch in Gruppen zu sechs Personen zusammensetzen. Jede Gruppe bekommt ein Plakat, auf dem die Aussage ›Man kann leben und trotzdem nicht leben‹ steht. Ihr sollt euch nun in eurer Gruppe in einem Schreibgespräch dazu Gedanken machen. Das bedeutet, dass du dich mit anderen in der Gruppe nur schriftlich unterhältst. Es darf nichts gesprochen werden. Jeder Einfall, jede Ergänzung oder Frage darf nur geschrieben werden!*« – In dem nun folgenden Schreibgespräch arbeiten die Schülerinnen und Schüler an dieser Fragestellung. Dabei kommt es u.a. zu folgenden Aussagen: »anderen das Leben zur Hölle machen,

über sie bestimmen wollen, Mitschüler verarschen...«; »wenn man immer gehänselt wird, das ist kein schönes Leben«; »manche leben ihr Leben nicht so, wie sie es sich vorstellen«; »sein Leben auf Lügen aufbauen, es allen recht machen wollen«; »keine Freunde haben, immer unsicher und schüchtern wirken.« Im weiteren Verlauf der Unterrichtssequenz können Aspekte dieser Selbsteinschätzungen mit dem Gleichnis in eine Verbindung gebracht werden. Über die Gliederung des Textes in kleinere Einheiten und intensivierende Vorübungen erfolgt später eine Präsentation in der Form kurzer Schattenspielszenen. Eine abrundende Religionsstunde ermöglicht schließlich auf dem Hintergrund der Annäherung an den Stellenwert des Gleichnisses die individuelle Auseinandersetzung mit dem Impuls »Mehr an Leben ist für mich...«.

Der Aufriss dieser siebenstündigen Unterrichtssequenz im Rahmen einer Zulassungsarbeit zeigt die konsequente Fortführung der innerhalb der didaktischen Analyse gewonnenen Einsichten, die hier in ein konkretes Handeln von Lehrer und Schülerinnen und Schüler münden. Die Lebenswelt der 14- bis 15-jährigen ist wohl auch von einem Ringen um Anerkennung, ›wahres‹ bzw. ›anderes Leben‹ bestimmt in der Absetzung von den bisher geltenden Regeln und Abläufen. Die Beiträge der Schülerinnen und Schüler in ihrer z.T. sehr deutlichen Sprache können als authentische Annäherungen an eine Thematik gelesen werden, die für sie wichtiger wird und oftmals wohl nachdrückliche Erfahrungen enthält. Die Einsichten der Sachanalyse mit der elementarisierenden Zuspitzung hinsichtlich der Strukturen und Wahrheiten fordert aufgrund der Offenheit des Gleichnisses eine entsprechende Strukturierung des Unterrichtsgeschehens.

Die Art der Aufgabenstellungen ist entscheidend für das Zustandekommen der authentischen, unverstellten und auch nicht an irgendeinem ›Religionsstunden-Ich‹ ausgerichteten Aussagen der Schüler, die jene bereits angesprochene Perspektive von Struktur und Freiheit verwirklicht. Sowohl in Abschnitt (1) als auch in Abschnitt (2) werden Anregungen gegeben, die von der inhaltlichen – z.B. Aussage des Gedichtes (1) Formulierung des Satzes auf dem Plakat (2) – und von der formalen Seite her – z.B. fehlender Abschluss des Gedichtes (1) Schreibgespräch als interessante Variante zum normalen Unterrichtsalltag mit vielfältigen Interaktionsmöglichkeiten (2) – Interesse wecken und einen Raum eröffnen, den es zu füllen gilt. So ›drängt‹ das unabgeschlossene Gedicht förmlich dazu, eine eigene Antwort zu versuchen. Aufgrund des dann in Gang gekommenen Prozesses der Auseinandersetzung reizt das unterrichtliche ›Setting‹ des Schreibgespräches dazu, die angesprochene Fragestellung in der Auseinandersetzung mit wichtigen anderen Menschen (hier: Mitschülern, mit denen man tagtäglich zusammenlebt) weiter zu vertiefen. Wesentliche Rolle spielen die Rahmenbedingungen, die durch Lehrer Hochstetter vorgegeben werden: »*Schreibt den Text ab und führt ihn dann selbst weiter!*« (1) »*Ihr könnt euch in Gruppen zu sechs Personen zusammensetzen... in eurer Gruppe in einem Schreibgespräch dazu Gedanken machen... Es darf nichts gesprochen werden. Jeder Einfall, jede Ergänzung oder Frage darf nur geschrieben werden!*« (2). Dabei sind die Regeln im zweiten Abschnitt noch enger gefasst als im ersten: 6-er-Gruppen, Schreibgespräch nach dem Satz auf dem Plakat, nicht sprechen, alles aufschreiben. – In der Konsequenz wird man dann eine stille, konzentrierte und intensive, manchmal auch nachdenklich verweilende Klasse vor sich haben – wenn der Lehrer oder die Lehrerin für die strikte Einhaltung der Regeln sorgen – auf dem Hintergrund des Vertrauens in die Qualität der Thematik und die Individualität und Kreativität der Schüler (vgl. ein anderes Beispiel → III.1). Die strengen Vorgaben im Ablauf sind dabei keineswegs für das Gelingen hinderlich, sondern wesentliche Voraussetzung: Kreativität scheint sich in einem bestimmten Rahmen erst recht entfalten zu können.

Möglicherweise werden der Wert und die Sinnhaftigkeit des Vorgehens von Lehrer Hochstetter erst auf dem Hintergrund (un-)möglicher Alternativen deutlich: Prinzipiell denkbar wäre, z.B. das ganze Gedicht von Hans Stiller mit Überschrift der Klasse vorzulegen und nach dem (einmaligen?) Lesen zu fragen, was der Dichter mit diesem Text sagen wollte, und welche Rolle dabei die Überschrift (Fata Morgana) spielen könnte. Aus dem Unterrichtsgespräch könnte dann möglicherweise eine zusammenfassende Perspektive erwachsen, die man als Tafel- und Heftanschrift oder über ein Arbeitsblatt konservieren könnte.

Der in einem solchen Vorgehen liegende handwerkliche Fehler wäre zuerst bei der Frage nach der elementaren Struktur zu suchen, da bei dieser Art die individuelle Antwort suchende Intention eines solchen Gedichtes unterdrückt und stattdessen eine abstrahierende Aussage (Merksatz) formuliert würde, die in ihrer Allgemeingültigkeit (z.B.: »Das Gedicht will die Menschen mahnen, mit ihrer Zeit sinnvoll und sorgsam umzugehen. So können wir uns fragen: Wo verschwenden wir unsere Zeit? Welche Situationen gibt es, in denen wir das Leben von Menschen lebendig machen können?«) den Schülern authentisch wohl kaum etwas zu sagen hätte. (→ II.3)

Handwerklich ebenso problematisch wäre es, den mit dem Gedicht angestoßenen Prozess der individuellen, personalen Auseinandersetzung nach diesem ersten Schritt abzubrechen, um dann – also nach dem in Abschnitt (1) geschilderten Vorgehen – zu einem solchen abstrahierenden Ergebnis zu gelangen und den begonnenen Prozess nicht weiterzuführen. Unter der Prämisse, Schüler in die Bedeutungsvielfalt des Gleichnistextes verwickeln und sie diese Bedeutungsvielfalt für sich finden lassen zu wollen, ist sozusagen der Durchgang durch die einzelnen abholenden und hinführenden Arbeitsformen erforderlich und zumindest zu Beginn ein Abbrechen dieses Prozesses wenig hilfreich.

Insgesamt ist diese Planung von Arbeitsaufträgen für den inhaltlichen Verlauf des Unterrichts und das religiöse Lernen von Schülerinnen und Schüler höchst bedeutsam. Entscheidungshilfen für die Formulierung können aus verschiedenen religionsunterrichtlich relevanten Optionen gewonnen werden. Dazu gehört sicherlich jene Perspektive der *produktiven Verlangsamung*, wodurch Zeit (und Raum) geschaffen wird, der Bedeutung eines ›Mediums‹ in Ruhe und Gründlichkeit nachzugehen. Im Zusammenspiel von Wahrnehmung und Ausdruck bzw. Gestaltung wird die Subjektentfaltung in ihren lebensweltlichen Bezügen herausgefordert (Hilger 1998).

Im Sinne eines konstruktivistischen Ansatzes werden in den beiden dargestellten Abschnitten zwei wichtige Komponenten verwirklicht: Zum einen erfolgt eine Lenkung der Aufmerksamkeit der Lernenden durch das Gedicht auf einen zentralen Aspekt von Wirklichkeit (hier: ein ›Mehr‹ an Leben); zum anderen erfolgt eine Orientierung der Lernenden, indem die eigene Wahrnehmung geordnet und mit vorhandenen Erfahrungen in einen Zusammenhang gebracht wird (Retterath 1996, 39). Insgesamt produziert diese Auswahl der Aufgabenstellungen und das Ernstnehmen der Antworten kein ›Unterrichtsmaterial‹, sondern steht für das Bemühen um eine partnerschaftliche Beziehung zwischen Lehrenden und Lernenden (Tzscheetzsch 1994, 46).

Fragen, die sich dazu bei der Unterrichtsplanung ergeben, können folgendermaßen lauten:

- *Welche grundlegende Ausrichtung wird der Unterricht haben (Annäherung an die Bedeutung einer Thematik – Erarbeitung von Hintergrundwissen – Urteilsfindung)?*
- *Inwiefern kann und muss sich diese Ausrichtung in den Arbeitsaufgaben widerspiegeln?*
- *Wie wird in die Arbeitsaufträge das Verhältnis zwischen Struktur und Freiraum eingebracht?*

IV.4 Rhythmisierung des Unterrichts und Planungsschemata

1. Stufen und Phasen des Unterrichts: Ertrag einer langen Entwicklung

Im Bewusstsein von erfahrenen Religionslehrerinnen und Religionslehrern spielt die Rhythmisierung des Unterrichts eine erhebliche Rolle. Der Unterrichtsprozess soll so gegliedert werden, dass die subjektiven Bedürfnisse und Lernvoraussetzungen von Schülern mit den Ansprüchen eines Themas und den Handlungsmöglichkeiten von Lehrern vermittelt werden (Meyer 1994, 156). Das Bemühen, solche Rhythmen näher zu umschreiben, wird traditionell mit den Namen Johann Adam Comenius (1592–1670) und vor allem Johann Friedrich Herbart (1776–1841) verbunden und seit dieser Zeit begrifflich unterschiedlich gefasst (z.B. ›Artikulation‹ – ›formale Stufen‹ – ›Bildungsstufen‹ – ›Phasen‹) mit jeweils eigenen Akzentuierungen, die hier nicht näher ausgeführt werden können (vgl. dazu Meyer 1994, 156–206). Kritisch nahmen vor allem Reformpädagogen dazu Stellung (z.B. Hugo Gaudig mit dem Hinweis auf *Arbeitsstufen,* mit denen Schüler ihren Lernprozess strukturieren). Für den Religionsunterricht ist vor allem die ›Münchener Katechetische Methode‹ als eine frühe Form zu nennen, mit der sich das Bemühen um die Übertragung lernpsychologischer Erkenntnisse auf die Katechese verbindet (→ I.3). Auch wenn sich gegenwärtig – vor allem mit Konzepten von ›offenem Unterricht‹ (z.B. Praktisches Lernen, Projektunterricht, Freiarbeit) – Artikulations- bzw. Stufenmodelle (noch dazu unter ausdrücklicher Bezugnahme auf einen bestimmten didaktischen Ansatz) kaum plausibel machen lassen, existieren dennoch individuelle Muster, nach denen Unterricht in einzelne Schritte unterteilt wird (vgl. auch Weidmann 1997, 308–311). Dies gilt vor allem dort, wo strenge Unterrichtseinheiten im 45-Minuten-Takt mit wechselnden Lehrkräften das planende und gestaltende Handeln bestimmen.

Eine Grobeinteilung kann dabei in folgender Weise vorgenommen werden:

1. *Hinführung/Motivation/Einstimmung:* Schülerinnen und Schüler erhalten in der Regel das Angebot eines Unterrichtsthemas

2. *Erarbeitung neuer/unbekannter Zusammenhänge:* Schülerinnen und Schüler nehmen genaue Verbindung mit dem Thema auf, versuchen unbekannte, bisher so nicht gesehene Verbindungslinien einzelner Unterrichtselemente wahrzunehmen und kennen zu lernen.

3. *Vertiefung/Einordnung/Transfer:* Die Bezüge der Thematik werden eruiert. Wo können Elemente sonst noch wahrgenommen werden?

4. *Ergebnissicherung:* Die neuen Einsichten sollen festgehalten werden.

   Verschiedentlich wird auch eine Orientierungsphase gefordert, in denen die Ziele der Stunde offen gelegt werden und Schülerinnen und Schüler wissen, aus welchen Gründen es sinnvoll ist, sich mit dem angebotenen Thema intensiver zu beschäftigen (meist nach Schritt Nr. 1).

2. Unterrichtsaufbau als Dramaturgie: der Spannungsbogen einer Religionsstunde

Diese relativ allgemeine ›Rhythmisierung‹ kann für den Religionsunterricht weiter spezifiziert werden, um Anliegen dieser Fachdidaktik aufzunehmen, wie sie z.B. in den Prinzipien hinsichtlich einer Schulung der Wahrnehmungs-, Urteils- und Gestaltungsfähigkeit (→ III.1) oder in den didaktischen Grundoptionen zum Ausdruck kommen (→ I.5). Als hilfreich und anregend für die Gestaltung von Religionsunterricht im Sinne einer konzentrierenden Verlangsamung können sich dabei Aspekte erweisen, wie sie von Hans Schmid aufgezeigt werden. In seinem Entwurf einer ›Dramaturgie des Unterrichtsaufbaus‹ spiegelt sich ebenfalls die Vorstellung eines bestimmten Ablaufes und wird dazu noch mit dem Element des Spannungsbogens verbunden. In Abwandlung zum oben genannten Rhythmus von Unterricht nennt Schmid folgende, deutlich zu unterscheidende Phasen (Schmid 1997, 21–69):

Vorphase des Unterrichts

Zur gründlichen Planung und Gestaltung von Religionsunterricht gehört der sorgfältige Blick auf jene (kurze) Zeit, die dem eigentlichen Unterrichtsbeginn vorausgeht. Aufmerksamkeit verdienen alle organisatorischen Elemente (Vorbereitung des Raumes: Belüftung, Tafelreinigung, Funktionsfähigkeit und Bereitstellung von Geräten), die Beziehungsaufnahme mit den Schülerinnen und Schülern (z.B. durch informelle Gespräche, kurze Bemerkungen, einen aufmunternden Blick) und der Bezug zur eigenen Person (vor allem in der Kontaktaufnahme mit den ›Tiefenschichten‹ der eigenen Person, aber auch im Hinblick auf das am Thema persönlich Bedeutsame). Abschluss kann eine – auch körperlich erlebbare – Synchronisation sein in Form einer bewussten gegenseitigen Begrüßung: Die Religionsstunde beginnt.

Motivation bzw. ›dramaturgische Platzierung‹

Die kurze, aber ›kräftige‹ und nachdrückliche dramaturgische Platzierung will die Aufmerksamkeit der Schülerinnen und Schüler auf das Hauptmedium lenken. Dies kann in unterschiedlicher Ausrichtung erfolgen: von den Erfahrungen der Schülerinnen und Schüler her, vom thematischen Zusammenhang her oder vom Hauptmedium der Stunde her:

Als beispielsweise in einer 4. Grundschulklasse eine Religionsstunde zum Thema ›Ökumene: Alle sollen eins sein‹ gehalten wird und im Mittelpunkt die Bedeutung des neutestamentlichen Bildes vom Weinstock und den Rebzweigen erarbeitet werden soll, hält die Lehrerin zu Beginn eine Stofftasche hoch und verkündet mit erwartungsvoller Miene: »Ich brauche jetzt zwei Freiwillige, die etwas ausprobieren wollen.« Nachdem einer von ihnen hinausgeschickt worden ist, werden dem anderen die Augen verbunden und er darf vor den Augen der schweigsamen, aber sehr aufmerksamen Klasse von dem kosten, was aus der Tasche genommen wird: grüne Weintrauben. Anschließend wird der andere hereingerufen und kostet ebenfalls bei verbundenen Augen von dem anderen, was der Tasche nun entnommen wird: blaue Weintrauben. Anschließend erfolgt ein Gespräch zwischen den Freiwilligen, der Lehrerin und der Klasse, was sie jeweils wahrnehmen konnten und welche Gemeinsamkeiten und Unterschiede sich feststellen lassen. An dieser Stelle sind die Schülerinnen und Schüler bereits fasziniert von den beobachteten Vorgängen und interessiert an der Problematik ›Ähnlichkeit in der Unterschiedlichkeit‹ und der Ergründung in den weiteren Überlegungen der Stunde.

Bei der dramaturgischen Platzierung geht es somit nicht um den Aufmerksamkeitsgewinn um jeden Preis, vielmehr soll sich der Blick bereits auf den inhaltlichen Anspruch der Unterrichtsstunde lenken.

Erarbeitung

In diesem Abschnitt der Unterrichtsstunde dominiert die intensive Bearbeitung eines neuen Themas. Ganz im Sinne der Vertiefung und Elementarisierung steht die Konzentrierung auf ein Hauptmedium im Vordergrund, das – aus der Perspektive der planenden Lehrer – zum gemeinsamen Thema werden kann.

Zunächst wird das Medium *präsentiert* – ein Bild der Kunst, ein biblischer Text, ein Musikstück, ein Informationstext usw. Alle Schülerinnen und Schüler sollen es wahrnehmen können in der ihm angemessenen Qualität: ein Bild in sehr guter Farbqualität bei entsprechenden Lichtverhältnissen, scharf und klar projiziert; ein biblischer Text überlegt erzählt oder überzeugt vorgetragen; ein Musikstück in der richtigen Lautstärke mit einem guten Tonabnehmer gespielt; ein Sachtext auf einem Arbeitsblatt, übersichtlich und aus etwaigen Vorlagen individuell angepasst.
Im Unterschied zur Lehrerin oder zum Lehrer, die sich sowohl mit dem Thema als auch mit dem ›Medium‹ in der Vorbereitung bereits intensiv beschäftigt haben, steht dies bei den Schülerinnen und Schülern noch aus. Insofern bedarf es des *Verweilens*, um sich von dem Medium einen eigenen Eindruck verschaffen zu können (vgl. dazu etwa die Vorgehensweise, wie sie Günter Lange für die Erarbeitung von Bildern vorschlägt, → II.7). Religionslehrerinnen und -lehrer in der Grundschule wissen, dass mehrfaches Lesen, genaues Hinschauen und Beschreiben erst sicherstellt, dass das jeweilige Medium ankommen kann – eine Einsicht, die auch in höheren Jahrgangsstufen höchst bedeutsam ist. Sehr zutreffend beruft sich H. Schmid auf Hegel (»Was bekannt ist, ist noch lange nicht erkannt.«). Bei diesem verweilenden ›Wieder-Lesen‹ kann die Regel greifen: ›Das Gleiche in anderer Weise‹ (Schmid 1997, 44) – man kann einen Text erst leise, dann nochmals laut lesen, man kann ihn – bei Gedichten, Psalmen – gemeinsam (›im Chor‹) lesen.
Gute, gewichtige Medien fordern dann dazu heraus, den gewonnenen *Eindruck mitzuteilen*, und zwar zunächst weniger analysierend, sondern durchaus subjektiv, individuell, persönlich – ohne dass dies jedoch schon bereits die Gesamtaussagen sind oder die Erarbeitung damit abgeschlossen ist.
Schließlich bietet es sich an, dem Bedeutungsgehalt genauer nachzugehen, indem z.B. zentrale Aspekte wiederholt oder nacherzählt werden.

Deutung/Interpretation

Erst nach dieser verzögerten Annäherung ist eine angemessene Ausdeutung möglich; erst wenn Bilder, Texte usw. im Betrachter, Leser oder Hörer Raum nehmen konnten, beeindrucken konnten, ist eine Beschäftigung mit dem Bedeutungshorizont möglich. Dabei wird die immanente Deutung (z.B. mit der Frage nach Überschriften zu einem Text oder Bild) durch die kontextuelle Deutung erweitert (z.B. die Frage nach dem historischen Umfeld, in dem beispielsweise das Bild ›Guernica‹ von Pablo Picasso entstanden ist).

Sicherung/Vertiefung

Nach den Phasen der intensiven Erarbeitung und Deutung folgt die Zeit, in der die Außenkonzentration auf das Neue, Unbekannte abgelöst wird von der Innenkonzentration vor allem als Sicherung des Erkannten im Notieren bis hin zum bewussten Schreiben. Neues hat hier keinen Platz mehr, es geht um Vertiefung des bereits Gelernten – eine Phase, die durch den Wechsel der Arbeitsform (z.B. vom Reden zum Schreiben) gekennzeichnet ist. Hier würden vorgeblich ›zur Vertiefung‹ angebotene weitere Medien eher zerstreuen und das bereits ausgereizte Aufnahmepotential von Schülerinnen und Schülern irritieren.

Ausdruck und Gestaltung

Wichtig im Religionsunterricht ist dann die Zeit für eine Ausdrucksphase innerhalb einer Unterrichtsstunde. Wenn tatsächlich ein verlangsamender, intensivierter Unterricht gewollt ist, in dem Schülerinnen und Schüler die Bedeutung eines Themas erarbeiten können, dann muss ihnen Gelegenheit gegeben werden, dem nachdrücklichen Eindruck – etwa im Sinne einer ›Antwort‹ – auch einen Ausdruck zu verleihen. Wird dies nicht zugelassen, kommt es zur ›Ausdrucksverstopfung‹ (Schmid 1997, 61). Wissen, Themen, Deutung müssen verarbeitet werden: die Schulung der Gestaltungsfähigkeit (→ III.1) ist an dieser Stelle einer Religionsstunde zentral. Methodisch bieten sich vielfältige Möglichkeiten: Neben dem (klassischen) Malen ist es das Singen, kreatives Weiter- bzw. Umschreiben eines Textes oder einer biblischen Erzählung; es können aber auch Spielformen oder handwerklich-gestaltendes Tun sein. Problematisch ist das Hinausschieben dieser Ausdrucksphase (und damit letztlich ihre Missachtung) über Standardaufforderungen (»Das Bild könnt ihr Zuhause fertig malen«) auf die Zeit nach der Schule. Hier offenbart sich für Schülerinnen und Schülern, was eigentlich gilt, und ob ihr Subjektsein, das sich in eben dieser Ausdrucksgestaltung besonders zeigt, im Unterricht tatsächlich gewollt ist.

Ausklang

Dort ist nur noch das Beenden einer Stunde möglich, neue Impulse, die Ergänzung von etwas »noch ganz Wichtigem« verfängt nicht mehr. Die Stunde geht unweigerlich ihrem Ende entgegen. Hier greift schließlich nur noch ein abschließendes Ritual der Verabschiedung.

Bei aller Schematisierung, die mit Artikulations- bzw. Phasenmodellen welcher Art auch immer verbunden sind, muss natürlich die Offenheit bestehen, diese Regeln zu verlassen – je nach konkreter Unterrichtssituation. So kann sich z.B. die Vorphase über die gesamte Stunde erstrecken, wenn es konkrete Anlässe gibt, z.B. vorausgegangene Erlebnisse (aus der Schulpause) zu verarbeiten; ebenso ist es denkbar, dass eine Erarbeitungsphase sich weiter ausdehnt, weil die Gesprächsbereitschaft und das Interesse von Schülerinnen und Schülern anhält. Gänzlich durchbrochen werden alle Rhythmisierungsentwürfe, wenn Lernformen wie Freiarbeit, Projektunterricht, Lernzirkel o.ä. realisiert werden, die bereits in sich einen eigenen Rhythmus beinhalten.

3. Ein Unterrichtsverlaufsplan

Für die konkrete schriftliche Unterrichtsplanung empfiehlt sich eine Verlaufsplanung, wie sie z.B. in folgender tabellarischer Form denkbar ist (üblicherweise im Querformat auf DIN A 4-Seite):

Unterrichtsschritt/ geschätzte Zeit	Feinziel	Inhalte und Lehrer-Schüler-Interaktion	Lehr/ Lernform	Medien

Sinnvoll ist es dabei, die Lehreräußerungen in der Inhaltsspalte in Form von Impulsen, Fragen oder Aufgabenstellungen insbesondere an Nahtstellen wörtlich anzugeben. Während des konkreten Unterrichtsgeschehens hilft oftmals der rasche Blick darauf, die genaue Formulierung zu erinnern – so lassen sich missverständliche Arbeitsanweisungen im Prozess der Unterrichtssteuerung vermeiden.

4. Unterrichtsaufbau in konstruktivistischer Perspektive

Ein alternatives Planungsmodell für erfahrene Lehrerinnen und Lehrer kann aus konstruktivistischer Perspektive vorgelegt werden. Auch dabei gibt es bestimmte Komponenten, die für den Unterrichtsprozess bedeutsam sind:

● In der Phase der Initiation erfolgt eine Hinführung.

● Die Orientierungsphase umfasst Ereignisse, durch die Heranwachsende zu einer individuellen Basis für das individuelle oder gemeinsame Lernen kommen; Wahrnehmungen werden geordnet (strukturiert) und mit vorhandenen Erfahrungen verknüpft.

● Die Phase der Transformation beinhaltet Tätigkeiten der Kinder im Sinne der Zielperspektive, des Themas der Stunde. Die Schülerinnen und Schüler setzen sich aktiv mit dem Thema auseinander, wobei die wahrgenommene Oberflächenstruktur tiefenstrukturell im Gehirn verarbeitet wird.

● In der abschließenden Reflexion erfolgt eine bewusste Auseinandersetzung mit der eigenen Arbeit bzw. der Arbeit der anderen.

Im Hintergrund wirkt die Überzeugung mit, dass Lernende nicht das, was im Unterricht präsentiert wird, schon als kongruentes Abbild wahrnehmen, sondern eine eigene Wirklichkeit konstruieren, die ›möglicherweise‹ mit der Wirklichkeitskonstruktion von Lehrerin oder Lehrer übereinstimmt (Schema vgl. Retterath 1996, 39).

Die Rede ist dabei weniger von Phasen als von *Komponenten*, da eine chronologische Abfolge zwar denkbar, im strengen Sinn aber nur selten zu erwarten ist. Viel häufiger werden einzelne Komponenten sich abwechseln: Integrations- und Reflexionsleistungen sind innerhalb des Unterrichtsablaufes häufiger zu erwarten – Kinder bauen das, was sie sehen, hören, erleben bereits während dieser Vorgänge in das bereits bestehende Bezugssystem ein – und nicht erst dann, wenn in der Planung von Lehrerin oder Lehrer eine solche ›Reflexion‹ vorgesehen ist. Der ungewöhnliche Begriff der ›Transformation‹ – traditionell würde man eher von ›Erarbeitung‹ sprechen – verweist sowohl auf innere Aktivitäten, die sich in den Heranwachsenden vollziehen bzw. vollzogen werden (Tiefenstrukturen), als auch auf äußere Vorgänge (Oberflächenstrukturen) der Lernenden. Ebenso ist in ihm mitgemeint, dass Lernen in der Form von ›umgewandelter Wirklichkeit‹ gedacht werden muss. Menschen können aufgrund einer ihr eigenen Kompetenz handelnd in die umgebende Wirklichkeit eingreifen und damit auch die Realität verändern: Etwas strukturell Inneres wird nach außen verlegt. Und umgekehrt kann eine äußerlich vorgegebene Struktur vom Gehirn aufgenommen und im Inneren als ›Tiefenstruktur‹ verarbeitet werden. Tiefenstrukturen werden in Oberflächenstrukturen verwandelt (Menschen handeln) und Oberflächenstrukturen in Tiefenstrukturen transformiert (Menschen lernen). Entscheidend ist dabei, dass nicht einfach Abbilder von innen nach außen oder umgekehrt verlagert werden, sondern dass jeweils Umwandlungen der Strukturen geschehen (Retterath 1996, 39). Wann diese Umwandlungen im Unterricht geschehen, hängt aber entscheidend von den Heranwachsenden selbst ab und fordert von daher ein offeneres Planungsschema.

Mögliche Fragen, die sich angesichts von Planungsschemata ergeben können:
- *Ist ein Spannungsbogen von Unterricht in der Planung berücksichtigt?*
- *Inwieweit ist eine Einteilung des Unterrichts in verschiedene Phasen erkennbar und für die Klasse nachvollziehbar?*
- *Was bedeutet dies für die Entwicklung des Stundenverlaufs (zäh, schleppend, hektisch, schwungvoll)?*
- *Ergibt sich bei differenzierter Wahrnehmung von Schülerreaktionen die Notwendigkeit, ein chronologisches Planungsschema durch ein alternatives Schema (etwa im Sinne des Konstruktivismus) zu erweitern?*
- *Inwieweit legt sich eine flexible Gestaltung, je nach inhaltlicher Ausrichtung – und Begrenzungen aller Planungsschemata nahe, z.B. bei projektorientiertem Lernen/Freiarbeit/Lernzirkellernen?*

5. Die schriftliche Unterrichtsvorbereitung

Im Rahmen der Lehramtsausbildung und Berufsausübung sind schriftliche Unterrichtsvorbereitungen Vorgabe bzw. Hilfe. Bei der Ausarbeitung sind im Grunde jene Perspektiven zu bearbeiten, wie sie in den vorhergehenden Abschnitten ausführlich dargestellt worden sind.

Eine mögliche 10-Punkte-Gliederung dieser schriftlichen Unterrichtsvorbereitung könnte etwa folgendermaßen aussehen:

1. Einleitung

Was ist Thema der Religionsstunde (auf dem Hintergrund des Lehrplanes)?
Welcher Stellenwert kommt dem Thema gegenwärtig zu?
Welchen persönlichen Bezug habe ich als Religionslehrerin bzw. Religionslehrer dazu?
Erste Einschätzung: Mit welchen subjektiven Haltungen der Schülerinnen und Schüler werde ich zu rechnen haben?

2. Die Wahrnehmung der Schülerinnen und Schüler und ihre Lernvoraussetzungen

Was bringen die Lernenden mit, sodass sie in diesem Unterricht erfolgreich lernen können?
Welche Bedeutung hat das Thema für die Gegenwart und Zukunft der Schülerinnen und Schüler (Lebenswelt)?

3. Sachanalytische Klärung der Thematik

Welche Orientierung in der Sache – auf dem Hintergrund wissenschaftlicher Erkenntnisse – ist erforderlich?

4. Elementarisierende Zuspitzung

Was von dieser Sache sollen und können die Schülerinnen und Schüler lernen?
Welche grundsätzlichen Lernwege legen sich nahe aus thematischer und schülerorientierter Perspektive?

5. Methodisch-mediale Entscheidungen

Mit welchem konkreten Lernarrangement können die Schülerinnen und Schüler möglichst erfolgreich lernen?
Wie ist der Spannungsbogen der Religionsstunde angelegt?

6. Entscheidungen für Stundenziel und Feinziele

Was will ich mit diesem Thema in der Unterrichtsstunde erreichen?
Welche Zielvorstellungen haben einzelne Unterrichtsschritte bzw. Unterrichtskomponenten?

7. Skizze des Unterrichtsverlaufs

Durch welche Impulse/Aufgabenstellungen etc. wird der Unterrichtsverlauf gesteuert?

8. Reflexion

Was kann ich aus der Evaluation einer gehaltenen Unterrichtsstunde lernen?

9. Materialien

Welche Tafelbilder, Arbeitsblätter sind zu entwerfen?

10. Literatur

Welche Bücher oder Aufsätze müssen angegeben werden?

IV.5 Kooperationsmöglichkeiten und Lernortwechsel

Im Kontext mancher Vorschläge zu einer Verbesserung von Schule werden immer wieder Überlegungen eingebracht, die die traditionelle Begrenzung der einzelnen Unterrichtsfächer anfragen. Damit einhergehend und doch mit eigener Akzentsetzung wird teilweise auch ein »ganzheitlicher« Unterricht gefordert (Frommer/Körsgen 1989), der im Überschreiten der Fachgrenzen Gegenstände als solche wieder ungebrochen zu thematisieren in der Lage sei, und so »komplexes« und »vernetztes« Denken fördere, das einer sich immer mehr komplizierenden Welt angemessen erscheine. Doch dürfte sich bei genauerem Hinsehen ein differenzierteres Bild ergeben.

1. Die Rede vom »fächerübergreifenden Unterricht«: Unterscheidungen

Kennzeichen von Lehrplänen (z.B. für die bayerischen Schularten) ist ihre Ausfaltung in mehreren Ebenen. Dabei spielen die *fächerübergreifenden Bildungs- und Erziehungsaufgaben* eine zunehmend zentrale Rolle, insofern sie beanspruchen, grundlegenden Anforderungen heutiger gesellschaftlicher Wirklichkeit Rechnung zu tragen. Fächerübergreifende Bildungs- und Erziehungsaufgaben wollen in jedes Unterrichtsfach hineinwirken, wobei je nach Thema unterschiedliche Gewichtungen gegeben sind.

Im Unterschied dazu meint die Rede vom *fächerübergreifenden Unterricht – oder genauer: vom fach- bzw. fächerverbindenden Unterricht –* das noch näher zu bestimmende Zusammenwirken verschiedener Unterrichtsfächer, die mit eigenem Profil auf der Grundlage eines Fachlehrplanes und auf dem Hintergrund bestimmter fachwissenschaftlicher Voraussetzungen ihre Fragestellungen entwickeln.

So gibt beispielsweise in der 7. Klasse des Gymnasiums der Fachlehrplan Katholische Religionslehre (Bayern) den Themenbereich »Kirche im Mittelalter und am Beginn der Neuzeit« an; der Fachlehrplan Geschichte den Themenbereich »Europa im Mittelalter«, der Fachlehrplan Kunsterziehung den Themenbereich »Begegnung mit der Kunst des Mittelalters: Ein Werk entsteht« – Themen also, die bereits in der Betitelung auf die Berührungspunkte hinweisen. Ausdrückliche Hinweise auf diese thematische Nähe finden sich in den jeweiligen Fachlehrplänen, dies jedoch z.T. nur unvollständig. So weist etwa der Fachlehrplan Katholische Religionslehre zwar auf Geschichte hin, nicht jedoch auf Kunsterziehung; diese Verbindungen sind erst bei Geschichte bzw. bei Kunsterziehung im Rückbezug auf Katholische Religionslehre zu finden, wobei nur bei Kunsterziehung auch der Verweis auf Evangelische Religionslehre erfolgt (Themenbereich »Entwicklungen im Christentum bis zum Mittelalter«).

Was ist aus diesem ersten Zugang zu entnehmen? Fächerübergreifende Bildungs- und Erziehungsaufgaben können als eine Klammer gelten, mit der sich Unterricht in den Einzelfächern an gemeinsamen, übergeordneten Themen auszurichten hat. Fachlehrpläne bieten explizite Hinweise auf die inhaltliche Nähe zu anderen Fächern und weisen so auf fächerverbindenden Unterricht hin – wenn auch z.T. nur unvollständig. Allerdings geht weder aus den fächerübergreifenden Bildungs- und Erziehungsaufgaben noch aus diesen Querverweisen hervor, in welcher Weise das die Einzelfächer verbindende Lernen der Schülerinnen und Schüler geplant und organisiert werden soll; hier bieten sich unterschiedliche Formen an.

2. Fächerverbindender Unterricht: Abstimmung – Kooperation – Team-Teaching – Projektarbeit

Betrachtet man Lehrplanwerke, so stößt man auch auf den vorgeordneten Ebenen auf explizite Hinweise zum (dort häufig – und damit eigentlich missverständlich – so bezeichneten) fächerübergreifenden Unterricht. Darüber hinaus sprechen die Fachprofile fächerverbindendes Lernen an, dies allerdings oftmals in unterschiedlicher Weise und mit unterschiedlicher Intensität.

Häufig werden innerhalb der Lehrplanvorgaben zwei Modelle des fachverbindenden Unterrichts im Besonderen propagiert; der jeweilige Fachunterricht, von Fachlehrern jeweils für sich mit der Klasse oder Lerngruppe durchgeführt, ohne dass es dabei zu einer tatsächlichen Kooperation zweier oder mehrerer Lehrer mit ihren Lerngruppen/Klassen kommt und Projekte, die den Anspruch erheben, fächerverbindenden Unterricht in besonderer Weise zu leisten.

Darüber hinaus sind jedoch noch andere Formen denkbar, ergänzend kann z.B. hingewiesen werden:

- hinsichtlich der Zusammenarbeit auf die gemeinsame Gestaltung und Durchführung des Unterrichts durch verschiedene Fachlehrer im Sinne des *Team-Teachings* bzw. durch die bruchlose Übernahme und Fortführung des Unterrichts in aufeinander folgenden Stunden im Sinne des *rollierenden Systems*;
- hinsichtlich der zeitlichen Dauer als *unregelmäßig wiederkehrende Zeiten*, als fächerverbindender Unterricht in *längeren Phasen* (mehrere Stunden hintereinander) sowie als *permanente Begleitung* des Fachunterrichts (vgl. z.B. Staatsinstitut für Schulpädagogik und Bildungsforschung München (ISB) 1995, 106). Gerade diese Form wäre etwa im Sinne eines festen zeitlichen Blockes innerhalb des normalen Tages- oder Wochenablaufes denkbar.

3. Das fachspezifische Erkenntnisinteresse

Welche Erwartungen verbinden sich mit fächerverbindendem Lernen? Oftmals begegnet hier der Begriff der ›Ganzheitlichkeit‹. Durch eine thematische Zentrierung der einzelnen (Fach-)Lernziele und Inhalte soll erreicht werden, dass der Gegenstand in seiner Komplexität aufscheine und rezipierbar werden könne. Konsequenzen ergäben sich für die Intensität der Lernprozesse, der lebensweltlichen Orientierungsfunktion und die Motivationslage der Schülerinnen und Schüler. Für das Individuum bedeutet dies, dass eine »Förderung der gesamten Persönlichkeit des Schülers« stattfinden solle (Staatsinstitut für Schulpädagogik und Bildungsforschung München (ISB) 1995, 104; vgl. Moegling 1998, 14–30). (→ II.2)

Dabei handelt es sich um einen bedeutsamen Punkt, wird doch mit der Zielperspektive »Ganzheitlichkeit« eine didaktische Antwort auf die (moderne) Erfahrung der Entzweiung und Entfremdung angeboten. Offensichtlich wird davon ausgegangen, dass das »identische Objekt« durch das Aufgreifen in verschiedenen Fächern in einem quasi additiven Verfahren in seiner ganzheitlichen »Seinsweise« aufscheine.

Das aber ist nicht unproblematisch. Angesichts der Erkenntnis, dass das erkennende Subjekt an der Genese der Objektwelt nicht unbeteiligt ist, lässt sich eine didaktisch sinnvolle Einstellung dadurch erreichen, dass angestrebt wird, Schülerinnen und Schüler in die Lage zu versetzen, mit der unreduzierbaren Polyperspektivität vor dem Hintergrund seiner leitenden Erkenntnisinteressen umzugehen und die Konturen eines möglichen Gegenstandes aus den verschiedenen Sichtweisen zusammenzusetzen – in dem Bewusstsein, dass es möglich ist, immer wieder neue Aspekte zu erkennen und produktiv aufzugreifen. Ein rundes Bild muss so nicht in jedem Fall entstehen. Außerdem ist damit eigentlich ein geläufiges Verfahren umschrieben, das, ob bewusst oder nicht, gerade zur schulischen Realität im Religionsunterricht gehört. Die Behandlung der »Entstehung des Lebens« im Religions- und Biologieunterricht ist in diesem Zusammenhang anzusiedeln. Oder soll man ernsthaft wünschen, dass sich die Schöpfungserzählungen und die Evolutionstheorie im »Kopf des Schülers« zu einem einheitlich, und damit »richtigeren« Bild der »Realität« zusammenfinden? Oder soll man auf den didaktischen Wert von Legenden verzichten, weil die dargestellte »Realität« historisch zumindest fragwürdig ist? Auch hier vertraut man auf die Fähigkeit zur Unterscheidung und die Einsicht in die Baugesetze der Gattung.

Zieht man daraus nun die Konsequenzen, so kann als didaktisches Ziel gerade nicht die Hoffnung gelten, irgendwann die »Ganzheit« eines Gegenstandes erreicht zu haben. Schülerinnen und Schüler sollten vielmehr in die Lage versetzt werden, die Genese eines Gegenstandes durch die unterschiedlichen Betrachtungsweisen der Fächer nachzuvollziehen. Der Integrationspunkt wäre dann nicht eine irgendwo zu findende Totalität, sondern das Bewusstsein des Wahrnehmenden selbst, der dadurch zu wirklicher Erkenntnis vordränge, dass er sich selbst als erkennenden »Fixpunkt« erführe, mithin sein Einheitsbewusstsein das Zentrum der »Ganzheitlichkeit« sei. Das »umfassende« Bild der Realität wird also in vielen Fällen kein harmonisches Ganzes sein, doch werden Schülerinnen und Schüler damit um so weniger Probleme haben, als sie um den Einheitspunkt der unterschiedlichen Zugänge wissen und in der Lage sind, damit umzugehen.

4. Fächerverbindendes Lernen am Beispiel der Bettelorden

In den Fachlehrplänen der 7. Klasse des Gymnasiums (Bayern) stößt man auf Themenformulierungen wie *Kirche im Mittelalter und am Beginn der Neuzeit* (Katholische Religionslehre), *Europa im Mittelalter* (Geschichte) und *Begegnung mit der Kunst des Mittelalters* (Kunsterziehung). Exemplarisch kann hier aufgezeigt werden, wie fächerverbindendes Lernen denkbar ist.

Herausgegriffen wird an dieser Stelle die franziskanische Erneuerungsbewegung, weil sich an ihr verschiedene Perspektiven der Themenstellung zeigen lassen. Es geht also darum, welche Perspektive oder zutreffender: welches Erkenntnisinteresse die verschiedenen beteiligten Unterrichtsfächer bestimmt:

Religionsunterricht: »Selig die Armen, denn ihrer ist das Himmelreich«

Aus der spezifischen Sichtweise des Religionsunterrichts könnten mögliche Lernziele sein:

- Einblick gewinnen, weshalb Franziskus auf die Menschen eine Faszination ausgeübt hat und noch übt;
- eine differenzierte Kenntnis entscheidender Lebensabschnitte des Franz von Assisi erlangen;
- die Bedeutung des Armutsmotivs auf dem Hintergrund biblischer Begründungen wahrnehmen;
- die Ungesichertheit des Umherziehens als christliche Lebenshaltung erkennen;
- im Sonnengesang die Wertschätzung für Welt und Mitwelt nachvollziehen können.

Die angegebenen Zielvorstellungen versuchen die Lebens- und Glaubenshaltungen der franziskanischen Erneuerungsbewegung in eine Verbindung mit der heutigen Suche nach einem sinnvollen, entschiedenen und alternativen Lebensstil zu bringen. Im Lebens- und Glaubensvollzug des minderen Bruders kommt in revolutionärer Weise die christliche Einstellung des Vertrauens in einen fürsorgenden und mitgehenden Gott zum Ausdruck. Die Konzentration auf diese Fragestellung und das Bemühen um die Eröffnung elementarer Zugänge ist orientiert an der Gottesfrage. Der von Franz erkannte Gott ist der anschauende, auf das Schicksal des einzelnen in seiner ›Armut‹ bezogene Gott Jesu Christi; in seinem Spiegel kann der Welt ein neues Gesicht vorgehalten werden. Anspruch und Zuspruch sind – auch im Sinne einer Diakonie – zentrale Aufgaben, der sich der Religionsunterricht in besonderer Weise stellen muss.

Geschichtsunterricht: Vom Samenkorn, das auf fruchtbaren Boden fällt

Das Thema bietet sich an, unterschiedliche Aspekte des Komplexes ›Kirche und Christenheit im Mittelalter‹ anzusprechen. Die »Zuarbeit« des Religionsunterrichts erlaubt eine Konzentration auf sozial- und herrschaftsgeschichtliche Fragestellungen. Dabei sollte im Vordergrund die Herausarbeitung der Einsicht stehen, dass auch heute noch faszinierende Ideen ihre »Breitenwirkung« historischen Umständen verdanken, die wesentlich zum Gesamtverständnis beitragen.

Mögliche Ziele sind:

- Einsicht in den Grundcharakter der »Umbruchszeit« 12./13 Jahrhundert (Anstieg der Bevölkerung, Intensivierung der Geldwirtschaft und der gewerblichen Produktion, Wachstum der Städte usw.);
- Einsicht in die Entwicklung des Papsttums (Machtentfaltung und Krise);
- Kenntnis des Zusammenhangs zwischen »franziskanischer Idee« und geschichtlichem Hintergrund;
- Städte als besondere Herausforderung für das Ideal der »paupertas«: Vorherrschaft des Gewinnstrebens und Unterdrückung der Armen und Bauern;
- »Angebot« einer materiellen Basis für die Existenz der Bettelorden: Almosen, Stiftungen, Schenkungen;
- Entwicklung neuer Formen der Seelsorge: Predigttätigkeit, Aufruf zur Buße und Umkehr;
- Einsicht in den Beitrag der Bettelorden zur Überwindung der päpstlichen Herrschaftskrise.

Kunsterziehung: Leben und Arbeit auf einer mittelalterlichen Baustelle
Kunsterziehung erfüllt hier einen dezidiert erfahrungsorientierten Zugang zu den greifbaren Zeugnissen des Mittelalters. Der unmittelbare Kontakt mit einem solchen Objekt ermöglicht einen nachdrücklichen Einblick in die Arbeits- und Lebensbedingungen der Menschen ihrer Zeit, ohne dass jedoch vom Fach selbst her die vorausliegenden sozial- und christentumsgeschichtlichen Fragestellungen beantwortet werden können.

Mögliche Ziele können sein:
- am Beispiel einer Minoritenkirche die Merkmale einer Bettelordenkirche kennen lernen;
- in der Nachgestaltung markanter Stilelemente des Gebäudes einen Eindruck von der mittelalterlichen Baukunst gewinnen;
- an ausgewählten Handwerksberufen die Arbeitsbedingungen wahrnehmen.

IV.6 Kooperative Unterrichtsplanung: Intervision

Die gemeinsame Planung von Religionsunterricht setzt darauf, dass die bei Anfängern beginnende und später vorhandene Professionalität von Religionslehrerinnen und Religionslehrern genutzt werden kann, um eigenes Unterrichten zufriedener und erfolgreicher werden zu lassen. Im Unterschied zu der individuellen Unterrichtsplanung einer einzelnen Lehrperson nutzt kooperative Planung (Knoll 1993, 99–100) die in einer Gruppe gleichrangiger Kolleginnen und Kollegen vorhandenen vielfältigen Fähigkeiten, Begabungen und Blickwinkel, um die eigenen Perspektiven zu erweitern bzw. die Planungsentwürfe kritisch zu befragen und weiterzudenken. »Mir ist nicht recht klar, ob meine Motivationsphase für Schülerinnen und Schüler überhaupt attraktiv und anregend ist«; »Ich habe den Eindruck, dass meine Stunden inhaltlich immer schnell zu voll werden und die Schüler dabei mit ihren Interessen auf der Strecke bleiben...«; »Am Mittwoch sind meine Kinder immer so unkonzentriert und können sich gar nicht auf meine Planung einlassen – woran kann das liegen?« – All diese Fragen und Suchbewegungen erhalten durch konstruktive Rückmeldungen einen umfassenderen Horizont, vermeiden Engführungen und erweitern das unterrichtliche Gestaltungsrepertoire.

Kollegiale Beratung macht mit der Gleichrangigkeit der Teilnehmerinnen und Teilnehmer ernst: *Inter-vision* (Hendriksen 2000) als Sichtung zwischen Menschen kommt dabei ohne *Super-vison* aus; der Beratungsprozess erwächst eben aus dem gemeinsamen Handeln ohne externen Trainer oder Berater.

Das folgende Modell will dazu als Kurzanleitung verstanden werden. Methodisch ist daran die strenge Rollenverteilung zentral. Auch hier gilt, dass feste Regeln eher Freiräume schaffen als Enge bewirken. Dazu gehört vor allem das jeweils einzuhaltende Schweigegebot. Ist in der ersten Phase die jeweils Bericht erstattende Person allein agierend (und redend), so ist nach einem Nachfragen in der dritten Phase der eigentlichen ›kollegialen Beratung‹ die Gruppe verbal aktiv. Wichtig (und für alle meist höchst ungewöhnlich) ist das strenge Schweigegebot für das Gruppenmitglied, um dessen Frage es geht. Um nicht in ein andauerndes wechselseitiges Gespräch zu verfallen und vielmehr den gemeinsamen Gedankenfluss der Arbeitsgruppe zu fördern, soll die Gruppe tatsächlich nur mit sich das gestellte Problem zu lösen versuchen, so, als wäre die fragende Person nicht im Raum anwesend. In der letzten Phase besteht dann Gelegenheit, die entwickelten Ideen in einer Einschätzung widerzuspiegeln – mit der vollen Freiheit des mündigen Subjektes, Vorschläge annehmen oder für sich als nicht zutreffend ablehnen zu können.

Kollegiale Beratung: Modell zur Vorgehensweise

1. Phase: Situationsschilderung (Dauer: ca. 10 Min.)

Ein Mitglied der Gruppe berichtet einen Bereich aus der Planung, die sie oder ihn besonders beschäftigt (»Problem«). Es ist hilfreich, wenn der Bericht möglichst lebendig eingebracht wird.

Regel: Die Berichterstatterin/der Berichterstatter spricht alleine. Er/sie wird *nicht* unterbrochen.

     Die Gruppe hört aufmerksam zu, achtet auf Reihenfolge der Informationen, Tonfall, Stimme und auf die Empfindungen, die beim Hören ausgelöst werden. Die erste Phase endet mit der Frage: »Was möchtest Du/möchten Sie mit unserer Hilfe geklärt bekommen?« (= Focussieren)

2. Phase: Informationsfragen (Dauer: ca. 10 Min.)

Diese Phase gibt den Teilnehmenden die Möglichkeit, über Nachfragen ihre eigene Vorstellung vom Dargestellten zu erweitern, Unklarheiten und Unverständlichkeiten zu vermindern und Aspekte zu erfragen, die vom Erzähler/von der Erzählerin noch nicht zur Sprache gebracht wurden.

Regel: Die Gruppe stellt ausschließlich Informations- und Verständnisfragen zu den bisherigen Überlegungen. Keine Diskussion und noch keine Vorschläge! (Also etwa: »Wie ist das... ?« Nicht aber: »Warum hast du...?« oder »Warum hast du nicht...?« oder »Haben Sie schon einmal daran gedacht, dass...?« »Ich würde an Deiner Stelle...«)

3. Phase: Einfälle der Gruppe (Dauer: ca. 20 Min.)

Die Gruppenmitglieder tragen ihre Einfälle, Vorstellungen, Phantasien, eigene Erfahrungen zusammen. Sie äußern sich also z.B., indem

a) die Gefühle und die Phantasien offen ausgesprochen werden, die die Frage bzw. die Darstellung bei den einzelnen Teilnehmern ausgelöst hat;

b) die eigenen Erfahrungen, die durch den Fall angesprochen und wachgerufen wurden, deutlich gemacht werden;

c) sie sich mit einzelnen an der Unterrichtsstunde beteiligten Personen identifizieren.

Zur Einleitung empfehlen sich Fragen wie: »Was war die erste Reaktion beim Hören des Berichtes?« Oder: »Welcher Eindruck geht mir jetzt noch nach?«

Die unter c) genannte Möglichkeit kann folgendermaßen angeleitet werden: »Wir versetzen uns jetzt in ... (... einen Schüler der Klasse xy): Wie wird er reagieren? – Inwiefern trifft das Thema seinen Interessensbereich? – Wir drücken das, was in uns aufsteigt, in der Ich-Form aus.«

Insgesamt gilt die Haltung: »Wir versetzen uns jetzt in den Berichterstatter (bzw. in die Berichterstatterin). Wo könnte für ihn/sie eine interessante Anregung zu finden sein? Was gäbe es zu kultivieren und auszubauen? Wir drücken das, was in uns aufsteigt, in der Ich-Form aus.«

Regel: Der Berichterstatter/die Berichterstatterin schweigt. D.h. er/sie hält sich während dieser Zeit vollständig zurück, auch wenn es schwerfällt, nicht sofort etwas richtigstellen zu können. Er/sie konzentriert sich darauf, alles aufzunehmen, was der Gruppe einfällt.

4. Phase: Rückmeldung (Dauer: ca. 10 Min.)

Der Berichterstatter/die Berichterstatterin teilt der Gruppe mit, was er/sie von den vorgebrachten Ideen und Phantasien für sich verwenden kann oder möchte und was nicht. Helfende Fragen können sein:

»Wie ging es mir, als ich die Einfälle und Phantasien hörte?«

»Was war für mich interessant oder neu?«

»Was kann ich nachvollziehen und was nicht?«

»Welche Anregung nehme ich mit?«

Regel: Die Gruppe hört schweigend zu.

Im Anschluss an die dann durchgeführte Religionsstunde legt sich kritischer Rückblick nahe. Wichtig ist dabei die Spannung zwischen variierter Planung und dem tatsächlichen Unterrichtsverlauf. Dabei wird man vor allem auch die Lernprozesse der Schülerinnen und Schüler in den Blick nehmen. Mögliche Fragen können sein:

- *Inwieweit ergeben sich Abweichungen von den Planungsüberlegungen, und welche Gründe lassen sich dazu ausmachen?*
- *Konnten sich die Schülerinnen und Schüler in ihrer Lebenswelt mit dem Thema in eine Beziehung bringen?*
- *Inwiefern wurden die angestrebten Lernziele erreicht?*
- *Konnten Schülerinnen und Schüler ›aktiv‹ und selbstständig lernen mit ›Kopf, Herz und Hand‹?*
- *Handelte es sich um ein soziales Lernen, das die Gemeinschaft und Solidarität fördert – der Schülerinnen und Schüler untereinander, aber auch nach außen?*
- *Konnten sich die Schülerinnen und Schüler so auf das Thema (und das Medium, d.h. Bild, Text, Musikstück o.ä.) einlassen, dass es sich für die Bearbeitung einer religiösen Fragestellung als produktiv erwies? Welche Schülerreaktionen waren Belege dafür?*

Zusammenfassung

Guter Religionsunterricht, der zu einer sinnvollen Zeit für Lernende und Lehrende werden soll, setzt Planungs- und Gestaltungskompetenz voraus: eine Schlüsselqualifikation für die Professionalität von Religionslehrerinnen und Religionslehrern. Dazu gehört die Fähigkeit und Bereitschaft, die Schüler in ihren lebensweltlichen Bezügen und Interessen genauso ernst zu nehmen wie den Anspruch und den Bildungsgehalt des Lerngegenstands. Dies ist das wichtigste Anliegen der »Didaktischen Analyse« mit ihren Fragen nach der Relevanz und der fachlichen Repräsentanz der Inhalte, damit diese im Unterricht auch für die Schülerinnen und Schüler zu Themen werden, die zur Auseinandersetzung und Aneignung herausfordern. Sowohl die Lernenden als auch die Lehrenden sind Subjekte eines komplexen Interaktionsgeschehens und müssen im Unterricht die Chance haben, sich als solche mit ihren subjektiven Bezügen zum jeweiligen Thema einzubringen.

Zur Planungs- und Gestaltungskompetenz gehört es weiterhin, Lehrplanvorgaben und -anregungen im Hinblick auf einen bestimmten unterrichtlichen Kontext und die Lernmöglichkeiten der jeweiligen Schülerinnen und Schüler kritisch und konstruktiv reflektieren zu können, ferner die Fähigkeit, Unterricht zu rhythmisieren und zu inszenieren bis hin zu den sehr konkreten Entscheidungen, wie Impuls, Fragen und Aufgabenstellungen zu formulieren sind, damit sie Schüler zum Nachdenken anregen und sie aktivieren.

Religionsunterricht ist in der Schule ein Fach neben und mit anderen Schulfächern. Er hat seine fachspezifische Stimme in ein vielstimmiges »Konzert« einzubringen. Sein fachlicher Blickwinkel wird transparent in einem polyperspektivischen fächerverbindenden Unterricht, vor allem beim Team-Teaching und in der Projektarbeit. Wichtig für die Professionalisierung ist es, dass Lehrende nicht zu »Einzelkämpfern« werden. Kooperative Unterrichtsplanung und -reflexion im Sinne kollegialer Beratung und Intervision ist neben kontinuierlicher Fortbildung ein Weg, der Lehrerinnen und Lehrer stärkt, ihre didaktische Phantasie anregt und sie entlastet.

Wichtige Anregungen, vor allem für den Abschnitt 1 (Zur Planung des Unplanbaren) verdanke ich Prof. Dr. Horst Herion, für Abschnitt 5 (Zum fächerverbindenden Lernen) StR Peter Poth.

Literatur

Adam, Gottfried (1993): Der Religionslehrer: Beruf und Person. In: Ders./Rainer Lachmann (Hgg.), Religionspädagogisches Kompendium, Göttingen, 96–121.

Adam, Gottfried/Lachmann, Rainer (Hgg.) (1993; ^{2}1996): Methodisches Kompendium für den Religionsunterricht, Göttingen.

Adam, Gottfried (^{5}1997): Lehrpläne im Religionsunterricht, in: Gottfried Adam/Rainer Lachmann (Hgg.), Religionspädagogisches Kompendium, Göttingen, 194–221.

Adam, Gottfried/Lachmann, Rainer (^{5}1997): Begründung des schulischen Religionsunterrichts. In: Dies. (Hgg.), Religionspädagogisches Kompendium, Göttingen, 121–137.

Adam, Gottfried/Schweitzer, Friedrich (1996): Ethisch erziehen in der Schule, Göttingen.

Adorno, Theodor W. (1977): Erziehung nach Auschwitz. In: Rolf Tiedemann (Hg.), Theodor W. Adorno, Gesammelte Schriften. Bd. 10,2, Frankfurt, 674–690.

Aebli, Hans (^{8}1994): Zwölf Grundformen des Lehrens, Stuttgart.

Akademie für Bildungsreform/Robert Bosch Stiftung GmbH (Hgg.) (1993): Praktisches Lernen, Weinheim/Basel.

Albers, Bernhard (1984): Die Not mit der Religionsnote. In: Religion heute, H. 5, 199–201.

Albrecht, Wilhelm (1978): Glaube, der im Spielen steckt. In: KatBl 103, 657–664.

Albrecht, Wilhelm (1984): Konzeptionen des Religionsunterrichts. In: Konturen des Religionsunterrichts (Fernstudium Katholische Religionspädagogik, Studienbrief V/3), Tübingen, 6–67.

Alfermann, Dorothee (1996): Geschlechterrollen und geschlechtstypisches Verhalten, Stuttgart

Alheit, Peter (1995): »Biographizität« als Lernpotential. Konzeptuelle Überlegungen zum biographischen Ansatz in der Erwachsenenbildung. In: Heinz-Hermann Krüger/Winfried Marotzki (Hgg.): Erziehungswissenschaftliche Biographieforschung, Opladen, 276–307.

Angel, Hans-Ferdinand (1998): Religion und Religiosität. In: Christlich-pädagogische Blätter 111, 77–84.

Angenendt, Arnold (^{2}2000): Geschichte der Religiosität im Mittelalter, Darmstadt.

Antes, Peter (1999): Simulierung von Religion im Unterricht? In: Karl Grözinger/Burkhard Gladigow/Hartmut Zinser (Hgg.), Religion in der schulischen Bildung und Erziehung. LER – Ethik – Werte und Normen in einer pluralistischen Gesellschaft, Berlin, 187–195.

Arens, Edmund (1981): Gleichnisse als Kommunikative Handlungen Jesu. In: ThPh 56, 47–69.

Assmann, Jan (2000): Religion und kulturelles Gedächtnis, München.

Auer, Alfons (1984): Autonome Moral, Düsseldorf.

Auernheimer, Georg (1990, ^{2}1995): Einführung in die interkulturelle Erziehung, Darmstadt.

Aufenanger, Stefan (1999): Lernen mit neuen Medien. In: medien praktisch 23, 4–9.

Aurin, Kurt (Hg.) (1990): Gute Schulen – worauf beruht ihre Wirksamkeit? Bad Heilbrunn.

Baacke, Dieter (1973; ^{3}1984): Kommunikation und Kompetenz, München.

Baacke, Dieter (1991): »Medienpädagogik – brauchen wir so etwas heute (noch)?« In: KatBl 116, 456–459.

Baacke, Dieter/Sander, Uwe (1999): Biographieforschung und pädagogische Jugendforschung. In: Heinz-Hermann Krüger/Winfried Marotzki (Hgg.), Handbuch Erziehungswissenschaftliche Biographieforschung, Opladen.

Bahr, Matthias u.a. (1998): Reli 5 Arbeitshilfen (Reli. Unterrichtswerk für katholische Religionslehre an Hauptschulen in den Klassen 5–9, hg. von Georg Hilger/Elisabeth Reil, München.

Bahr, Matthias/Poth, Peter (1998): »Aus Erfahrung wird man klug«. Ein Zwischenruf zum fächerverbindenden Unterricht. In: Regensburger RU-Notizen 17 (1), 3–23.

Baldermann, Ingo (1996): Einführung in die biblische Didaktik, Darmstadt.

Balthasar, Hans Urs von (1961–1969): Herrlichkeit. Eine theologische Ästhetik. 3 Bde, Einsiedeln.

Balthasar, Hans Urs von (1963): Das Ganze im Fragment. Aspekte der Geschichtstheologie, Einsiedeln.

Bandura, Albert (1979): Sozial-kognitive Lerntheorie, Stuttgart.

Barash, David/Lipton, Judith (1997): Making Sense of Sex. How Genes and Gender influence our Relationships, Washington/Covelo.

Bartholomäus, Wolfgang (1983): Einführung in die Religionspädagogik, München.

Bartnitzky, Horst/Christiani, Reinhold (Hgg.) (1998): Die Fundgrube für freie Arbeit, Berlin.

Barz, Heiner (1992): Religion ohne Institution? Eine Bilanz der sozialwissenschaftlichen Jugendforschung. Teil 1 des Forschungsberichts Jugend und Religion im Auftrag der Arbeitsgemeinschaft der Evangelischen Jugend in der Bundesrepublik Deutschland (aej), Opladen.

Bastian, Hans Dieter (1969): Theologie der Frage. Ideen zur Grundlegung einer theologischen Didaktik und zur Kommunikation der Kirche in der Gegenwart, München.

Bastian, Johannes (1995): Unterricht, darstellender. In: Dieter Lenzen (Hg.), Enzyklopädie Erziehungswissenschaft Bd. 4 (hg. v. Gunter Otto/Wolfgang Schulz), Stuttgart, 640–643.

Bastian, Johannes (1997): Theorie des Projektunterrichts, Hamburg.

Bastian, Johannes/Gudjons, Herbert (Hgg.) (1986): Das Projektbuch, Hamburg.

Baudler, Georg (1979): Religiöse Erziehung heute, Paderborn.

Baudler, Georg (1984): Korrelationsdidaktik: Leben durch Glauben erschließen, Paderborn.

Baudler, Georg (1986): Jesus im Spiegel seiner Gleichnisse, Stuttgart/München.

Baum, Lyman Frank/Hofbauer, Friedl/Panowsky, Charlotte (Hgg.) (1994): Der Zauberer von Oz, Wien/München.

Baumann, Maurice (1999): Bibeldidaktik als Konstruktion eines autonomen Subjekts. In: Godwin Lämmermann/Christoph Morgenthaler (Hgg.), Bibeldidaktik in der Postmoderne, Stuttgart, 33–43.

Baumann, Urs (1992): »Gedenken« und »Erinnern«. In: ThPQ 140, 3–19.

BDKJ (Hg.) (1999): Medien. Entstehung-Wirkung-Beeinflussung-Nutzung, Erfurt.

Beck, Ulrich (1986): Risikogesellschaft. Auf dem Weg in eine andere Moderne, Frankfurt.

Becker, Hellmut (1984): Fragen zum Problem der Zeit in Erziehung und Bildung. In: Christian Link (Hg.), Die Erfahrung der Zeit. Gedenkschrift für Georg Picht, Stuttgart, 172–178.

Becker, Ulrich (Hg.) (1997): Projekt Ökumene. Ein neues Arbeitsbuch für den Religionsunterricht, Düsseldorf.

Beck-Gernsheim, Elisabeth (²2000): Was kommt nach der Familie? München.

Beinert, Wolfgang (1995): Theologische Erkenntnislehre. In: Ders. (Hg.), Glaubenszugänge. Lehrbuch der katholischen Dogmatik, Bd. 1, Paderborn/München/Wien u.a., 45–197.

Belliger, Andrea/Glur-Schüpfer, Thomas/Spitzer, Beate (1999): Staatlicher und kirchlicher Religionsunterricht an den öffentlichen Schulen der deutschschweizer Kantone, Ebikon/Luzern.

Bem, Sandra (1974): The measurement of psychological androgyny. In: Journal of Consulting and Clinical Psychology 42, H. 2, 155–162.

Bem, Sandra (1987): Gender Schema Theory and the Romantic Tradition. In: Phillip Shaver/Clyde Hendrick (Hgg.), Sex and Gender. Newbury Park/Beverly Hills/London/New Delhi, 251–271.

Ben Chorin, Schalom (1985): Narrative Theologie des Judentums anhand des Passah Haggada, Tübingen.

Bender, Wolfgang (1988): Ethische Urteilsbildung, Stuttgart.

Benjamin, Walter (1980): Illuminationen. Ausgewählte Schriften, Frankfurt a.M.

Benner, Dietrich/Peukert, Helmut (1983): Moralische Erziehung. In: Dieter Lenzen/Klaus Mollenhauer (Hgg.), Enzyklopädie Erziehungswissenschaften Bd.1, Stuttgart, 394–402.

Berg, Horst K. (1991): Ein Wort wie Feuer. Wege lebendiger Bibelauslegung, München/Stuttgart.

Berg, Horst K. (1993): Grundriß der Bibeldidaktik. Konzepte – Modelle – Methoden, München/Stuttgart.

Berg, Horst K. (1993): Arbeit mit Karikaturen. In: Gottfried Adam/Rainer Lachmann (Hgg.), Methodisches Kompendium für den Religionsunterricht, Göttingen, 262–268.

Berg, Horst K. (1998): Freiarbeit im Religionsunterricht. Konzepte. Modelle. Praxis, München/Stuttgart.

Berg, Horst K. (1999): Altes Testament unterrichten, München/Stuttgart.

Berg, Sigrid (1991): Kreative Bibelarbeit in Gruppen. 16 Vorschläge, München/Stuttgart.

Berger, Peter L. (1980): Der Zwang zur Häresie, Frankfurt a.M.

Berger, Peter L. (1988): Zur Dialektik von Religion und Gesellschaft, Frankfurt.

Berger, Peter L./Luckmann, Thomas (1969): Die gesellschaftliche Konstruktion der Wirklichkeit, Frankfurt.

Bernhardt, Reinhold (Hg.) (1991): Horizontüberschreitung. Die pluralistische Theologie der Religionen, Gütersloh.

Bertram, Hans (Hg.) (1986): Gesellschaftlicher Zwang und moralische Autonomie, Frankfurt.

Beuscher, Bernd (1994): Zurück zur Fragwürdigkeit! Der Rücktritt der Korrelationsdidaktik. Ein religionspädagogischer Fortschritt? In: RpB 34, 33–61.

Beuscher, Bernd/Zilleßen, Dietrich (1998): Religion und Profanität. Entwurf einer profanen Religionspädagogik, Weinheim.

Biehl, Peter (1983): Religionspädagogik und Ästhetik. In: JRP 5, 3–44.

Biehl, Peter (1986): Die Chancen der Symboldidaktik nicht verspielen. Kritische Symbolkunde im Religionsunterricht. In: Religion heute 3, 168–172.

Biehl, Peter (1987): Art. Symbole. In: Werner Böcker u.a. (Hgg.), Handbuch religiöser Erziehung, Bd. 2, Düsseldorf, 481–495.

Biehl, Peter (1989): Symbole geben zu lernen: Einführung in die Symboldidaktik, Neukirchen.

Biehl, Peter (1991): Der biographische Ansatz in der Religionspädagogik. In: Ders., Erfahrung, Glaube und Bildung, Gütersloh, 224–246.

Biehl, Peter (1991): Die Gottebenbildlichkeit des Menschen und das Problem der Bildung. In: Ders.: Erfahrung, Glaube und Bildung, Gütersloh, 124–224.

Biehl, Peter (1992): Symbole – ihre Bedeutungen für menschliche Bildung. In: ZfPäd 38, 193–214.

Biehl, Peter (1993): Symbole geben zu lernen (II) – z.B. Brot, Wasser und Kreuz. Beiträge zur Symbol- und Sakramentendidaktik, Neukirchen.

Biehl, Peter (1997): Wahrnehmung und ästhetische Erfahrung. Zur Bedeutung ästhetischen Denkens für eine Religionspädagogik als Wahrnehmungslehre. In: Albrecht Grözinger u.a. (Hgg.), Gelebte Religion, Rheinbach, 380–411.

Biehl, Peter (1998): Der phänomenologische Ansatz in der deutschen Religionspädagogik. In: Hans-Günter Heimbrock (Hg.), Religionspädagogik und Phänomenologie, Weinheim, 15–46.

Biehl, Peter/Baudler, Georg (²1987): Erfahrung – Symbol – Glaube. Frankfurt.

Biemer, Günter/Ehrlich, Ernst Ludwig (Hgg.) (1972–1995): Lernprozess Christen Juden, Düsseldorf (Bd. 1 und 2)/Freiburg (Bd. 3–10).

Biesinger, Albert (1989): Katechetische Argumentationsstränge bei J. B. Hirscher. In: Gebhard Fürst (Hg.), Glaube als Lebensform, Mainz, 61–76.

Biesinger, Albert/Hänle, Joachim (²1998): Gott – mehr als Ethik. Der Streit um LER und Religionsunterricht, Freiburg.

Biesinger, Albert/Schreijäck, Thomas (1989) (Hgg.): Religionsunterricht heute. Seine elementaren theologischen Inhalte. Freiburg.

Bildungskommission NRW (1995): Zukunft der Bildung – Schule der Zukunft, Neuwied/Berlin.

Bischof, Franz Xaver (1997): Theologie und Geschichte. Ignaz von Döllinger (1799–1890) in der zweiten Hälfte seines Lebens, Stuttgart.

Bitter, Gottfried (1987): Glauben-lernen als Leben-lernen. In: KatBl 112, 917–930.

Bitter, Gottfried (1995): Ansätze zu einer Didaktik des Glauben-Lernens. In: Hans-Georg Ziebertz/Werner Simon (Hgg.), Bilanz der Religionspädagogik, Düsseldorf, 276–290.

Bitter, Gottfried (1995): Religionsunterricht als Aufklärung und Diakonie. In: Reinhard Göllner/Bernd Trocholepczy (Hgg.), Religion in der Schule?, Freiburg 187–204.

Bitter, Gottfried (1996): Plädoyer für eine zeitgemäße Korrelationsdidaktik. In: Leb Kat 18, 1–8.

Bitter, Gottfried/Englert, Rudolf (1990): Religionspädagogik. In: Josef Wohlmuth (Hg.), Katholische Theologie heute, Würzburg 351–363.

Bizer, Christoph (1988): Art., Religionspädagogik. In: TRE 17, 686–710.

Blake, Robert R./Mouton, Jane S. (1964): The Managerial Grid, Houston.

Blankertz, Herwig (⁴1970; ¹⁴1986):Theorien und Modelle der Didaktik, Münster.

Blankertz, Herwig (1982): Die Geschichte der Pädagogik. Von der Aufklärung bis zur Gegenwart, Wetzlar.

Blankertz, Herwig (⁴1970): Theorien und Modelle der Didaktik, München.

Blasberg-Kuhnke, Martina (1992): Erwachsene glauben, St. Ottilien.

Blasberg-Kuhnke, Martina (1996): Soziale Gerechtigkeit. In: Gottfried Adam/Friedrich Schweitzer (Hgg.), Ethisch erziehen in der Schule, Göttingen, 200–213.

Bloom, Benjamin S. u.a. (1972): Taxonomie von Lernzielen im kognitiven Bereich, Weinheim/Basel.

Böckle, Franz (1988) (Hg.): Konfessionsverschiedene Ehe, Regensburg.

Bockwoldt, Gerd (1977): Religionspädagogik. Eine Problemgeschichte. Stuttgart/Berlin/Köln.

Boehme, Katja (2000): Von mehreren Seiten unter Druck. Herausforderungen und Chancen für den Religionsunterricht. In: HK 54, 459–464.

Boff, Leonardo (1996): Unser Haus, die Erde. Düsseldorf.

Böhm, Uwe (2001): Ökumenische Didaktik, Göttingen.

Böhm, Winfried (¹⁴1994): Wörterbuch der Pädagogik, Stuttgart.

Böhnke, Michael/Reich, Helmut/Ridez, Louis (1992): Erwachsen im Glauben, Stuttgart.

Bohnsack, Ralf (1993): Rekonstruktive Sozialforschung. Einführung in die Methodologie und Praxis qualitativer Forschung, Opladen.

Bolz, Martin/Birk, Gerd (1997): BRU in Europa: Beispiel Österreich. In: Comenius Institut u.a. (Hg.), Handbuch Religionsunterricht an berufsbildenden Schulen. Münster, 197–200.

Bonhoeffer, Dietrich (1965): Gesammelte Schriften. Bd. 1, (hg. v. Eberhard Bethge), München.

Bönsch, Manfred (³2000): Variable Lernwege. Ein Lehrbuch der Unterrichtsmethoden, Paderborn u.a.

Bredenkamp, Jürgen (1998): Lernen, erinnern, vergessen, München.

Brezinka, Wolfgang (1986): Erziehung in einer wertunsicheren Gesellschaft, München/Basel.

Brezinka, Wolfgang (²1981): Erziehungsziele, Erziehungsmittel, Erziehungserfolg, München.

Brezinka, Wolfgang (⁴1998): Metatheorie der Erziehung, München.

Bröking-Bortfeldt, Martin (1994): Mündig Ökumene lernen. Ökumenisches Lernen als religionspädagogisches Paradigma, Oldenburg.

Brück Michael von/Werbick, Jürgen (Hgg.) (1993): Der einzige Weg zum Heil? (QD 143), Freiburg.

Brunnhuber, Joseph Ulrich/Fischer, Franz-Joseph (1992): Religionspädagogisches Seminar – Der Einsatz des Religionsbuches, München.

Bucher, Anton A. (1988): Symboldidaktik. In: KatBl 113, 23–27.

Bucher, Anton A. (1989): Symbol und Symbolerschließung bei C.G. Jung und J. Piaget. In: RpB 23, 79–89.

Bucher, Anton A. (1990): Symbol – Symbolbildung – Symbolerziehung, St. Ottilien.

Bucher, Anton A. (1992): Kinder als Theologen? In: RL 21 H 1, 19–22.

Bucher, Anton A. (1993): Das Umweltbewußtsein von Kindern: Unentwickelt oder unterschätzt? Empirische Befunde und (religions-)pädagogische Konsequenzen. In: RpB 31, 154–160.

Bucher, Anton A. (1995): Die Moraltheorie von Lawrence Kohlberg als Paradigma für Moraltheologie und religiös-sittliche Erziehung. In: Volker Eid u.a. (Hgg.), Moralische Kompetenz, Mainz, 37–75.

Bucher, Anton A. (1995): Religionspädagogik und empirische Entwicklungspsychologie. In: Hans-Georg Ziebertz/Werner Simon (Hgg.), Bilanz der Religionspädagogik, Düsseldorf, 28–46.

Bucher, Anton A. (1995): Religionspädagogik und Psychologie. In: Hans-Georg Ziebertz/Werner Simon (Hgg.), Bilanz der Religionspädagogik. Düsseldorf, 119–136.

Bucher, Anton A. (1996): Bibeldidaktische Grundregeln: Altes Testament. In: Engelbert Groß/Klaus König (Hgg.), Religionsunterricht in Grundregeln, Regensburg, 68–94.

Bucher, Anton A. (1999): Allgemeines Direktorium für die Katechese. Eine kritische Würdigung. In: CPB 112, 52–55.

Bucher, Anton A. (1999): Entwicklung zur religiösen Mündigkeit. In: Lebendige Seelsorge 21, 7–14.

Bucher, Anton A. (2000): Religionsunterricht zwischen Lernfach und Lebenshilfe. Eine empirische Untersuchung zum katholischen Religionsunterricht in der Bundesrepublik Deutschland, Stuttgart u.a.

Bucher, Anton A./Reich, Karl Helmut (Hgg.) (1989): Entwicklung von Religiosität. Grundlagen – Theorieprobleme – Anwendungen, Freiburg (Schweiz).

Bulckens, Joseph (1994): Zoals eens op de weg naar Emmaus. Handboek voor Catechetiek, Leuven.

Bulhof, Ilse (1995): Die postmoderne Herausforderung der ökumenischen Bewegung. In: US 50, 15–29.

BUND/Misereor (Hgg.) (1996): Zukunftsfähiges Deutschland. Ein Beitrag zu einer global nachhaltigen Entwicklung, Basel/Boston/Berlin.

Bundeszentrale für politische Bildung (Hg.) (2000): Medienpädagogik, Bonn.

Buschmeyer, Hermann (1997): Herausforderung für die Erwachsenenbildung: Aktualisierung der Medienkompetenz. In: EB 43, 138–141.

Bußmann, Gabriele (1988): Stufenmodelle zur Entwicklung religiösen Bewußtseins – theologische und religionspädagogische Anfragen. In: RpB 21, 30–49.

Büttner, Gerhard (1994): Zwischen Halbfas und Biehl. Diskussionsbeiträge zur Symboldidaktik. In: Der EE 46, 56–65.

Cleiß, Peter u.a. (Hgg.) (2000): Familie im Wandel – Schule in Entwicklung, Münster.

Club of Rome (1992): Die erste globale Revolution, Frankfurt.

Copei, Friedrich (²1950): Der fruchtbare Moment im Bildungsprozeß, Heidelberg.

Csikszentmihalyi, Mihaly/Schiefele, Ulrich (1993): Die Qualität des Erlebens und der Prozeß des Lernens. In: ZfPäd 39, 207–221.

Daiber, Karl (1996): Religiöse Gruppenkultur als Reaktionsmuster gesellschaftlicher Individualisierungsprozesse. In: Karl Gabriel (Hg.), Religiöse Individualisierung oder Säkularisierung? Gütersloh, 86–100.

Dauber, Heinrich (1998): Der Lehrer in der Schule der Zukunft: Coach oder Pädagoge? In: Ders.u.a. (Hgg.), Schulpraktikum vorbereiten, Bad Heilbrunn, 23–37.

Davie, Grace (2000): Religion in Europe. A Memory mutates, Oxford.

Dekret über den Ökumenismus »Unitatis redintegratio« (1964), in: ²LThK 13 (1986), 9–126.

Derrida, Jacques (²1988): Grammatologie, Frankfurt.

Dewey, John (1963): Erfahrung und Erziehung. In: Werner Corell (Hg.), Reform des Erziehungsdenkens. Eine Einführung in John Deweys Gedanken zur Schulreform, Weinheim.

Dewey, John (1986): Logic: The Theory if Inquiry, Carbondale (In: The Later Works, Vol 12).

Dickopp, Karl-Heinz (1982): Erziehung ausländischer Kinder. Das Krefelder Modell, Düsseldorf.

Die Interpretation der Bibel in der Kirche. Das Dokument der Päpstlichen Bibelkommission vom 23. 4. 1993 von Lothar Ruppert und Hans-Josef Klauck (1995), Stuttgart.

Dimpflmaier, Anton (1994): Neues Testament und Glaubensweitergabe, St. Ottilien.

Dober, Hans Martin (1992): Erfahrbare Kirche: Dimensionierte Zeit und symbolische Ordnung im Kirchenjahr. In: Zeitschrift für Theologie und Kirche 89, 222–248.

Drehsen, Volker (1988): Neuzeitliche Konstitutionsbedingungen der Praktischen Theologie. Gütersloh.

Drehsen, Volker (1994): Wie religionsfähig ist die Volkskirche?, Gütersloh.

Drehsen, Volker (1994): Zwischen Wahlzwang und Fundamentalismusneigung. In: Ders., Wie religionsfähig ist die Volkskirche?, Gütersloh 1994, 61–91.

Dressler, Bernd (1998): Die Schule entdeckt Kirche als Ort von Religion. In: Thomas Klie (Hg.), Der Religion Raum geben. Kirchenpädagogik und religiöses Lernen, Münster, 77–92.

Dubs, Rolf (1995): Konstruktivismus. In: ZfPäd 41, 889–903.

Duncker, Ludwig (1996): Zur Komplexität der Zeitverhältnisse in Schule und Unterricht. In: Ders., Zeigen und Handeln. Studien zur Anthropologie der Schule, Langenau-Ulm, 153–166.

Duncker, Ludwig/Götz, Bernd (1984): Projektunterricht als Beitrag zur inneren Schulreform, Langenau-Ulm.

Duquoc, Christian (1991): Mensch/Ebenbild Gottes. In: Peter Eicher (Hg.), NHThG, München, 335–348.

Durkheim, Emilé (1994): Die elementaren Formen des religiösen Lebens, Frankfurt.

Ebertz, Michael N. (1997): Kirche in der Gegenwart. Zum Umbruch der religiösen Landschaft, Freiburg.

Eiben, Jürgen (1992): Kirche und Religion – Säkularisierung als sozialistisches Erbe? In: Jugendwerk der Deutschen Shell (Hg.): Jugend '92. Lebenslagen, Orientierungen und Entwicklungsperspektiven im vereinigten Deutschland. Bd. 2: Im Spiegel der Wissenschaften, Opladen, 91–19103.

Eliade, Mircea (1957): Das Heilige und das Profane. Vom Wesen des Religiösen, Hamburg.

Emeis, Dieter/Schmitt, Karl Heinz (1986): Handbuch der Gemeindekatechese, Freiburg.

Ende, Michael (1973): Momo oder Die seltsame Geschichte von den Zeit-Dieben und von dem Kind, das den Menschen die gestohlene Zeit zurückbrachte. Ein Märchen-Roman, Stuttgart.

Enders-Dragässer, Uta/Fuchs, Claudia (^{2}1993): Interaktionen der Geschlechter, Weinheim u.a.

Engel, Ägidius (1999): CD-ROMs für Religionslehrer/innen und Religionsunterricht. In: rhs 42, 195–200.

Englert, Raudolf/Güth, Ralph (Hg.) (1999): »Kinder zum Nachdenken bringen.« Eine Untersuchung zu Situation und Profil katholischen Religionsunterrichts an Grundschulen, Stuttgart.

Englert, Rudolf (1985): Glaubensgeschichte und Bildungsprozeß, München.

Englert, Rudolf (1986): Glauben lernen. In: Gottfried Bitter/Gabriele Miller (Hgg.), Handbuch religionspädagogischer Grundbegriffe, Bd. 1, München, 344–347.

Englert, Rudolf (1988): Plädoyer für »religionspädagogische Pünktlichkeit«. Zum Verhältnis von Glaubensgeschichte, Lebensgeschichte und Bildungsprozess. In: KatBl 113, 159–169.

Englert, Rudolf (1993): Die Korrelationsdidaktik am Ausgang ihrer Epoche. In: Georg Hilger/George Reilly (Hgg.), Religionsunterricht im Abseits? München, 97–109.

Englert, Rudolf (1993): Religiöse Bedürfnisse der Kinder. Ausgangspunkt für den Religionsunterricht an der Grundschule. In: KatBl 118, 844–851.

Englert, Rudolf (1994): Die gemeinsame Verantwortung der Kirchen für einen zukünftigen Religionsunterricht. In: rhs 37, 338–346.

Englert, Rudolf (1995): Wissenschaftstheorie der Religionspädagogik. In: Hans-Georg Ziebertz/Werner Simon (Hgg.), Bilanz der Religionspädagogik, Düsseldorf, 147–174.

Englert, Rudolf (1996): Korrelation(sdidaktik). Bilanz und Perspektiven. In: RpB 38, 3–18.

Erikson, Erik (1977): Identität und Lebenszyklus, Frankfurt (am. Org. 1959).

Esser, Wolfgang (1991): Gott reift in uns. Lebensphasen und religiöse Entwicklung, München.

Evangelisches Oberkirchenamt Stuttgart/Bischöfliches Schulamt Rottenburg (1997): Projektversuche zur konfessionellen Kooperation im Religionsunterricht. In: Reinhard Frieling/Christoph Scheilke (Hgg.), Religionsunterricht und Konfession, Bensheimer Hefte 88, Göttingen, 129–131.

Evangelischer Pressedienst 16/1990 und 18/1990.

Exeler, Adolf (1974): Inhalte des RU. Vom stofforientierten zum situationsbezogenen Religionsunterricht. In: HRP II, 90–118.

Exeler, Adolf (^{2}1978): Inhalte des Religionsunterrichts. In: Handbuch der Religionspädagogik II, 90–118.

Exeler Adolf (1982): Religiöse Erziehung als Hilfe zur Menschwerdung, München.

Exeler, Adolf (1996): Wesen und Aufgabe der Katechese. Eine pastoralgeschichtliche Untersuchung, Freiburg.

Failing, Wolf-Eckart (1998): Die eingezäunte Welt und die Transzendenzen Gottes. In: Ders./Hans Günther Heimbrock (1998), Gelebte Religion wahrnehmen, Stuttgart, 91–122.

Failing, Wolf-Eckart/Heimbrock, Hans-Günter (1998): Gelebte Religion wahrnehmen, Stuttgart u.a.

Fauser, Peter (1999): Was ist »Imaginatives Lernen«? In: Pädagogik 51, H. 7–8, 6–9.

Fauser, Peter/Madelung, Eva (Hg.) (1996): Vorstellungen bilden. Beiträge zum imaginativen Lernen, Velber.

Fauser, Peter/Wulffen, Dorothee von (Hg.) (1999): Einsicht und Vorstellungen. Imaginatives Lernen in Literatur und Geschichte, Velber.

Fauser, Peter/Tacke, Heinfried (1991): Schule und Praktisches Lernen. Ansatz und Erfahrung einer Reforminitiative. In: ru 21, 43–47.

Faust-Siehl, Gabriele (1987): Themenkonstitution als Problem von Didaktik und Unterrichtsforschung, Weinheim.

Faust-Siehl, Gabriele (1993): Stille und Stilleübungen – Pädagogische Grundlagen einer Methode des Religionsunterrichts. In: Gottfried Adam/Rainer Lachmann (Hgg.): Methodisches Kompendium für den Religionsunterricht, Göttingen, 366–376.

Faust-Siehl, Gabriele u. a. (1996): Die Zukunft beginnt in der Grundschule. Empfehlungen zur Neugestaltung der Primarstufe, Frankfurt.

Faust-Siehl, Gabriele u.a. (^{3}1992): Mit Kindern Stille entdecken, Frankfurt.

Feifel, Erich (1967): Der Beitrag des Zweiten Vatikanischen Konzils zum Gespräch zwischen Theologie und Pädagogik. In: Ders. (1995), Religiöse Erziehung im Umbruch, München, 78–93.

Feifel, Erich (1971): Fragestellungen und Aufgaben gegenwärtiger Religionspädagogik. In: Günter Stachel/Wolfgang G. Esser (Hgg.): Was ist Religionspädagogik?, Zürich/Köln, 149–262.

Feifel, Erich (1973): Altersspezifische Funktion einer Kurzform des Glaubens. In: Otto Knoch u. a. (Hgg.), Das Evangelium auf dem Weg zum Menschen (FS Heinrich Kahlefeld), Frankfurt, 231–243.

Feifel, Erich (1992): Was ist ästhetische Erfahrung? In: RpB 30, 3–18.

Feifel, Erich (1993): Zur Konfessionalität des Religionsunterrichts. In: Leb Kat 15, H. 2, 95–102.

Feifel, Erich (1995): Didaktische Ansätze in der Religionspädagogik. In: Hans-Georg Ziebertz/Werner Simon (Hgg.), Bilanz der Religionspädagogik, Düsseldorf, 86–110.

Feifel, Erich (1995): Vom Verlust der Sinnlichkeit des Glaubens. In: Stephan Leimgruber/Michael Langer (Hgg.): Erich Feifel. Religiöse Erziehung im Umbruch, München, 50–58.

Feifel, Erich/Leuenberger, Robert/Stachel, Günter/Wegenast, Klaus (Hgg.) (1973): Handbuch der Religionspädagogik, 3 Bde., Zürich/Einsiedeln/Köln.

Feige, Andreas (1982): Erfahrungen mit Kirche. Daten und Analysen einer empirischen Untersuchung über Beziehungen und Einstellungen junger Erwachsener zur Kirche. Ein Beitrag zur Soziologie und Theologie der Volkskirchenmitgliedschaft in der Bundesrepublik Deutschland, Hannover.

Fend, Helmut (1988): Sozialgeschichte des Aufwachsens. Frankfurt.

Fendrich, Herbert (1991): Wozu sind Bilder gut? In: KatBl 116, 123–131.

Fikenscher, Konrad (1988): Christlicher Religionsunterricht in der staatlichen Schule. In: Jörg Ohlemacher/Heinz Schmidt (Hgg.), Grundlagen der evangelischen Religionspädagogik, Göttingen, 52–69.

Fink, Gabriele/Kammerl, Rudolf (2001): Virtuelle Identitäten. In: medien praktisch, Heft 1, 10–16.

Fink, Hans (1987): Anthropologischer Ansatz und Selbstverständnis der Religionspädagogik. In: Ruppert Leitner (Hgg.), Religionspädagogik Bd. I, Wien 13–29.

Fischer, Balthasar (1988): Mystagogie. In: Schütz, Christian (Hg.): Praktisches Lexikon der Spiritualität, Freiburg i.Br., 902–904.

Fischer, Dietlind (1999): Freiarbeit. In: rhs 42, H. 3, 172–181.

Fischer, Dietlind/Schöll, Albrecht u. a. (Hgg.) (2000): Religiöse Vorstellungen bilden. Erkundungen zur Religion von Kindern, Münster (Comenius Institut).

Flitner, Andreas (1993): Entwürfe für eine menschenfreundliche Schule unter den Vorzeichen der Moderne. In: Georg Hilger/George Reilly (Hgg.), Religionsunterricht im Abseits?, München, 240–260.

Flitner, Andreas (1993): Schulreform und Praktisches Lernen. In: Michele Borelli (Hg.), Deutsche Gegenwartspädagogik, Hohengehren, 108–119.

Folling-Albers, Maria (2001): Veränderte Kindheit – revisited. Konzepte und Ergebnisse sozialwissenschaftlicher Kindheitsforschung der vergangenen 20 Jahre. In: Dies./Sigrun Richter/Hans Bügelmann/Angelika Speck-Hamdan (Hgg.), Jahrbuch Grundschule III, Seelze/Velber, 10–51.

Foitzik, Karl/Harz, Frieder (²1990): Religionsunterricht vorbereiten, München.

Forum Schule für eine Welt (³1989): Lernziele für eine Welt, Jona/CH.

Fowler, James W. (1984): Eine stufenweise geschehende Einführung in den Glauben. In: Conc 20, 309–315.

Fowler, James W. (1991): Stufen des Glaubens, Gütersloh.

Fraas, Hans-Jürgen (1983): Glaube und Identität, Grundlegung einer Didaktik des Glaubens, Göttingen.

Fraas, Hans-Jürgen (1998): Theologie und Psychologie. In: Werner Ritter/Martin Rothgangel (Hgg.): Religionspädagogik und Theologie, Stuttgart, 118–131.

Fraas, Hans-Jürgen (2000): Identität und Kompetenz. Die Lehrerbildung als Herausforderung an die Theologie. In: MThZ 51, 264–278.

Francis, Leslie/Ziebertz, Hans-Georg/Kalbheim, Boris/Lewis, Christopher (2001): Religion and Happiness, Würzburg.

Freese, Hans-Ludwig (²1990): Kinder sind Philosophen, Weinheim/Berlin.

Freire, Paulo (⁴1981): Pädagogik der Unterdrückten, Reinbek.

Freud, Sigmund (1996): Die Zukunft einer Illusion (1927), Frankfurt.

Frey, Karl (³1990): Die Projektmethode, Weinheim/Basel.

Friedli, Peter (1981): Frieden wagen, (Ökumenische Beihefte 14), Fribourg.

Frieling, Reinhard/Scheilke, Thomas (Hgg.) (1999): Religionsunterricht und Konfession (Bensheimer Heft 88), Göttingen.

Fries, Heinrich (1989): Ökumene gestern – heute – morgen. In: Albert Biesinger/Werner Tzscheetzsch (Hgg.), Das Geheimnis erspüren – zum Glauben anstiften, Freiburg.

Frisch, Hermann-Josef (1992): Fachdidaktik Religion, Düsseldorf.

Fritzsche, Yvonne (2000): Modernes Leben: Gewandelt, vernetzt und verkabelt. In: Jugendwerk der deutschen Shell (Hg.), Jugend 2000, Opladen, 181–219.

Frommer, Helmut/Körsgen, Siegfried (1989): Über das Fach hinaus. Fachübergreifender Unterricht, praktisches Lernen, pädagogische Tradition, Düsseldorf.

Fuchs, Brigitte (2000): Schulpastoral, Glauben erfahren mit allen Sinnen. In: RpB 45, 115–128.

Fuchs, Gotthard (1977): Glaubhaft ist nur die Liebe. Theologische Anmerkungen zu Ansatz und Perspektive des Zielfelderplans für die Primarstufe. In: KatBl 102, 371–377.

Fuchs, Gotthard (1985): Einweisung ins Unglaubliche und Selbstverständliche. Zur theologischen Kunst des Korrelierens. In: rhs 28, 84–91.

Fürst, Gerhard (1989): Glaube als Lebensform. Der Beitrag Johann Baptist Hirschers zur Neugestaltung christlich-kirchlicher Lebenspraxis und lebensbezogenen Theologie, Mainz.

Fürstenberg, Friedrich (1994): Säkularisierung. In: Rudolf Dunde (Hg.), Wörterbuch der Religionssoziologie, Gütersloh, 279–287.

Füssel, Kuno (1989): Die Zinsen fressen das Leben der Armen. In: Ders. (Hg.), »In euren Häusern liegt das geraubte Gut der Armen...«, Freiburg, 191–226.

Füssel, Kuno/Sölle, Dorothee/Steffensky, Fulbert (1993): Die Sowohl-als-auch-Falle, Luzern.

Gabriel, Karl (1989), Religionsunterricht und Religionslehrer im Spannungsfeld von Kirche und Gesellschaft. In: KatBl 114, 865–879.

Gandlau, Harriet (2000): Mosaik RU. Bausteine und Elemente, München.

Gansberg, Fritz (1905) (Hg.): Religionsunterricht? Achtzig Gutachten, Leipzig.

Geissler, Margrit (1994): Das Schiff des Theseus heißt Krusenstern. Philosophieunterricht in den Klassen 5/6. In: Martens, Ekkehard/Schreier, Helmut (Hgg.): Philosophieren mit Schulkindern. Philosophie und Ethik in Grundschule und Sekundarstufe I, Heinsberg, 232–244.

Gerken, Alexander (1973): Theologie der Eucharistie, München.

Gerstenmaier, Jochen/Mandel, Heinz (1995): Wissenserwerb unter konstruktivistischer Perspektive. In: ZfPäd 41, 867–888.

Gertz, Bernhard (1986): Mystagogie. In: Bitter, Gottfried/Miller, Gabriele (Hgg.): Handbuch religionspädagogischer Grundbegriffe, Bd. 1, München 82–84.

Gertz, Bernhard (1986): Spiritualität. In: HrpG II, 746–750.

Gillen, Erny (1989): Wie Christen ethisch Handeln und Denken, Würzburg.

Glock, Charles Y. (1969): Über die Dimensionen der Religiosität. In: Joachim Matthes (Hg.), Kirche und Gesellschaft, Hamburg/Basel, 150–168.

Gmünder, Paul (1979): Entwicklung als Ziel der religiösen Erziehung. In: KatBl 104, 629–634.

Goldbrunner, Josef (1962): Zur Methodik des modernen Religionsunterrichtes. In: Katechetische Methoden heute, bearbeitet von Josef Goldbrunner. München, 128–147.

Goleman, Daniel (1995, [10]1997): Emotionale Intelligenz, New York, München.

Gonschorek, Gernot/Schneider, Susanne (2000): Einführung in die Schulpädagogik und die Unterrichtsplanung, Donauwörth.

Göppel, Rolf (1991): Umwelterziehung. Katastrophenpädagogik? Moralerziehung? Ökosystemlehre? Oder ästhetische Bildung? In: Neue Sammlung 31, 25–38.

Görg, Manfred (1995): Der un-heile Gott. Die Bibel im Bann der Gewalt, Düsseldorf.

Goßmann, Klaus (1995): Konzeptionen ökumenischen Lernens. Versuch einer Standortbestimmung. In: Ders./Annebelle Pithan/Peter Schreiner (Hgg.), Zukunftsfähiges lernen, Münster, 71–101.

Goßmann, Klaus/Mette, Norbert (1995): Lebensweltliche Erfahrung und religiöse Deutung. In: Comenius Institut (Hg.), Religion in der Lebensgeschichte, Münster, 163–175.

Gottwald, Eckart ([2]1999): Audiovisuelle Medien in Religionsunterricht und Gemeindearbeit. In: Gottfried Adam/Rainer Lachmann (Hgg.), Methodisches Kompendium, Göttingen 1993, 284–296.

Graham, Elaine (1996): Making the Difference. Gender, Personhood and Theology, Minneapolis.

Green, Garrett (1989): Imagining God. Theology and the Religious Imagination, Grand Rapids.

Grethlein, Christian (1998): »Kirchenpädagogik« im Blickfeld der Praktischen Theologie. In: Thomas Klie (Hg.), Der Religion Raum geben. Kirchenpädagogik und religiöses Lernen, Münster, 17–33.

Greve, Astrid (1999): Erinnern lernen, Neukirchen-Vluyn.

Greve, Werner (Hg.) (2000): Psychologie des Selbst, Weinheim.

Grom, Bernhard ([5]2000): Religionspädagogische Psychologie des Kleinkind-, Schul- und Jugendalters. Düsseldorf.

Groome, Thomas H. (1980): Christian religious Education, San Francisco.

Groothoff, Hans Hermann (Hg.) (1963): Ausgewählte Schriften zur Pädagogik und ihrer Begründung, Paderborn.

Groß, Engelbert (1992): Freies Arbeiten. Ein Begriff, der in fast keinem (schul-)pädagogischen Wörterbuch steht. In: Ders. (Hg.), Freies Arbeiten in weiterführenden Schulen, Donauwörth, 56–72.

Groß, Engelbert (1994): Konsequenter Religionsunterricht, Aktion und Projekt, Donauwörth.

Groß, Engelbert (1996): Projekt-Didaktik-Religion, Bad Heilbrunn.

Groß, Engelbert (1999): Handlungsorientierung – das Projekt »Wirklichkeit des Glaubens« als Dimension gymnasialen Unterrichts. In: rhs 42, H. 3, 151–160.

Grossmann, Sigrid (1988): Gottesbilder. In: Maria Kassel (Hg.), Feministische Theologie. Perspektiven zur Orientierung, 75–103.

Grözinger, Albrecht (1987): Praktische Theologie und Ästhetik, München.

Gruber, Hans/Renkl, Alexander (2000): Die Kluft zwischen Wissen und Handeln: Das Problem des trägen Wissens (Regensburger Beiträge zur Lehr-Lern-Forschung Nr. 7), Regensburg.

Grundlagenplan für den katholischen Religionsunterricht an Beruflichen Schulen (1980), hg. v. d. Zentralstelle Bildung der Deutschen Bischofskonferenz, München.

Grundlagenplan für den katholischen Religionsunterricht in der Grundschule 1998, hg. von der Zentralstelle der Deutschen Bischofskonferenz, Krefeld.

Grundlagenplan für den katholischen Religionsunterricht an der Schule für Geistigbehinderte (1999), hg. von der Zentralstelle Bildung der Deutschen Bischofskonferenz, München.

Grundlagenplan für den katholischen Religionsunterricht an Gehörlosenschulen (1987), hg. von der Zentralstelle Bildung der Deutschen Bischofskonferenz, Köln.

Grundlagenplan für den katholischen Religionsunterricht an Schulen für Lernbehinderte/ Förderschulen (1991), hg. von der Zentralstelle Bildung der Deutschen Bischofskonferenz, München.

Grundlagenplan für den katholischen Religionsunterricht im 5. bis 10. Schuljahr (^{2}1985). Revidierter Zielfelderplan, hrsg. von der Zentralstelle Bildung der Deutschen Bischofskonferenz, Köln.

Gudjons, Herbert (^{3}1992; ^{5}1997): Handlungsorientiert lehren und lernen, Bad Heilbrunn.

Gudjons, Herbert (1998): Frontalunterricht – gut gemacht ... Come-back des »Beybringens«?, In: Pädagogik 50, H. 5, 6–8.

Gutmann, Hans-Martin (1998): Der Herr der Heerscharen, die Prinzessin der Herzen und der König der Löwen. Religion lehren zwischen Kirche, Schule und populärer Kultur, Gütersloh.

Habermas, Jürgen (1968): Erkenntnis und Interesse, Frankfurt.

Habermas, Jürgen (1981): Theorie des Kommunikativen Handelns (2 Bde). Frankfurt.

Habermas, Jürgen (1983): Moralbewußtsein und kommunikatives Handeln, Frankfurt.

Habermas, Jürgen (1985): Die neue Unübersichtlichkeit, Frankfurt.

Habermas, Jürgen (1988): Nachmetaphysisches Denken, Frankfurt.

Habermas, Jürgen (1988): Metaphysik nach Kant. In: Ders., Nachmetaphysisches Denken, 18–34.

Hach, Jürgen (1980): Gesellschaft und Religion in der Bundesrepublik Deutschland, Heidelberg.

Hagemann-White, Carol (1984): Sozialisation: Weiblich – männlich? Opladen.

Hagstedt, Herbert (1977): Planungshilfe oder Planungsersatz? Überlegungen zum didaktischen Standort des Schulbuches. In: KatBl 102, 191–204.

Hahne, Werner (1991): De Arte celebrandi oder Von der Kunst, Gottesdienst zu feiern, Freiburg.

Halbfas, Hubertus (1968): Fundamentalkatechetik. Sprache und Erfahrung im Religionsunterricht, Stuttgart.

Halbfas, Hubertus (1971): Aufklärung und Widerstand, Stuttgart/Düsseldorf.

Halbfas, Hubertus (^{3}1987): Das Dritte Auge – Religionsdidaktische Anstöße, Düsseldorf.

Halbfas, Hubertus (1983ff): Religionsunterricht in der Grundschule. Lehrerhandbuch 1–4, Zürich/Düsseldorf (1985 Bd. 3).

Halbfas, Hubertus (1985): Was heißt »Symboldidaktik«? In: JRP 1, 6–94.

Halbfas, Hubertus (1989–94): Unterrichtswerk für die Sekundarstufe, Düsseldorf (dazu Diareihen).

Halbfas, Hubertus (1992): Wer sind unsere Schülerinnen und Schüler? In: KatBl 117, 744 – 753.

Hall, Robert T. (1979): Unterricht über Werte, München/Wien/Baltimore.

Handke, Peter (^{5}1991): Versuch über die Müdigkeit, Frankfurt.

Hänsel, Dagmar (1986): Was ist Projektunterricht, und wie kann er gemacht werden? In: Dies. (Hg.), Das Projektbuch Grundschule. Weinheim/Basel, 15–47.

Haslinger, Herbert (1991a): Sich selbst entdecken – Gott erfahren. Für eine mystagogische Praxis kirchlicher Jugendarbeit, Mainz.

Haslinger, Herbert (1991b): Was ist Mystagogie? Praktisch-theologische Annäherung an einen strapazierten Begriff. In: Knobloch, Stefan/Ders. (Hgg.): Mystagogische Seelsorge. Eine lebensgeschichtlich orientierte Pastoral, Mainz, 15–75.

Hautle, Philipp (1993): Ökumene und Religionsunterricht in der Schweiz. In: KatBl 188, 121–127.

Havers, Norbert (1972): Der Religionsunterricht – Analyse eines unbeliebten Fachs, München.

Heid, Helmut (1992): Was leistet das Leistungsprinzip? In: Zeitschrift für Berufs- und Wirtschaftspädagogik 88, H. 2, 91–108.

Heiden, Uwe an der (1985): Kognitive Selbstreferenz. In: Gerhard Pasternack (Hg.), Erklären, Verstehen, Begründen, Bremen.

Heil, Stefan/Faust-Siehl, Gabriele (2000): Universitäre Lehrerausbildung und pädagogische Professionalität im Spiegel von Lehrenden. Eine qualitativ-empirische Untersuchung, Weinheim.

Heilemann, Michael (1996): Moraltraining und Gewissensbildung. In: Wolfram Ellinghaus (Hg.), Wozu Ethikunterricht? Erwartungen von Parteien und Verbänden, Harsewinkel, 102–110.

Heimbrock, Hans-Günter (2000): Global – lokal – oder »glokal«? Religionsunterricht in Europa zum Kulturbezug. In: Peter Biehl/Klaus Wegenast (Hgg.), Religionspädagogik und Kultur, 201–233.

Heimbrock, Hans-Günther (Hg.) (1998): Religionspädagogik und Phänomenologie, Weinheim.

Heimbrock, Heinz-Günter (1993): Interreligiöses Lernen. In: EE 45, 573–586.

Heinemann, Ursula u. a. (Hg.) (1999): Wege miteinander. Konfessionelle Kooperation in der Schule. Modelle und Beispiele, München/Stuttgart.

Heinrich, Karin (1991): Kinder arbeiten sich frei. Wie Grundschule Schule der Kinder sein kann, Essen.

Heizer, Martha/Walter, Karin (1988): Gottesbilder. In: Anneliese Lissner u.a. (Hgg.), Frauenlexikon. Traditionen. Fakten. Perspektiven, Freiburg/Basel/Wien, 463–473.

Helsper, Werner/Betram, Mechtild (1999): Biographieforschung und SchülerInnenforschung. In: Heinz-Hermann Krüger/Winfried Marotzki (Hgg.), Handbuch Erziehungswissenschaftliche Biographieforschung, Opladen, 259–278.

Hemel, Ulrich (2000): Ermutigung zum Leben und Vermittlung religiöser Kompetenz – Ziele des Religionsunterrichts heute – Europäisches Forum für Religionsunterricht. Bratislava – unter: http://www.rpi.at/eufres/viele%20des%RU%20heute.htm.

Hemel, Ulrich (1986): Religionspädagogik im Konzept von Theologie und Kirche, Düsseldorf.

Hemel, Ulrich (1988): Ziele religiöser Erziehung. Beiträge zu einer integrativen Theorie, Frankfurt a.M.

Hemel, Ulrich (1990): Ist eine religionspädagogische Theorie des Symbols möglich? In: RpB 25, 145–176.

Hemel, Ulrich (1991): Religionsunterricht in osteuropäischen Ländern. In: KatBl 116, 577–587.

Hemel, Ulrich (1991): Toleranz und religiöse Kompetenz. In: KatBl 116, 159–168.

Hemmerle, Klaus (1994): Religionsunterricht als Vermittlungsgeschehen. In: KatBl 119, 304–311.

Hendriksen, Jeroen (2000): Intervision. Kollegiale Beratung in Sozialer Arbeit und Schule, Weinheim.

Henke, Thomas (1999): Religiöse Erziehung und neue Medien. In: LebKat 21, 62–66.

Henning, Karsten/Steib, Rainer (1997): Leitfaden Medienarbeit, München.

Hentig, Hartmut von (1985): Ästhetische Erziehung im Politischen Zeitalter. In: Die Deutsche Schule 10, 580–600.

Herion, Horst (1990): Methodische Aspekte des Religionsunterrichts, Donauwörth.

Hervieux-Léger, Daniele (2000): Religion as a Chain of Memory, Oxford.

Hetzer, Hildegard (1971): Selbständige Bemühungen kleiner Kinder, Gott zu begreifen. In: EE 23, 137–148.

Hick, John (1982): Gott und seine vielen Namen, Altenberge.

Hilberath, Bernd Jochen/Moltmann, Jürgen (Hgg.) (2000): Ökumene – Wohin?, Tübingen/Basel.

Hilger, Georg (1975): Religionsunterricht als offener Lernprozess, München.

Hilger, Georg (1976): Zur Funktion von Lehrbüchern für den Religionsunterricht. In: rhs 19, 155–163.

Hilger, Georg (1978): Der Religionslehrer im Erwartungshorizont didaktischer Entwürfe. In: KatBl 103, 125–140.

Hilger, Georg (1979): Unterrichtsplanung und schülerorientierter RU. In: KatBl 104, 186–195.

Hilger, Georg (1980): Unterricht über Unterricht. In: Klaus Geppert/Eckhardt Preuß (Hgg.), Selbständiges Lernen. Zur Methode des Schülers im Unterricht. Bad Heilbrunn, 90–96.

Hilger, Georg (1981): Beobachtungsgesichtspunkte zur Analyse von Religionsbüchern. In: ru 11, 30–31.

Hilger, Georg (1984): Curriculumtheorie. In: Deutsches Institut für Fernstudien an der Universität Tübingen (Hg.), Fernstudium Religionspädagogik. Studienbrief V/1, 95–117.

Hilger, Georg (1986): Lehrplan. In: Gottfried Bitter/Gabriele Miller (Hgg.), HrpG Bd. 2, 482–488.

Hilger, Georg (1987): Schüler-Rollen. In: KatBl 112, 370–375.

Hilger, Georg (1993): Für eine religionspädagogische Entdeckung der Langsamkeit. In: Ders./George Reilly (Hgg.), Religionsunterricht im Abseits?, München, 261–279.

Hilger, Georg (1993): Korrelation als theologisch-hermeneutisches Prinzip. In: KatBl 118, 828ff.

Hilger, Georg (1994): Für eine Verlangsamung im Religionsunterricht. In: KatBl 119, 21–30.

Hilger, Georg (1994): Langsamer ist mehr! Vorschläge für eine produktive Verlangsamung des Lernens im Religionsunterricht. In: Schweitzer, Friedrich/Faust-Siehl, Gabriele (Hgg.): Religion in der Grundschule. Religiöse und moralische Erziehung, Frankfurt, 215–220.

Hilger, Georg (1996): »Imstande sein, religiöse Bildung für die Dimensionen des Ästhetischen zu öffnen«. Religionsdidaktische Grundregel 2. In: Engelbert Groß/Klaus König (Hgg.), Religionsdidaktik in Grundregeln, Regensburg, 19–29.

Hilger, Georg (1996): Ästhetik und Religionsunterricht. In: KatBl 121, 315–318.

Hilger, Georg (1996): Jugendliche und ihre Religiosität. In: Heinrich Petri u.a.(Hgg.), Glaubensvermittlung im Umbruch (FS Manfred Müller), Regensburg, 343–357.

Hilger, Georg (1997): Ansätze und Typen der Korrelation von Lebenssituationen und Glaubensinhalten. In: KatBl 102, 250–257.

Hilger, Georg (1997): Religionsunterricht als Wahrnehmungsschule. In: Georg Schmuttermayr u.a. (Hgg.), Im Spannungsfeld von Tradition und Innovation (FS Ratzinger), Regensburg, 399–420.

Hilger, Georg (1998): Wahrnehmung und Verlangsamung als religionsdidaktische Kategorien. In: Hans-Günter Heimbrock (Hg.), Religionspädagogik und Phänomenologie, Weinheim, 138–157.

Hilger, Georg (1998): Wahrnehmungsschulung für die Religiosität Jugendlicher. In: Werner Ritter/Martin Rothgangel (Hgg.), Religionspädagogik und Theologie, Stuttgart, 246–263.

Hilger, Georg (1999): »Achte auf den rechten Augenblick!« (Sir 4,20). Zum Umgang mit der Zeit in Religionsunterricht und Christenlehre. In: Christenlehre/Religionsunterricht – Praxis 52, 9–18.

Hilger, Georg (2000): Wenn Form und Inhalt stimmen. Religionsunterricht als Wahrnehmungs- und Ausdrucksschule. In: ru 30, H. 2, 42–45.

Hilger, Georg/Niehl, Franz W. (1989): ... und Jakob hinkt. Bibelarbeit als offener Prozeß. In: KatBl 114, 397–403.

Hilger, Georg/Reil, Elisabeth (Hgg.) (1998ff): Reli. Unterrichtswerk für katholische Religionslehre an Hauptschulen in den Klassen 5–9, München.

Hilger, Georg/Reil, Elisabeth (Hgg.) (2000ff): Reli. Unterrichtswerk für katholischen Religionsunterricht in der Sekundarstufe I, München.

Hilger, Georg (2000a): Kinder bilden ihre Gottesvorstellungen – Ausdruck einer Kindertheologie?. In: Möde, Erwin/Schieder, Thomas (Hgg.): Den Glauben verantworten. Bleibende und neue Herausforderungen für die Theologie zur Jahrtausendwende (FS H. Petri) Paderborn/München/Wien u.a., 297–308.

Hilger, Georg/Rothgangel, Martin (2000): Wahrnehmungsschulung für »Gottesbilder« von Kindern. Ein Werkstattbericht aus der Lehrerbildung. In: Dietlind Fischer/Albrecht Schöll (Hgg.), Religiöse Vorstellungen bilden. Erkundungen zur Religion von Kindern über Bilder. Münster, 263–279.

Hilger, Georg/Rothgangel, Martin (1997): Wahrnehmungskompetenz für die Religiosität von SchülerInnen. Ein Beitrag zum religionspädagogischen Perspektivenwechsel. In: KatBl 122, 276–282.

Hilger, Heide/Hilger, Georg (1996): Religionsunterricht in Bewegung. In: KatBl 121, 296 – 300.

Hilgers, Andrea (1994): Geschlechterstereotype und Unterricht, Weinheim/München.

Hilpert, Konrad/Hasenhüttl, Gotthold (Hgg.) (1999): Schöpfung und Selbstorganisation, Paderborn.

Hintz, Dieter/Pöppel, Karl/Rekus, Jürgen (²1995): Neues schulpädagogisches Wörterbuch, Weinheim/München.

Hirscher, Johann Baptist (1831): Katechetik oder der Beruf des Seelsorgers, die ihm anvertraute Jugend im Christentum zu unterrichten und zu erziehen, Tübingen.

Høeg, Peter (1998): Der Plan von der Abschaffung des Dunkels. Reinbek b. Hamburg.

Hofmeier, Johann (1994): Fachdidaktik Katholische Religion, München.

Hofmeier, Johannes (1994): Religionspädagogische Hauptaufgabe – auch heute noch? In: Michael Lang/Norbert Weidinger (Hgg.), Maßstäbe weitergeben – Entscheidungen ermöglichen (FS Alfred Gleißner), 139–145.

Hohmann, Harald (1994): Religion. In: Rudolf Dunde (Hg.), Wörterbuch der Religionssoziologie, Gütersloh, 260–267.

Höhn, Hans-Joachim (1999): Lebenszeit, Weltzeit, Endzeit. In: rhs 42, 1–11.

Hole, Günter (1994): Die depressive Dekompensation – pathologische Endstrecke einer religiösen Anstrengung. In: Gunther Klosinski (Hg.), Religion als Chance oder Risiko, Bern, 209–222.

Holtstiege, Hildegard (1977): Modell Montessori, Freiburg.

Holzbrecher, Alfred (1999): Subjektorientiert Lernen – Forschend Lehren. In: Pädagogik 51, H. 12, 54– 58.

Höring, Patrik C. (1998): Grenzerfahrungen als Anknüpfungspunkte für religiöse Erfahrungen in der kirchlichen Jugendarbeit. In: Gottfried Bitter/Albert Gerhards (Hgg.), Glauben lernen – Glauben feiern. Katechetisch-liturgische Versuche und Klärungen, Stuttgart, 57–60.

Höring, Patrik C. (2001): Jugendpastoral. Jugendliche ermutigen. In: SKZ 169, 110–117, 126–131.

Hossfeld, Frank-Lothar/Zenger, Erich (1974): Ort und Funktion des Faches Exegese des AT im Gesamt der Theologie. In: Katholische Theologie Bd. 3, 48–52.

Hubbard, Ruth (1982): Have Only Men Evolved? In: Ruth Hubbard (Hg.), Biological Woman – The Convenient Myth. A Collection of Feminist Essays and a Comprehensive Bibliography, Cambridge, 17–45.

Hubbard, Ruth (1992): The Politics of Women's Biology, 2. ed., New Brunswick.

Huber, Wolfgang (1990): Art. Leistung. In: TRE Bd. 20, Berlin/New York, 729–733.

Hull, John M. (1997): Wie Kinder über Gott reden. Ein Ratgeber für Eltern und Erziehende, Gütersloh.

Hurrelmann, Klaus/Wolf, Hartmut K. (1986): Schulerfolg und Schulversagen im Jugendalter, Weinheim/München.

Husmann, Heike (1998): Chatten im Internet Relay Chat, München.

Husserl, Ernst (1948): Erfahrung und Urteil, Hamburg.

Igl, Peter (1997): Vernetztes Lernen im fächerübergreifenden Unterricht. In: Schulreport 2, 16–18.

Institut für Schulpädagogik und Bildungsforschung (Hg.) (1996): Typisch Junge? Typisch Mädchen? Jungen und Mädchen in Schule und Unterricht, München.

Internationale Theologenkommission (Hg.) (2000): Erinnern und versöhnen, Freiburg/Schweiz.

Isensee, Joseph (1996): Staatsrechtliche Stellungnahme. In: Michael Ellinghaus (Hg.), Wozu Ethikunterricht? Erwartungen von Parteien und Verbänden, Harsewinkel, 11–12.

Iser, Wolfgang (1970): Die Appellstruktur der Texte, Konstanz.

Jank, Werner/Meyer, Hilbert (1991): Didaktische Modelle, Frankfurt.

Jauß, Hans-Robert (1984): Ästhetische Erfahrung und literarische Hermeneutik, Frankfurt.

Jendorf, Bernhard (1979): Leistungsmessung im Religionsunterricht. Methoden und Beispiele, München.

JFF (Hg.): Von der »Filmerziehung« zur Medienkompetenz. München.

Jonas, Hans (1984): Der Gottesbegriff nach Auschwitz. Eine jüdische Stimme, Frankfurt a. M.

Jugendwerk der deutschen Shell (Hg.) (2000): Jugend 2000. 13. Shell Jugendstudie, Opladen.

Jüngel, Eberhard (1972): Unterwegs zur Sache, München.

Jungmann, Josef A. (1936): Die Frohbotschaft und unsere Glaubensverkündigung, Regensburg.

Junker-Kenny, Maureen (Hg.) (2000): Memory, Narrativity, Self and the Challenge to Think. The Reception within Theology of the Recent Work of Paul Ricoeur, Münster.

Jürgens, Eiko (1994): Die ›neue‹ Reformpädagogik und die Bewegung »offener Unterricht«, St. Augustin.

Jürgens, Eiko (1999): Brauchen wir ein Pädagogisches Leistungsverständnis? In: Pädagogik 51, 47–51.

Kahlert, Heike (2000): Konstruktion und Dekonstruktion von Geschlecht. In: Doris Lemmermöhle u.a. (Hgg.), Lesarten des Geschlechts. Zur De-Konstruktionsdebatte in der erziehungswissenschaftlichen Geschlechterforschung, Opladen, 20–44.

Kampmann, Theoderich (1962): Art. Münchener Katechetische Methode. In: ²LThK VII, 678–679.

Kampshoff, Marita (2000): Doing gender und doing pupil. In: Doris Lemmermöhle u.a. (Hgg.), Lesarten des Geschlechts, Opladen, 189–204.

Kampshoff, Marita/Nyssen Elke (1999): Schule und Geschlecht(erverhältnisse) – Theoretische Konzeptionen und empirische Analysen. In: Barbara Rendtorff/Vera Moser (Hgg.), Geschlecht und Geschlechterverhältnisse in der Erziehungswissenschaft. Eine Einführung, Opladen, 223–245.

Kant, Immanuel (1971): Grundlegung der Metaphysik der Sitten (1785), Hamburg.

Kasper, Walter (1997): Die Kirche angesichts der Postmoderne. In: StdZ 122, H. 10, 651–664.

Katechetisches Institut Trier (Hg.) (2000): Der Mensch in der Schöpfung, Trier.

Katechismus der Katholischen Kirche (1993), München/Leipzig.

Katholische Religion. Sekundarstufe II – Gymnasium/Gesamtschule (1999), Schriftenreihe der Schule in Nordrhein-Westfalen, Düsseldorf.

Katholisches Schulkommissariat in Bayern (Hg.) (2001): Bausteine zum Einsatz von Medien im Religionsunterricht, München.

Kaufmann, Franz Xaver (1995): Zukunft der Familie in Deutschland, München.

Kaufmann, Franz-Xaver (1989): Religion und Modernität, Tübingen.

Kaufmann, Hans-Bernhard (1968): Muß die Bibel im Mittelpunkt des Religionsunterrichts stehen? In: ThPr.S (= Sonderheft für Martin Stallmann: Schule und Kirche vor den Aufgaben der Erziehung. Hg. v. Gert Otto und Hans Stock), 79–83.

Kehrer, Günter (1998): Definition der Religion. In: Hubert Cancik u.a. (Hgg.), Handbuch religionswissenschaftlicher Grundbegriffe Bd. IV, Stuttgart, 418–425.

Keller, Josef/Felix Novak (²1993): Kleines pädagogisches Wörterbuch, Freiburg/ Basel/ Wien.

Keupp, Heiner (1994): Lebensbewältigung in Kindheit und Jugend in der ›Risikogesellschaft‹. In: Karl Gabriel/Hans Hobelsberger (Hgg.), Jugend, Religion und Modernisierung, Opladen, 31–49.

Keupp, Heiner/Höfer, Renate (Hgg.) (1997): Identitätsarbeit heute, Frankfurt.

Khoury, Adel Th. (1988): Der Islam – sein Glaube – seine Lebensordnung – sein Anspruch, Freiburg.

King, Alexander/Schneider, Bertrand (1992): Die erste globale Revolution, Frankfurt.

Kirchenamt der EKD (Hg.) (1985): Bildung und Erziehung der EKD. Ökumenisches Lernen, Gütersloh.

Kirchenamt der EKD (Hg.) (1995): Aufwachsen in schwieriger Zeit – Kinder in Gemeinde und Gesellschaft (Synode der Evangelischen Kirche in Deutschland), Gütersloh.

Kirchenamt der EKD (Hg.) (1994): Identität und Verständigung, Gütersloh.

Klafki, Wolfgang (1963): Didaktische Analyse als Kern der Unterrichtsvorbereitung. In: ders., Studien zur Bildungstheorie und Didaktik, Weinheim, 126–153.

Klafki, Wolfgang (⁴1964): Das pädagogisches Problem des Elementaren und die Theorie der kategorialen Bildung, Weinheim.

Klafki, Wolfgang (1983): Art. Leistung. In: Enzyklopädie Erziehungswissenschaft, Bd. 1. Stuttgart, 491–495.

Klafki, Wolfgang (1993): Über Wahrnehmung und Gestaltung in der Ästhetischen Bildung. In: Kunst + Unterricht 176, 28–29.

Klafki, Wolfgang (⁴1994): Neue Studien zur Bildungstheorie und Didaktik. Zeitgemäße Allgemeinbildung und kritisch-konstruktive Didaktik. Weinheim.

Klafki, Wolfgang (⁵1996): Neue Studien zur Bildungstheorie und Didaktik, Weinheim/Basel.

Klafki,Wolfgang (1976): Sinn und Unsinn des Leistungsprinzips in der Erziehung. In: Ders., Aspekte kritisch-konstruktiver Erziehungswissenschaft, Weinheim und Basel,141–176.

Klages, Helmut (1988): Wertedynamik. Über die Wandelbarkeit des Selbstverständlichen, Zürich.

Klee, Paul (1996): Leben und Werk. Paul-Klee-Stiftung Kunstmuseum Bern und Museum of Modern Art, New York (Hg.). Neuaufl., Ostfildern.

Klessmann, Michael (1987): Identität II. In: TRE Bd. 16, 29–32.

Klie, Thomas (1998): Ecclesia quaerens pädagogiam. Wege zur Semantik heiliger Räume. Einführung. In: ders. (Hg.), Der Religion Raum geben. Kirchenpädagogik und religiöses Lernen, Münster, 5–16.

Knab, Doris (1971): Ansätze zur Curriculumreform in der Bundesrepublik. In: betrifft erziehung 1, H. 2, 21.

Knecht, Lothar/Knecht, Martin (1992): Lebendige Bibelarbeit, Freiburg/Basel/Wien.

Knitter, Paul F. (1988): Ein Gott – viele Religionen, München.

Knoblauch, Hubert (1996): Die unsichtbare Religion im Jugendalter. In: Tzscheetzsch, Werner/ Ziebertz, Hans-Georg (Hgg.): Religionsstile Jugendlicher und moderne Lebenswelt. München, 65–97.

Knoll, Jörg (1993): Kleingruppenmethoden, Weinheim/Basel.

Knoll, Michael (1984): Paradoxien der Projektpädagogik. In: ZfP 30, 663–674.

Knoll, Michael (1994): Gesammelte Aufsätze zur Geschichte der Projektmethode, Würzburg.

Koerrenz, Ralf (1994): Ökumenisches Lernen, Gütersloh.

Kohlberg, Lawrence (1966): A Cognitive-Developmental Analysis of Children's Sex-Role Concepts and Attitudes. In: Eleanore Maccoby (Hg.), The Development of Sex Differences, Stanford, 82–173.

Kohlberg, Lawrence (1981; 1984): Essays on Moral Development, 2 Bde, San Francisco.

Kohlberg, Lawrence (1995): Die Psychologie der Moralentwicklung (hg. V. W. Althof u.a.), Frankfurt.

Kohlberg, Lawrence/Turiel E. (1978): Moralische Entwicklung und Moralerziehung. In: Gerhard Portele (Hg.), Sozialisation und Moral, Weinheim/Basel, 13–80.

Korczak, Janusz (1967): Wie man ein Kind lieben soll, hgg. von Elisabeth Heimpel/Hans Roos, Göttingen.

Kösel, Edmund (1997): Evaluation in einer Subjektiven Didaktik. In: Pädagogische Welt 51, 301–318.

Kossik, Holger (1999): Präsentationen statt Klausuren. In: Pädagogik 51, H 6, 43– 47.

Krapp, Andreas (1993): Die Psychologie der Lernmotivation. In: ZfPäd 39, 187–206.

Krathwohl, David R. u.a. (1975): Taxonomie von Lernzielen im affektiven Bereich, Weinheim/Basel.

Krauss, Wolfgang (2000): Das erzählte Selbst. Die narrative Konstruktion von Identität in der Spätmoderne, Herbolzheim.

Kreienbaum, Maria (1992): Der heimliche Lehrplan der Geschlechtererziehung. In: Dies./Sigrid Metz-Göckel, Koedukation und Technikkompetenz von Mädchen, Weinheim/München, 51–70.

Kron, Friedrich W. (1988): Grundwissen Pädagogik, München/Basel.

Kron, Friedrich W. (1991): Konzepte von Zeit bei Lehrern. In: Ulrich Aselmeier/Friedrich W. Kron/Günter Vogel, Der Faktor Zeit im Unterricht, Rheinfelden-Berlin, 89–97.

Krüger, Heinz-Hermann/Marotzki, Winfried (Hgg.) (1999): Handbuch Erziehungswissenschaftliche Biographieforschung, Opladen.

Kruse, Lenelis (1974): Räumliche Umwelt, Berlin.

Kuld, Lothar (1989): Lerntheorie des Glaubens, Sigmaringendorf.

Kuld, Lothar (1992): Entwicklungsstufen des Glaubens? In: rhs 35, 313–320.

Kuld, Lothar (1998): Der neue Grundlagenplan für den katholischen Religionsunterricht in der Grundschule (1997). In: KatBl 124, 135–142.

Küng, Hans (1990): Projekt Weltethos, München.

Küng, Hans (1992): Abraham – der Stammvater dreier Weltreligionen. In: Peter Neuner/Harald Wagner (Hgg.), In Verantwortung für den Glauben (FS Heinrich Fries), Freiburg 340ff.

Küng, Hans (1995): Weltethos und Erziehung. In: Johannes Lähnemann (Hg.), »Das Projekt Weltethos« in der Erziehung (Pädagogische Beiträge zur Kulturbegegnung Bd. 14), Hamburg, 19–34.

Küng, Hans (1999): Der lange Weg zum Projekt Weltethos, Tübingen (Mskt), 1–20.

Küng, Hans/Moltmann, Jürgen (1988): Eine ökumenische Versammlung für Frieden. In: Conc 24, 3–4.

Kürschner, Christiane (1998): Kirchenerkundung mit allen Sinnen. Ein Praxisbericht. In: Thomas Klie (Hg.), Der Religion Raum geben. Kirchenpädagogik und religiöses Lernen, Münster, 149–156.

Kurz, Helmut (1984): Methoden des Religionsunterrichts, München.

Kurz, Wolfram (1994): Die Bedeutung religiöser Erziehung für die Entwicklung psychischer Gesundheit unter besonderer Berücksichtigung logotherapeutischer Aspekte. In: Gunther Klosinski (Hg.), Religion als Chance oder Risiko, Bern, 187–208.

Lachmann, Rainer (1993): Methodische Grundfragen. In: Gottfried Adam/Rainer Lachmann (Hgg.), Methodisches Kompendium für den Religionsunterricht Göttingen, 15–38.

Lachmann, Rainer (1996): Vom religionsdidaktischen Rang des Methodischen. In: KatBl 121, 319–323.

Lachmann, Rainer ([3]1997): Verständnis und Aufgaben unterrichtlicher Fachdidaktik. In: Gottfried Adam/Rainer Lachmann (Hgg.), Religionspädagogisches Kompendium. Göttingen, 17–36.

Lähnemann, Johannes (1986): Weltreligionen im Unterricht 2 Bde., Göttingen.

Lähnemann, Johannes (1998): Evangelische Religionspädagogik in interreligiöser Perspektive, Göttingen.

Lähnemann, Johannes (2000): Unterrichtsprojekte Weltethos, Hamburg.

Lämmermann, Godwin (1990): Stufen religionsdidaktischer Elementarisierung. In: JRP 6, 79–91.

Lämmermann, Godwin (1991): Grundriß der Religionsdidaktik, Stuttgart.

Lämmermann, Godwin/Morgenthaler, Christoph/Schori, Kurt (Hgg.) (1999): Bibeldidaktik in der Postmoderne. Klaus Wegenast zum 70. Geburtstag, Stuttgart/Berlin/Köln.

Landesinstitut für Schule und Weiterbildung (Hg.) (1995): Lehren und Lernen als konstruktive Tätigkeit. Beiträge zu einer konstruktivistischen Theorie des Unterrichts, Bönen.

Landesinstitut für Schule und Weiterbildung (Hg.) (2000): Lernen mit neuen Medien 2000, Soest.

Lange, Bernward (1995): »Was macht Frederick mit den Mäusen?« Textbezogene gelenkte Phantasie im Deutschunterricht der Grundschule. In: Kaspar H. Spinner (Hg.), Imaginative und emotionale Lernprozesse im Deutschunterricht, Frankfurt a. M., 135–153.

Lange, Ernst (1972): Die ökumenische Utopie oder: Was bewegt die ökumenische Bewegung?, Stuttgart.

Lange, Ernst (1980): Sprachschule der Freiheit (hg. v. Rüdiger Schloz), München/Gelnhausen.

Lange, Günter (1977): Religionsunterricht als Sehschule durch Metaphern. In: KatBl 102, 715–723.

Lange, Günter (1983): Die Sehgeduld stärken. In: Kunst und Kirche 46, H. 2, 73–77.

Lange, Günter (1991): Zum religionspädagogischen Umgang mit modernen Kunstwerken. In: KatBl 116, 116–122.

Lange, Günter (1993): Umgang mit Kunst. In: Gottfried Adam/Rainer Lachmann (Hgg.), Methodisches Kompendium für den Religionsunterricht, Göttingen, 247–261.

Lange, Günter (1995): Ästhetische Bildung im Horizont religionspädagogischer Reflexion. In: Hans-Georg Ziebertz/Werner Simon (Hgg.), Bilanz der Religionspädagogik, Düsseldorf, 339–350

Lange, Günter (1998): Religionsunterricht als Sehschule. In: Thomas-Morus-Akademie (Hg.), Dimensionen religiösen Lernens, Bensberg, 65–89.

Lange, Günter (2001): Glaube – was ist wesentlich? In: KatBl 126, 98–101.

Langer, Michael (1997): Auschwitz lehren? In: Manfred Görg/Michael Langer (Hgg.), Als Gott weinte, Regensburg, 203–217.

Langer, Susanne (1963): Philosophie auf neuem Wege. Das Symbol im Denken, im Ritus und in der Kunst, Frankfurt a.M.

Langer, Wolfgang (1996): Bibeldidaktische Grundregeln: Neues Testament. In: Engelbert Groß/Klaus König (Hgg.), Religionsunterricht in Grundregeln, Regensburg, 95–111.

Langer, Wolfgang (Hg.) (1987): Handbuch der Bibelarbeit, München.

Läpple, Alfred (^{12}1978): Christus die Wahrheit, München.

Läpple, Alfred (1981): Kleine Geschichte der Katechese, München.

Lechner, Martin (1992): Pastoraltheologie der Jugend, München.

Lehmann, Christine (^{2}1999): Freiarbeit – ein Lern-Weg für den Religionsunterricht?, Münster.

Lehmann, Karl (1994): Vom Dialog als Form der Kommunikation und Wahrheitsfindung in der Kirche heute (hg. v. Sekr. der DBK), Bonn.

Lehrplan für das bayerische Gymnasium. Fachlehrplan für Katholische Religionslehre (1991), hg. vom Katholischen Schulkommissariat in Bayern, München.

Lehrplan für die Berufsschule und Berufsfachschule Katholische Religionslehre (1997), hg. vom Katholischen Schulkommissariat in Bayern, München.

Leimgruber, Stephan (1995): Interreligiöses Lernen, München.

Leimgruber, Stephan (1997): Christsein-Lernen in postmoderner Zeit (Beiheft 9/10 der Zeitschrift der Kath. Arbeitsgemeinschaft für Erwachsenenbildung 9/10), Luzern.

Leimgruber, Stephan (1989): Ethikunterricht an den katholischen Gymnasien und Lehrerseminarien der Schweiz. Analyse der Religionsbücher seit Mitte des 19. Jahrhunderts, Freiburg (Schweiz).

Leimgruber, Stephan (1999): Christen im Dialog mit anderen Religionen. In: Eugen Biser u.a. (Hgg.), Der Glaube der Christen. Ein ökumenisches Handbuch, München/Stuttgart, 378–395.

Leimgruber, Stephan (2000): Zum Selbstverständnis der Religionspädagogik und Religionsdidaktik. In: MThZ 51, 194–200.

Leitner, Rupert/Schrettle, Anton (1992): Lehrer werden – Mensch bleiben. Überlegungen zur Lehrerpersönlichkeit. In: Rupert Leitner u.a. (Hgg.), Religionspädagogik II, Wien, 234–260.

Lenz, Karl (1994): Freiheiten, Abhängigkeiten und Belastungen. In: Karl Gabriel/Hans Hobelsberger (Hg.), Jugend, Religion und Modernisierung, Opladen, 11–29.

Lenzen, Verena (1995): Jüdisches Leben und Sterben im Namen Gottes, München/Zürich.

Lersch, Rainer (1988): Praktisches Lernen und Bildungsreform. In: Zeitschrift für Pädagogik 34, 781–797.

Leschinsky, Achim (1996): Vorleben oder Nachdenken? Bericht der wissenschaftlichen Begleitung über den Modellversuch zum Lernbereich »Lebensgestaltung – Ethik – Religion«, Frankfurt a.M.

Lickona, Thomas (1989): Wie man gute Kinder erzieht, München.

Lindner, Gerhard (1994): Lehrplanrevision. Der neue bayerische Lehrplan für den Evangelischen Religionsunterricht in der Grundschule. In: Friedrich Harz/Martin Schreiner (Hgg.), Glauben im Lebenszyklus (FS Hans-Jürgen Fraas zum 60. Geburtstag), München, 161–173.

Lohfink, Norbert (1994): »Macht Euch die Erde untertan?« In: Orientierung 38, 137–142.

Lohmann, Georg (1999): Zehn Thesen zum Verhältnis von Ethik und Religion. In: Karl Grözinger/Burkhard Gladigow/Hartmut Zinser (Hgg.), Religion in der schulischen Bildung und Erziehung, Berlin, 155–168.

Lohrbacher, Albrecht (1999): Schoah – Schweigen ist unmöglich. Erinnern, Lernen, Gedenken, Stuttgart.

Lohse, Eduard (1999): Ökumene 2000. In: Josef Ernst (Hg.), Ein geistliches Jahr, Paderborn, 63–84.

Loo, Hans van der/Reijen, Willem van (1990): Modernisierung, München.

Lott, Jürgen (1992) (Hg.): Religion – warum und wozu in der Schule?, Weinheim.

Lübbe, Heinrich (1986): Religion nach der Aufklärung, Graz.

Luckmann, Thomas (1991): Die unsichtbare Religion, Frankfurt.

Ludwig, Harald (1994): Freie Arbeit in der Grundschule im Licht empirischer Forschungen. In: Rainer Lersch (Hg.), Aspekte moderner Grundschulpädagogik, Hohengehren, 66–94.

Luhmann, Niklas (1977): Funktion der Religion, Frankfurt.

Luhmann, Niklas (1989): Individuum, Individualität, Individualismus. In: Ders., Studien III, Frankfurt, 149–258.

Lüning, Peter (2000): Ökumene an der Schwelle zum dritten Jahrtausend, Regensburg.

Lütgert, Will (1999): Leistungsrückmeldung. Anforderungen, Innovationen. In: Pädagogik. 51, H. 3, 46–50.

Luther, Henning (1992): Religion und Alltag, Stuttgart.

Lutherischer Weltbund (Hg.) (1994): Das Christentum und andere Religionen in Europa, Genf/Bonn.

Lyotard, Jean-F. (1984): The Postmodern Condition: A Report on Knowledge, Minneapolis.

Macht, Siegfried (1998): Auf den Spuren der Zisterzienser. Ein musischer Klostergang. In: Thomas Klie (Hg.), Der Religion Raum geben. Kirchenpädagogik und religiöses Lernen, Münster, 157–169.

Maihofer, Andrea (1995): Geschlecht als Existenzweise, Frankfurt.

Martens, Ekkehard (1990): Sich im Denken orientieren. Philosophische Anfangsschritte mit Kindern. Hannover.

Maschwitz, Gerda und Rüdiger (1993): Stille-Übungen mit Kindern. Ein Praxisbuch. Mit Beiträgen von Eleonore Gottfried-Massa und Marie-Luise Soltmann. München.

Matthews, Gareth B. (1989): Philosophische Gespräche mit Kindern. Berlin.

Matthews, Gareth B. (1991): Denkproben, Philosophische Ideen jüngerer Kinder. Berlin.

Mauermann, Lutz (1988): Ethische Grundlagen aktueller angloamerikanischer Erziehungskonzepte. In: Claus Günzler u.a. (Hgg.), Ethik und Erziehung, Stuttgart u.a., 141–170.

Mead, George Herbert (1968): Geist, Identität und Gesellschaft. Frankfurt (engl. Org. 1934).

Mead, George Herbert (1978): Geist, Identität und Gesellschaft. Frankfurt (engl. Org. 1934).

Meiners, Kay (2001): Viel Schaum um nichts. In: RhM Nr. 6, 32.

Mendl, Hans (2000): Im virtuellen Areopag der neuen Zeit. In: Katholisches Schulkommissariat in Bayern (Hg.), Zum Einsatz des Internet im RU, München 2000, 9–18.

Menke, Birgit (1992): Freiarbeit. Eine Chance für den Religionsunterricht?, Essen.

Merkert, Rainold (1984): Stereotype pädagogische Reaktion auf »neue Medien«. In: StZ 109, 612–620.

Mertens, Gerhard (1995): Umwelterziehung. Eine Grundlegung ihrer Ziele, Paderborn.

Mertens, Herman-Emiel/Boeve, Lieven (Hgg.)(1994): Naming God today, Leuven.

Mette, Norbert (1982): Zum Frieden erziehen. In: Peter Eicher (Hg.), Das Evangelium des Friedens, München, 165–188.

Mette, Norbert (1983): Voraussetzungen christlicher Elementarerziehung, Düsseldorf.

Mette, Norbert (1986): Familie. In: HrpG 1, 124–132.

Mette, Norbert (1991): Gerechtigkeit lernen. In: RpB 27, 3–26.

Mette, Norbert (1993): Kritischer Ansatz der Praktischen Theologie. In: Johannes van der Ven/Hans-Georg Ziebertz (Hgg.), Paradigmenentwicklung in der Praktischen Theologie, Weinheim/Kampen.

Mette, Norbert (1994): Religionspädagogik (Leitfaden Theologie 24), Düsseldorf.

Mette, Norbert ([4]2000): Familienerziehung. In: RGG Bd 3, 27f.

Mette, Norbert/Rickers, Folkert (Hgg.) (2001): Lexikon der Religionspädagogik, Gütersloh.

Metz, Johann Baptist (1980): Glaube in Geschichte und Gesellschaft, Mainz.

Metz, Johann Baptist (1973): Kleine Apologie des Erzählens. In: Concilium 9, 334–341.

Metz, Johann Baptist (1977): Glaube in Geschichte und Gegenwart, Mainz.

Metz, Johann Baptist (1989): Die Eine Welt als Herausforderung an das westliche Christentum. In: Una Sancta 44, 314–327.

Metz, Johann Baptist (1992): Für eine anamnetische Kultur. In: Hanno Loewy (Hg.), Holocaust. Hamburg, 35–41.

Meyer, Hilbert (1987; [6]1994): Unterrichtsmethoden. I.Theorieband, Frankfurt.

Meyer, Hilbert (1987): Unterrichtsmethoden. II. Praxisband, Berlin.

Meyer, Hilbert ([12]1993): Leitfaden zur Unterrichtsvorbereitung, Frankfurt.

Meyer, Hilbert (1997): Schulpädagogik 2 Bde., Berlin.

Meyer, Karlo (1999): Zeugnisse fremder Religionen im Unterricht, Neukirchen-Vluyn.

Mischel, Walter (1966): A Social-Learning View of Sex Differences in Behaviour. In: Eleanore Maccoby (Hg.), The Development of Sex Differences, Stanford, 56–81.

Mischo, Christoph/Rheinberg, Falko (1995): Erziehungsziele von Lehrern und individuelle Bezugsnormen der Leistungsbewertung. In: Zeitschrift für Pädagogische Psychologie 9, H3/4, 139–151.

Misereor/BDKJ (Hgg.) (1989): Lernen für die eine Welt, Aachen.

Missalla, Heinz (1986): Friedenserziehung. In: HrpG 1, 317–322.

Missalla, Heinz (1986): Gerechtigkeit und Frieden. In: HrpG 2, 755–758.

Moegling, Klaus (1998): Fächerübergreifender Unterricht, Bad Heilbrunn.

Mollenhauer, Klaus (1976): Theorien zum Erziehungsprozeß, München.

Mollenhauer, Klaus (1995): Zeitschemata. Deutungsmuster von Jugendlichen. In: JRP 11, 107–128.

Mollenhauer, Klaus (³1976), Theorien zum Erziehungsprozeß, München.

Mörth, Ingo (1986): Lebenswelt und religiöse Sinnstiftung, München.

Moser, Tilman (1976): Gottesvergiftung, Frankfurt.

Müller, Bernhard (1996): Um Himmels willen. Karikaturen. Ein Arbeitsbuch, München.

Müller, Gerhard (1999): Der anonyme Gott. In: Stephan Pauly (Hg.), Der ferne Gott in unserer Zeit. Stuttgart, 46–58.

Münk, Hans J. (1998): Nachhaltige Entwicklung und Soziallehre. In: SdZ 123, 231–245.

Münk, Hans J. (1999): Bewahrung der Schöpfung als Grundauftrag einer nachhaltigen Entwicklung. In: Konrad Hilpert/G. Hasenhüttl (Hgg.), Schöpfung und Selbstorganisation, Paderborn, 226–242.

Münz, Christoph (1995): Der Welt ein Gedächtnis geben, Gütersloh.

Nam-Beck, Lee (2000): Protestantismus und Ahnenverehrung in Korea – Entwurf einer Theologie der Erinnerung, Münster.

Nanni, Carlo (1997): Friedenserziehung aus religionspädagogischer Sicht. In: RpB 40, 39–48.

Nastainczyk, Wolfgang (1969): Katechetischer Exegetismus im Kommen oder Vergehen? Über Gefahrenmomente der gegenwärtigen bibelkatechetischen Diskussion. In: KatBl 94, 56–63.

Nastainczyk, Wolfgang (1995): Christseinlernen mit und von Kindern. In: RpB H. 35, 43–56.

Nastainczyk, Wolfgang (1981): Religiös erziehen. Freiburg.

Nastainczyk, Wolfgang (1993): Der Synodenbeschluß zum Religionsunterricht. In: Sekretariat der Deutschen Bischofskonferenz (Hg.): RU 20 Jahre nach dem Synodenbeschluß, Bonn.

Nave-Herz, Rosemarie (1994): Familie heute. Wandel der Familienstrukturen und Folgen für die Erziehung, Darmstadt.

Nethofel, Wolfgang u.a.(Hgg.) (1999): Internet für Theologen, Darmstadt.

Niehl, Franz Wendel (1988): Damit uns die Augen aufgehen, Trier.

Niehl, Franz Wendel (1993): Schwierige Verhältnisse. Lukas 15,11–32. In: Gabriele Miller/Franz W. Niehl (Hgg.), Von Babel bis Emmaus, München, 220–237.

Niehl, Franz Wendel/Thömmes, Arthur (1998): 212 Methoden für den Religionsunterricht, München.

Niehl, Franz Wendel (1986): Korrelation. In: HrpG 2, 750–754.

Niehl, Franz Wendel (1993): Das offene Land vermessen. In: Georg Hilger/George Reilly (Hgg.), Religionsunterricht im Abseits?, München, 87–96.

Niggli, Alois (1988): Familie und religiöse Erziehung in unserer Zeit, Frankfurt u.a.

Nipkow, Karl Ernst (1998): Bildung in einer pluralen Welt. Bd. 2: Religionspädagogik im Pluralismus, Gütersloh.

Nipkow, Karl Ernst (1971): Schule und Religionsunterricht im Wandel. Ausgewählte Studien zur Pädagogik und Religionspädagogik, Heidelberg/Düsseldorf.

Nipkow, Karl Ernst (1986): Elementarisierung als Kern der Unterrichtsvorbereitung. In: KatBl 111, 600–608.

Nipkow, Karl Ernst (1987): Erwachsenwerden ohne Gott? Gotteserfahrung im Lebenslauf, München.

Nipkow, Karl Ernst (1987): Lebensgeschichte und religiöse Lebenslinie. In: JRP 3, 3–35.

Nipkow, Karl Ernst (1987): Leistung. In: Engelbert Kerkhoff (Hg.), Handbuch Religiöser Erziehung, Bd. 1, 163–176.

Nipkow, Karl Ernst (1989): Die Gottesfrage bei Jugendlichen – Auswertung einer empirischen Umfrage. In: CpB 102, 7–14.

Nipkow, Karl Ernst (²1990): Die Gottesfrage bei Jugendlichen – Auswertung einer empirischen Umfrage. In: Nembach, Ulrich (Hg.): Jugend und Religion in Europa. Bericht eines Symposions (FPT 2) Frankfurt, 233–259.

Nipkow, Karl Ernst (1992): »Oikumene«. In: Johannes Lähnemann (Hg.), Das Wiedererwachen der Religionen als Herausforderung, Hamburg.

Nipkow, Karl Ernst (1993): Erwachsenwerden mit oder ohne Gott. In: Leb Kat 15, H. 2, 109–114.

Nipkow, Karl Ernst (1999): Theologische Inhalte in der Alltagswelt. In: KatBl 124, 176–182.

Nipkow, Karl Ernst/Schweitzer, Friedrich/Fowler, James W. (Hgg.) (1988): Glaubensentwicklung und Erziehung. Gütersloh.

Nipkow, Karl Ernst (1979): Religionsunterricht in der Leistungsschule, Gütersloh.

Nittel, Dieter (1992): Gymnasiale Schullaufbahn und Identitätsentwicklung, Weinheim.

Nocke, Franz-Joseph (1980): Korrelation. Stichwort zur Orientierung. In: KatBl 105, 130f.

Noormann, Harry/Becker, Ulrich/Trocholepczy, Bernd (Hg.) (2000): Ökumenisches Arbeitsbuch Religionspädagogik, Stuttgart/Berlin/Köln.

Nottbrock, Bettina (1993): Projektunterricht und fächerverbindender Unterricht im Religionsunterricht der Sekundarstufe I. In: Gerhard Büttner (Hg.), Religionsunterricht im Urteil der Lehrerinnen und Lehrer, Idstein.

Nowotny, Helga (1993): Eigenzeit. Entstehung und Strukturierung eines Zeitgefühls, Frankfurt a.M.

Nuscheler, Franz (1997): Globale Solidarität. Die verschiedenen Kulturen und die Eine Welt, Stuttgart.

Nyssen, Elke/Schön, Bärbel (1992): Traditionen, Ergebnisse und Perspektiven feministischer Schulforschung. In: Zeitschrift für Pädagogik 38, H. 6, 855–871.

Oberthür, Rainer (1993): Religion mit Kindern. In: Georg Hilger/George Reilly (Hgg.), Religionsunterricht im Abseits?, München, 287–296.

Oberthür, Rainer (1995): Kinder und die großen Fragen, München.

Oberthür, Rainer (2001): Wie hältst du's mit der Leistung? In: ru 31, 10–12.

Oberthür, Rainer (1998): Kinder fragen nach Leid und Gott, München.

Oelkers, Jürgen/Wegenast, Klaus (Hg.) (1991): Das Symbol – Brücke des Verstehens, Stuttgart.

Offele, Wolfgang (1961): Geschichte und Grundanliegen der sogenannten Münchener katechetischen Methode, München.

Ort, Barbara (⁷1997): Planung des Religionsunterrichts. In: Fritz Weidmann (Hg.), Didaktik des Religionsunterrichts, Donauwörth, 355–373.

Ort, Barbara (⁷1997): Ziele und Aufgaben des Religionsunterrichts. In: Ebd., 201–212.

Orth, Gottfried (1996): Differenz und Dialog, Weinheim.

Ortkemper, Franz-Josef (1997): »Der Geist weht, wo er will«. Ein paulinisches Plädoyer für Pluralität in der Kirche. In: Josef Ernst (Hg.), Theologie im Wandel, Paderborn, 239–249.

Oser, Fritz (1987): Grundformen biblischen Lernens. In: Eugen Paul/Alex Stock (Hgg.), Glauben ermöglichen. Zum gegenwärtigen Stand der Religionspädagogik (FS Günter Stachel), Mainz, 213–246.

Oser, Fritz (1988): Das Verhältnis von religiöser Erziehung und Entwicklung. In: RpB 21, 12–29.

Oser, Fritz (1996): Moralpsychologische Perspektiven. In: Gottfried Adam/Friedrich Schweitzer, Ethisch erziehen in der Schule, Göttingen, 81–109.

Oser, Fritz/Gmünder, Paul (1984; ²1988): Der Mensch – Stufen seiner religiösen Entwicklung, Gütersloh.

Ott, Rudi (1990): Dialogische Bibeldidaktik, Frankfurt/Bern/New York u.a.

Ott, Rudi (1995): Lernen in der Begegnung mit der Bibel. In: Hans-Georg Ziebertz/Werner Simon (Hgg.), Bilanz der Religionspädagogik, Düsseldorf, 291–309.

Otto, Gert (1972): Schule und Religion. Eine Zwischenbilanz in weiterführender Absicht, Hamburg.

Pannenberg, Wolfhart (1999): Die Ökumene als Wirken des Heiligen Geistes. In: Stephan Leimgruber (Hg.), Gottes Geist bei den Menschen, München, 68–78.

Peter, Angelika (1997): Rede auf der Tagung des Arbeitskreises für Bildung der SPD Brandenburg zum Thema »Wertevermittlung und LER« am 20.4.1997, Potsdam.

Peter, Dietmar (2000): Religionsunterricht und Internet. In: Harry Noormann/Ulrich Becker/Bernd Trocholepczy (Hgg.), Ökumenisches Arbeitsbuch Religionspädagogik, Stuttgart, 295–298.

Peuger, Erich (1993): Von der rettenden Kraft der jüdischen Gotteserinnerung. In: Tiemo Rainer Peters u. a. (Hgg.), Erinnern und Erkennen. Denkanstöße aus der Theologie J. B. Metz, Düsseldorf, 12–20.

Peukert, Helmut (1978): Wissenschaftstheorie – Handlungstheorie – Fundamentale Theologie, Frankfurt.

Peukert, Helmut (1982): Kontingenzerfahrung und Identitätsfindung. In: Josef Blank/Gotthold Hasenhüttl (Hgg.), Erfahrung, Glaube und Moral, Düsseldorf, 76–102.

Peukert, Helmut (1984): Über die Zukunft von Bildung. In: Frankfurter Hefte, FH-extra 6, 129–137.

Peukert, Helmut (1986): Bildung. In: Hrp Bd. 1, 67–74.

Peukert, Helmut (1990): »Erziehung nach Auschwitz« – eine überholte Situationsdefinition? Zum Verhältnis von kritischer Theorie und Erziehungswissenschaft. In: Neue Sammlung 30, 345–354.

Peukert, Helmut (1994): Bildung als Wahrnehmung des Anderen. Der Dialog im Bildungsdenken der Moderne. In: Ingrid Lohmann (Hg.), Dialog zwischen den Kulturen, Münster, 1–14.

Peukert, Ursula (1976; 1979): Interaktive Kompetenz und Identität, Düsseldorf.

Piaget, Jean (1981): Das Weltbild des Kindes, Frankfurt.

Piaget, Jean (1983): Meine Theorie der geistigen Entwicklung, Frankfurt.

Piaget, Jean/Inhelder, Bärbel (1979): Die Entwicklung des inneren Bildes beim Kinde, Frankfurt.

Piepel, Klaus (1993): Lerngemeinschaft Weltkirche (Dialog 9), Aachen.

Pieper, Josef (1963): Zustimmung zur Zeit. Eine Theorie des Festes, München.

Pissarek-Hudelist, Herlinde (1986): Frauen/Männer. In: HrpG I, 29–34.

Porzelt, Burkard (2000): Respektierende Konfrontation. In: ThZ 109, 308–328.

Potthoff, Willy (1990): Freies Lernen – verantwortliches Handeln, Freiburg.

Prenzel, Manfred/Krapp, Andreas/Schiefele Hans (1986): Grundzüge einer pädagogischen Interessentheorie. In: ZfPäd 32, 163–173.

Preul, Reiner (1973): Kategoriale Bildung im Religionsunterricht, Heidelberg.

Preul, Reiner (1999): Religion, Ethik und Philosophie in der Schule. In: Christoph Scheilke/Friedrich Schweitzer (Hgg.), Religion, Ethik, Schule, Münster u.a., 327–342.

Prokopf, Andreas/Ziebertz, Hans-Georg (2000): Abduktive Korrelation? In: RpB, H. 44, 19–50.

Raffelt, Albert/Rahner, Karl (1981): Anthropologie und Theologie. In: Franz Böckle (Hg.), Bd. 24, 5–55.

Rahmenplan für die Glaubensunterweisung mit Plänen für das 1.–10. Schuljahr (1967), hg. von den katholischen Bischöfen Deutschlands durch den Deutschen Katecheten-Verein, München.

Rahner, Hugo (^{3}1989); Griechische Mythen in christlicher Deutung, Basel.

Rahner, Karl (^{2}1957): Über die Erfahrung der Gnade. In: SzTh III, Zürich/Köln, 105–109.

Rahner, Karl (1965): Das Christentum und die nichtchristlichen Religionen. In: SzTh V, Einsiedeln, 136–158.

Rahner, Karl (1970): Gotteserfahrung heute. In: Schriften zur Theologie Bd. 9. Zürich/Einsiedeln/ Köln, 161–176.

Rahner, Karl (1972): Selbsterfahrung und Gotteserfahrung. In: Schriften zur Theologie. Bd. 10. Zürich/Einsiedeln/Köln, 133–144.

Rahner, Karl (1982): Hierarchie der Wahrheiten. In: Diakonie 13, 376–382.

Rahner, Karl (1983): Rede des Ignatius von Loyola an einen Jesuiten von heute. In: Schriften zur Theologie Bd. 15. Zürich/Einsiedeln, 373–408.

Raiser, Konrad (1990): Gerechtigkeit. Ökumenische Erwartungen an die Christen in Deutschland. In: Michael Schibilsky (Hg.), Gerechtigkeit – Frieden – Bewahrung der Schöpfung, Düsseldorf, 66–75.

Raschzok, Klaus (1998): Der Feier Raum geben. In: Thomas Klie (Hg.), Der Religion Raum geben. Kirchenpädagogik und religiöses Lernen, Münster, 112–135.

Raske, Michael (1978): Rollenkonflikte des Religionslehrers. In: KatBl 103, 110–123.

Raths, Louis E./Harmin, Merill/Simon, Sidney B. (1976): Werte und Ziele, München.

Ratzinger, Joseph (1983): Die Krise der Katechese und ihre Überwindung, Einsiedeln, 22–39.

Rauscher, Erwin (1991): Religion im Dialog. Fächerverbindung, Projektstruktur, Frankfurt.

Reck, Hans Ulrich (1999): Gedächtniskult und digitale Speichereuphorie. In: NZZ 30./31. Oktober, 99.

Referat Schulseelsorge Rottenburg (Hg.) (2000): Tage der Orientierung. Eine Arbeitshilfe, Rottenburg.

Reich, Kersten (1996): Systematisch-konstruktivistische Pädagogik, Neuwied/Kristel/Berlin.

Reil, Elisabeth (1998): Erzählen – Erzählprozess. In: ThGl 88, 477–486.

Reil, Elisabeth (^{7}1997): Lern- und Erfolgskontrolle. In: Fritz Weidmann (Hg.), Didaktik RU, 392–408.

Reilly, George (1988): Religionsdidaktik und Ästhetische Erziehung. In: RpB 22, 55–66.

Reilly, George (1993): Süß aber bitter. Ist die Korrelationsdidaktik noch praxisfähig? In: Georg Hilger/George Reilly (Hgg.), Religionsunterricht im Abseits?, München, 16–27.

Reilly, George (2001): Elementarisierung und Korrelationsdidaktik. In: KatBl 126, 90–93.

Religionsunterricht an berufsbildenden Schulen (1997), Gütersloh.

Rendtorff, Barbara (2000): Geschlecht und Subjekt: Missverständlichkeiten in der feministischen Debatte. In: Doris Lemmermöhle u.a. (Hgg.), Lesarten des Geschlechts. Opladen, 45–60.

Rendtorff, Barbara/Moser, Vera (1999): Geschlecht als Kategorie. In: Dies. (Hg.), Geschlecht und Geschlechterverhältnisse in der Erziehungswissenschaft, Opladen, 11–68.

Renkl, Alexander (1996): Träges Wissen. In: Psychologische Rundschau 47, 78–92.

Renz, Andreas (1999): Christentum und Islam in Geschichte und Gegenwart. In: Eugen Biser/Ferdinand Hahn/Michael Langer (Hgg.), Der Glaube der Christen, Bd. 1, Stuttgart, 357–377.

Renz, Andreas (1999): Art. Sufismus. In: Eugen Biser/Ferdinand Hahn/Michael Langer (Hgg.), Der Glaube der Christen, Bd. 2, Stuttgart, 459, Bd. 2, 459.

Retterath, Gerhard (1996): Das Lernen vom Kind aus planen. In: Grundschule 28, H. 4, 38–40.

Rickers, Folkert (1985): Friedenserziehung im RU. Ein Literaturbericht. In: JRP 1, 120–136.

Rickers, Folkert (2000): Alltagserfahrungen im interreligiösen Kontext, Neukirchen-Vluyn.

Riegel, Ulrich (2000): Gottesbilder bei Jugendlichen (Ms.), Würzburg

Ritter Werner H. (1989): Glaube und Erfahrung im religionspädagogischen Kontext, Göttingen.

Ritter, Werner H. (1998): Der Erfahrungsbegriff – Konsequenzen für die enzyklopädische Frage der Theologie. In: Ders./Rothgangel, Martin (Hg.): Religionspädagogik und Theologie. Enzyklopädische Aspekte (FS W. Sturm) Stuttgart/Berlin/Köln, 149–166.

Ritter, Werner H. (2001): Stichwort ›Elementarisierung‹. In: KatBl 126, 82–84.

Ritter, Werner H. (2000): Kindliche Religion und Phantasie – dargestellt an einem exemplarischen Kapitel der Religionspädagogik. In: Ders. (Hg.), Phantasie und Religion, Göttingen.

Robinsohn, Saul B. (1967): Bildungsreform als Revision des Curriculum, Neuwied/Berlin.

Rogowski, Cyprian (1995): Die Entwicklung der katholischen Religionspädagogik in Polen und in der Bundesrepublik Deutschland nach dem II. Vatikanischen Konzil, Paderborn.

Röller, Dirk (1998): Der Lehrer im Raum. In: Thomas Nißlmüller/Rainer Volp (Hgg.), Raum als Zeichen. Wahrnehmung und Erkenntnis von Räumlichkeit, Münster, 109–117.

Rombold, Günter (1991): Leben mit Kunst. In: KatBl 116, 90–92.

Rumpf, Horst (1983): Die Schule, der Körper und das handgreifliche Tun. In: Neue Sammlung 23, 585–599.

Rumpf, Horst (1992): Anfängliche Aufmerksamkeit: Was sollen Lehrer können? Was sollen Lehrer lernen? In: Pädagogik 9, 26–30.

Rumpf, Horst (1994): Abschied vom Bescheidwissen. In: KatBl 119, 232–238.

Ruppert, Godehard (1984): Geschichte ist Gegenwart, Hildesheim.

Ruppert, Godehard (1990): »... uninteressant und langweilig ...«. Kirchengeschichtsdidaktik – eine »Bestandsaufnahme«. In: KatBl 115, 230–237.

Ruppert, Godehard/Thierfelder, Jörg (⁵1997): Umgang mit der Geschichte – Zur Fachdidaktik kirchengeschichtlicher Fundamentalinhalte. In: Gottfried Adam/Rainer Lachmann (Hgg.), Religionspädagogisches Kompendium, Göttingen, 295–326.

Sacher, Werner (1996): Prüfen – Beurteilen – Benoten, Bad Heilbrunn.

Sauer, Ralph/Mokrosch, Reinhold (Hgg.) (1994): Ökumene im Religionsunterricht. Glauben lernen im evangelisch-katholischen Dialog, Münster.

Schaader, Werner (1971): Methodische Hinweise für die Verwendung von Bildern im Religionsunterricht. In: Günther Stachel, Das Bild im Religionsunterricht, Zürich, 29–49.

Schacter, Daniel L. (1996): Searching for Memory. The Brain, the Mind, and the Past, New York (dt.: Wir sind Erinnerung. Gedächtnis und Persönlichkeit, Reinbek bei Hamburg 1999).

Schäfer, Wilhelm (²1989): Meinen Glauben erneuern. Ein Glaubenskurs für Einzelne und Gruppen, Würzburg.

Schaller, Klaus (1991): Über das Verhältnis von Pädagogik und Politik in der Pädagogik der Kommunikation. In: Bildung und Erziehung 44, 87–99.

Schaller, Klaus (Hg.) (1987): Pädagogik der Kommunikation, St. Augustin.

Schambeck, Mirjam (2000): Mystagogisches Lernen. In: MThZ 51, 221–230.

Scharer, Matthias (1990): Leistungsbeurteilung im RU. In: CPB 103, H. 1, 26f.

Scharnberg, Christian/Ziebertz, Hans-Georg (2000): Christentum als Leitreligion? Folgen für die religiöse Bildung. In: Theologie der Gegenwart 43, 110–123.

Scheilke, Christoph Th. (1994): Leistungsbeurteilung im Religionsunterricht der Grundschule. In: Friedrich Schweitzer/Gabriele Faust-Siehl, Religion in der Grundschule, Frankfurt a.M., 167–177.

Scheilke, Christoph (1998): Ethisches Lernen im Religionsunterricht. In: Aufbrüche 5, 31–35.

Schell, Fred (³1999): Aktion Medienarbeit mit Jugendlichen, München.

Schiefele, Hans/Hausser, Karl/Schneider, Gerd (1979): »Interesse« als Ziel und Weg der Erziehung. In: ZfP 25, 1–20.

Schillebeeckx, Edward (1979): Menschliche Erfahrung und Glaube an Jesus Christus, Freiburg.

Schillebeeckx, Edward (1980): Offenbarung, Glaube und Erfahrung. In: KatBl 105, 84–95.

Schillebeeckx, Edward (1990): Menschen, die Geschichte von Gott, Freiburg.

Schillebeeckx, Edward (1994): Tradition und Erfahrung: Von der Korrelation zur kritischen Interrelation (Interview mit Hans-Georg Ziebertz). In: KatBl 119, 756–762.

Schilling, Hans (1970): Grundlagen der Religionspädagogik, Düsseldorf.

Schimmel, Annemarie (³1995): Und Muhammad ist sein Prophet, München.

Schladoth, Paul (1993): Politik im Religionsunterricht? Die Bedeutung der Theologie von J. B. Metz für die Religionsdidaktik. In: Tiemo Rainer Peters (Hg.), Erinnern und Erkennen, Düsseldorf, 250–262.

Schleicher, Klaus (1994): Umweltbildung von Lehrern. Studien und Fortbildungsaufgaben, Hamburg.

Schlief, Christine/Bahr, Matthias (1998): Zwischen Nähe und Distanz. In: KatBl 123, 340–344.

Schlüter, Richard (1986): Freiheit und Bindung. In: KatBl 111, 292–299.

Schlüter, Richard (1994) (Hgg.): Ökumenisches und interkulturelles Lernen, Paderborn/Frankfurt a. M.

Schlüter, Richard, (1995): Religionspädagogik im Kontext ökumenischen Lernens. In: Hans-Georg Ziebertz/Werner Simon (Hgg.), Bilanz der Religionspädagogik, Düsseldorf, 176–192.

Schlüter, Richard (1997): Die »Konfessionalität des Religionsunterrichts« in der Pluralität. In: rhs 40, 210–222.

Schlüter, Richard (1999): Gemeinsame Verantwortung der Kirchen für den RU. In: ThGl 89, 95–108.

Schlüter, Richard (2000): Konfessioneller Religionsunterricht heute?, Darmstadt.

Schmid, Hans (1993): »Was Dir das Leichteste dünkt ...«. Erschließung der Lebenswelt – Korrelation – Religionsunterricht. In: Georg Hilger/George Reilly (Hgg.), Religionsunterricht im Abseits?, München, 224–237.

Schmid, Hans (1997): Die Kunst des Unterrichtens. Ein praktischer Leitfaden für den Religionsunterricht, München.

Schmidt, Helmut (Hg.) (1997): Allgemeine Erklärung der Menschenpflichten. Ein Vorschlag, München.

Schmidt-Leukel, Perry (1999): Was will die pluralistische Religionstheologie? In: MThZ 49, 307–334.

Schmidtchen, Gerhard (1979): Was den Deutschen heilig ist. Religiöse und politische Strömungen in der Bundesrepublik Deutschland. München.

Schmitt, Axel (2000): Chatten. Spiel ohne Grenzen – Spiel mit Grenzen? In: medien praktisch 24, 17–22.

Schmitt, Karl Heinz (1980): Der Glaubensbegleiter als Mittler zwischen Erfahrung und Offenbarung. In: KatBl 105, 140–146.

Schmitt, Karl Heinz (1995): Gemeindekatechese. In: ³LThK, IV, 425–426.

Schmitt, Karl Heinz (1986): Christlich glauben und leben lernen in Europa. Aspekte der Apostolischen Schreiben »Evangelii nuntiandi« (1975) und »Catechesi tradendae« (1979). In: CPB 99, 404–411.

Schneider, Gerhard (1988): Zur Begriffsgeschichte der Musisch-Ästhetischen Erziehung. In: Deutsches Institut für Fernstudien an der Universität Tübingen. Musisch-Ästhethische Erziehung in der Grundschule. Grundbaustein Teil 1, Tübingen, 8–20.

Schneider, Hans (1999): Propädeutik statt Therapie. Eine Anmerkung zur Studienordnung ›Lebensgestaltung – Ethik – Religionskunde‹ der Universität Potsdam. In: Karl Grözinger/Burkhard Gladigow/Hartmut Zinser (Hgg.), Religion in der schulischen Bildung und Erziehung, Berlin, 169–185.

Schneider, Martin (1996): Religionspädagogische Praxis als Weg ganzheitlicher Erziehung, Landshut.

Schneider, Theodor (⁴1991): Was wir glauben, Düsseldorf.

Schneider, Wolfgang (1995): Religionsunterricht: Staatlicher Bildungsauftrag oder Privileg der Kirchen? In: Reinhard Göllner/Bernd Trocholepczy (Hgg.), Religion in der Schule?, Freiburg, 74–98.

Schoberth, Ingrid (1992): Erinnerung als Praxis des Glaubens, München.

Schoberth, Ingrid (1998): Glauben – lernen. Grundlegung einer katechetischen Theologie, Stuttgart.

Schöll, Albrecht (1995): ›Hermeneutik der Aneignung‹. In: Ulrich Becker/Christoph Scheilke (Hgg.), Aneignung und Vermittlung, Gütersloh, 128–137.

Scholtz, Christopher (2000): Eine virtuelle Spielwelt als Herausforderung für die Praktische Theologie. Unveröffentlichte wissenschaftliche Hausarbeit, Darmstadt.

Schörken, Rolf (1994): Historische Imagination und Geschichtsdidaktik, Paderborn.

Schottroff, Willy (1971): Art. »erkennen«. In: THAT 1, 682–701.

Schreier, Helmut (1993): Himmel, Erde und ich. Geschichten zum Nachdenken über den Sinn des Lebens, den Wert der Dinge und die Erkenntnis der Welt, Heinsberg.

Schreier, Helmut (1993): Über das Philosophieren mit Geschichten für Kinder und Jugendliche. Fragen, Antworten, und noch mehr Fragen auf der Suche nach Zeichen im Labyrinth der Existenz. Begleitbuch zu Himmel, Erde und ich, Heinsberg.

Schreiner, Martin (1999): Mit Begeisterung und Besonnenheit. Zum Profil evangelischer Religionslehrerinnen und -lehrer heute. In: Ders. (Hg.), Vielfalt und Profil, Neukirchen-Vluyn, 189–203.

Schreiner, Peter (1997): BRU in Europa. In: Comenius Institut u.a. (Hg.), Handbuch Religionsunterricht an berufsbildenden Schulen, Gütersloh.

Schreiner, Peter/Comenius Institut (Hgg.) (²1998): Who‹s who in RE in Europe, Münster.

Schreiner, Peter/Spindler, Hans (Hgg.) (1997): Identitätsbildung im pluralen Europa. Perspektiven für Schule und Religionsunterricht, Münster/New York/München/Berlin.

SchülerForum Würzburg (Hg.) (1999): Praxis – Tage der Orientierung mit dem SchülerForum, Würzburg.

Schüller, Bruno (²1980): Die Begründung sittlicher Urteile, Düsseldorf.

Schultze, Herbert (1974): Das Religionsbuch. In: HRP II, 119–129.

Schurad, Heinrich (1998): Zum Grundlagenplan für den Religionsunterricht an Schulen für Geistigbehinderte. In: KatBl 124, 334–337.

Schuster, Robert (Hg.) (1984): Was sie glauben. Texte von Jugendlichen. Stuttgart.

Schwab, Ulrich (2001): Ökumenisches Lernen. In: Friedrich Schweitzer/Rudolf Englert/Ulrich Schwab/Hans-Georg Ziebertz, Pluralitätsfähige Religionspädagogik, Gütersloh/Freiburg.

Schweitzer, Friedrich (1987): Lebensgeschichte und Religion. Religiöse Entwicklung und Erziehung im Kindes- und Jugendalter, München.

Schweitzer, Friedrich (1999): Zivilgesellschaft – Schule – Religion. Welchen Religionsunterricht braucht eine zivilgesellschaftliche Demokratie? In: Christoph Scheilke/Friedrich Schweitzer (Hgg.), Religion, Ethik, Schule. Bildungspolitische Perspektiven in der pluralen Gesellschaft, Münster u.a., 295–307.

Schweitzer, Friedrich (1987): Lebensgeschichte und Religion, München.

Schweitzer, Friedrich (1993): Praktische Theologie und Hermeneutik: Paradigma – Wissenschaftstheorie – Methodologie. In: Johannes A. van der Ven/Hans-Georg Ziebertz (Hgg.), Paradigmendiskussion in der Praktischen Theologie, Weinheim/Kampen, 19–47.

Schweitzer, Friedrich (1994): Erfahrung – Dialog – Verantwortung. FS für Karl Ernst Nipkow. In: KatBl 119, 245–250.

Schweitzer, Friedrich (1994): Symbole im Kindes- und Jugendalter. In: EE 46, 16–23.

Schweitzer, Friedrich (1995): Zeit. Ein neues Schlüsselthema für Religionsunterricht und Religionspädagogik. In: JRP 11, 145–164.

Schweitzer, Friedrich (1996): Die Suche nach dem eigenen Glauben. Einführung in die Religionspädagogik des Jugendalters, Gütersloh.

Schweitzer, Friedrich (1996): Grundformen ethischen Lehrens und Lernens in der Schule. In: Gottfried Adam/Friedrich Schweitzer (Hgg.), Ethisch erziehen in der Schule, Göttingen, 62–80.

Schweitzer, Friedrich (1997): »Identität und Verständigung« und »Bildende Kraft des Religionsunterrichts«. In: rhs 40, 223–231.

Schweitzer, Friedrich (1999): »Zeit«. In: Christenlehre/Religionsunterricht – Praxis 52, 4–8.

Schweitzer, Friedrich (1999): Die Konstruktion des Kindes in der Bibeldidaktik. In: Godwin Lämmermann/Christoph Morgenthaler/Kurt Schori u.a. (Hgg.), Bibeldidaktik in der Postmoderne, Stuttgart, 122–133.

Schweitzer, Friedrich (2000): Elementarisierung als religionspädagogische Aufgabe: Erfahrungen und Perspektiven. In: Zeitschrift für Pädagogik und Theologie 52, 240–252.

Schweitzer, Friedrich u.a. (1995): Religionsunterricht und Entwicklungspsychologie, Gütersloh.

Schweitzer, Friedrich/Englert, Rudolf/Schwab, Ulrich/Ziebertz, Hans-Georg (2001): Pluralitätsfähige Religionspädagogik, Gütersloh/Freiburg.

Schweitzer, Friedrich/Nipkow, Karl Ernst/Faust-Siehl, Gabriele/Krupka, Bernd (1995): Religionsunterricht als Entwicklungspsychologie. Elementarisierung in der Praxis, Gütersloh.

Schweitzer, Friedrich (1999): Christus und die Welt der Religionen. In: JRP 15, 159–172.

Schwillus, Harald (2000): Ethik-Unterricht in der Bundesrepublik Deutschland. Zusammenstellung der derzeit gültigen Regelungen für die Alternativ- bzw. Ersatzfächer für den Religionsunterricht, Berlin.

Seckler, Max/Berchtold, Christoph (1991): Glaube. In: NHThG II, München, 232–252.

Sehrbrock, Peter (1993): Freiarbeit in der Sekundarstufe I, Frankfurt.

Seibert, Norbert (1999): Art. Schüler. In: Pädagogik-Lexikon, 463 – 464.

Seitzmayer, Petra (1996): Warum steht der Religionsunterricht im Grundgesetz? In: Informationen für Religionslehrerinnen und Religionslehrer, Heft 4, Bischöfliches Ordinariat, Limburg.

Sekretariat zur Förderung der Einheit der Christen (Hg.) (1967/1970): Ökumenisches Direktorium 1. und 2. Teil, Paderborn.

Sekretariat der Deutschen Bischofskonferenz (Hg.) (1974): Der Religionsunterricht in der Schule, Bonn.

Sekretariat der Deutschen Bischofskonferenz (Hg.) (1983): Zum Berufsbild und Selbstverständnis des Religionslehrers, Bonn.

Sekretariat der Deutschen Bischofskonferenz (Hg.) (1987): Zur Spiritualität des Religionslehrers, Bonn.

Sekretariat der Deutschen Bischofskonferenz (Hg.) (1991): Religionsunterricht an den öffentlichen Schulen in Europa, Bonn.

Sekretariat der Deutschen Bischofskonferenz (Hg.) (1993): Bildung in Freiheit und Verantwortung, Bonn.

Sekretariat der Deutschen Bischofskonferenz (Hg.) (1996): (Die deutschen Bischöfe 56). Die bildende Kraft des Religionsunterrichts, Bonn.

Sekretariat der Deutschen Bischofskonferenz/Kirchenamt der EKD (Hgg.) (1997): Chancen und Risiken der Mediengesellschaft, Hannover/Bonn.

Sekretariat der Deutschen Bischofskonferenz/Kirchenamt der EKD (Hgg.) (1998): Zur Kooperation von Evangelischem und Katholischem Religionsunterricht. In: Reinhard Frieling/Christoph Scheilke (Hgg.), Religionsunterricht und Konfession, Bensheimer Hefte 88, Göttingen, 124–127.

Sekretariat der Deutschen Bischofskonferenz (Hg.) (1999): Einig im Verständnis der Rechtfertigungsbotschaft? Dokumente zur Gemeinsamen Erklärung über die Rechtfertigungslehre, Bonn.

Seymour, Jack L./Crain, Magret A. (1997): Assessing Approaches to Christian Education. In: Jack L. Seymour (Hg.), Mapping Christian Education, Nashville, 90–93.

Siller, Hermann Pius (1991): Handbuch der Religionsdidaktik, Freiburg.

Simon, Werner (1983): Inhaltsstrukturen des Religionsunterrichts. Eine Untersuchung zum Problem der Inhalte religiösen Lehrens und Lernens (SPTh 27), München.

Simon, Werner (1991): Glauben lernen? In: Werner Simon/Mariano Delgado (Hgg.), Lernorte des Glaubens, Berlin/Hildesheim, 44–68.

Simon, Werner (1995): »Lebensgestaltung – Ethik – Religion«. Ein Modellversuch. In: KatBl 120, 29–40.

Simon, Werner (1996): Katholischer Religionsunterricht als schuliches Unterrichtsfach in den ostdeutschen Bundesländern. Eine Zwischenbilanz. In: KatBl 38, 83–115.

Simon, Werner (1998): Mystagogie. Religionspädagogisch und praktisch-theologisch. In: LThK[3] 7, 571f.

Simon, Werner (1998): Religionsunterricht im Prozess der Individualisierung. In: Comenius-Institut (Hg.), Christenlehre und Religionsunterricht, Weinheim, 226–243.

Simon, Werner (1999): Ethikunterricht – Philosophieunterricht – Religionskunde – Religionsunterricht. Probleme und Differenzierungen. In: ThQ 179, 90–99.

Simon, Werner (2000): »Kirchlichkeit« des Religionsunterrichts. In: TThZ 109, H. 4, 253–269.

Simon, Werner/Delgado, Mariano (Hgg.) (1991): Lernorte des Glaubens. Glaubensvermittlung unter den Bedingungen der Gegenwart, Berlin.

Singleton, Michael/Maurier, Henri (1978): Die Anstrengungen der institutionellen Kirche zur Lösung der Energiekrise in der Evangelisation. Die Vierte Bischofssynode und »Evangelii nuntiandi«. In: Conc (D) 14, 273–276.

Soeffner, Hans-Georg (1998): Kirchliche Gebäude – Orte der christlichen Religion in der pluralistischen Kultur. In: Thomas Klie (Hg.), Der Religion Raum geben, Münster, 44–50.

Spanhel, Dieter (1999): Integrative Medienerziehung in der Hauptschule, München.

Spence, Janet/Helmreich, Robert (1978): Masculinity and femininity, Austin.

Spender, Dale (1985): Frauen kommen nicht vor. Sexismus im Bildungswesen, Frankfurt.

Spiegel, Yorik (1984): Glaube, wie er leibt und lebt, 3 Bde, München.

Spinner, Kaspar H. (1993): Kreatives Schreiben. In: Praxis Deutsch 20, H. 119, 17–23.

Spinner, Kaspar H. (Hg.) (1995): Imaginative und emotionale Lernprozesse, Frankfurt.

Staatsinstitut für Schulpädagogik und Bildungsforschung München (ISB) (1995): Der Bildungs- und Erziehungsauftrag der Schule. Handreichungen, München.

Stachel, Günter (1973): Religiöse Erziehung als offene Frage. In: HRP 1, 21–33.

Stadtfeld, Peter (2000): Electronic Mail. In: medien praktisch 24, 23–24.

Stallmann, Martin (1958): Christentum und Schule, Stuttgart.

Staudigl, Günter ([7]1997): Inhalte des Religionsunterrichts. In: Fritz Weidmann, Didaktik RU, 213–257.

Staudigl, Günther ([7]1997): Unterrichtsmedien. In: Ebd., 313–338 (Lit.).

Steck, Wolfgang (1994): Schulzeit als Lebenszeit. Pädagogische Zeitparameter im Wandel der Zeiten. In: Frieder Harz/Martin Schreiner (Hgg.), Glauben im Lebenszyklus, München, 31–49.

Stittmatter, Peter/Nieglmann, Helmut (2000): Lehren und Lernen mit Medien, Darmstadt.

Stobbe, Heinz-Günther (1985): Kommunikation. In: Martin Affolderbach/Hermann Steinkamp (Hgg.), Kirchliche Jugendarbeit in Grundbegriffen, Mainz/München, 216–227.

Stock, Alex (1983): Das Bild zwischen Religion und Kunst. In: KatBl 108, 137–142.

Stoodt, Dieter (1972): Religiöse Sozialisation und emanzipiertes Ich. In: Karl-Wilhelm Dahm/Niklas Luhmann/Dieter Stoodt, Religion und Sozialisation, Darmstadt/Neuwied, 189–237.

Stoodt, Dieter (1975): Religionsunterricht als Interaktion, Düsseldorf.

Strauss, Anselm L./Corbin, Juliet (1996): Grounded Theory: Grundlagen qualitativer Sozialforschung, Weinheim.

Stubenrauch, Bertram (1999): Die Kirche als Erinnerungs- und Erzählgemeinschaft. In: Eugen Biser u.a. (Hgg.), Der Glaube der Christen, Bd. 1, Ein ökumenisches Handbuch, Stuttgart, 766–783.

Stuhlmacher, Peter (1988): Jesus von Nazareth – Christus des Glaubens, Stuttgart.

Sturm, Wilhelm ([5]1997): Religionspädagogische Konzeptionen. In: Gottfried Adam/Rainer Lachmann (Hgg.), Religionspädagogisches Kompendium, Göttingen, 37–86.

Stürmer, Walburga/Ley, Christa (1996): Elternverein NW zum Ersatzfach für Religion. In: Wolfram Ellinghaus (Hg.), Wozu Ethikunterricht? Erwartungen von Parteien und Verbänden, Harsewinkel, 36–39.

Swidler, Leonhard (1992): Die Zukunft der Theologie. Im Dialog der Religionen und Weltanschauungen, Regensburg/München (engl.: After the Absolute. The Dialogical Future of Religious Reflection, Minneapolis 1990).

Sziegaud-Roos, Waltraut (1985): Religiöse Vorstellungen von Jugendlichen. In: Jugendwerk der Deutschen Shell (Hg.): Jugendliche und Erwachsene '85. Generationen im Vergleich. Bd. 4: Jugend in Selbstbildnissen, Opladen 334–386.

Taubald, Benjamin (2000): Anamnetische Vernunft. Untersuchungen zu einem Begriff der neuen Politischen Theologie, Münster.

Tebartz-van Elst, Franz-Peter (1993): Das Erwachsenenkatechumenat in den Vereinigten Staaten von Amerika. Eine Anregung für die Sakramentenpastoral in Deutschland, Altenberge.

Tebartz-van Elst, Franz-Peter (1995): Gemeindliche Katechese. In: Hans-Georg Ziebertz/Werner Simon (Hgg.), Bilanz der Religionspädagogik, Düsseldorf, 467–486.

Teipel, Alfred (1983): Die Katechismusfrage. Zur Vermittlung von Theologie und Didaktik aus religionspädagogischer Sicht, Freiburg.

Terhart, Ewald (Hg.) (2000): Perspektiven der Lehrerbildung in Deutschland. Abschlussbericht der von der Kultusministerkonferenz eingesetzten Kommission, Weinheim/Basel.

Themenheft (1988): »Eine ökumenische Versammlung für den Frieden«. In: Concilium 24, H. 1.

Themenheft (1990): »Ethos der Weltreligionen und Menschenrechte«. In: Concilium 26, H. 2.

Themenheft (1991): »Konziliarer Prozeß«. In: Religionspädagogische Beiträge, H. 27.

Themenheft (1991): »Medienpädagogik«. In: KatBl 116, H. 7–8, 453–592.

Themenheft (1991): »Praktisches Lernen – Lernen mit Kopf, Herz und Hand«. In: ru 21, 41–78.

Themenheft (1993): »Friede«. In: Theologisch-praktische Quartalschrift, H. 1.

Themenheft (1993): »Natur als Schöpfung«. In: Religionspädagogische Beiträge, H. 31.

Themenheft (1994): »Verarmung – Bereicherung«. In: ru 24, H. 4.

Themenheft (1996): »Gerechtigkeit«. In: ru 26, H. 2.

Themenheft (1997): »Außerhalb des Marktes kein Heil?« In: Concilium 33, H. 2.

Themenheft (1997): »Medienpädagogik«. In: engagement, H. 4.

Themenheft (1998): »Das Brot der Reichen und das Brot der Armen«. In: Schule und Mission, H. 4.

Themenheft (1999): »Geld«. In: ru 29, H. 2.

Themenheft (2000): »Elementarisierung«. In: Zeitschrift für Pädagogik und Theologie 52.

Themenheft (2000): »Gott im Netz. Internet«. In: Evangelische Kommentare.

Themenheft (2000): »Handlungsorientiertes Lernen«. In: KatBl 125, 392–421.

Themenheft (2000): »Schöpfung und Geschöpflichkeit«. In: Theologisch-praktische Quartalschrift, H. 3.

Themenheft (2001): »Elementares Lernen«. In: KatBl 126, H. 2.

Theunissen, Michael (1991): Freiheit von der Zeit. Ästhetisches Anschauen als Verweilen. In: Ders., Negative Theologie der Zeit, Frankfurt a.M., 285–298.

Thönissen, Wolfgang (1999): Gemeinschaft durch Teilhabe. In: HK 53, 240–245.

Tillich, Paul (³1956): Systematische Theologie. Bd. I, Stuttgart.

Tillich, Paul (³1958): Systematische Theologie. Bd. II, Stuttgart.

Tillich, Paul (³1969): Die verlorene Dimension, Stuttgart.

Tillmann, Klaus-Jürgen (1992): »Spielbubis« und »eingebildete Weiber« – 13- bis 16jährige in Schule und peer-group. In: Klaus-Jürgen Tillmann (Hg.), Jugend weiblich – Jugend männlich, Opladen, 13–27.

Tillmann, Klaus-Jürgen/Vollstädt, Witlof (1999): Funktionen der Leistungsbewertung. In: Zeitschrift Pädagogik 51, H. 2, 42–46.

Tilman, Klemens (1961): Das Werden der neuen katechetischen Methode, missionarisch gesehen. In: Johannes Hofinger (Hg.), Katechetik heute, Freiburg/Basel/Wien, 96–106.

Todt, Eberhard (1985): Die Bedeutung der Schule für die Entwicklung der Interessen von Kindern und Jugendlichen. In: Unterrichtswissenschaft 13, 362–376.

Trutwin, Werner (1996): Wege zum Licht, Düsseldorf.

Tulodziecki, Gerhard (1999): Multimediale Angebote – verbessern sie Lernen und Lehren? Lerntheoretische Grundlagen und didaktische Perspektive. In: Medien praktisch 23, 10–13.

Tulodziecki, Gerhard (³1996): Unterricht mit Jugendlichen, Bad Heilbrunn.

Türk, Hans-Joachim (1990): Postmoderne, Mainz/Stuttgart.

Turner, Viktor (1989): Vom Ritual zum Theater, Frankfurt am Main.

Tworuschka, Udo/Falaturi, Adoldjavad (Hgg): Analyse der katholischen Religionsbücher zum Thema Islam (Bd. 53: Der Islam in den Schulbüchern der Bundesrepublik Deutschland), Braunschweig, 16–29.

Tzscheetzsch, Werner (1994): Erziehungshandeln ist Beziehungshandeln. In: Diakonia 25, 46–49.

Tzscheetzsch, Werner (1999): Religionslehrer sein. In: ThQ 179, 100–109.

Tzscheetzsch Werner/Ziebertz Hans-Georg (Hgg.) (1996): Religionsstile Jugendlicher und moderne Lebenswelt, München.

Unsere Hoffnung (1975): Aus dem Beschluß der Gemeinsamen Synode der Bistümer in der Bundesrepublik Deutschland, Freiburg.

Urban, Hans Jörg (1999): Ökumene an der Schwelle zum 21. Jahrhundert. In: Catholica 53, 109–121.

Urban, Hans Jörg (1999): Wo stehen wir in der Ökumene? In: Josef Ernst (Hg.), Ein geistliches Jahr mit der Kirche, Paderborn, 85–98.

Utsch, Michael (1990): Glaubensentwicklung als Thema der Psychologie. James Fowlers »Stufen des Glaubens«. In: WzM 42, 359–366.

Vanoni, Gottfried (1993): Schalom als zentrale biblische Botschaft. In: ThPQ 141, 3–12.

Vaticanum II (1963): Dekret über die sozialen Kommunikationsmittel (Sonderausgabe). In: ²LThK Bd. , 1986, 111–135.

Ven, Johannes A. van der (1985): Vorming in waarden en normen, Kampen.

Ven, Johannes A.van der/Ziebertz, Hans-Georg (1995): Jugendliche in multikulturellem und multireligiösem Kontext. In: RpB 35, 151–167.

Ven, Johannes A. van der/Ziebertz, Hans-Georg (Hgg.) (1994): Religiöser Pluralismus und Interreligiöses Lernen, Weinheim/Kampen.

Ven, Johannes A. van der (1988): Practical Theology. In: Journal of Empirical Theology 1, 7–27.

Vergote, Anton (1994): God Beyond the Seduction of Deism. In: Herman-Emiel Mertens/Lieven Boeve (Hgg.), Naming God today, Leuven, 63–78.

Verweijen, Ingeborg (1993): Der Friede im eigenen Haus. In: ThPQ 141, 33–38.

Vierlinger, Rupert (1996): Verplanter Unterricht. In: Pädagogik 48, H. 4, 8–11.

Vogel, Walter (1997): Religion digital: Computer im Religionsunterricht, Innsbruck.

Vögele, Wolfgang (1994): Zivilreligion in der Bundesrepublik Deutschland, Gütersloh.

Vogt, Theophil (1985): Bibelarbeit, Stuttgart/Berlin/Köln u.a.

Vollstädt, Witlof (1998): Schulische Leistungsbewertung. In: Zeitschrift Pädagogik 50, H.12, 54–57.

Volz, Ludwig (1974): Der Religionsunterricht in der Schule. (Einleitung zum Beschlußtext der Würzburger Synode). In: Sekretariat der DBK (Hg.), Der Religionsunterricht in der Schule, Bonn.

Vorstand des DKV (1992): Gemeindekatechese an ihren Grenzen. In: KatBl 117, 368–374.

Vorstand des DKV (1997): Zehn Anmerkungen. Zum Bischofswort vom 27. 9. 1996 »Die bildende Kraft des Religionsunterrichts«. In: KatBl 122, 38–41.

Voß, Reinhard (Hg.) (1996): Die Schule neu erfinden. Systemisch-konstruktivistische Annäherung an Schule und Pädagogik, Neuwied/Kristel/Berlin.

Wächter, Jörg-Dieter (1998): Handlungsorientierung. Ansätze, Perspektiven, Grenzen. In: rabs 30, 42–47.

Wagenscheim, Martin (^{10}1992): Ursprüngliches Verstehen und exaktes Denken?, Hannover.

Wagner, Falk (1997): Religion II. In: TRE 28, 522–545.

Waldenfels, Bernhard (^{2}1994): In den Netzen der Lebenswelt, Frankfurt am Main.

Waldenfels, Hans (1991): Religionsverständnis. In: NHThG IV, München, 412–421.

Wartenpfuhl Birgit (2000): Dekonstruktion von Geschlechtsidentität, Opladen.

Watzlawick, Paul/Beavin, Janet H./Jackson, Don D. (1980): Menschliche Kommunikation. Formen, Störungen, Paradoxien, Bern u.a.

Weber, Bernd (1983): Aspekte einer Sozialgeschichte des evangelischen und katholischen Religionsunterrichts. In: Anneliese Mannzmann (Hg.), Geschichte der Unterrichtsfächer II. München, 108–176.

Weber, Günther (^{2}1964): Religionsunterricht als Verkündigung, Braunschweig.

Weber, Hartwig (1973): Projektgruppen im Religionsunterricht,. Heidelberg.

Weber, Max (1984): Die protestantische Ethik (hg. v. J.Winckelmann), Gütersloh.

Wegenast, Klaus (1983): Leistungskontrollen und Noten im RU? In: RL 12, H. 2, 2–6.

Wegenast, Klaus (1986): Schule. In: HrpG I, 154–199.

Wegenast, Klaus (1993): Fragen – Begegnen – Forschen: Lernen außerhalb des Klassenzimmers. In: Gottfried Adam/Rainer Lachmann (Hgg.), Methodisches Kompendium für den RU, Göttingen, 81–91.

Wegenast, Klaus (1997): Art. Religionspädagogik, in: TRE 28, 699–730.

Wegener, Charlotte (1996): Auf der Suche nach den Werten. In: Wolfram Ellinghaus (Hg.), Wozu Ethikunterricht? Erwartungen von Parteien und Verbänden, Harsewinkel, 40–48.

Wehrle, Paul (2000): Katechumenat und Eingliederung Erwachsener in die Kirche (Freiburger Texte 42), Freiburg i.Br.

Weidemann, Bernd (1995): Lernen und Lerntheorien. In: Dieter Lenzen (Hg.), Enzyklopädie Erziehungswissenschaft Bd. 4, Stuttgart, 160–172.

Weidinger, Norbert (1990): Elemente einer Symboldidaktik, Bd.1: Elemente einer Symbolhermeneutik und -didaktik, St. Ottilien.

Weidmann, Fritz (^{7}1997): Artikulation. In: Ders. (Hg.), Didaktik des Religionsunterrichts, Donauwörth, 299–312.

Weidmann, Fritz (^{7}1997): Religionsunterricht in Vergangenheit und Gegenwart. In: Ebd., 37–72.

Weidt, Birgit (1999): Dieses doofe Ozonloch! Wie Kinder mit Umweltängsten umgehen. In: NZZ, 79.

Weiler, Stefan (1999): Die neue Mediengeneration, München.

Weinert, Franz E. (1996): Lerntheorie und Instruktionsmodelle. In: Psychologie des Lernens und der Instruktion, Göttingen/Bern u.a., 1–47.

Weizsäcker, Carl Friedrich von (^{2}1986): Die Zeit drängt, München/Wien.

Welsch, Wolfgang (1987): Unsere postmoderne Moderne, Weinheim.

Welsch, Wolfgang (1993): Ästhetisches Denken, Stuttgart.

Welsch, Wolfgang (1994): Unsere postmoderne Moderne, Berlin.

Welsch, Wolfgang (1996): Künstliche Paradiese? In: Ders., Grenzgänge der Ästhetik, Stuttgart, 289–323.

Welsch, Wolfgang (1995): Vernunft, Frankfurt.

Welsch, Wolfgang (1996): Grenzgänge der Ästhetik, Stuttgart.

Welte, Bernhard (1979): Religiöse Erfahrung heute und Sinnerfahrung. In: Stachel, Günter u.a. (Hg.): Sozialisation – Identitätsfindung – Glaubenserfahrung (= Studien zur Praktischen Theologie 18), Zürich/Einsiedeln/Köln, 122–133.

Wenzel, Knut/Hilger, Georg (1998): Kritische Anmerkungen zum Grundlagenplan der Grundschule. In: KatBl 123, 139–142.

Werbick, Jürgen (1985): Glauben als Lernprozess? In: Konrad Baumgartner u.a. (Hgg.), Glauben lernen, Leben lernen. St. Ottilien, 3–18.

Werbick, Jürgen (1986): Person. In: HrpG 2, 620–630.

Werbick, Jürgen (1989): Glauben-Lernen aus Erfahrung. Grundbegriffe einer Didaktik des Glaubens, München.

Werbick, Jürgen (1990): Zurück zu den Inhalten. In: RpB 25, 43–67.

Werbick, Jürgen (1992): Theologische Ästhetik nach dem Ende der Kunst. In: RpB, H. 30, 19–29.

Werbick, Jürgen (1995): Vom Wagnis des Christseins. Wie glaubwürdig ist der Glaube?, München.

Werbick, Jürgen (1997): Art. Korrelation. I. Systematisch-theologisch. In: ³LThK, Bd. VI, 387ff.

Wermke, Michael (Hg.) (1997): Die Gegenwart des Holocaust. »Erinnerung« als religionspädagogische Herausforderung, Münster.

Wichelhaus Manfred/Stock, Alex (1981): Bildtheologie und Bilddidaktik, Düsseldorf.

Wiederkehr, Dietrich (1994): Sensus vor Consensus. In: Ders. (Hg.), Der Glaubenssinn des Gottesvolkes, Freiburg, 182–206.

Wiesel, Elie/Friedlander, Albert (1992): Die sechs Tage der Schöpfung und der Zerstörung. Ein Hoffnungsbuch, Freiburg, 111–119.

Wilimzig, Götz (1983): Lernen und Selbsttätigkeit, Frankfurt.

Willke, Helmut (⁴1993): Systemtheorie, Stuttgart/Jena.

Winnicott, Donald W. (1973): Vom Spiel zur Kreativität, Stuttgart.

Winter, Felix (1996): Schülerselbstbewertung. Die Kommunikation über Leistung verbessern. In: Heide Bambach u.a (Hgg.), Prüfen und Beurteilen. (Friedrich Jahreshaft XIV), Seelze, 34–37.

Wulf, Christoph (1987): Lebenszeit – Zeit zu leben? Chronokratie versus Pluralität der Zeiten. In: Dietmar Kamper/Christoph Wulf (Hgg.), Die sterbende Zeit. 20 Diagnosen, Darmstadt 1987.

Wunden, Wolfgang (1999): Dieter Baake – Nachruf. In: medien praktisch 23, 73.

Zentralstelle Bildung der DBK (Hg.) (1997): Ein Netz für Netze in Schulen, Bonn.

Zentralstelle Bildung der Deutschen Bischofskonferenz (Hg.) (1977): Zielfelderplan für den katholischen Religionsunterricht in der Grundschule. Teil I: Grundlegung, München.

Ziebertz, Hans-Georg (1985): Wirkliche Veränderungen haben Vorrang. Kirchliche Jugendarbeit auf der Suche nach neuen (Lebens-)Stilen. In: KatBl 110, 421–431.

Ziebertz, Hans-Georg (1990): Moralerziehung im Wertpluralismus, Weinheim/Kampen.

Ziebertz, Hans-Georg (1992): Methodologische Überlegungen zur religionspädagogischen Forschung. In: RpB 30, 148–164.

Ziebertz, Hans-Georg (1993): Sexualpädagogik im gesellschaftlichen Kontext, Weinheim/Kampen.

Ziebertz, Hans-Georg (1994a): Religionspädagogik als empirische Wissenschaft, Weinheim.

Ziebertz, Hans-Georg (1994b): Religiöse Lernprozesse und religionstheologisches Bewußtsein. In: Johannes A. van der Ven/Hans-Georg Ziebertz (Hg.), Religiöser Pluralismus und interreligiöses Lernen, Weinheim, 233–275.

Ziebertz, Hans-Georg (1994c): Theologischer Kontext der Religionendidaktik. In: CPB 107, H. 2, 13–19.

Ziebertz, Hans-Georg (1994d): Mono-, multi- oder interreligiös? Religionen im Religionsunterricht. In: Ders., Religionspädagogik als empirische Wissenschaft, Weinheim, 141–194.

Ziebertz, Hans-Georg (1995a): Lehrerforschung in der empirischen Religionspädagogik. In: Hans-Georg Ziebertz/Werner Simon (Hgg.), Bilanz der Religionspädagogik, Düsseldorf, 47–78.

Ziebertz, Hans-Georg (1995b): Religion und Bildung in der (Post-)Moderne. In: Pädagogische Rundschau 49, 421–431.

Ziebertz, Hans-Georg (1995c): Identitätsfindung durch interreligiöse Lernprozesse. In: RpB 36, 83–104.

Ziebertz, Hans-Georg (1996a): Objektivität und Handlungsnormativität. Ein Dilemma der empirisch orientierten Praktischen Theologie? In: Theologisch-Praktische Quartalsschrift 144, H. 4, 412–428.

Ziebertz, Hans-Georg (1996b): Prinzipielle religionsdidaktische Grundregeln. In: Engelbert Groß/Klaus König (Hgg.), Didaktik in Grundregeln, Regensburg, 30–48.

Ziebertz, Hans-Georg (1996c): Leben in Diversität – Interkulturelles Lernen. In: Internationale Zeitschrift für Erziehungswissenschaft 45, H. 5, 515–524.

Ziebertz, Hans-Georg (1996d): Moderation religiöser Kommunikationsprozesse. In: Tzscheetzsch, Werner/ders. (Hg.): Religionsstile Jugendlicher und moderne Lebenswelt. München, 231–251.

Ziebertz, Hans-Georg (1997): Religionendialog in interkulturellen und interreligiösen Lernprozessen. In: Albrecht Grözinger/Jürgen Lott (Hgg.), Gelebte Religion, Rheinbach, 73–95.

Ziebertz, Hans-Georg (1998): Objekt, Methode, Relevanz. Empirie und Praktische Theologie. In: Pastoraltheologische Informationen 18, 305–321.

Ziebertz, Hans-Georg (1999a): Religion, Christentum und Moderne, Stuttgart.

Ziebertz, Hans-Georg (1999b): Multikulturelle Gesellschaft und Religiöse Bildung. In: RpB 41, 143–162.

Ziebertz, Hans-Georg (1999c): Pluralität und Identität – Religiöse Bildung in der Postmoderne. In: Ders., Religion, Christentum und Moderne, Stuttgart, 70–82.

Ziebertz, Hans-Georg (1999d) Was sollte in der Religionspädagogik gegenwärtig besonders erforscht werden? In: RpB 42, 115–130.

Ziebertz, Hans-Georg (2000a): Methodologische Multiperspektivität angesichts religiöser Umbrüche. Herausforderungen für die empirische Forschung in der Praktischen Theologie. In: Burkhard Porzelt/Ralph Güth (Hgg.), Empirische Religionspädagogik, Münster, 29–44.

Ziebertz, Hans-Georg (2000b): Im Mittelpunkt der Mensch? Subjektorientierung der Religionspädagogik. In: RpB 45, 27–42.

Ziebertz, Hans-Georg (2000c): God in modern individualized religiousness? In: Ders./Friedrich Schweitzer/Hermann Häring/Don Browning (Hgg.), The human Image of God, Leiden S..

Ziebertz, Hans-Georg (2000d): Hungry for Heaven. Was glauben Schülerinnen und Schüler? In: Engelbert Groß/Klaus König (Hgg.), Religiöses Lernen der Kirchen im globalen Dialog, Münster, 375–383.

Ziebertz, Hans-Georg (2000e): Religiousness and Modernity. In: Ders. (Hg.), Religious Individualization and Christian Religion, Münster.

Ziebertz, Hans-Georg (Hg.) (2001a): Religious Individualization and Christian religious Semantics, Münster.

Ziebertz, Hans-Georg (2001b): Imagining God. In: Ders.(Hg.), Imagining God – Disappearance or Change? Münster.

Ziebertz, Hans-Georg (2001c): »Öffentlichkeit« in der Religionspädagogik. In: Friedrich Schweitzer/Rudolf Englert/Ulrich Schwab/Hans-Georg Ziebertz, Pluralitätsfähige Religionspädagogik, Gütersloh/Freiburg.

Ziebertz, Hans-Georg (2001d): Religiosität Jugendlicher. Eine empirische Vier-Länder-Studie (im Druck).

Ziebertz, Hans-Georg (2001e): Religiöser Wandel als Problem und Aufgabe für die Religionspädagogik. In: Friedrich Schweitzer u.a. (2001), Pluralitätsfähige Religionspädagogik, Gütersloh/Freiburg. S.

Ziebertz, Hans-Georg (2001f): Pluralität der Religionen und Interreligiöses Lernen. In: Ebd.

Ziebertz, Hans-Georg/Heil, Stefan (2002): Pluralität – Pluralismus. In: NHrpG (in Druck).

Ziebertz, Hans-Georg/Heil, Stefan/Riegel, Ulrich (2001): Religionslehrerbildung an der Universität. Ein Lehrprogramm. In: rhs 44 S.

Ziebertz, Hans-Georg/Prokopf, Andreas (2000): Jugendreligiosität auf der Basis von Tiefeninterviews. Zwischenbericht zum DFG-Projekt (unveröff. Ms.), Würzburg.

Ziebertz, Hans-Georg/Schlöder, Bernd/Kalbheim, Boris/Feeser, Ulrich (2001): Modern Religiousness: extrinsic, intrinsic or Quest?, In: Journal of Empirical Theology 14 S.

Ziebertz, Hans-Georg/Schnider, Andreas (2000): Religiosität und Wertorientierung. Empirische Ergebnisse aus einer europäischen Vergleichsstudie. In: Burkhard Porzelt/Ralph Güth (Hgg.), Empirische Religionspädagogik. Münster, 219–238.

Ziebertz, Hans-Georg/Ven, Johannes A. van der (1991): Ziele sexualethischer Arbeit im Wertpluralismus. In: Hans-Georg Ziebertz (Hg.), Sexualität im Wertpluralismus, Mainz, 44–62.

Zielfelderplan (1973) für den kath. Religionsunterricht der Schuljahre 5 – 10, hg. v. DKV, München.

Zielfelderplan (1977) für den katholischen Religionsunterricht in der Grundschule, hg. i. Auftrag der Bischöflichen Kommission für Erziehung und Schule v. d. Zentralstelle für Bildung der DBK, München.

Zilleßen, Dietrich (1984): Symboldidaktik – Herausforderung und Gefährdung gegenwärtiger Religionspädagogik. In: Der Evangelische Erzieher 36, 626–642.

Zilleßen, Dietrich (1986): Bilder im Religionsunterricht. In: Peter Biehl u.a. (Hgg.), JRP 2, 93–115.

Zilleßen, Dietrich (1991): Religionspädagogische Lernwege der Wahrnehmung. In: Ders. u.a. (Hgg.), Praktisch-theologische Hermeneutik. Ansätze – Anregungen – Aufgaben, Rheinbach/Merzbach, 59–85.

Zilleßen, Dietrich (1993): Elementarisierung theologischer Inhalte oder elementares religiöses Lernen? In: Georg Hilger/George Reilly (Hgg.), Religionsunterricht im Abseits?, München, 28–42.

Zilleßen, Dietrich/Gerber, Uwe (1997): Und der König stieg von seinem Thron, Frankfurt.

Zimbrich, Fritz (2001): Sachstand »Ersatzfach Ethik«, Frankfurt a.M.

Zirker, Hans (1980): Bibel-Lesen – Zur Methode. In: Hans Zirker/Georg Hilger u.a., Zugänge zu biblischen Texten. Eine Lesehilfe zur Bibel für die Grundschule. Neues Testament, Düsseldorf, 17–28.

Zirker, Hans (1991): Islam – Christentum. In: NHthG II, München, 420–431.

Zisler, Kurt (1987): Leitbilder religiöser Erziehung. In: Rupert Leitner u.a. (Hgg.), Religionspädagogik Bd. I, Wien, 26–47.

Zisler, Kurt (1988): Das Symbol als religiöse Sprachform. In: Rupert Leitner u.a. (Hgg.), Religionspädagogik Bd. 2, Wien, 135–165.

Zisler, Kurt (1996): Ästhetik und Religionspädagogik. In: RpB 38, 43–60.

Zutavern, Michael (1995): Des einen Freud – des andern Leid?! Über die Rolle von Lehrerinnen und Lehrern bei der Förderung von Eigenständigkeit. In: Erwin Beck/Titus Guldimann/Michael Zutavern (Hgg.), Eigenständig lernen, St. Gallen, 215–255.

Zwergel, Herbert A. (1993): Elementare Glaubensmomente und Erfahrungsspuren im Religionsunterricht. In: Georg Hilger/George Reilly (Hgg.), Religionsunterricht im Abseits?, München, 43–57.

Stichwortregister

Verfasser und Schriftleiter

Dr. päd. Georg Hilger war nach Lehramtstudium Volksschullehrer und Fachleiter für Religion (1965-1970), promovierte in Erziehungswissenschaft an der Pädagogischen Hochschule Rheinland und habilitierte sich in Katholische Theologie und ihre Didaktik an der Universität Duisburg. Langjährige Tätigkeit in der Lehrerfortbildung am Institut für Lehrefortbildung in Essen-Werden (1975–1984), von 1984 bis 1994 Direktor des Katechetischen Instituts des Bistums Aachen, seit 1994 Professor an der Katholisch-Theologischen Fakultät der Universität Regensburg, Lehrstuhl für Religionspädagogik und Didaktik des Religionsunterrichts. Aktuelle Forschungsschwerpunkte: Didaktik des Religionsunterrichts, Theorie und Praxis ästhetischen Lernens, Schulbuchentwicklung.
Anschrift: Universitätsstraße 31, 93053 Regensburg

Dr. theol. Stephan Leimgruber, aus Windisch/Schweiz, Studium der Philosophie und Theologie in Löwen, Luzern und München. Langjährige Tätigkeit als Religionslehrer und Seelsorger. 1992–1998 Professor für Religionspädagogik an der Theologischen Fakultät Paderborn, seither an der Universität München. Schwerpunkte: Didaktik des Religionsunterrichtes – auch für Kinder mit Behinderungen; Didaktik der Sakramente; interkulturelles und interreligiöses Lernen; Geschichte der Theologie und Religionsdidaktik, besonders im deutschsprachigen Raum.
Anschrift: Geschwister-Scholl-Platz 1, 80539 München.

Dr. theol., Dr. rer.soc. Hans-Georg Ziebertz studierte Theologie, Erziehungswissenschaft und Soziologie in Münster. Er promovierte in Nijmegen und Tübingen und habilitierte sich in Mainz. Von 1990–1995 war er als Dozent an der Kath. Universität Nijmegen und von 1995–1998 als Professor für Praktische Theologie an der Kath.-Theol. Universität Utrecht tätig. Seit 1998 lehrt er als Professor für Religionspädagogik und Didaktik des Religionsunterrichts an der Universität Würzburg. Forschungsprojekte betreffen Fragen der religiösen Sozialisation unter den Bedingungen der (Post-)Moderne. Methodologisch liegt der Schwerpunkt in einer empirisch-theologischen Arbeitsweise.
Anschrift: Wittelsbacher Platz 1, 97074 Würzburg

Mitarbeitende

Dr. theol. Sr. Mirjam Schambeck OSF, Wissenschaftliche Assistentin am Lehrstuhl für Religionspädagogik und Didaktik des Religionsunterrichts an der Universität Regensburg

Dr. theol. Matthias Bahr, Akademischer Rat am Lehrstuhl für Religionspädagogik und Didaktik des Religionsunterrichts an der Universität Regensburg

Dr. theol. Boris Kalbheim, Wissenschaftlicher Assistent am Lehrstuhl für Religionspädagogik und Didaktik des Religionsunterrichts an der Universität Würzburg

Dr. theol. Ulrich Kropač, Wissenschaftlicher Assistent am Lehrstuhl für Religionspädagogik und Didaktik des Religionsunterrichts an der Universität Regensburg

Dipl.-theol. Andreas Prokopf, Wissenschaftlicher Mitarbeiter am Lehrstuhl für Religionspädagogik und Didaktik des Religionsunterrichts an der Universität Würzburg

Dipl.-theol. Ulrich Riegel, Wissenschaftlicher Mitarbeiter am Lehrstuhl für Religionspädagogik und Didaktik des Religionsunterrichts an der Universität Würzburg

Dr. phil., Lic. theol. Herbert Stettberger, Gymnasiallehrer und wissenschaftlicher Mitarbeiter am Lehrstuhl für Religionspädagogik an der Universität München